직업상담사 2급
단계별 합격 로드맵

P.S. 전략적으로 단계별 교재를 선택하기 위한 팁!

동영상 강의 교재

1차 필기·2차 실기
동시대비기본서

기출문제 정복으로 실력다지기

동영상 강의 교재

꼼꼼하게 실전마무리

한권으로 끝내기와 함께하면
효율성 up

1단계

2단계

3단계

4단계

한권으로 끝내기

시험에 출제되는 핵심이론부터
최근 기출문제, 필기부터 실기까지
한권에 담았습니다.

1차 필기 기출문제 CBT 문제은행

전문가의 알찬 해설로 한마디로
개념정리부터 공부 방향까지
한 번에 잡을 수 있으며 '빨·간·키'를
통해 출제경향을 파악할 수 있습니다.

1차 필기 최종모의고사

최신 내용이 반영된
최종모의고사 10회분을 통해
합격에 가까이 다가갈 수 있습니다.

1차 필기 핵심기출 문제은행

기출문제를 심층분석해
만든 합격비밀!
출제유형에 맞춰 반복출제되는
문제만 모았습니다.

NEXT
STEP

THE NEXT STEP IN SUCCESS
성공의 다음 단계, 시대에듀와 함께라면 가능합니다.

편저 직업상담연구소

2026
빅데이터로 뽑은 기출 문제은행
핵심 기출유형과 정확한 해설
2025년 CBT 기출복원문제 수록

新 출제기준 완벽분석

1차 [필기]

직업상담사

2급 | 핵심기출 문제은행

문제편

시대에듀

Contents

PART 1

꿈을 꾸기에 인생은 빛난다.

– 모차르트 –

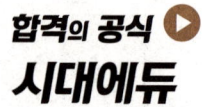

정답은 156p '한눈에 정답 체크하기'에서 확인하세요.

★★★ : 5회 이상 多 기출문제,   ★★ : 4회 이상 多 기출문제,   ★ : 3회 이상 多 기출문제

CHAPTER 01   직업선택 및 진로발달이론

특성-요인이론 Ⅰ   2014년 3회

001
☑ 확인 Check!

O	△	X
□	□	□

특성-요인이론과 관련된 내용과 가장 거리가 먼 것은?

① 특성-요인 직업상담은 정신역동적 가설에서 비롯되었다.

② Parsons는 이 이론의 기반이 되는 3요소 직업지도 모델을 구체화하였다.

③ 특성의 안정성과 지속성은 의문을 제기하는 학자들이 있어 논쟁이 되고 있다.

④ 특성-요인이론에 따른 직업상담 방법들은 합리적이고 인지적인 특성을 가진다.

특성-요인이론 Ⅱ   ★   2025년, 2017년 2회, 2013년 2회

002
☑ 확인 Check!

O	△	X
□	□	□

직업발달에 관한 특성-요인이론의 종합적인 결과를 토대로 Klein와 Weiner 등이 내린 결론과 가장 거리가 먼 것은?

① 인간은 신뢰롭고 타당하게 측정할 수 있는 독특한 특성을 지니고 있다.

② 모든 직업마다 성공에 필요한 독특한 특성을 가지고 있다.

③ 개인의 직업선호는 부모의 양육환경 특성에 의해 좌우된다.

④ 개인의 특성과 직업의 요구사항 간에 상관이 높을수록 직업적 성공의 가능성이 커진다.

홀랜드(Holland)의 인성이론 Ⅰ   2016년 1회, 2009년 2회

003
☑ 확인 Check!

O	△	X
□	□	□

Holland의 진로발달이론이 기초하고 있는 4가지 가정에 포함되지 않는 것은?

① 사람들의 성격은 6가지 유형 중 하나로 분류될 수 있다.

② 직업환경은 6가지 유형 중 하나로 분류될 수 있다.

③ 개인의 행동은 성격에 의해 결정된다.

④ 사람들은 자신의 능력을 발휘하고 태도와 가치를 표현할 수 있는 환경을 찾는다.

004

☑ 확인 Check!

○	△	X
□	□	□

다음 중 개인의 특성과 직업세계의 특징과의 최적의 조화(Person-Environment Fit)를 가장 강조한 이론은?

① 수퍼의 생애주기 이론
② 홀랜드의 이론
③ 베츠의 자기효능감 이론
④ 사회적 인지학습이론

005

☑ 확인 Check!

○	△	X
□	□	□

다음 사례에서 A에게 해당하는 Holland의 직업성격 유형은?

> A는 분명하고 질서정연한 것을 좋아하고, 체계적으로 기계를 조작하는 활동을 좋아한다. 성격은 솔직하고, 말이 적으며, 고집이 있는 편이고, 단순하다는 얘기를 많이 듣는다.

① 탐구적(Investigative)
② 사회적(Social)
③ 현실적(Realistic)
④ 관습적(Conventional)

006

☑ 확인 Check!

○	△	X
□	□	□

다음은 Holland의 6가지 성격유형 중 무엇에 해당하는가?

> • 다른 사람과 함께 일하거나 다른 사람을 돕는 것을 즐기지만 도구와 기계를 포함하는 질서정연하고 조직적인 활동을 싫어한다.
> • 기계적이고 과학적인 능력이 부족하며 대표적으로 카운슬러, 바텐더가 해당한다.

① 현실적 유형
② 탐구적 유형
③ 사회적 유형
④ 관습적 유형

007

Holland의 직업적응 매칭(Matching)이론에서 다음과 같은 유형의 직업세계에 가장 적합한 성격유형은?

> • 사서, 은행원, 행정관료
> • 정확성과 꼼꼼함을 요구함
> • 융통성과 상상력이 부족함

① 사회적 유형
② 현실적 유형
③ 탐구적 유형
④ 관습적 유형

008

Holland의 진로발달에 대한 육각형에서 서로 대각선에 위치하여 대비되는 특성을 지닌 유형들이 아닌 것은?

① 진취형(E)과 탐구형(I)
② 사회형(S)과 예술형(A)
③ 현실형(R)과 사회형(S)
④ 예술형(A)과 관습형(C)

009

Holland의 모형에서 "어떤 쌍들은 다른 유형의 쌍들보다 공통점을 더 많이 가지고 있다"는 것을 나타내는 것은?

① 정체성
② 일관성
③ 차별성
④ 일치성

데이비스와 롭퀴스트(Dawis & Lofquist)의 직업적응이론 Ⅰ

2015년 1회

010

☑ 확인 Check!

O	△	X
□	□	□

직업적응이론을 제시한 학자는?

① B. Tuckman

② R. Dawis와 L. Lofquist

③ R. Gibson과 M. Mitchell

④ J. Krumboltz와 L. Michel

데이비스와 롭퀴스트(Dawis & Lofquist)의 직업적응이론 Ⅱ ★

2011년 1회, 2009년 3회, 2004년 1회

011

☑ 확인 Check!

O	△	X
□	□	□

다음 중 미네소타 직업분류체계 Ⅲ와 관련되어 발전된 이론은?

① Roe의 욕구이론

② Super의 평생발달이론

③ Ginzberg의 발달이론

④ Lofquist와 Dawis의 직업적응이론

데이비스와 롭퀴스트(Dawis & Lofquist)의 직업적응이론 Ⅲ ★★★

2017년 3회, 2014년 2회, 2011년 3회, 2010년 2회, 2008년 3회

012

☑ 확인 Check!

O	△	X
□	□	□

Lofquist와 Dawis의 직업적응이론에서 성격양식 차원에 관한 설명으로 틀린 것은?

① 민첩성 – 정확성보다는 속도를 중시한다.

② 역량 – 근로자의 평균활동 수준을 의미한다.

③ 리듬 – 활동에 대한 단일성을 의미한다.

④ 지구력 – 다양한 활동수준의 기간을 의미한다.

로(Roe)의 욕구이론 Ⅰ ★

2012년 3회, 2011년 2회, 2002년 3회

013

☑ 확인 Check!

O	△	X
□	□	□

다음 설명은 어떤 학자의 진로지도 및 선택이론에 해당되는가?

> 직업발달이론을 이해하려면 먼저 매슬로우(Maslow)의 욕구의 위계(Hierarchy of Needs) 이론을 머리에 두어야 한다며, 유아기의 경험과 직업선택에 관계되는 5가지 가설을 수립하였다.

① 로(Roe)

② 수퍼(Super)

③ 홀랜드(Holland)

④ 터크맨(Tuckman)

2015년 1회, 2010년 3회

014

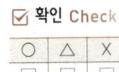

Roe의 욕구이론에 관한 설명으로 옳은 것은?

① 심리적 에너지가 흥미를 결정하는 중요한 요소라고 본다.
② 청소년기 부모-자녀 간의 관계에서 생긴 욕구가 직업선택에 영향을 미친다는 이론이다.
③ 부모의 사랑을 제대로 받지 못하고 거부적인 분위기에서 성장한 사람은 다른 사람들과 함께 일하고 접촉하는 서비스 직종의 직업을 선호한다.
④ 직업군을 10가지로 분류한다.

긴즈버그(Ginzberg)의 진로발달이론 Ⅰ

2015년 2회

015

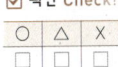

긴즈버그(Ginzberg)의 진로발달이론에 관한 설명으로 틀린 것은?

① 직업선택 과정은 바람(Wishes)과 가능성(Possibility) 간의 타협이다.
② 직업선택은 일련의 결정들이 계속적으로 이루어지는 과정이다.
③ 나중에 이루어지는 결정은 이전 결정의 영향을 받지 않는다.
④ 직업선택은 가치관, 정서적 요인, 교육의 양과 종류, 환경 영향 등의 상호작용으로 결정된다.

긴즈버그(Ginzberg)의 진로발달이론 Ⅱ

2015년 2회, 2010년 4회

016

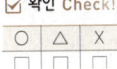

긴즈버그(Ginzberg)의 진로발달단계를 바르게 나열한 것은?

① 놀이지향기 → 탐색기 → 흥미기
② 환상기 → 잠정기 → 현실기
③ 탐색기 → 구체화기 → 특수화기
④ 흥미기 → 전환기 → 가치기

긴즈버그(Ginzberg)의 진로발달이론 Ⅲ

2014년 2회

017

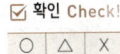
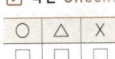

Ginzberg가 구분한 진로선택 과정 중 현실기의 하위단계가 아닌 것은?

① 탐색단계
② 구체화단계
③ 전환단계
④ 정교화단계

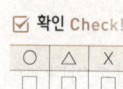

018

☑ 확인 Check!

○	△	X
□	□	□

다음 진로발달 이론가들 중에서 발달 단계별 특징 및 과제를 강조한 사람은?

① Parsons

② Holland

③ Krumboltz

④ Super

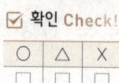

019

☑ 확인 Check!

○	△	X
□	□	□

Super의 직업발달 5단계를 바르게 나열한 것은?

① 성장기 → 유지기 → 탐색기 → 확립기 → 쇠퇴기

② 성장기 → 탐색기 → 확립기 → 유지기 → 쇠퇴기

③ 성장기 → 탐색기 → 유지기 → 확립기 → 쇠퇴기

④ 성장기 → 확립기 → 유지기 → 탐색기 → 쇠퇴기

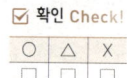

020

☑ 확인 Check!

○	△	X
□	□	□

다음과 같은 특징을 가지는 Super의 진로발달단계는?

- 잠정기 : 욕구, 흥미, 능력, 가치가 잠정적인 진로의 기초가 된다.
- 전환기 : 현실이 점차 직업의식과 직업활동의 기초가 된다.
- 시행기 : 자신이 적합하다고 본 직업을 최초로 가지게 된다.

① 성장기

② 탐색기

③ 확립기

④ 유지기

021

☑ 확인 Check!

O	△	X
□	□	□

인간발달의 생물학적 · 심리학적 · 사회경제적 결정인자로 직업발달론을 설명하는 이른바 '아치문 모델'을 주장한 학자는?

① Super

② Ginzberg

③ Tiedeman

④ Gottfredson

022

☑ 확인 Check!

O	△	X
□	□	□

고트프레드슨(Gottfredson)의 직업포부 발달단계에 관한 설명으로 틀린 것은?

① 힘과 크기 지향 – 사고과정이 구체화되며 어른이 된다는 것의 의미를 알게 된다.

② 성역할 지향 – 자아개념이 성의 발달에 의해서 영향을 받게 된다.

③ 사회적 가치 지향 – 사회계층에 대한 개념이 생기면서 타인에 대한 개념이 완성된다.

④ 내적, 고유한 자아 지향 – 자아성찰과 사회계층의 맥락에서 직업적 포부가 더욱 발달하게 된다.

023

☑ 확인 Check!

O	△	X
□	□	□

직업발달을 탐색–구체화–선택–명료화–순응–개혁–통합의 직업정체감 형성과정으로 설명한 것은?

① Super의 발달이론

② Ginzberg의 발달이론

③ Tiedeman과 O'Hara의 발달이론

④ Gottfredson의 발달이론

024

☑ 확인 Check!

O	△	X
□	□	□

진로선택에 관한 사회학습이론에서 개인의 진로발달 과정과 관련이 없는 요인은?

① 유전요인과 특별한 능력
② 환경조건과 사건
③ 학습경험
④ 인간관계기술

025

☑ 확인 Check!

O	△	X
□	□	□

다음은 진로선택의 사회학습이론에서 진로발달 과정에 영향을 미치는 어떤 요인과 밀접한 관계를 가지는가?

고등학교 3학년인 A양은 가끔 수업노트를 가지고 공부하는데, 비록 고등학교에서는 그녀가 좋은 성적을 받더라도, 대학에서는 이런 방법이 실패하게 되어 그녀의 노트기록 습관과 학습습관을 수정하게 할지도 모른다.

① 유전적 요인과 특별한 능력
② 환경조건과 사건
③ 학습환경
④ 과제접근기술

026

☑ 확인 Check!

O	△	X
□	□	□

다음은 진로발달에 관한 어떤 이론의 주장인가?

진로선택은 하나의 문제해결 활동이며, 진로발달은 지식구조의 끊임없는 성장과 변화를 포함한다. 진로상담의 최종목표는 진로문제의 해결자이고 의사결정자인 내담자의 잠재력을 증진시키는 것이다.

① 사회인지적 진로이론
② 인지적 정보처리적 진로이론
③ 가치중심적 진로이론
④ 자기효능감 중심의 진로이론

027

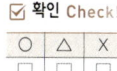

인지적 정보처리의 주요 전제가 아닌 것은?

① 진로선택은 인지적 및 정의적 과정들의 상호작용의 결과이다.
② 진로를 선택한다는 것은 하나의 문제해결 활동이다.
③ 진로성숙은 진로문제를 해결할 수 있는 자신의 능력에 의존하지 않는다.
④ 진로문제 해결은 고도의 기억력을 요하는 과제이다.

028

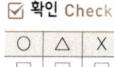

Bandura가 제시한 사회인지이론의 인과적 모형에 해당하지 않는 변인은?

① 외형적 행동
② 자기효능감
③ 외부환경요인
④ 개인과 신체적 속성

029

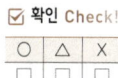

진로이론에 관한 설명으로 옳은 것은?

> ㄱ. 사회인지적 진로이론 – 진로발달과 선택에서 진로와 관련된 자신에 대한 평가와 믿음을 강조
> 한다.
> ㄴ. 인지적 정보처리이론 – 내담자가 욕구를 분류하고 지식을 획득하여, 자신의 욕구가 무엇인지
> 알 수 있도록 돕는다.
> ㄷ. 인지적 정보처리이론 – 학습경험을 형성하고 진로행동에 단계적으로 영향을 주는 구체적인
> 매개변인을 찾는 데 목표를 둔다.
> ㄹ. 가치중심적 진로이론 – 흥미와 가치가 진로결정 과정에서 가장 중요한 작용을 한다.

① ㄱ, ㄴ
② ㄱ, ㄷ
③ ㄴ, ㄹ
④ ㄷ, ㄹ

030

☑ 확인 Check!
O	△	X
□	□	□

가치중심적 진로접근 모형의 명제에 관한 설명으로 틀린 것은?

① 개인이 우선권을 부여하는 가치들은 얼마 되지 않는다.
② 가치는 환경 속에서 가치를 담은 정보를 획득함으로써 학습된다.
③ 생애만족은 중요한 모든 가치들을 만족시키는 생애역할들에 의존한다.
④ 생애역할에서의 성공은 개인적 요인보다는 외적 요인들에 의해 주로 결정된다.

031

☑ 확인 Check!
O	△	X
□	□	□

진로발달에서 맥락주의(Contextualism)에 관한 설명으로 틀린 것은?

① 행위는 맥락주의의 주요 관심대상이다.
② 개인보다는 환경의 영향을 강조한다.
③ 행위는 인지적·사회적으로 결정되며 일상의 경험을 반영하는 것이다.
④ 진로연구와 진로상담에 대한 맥락상의 행위설명을 확립하기 위하여 고안된 방법이다.

032

☑ 확인 Check!
O	△	X
□	□	□

Maslow의 욕구단계이론 중 자아실현과 존중의 욕구 수준에 상응하는 내용으로 적합한 것은?

① Alderfer의 ERG 이론 중 존재욕구
② Herzberg의 2요인이론 중 위생요인
③ McClelland의 성취동기이론 중 성취동기
④ Adams의 공정성이론 중 인정동기

033

☑ 확인 Check!
O	△	X
□	□	□

Maslow 욕구위계이론의 기본 가정에 해당하는 것은?

① 한 개인이 얼마나 동기화되는가는 타인이 기울인 노력과 자신이 기울인 노력의 비교를 통해 결정된다.
② 모든 동기는 학습된다.
③ 직무만족을 결정하는 요인들과 직무 불만족을 결정하는 요인들은 질적으로 서로 다르다.
④ 인간은 특정한 형태의 충족되지 못한 욕구들을 만족시키기 위하여 동기화되어 있다.

034

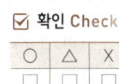

자신의 직무나 직무경험에 대한 평가로부터 비롯되는 유쾌하거나 정적인 감정 상태는?

① 직무만족
② 직업적응
③ 작업동기
④ 직무몰입

직무만족 및 작업동기 관련 이론 Ⅱ ★★

2025년, 2019년 3회, 2014년 2회, 2006년 3회

035

직무만족에 관한 2요인이론의 설명으로 틀린 것은?

① 낮은 수준의 욕구를 만족하지 못하면 직무불만족이 생긴다.
② 자아실현의 실패로 직무불만족이 생기는 것은 아니다.
③ 동기요인은 높은 수준의 성과를 얻도록 자극하는 요인이다.
④ 위생요인은 직무만족과 관련된 직접적인 요인이다.

직무만족 및 작업동기 관련 이론 Ⅲ

2013년 2회, 2010년 3회

036

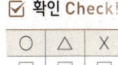

다음 중 진로의사결정 모델(이론)에 해당하는 것은?

① Parsons의 특성-요인이론
② Vroom의 기대이론
③ Super의 발달이론
④ Krumboltz의 사회학습이론

심리검사의 목적과 용도 2015년 2회

037

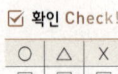

심리검사를 실시하는 목적 내지는 용도와 가장 거리가 먼 것은?

① 예 측
② 진 단
③ 분 류
④ 합리화

검사도구의 표준화 2011년 3회, 2010년 2회

038

다음 중 비표준화 검사와 비교할 때 표준화 검사의 특징과 가장 거리가 먼 것은?

① 검사의 실시와 채점이 객관적이다.
② 체계적 오차는 있어도 무선적 오차는 없다.
③ 신뢰도와 타당도가 비교적 높다.
④ 규준집단에 비교해서 피검사자의 상대적 위치를 알 수 있다.

심리검사의 분류 ㅣ 2011년 1회, 2009년 1회

039

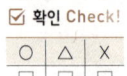

준거참조검사에 관한 설명으로 옳은 것은?

① 검사점수를 다른 사람의 점수와 비교하여 어떤 수준인지 알아낸다.
② 상대적인 정보를 제공한다.
③ 성격이나 적성검사에 주로 사용된다.
④ 기준점수는 검사, 조직의 특성, 시기 등에 따라 달라질 수 있다.

040

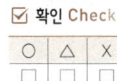

다음 중 능력검사에 해당하지 않는 것은?

① 적성검사
② 지능검사
③ 성취검사
④ 흥미검사

041

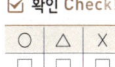

직업상담에 사용되는 질적 측정도구가 아닌 것은?

① 역할놀이
② 제노그램
③ 카드분류
④ 욕구 및 근로 가치 척도

042

☑ 확인 Check!

O	△	X
□	□	□

경력 상담 시 내담자의 가족이나 선조들의 직업 특징에 대한 시각적 표상을 얻기 위해 도표를 만드는 방식은?

① 경력개발 프로그램
② 제노그램
③ 경력사다리
④ 직업결정 나무

043

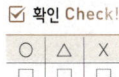

다음 중 표준편차에 대한 설명으로 옳은 것은?

① 최저점과 최고점의 점수차
② 최빈치와 최소치 간의 점수차의 평균
③ 각 점수들이 평균에서 벗어난 평균면적
④ 평균에서 각 점수들이 평균적으로 이탈된 정도

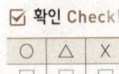

044

☑ 확인 Check!

O	△	X
□	□	□

검사점수의 표준오차에 관한 설명으로 옳은 것은?

① 검사의 표준오차는 클수록 좋다.

② 검사의 표준오차는 검사점수의 타당도를 나타내는 수치다.

③ 표준오차를 고려할 때 오차 범위 안의 점수 차이는 무시해도 된다.

④ 표준오차가 크더라도 검사점수에서 작은 차이도 중요하게 받아들여야 한다.

집단 내 규준 Ⅰ

045

☑ 확인 Check!

O	△	X
□	□	□

다음의 설명에 해당하는 심리검사 용어는?

> 대표집단의 사람들에게 실시한 검사점수를 일정한 분포도로 작성한, 특정 검사점수의 해석에 필요한 기준이 되는 자료

① 규 준

② 표 준

③ 준 거

④ 참 조

집단 내 규준 Ⅱ

046

☑ 확인 Check!

O	△	X
□	□	□

다음 중 규준의 범주에 포함될 수 없는 점수는?

① 표준점수

② Stanine점수

③ 백분위 점수

④ 표집점수

047

다음은 무엇에 관한 설명인가?

- 서로 다른 체계로 측정한 점수들을 동일한 조건에서 비교할 수 있도록 한다.
- 음수값을 가지지 않는다.
- 원점수를 변환해서 평균이 50이고 표준편차가 10인 분포로 만든 것이다.

① T점수
② Z점수
③ 백분율 점수
④ 백분위 점수

048

특정 집단의 점수분포에서 한 개인의 상대적 위치를 나타내는 점수는?

① 표준점수
② 표준등급
③ 백분위 점수
④ 규준점수

049

다음에 해당하는 규준은?

학교에서 실시하는 성취도검사나 적성검사의 점수를 정해진 범주에 집어넣어 학생들 간의 점수 차가 작을 때 생길 수 있는 지나친 확대해석을 미연에 방지할 수 있다.

① 백분위 점수
② 표준점수
③ 표준등급
④ 학년규준

050

☑ 확인 Check!

○	△	X
□	□	□

직업상담사 자격시험 문항 중 대학수학능력을 측정하는 문항이 섞여 있을 경우 가장 문제가 되는 것은?

① 타당도
② 신뢰도
③ 객관도
④ 매력도

051

☑ 확인 Check!

○	△	X
□	□	□

검사의 신뢰도에 영향을 주는 요인이 아닌 것은?

① 개인차
② 문항 수
③ 규준집단
④ 문항에 대한 반응 수

052

☑ 확인 Check!

○	△	X
□	□	□

다음 사례에서 검사–재검사 신뢰도 계수는?

> 100명의 학생들이 특정 심리검사를 받고 한 달 후에 동일한 검사를 다시 받았는데 두 번의 검사에서 각 학생의 점수는 동일했다.

① 0.00
② −1.00
③ +0.50
④ +1.00

신뢰도 Ⅲ

053

☑ 확인 Check!

○	△	X
□	□	□

오차변량의 원인을 특정 문항의 표집에 기인한 것으로 가정하는 신뢰도 계수는?

① 검사–재검사 신뢰도 계수

② 반분신뢰도 계수

③ 동형검사 신뢰도 계수

④ 크론바하 알파계수

신뢰도 Ⅳ

054

☑ 확인 Check!

○	△	X
□	□	□

어떤 심리검사의 내적합치도 계수가 매우 낮을 때의 설명으로 옳은 것은?

① 검사가 측정하고자 하는 것을 측정하고 있지 못하다.

② 검사의 두 가지 형태가 매우 다른 개념을 측정하고 있다.

③ 검사가 성질상 매우 다른 속성을 측정하는 문항들로 구성되어 있다.

④ 검사를 받은 사람이 또 다시 검사를 받을 때 매우 다른 점수를 받을 것이다.

타당도 Ⅰ ★

055

☑ 확인 Check!

○	△	X
□	□	□

다음 중 타당도 계수를 산출하기 어려운 타당도는?

① 예언타당도

② 준거관련 타당도

③ 수렴타당도

④ 내용타당도

056

☑ 확인 Check!

O	△	X
□	□	□

다음은 무엇에 관한 설명인가?

> 실제로 무엇을 재는가의 문제가 아니라 검사가 잰다고 말하는 것을 재는 것처럼 보이는가의 문제이다. 즉 검사를 받는 사람들에게 그 검사가 타당한 것처럼 보이는가를 뜻한다.

① 내용타당도(Content Validity)
② 준거관련 타당도(Criterion-related Validity)
③ 예언타당도(Predictive Validity)
④ 안면타당도(Face Validity)

057

☑ 확인 Check!

O	△	X
□	□	□

적성검사에서 높은 점수를 받은 사람들일수록 입사 후 업무수행이 우수한 것으로 나타났다면, 이 검사는 어떠한 타당도가 높은 것인가?

① 구성타당도(Construct Validity)
② 내용타당도(Content Validity)
③ 예언타당도(Predictive Validity)
④ 공인타당도(Concurrent Validity)

058

☑ 확인 Check!

O	△	X
□	□	□

검사의 구성타당도 분석방법으로 적합하지 않은 것은?

① 실험을 통한 집단 간 차이검증
② 유사한 특성을 측정하는 기존 검사와의 상관계수 분석
③ 확인적 요인분석
④ 기대표 작성

심리검사 사용상 유의사항

059

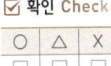

심리검사를 실시할 때 지켜야 할 사항과 가장 거리가 먼 것은?

① 검사의 구두 지시사항을 미리 충분히 암기한다.
② 지나친 소음과 방해자극이 없는 곳에서 검사를 실시한다.
③ 수검자에 대한 관심과 협조, 격려를 통해 수검자로 하여금 검사를 성실히 하도록 한다.
④ 수검자에게 검사결과를 통보할 때는 일상적인 용어보다 통계적인 숫자나 용어를 중심으로 전달하여야 한다.

검사결과의 해석 ★

060

검사 해석 시 주의해야 할 사항이 아닌 것은?

① 해석에 대한 내담자의 반응을 고려해야 한다.
② 검사결과에 대해 여러 정보에 근거한 주관적인 견해를 설명해 준다.
③ 검사결과에 대해 내담자가 이해하기 쉬운 언어를 사용한다.
④ 검사결과에 대한 내담자의 방어를 최소화하도록 한다.

한국판 웩슬러 성인용 지능검사(K-WAIS) ★

061

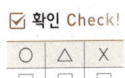

K-WAIS의 동작성 검사에 해당되지 않는 것은?

① 바꿔쓰기
② 토막짜기
③ 공통성 찾기
④ 빠진 곳 찾기

성격 5요인 검사

062

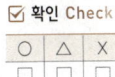

성격 5요인(Big-5) 검사의 하위요인으로 틀린 것은?

① 성실성
② 정서적 개방성
③ 외향성
④ 호감성

2015년 1회, 2006년 3회

063

☑ 확인 Check!

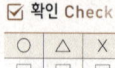

다음에서 설명하고 있는 검사는?

> • 미국에서 개발한 검사를 토대로 표준화한 것으로서 여러 특수검사를 포함하고 있다.
> • 11개의 지필검사와 4개의 기구검사로 구성되어 있으며, 이들 하위검사들을 조합해서 모두 9개의 적성을 검출해 내도록 되어 있다.

① GATB 검사
② MBTI 검사
③ 직업선호도검사
④ MMPI 검사

2020년 4회, 2018년 1회, 2018년 3회, 2015년 2회, 2010년 3회

064

☑ 확인 Check!

일반적성검사(GATB)에서 측정하는 직업적성이 아닌 것은?

① 손가락 정교성
② 언어적성
③ 사무지각
④ 과학적성

2024년, 2021년 2회, 2018년 3회, 2010년 4회, 2009년 3회, 2006년 1회

065

☑ 확인 Check!

직업적성검사(GATB)에서 사무지각적성(Clerical Perception)을 측정하기 위한 검사는?

① 표식검사
② 계수검사
③ 명칭비교검사
④ 평면도판단검사

066 다음 중 특정 직업 활동에 대한 선호를 측정하기 위해 사용되는 흥미검사가 아닌 것은?

① 스트롱-캠벨 검사
② 쿠더식 검사
③ 홀랜드의 육각검사
④ 수퍼의 CDI검사

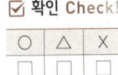

067 Strong 검사에 대한 설명으로 옳은 것은?

① 기본흥미척도(BIS)는 Holland의 6가지 유형을 제공한다.
② Strong 진로탐색검사는 진로성숙도검사와 직업흥미검사로 구성되어 있다.
③ 업무, 학습, 리더십, 모험심을 알아보는 기본흥미척도(BIS)가 포함되어 있다.
④ 개인특성척도(BSS)는 일반직업분류(GOT)의 하위척도로서 특정 흥미분야를 파악하는 데 도움이 된다.

068 진로성숙검사도구(CMI)의 특징이 아닌 것은?

① 태도척도에는 선발척도와 상담척도 두 가지가 있다.
② 진로선택 과정에 대한 피험자의 태도와 진로결정에 영향을 미치는 성향적 반응경향성을 측정한다.
③ 능력척도는 자기평가, 직업정보, 목표선정, 계획의 4개 영역만을 측정한다.
④ 초등학교 6학년부터 고등학교 3학년을 대상으로 표준화되었다.

069 진로성숙도검사(CMI) 중 태도척도의 하위영역과 문항의 예가 잘못 연결된 것은?

① 결정성 - 나는 선호하는 진로를 자주 바꾸고 있다.
② 참여도 - 나는 졸업할 때까지는 진로선택 문제에 별로 신경을 쓰지 않을 것이다.
③ 타협성 - 나는 하고 싶기는 하나 할 수 없는 일을 생각하느라 시간을 보내곤 한다.
④ 독립성 - 일하는 것이 무엇인지에 대해 생각한 바가 거의 없다.

갈등의 유형 ★★★   2024년, 2023년, 2019년 1회, 2015년 2회, 2012년 2회

070

☑ 확인 Check!

O	△	X
□	□	□

승진을 하려면 지방근무를 해야만 하고, 서울근무를 계속하려면 승진기회를 잃는 경우에 겪는 갈등의 유형은?

① 접근-접근 갈등

② 회피-회피 갈등

③ 접근-회피 갈등

④ 이중 접근-회피 갈등

스트레스 인지적 평가이론 ★   2016년 3회, 2011년 3회, 2010년 2회

071

☑ 확인 Check!

O	△	X
□	□	□

Lazarus의 스트레스 이론에 관한 설명으로 틀린 것은?

① 스트레스 사건 자체보다 지각과 인지 과정을 중시하는 이론이다.

② 1차 평가는 사건이 얼마나 위협적인지를 평가하는 것이다.

③ 2차 평가는 자신의 대처 능력에 대한 평가이다.

④ 3차 평가는 자신의 스트레스 반응에 대한 평가이다.

일반적응증후군(GAS) ★★★   2023년, 2020년 1 · 2회, 2020년 4회, 2015년 2회, 2013년 1회

072

☑ 확인 Check!

O	△	X
□	□	□

셀리에(Selye)가 제시한 스트레스 반응단계(일반적응증후군)를 순서대로 바르게 나열한 것은?

① 소진 - 저항 - 경고

② 저항 - 경고 - 소진

③ 소진 - 경고 - 저항

④ 경고 - 저항 - 소진

073

☑ 확인 Check!

O	△	X
□	□	□

조직에서 자신이 생각하는 역할과 상급자가 생각하는 역할 간 차이에 기인한 스트레스원은?

① 역할과다
② 역할모호성
③ 역할갈등
④ 과제곤란도

074

☑ 확인 Check!

O	△	X
□	□	□

역할갈등에 관한 설명으로 틀린 것은?

① 직업에서의 요구와 직업 이외의 요구가 다를 때 발생한다.
② 개인이 수행하는 직무의 요구와 개인의 가치관이 다를 때 발생한다.
③ 개인에게 요구하는 두 사람 이상의 요구가 다를 때 발생한다.
④ 개인의 책임한계와 목표가 명확하지 않아서 역할이 분명하지 않을 때 발생한다.

075

☑ 확인 Check!

O	△	X
□	□	□

스트레스의 원인 중 역할갈등과 가장 관련이 높은 것은?

① 직무 관련 스트레스원
② 개인 관련 스트레스원
③ 조직 관련 스트레스원
④ 물리적 환경 관련 스트레스원

076

☑ 확인 Check!

O	△	X
□	□	□

직무 스트레스를 조절하는 변인과 가장 거리가 먼 것은?

① 성격의 유형
② 역할 모호성
③ 통제의 위치
④ 사회적 지원

2008년 3회, 2006년 3회, 2003년 3회

077

☑ 확인 Check!

○	△	X
□	□	□

스트레스와 직무수행의 관계를 가장 잘 나타낸 것은?

① 스트레스가 많을수록 직무수행이 떨어지는 일차함수 관계이다.

② 어느 수준까지는 스트레스가 많을수록 직무수행이 떨어지다가 어느 수준에 이르면 더 이상 직무수행이 떨어지지 않고 일정 수준을 유지한다.

③ 스트레스 수준이 너무 낮거나 너무 높으면 직무수행은 떨어지는 역U자형 관계이다.

④ 스트레스와 직무수행은 관계가 없다.

2020년 4회, 2018년 2회, 2013년 1회, 2012년 3회

078

☑ 확인 Check!

○	△	X
□	□	□

조직 감축에서 살아남은 구성원들이 조직에 대해 보이는 전형적인 반응은?

① 살아남은 구성원들은 조직에 대해 높은 신뢰감을 가지고 있다.

② 더 많은 일을 해야 하기 때문에 과로하며 종종 불이익도 감수하려고 한다.

③ 살아남은 구성원들은 다른 직무나 낮은 수준의 직무로 이동하는 것을 거부한다.

④ 조직 감축에서 살아남은 데 만족하며 조직 몰입을 더욱 많이 한다.

2024년, 2020년 1·2회, 2017년 1회, 2013년 3회

079

☑ 확인 Check!

○	△	X
□	□	□

다음에 해당하는 스트레스 관리전략은?

> 예전에는 은행원들이 창구에 줄 서서 기다리는 고객들에게 가능한 빨리 서비스를 제공하고자 스트레스를 많이 받았었는데, 고객 대기표(번호표) 시스템을 도입한 이후 이러한 스트레스를 많이 줄일 수 있게 되었다.

① 반응지향적 관리전략

② 증후지향적 관리전략

③ 평가지향적 관리전략

④ 출처지향적 관리전략

080

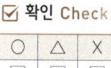

스트레스에 대처하기 위한 포괄적인 노력과 가장 거리가 먼 것은?

① 과정중심적 사고방식에서 목표지향적 초고속사고로 전환해야 한다.
② 가치관을 전환시켜야 한다.
③ 스트레스에 정면으로 도전하는 마음가짐이 있어야 한다.
④ 균형 있는 생활을 해야 한다.

CHAPTER 04　직업상담 초기면담

초기면담의 유형 ★ 　　　　　　　　　　　　　　　　　　　　　2016년 2회, 2013년 2회, 2006년 3회

081

초기면담의 유형인 정보지향적 면담에서 주로 사용하는 기법이 아닌 것은?

① 폐쇄형 질문
② 개방형 질문
③ 탐색하기
④ 감정이입하기

초기면담의 요소 I ★★★ 　　　　　　　　　　　　　　2016년 1회, 2013년 1회, 2011년 2회, 2009년 1회, 2009년 3회

082

내담자에게 선정된 행동을 연습하거나 실천하도록 함으로써 내담자가 계약을 실행하는 기회를 최대화하도록 돕는 면담의 요소는?

① 감정이입
② 계 약
③ 직 면
④ 리허설

083

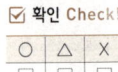

상담자가 자신의 바람은 물론 내담자의 느낌, 인상, 기대 등을 이해하고 이를 상담과정의 주제로 삼는 상담기법은?

① 직 면
② 계 약
③ 즉시성
④ 리허설

084

☑ 확인 Check!

내담자의 생애진로주제와 이를 확인하는 데 도움이 되는 자료를 바르게 연결한 것은?

① 기술 확인 – Prediger의 분류체계
② 작업자 역할 – 자료, 관념, 사람, 사물
③ 직업적 성격 및 작업환경 – Bolles의 분류체계
④ 탐구적 성격 및 환경 – 상상적이고 창조적인 활동

085

☑ 확인 Check!

생애진로사정에 관한 설명으로 틀린 것은?

① 상담사와 내담자가 처음 만났을 때 이용할 수 있는 구조화된 면접기법이며 표준화된 진로사정 도구의 사용이 필수적이다.
② Adler의 심리학 이론에 기초하여 내담자와 환경과의 관계를 이해하는 데 도움을 주는 면접기법이다.
③ 비판단적이고 비위협적인 대화 분위기로써 내담자와 긍정적인 관계를 형성하는 데 도움이 된다.
④ 생애진로사정에서는 작업자, 학습자, 개인의 역할 등을 포함한 다양한 생애역할에 대한 정보를 탐색해간다.

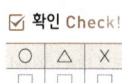

086

☑ 확인 Check!

○ △ X

다음 중 생애진로사정의 구조에 포함되지 않는 것은?

① 진로사정
② 강점과 장애
③ 훈련 및 평가
④ 전형적인 하루

087

☑ 확인 Check!

○ △ X

다음에서 설명하고 있는 생애진로사정의 구조는?

> 개인이 자신의 생활을 어떻게 조직하는지를 발견하는 것이다. 내담자가 그들 자신의 생활을 체계
> 적으로 조직하는지 아니면 매일 자발적으로 반응하는지 결정하는 데 도움을 준다.

① 진로사정
② 전형적인 하루
③ 강점과 장애
④ 요 약

088

☑ 확인 Check!

○ △ X

**내담자의 정보를 수집하고 행동을 이해하고 해석할 때 내담자가 다음과 같은 반응을 보일
경우 사용하는 상담기법은?**

> • 이야기 삭제하기
> • 불확실한 인물 인용하기
> • 불분명한 동사 사용하기
> • 제한적 어투 사용하기

① 전이된 오류 정정하기
② 분류 및 재구성하기
③ 왜곡된 사고 확인하기
④ 저항감 재인식하기

089

✔ 확인 Check!

○	△	X
□	□	□

다음 내담자와 상담자의 대화 중 내담자가 범하고 있는 한계의 오류와 이에 대한 상담자의 개입이라 볼 수 있는 것은?

① "나는 사장님께 말을 할 수 없어요." – "사장님과 대화할 수 있는 방법을 모르시는 것이겠지요."

② "우리 상사는 나와 일하는 것을 불편하게 생각해요."– "그 사실을 어떻게 그렇게 잘 알지요?"

③ "그 사람들은 나를 이해하지 못해요." – "누가 당신을 이해하지 못한다는 거지요?"

④ "우리 상관은 나를 무시하려 들지요." – "당신의 상관께서 특별히 어떤 점에서 무시한다는 생각이 드나요?"

동기 · 역할사정

090

✔ 확인 Check!

○	△	X
□	□	□

내담자의 동기와 역할을 사정(Assessment)하는 데 가장 많이 사용되는 방법은?

① 개인상담

② 직업상담

③ 자기보고

④ 심리치료

가치사정 ★★

091

✔ 확인 Check!

○	△	X
□	□	□

다음은 내담자의 무엇을 사정하기 위한 것인가?

> 내담자에게 과거에 했던 선택의 회상, 절정경험, 자유시간, 그리고 금전사용계획 등을 조사하고, 존경하는 사람을 쓰게 하는 등의 상담행위

① 내담자의 동기

② 내담자의 역할관계

③ 내담자의 가치

④ 내담자의 흥미

092

☑ 확인 Check!

O	△	X
□	□	□

직업상담 시 흥미사정의 목적과 가장 거리가 먼 것은?

① 여가선호와 직업선호 구별하기

② 직업탐색 조장하기

③ 직업 · 교육상 불만족 원인 규명하기

④ 기술과 능력 범위 탐색하기

093

☑ 확인 Check!

O	△	X
□	□	□

직업상담에서 직업카드분류법은 무엇을 알아보기 위한 것인가?

① 직업선택 시 사용 가능한 기술

② 가족 내 서열 및 직업가계도

③ 직업세계와 고용시장의 변화

④ 직업선택의 동기와 가치

094

☑ 확인 Check!

O	△	X
□	□	□

진로시간전망 검사지의 사용목적과 가장 거리가 먼 것은?

① 진로 태도를 인식하기 위해

② 미래의 방향을 이끌어내기 위해

③ 계획에 대해 긍정적 태도를 강화하기 위해

④ 현재의 행동을 미래의 결과와 연계시키기 위해

095

☑ 확인 Check!

○	△	X
□	□	□

진로시간전망 검사 중 코틀(Cottle)이 제시한 원형검사에서 원의 크기가 나타내는 것은?

① 과거, 현재, 미래
② 방향성, 변별성, 통합성
③ 시간차원에 대한 상대적 친밀감
④ 시간차원의 연결 구조

096

☑ 확인 Check!

○	△	X
□	□	□

내담자의 인지적 명확성을 위한 직업상담 과정으로 가장 적합한 것은?

① 내담자와의 관계 → 진로와 관련된 개인적 사정 → 직업선택 → 정보통합과 선택
② 직업탐색 → 내담자와의 관계 → 정보통합과 선택 → 직업선택
③ 내담자와의 관계 → 인지적 명확성/동기에 대한 사정 → 예/아니요 → 개인상담/직업상담
④ 개인상담/직업상담 → 내담자와의 관계 → 인지적 명확성/동기에 대한 사정 → 예/아니요

097

☑ 확인 Check!

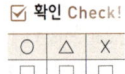

내담자의 인지적 명확성을 사정할 때 고려할 사항이 아닌 것은?

① 직장을 처음 구하는 사람과 직업전환을 하는 사람의 직업상담에 관한 접근은 동일하게 해야 한다.
② 직장인으로서의 역할이 다른 생애 역할과 복잡하게 얽혀 있는 경우 생애 역할을 함께 고려한다.
③ 직업상담에서는 내담자의 동기를 고려하여 상담이 이루어져야 한다.
④ 우울증과 같은 심리적 문제로 인지적 명확성이 부족한 경우 진로문제에 대한 결정은 당분간 보류하는 것이 좋다.

098 ☑ 확인 Check! ○ △ X □ □ □

다음은 인지적 명확성이 부족한 내담자와의 상담내용이다. 상담사가 주로 다루고 있는 내담자 특성으로 가장 적합한 것은?

> 내담자 : 사람들이 요즘은 취직을 하기가 어렵다고들 해요.
> 상담자 : 어떠한 사람들을 이야기하시는지 짐작이 안 되네요.
> 내담자 : 모두 다예요. 제가 상의할 수 있는 상담사, 담당 교수님들, 심지어는 친척들까지도요. 정말 그런가요?
> 상담자 : 그래요? 그럼 사실이 어떤지 알아보도록 하죠.

① 파행적 의사소통
② 구체성의 결여
③ 가정된 불가능
④ 강박적 사고

099 ☑ 확인 Check! ○ △ X □ □ □

다음 면담에서 인지적 명확성이 부족한 내담자의 유형과 상담자의 개입방법이 바르게 짝지어진 것은?

> 내담자 : 난 사업을 할까 생각 중이에요. 그런데 그 분야에서 일하는 여성들은 대부분 이혼을 한 대요.
> 상담자 : 선생님은 사업을 하면 이혼을 할까 봐 두려워하시는군요. 직장여성들의 이혼율과 다른 분야에 종사하는 여성들에 대한 통계를 알아보도록 하죠.

① 구체성의 결여 – 구체화시키기
② 파행적 의사소통 – 저항에 다시 초점 맞추기
③ 강박적 사고 – RET 기법
④ 원인과 결과 착오 – 논리적 분석

직업상담 사정단계

2014년 2회

100

☑ 확인 Check!

○	△	X
□	□	□

직업상담에서 이루어지는 일반적인 상담 과정의 사정단계를 바르게 나열한 것은?

> ㄱ. 내담자의 동기 존재
> ㄴ. 내담자의 자기진단 탐색
> ㄷ. 내담자의 자기진단
> ㄹ. 인지적 명확성 존재

① ㄷ → ㄱ → ㄴ → ㄹ
② ㄷ → ㄴ → ㄹ → ㄱ
③ ㄹ → ㄷ → ㄱ → ㄴ
④ ㄹ → ㄱ → ㄷ → ㄴ

상담의 구조화 Ⅰ

2013년 3회, 2005년 3회

101

☑ 확인 Check!

○	△	X
□	□	□

다음은 직업상담 과정 중 무엇에 대한 설명인가?

> 직업상담 시 상담자와 내담자가 상담에 대한 기본적인 기대를 맞추어가는 과정으로 이를 통해 내담자는 상담에 대한 모호함과 불안감을 경감시킬 수 있다. 여기에는 상담이 얼마 동안 진행되는지, 얼마나 자주 만나는 것인지, 상담시간에는 무엇을 하는 것인지, 비밀보장은 어떻게 해주는지 등이 포함된다.

① 상담의 명료화
② 상담의 구체화
③ 상담의 안정화
④ 상담의 구조화

상담의 구조화 Ⅱ ★

2020년 1·2회, 2013년 2회, 2006년 1회

102

☑ 확인 Check!

○	△	X
□	□	□

상담관계의 틀을 구조화하기 위해서 다루어야 할 요소와 가장 거리가 먼 것은?

① 상담자의 역할과 책임
② 내담자의 성격
③ 상담의 목표
④ 상담시간과 장소

103

☑ 확인 Check!

○	△	X
□	□	□

직업상담에서 내담자가 검사도구에 대해 비현실적 기대를 가지고 있을 때 상담자가 취할 수 있는 행동으로 가장 적합한 것은?

① 즉시 검사를 실시한다.
② 검사 사용 목적에 대하여 내담자에게 설명한다.
③ 추천되는 검사를 상담사가 정해준다.
④ 심리검사는 상담관계를 방해하므로 실시하지 않는다.

104

☑ 확인 Check!

○	△	X
□	□	□

다음 내담자를 상담할 경우 가장 먼저 해야 할 것은?

> 갑자기 구조조정 대상이 되어 직장을 떠난 40대 후반의 남성이 상담을 받으러 왔다. 전혀 눈 마주침도 못 하며, 상당히 위축되어 있는 상태이고 미래에 대한 불안감을 호소하고 있다.

① 관계형성
② 상담자의 전문성 소개
③ 상담 구조 설명
④ 상담목표 설정

105

☑ 확인 Check!

○	△	X
□	□	□

직업상담 과정에서 내담자와 상담자 간의 관계형성에 도움을 줄 수 있는 조건과 가장 거리가 먼 것은?

① 공감적 이해
② 무조건적 수용
③ 친화감 형성
④ 내담자 문제 분석

106

☑ 확인 Check!

O	△	X
□	□	□

직업상담사의 윤리에 관한 설명으로 옳은 것은?

① 직업상담사는 내담자 개인 및 사회에 임박한 위험이 있다고 판단되더라도 개인정보와 상담내용에 대한 비밀을 유지해야 한다.

② 직업상담사는 자신이 실제로 갖추고 있는 자격 및 경험의 수준을 벗어나는 인상을 주어서는 안 된다.

③ 직업상담은 심층적인 심리상담이 아니므로 비밀 유지 의무가 없다.

④ 직업상담사는 내담자가 상담을 통해 도움을 받지 못하더라도 먼저 종결하려고 해서는 안 된다.

107

☑ 확인 Check!

O	△	X
□	□	□

직업상담자가 지켜야 할 윤리적 행동과 가장 거리가 먼 것은?

① 내담자에 관한 정보를 교육과 연구를 위해 임의로 적극 활용한다.

② 내담자를 좀 더 효율적으로 도울 수 있는 방법을 꾸준히 연구 개발한다.

③ 내담자와 협의하에 상담관계의 형식, 방법, 목적을 설정하고 토의한다.

④ 자신이 종사하는 전문직의 바람직한 발전을 위하여 최선을 다한다.

108

☑ 확인 Check!

O	△	X
□	□	□

레벤슨(Levenson)이 제시한 직업상담사의 반윤리적 행동에 해당하는 것은?

① 상담사의 능력 내에서 내담자의 문제를 다룬다.

② 내담자에게 부당한 광고를 하지 않는다.

③ 적절한 상담비용을 청구한다.

④ 직업상담사에 대한 내담자의 의존성을 최대화한다.

정답은 157p '한눈에 정답 체크하기'에서 확인하세요.

★★★ : 5회 이상 多 기출문제, ★★ : 4회 이상 多 기출문제, ★ : 3회 이상 多 기출문제

CHAPTER 01   직업상담의 개념

직업상담의 영역 ★   2015년 2회, 2007년 3회, 2005년 3회

001

☑ 확인 Check!

○	△	X
□	□	□

직업상담 영역과 가장 거리가 먼 것은?

① 직업일반상담

② 직업정신건강 상담

③ 취업상담

④ 실존문제 상담

직업상담의 유형 ★★   2025년, 2015년 3회, 2013년 1회, 2003년 3회

002

☑ 확인 Check!

○	△	X
□	□	□

신규 입직자나 직업인을 대상으로 조직문화, 인간관계, 직업예절, 직업의식과 직업관 등에 관한 정보를 제공하고 필요시 직업지도 프로그램에 참여하게 하는 상담은?

① 직업전환 상담

② 직업적응 상담

③ 구인 · 구직 상담

④ 경력개발 상담

직업상담의 목적 ★★   2023년, 2017년 3회, 2014년 3회, 2007년 3회

003

☑ 확인 Check!

○	△	X
□	□	□

직업상담의 목적과 가장 거리가 먼 것은?

① 내담자가 이미 잠정적으로 선택한 진로결정을 확고하게 해주는 것이다.

② 개인의 직업목표를 명백히 해주는 과정이다.

③ 내담자가 자기 자신과 직업세계에 대해 알지 못했던 사실을 발견하도록 도와주는 것이다.

④ 내담자가 최대한 고소득 직업을 선택하도록 돕는 것이다.

004

✅ 확인 Check!

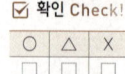

진로상담의 원리에 관한 설명으로 틀린 것은?

① 진로상담은 진학과 직업선택, 직업적응에 초점을 맞추어 전개되어야 한다.
② 진로상담은 상담사와 내담자 간의 라포가 형성된 관계 속에서 이루어져야 한다.
③ 진로상담은 항상 집단적인 진단과 처치의 자세를 견지해야 한다.
④ 진로상담은 상담윤리강령에 따라 전개되어야 한다.

005

✅ 확인 Check!

청소년 직업발달에 영향을 미치는 요인과 가장 거리가 먼 것은?

① 부모의 직업
② 성역할의 사회화
③ 진로교사의 직업선택
④ 실습기간 동안의 근로경험

006

✅ 확인 Check!

직업상담사의 역할과 가장 거리가 먼 것은?

① 조언자의 역할
② 자료제공자의 역할
③ 내담자의 보호자 역할
④ 기관/단체들과의 협의자 역할

007

✅ 확인 Check!

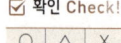

직업상담의 과정을 순서대로 바르게 나열한 것은?

① 관계형성 – 진단 및 측정 – 개입 – 목표설정 – 평가
② 관계형성 – 목표설정 – 진단 및 측정 – 개입 – 평가
③ 관계형성 – 진단 및 측정 – 목표설정 – 개입 – 평가
④ 관계형성 – 목표설정 – 개입 – 진단 및 측정 – 평가

008

일반적인 진로상담의 과정을 바르게 나열한 것은?

> ㄱ. 상담목표의 설정
> ㄴ. 관계수립 및 문제의 평가
> ㄷ. 문제해결을 위한 개입
> ㄹ. 훈습(Working Through)
> ㅁ. 종 결

① ㄱ → ㄴ → ㄷ → ㄹ → ㅁ
② ㄴ → ㄱ → ㄷ → ㄹ → ㅁ
③ ㄱ → ㄴ → ㄹ → ㄷ → ㅁ
④ ㄴ → ㄹ → ㄱ → ㄷ → ㅁ

009

상담 초기 과정의 활동과 가장 거리가 먼 것은?

① 상담의 목표를 설정한다.
② 내담자와 라포를 형성한다.
③ 내담자의 심리상태를 평가한다.
④ 내담자의 문제행동에 대한 대안을 찾아본다.

010

Williamson의 직업문제 분류범주에 포함되지 않는 것은?

① 진로 무선택
② 흥미와 적성의 차이
③ 진로선택에 대한 불안
④ 진로선택 불확실

011

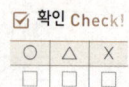

보딘(Bordin)의 정신역동적 직업상담 모형에서 제시하고 있는 진단분류가 아닌 것은?

① 자아갈등
② 직업선택에 대한 불안
③ 의존성
④ 비현실성

012

☑ 확인 Check!

직업상담의 문제유형에 대한 Crites의 분류 중 가능성이 많아서 흥미를 느끼는 직업들과 적성에 맞는 직업들 사이에 결정을 내리지 못하는 것은?

① 다재다능형
② 우유부단형
③ 불충족형
④ 비현실형

013

☑ 확인 Check!

필립스(Phillips)가 제시한 상담목표에 따른 진로문제의 분류 범주를 따른다면, 내담자가 자기의 능력이 어느 정도인지, 어떤 분야의 직업을 원하는지, 왜 일하는 것이 싫은지 등의 고민을 가지고 있는 경우 상담의 초점은 어디에 두어야 하는가?

① 자기탐색과 발견
② 선택의 준비도
③ 의사결정 과정
④ 선택과 결정

014

☑ 확인 Check!

O	△	X
□	□	□

일반적으로 상담자가 갖추어야 할 기법 중 내담자가 전달하려는 내용에서 한 걸음 더 나아가 그 내면적 감정에 대해 반영하는 것은?

① 해 석
② 공 감
③ 명료화
④ 직 면

015

☑ 확인 Check!

O	△	X
□	□	□

상담기법 중 내담자가 전달하는 이야기의 표면적 의미를 상담자가 다른 말로 바꾸어서 말하는 것은?

① 탐색적 질문
② 요약과 재진술
③ 명료화
④ 적극적 경청

016

☑ 확인 Check!

O	△	X
□	□	□

다음 사례에서 직면기법에 가장 가까운 반응은?

> 집단모임에서 여러 명의 집단원들로부터 부정적인 피드백을 받은 한 집단원에게 다른 집단원이 그의 느낌을 묻자 아무렇지도 않다고 하지만 그의 얼굴 표정이 몹시 굳어있을 때, 지도자가 이를 직면하고자 한다.

① "○○ 씨, 지금 느낌이 어떤가요?"
② "○○ 씨가 방금 아무렇지도 않다고 하는 말이 어쩐지 믿기지 않는군요."
③ "○○ 씨, 내가 만일 ○○ 씨처럼 그런 지적을 받았다면 기분이 몹시 언짢겠는데요."
④ "○○ 씨는 아무렇지도 않다고 말하지만, 지금 얼굴이 아주 굳어있고 목소리가 떨리는군요. 내적으로 지금 어떤 불편한 감정이 있는 것 같은데, ○○ 씨의 반응이 궁금하군요."

017

☑ 확인 Check!

○	△	X
□	□	□

다음 내용에 대한 상담자의 반응 중 공감적 이해 수준이 가장 높은 것은?

> 일단 저에게 맡겨주신 업무에 대해서는 너무 간섭하지 마세요. 제 소신껏 창의적으로 일하고 싶습니다.

① 자네가 알아서 할 일을 내가 부당하게 간섭한다고 생각하지 말게.

② 자네가 지난번에 처리했던 일이 아마 잘못됐었지?

③ 믿고 맡겨준다면 잘할 수 있을 것 같은데, 간섭받는다는 기분이 들어 불쾌한 게로군.

④ 기분이 나쁘더라도 상사의 지시대로 해야지.

018

☑ 확인 Check!

○	△	X
□	□	□

직업상담에서 내담자의 저항을 다루는 방법과 가장 거리가 먼 것은?

① 내담자와의 상담관계를 재점검한다.

② 긴장이완법을 사용한다.

③ 내담자가 위협을 느끼지 않도록 한다.

④ 내담자의 고통을 공감해 준다.

CHAPTER 02　직업상담의 이론 및 접근방법

019

☑ 확인 Check!

○	△	X
□	□	□

상담이론과 심리적 문제의 의미가 잘못 짝지어진 것은?

① 정신분석적 접근 – 무의식적 충동에 대처하기 위한 증상 형성

② 내담자중심 접근 – 자기와 경험의 불일치

③ 행동주의적 접근 – 충동적인 욕구에 의한 부적응적인 행동

④ 인지적 접근 – 비합리적이고 부적응적인 사고방식

020

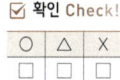

진로선택과 관련된 이론으로 인생 초기의 발달 과정을 중시하는 이론은?

① 인지적 정보처리이론

② 정신분석이론

③ 사회학습이론

④ 진로발달이론

021

정신분석적 상담과정에 관한 설명으로 틀린 것은?

① 심리적 장애의 근원을 과거 경험에서 찾고자 한다.

② 내담자의 유아기적 갈등과 감정을 중요하게 다룬다.

③ 내담자의 무의식적 자료와 방어를 탐색하는 작업을 한다.

④ 심리적 장애행동과 관련된 표준화된 자료를 활용한다.

022

정신분석적 상담에서 내담자의 갈등과 방어를 탐색하고 이를 해석해 나가는 과정은?

① 논 박

② 훈 습

③ 통 찰

④ 조 정

023

다음과 관계있는 상담이론과 학자가 바르게 짝지어진 것은?

> • 사회적 관계를 강조한다.
> • 행동수정보다는 동기수정에 관심을 둔다.
> • 열등감의 극복과 우월성의 추구가 개인의 목표이다.

① 실존주의적 상담 – Frankl
② 개인심리학적 상담 – Adler
③ 형태주의적 상담 – Perls
④ 현실치료적 상담 – Glasser

024

확인 Check!

교류분석적 상담에 관한 설명으로 틀린 것은?

① 대부분의 다른 이론과는 달리 계약적이고 의사결정적이다.
② 새로운 결정을 내릴 수 있는 개인의 능력을 강조한다.
③ 현재를 온전히 음미하고 경험하는 학습을 강조한다.
④ 개인 간 그리고 개인 내부의 상호작용을 분석하기 위한 구조를 제공한다.

025

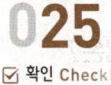

직업상담 중 대면적 관계를 중요시하며, 내담자들로 하여금 자신의 현재 상태에 대해 인식하고 피해자적 역할로부터 벗어날 수 있도록 돕는 것은?

① 개인주의 상담
② 실존주의 상담
③ 교류분석적 상담
④ 형태주의 상담

026

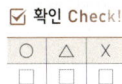

형태주의 상담에 관한 설명으로 틀린 것은?

① 인간은 과거와 환경에 의해 결정되는 존재로 보았다.
② 개인의 발달 초기에서의 문제들을 중요시한다는 점에서 정신분석적 상담과 유사하다.
③ 현재 상황에 대한 자각에 초점을 두고 있다.
④ 개인이 자신의 내부와 주변에서 일어나는 일들을 충분히 자각할 수 있다면 자신이 당면하는 삶의 문제들을 개인 스스로가 효과적으로 다룰 수 있다고 가정한다.

027

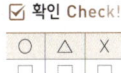

비합리적 신념에 대한 논박을 통해 사고와 감정의 변화를 도모하는 상담이론은?

① 인지 행동적 상담
② 현실치료
③ 교류분석 상담
④ 합리적 정서적 상담

028

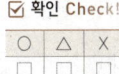

인지적-정서적 상담(RET)의 기본 모델에 대한 설명으로 옳은 것은?

① 선행사건 → 비합리적 신념체계 → 정서적/행동적 결과 → 효과 → 논박
② 선행사건 → 정서적/행동적 결과 → 비합리적 신념체계 → 논박 → 효과
③ 선행사건 → 비합리적 신념체계 → 논박 → 정서적/행동적 결과 → 효과
④ 선행사건 → 비합리적 신념체계 → 정서적/행동적 결과 → 논박 → 효과

029

☑ 확인 Check!

○ △ X
□ □ □

인지 행동적 접근에 해당하는 주된 상담기법을 바르게 짝지은 것은?

> A. 인지적 재구성
> B. 대처기술훈련
> C. 역설적 의도
> D. 자각 촉진기법

① A, B
② A, C
③ C, D
④ B, D

030

☑ 확인 Check!

○ △ X
□ □ □

특성-요인 상담의 특징으로 옳지 않은 것은?

① 상담자 중심의 상담방법이다.
② 문제의 객관적 이해보다는 내담자에 대한 정서적 이해에 중점을 둔다.
③ 내담자에게 정보를 제공하고 학습기술과 사회적 적응기술을 알려주는 것을 중요시한다.
④ 사례연구를 상담의 중요한 자료로 삼는다.

031

☑ 확인 Check!

○ △ X
□ □ □

직업상담에서 특성-요인이론에 관한 설명으로 옳은 것은?

① 대부분의 사람들은 여섯 가지 유형의 성격 특성으로 분류될 수 있다.
② 각각의 개인은 신뢰할 만하고 타당하게 측정될 수 있는 고유한 특성의 집합이다.
③ 개인은 일을 통해 개인적 욕구를 성취하도록 동기화되어 있다.
④ 직업적 선택은 개인의 발달적 특성이다.

032

☑ 확인 Check!

○	△	X
□	□	□

윌리암슨(Williamson)이 구분한 특성-요인 진로상담 과정 중 (A)에 해당하는 것은?

> 분석 → 종합 → (A) → 예후 → 상담 → 추수지도

① 진 단
② 계획의 수행
③ 설 명
④ 정보제공

033

☑ 확인 Check!

○	△	X
□	□	□

Williamson의 특성-요인 직업상담에서 검사의 해석단계에서 이용할 수 있다고 제시한 상담기법은?

① 가 정
② 해 석
③ 변 명
④ 설 명

034

☑ 확인 Check!

○	△	X
□	□	□

비지시적 상담을 원칙으로 자아와 일에 대한 정보 부족 혹은 왜곡에 초점을 맞춘 직업상담은?

① 정신분석 직업상담
② 내담자중심 직업상담
③ 행동적 직업상담
④ 발달적 직업상담

035

☑ 확인 Check!

○	△	X
□	□	□

내담자중심 상담이론에 관한 설명으로 틀린 것은?

① Rogers의 상담경험에서 비롯된 이론이다.

② 상담의 기본목표는 개인이 일관된 자아개념을 가지고 자신의 기능을 최대로 발휘하는 사람이 되도록 도울 수 있는 환경을 제공하는 것이다.

③ 특정 기법을 사용하기보다는 내담자와 상담자 간의 안전하고 허용적인 '나와 너'의 관계를 중시한다.

④ 상담기법으로 적극적 경청, 감정의 반영, 명료화, 공감적 이해, 내담자 정보탐색, 조언, 설득, 가르치기 등이 이용된다.

036

☑ 확인 Check!

○	△	X
□	□	□

내담자중심 상담이론의 특징이 아닌 것은?

① 동일한 상담원리를 정상적 상태에 있는 사람이나 정신적으로 부적응상태에 있는 사람 모두에게 적용한다.

② 상담은 모든 건설적인 대인관계의 실제 사례 중 단지 하나에 불과하다.

③ 실험에 기초한 귀납적인 접근방법이며, 실험적 방법을 상담 과정에 적용한다.

④ 상담의 과정과 그 결과에 대한 연구조사를 통하여 개발되어 왔다.

037

☑ 확인 Check!

○	△	X
□	□	□

불안을 경험할 때 내담자중심 상담에서 불일치를 가정하는 3가지 자아에 해당하지 않는 것은?

① 현실적 자아

② 이상적 자아

③ 당위적 자아

④ 타인이 본 자아

038

☑ 확인 Check!

○	△	X
□	□	□

인간중심(내담자중심) 직업상담을 할 때 직업상담자가 갖추어야 할 세 가지 기본 태도가 아닌 것은?

① 일치성/진실성
② 해석능력
③ 공감적 이해
④ 수 용

039

☑ 확인 Check!

○	△	X
□	□	□

정신역동 상담의 주요 기술이 아닌 것은?

① 전 이
② 훈 습
③ 해 석
④ 선 택

040

☑ 확인 Check!

○	△	X
□	□	□

Bordin의 정신역동적 직업상담에서 사용하는 기법이 아닌 것은?

① 명료화
② 비 교
③ 소망-방어체계
④ 반응 범주화

041

 확인 Check!

○	△	X
□	□	□

수퍼(Super)가 제시한 발달적 직업상담 단계를 바르게 나열한 것은?

> ㄱ. 문제탐색 및 자아개념 묘사
> ㄴ. 현실검증
> ㄷ. 자아수용 및 자아통찰
> ㄹ. 심층적 탐색
> ㅁ. 태도와 감정의 탐색과 처리
> ㅂ. 의사결정

① ㄱ → ㄴ → ㄷ → ㄹ → ㅁ → ㅂ
② ㄱ → ㄹ → ㄷ → ㄴ → ㅁ → ㅂ
③ ㄱ → ㄷ → ㄴ → ㄹ → ㅁ → ㅂ
④ ㄱ → ㄴ → ㄹ → ㄷ → ㅁ → ㅂ

042

확인 Check!

○	△	X
□	□	□

행동주의적 접근의 상담기법 중 공포와 불안이 원인이 되는 부적응 행동이나 회피행동을 치료하는 데 가장 효과적인 기법은?

① 타임아웃 기법
② 모델링 기법
③ 체계적 둔감법
④ 행동조성법

043

확인 Check!

○	△	X
□	□	□

행동주의적 상담기법 중 학습촉진기법과 가장 거리가 먼 것은?

① 강 화
② 변별학습
③ 대리학습
④ 체계적 둔감화

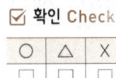

044

행동주의 상담에서 외적인 행동변화를 촉진시키는 방법이 아닌 것은?

① 주장훈련

② 자기관리 프로그램

③ 행동계약

④ 인지적 재구조화

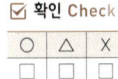

045

강화계획 중 자동차 영업사원이 판매 대수에 따라 일정한 성과급을 받는 것은?

① 고정간격

② 고정비율

③ 변동간격

④ 변동비율

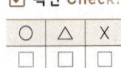

046

포괄적 직업상담에서 내담자가 지닌 직업상의 문제를 가려내기 위해 실시하는 변별적 진단검사와 가장 거리가 먼 것은?

① 직업성숙도검사

② 직업적성검사

③ 직업흥미검사

④ 경력개발검사

047

☑ 확인 Check!

○	△	X
□	□	□

포괄적 직업상담 프로그램은 여러 직업상담 이론들과 일반상담 이론들이 갖는 장점들을 서로 절충하고 단점들을 보완하여 일관성 있는 체계로 통합시키기 위하여 Crites가 제안한 프로그램이다. 이 포괄적 직업상담 프로그램의 문제점은?

① 직업결정 문제의 원인으로 불안에 대한 이해와 불안을 규명하는 방법이 결여되어 있다.

② 직업상담의 문제 중 진학상담과 취업상담에 적합할 뿐 취업 후 직업적응 문제들을 깊이 있게 다루지 못하고 있다.

③ 직업선택에 미치는 내적 요인의 영향을 지나치게 강조한 나머지 외적 요인의 영향에 대해서는 충분하게 고려하고 있지 못하다.

④ 직업상담사가 교훈적 역할이나 내담자의 자아를 명료화하고 자아실현을 시킬 수 있는 적극적 태도를 취하지 않는다면 내담자에게 직업에 대한 정보를 효과적으로 알려줄 수 없다.

CHAPTER 03   직업상담의 실제

몰입 모델 적용 진로상담   적중 예상 문제

048

☑ 확인 Check!

○	△	X
□	□	□

진로상담의 몰입 모델에 따르면 몰입 경험의 두 가지 구조에 따라 진로문제의 성격 및 대처 방안이 달라질 수 있다. 다음 중 일상의 몰입 경험은 낮지만 삶의 의미가 높은 집단에 해당하는 것은?

① 통합 · 분화 발달 집단

② 통합 · 분화 미발달 집단

③ 통합 미발달, 분화 발달 집단

④ 통합 발달, 분화 미발달 집단

강점 분류체계

049

☑ 확인 Check!

O	△	X
□	□	□

다음 중 피터슨과 셀리그만(Peterson & Seligman)이 제시한 강점 분류체계에서 핵심 덕목에 해당하는 것을 올바르게 모두 고른 것은?

> ㄱ. 지혜 및 지식(Wisdom & Knowledge)
> ㄴ. 절제(Temperance)
> ㄷ. 개방성(Open-Mindedness)
> ㄹ. 리더십(Leadership)
> ㅁ. 정의(Justice)
> ㅂ. 자애(Humanity)

① ㄱ, ㄷ, ㅁ
② ㄱ, ㄴ, ㄹ
③ ㄱ, ㄴ, ㅁ, ㅂ
④ ㄴ, ㄷ, ㄹ, ㅁ, ㅂ

SWOT 분석

050

☑ 확인 Check!

O	△	X
□	□	□

다음 중 진로 SWOT 분석에 의한 전략에서 외부 환경의 기회를 활용하여 분석 대상의 약점을 보완하는 전략에 해당하는 것은?

① SO 전략
② WO 전략
③ ST 전략
④ WT 전략

상담목표 설정 ★

051

☑ 확인 Check!

O	△	X
□	□	□

성공적인 상담결과를 위한 상담목표의 특징으로 옳지 않은 것은?

① 변화될 수 없으며 구체적이어야 한다.
② 실현가능한 것이어야 한다.
③ 내담자가 원하고 바라는 것이어야 한다.
④ 상담자의 기술과 양립 가능해야만 한다.

052

☑ 확인 Check!

○	△	X
□	□	□

다음 중 일반적인 직업정보 수집과정을 순서대로 올바르게 나열한 것은?

> ㄱ. 직업분류 제시하기
> ㄴ. 대안 만들기
> ㄷ. 목록 줄이기
> ㄹ. 직업정보 수집하기

① ㄱ → ㄴ → ㄷ → ㄹ
② ㄴ → ㄱ → ㄹ → ㄷ
③ ㄹ → ㄷ → ㄴ → ㄱ
④ ㄷ → ㄴ → ㄱ → ㄹ

053

☑ 확인 Check!

○	△	X
□	□	□

내담자가 수집한 직업목록의 내용이 실현 불가능할 때, 상담사의 개입 방안으로 옳지 않은 것은?

① 브레인스토밍 과정을 통해 내담자의 부적절한 직업목록 내용을 명확히 한다.
② 최종 의사결정은 내담자가 해야 함을 확실히 한다.
③ 내담자가 그 직업들을 시도해 본 후 어려움을 겪게 되면 개입한다.
④ 객관적인 증거나 논리로 추출한 것에 대해서 대화해야 한다.

054

☑ 확인 Check!

○	△	X
□	□	□

직업선택을 위한 마지막 과정인 선택할 직업에 대한 평가과정 중 요스트(Yost)가 제시한 방법이 아닌 것은?

① 원하는 성과연습
② 확률추정연습
③ 대차대조표연습
④ 동기추정연습

055

☑ 확인 Check!

O	△	X
□	□	□

직업선택 결정모형을 기술적 직업결정 모형과 처방적 직업결정 모형으로 분류할 때, 다음 중 기술적 직업결정 모형에 해당하지 않는 것은?

① 브룸(Vroom)의 모형

② 플레처(Fletcher)의 모형

③ 겔라트(Gelatt)의 모형

④ 타이드만과 오하라(Tiedeman & O'Hara)의 모형

056

☑ 확인 Check!

O	△	X
□	□	□

6개의 생각하는 모자(Six Thinking Hats)는 직업상담의 중재와 관련된 단계들 중 무엇을 위한 것인가?

① 직업정보의 수집

② 의사결정의 촉진

③ 보유기술의 파악

④ 시간관의 개선

057

☑ 확인 Check!

O	△	X
□	□	□

다음 중 의사결정의 촉진을 위한 "6개의 생각하는 모자(Six Thinking Hats)" 기법의 모자 색상별 역할에 관한 설명으로 옳은 것은?

① 청색 – 낙관적이며, 모든 일이 잘될 것이라고 생각한다.

② 백색 – 본인과 직업들에 대한 사실들만을 고려한다.

③ 흑색 – 직관에 의존하고, 직감에 따라 행동한다.

④ 황색 – 새로운 대안들을 찾으려 노력하고, 문제들을 다른 각도에서 바라본다.

058

☑ 확인 Check!

다음 중 진로역량 개발을 위한 GROW 코칭 모델의 단계에 포함되지 않는 것은?

① 목표(Goal)
② 역할(Role)
③ 대안(Option)
④ 실행의지(Will)

059

☑ 확인 Check!

론돈(London)의 진로동기 모델은 진로동기를 유지하는 요소로 진로탄력성(Career Resilience)을 강조하고 있다. 다음 중 보기의 내용과 연관된 진로탄력성의 하위 요소에 해당하는 것은?

> 어려운 상황에서도 자신의 미래를 낙관적으로 보고 인내와 끈기로 더 높은 목표를 달성하고자 한다.

① 성취 열망
② 진로 자립
③ 변화 대처
④ 자기 신뢰

060

☑ 확인 Check!

다음 중 저능력 · 저의욕을 가진 구직자에게 가장 적합한 서비스는?

① 직업정보 제공 및 취업알선
② 심층상담 등 밀착 서비스 제공
③ 집단상담 프로그램 등 의욕 증진 서비스 제공
④ 직업훈련, 취업특강 등 구직기술 향상 서비스 제공

061

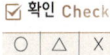

☑ 확인 Check!

○	△	X
□	□	□

다음 구직역량의 역량군 중 구직 기술군의 하위 역량에 포함되는 것을 올바르게 모두 고른 것은?

> ㄱ. 구직 의사결정 능력
> ㄴ. 구직 정보탐색 능력
> ㄷ. 자기 관리 및 개발 능력
> ㄹ. 인적 네트워크 활용 능력
> ㅁ. 구직 서류 작성 능력

① ㄱ, ㄴ, ㄷ
② ㄴ, ㄷ, ㄹ
③ ㄱ, ㄴ, ㄹ, ㅁ
④ ㄱ, ㄴ, ㄷ, ㄹ, ㅁ

062

☑ 확인 Check!

○	△	X
□	□	□

다음 중 취업효능감의 구성요소와 가장 거리가 먼 것은?

① 대리경험
② 성취경험
③ 언어적 설득
④ 사회경제적 여건

063

☑ 확인 Check!

○	△	X
□	□	□

다음 중 자기소개서 작성 시 주의사항으로 옳지 않은 것은?

① 성격의 장점만을 크게 부각시킨다.
② 지원동기에서는 회사에 대한 충성도를 강조한다.
③ 학교생활에 대해서는 지원 직무와의 연관성에 초점을 둔다.
④ 입사 후 포부에서는 지원 분야에 대한 구체적인 계획과 실천력을 표현한다.

064

☑ 확인 Check!

O	△	X
□	□	□

다음 중 보기의 내용과 연관된 면접 방법에 해당하는 것은?

- 일 대 다(多) 형태로 이루어진다.
- 지원자의 문제해결 능력, 직무수행 능력 등을 평가한다.
- 질의응답 시간이 주어지며, 지원자의 구조화 능력 및 발표력 등을 평가한다.

① 역량 면접
② PT 면접
③ 토론 면접
④ 인성 면접

065

☑ 확인 Check!

O	△	X
□	□	□

다음 중 AI 면접(AI 역량검사)의 수행 순서를 올바르게 나열한 것은?

ㄱ. 보상 선호
ㄴ. 상황 대처
ㄷ. 기본 면접
ㄹ. 성향 분석
ㅁ. 심층 면접
ㅂ. AI 게임

① ㄷ → ㄱ → ㄴ → ㅂ → ㄹ → ㅁ
② ㄷ → ㄴ → ㅂ → ㄱ → ㄹ → ㅁ
③ ㄷ → ㄹ → ㄴ → ㄱ → ㅂ → ㅁ
④ ㄷ → ㅂ → ㄴ → ㄱ → ㄹ → ㅁ

066

☑ 확인 Check!

O	△	X
□	□	□

직업상담사가 직업을 전환하고자 하는 내담자에게 우선적으로 탐색해야 할 것은?

① 변화에 대한 인지능력
② 새로운 직업에 대한 성공기대 수준
③ 직업상담에 대한 기대
④ 기존 직업에 대한 애착 수준

067

실업자의 직업전환에 대한 설명으로 틀린 것은?

① 실업자는 나이가 많을수록 취업제의를 받는 비율이 감소한다.

② 조직에서는 청년기, 중년기, 정년 전 등 직업경력의 전환점에서 적절한 훈련 내지 지도조언을 실시하는 경력개발계획을 추진할 필요가 있다.

③ 직업상담에서 실업자에게 생애훈련적 사고를 갖도록 조언하고 촉구하고 참여하도록 권고하여야 한다.

④ 직업전환은 어려운 일이기 때문에 한 직업에 계속해서 종사해야 한다.

068

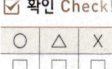

Harren이 제시한 진로의사결정 유형 중 의사결정에 대한 개인적 책임을 부정하고 외부로 책임을 돌리는 경향이 높은 유형은?

① 합리적 유형

② 투사적 유형

③ 직관적 유형

④ 의존적 유형

069

☑ 확인 Check!

다음 중 진로자본(Career Capital)에 대한 설명으로 옳지 않은 것은?

① 소득을 창출할 수 있는 유용성 있는 자원이다.

② 진로성숙역량, 전문지식역량, 인적관계역량을 핵심역량으로 한다.

③ 문화적 자본, 사회적 자본, 경제적 자본 등으로 구성된다.

④ 개인의 자율성 성취에 대한 집착은 긍정적 내적 자본이다.

다음 중 오리아레이(O'Leary)가 제시한 여성의 진로장벽으로서 내적 장벽에 해당하는 것을 올바르게 모두 고른 것은?

> ㄱ. 관리적 여성에 대한 태도
> ㄴ. 역할갈등
> ㄷ. 실패에 대한 두려움
> ㄹ. 직업적 승진에서 지각된 결과들

① ㄱ, ㄴ
② ㄱ, ㄷ, ㄹ
③ ㄴ, ㄷ, ㄹ
④ ㄱ, ㄴ, ㄷ, ㄹ

직업훈련상담

071

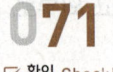
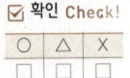

적중 예상 문제

다음 중 직업훈련의 훈련과정 선택지원에 대한 설명으로 옳지 않은 것은?

① 내담자의 훈련 참여의지를 파악한다.
② 내담자의 훈련 요구도 분석을 위해 반구조화된 질문지를 사용한다.
③ 내담자의 적합 분야 및 전공영역 진단을 위해 보통 웩슬러 지능검사를 사용한다.
④ 미래사회에서의 직업변화를 고려하여 훈련과정을 선택한다.

CHAPTER 04 프로그램 운영 및 행정

집단직업상담의 특징 ★

072

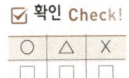

2023년, 2013년 3회, 2010년 2회

집단직업상담에 관한 설명으로 가장 적합하지 않은 것은?

① 집단직업상담은 개인 직업상담보다 일반적으로 직업성숙도가 높은 사람들에게 더 효과적이다.
② 가능한 모임의 횟수를 최소화해야 한다.
③ 남성과 여성은 집단직업상담에 임할 때의 목표가 서로 다를 수 있으므로 성별을 고려해야 한다.
④ Butcher는 집단직업상담의 3단계로 탐색단계, 전환단계, 행동단계를 제시하였다.

073

Butcher가 제시한 집단직업상담을 위한 3단계 모델에 해당하지 않는 것은?

① 탐색단계

② 전환단계

③ 실행단계

④ 행동단계

074

다음 중 사이버 직업상담의 장점과 가장 거리가 먼 것은?

① 개인의 지위, 연령, 신분, 권력 등을 짐작할 수 있는 사회적 단서가 제공되지 않으므로 전달되는 내용 자체에 많은 주위를 기울이고 의미를 부여할 수 있다.

② 내담자의 자발적 참여로 상담이 진행되는 경우가 대면상담에 비해 압도적으로 많으므로 내담자들의 문제해결에 대한 동기가 높다고 할 수 있다.

③ 내담자 자신의 정보를 선택적으로 공개할 수 있고 언제든지 상담을 중단할 수 있어 매우 편리하다.

④ 상담자와 직접 얼굴을 마주하지 않기 때문에 자신의 행동이나 감정에 대한 즉각적인 판단이나 비판을 염려하지 않아도 된다.

075

사이버 직업상담 기법으로 적합하지 않은 것은?

① 질문내용 구상하기

② 핵심 진로논점 분석하기

③ 진로논점 유형 정하기

④ 직업정보 가공하기

076

☑ 확인 Check!

○	△	X
□	□	□

전화상담의 장점이 아닌 것은?

① 상담관계가 안정적이다.
② 응급상황에 있는 내담자에게 도움이 된다.
③ 청소년의 성문제 같은 사적인 문제를 상담하는 데 좋다.
④ 익명성이 보장되어 신분노출을 꺼리는 내담자에게 적합하다.

077

☑ 확인 Check!

○	△	X
□	□	□

협업은 관계의 집중도에 따라 단계별로 구분된다. 다음 중 관계의 집중도가 가장 강한 협업 수준에 해당하는 것은?

① 통합(Consolidation)
② 협력(Cooperation)
③ 융합(Convergence)
④ 협업(Collaboration)

078

☑ 확인 Check!

○	△	X
□	□	□

다음 중 보기의 내용과 연관된 네트워크 구축 방법으로 옳은 것은?

> 구인기업과 구직자가 현장에서 회사 홍보 및 면접을 통해 채용 결정이 이루어지거나 취업과 관련된 정보를 제공한다.

① 취업박람회(Job Fair)
② 컨퍼런스(Conference)
③ 워크숍(Workshop)
④ 세미나(Seminar)

079

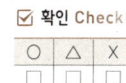

다음 중 직업상담의 행정에서 사무 관리의 목적으로 가장 옳은 것은?

① 직업상담 과정에서 생산되는 정보를 효율적으로 관리한다.

② 내담자에 대한 정보보호를 위한 시스템을 구축한다.

③ 직업상담의 실적 결과물들을 체계적으로 보관 · 관리 · 평가한다.

④ 내담자가 편안함을 느낄 수 있는 상담실 환경을 조성한다.

080

다음 행사 홍보의 방법 중 일종의 입소문 마케팅으로 인적 네트워크를 통해 정보를 전달하는 방식에 해당하는 것은?

① DM(Direct Mail)

② 스폿 리싱(Spot Leasing)

③ 스플래시 스크린(Splash Screen)

④ 바이럴 마케팅(Viral Marketing)

081

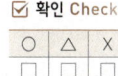

다음 중 행사운영을 위한 리허설 유형에 대한 설명으로 옳지 않은 것은?

① 리딩 리허설 – 작가와 연출자가 참여대본을 읽어봄으로써 연출 의지를 출연진, 스태프에게 인지시킨다.

② 드레스 리허설 – 화장, 의상, 조명, 음향 등 모든 조건을 완비하고 실제와 동일하게 실시한다.

③ 카메라 리허설 – 실제 촬영을 하듯이 카메라 위치나 동선, 그밖에 기술적인 문제 등을 점검한다.

④ 런 스루 리허설 – 카메라를 작동한 상태에서 실제와 같이 마지막으로 진행한다.

정답은 158p '한눈에 정답 체크하기'에서 확인하세요.

★★★ : 5회 이상 多 기출문제, ★★ : 4회 이상 多 기출문제, ★ : 3회 이상 多 기출문제

CHAPTER 01   직업 및 산업분류의 활용

한국표준직업분류(KSCO) Ⅰ – 직업의 정의 1 ★★   2021년 3회, 2018년 3회, 2016년 2회, 2013년 2회

001

☑ 확인 Check!

○	△	X
□	□	□

직업성립의 일반요건과 가장 거리가 먼 것은?

① 윤리성
② 경제성
③ 계속성
④ 사회보장성

한국표준직업분류(KSCO) Ⅱ – 직업의 정의 2   2016년 1회

002

☑ 확인 Check!

○	△	X
□	□	□

한국표준직업분류상 직업으로 볼 수 있는 활동은?

① 주식투자에 의한 시세차익이 있는 경우
② 자기 집의 가사 활동에 전념하는 경우
③ 사회복지시설 수용자의 시설 내 경제활동
④ 의무복무가 아닌 부사관

한국표준직업분류(KSCO) Ⅲ – 직업분류의 목적   2010년 3회

003

☑ 확인 Check!

○	△	X
□	□	□

한국표준직업분류의 목적 및 활용에 해당하지 않는 것은?

① 취업알선을 위한 구인 · 구직안내 기준
② 직종별 급여 및 수당지급 결정 기준
③ 실직자의 직업훈련을 지원하기 위한 기준
④ 산재보험요율, 생명보험요율 또는 교통사고 보상액 등의 결정 기준

2010년 1회, 2009년 2회

004

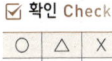

한국표준직업분류에서 다음이 의미하는 것은?

> 자영업을 포함하여 특정한 고용주를 위하여 개별 종사자들이 수행하거나 또는 수행해야 할 일련의 업무와 과업

① 직 군

② 직 렬

③ 직 업

④ 직 무

2009년 3회, 2005년 1회

005

한국표준직업분류에서 직업을 분류하는 기준은?

① 직무와 직종

② 직무와 직능

③ 직무와 자격

④ 직능과 직종

2017년 3회, 2011년 2회

006

다음은 한국표준직업분류의 어떤 직능수준에 해당하는 설명인가?

> 일반적으로 중등교육을 마치고 1~3년 정도의 추가적인 교육과정(ISCED 수준5) 정도의 정규교육 또는 직업훈련을 필요로 한다.

① 제1직능수준

② 제2직능수준

③ 제3직능수준

④ 제4직능수준

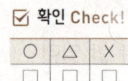

007 한국표준직업분류의 대분류에서 제4직능수준 혹은 제3직능수준을 필요로 하는 것은?

① 관리자

② 사무 종사자

③ 서비스 종사자

④ 기능원 및 관련 기능 종사자

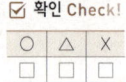

008 한국표준직업분류의 대분류 9에 해당하는 것은?

① 사무 종사자

② 단순노무 종사자

③ 서비스 종사자

④ 기능원 및 관련 기능 종사자

009 한국표준직업분류의 포괄적인 업무에 대한 직업분류 원칙에 해당되지 않는 것은?

① 주된 직무 우선 원칙

② 최상급 직능수준 우선 원칙

③ 수입 우선의 원칙

④ 생산업무 우선 원칙

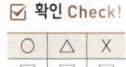

010 한국표준직업분류에서 분류원칙에 대한 설명으로 틀린 것은?

① 포괄적인 업무의 경우에는 직무 내용상 상관성이 많은 항목에 분류한다.

② 다수 직업 종사자의 경우에는 취업시간이 많은 직업을 택한다.

③ 포괄적인 업무의 경우에는 높은 수준의 직무능력을 필요로 하는 항목에 따라서 분류한다.

④ 재화의 생산 및 공급과정의 상이한 단계에 연관된 업무인 경우에는 공급과정에 관련된 업무에 따라 분류한다.

011

☑ 확인 Check!

O	△	X
□	□	□

한 사람이 전혀 상관이 없는 두 가지 이상의 직업에 종사할 경우 그 사람의 직업을 결정하는 일반적 원칙이 아닌 것은?

① 취업시간이 많은 직업을 택한다.

② 수입이 많은 직업을 택한다.

③ 경력이 많은 직업을 택한다.

④ 최근의 직업을 택한다.

012

☑ 확인 Check!

O	△	X
□	□	□

한국고용직업분류(KECO)의 분류 원칙에 대한 설명으로 옳은 것은?

① 직업분류에서 일반적으로 사용하는 10진법을 준용하였다.

② 직능수준(Skill Level)을 분류의 우선적인 기준으로 사용하였다.

③ 직업분류의 기본 원칙인 포괄성과 배타성을 고려하여 분류하였다.

④ 최소 고용인원을 고려하여 모든 직무를 일괄적으로 직업단위로 분류하였다.

013

☑ 확인 Check!

O	△	X
□	□	□

다음 중 한국표준산업분류(제11차)의 주요 개정 내용으로 가장 옳은 것은?

① 콩나물 재배업은 기타 시설작물 재배업으로 통합하였다.

② 운송장비용 이차전지 제조업은 기타 이차전지 제조업으로 통합하였다.

③ 부동산 중개 및 대리업은 부동산 중개업과 부동산 대리업으로 세분하였다.

④ 국제기준을 반영하여 사회보장보험업 및 연금업을 '대분류 O'에서 '대분류 K'로 이동하였다.

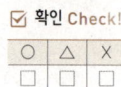

014

☑ 확인 Check!

O	△	X
☐	☐	☐

한국표준산업분류에 관한 설명으로 틀린 것은?

① 산업활동의 범위에는 영리적, 비영리적 활동 및 가정 내의 가사 활동 등을 모두 포함한다.

② 한국표준산업분류는 통계작성 목적 이외에도 일반 행정 및 산업정책 관련 법령에서 적용 대상 산업영역을 한정하는 기준으로 준용되고 있다.

③ 산업분류는 산출물·투입물의 특성, 생산활동의 일반적인 결합형태와 같은 기준에 의하여 분류된다.

④ 사업체 단위는 공장, 광산, 상점, 사무소 등과 같이 산업활동과 지리적 장소의 양면에서 가장 동질성이 있는 통계단위이다.

015

☑ 확인 Check!

O	△	X
☐	☐	☐

한국표준산업분류의 분류 목적에 관한 설명으로 틀린 것은?

① 산업활동에 의한 통계 자료의 수집, 제표, 분석 등을 위해서 활동 분류 및 범위를 제공한다.

② 일반 행정 및 산업정책 관련 법령에서 적용대상 산업영역을 한정하는 기준으로 준용된다.

③ 취업알선을 위한 구인·구직안내 기준으로 사용된다.

④ 산업통계 자료의 정확성, 비교성을 위하여 모든 통계작성기관이 의무적으로 사용해야 한다.

016

☑ 확인 Check!

O	△	X
☐	☐	☐

한국표준산업분류의 산업분류 기준에 해당되지 않는 것은?

① 투입물의 특성

② 생산활동의 일반적인 결합형태

③ 생산된 재화 또는 제공된 서비스의 특성

④ 생산단위가 수행하는 산업활동의 차별성

017

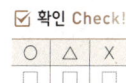

한국표준산업분류에서 하나 이상의 장소에서 이루어지는 단일 산업활동의 통계단위는?

① 기업집단 단위

② 기업체 단위

③ 활동유형 단위

④ 지역 단위

018

한국표준산업분류에서 생산단위의 활동 형태에 관한 설명으로 틀린 것은?

① 모 생산단위의 생산품을 포장하기 위한 캔, 상자 및 유사 제품의 생산은 보조단위로 본다.

② 주된 산업활동이란 산업활동이 복합 형태로 이루어질 경우 생산된 재화 또는 제공된 서비스 중 부가가치(액)가 가장 큰 활동을 의미한다.

③ 부차적 산업활동은 주된 산업활동 이외의 재화 생산 및 서비스 제공 활동을 의미한다.

④ 보조 활동에는 회계, 운송, 구매, 판매 촉진, 수리 서비스 등이 포함된다.

019

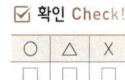

한국표준산업분류의 산업 결정 방법에 관한 설명으로 틀린 것은?

① 생산단위의 산업활동은 그 생산단위가 수행하는 주된 산업활동의 종류에 따라 결정된다.

② 계절에 따라 정기적으로 산업을 달리하는 사업체의 경우에는 조사시점에 경영하는 사업과는 관계없이 조사대상 기간 중 산출액이 많았던 활동에 의하여 분류된다.

③ 단일사업체의 보조단위는 그 사업체의 일개 부서로 포함하지 않고 별도의 사업체로 처리한다.

④ 휴업 중 또는 자산을 청산 중인 사업체의 산업은 영업 중 또는 청산을 시작하기 이전의 산업활동에 의하여 결정하며, 설립 중인 사업체는 개시하는 산업활동에 따라 결정한다.

020

☑ 확인 Check!

O	△	X
□	□	□

한국표준산업분류의 적용원칙에 관한 설명으로 틀린 것은?

① 생산단위는 산출물뿐만 아니라 투입물과 생산공정 등을 함께 고려하여 그들의 활동을 가장 정확하게 설명된 항목에 분류해야 한다.

② 복합적인 활동단위는 우선적으로 최상급 분류단계(대분류)를 정확히 결정하고, 순차적으로 중, 소, 세, 세세분류 단계 항목을 결정하여야 한다.

③ 산업활동이 결합되어 있는 경우에는 그 활동단위의 주된 활동에 따라서 분류하여야 한다.

④ 수수료 또는 계약에 의하여 활동을 수행하는 단위는 자기계정과 자기책임하에서 생산하는 단위와 다른 항목에 분류되어야 한다.

021

☑ 확인 Check!

O	△	X
□	□	□

한국표준산업분류의 분류구조 및 부호체계에 관한 설명으로 옳은 것은?

① 부호처리를 할 경우에는 알파벳 문자와 아라비아 숫자를 함께 사용토록 했다.

② 권고된 국제분류 ISIC Rev.4를 기본체계로 하였으나, 국내 실정을 고려하여 독자적으로 분류 항목과 분류 부호를 설정하였다.

③ 중분류의 번호는 001부터 999까지 부여하였으며, 대분류별 중분류 추가 여지를 남겨놓기 위하여 대분류 사이에 번호 여백을 두었다.

④ 소분류 이하 모든 분류의 끝자리 숫자는 01에서 시작하여 99에서 끝나도록 하였다.

CHAPTER 02   직업정보 수집

022

☑ 확인 Check!

O	△	X
□	□	□

직업상담 시 제공하는 직업정보의 기능과 역할에 대한 설명으로 틀린 것은?

① 여러 가지 직업적 대안들의 정보를 제공한다.

② 내담자의 흥미, 적성, 가치 등을 파악하는 것이 직업정보의 주기능이다.

③ 경험이 부족한 내담자에게 다양한 직업들을 간접적으로 접할 기회를 제공한다.

④ 내담자가 자신의 선택이 현실에 비추어 부적당한 선택이었는지를 점검하고 재조정해 볼 수 있는 기초를 제공한다.

고용통계용어 Ⅰ

023

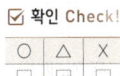

비경제활동인구에 포함되지 않는 사람은?

① 일기불순이나 노동재해 등의 이유로 인한 일시휴직자

② 가사를 돌보는 가정주부

③ 초 · 중 · 고등학교에 재학 중인 학생

④ 심신장애자

고용통계용어 Ⅱ

024

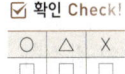

다음 중 경제활동인구조사에서 사용하는 용어에 관한 설명으로 틀린 것은?

① 15세 이상 인구 : 매월 15일 현재 만 15세 이상인 자

② 경제활동인구 : 만 15세 이상 인구 중 취업자와 실업자

③ 취업자 : 조사대상기간 중 수입을 목적으로 5시간 이상 일한 자

④ 자영업자 : 고용원이 있는 자영업자 및 고용원이 없는 자영업자를 합친 개념

고용통계용어 Ⅲ

025

경제활동인구조사에서 종사상 지위로 고용계약기간이 1개월 미만인 임금근로자는?

① 임시근로자

② 계약직근로자

③ 고용직근로자

④ 일용근로자

026

☑ 확인 Check!

O	△	X
□	□	□

다음 표의 2012년 7월 고용동향에 대한 분석으로 틀린 것은?

〈실업자 및 실업률〉

(단위 : 천 명, %, %p, 전년동월대비)

	2011. 7	2012. 6	증 감	증감률	2012. 7	증 감	증감률
실업자	837	822	-17	-2.1	795	-42	-5.0
남 자	530	505	-1	-0.3	501	-29	-5.5
여 자	307	317	-16	-4.8	294	-13	-4.2
실업률	3.3	3.2	-0.1p	-	3.1	-0.2p	-
(계절조정)	(3.3)	(3.2)			(3.1)		
남 자	3.6	3.4	0.0p	-	3.3	-0.3p	-
(계절조정)	(3.6)	(3.4)			(3.3)		
여 자	2.9	2.9	-0.2p	-	2.7	-0.2p	-
(계절조정)	(2.9)	(2.9)			(2.8)		

① 실업자는 79만 5천 명으로 전월대비 4만 2천 명(-5.0%) 감소하였다.

② 실업자는 성별로 보면 전년동월대비 남자는 50만 1천 명으로 2만 9천 명(-5.5%) 감소하였고, 여자는 29만 4천 명으로 1만 3천 명(-4.2%) 감소하였다.

③ 실업률은 성별로 보면 남자는 3.3%로 전년동월대비 0.3%p 하락하였고, 여자는 2.7%로 전년동월대비 0.2%p 하락하였다.

④ 계절조정 실업률은 3.1%로 전월대비 0.1%p 하락하였다.

027

☑ 확인 Check!

O	△	X
□	□	□

직업정보의 수집방법 중 기존 자료에 의한 수집방법이 아닌 것은?

① 각종 통계조사, 업무통계

② 신문 등 보도기사

③ 구직표 · 구인표

④ 직업안정기관 이용자로부터의 수집

028

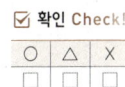

직업정보 수집방법으로서 면접법에 관한 설명으로 가장 적합하지 않은 것은?

① 표준화 면접은 비표준화 면접보다 타당도가 높다.

② 면접법은 질문지법보다 응답범주의 표준화가 어렵다.

③ 면접법은 질문지법보다 제3자의 영향을 배제할 수 있다.

④ 표준화 면접에는 개방형 및 폐쇄형 질문을 모두 사용할 수 있다.

029

직업정보 수집을 위해 질문지를 마련할 때 문항 작성 및 배열의 원칙과 가장 거리가 먼 것은?

① 개인 사생활에 관한 질문과 같이 민감한 질문은 가급적 뒤로 배치하는 것이 좋다.

② 질문 내용은 가급적 구체적인 용어로 표현하는 것이 좋다.

③ 특수한 것을 먼저 묻고 그 다음에 일반적인 것을 질문하도록 하는 것이 좋다.

④ 질문은 논리적인 순서에 따라 자연스럽게 배치하는 것이 좋다.

030

내용분석법을 통해 직업정보를 수집할 때의 장점이 아닌 것은?

① 정보제공자의 반응성이 높다.

② 장기간의 종단연구가 가능하다.

③ 필요한 경우 재조사가 가능하다.

④ 역사연구 등 소급조사가 가능하다.

031

한국직업사전(2020)에서 알 수 있는 직업관련 정보가 아닌 것은?

① 표준산업분류 코드
② 직무개요
③ 수행직무
④ 임금수준

032

한국직업사전(2020)의 직업코드 기준은?

① 한국고용직업분류의 대분류
② 한국고용직업분류의 중분류
③ 한국고용직업분류의 소분류
④ 한국고용직업분류의 세분류

033

한국직업사전의 부가 직업정보에 해당되지 않는 것은?

① 직무기능(DPT)
② 숙련기간
③ 자격 · 면허
④ 직무개요

034

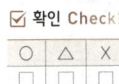

한국직업사전(2020)의 부가 직업정보에서 정규교육에 관한 설명으로 틀린 것은?

① 해당 직업의 직무를 수행하는 데 필요한 일반적인 정규교육수준을 의미한다.

② 현행 우리나라 정규교육과정의 연한을 고려하여 그 수준은 6개로 분류된다.

③ 해당 직업 종사자의 평균 학력을 나타낸 것이다.

④ 독학, 검정고시 등을 통해 정규교육과정을 이수하였다고 판단되는 기간도 포함된다.

035

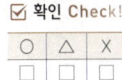

한국직업사전(2020)의 숙련기간에 대한 설명으로 틀린 것은?

① 정규교육과정을 이수한 후 해당 직업의 직무를 평균적인 수준으로 스스로 수행하기 위하여 필요한 각종 교육, 훈련, 숙련기간을 의미한다.

② 해당 직업에 필요한 자격·면허를 취득하는 취업 전 교육 및 훈련기간이 해당되며, 취업 후에 이루어지는 관련 자격·면허 취득 교육 및 훈련기간은 포함되지 않는다.

③ 해당 직무를 평균적으로 수행하기 위한 각종 교육·훈련기간, 수습교육, 기타 사내교육, 현장훈련 등이 포함된다.

④ 해당 직무를 평균적인 수준 이상으로 수행하기 위한 향상훈련은 숙련기간에 포함되지 않는다.

036

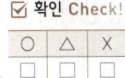

한국직업사전(2020)의 직무기능에 해당하지 않는 것은?

① 환 경

② 자 료

③ 사 물

④ 사 람

037

☑ 확인 Check!

○	△	X
□	□	□

한국직업사전에서 제공하는 정보 중 직무기능(DPT)은 해당 직무를 수행하는 작업자가 자료, 사람, 사물과 맺는 관계를 나타내는 것이다. 다음 표의 (   ) 안에 들어갈 알맞은 것은?

수 준	자료(Data)	사람(People)	사물(Thing)
0	종합	자문	설치
1	(A)	협의	정밀작업
2	분석	(B)	제어조작
3	수집	감독	(C)
4	계산	오락제공	수동조작

① A : 조정, B : 교육, C : 조작운전
② A : 기록, B : 설득, C : 유지
③ A : 비교, B : 말하기 · 신호, C : 투입 · 인출
④ A : 관련 없음, B : 서비스 제공, C : 단순작업

038

☑ 확인 Check!

○	△	X
□	□	□

한국직업사전(2020)의 부가정보 중 "자료"에 관한 설명으로 틀린 것은?

① 종합 – 사실을 발견하고 지식개념 또는 해석을 개발하기 위해 자료를 종합적으로 분석한다.
② 분석 – 조사하고 평가하며, 평가와 관련된 대안적 행위의 제시가 빈번하게 포함된다.
③ 계산 – 사칙연산을 실시하고 사칙연산과 관련하여 규정된 활동을 수행하거나 보고한다. 수를 세는 것도 포함된다.
④ 기록 – 데이터를 옮겨 적거나 입력하거나 표시한다.

039

☑ 확인 Check!

○	△	X
□	□	□

한국직업사전(2020)의 작업강도 중 '보통 작업'에 대한 설명으로 옳은 것은?

① 최고 4kg의 물건을 들어 올리고 때때로 장부, 대장, 소도구 등을 들어 올리거나 운반한다.
② 최고 8kg의 물건을 들어 올리고 4kg 정도의 물건을 빈번히 들어 올리거나 운반한다.
③ 최고 20kg의 물건을 들어 올리고 10kg 정도의 물건을 빈번히 들어 올리거나 운반한다.
④ 최고 40kg의 물건을 들어 올리고 20kg 정도의 물건을 빈번히 들어 올리거나 운반한다.

040

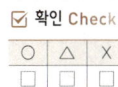

한국직업사전(2020)의 부가 직업정보 중 작업강도에 관한 설명으로 옳은 것은?

① 작업강도는 해당 직업의 직무를 수행하는 데 필요한 육체적 힘의 강도를 나타낸 것으로 3단계로 분류하였다.

② 작업강도는 심리적·정신적 노동강도는 고려하지 않았다.

③ 보통 작업은 최고 40kg의 물건을 들어 올리고 20kg 정도의 물건을 빈번히 들어 올리거나 운반한다.

④ 운반이란 물체를 주어진 높이에서 다른 높이로 올리거나 내리는 작업을 의미한다.

041

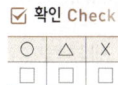

한국직업사전의 부가 직업정보 중 작업환경에 대한 설명으로 틀린 것은?

① 작업환경은 해당 직업의 직무를 수행하는 작업자에게 직접적으로 물리적, 신체적 영향을 미치는 작업장의 환경요인을 나타낸 것이다.

② 작업환경의 측정은 조사자가 느끼는 신체적 반응 및 작업자의 반응을 듣고 판단한다.

③ 작업환경은 저온·고온, 다습, 소음·진동, 위험내재, 대기환경미흡으로 구분한다.

④ 작업환경은 사업체의 규모와 특성에 따라 달라질 수 있으나 동일사업체의 경우에는 작업장마다 절대적인 기준이 된다.

042

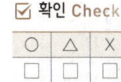

한국직업전망의 수록 직업 선정에 관한 설명으로 틀린 것은?

① 수록 직업은 한국표준직업분류의 중분류 직업에 기초하여 종사자 수가 일정 규모 이상인 경우를 원칙으로 선정하였다.

② 청소년 및 구직자의 관심이 높거나 직업정보를 제공할 가치가 있다고 판단되는 직업을 추가 선정하였다.

③ 직업 선정 시 승진을 통해 진입하게 되는 관리직은 제외하였다.

④ 직무가 유사한 직업들은 하나로 통합하거나 소분류(3-digits) 수준에서 통합하였다.

043

☑ 확인 Check!

○	△	X
□	□	□

'2021~2023 한국직업전망(일자리 전망 통합본)'의 직업별 일자리 전망 결과에서 '다소 증가'로 전망되지 않은 것은?

① 항공기조종사
② 경찰관
③ 방송기자
④ 손해사정사

044

☑ 확인 Check!

○	△	X
□	□	□

국가직무능력표준(NCS)에 관한 설명으로 틀린 것은?

① 산업현장에서 직무를 수행하기 위해 요구되는 지식·기술·태도 등의 내용을 국가가 체계화한 것이다.
② 한국고용직업분류를 중심으로 분류하였으며, 대분류 → 중분류 → 소분류 → 세분류 순으로 구성되어 있다.
③ 능력단위는 NCS 분류의 하위단위로서 능력단위요소, 직업기초능력 등으로 구성되어 있다.
④ NCS 선정은 중분류 단위를 원칙으로 하되 소분류나 세분류 단위로 선정할 수 있다.

045

☑ 확인 Check!

○	△	X
□	□	□

다음은 어떤 직업훈련지원제도에 관한 설명인가?

> 급격한 기술발전에 적응하고 노동시장 변화에 대응하는 사회안전망 차원에서 생애에 걸친 역량개발 향상 등을 위해 국민 스스로 직업능력개발훈련을 실시할 수 있도록 훈련비 등을 지원

① 국가기간·전략산업직종 훈련
② 사업주 직업능력개발훈련
③ 국민내일배움카드
④ 일학습병행

046

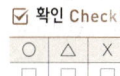

국민내일배움카드의 지원대상에 해당하지 않는 것은?

① 「한부모가족지원법」에 따른 지원대상자

② 「고용보험법 시행령」에 따른 기간제근로자인 피보험자

③ 「수산업 · 어촌 발전 기본법」에 따른 어업인으로서 어업 이외의 직업에 취업하려는 사람

④ 만 75세 이상인 사람

047

다음 검정기준에서 설명하는 국가기술자격 등급은?

> 해당 국가기술자격의 종목에 관한 고도의 전문지식과 실무경험에 입각한 계획 · 연구 · 설계 · 분석 · 조사 · 시험 · 시공 · 감리 · 평가 · 진단 · 사업관리 · 기술관리 등의 업무를 수행할 수 있는 능력 보유

① 기술사

② 기능장

③ 기 사

④ 산업기사

048

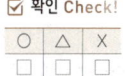

다음은 어떤 국가기술자격 등급의 검정기준인가?

> 해당 국가기술자격의 종목에 관한 숙련기능을 가지고 제작 · 제조 · 조작 · 운전 · 보수 · 정비 · 채취 · 검사 또는 작업관리 및 이에 관련되는 업무를 수행할 수 있는 능력 보유

① 기능사

② 산업기사

③ 기 사

④ 기능장

2015년 3회, 2012년 2회

049

☑ 확인 Check!

O	△	X
□	□	□

국가기술자격 기사의 응시자격기준으로 틀린 것은?

① 기능사 자격을 취득한 후 응시하려는 종목이 속하는 동일 및 유사 직무분야에서 2년 이상 실무에 종사한 사람

② 산업기사 등급 이상의 자격을 취득한 후 응시하려는 종목이 속하는 동일 및 유사 직무분야에서 1년 이상 실무에 종사한 사람

③ 응시하려는 종목이 속하는 동일 및 유사 직무분야의 다른 종목의 기사 등급 이상의 자격을 취득한 사람

④ 응시하려는 종목이 속하는 동일 및 유사 직무분야에서 4년 이상 실무에 종사한 사람

2020년 1·2회, 2014년 1회

050

☑ 확인 Check!

O	△	X
□	□	□

국가기술자격 산업기사 응시요건으로 틀린 것은?

① 응시하려는 종목이 속하는 동일 및 유사 직무분야에서 1년 이상 실무에 종사한 사람

② 관련학과의 2년제 또는 3년제 전문대학졸업자 등 또는 그 졸업예정자

③ 고용노동부령이 정하는 기능경기대회 입상자

④ 응시하려는 종목이 속하는 동일 및 유사 직무분야의 다른 종목의 산업기사 등급 이상의 자격을 취득한 사람

2015년 2회, 2010년 2회, 2009년 2회

051

☑ 확인 Check!

O	△	X
□	□	□

서비스 분야 국가기술자격 종목별 응시자격 기준으로 틀린 것은?

① 컨벤션기획사 1급 - 대학졸업자 등으로서 졸업 후 응시하고자 하는 종목이 속하는 동일 직무분야에서 5년 이상 실무에 종사한 자

② 소비자전문상담사 1급 - 소비자상담 관련 실무경력 3년 이상인 사람

③ 임상심리사 2급 - 임상심리와 관련하여 1년 이상 실습수련을 받은 사람 또는 2년 이상 실무에 종사한 사람으로서 대학졸업자 및 졸업예정자

④ 스포츠경영관리사 - 제한 없음

052

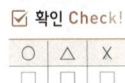

국가기술자격 중 응시자격의 제한이 없는 서비스 분야는?

① 스포츠경영관리사
② 임상심리사 2급
③ 컨벤션기획사 1급
④ 국제의료관광코디네이터

053

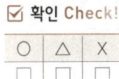

다음 국가기술자격 종목이 공통으로 해당하는 직무분야는?

- 산업위생관리기사
- 가스기사
- 와전류비파괴검사기사
- 인간공학기사

① 안전관리
② 환경 · 에너지
③ 기 계
④ 재 료

054

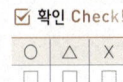

실기능력이 중요하여 필기시험이 면제되는 국가기술자격 기능사 종목이 아닌 것은?

① 조적기능사
② 건축도장기능사
③ 도배기능사
④ 미용사(피부)

055

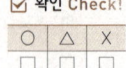

다음 중 국가기술자격 종목에 해당하지 않는 것은?

① 임상심리사 2급

② 컨벤션기획사 2급

③ 그린전동자동차기사

④ 자동차관리사 2급

056

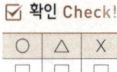

고용24(워크넷)에서 채용정보검색 조건에 해당하지 않는 것은?

① 소정근로시간

② 고용형태

③ 희망직종

④ 희망임금

057

확인 Check!

고용24(워크넷) 채용정보검색 중 기업형태별 검색에 해당하지 않는 것은?

① 강소기업

② 대기업

③ 중소기업

④ 일학습병행기업

058

확인 Check!

고용24(워크넷) 직업 · 진로에서 제공하는 청소년 직업흥미검사의 하위척도가 아닌 것은?

① 활동척도

② 자신감척도

③ 직업척도

④ 가치관척도

059

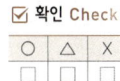

고용24(워크넷)에서 제공하는 직업선호도검사 L형의 하위검사가 아닌 것은?

① 흥미검사

② 성격검사

③ 생활사검사

④ 구직취약성적응도검사

060

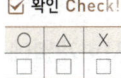

고용24(워크넷)에서 제공하는 성인용 직업적성검사의 적성요인과 하위검사를 짝지은 것으로 틀린 것은?

① 언어력 – 어휘력 검사, 문장독해력 검사

② 수리력 – 계산력 검사, 자료해석력 검사

③ 추리력 – 수열추리 1, 2 검사, 도형추리 검사

④ 사물지각력 – 지각속도 검사, 기호쓰기 검사

061

확인 Check!

다음 (   ) 안에 알맞은 것은?

> 한국직업정보시스템[고용24(워크넷) 직업·진로]에서 직업의 전망조건을 '매우 밝음'으로 선택하여 직업정보를 검색하면 직업전망이 상위 (   ) 이상인 직업만 검색된다.

① 10%

② 15%

③ 20%

④ 25%

2012년 1회

062

☑ 확인 Check!

○	△	X
□	□	□

한국직업정보시스템[고용24(워크넷) 직업 · 진로]에서 백분위 점수의 중요도 형태로 제공되지 않는 정보는?

① 평균임금
② 직업가치관
③ 업무수행능력
④ 성 격

2012년 3회

063

☑ 확인 Check!

○	△	X
□	□	□

고용24(워크넷) 직업 · 진로에서 제공하는 학과정보 검색방법이 아닌 것은?

① 키워드로 학과 찾기
② 조건별 검색
③ 계열별 검색
④ 학과 검색 내용

2016년 2회

064

☑ 확인 Check!

○	△	X
□	□	□

한국직업정보시스템[고용24(워크넷) 직업 · 진로]에서 제공하는 학과정보 중 사회계열에 해당하지 않는 학과는?

① 경제학과
② 정치외교학과
③ 문헌정보학과
④ 신문방송학과

065

☑ 확인 Check!

○	△	X
□	□	□

한국직업정보시스템[고용24(워크넷) 직업 · 진로]에서 제공하는 학과정보 중 공학계열에 해당하는 학과가 아닌 것은?

① 식품생명공학과
② 건축학과
③ 안경광학과
④ 메카트로닉스공학과

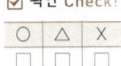

066

☑ 확인 Check!

○	△	X
□	□	□

고용24(워크넷) 직업 · 진로에서 제공하는 학과정보가 아닌 것은?

① 관련학과/교과목
② 개설대학
③ 진출직업
④ 졸업자 평균연봉

Q−Net　　　　　　　　　　　　　　　　　　　　　　　　　　　　　　　　　　　2017년 2회

067

☑ 확인 Check!

○	△	X
□	□	□

Q−Net에서 제공하는 자격정보에 관한 설명으로 틀린 것은?

① 국가자격정보는 한국산업인력공단에서 시행하는 자격정보만을 제공한다.
② 국가공인민간자격 정보를 민간자격정보서비스(www.pqi.or.kr)와 연계하여 제공한다.
③ 국가기술자격 통계연보를 제공한다.
④ 미국, 호주, 독일 등 외국의 자격제도 운영현황 정보를 제공한다.

WORLDJOB⁺　　　　　　　　　　　　　　　　　　　　　　　　　　　　　　　2016년 2회

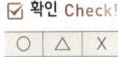

068

☑ 확인 Check!

○	△	X
□	□	□

해외취업 · 창업 · 인턴 · 봉사 등의 해외진출 관련 정보를 통합하여 제공하는 사이트는?

① 월드잡플러스(worldjob.or.kr)
② 일모아사이트(ilmoa.go.kr)
③ 커리어넷(career.go.kr)
④ 빅데이터(data.go.kr)

민간직업정보와 공공직업정보의 특성 Ⅰ　★★★

민간직업정보와 공공직업정보의 특성 Ⅰ　★★★　　　　　　2023년, 2021년 1회, 2017년 1회, 2012년 1회, 2010년 2회, 2008년 3회

069

☑ 확인 Check!
○ △ X
□ □ □

공공직업정보와 비교한 민간직업정보의 일반적 특성에 관한 설명으로 틀린 것은?

① 필요한 시기에 최대한 활용되도록 한시적으로 신속하게 생산되어 운영된다.

② 국제적으로 인정되는 객관적인 기준에 근거하여 직업을 분류한다.

③ 특정한 목적에 맞게 해당 분야 및 직종을 제한적으로 선택한다.

④ 시사적인 관심이나 흥미를 유도할 수 있도록 해당 직업을 분류한다.

민간직업정보와 공공직업정보의 특성 Ⅱ　★★★　　　　　　2021년 2회, 2017년 3회, 2014년 3회, 2011년 3회, 2010년 1회, 2007년 1회

070

☑ 확인 Check!
○ △ X
□ □ □

민간직업정보와 비교한 공공직업정보의 특성에 관한 설명과 가장 거리가 먼 것은?

① 필요한 시기에 최대한 활용되도록 한시적으로 신속하게 생산 및 운영된다.

② 광범위한 이용가능성에 따라 공공직업정보체계에 대한 직접적이며 객관적인 평가가 가능하다.

③ 특정 분야 및 대상에 국한되지 않고 전체 산업 및 업종에 걸친 직종 등을 대상으로 한다.

④ 직업별로 특정한 정보만을 강조하지 않고 보편적인 항목으로 이루어진 기초적인 직업정보체계로 구성되어 있다.

직업정보의 유형별 특징　★★★　　　　　　2025년, 2022년 1회, 2021년 1회, 2017년 3회, 2015년 3회

071

☑ 확인 Check!
○ △ X
□ □ □

직업정보를 제공하는 유형별 방식의 설명이다. (　　)에 가장 알맞은 것은?

종 류	비 용	학습자 참여도	접근성
인쇄물	(A)	수 동	용 이
면 접	저	(B)	제한적
직업경험	고	적 극	(C)

① A : 고, B : 적극, C : 용이

② A : 고, B : 수동, C : 제한적

③ A : 저, B : 적극, C : 제한적

④ A : 저, B : 수동, C : 용이

072

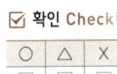

직업정보시스템의 일반적인 정보관리 순서를 바르게 나열한 것은?

① 수집 → 분석 → 가공 → 체계화 → 제공 → 평가
② 수집 → 가공 → 분석 → 제공 → 평가 → 체계화
③ 수집 → 분석 → 평가 → 가공 → 체계화 → 제공
④ 수집 → 분석 → 체계화 → 제공 → 가공 → 평가

073

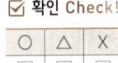

직업정보 수집 시의 유의점으로 틀린 것은?

① 명확한 목표를 세운다.
② 직업정보는 계획적으로 수집하여야 한다.
③ 수집한 정보는 항상 유효하기 때문에 불필요한 자료라도 별도 보관하여 활용하도록 한다.
④ 자료를 수집하면 자료의 출처와 저자, 발행연도와 수집일자를 기입해야 한다.

074

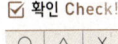
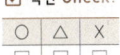

직업정보 분석 시 유의점으로 틀린 것은?

① 전문적인 시각에서 분석한다.
② 직업정보원과 제공원에 대해 제시한다.
③ 동일한 정보에 대해서는 한 가지 측면으로 분석한다.
④ 원자료의 생산일, 자료표집방법, 대상 등을 검토해야 한다.

075

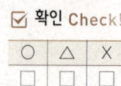

직업정보 가공 시 유의사항으로 틀린 것은?

① 직업은 그 분야에서 매우 전문적이므로, 전문적인 지식이 없어도 이해할 수 있는 언어로 가공한다.

② 직업에 대한 장ㆍ단점을 편견 없이 제공한다.

③ 현황은 가장 최신의 자료를 활용하되, 표준화된 정보를 활용한다.

④ 시청각 효과를 부여하면 혼란이 발생되기 때문에 가급적 삼간다.

076

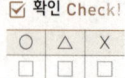

직업정보에 대한 설명으로 틀린 것은?

① 직업정보의 사용목적은 한 직업에서 근로자의 더 좋은 생활 형태를 비교하기 위한 것이다.

② 직업정보를 제공할 때 자료의 출처는 밝혀야 하나 생산과정은 공개하지 않아도 된다.

③ 직업정보분석은 관점을 가지고 분석한 형태와 원자료를 가지고 직업정보분석가들에 의하여 다각도로 해석될 수 있는 여지를 갖는 형태로 구분할 수 있다.

④ 분석된 직업정보는 활용하기 쉬운 형태로 보존하거나 내용을 요약ㆍ정리하여 능동적으로 활용할 수 있도록 편집ㆍ가공하는 것이 중요하다.

077

직업정보의 일반적인 평가 기준과 가장 거리가 먼 것은?

① 어떤 목적으로 만든 것인가

② 얼마나 비싼 정보인가

③ 누가 만든 것인가

④ 언제 만들어진 것인가

제4과목 노동시장

정답은 159p '한눈에 정답 체크하기'에서 확인하세요.

★★★ : 5회 이상 多 기출문제, ★★ : 4회 이상 多 기출문제, ★ : 3회 이상 多 기출문제

CHAPTER 01 노동시장의 이해

노동수요의 특징   2013년 1회, 2004년 3회

001

☑ 확인 Check!

○	△	X
□	□	□

다음 중 노동수요의 특징이 아닌 것은?

① 유발수요
② 파생수요
③ 결합수요
④ 가수요

노동수요의 결정요인 ★   2014년 3회, 2007년 1회, 2004년 3회

002

☑ 확인 Check!

○	△	X
□	□	□

기업에서 단기 노동수요를 증가시키는 요인으로 가장 적합한 것은?

① 상품 수요의 증가
② 실업의 감소
③ 노동생산성의 체감
④ 고용보험료의 인상

003

☑ 확인 Check!

○	△	X
□	□	□

노동과 자본만이 생산요소이고 두 생산요소가 서로 보완재인 경우, 자본의 가격이 하락할 때 노동수요의 변화를 나타낸 그래프는?

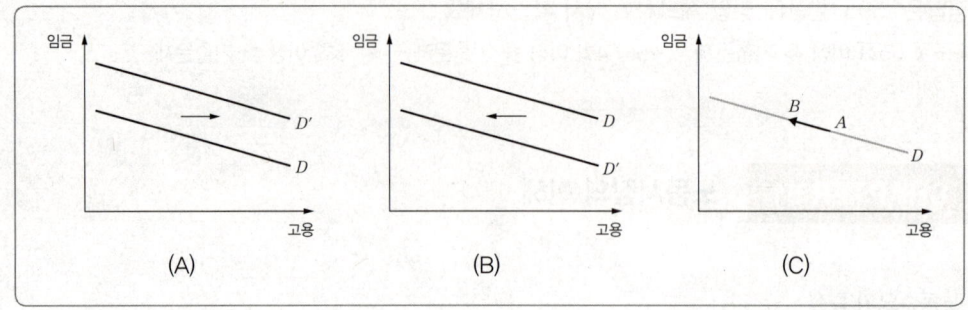

① 그래프-A

② 그래프-B

③ 그래프-C

④ 그래프-A, B, C

004

☑ 확인 Check!

○	△	X
□	□	□

다음 노동수요곡선에 대한 설명으로 틀린 것은?

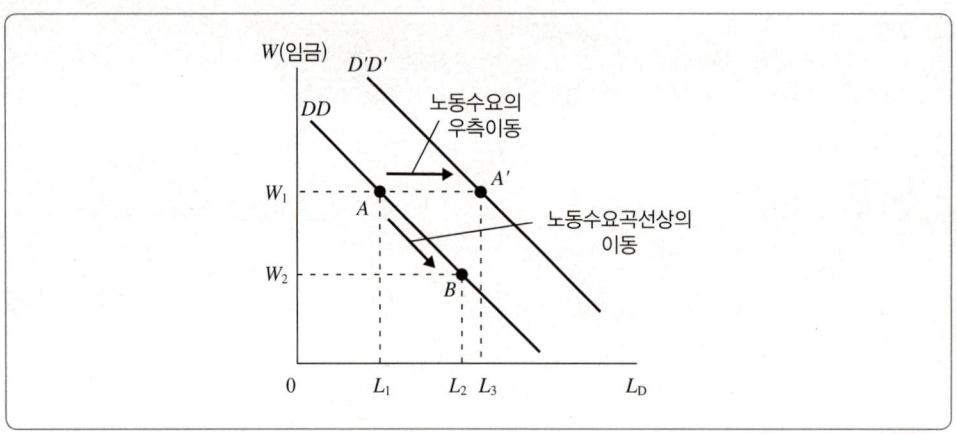

① 임금이 하락하면 고용량이 증가하고 임금이 상승하면 고용량이 감소함을 DD처럼 표시할 수 있다.

② 임금이 W_1일 때 노동수요량은 L_1이며 임금이 W_2로 하락할 때 노동수요량은 L_2로 증가한다.

③ 수요곡선인 DD는 임금과 기업의 고용량 간에 정의 관계가 성립함을 의미하는 것이다.

④ 기업 판매상품의 수요가 증대하면 노동수요곡선 전체가 우측으로 이동한다.

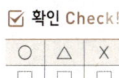

생산요소인 노동의 수요곡선을 이동(Shift)시키는 요인이 아닌 것은?

① 임금의 변화
② 노동을 투입하여 생산한 생산물의 가격변화
③ 노동생산성의 변화
④ 자본의 생산성 변화

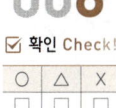

경쟁시장에서 아이스크림 가게를 운영하는 A씨는 5명을 고용하여 1개당 2,000원에 판매하고 있으며, 시간당 12,000원을 임금으로 지급하면서 이윤을 극대화하고 있다. 만일 아이스크림 가격이 3,000원으로 오른다면 현재의 고용수준에서 노동의 한계생산물가치는 시간당 얼마이며, 이때 A씨는 노동의 투입량을 어떻게 변화시킬까?

① 9,000원, 증가시킨다.
② 18,000원, 증가시킨다.
③ 9,000원, 감소시킨다.
④ 18,000원, 감소시킨다.

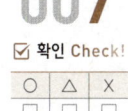

경쟁시장에서 이윤을 극대화하는 어느 기업은 노동자에게 하루에 50,000원의 임금을 지급하고 있으며, 현재 14명을 고용하고 있다. 이 회사 제품은 개당 100원에 팔리고 있다고 하면, 14번째 노동자는 하루에 몇 개를 생산해야 하는가?

① 50개
② 500개
③ 1,000개
④ 주어진 정보로는 알 수 없다.

008

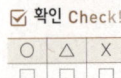

완전경쟁기업의 단기 노동수요곡선은 다음 중 어느 곡선의 일부인가?

① 평균수입(AR) 곡선
② 한계수입(MR) 곡선
③ 평균수입생산물(ARP) 곡선
④ 한계생산물가치(VMP) 곡선

009

독점 상품시장과 완전경쟁 노동시장에서 기업의 균형 고용 조건은?

① 임금과 총수입이 일치한다.
② 임금과 총비용이 일치한다.
③ 임금과 한계수입생산이 일치한다.
④ 임금과 한계생산물가치가 일치한다.

010

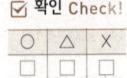

다음 그림에서 노동시장이 수요독점인 경우 임금과 고용량은? (단, D와 S는 각각 노동의 수요곡선과 공급곡선, 그리고 MFC는 한계요소비용으로 노동의 한계비용을 의미한다)

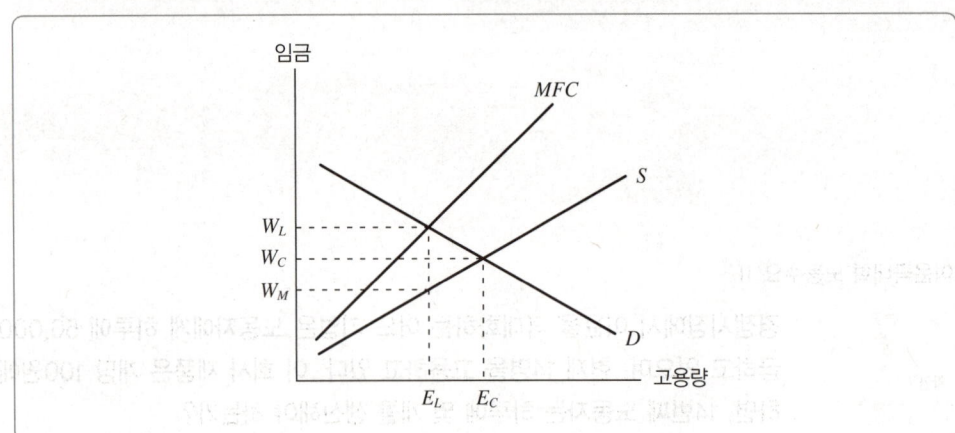

① W_L, E_L
② W_C, E_C
③ W_L, E_C
④ W_M, E_L

011

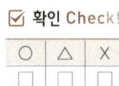

최저임금제의 도입이 근로자에게 유리하게 될 가능성이 높은 경우는?

① 노동시장이 수요독점 상태일 경우

② 최저임금과 한계요소비용이 일치할 경우

③ 최저임금이 시장균형임금 수준보다 낮을 경우

④ 노동시장이 완전경쟁상태일 경우

012

노동의 준고정비용(Quasi-fixed Cost)의 증가가 기업의 고용 수준과 소속 근로자의 초과 근로시간에 미치는 효과는?

① 고용 수준은 증가하지만 초과근로시간은 감소한다.

② 고용 수준은 감소하지만 초과근로시간은 증가한다.

③ 고용 수준과 초과근로시간 모두 증가한다.

④ 고용 수준과 초과근로시간 모두 감소한다.

013

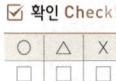

장 · 단기 노동수요곡선에 관한 설명으로 옳은 것은?

① 장기가 단기에 비해 더욱 탄력적이다.

② 장기가 단기에 비해 더욱 비탄력적이다.

③ 장기와 단기의 탄력성은 같다.

④ 노동공급곡선의 탄력성과 비교해야 알 수 있다.

014

☑ 확인 Check!

○ △ X
□ □ □

임금이 하락할 경우 장기 노동수요곡선에 대한 설명으로 옳은 것을 모두 고른 것은?

> ㄱ. 장기 노동수요곡선은 단기 노동수요곡선에 비해 비탄력적이다.
> ㄴ. 장기에는 대체효과 외에 추가 자본투입에 의한 산출량 효과로 인해 추가적으로 노동수요가 증가한다.
> ㄷ. 장기에는 대체효과 및 소득효과로 인해 노동수요가 증가한다.

① ㄱ
② ㄴ
③ ㄱ, ㄴ
④ ㄱ, ㄴ, ㄷ

015

☑ 확인 Check!

○ △ X
□ □ □

다음 (   ) 안에 들어갈 알맞은 것은?

> 우하향하는 기울기를 갖는 등량곡선이 근본적으로 보여주는 바는 (   )의 원리이다. 이는 일정한 산출량 수준을 유지하는 데 있어서 한 투입요소를 더 이용하면 기업은 다른 투입요소를 줄여야 함을 의미한다.

① 대 체
② 상 쇄
③ 보 완
④ 상 극

016

☑ 확인 Check!

○ △ X
□ □ □

노동수요의 탄력성의 값이 0이면 완전비탄력적인 경우를 말하고 노동수요곡선의 형태는 수직이 된다. 이때 임금의 변화에 대한 노동수요량의 변화에 대한 설명 중 옳은 것은?

① 임금의 변화에 대한 노동수요량의 변화가 작다는 것을 의미한다.
② 임금의 변화율보다 노동수요량의 변화가 더 크다는 것을 의미한다.
③ 임금의 변화에 대한 노동수요량의 변화가 0이라는 것을 나타낸다.
④ 임금의 미세한 변화에도 불구하고 노동수요량이 매우 민감하게 반응한다는 것을 의미한다.

017

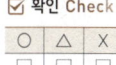

노동수요의 탄력성에 관한 설명으로 틀린 것은?

① 생산물에 대한 수요가 탄력적일수록 노동수요도 탄력적으로 된다.

② 총생산비에 대한 노동비용의 비중이 클수록 노동수요는 비탄력적으로 된다.

③ 노동을 다른 생산요소로 대체하는 것이 용이할수록 노동수요는 탄력적으로 된다.

④ 노동 이외 생산요소의 공급탄력성이 작을수록 노동수요는 비탄력적으로 된다.

018

임금이 10% 상승할 때 노동수요량이 20% 하락했다면 노동수요의 탄력성 값은?

① 0.5

② 1.0

③ 1.5

④ 2.0

019

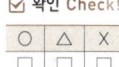

다음 중 노동공급의 결정요인을 모두 짝지은 것은?

> ㄱ. 인구 수
> ㄴ. 경제활동참가율
> ㄷ. 노동시간
> ㄹ. 일에 대한 노력의 강도
> ㅁ. 노동인구의 교육정도

① ㄱ, ㄴ

② ㄱ, ㄴ, ㄷ

③ ㄱ, ㄴ, ㄷ, ㄹ

④ ㄱ, ㄴ, ㄷ, ㄹ, ㅁ

020

☑ 확인 Check!

O	△	X
□	□	□

경제활동참가 또는 노동공급을 결정하는 요인에 대한 설명으로 사실과 가장 거리가 먼 것은?

① 비근로소득이 클수록 경제활동참가는 낮아진다.

② 취학 전 자녀 수가 많을수록 경제활동참가는 낮아진다.

③ 교육수준이 높아질수록 경제활동참가는 증가한다.

④ 기업의 노동시간이 신축적일수록 노동공급이 감소한다.

021

☑ 확인 Check!

O	△	X
□	□	□

다음 중 노동의 수요·공급에 대한 설명으로 틀린 것은?

① 총비용 중 노동비용(임금)의 비중이 클수록 노동수요의 탄력성은 커진다.

② 완전경쟁시장에서 노동수요를 결정하는 것은 노동의 한계생산물가치이다.

③ 임금 상승은 여가의 기회비용을 낮춤으로써 여가에 대한 선호를 증대시켜 노동공급을 감소시킨다.

④ 자본소득, 주소득자 외 다른 가족구성원의 소득이 증가하게 되면 노동공급시간이 감소하는 경향이 있다.

022

☑ 확인 Check!

O	△	X
□	□	□

다른 조건이 일정할 때 비노동소득의 발생이 노동공급에 미치는 영향은?

① 소득효과가 대체효과보다 더 크기 때문에 노동공급이 증가한다.

② 대체효과가 소득효과보다 더 크기 때문에 노동공급이 증가한다.

③ 대체효과만 있기 때문에 노동공급이 증가한다.

④ 소득효과만 있기 때문에 노동공급이 감소한다.

023

노동공급곡선이 그림과 같을 때 임금이 W_0 이상으로 상승한 경우의 설명으로 옳은 것은?

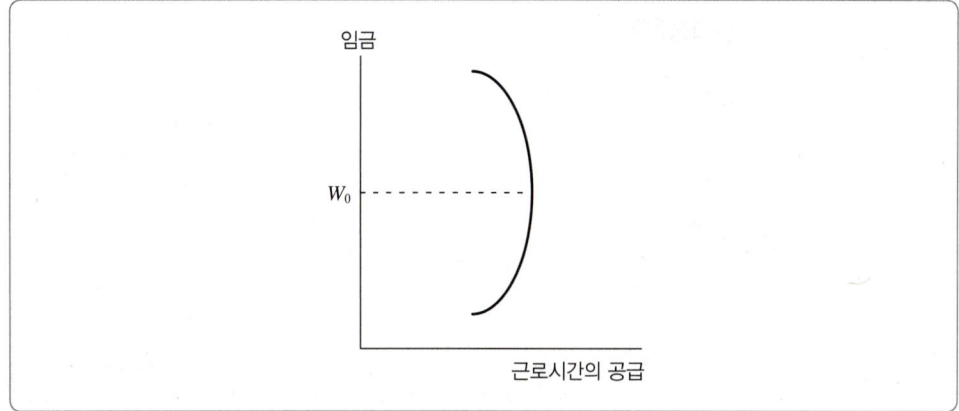

① 대체효과가 소득효과를 압도한다.

② 소득효과가 대체효과를 압도한다.

③ 대체효과가 규모효과를 압도한다.

④ 규모효과가 대체효과를 압도한다.

024

후방굴절형 노동공급곡선이 의미하는 것은?

① 최저생계비 이하에서는 임금 하락이 오히려 노동공급을 증가시킬 수 있다.

② 후방굴절 부분에서는 임금 인상이 노동공급의 대체효과만으로 결정된다.

③ 개인의 노동공급은 임금 상승의 대체효과가 소득효과보다 클 때 증가한다.

④ 경기회복 시에는 노동공급이 증가하고 경기후퇴 시에는 노동공급이 감소한다.

025

노동공급의 탄력성 결정요인이 아닌 것은?

① 산업구조의 변화

② 노동이동의 용이성 정도

③ 여성의 취업기회의 창출 가능성 여부

④ 다른 생산요소로의 노동의 대체가능성

026

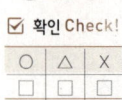

어느 지역의 노동공급 상태를 조사해 본 결과 시간당 임금이 3,000원일 때 노동공급량은 '270'이었고, 임금이 5,000원으로 상승했을 때 노동공급량은 '540'이었다. 이때 노동공급의 탄력성은?

① 1.28
② 1.50
③ 1.00
④ 0.82

027

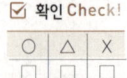

일국(一國)의 경제에서 최적 인적자원배분이 이루어졌다고 하는 때는 언제인가?

① 동일노동에 대해 동일임금이 지급될 때
② 완전고용을 이루었을 때
③ 자연실업률 상태에 도달하였을 때
④ 경제원칙이 달성되었을 때

028

기업이 인력운영의 유연성을 확보하기 위하여 채택하는 인적자원관리정책이 아닌 것은?

① 성과급제와 연봉제의 도입
② 정규직 중심의 인력채용
③ 사내직업훈련의 강화
④ 고용형태의 다양화

029

☑ 확인 Check!

○	△	X
□	□	□

다음 중 인적자본 투자대상을 모두 고른 것은?

> ㄱ. 교 육
> ㄴ. 직장훈련
> ㄷ. 노동의 이동
> ㄹ. 정보의 획득
> ㅁ. 건 강

① ㄱ, ㄴ, ㄷ
② ㄱ, ㄴ, ㄹ, ㅁ
③ ㄱ, ㄴ, ㄷ, ㅁ
④ ㄱ, ㄴ, ㄷ, ㄹ, ㅁ

교육투자

2012년 1회

030

☑ 확인 Check!

○	△	X
□	□	□

교육투자에 관한 설명으로 틀린 것은?

① 사적 수익률은 교육연수 증가에 따른 개인근로소득의 증가율을 의미한다.
② 교육투자의 사회적 수익률이 실물자본투자의 사회적 수익률에 비해 크다면 교육투자는 사회적으로도 바람직한 자원배분이다.
③ 학력이 간판으로서의 기능을 하고, 기업이 학력을 선발기준으로 삼는 고용관행이 고착화되면 고학력에 대한 민간부분의 수요는 과도하게 높아질 수 있다.
④ 정부는 사적 수익률을 높이는 데 초점을 두어야 한다.

기업특수적 인적자본   ★

2025년, 2012년 1회, 2007년 1회

031

☑ 확인 Check!

○	△	X
□	□	□

인적자본론의 노동이동에 관한 설명으로 틀린 것은?

① 사직률과 해고율은 기업특수적 인적자본과 음(-)의 상관관계를 갖는다.
② 인적자본론에서는 장기근속자일수록 기업특수적 인적자본량이 많아져 해고율이 낮아진다고 주장한다.
③ 임금률이 높을수록 해고율은 높다.
④ 사직률과 해고율은 경기변동에 따라 상반되는 관련성을 갖고 있다.

032

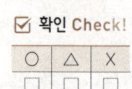

인적자본론과 선별가설의 주장으로 옳은 것을 모두 짝지은 것은?

> ㄱ. 인적자본론에 의하면 교육은 생산성을 증가시키는 역할을 한다.
> ㄴ. 선별가설에 의하면 교육은 단지 생산성의 신호이다.
> ㄷ. 인적자본론과 선별가설 모두 교육투자는 높은 임금을 보장한다고 주장한다.

① ㄱ

② ㄴ

③ ㄱ, ㄴ

④ ㄱ, ㄴ, ㄷ

033

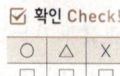

선별가설(Screening Hypothesis)에 대한 설명과 가장 거리가 먼 것은?

① 교육훈련이 생산성을 직접 높이는 것은 아니고 유망한 근로자를 식별해 주는 역할을 한다.

② 빈곤 문제 해결을 위해서는 교육훈련 기회를 확대하는 것이 중요하다.

③ 학력이 높은 사람이 소득이 높은 것은 교육 때문이 아니고 원래 능력이 우수하기 때문이다.

④ 근로자들은 자신의 능력과 재능을 보여주기 위해 교육에 투자한다.

034

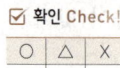

다음 중 내부노동시장의 특징에 관한 설명으로 옳은 것은?

① 신규채용이나 복직 그리고 능력 있는 자의 초빙 시에만 외부노동시장과 연결된다.

② 승진이나 직무배치 그리고 임금 등은 외부노동시장과 연계하여 결정된다.

③ 임금은 근로자의 단기적 생산성과 관련된다.

④ 내부와 외부노동시장 간에 임금격차가 없다.

내부노동시장의 형성요인 ★

035

☑ 확인 Check!

○	△	X
□	□	□

내부노동시장의 형성요인과 가장 거리가 먼 것은?

① 관 습
② 현장훈련
③ 임금수준
④ 숙련의 특수성

자발적 노동이동

036

☑ 확인 Check!

○	△	X
□	□	□

다음 중 자발적 노동이동(Voluntary Mobility)에 따른 순수익의 현재가치(Present Value)를 결정해 주는 요인이 아닌 것은?

① 새로운 직장의 고용규모
② 새 직장에서의 예상근속연수
③ 장래의 기대되는 수익과 현 직장에서의 수익의 차를 현재가치로 할인해 주는 할인율
④ 노동이동에 따른 직접 비용

우리나라 노동시장 ★

037

☑ 확인 Check!

○	△	X
□	□	□

1998~1999년 경제위기 기간에 나타난 우리 노동시장의 특징과 가장 거리가 먼 것은?

① 해고분쟁의 증가
② 외국인 노동자 대량유입
③ 근로자의 평균근속기간 감소
④ 임시직 · 일용직 고용비중의 증가

임금이론

2012년 2회

038

☑ 확인 Check!

○	△	X
□	□	□

임금이 노동자 및 그 가족의 생활을 유지할 수 있을 정도의 수준에서 결정되어야 한다는 이론은?

① 노동가치설
② 임금기금설
③ 임금생존비설
④ 한계생산력설

실질임금

2014년 2회, 2003년 3회

039

☑ 확인 Check!

○	△	X
□	□	□

실질임금의 정의로 옳은 것은?

① 한 가구의 총임금을 말한다.
② 물가수준을 반영하여 구매력으로 평가한 임금을 말한다.
③ 세금공제 후 노동자가 실제 지급받는 임금을 말한다.
④ 작업시간과 작업의 난이도를 반영한 임금을 말한다.

유보임금(의중임금) ★★

2022년 1회, 2018년 2회, 2015년 2회, 2011년 2회

040

☑ 확인 Check!

○	△	X
□	□	□

유보임금(Reservation Wage)에 관한 설명이 옳은 것으로 짝지어진 것은?

> ㄱ. 유보임금의 상승은 실업기간을 연장한다.
> ㄴ. 유보임금의 상승은 기대임금을 하락시킨다.
> ㄷ. 유보임금은 기업이 근로자에게 제시한 최고의 임금이다.
> ㄹ. 유보임금은 근로자가 받고자 하는 최저의 임금이다.

① ㄱ, ㄷ
② ㄴ, ㄷ
③ ㄴ, ㄹ
④ ㄱ, ㄹ

임금체계의 유형 Ⅰ - 연공급 ★★　　　　　　　　　2016년 2회, 2011년 2회, 2010년 1회, 2008년 3회

041

✅ 확인 Check!

O	△	X
□	□	□

임금체계의 유형 중 연공급의 단점에 대한 설명으로 틀린 것은?

① 위계질서의 확립이 어렵다.
② 동기부여 효과가 미약하다.
③ 비합리적인 인건비 지출을 하게 된다.
④ 능력 · 업무와의 연계성이 미약하다.

임금체계의 유형 Ⅱ - 직무급 ★★　　　　　　　　　2022년 1회, 2018년 3회, 2012년 2회, 2004년 3회

042

✅ 확인 Check!

O	△	X
□	□	□

다음 중 직무급 임금체계의 장점이 아닌 것은?

① 개인별 임금격차에 대한 불만 해소
② 연공급에 비해 실시가 용이
③ 인건비의 효율적 관리
④ 능력위주의 인사풍토 조성

임금체계의 유형 Ⅲ - 직능급 ★　　　　　　　　　2019년 3회, 2013년 2회, 2010년 3회

043

✅ 확인 Check!

O	△	X
□	□	□

직능급 임금체계의 특징에 관한 설명으로 옳은 것은?

① 조직의 안정화에 따른 위계질서 확립이 용이하다.
② 직무에 상응하는 임금을 지급한다.
③ 학력과 직종에 관계없이 능력에 따라 임금을 지급한다.
④ 무사안일주의 및 적당주의를 초래할 수 있다.

임금형태 ★★★　　　　　　　　　2021년 1회, 2020년 4회, 2018년 3회, 2014년 3회, 2012년 3회, 2010년 2회, 2008년 1회, 2005년 3회, 2003년 1회

044

✅ 확인 Check!

O	△	X
□	□	□

다음 중 성과급 제도의 장점에 해당하는 것은?

① 직원 간 화합이 용이하다.
② 근로의 능률을 자극할 수 있다.
③ 임금의 계산이 간편하다.
④ 확정적 임금이 보장된다.

045

2022년 1회, 2015년 2회, 2011년 3회, 2005년 1회

☑ 확인 Check!

○	△	X
□	□	□

연봉제의 장점과 가장 거리가 먼 것은?

① 전문성의 촉진
② 개인의 능력에 기초한 생산성 향상
③ 구성원 상호 간의 친밀감 증진
④ 임금관리 용이

생산성 임금제

046

2011년 2회, 2009년 3회

☑ 확인 Check!

○	△	X
□	□	□

생산성 임금제를 따를 때 물가상승률이 3%이고, 실질생산성 증가율이 5%라고 하면 명목 임금은 얼마나 인상되어야 하는가?

① 2%
② 4%
③ 8%
④ 15%

산업별 임금격차

047

2011년 1회

☑ 확인 Check!

○	△	X
□	□	□

A산업의 평균임금이 B산업보다 높은 것으로 알려져 있는데, 그 이유와 가장 거리가 먼 것은?

① A산업의 노동조합이 B산업보다 강하다.
② A산업 근로자의 생산성이 B산업 근로자보다 높다.
③ A산업은 경쟁적인 반면, B산업은 독과점도가 높다.
④ A산업은 최근 급속히 성장하고 있어 노동수요에 노동공급이 충분히 대응하지 못하고 있다.

성별 임금격차

048

2015년 1회

☑ 확인 Check!

○	△	X
□	□	□

임금격차 중 임금차별의 차원에서 개선이 필요한 것은?

① 성별 임금격차
② 학력별 임금격차
③ 직종별 임금격차
④ 기업규모별 임금격차

049

☑ 확인 Check!

○	△	X
□	□	□

노동수요 특성별 임금격차의 원인 중 경쟁적 요인이 아닌 것은?

① 인적자본량

② 보상적 임금격차

③ 비효율적 연공급제도의 영향

④ 기업의 합리적 선택으로서 효율성 임금정책

050

☑ 확인 Check!

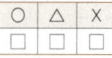

임금이 하방경직적인 이유와 가장 거리가 먼 것은?

① 장기 노동계약

② 물가의 지속적 상승

③ 강력한 노동조합의 존재

④ 노동자의 역선택 발생 가능성

051

☑ 확인 Check!

○	△	X
□	□	□

보상적 임금격차를 발생시키는 요인이 아닌 것은?

① 작업환경의 쾌적성 여부

② 성별 간의 소득차이

③ 교육훈련 기회의 차이

④ 고용의 안정성 여부

052

☑ 확인 Check!

다음 중 헤도닉 임금이론의 가정으로 틀린 것은?

① 직장의 다른 특성은 동일하며 산업재해의 위험도도 동일하다.

② 노동자는 효용을 극대화하며 노동자 간에는 산업안전에 관한 선호의 차이가 존재한다.

③ 기업은 좋은 노동조건을 위해 산업안전에 투자해야 한다.

④ 노동자는 정확한 직업정보를 갖고 있으며 직업 간에 자유롭게 이동할 수 있다.

053

☑ 확인 Check!

O	△	X
□	□	□

효율임금이론에서 고임금이 고생산성을 가져오는 원인에 관한 설명으로 틀린 것은?

① 고임금은 노동자의 직장상실 기대비용을 증대시켜 노동자로 하여금 열심히 일하게 한다.

② 대규모 사업장에서는 통제상실을 사전에 방지하는 차원에서 고임금을 지불하여 노동자를 열심히 일하도록 유도할 수 있다.

③ 고임금은 노동자의 사직을 감소시켜 신규노동자의 채용 및 훈련비용을 감소시킨다.

④ 균형임금을 지불하여 경제 전반적으로 동일노동·동일임금이 달성되도록 한다.

054

☑ 확인 Check!

O	△	X
□	□	□

최저임금제의 기대효과와 가장 거리가 먼 것은?

① 산업 간, 직업 간 임금격차 해소

② 경기활성화에 기여

③ 산업구조의 고도화

④ 청소년 취업촉진

055

☑ 확인 Check!

O	△	X.
□	□	□

다음 중 최저임금제가 노동시장에 미치는 효과로 볼 수 없는 것은?

① 잉여인력의 발생

② 부가급여의 축소

③ 숙련직의 임금 하락

④ 노동수요량의 감소

필립스 곡선

2019년 1회, 2014년 2회

056

☑ 확인 Check!

O	△	X
□	□	□

실업률과 물가상승률 간 역의 상관관계를 나타내는 곡선은?

① 래퍼 곡선

② 필립스 곡선

③ 로렌즈 곡선

④ 테일러 곡선

실업-결원곡선(베버리지 곡선) ★

2019년 1회, 2014년 2회, 2011년 1회

057

☑ 확인 Check!

O	△	X
□	□	□

실업-결원곡선(Beveridge Curve)에 관한 설명으로 틀린 것은?

① 종축에는 결원 수, 횡축에는 실업자 수를 표시한다.

② 원점에서 멀어질수록 구조적 실업자 수가 증가함을 의미한다.

③ 마찰적 실업과 구조적 실업을 구분하는 것이 가능하다.

④ 현재의 실업자 수에서 현재의 결원 수를 뺀 것이 수요부족실업자 수이다.

마찰적 실업 ★★

2023년, 2020년 3회, 2016년 3회, 2013년 1회

058

☑ 확인 Check!

O	△	X
□	□	□

다음 중 마찰적 실업에 관한 설명으로 옳은 것은?

① 경기침체로부터 오는 실업이다.

② 구인자와 구직자 간의 정보의 불일치로 인해 발생한다.

③ 기업이 요구하는 기술수준과 노동자가 공급하는 기술수준의 불합치에 의해 발생한다.

④ 노동절약적 기술 도입으로 해고가 이루어짐으로써 발생한다.

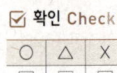

059

구인처에서 요구하는 기술을 갖춘 근로자가 없어서 발생하는 실업은?

① 구조적 실업
② 잠재적 실업
③ 마찰적 실업
④ 자발적 실업

060

다음 중 수요부족실업에 해당되는 것은?

① 마찰적 실업
② 구조적 실업
③ 계절적 실업
④ 경기적 실업

061

잠재적 실업에 관한 설명으로 가장 거리가 먼 것은?

① 노동의 한계생산물이 거의 0에 가까운 실업을 말한다.
② 표면적으로 취업상태에 있지만 실질적으로 실업 상태에 있는 농촌의 과잉인구 등이 해당된다.
③ 구직의 가능성이 높았더라면 노동시장에 참가하여 적어도 구직활동을 했을 사람이 그와 같은 전망이 없거나 낮다고 판단하여 비경제활동인구화되어 있는 경우를 말한다.
④ 불법체류 외국인 취업에 따른 실업이 해당된다.

062

☑ 확인 Check!

○	△	X
□	□	□

A국의 취업자가 200만 명, 실업자가 10만 명, 비경제활동인구가 100만 명이라고 할 때, A국의 경제활동참가율은?

① 약 66.7%

② 약 67.7%

③ 약 69.2%

④ 약 70.4%

063

☑ 확인 Check!

○	△	X
□	□	□

기혼여성의 경제활동참가율은 60%이고 실업률은 20%일 때, 기혼여성의 고용률은?

① 12%

② 48%

③ 56%

④ 86%

064

☑ 확인 Check!

○	△	X
□	□	□

어느 국가의 생산가능인구의 구성비가 다음과 같을 때 이 국가의 실업률은?

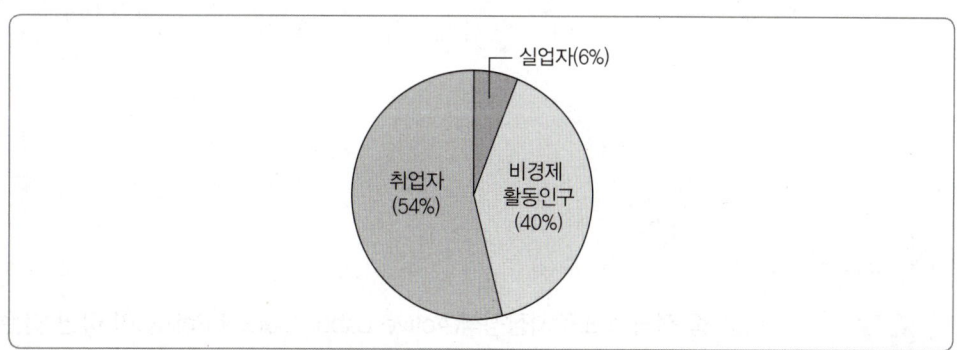

① 6.0%

② 10.0%

③ 11.1%

④ 13.2%

065

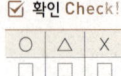

노동력의 10%가 매년 구직활동을 하고 구직에 평균 3개월이 소요되는 경우, 연간 몇 %의 실업률이 나타나게 되는가?

① 2.5%

② 2.7%

③ 3.0%

④ 3.3%

066

경기침체에도 불구하고 실업률이 크게 높아지지 않았다면, 그 이유로 가장 적합한 것은?

① 부가노동자효과가 실망노동자효과보다 컸기 때문이다.

② 실망노동자효과가 부가노동자효과보다 컸기 때문이다.

③ 실망노동자효과와 부가노동자효과의 크기가 비슷했기 때문이다.

④ 실망노동자효과가 없었기 때문이다.

067

다음 중 적극적 노동시장정책(Active Labor Market Policy)이 아닌 것은?

① 실업보험

② 직업계속 및 전환교육

③ 고용보조

④ 장애인 대책

고용노동관계법규(Ⅰ)

정답은 160p '한눈에 정답 체크하기'에서 확인하세요.

★★★ : 5회 이상 多 기출문제,　★★ : 4회 이상 多 기출문제,　★ : 3회 이상 多 기출문제

CHAPTER 01　노동법과 노동기본권

근로의 권리 Ⅰ　★

2016년 2회, 2010년 1회, 2010년 4회

001

☑ 확인 Check!

○	△	X
□	□	□

헌법상 근로의 권리에 관한 내용으로 틀린 것은?

① 국가의 고용증진 의무
② 근로조건 기준의 법정주의
③ 여자와 연소자의 근로의 특별보호
④ 국가유공자 등에 대한 근로기회의 평등보장

근로의 권리 Ⅱ

2011년 3회, 2008년 1회

002

☑ 확인 Check!

○	△	X
□	□	□

헌법상 근로의 권리 기능이 아닌 것은?

① 근로를 통하여 개성과 자주적 인간성을 제고하고 함양하게 한다.
② 근로의 상품화를 허용함으로써 자본주의경제의 이념적 기초를 제공한다.
③ 국민으로 하여금 근로를 통하여 생활의 기본적 수요를 스스로 충족하게 한다.
④ 근로기회의 제공을 통하여 생활무능력자에 대한 국가적 보호 의무를 증가시킨다.

노동법의 성격

2019년 2회, 2010년 4회

003

☑ 확인 Check!

○	△	X
□	□	□

다음 중 노동법의 성격에 가장 적합한 원칙은?

① 계약자유의 원칙
② 자기책임의 원칙
③ 소유권 절대의 원칙
④ 당사자의 실질적 대등의 원칙

근로3권(노동3권) I ★★★

2024년, 2020년 1 · 2회, 2017년 2회, 2010년 3회, 2007년 1회

004

☑ 확인 Check!

○	△	X
□	□	□

헌법상 노동3권에 해당되지 않는 것은?

① 단체교섭권

② 평등권

③ 단결권

④ 단체행동권

근로3권(노동3권) II ★

2019년 2회, 2013년 3회, 2011년 1회

005

☑ 확인 Check!

○	△	X
□	□	□

근로3권에 관한 설명으로 옳은 것은?

① 근로자는 자주적인 단결권, 단체교섭권, 단체행동권을 가진다.

② 공무원도 근로자이므로 당연히 근로3권을 갖는다.

③ 주요 방위산업체의 근로자는 국가안보를 위해 당연히 단체행동권이 인정되지 않는다.

④ 미취업 근로자 개개인에게 주어지는 구체적 권리이다.

근로3권의 제한 및 한계

2011년 3회

006

☑ 확인 Check!

○	△	X
□	□	□

다음 중 근로3권의 제한 및 한계에 관한 설명으로 틀린 것은?

① 근로3권은 어떠한 경우에도 제한할 수 없는 절대적인 권리이다.

② 현역군인, 경찰관 등에게 근로3권을 인정하지 않는 것은 헌법위반이라고 볼 수 없다.

③ 근로3권을 제한하는 경우 근로3권의 전면적 부인이나 본질적 내용의 침해는 인정될 수 없다.

④ 근로3권은 국가의 안전보장, 질서유지, 공공복리를 위하여 필요한 경우에 한하여 법률로써 제한할 수 있다.

근로3권의 내용 ★

2024년, 2019년 1회, 2014년 1회

007

☑ 확인 Check!

○	△	X
□	□	□

다음 중 헌법상 보장된 쟁의행위로 볼 수 없는 것은?

① 파 업

② 태 업

③ 직장폐쇄

④ 보이콧

2012년 2회, 2010년 2회

008

☑ 확인 Check!
O	△	X
□	□	□

헌법에 규정된 노동기본권에 관한 설명으로 옳은 것은?

① 근로의 권리와 근로3권을 포함한다.
② 외국인도 근로의 권리 주체가 될 수 있다.
③ 근로의 권리는 생존권적 성격보다 자유권적 성격이 강하다.
④ 근로의 권리는 국가의 적극적인 입법 형성에 의해 구체화된다.

CHAPTER 02 근로기준법

2015년 3회

009

☑ 확인 Check!
O	△	X
□	□	□

근로기준법의 적용범위에 관한 설명으로 틀린 것은?

① 상시 5명 이상의 근로자를 사용하는 모든 사업 또는 사업장에 적용한다.
② 상시 4명 이하의 근로자를 사용하는 사업 또는 사업장에 대하여는 주휴일, 월차휴가, 연차휴가, 생리휴가, 산전후휴가 등을 적용하지 아니한다.
③ 동거하는 친족만을 사용하는 사업 또는 사업장에 대하여는 적용하지 아니한다.
④ 가사사용인에 대하여는 적용하지 아니한다.

2013년 3회, 2010년 1회

010

☑ 확인 Check!
O	△	X
□	□	□

근로기준법에서 사용하는 용어에 관한 설명으로 틀린 것은?

① 근로란 정신노동과 육체노동을 말한다.
② 근로자란 직업의 종류와 관계없이 임금을 목적으로 사업이나 사업장에 근로를 제공하는 사람을 말한다.
③ 평균임금이란 이를 산정하여야 할 사유가 발생한 날 이전 6개월 동안에 그 근로자에게 지급된 임금의 총액을 그 기간의 총일수로 나눈 금액을 말한다.
④ 단시간근로자란 1주 동안의 소정근로시간이 그 사업장에서 같은 종류의 업무에 종사하는 통상 근로자의 1주 동안의 소정근로시간에 비하여 짧은 근로자를 말한다.

011

☑ 확인 Check!
○	△	X
□	□	□

근로기준법상의 개념 정의와 일치하지 않는 것은?

① 근로자란 직업의 종류를 불문하고, 임금·급료 기타 이에 준하는 수입에 의하여 생활하는 자를 말한다.

② 사용자란 사업주 또는 사업 경영 담당자, 그 밖에 근로자에 관한 사항에 대하여 사업주를 위하여 행위하는 자를 말한다.

③ 근로계약이란 근로자가 사용자에게 근로를 제공하고 사용자는 이에 대하여 임금을 지급하는 것을 목적으로 체결된 계약을 말한다.

④ 임금이란 사용자가 근로의 대가로 근로자에게 임금, 봉급, 그 밖에 어떠한 명칭으로든지 지급하는 모든 금품을 말한다.

012

☑ 확인 Check!
○	△	X
□	□	□

근로기준법상 근로계약에 관한 설명으로 틀린 것은?

① 단시간근로자의 근로조건은 그 사업장의 같은 종류의 업무에 종사하는 통상 근로자의 근로시간을 기준으로 산정한 비율에 따라 결정되어야 한다.

② 사용자는 근로계약 불이행에 대한 위약금 또는 손해배상액을 예정하는 계약을 체결하여야 한다.

③ 사용자는 전차금이나 그 밖에 근로할 것을 조건으로 하는 전대채권과 임금을 상계하지 못한다.

④ 사용자는 근로계약에 덧붙여 강제 저축 또는 저축금의 관리를 규정하는 계약을 체결하지 못한다.

013

☑ 확인 Check!
○	△	X
□	□	□

근로기준법상 근로계약 체결 시 반드시 서면으로 명시하여 근로자에게 교부해야 하는 근로조건은?

① 퇴직에 관한 사항

② 소정근로시간에 관한 사항

③ 취업의 장소와 종사하여야 할 업무에 관한 사항

④ 사업장의 부속 기숙사에 근로자를 기숙하게 하는 경우에는 기숙사 규칙에서 정한 사항

014

☑ 확인 Check!

O	△	X
□	□	□

근로기준법상 평균임금을 산정기준으로 하지 않는 것은?

① 야간근로수당

② 퇴직금

③ 휴업보상

④ 상해보상

015

☑ 확인 Check!

O	△	X
□	□	□

근로기준법상 평균임금이 산정대상기간에서 제외되는 기간에 해당되지 않는 것은?

① 2개월 이내의 수습기간

② 업무상 부상 · 질병으로 요양하기 위하여 휴업한 기간

③ 사용자의 귀책사유로 휴업한 기간

④ 병역의무의 이행을 위하여 임금을 받으면서 휴직한 기간

016

☑ 확인 Check!

O	△	X
□	□	□

근로기준법상 임금 지급 원칙이 아닌 것은?

① 통화불의 원칙

② 정액불의 원칙

③ 직접불의 원칙

④ 정기불의 원칙

017

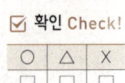

근로기준법상 임금에 관한 설명으로 틀린 것은?

① 임금은 원칙적으로 통화로 직접 근로자에게 그 전액을 지급하여야 한다.

② 사용자는 근로자가 출산, 질병, 재해 등 비상한 경우의 비용에 충당하기 위하여 임금 지급을 청구하면 지급기일 전이라도 향후 제공할 근로에 대한 임금을 지급하여야 한다.

③ 임금은 원칙적으로 매월 1회 이상 일정한 날짜를 정하여 지급하여야 한다.

④ 사업이 한 차례 이상의 도급에 따라 행해지는 경우에 하수급인이 직상 수급인의 귀책사유로 근로자에게 임금을 지급하지 못한 경우에는 그 직상수급은 그 하수급인과 연대하여 책임을 진다.

018

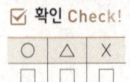

근로기준법령상 임금채권의 소멸시효 기간은?

① 1년

② 2년

③ 3년

④ 5년

019

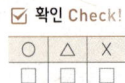

근로기준법상 근로시간과 휴게시간에 관한 설명으로 틀린 것은?

① 1주간의 근로시간은 휴게시간을 제외하고 40시간을 초과할 수 없다.

② 1일의 근로시간은 휴게시간을 제외하고 8시간을 초과할 수 없다.

③ 사용자는 근로시간이 4시간인 경우에는 30분 이상, 8시간인 경우에는 1시간 이상의 휴게시간을 근로시간 이후에 주어야 한다.

④ 휴게시간은 근로자가 자유롭게 이용할 수 있다.

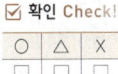
다음 (   )에 알맞은 것은?

> 근로기준법상 야간근로는 (ㄱ)부터 다음 날 (ㄴ) 사이의 근로시간을 말한다.

① ㄱ : 오후 8시, ㄴ : 오전 4시
② ㄱ : 오후 10시, ㄴ : 오전 6시
③ ㄱ : 오후 12시, ㄴ : 오전 6시
④ ㄱ : 오후 6시, ㄴ : 오전 4시

근로기준법상의 근로시간, 휴게 및 휴일에 관한 규정 적용 제외

021

근로기준법상의 근로시간, 휴게 및 휴일에 관한 규정이 모두 적용되지 않는 근로자는?

① 백화점매장에서 아르바이트하는 학생
② 자동차 경정비센터에서 일을 배우고 있는 자
③ 기밀을 취급하는 업무에 종사하는 근로자
④ 자동차판매회사의 외근사원

근로기준법상 휴일 · 휴가

022

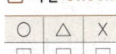

근로기준법에 명시된 휴일 또는 휴가로 볼 수 없는 것은?

① 주휴일
② 출산전후휴가
③ 근로자의 날
④ 연차 유급휴가

023

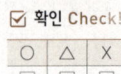

근로기준법상 경영상 이유에 의한 해고의 요건에 관한 설명으로 틀린 것은?

① 모든 사업의 양도, 인수, 합병은 긴박한 경영상의 필요가 있는 것으로 본다.
② 사용자는 해고를 피하기 위한 노력을 다하여야 한다.
③ 사용자는 합리적이고 공정한 해고의 기준을 정하고 이에 따라 그 대상자를 선정하여야 한다.
④ 사용자는 근로자의 해고를 피하기 위한 방법과 해고의 기준 등에 관하여 근로자의 과반수를 대표하는 근로자대표에게 해고를 하려는 날의 50일 전까지 통보하고 성실하게 협의하여야 한다.

024

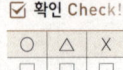

근로기준법상 해고에 관한 설명으로 틀린 것은?

① 사용자는 근로자에게 정당한 이유 없이 해고를 하지 못한다.
② 사용자는 근로자를 해고하려면 해고 사유와 해고 시기를 서면으로 통지하여야 한다.
③ 사용자는 근로자를 해고하려면 적어도 30일 전에 예고를 하여야 하고, 30일 전에 예고를 하지 아니하였을 때에는 30일분 이상의 통상임금을 지급하여야 함이 원칙이다.
④ 사용자가 근로자에게 부당해고를 하면 근로자는 노동위원회에 구제신청을 할 수 있고, 구제신청은 부당해고가 있었던 날로부터 6개월 이내에 하여야 한다.

025

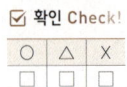

근로기준법상 이행강제금에 관한 설명으로 틀린 것은?

① 노동위원회는 구제명령을 받은 후 이행기한까지 구제명령을 이행하지 아니한 사용자에게 3천만 원 이하의 이행강제금을 부과한다.
② 노동위원회는 이행강제금을 부과하기 30일 전까지 이행강제금을 부과 · 징수한다는 뜻을 사용자에게 미리 문서로써 알려주어야 한다.
③ 노동위원회는 최초의 구제명령을 한 날을 기준으로 매년 2회의 범위에서 구제명령이 이행될 때까지 반복하여 이행강제금을 부과 · 징수할 수 있는데, 이 경우 이행강제금은 2년을 초과하여 부과 · 징수하지 못한다.
④ 노동위원회는 구제명령을 받은 자가 구제명령을 이행하면 새로운 이행강제금을 부과하지 아니하되, 구제명령을 이행하기 전에 이미 부과된 이행강제금은 2분의 1을 감액하여 징수하여야 한다.

금품 청산 ★

026

☑ 확인 Check!

○ △ X
□ □ □

다음 ( ) 안에 들어갈 가장 알맞은 것은?

> 근로기준법상 사용자는 근로자가 사망 또는 퇴직한 경우에는 그 지급 사유가 발생한 때부터 ( ) 이내에 임금, 보상금, 그 밖에 일체의 금품을 지급하여야 한다. 다만, 특별한 사정이 있을 경우에는 당사자 사이의 합의에 의하여 기일을 연장할 수 있다.

① 14일   ② 30일
③ 60일   ④ 90일

임산부의 보호

027

☑ 확인 Check!

○ △ X
□ □ □

근로기준법상 임산부의 보호에 관한 설명으로 틀린 것은? (한 번에 둘 이상의 자녀를 임신한 경우 제외)

① 사용자는 임신 중의 여성에게 산전과 산후를 통하여 90일의 출산전후휴가를 주어야 한다.
② 출산전후휴가 기간의 배정은 산후에 30일 이상이 되어야 한다.
③ 사용자는 임신 중의 여성 근로자에게 시간외근로를 하게 하여서는 아니 되며, 그 근로자의 요구가 있는 경우에는 쉬운 종류의 근로로 전환하여야 한다.
④ 사업주는 출산전후휴가 종료 후에는 휴가 전과 동일한 업무 또는 동등한 수준의 임금을 지급하는 직무에 복귀시켜야 한다.

여성과 소년에 대한 특별보호

028

☑ 확인 Check!

○ △ X
□ □ □

근로기준법상 여성과 연소근로자에 대한 특별보호에 관한 설명으로 옳은 것은?

① 13세 이상 15세 미만인 자라도 고용노동부장관이 발급한 취직인허증을 지닌 자는 근로자로 사용할 수 있다.
② 사용자는 18세 이상의 여성에게 야간근로를 시키고자 하는 경우에는 고용노동부장관의 인가를 얻어야 한다.
③ 임신 중의 여성근로자에 대하여 출산전후휴가 부여일수는 60일이다.
④ 임신 중의 여성근로자가 사산한 경우에는 청구하여도 보호휴가를 부여하지 않아도 된다.

029

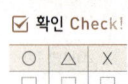

근로기준법상 취업규칙에 관한 설명으로 옳은 것은?

① 상시 5명 이상의 근로자를 사용하는 사용자는 취업규칙을 작성하여 고용노동부장관에게 신고하여야 한다.

② 사용자는 모든 취업규칙의 작성 또는 변경에 관하여 해당 사업 또는 사업장에 근로자의 과반수로 조직된 노동조합이 있는 경우에는 그 노동조합의 동의를 받아야 한다.

③ 취업규칙에서 정한 기준에 미달하는 근로조건을 정한 근로계약은 그 부분에 관하여는 무효로 한다. 이 경우 무효로 된 부분은 취업규칙에 정한 기준에 따른다.

④ 취업규칙에서 근로자에 대하여 감급(減給)의 제재를 정할 경우에 그 감액은 1회의 금액이 평균임금의 1일분의 10분의 3을, 총액이 1임금지급기의 임금 총액의 10분의 1을 초과하지 못한다.

030

근로기준법상 재해보상에 관한 설명으로 틀린 것은?

① 사용자는 요양 중에 있는 근로자에게 그 근로자의 요양 중 평균임금의 100분의 60의 휴업보상을 하여야 한다.

② 근로자가 업무상 사망한 경우에는 사용자는 근로자가 사망한 후 지체 없이 그 유족에게 평균임금 360일분의 유족보상을 하여야 한다.

③ 근로자가 업무상 사망한 경우에는 사용자는 근로자가 사망한 후 지체 없이 평균임금 90일분의 장의비를 지급하여야 한다.

④ 요양보상을 받는 근로자가 요양을 시작한 지 2년이 지나도 부상 또는 질병이 완치되지 아니하는 경우에는 사용자는 그 근로자에게 평균임금 1,340일분의 일시 보상을 하여 그 후의 이 법에 따른 모든 보상책임을 면할 수 있다.

031

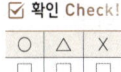

근로기준법상 근로감독관에 관한 설명으로 틀린 것은?

① 근로조건의 기준을 확보하기 위하여 고용노동부와 그 소속 기관에 근로감독관을 둔다.

② 근로감독관은 사업장, 기숙사, 그 밖의 부속 건물을 현장조사하고 장부와 서류의 제출을 요구할 수 있으며 사용자와 근로자에 대하여 심문(審問)할 수 있다.

③ 의사인 근로감독관이나 근로감독관의 위촉을 받은 의사는 취업을 금지하여야 할 질병에 걸릴 의심이 있는 근로자에 대하여 검진할 수 있다.

④ 근로감독관은 이 법이나 그 밖의 노동 관계 법령 위반의 죄에 관하여 「사법경찰관리의 직무를 수행할 자와 그 직무범위에 관한 법률」에서 정하는 바에 따라 검사의 직무를 수행한다.

CHAPTER 03 최저임금법

최저임금법의 개요   적중 예상 문제

032

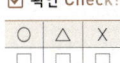

다음 중 최저임금법에 대한 설명으로 가장 옳은 것은?

① "임금"이란 「근로기준법」 제2조에 따른 임금을 말한다.

② 「선원법」의 적용을 받는 선원에게도 적용한다.

③ 「기간제 및 단시간근로자 보호 등에 관한 법률」의 적용을 받는 단시간근로자에게는 적용하지 아니한다.

④ 최저임금은 사업의 종류와 지역을 구분하여 정하여야 한다.

최저임금의 결정기준   적중 예상 문제

033

다음 중 최저임금법상 최저임금의 결정기준으로 명시된 것이 아닌 것은?

① 노동생산성

② 소득분배율

③ 유사 근로자의 임금

④ 직무 수행에 요구되는 작업조건

034

✓ 확인 Check!

○	△	X
□	□	□

다음은 최저임금법령상 수습 중에 있는 근로자(단, 단순노무업무로 고용노동부장관이 정하여 고시한 직종에 종사하는 근로자는 제외)에 대한 최저임금액의 내용이다. 보기의 빈칸에 들어갈 내용을 순서대로 올바르게 나열한 것은?

(ㄱ)년 이상의 기간을 정하여 근로계약을 체결하고 수습 중에 있는 근로자로서 수습을 시작한 날부터 (ㄴ)개월 이내인 사람에 대하여는 시간급 최저임금액에서 100분의 (ㄷ)을 뺀 금액을 그 근로자의 시간급 최저임금액으로 한다.

① ㄱ : 1, ㄴ : 2, ㄷ : 5
② ㄱ : 1, ㄴ : 3, ㄷ : 10
③ ㄱ : 2, ㄴ : 3, ㄷ : 5
④ ㄱ : 2, ㄴ : 3, ㄷ : 10

035

✓ 확인 Check!

○	△	X
□	□	□

다음 중 최저임금법령상 최저임금에 대한 설명으로 옳지 않은 것은?

① 사용자는 최저임금의 적용을 받는 근로자에게 최저임금액 이상의 임금을 지급하여야 한다.
② 사용자는 이 법에 따른 최저임금을 이유로 종전의 임금수준을 낮추어서는 아니 된다.
③ 사용자는 정신 또는 신체의 장애가 업무 수행에 직접적으로 현저한 지장을 주는 것이 명백하다고 인정되는 사람에 대하여는 고용노동부장관의 인가 없이도 최저임금의 적용을 제외할 수 있다.
④ 도급으로 사업을 행하는 경우 도급인이 책임져야 할 사유로 수급인이 근로자에게 최저임금액에 미치지 못하는 임금을 지급한 경우 도급인은 해당 수급인과 연대하여 책임을 진다.

036

✓ 확인 Check!

○	△	X
□	□	□

다음 중 최저임금법규상 최저임금에 산입하는 임금은?

① 연장근로에 대한 가산임금
② 연차 유급휴가의 미사용수당
③ 매월 정기적으로 지급하는 상여금
④ 법정 주휴일 이외의 유급으로 처리되는 휴일에 대한 임금

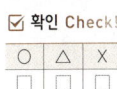

037

☑ 확인 Check!

O	△	X
□	□	□

다음 중 최저임금법상 최저임금의 결정에 대한 설명으로 옳지 않은 것은?

① 최저임금위원회는 고용노동부장관으로부터 최저임금에 관한 심의 요청을 받은 경우 이를 심의하여 최저임금안을 의결하고 심의 요청을 받은 날부터 90일 이내에 고용노동부장관에게 제출하여야 한다.

② 고용노동부장관은 최저임금위원회가 심의하여 제출한 최저임금안에 따라 최저임금을 결정하기가 어렵다고 인정되면 재심의를 요청할 수 있고, 최저임금위원회가 재심의에서 재적위원 과반수의 출석과 출석위원 과반수의 찬성으로 당초의 최저임금안을 재의결한 경우에는 그에 따라 최저임금을 결정하여야 한다.

③ 근로자를 대표하는 자나 사용자를 대표하는 자는 고시된 최저임금안에 대하여 이의가 있으면 고시된 날부터 10일 이내에 대통령령으로 정하는 바에 따라 고용노동부장관에게 이의를 제기할 수 있다.

④ 고시된 최저임금은 다음 연도 1월 1일부터 효력이 발생하지만, 고용노동부장관이 사업의 종류별로 임금교섭시기 등을 고려하여 필요하다고 인정하면 효력발생 시기를 따로 정할 수 있다.

038

☑ 확인 Check!

O	△	X
□	□	□

다음 중 최저임금법령상 최저임금의 적용을 받는 사용자가 근로자에게 주지시켜야 할 최저임금의 내용에 해당하는 것을 올바르게 모두 고른 것은?

> ㄱ. 적용을 받는 근로자의 최저임금액
> ㄴ. 최저임금에 산입하지 아니하는 임금
> ㄷ. 해당 사업에서 최저임금의 적용을 제외할 근로자의 범위
> ㄹ. 해당 연도 시간급 최저임금액을 기준으로 산정된 월 환산액

① ㄱ, ㄴ, ㄷ

② ㄱ, ㄷ

③ ㄴ, ㄹ

④ ㄱ, ㄴ, ㄷ, ㄹ

039

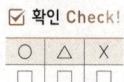

다음 중 최저임금법상 최저임금위원회에 대한 설명으로 옳지 않은 것은?

① 최저임금위원회는 근로자위원 6명, 사용자위원 6명, 공익위원 6명으로 구성한다.

② 최저임금위원회의 위원의 임기는 3년으로 하되, 연임할 수 있다.

③ 최저임금위원회에 2명의 상임위원을 두며, 상임위원은 공익위원이 된다.

④ 최저임금위원회의 위원장과 부위원장은 공익위원 중에서 최저임금위원회가 선출한다.

040

다음 중 최저임금법상 최저임금위원회에 대한 설명으로 옳지 않은 것은?

① 최저임금위원회의 회의는 재적위원 3분의 1 이상이 소집을 요구하는 경우 위원장이 소집한다.

② 최저임금위원회의 회의는 이 법으로 따로 정하는 경우 외에는 재적위원 과반수의 출석과 출석위원 과반수의 찬성으로 의결한다.

③ 최저임금위원회가 의결을 할 때에는 근로자위원과 사용자위원 각 3분의 1 이상의 출석이 있어야 한다.

④ 최저임금위원회가 사업의 종류별 또는 특정 사항별로 두는 전문위원회는 근로자위원, 사용자위원 및 공익위원 각 6명 이내의 같은 수로 구성한다.

041

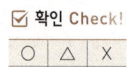

다음 중 2025년 적용 최저임금으로 옳은 것은?

① 9,860원

② 10,030원

③ 10,060원

④ 10,120원

직업안정법 Ⅰ

2011년 2회

042

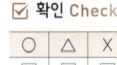

직업안정법에서 사용하는 용어의 정의로 틀린 것은?

① 유료직업소개사업이란 무료직업소개사업이 아닌 직업소개사업을 말한다.

② 직업안정기관이란 직업소개, 직업지도 등 직업안정업무를 수행하는 지방고용노동행정기관을 말한다.

③ 무료직업소개사업이란 수수료, 회비 또는 그 밖의 어떠한 금품도 받지 아니하고 수행하는 직업소개사업을 말한다.

④ 직업소개란 구인 또는 구직의 신청을 받아 구인자와 구직자 간에 고용계약의 성립을 결정하는 것을 말한다.

직업안정법 Ⅱ   ★

2025년, 2020년 3회, 2014년 1회

043

직업안정법에 관한 설명으로 틀린 것은?

① 누구든지 어떠한 명목으로든 구인자로부터 그 모집과 관련하여 금품을 받거나 그 밖의 이익을 취하여서는 아니 된다.

② 누구든지 국외에 취업할 근로자를 모집할 경우에는 고용노동부장관에게 신고하여야 한다.

③ 누구든지 고용노동부장관의 허가를 받지 아니하고는 근로자공급사업을 하지 못한다.

④ 누구든지 성별, 연령, 종교, 신체적 조건, 사회적 신분 또는 혼인 여부 등을 이유로 직업소개 또는 직업지도를 받거나 고용관계를 결정할 때 차별대우를 받지 아니한다

지방자치단체장의 업무

2012년 3회

044

직업안정법상 지방자치단체의 장이 필요에 따라 구인자 및 구직자에 대하여 할 수 있는 업무가 아닌 것은?

① 국내 직업소개

② 직업지도

③ 직업정보제공

④ 국외 직업소개

045

직업안정법상 직업안정기관의 장이 구인신청의 수리(受理)를 거부할 수 없는 경우는?

① 구인신청의 내용이 법령을 위반한 경우

② 구인신청을 구인자의 사업장 소재지를 관할하는 직업안정기관에 하지 않은 경우

③ 구인신청의 내용 중 임금 등 근로조건이 통상적인 근로조건에 비하여 현저하게 부적당하다고 인정되는 경우

④ 구인자가 구인조건을 밝히기를 거부하는 경우

046

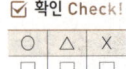

직업안정법상 직업안정기관의 장이 직업지도를 하여야 하는 대상으로서 구체적으로 명시되어 있지 않은 자는?

① 새로 취업하려는 사람

② 국민기초생활 보장법상의 수급자

③ 신체에 장애가 있는 사람

④ 정신에 장애가 있는 사람

047

직업안정법상 고용서비스 우수기관 인증에 관한 설명으로 틀린 것은?

① 고용노동부장관은 고용서비스 우수기관 인증업무를 대통령령으로 정하는 전문기관에 위탁할 수 있다.

② 고용서비스 우수기관으로 인증을 받은 자가 정당한 사유 없이 6개월 이상 계속 사업 실적이 없는 경우에는 인증을 취소할 수 있다.

③ 고용서비스 우수기관 인증의 유효기간은 인증일부터 3년으로 한다.

④ 고용서비스 우수기관으로 인증을 받은 자가 인증의 유효기간이 지나기 전에 다시 인증을 받으려면 고용노동부장관에게 재인증을 신청하여야 한다.

2012년 3회

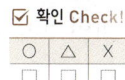

048

직업안정법상 직업소개의 원칙으로 **틀린** 것은?

① 구직자 능력에 알맞은 직업의 소개
② 구인자의 구인조건에 적합한 구직자 소개
③ 구직자에게 임금수준이 높은 직업의 소개
④ 구직자 통근 가능한 지역 내 직업 소개

2015년 1회

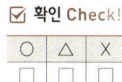

049

직업안정법상 신고를 하지 아니하고 무료직업소개사업을 할 수 있는 단체가 **아닌** 것은?

① 대한상공회의소
② 한국산업인력공단
③ 한국장애인고용공단
④ 교육 관계법에 따른 각급 학교의 장

2011년 1회, 2011년 2회

050

직업안정법상 직업소개사업에 관한 설명 중 옳은 것은?

① 무료직업소개사업은 사업장이 위치한 장소를 기준으로 하여 국내 무료직업소개사업과 국외 무료직업소개사업으로 구분한다.
② 국내 무료직업소개사업을 하려는 자는 주된 사업소의 소재지를 관할하는 특별자치도지사, 시장, 군수 및 구청장에게 등록하여야 한다.
③ 국외 유료직업소개사업을 하려는 자는 고용노동부장관에게 신고하여야 한다.
④ 유료직업소개사업을 하는 자는 고용노동부장관이 결정 고시한 요금 이외의 금품을 받아서는 아니 되나, 고용노동령으로 정하는 고급·전문인력을 소개하는 경우에는 당사자 사이에 정한 요금을 구인자로부터 받을 수 있다.

051

☑ 확인 Check!

○	△	X
□	□	□

직업안정법상 유료직업소개에 관한 설명으로 틀린 것은?

① 유료직업소개사업은 소개대상이 되는 근로자가 취업하려는 장소를 기준으로 하여 국내 유료직업소개사업으로 구분한다.

② 국내 유료직업소개사업을 하려는 자는 노동부장관에게 등록하여야 한다.

③ 유료직업소개사업을 등록한 자는 타인에게 자기의 성명 또는 상호를 사용하여 직업소개 사업을 하게 하거나 그 등록증을 대여하여서는 아니 된다.

④ 유료직업소개사업을 하는 자 및 그 종사자는 구직자에게 제공하기 위하여 구인자로부터 선급금을 받아서는 아니 된다.

052

☑ 확인 Check!

○	△	X
□	□	□

직업안정법상 구인 · 구직의 신청에 관한 설명으로 옳은 것은?

① 국외취업희망자의 구직신청의 유효기간은 1년으로 한다.

② 직업안정기관의 장은 관할구역의 읍 · 면 · 동사무소에 구인신청서와 구직신청서를 갖추 어 두어 구인자 · 구직자의 편의를 도모하여야 한다.

③ 직업안정기관의 장은 접수된 구인신청서 · 구직신청서를 3년간 관리 · 보관하여야 한다.

④ 수리된 구인신청의 유효기간은 3개월이다.

053

☑ 확인 Check!

○	△	X
□	□	□

직업안정법에 관한 다음 설명 중 (   )에 들어갈 알맞은 것은?

> 무료직업소개사업 또는 유료직업소개사업을 하는 자와 그 종사자는 구직자의 연령을 확인해야 하고, (   ) 미만의 구직자를 소개하는 경우에는 친권자 또는 후견인의 동의서를 받아야 한다.

① 15세

② 18세

③ 19세

④ 20세

054

✓ 확인 Check!

○	△	X
□	□	□

직업안정법령상 직업정보제공사업자가 준수해야 하는 사항이 아닌 것은?

① 직업정보제공매체 또는 직업정보제공사업의 광고문에 "(무료)취업상담", "취업추천", "취업지원" 등의 표현을 사용하지 아니할 것

② 직업정보제공매체에 부여받은 신고번호를 표시하지 아니할 것

③ 직업정보제공매체의 구인·구직의 광고에 직업정보제공사업자의 주소 또는 전화번호는 기재하지 아니할 것

④ 구직자의 이력서 발송을 대행하거나 구직자에게 취업 추천서를 발부하지 아니할 것

055

✓ 확인 Check!

○	△	X
□	□	□

직업안정법상 직업소개사업을 겸업할 수 없는 자는?

① 교육사업자

② 제조업자

③ 결혼상담업자

④ 식품접객업자

056

✓ 확인 Check!

○	△	X
□	□	□

직업안정법상 근로자공급사업에 관한 설명으로 틀린 것은?

① 근로자공급사업 허가의 유효기간은 3년이다.

② 근로자공급사업 허가의 유효기간이 끝난 후 계속하여 근로자공급사업을 하려는 자는 연장허가를 받아야 하며, 이 경우 연장허가의 유효기간은 연장 전 허가의 유효기간이 끝나는 날부터 3년으로 한다.

③ 국내 근로자공급사업의 허가를 받을 수 있는 자는 「노동조합 및 노동관계조정법」에 따른 노동조합이다.

④ 연예인을 대상으로 하는 국외 근로자공급사업의 허가를 받을 수 있는 자는 「민법」에 따른 비영리법인이 아니어야 한다.

2013년 2회, 2010년 3회

057

☑ 확인 Check!

○	△	X
□	□	□

직업안정법상 국외 공급 근로자의 보호 및 국외 근로자공급사업의 관리에 관한 설명으로 틀린 것은?

① 공급 국가로부터 취업자격을 취득한 근로자만을 공급할 것
② 국외의 임금수준 등을 고려하여 공급 근로자에게 적정임금을 보장할 것
③ 공급 근로자의 출국일자, 국외 취업기간, 현 근무처 및 귀국일자 등을 기록한 명부를 작성 · 관리할 것
④ 임금은 매월 1회 이상 일정한 기일을 정하여 통화로 직접 해당 근로자에게 그 전액을 지급할 것

2011년 3회

058

☑ 확인 Check!

○	△	X
□	□	□

직업안정법규상 유료직업소개사업자의 장부비치기간으로 옳은 것은?

① 종사자명부 : 3년
② 구인신청서 및 구직신청서 : 3년
③ 소개요금약정서 : 2년
④ 금전출납부 및 금전출납 명세서 : 1년

CHAPTER 05	고용보험법

2015년 2회, 2010년 3회

059

☑ 확인 Check!

○	△	X
□	□	□

고용보험법에서 사용하는 용어에 관한 설명으로 틀린 것은?

① "보수"란 소득세법에 따른 근로소득에서 비과세 근로소득을 뺀 금액을 말한다.
② "일용근로자"는 3개월 미만 동안 고용되는 자를 말한다.
③ "이직"은 피보험자와 사업주 사이의 고용관계가 끝나게 되는 것을 말한다.
④ "실업"은 근로의 의사와 능력이 있음에도 불구하고 취업하지 못한 상태에 있는 것을 말한다.

고용보험사업

060

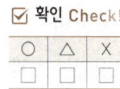

고용보험법상 고용보험에 해당하지 않는 것은?

① 재활사업
② 직업능력개발 사업
③ 실업급여
④ 고용안정사업

적용 제외 근로자

061

☑ 확인 Check!

○ △ X

고용보험법 적용 제외 근로자에 해당하는 자는?

① 60세에 새로 고용된 근로자
② 1개월 미만 동안 고용되는 일용근로자
③ 사립학교교직원 연금법의 적용을 받는 사람
④ 1일 6시간씩 주3일 근무하기로 한 사람

피보험자격 취득 순서

062

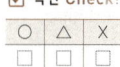

고용보험법령상 둘 이상의 사업에 일용근로자가 아닌 자로 동시에 고용되어 있는 경우 피보험자격을 취득하는 순서로 옳은 것은?

> ㄱ. 고용산재보험료징수법에 따른 월평균보수가 많은 사업
> ㄴ. 근로자가 선택한 사업
> ㄷ. 월 소정근로시간이 많은 사업

① ㄱ → ㄴ → ㄷ
② ㄱ → ㄷ → ㄴ
③ ㄴ → ㄷ → ㄱ
④ ㄷ → ㄱ → ㄴ

063

고용보험법상 피보험자격의 취득일과 상실일에 관한 설명으로 틀린 것은?

① 근로자인 피보험자가 사망한 경우에는 사망한 날의 다음 날에 피보험자격을 상실한다.

② 적용 제외 근로자였던 사람이 고용보험법의 적용을 받게 된 경우 그 사업에 고용된 날에 피보험자격을 취득한 것으로 본다.

③ 고용산재보험료징수법에 따른 보험관계 성립일 전에 고용된 근로자의 경우 그 보험관계가 성립된 날 피보험자격을 취득한 것으로 본다.

④ 근로자인 피보험자가 적용 제외 근로자에 해당하게 된 경우 그 적용 제외 대상자가 된 날 피보험자격을 상실한다.

064

고용보험법상 사업주에게 고용창출에 대한 지원으로 임금의 일부를 지원할 수 있는 경우가 아닌 것은?

① 정기적인 교육훈련·안식휴가 부여, 교대근로 또는 근로시간 단축 등을 통하여 실업자를 고용함으로써 근로자 수가 증가한 경우

② 고용노동부장관이 정하는 시설을 설치·운영하여 고용환경을 개선하고 실업자를 고용하여 근로자 수가 증가한 경우

③ 직무의 분할, 근무체계 개편 또는 시간제직무 개발 등을 통하여 실업자를 근로계약기간을 정하고 시간제로 근무하는 형태로 하여 새로 고용하는 경우

④ 고용보험위원회에서 심의·의결한 성장유망업종에 해당하는 창업기업이 실업자를 고용하는 경우

065

고용보험법상 지역고용촉진 지원금의 지급요건으로 틀린 것은?

① 지역고용계획이 제출된 날부터 2년 이내에 이전, 신설 또는 증설된 사업의 조업이 시작될 것

② 지역고용계획의 실시 상황과 고용된 피보험자에 대한 임금지급 상황이 적힌 서류를 갖추고 시행할 것

③ 이전, 신설 또는 증설된 사업의 조업이 시작된 날 현재 그 지정지역이나 다른 지정지역에 3개월 이상 거주한 구직자를 그 이전, 신설 또는 증설된 사업에 피보험자로 고용할 것

④ 「고용정책 기본법」에 따른 고용정책심의회에서 그 필요성이 인정된 사업일 것

066

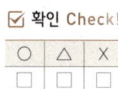

고용보험법상 직업능력개발훈련을 실시하는 사업주에 대하여 비용을 지원하는 경우 고용노동부장관이 정하여 고시하는 바에 따라 지원수준을 높게 정할 수 있는 대상자로 틀린 것은?

① 일용근로자
②「근로기준법」에 따른 단시간근로자
③「산업재해보상보험법」에 따른 특수형태근로종사자
④「기간제 및 단시간근로자 보호 등에 관한 법률」에 따른 기간제근로자

067

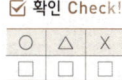

고용보험법상 실업급여에 해당하지 않는 것은?

① 구직급여
② 조기(早期)재취업 수장
③ 정리해고 수당
④ 이주비

068

고용보험법상 이직한 피보험자의 구직급여 수급요건으로 틀린 것은?

① 이직일 이전 18개월간 피보험 단위기간이 통산하여 150일 이상일 것
② 근로의 의사와 능력이 있음에도 불구하고 취업하지 못한 상태에 있을 것
③ 재취업을 위한 노력을 적극적으로 할 것
④ 일용근로자는 수급자격 인정신청일이 속한 달의 직전 달 초일부터 수급자격 인정신청일까지의 근로일수의 합이 같은 기간 동안의 총 일수의 3분의 1 미만일 것

069

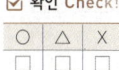

고용보험법상 피보험기간이 3년 이상 5년 미만이고, 이직일 현재 연령이 50세 미만인 경우의 구직급여 소정급여일수는? (단, 장애인이 아님)

① 120일
② 150일
③ 180일
④ 240일

070

☑ 확인 Check!

고용보험법상 구직급여의 수급 수준에 직접적인 영향을 미치지 않는 요소는?

① 가입자(신청인)의 가입기간
② 가입자(신청인)의 연령
③ 가입자(신청인)의 평균임금
④ 가입자(신청인)의 가족 수

071

☑ 확인 Check!

다음 (   )에 알맞은 것은?

> 고용보험법상 구직급여를 지급받고자 하는 자는 이직 후 (   ) 직업안정기관에 출석하여 실업을 신고하여야 한다.

① 14일 이내에
② 7일 이내에
③ 3일 이내에
④ 지체 없이

072

☑ 확인 Check!

고용보험법상 자영업자인 피보험자의 실업급여에 관한 내용이다. (   )에 알맞은 것은?

> 구직급여는 폐업한 자영업자인 피보험자가 폐업일 이전 (A)간 자영업자인 피보험자로서 갖춘 피보험 단위기간이 통산하여 (B) 이상이 되어야 지급한다.

① A : 12개월, B : 180일
② A : 18개월, B : 180일
③ A : 18개월, B : 1년
④ A : 24개월, B : 1년

073

☑ 확인 Check!

O	△	X
□	□	□

고용보험법상 자영업자인 피보험자의 실업급여의 종류로 틀린 것은?

① 조기재취업 수당

② 직업능력개발 수당

③ 광역 구직활동비

④ 구직급여

074

☑ 확인 Check!

O	△	X
□	□	□

고용보험법상 취업촉진 수당의 종류가 아닌 것은?

① 특별연장급여

② 조기재취업 수당

③ 광역 구직활동비

④ 이주비

075

☑ 확인 Check!

O	△	X
□	□	□

고용보험법상 육아휴직 급여에 관한 설명으로 옳은 것은?

① 피보험자가 「남녀고용평등과 일·가정 양립 지원에 관한 법률」에 따른 육아휴직을 10일 이상 부여받은 경우에 육아휴직 급여를 지급한다.

② 같은 자녀에 대하여 피보험자인 배우자가 30일 이상의 육아휴직을 실시하지 아니하고 있어야만 지급한다.

③ 피보험자가 육아휴직을 시작한 날 이전에 피보험 단위 기간이 합산하여 90일 이상인 경우에 육아휴직 급여를 지급한다.

④ 피보험자가 육아휴직 기간 중에 그 사업에서 이직한 경우에는 이직하였을 때부터 육아휴직 급여를 지급하지 아니한다.

076

☑ 확인 Check!

○	△	X
□	□	□

고용보험법령상 고용노동부장관은 고용보험기금을 관리·운용함에 있어 대량 실업의 발생이나 그 밖의 고용상태 불안에 대비한 준비금을 여유자금으로 적립하여야 한다. 실업급여 계정의 연말 적립금의 적정규모는?

① 해당연도 지출액의 1배

② 해당연도 지출액의 1배 이상 2배 미만

③ 해당연도 지출액의 1.5배 이상 2배 미만

④ 해당연도 지출액의 1.5배 이상 2.5배 미만

심사청구 ★★

077

☑ 확인 Check!

○	△	X
□	□	□

고용보험의 심사청구와 관련된 설명으로 틀린 것은?

① 심사청구는 즉시 원처분의 집행을 정지시킨다.

② 결정은 원처분 등을 행한 직업안정기관의 장을 기속한다.

③ 심사의 청구는 대통령령으로 정하는 바에 따라 문서로 하여야 한다.

④ 직업안정기관은 심사청구서를 받은 날부터 5일 이내에 의견서를 첨부하여 심사청구서를 심사관에게 보내야 한다.

078

☑ 확인 Check!

○	△	X
□	□	□

고용보험법상 실업급여를 지급받을 권리는 몇 년간 행사하지 아니하면 시효로 소멸하는가?

① 1년

② 2년

③ 3년

④ 5년

국민 평생 직업능력 개발법의 용어 ★★ 2015년 3회, 2014년 3회, 2013년 2회, 2010년 4회

079

☑ 확인 Check!

○	△	X
□	□	□

국민 평생 직업능력 개발법에서 사용하는 용어의 정의로 틀린 것은?

① "직업능력개발훈련"이란 모든 국민에게 평생에 걸쳐 직업에 필요한 직무 수행능력을 습득 · 향상시키기 위하여 실시하는 훈련을 말한다.

② "근로자"란 사업주에게 고용된 사람과 직업훈련을 받고 있는 사람을 말한다.

③ "양성훈련"이란 근로자에게 작업에 필요한 기초적 직무수행능력을 습득시키기 위하여 실시하는 직업능력개발 훈련을 말한다.

④ "집체훈련"이란 직업능력개발훈련을 실시하기 위하여 설치한 훈련전용시설이나 그 밖에 훈련을 실시하기에 적합한 시설(산업체의 생산시설 및 근무장소는 제외)에서 실시하는 직업능력개발 훈련을 말한다.

공공직업훈련시설의 설치 2020년 1 · 2회, 2013년 3회

080

☑ 확인 Check!

○	△	X
□	□	□

국민 평생 직업능력 개발법령상 직업능력개발훈련시설을 설치할 수 있는 공공단체가 아닌 것은?

① 한국산업인력공단(한국산업인력공단이 출연하여 설립한 학교법인을 포함)

② 안전보건공단

③ 한국장애인고용공단

④ 근로복지공단

직업능력개발훈련의 기본원칙 2010년 2회, 2009년 1회

081

☑ 확인 Check!

○	△	X
□	□	□

국민 평생 직업능력 개발법상 직업능력개발훈련의 기본원칙으로 가장 적합하지 않은 것은?

① 직업능력개발훈련은 국민 개개인의 희망 · 적성 · 능력에 맞게 국민의 생애에 걸쳐 체계적으로 실시되어야 한다.

② 직업능력개발훈련은 사회적 공공성의 원리에 따라 국가 주도로 진행되어야 한다.

③ 직업능력개발훈련이 필요한 국민에 대하여 균등한 기회가 보장되도록 실시되어야 한다.

④ 국민의 직무능력과 고용가능성을 높일 수 있도록 지역 · 산업현장의 수요가 반영되어야 한다.

082

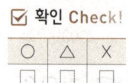

국민 평생 직업능력 개발법령상 직업능력개발훈련이 중요시되어야 할 대상으로 명시되지 않은 것은?

① 고령자 · 장애인

② 여성근로자

③ 일용근로자

④ 제조업의 생산직에 종사하는 근로자

083

☑ 확인 Check!

○	△	X
□	□	□

국민 평생 직업능력 개발법령상 훈련의 목적에 따라 구분한 직업능력개발훈련에 해당하지 않는 것은?

① 집체훈련

② 양성훈련

③ 향상훈련

④ 전직훈련

084

☑ 확인 Check!

○	△	X
□	□	□

국민 평생 직업능력 개발법상 훈련계약에 관한 설명으로 틀린 것은?

① 사업주와 직업능력개발훈련을 받으려는 근로자는 직업능력개발훈련에 따른 권리 · 의무 등에 관하여 훈련계약을 체결하여야 한다.

② 기준근로시간 외의 훈련시간에 대하여는 생산시설을 이용하거나 근무장소에서 하는 직업능력개발훈련의 경우를 제외하고는 연장근로와 야간근로에 해당하는 임금을 지급하지 아니할 수 있다.

③ 훈련계약을 체결할 때에는 해당 직업능력개발훈련을 받는 사람이 직업능력개발훈련을 이수한 후에 사업주가 지정하는 업무에 일정 기간 동안 종사하도록 할 수 있다.

④ 훈련계약을 체결하지 아니한 경우에 고용근로자가 받은 직업능력개발훈련에 대하여는 그 근로자가 근로를 제공한 것으로 본다.

085

국민 평생 직업능력 개발법상 직업능력개발훈련을 받는 국민이 훈련 중에 그 훈련으로 인하여 재해를 입은 경우 지급받는 재해 위로금에 관한 설명으로 틀린 것은?

① 산업재해보상보험법의 적용을 받는 사람은 제외된다.

② 재해 위로금의 지급에 관하여는 휴업보상을 제외한 근로기준법을 준용한다.

③ 위탁에 의한 직업능력개발훈련을 받는 국민에 대하여는 위탁받은 자의 훈련시설의 결함으로 인하여 재해가 발생한 경우라도 위탁자가 재해 위로금을 지급하여야 한다.

④ 재해 위로금의 산정기준이 되는 평균임금은 산업재해보상보험법에 따라 고용노동부장관이 매년 정하여 고시하는 최고 보상기준 금액 및 최저 보상기준 금액을 각각 그 상한 및 하한으로 한다.

086

국민 평생 직업능력 개발법상 고용노동부장관이 비용을 지원하거나 융자할 수 있는 산업부문별 직업능력개발사업이 아닌 것은?

① 산업부문별 인력수급이 및 직업능력개발훈련 수요에 대한 조사 · 분석

② 자격 및 직업능력개발훈련 기준의 개발 · 보급

③ 직업능력개발훈련을 실시하는 기관 및 그 훈련과정 등에 대한 인증사업

④ 직업능력개발훈련 과정 및 매체 등의 개발 보완 · 보급사업

087

국민 평생 직업능력 개발법령상 고용노동부장관이 반드시 지정직업훈련시설의 지정을 취소해야 하는 경우에 해당하는 것은?

① 시정명령에 따르지 아니한 경우

② 변경지정을 받지 아니하고 지정 내용을 변경하는 등 부정한 방법으로 지정직업훈련시설을 운영한 경우

③ 훈련생을 모집할 때 거짓 광고를 한 경우

④ 거짓으로 지정을 받은 경우

088

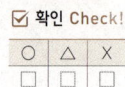

국민 평생 직업능력 개발법상 직업능력개발훈련교사에 관한 설명으로 틀린 것은?

① 직업능력개발훈련교사의 자격증이 있는 자만이 직업능력개발훈련을 위하여 훈련생을 가르칠 수 있다.

② 금고 이상의 형의 집행유예선고를 받고 그 유예기간 중에 있는 자는 직업능력개발훈련교사가 될 수 없다.

③ 직업능력개발훈련교사의 자격증을 대여한 자에 대하여는 그 자격을 취소할 수 있다.

④ 지방자치단체도 직업능력개발훈련교사의 양성을 위한 훈련과정을 설치 · 운영할 수 있다.

089

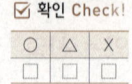

국민 평생 직업능력 개발법령상 직업능력개발훈련교사 2급의 자격기준으로 틀린 것은?

① 직업능력개발훈련교사 3급의 자격을 취득한 후 고용노동부장관이 정하여 고시하는 직종에서 3년 이상의 교육훈련 경력이 있는 사람으로서 향상훈련을 받은 사람

② 고용노동부장관이 정하여 고시하는 직종에 관한 학사 이상의 학위를 취득한 후 해당 직종에서 요구하는 중등학교 정교사 1급 또는 2급의 자격을 취득한 사람

③ 고용노동부장관이 정하여 고시하는 직종에서 요구하는 기술사 또는 기능장 자격을 취득하고 고용노동부령으로 정하는 훈련을 받은 사람

④ 「고등교육법」에 따른 교수 · 부교수 · 조교수로 재직 중 고용노동부장관이 정하여 고시하는 직종에서 2년 이상의 교육훈련 경력이 있는 사람

090

국민 평생 직업능력 개발법상 직업능력개발훈련교사의 결격사유로 틀린 것은?

① 피성년후견인 · 피한정후견인

② 금고 이상의 형의 집행유예를 선고받고 그 유예기간 중에 있는 사람

③ 금고 이상의 형을 선고받고 그 집행이 끝나거나(집행이 끝난 것으로 보는 경우를 포함한다) 집행이 면제된 날부터 3년이 지나지 아니한 사람

④ 법원의 판결에 따라 자격이 상실되거나 정지된 사람

091

☑ 확인 Check!

○	△	X
□	□	□

국민 평생 직업능력 개발법상 직업능력개발훈련교사의 양성을 위한 훈련과정에 해당하지 않는 것은?

① 양성훈련과정
② 향상훈련과정
③ 전직훈련과정
④ 교직훈련과정

092

☑ 확인 Check!

○	△	X
□	□	□

국민 평생 직업능력 개발법상 기능대학에 관한 설명으로 옳은 것은?

① 사립학교법에 따른 학교법인은 기능대학을 설립·경영할 수 없다.
② 지방자치단체가 기능대학을 설립·경영하려면 해당 지방자치단체의 장은 교육부장관과 협의를 한 후 고용노동부장관의 인가를 받아야 한다.
③ 국가가 기능대학을 설립·경영하려면 관계 중앙행정기관의 장은 교육부장관 및 고용노동부장관과 각각 협의하여야 한다.
④ 기능대학은 그 특성을 고려하여 다른 명칭을 사용할 수 없다.

CHAPTER 07   남녀고용평등과 일·가정 양립 지원에 관한 법률

093

☑ 확인 Check!

○	△	X
□	□	□

남녀고용평등과 일·가정 양립 지원에 관한 법률에 명시되어 있는 내용이 아닌 것은?

① 직장 내 성희롱의 금지 및 예방 교육
② 동일 사업 내의 동일 가치 노동에 대한 동일 임금 보장
③ 육아휴직
④ 생리휴가

094

☑ 확인 Check!

O	△	X
□	□	□

남녀고용평등과 일 · 가정 양립 지원에 관한 법률의 목적으로 명시되어 있지 않은 것은?

① 여성 고용 촉진
② 가사노동 가치의 존중
③ 모성 보호 촉진
④ 고용에서 남녀의 평등한 기회와 대우 보장

095

☑ 확인 Check!

O	△	X
□	□	□

남녀고용평등과 일 · 가정의 양립 지원에 관한 법률의 개념설명으로 틀린 것은?

① 사업주가 근로자에게 혼인 등의 사유로 합리적 이유 없이 근로조건을 달리하는 경우는 차별에 해당한다.
② 성적 언동 또는 그 밖의 요구에 따르지 아니하였다는 이유로 고용상의 불이익을 주는 것은 직장 내 성희롱에 해당된다.
③ 적극적 고용개선조치란 현존하는 남녀 간의 고용차별을 없애거나 고용평등을 촉진하기 위하여 잠정적으로 특정 성을 우대하는 조치이다.
④ 근로자란 사업주에게 고용된 사람을 말하며, 취업할 의사를 가진 사람은 근로자에 해당하지 않는다.

096

☑ 확인 Check!

O	△	X
□	□	□

남녀고용평등과 일 · 가정 양립 지원에 관한 법률상 차별에 해당하는 것은?

① 직무의 성격에 비추어 특정 성(性)이 불가피하게 요구되는 경우
② 여성 근로자의 임신 · 출산 · 수유 등 모성 보호를 위한 조치를 하는 경우
③ 동일한 업무를 담당하는 남녀 간의 정년 연령을 달리 정하는 경우
④ 이 법 또는 다른 법률에 따라 적극적 고용개선조치를 하는 경우

097

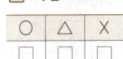

남녀고용평등과 일·가정 양립 지원에 관한 법률상 고용에 있어서 남녀의 평등한 기회보장 및 대우 등에 대한 설명으로 틀린 것은?

① 사업주는 근로자를 모집하거나 채용할 때 남녀를 차별하여서는 아니 된다.

② 동일 가치 노동의 기준은 직무 수행에서 요구되는 기술, 노력, 책임 및 작업 조건 등으로 하고, 사업주가 그 기준을 정할 때에는 고충처리기관의 근로자를 대표하는 자의 동의를 얻어야 한다.

③ 사업주는 임금 외에 근로자의 생활을 보조하기 위한 금품의 지급에서 남녀를 차별하여서는 아니 된다.

④ 사업주는 여성 근로자의 혼인, 임신 또는 출산을 퇴직 사유로 예정하는 근로계약을 체결하여서는 아니 된다.

098

남녀고용평등과 일·가정 양립 지원에 관한 법률상 직장 내 성희롱의 예방에 관한 설명으로 틀린 것은?

① 사업주는 직장 내 성희롱 예방을 위한 교육을 연 1회 이상 하여야 한다.

② 사업주 및 근로자 모두가 여성으로 구성된 사업의 사업주는 직장 내 성희롱 예방교육을 생략할 수 있다.

③ 사업주는 성희롱 예방 교육을 고용노동부장관이 지정하는 기관에 위탁하여 실시할 수 있다.

④ 사업주는 근로자가 고객에 의한 성희롱의 피해를 주장하는 것을 이유로 해고나 그 밖의 불이익한 조치를 하여서는 아니 된다.

099

☑ 확인 Check!

○	△	X
□	□	□

남녀고용평등과 일 · 가정 양립 지원에 관한 법률상 직장 내 성희롱에 관한 설명으로 틀린 것은?

① 사업주, 상급자 또는 근로자는 직장 내 성희롱을 하여서는 아니 된다.

② 사업주는 직장 내 성희롱의 예방을 위한 교육을 실시하여야 하며, 그 예방 교육을 고용노동부장관이 지정하는 기관에 위탁하여 실시할 수 있다.

③ 사업주는 직장 내 성희롱 발생이 확인된 경우 3월 이내에 행위자에 대하여 징계나 그 밖에 이에 준하는 조치를 하여야 한다.

④ 사업주는 직장 내 성희롱과 관련하여 피해를 입은 근로자 또는 성희롱 피해 발생을 주장하는 근로자에게 해고나 그 밖의 불리한 조치를 하여서는 아니 된다.

100

☑ 확인 Check!

○	△	X
□	□	□

남녀고용평등과 일 · 가정 양립 지원에 관한 법률상 고용정책심의회의 심의를 거쳐야 하는 적극적 고용개선조치에 관한 사항이 아닌 것은?

① 여성 근로자 고충처리에 관한 사항

② 여성 근로자 고용기준에 관한 사항

③ 적극적 고용개선조치 시행계획의 심사에 관한 사항

④ 적극적 고용개선조치 이행실적의 평가에 관한 사항

101

☑ 확인 Check!

○	△	X
□	□	□

남녀고용평등과 일 · 가정 양립 지원에 관한 법률상의 육아휴직에 대한 설명 중 틀린 것은?

① 사업주는 근로자가 만 8세 이하 또는 초등학교 2학년 이하의 자녀를 양육하기 위하여 휴직을 신청하는 경우에 이를 허가하여야 한다.

② 육아휴직의 기간은 1년 이내로 한다.

③ 육아휴직은 휴직의 일종이기 때문에 근속기간에 포함되지 아니한다.

④ 육아휴직을 마친 후에는 휴직 전과 같은 업무 또는 같은 수준의 임금을 지급하는 직무에 복귀시켜야 한다.

102

☑ 확인 Check!

○	△	X
□	□	□

남녀고용평등과 일 · 가정 양립 지원에 관한 법령상 (   ) 안에 들어갈 숫자의 연결이 옳은 것은?

> 제19조의4(육아휴직과 육아기 근로시간 단축의 사용형태)
> ① 근로자는 육아휴직을 (ㄱ)회에 한정하여 나누어 사용할 수 있다.
> ② 근로자는 육아기 근로시간 단축을 나누어 사용할 수 있다. 이 경우 나누어 사용하는 (ㄴ)회의 기간은 (ㄷ)개월 이상이 되어야 한다.

① ㄱ : 1, ㄴ : 2, ㄷ : 2
② ㄱ : 3, ㄴ : 1, ㄷ : 2
③ ㄱ : 1, ㄴ : 2, ㄷ : 3
④ ㄱ : 3, ㄴ : 1, ㄷ : 1

배우자 출산휴가 ★

103

☑ 확인 Check!

○	△	X
□	□	□

남녀고용평등과 일 · 가정 양립 지원에 관한 법률에서 (   ) 안에 들어갈 내용은?

> 사업주는 근로자가 배우자의 출산을 이유로 휴가를 청구하는 경우에 (   )의 휴가를 주어야 한다.

① 6일
② 10일
③ 20일
④ 22일

명예고용평등감독관(명예감독관) ★

104

☑ 확인 Check!

○	△	X
□	□	□

남녀고용평등과 일 · 가정 양립 지원에 관한 법률상 명예고용평등감독관(명예감독관)에 관한 설명으로 틀린 것은?

① 명예감독관의 임기는 3년으로 하되, 연임할 수 있다.
② 고용노동부장관은 명예감독관이 위촉 및 해촉 권한을 지방고용노동관서의 장에게 위임한다.
③ 남녀고용평등 제도에 대한 홍보 · 계몽 업무를 수행하는 경우에는 상근 업무로 함을 원칙으로 한다.
④ 고용노동부장관은 명예감독관으로 활동하기에 부적합한 사유가 있어 해당 사업의 노사 대표가 공동으로 해촉을 요청한 경우에 그 명예감독관을 해촉할 수 있다.

105

☑ 확인 Check!

○	△	X
□	□	□

남녀고용평등과 일·가정 양립 지원에 관한 법률상 과태료를 부과하는 위반행위는?

① 직장 내 성희롱과 관련하여 피해를 입은 근로자 또는 성희롱 발생을 주장하는 근로자에게 해고나 그 밖의 불리한 조치를 하는 경우

② 직장 내 성희롱 발생이 확인되었는데도 지체 없이 행위자에게 징계나 그 밖에 이에 준하는 조치를 하지 아니한 경우

③ 동일한 사업 내의 동일 가치의 노동에 대하여 동일한 임금을 지급하지 아니한 경우

④ 육아기 근로시간 단축을 이유로 해당 근로자에 대하여 해고나 그 밖의 불리한 처우를 한 경우

106

☑ 확인 Check!

○	△	X
□	□	□

남녀고용평등과 일·가정 양립 지원에 관한 법률상 3년간 전자문서로 작성·보존할 수 있는 서류가 아닌 것은?

① 직장 내 성희롱 예방 교육을 하였음을 확인할 수 있는 서류

② 성희롱 행위자에 대한 징계 등 조치에 관한 서류

③ 육아휴직의 신청 및 허용에 관한 서류

④ 적극적 고용개선조치 시행계획 및 그 이행실적에 관한 서류

CHAPTER 08 구직자 취업촉진 및 생활안정지원에 관한 법률

107

☑ 확인 Check!

○	△	X
□	□	□

다음 중 구직자 취업촉진 및 생활안정지원에 관한 법률에 대한 설명으로 옳지 않은 것은?

① 생활이 어려운 사람에게 필요한 급여를 실시하여 이들의 최저생활을 보장하고 자활을 돕는 것을 목적으로 한다.

② "취업지원"이란 수급자의 취업활동에 도움이 될 수 있는 취업지원서비스 및 구직촉진수당을 지급하는 것을 말한다.

③ 국가와 지방자치단체는 수급자격자가 구직 중 생활이 안정될 수 있도록 필요한 시책을 수립·시행하여야 한다.

④ 수급자격자는 취업활동계획 등에 따른 구직활동을 성실히 이행하여야 한다.

108

☑ 확인 Check!

○	△	X
□	□	□

다음 중 구직자 취업촉진 및 생활안정지원에 관한 법률상 보기의 빈칸에 들어갈 내용으로 옳은 것은?

> 고용노동부장관은 관계 중앙행정기관의 장과 협의하여 구직자의 취업을 지원하기 위한 구직자 취업지원 기본계획을 (   ) 수립하고 시행하여야 한다.

① 3년마다

② 5년마다

③ 매 년

④ 격년으로

109

☑ 확인 Check!

○	△	X
□	□	□

다음 중 구직자 취업촉진 및 생활안정지원에 관한 법률상 취업지원서비스의 수급 요건으로 옳은 것을 모두 고른 것은? (단, 고용노동부장관이 취업취약계층에 대해 별도로 정하여 고시한 수급 요건은 고려하지 않음)

> ㄱ. 근로능력과 구직의사가 있음에도 취업하지 못한 상태일 것
> ㄴ. 취업지원을 신청할 당시 15세 이상 60세 이하일 것
> ㄷ. 원칙상 가구단위의 월평균 총소득이 기준 중위소득의 100분의 120 이하일 것
> ㄹ. 15세 이상 34세 이하인 사람은 가구단위의 월평균 총소득이 기준 중위소득의 100분의 150 이하
>   일 것

① ㄱ

② ㄱ, ㄷ

③ ㄱ, ㄴ, ㄹ

④ ㄱ, ㄴ, ㄷ, ㄹ

110

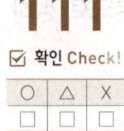

다음 중 구직자 취업촉진 및 생활안정지원에 관한 법률상 구직촉진수당의 수급 요건으로 옳은 것을 모두 고른 것은?

> ㄱ. 취업지원서비스의 수급 요건에 해당하지 않을 것
> ㄴ. 가구단위의 월평균 총소득이 기준 중위소득의 100분의 60 이내의 범위에서 최저생계비 및 구직활동에 드는 비용 등을 고려하여 대통령령으로 정하는 수준 이하일 것
> ㄷ. 원칙상 가구원이 소유하고 있는 토지·건물·자동차 등 재산의 합계액이 6억 원 이내의 범위에서 대통령령으로 정하는 금액 이하일 것
> ㄹ. 취업지원 신청일 이전 1년 이내의 범위에서 대통령령으로 정하는 기간 이상 취업한 사실이 없을 것

① ㄱ, ㄹ

② ㄴ, ㄷ

③ ㄴ, ㄷ, ㄹ

④ ㄱ, ㄴ, ㄷ, ㄹ

111

☑ 확인 Check!

○ △ X

다음은 구직자 취업촉진 및 생활안정지원에 관한 법령상 고용노동부장관이 구직촉진수당 수급자격을 인정하지 아니할 수 있는 대상을 제시한 것이다. 보기의 빈칸에 들어갈 내용을 순서대로 올바르게 나열한 것은?

> • 「고용보험법」에 따른 구직급여를 받고 있거나 구직급여를 마지막으로 받은 날의 다음 날부터 (ㄱ)이 지나지 아니한 사람
> • 「고용정책 기본법」에 따른 재정지원 일자리사업 중 대통령령으로 정하는 사업에 참여하고 있거나 참여기간의 마지막 날의 다음 날부터 (ㄴ)이 지나지 아니한 사람

① ㄱ : 3개월, ㄴ : 3개월

② ㄱ : 3개월, ㄴ : 6개월

③ ㄱ : 6개월, ㄴ : 6개월

④ ㄱ : 1년, ㄴ : 1년

112

다음 중 구직자 취업촉진 및 생활안정지원에 관한 법률상 수급자격자 또는 수급자가 취업지원의 유예를 신청할 수 있는 사유로 옳지 않은 것은?

① 본인이 임신하거나 출산 후 90일이 지나지 아니한 경우
② 본인 또는 배우자가 질병에 걸렸거나 부상을 당한 경우
③ 본인 또는 배우자의 직계존비속이 질병에 걸렸거나 부상을 당한 경우
④ 6개월 이상 국외에 머무는 경우

113

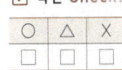

다음 중 구직자 취업촉진 및 생활안정지원에 관한 법률상 취업지원서비스에 포함되지 않는 것은?

① 개인별 취업활동계획의 수립
② 취업지원 프로그램의 제공
③ 구직활동지원 프로그램의 제공
④ 구직촉진수당의 지급

114

☑ 확인 Check!

다음 중 구직자 취업촉진 및 생활안정지원에 관한 법률상 취업지원서비스기간과 관련하여 보기의 빈칸에 들어갈 내용을 순서대로 올바르게 나열한 것은?

> • 수급자가 취업지원서비스를 받을 수 있는 기간은 수급자격의 인정 통지를 받은 날부터 (ㄱ)이 되는 날까지로 한다.
> • 고용노동부장관은 취업지원서비스기간이 종료된 후에도 수급자가 취업지원 프로그램에 계속 참여할 필요가 있다고 인정되면 (ㄴ) 이내의 범위에서 그 기간을 연장할 수 있다.

① ㄱ : 1년, ㄴ : 3개월
② ㄱ : 1년, ㄴ : 6개월
③ ㄱ : 2년, ㄴ : 3개월
④ ㄱ : 2년, ㄴ : 6개월

115

☑ 확인 Check!

O	△	X
□	□	□

다음 중 구직자 취업촉진 및 생활안정지원에 관한 법률상 구직촉진수당에 대한 설명으로 옳지 않은 것은?

① 고용노동부장관은 구직촉진수당의 수급 요건에 해당하는 수급자격자가 취업지원서비스에 참여하는 경우 구직촉진수당과 별도로 취업활동비용을 지원한다.
② 고용노동부장관은 고용정책심의회의 심의를 거쳐 구직촉진수당의 지급액을 결정한다.
③ 구직촉진수당은 취업지원 신청인이 수급자격의 인정 통지를 받은 날부터 6개월이 되는 날까지 취업지원·구직활동지원 프로그램을 이행한 것에 대하여 지급한다.
④ 구직촉진수당의 지급주기는 1개월로 한다.

116

☑ 확인 Check!

O	△	X
□	□	□

다음 중 구직자 취업촉진 및 생활안정지원에 관한 법률상 부정한 방법으로 구직촉진수당 등을 지급받은 경우의 처분에 대한 설명으로 가장 옳은 것은?

① 부정행위에 따른 구직촉진수당 등의 지급결정 취소를 받은 수급자는 그 결정이 있은 날부터 5년 이내의 범위에서 대통령령으로 정하는 기간에 취업지원을 신청할 수 없다.
② 고용노동부장관은 거짓이나 그 밖의 부정한 방법으로 구직촉진수당 등을 지급받은 수급자에게 반환명령을 하는 경우에 지급받은 구직촉진수당에 해당하는 액수 이상의 금액을 추가로 징수할 수 있다.
③ 고용노동부장관은 수급자 또는 수급자였던 사람에게 잘못 지급된 구직촉진수당 등이 있으면 그 지급금의 반환을 명하여야 한다.
④ 거짓이나 그 밖의 부정한 방법으로 구직촉진수당 등을 받거나 다른 사람으로 하여금 받게 한 사람은 3년 이하의 징역 또는 3천만 원 이하의 벌금에 처한다.

117

☑ 확인 Check!

O	△	X
□	□	□

다음 중 구직자 취업촉진 및 생활안정지원에 관한 법률상 취업지원의 종료 시점으로 옳지 않은 것은?

① 취업지원서비스기간이 만료된 경우 : 해당 기간이 만료된 날의 다음 날
② 취업지원서비스기간 중 취업한 경우 : 취업한 날의 다음 날
③ 구직촉진수당의 지급기간이 최종 회차인 경우 : 최종 회차 지급기간의 마지막 날의 다음 날
④ 생계급여 수급자로 선정된 경우 : 생계급여 수급자로 선정된 날

118

☑ 확인 Check!

O	△	X
□	□	□

다음 중 구직자 취업촉진 및 생활안정지원에 관한 법률상 보기의 빈칸에 들어갈 내용으로 옳은 것은?

> 구직자 취업촉진 및 생활안정지원에 관한 법령상 취업지원의 종료에 따라 취업지원을 하지 아니하게 된 경우에는 원칙상 그날부터 (　　) 이내의 범위에서 대통령령으로 정하는 기간이 지나야 취업지원 신청을 할 수 있다.

① 1년
② 2년
③ 3년
④ 5년

CHAPTER 09   채용절차의 공정화에 관한 법률

채용절차법의 개념설명 Ⅰ   2024년, 2021년 1회

119

☑ 확인 Check!

O	△	X
□	□	□

채용절차의 공정화에 관한 법률에 관한 설명으로 틀린 것은?

① "기초심사자료"란 구직자의 응시원서, 이력서 및 자기소개서를 말한다.
② 고용노동부장관은 기초심사자료의 표준양식을 정하여 구인자에게 그 사용을 권장할 수 있다.
③ 구직자는 구인자에게 제출하는 채용서류를 거짓으로 작성하여서는 아니 된다.
④ 이 법은 지방자치단체가 공무원을 채용하는 경우에도 적용한다.

채용절차법의 개념설명 Ⅱ   2021년 3회

120

☑ 확인 Check!

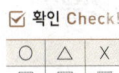

채용절차의 공정화에 관한 법률에 관한 설명으로 틀린 것은?

① 고용노동부장관은 입증자료의 표준양식을 정하여 구인자에게 그 사용을 권장할 수 있다.
② 원칙적으로 상시 30명 이상의 근로자를 사용하는 사업장의 채용절차에 적용한다.
③ 채용서류란 기초심사자료, 입증자료, 심층심사자료를 말한다.
④ 심층심사자료란 작품집, 연구실적물 등 구직자의 실력을 알아볼 수 있는 모든 물건 및 자료를 말한다.

121

☑ 확인 Check!

○ △ X

다음 중 채용절차의 공정화에 관한 법령상 채용서류의 반환 등에 대한 내용으로 가장 옳은 것은?

① 구인자는 확정된 채용대상자가 채용서류의 반환을 청구하는 경우에는 본인임을 확인한 후 대통령령으로 정하는 바에 따라 반환하여야 한다.

② 구직자로부터 채용서류의 반환 청구를 받은 구인자는 구직자가 반환 청구를 한 날부터 14일 이내에 구직자에게 해당 채용서류를 발송하거나 전달하여야 한다.

③ 구직자가 구인자의 요구 없이 자발적으로 제출한 채용서류에 대해서도 구인자의 채용서류 반환 의무가 성립된다.

④ 채용서류의 반환에 소요되는 비용은 원칙적으로 구직자가 부담한다.

122

☑ 확인 Check!

○ △ X

다음 중 채용절차의 공정화에 관한 법령상 채용서류의 반환 청구기간으로 옳은 것은?

① 구인자가 구직자의 채용서류를 받은 날 이후 30일부터 90일까지

② 구인자가 구직자의 채용서류를 받은 날 이후 60일부터 180일까지

③ 구직자의 채용 여부가 확정된 날 이후 7일부터 90일까지

④ 구직자의 채용 여부가 확정된 날 이후 14일부터 180일까지

123

☑ 확인 Check!

○ △ X

채용절차의 공정화에 관한 법령상 500만 원 이하의 과태료 부과행위에 해당하는 것은?

① 채용서류 보관의무를 이행하지 아니한 구인자

② 구직자에 대한 고지의무를 이행하지 아니한 구인자

③ 시정명령을 이행하지 아니한 구인자

④ 지식재산권을 자신에게 귀속하도록 강요한 구인자

개인정보 보호법에서 사용하는 용어　　　　　　　　　　　　　　　　　　　　　　　적중 예상 문제

124

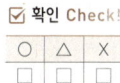

다음 중 개인정보 보호법상 용어에 대한 설명으로 옳지 않은 것은?

① 개인정보 – 성명이나 주민등록번호, 법인 또는 단체의 소재지 주소 등을 통하여 알아볼 수 있는 자연인, 법인 또는 단체에 관한 정보

② 처리 – 개인정보의 수집, 생성, 연계, 연동, 기록, 저장, 보유, 가공, 편집, 검색, 출력, 정정, 복구, 이용, 제공, 공개, 파기 등의 행위

③ 정보주체 – 처리되는 정보에 의하여 알아볼 수 있는 사람으로서 그 정보의 주체가 되는 사람

④ 개인정보처리자 – 업무를 목적으로 개인정보파일을 운용하기 위하여 스스로 또는 다른 사람을 통하여 개인정보를 처리하는 공공기관, 법인, 단체 및 개인 등

개인정보 보호법의 개념설명　★　　　　　　　　　　　　　　　　　　　　2025년, 2024년, 2021년 2회

125

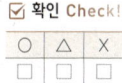

개인정보 보호법령에 관한 설명으로 틀린 것은?

① "정보주체"란 처리되는 정보에 의하여 알아볼 수 있는 사람으로서 그 정보의 주체가 되는 사람을 말한다.

② 개인정보처리자는 개인정보의 처리 목적에 필요한 범위에서 개인정보의 정확성, 완전성 및 최신성이 보장되도록 하여야 한다.

③ 개인정보 보호에 관한 사무를 독립적으로 수행하기 위하여 국무총리 소속으로 개인정보 보호위원회를 둔다.

④ 위원의 임기는 2년으로 하되, 연임할 수 없다.

개인정보 보호위원회　　　　　　　　　　　　　　　　　　　　　　　　　　2024년, 2022년 2회

126

개인정보 보호법령상 개인정보 보호위원회(이하 "보호위원회"라 한다)에 관한 설명으로 틀린 것은?

① 대통령 소속으로 보호위원회를 둔다.

② 보호위원회는 상임위원 2명을 포함한 9명의 위원으로 구성한다.

③ 보호위원회의 회의는 재적위원 과반수의 출석으로 개의하고, 출석위원 과반수의 찬성으로 의결한다.

④ 「정당법」에 따른 당원은 보호위원회 위원이 될 수 없다.

127

☑ 확인 Check!
○ △ X
□ □ □

다음 중 개인정보 보호법령상 보기의 빈칸에 들어갈 내용을 순서대로 올바르게 나열한 것은?

> (ㄱ)은/는 개인정보의 보호와 정보주체의 권익 보장을 위하여 (ㄴ)마다 개인정보 보호 기본계획을 관계 중앙행정기관의 장과 협의하여 수립한다.

① ㄱ : 행정안전부장관, ㄴ : 3년
② ㄱ : 행정안전부장관, ㄴ : 4년
③ ㄱ : 개인정보 보호위원회, ㄴ : 3년
④ ㄱ : 개인정보 보호위원회, ㄴ : 4년

128

☑ 확인 Check!
○ △ X
□ □ □

다음 중 개인정보 보호법에 따라 개인정보처리자가 정보주체의 동의를 받아 개인정보를 수집 · 이용할 때 정보주체에게 반드시 알려야 하는 사항에 포함되지 않는 것은?

① 개인정보의 수집 · 이용 목적
② 수집하려는 개인정보의 항목
③ 개인정보의 파기사유
④ 개인정보의 보유 및 이용 기간

129

☑ 확인 Check!
○ △ X
□ □ □

다음 중 개인정보 보호법상 개인정보의 파기에 대한 설명으로 옳지 않은 것은?

① 개인정보처리자는 보유기간의 경과, 개인정보의 처리 목적 달성 등 그 개인정보가 불필요하게 되었을 때에는 그로부터 7일 이내에 그 개인정보를 파기하여야 한다.
② 개인정보처리자가 개인정보를 파기할 때에는 복구 또는 재생되지 아니하도록 조치하여야 한다.
③ 개인정보처리자가 개인정보를 파기하지 아니하고 보존하여야 하는 경우에는 해당 개인정보 또는 개인정보파일을 다른 개인정보와 분리하여서 저장 · 관리하여야 한다.
④ 개인정보처리자는 인쇄물 등 기록매체 형태의 개인정보를 파기할 때에는 파쇄 또는 소각의 방법으로 해야 한다.

130

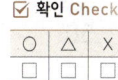

다음 중 개인정보 보호법상 개인정보처리자가 원칙적으로 처리할 수 없는 고유식별정보에 해당하지 않는 것은?

① 「여권법」에 따른 여권번호
② 「도로교통법」에 따른 운전면허의 면허번호
③ 「출입국관리법」에 따른 외국인등록번호
④ 「자동차관리법」에 따른 자동차등록번호

131

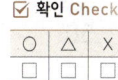

다음 중 개인정보 보호법에 대한 설명으로 가장 옳은 것은?

① 개인정보 보호책임자는 개인정보의 처리에 관한 업무를 총괄해서 책임질 개인정보처리자를 지정하여야 한다.
② 개인정보처리자는 개인정보가 유출되었음을 알게 되었을 때에는 지체 없이 해당 정보주체에게 유출된 개인정보의 항목 등을 알려야 한다.
③ 개인정보처리자는 개인정보의 유출 등이 있음을 알게 되었을 때에는 대통령령으로 정하는 바에 따라 지체 없이 한국지능정보사회진흥원에 신고하여야 한다.
④ 개인정보처리자는 3천 명 이상의 정보주체에 관한 개인정보가 유출되었음을 알게 되었을 때에는 지체 없이 개인정보 보호위원회에 신고하여야 한다.

132

다음 중 개인정보 보호법상 개인정보 분쟁조정위원회(이하 "분쟁조정위원회"라 한다)에 대한 설명으로 옳은 것은?

① 분쟁조정위원회는 위원장 1명, 상임위원 1명을 포함한 15명 이내의 위원으로 구성한다.
② 분쟁조정위원회의 위원장은 개인정보 보호위원회 소속 공무원 중에서 국무총리가 위촉한다.
③ 분쟁조정위원회의 위원장과 위촉위원의 임기는 3년으로 하되, 연임할 수 없다.
④ 분쟁조정위원회는 분쟁조정 업무를 효율적으로 수행하기 위하여 조정사건의 분야별로 5명 이내의 위원으로 구성되는 조정부를 둘 수 있다.

한눈에 정답 체크하기

제1과목 직업심리

1	2	3	4	5	6	7	8	9	10
①	③	③	②	③	③	④	②	②	②

11	12	13	14	15	16	17	18	19	20
④	③	①	①	③	②	③	④	②	②

21	22	23	24	25	26	27	28	29	30
①	③	③	④	④	②	③	②	①	④

31	32	33	34	35	36	37	38	39	40
②	③	④	①	④	④	④	②	④	④

41	42	43	44	45	46	47	48	49	50
④	②	④	③	①	④	①	③	③	①

51	52	53	54	55	56	57	58	59	60
③	④	③	③	④	④	③	④	④	②

61	62	63	64	65	66	67	68	69	70
③	②	①	④	③	④	②	③	④	③

71	72	73	74	75	76	77	78	79	80
④	④	③	④	①	②	③	②	④	①

81	82	83	84	85	86	87	88	89	90
④	④	③	②	①	③	②	①	①	③

91	92	93	94	95	96	97	98	99	100
③	④	④	①	③	③	①	②	④	④

101	102	103	104	105	106	107	108		
④	②	②	①	④	②	①	④		

1	2	3	4	5	6	7	8	9	10
④	②	④	③	③	③	③	②	④	③

11	12	13	14	15	16	17	18	19	20
④	①	①	②	②	④	③	②	③	②

21	22	23	24	25	26	27	28	29	30
④	②	②	③	②	①	④	④	①	②

31	32	33	34	35	36	37	38	39	40
②	①	④	②	④	③	③	②	④	④

41	42	43	44	45	46	47	48	49	50
②	③	④	④	②	④	②	④	③	②

51	52	53	54	55	56	57	58	59	60
①	①	③	④	③	②	②	②	①	②

61	62	63	64	65	66	67	68	69	70
③	④	①	②	③	①	④	④	④	③

71	72	73	74	75	76	77	78	79	80
③	①	③	③	①	①	①	①	①	④

81									
④									

1	2	3	4	5	6	7	8	9	10
④	④	③	④	②	③	①	②	③	④

11	12	13	14	15	16	17	18	19	20
③	③	①	①	③	④	③	①	③	④

21	22	23	24	25	26	27	28	29	30
②	②	①	③	④	①	④	①	③	①

31	32	33	34	35	36	37	38	39	40
④	④	④	③	②	①	①	③	③	②

41	42	43	44	45	46	47	48	49	50
④	①	①	④	③	④	①	①	①	①

51	52	53	54	55	56	57	58	59	60
①	①	①	④	④	①	③	④	④	④

61	62	63	64	65	66	67	68	69	70
①	①	②	③	①	④	②	①	①	②

71	72	73	74	75	76	77	78		
①	③	①	③	③	④	②	②		

1	2	3	4	5	6	7	8	9	10
④	①	①	③	①	②	②	④	③	④

11	12	13	14	15	16	17	18	19	20
①	②	①	②	①	③	②	④	④	④

21	22	23	24	25	26	27	28	29	30
③	④	②	③	④	②	①	②	④	④

31	32	33	34	35	36	37	38	39	40
③	④	②	①	③	①	②	③	②	②

41	42	43	44	45	46	47	48	49	50
①	②	③	②	③	③	③	①	③	②

51	52	53	54	55	56	57	58	59	60
②	①	④	④	③	②	③	②	①	④

61	62	63	64	65	66	67			
④	②	②	②	①	②	①			

1	2	3	4	5	6	7	8	9	10
④	④	④	②	①	①	③	①	②	③
11	12	13	14	15	16	17	18	19	20
①	②	②	①	④	②	②	③	③	②
21	22	23	24	25	26	27	28	29	30
③	③	①	④	④	①	②	①	③	②
31	32	33	34	35	36	37	38	39	40
④	①	④	②	③	③	②	①	①	④
41	42	43	44	45	46	47	48	49	50
②	④	①	④	②	②	②	③	①	④
51	52	53	54	55	56	57	58	59	60
②	②	②	②	④	④	①	③	②	①
61	62	63	64	65	66	67	68	69	70
③	②	②	③	①	③	③	①	③	④
71	72	73	74	75	76	77	78	79	80
④	④	①	①	④	③	①	③	②	②
81	82	83	84	85	86	87	88	89	90
②	④	①	①	③	③	④	①	②	③
91	92	93	94	95	96	97	98	99	100
③	③	④	②	④	③	②	②	③	①
101	102	103	104	105	106	107	108	109	110
③	④	③	③	②	④	①	②	①	②
111	112	113	114	115	116	117	118	119	120
③	④	④	②	①	①	②	③	④	①
121	122	123	124	125	126	127	128	129	130
②	④	④	①	④	①	③	③	①	④
131	132								
②	④								

PART 2

2025년 CBT 기출복원문제

※ 참고 : 현행 컴퓨터기반 시험(CBT ; Computer Based Test)은 문제은행에서 개인별로 상이하게 문제가 출제되므로 비공개로 이루어지고 있습니다.

행운이란 100%의 노력 뒤에 남는 것이다.

– 랭스턴 콜먼 –

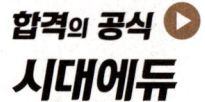

제1과목　직업심리(20문제)

001 직업발달에 관한 특성–요인이론의 종합적인 결과를 토대로 Klein과 Weiner 등이 내린 결론과 가장 거리가 먼 것은?

① 인간은 신뢰롭고 타당하게 측정할 수 있는 독특한 특성을 지니고 있다.
② 모든 직업마다 성공에 필요한 독특한 특성을 가지고 있다.
③ 개인의 직업선호는 부모의 양육환경 특성에 의해 좌우된다.
④ 개인의 특성과 직업의 요구사항 간에 상관이 높을수록 직업적 성공의 가능성이 커진다.

해설

③ 초기 가정환경이 이후의 직업선택에 중요한 영향을 미친다고 강조한 대표적인 이론으로 로(Roe)의 욕구이론이 있다.

002 직업발달이론에서 Parsons가 제안한 특성–요인이론의 핵심적인 가정은?

① 각 개인들은 객관적으로 측정될 수 있는 독특한 능력을 지니고 있으며, 이를 직업에서 요구하는 요인과 합리적인 추론을 통하여 매칭시키면 가장 좋은 선택이 된다.
② 분화와 통합의 과정을 거치면서 개인은 자아정체감을 형성해 가며, 이러한 자아정체감은 직업 정체감의 형성에 중요한 기초요인이 된다.
③ 진로발달 과정은 유전요인과 특별한 능력, 환경 조건과 사건, 학습경험, 과제접근기술 등의 네 가지 요인과 관계가 있다.
④ 초기의 경험이 개인이 선택한 직업에 대한 만족에 매우 중요한 요인이라고 강조하면서 개인의 성격유형과 직무환경의 성격을 여섯 가지 유형으로 구분하고 있다.

해설

② 타이드만과 오하라(Tiedeman & O'Hara)의 진로발달이론
③ 크롬볼츠(Krumboltz)의 사회학습이론
④ 홀랜드(Holland)의 인성이론

003 홀랜드(Holland) 이론의 직업환경 유형과
☑확인 대표 직업 간 연결이 틀린 것은?
Check!

○ □ ① 현실형(R) - 목수, 트럭운전사
△ □ ② 탐구형(I) - 심리학자, 분자공학자
✕ □ ③ 사회형(S) - 정치가, 사업가
      ④ 관습형(C) - 사무원, 도서관 사서

해설

③ 정치가, 사업가는 진취형(E)의 대표 직업에 해당한다.

004 Lofquist와 Dawis의 직업적응이론에서 직
☑확인 업적응 유형의 개념에 관한 설명으로 틀린
Check! 것은?

○ □ ① 일관성(Consistency) - 수행해야 할
△ □   다양한 작업들 간의 부조화를 참아내
✕ □   는 정도
      ② 끈기(Perseverance) - 환경이 자신에
         게 맞지 않아도 개인이 얼마나 오랫동
         안 견뎌낼 수 있는지의 정도
      ③ 적극성(Activeness) - 개인이 작업환
         경을 개인적 방식과 좀 더 조화롭게 만
         들어가려고 노력하는 정도
      ④ 반응성(Reactiveness) - 개인이 작업
         성격의 변화로 인해 작업환경에 반응
         하는 정도

해설

① 직업적응이론에서 직업적응 유형의 개념으로 '일
  관성'이 아닌 '융통성'이 있다. '융통성(Flexibility)'
  은 개인이 작업환경과 개인적 환경 간의 부조화를
  참아내는 정도를 의미한다.

005 직업선택 과정에 관한 설명으로 옳은
☑확인 것은?
Check!

○ □ ① 직업에 대해 정확한 정보만 가지고 있으
△ □   면 직업을 효과적으로 선택할 수 있다.
✕ □ ② 주로 성년기에 이루어지기 때문에 어
         릴 때 경험은 영향력이 없다.
      ③ 개인적인 문제이기 때문에 가족이나
         환경의 영향은 관련이 없다.
      ④ 일생 동안 계속 이루어지는 과정이기
         때문에 다양한 시기에서 도움이 필요
         하다.

해설

① · ③ 직업선택은 개인의 일반적 특성, 개인 심리학
     적 특성, 개인 사회학적 특성 등 내적 요인은 물론
     작업상황, 사회학적 영향, 경제학적 관점 등 외적
     요인에 의해서도 영향을 받으므로, 이를 종합적으
     로 고려할 필요가 있다.
② 수퍼(Super), 긴즈버그(Ginzberg) 등은 진로 및 직
     업선택을 아동기 때부터 이루어지는 발달 과정으
     로 설명하였으며, 로(Roe)는 아동기의 부모-자녀
     관계가 개인의 직업선택에 영향을 미친다고 주장
     하였다.

006 ☑확인 Check!

수퍼(Super)의 진로발달이론에 대한 설명으로 가장 적합한 것은?

① 반두라(Bandura)의 사회학습이론에 근거하여 성차에 대한 설명이 보다 많이 시도되고 있다.

② 진로발달을 환상적 직업선택, 시험적 직업선택, 현실적 직업선택 단계로 나누어 설명하였다.

③ 사회경제적인 상황과 노동시장 등은 다루지 않고 있다.

④ 이론의 기저를 이루고 있는 것은 '자아개념'으로 인간은 자신의 이미지와 일치하는 직업을 선택한다는 주장이다.

해설

① 성차를 설명한 가장 유력한 이론은 반두라(Bandura)의 사회학습이론을 토대로 한 헥케트과 베츠(Hackett & Betz)의 자기효능감 이론이다.

② '환상기, 잠정기, 현실기'라는 진로발달의 3단계를 제시한 학자는 긴즈버그(Ginzberg)이다.

③ 수퍼는 진로 유형에 관한 연구를 통해 개인의 진로 유형의 본질이 부모의 사회경제적 수준, 개인의 정신능력 및 인성 특성, 주어진 직업기회 등에 의해 결정된다고 보았다.

007 ☑확인 Check!

로(Roe)의 욕구이론에 관한 설명으로 옳지 않은 것은?

① 아동기에 형성된 욕구에 대한 반응으로 직업선택이 이루어진다고 본다.

② 가정 분위기의 유형을 회피형, 정서집중형, 통제형으로 구분하였다.

③ 직업군을 8가지로 분류하였다.

④ 매슬로우가 제시한 욕구의 단계를 기초로 해서 초기의 인생경험과 직업선택의 관계에 관한 가정을 발전시켰다.

해설

② 부모-자녀 관계유형을 회피형, 정서집중형, 수용형으로 구분하였다.

008 ☑확인 Check!

직무만족에 관한 2요인이론의 설명으로 틀린 것은?

① 낮은 수준의 욕구를 만족하지 못하면 직무불만족이 생기나 그 역은 성립되지 않는다.

② 자아실현에 의해서만 욕구만족이 생기나 자아실현의 실패로 직무불만족이 생기는 것은 아니다.

③ 동기요인은 높은 수준의 성과를 얻도록 자극하는 요인이다.

④ 위생요인은 직무불만족을 가져오는 것이며 만족감을 산출할 힘도 갖고 있는 것이다.

해설

④ 위생요인은 일과 관련된 환경요인으로서 위생요인을 좋게 하는 것은 불만족을 감소시킬 수는 있으나, 만족감을 산출할 힘은 갖고 있지 못하다.

009 ☑확인 Check!

심리검사는 다양한 기준을 적용하여 분류할 수 있다. 검사의 실시방법에 따른 분류에 해당하지 않는 검사는?

① 규준참조검사와 준거참조검사

② 속도검사와 역량검사

③ 개인검사와 집단검사

④ 지필검사와 수행검사

해설

① 규준참조검사와 준거참조검사는 검사의 사용목적에 따른 분류에 해당한다.

 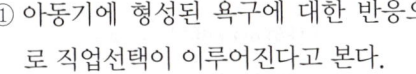

010 신뢰도의 크기에 영향을 주는 요인에 대한 설명과 가장 거리가 먼 것은?

☑ 확인
Check!

○ □
△ □
✗ □

① 문항 수가 많을수록 신뢰도가 높게 나타날 가능성이 크다.
② 개인차가 클수록 신뢰도가 높게 나타날 가능성이 높다.
③ 신뢰도 계산방법에 따라 신뢰도의 크기가 달라질 가능성이 높다.
④ 응답자 수가 많을수록 신뢰도가 높게 나타날 가능성이 높다.

해설

④ '응답자 수'가 아닌 '문항 수'가 많을수록 신뢰도가 높게 나타날 가능성이 크다.

---

011 기초통계치 중 명명척도로 측정된 자료에서는 파악할 수 없고, 서열척도 이상의 척도로 측정된 자료에서만 파악할 수 있는 것은?

☑ 확인
Check!

○ □
△ □
✗ □

① 중앙치
② 최빈치
③ 표준편차
④ 평 균

해설

② 명명척도(명목척도) 이상의 척도로 측정된 자료에서 파악할 수 있다.
③ · ④ 등간척도 이상의 척도로 측정된 자료에서 파악할 수 있다.

---

012 Strong 검사에 관한 설명으로 옳은 것은?

☑ 확인
Check!

○ □
△ □
✗ □

① 기본흥미척도(BIS)는 Holland의 6가지 유형을 제공한다.
② Strong 진로탐색검사는 진로성숙도검사와 직업 흥미검사로 구성되어 있다.
③ 업무, 학습, 리더십, 모험심을 알아보는 기본흥미척도(BIS)가 포함되어 있다.
④ 개인특성척도(PSS)는 일반직업분류(GOT)의 하위척도로서 특정 흥미분야를 파악하는 데 도움이 된다.

해설

① 홀랜드(Holland)의 직업선택이론에 의한 6가지 주제로 구성되어 있으며, 수검자의 흥미에 대한 포괄적인 전망과 함께 그 속에 내재된 보편적인 패턴을 측정하는 것은 일반직업분류(GOT)에 해당한다.
③ 업무 유형, 학습 유형, 리더십 유형, 모험심 유형의 4개 척도를 통해 일상생활과 일의 세계에서 어떠한 방식을 개인이 선호하고 편안하게 느끼는지 측정하는 것은 개인특성척도(PSS)에 해당한다.
④ 일반직업분류(GOT)를 특정한 흥미들로 세분화한 것으로서, 수검자의 특정한 활동이나 주제에 대한 흥미도를 측정하는 것은 기본흥미척도(BIS)이다.

---

013 고용노동부에서 실시하는 일반직업적성검사가 측정하는 영역이 아닌 것은?

☑ 확인
Check!

○ □
△ □
✗ □

① 형태지각력
② 공간판단력
③ 상황판단력
④ 언어능력

해설

③ 공간판단력은 포함되나, 상황판단력은 포함되어 있지 않다.

* 참고 : 고용24 제공 직업심리검사 중 한국고용정보원이 개발한 '성인용 직업적성검사'가 있습니다. 이 검사도구는 미국 노동청의 고용위원회에서 처음 개발한 일반적성검사(GATB)의 방식에 착안한 것으로서, 여기에는 '상황판단력'이 적성요인에 포함되어 있습니다.

014 직무 스트레스에 관한 설명으로 틀린 것은?

☑ 확인
Check!

○ □
△ □
✗ □

① 직장 내 소음, 온도와 같은 물리적 요인이 직무 스트레스를 유발할 수 있다.
② 직무 스트레스를 일으키는 심리사회적 요인으로 역할갈등, 역할과부하, 역할모호성 등이 있다.
③ 사회적 지지가 제공되면 우울이나 불안 같은 직무 스트레스 반응이 감소한다.
④ 직무 스트레스는 직무만족과 부정적 관계에 있으며, 모든 스트레스는 항상 직무수행 성과를 떨어뜨린다.

해설

④ 스트레스가 반드시 부정적인 효과만 나타내는 것은 아니다. 적정 수준의 스트레스(Eustress)는 도전하려는 욕구를 자극하므로 개인적 성장, 자기 향상 증진 등의 기능을 할 수 있다. 또한 스트레스에 대한 내성(Tolerance)을 기르도록 함으로써 더 큰 스트레스에 대비할 수 있도록 한다.

015 조직에서 자신이 생각하는 역할과 상급자가 생각하는 역할 간 차이에 기인한 스트레스원은?

☑ 확인
Check!

○ □
△ □
✗ □

① 역할과다
② 역할모호성
③ 역할갈등
④ 과제곤란도

해설

① '역할과다' 또는 '역할과부하'는 역할담당자가 일상적인 업무를 수행하는 과정에서 신규의 특정 업무를 부여받게 됨으로써 대처능력 초과상태에 이르는 것이다.
② '역할모호성'은 역할담당자가 역할전달자의 역할기대에 대해 명확히 알지 못함으로써 발생하는 심리적 상태이다.
④ '과제곤란도'는 역할담당자가 자신의 능력에 대한 지각과 과제의 곤란도 간에 불확실성을 인식함으로써 발생하는 심리적 상태와 연관된다.

016 스트레스에 대처하기 위한 포괄적인 노력과 가장 거리가 먼 것은?

☑ 확인
Check!

○ □
△ □
✗ □

① 과정중심적 사고방식에서 목표지향적 초고속사고로 전환해야 한다.
② 가치관을 전환해야 한다.
③ 스트레스에 정면으로 도전하는 마음가짐이 있어야 한다.
④ 균형 있는 생활을 해야 한다.

해설

① 목표지향적 초고속심리(초고속사고)에서 과정중심적 사고방식으로 전환해야 한다.

017 초기상담의 유형 중 관계지향적 면담에 관한 설명으로 옳은 것은?

☑ 확인
Check!

○ □
△ □
✗ □

① 재진술과 감정의 반향 등이 주로 이용된다.
② 내담자에 의해 시작된 면담과 상담자에 의해 시작된 면담으로 구분된다.
③ '누가, 무엇을, 어디서, 어떻게'로 시작되는 질문이 사용된다.
④ 상담의 틀이 상담자에게 초점을 맞추어져 진행된다.

해설

② 내담자 대 상담자의 솔선수범 면담의 내용에 해당한다.
③ · ④ 정보지향적 면담의 내용에 해당한다.

018 다음에서 설명하고 있는 생애진로사정의 구조는?

> 개인이 자신의 생활을 어떻게 조직하는지를 발견하는 것이다. 내담자가 그들 자신의 생활을 체계적으로 조직하는지 아니면 매일 자발적으로 반응하는지 결정하는 데 도움을 준다.

① 진로사정
② 전형적인 하루
③ 강점과 장애
④ 요 약

해설

생애진로사정 중 전형적인 하루
내담자가 생활을 어떻게 조직하는지를 시간의 흐름에 따라 체계적으로 기술하는 것으로, 내담자가 의존적인지 또는 독립적인지, 자발적(임의적)인지 또는 체계적인지 자신의 성격차원을 파악하도록 돕는다.

019 정신건강에 문제가 있는 사람을 측정하고 구별하기 위해 사용하는 검사는?

① MBTI
② MMPI
③ 16PFI
④ CPI

해설

미네소타 다면적 인성검사(MMPI)
• 하더웨이와 매킨리(Hathaway & McKinley)가 고안한 것으로, 정신건강에 문제가 있는 사람을 측정하고 구별하기 위해 사용하는 자기보고식 검사이다.
• 수검자의 수검태도(검사태도)를 측정하는 4가지 타당도 척도와 주요 비정상행동을 측정하는 10가지 임상척도로 구성되어 있다.

020 상담 내용에 대한 비밀을 지키지 않아도 되는 상황을 모두 고른 것은?

> ㄱ. 내담자가 자신이나 다른 사람을 위험에 빠뜨릴 가능성이 클 때
> ㄴ. 내담자의 법적 보호자가 내담자의 정보를 구할 때
> ㄷ. 법적으로 정보의 공개가 요구되는 경우
> ㄹ. 내담자가 감염성이 있는 치명적인 질병에 걸린 경우

① ㄱ, ㄷ
② ㄱ, ㄴ, ㄹ
③ ㄴ, ㄹ
④ ㄱ, ㄷ, ㄹ

해설

비밀보장의 한계(출처 : 한국상담학회 윤리강령)
• 내담자가 자신이나 타인의 생명 혹은 사회의 안전을 위협하는 경우
• 내담자가 감염성이 있는 치명적인 질병이 있다는 확실한 정보를 가졌을 경우
• 미성년인 내담자가 학대를 당하고 있는 경우
• 내담자가 아동학대를 하는 경우
• 법적으로 정보의 공개가 요구되는 경우

021 ☑확인 Check!

신규 입직자나 직업인을 대상으로 조직문화, 인간관계, 직업예절, 직업의식과 직업관 등에 관한 정보를 제공하고 필요시 직업지도 프로그램에 참여하게 하는 상담은?

① 직업전환 상담
② 직업적응 상담
③ 구인 · 구직 상담
④ 경력개발 상담

해설

① 직업전환 상담은 실업 · 실직 위기상황에 있거나 전직의 의도가 있는 직업인을 대상으로 직업경로 사항, 요구되는 전문지식, 직업전환을 위한 준비상태 등에 관한 정보를 수집 및 제공하는 상담이다.
③ 구인 · 구직 상담은 구직자가 희망하는 구인처에 대한 요구사항을 분석하면서 구직자의 진로경로 개척을 위해 생애설계를 하도록 조언하며, 진로경로 및 구직자에 관한 정보들을 체계화하여 구인처와 구직자의 연결을 돕는 상담이다.
④ 경력개발 상담은 주로 직업인을 대상으로 경력사다리를 제시하여 구체적인 경력개발 계획을 작성하고 이를 실천할 수 있도록 하며, 현장훈련, 위탁훈련, 향상훈련 등을 실시하는 기관 및 교육일정, 참여방법 등에 관한 정보를 제공하는 상담이다.

022 ☑확인 Check!

직업상담의 목적에 대한 설명으로 틀린 것은?

① 직업상담은 내담자가 이미 결정한 직업계획과 직업선택을 확신 · 확인하는 과정이다.
② 직업상담은 개인의 직업적 목표를 명확히 해 주는 과정이다.
③ 직업상담은 내담자에게 진로관련 의사결정능력을 길러 주는 과정은 아니다.
④ 직업상담은 직업선택과 직업생활에서의 능동적인 태도를 함양하는 과정이다.

해설

③ 직업상담은 내담자에게 진로관련 의사결정능력을 길러 주는 과정이다. 인간은 일평생을 살아가는 과정에서 여러 가지 진로문제들에 대해 결정을 내려야 한다. 직업상담은 내담자들이 그와 같은 상황에 직면했을 때 현명하게 적응하고 선택해 나갈 수 있는 능력과 기술을 습득하도록 조력할 수 있어야 한다.

023 ☑확인 Check!

일반적인 진로상담의 과정을 바르게 나열한 것은?

ㄱ. 상담목표의 설정
ㄴ. 관계수립 및 문제의 평가
ㄷ. 문제해결을 위한 개입
ㄹ. 훈습
ㅁ. 종결

① ㄱ → ㄴ → ㄷ → ㄹ → ㅁ
② ㄴ → ㄱ → ㄷ → ㄹ → ㅁ
③ ㄱ → ㄴ → ㄹ → ㄷ → ㅁ
④ ㄴ → ㄹ → ㄱ → ㄷ → ㅁ

해설

직업상담(진로상담)의 일반적인 5단계 과정
관계수립 및 문제의 평가 → 상담목표의 설정 → 문제해결을 위한 개입 → 훈습 → 종결 및 추수지도

024 Adler의 개인주의 상담에 관한 설명으로 옳은 것은?

☑ 확인
Check!

○ □
△ □
✕ □

① 내담자의 잘못된 가치보다는 잘못된 행동을 수정하는 데 초점을 둔다.
② 상담자는 조력자의 역할을 하며 내담자가 상담을 주도적으로 이끈다.
③ 상담 과정은 사건의 객관성보다는 주관적 지각과 해석을 중시한다.
④ 내담자의 사회적 관심보다는 개인적 열등감의 극복을 궁극적 목표로 삼는다.

해설

① 개인주의 상담은 내담자의 잘못된 가치와 목표를 수정하는 데 초점을 둔다. 특히 행동수정보다는 동기수정에 관심을 둔다.
② 로저스(Rogers)의 내담자중심 상담(인간중심 상담)의 특징에 해당한다.
④ 상담자는 내담자로 하여금 사회적 관심을 갖도록 도우며, 열등감을 극복하고 우월성을 추구하도록 돕는 것을 목표로 한다.

025 내담자중심 상담에서 사용되는 상담기법이 아닌 것은?

☑ 확인
Check!

○ □
△ □
✕ □

① 적극적 경청
② 공감적 이해
③ 감정의 반영
④ 역할연기

해설

④ '역할연기'는 대표적으로 행동주의 상담 또는 행동치료에서 내담자의 외적 행동변화를 촉진시키기 위한 기법으로 사용된다.

026 Ellis의 합리적 정서치료의 정신건강 기준에 관한 설명으로 옳은 것은?

☑ 확인
Check!

○ □
△ □
✕ □

① 사회적 관심 : 자신의 삶에 책임감이 있고 독립적이다.
② 관용 : 변화에 대해 수긍하고 타인에게 편협한 견해를 갖지 않는다.
③ 몰입 : 실수하는 사람들을 비난하지 않는다.
④ 과학적 사고 : 깊게 느끼고 구체적으로 행동할 수 있다.

해설

① 사회적 관심 : 집단 속에서 유리되지 않은 채 관계의 맥락 속에서 인간에 대한 관심을 지니고 있다.
② 관용 : 타인의 실수에 대해 관용적이며, 실수하는 사람들을 비난하지 않는다.
③ 몰두(몰입) 또는 이행 : 자신의 외부세계에 대해 중대하게 몰두할 수 있는 능력이 있다.

027 Beck의 인지치료이론에 관한 설명으로 옳은 것은?

☑ 확인
Check!

○ □
△ □
✕ □

① ABCDE 모형에 기초하여 문제를 해결해 나간다.
② 인간의 사고와 행동은 서로 밀접한 연관이 있다.
③ 인지적 오류에는 억압, 합리화, 퇴행, 투사 등이 있다.
④ 인간의 행동은 환경적 조건에 따라 결정된다.

해설

① 엘리스(Ellis)의 인지 · 정서적 상담(RET) 또는 합리적 · 정서적 행동치료(REBT)의 내용에 해당한다.
③ 억압, 합리화, 퇴행, 투사 등은 정신분석적 상담이론의 주요 개념으로서 방어기제의 종류에 해당한다.
④ 인간의 행동이 환경에서 제공되는 강화 형태와 빈도에 의해 결정된다는 것은 행동주의 상담이론의 인간관에 해당한다.

028 직업상담에서 특성-요인이론에 관한 설명으로 옳은 것은?

☑ 확인
Check!

○ □
△ □
✕ □

① 대부분의 사람들은 여섯 가지 유형으로 성격 특성을 분류할 수 있다.
② 각각의 개인은 신뢰할 만하고 타당하게 측정될 수 있는 고유한 특성의 집합이다.
③ 개인은 일을 통해 개인적 욕구를 성취하도록 동기화되어 있다.
④ 직업적 선택은 개인의 발달적 특성이다.

해설

① 홀랜드(Holland)의 직업적 성격유형론(인성이론)과 연관된다.
③ 맥클리랜드(McClelland)의 성취동기이론과 연관된다.
④ 직업선택을 개인의 발달적 특성과 밀접하게 결부시킨 대표적인 학자로서 긴즈버그(Ginzberg)와 수퍼(Super) 등을 예로 들 수 있다.

029 위기상담 시 상담내용에 관한 설명으로 틀린 것은?

☑ 확인
Check!

○ □
△ □
✕ □

① 정서적 지원을 제공한다.
② 정서 발산을 자제하게 한다.
③ 희망과 낙관적인 태도를 전달한다.
④ 위기 문제에 집중하도록 선택적인 경청을 한다.

해설

② 정서적 발산기회를 제공한다.

030 포괄적 직업상담에서 내담자가 지닌 직업상의 문제를 가려내기 위해 실시하는 변별적 진단검사와 가장 거리가 먼 것은?

☑ 확인
Check!

○ □
△ □
✕ □

① 직업성숙도검사
② 직업적성검사
③ 직업흥미검사
④ 경력개발검사

해설

포괄적 직업상담에서 진단검사의 유형
• 변별적 진단검사 : 직업성숙도검사, 직업적성검사, 직업흥미검사 등을 실시하여 직업상의 문제를 가려낸다.
• 역동적 진단검사 : 상담자와 내담자의 상호작용을 통해 상담자에 의한 주관적 오류를 보완하며, 상담 과정에서 얻은 다양한 자료들을 통해 심리측정 자료에 의한 통계적인 오류를 보완한다.
• 결정적 진단검사 : 직업선택 및 의사결정의 과정에서 나타나는 내담자의 다양한 문제를 체계적으로 분석한다.

031 다음 중 상담자가 상담목표를 설정할 때 고려해야 할 사항으로 가장 적합한 것은?

☑ 확인
Check!

○ □
△ □
✕ □

① 달성하기 어렵더라도 이상적인 관점에서 상담목표를 세운다.
② 내담자가 바라는 구체적이고 긍정적인 변화를 상담목표로 삼는다.
③ 상담의 방향성을 내담자와 공유하기 위해 추상적인 상담목표를 세운다.
④ 내담자의 문제를 가장 잘 파악하고 있는 부모와 함께 상담목표를 설정한다.

해설

① 상담목표는 내담자의 능력 및 통제력을 고려하여 현실적인 것이어야 한다.
③ 상담목표는 검증이 가능하며, 구체적인 행동으로 이어질 수 있는 것이어야 한다.
④ 상담목표는 상담자와 내담자가 함께 설정한다.

정답 28 ② 29 ② 30 ④ 31 ②

032 내담자가 수집한 직업목록의 내용이 실현 불가능할 때, 상담사의 개입 방안으로 옳지 않은 것은?

☑ 확인
Check!

○ □
△ □
✕ □

① 브레인스토밍 과정을 통해 내담자의 부적절한 직업목록 내용을 명확히 한다.

② 최종 의사결정은 내담자가 해야 함을 확실히 한다.

③ 내담자가 그 직업들을 시도해 본 후 어려움을 겪게 되면 개입한다.

④ 객관적인 증거나 논리로 추출한 것에 대해서 대화해야 한다.

해설

③ 내담자의 직업들 대부분이 어떤 식으로든 실현 불가능한 것으로 여겨질 경우, 상담자는 내담자로 하여금 그와 같은 직업들에 정서적 열정을 소모하기 전에 신속히 개입하는 것이 중요하다.

033 6개의 생각하는 모자(Six Thinking Hats) 기법에서 사용하는 모자 색깔이 아닌 것은?

☑ 확인
Check!

○ □
△ □
✕ □

① 갈 색　　② 녹 색
③ 청 색　　④ 흑 색

해설

6개의 생각하는 모자의 색상별 역할
• 백색(하양) : 본인과 직업들에 대한 사실들만을 고려한다.
• 적색(빨강) : 직관에 의존하고, 직감에 따라 행동한다.
• 흑색(검정) : 비관적 · 비판적이며, 모든 일이 잘 안 될 것이라고 생각한다.
• 황색(노랑) : 낙관적이며, 모든 일이 잘될 것이라고 생각한다.
• 녹색(초록) : 새로운 대안들을 찾으려 노력하고, 문제들을 다른 각도에서 바라본다.
• 청색(파랑) : 합리적으로 생각한다(사회자로서의 역할 반영).

034 다음 중 저능력 · 고의욕을 가진 구직자에게 가장 적합한 서비스는?

☑ 확인
Check!

○ □
△ □
✕ □

① 직업정보 제공 및 취업알선
② 심층상담 등 밀착 서비스 제공
③ 집단상담 프로그램 등 의욕 증진 서비스 제공
④ 직업훈련, 취업특강 등 구직기술 향상 서비스 제공

해설

① 고능력 · 고의욕을 가진 구직자에게 가장 적합한 서비스이다.
② 저능력 · 저의욕을 가진 구직자에게 가장 적합한 서비스이다.
③ 고능력 · 저의욕을 가진 구직자에게 가장 적합한 서비스이다.

035 다음 중 내담자로 하여금 진로장벽을 극복하도록 하기 위한 방안으로 옳지 않은 것은?

☑ 확인
Check!

○ □
△ □
✕ □

① 내담자의 적응 유연성(Resilience)을 증진시킨다.

② 내담자가 진로장벽의 의미를 파악하는 데 시간을 소요하지 않도록 주의한다.

③ 내담자가 진로장벽에 대해 객관적인 평가를 할 수 있도록 안내한다.

④ 내담자와 함께 진로장벽을 극복하기 위한 적합한 대안에 대해 고민한다.

해설

② 내담자가 진로장벽에 대한 의미를 정확히 파악할 수 있도록 안내한다.

036 다음 중 훈련기관의 훈련목표 달성 촉진을 위한 노력으로 옳지 않은 것은?

☑ 확인
Check!

① 취업상담은 훈련 시작 전에 실시한다.
② 관련 자격증 취득을 위한 커뮤니티 참여를 지원한다.
③ 훈련 참여자와 협의하여 훈련목표를 단계별로 점검한다.
④ 변화 유지 계획을 수립하도록 하여 행동 변화를 촉진한다.

해설

① 본격적인 훈련에 앞서 훈련생 개인 및 진로에 대한 상담을 실시하며, 훈련 종료 후 취업상담으로 연계한다.

037 진로개발프로그램을 운영하는 방법의 하나인 집단 진로상담에 관한 설명으로 옳은 것은?

☑ 확인
Check!

① 참여하고자 하는 학생들 중 사전조사를 통해서 책임의식이 있는 학생들로 선발한다.
② 참여하는 학생들은 목표와 기대가 동일하기 때문에 개인차를 고려하지 않는다.
③ 프로그램 단계별로 나타나는 집단의 역동성은 문제를 복잡하게 만들기 때문에 무시하는 것이 좋다.
④ 다양한 정보습득과 경험을 해야 하기 때문에 참여 학생들은 진로발달상 이질적일수록 좋다.

해설

② 참여하는 학생들은 목표와 기대가 서로 다르므로 개인차를 고려하여야 한다.
③ 집단을 이끌고 나가기 위해서는 프로그램 단계별로 나타나는 집단의 역동성을 이해하는 것이 중요하다.
④ 집단상담에 참여한 학생들은 서로 비슷한 수준의 발달단계에 있는 것이 중요하다.

038 사이버 직업상담에서 답변을 작성할 때 고려해야 할 사항으로 가장 거리가 먼 것은?

☑ 확인
Check!

① 추수상담의 가능성과 전문기관에 대한 안내를 한다.
② 친숙한 표현으로 답변을 작성하여 내담자가 친근감을 느끼게 한다.
③ 답변은 장시간이 소요되더라도 정확하게 하도록 노력한다.
④ 청소년이라 할지라도 반드시 존칭을 사용하여 호칭한다.

해설

③ 답변은 가급적 신속하게 하도록 노력한다.

039 다음 중 보기의 내용과 연관된 네트워크 구축 방법으로 옳은 것은?

☑ 확인
Check!

구인기업과 구직자가 현장에서 회사 홍보 및 면접을 통해 채용 결정이 이루어지거나 취업과 관련된 정보를 제공한다.

① 취업박람회(Job Fair)
② 컨퍼런스(Conference)
③ 워크숍(Workshop)
④ 세미나(Seminar)

해설

② 컨퍼런스(Conference)는 진로, 취업, 직업상담 등의 주제와 관련하여 사람들을 모아 협의하는 회의로, 이벤트, 전시 등을 동반한다.
③ 워크숍(Workshop)은 참가자가 자율적·주도적으로 특정 주제를 가지고 운영 및 활동하는 연구모임이다.
④ 세미나(Seminar)는 진로, 취업, 직업상담 등의 주제에 관심을 가진 사람들이 모여 연구발표나 토론을 통해 함께 연구한다.

040
☑ 확인
Check!
○ □
△ □
✕ □

다음 중 직업상담 행정의 전산망 관리에서 강조되는 정보보안의 원칙으로서 무결성(Integrity)의 원칙에 부합하는 것은?

① 허락되지 않은 이용자가 정보의 내용을 알 수 없도록 하였다.
② 허락되지 않은 이용자가 정보를 함부로 수정할 수 없도록 하였다.
③ 허락된 이용자가 필요로 하는 때에 정보에 접근할 수 있도록 하였다.
④ 서비스 거부 공격(DoS 공격)에 대한 사전 조치로 서비스가 원활히 이루어지도록 하였다.

해설
정보보안의 원칙
• 기밀성(Confidentiality) : 허락되지 않은 이용자 또는 객체가 정보의 내용을 알 수 없도록 해야 한다.
• 무결성(Integrity) : 허락되지 않은 이용자 또는 객체가 정보를 함부로 수정할 수 없도록 해야 한다.
• 가용성(Availability) : 허락된 이용자 또는 객체가 정보에 접근하고자 할 때 방해받지 않도록 해야 한다.

제3과목 **직업정보(20문제)**

041
☑ 확인
Check!
○ □
△ □
✕ □

한국표준직업분류(제8차)에서 포괄적인 업무에 대해 적용하는 직업분류 원칙을 순서대로 나열한 것은?

① 주된 직무 → 최상급 직능수준 → 생산업무
② 최상급 직능수준 → 주된 직무 → 생산업무
③ 최상급 직능수준 → 생산업무 → 주된 직무
④ 생산업무 → 최상급 직능수준 → 주된 직무

해설
포괄적인 업무의 분류적용 원칙의 순서
주된 직무 → 최상급 직능수준 → 생산업무

042
☑ 확인
Check!
○ □
△ □
✕ □

한국표준직업분류상 다음 개념에 해당하는 대분류는?

• 일반적으로 단순하고 반복적이며 때로는 육체적인 힘을 요하는 과업을 수행한다.
• 간단한 수작업 공구나 진공청소기, 전기장비들을 이용한다.
• 제1직능수준의 일부 직업에서는 초등교육이나 기초적인 교육(ISCED 수준 1)을 필요로 한다.

① 단순 노무 종사자
② 장치·기계 조작 및 조립 종사자
③ 기능원 및 관련 기능 종사자
④ 판매 종사자

해설
① 보기의 내용은 '제1직능수준'의 개념에 해당한다. 한국표준직업분류(제8차)의 대분류별 직능수준에서 제1직능수준을 필요로 하는 것은 '대분류 9 단순 노무 종사자'이다.

043
☑ 확인
Check!
○ □
△ □
✕ □

한국표준산업분류(제11차)의 "A 농업, 임업 및 어업" 분야 분류 시 유의사항으로 틀린 것은?

① 구입한 농·임·수산물을 가공하여 특정 제품을 제조하는 경우에는 제조업으로 분류
② 농·임·수산업 관련 조합은 각각의 사업 부문별로 그 주된 활동에 따라 분류
③ 농업생산성을 높이기 위한 지도·조언 등을 수행하는 정부기관은 "경영 컨설팅업"에 분류
④ 수상오락 목적의 낚시장 및 관련시설 운영활동은 "낚시장 운영업"에 분류

해설
③ 농업생산성을 높이기 위한 지도·조언·감독 등의 활동을 수행하는 정부기관은 "84 공공행정, 국방 및 사회보장 행정"의 적합한 항목에 분류하며, 수수료 및 계약에 의하여 기타 기관에서 농업 경영 상담 및 관련서비스를 제공하는 경우는 "71531 경영 컨설팅업"에 분류한다.

---

044 ☑ 확인 Check!

한국표준산업분류의 분류구조 및 부호체계에 관한 설명으로 옳은 것은?

○ □
△ □
✕ □

① 부호 처리를 할 경우에는 알파벳 문자와 아라비아 숫자를 함께 사용토록 했다.

② 권고된 국제분류 ISIC Rev. 4를 기본체계로 하였으나, 국내 실정을 고려하여 독자적으로 분류 항목과 분류 부호를 설정하였다.

③ 중분류의 번호는 001부터 999까지 부여하였으며, 대분류별 중분류 추가여지를 남겨놓기 위하여 대분류 사이에 번호 여백을 두었다.

④ 소분류 이하 모든 분류의 끝자리 숫자는 01에서 시작하여 99에서 끝나도록 하였다.

해설

① 부호 처리를 할 경우에는 아라비아 숫자만을 사용하도록 했다.

③ 중분류의 번호는 01부터 99까지 부여하였으며, 대분류별 중분류 추가여지를 남겨놓기 위하여 대분류 사이에 번호 여백을 두었다.

④ 소분류 이하 모든 분류의 끝자리 숫자는 "0"에서 시작하여 "9"에서 끝나도록 하였다.

045 ☑ 확인 Check!

Brayfield가 제시한 직업정보의 기능에 해당하지 않는 것은?

○ □
△ □
✕ □

① 정보적 기능　② 재조정 기능
③ 동기화 기능　④ 결정화 기능

해설

브레이필드(Brayfield)의 직업정보의 기능

• 정보적 기능(정보제공 기능) : 직업정보 제공을 통해 내담자의 의사결정을 돕고, 직업선택에 관한 지식을 증가시킨다.

• 재조정 기능 : 자신의 선택이 현실에 비추어 부적절한 선택이었는지를 점검 및 재조정해 보도록 한다.

• 동기화 기능 : 내담자를 의사결정 과정에 적극적으로 참여시킴으로써 자신의 선택에 대해 책임감을 가지도록 한다.

046 ☑ 확인 Check!

직업정보 수집 시 2차 자료의 원천에 해당하지 않는 것은?

○ □
△ □
✕ □

① 대중매체
② 공문서와 공식기록
③ 직접 수행한 심층면접자료
④ 민간부문 문서

해설

2차 자료의 원천

• 공문서와 공식기록
• 민간부문 문서
• 대중매체
• 물리적 · 비언어적 자료
• 기존의 축적된 사회과학 분야 수집자료 등

047 ☑ 확인 Check!

직업정보의 수집 이후 일반적인 처리과정을 바르게 나열한 것은?

○ □
△ □
✕ □

ㄱ. 분 석	ㄴ. 체계화
ㄷ. 가 공	ㄹ. 제 공
ㅁ. 축 적	ㅂ. 평 가

① ㄱ → ㄴ → ㄷ → ㄹ → ㅁ → ㅂ
② ㄱ → ㄷ → ㄴ → ㄹ → ㅁ → ㅂ
③ ㄴ → ㄷ → ㅁ → ㄱ → ㄹ → ㅂ
④ ㄴ → ㄹ → ㄷ → ㄱ → ㅁ → ㅂ

해설

직업정보 처리단계(직업정보시스템의 정보관리 순서)

수집 → 분석 → 가공 → 체계화 → 제공 → 축적 → 평가

정답　44 ② 45 ④ 46 ③ 47 ②

048
☑ 확인
Check!

○ □
△ □
✕ □

국가직무능력표준(NCS)에 관한 설명으로 틀린 것은?

① 산업현장에서 직무를 수행하기 위해 요구되는 지식·기술·태도 등의 내용을 국가가 표준화한 것이다.
② 한국고용직업분류 등을 참고하여 분류하였으며, 대분류 → 중분류 → 소분류 → 세분류 순으로 구성되어 있다.
③ 능력단위는 NCS 분류의 하위단위로서 능력단위 요소, 직업기초능력 등으로 구성되어 있다.
④ NCS 선정은 중분류 단위를 원칙으로 하되 소분류나 세분류 단위로 선정할 수 있다.

해설

④ NCS 선정은 세분류 단위를 원칙으로 하되 중분류나 소분류 단위로 선정할 수 있다.

049
☑ 확인
Check!

○ □
△ □
✕ □

한국직업사전의 작업강도 중 '보통 작업'에 대한 설명으로 옳은 것은?

① 최고 4kg의 물건을 들어 올리고, 때때로 장부, 소도구 등을 들어 올리거나 운반한다.
② 최고 8kg의 물건을 들어 올리고, 4kg 정도의 물건을 빈번히 들어 올리거나 운반한다.
③ 최고 20kg의 물건을 들어 올리고, 10kg 정도의 물건을 빈번히 들어 올리거나 운반한다.
④ 최고 40kg의 물건을 들어 올리고, 20kg 정도의 물건을 빈번히 들어 올리거나 운반한다.

해설

① 아주 가벼운 작업, ② 가벼운 작업, ④ 힘든 작업

050
☑ 확인
Check!

○ □
△ □
✕ □

직업정보 조사를 위한 설문지 작성법과 거리가 가장 먼 것은?

① 이중질문은 피한다.
② 조사주체와 직접 관련이 없는 문항은 줄인다.
③ 응답률을 높이기 위해 민감한 질문은 앞에 배치한다.
④ 응답의 고정반응을 피하도록 질문형식을 다양화한다.

해설

③ 민감한 질문이나 개방형 질문은 가급적 질문지의 후반부에 배치한다.

051
☑ 확인
Check!

○ □
△ □
✕ □

다음은 한국직업사전에서 해당 직업의 직무를 수행하는 데 필요한 일반적인 정규교육수준에 대한 설명이다. (   )에 알맞은 것은?

(ㄱ) : 9년 초과~12년 이하(고졸 정도)
(ㄴ) : 14년 초과~16년 이하(대졸 정도)

① ㄱ : 수준 2, ㄴ : 수준 4
② ㄱ : 수준 3, ㄴ : 수준 5
③ ㄱ : 수준 4, ㄴ : 수준 6
④ ㄱ : 수준 5, ㄴ : 수준 7

해설

한국직업사전의 부가 직업정보 중 정규교육의 6단계 수준(출처 : 2020 한국직업사전)

수 준	교육정도
1	6년 이하(초졸 정도)
2	6년 초과~9년 이하(중졸 정도)
3	9년 초과~12년 이하(고졸 정도)
4	12년 초과~14년 이하(전문대졸 정도)
5	14년 초과~16년 이하(대졸 정도)
6	16년 초과(대학원 이상)

052 국민내일배움카드 제도를 지원받을 수 있는 자는?

☑ 확인
Check!

○ □
△ □
✕ □

① 만 65세인 사람

② 「사립학교교직원 연금법」을 적용받고 현재 재직 중인 사람

③ 「군인연금법」을 적용받고 현재 재직 중인 사람

④ 지방자치단체로부터 훈련비를 지원받는 훈련에 참여하는 사람

해설

① 국민내일배움카드제도의 지원 제외 대상연령이 만 75세 이상이므로, 만 65세인 사람은 국민내일배움카드제도를 지원받을 수 있다(국민내일배움카드 운영규정 제4조 제2항 참조).

> * 참고 : 국민내일배움카드 제도 관련 내용은 수시로 변경되는 경향이 있으므로, 개정 여부를 반드시 확인하시기 바랍니다. 참고로 「군인연금법」을 적용받는 현직 군인은 원칙적으로 지원 제외 대상이나, 중·장기복무 제대군인으로서 국가보훈부장관의 추천을 받아 직업능력개발훈련을 받는 사람과 5년 미만 단기복무로 6개월 이내 전역 예정인 군간부는 지원대상에 포함됩니다.

053 서비스 분야 국가기술자격의 단일등급에 해당하지 않는 직종은?

☑ 확인
Check!

○ □
△ □
✕ □

① 스포츠경영관리사

② 텔레마케팅관리사

③ 게임그래픽전문가

④ 전자상거래관리사

해설

④ 전자상거래관리사는 1급과 2급으로 구분된다.

054 다음 국가기술자격 검정의 기준은 어느 등급에 해당하는가?

☑ 확인
Check!

○ □
△ □
✕ □

> 해당 국가기술자격의 종목에 관한 최상급 숙련기능을 가지고 산업현장에서 작업관리, 소속 기능인력의 지도 및 감독, 현장훈련, 경영자와 기능인력을 유기적으로 연계시켜 주는 현장관리 등의 업무를 수행할 수 있는 능력 보유

① 기술사   ② 기능장
③ 기 사   ④ 산업기사

해설

국가기술자격 검정의 주요 기준
- 기술사 : 고도의 전문지식
- 기능장 : 최상급 숙련기능
- 기사 : 공학적 기술이론
- 산업기사 : 기술기초이론+숙련기능
- 기능사 : 숙련기능

055 다음 국가기술자격 종목 중 응시자격에 제한이 있는 것은?

☑ 확인
Check!

○ □
△ □
✕ □

① 스포츠경영관리사

② 국제의료관광코디네이터

③ 사회조사분석사 2급

④ 소비자전문상담사 2급

해설

①·③·④ 응시자격에 제한이 없는 서비스 분야 국가기술자격 종목에 해당한다.

056
☑ 확인
Check!
○ □
△ □
✗ □

실기능력이 중요하여 고용노동부령이 정하는 필기시험이 면제되는 국가기술자격 기능사 종목이 아닌 것은?

① 석공기능사
② 항공사진기능사
③ 한복기능사
④ 조적기능사

해설

③ 한복기능사는 한복 디자인 자료수집 및 제작, 상품 판매관리 관련 과목에 대한 필기시험을 치른다.

057
☑ 확인
Check!
○ □
△ □
✗ □

고용24에서 채용정보 상세검색에 관한 설명으로 틀린 것은?

① 최대 10개의 직종 선택이 가능하다.
② 연령별 채용정보를 검색할 수 있다.
③ 재택근무 가능 여부를 검색할 수 있다.
④ 희망임금은 연봉, 월급, 일급, 시급별로 입력할 수 있다.

해설

② '고용상 연령차별금지 및 고령자고용촉진에 관한 법률'이 시행됨에 따라 채용정보에서 연령이 삭제되었다.

058
☑ 확인
Check!
○ □
△ □
✗ □

다음 중 '고용24'에서 개인 이용자를 대상으로 제공하는 민원 관련 서비스에 해당하는 것을 올바르게 모두 고른 것은?

ㄱ. 구직신청
ㄴ. 실업급여 신청
ㄷ. 출산휴가 급여 신청
ㄹ. 국민내일배움카드 신청

① ㄱ, ㄴ
② ㄱ, ㄷ, ㄹ
③ ㄴ, ㄷ, ㄹ
④ ㄱ, ㄴ, ㄷ, ㄹ

해설

'고용24'에서 제공하는 민원 관련 주요 서비스

개인	일자리 검색, 구직신청(이력서 등록), 실업급여 신청, 출산휴가 급여 신청, 국민내일배움카드 신청 등
기업	구인신청, 인재 검색, 근로자 직업훈련 신청, 정부지원금 신청, 이직확인서 및 출산휴가 확인서 작성 등

059
☑ 확인
Check!
○ □
△ □
✗ □

고용24에서 제공하는 성인용 직업적성검사의 적성요인과 하위검사를 짝지은 것으로 틀린 것은?

① 언어력 – 어휘력 검사, 문장독해력 검사
② 수리력 – 계산능력 검사, 자료해석력 검사
③ 추리력 – 수열추리력 1, 2 검사, 도형추리력 검사
④ 사물지각력 – 지각속도 검사, 기호쓰기 검사

해설

④ 기호쓰기 검사는 고용24 제공 성인용 직업적성 검사의 개정 전 버전에 포함되어 있었던 '협응능력'의 적성요인을 검출하기 위한 하위검사로 사용되었다.

060 직업정보를 제공하는 유형별 방식의 설명이다. (   )에 가장 알맞은 것은?

☑ 확인 Check!

○ □
△ □
✕ □

종류	비용	학습자 참여도	접근성
인쇄물	(A)	수 동	용 이
면 접	저	(B)	제한적
직업경험	고	적 극	(C)

① A : 고, B : 적극, C : 용이
② A : 고, B : 수동, C : 제한적
③ A : 저, B : 적극, C : 제한적
④ A : 저, B : 수동, C : 용이

해설

직업정보의 주요 유형별 특징

유형(종류)	비용	학습자 참여도	접근성
인쇄물	저	수 동	용 이
시청각자료	고	수 동	제한적
면 접	저	적 극	제한적
관 찰	고	수 동	제한적
직업경험	고	적 극	제한적
직업체험	고	적 극	제한적

제4과목 노동시장(20문제)

061 다음 중 노동에 대한 수요가 유발수요(Derived Demand)인 것을 가장 잘 나타내는 것은?

☑ 확인 Check!

○ □
△ □
✕ □

① 사무자동화로 사무직에 대한 수요가 감소하고 있다.
② 자동차회사 노동자의 임금상승은 자동차 조립라인에서의 로봇에 대한 수요를 증가시킨다.
③ 휘발유 가격의 상승은 경소형차에 대한 수요를 증가시킨다.
④ 자동차 생산을 증가시킨다는 경영진의 결정은 자동차공장 노동자에 대한 수요를 증가시킨다.

해설

④ 기업의 노동에 대한 수요는 기업에서 생산된 상품에 대한 소비자들의 수요에 크게 영향을 받게 된다.

062 완전경쟁하에서 노동의 수요곡선을 우하향하게 하는 주된 요인은 무엇인가?

☑ 확인 Check!

○ □
△ □
✕ □

① 노동의 한계생산력
② 노동의 가격
③ 생산물의 가격
④ 한계비용

해설

① 완전경쟁하에서 자본을 고정되어 있는 것으로 가정하는 단기 생산함수에서는 노동의 투입이 증가함에 따라 점차적으로 한계생산물이 체감한다고 보며, 이러한 현상을 '한계생산물체감의 법칙' 또는 '수확체감의 법칙'으로 설명한다. 이는 주어진 자본과 생산기술에서 단위당 노동력을 증가시킬수록 노동의 한계생산력이 줄어든다는 의미이다.

063

☑ 확인
Check!

○ □
△ □
✕ □

경쟁시장에서 아이스크림 가게를 운영하는 A씨는 5명을 고용하여 1개당 2,000원에 판매하고 있으며, 시간당 12,000원을 임금으로 지급하면서 이윤을 극대화하고 있다. 만일 아이스크림 가격이 3,000원으로 오른다면 현재의 고용수준에서 노동의 한계생산물가치는 시간당 얼마이며, 이때 A씨는 노동의 투입량을 어떻게 변화시킬까?

① 9,000원, 증가시킨다.
② 18,000원, 증가시킨다.
③ 9,000원, 감소시킨다.
④ 18,000원, 감소시킨다.

해설

이윤극대화 노동수요의 조건

> 노동의 한계생산물가치
> $(VMP_L = P \cdot MP_L) = $ 임금률 (W)
> (단, P는 생산물가격, MP_L은 노동의 한계생산량)

위의 공식을 이용하여 노동의 한계생산량(MP_L)을 구하면,

노동의 한계생산량$(MP_L) = \dfrac{\text{임금률}(W)}{\text{생산물가격}(P)}$

$= \dfrac{12,000(원)}{2,000(원)} = 6(개)$

만일 현재의 고용수준에서 아이스크림 가격이 3,000원으로 오를 경우 노동의 한계생산물가치(VMP_L)는,

노동의 한계생산물가치(VMP_L)
= 생산물가격(P) · 노동의 한계생산량(MP_L)
$= 3,000 \cdot 6 = 18,000$(원)

이는 시간당 임금 12,000원보다 높은 금액이므로, 노동의 투입량을 증가시킴으로써 이윤을 극대화할 수 있다.

064

☑ 확인
Check!

○ □
△ □
✕ □

다음 중 장기 노동수요에 대한 설명이 아닌 것은?

① 단기에서보다 장기에서 임금률이 높으므로 기업에서의 노동수요량은 더욱 하락한다.
② 노동의 수요가 단기보다 장기에서 더욱 탄력적이다.
③ 기업의 장기 노동수요곡선은 대체효과와 소득효과의 결합으로 유도된다.
④ 장기 노동수요는 노동 이외의 다른 생산요소를 함께 변화시켜 가면서 고용량을 조정한다.

해설

③ 기업의 장기 노동수요곡선은 대체효과와 규모효과(산출량 효과)의 결합으로 유도된다(주의 : 대체효과와 소득효과가 아님).

065

☑ 확인
Check!

○ □
△ □
✕ □

경제활동참가 또는 노동공급을 결정하는 요인에 대한 설명으로 사실과 가장 거리가 먼 것은?

① 비근로소득이 클수록 경제활동참가는 낮아진다.
② 취학 전 자녀 수가 많을수록 경제활동참가는 낮아진다.
③ 교육수준이 높아질수록 경제활동참가는 증가한다.
④ 기업의 노동시간이 신축적일수록 노동공급이 감소한다.

해설

④ 기업의 노동시간이 신축적일수록, 즉 고용시장의 유연화가 이루어질수록 경제활동참가(노동공급)가 증가한다.

066

☑ 확인
Check!

○ □
△ □
✕ □

기업이 인력운영의 유연성을 확보하기 위하여 채택하는 인적자원관리정책이 아닌 것은?

① 성과급제와 연봉제의 도입
② 정규직 중심의 인력채용
③ 사내직업훈련의 강화
④ 고용형태의 다양화

해 설

② 기업은 계약근로 · 재택근로 · 파트타임 등과 같이 고용 형태를 다양화하거나, 하청, 외주, 파견근로자 사용 등과 같이 외부화를 통해 인력운영의 유연성을 확보할 수 있다.

067

☑ 확인
Check!

○ □
△ □
✕ □

인적자본론의 노동이동에 관한 설명으로 틀린 것은?

① 사직률과 해고율은 기업특수적 인적자본과 음(−)의 상관관계를 갖는다.
② 인적자본론에서는 장기근속자일수록 기업특수적 인적자본량이 많아져 해고율이 낮아진다고 주장한다.
③ 임금률이 높을수록 해고율은 높다.
④ 사직률과 해고율은 경기변동에 따라 상반되는 관련성을 갖고 있다.

해 설

인적자본론의 노동이동
기업의 입장에서 인적자본은 교육 및 훈련을 통한 근로자의 생산성 향상 과정이다. 따라서 기업특수적 인적자본을 다방면에 걸쳐 오랜 기간 동안 축적한 근로자는 기업의 입장에서 생산성 향상을 위한 중요한 요인이 되며, 그로 인해 높은 임금률에도 불구하고 해고율은 상대적으로 낮게 나타난다.

068

☑ 확인
Check!

○ □
△ □
✕ □

내부노동시장에 대한 설명으로 틀린 것은?

① 근로자의 단기적 생산성과 임금이 연관된다.
② 기업비용부담으로 기업차원의 교육훈련이 체계적으로 실시된다.
③ 내부승진이 많다.
④ 장기적 고용관계로 직장안정성이 높다.

해 설

① 개별노동자는 정년제에서 일정 기간 동안 한계생산물가치 이하의 임금을 지급받다가 일정한 근속연수에 도달하여 정년퇴임에 이를 때까지 한계생산물가치 이상의 임금을 지급받게 됨으로써 장기근속과 고임금을 특징으로 하는 내부노동시장을 유지하게 된다.

069

☑ 확인
Check!

○ □
△ □
✕ □

케인즈(Keynes)의 실업이론에 관한 설명으로 틀린 것은?

① 노동의 공급은 실질임금의 함수이며, 노동에 대한 수요는 명목임금의 함수이다.
② 노동자들은 화폐환상을 갖고 있어 명목임금의 하락에 저항하므로 명목임금은 하방경직성을 갖는다.
③ 비자발적 실업의 원인을 유효수요의 부족으로 설명하였다.
④ 실업의 해소방안으로 재정투융자의 확대, 통화량의 증대 등을 주장하였다.

해 설

① 케인즈(Keynes)는 신고전학파의 실업이론을 비판하면서, 노동자들은 기업과 달리 실질임금이 아닌 명목임금(화폐임금)에 관심을 가진다고 주장하였다. 즉, 노동의 수요는 실질임금의 함수이지만, 노동의 공급은 명목임금의 함수인 것이다.

070

임금의 경제적 기능에 대한 설명으로 틀린 것은?

① 임금결정에서 기업주는 동일노동 동일임금을 선호하고 노동자는 동일노동 차등임금을 선호한다.
② 기업주에게는 명목임금이 중요성을 가지나 노동자에게는 실질임금이 중요하다.
③ 기업주에서 본 임금과 노동자 입장에서 본 임금의 성격상 상호배반적인 관계를 갖는다.
④ 임금은 인적자본에 대한 투자수요결정의 변수로서 중요한 역할을 한다.

해설

① 기업주는 노동자들이 담합이나 태업을 하지 않고 경쟁적으로 열심히 일하도록 하기 위해 선천적 또는 후천적 특징을 기준으로 노동자 간 임금의 차이를 두는 관리방안을 선호하는 반면, 노동자는 경쟁을 피하고 단결을 보다 용이하게 하는 '동일노동 동일임금'을 선호하는 경향이 있다.

071

생산성 임금제를 따를 때 물가상승률이 3%이고, 실질생산성 증가율이 7%라고 하면 명목임금은 얼마나 인상되어야 하는가?

① 2%
② 4%
③ 10%
④ 15%

해설

생산성 임금제에서 임금결정 방식
생산성 임금제에서는 명목임금 증가율을 명목생산성 증가율과 연계하여 임금인상을 결정한다. 특히 명목생산성 증가율을 산정할 때 실질생산성 증가율에 가격 증가율(여기서는 물가상승률)을 반영하여야 하므로,

> 명목생산성 증가율
> ＝실질생산성 증가율＋가격 증가율(물가상승률)
> ＝7%＋3%＝10%

이와 같이 생산성 임금제에 따라 명목생산성이 10% 증가하였으므로, 명목임금도 10% 인상되어야 한다.

072

임금형태에 관한 설명 중 잘못된 것은?

① 임금형태는 경영이 안정 지향적이냐 혹은 성과 지향적이냐에 따라 고정급과 성과급으로 구분된다.
② 성과급은 노동능률이나 업적을 지급기준으로 하는 임금제도로 능률급 혹은 업적급이라 한다.
③ 일반적으로 성과급의 도입은 제품의 질을 향상시켜 품질관리에 필요한 비용을 절감시킨다.
④ 성과를 측정하는 도구로서는 생산량, 생산액, 이윤액, 원가절감액 등이 있다.

해설

③ 성과급은 기본적으로 종업원의 업적 향상을 보수와 연관시킴으로써 근로의 능률을 자극하려는 능률급제 임금형태에 해당한다. 이러한 성과급 제도는 근로자의 동기유발은 물론 보상의 형평성을 기할 수 있는 장점이 있다. 그러나 근로자가 임금액을 올리고자 무리하게 노동한 결과 심신의 과로를 가져오기 쉬우며, 작업량에만 치중하여 제품 품질이 조악해지는 단점도 있다.

073 다음 (   )에 알맞은 것은?

☑ 확인
Check!

○ □
△ □
X □

> 아담 스미스(A. Smith)는 노동조건의 차이, 소득 안정성의 차이, 직업훈련비용의 차이 등 각종 직업상의 비금전적 불이익을 견딜 수 있기에 필요한 정도의 임금프리미엄을 (   )(이)라고 하였다.

① 직종별 임금격차
② 균등화 임금격차
③ 생산성 임금
④ 헤도닉 임금

해설

균등화 임금격차(Equalizing Wage Differentials)
직업의 임금 외적인 불리한 측면을 상쇄하여 근로자에게 돌아가는 순이익을 다른 직업과 동등하게 해주어야 한다는 원리로서 '보상적 임금격차(Compensating Wage Differentials)'라고도 한다.

074 노동시장에서의 차별로 인해 발생하는 임금격차에 대한 설명으로 틀린 것은?

☑ 확인
Check!

○ □
△ □
X □

① 직장 경력의 차이에 따른 인적자본 축적의 차이로는 임금격차를 설명할 수 없다.
② 경쟁적인 시장경제에서는 고용주에 의한 차별이 장기간 지속될 수 없다.
③ 소비자의 차별적인 선호가 있다면 차별적인 임금격차가 지속될 수 있다.
④ 정부가 차별적 임금을 지급하도록 강제하는 경우에는 경쟁시장에서도 임금격차가 지속될 수 있다.

해설

① 교육수준의 차이, 근속연수의 차이, 직장 경력의 차이 등 인적자본 축적의 차이로 임금격차를 설명할 수 있다.

075 실업을 수요부족실업과 비수요부족실업으로 구분할 때 비수요부족실업을 모두 고른 것은?

☑ 확인
Check!

○ □
△ □
X □

> ㄱ. 경기적 실업   ㄴ. 마찰적 실업
> ㄷ. 구조적 실업   ㄹ. 계절적 실업

① ㄱ
② ㄴ, ㄷ
③ ㄱ, ㄴ, ㄹ
④ ㄴ, ㄷ, ㄹ

해설

ㄱ. 경기적 실업은 수요부족실업에 해당한다.

076 다음 중 최저임금제가 노동시장에 미치는 효과로 볼 수 없는 것은?

☑ 확인
Check!

○ □
△ □
X □

① 잉여인력의 발생
② 부가급여의 축소
③ 숙련직의 임금 하락
④ 노동수요량의 감소

해설

최저임금제가 노동시장에 미치는 효과
• 노동공급량이 증가한다.
• 노동수요량이 감소한다.
• 잉여인력, 즉 실업이 발생한다.
• 숙련직의 임금 상승을 유발한다.
• 부가급여의 축소를 유발한다.

077
☑ 확인
Check!
○ □
△ □
✗ □

마찰적 실업을 해소하기 위한 가장 효과적인 정책은?

① 성과급제를 도입한다.
② 근로자 파견업을 활성화한다.
③ 협력적 노사관계를 구축한다.
④ 구인ㆍ구직 정보제공시스템의 효율성을 제고한다.

해 설

마찰적 실업을 해소하기 위한 정책
• 구인ㆍ구직에 대한 전국적인 전산망 연결
• 구인ㆍ구직 정보제공시스템의 효율성 제고
• 직업안내 및 직업상담 등 직업알선기관의 활성화
• 고용실태 및 전망에 대한 자료제공
• 기업의 퇴직예고제
• 구직자 세일즈 등

078
☑ 확인
Check!
○ □
△ □
✗ □

경제활동인구조사에서 취업자로 분류되는 사람은?

① 명예퇴직을 하여 연금을 받고 있는 전직 공무원
② 하루 3시간씩 구직활동을 하고 있는 전직 은행원
③ 하루 1시간씩 학교 부근 식당에서 아르바이트를 하고 있는 대학생
④ 하루 2시간씩 남편의 상점에서 무급으로 일하는 기혼여성

해 설

취업자의 분류(출처 : 2024 경제활동인구조사 지침서)
• 조사대상기간에 수입을 목적으로 1시간 이상 일한 자
• 동일가구 내 가구원이 운영하는 농장이나 사업체의 수입을 위하여 주당 18시간 이상 일한 무급가족종사자
• 직업 또는 사업체를 가지고 있으나 일시적인 병 또는 사고, 연가, 교육, 노사분규 등의 사유로 일하지 못한 일시 휴직자

079
☑ 확인
Check!
○ □
△ □
✗ □

실업률을 하락시키는 변화로 옳은 것을 모두 고른 것은? (단, 취업자 수 및 실업자 수는 0보다 크다)

ㄱ. 취업자가 비경제활동인구로 전환
ㄴ. 실업자가 비경제활동인구로 전환
ㄷ. 비경제활동인구가 취업자로 전환
ㄹ. 비경제활동인구가 실업자로 전환

① ㄱ, ㄴ
② ㄱ, ㄹ
③ ㄴ, ㄷ
④ ㄷ, ㄹ

해 설

ㄱ. 취업자가 비경제활동인구로 전환될 경우 취업자 수의 감소로 인해 실업률은 상승한다.
ㄹ. 비경제활동인구가 실업자로 전환될 경우 실업자 수의 증가로 인해 실업률은 상승한다.

080
☑ 확인
Check!
○ □
△ □
✗ □

인플레이션을 유발하지 않으면서 실업문제를 해결하기 위한 정책은?

① 재정정책
② 금융정책
③ 인력정책
④ 소득정책

해 설

인력정책(Manpower Policy)
• 고용의 지역적ㆍ직업적 특수성을 고려하여 국민경제의 노동력을 효율적으로 활용하기 위한 정책이다.
• 주로 구조적 실업문제를 해결하기 위한 정책으로서, 인적자본의 질을 향상시켜 실업을 예방하는 방식이므로 물가와 무관하여 인플레이션을 유발하지 않는다.

081 헌법상 근로기본권에 관한 설명으로 틀린 것은?

☑ 확인
Check!

○ □
△ □
✕ □

① 국가는 사회적 · 경제적 방법으로 근로자의 고용의 증진과 적정임금의 보장에 노력하여야 한다.
② 국가는 법률이 정하는 바에 의하여 최저임금제를 시행하여야 한다.
③ 국가유공자 · 상이군경 및 전몰군경의 유가족은 법률이 정하는 바에 의하여 우선적으로 근로의 기회를 부여받는다.
④ 여자의 근로는 고용 · 임금 및 근로조건에 있어서 부당한 차별을 받지 아니하며 특별한 보호를 받지 아니한다.

해설

④ 여자의 근로는 특별한 보호를 받으며, 고용 · 임금 및 근로조건에 있어서 부당한 차별을 받지 아니한다(헌법 제32조 제4항).

082 근로기준법상 사용자가 근로계약을 체결할 때 근로자에게 서면으로 명시하여야 하는 근로조건이 아닌 것은?

☑ 확인
Check!

○ □
△ □
✕ □

① 소정근로시간
② 연차 유급휴가
③ 휴게장소
④ 임금의 지급방법

해설

③ '휴게장소'가 아닌 '취업장소'가 옳다.

083 근로기준법상 근로시간과 휴게시간에 관한 설명으로 틀린 것은?

☑ 확인
Check!

○ □
△ □
✕ □

① 1주간의 근로시간은 휴게시간을 제외하고 40시간을 초과할 수 없다.
② 1일의 근로시간은 휴게시간을 제외하고 8시간을 초과할 수 없다.
③ 사용자는 근로시간이 4시간인 경우에는 30분 이상, 8시간인 경우에는 1시간 이상의 휴게시간을 근로시간 이후에 주어야 한다.
④ 휴게시간은 근로자가 자유롭게 이용할 수 있다.

해설

③ 사용자는 근로시간이 4시간인 경우에는 30분 이상, 8시간인 경우에는 1시간 이상의 휴게시간을 근로시간 도중에 주어야 한다(근로기준법 제54조 제1항).
① 동법 제50조 제1항
② 동법 제50조 제2항
④ 동법 제54조 제2항

084 근로기준법의 기본원리와 가장 거리가 먼 것은?

☑ 확인
Check!

○ □
△ □
✕ □

① 강제근로의 금지
② 근로자단결의 보장
③ 균등한 처우
④ 공민권 행사의 보장

해설

근로기준법의 기본원리
• 최저 근로조건의 보장(법 제3조)
• 근로조건의 노사대등 결정(법 제4조)
• 근로조건의 준수(법 제5조)
• 균등한 처우(법 제6조)
• 강제근로의 금지(법 제7조)
• 폭행의 금지(법 제8조)
• 중간착취의 배제(법 제9조)
• 공민권 행사의 보장(법 제10조)

정답 81 ④　82 ③　83 ③　84 ②

085 ☑ 확인 Check!
○ □ △ □ X □

다음 중 최저임금법상 최저임금위원회에 대한 설명으로 옳은 것은?

① 최저임금위원회의 회의는 재적위원 3분의 1 이상이 소집을 요구하는 경우 위원장이 소집한다.

② 최저임금위원회의 회의는 이 법으로 따로 정하는 경우 외에는 재적위원 과반수의 출석과 출석 위원 3분의 2 이상의 찬성으로 의결한다.

③ 최저임금위원회가 의결을 할 때에는 근로자위원과 사용자위원 각 3분의 2 이상의 출석이 있어야 한다.

④ 최저임금위원회가 사업의 종류별 또는 특정 사항별로 두는 전문위원회는 근로자위원, 사용자위원 및 공익위원 각 6명 이내의 같은 수로 구성한다.

해설

① 최저임금법 제17조 제1항 참조
② 최저임금위원회의 회의는 이 법으로 따로 정하는 경우 외에는 재적위원 과반수의 출석과 출석위원 과반수의 찬성으로 의결한다(동법 제17조 제3항).
③ 최저임금위원회가 의결을 할 때에는 근로자위원과 사용자위원 각 3분의 1 이상의 출석이 있어야 한다(동법 제17조 제4항).
④ 최저임금위원회가 사업의 종류별 또는 특정 사항별로 두는 전문위원회는 근로자위원, 사용자위원 및 공익위원 각 5명 이내의 같은 수로 구성한다(동법 제19조 제1항 및 제3항).
② 동법 제10조 제1항

---

086 ☑ 확인 Check!
○ □ △ □ X □

직업안정법령상 유료직업소개사업의 등록을 할 수 있는 자에 해당되지 않는 것은?

① 지방공무원으로 2년 이상 근무한 경력이 있는 자

② 조합원이 100인 이상인 단위노동조합에서 노동조합업무전담자로 2년 이상 근무한 경력이 있는 자

③ 상시사용근로자 300인 이상인 사업장에서 노무관리업무전담자로 1년 이상 근무한 경력이 있는 자

④ 「공인노무사법」에 의한 공인노무사 자격을 가진 자

해설

유료직업소개사업의 등록을 할 수 있는 자(직업안정법 시행령 제21조 제1항 참조)

• 「국가기술자격법」에 의한 직업상담사 1급 또는 2급의 국가기술자격이 있는 자
• 직업소개사업의 사업소, 「국민 평생 직업능력 개발법」에 의한 직업능력개발훈련시설, 「초·중등교육법」 및 「고등교육법」에 의한 학교, 「청소년기본법」에 의한 청소년단체에서 직업상담·직업지도·직업훈련 기타 직업소개와 관련이 있는 상담업무에 2년 이상 종사한 경력이 있는 자
• 「공인노무사법」에 의한 공인노무사 자격을 가진 자
• 조합원이 100인 이상인 단위노동조합, 산업별 연합단체인 노동조합 또는 총연합단체인 노동조합에서 노동조합 업무전담자로 2년 이상 근무한 경력이 있는 자
• 상시사용근로자 300인 이상인 사업 또는 사업장에서 노무관리업무전담자로 2년 이상 근무한 경력이 있는 자
• 국가공무원 또는 지방공무원으로서 2년 이상 근무한 경력이 있는 자
• 「초·중등교육법」에 의한 교원자격증을 가지고 있는 자로서 교사근무경력이 2년 이상인 자
• 「사회복지사업법」에 따른 사회복지사 자격증을 가진 사람

087 직업안정법령상 일용근로자 이외의 직업 소개를 하는 유료직업소개사업자의 장부 및 서류의 비치 기간으로 옳은 것은?

☑ 확인
Check!

○ □
△ □
✕ □

① 종사자명부 : 3년
② 구인신청서 : 2년
③ 구직신청서 : 1년
④ 금전출납부 및 금전출납 명세서 : 1년

해설

유료직업소개사업자의 장부 및 서류의 비치 기간(직업안정법 시행규칙 제26조 참조)
• 종사자명부 : 2년
• 구인신청서 및 구직신청서 : 2년
• 구인접수대장 : 2년
• 구직접수 및 직업소개대장 : 2년
• 소개요금약정서 : 2년
• 일용근로자 회원명부 : 2년
• 금전출납부 및 금전출납 명세서 : 2년

088 직업안정법에 관한 설명으로 틀린 것은?

☑ 확인
Check!

○ □
△ □
✕ □

① 누구든지 어떠한 명목으로든 구인자로 부터 그 모집과 관련하여 금품을 받거 나 그 밖의 이익을 취하여서는 아니 된다.
② 누구든지 국외에 취업할 근로자를 모 집한 경우에는 고용노동부장관에게 신 고하여야 한다.
③ 누구든지 고용노동부장관의 허가를 받 지 아니하고는 근로자공급사업을 하지 못한다.
④ 누구든지 성별, 연령 등을 이유로 직업 소개를 할 때 차별대우를 받지 아니 한다.

해설

① 근로자를 모집하려는 자와 그 모집업무에 종사하 는 자는 어떠한 명목으로든 응모자로부터 그 모집 과 관련하여 금품을 받거나 그 밖의 이익을 취하 여서는 아니 된다. 다만, 유료직업소개사업을 하는 자가 구인자의 의뢰를 받아 구인자가 제시한 조건 에 맞는 자를 모집하여 직업소개한 경우에는 그러 하지 아니하다(직업안정법 제32조).
② 동법 제30조 제1항
③ 동법 제33조 제항
④ 동법 제2조 참조

089 고용보험법령상 피보험자격의 신고에 관한 설명으로 틀린 것은?

☑ 확인
Check!

○ □
△ □
X □

① 사업주가 피보험자격에 관한 사항을 신고하지 아니하면 근로자가 신고할 수 있다.
② 사업주는 그 사업에 고용된 근로자의 피보험자 격의 취득 및 상실 등에 관한 사항을 고용노동부장관에게 신고하여야 한다.
③ 자영업자인 피보험자는 피보험자격의 취득 및 상실에 관한 신고를 하지 아니한다.
④ 피보험자격의 취득 및 상실 등에 관한 신고는 그 사유가 발생한 날로부터 14일 이내에 하여야 한다.

해설

④ 사업주나 하수급인은 피보험자격에 관한 신고 등에 관한 규정에 따라 고용노동부장관에게 그 사업에 고용된 근로자의 피보험자격 취득 및 상실에 관한 사항을 신고하려는 경우에는 그 사유가 발생한 날이 속하는 달의 다음 달 15일까지(근로자가 그 기일 이전에 신고할 것을 요구하는 경우에는 지체 없이) 신고해야 한다(고용보험법 시행령 제7조 제1항).
① 동법 제15조 제3항
② 동법 제15조 제1항
③ 동법 제15조 제7항

090 고용보험법상 자영업자인 피보험자의 실업급여의 종류로 틀린 것은?

☑ 확인
Check!

○ □
△ □
X □

① 조기재취업 수당
② 직업능력개발 수당
③ 광역 구직활동비
④ 구직급여

해설

① '조기재취업 수당'은 고용보험법상 자영업자인 피보험자의 실업급여의 종류에 포함되지 않는다(고용보험법 제69조의2 참조).

091 고용보험법령상 (   )에 들어갈 숫자로 옳은 것은?

☑ 확인
Check!

○ □
△ □
X □

> 배우자의 질병으로 육아휴직 급여를 신청할 수 없었던 사람은 그 사유가 끝난 후 (   )일 이내에 신청하여야 한다.

① 10
② 30
③ 60
④ 90

해설

육아휴직 급여 신청기간의 연장(고용보험법 제70조 제2항 단서)
육아휴직 급여 신청기간에 천재지변 등 대통령령으로 정하는 사유로 육아휴직 급여를 신청할 수 없었던 사람은 그 사유가 끝난 후 30일 이내에 신청하여야 한다.

092 국민 평생 직업능력 개발법에 명시된 직업능력개발훈련이 중요시되어야 하는 사람에 해당하지 않는 것은?

☑ 확인
Check!

○ □
△ □
X □

① 일용근로자
② 여성근로자
③ 제조업의 생산직에 종사하는 근로자
④ 중소기업기본법에 따른 중소기업의 근로자

해설

③ '제조업의 생산직에 종사하는 근로자'는 국민 평생 직업능력 개발법상 직업능력개발훈련이 중요시되어야 할 대상에 포함되지 않는다(국민 평생 직업능력 개발법 제3조 제4항 참조).

093 ☑확인 Check!

국민 평생 직업능력 개발법령상 원칙적으로 직업능력개발훈련의 대상 연령은?

○ □
△ □
✕ □

① 13세 이상
② 15세 이상
③ 18세 이상
④ 20세 이상

해설

직업능력개발훈련의 대상 연령 등(국민 평생 직업능력 개발법 시행령 제4조)
직업능력개발훈련은 15세 이상인 사람에게 실시하되, 직업능력개발훈련시설의 장은 훈련의 직종 및 내용에 따라 15세 이상으로서 훈련대상자의 연령 범위를 따로 정하거나 필요한 학력, 경력 또는 자격을 정할 수 있다.

094 ☑확인 Check!

남녀고용평등과 일 · 가정 양립 지원에 관한 법률상 직장 내 성희롱에 관한 설명으로 틀린 것은?

○ □
△ □
✕ □

① 사업주, 상급자 또는 근로자는 직장 내 성희롱을 하여서는 아니 된다.
② 사업주는 직장 내 성희롱 예방 교육을 매년 실시 하여야 한다.
③ 고용노동부장관은 성희롱 예방 교육기관이 1년 동안 교육 실적이 없는 경우 그 지정을 취소할 수 있다.
④ 사업주는 직장 내 성희롱 발생 사실을 알게 된 경우에는 지체 없이 그 사실 확인을 위한 조사를 하여야 한다.

해설

③ 고용노동부장관은 성희롱 예방 교육기관이 2년 동안 직장 내 성희롱 예방 교육 실적이 없는 경우 그 지정을 취소할 수 있다(남녀고용평등과 일 · 가정 양립 지원에 관한 법률 제13조의2 제5항 제3호).
① 동법 제12조
② 동법 제13조 제1항 참조
④ 동법 제14조 제2항

095 ☑확인 Check!

남녀고용평등 및 일 · 가정 양립 지원에 관한 법령상 육아기 근로시간 단축에 관한 설명이다. (　　)에 들어갈 내용으로 옳은 것은?

○ □
△ □
✕ □

> 사업주가 근로자에게 육아기 근로시간 단축을 허용하는 경우 단축 후 근로시간은 주당 (ㄱ) 시간 이상이어야 하고 (ㄴ)시간을 넘어서는 아니 된다.

① ㄱ : 10, ㄴ : 15
② ㄱ : 10, ㄴ : 20
③ ㄱ : 15, ㄴ : 30
④ ㄱ : 15, ㄴ : 35

해설

육아기 근로시간 단축의 허용범위(남녀고용평등과 일 · 가정 양립 지원에 관한 법률 제19조의2 제3항)
사업주가 근로자에게 육아기 근로시간 단축을 허용하는 경우 단축 후 근로시간은 주당 15시간 이상이어야 하고 35시간을 넘어서는 아니 된다.

096

☑ 확인
Check!

○ □
△ □
✕ □

남녀고용평등과 일·가정 양립 지원에 관한 법률상 3년간 전자문서로 작성·보존할 수 있는 서류가 아닌 것은?

① 직장 내 성희롱 예방 교육을 하였음을 확인할 수 있는 서류
② 성희롱 행위자에 대한 징계 등 조치에 관한 서류
③ 육아휴직의 신청 및 허용에 관한 서류
④ 적극적 고용개선조치 시행계획 및 그 이행실적에 관한 서류

해설

보존서류의 종류(남녀고용평등과 일·가정 양립 지원에 관한 법률 시행령 제19조)
• 모집과 채용, 임금, 임금 외의 금품 등, 교육·배치 및 승진, 정년·퇴직 및 해고에 관한 서류
• 직장 내 성희롱 예방 교육을 하였음을 확인할 수 있는 서류
• 직장 내 성희롱 행위자에 대한 징계 등 조치에 관한 서류
• 배우자 출산휴가의 청구 및 허용에 관한 서류
• 육아휴직의 신청 및 허용에 관한 서류
• 육아기 근로시간 단축의 신청 및 허용에 관한 서류, 허용하지 아니한 경우 그 사유의 통보 및 협의 서류, 육아기 근로시간 단축 중의 근로조건에 관한 서류

097

☑ 확인
Check!

○ □
△ □
✕ □

다음 중 구직자 취업촉진 및 생활안정지원에 관한 법률상 거짓이나 그 밖의 부정한 방법으로 구직촉진수당 등을 받은 경우 벌칙규정으로 옳은 것은?

① 1년 이하의 징역 또는 1천만 원 이하의 벌금
② 2년 이하의 징역 또는 2천만 원 이하의 벌금
③ 3년 이하의 징역 또는 2천만 원 이하의 벌금
④ 3년 이하의 징역 또는 3천만 원 이하의 벌금

해설

벌칙(구직자 취업촉진 및 생활안정지원에 관한 법률 제38조 제2항)
거짓이나 그 밖의 부정한 방법으로 구직촉진수당 등을 받거나 다른 사람으로 하여금 받게 한 사람은 1년 이하의 징역 또는 1천만 원 이하의 벌금에 처한다.

098 다음 중 채용절차의 공정화에 관한 법률에 대한 설명으로 가장 옳은 것은?

☑ 확인
Check!

○ □
△ □
✕ □

① "채용서류"란 구직자의 응시원서, 이력서 및 자기소개서를 말한다.
② "기초심사자료"란 학위증명서, 경력증명서, 자격증명서 등을 말한다.
③ "심층심사자료"란 학위증명서, 경력증명서, 자격증명서 등 기초심사자료에 기재한 사항을 증명하는 모든 자료를 말한다.
④ 이 법은 채용절차에서의 최소한의 공정성을 확보하기 위한 사항을 정하고 있다.

해 설

④ 이 법은 채용과정에서 구직자가 제출하는 채용서류의 반환 등 채용절차에서의 최소한의 공정성을 확보하기 위한 사항을 정함으로써 구직자의 부담을 줄이고 권익을 보호하는 것을 목적으로 한다(채용절차의 공정화에 관한 법률 제1조).
① "채용서류"란 기초심사자료, 입증자료, 심층심사자료를 말한다(동법 제2조 제6호).
② "기초심사자료"란 구직자의 응시원서, 이력서 및 자기소개서를 말한다(동법 제2조 제3호).
③ "심층심사자료"란 작품집, 연구실적물 등 구직자의 실력을 알아볼 수 있는 모든 물건 및 자료를 말한다(동법 제2조 제5호).

099 채용절차의 공정화에 관한 법령상 500만원 이하의 과태료 부과행위에 해당하는 것은?

☑ 확인
Check!

○ □
△ □
✕ □

① 채용서류 보관의무를 이행하지 아니한 구인자
② 구직자에 대한 고지의무를 이행하지 아니한 구인자
③ 시정명령을 이행하지 아니한 구인자
④ 지식재산권을 자신에게 귀속하도록 강요한 구인자

해 설

①·②·③ 300만 원 이하의 과태료 부과행위에 해당한다(채용절차의 공정화에 관한 법률 제17조 제3항 참조).

100 개인정보 보호법령에 관한 설명으로 틀린 것은?

☑ 확인
Check!

○ □
△ □
✕ □

① "정보주체"란 처리되는 정보에 의하여 알아볼 수 있는 사람으로서 그 정보의 주체가 되는 사람을 말한다.
② 개인정보처리자는 개인정보의 처리 목적에 필요한 범위에서 개인정보의 정확성, 완전성 및 최신성이 보장되도록 하여야 한다.
③ 개인정보 보호에 관한 사무를 독립적으로 수행하기 위하여 국무총리 소속으로 개인정보 보호위원회를 둔다.
④ 위원의 임기는 2년으로 하되, 연임할 수 없다.

해 설

④ 개인정보 보호위원회 위원의 임기는 3년으로 하되, 한 차례만 연임할 수 있다(개인정보 보호법 제7조의4 제1항).
① 동법 제2조 제3호
② 동법 제3조 제3항
③ 동법 제7조 제1항

당신이 저지를 수 있는 가장 큰 실수는,
실수를 할까 두려워하는 것이다.

– 앨버트 하버드 –

PROFILE

편저자   **직업상담연구소**

수험서 전문출판사 시대에듀의 직업상담사는 1999년 처음 출간된 이후, 한 권으로 끝내기, 최종모의고사, 기출문제 CBT 문제은행, 직업상담실무 기출문제해설, 직업상담실무 이론서 등 수험생의 필요에 맞는 시리즈 도서를 펴내며 독자들의 많은 사랑을 받고 있다. 인지도와 판매량뿐만 아니라 실제 시험에서의 높은 적중률을 자랑하고 있으며, 오랜 노하우로 수험생들에게 합격으로 향하는 가장 빠르고 효과적인 길을 제시하는 데 주력하고 있다.

NEXT STEP

THE NEXT STEP IN SUCCESS
성공의 다음 단계, 시대에듀와 함께라면 가능합니다.

1차[필기]

직업상담사

2급 | 핵심기출 문제은행

출간 이후,
26년간 61만 독자의 선택!
직업상담사 **원조** 대표브랜드,
시대에듀

무료 강의 기출

도서 및 동영상 강의 안내
1600 - 3600
www.**sdedu**.co.kr

직업상담실무 기본이론 탄탄

수험생들이 가장 어려워 하는 2차 실무.
기출문제로 정복

완벽하게 실전 마무리

5단계

6단계

과락잡기

2차 실기 직업상담실무 이론서

기출문제를 분석하여 수록한
꼭 알아야 할 핵심이론과 기출복원문제로
효율적인 학습을 할 수 있습니다.

2차 실기 직업상담실무 기출문제해설

전문가의 연구와 노하우가 담긴 모범답안과
구체적인 해설로 합격을 보장합니다.

2차 실기 과락을 피하는 법

25개년의 기출복원문제를
완벽해부했습니다.

※ 본 도서의 세부구성 및 이미지는 변동될 수 있습니다.

시대에듀 국가전문자격 네이버카페(https://cafe.naver.com/sdwssd)에서
시험과 관련된 모든 정보를 아낌없이 제공합니다. 지금 접속하세요!

정보획득

추록 및 피드백

02 혜택

도서가 출간된 후 바뀌는 정책, 시험에서 중요하게 다뤄질 내용 등 항상 최신의 정보로 학습할 수 있도록 지속적인 피드백을 약속드립니다. 합격하는 그날까지!

정답 족보 핸드북 pdf 제공

01 혜택

독자님들의 편리한 학습과 동차 합격을 위해 매년 도서가 출간된 후 개정된 내용의 소책자 파일을 제공합니다. '국가전문자격 시대로' 카페에 접속하시면 2차 시험 정답 족보 핸드북을 스마트폰에 넣어서 학습할 수 있는 pdf 파일을 다운받을 수 있습니다!

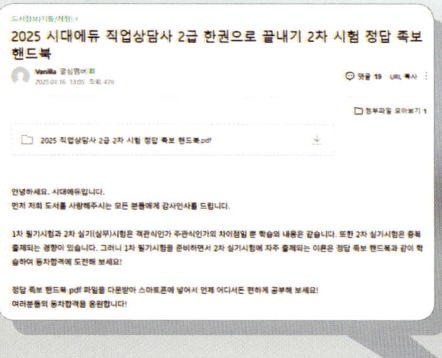

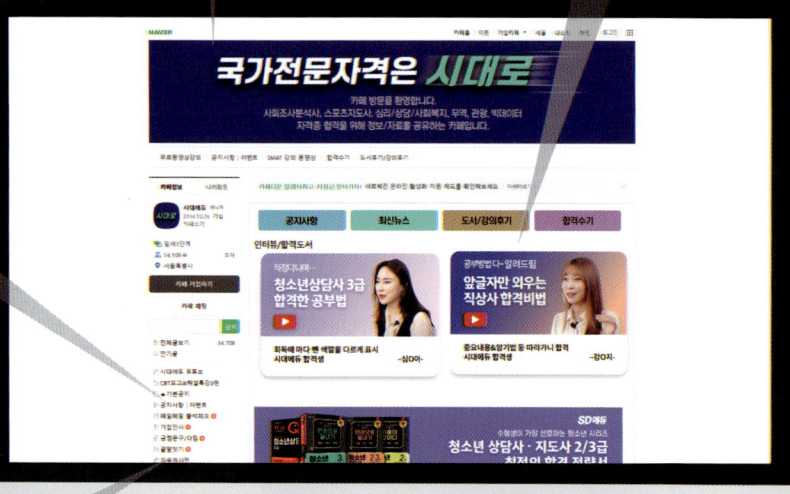

03 혜택

직업상담사의 모든 Q&A

학습하다가 모르는 게 있나요? 묻고 싶어 답답한 내용이 있나요? 언제나 카페에 접속해 글을 남겨주세요.
26년 연속 직업상담사 1등 시대에듀 직업상담연구소가 속 시원하게 답변해드립니다!

NEXT
STEP

1차 [필기]

직업상담사

2급 | 핵심기출 문제은행

끝까지 책임진다! 시대에듀!

QR코드를 통해 도서 출간 이후 발견된 오류나 개정법령, 변경된 시험 정보, 최신기출문제, 도서 업데이트 자료 등이 있는지 확인해 보세요! **시대에듀 합격 스마트 앱**을 통해서도 알려 드리고 있으니 구글 플레이나 앱 스토어에서 다운받아 사용하세요.
또한, 파본 도서인 경우에는 구입하신 곳에서 교환해 드립니다.

편집진행 노윤재 · 한주승 | **표지디자인** 조혜령 | **본문디자인** 박지은 · 김휘주

머리말

최근 여러 출판사들이 직업상담사 자격시험 대비용 수험서들을 우후죽순 선보이고 있습니다. 그러나 그중 상당수는 타 출판사 교재를 짜깁기하는 식으로 만들어지고 있는 것이 사실입니다. 그와 같은 교재들은 수험생들로 하여금 이론에 대한 정확한 지식을 전하는 것이 아닌 암기식의 학습법을 강조합니다. 그 이유는 무엇일까요? 바로 전문성과 노하우의 부족 때문입니다.

타 출판사의 인터넷 카페 및 블로그를 통한 견제와 각종 무료이벤트 등 엄청난 물량공세에도 불구하고, 시대에듀가 직업상담사 부문에서 오랜 기간 베스트셀러의 위치를 차지하며, 묵묵히 최고의 자리를 지키고 있는 데는 그만한 이유가 있습니다. 그것은 바로 전문성과 노하우 때문입니다.

아시다시피 직업상담사 1차 필기시험은 2차 실기시험에 비해 매우 쉽습니다. 그러나 그로 인해 수험생들이 학습을 소홀히 하여 이후 2차 실기시험에서 많은 어려움을 겪는 것도 사실입니다. 즉, 1차 필기시험이 합격을 위한 토대를 구축하는 과정임에도 불구하고 수험생들이 그 중요성을 간과하고 있는 것입니다. 본 도서 '직업상담사 2급 1차 필기 핵심기출 문제은행'은 시대에듀의 전문성과 노하우에 기초한 것으로서, 기존의 직업상담사 교재들과 다음과 같은 점에서 차별화를 두고 있습니다.

첫 번째 직업상담사 시험문제가 공개된 2002년부터 2025년에 이르기까지 직업상담사 기출문제의 역사를 담았습니다.

두 번째 기출문제 중에서도 반복 출제된 중요한 문제들을 선별하여 핵심문제를 구성하고, 그와 유사한 기출문제나 내용상 연관된 기출문제들을 함께 제시함으로써 유사문제 혹은 연관문제에 충실히 대비하도록 합니다.

세 번째 기출문제에 대한 전문적인 진단을 통해 출제자의 의도를 정확히 파악하며, 최근 출제경향에 대한 정확한 분석을 통해 바람직한 학습방향을 제시합니다.

네 번째 다양한 예제들을 제시하여 생소한 개념이나 복잡한 이론 내용도 어려움 없이 이해할 수 있도록 합니다.

다시 한번 강조합니다. 1차 필기시험은 합격을 위한 가장 중요한 토대입니다. 이를 소홀히 하고 2차 실기시험에 임한다는 것은 그 자체로 무모한 도전입니다. 이해의 노력이 아닌 무조건적인 암기는 곧 망각입니다.

운이 아닌 노력으로 자기 운명의 주인공이 되시기를 바랍니다.

편저자 올림

자격시험안내(2급)

○ **응시자격 :** 제한 없음

○ **실시기관 및 원서접수 :** 한국산업인력공단(www.q-net.or.kr)

○ **시험일정(2025년 기준)**

구 분	필기시험접수	필기시험	합격(예정)자 발표	실기시험접수	실기시험	최종 합격자 발표
제1회	01.13 ~ 01.16	02.07 ~ 03.04	03.12	03.24 ~ 03.27	04.19 ~ 05.09	06.13
제2회	04.14 ~ 04.17	05.10 ~ 05.30	06.11	06.23 ~ 06.26	07.19 ~ 08.06	09.12
제3회	07.21 ~ 07.24	08.09 ~ 09.01	09.10	09.22 ~ 09.25	11.01 ~ 11.21	12.24

※ 정확한 시험일정은 시행처인 한국산업인력공단의 확정공고를 필히 확인하시기 바랍니다.

○ **시험방법 및 과목**

구 분	1차 시험	2차 시험
시험형식	객관식 4지 택일형	필답형(서술형)+사례형
출제범위	• 직업심리　　　　　　• 노동시장 • 직업상담 및 취업지원　• 고용노동관계법규(Ⅰ) • 직업정보	• 직업심리　　　　　　• 직업정보 • 직업상담 및 취업지원　• 노동시장 ※ 4과목 출제(고용노동관계법규(Ⅰ) 제외)
문항 수	• 총 5과목 100문제 • 1~5과목 각각 20문제씩 출제	• 약 18문제 내외 • 1~2과목에서 약 70% 출제
필기도구	CBT 시험으로 필기도구는 필요 없어요.	검정색 필기구만 사용 가능 • 답안 정정 시 수정테이프는 사용 가능해요! • 지워지는 볼펜류는 사용할 수 없어요!
시험시간	150분(2차 시험은 시간이 부족해서 답안을 작성하지 못하는 경우는 거의 없어요!)	
참 고	4과목 노동시장에서 계산문제가 등장하기도 하는데요, 시험장에 계산기를 지참해 가시면 수월하게 문제를 풀 수 있어요. 다만 부정행위 방지를 위해 계산기는 리셋된 상태거나, 메모리 칩이 없는 상태여야 합니다.	

○ **합격점수**

❶ **1차 시험(필기)**
　 한 과목당 100점 만점(한 문제당 5점)으로 매 과목 40점 이상, 전 과목 평균 60점 이상을 맞아야 합격입니다.

❷ **2차 시험(실기)**
　 • 100점 만점으로 하여 60점 이상을 획득해야 합격입니다.
　 • 2차 시험은 필답형으로 작성하는 것이기 때문에 부분점수를 얻을 수도 있어 모르는 문제라고 포기하는 것보다는
　　 아는 범위에서 적는 것이 중요합니다.

이 책의 구성과 특징

『직업상담사 2급 1차 필기 핵심기출 문제은행』은 시험 준비에 필수적인 기출문제와 이론을 완벽하게 수록하였습니다. '문제편', '해설편', '2025년 CBT 기출복원문제', '핵심문제', '핵심기출 해설', '이것이 핵심', '핵심유형', '적중 예상 문제'를 통해 합격으로 안내하는 길잡이가 될 수 있도록 하였습니다.

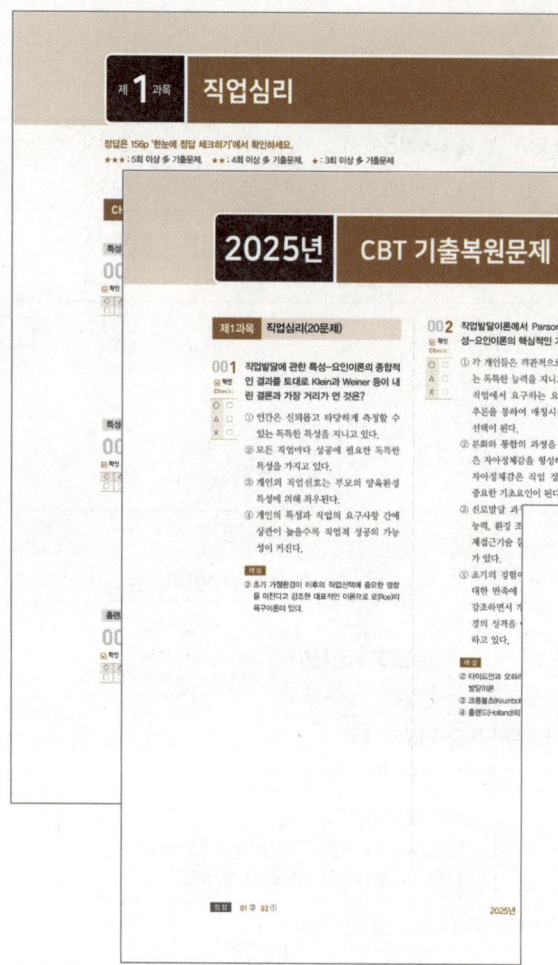

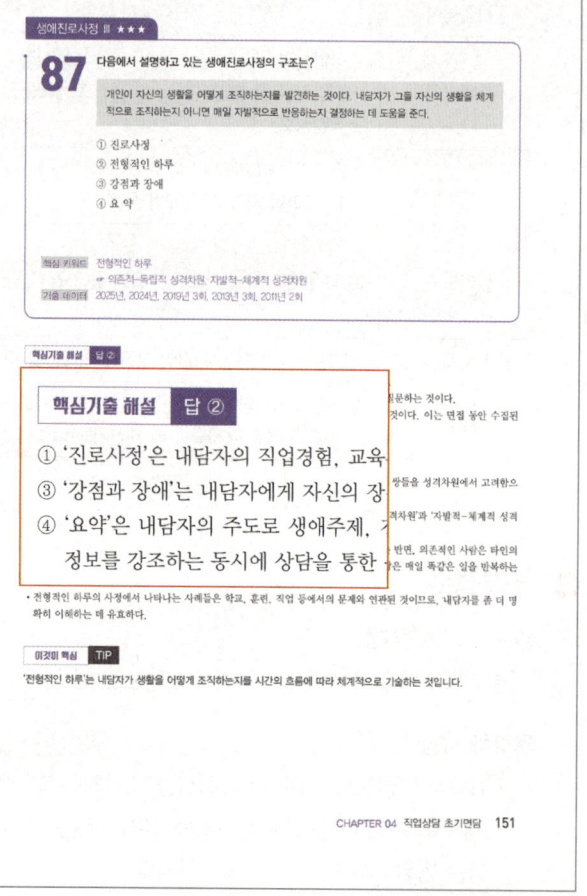

언제든 가볍게 공부하자!
문제편과 기출복원문제

공부의 가장 기본은 '연속적인 학습'입니다. 언제든, 어느 곳이든, 복습이든, 예습이든 공부하기 위해서는 요약된 내용이 필요합니다. 그래서 2002년부터 2025년까지의 모든 기출문제를 Big Data로 선정한 핵심문제와 2025년 CBT 기출복원문제만 수록해 별권으로 만들었습니다.

합격은 핵심문제 파악에서!
핵심문제와 핵심기출 해설

문제편에서 풀어본 Big Data로 선정한 핵심문제를 해설편에서는 핵심기출 해설로 자세히 확인할 수 있습니다. 직업상담사 시험의 중심을 뚫는 핵심문제를 하나하나 자세히 해부한 해설은 이론학습이 부족한 수험생에게는 학습의 기틀을, 학습량이 많은 수험생에게는 복습의 중심 맥락을 짚습니다.

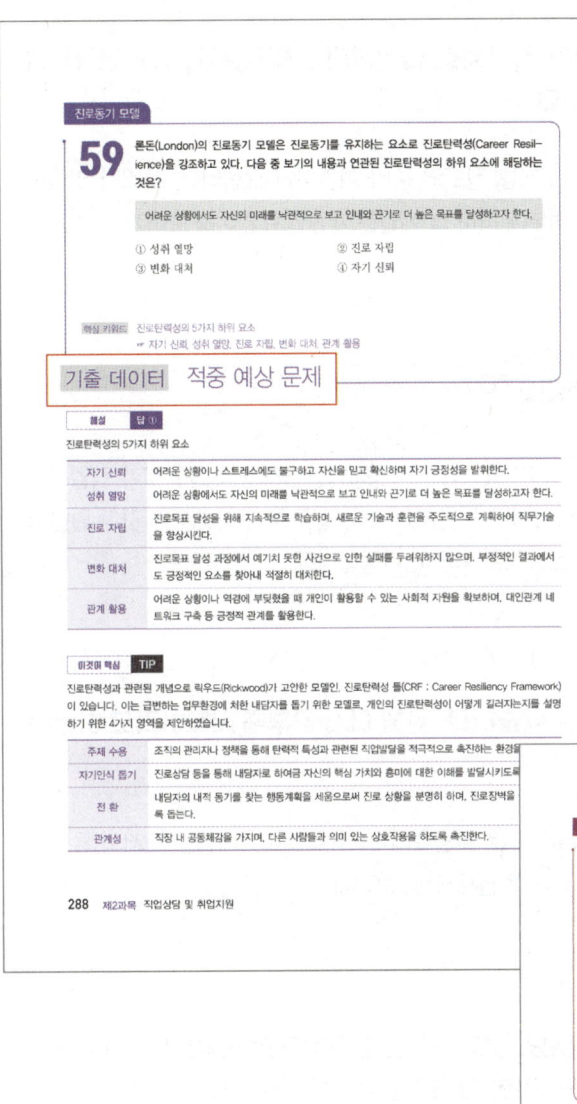

처음 보는 이론도 빈틈없이!
적중 예상 문제와 해설

2025년 출제기준 변경에 따라 새롭게 포함된 영역의 문제를 '적중 예상 문제'로 담았습니다. 기존의 중요 내용과 변경된 출제기준의 내용을 적절히 조합하여 학습하는 것이 중요합니다. 예상 문제와 그에 따른 상세한 해설을 통해 2026년도 시험을 빈틈없이 대비할 수 있습니다.

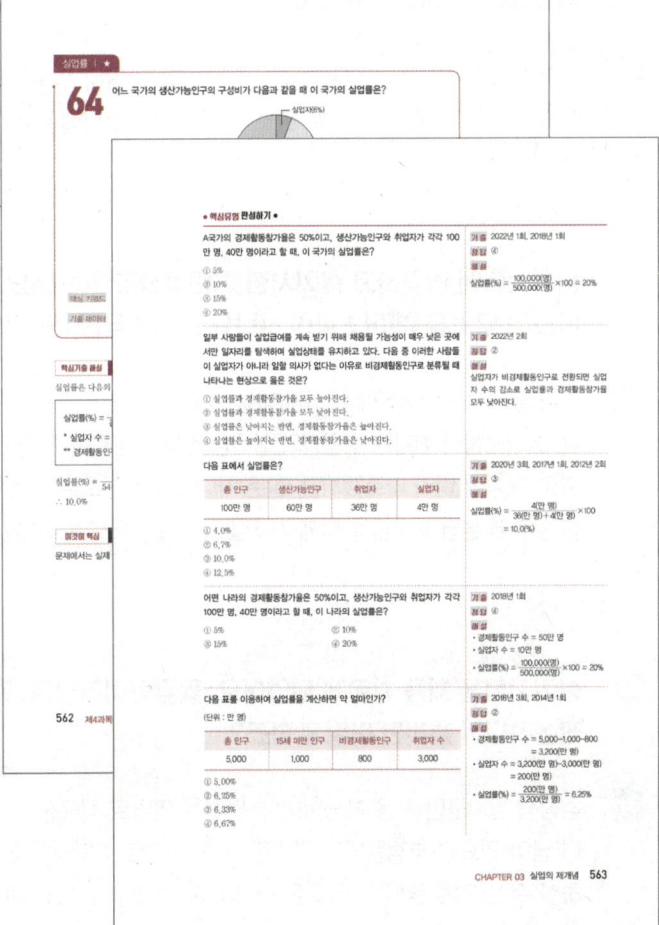

1 + α
핵심문제와 핵심유형문제

시대에듀의 직업상담연구소는 시험출제방식을 파악하고 그 안에서 빠른 학습, 적중률 높은 학습이 되도록 노력했습니다.

그 노력의 결과로 '1+α'을 찾았습니다. 중요 기출핵심문제는 1, 그와 비슷한 유형을 가진 기출핵심유형문제는 α. 출제방식에 맞춰 학습할 수 있도록 구성했습니다.

직업상담사 FAQ

Q 직업상담사 자격시험은 많이 어려운가요? 시험이 1, 2차로 나눠진다고 들었는데, 최종합격까지 보통 어느 정도의 기간이 소요되는지 알고 싶습니다.

A 통상적으로 1차 필기시험은 2~3개월, 2차 실기시험은 6개월 정도의 준비 기간이 필요합니다. 그러나 얼마나 열심히 공부하느냐에 따라, 오프라인·온라인 강의 수강 여부에 따라 그 기간은 개인별로 차이를 보이기도 합니다.

Q 직업상담사 2급! 어떻게 준비해야 하는지 알려주세요.

A 합격 수기에 따르면 『직업상담사 2급 한권으로 끝내기』로 기초를 다진 후 『직업상담사 2급 2차 실기 직업상담 실무 기출문제해설』과 『직업상담사 2급 2차 실기 직업상담실무 이론서』로 2차 실무를 준비하시는 것이 일반적입니다. 동영상 강의와 연계하여 학습하시면 더 빠르고 효율적인 학습이 가능합니다.

Q 작년에 교재를 구매했는데, 시간이 흘러 한 해가 지났습니다. 올해 다시 공부를 시작하려고 하는데 책을 새로 구매해야 하나요?

A 도서의 개정 정도는 수험생마다 느끼는 정도가 달라 일괄적으로 말씀드리기 어렵습니다. 개정된 도서의 특징을 살펴보신 후, 최종 선택은 어디까지나 독자님의 판단에 따라야 할 것으로 보입니다.

Q 필기시험에 합격하고 실기시험을 준비하고 있는데요. 실기시험은 필답형으로 진행된다고 하는데, 답안에 무엇을 얼마나 써야 하나요? 틀린 답만 아니라면 최대한 많이 쓰는 것이 좋은가요?

A 먼저 출제자가 수험생에게 어떤 답을 듣고 싶어 할지를 파악하고, 문제에서 요구하는 답만 간략히 적으시면 됩니다. 실기시험의 취지는 수험생의 실무능력 파악인데 마구 풀어서 쓴 형식의 답안으로는 그 능력을 측정할 수 없겠지요. 문항에 따라 다르겠지만, 질문 하나당 5줄 안으로 최대한의 핵심만 적는 연습을 해 두시기 바랍니다. 또한, 한 문항에 정답과 오답을 함께 기재할 경우 오답으로 처리된다는 점을 유의하세요.

Q 실기시험을 처음 치르게 되었어요. 필답형이라던데, 필기구는 어떤 것을 사용해야 하나요? 답안을 작성하다가 틀리면 어떻게 하죠?

A 검정색 필기구만 사용 가능합니다. 답안을 연필로 적으신 후 볼펜으로 옮겨 쓰셔도 되지만, 답안지에 연필 자국이 남아 있으면 부정행위로 간주될 수 있으므로 주의해야 합니다. 답안 수정이 필요한 경우 수정테이프를 사용하실 수 있으며, 볼펜은 두 줄을 긋고 다시 기재할 수 있습니다.

연도별 응시인원 및 합격률 현황

1차 시험(필기)

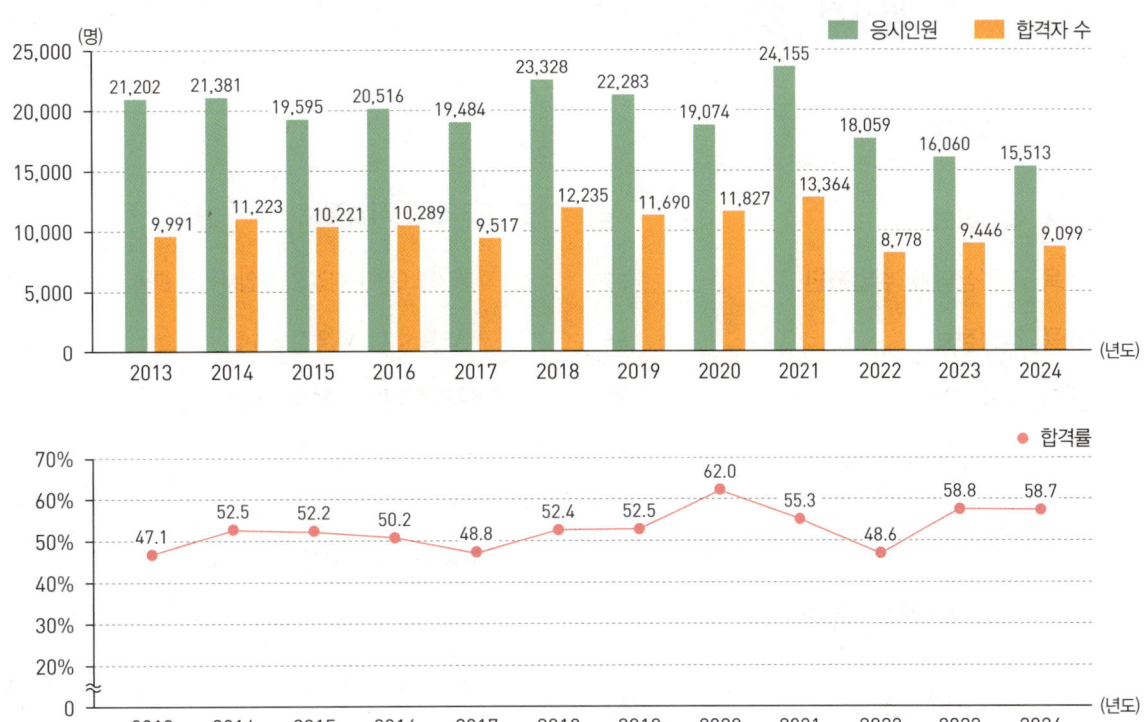

2차 시험(실기)

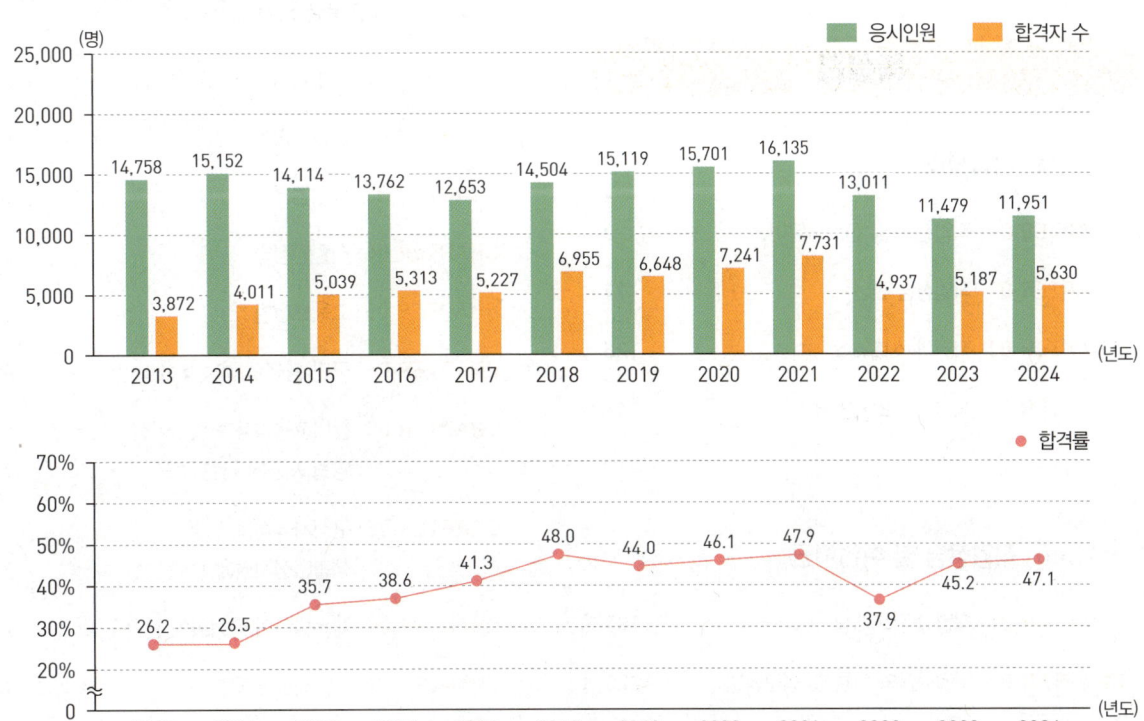

이 책의 목차

제 **1** 과목

직업심리

제1과목 CONTENTS

직업선택 및 진로발달이론

01 특성-요인이론과 관련된 내용과 가장 거리가 먼 것은?

① 특성-요인 직업상담은 정신역동적 가설에서 비롯되었다.

② Parsons는 이 이론의 기반이 되는 3요소 직업지도 모델을 구체화하였다.

③ 특성의 안정성과 지속성은 의문을 제기하는 학자들이 있어 논쟁이 되고 있다.

④ 특성-요인이론에 따른 직업상담 방법들은 합리적이고 인지적인 특성을 가진다.

핵심 키워드 특성-요인 직업상담의 특징
 ☞ 통계적 예측 및 과학적 측정 강조
기출 데이터 2014년 3회

핵심기출 해설 **답 ①**

① 특성-요인 직업상담은 통계적으로 예측 가능한 것만을 다루는 반면, 정신역동적 직업상담이나 내담자중심 직업상담에서와 같은 가설적 구성개념을 가정하지 않는다.

② 파슨스(Parsons)는 직업지도가 개인, 직업, 개인과 직업의 관계성 등 3가지 요소와 관련이 있다고 주장하였으며, 이를 토대로 특성-요인이론을 제시하였다.

③ 특성의 안정성과 지속성에 대한 의문과 그로 인한 논쟁은 계속되고 있다. 이는 특성이 학습되는 것이라고 가정할 때 새로운 학습에 따라 특성도 분명 변화될 것이기 때문이다. 다만, 직업심리학자들이 가정하고 있는 특성은 비교적 안정적인 것으로 간주된다.

④ 특성-요인이론에 따른 직업상담 방법들은 개인의 내면적 특성에 대한 과학적 측정을 강조함으로써 합리적이고 인지적인 특성을 가진다.

이것이 핵심 **TIP**

파슨스(Parsons)는 개인의 특성과 직업의 특성을 효과적으로 연결시키기 위해 각종 심리검사로써 개인의 흥미, 적성, 능력 등을 정확히 측정할 것을 주장하였습니다. 특히 문제의 지문 ②에 제시된 "3요소 직업지도 모델"은 직업지도에서 개인, 직업, 개인과 직업의 관계성을 강조한 것으로, 이는 파슨스가 다음과 같이 현명한 직업선택을 위한 필수 요인으로 간주한 바 있습니다.

> **현명한 직업선택을 위한 3가지 주요 요인(Parsons)**
> • 자신(개인)에 대한 이해 : 자신의 성격, 적성, 흥미, 가치관, 능력, 신체적 특징 등에 대한 명확한 이해
> • 직업세계에 대한 이해 : 여러 직업에 따른 자격요건, 장단점, 보상·보수, 취업기회, 장래전망 등에 대한 지식
> • 자신과 직업의 합리적 연결 : 자신의 개인적 요인에 관한 자료와 직업에 관한 정보를 기초로 한 현명한 선택

파슨스의 특성요인이론에 관한 설명으로 옳은 것은?

① 개인의 특성과 직업의 요구가 일치할수록 직업적 성공 가능성이 크다.
② 특성은 특정 직무의 수행에서 요구하는 조건을 의미한다.
③ 개인의 진로발달 과정을 설명하고 있다.
④ 심리검사를 통해 가변적인 특성을 측정한다.

기출 2023년, 2022년 1회
정답 ①

특성-요인이론에 관한 설명으로 가장 적합한 것은?

① 자신이 선택한 투자에 최대한의 보상을 받을 수 있는 직업을 선택한다.
② 개인적 흥미나 능력 등을 심리검사나 객관적 수단을 통해 밝혀낸다.
③ 사회·문화적 환경 또는 사회구조와 같은 요인이 직업선택에 영향을 준다.
④ 동기, 인성, 욕구와 같은 개인의 심리적 수단에 의해 직업을 선택한다.

기출 2023년, 2020년 1·2회, 2017년 3회, 2010년 2회
정답 ②
해설
특성-요인이론은 심리검사 이론과 개인차 심리학에 그 기초를 두고 있으며, 진단 과정을 매우 중시한다. 따라서 개인적 흥미나 능력 등을 심리검사나 객관적 수단을 통해 밝혀내고자 한다.

파슨스(Parsons)의 특성·요인이론에 관한 설명으로 틀린 것은?

① 개인의 특성과 직업의 요구가 일치할수록 직업적 성공 가능성이 크다.
② 사람들은 신뢰할 수 있고 타당하게 측정될 수 있는 특성을 지니고 있다.
③ 특성은 특정 직무의 수행에서 요구하는 조건을 의미한다.
④ 직업선택은 직접적인 인지과정이기 때문에 개인은 자신의 특성과 직업이 요구하는 특성을 연결할 수 있다.

기출 2022년 2회
정답 ③
해설
특성-요인이론에서 특성(Trait)은 성격, 적성, 흥미, 가치관 등 검사에 의해 측정 가능한 개인의 특징을 의미한다. 반면, 요인(Factor)은 책임감, 성실성, 직업성취도 등 성공적인 직무수행을 위해 요구되는 특징을 의미한다.

파슨스(Parsons)가 강조하는 현명한 직업선택을 위한 필수 요인이 아닌 것은?

① 자신의 흥미, 적성, 능력, 가치관 등 내면적인 자신에 대한 명확한 이해
② 현대사회가 필요로 하는 전망이 밝은 분야에서의 취업을 위한 구체적인 준비
③ 직업에서의 성공, 이점, 보상, 자격요건, 기회 등 직업세계에 대한 지식
④ 개인적인 요인과 직업관련 자격요건, 보수 등의 정보를 기초로 한 현명한 선택

기출 2021년 1회, 2015년 3회
정답 ②
해설
① 자신(개인)에 대한 이해
③ 직업세계에 대한 이해
④ 자신과 직업의 합리적 연결

특성요인이론에 관한 설명으로 맞는 것을 모두 고른 것은?

ㄱ. 대표적인 학자로 파슨스, 윌리암슨 등이 있다.
ㄴ. 직업선택은 인지적인 과정으로 개인의 특성과 직업의 특성을 짝짓는 것이 가능하다고 본다.
ㄷ. 개인차에 관한 연구에서 시작하였고, 심리측정을 중요하게 다루지 않는다.

① ㄱ, ㄴ
② ㄱ, ㄷ
③ ㄴ, ㄷ
④ ㄱ, ㄴ, ㄷ

기출 2021년 3회
정답 ①
해설
ㄷ. 특성요인이론은 미국의 경제대공황 당시 실직자들의 재취업을 돕기 위해 고안된 것으로서, 역사적으로 인간행동의 개인차 측정에 초점을 맞추어 온 심리학 분야에 토대를 두고 있다. 개인차 심리학의 성장이 과학적 측정을 통한 특성 확인을 가능하게 함으로써 이를 계기로 여러 가지 심리검사 도구들이 개발되었다.

개인의 특성과 직업을 구성하는 요인에 관심을 두며, 인생의 특정한 시기에서 의사결정을 하려고 할 때에 도움을 줄 수 있는 이론을 제시한 학자에 해당하지 않는 것은?

① Williamson
② Parsons
③ Hull
④ Roe

기출 2018년 1회

정답 ④

해설
윌리암슨(Williamson), 파슨스(Parsons), 헐(Hull)은 특성-요인이론의 대표적인 학자에 해당한다.

이론적 강조점이 다른 직업심리 이론가는?

① 파슨스(Parsons)
② 패터슨(Paterson)
③ 윌리암슨(Williamson)
④ 수퍼(Super)

기출 2015년 2회

정답 ④

해설
④ 수퍼(Super)는 생애단계를 통한 진로발달에 강조점을 두고 발달적 관점에서 이론을 전개하였다.
①·②·③ 특성-요인의 이론적 접근을 강조하였다.

특성-요인이론에서 파슨스(Parsons)가 구체화한 3요소 직업지도 모델에 포함되지 않는 것은?

① 내담자 특성의 객관적인 분석
② 직업세계의 분석
③ 과학적 조언을 통한 매칭(Matching)
④ 주변 환경의 분석

기출 2015년 2회

정답 ④

해설
① 자신(개인)에 대한 이해
② 직업세계에 대한 이해
③ 자신과 직업의 합리적 연결

02

직업발달에 관한 특성-요인이론의 종합적인 결과를 토대로 Klein와 Weiner 등이 내린 결론과 가장 거리가 먼 것은?

① 인간은 신뢰롭고 타당하게 측정할 수 있는 독특한 특성을 지니고 있다.

② 모든 직업마다 성공에 필요한 독특한 특성을 가지고 있다.

③ 개인의 직업선호는 부모의 양육환경 특성에 의해 좌우된다.

④ 개인의 특성과 직업의 요구사항 간에 상관이 높을수록 직업적 성공의 가능성이 커진다.

핵심 키워드　특성-요인이론의 기본 가정
　　　　　　☞ 특성의 신뢰롭고 타당한 측정, 개인의 특성과 직업의 특성의 매칭

기출 데이터　2025년, 2017년 2회, 2013년 2회

핵심기출 해설　답 ③

③ 초기 가정환경이 이후의 직업선택에 중요한 영향을 미친다고 주장한 대표적인 학자는 욕구이론으로 대표되는 로(Roe)이다. 로는 개인의 진로발달 과정에서 사회나 환경의 영향을 상대적으로 많이 고려하였다.

특성-요인이론의 기본 가정(Klein & Weiner)

• 인간은 신뢰롭고 타당하게 측정할 수 있는 독특한(고유한) 특성을 지니고 있다.(①)

• 다양한 특성을 지닌 개인들이 주어진 직무를 성공적으로 수행해낸다 할지라도, 직업은 그 직업에서의 성공을 위한 매우 구체적인 특성을 지닐 것을 요구한다.(②)

• 진로선택은 다소 직접적인 인지과정이므로 개인의 특성과 직업의 특성을 짝짓는 것이 가능하다.

• 개인의 특성과 직업의 요구사항이 서로 밀접한 관계를 맺을수록 직업적 성공의 가능성은 커진다.(④)

이것이 핵심　TIP

클라인과 바이너(Klein & Weiner)는 파슨스(Parsons)의 이론을 정리하는 과정에서 특성-요인이론의 기본 가정을 위와 같이 제시하였습니다. 따라서 그들이 정리한 내용은 곧 파슨스 이론의 기본 가정으로도 볼 수 있습니다.

● **핵심유형 완성하기** ●

직업발달이론에서 Parsons가 제안한 특성-요인이론의 핵심적인 가정은?

① 각 개인들은 객관적으로 측정될 수 있는 독특한 능력을 지니고 있으며, 이를 직업에서 요구하는 요인과 합리적인 추론을 통하여 매칭시키면 가장 좋은 선택이 된다.

② 분화와 통합의 과정을 거치면서 개인은 자아정체감을 형성해 가며 이러한 자아정체감은 직업정체감의 형성에 중요한 기초요인이 된다.

③ 진로발달 과정은 유전요인과 특별한 능력, 환경조건과 사건, 학습경험, 과제접근기술 등의 네 가지 요인과 관계가 있다.

④ 초기의 경험이 개인이 선택한 직업에 대한 만족과 매우 중요한 요인이라고 강조하면서 개인의 성격유형과 직무환경의 성격을 여섯 가지 유형으로 구분하고 있다.

기출　2025년, 2017년 3회, 2008년 3회, 2003년 1회

정답　①

해설

② 타이드만과 오하라(Tiedeman & O'Hara)의 진로발달이론

③ 크롬볼츠(Krumboltz)의 사회학습이론

④ 홀랜드(Holland)의 직업발달적 인성이론

특성-요인이론에 관한 설명으로 옳은 것은?

① 행동주의의 영향을 많이 받았다.
② 특성은 특정 상황에 대해서만 타당한 것으로 여겨진다.
③ 특성은 학습되는 것이다.
④ 개개인은 신뢰할 만하고 타당하게 측정될 수 있는 고유한 특성의 집합이다.

기출 2023년, 2016년 2회
정답 ④
해설
① 인간행동의 개인차 측정에 초점을 두었다.
② · ③ 특성-요인이론이 가정하는 특성의 안정성과 지속성에 대해 의문을 제기한 트라이온과 아나스타시의 견해에 해당한다.

직업발달에 관한 특성-요인이론의 종합적인 결과를 토대로 Klein과 Weiner 등이 내린 결론과 가장 거리가 먼 것은?

① 개개인은 신뢰할 만하고 타당하게 측정될 수 있는 고유한 특성의 집합이다.
② 직업의 선택은 직선적인 과정이며 연결이 가능하다.
③ 개인의 직업선호는 부모의 양육환경 특성에 의해 좌우된다.
④ 개인의 특성과 직업의 요구사항 간에 상관이 높을수록 직업적 성공의 가능성이 커진다.

기출 2020년 3회
정답 ③

다음 중 Parsons가 제시한 특성-요인이론의 기본 가정이 아닌 것은?

① 인간은 신뢰롭고 타당하게 측정할 수 있는 독특한 특성을 지니고 있다.
② 직업은 그 직업에서의 성공을 위한 매우 구체적인 특성을 지닐 것을 요구한다.
③ 진로선택은 다소 직접적인 인지과정이므로 개인의 특성과 직업의 특성을 짝짓는 것이 가능하다.
④ 인성과 동일한 직업환경이 있으며, 각 환경은 각 개인과 연결되어 있는 성격유형에 의해 결정된다.

기출 2019년 2회, 2011년 2회
정답 ④
해설
직업적응은 직접적으로 근로자의 특성과 직업에서 요구하는 것들 사이의 조화 정도에 따라 달라지는 것이지, 인성과 동일한 직업환경에 의해 결정되는 것은 아니다.

특성-요인이론의 기본적인 가정이 아닌 것은?

① 인간은 신뢰롭고 타당하게 측정할 수 없는 독특한 특성을 지니고 있다.
② 직업에서의 성공을 위해 매우 구체적인 특성을 각 개인이 지닐 것을 요구한다.
③ 진로선택은 다소 직접적인 인지과정이기 때문에 개인의 특성과 직업의 특성을 짝짓는 것은 가능하다.
④ 개인의 특성과 직업의 요구사항이 서로 밀접하게 관련을 맺을수록 직업적 성공의 가능성은 커진다.

기출 2019년 3회, 2017년 1회
정답 ①

03

Holland의 진로발달이론이 기초하고 있는 4가지 가정에 포함되지 않는 것은?

① 사람들의 성격은 6가지 유형 중 하나로 분류될 수 있다.

② 직업환경은 6가지 유형 중 하나로 분류될 수 있다.

③ 개인의 행동은 성격에 의해 결정된다.

④ 사람들은 자신의 능력을 발휘하고 태도와 가치를 표현할 수 있는 환경을 찾는다.

핵심 키워드 Holland 인성이론의 주요 가정
☞ 6가지 성격유형과 6가지 직업환경, 성격과 환경의 상호작용

기출 데이터 2016년 1회, 2009년 2회

핵심기출 해설　**답 ③**

홀랜드(Holland) 인성이론의 4가지 기본 가정

- 첫째, 대부분의 사람들은 여섯 가지 유형, 즉 '현실적, 탐구적, 예술적, 사회적, 진취적, 관습적' 유형의 하나로 분류될 수 있다.(①)
- 둘째, 환경에도 '현실적(R), 탐구적(I), 예술적(A), 사회적(S), 진취적(E), 관습적(C)'인 여섯 가지 종류가 있으며, 대부분 각 환경에는 그 성격유형과 일치하는 사람들이 있다.(②)
- 셋째, 사람들은 자신의 능력과 기술을 발휘하고 태도와 가치를 표현하고 자신에게 맞는 역할을 수행할 수 있는 환경을 찾는다.(④)
- 넷째, 개인의 행동은 성격과 환경의 상호작용에 의해 결정된다. 개인의 성격과 그의 직업환경에 대한 지식은 진로선택, 직업변경, 직업성취 등에 관한 중요한 결과를 예측할 수 있도록 해 준다.(③)

이것이 핵심　**TIP**

홀랜드(Holland)의 인성이론은 "직업적 흥미는 일반적으로 성격이라고 불리는 것의 일부분이기 때문에 개인의 직업적 흥미에 대한 설명은 개인의 성격에 대한 설명이다"라는 가정에 기초하고 있습니다. 이는 개인의 직업선택을 타고난 유전적 소질(성격)과 문화적 요인(환경) 간 상호작용의 산물로 보는 견해이기도 합니다.

홀랜드(Holland)의 진로발달이론이 기초하고 있는 가정에 관한 설명 중 틀린 것은?

① 사람들의 성격은 6가지 유형 중의 하나로 분류될 수 있다.
② 직업 환경은 6가지 유형의 하나로 분류될 수 있다.
③ 개인의 행동은 성격에 의해 결정된다.
④ 사람들은 자신의 능력을 발휘하고 태도와 가치를 표현할 수 있는 환경을 찾는다.

기출 2023년, 2020년 4회, 2016년 1회, 2009년 2회

정답 ③

해설
개인의 행동은 성격과 환경의 상호작용에 의해 결정된다.

Holland의 직업분류에 관한 설명과 가장 거리가 먼 것은?

① 개인의 직업선택은 타고난 유전적 소질과 문화적 요인 간 상호작용의 산물이다.
② 직업적응 방식을 6가지 종류로 구분하고 직업환경을 3가지 차원으로 구분한다.
③ 어떤 직업을 수용 혹은 거부할 것인지 자기와 계속 비교해보는 것이 진로 선택에서 중요하다.
④ 관습형은 탐구형보다 현실형과 공통점을 더 많이 가지고 있다.

기출 2015년 1회

정답 ②

해설
홀랜드(Holland)는 직업환경도 마찬가지로 6가지 차원으로 구분하였다.

진로발달이론 중 다음 명제에 기초한 이론은?

직업적 흥미는 일반적으로 성격이라고 불리는 것의 일부분이기 때문에 개인의 직업적 흥미에 대한 설명은 개인의 성격에 대한 설명이다.

① Phillips의 이론
② Holland의 이론
③ Roe의 이론
④ Krumboltz의 이론

기출 2012년 1회

정답 ②

해설
홀랜드(Holland)의 직업심리학 이론
홀랜드는 직업적 흥미가 일반적으로 성격이라고 불리는 것의 일부분이므로, 개인의 직업적 흥미가 곧 개인의 성격을 반영한다고 보았다. 그는 개인-환경 적합성(Person-Environment Fit) 모형을 통해 개인의 행동이 그들의 인성(성격)에 부합하는 직업환경 특성들 간의 상호작용에 의해 결정된다고 보았다.

* 참고 : 홀랜드(Holland)의 직업심리학 이론은 '인성이론', '흥미이론', '직업성격 이론' 등 다양한 명칭으로 불리고 있습니다.

04 다음 중 개인의 특성과 직업세계의 특징과의 최적의 조화(Person-Environment Fit)를 가장 강조한 이론은?

① 수퍼의 생애주기 이론   ② 홀랜드의 이론

③ 베츠의 자기효능감 이론   ④ 사회적 인지학습이론

핵심 키워드   Holland 인성이론의 특징
       ☞ 개인-환경 적합성 모형
기출 데이터   2010년 4회, 2006년 1회

핵심기출 해설   답 ②

② 홀랜드(Holland)는 직업적 흥미를 성격의 일부분으로 간주하여, 개인의 직업적 흥미가 곧 개인의 성격을 반영한다고 주장하였다. 그는 개인-환경 적합성 모형을 통해 개인의 행동이 그들의 성격에 부합하는 직업환경 특성들 간의 상호작용에 의해 결정된다고 보았다.

① 수퍼(Super)는 진로선택을 자기개념(자아개념)의 실행과정으로 보며, 이와 같은 자기개념이 유아기에서부터 형성되어 평생 발달한다고 보았다. 그에 따라 직업발달의 과정을 '성장기', '탐색기', '확립기', '유지기', '쇠퇴기'로 구분하였다.

③ 헥케트과 베츠(Hackett & Betz)는 반두라(Bandura)의 사회학습이론을 토대로 자기효능감 수준이 낮은 사람에게서 나타나는 수행 동기의 약화, 진로선택의 제약 등을 설명하였다.

④ 크롬볼츠(Krumboltz)는 반두라(Bandura)의 사회학습에 따른 강화 원리를 토대로 개인의 교육적·직업적 선호 및 기술이 어떻게 획득되며, 교육프로그램, 직업, 현장의 일들이 어떻게 선택되는지를 설명하였다.

이것이 핵심   TIP

홀랜드(Holland)의 이론은 개인의 직업선택이 개인의 성격을 반영하는 직업적 흥미와 환경 간의 상호작용의 결과에서 비롯된다고 주장함으로써 이른바 '흥미이론' 또는 '개인-환경 적합성 모형'으로도 불립니다. 홀랜드의 이론은 광범위한 지지를 받았으나 일부 학자들은 그와 다른 연구결과들을 제시하고 있습니다. 예를 들어, 펀햄과 월쉬(Furnham & Walsh)는 개인-환경 적합성과 결근율의 관계에 관한 연구에서, 개인-환경 적합성이 높은 사람에게서 직무좌절이 낮게 나타나기도 혹은 그와 반대로 결근율이 높게 나타나기도 한다는 연구결과를 보고한 바 있습니다. 이러한 연구결과를 통해 펀햄과 월쉬는 직업적 만족이 직무의무의 선호 유무와 일치하거나 일치하지 않을 수 있다고 주장하였습니다.

● 핵심유형 완성하기 ●

좋아하는 직무의무와 싫어하는 직무의무는 각각 그들의 욕구와 일치하거나 일치하지 않는다고 주장한 학자는?	**기출** 2011년 3회, 2002년 1회 **정답** ④
① 카르네스(Carnes) ② 울프(Wolf) ③ 랜디스(Landis) ④ 월쉬(Walsh)	
개인의 지속적인 직업흥미 유형이 직업선택이나 직업적응과 밀접한 관계가 있음을 시사해 준다는 개인-환경 적합성 모형을 제시한 사람은?	**기출** 2006년 3회 **정답** ③
① 훼스틴저(Festinger) ② 코만(Korman) ③ 홀랜드(Holland) ④ 깁슨(Gibson)	

05 다음 사례에서 A에게 해당하는 Holland의 직업성격 유형은?

> A는 분명하고 질서정연한 것을 좋아하고, 체계적으로 기계를 조작하는 활동을 좋아한다. 성격은 솔직하고, 말이 적으며, 고집이 있는 편이고, 단순하다는 얘기를 많이 듣는다.

① 탐구적(Investigative)　　　　　② 사회적(Social)

③ 현실적(Realistic)　　　　　　　④ 관습적(Conventional)

핵심 키워드
- 현실형(R) ☞ 분명하고 질서정연한 것 선호
- 탐구형(I) ☞ 창조적 탐구활동 선호
- 예술형(A) ☞ 자유롭고 상징적인 활동 선호
- 사회형(S) ☞ 다른 사람을 돕는 활동 선호
- 진취형(E) ☞ 지도, 계획, 통제, 관리 활동 선호
- 관습형(C) ☞ 원칙과 계획에 따른 기록, 정리, 조작 활동 선호

기출 데이터　2020년 3회, 2014년 1회, 2011년 2회

핵심기출 해설　답 ③

③ 현실적 유형(Realistic Type)은 현장에서 몸으로 부대끼는 활동을 선호한다. 사교적이지 못하며, 대인관계가 요구되는 상황에서 어려움을 느낀다. 일반적으로 6가지 유형 중 사회경제적으로 가장 낮은 위치에 속하는 편이며, 사물 지향적이다. 대표적으로 기술직ㆍ토목직, 자동차엔지니어, 농부 등이 해당한다.

① 탐구적 유형(Investigative Type)은 추상적인 문제나 애매한 상황에 대한 분석적ㆍ논리적 탐구활동과 새로운 지식이나 이론을 추구하는 학문적 활동을 선호한다. 대인관계에 관심을 가지지 않으며, 공동작업을 선호하지 않는다. 대표적으로 화학자, 생물학자, 물리학자, 인류학자 등이 해당한다.

② 사회적 유형(Social Type)은 다른 사람을 교육ㆍ육성하는 일을 좋아하며, 다른 사람과 함께 일하거나 다른 사람을 돕는 활동을 선호한다. 도구와 기계를 포함하는 질서정연하고 조직적인 활동을 싫어하며, 인간의 가치가 배제된 경쟁적인 활동을 선호하지 않는다. 대표적으로 사회사업가, 교사, 상담자(카운슬러), 바텐더 등이 해당한다.

④ 관습적 유형(Conventional Type)은 질서정연하거나 수를 다루는 작업을 선호한다. 정확성과 꼼꼼함을 요구하는 작업에 적합하나 융통성과 상상력이 부족하다. 대표적으로 회계직, 사무직, 행정직 등이 해당한다.

이것이 핵심　TIP

홀랜드(Holland)의 인성이론에 의한 6가지 성격 유형별 특징 및 적합 직업을 정리하면 다음과 같습니다.

성격 유형	특 징	적합 직업
현실형(R)	분명하고 질서정연하고 체계적인 활동을 좋아하며, 기계를 조작하는 활동 및 기술을 선호하는 흥미 유형	기술직ㆍ토목직, 전기ㆍ기계기사, 농부, 목수, 트럭운전사 등

탐구형(I)	관찰적 · 상징적 · 체계적이며, 물리적 · 생물학적 · 문화적 현상의 창조적인 탐구활동을 선호하는 흥미 유형	화학자, 수학자, 분자공학자, 심리학자, 인류학자, 의사 등
예술형(A)	예술적 창조와 표현, 변화와 다양성을 선호하고 틀에 박힌 활동을 싫어하며, 자유롭고 상징적인 활동을 선호하는 흥미 유형	문학가, 작곡가, 미술가, 무용가, 무대감독, 디자이너 등
사회형(S)	타인의 문제를 듣고, 이해하고, 도와주고, 치료해 주는 활동을 선호하는 흥미 유형	사회복지사, 교사, 상담가, 직업상담원, 간호사, 목회자 등
진취형(E)	조직의 목적과 경제적 이익을 얻기 위해 타인을 지도, 계획, 통제, 관리하는 일과 그 결과로 얻게 되는 명예, 인정, 권위를 선호하는 흥미 유형	사업가, 기업실무자, 상품판매원, 보험설계사, 정치가 등
관습형(C)	정해진 원칙과 계획에 따라 자료를 기록, 정리, 조작하는 활동을 좋아하고 사무능력, 계산능력을 발휘하는 것을 선호하는 흥미 유형	사무직근로자, 경리사원, 비서, 사서, 은행원, 회계사, 세무사 등

● **핵심유형 완성하기** ●

솔직하고, 성실하며, 말이 적고, 고집이 세면서 직선적인 사람들은 홀랜드(Holland)의 어떤 작업환경에 잘 어울리는가?

① 탐구적(I)
② 예술적(A)
③ 현실적(R)
④ 관습적(C)

기출 2022년 2회, 2014년 2회
정답 ③

다음은 Holland의 어떤 직업환경에 관한 설명인가?

- 노동자, 농부, 트럭 운전수, 목수, 중장비, 운전공 등 근육을 이용하는 직업
- 체력을 필요로 하는 활동을 즐기며 공격적이고 운동신경이 잘 발달되어 있음

① 지적 환경
② 사회적 환경
③ 현실적 환경
④ 심미적 환경

기출 2020년 1 · 2회 기출
정답 ③
해설
현실적 환경에는 노동자, 농부, 트럭 운전수, 목수, 중장비, 운전공 등 근육을 이용하는 직업이 적합하다.

Holland가 분류한 성격유형 중 기계, 도구에 관한 체계적인 조작활동을 좋아하나 사회적 기술이 부족한 유형은?

① 예술적 유형(A)
② 현실적 유형(R)
③ 기업가적 유형(E)
④ 관습적 유형(C)

기출 2019년 1회
정답 ②

06

다음은 Holland의 6가지 성격유형 중 무엇에 해당하는가?

- 다른 사람과 함께 일하거나 다른 사람을 돕는 것을 즐기지만 도구와 기계를 포함하는 질서정연하고 조직적인 활동을 싫어한다.
- 기계적이고 과학적인 능력이 부족하며 대표적으로 카운슬러, 바텐더가 해당한다.

① 현실적 유형
② 탐구적 유형
③ 사회적 유형
④ 관습적 유형

핵심 키워드
- 현실형(R) ☞ 교육적인 활동이나 치료적인 활동을 선호하지 않음
- 탐구형(I) ☞ 사회적이고 반복적인 활동을 선호하지 않음
- 예술형(A) ☞ 체계적이고 구조화된 활동을 선호하지 않음
- 사회형(S) ☞ 질서정연하고 조직적인 활동을 선호하지 않음
- 진취형(E) ☞ 관찰적 · 상징적 · 체계적 활동을 선호하지 않음
- 관습형(C) ☞ 창의적 · 자율적 · 모험적 활동을 선호하지 않음

기출 데이터 2019년 3회, 2013년 3회, 2007년 1회

핵심기출 해설 | **답 ③**

③ 사회적 유형은 다른 사람을 교육 · 육성하는 일을 좋아하며, 다른 사람과 함께 일하거나 다른 사람을 돕는 활동을 선호한다. 도구와 기계를 포함하는 질서정연하고 조직적인 활동을 싫어하며, 인간의 가치가 배제된 경쟁적인 활동을 선호하지 않는다. 대표적으로 사회사업가, 교사, 상담자(카운슬러), 바텐더 등이 해당한다.

① 현실적 유형은 현장에서 몸으로 부대끼는 활동을 선호한다. 사교적이지 못하며, 대인관계가 요구되는 상황에서 어려움을 느낀다. 일반적으로 6가지 유형 중 사회경제적으로 가장 낮은 위치에 속하는 편이며, 사물 지향적이다. 대표적으로 기술직 · 토목직, 자동차엔지니어, 농부 등이 해당한다.

② 탐구적 유형은 추상적인 문제나 애매한 상황에 대한 분석적 · 논리적 탐구활동과 새로운 지식이나 이론을 추구하는 학문적 활동을 선호한다. 대인관계에 관심을 가지지 않으며, 공동작업을 선호하지 않는다. 대표적으로 화학자, 생물학자, 물리학자, 인류학자 등이 해당한다.

④ 관습적 유형은 질서정연하거나 수를 다루는 작업을 선호한다. 정확성과 꼼꼼함을 요구하는 작업에 적합하나 융통성과 상상력이 부족하다. 대표적으로 회계직, 사무직, 행정직 등이 해당한다.

이것이 핵심 | **TIP**

홀랜드(Holland)의 인성이론에 의한 직업성격 유형의 문제는 직업상담사 시험에서 매해 출제되고 있습니다. 주의할 것은 6가지의 성격유형들이 서로 완전히 배타적인 특징을 가지는 것은 아니므로, 어느 하나의 요소만으로 특정 유형을 한정할 수 없다는 점입니다. 예를 들어, '질서정연함'은 현실형(R)과 관습형(C)에서 공통적으로 선호하는 특징인 반면, 예술형(A)과 사회형(S)에서 공통적으로 선호하지 않는 특징에 해당합니다.

홀랜드(Holland) 이론의 직업환경 유형과 대표직업 간 연결이 틀린 것은?

① 현실형(R) – 목수, 트럭운전사
② 탐구형(I) – 심리학자, 분자공학자
③ 사회형(S) – 정치가, 사업가
④ 관습형(C) – 사무원, 도서관 사서

기출 2025년, 2021년 1회, 2018년 1회, 2012년 2회
정답 ③
해설
정치가, 사업가는 진취형(E)의 대표적인 직업분야에 해당한다.

Holland가 제시한 직업유형과 그 특징을 짝지은 것으로 틀린 것은?

① 현실적 유형 – 실용적, 실재적
② 탐구적 유형 – 추상적, 과학적
③ 관습적 유형 – 논리적, 체계적
④ 예술적 유형 – 후원적, 양육적

기출 2021년 3회, 2010년 2회
정답 ④
해설
후원적, 양육적은 사회형(S)의 특징에 해당한다.

Holland의 성격유형에 관한 설명으로 틀린 것은?

① 현실적인 사람들은 대인관계에 뛰어나며 외부활동을 선호한다.
② 예술적인 사람들은 창의적이고 심미적이며 예술을 통해 자신을 표현한다.
③ 관습적인 사람들은 다소 보수적이며 사무적이고 조직적인 환경을 선호한다.
④ 탐구적인 사람들은 추상적이고 분석적이며 과제 지향적이다.

기출 2016년 2회, 2010년 3회
정답 ①
해설
대인관계가 뛰어나고 외부활동을 선호하는 성격유형은 사회형(S)에 해당한다.

홀랜드(Holland)의 육각형 모델에서 창의성을 지향하는 아이디어와 자료를 사용해서 자신을 새로운 방식으로 표현하는 유형은?

① 현실성(R)
② 탐구형(I)
③ 예술형(A)
④ 사회형(S)

기출 2015년 2회, 2005년 1회
정답 ③
해설
예술형의 사람들은 창의성을 지향하며, 아이디어와 자료(재료)를 사용해서 자신을 새로운 방식으로 표현하는 작업을 한다.

07 Holland의 직업적응 매칭(Matching)이론에서 다음과 같은 유형의 직업세계에 가장 적합한 성격유형은?

- 사서, 은행원, 행정관료
- 정확성과 꼼꼼함을 요구함
- 융통성과 상상력이 부족함

① 사회적 유형
② 현실적 유형
③ 탐구적 유형
④ 관습적 유형

핵심 키워드
- 현실형(R) ☞ 기술자, 엔지니어, 농부
- 탐구형(I) ☞ 화학자, 심리학자, 의사
- 예술형(A) ☞ 문학가, 미술가, 디자이너
- 사회형(S) ☞ 교사, 상담사, 간호사
- 진취형(E) ☞ 정치가, 사업가, 상품판매원
- 관습형(C) ☞ 사서, 은행원, 회계사

기출 데이터 2023년, 2018년 3회, 2015년 1회, 2006년 3회

핵심기출 해설 답 ④

④ 관습적 유형은 질서정연하거나 수를 다루는 작업을 선호한다. 정확성과 꼼꼼함을 요구하는 작업에 적합하나 융통성과 상상력이 부족하다. 대표적으로 회계직, 사무직, 행정직 등이 해당한다.

① 사회적 유형은 다른 사람을 교육·육성하는 일을 좋아하며, 다른 사람과 함께 일하거나 다른 사람을 돕는 활동을 선호한다. 도구와 기계를 포함하는 질서정연하고 조직적인 활동을 싫어하며, 인간의 가치가 배제된 경쟁적인 활동을 선호하지 않는다. 대표적으로 사회사업가, 교사, 상담자(카운슬러), 바텐더 등이 해당한다.

② 현실적 유형은 현장에서 몸으로 부대끼는 활동을 선호한다. 사교적이지 못하며, 대인관계가 요구되는 상황에서 어려움을 느낀다. 일반적으로 6가지 유형 중 사회경제적으로 가장 낮은 위치에 속하는 편이며, 사물 지향적이다. 대표적으로 기술직·토목직, 자동차엔지니어, 농부 등이 해당한다.

③ 탐구적 유형은 추상적인 문제나 애매한 상황에 대한 분석적·논리적 탐구활동과 새로운 지식이나 이론을 추구하는 학문적 활동을 선호한다. 대인관계에 관심을 가지지 않으며, 공동작업을 선호하지 않는다. 대표적으로 화학자, 생물학자, 물리학자, 인류학자 등이 해당한다.

이것이 핵심 TIP

홀랜드(Holland)의 인성이론 혹은 흥미이론에 의한 성격 유형별 각각의 적합 직업들이 반드시 어느 하나의 유형에 배타적으로 분류된다고 볼 수는 없습니다. 그 이유는 각 직업들이 6가지 성격유형 및 작업환경 특성을 사실상 모두 가지고 있으며, 단지 정도의 차이에 의해 보다 밀접하게 연관된 유형으로 분류하는 것이기 때문입니다. 따라서 교재에 따라 특정 직업이 서로 다른 유형으로 분류되어 제시되는 경우도 있습니다.

홀랜드(Holland)가 제시한 육각형 모델과 대표적인 직업유형을 바르게 짝지은 것은?	**기출** 2022년 1회, 2016년 1회
① 현실적(R) 유형 – 비행기조종사	**정답** ①
② 탐구적(I) 유형 – 종교지도자	**해설**
③ 관습적(C) 유형 – 정치가	② 종교지도자는 사회적 유형의 직업에 해당한다.
④ 사회적(S) 유형 – 배우	③ 정치가는 진취적(설득적) 유형의 직업에 해당한다.
	④ 배우는 예술적 유형의 직업에 해당한다.

Holland의 성격유형 중 구조화된 환경을 선호하고, 질서정연하고 체계적인 자료정리를 좋아하는 것은?	**기출** 2021년 2회, 2017년 2회
① 실제형	**정답** ④
② 탐구형	**해설**
③ 사회형	'질서정연하고 체계적인' 것을 좋아하는 유형은 현실형 혹은 관습형이나, 특히 '체계적인 자료정리'를 선호하는 유형은 관습형이다.
④ 관습형	

Holland의 유형 중 기술자, 정비사, 엔지니어 등이 속하는 것은?	**기출** 2018년 2회, 2008년 3회, 2004년 3회
① 현실형	**정답** ①
② 관습형	
③ 탐구형	
④ 사회형	

Holland의 직업분류체계에서 대표적 직업이 조사연구원, 농부인 유형은?	**기출** 2011년 3회
① 현실적	**정답** ①
② 탐구적	
③ 사회적	
④ 관습적	

홀랜드(Holland)의 직업선호성 모형을 토대로 한 흥미검사에서는 직업흥미 유형을 6가지로 분류하고 있다. 다음 중 관습적(Conventional) 유형의 특징과 적합한 직업의 연결이 옳은 것은?	**기출** 2007년 3회, 2002년 3회
① 억세고, 강인하고, 실재적임 – 농업, 기술자, 엔지니어, 군인	**정답** ③
② 아이디어를 강조하고 추상적인 문제를 선호함 – 과학자, 의료서비스 분야	**해설**
③ 질서정연하거나 수를 다루는 작업을 선호함 – 회계직, 사무직, 행정직	① 현실적 유형
④ 창의적인 자기표현을 잘하며 구조화된 상황을 싫어함 – 예술가, 저술 분야	② 탐구적 유형
	④ 예술적 유형

08 Holland의 진로발달에 대한 육각형에서 서로 대각선에 위치하여 대비되는 특성을 지닌 유형 들이 아닌 것은?

① 진취형(E)과 탐구형(I)

② 사회형(S)과 예술형(A)

③ 현실형(R)과 사회형(S)

④ 예술형(A)과 관습형(C)

핵심 키워드
- 현실형(R) ↔ 사회형(S)
- 탐구형(I) ↔ 진취형(E)
- 예술형(A) ↔ 관습형(C)

기출 데이터 2017년 1회, 2013년 2회, 2012년 1회

핵심기출 해설 답 ②

홀랜드(Holland)의 육각형 모형과 직업성격 유형의 차원

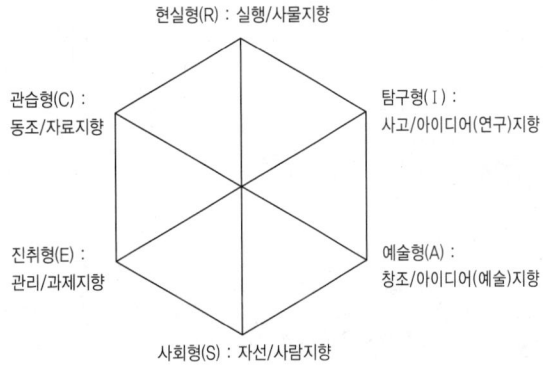

이것이 핵심 TIP

홀랜드(Holland)는 6가지의 직업성격 유형들 간에 보다 관련이 깊은 것과 거리가 먼 것으로 관계 지을 수 있다고 보았으 며, 이를 토대로 유형들 간의 멀고 가까움을 표시하는 육각형 모형을 제시하였습니다. 그의 육각형 모형에서는 서로 인접 한 유형들 간에 보다 많은 공통점을 가지는 반면(예 현실형(R)과 탐구형(I)), 서로 멀리 떨어진 유형들 간에, 즉 대각선에 위 치한 유형들 간에 공통점이 거의 없다는 점을 보여줍니다(예 현실형(R)과 사회형(S)).

참고로 서로 대각선에 위치하는 유형들을 쉽게 외우는 방법이 있습니다. 보통 6가지 직업성격 유형을 간단히 '리아섹 (RIASEC)'이라 부르는데, 이를 다음과 같이 연결시키면 됩니다.

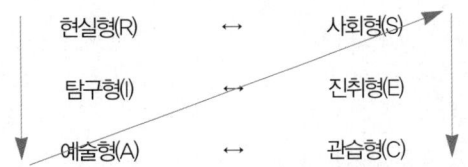

Holland의 육각 모형상에서 대각선에 해당되는 유형으로 서로 대비되는 특성을 지닌 유형들이 바르게 짝지어진 것은? ① 관습형(C)과 현실형(R) ② 사회형(S)과 탐구형(I) ③ 현실형(R)과 진취형(E) ④ 예술형(A)과 관습형(C)	**기출** 2024년, 2023년, 2011년 1회, 2010년 1회 **정답** ④ **해설** ① 관습형(C)과 예술형(A) ② 사회형(S)과 현실형(R) ③ 진취형(E)과 탐구형(I)
Holland 이론의 6각형 모형에서 서로 간의 거리가 가장 가깝고, 유사한 직업성격끼리 짝지은 것은? ① 사회적(S) – 진취적(E) – 예술적(A) ② 현실적(R) – 관습적(C) – 사회적(S) ③ 관습적(C) – 사회적(S) – 탐구적(I) ④ 탐구적(I) – 진취적(E) – 사회적(S)	**기출** 2018년 2회, 2010년 3회 **정답** ① **해설** ② 현실적(R) – 관습적(C) – 탐구적(I) ③ 관습적(C) – 현실적(R) – 진취적(E) ④ 탐구적(I) – 예술적(A) – 현실적(R)
홀랜드(Holland)의 직업흥미검사에서 측정되지 않는 흥미 유형은 어떤 것인가? ① 관습형 – 동조, 자료지향 ② 탐구형 – 사고, 아이디어지향 ③ 사회형 – 자선, 사람지향 ④ 성취형 – 높은 목표, 성공지향	**기출** 2002년 1회 **정답** ④

09 Holland의 모형에서 "어떤 쌍들은 다른 유형의 쌍들보다 공통점을 더 많이 가지고 있다"는 것을 나타내는 것은?

① 정체성   ② 일관성   ③ 차별성   ④ 일치성

핵심 키워드
- 일관성 ☞ 유형의 쌍들 간 공통점
- 차별성(변별성) ☞ 다른 유형과의 차별성
- 정체성 ☞ 성격의 명확함, 조직의 투명성
- 일치성 ☞ 성격과 동일(유사)한 환경
- 계측성(타산성) ☞ 유형 간 거리에 따른 이론적 관계

기출 데이터 2014년 2회, 2003년 3회

핵심기출 해설   **답 ②**

홀랜드(Holland) 육각형 모형의 해석적 차원

일관성	• 개인의 흥미 하위유형 간의 내적 일관성을 말하는 것으로서, 개인의 흥미 유형이 얼마나 서로 유사한가를 의미한다. • 어떤 쌍들은 다른 유형의 쌍들보다 공통점을 더 많이 가지고 있다. 즉, 육각형 모형의 둘레를 따라 서로 인접한 직업 유형들은 유사성이 있는 반면, 떨어져 있는 직업 유형들은 유사성이 거의 없다.
차별성 (변별성)	• 개인의 흥미 유형 혹은 작업환경은 특정 흥미 유형 혹은 작업환경과 매우 유사한 반면, 다른 흥미 유형 혹은 작업환경과 차별적이다. • 흥미의 차별성에 대한 측정치로서, 6가지 흥미 유형 중 특정 흥미 유형의 점수가 다른 흥미 유형의 점수보다 높은 경우 차별성도 높지만, 이들의 점수가 대부분 비슷한 경우 차별성이 낮다고 할 수 있다.
정체성	• 성격적 측면에서의 정체성은 개인의 목표, 흥미, 재능에 대한 명확하고 견고한 청사진을 말하는 반면, 환경적 측면에서의 정체성은 조직의 투명성 및 안정성, 목표 · 일 · 보상의 통합을 의미한다. • 자기 직업상황의 직업정체성 척도는 개인의 정체성 요인을 측정하는 데 사용된다.
일치성	• 개인의 흥미 유형과 개인이 몸담고 있거나 소속되고자 하는 환경의 유형이 서로 부합하는 정도를 말한다. • 한 개인이 자기 자신의 성격과 동일하거나 유사한 환경에서 일하고 생활하는 경우에 해당한다. 즉, 개인은 자신의 유형 또는 정체성과 비슷한 환경에서 일하거나 생활할 때 일치성이 높아진다.
계측성 (타산성)	• 유형들 내 또는 유형들 간의 관계는 육각형 모형에 의해 정리되며, 육각형 모형에서의 유형들 간의 거리는 그 이론적인 관계에 반비례한다. • 육각형은 이론의 본질적 관계를 설명해 주는 것으로서, 여러 가지 실제적인 용도를 가지고 있다.

이것이 핵심   **TIP**

홀랜드(Holland) 육각형 모형의 해석적 차원에서는 특히 일관성을 반드시 기억해 두시기 바랍니다. 일관성을 알아보는 가장 간단한 방법은 홀랜드 코드 첫 두 문자를 사용하는 것입니다. 즉, 육각형 모형에서 첫 두 문자가 서로 인접한 경우 일관성이 높은 것으로 보는 반면, 서로 멀리 떨어져 있는 경우 일관성이 낮은 것으로 간주합니다. 예를 들어, 'RIE 코드'의 'RI'가 'RSE 코드'의 'RS'보다 더 인접해 있으므로 일관성이 높다고 할 수 있습니다.

참고로 'RI'는 높은 수준의 일관성, 'RA'는 중간 수준의 일관성, 'RS'는 낮은 수준의 일관성을 나타낸다고 볼 수 있습니다.

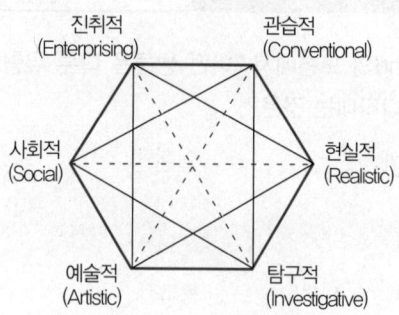

——— 높은 수준의 상관관계
——— 중간 수준의 상관관계
----- 낮은 수준의 상관관계

● **핵심유형 완성하기** ●

홀랜드(Holland)의 성격이론에서 제시한 유형 중 일관성이 가장 낮은 유형은? ① 현실적(R) – 탐구적(I) ② 예술적(A) – 관습적(C) ③ 설득적(E) – 사회적(S) ④ 사회적(S) – 예술적(A)	**기 출** 2021년 1회, 2015년 3회 **점 답** ② **해 설** ①·③·④ 일관성이 높은 수준을 보인다.
Holland의 흥미이론에서 개인의 흥미유형과 개인이 몸담고 있거나 소속되고자 하는 환경의 유형이 서로 부합하는 정도를 무엇이라고 하는가? ① 일치성(Congruence) ② 일관성(Consistency) ③ 변별성(Differentiation) ④ 정체성(Identity)	**기 출** 2019년 1회, 2011년 1회 **점 답** ①
Holland의 인성이론에서 한 개인이 자기 자신의 인성유형과 동일하거나 유사한 환경에서 일하고 생활할 때를 의미하는 개념은? ① 일관성 ② 변별성 ③ 정체성 ④ 일치성	**기 출** 2018년 3회 **점 답** ④
Holland의 직업선택이론에 관한 설명으로 옳은 것은? ① RIE 코드가 RSE 코드보다 일관성이 높다. ② 관습적 유형(Conventional Type)은 기계, 도구, 동물에 관한 체계적인 조작활동을 좋아하고 사회적 기술이 부족하다. ③ 실재적 유형(Realistic Type)에 맞는 대표적인 직업은 공인회계사, 사서, 경리사원 등이다. ④ 탐구적 유형(Investigative Type)의 성격 특징은 표현이 풍부하고 독창적이며 비순응적이다.	**기 출** 2013년 1회 **점 답** ① **해 설** ② 현실적 또는 실재적 유형의 성격 특징에 해당한다. ③ 관습적 유형의 대표적인 직업에 해당한다. ④ 예술적 유형의 성격 특징에 해당한다.
다음 중 Holland의 직업선택이론에 대한 설명으로 옳은 것은? ① RIE 코드가 RSE 코드보다 일관성이 높다. ② 설득적 유형(Enterprising Type)은 기계, 도구, 동물에 관한 체계적인 조작활동을 좋아하고 사회적 기술이 부족하다. ③ 실재적 유형(Realistic Type)에 맞는 대표적인 직업은 공인회계사, 사서, 경리사원 등이다. ④ 사회적 유형(Social Type)의 성격 특징은 표현이 풍부하고 독창적이며 비순응적이다.	**기 출** 2011년 3회 **점 답** ①

10 직업적응이론을 제시한 학자는?

① B. Tuckman

② R. Dawis와 L. Lofquist

③ R. Gibson과 M. Mitchell

④ J. Krumboltz와 L. Michel

핵심 키워드 직업적응이론의 주창자
☞ 데이비스와 롭퀴스트(Dawis & Lofquist)

기출 데이터 2015년 1회

핵심기출 해설　답 ②

② 직업적응이론(TWA)은 데이비스와 롭퀴스트(Dawis & Lofquist)가 1950년대 후반부터 지속적으로 수행해 온 직업적응 프로젝트의 연구 성과를 바탕으로 정립한 것으로서, 개인의 특성에 해당하는 욕구와 능력을 환경에서의 요구사항과 연관지어 직무만족이나 직무유지 등의 진로행동에 대해 설명하였다.

① 터크맨(Tuckman)은 자아인식, 진로인식, 진로의사결정의 3가지 요소를 중심으로 취학 전 아동기에서 고등학생 시기에 이르는 진로발달의 8단계, 즉 일방적 의존성, 자기주장, 조건적 의존성, 독립성, 외부지원, 자기결정, 상호관계, 자율성의 단계를 제시하였다.

③ 깁슨과 미첼(Gibson & Mitchell)은 진로에 관한 이론을 과정이론, 발달이론, 성격이론, 기회이론 등으로 구분하였다.

④ 크롬볼츠와 미셸(Krumboltz & Michel)은 반두라(Bandura)에 의해 지지된 사회학습이론을 진로결정에 적용하여 교육적 · 직업적 선호 및 기술이 어떻게 획득되며, 교육프로그램, 직업, 현장의 일들이 어떻게 선택되는지를 설명하였다.

이것이 핵심　TIP

데이비스와 롭퀴스트(Dawis & Lofquist)의 직업적응이론은 개인과 환경 간의 상호작용을 강조한 것으로서, 최근에는 '개인–환경 조화 상담'으로도 불리고 있습니다. 이는 개인의 욕구와 환경의 요구가 동시에 충족되는 경우 조화 상태에 이르는 반면, 동시에 충족되지 못하는 경우 부조화 상태에 이른다는 주장을 담고 있습니다.

● **핵심유형 완성하기** ●

개인의 욕구와 능력을 환경의 요구사항과 관련시켜 진로행동을 설명하는 이론으로, 개인과 환경 간의 상호작용을 통한 욕구충족을 강조하는 이론은?

① 가치중심이론

② 특성요인이론

③ 사회학습이론

④ 직업적응이론

기출 2024년, 2018년 2회, 2012년 1회

정답 ④

11

다음 중 미네소타 직업분류체계 Ⅲ와 관련되어 발전된 이론은?

① Roe의 욕구이론

② Super의 평생발달이론

③ Ginzberg의 발달이론

④ Lofquist와 Dawis의 직업적응이론

핵심 키워드 미네소타 직업분류체계 Ⅲ
☞ 직업적응이론에 근거한 일에 대한 심리적 분류체계

기출 데이터 2011년 1회, 2009년 3회, 2004년 1회

핵심기출 해설 **답 ④**

미네소타 직업분류체계 Ⅲ(MOCS Ⅲ)

• 미국 미네소타 대학에서 개발된 직업적응이론(TWA)에 근거한 일에 대한 심리적 분류로서, 1950년대 후반부터 지속적으로 수행해 온 직업적응 프로젝트의 일환으로 개발된 것이다.

• 이 분류체계에서 직업은 두 가지 차원으로 분류된다. 한 차원은 직업 내에 존재하는 강화물 체계로 제시되고, 또 다른 차원은 직업에서 요구되는 능력에 의해 표현된다.

• 능력 범주와 강화물 범주의 2차원 매트릭스에서, 각 직업명은 한 축에 직업의 능력요건(지각적·인지적·운동적 요건)을, 다른 축에 강화물 요건(내부적·사회적·환경적)을 묘사하게 된다.

• 미네소타 직업분류체계 Ⅲ는 능력 수준 및 능력 유형, 다양한 직업이 제공하는 강화자 등에 대한 지표를 제공하며, 이러한 지표는 작업기술을 작업요건과 일치시키거나 해당 직업이 제공하는 강화물을 결정하기 위한 수단 등으로 사용된다.

• 미네소타 직업분류체계 Ⅲ는 개인과 직업 간의 일치를 예언하는 데 필요한 요소 중 직업적 부분을 묘사한다. 반면, 개인적 국면은 직업적응이론과 관련하여 개발된 미네소타 중요성질문지(MIQ)에 의해 측정된다.

이것이 핵심 **TIP**

직업적응이론의 가장 큰 공헌 중 하나는 직업적응과 관련하여 다양한 검사도구들을 개발하였다는 점입니다. 그 대표적인 검사도구로 미네소타 중요성질문지(MIQ), 미네소타 직무기술질문지(JDQ 또는 MJDQ), 미네소타 만족질문지(MSQ) 등이 있습니다.

미네소타 직업분류체계 III와 관련하여 발전한 직업발달이론은? ① Krumboltz의 사회학습이론 ② Super의 평생발달이론 ③ Ginzberg의 발달이론 ④ Lofquist와 Dawis의 직업적응이론	**기출** 2024년, 2021년 1회, 2017년 2회, 2014년 1회 **정답** ④
데이비스(R. Dawis)와 롭퀴스트(L. Lofquist)의 직업적응이론에 관한 설명으로 틀린 것은? ① 개인과 직업환경의 조화를 6가지 유형으로 제안한다. ② 성격은 성격양식과 성격구조로 설명된다. ③ 개인이 직업환경과의 조화를 이루기 위해 역동적 적응과정을 경험한다. ④ 지속성은 환경과의 상호작용을 얼마나 오랫동안 유지하는지를 의미한다.	**기출** 2022년 2회 **정답** ① **해설** 홀랜드(Holland) 인성이론의 내용에 해당한다.
직업적응이론과 관련하여 개발된 검사도구가 아닌 것은? ① MIQ(Minnesota Importance Questionnaire) ② JDQ(Job Description Questionnaire) ③ MSQ(Minnesota Satisfaction Questionnaire) ④ CMI(Career Maturity Inventory)	**기출** 2020년 1 · 2회, 2016년 2회, 2013년 2회 **정답** ④ **해설** 진로성숙도검사(CMI)는 크라이티스(Crites)가 개발한 것으로서, 진로탐색 및 직업선택에 있어서 태도 및 능력이 얼마나 발달하였는지를 측정하는 표준화된 진로발달 검사도구이다.
직업적응이론에서 개인의 가치와 직업환경의 강화인 간의 조화를 측정하는 데 사용되는 검사는? ① 미네소타 중요도 검사(MIQ) ② 미네소타 만족질문지(MSQ) ③ 미네소타 충족척도(MSS) ④ 미네소타 직업평가척도(MORS)	**기출** 2019년 3회 **정답** ① **해설** 개인의 가치와 직업환경(일의 환경)의 강화인 간의 조화는 미네소타 (욕구)중요도 검사(MIQ)에 나타난 개인의 가치 프로파일과 직업강화인 패턴의 조화 정도를 통해 측정된다.

12

Lofquist와 Dawis의 직업적응이론에서 성격양식 차원에 관한 설명으로 틀린 것은?

① 민첩성 - 정확성보다는 속도를 중시한다.

② 역량 - 근로자의 평균활동 수준을 의미한다.

③ 리듬 - 활동에 대한 단일성을 의미한다.

④ 지구력 - 다양한 활동수준의 기간을 의미한다.

핵심 키워드 • 직업적응이론에서 성격양식 차원 ☞ 민첩성, 역량, 리듬, 지구력
• 직업적응이론에서 적응방식 차원 ☞ 융통성, 끈기, 적극성, 반응성

기출 데이터 2017년 3회, 2014년 2회, 2011년 3회, 2010년 2회, 2008년 3회

핵심기출 해설 답 ③

직업적응이론에서 직업적응 과정(개인-환경 적합 과정)

성격양식 차원 (직업성격적 차원)	• 민첩성 : 반응속도 및 과제 완성도와 연관되며, 정확성보다는 속도를 중시한다. • 역량 : 에너지 소비량과 연관되며, 작업자의 평균활동 수준을 의미한다. • 리듬 : 활동에 대한 다양성을 의미한다. • 지구력 : 환경과의 상호작용 시간과 연관되며, 다양한 활동수준의 기간을 의미한다.
직업적응 차원 (적응방식적 차원)	• 융통성 : 개인이 작업환경과 개인적 환경 간의 부조화를 참아내는 정도를 의미한다. • 끈기 : 개인이 자신에게 맞지 않는 작업환경에서 오랫동안 견뎌낼 수 있는 정도를 의미한다. • 적극성 : 개인이 작업환경을 개인적 방식과 보다 조화롭게 만들어 가려고 노력하는 정도를 의미한다. • 반응성 : 개인의 작업성격 변화에 따라 작업환경에 반응하는 정도를 의미한다.

이것이 핵심 TIP

직업적응이론에서의 성격양식 차원(직업성격적 차원)과 직업적응 차원(적응방식적 차원)은 직업상담사 시험에 빈번히 출제되고 있으므로 각 차원에 포함된 요소들과 그것의 의미들을 명확히 구분할 수 있어야 합니다.

● 핵심유형 완성하기 ●

Lofquist와 Dawis의 직업적응이론에서 직업적응 유형의 개념에 관한 설명으로 틀린 것은?

① 일관성(Consistency) - 수행해야 할 다양한 작업들 간의 부조화를 참아내는 정도

② 끈기(Perseverance) - 환경이 자신에게 맞지 않아도 개인이 얼마나 오랫동안 견뎌낼 수 있는지의 정도

③ 적극성(Activeness) - 개인이 작업환경을 개인적 방식과 좀 더 조화롭게 만들어 가려고 노력하는 정도

④ 반응성(Reactiveness) - 개인이 작업성격의 변화로 인해 작업환경에 반응하는 정도

기출 2025년, 2016년 3회, 2012년 3회

점답 ①

해설
직업적응이론에서 직업적응 차원으로 '일관성'이 아닌 '융통성'이 있다.

Lofquist와 Dawis의 직업적응이론에 나오는 4가지 성격양식 차원에 해당하지 않는 것은?

① 민첩성
② 역 량
③ 친화성
④ 지구력

기출 2021년 2회, 2018년 3회
정답 ③
해설
친화성(호감성)은 성격 5요인(Big 5) 모델의 구성요인에 해당한다.

직업적응이론의 적응유형 변인 중 적응행동 과정에서 나타나는 적응의 시작과 종료의 지속기간을 나타내는 것은?

① 유연성
② 능동성
③ 수동성
④ 인 내

기출 2020년 3회
정답 ④

데이비스와 롭퀴스트(Dawis & Lofquist)의 직업적응이론에서 적응양식의 차원에 해당하지 않는 것은?

① 의존성
② 적극성
③ 반응성
④ 인 내

기출 2020년 3회, 2018년 3회
정답 ①

직업적응이론에 관한 설명으로 틀린 것은?

① 직업적응은 미네소타 만족질문지(MSQ)와 미네소타 충족척도(MSS)를 통해 측정할 수 있다.
② 직업적응은 개인이 직업 환경과 조화를 이루어 만족하고 유지하도록 노력하는 역동적인 과정이다.
③ 직업적응이론에서는 평가 과정에서 주관적인 평가를 먼저 실시하고 이후에 검사도구를 통한 객관적인 평가를 실시할 것을 권유한다.
④ 개인은 자신과 환경의 부조화 정도가 받아들일 수 있는 범위라도 부조화를 줄이기 위해 대처행동을 통해 환경에 적응하게 된다.

기출 2018년 1회
정답 ④
해설
개인은 자신과 환경의 부조화 정도가 받아들일 수 있는 범위인 경우 별다른 대처행동 없이 환경에 적응하게 된다.

롭퀴스트와 데이비스의 직업적응이론에서 직업적응 방식에 관한 설명으로 틀린 것은?

① 융통성 – 개인이 작업환경과 작업성격 간의 부조화를 참아내는 정도
② 끈기 – 환경이 자신에게 맞지 않아도 개인이 얼마나 오랫동안 견뎌낼 수 있는지의 정도
③ 적극성 – 개인이 작업환경을 개인적 방식과 좀 더 조화롭게 만들어 가려고 노력하는 정도
④ 반응성 – 개인이 작업성격의 변화로 인해 작업환경에 반응하는 정도

기출 2010년 3회, 2009년 1회
정답 ①
해설
융통성은 작업환경과 작업성격 간의 부조화가 아닌 작업환경과 개인적 환경 간의 부조화와 연관된다.

13

다음 설명은 어떤 학자의 진로지도 및 선택이론에 해당되는가?

> 직업발달이론을 이해하려면 먼저 매슬로우(Maslow)의 욕구의 위계(Hierarchy of Needs) 이론을 머리에 두어야 한다며, 유아기의 경험과 직업선택에 관계되는 5가지 가설을 수립하였다.

① 로(Roe)
② 수퍼(Super)
③ 홀랜드(Holland)
④ 터크맨(Tuckman)

핵심 키워드 Roe의 욕구이론의 기초
☞ Maslow의 욕구위계이론

기출 데이터 2012년 3회, 2011년 2회, 2002년 3회

핵심기출 해설 | **답 ①**

① 로(Roe)는 여러 가지 다른 직업에 종사하고 있는 사람들이 각기 다른 욕구를 가지고 있으며, 이러한 욕구의 차이는 어린 시절(12세 이전의 아동기)의 부모-자녀 관계에 기인한다고 주장하였다. 또한 직업과 기본욕구 만족의 관련성에 대한 논의는 매슬로우(Maslow)의 욕구위계이론을 바탕으로 할 때 가장 효율적이라고 보았으며, 성격이론 중 매슬로우의 이론이 가장 유용한 접근법이라고 생각하였다.

② 수퍼(Super)는 진로선택을 자기개념(자아개념)의 실행과정으로 보며, 이와 같은 자기개념이 유아기에서부터 형성되어 평생 발달한다고 보았다. 그에 따라 직업발달의 과정을 '성장기', '탐색기', '확립기', '유지기', '쇠퇴기'로 구분하였다.

③ 홀랜드(Holland)는 직업적 흥미를 성격의 일부분으로 간주하여, 개인의 직업적 흥미가 곧 개인의 성격을 반영한다고 주장하였다. 그는 개인-환경 적합성 모형을 통해 개인의 행동이 그들의 성격에 부합하는 직업환경 특성들 간의 상호작용에 의해 결정된다고 보았다.

④ 터크맨(Tuckman)은 자아인식, 진로인식, 진로의사결정의 3가지 요소를 중심으로 취학 전 아동기에서 고등학생 시기에 이르는 진로발달의 8단계, 즉 일방적 의존성, 자기주장, 조건적 의존성, 독립성, 외부지원, 자기결정, 상호관계, 자율성의 단계를 제시하였다.

이것이 핵심 | **TIP**

로(Roe)의 욕구이론에 따른 5가지 가설(명제)

첫째, 개인이 가지고 있는 여러 가지 잠재적 특성의 발달에는 한계가 있다. 다만, 그 한계의 정도는 개인에 따라 차이가 있다.

둘째, 개인의 유전적 특성의 발달정도 및 발달통로는 개인의 유일하고 특수한 경험에 의해 영향을 받는다. 또한 가정의 사회경제적 배경 및 일반사회의 문화배경에 의해서도 영향을 받는다.

셋째, 개인의 흥미나 태도는 유전의 제약을 비교적 덜 받으므로 주로 개인의 경험에 따라 발달유형이 결정된다.

넷째, 심리적 에너지는 흥미를 결정하는 중요한 요소이다.

다섯째, 개인의 욕구와 만족 그리고 그 강도는 성취동기의 유발 정도에 따라 결정된다.

로(Roe)의 욕구이론에 관한 설명으로 옳지 않은 것은?

① 아동기에 형성된 욕구에 대한 반응으로 직업선택이 이루어진다고 본다.
② 가정 분위기의 유형을 회피형, 정서집중형, 통제형으로 구분하였다.
③ 직업군을 8가지로 분류하였다.
④ 매슬로우가 제시한 욕구의 단계를 기초로 해서 초기의 인생경험과 직업선택의 관계에 관한 가정을 발전시켰다.

기출 2025년, 2020년 3회, 2018년 3회
정답 ②
해설
로(Roe)는 가정의 정서적 분위기(부모와 자녀 간의 상호작용)를 '수용형', '정서집중형', '회피형'으로 제시하였다.

개인의 진로발달 과정에서 초기의 가정환경이 그 후의 직업선택에 중요한 영향을 미친다고 보는 이론은?

① 파슨스(Parsons)의 특성이론
② 갤라트(Gelatt)의 의사결정이론
③ 로(Roe)의 욕구이론
④ 수퍼(Super)의 발달이론

기출 2021년 2회
정답 ③

직업발달이론 중 Maslow의 욕구위계이론에 기초하여 유아기의 경험과 직업선택에 관한 5가지 가설을 수립한 학자는?

① Roe
② Gottfredson
③ Holland
④ Tuckman

기출 2020년 4회, 2017년 3회, 2013년 1회
정답 ①

개인의 진로발달 과정에서 사회나 환경의 영향을 상대적으로 가장 많이 고려하는 이론은?

① Parsons의 특성이론
② 의사결정이론
③ Roe의 욕구이론
④ Super의 발달이론

기출 2018년 2회, 2016년 3회, 2008년 1회
정답 ③
해설
로(Roe)는 개인의 진로발달 과정에서 사회나 환경의 영향, 특히 초기 가정환경이 이후의 직업선택에 중요한 영향을 미친다고 보았다.

Roe는 가정의 정서적 분위기, 즉 부모와 자녀 간의 상호작용을 세 가지 유형으로 구분하였는데 이에 해당하지 않는 것은?

① 정서집중형
② 반발형
③ 회피형
④ 수용형

기출 2018년 3회, 2016년 1회
정답 ②
해설
로(Roe)의 부모-자녀 관계유형
• 수용형 : 무관심형, 애정형
• 정서집중형 : 과보호형, 과요구형
• 회피형 : 거부형, 무시형(방임형)

다음의 직업선택에 대한 로(Roe)의 이론 중 잘못 설명한 것은?

① 직업선택에서 개인의 욕구를 중요시하였다.
② 직업선택에서 초기 아동기 경험을 중시하였다.
③ 환상기, 잠정기, 현실기라는 진로발달의 3단계를 제시하였다.
④ 직업을 여덟 개의 군집으로 나누고 각 군집에 해당하는 직업들의 목록을 작성하였다.

기출 2005년 3회, 2003년 3회
정답 ③
해설
'환상기, 잠정기, 현실기'라는 진로발달의 3단계를 제시한 학자는 긴즈버그(Ginzberg)이다.

14

Roe의 욕구이론에 관한 설명으로 옳은 것은?

① 심리적 에너지가 흥미를 결정하는 중요한 요소라고 본다.

② 청소년기 부모-자녀 간의 관계에서 생긴 욕구가 직업선택에 영향을 미친다는 이론이다.

③ 부모의 사랑을 제대로 받지 못하고 거부적인 분위기에서 성장한 사람은 다른 사람들과 함께 일하고 접촉하는 서비스 직종의 직업을 선호한다.

④ 직업군을 10가지로 분류한다.

핵심 키워드 Roe의 욕구이론의 특징
☞ 아동기 부모-자녀 관계, 5가지 가설, 8가지 직업군

기출 데이터 2015년 1회, 2010년 3회

핵심기출 해설 **답 ①**

① 로(Roe)의 욕구이론에 따른 5가지 명제(가설)의 내용에 해당한다.

② 로(Roe)는 여러 가지 다른 직업에 종사하고 있는 사람들이 각기 다른 욕구를 가지고 있으며, 이러한 욕구의 차이는 어린 시절(12세 이전의 아동기)의 부모-자녀 관계에 기인한다고 주장하였다.

③ 부모의 사랑을 제대로 받지 못하고 거부적인 분위기에서 성장한 사람은 다른 사람들과의 접촉이 적은 기술직, 연구직 등의 직업을 선호한다.

④ 로(Roe)는 직업군을 8가지, 즉 서비스직, 비즈니스직, 단체직, 기술직, 옥외활동직, 과학직, 예능직, 일반문화직으로 분류하였다.

이것이 핵심 **TIP**

로(Roe)는 미네소타 직업평가척도(MORS)에서 힌트를 얻어 흥미에 대한 다양한 요인분석에 관심을 가지게 되었습니다. 그는 흥미에 기초해서 직업을 8개의 군집 또는 영역으로 구분하고, 이를 6가지 직업수준으로 분류하였습니다. 이와 같은 로(Roe)의 직업분류체계는 다음과 같이 원뿔구조로 나타내기도 합니다.

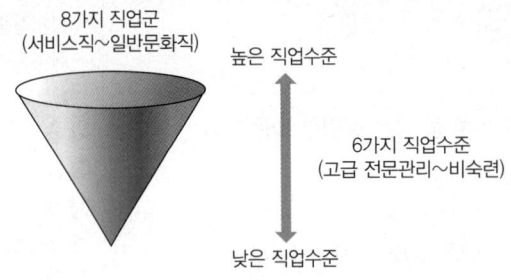

8가지 직업군
(서비스직~일반문화직)

높은 직업수준

6가지 직업수준
(고급 전문관리~비숙련)

낮은 직업수준

직업군 (Field)	서비스직(서비스), 비즈니스직(사업상 접촉), 단체직(조직), 기술직(기술), 옥외활동직(옥외), 과학직(과학), 예능직(예술과 연예), 일반문화직(일반문화)
직업수준 (Level)	고급 전문관리(전문적·관리적 단계 1), 중급 전문관리(전문적·관리적 단계 2), 준전문관리, 숙련, 반숙련, 비숙련

로(Roe)의 욕구이론에 관한 설명으로 옳은 것은?

① 부모-자녀 간의 상호작용을 자녀에 대한 정서집중형, 회피형, 수용형의 유형으로 구분한다.
② 청소년기 부모-자녀 간의 관계에서 생긴 욕구가 직업선택에 영향을 미친다는 이론이다.
③ 부모의 사랑을 제대로 받지 못하고 거부적인 분위기에서 성장한 사람은 다른 사람들과 함께 일하고 접촉하는 서비스 직종의 직업을 선호한다.
④ 직업군을 10가지로 분류한다.

기 출 2023년, 2021년 1회
정 답 ①
해 설
로(Roe)는 부모와 자녀 간의 상호작용으로서 부모의 양육방식을 3가지 유형, 즉 정서집중형, 회피형, 수용형으로 구분하였으며, 이와 같은 양육방식에 따라 인간지향적이거나 비인간지향적(인간회피적)인 직업을 갖게 된다고 보았다.

Roe의 욕구이론에서 제시한 직업군의 주요 특징으로 옳은 것은?

① 사업직(Business) : 대인관계가 중요하며 타인을 도와주는 행동을 취한다.
② 기술직(Technology) : 대인관계가 중요하며 사물을 다루는 데 관심을 둔다.
③ 서비스직(Service) : 사람의 욕구와 복지에 관련된 직업군이다.
④ 단체직(Organization) : 조직 내에서 인간관계의 질을 강조하는 직업군이다.

기 출 2023년, 2018년 3회
정 답 ③
해 설
서비스직은 사회사업, 가이던스 등 기본적으로 다른 사람의 욕구와 복지에 관심을 가지고 봉사하는 직업이 해당된다.

다음은 로(Roe)가 제안한 8가지 직업 군집 중 어디에 해당하는가?

• 상품과 재화의 생산·유지·운송과 관련된 직업을 포함하는 군집이다.
• 운송과 정보통신에 관련된 직업뿐만 아니라 공학, 기능, 기계무역에 관계된 직업들도 이 영역에 속한다.
• 대인관계는 상대적으로 덜 중요하며 사물을 다루는 데 관심을 둔다.

① 기술직(Technology)
② 서비스직(Service)
③ 비즈니스직(Business Contact)
④ 옥외활동직(Outdoor)

기 출 2022년 1회, 2017년 2회, 2014년 3회
정 답 ①

Roe의 직업분류체계에 관한 설명으로 틀린 것은?

① 일의 세계를 8가지 장(Field)과 6가지 수준(Level)으로 구성된 2차원의 체계로 조직화했다.
② 원주상의 순서대로 8가지 장(Field)은 서비스, 사업상 접촉, 조직, 기술, 옥외, 과학, 예술과 연예, 일반문화이다.
③ 서비스 장(Field)들은 사람지향적이며 교육, 사회봉사, 임상심리 및 의술이 포함된다.
④ 6가지 수준(Level)은 근로자의 직업과 관련된 정교화, 책임, 보수, 훈련의 정도를 묘사하며, 수준 1이 가장 낮고, 수준 6이 가장 높다.

기 출 2020년 1·2회, 2016년 3회
정 답 ④
해 설
6가지 수준 중 수준 1(고급 전문관리)이 가장 높고, 수준 6(비숙련)이 가장 낮다.

로(Roe)의 욕구이론에 대한 설명과 가장 거리가 먼 것은?

① 가족과의 초기관계가 진로선택에 중요한 영향을 미친다.
② 로(Roe)는 성격이론과 직업분류 영역을 통합하는 데 관심을 두었다.
③ 직업과 기본욕구 만족의 관련성이 매슬로우(Maslow)의 욕구위계론을 바탕으로 할 때 가장 효율적이라고 보았다.
④ 미네소타 직업평가척도에서 힌트를 얻어 직업을 7개의 영역으로 나누었다.

기 출 2015년 2회
정 답 ④
해 설
직업을 8개의 군집 또는 영역으로 구분하였다.

15 긴즈버그(Ginzberg)의 진로발달이론에 관한 설명으로 틀린 것은?

① 직업선택 과정은 바람(Wishes)과 가능성(Possibility) 간의 타협이다.

② 직업선택은 일련의 결정들이 계속적으로 이루어지는 과정이다.

③ 나중에 이루어지는 결정은 이전 결정의 영향을 받지 않는다.

④ 직업선택은 가치관, 정서적 요인, 교육의 양과 종류, 환경 영향 등의 상호작용으로 결정된다.

핵심 키워드 Ginzberg 진로발달이론에 따른 직업선택 과정
☞ 바람(Wishes)과 가능성(Possibility) 간의 타협, 일련의 결정들이 계속적으로 이루어지는 과정

기출 데이터 2015년 2회

핵심기출 해설 **답 ③**

②·③ 긴즈버그(Ginzberg)는 직업선택을 하나의 발달과정으로 보았다. 즉, 직업선택은 단 한 번의 결정이 아닌 일련의 결정들이 계속적으로 이루어지는 것이며, 각 단계의 결정이 전 단계의 결정 및 다음 단계의 결정과 밀접한 관계를 가진다는 것이다. 이와 같이 긴즈버그는 직업선택을 단일결정이 아닌 장기간에 걸친 일련의 결정으로 보았으며, 나중에 이루어지는 결정은 그 이전 결정의 영향을 받는다고 주장하였다.

① 긴즈버그는 직업선택 과정을 바람(Wishes)과 가능성(Possibility) 간의 타협으로 보았다. 이와 같이 타협을 선택의 본질적인 측면으로 본 긴즈버그는 직업선택 과정을 환상기(환상적 직업선택 단계), 잠정기(시험적 직업선택 단계), 현실기(현실적 직업선택 단계)로 구분하였다.

④ 긴즈버그는 직업선택이 4가지 요인, 즉 가치관, 정서적 요인, 교육의 양과 종류, 환경 영향(상황적 여건)의 상호작용으로 결정된다고 보았으며, 이러한 4가지 요인의 상호작용으로 태도가 형성되고, 태도는 직업선택을 결정하게 된다고 주장하였다.

이것이 핵심 **TIP**

직업선택 과정에 있어서 '타협'의 원리를 적용한 대표적인 학자로 긴즈버그(Ginzberg)와 고트프레드슨(Gottfredson)이 있습니다. 긴즈버그는 개인이 자신의 욕구, 능력, 가치관, 흥미 등의 내적요인과 가정환경, 부모의 영향, 직업조건 등의 외적요인 간의 타협으로 직업을 선택한다고 보았습니다. 또한 고트프레드슨은 제한-타협이론(제한-절충이론)에서 제한을 통해 선택된 선호하는 직업대안들 중 자신이 극복할 수 없는 문제를 가진 직업을 포기하는 과정으로 타협(절충)을 제시하였습니다.

직업선택 과정에 관한 설명으로 옳은 것은?

① 직업에 대해 정확한 정보만 가지고 있으면 직업을 효과적으로 선택할 수 있다.

② 주로 성년기에 이루어지기 때문에 어릴 때 경험은 영향력이 없다.

③ 개인적인 문제이기 때문에 가족이나 환경의 영향은 관련이 없다.

④ 일생 동안 계속 이루어지는 과정이기 때문에 다양한 시기에서 도움이 필요하다.

기 출 2025년, 2020년 1 · 2회, 2017년 2회, 2010년 4회, 2007년 1회

정 답 ④

해 설

개인은 일생 동안 다양한 시기에 하나 또는 그 이상의 직업을 갖고 일을 하므로 다양한 시기에서 도움이 필요하다.

긴즈버그(Ginzberg)의 진로발달이론의 핵심을 바르게 설명한 것은?

① 직업에 대한 지식, 태도, 기능은 어려서부터 일련의 단계를 거쳐 발달한다.

② 직업선택과 적응은 성장기, 탐색기, 확립기, 유지기, 쇠퇴기로 나누어진다.

③ 직업발달 과정은 주로 자아개념을 발달시키고 실천해 나가는 과정이다.

④ 사람들은 자신의 자아 이미지에 알맞은 직업을 원하기 때문에 직업발달에서 자아개념은 진로선택의 중요한 요인이다.

기 출 2023년, 2005년 1회

정 답 ①

해 설

② · ③ 수퍼(Super)의 진로발달이론의 내용에 해당한다.

④ 고트프레드슨(Gottfredson)의 직업포부 발달이론의 내용에 해당한다.

직업발달 이론가와 그의 이론에 대한 설명이 옳게 짝지어진 것은?

① Roe – 직업발달단계를 해당하는 연령에 고정시키고 있다.

② Super – 부모와 자녀 간의 상호작용이 직업선택에 영향을 미친다고 본다.

③ Ginzberg – 직업선택이란 단일결정이 아니라, 장기간에 이루어지는 과정이라고 본다.

④ Holland – 개인의 행동양식이나 인성유형(성격)이 직업선택과 발달에 영향을 주지 않는다고 본다.

기 출 2013년 2회

정 답 ③

해 설

① 로(Roe)는 고정된 연령 구분에 따른 직업발달단계를 제시하지 않았다.

② 직업선택에 있어서 부모와 자녀 간의 상호작용에 의한 영향력을 강조한 대표적인 학자는 로(Roe)이다.

④ 홀랜드(Holland)는 직업적 흥미를 성격의 일부분으로 간주하여, 개인의 직업적 흥미가 곧 개인의 성격을 반영한다고 주장하였다.

16 긴즈버그(Ginzberg)의 진로발달단계를 바르게 나열한 것은?

① 놀이지향기 → 탐색기 → 흥미기

② 환상기 → 잠정기 → 현실기

③ 탐색기 → 구체화기 → 특수화기

④ 흥미기 → 전환기 → 가치기

핵심 키워드 Ginzberg의 진로발달단계
☞ 환상기 → 잠정기 → 현실기

기출 데이터 2015년 2회, 2010년 4회

핵심기출 해설 답 ②

긴즈버그(Ginzberg)의 진로발달단계

• 환상기(6~11세 또는 11세 이전)
 – 이 시기에 아동은 자기가 원하는 직업이면 무엇이든 하고 싶고, 하면 된다는 식의 환상 속에서 비현실적인 선택을 하는 경향이 있다.
 – 직업선택과 관련하여 자신의 능력이나 가능성, 현실여건 등을 고려하지 않은 채 자신의 욕구를 중시한다.

• 잠정기(11~17세)
 – 이 시기에 아동 및 청소년은 자신의 흥미, 능력, 취미에 따라 직업선택을 하는 경향이 있다.
 – 후반기에 가면 능력과 가치관 등의 요인도 어느 정도 고려되지만, 현실 상황을 그다지 고려하지 않으므로 직업선택의 문제에서 여전히 비현실적인 성격을 띤다.

• 현실기(17세 이후~성인 초기 또는 청·장년기)
 – 이 시기에 청소년은 자신의 개인적 요구 및 능력을 직업에서 요구하는 조건과 부합함으로써 현명한 선택을 시도한다.
 – 이 단계에서의 직업선택은 개인의 정서 상태, 경제적 여건 등으로 인해 지체되기도 한다.

이것이 핵심 TIP

발달이론은 특성이론에 비해 포괄적인 접근을 하고 진로행동의 종단적 표현에 더욱 관심을 가지며, 자아개념을 보다 중요시합니다. 특히 특성-요인이론이 직업선택을 일회적인 행위로 간주하는 데 반해, 발달이론은 진로발달을 생애의 전 과정에 걸쳐 발생하는 것으로 가정합니다.

긴즈버그(Ginzberg)가 제시한 진로발달단계로 옳은 것은?

① 현실기 – 환상기 – 잠정기
② 환상기 – 현실기 – 잠정기
③ 현실기 – 잠정기 – 환상기
④ 환상기 – 잠정기 – 현실기

기 출 2023년, 2015년 3회
정 답 ④

Ginzberg가 제시한 직업발달단계를 바르게 나열한 것은?

① 잠정기 → 환상기 → 현실기
② 환상기 → 잠정기 → 현실기
③ 성장기 → 탐색기 → 확립기 → 유지기 → 은퇴기
④ 성장기 → 확립기 → 탐색기 → 유지기 → 은퇴기

기 출 2023년, 2014년 3회, 2011년 2회
정 답 ②

긴즈버그(Ginzberg)가 제시한 진로발달단계가 아닌 것은?

① 환상기   ② 잠정기
③ 현실기   ④ 적응기

기 출 2020년 4회
정 답 ④

Ginzberg의 진로발달 3단계가 아닌 것은?

① 잠정기(Tentative Phase)   ② 환상기(Fantasy Phase)
③ 현실기(Realistic Phase)   ④ 탐색기(Exploring Phase)

기 출 2019년 3회, 2004년 1회
정 답 ④

직업발달이론에 관한 설명으로 틀린 것은?

① 특성-요인이론은 Parsons의 직업지도모델에 기초하여 형성되었다.
② Super의 생애발달단계는 환상기 – 잠정기 – 현실기로 구분한다.
③ 일을 승화의 개념으로 설명하는 이론은 정신분석이론이다.
④ Holland의 직업적 성격유형론에서 중요시하는 개념은 일관도, 일치도, 분화도 등이다.

기 출 2017년 1회, 2010년 3회, 2004년 1회
정 답 ②
해 설
'환상기, 잠정기, 현실기'라는 진로발달의 3단계를 제시한 학자는 긴즈버그(Ginzberg)이다.

Ginzberg의 진로발달단계 중 현실기에 관한 설명으로 옳은 것은?

① 놀이중심의 단계이다.
② 일이 요구하는 조건에 대하여 점차적으로 인식하는 단계이다.
③ 능력과 흥미의 통합단계이다.
④ 현실에 적응하고 직업적 안정을 이루는 단계이다.

기 출 2010년 1회
정 답 ③
해 설
①은 환상기, ②는 잠정기에 해당한다.
④ 긴즈버그(Ginzberg)는 직업의사결정 이후의 직업적 안정을 이루는 단계를 별도로 제시하지 않았다.

직업선택을 발달단계에 따라 변화하는 3단계로 나누어 환상기, 선택의 변화기, 현실적 선택 시기로 설명하고 있는 학자는?

① 크릿츠   ② 긴즈버그
③ 앤 로   ④ 매슬로우

기 출 2005년 1회
정 답 ②

17

Ginzberg가 구분한 진로선택 과정 중 현실기의 하위단계가 아닌 것은?

① 탐색단계
② 구체화단계
③ 전환단계
④ 정교화단계

핵심 키워드 Ginzberg의 진로발달단계 중 현실기의 하위단계
☞ 탐색 → 구체화 → 특수화(정교화)

기출 데이터 2014년 2회

핵심기출 해설 **답 ③**

③ 전환단계는 잠정기의 하위단계에 해당한다.

긴즈버그(Ginzberg)의 직업발달단계 중 현실기(17세 이후~성인 초기 또는 청·장년기)
• 탐색단계 : 직업선택의 다양한 가능성을 탐색하며, 직업선택의 기회와 경험을 가지기 위해 노력한다.
• 구체화단계 : 직업목표를 정하기에 이르며, 자신의 결정과 관련된 내적·외적요인을 두루 고려하여 특정 직업분야에 몰두하게 된다.
• 특수화(정교화)단계 : 자신의 결정에 대해 세밀한 계획을 세우며, 고도로 세분화·전문화된 의사결정을 하게 된다.

이것이 핵심 **TIP**

긴즈버그(Ginzberg)의 직업발달단계에서 각 단계별 연령은 교재마다 약간씩 다르게 제시되고 있으나 내용상 큰 차이는 없습니다. 연령 자체보다는 진행 과정이 중요하므로, 각 단계별 순서를 잘 기억해 두시기 바랍니다. 참고로 잠정기와 현실기의 세분화된 하위단계를 정리하면 다음과 같습니다.

잠정기	흥미단계 → 능력단계 → 가치단계 → 전환단계
현실기	탐색단계 → 구체화단계 → 특수화단계 또는 정교화단계

Ginzberg의 진로발달단계 중 현실기의 하위단계가 아닌 것은?

① 탐 색
② 구체화
③ 전 환
④ 정교화

기출 2018년 1회

정답 ③

해설
'전환단계'는 잠정기의 하위단계에 해당한다.

Ginzberg의 진로발달이론에서 잠정기(Tentative Period)의 하위단계가 아닌 것은?

① 능력기(Capacity Stage)
② 탐색기(Exploration Stage)
③ 가치기(Value Stage)
④ 전환기(Transition Stage)

기출 2017년 3회

정답 ②

Ginzberg가 구분한 진로선택 과정 중 현실기의 하위단계가 아닌 것은?

① 탐색단계
② 구체화단계
③ 흥미단계
④ 특수화단계

기출 2011년 1회

정답 ③

Ginzberg의 진로발달이론에서 현실기의 하위단계가 아닌 것은?

① 능력기
② 탐색기
③ 정교화기
④ 구체화기

기출 2011년 2회

정답 ①

긴즈버그가 제시한 진로발달단계의 현실기에서 특정 직업분야에 몰두하게 되는 세분단계는?

① 능력단계
② 탐색단계
③ 특수화단계
④ 구체화단계

기출 2009년 1회

정답 ④

긴즈버그(Ginzberg)의 직업발달단계 중 자신의 결정을 구체화시키고 보다 세밀한 계획을 세우며 고도로 세분화 · 전문화된 의사결정을 하게 되는 단계는?

① 전환단계
② 탐색단계
③ 결정단계
④ 특수화단계

기출 2005년 3회, 2003년 3회

정답 ④

---

18 다음 진로발달 이론가들 중에서 발달 단계별 특징 및 과제를 강조한 사람은?

① Parsons

② Holland

③ Krumboltz

④ Super

핵심 키워드 Super의 진로성숙

☞ 한 개인이 속해 있는 연령단계에서 이루어져야 할 직업발달 과업에 대한 준비도

기출 데이터 2018년 3회, 2013년 3회, 2006년 1회

핵심기출 해설　**답 ④**

④ 수퍼(Super)는 1955년 직업성숙을 소개한 이후 이를 수정하여 보다 포괄적인 개념인 진로성숙에 대해 광범위한 연구를 수행하였다. 그는 진로성숙을 "한 개인이 속해 있는 연령단계에서 이루어져야 할 직업발달 과업에 대한 준비도"로 간주하였으며, 이를 토대로 '성장기 → 탐색기 → 확립기(정착기) → 유지기 → 쇠퇴기'에 이르는 5단계 발달 단계별 특징 및 과제(과업)를 강조하였다.

① 파슨스(Parsons)는 직업지도가 개인, 직업, 개인과 직업의 관계성 등 3가지 요소와 관련이 있다고 주장하였으며, 이를 토대로 특성-요인이론을 제시하였다.

② 홀랜드(Holland)는 개인의 직업적 흥미가 곧 개인의 성격을 반영한다고 주장하면서, 개인의 행동이 그들의 성격에 부합하는 직업환경 특성들 간의 상호작용에 의해 결정된다는 개인-환경 적합성 모형을 제시하였다.

③ 크롬볼츠(Krumboltz)는 진로발달에 있어서 유전적 요인과 특별한 능력, 환경조건과 사건, 학습경험, 과제접근기술 등 4가지 요인의 상호작용에 주목하면서 사회학습이론을 전개하였다.

이것이 핵심　**TIP**

발달적 관점에서 직업선택의 이론을 제안한 대표적인 학자들로는 긴즈버그(Ginzberg), 수퍼(Super), 고트프레드슨(Gottfredson), 타이드만과 오하라(Tiedeman & O'Hara), 터크맨(Tuckman) 등이 있습니다.

Super의 직업발달이론에 대한 중심개념으로 볼 수 없는 것은?

① 개인은 각기 적합한 직업군의 적격성이 있다.
② 직업발달 과정은 본질적으로 자아개념의 발달 보완과정이다.
③ 개인의 직업기호와 생애는 자아실현의 과정으로 현실과 타협하지 않는 활동과정이다.
④ 직업과 인생의 만족은 자기의 능력, 흥미, 성격특성 및 가치가 충분히 실현되는 정도이다.

기출 2021년 2회
정답 ③
해설
수퍼는 직업선택을 타협의 과정으로 본 긴즈버그의 이론을 보완하여 타협과 선택이 상호작용하는 일련의 적응 과정으로 간주하였다.

Super의 진로발달이론에 대한 설명으로 틀린 것은?

① 진로발달은 성장기, 탐색기, 확립기, 유지기, 쇠퇴기를 거쳐 이루어진다.
② 진로선택은 자아개념의 실현과정이다.
③ 진로발달에 있어서 환경의 영향보다는 개인의 흥미, 적성, 가치가 더 중요하다.
④ 자아개념은 직업적 선호와 환경과의 상호작용을 통해 계속 변화한다.

기출 2020년 1·2회
정답 ③
해설
수퍼(Super)는 진로선택을 타협과 선택이 상호작용하는 일련의 적응 과정으로 보고, 진로발달을 개인과 환경과의 상호작용에 의한 적응 과정이라 강조하였다.

인간의 진로발달단계를 성장기, 탐색기, 확립기, 유지기, 쇠퇴기로 나누고 각 단계의 특징을 설명한 학자는?

① 긴즈버그(Ginzberg)
② 에릭슨(Ericson)
③ 수퍼(Super)
④ 고트프레드슨(Gottfredson)

기출 2020년 1·2회
정답 ③

* 참고 : 지문 ②번의 'Ericson'은 자아정체성의 심리사회적 발달에 관한 이론을 통해 심리사회적 발달단계를 제안한 '에릭 에릭슨(Erik Erikson)'을 염두에 둔 것으로 보입니다.

Super의 진로발달이론에 관한 설명으로 옳은 것은?

① Ginzberg의 진로발달이론에 근거하여 만들어진 이론이다.
② 지나치게 대인관계 지향적이며, 정의적 측면을 강조한다는 비판을 받고 있다.
③ 진로성숙은 생애단계 내에서 성공적으로 수행된 발달과업을 통해 획득된다.
④ 직업발달은 '탐색기-유지기-확립기-성장기-쇠퇴기'의 순환과 재순환 단계를 거친다.

기출 2012년 2회
정답 ③

다음 중 Super의 진로발달이론에 대한 설명으로 틀린 것은?

① Ginzberg의 진로발달이론에 대한 비판에서 출발된 이론이다.
② 지나치게 대인관계 지향적이며, 정의적 측면을 강조한다는 비판을 받고 있다.
③ 진로성숙은 생애단계 내에서 성공적으로 수행된 발달과업을 통해 획득된다.
④ 직업발달은 성장기 → 탐색기 → 확립기 → 유지기 → 쇠퇴기의 순환과 재순환 단계를 거친다.

기출 2011년 2회
정답 ②
해설
내담자중심 상담이론에 대한 비판점에 해당한다.

19 Super의 직업발달 5단계를 바르게 나열한 것은?

① 성장기 → 유지기 → 탐색기 → 확립기 → 쇠퇴기

② 성장기 → 탐색기 → 확립기 → 유지기 → 쇠퇴기

③ 성장기 → 탐색기 → 유지기 → 확립기 → 쇠퇴기

④ 성장기 → 확립기 → 유지기 → 탐색기 → 쇠퇴기

핵심 키워드 Super의 진로발달단계
☞ 성장기 → 탐색기 → 확립기 → 유지기 → 쇠퇴기

기출 데이터 2014년 2회, 2006년 3회

핵심기출 해설 답 ②

수퍼(Super)의 진로발달(직업발달)단계

- 성장기(출생~14세) : 환상기(4~10세), 흥미기(11~12세), 능력기(13~14세)
- 탐색기(15~24세) : 잠정기(15~17세), 전환기(18~21세), 시행기(22~24세)
- 확립기(25~44세) : 시행기(25~30세), 안정기(31~44세)
- 유지기(45~64세)
- 쇠퇴기(65세 이후)

이것이 핵심 TIP

수퍼(Super)는 인생의 진로발달이 전 생애에 걸쳐 계속된다고 주장하였습니다. 그리고 그 변화의 과정은 성장, 탐색, 확립 또는 정착, 유지, 쇠퇴 등의 대주기를 거치며, 그와 같은 대주기 외에 각 단계마다 일종의 성장, 탐색, 확립(정착), 유지, 쇠퇴로 볼 수 있는 소주기가 있다고 가정하였습니다. 소주기는 대주기의 연속적인 과정에서 발달과업으로 특징지어질 수 있는 기간을 의미하는 것으로 볼 수 있는데, 예를 들어 한 단계에서 그 다음 단계로의 전환, 직장폐쇄나 노동시장의 축소, 개인의 질병 등에 의해 개인의 진로가 불안정해질 때 새로운 성장, 재탐색, 재확립 등의 순환 과정을 거치게 된다는 것입니다.

경력개발단계를 성장, 탐색, 확립, 유지, 쇠퇴의 5단계로 구분한 학자는?

① Bordin
② Colby
③ Super
④ Parsons

기출 2022년 2회, 2017년 3회, 2012년 3회, 2010년 1회, 2003년 3회
정답 ③

Super의 직업발달단계를 바르게 나열한 것은?

① 성장기 → 확립기 → 탐색기 → 유지기 → 쇠퇴기
② 탐색기 → 성장기 → 유지기 → 확립기 → 쇠퇴기
③ 성장기 → 탐색기 → 확립기 → 유지기 → 쇠퇴기
④ 탐색기 → 유지기 → 성장기 → 확립기 → 쇠퇴기

기출 2019년 2회
정답 ③

Super가 제시한 진로발달단계를 순서대로 바르게 나열한 것은?

A. 성장(Growth)   B. 탐색(Exploratory)
C. 유지(Maintenance)   D. 쇠퇴(Decline)
E. 확립(Establishment)

① B → A → E → C → D
② A → B → C → E → D
③ B → E → A → C → D
④ A → B → E → C → D

기출 2018년 2회, 2011년 1회
정답 ④

Super의 이론이나 그의 생애진로 무지개 개념에 관한 설명으로 틀린 것은?

① 사람은 동시에 여러 가지 역할을 함께 수행하며 발달단계마다 다른 역할에 비해 중요한 역할이 있다.
② 인생에서 진로발달 과정은 전 생애에 걸쳐 계속되며 성장, 탐색, 정착, 유지, 쇠퇴 등의 대주기(Maxi Cycle)를 거친다.
③ 진로발달에는 대주기 외에 각 단계마다 같은 성장, 탐색, 정착, 유지, 쇠퇴로 구성된 소주기(Mini Cycle)가 있다.
④ Super의 이론은 생애진로발달 과정에서 1회적인 선택 과정에 대해 구체적으로 잘 설명한다.

기출 2017년 2회, 2007년 1회
정답 ④
해설
수퍼(Super)는 직업선택의 과정을 아동기에서 시작하여 일의 세계를 은퇴할 때까지 계속되는 연속적인 선택 과정으로 보았다.

Super의 직업발달단계 순서를 바르게 나열한 것은?

① 성장기 – 탐색기 – 확립기 – 유지기 – 쇠퇴기
② 진로인식기 – 진로탐색 – 진로준비기 – 취업
③ 탐색기 – 성장기 – 확립기 – 유지기 – 쇠퇴기
④ 진로탐색기 – 진로인식기 – 진로준비기 – 취업

기출 2016년 2회
정답 ①

20 다음과 같은 특징을 가지는 Super의 진로발달단계는?

- 잠정기 : 욕구, 흥미, 능력, 가치가 잠정적인 진로의 기초가 된다.
- 전환기 : 현실이 점차 직업의식과 직업활동의 기초가 된다.
- 시행기 : 자신이 적합하다고 본 직업을 최초로 가지게 된다.

① 성장기
② 탐색기
③ 확립기
④ 유지기

핵심 키워드 · Super의 진로발달단계 중 성장기 ☞ 환상기, 흥미기, 능력기
· Super의 진로발달단계 중 탐색기 ☞ 잠정기, 전환기, 시행기

기출 데이터 2014년 1회, 2009년 1회

핵심기출 해설 답 ②

수퍼(Super)의 진로발달단계 중 성장기와 탐색기
- 성장기(출생~14세) : 자기(Self)에 대한 지각이 생겨나고 직업세계에 대한 기본적인 이해가 이루어지는 시기이다. 가정과 학교에서 중요한 인물과 동일시함으로써 자기개념(자아개념)을 발달시킨다. 환상기(4~10세), 흥미기(11~12세), 능력기(13~14세)의 하위단계로 구분된다.
- 탐색기(15~24세) : 미래에 대한 계획을 세우는 시기이다. 학교생활, 여가활동, 시간제 일을 통해 자아를 검증하고 역할을 수행하여 직업탐색을 시도한다. 잠정기(15~17세), 전환기(18~21세), 시행기(22~24세)의 하위단계로 구분된다.

이것이 핵심 TIP

수퍼(Super)의 진로발달단계의 명칭은 번역상 차이로 인해 일부 교재에서 약간씩 다르게 제시되기도 합니다. 예를 들어, '쇠퇴기'는 '해체기'나 '은퇴기'로, 탐색기의 하위단계인 '시행기'는 '수정기'로 제시되기도 합니다.

수퍼(D. Super)의 진로발달이론에 관한 설명으로 틀린 것은? ① 개인은 능력이나 흥미, 성격에 있어서 각각 차이점을 갖고 있다. ② 진로발달이란 진로에 관한 자아개념의 발달이다. ③ 진로발달단계의 과정에서 재순환은 일어날 수 없다. ④ 진로성숙도는 가설적인 구인이며 단일한 특질이 아니다.	**기출** 2022년 2회 **정답** ③ **해설** 수퍼(Super)는 성인기 진로발달의 불안정성이 정상적인 것이며, 성공적인 발달적 변화에서 얼마든지 일어날 수 있다고 보았다. 예를 들어, 성인중기의 진로위기는 정상적일 뿐만 아니라 사회적 변화의 흐름 속에서 개인을 보다 적응적이 되도록 촉진한다.
수퍼(Super)의 전 생애 발달과업의 순환 및 재순환에서 '새로운 과업 찾기'가 중요한 시기는 언제인가? ① 청소년기(14~24세) ② 성인초기(25~45세) ③ 성인중기(46~65세) ④ 성인후기(65세 이상)	**기출** 2021년 2회 **정답** ③ **해설** 유지기(45~64세 또는 46~65세)에는 새로운 과업 찾기를 통해 진로쇄신을 경험하는 사람이 개인적 발달을 촉진하는 동시에 사회적 · 기술적 변화에 적절히 대처할 수 있게 된다.
Super의 진로발달단계 중 결정화, 구체화, 실행 등과 같은 과업이 수행되는 단계는? ① 성장기 ② 탐색기 ③ 확립기 ④ 유지기	**기출** 2020년 3회 **정답** ②
수퍼(Super)의 진로발달이론에서, '자기에 대한 지각이 생겨나고 직업세계에 대한 기본적 이해가 이루어지는 시기'와 그 하위단계들을 순서대로 바르게 나열한 것은? ① 성장기 : 흥미기 – 환상기 – 능력기 ② 성장기 : 환상기 – 흥미기 – 능력기 ③ 탐색기 : 흥미기 – 환상기 – 능력기 ④ 탐색기 : 환상기 – 흥미기 – 능력기	**기출** 2015년 2회 **정답** ②
Super가 제시한 진로발달단계 중 탐색기에 해당하는 것은? ① 욕구와 환상이 지배하는 단계로 사회참여와 현실검증력의 발달로 점차 흥미와 능력을 중시하게 된다. ② 잠정기, 전환기, 수정기의 하위단계로 나누어진다. ③ 자신에게 적합한 분야를 발견해서 생활의 터전을 마련하고자 한다. ④ 개인은 비교적 안정된 만족스러운 삶을 살아간다.	**기출** 2012년 1회 **정답** ② **해설** ① 성장기(출생~14세) ③ 확립기(25~44세) ④ 유지기(45~64세)

21

인간발달의 생물학적 · 심리학적 · 사회경제적 결정인자로 직업발달론을 설명하는 이른바 '아치문 모델'을 주장한 학자는?

① Super

② Ginzberg

③ Tiedeman

④ Gottfredson

핵심 키워드
- 진로아치문의 왼쪽 기둥 ☞ 개인의 성격적 측면
- 진로아치문의 오른쪽 기둥 ☞ 사회정책적 측면

기출 데이터 2014년 3회

핵심기출 해설 답 ①

수퍼(Super)의 진로아치문 모델

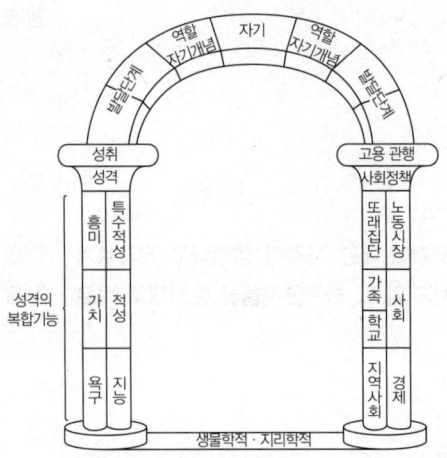

- 수퍼(Super)는 직업발달에 있어서 개인의 성격과 자기(자아)개념을 강조하면서, 특히 자기개념이 유아기에서부터 형성되어 평생 발달한다고 보았다.
- 수퍼의 진로아치문 모델에서 이른바 '개인기둥'으로 불리는 왼쪽 기둥은 욕구나 지능, 가치, 흥미 등으로 이루어진 개인의 성격적 측면을 나타내는 반면, '사회기둥'으로 불리는 오른쪽 기둥은 경제자원, 사회제도, 노동시장 등으로 이루어진 사회정책적 측면을 의미한다.
- 활모양의 아치는 왼쪽 기둥과 오른쪽 기둥을 연결함으로써 개인과 사회의 상호작용을 나타내는데, 그에 따라 또래집단, 가족이나 학교, 지역사회는 개인의 흥미, 적성, 가치 등에 영향을 미치며, 동시에 개인은 자신의 흥미와 능력을 발휘하여 사회에 영향을 미치게 된다.
- 아치의 양쪽 끝에는 각각 발달단계가 있는데 왼쪽 기둥은 아동기와 청소년기를, 오른쪽 기둥은 성년기와 장년기를 의미한다. 개인은 각 발달단계에서 사회적 기대에 따른 발달과제에 직면하게 되며, 이러한 단계들을 거쳐 일정한 지위를 얻고 역할에 대한 자기개념을 발달시키게 된다.
- 아치문의 바닥은 생물학적 · 지리학적인 기초 측면을 의미하며, 아치문의 지붕은 발달단계와 역할에 대한 자기개념으로 이루어진 상호작용적 측면을 나타낸다.

수퍼(Super) 진로발달이론의 핵심적인 개념으로 '자기개념 또는 자아개념'이 있습니다. 수퍼는 사람들이 자신의 자아 이미지에 알맞은 직업을 선택한다고 보았습니다. 예를 들어, 자신이 평소 활발하고 적극적이며 지도자로서의 역량이 있다고 생각하는 사람은 그와 같은 자신의 이미지에 일치하는 직업을 찾게 된다는 것입니다. 직업발달에 있어서 본질적인 역할을 하는 자기개념은 유아기에서부터 형성, 전환, 실천의 과정을 거쳐 사망에 이르기까지 계속적으로 발달·보완되지만, 실질적으로 청년기 이후에는 큰 변화를 나타내지 않는 것으로 보고 있습니다.

● **핵심유형 완성하기** ●

수퍼(Super)의 진로발달이론에 대한 설명으로 가장 적합한 것은?

① 반두라(Bandura)의 사회학습이론에 근거하여 성차에 대한 설명이 보다 많이 시도되고 있다.
② 진로발달을 환상적 직업선택, 시험적 직업선택, 현실적 직업선택 단계로 나누어 설명하였다.
③ 사회경제적인 상황과 노동시장 등은 다루지 않고 있다.
④ 이론의 기저를 이루고 있는 것은 '자아개념'으로 인간은 자신의 이미지와 일치하는 직업을 선택한다는 주장이다.

기출 2025년, 2015년 3회
정답 ④
해설
① 성차를 설명한 가장 유력한 이론은 헥케트과 베츠(Hackett & Betz)의 자기효능감 이론이다.
② 진로발달의 3단계를 제시한 학자는 긴즈버그(Ginzberg)이다.
③ 개인의 진로 유형의 본질이 부모의 사회경제적 수준, 주어진 직업기회 등에 의해 결정된다고 보았다.

수퍼(Super)의 진로발달이론의 설명으로 틀린 것은?

① 이론의 핵심기저는 직업적 자아개념이다.
② 직업선택은 타협과 선택이 상호작용하는 일련의 적응과정이다.
③ 진로발달은 유아기에 시작하여 성인초기에 완성된다.
④ 직업발달과정은 본질적으로 자아개념을 발달시키고 실천해 나가는 과정이다.

기출 2022년 1회
정답 ③

발달적 이론에서 아치문 모델의 왼쪽 기둥을 이루고 있는 것은?

① 생물학적·지리학적인 기초 측면
② 경제자원, 사회제도, 노동시장 등으로 이루어진 사회정책 측면
③ 욕구나 지능, 가치, 흥미 등으로 이루어진 개인의 성격적 측면
④ 발달단계와 역할에 대한 자아개념으로 이루어진 상호작용적 측면

기출 2011년 1회, 2008년 3회
정답 ③

22 고트프레드슨(Gottfredson)의 직업포부 발달단계에 관한 설명으로 틀린 것은?

① 힘과 크기 지향 – 사고과정이 구체화되며 어른이 된다는 것의 의미를 알게 된다.

② 성역할 지향 – 자아개념이 성의 발달에 의해서 영향을 받게 된다.

③ 사회적 가치 지향 – 사회계층에 대한 개념이 생기면서 타인에 대한 개념이 완성된다.

④ 내적, 고유한 자아 지향 – 자아성찰과 사회계층의 맥락에서 직업적 포부가 더욱 발달하게 된다.

핵심 키워드 Gottfredson의 직업포부 발달단계
☞ 힘과 크기 지향 → 성역할 지향 → 사회적 가치 지향 → 내적, 고유한 자아 지향

기출 데이터 2015년 2회, 2012년 2회, 2008년 3회

핵심기출 해설 답 ③

고트프레드슨(Gottfredson)의 직업포부 발달단계

• 제1단계(3~5세) : 힘과 크기 지향성
  사고과정이 구체화되며 어른이 된다는 것의 의미를 알게 된다.
• 제2단계(6~8세) : 성역할 지향성
  자아개념이 성의 발달에 의해서 영향을 받게 된다.
• 제3단계(9~13세) : 사회적 가치 지향성
  사회계층과 사회질서에 대한 개념이 발달하기 시작하면서 '상황 속 자기'를 인식하기에 이른다.
• 제4단계(14세 이후) : 내적, 고유한 자아 지향성
  자아성찰과 사회계층의 맥락에서 직업적 포부가 더욱 발달하게 된다.

이것이 핵심 TIP

고트프레드슨(Gottfredson)의 이론은 직업포부의 형성 및 변화의 과정을 설명하기 위해 '한계 또는 제한' 및 '절충 또는 타협'의 원리를 제시함으로써 '한계-절충이론' 또는 '제한-타협이론'으로도 불립니다. '한계(또는 제한)'는 자아개념과 일치하지 않는 직업들을 배제하는 과정으로 개념의 발달단계에 따라 이루어지는 것이고, '절충(또는 타협)'은 한계를 통해 선택된 선호하는 직업대안들 중 자신이 극복할 수 없는 문제를 가진 직업을 어쩔 수 없이 포기하는 것을 말합니다. 이와 같이 고트프레드슨은 개인이 진로장벽에 부딪혔을 때 자신의 포부를 제한하고 의사결정 시 절충을 한다고 설명하였습니다.

고트프레드슨(L. Gottfredson)의 진로발달이론에서 제시한 진로포부 발달 단계가 아닌 것은?

① 내적 자아 확립 단계
② 서열 획득 단계
③ 안정성 확립 단계
④ 사회적 가치 획득 단계

기 출 2022년 2회
점 답 ③

Gottfredson이 제시한 직업포부의 발달단계가 아닌 것은?

① 성역할 지향성
② 힘과 크기 지향성
③ 사회적 가치 지향성
④ 직업 지향성

기 출 2019년 1회, 2013년 3회, 2010년 2회, 2009년 2회
점 답 ④

다음은 어떤 이론에 관한 설명인가?

- 크게는 진로발달이론의 범주에 속한다.
- 자아개념을 진로선택의 중요한 요인으로 본다.
- 한계와 절충이라는 개념을 중시한다.
- 사람이 어떻게 특정 직업에 매력을 느끼게 되는가를 기술한다.

① 사회학습이론
② 직업포부 발달이론
③ 가치중심적 진로이론
④ 사회인지적 진로이론

기 출 2018년 1회, 2012년 3회
점 답 ②

Gottfredson은 9~13세 시기에 개인에게서 어떤 직업적 포부가 발달한다고 보았는가?

① 힘과 크기 지향
② 성역할 지향
③ 사회적 가치 지향
④ 고유한 자기 지향

기 출 2018년 2회
점 답 ③
해 설
9~13세 시기는 아동 및 청소년이 사회적 가치를 인지하는 단계에 해당한다. 사회계층과 사회질서에 대한 개념이 발달하기 시작하면서 '상황 속 자아(Self-in-Situation)'를 인식하기에 이른다.

23 직업발달을 탐색-구체화-선택-명료화-순응-개혁-통합의 직업정체감 형성과정으로 설명한 것은?

① Super의 발달이론

② Ginzberg의 발달이론

③ Tiedeman과 O'Hara의 발달이론

④ Gottfredson의 발달이론

핵심 키워드   Tiedeman & O'Hara의 직업정체감 형성과정
            ☞ 예상기(탐색, 구체화, 선택, 명료화), 실천기(순응, 개혁, 통합)

기출 데이터   2019년 1회, 2015년 1회, 2004년 3회

핵심기출 해설   답 ③

③ 타이드만과 오하라(Tiedeman & O'Hara)는 직업발달을 직업정체감 형성과정으로 보며, 의사결정 과정을 인지적인 구조의 분화와 통합에 의한 의식적인 문제해결 행동으로 보았다. 그에 따라 의사결정 과정을 예상기와 실천기로 나누고, 각 하위범주로서 예상기에는 '탐색', '구체화', '선택', '명료화'의 하위단계를, 실천기에는 '순응', '개혁', '통합'의 하위단계를 분류하였다.

① 수퍼(Super)는 진로선택을 자기개념(자아개념)의 실행과정으로 보며, 이와 같은 자기개념이 유아기에서부터 형성되어 평생 발달한다고 보았다. 그에 따라 직업발달의 과정을 '성장기', '탐색기', '확립기', '유지기', '쇠퇴기'로 구분하였다.

② 크라이티스(Crites)는 정신분석이론, 행동주의이론, 인간중심이론 등 다양한 상담이론을 절충 · 통합하여 포괄적 직업상담을 고안하였다. 특히 '적응문제', '우유부단문제', '비현실성문제'를 진단체계로 제시하였다.

④ 고트프레드슨(Gottfredson)은 개인의 성(性), 인종, 사회계층 등 사회적 요인과 함께 개인의 언어능력, 추론능력 등 인지적 요인을 통합하여 직업포부의 발달에 관한 이론을 개발하였다. 그리고 직업포부 발달단계를 '힘과 크기 지향성', '성역할 지향성', '사회적 가치 지향성', '내적, 고유한 자아(자기) 지향성'으로 구분하였다.

이것이 핵심   TIP

타이드만과 오하라(Tiedeman & O'Hara)의 이론에서 가장 중요한 개념은 '직업정체감 혹은 직업 자아정체감'입니다. 여기서 말하는 직업 자아정체감이란 개인이 자신의 제반 특성을 정확히 파악하고 자신의 자아를 실현시킬 수 있는 일이 무엇인지에 대해 자기 나름대로 가지는 인식 또는 생각을 말합니다. 타이드만과 오하라는 직업발달에 대해 교육 또는 직업적 추구에 있어서 개인이 나아갈 방향을 선택하고, 선택된 방향에 들어가서 적응 및 발전을 하는 과정에서 이루어지는 자아의 발달로 개념화하고 있습니다.

이와 관련된 내용으로 레빈슨(Levinson)의 인생주기 모형이 있습니다. 레빈슨은 성인의 인생구조 형성과정이 연령의 증가에 따라 일정한 계열을 형성한다고 보았는데, 그것이 마치 자연의 사계절과 흡사한 진행 양상을 보인다고 하여 '인생주기(Life Cycle)'라 지칭하였습니다. 다음의 내용을 함께 기억해 두시기 바랍니다.

레빈슨(Levinson)의 인생주기 모형

초기 성인변화단계 (17~22세)	성인으로 변화하기 위한 단계이다.
초기 성인세계단계 (22~28세)	성인 생활양식을 형성하는 시기이다.
30세 변화단계 (28~33세)	초기의 생활양식을 재평가 및 수정하는 기회를 가지며, 다음의 인생구조를 계획하는 단계이다.
정착단계 (33~40세)	초기 성인단계가 완성되며 안정되는 시기이다.
중년변화단계 (40~45세)	중년시기로 접어드는 또 하나의 새로운 이동시기이다.
중기 성인단계 (45~50세)	새로운 시대에 적합한 생활양식을 형성하는 시기이다.
50세 변화단계 (50~55세)	처음의 계획을 수정 및 향상시키는 단계이다
중년기 마감단계 (55~60세)	중년기가 완성되는 단계이다.
말기 성인변화단계 (60~65세)	중기와 말기 사이를 연결하는 단계이다.
말기 성인단계 (65세 이상)	인생의 마지막 단계로서 다시 한번 새로운 시대에 적합한 생활양식을 형성하는 시기이다.

타이드만(Tiedman)은 어떤 발달단계를 기초로 진로발달이론을 설명하였는 가?

① 피아제의 인지발달단계
② 에릭슨의 심리사회발달단계
③ 콜버그의 도덕발달단계
④ 반두라의 인지사회발달단계

기 출 2022년 1회
정 답 ②

* 참고 : 문제상의 '타이드만(Tiedman)' 은 '타이드만(Tiedeman)'의 오타인 것으 로 보입니다.

직업발달이란 직업 자아정체감을 형성해 나가는 계속적 과정이라고 간주하 는 진로발달이론은?

① Ginzberg의 발달이론
② Super의 발달이론
③ Tiedeman과 O'Hara의 발달이론
④ Tuckman의 발달이론

기 출 2021년 3회
정 답 ③

다음 (   ) 안에 알맞은 것은?

Levinson의 발달이론에서 성인은 연령에 따라 (   )의 계속적인 과정을 거쳐 발달하게 되며, 이러한 과정단계는 남녀나 문화에 상관없이 적용 가능하다.

① 안정과 변화
② 주요 사건
③ 과제와 도전
④ 위 기

기 출 2021년 2회, 2012년 2회
정 답 ①

진로발달을 직업정체감의 형성과정으로 본 학자는?

① Ginzberg   ② Parsons
③ Tiedeman   ④ Strong

기 출 2014년 1회
정 답 ③

자기정체감을 지속적으로 구별해 내고 발달과제를 처리하는 과정으로 진로 발달단계를 설명하며, 이를 시간의 틀 내에서 개념화한 학자는?

① Super   ② Holland
③ Tiedeman   ④ Gottfredson

기 출 2013년 2회, 2012년 3회
정 답 ③

Levinson의 발달이론에 관한 설명으로 틀린 것은?

① 초기 성인변화단계는 성인기로 변화하기 위한 단계를 의미하며 연령은 17~22세까지이다.
② 초기 성인세계단계는 22~28세까지의 단계로서 성인 생활양식을 형성하는 시기이다.
③ 중기 성인단계는 초기 성인단계가 완성되며 안정되는 시기로서 35~40세 까지의 연령에 해당한다.
④ 중년기 마감단계는 55~60세까지의 단계로 중년기가 완성되는 단계이다.

기 출 2013년 3회, 2011년 3회, 2006년 3회
정 답 ③
해 설
중기 성인단계는 새로운 시대에 적합한 생 활양식을 형성하는 시기로서 45~50세까지 의 연령에 해당한다. 초기 성인단계가 완성 되고 안정되는 시기는 정착단계로서 33~40세까지의 연령에 해당한다.

24

진로선택에 관한 사회학습이론에서 개인의 진로발달 과정과 관련이 없는 요인은?

① 유전요인과 특별한 능력 ② 환경조건과 사건
③ 학습경험 ④ 인간관계기술

핵심 키워드 사회학습이론에서 진로발달 과정에 영향을 미치는 요인
☞ 유전적 요인과 특별한 능력, 환경조건과 사건, 학습경험, 과제접근기술
기출 데이터 2014년 2회, 2012년 2회

핵심기출 해설 답 ④

사회학습이론에서 진로발달 과정에 영향을 미치는 요인(Krumboltz)
- 유전적 요인과 특별한 능력 : 개인의 진로기회를 제한하는 타고난 특질을 말함
  예 인종, 성별, 신체적 특징, 지능, 예술적 재능 등
- 환경조건과 사건 : 환경에서의 특정한 사건이 기술개발, 활동, 진로 선호 등에 영향을 미침
  예 취업 가능 직종의 내용, 교육훈련 가능 분야, 정책, 법, 기술의 발달 정도 등
- 학습경험
  – 도구적 학습경험 : 행동에 대한 정적·부적 강화에 의해 이루어짐
  – 연상적 학습경험 : 이전에 경험한 감정적 중립 사건이나 자극을 정서적으로 비중립적인 사건이나 자극과 연결시킴으로써 이루어짐
- 과제접근기술 : 개인이 환경을 이해하고 그에 대처하며, 미래를 예견하는 능력이나 경향
  예 문제해결 기술, 일하는 습관, 정보수집 능력, 감성적 반응, 인지적 과정 등

이것이 핵심 TIP

크롬볼츠(Krumboltz)는 진로발달 과정에 영향을 미치는 요인으로서 환경적 요인과 심리적 요인을 제시하였으며, 환경적 요인으로 '유전적 요인과 특별한 능력' 및 '환경조건과 사건'을, 심리적 요인으로 '학습경험' 및 '과제접근기술'을 제시하였습니다. 여기서 환경적 요인은 개인에게 영향을 미치지만 일반적으로 개인이 통제하기 어려우므로 상담을 통해 변화시키는 것이 불가능한 영역인 반면, 심리적 요인은 개인의 생각과 감정과 행동을 결정하며, 상담을 통해 변화가 가능한 영역에 해당합니다.

● **핵심유형 완성하기** ●

진로선택 사회학습이론에 관한 설명으로 틀린 것은?

① 유전적 요인과 특별한 능력이 진로결정 과정에서 미치는 영향을 고려하지 않았다.
② 진로선택 결정에 영향을 미치는 삶의 사건들에 관심을 두고 있다.
③ 전체 인생에서 각 개인의 독특한 학습경험이 진로선택을 이끄는 주요한 영향요인을 발달시킨다고 보았다.
④ 개인의 신념과 일반화는 사회학습 모형에서 매우 중요하다고 보았다.

기출 2024년, 2018년 1회, 2015년 1회
정답 ①
해설
사회학습이론은 진로발달 및 진로결정 과정에 있어서 유전적 요인과 특별한 능력, 환경조건과 사건, 학습경험, 과제접근기술 등 4가지 요인의 상호작용에 주목하였다.

Krumboltz의 사회학습이론에서 개인의 진로에 영향을 미치는 요인이 아닌 것은?

① 유전적 요인 – 물려받거나 생득적인 개인의 특성들
② 부모 특성 – 부모의 성격, 자녀에 대한 기대 및 양육 방식을 포함한 부모의 특성들
③ 환경조건과 사건 – 보통 개인의 통제를 벗어나는 사회적, 문화적, 정치적, 경제적 사항들
④ 과제접근기술 – 목표 설정, 가치 명료화, 대안 형성, 직업적 정보 획득 등을 포함하는 기술

기 출 2023년, 2012년 1회
정 답 ②

크롬볼츠(J. Krumboltz)의 사회학습 진로이론에 관한 설명으로 틀린 것은?

① 도구적 학습경험이란 행동과 결과의 관계를 학습하게 되는 것을 의미한다.
② 과제접근기술이란 개인이 어떤 과제를 성취하기 위해 동원하는 기술이다.
③ 우연히 일어난 일들을 개인의 진로에 긍정적으로 활용하는 것이 중요하다.
④ 개인의 진로선택에 영향을 미치는 요인에서 유전적 재능이나 체력 등의 요소를 간과했다.

기 출 2022년 2회
정 답 ④

다음의 내용을 주장한 학자는?

특정한 직업을 갖게 되는 것은 단순한 선호나 선택의 기능이 아니고 개인이 통제할 수 없는 복잡한 환경적 요인의 결과이다.

① Krumboltz   ② Dawis
③ Gelatt   ④ Peterson

기 출 2021년 2회, 2018년 2회
정 답 ①

크롬볼츠(Krumboltz)의 사회학습이론에서 진로선택에 영향을 미치는 요인을 모두 고른 것은?

ㄱ. 유전적 요인   ㄴ. 학습경험
ㄷ. 과제접근기술   ㄹ. 환경조건과 사건

① ㄱ, ㄴ   ② ㄱ, ㄷ, ㄹ
③ ㄴ, ㄷ, ㄹ   ④ ㄱ, ㄴ, ㄷ, ㄹ

기 출 2020년 1 · 2회
정 답 ④

Mitchell과 Krumboltz가 제시한 진로발달 과정의 요인에 해당하지 않는 것은?

① 특별한 능력   ② 환경조건
③ 사회성 기술   ④ 과제접근기술

기 출 2019년 3회
정 답 ③

25

다음은 진로선택의 사회학습이론에서 진로발달 과정에 영향을 미치는 어떤 요인과 밀접한 관계를 가지는가?

> 고등학교 3학년인 A양은 가끔 수업노트를 가지고 공부하는데, 비록 고등학교에서는 그녀가 좋은 성적을 받더라도, 대학에서는 이런 방법이 실패하게 되어 그녀의 노트기록 습관과 학습습관을 수정하게 할지도 모른다.

① 유전적 요인과 특별한 능력
② 환경조건과 사건
③ 학습환경
④ 과제접근기술

핵심 키워드 과제접근기술의 수정
☞ 새로운 과제에 유효한 문제해결 기술, 일하는 습관 등의 수정
기출 데이터 2011년 2회, 2008년 3회

핵심기출 해설 답 ④

과제접근기술의 수정
- 크롬볼츠(Krumboltz)는 진로발달 과정에 영향을 미치는 요인 중 하나로 과제접근기술을 제시하였다.
- 과제접근기술은 문제해결 기술, 일하는 습관, 정보수집 능력, 감성적 반응, 인지적 과정 등과 같이 개인이 발달시켜 온 기술 일체를 포함하며, 이러한 발달된 기술 일체는 개인이 직면한 문제와 과업의 결과를 상당 정도 결정한다.
- 과제접근기술은 종종 바람직한 혹은 바람직하지 못한 결과를 통해 수정된다. 예를 들어, 고등학교에서의 학습습관은 대학교에서 효과적이지 못할 수 있다. 이는 동일한 학습습관을 적용했을 때 낮은 학점 등 부정적인 결과를 얻게 됨에 따라 학습습관을 수정해야 할 필요성을 제기하기 때문이다.

이것이 핵심 TIP

사회학습이론에서는 진로발달 과정에 영향을 미치는 요인들이 상호작용하여 다음과 같은 결과들을 나타낸다고 보았습니다.
- 자기관찰 일반화 : 자기 자신의 직접적 혹은 간접적 수행이나 자신의 흥미, 가치를 평가하는 외현적 혹은 내면적 자기 진술
- 세계관 일반화 : 학습경험에 따라 자기가 살고 있는 환경을 관찰하고 이를 일반화하여 또 다른 환경에서 어떤 일이 일어날 것인지를 예측
- 과제접근기술 : 중요한 의사결정 상황의 인식, 과제에 대한 현실적인 파악, 자기관찰 일반화와 세계관 일반화에 대한 검토 및 평가, 다양한 대안의 도출, 대안에 관한 정보수집, 매력적이지 못한 대안의 제거 등의 능력을 포함
- 행위의 산출 : 학습경험을 비롯한 앞서 제시된 세 가지의 결과로서, 의사결정과 관련된 특수한 행위들로 구성
  📖 특정 교육훈련에의 지원, 전공의 변경, 학과 전환 등

Krumboltz의 사회학습 진로이론에서 삶에서 일어나는 우연한 일들을 자신의 진로에 유리하게 활용하는 데 도움되는 기술이 아닌 것은?

① 호기심
② 독립심
③ 낙관성
④ 위험감수

기출 2023년, 2019년 1회
정답 ②
해설
삶에서 일어나는 우연한 일들을 자신의 진로에 유리하게 활용하는 데 도움되는 기술
호기심, 인내심, 융통성, 낙관성, 위험감수

크롬볼츠의 사회학습 진로이론에 관한 설명으로 틀린 것은?

① 진로의사결정 과정에서 자기효능감과 결과기대를 중요시한다.
② 개인이 환경과의 상호작용을 통해 무엇을 학습했는가를 중요시한다.
③ 개인은 학습경험을 통해 세계를 바라보는 관점이나 신념을 형성한다고 본다.
④ 우연한 사건을 다루는 데 도움이 되는 기술은 호기심, 낙관성, 위험감수 등이다.

기출 2022년 1회
정답 ①

사회학습이론에 기반한 진로발달 과정의 요인으로 다음 사례와 밀접하게 관련 있는 것은?

신입사원 A는 직무 매뉴얼을 참고하여 업무수행을 한다. 그러나 이런 방법을 통해 신입사원 때는 좋은 결과를 얻더라도, 승진하여 새로운 업무를 수행할 때는 기존의 업무수행 방법을 수정해야 할지도 모른다.

① 유전적 요인과 특별한 능력
② 직무 적성
③ 학습 경험
④ 과제접근기술

기출 2020년 3회, 2014년 1회
정답 ④

Krumboltz의 사회학습이론에 관한 설명으로 틀린 것은?

① 진로결정에 영향을 미치는 요인으로 유전적 요인, 환경적 조건, 학습경험, 과제접근기술 등 4가지를 제시하고 있다.
② 강화이론, 고전적 행동주의이론, 인지적 정보처리이론에 기원을 두고 있다.
③ 진로결정 요인들이 상호작용하여 자기관찰 일반화와 세계관 일반화를 형성한다.
④ 학과 전환 등 진로의사결정과 관련된 개인의 행동에 대해서는 관심을 두지 않고 있다.

기출 2017년 3회, 2016년 3회, 2013년 1회
정답 ④
해설
사회학습이론은 진로발달 과정에 영향을 미치는 요인들이 상호작용하여 자기관찰 일반화, 세계관 일반화, 과제접근기술, 행위의 산출로 이어진다고 주장하면서, 진로의사결정과 관련된 개인의 특수한 행위들에 관심을 두었다.

26 다음은 진로발달에 관한 어떤 이론의 주장인가?

> 진로선택은 하나의 문제해결 활동이며, 진로발달은 지식구조의 끊임없는 성장과 변화를 포함한다. 진로상담의 최종목표는 진로문제의 해결자이고 의사결정자인 내담자의 잠재력을 증진시키는 것이다.

① 사회인지적 진로이론
② 인지적 정보처리적 진로이론
③ 가치중심적 진로이론
④ 자기효능감 중심의 진로이론

핵심 키워드 인지적 정보처리이론의 목표
☞ 진로문제의 해결자이자 의사결정자인 내담자의 잠재력 증진

기출 데이터 2011년 2회, 2009년 3회, 2004년 3회

핵심기출 해설　답 ②

② 인지적 정보처리이론은 피터슨, 샘슨, 리어든(Peterson, Sampson & Reardon)이 제안한 것으로서, 개인이 어떻게 진로를 결정하고 진로문제 해결 및 의사결정을 위해 어떻게 정보를 이용하는지의 측면에서 인지적 정보처리의 개념을 진로발달에 적용시킨 것이다. 진로선택을 인지적 과정과 정의적 과정의 상호작용에 의한 결과로 보며, 진로발달을 지식구조의 끊임없는 성장과 변화의 관점에서 파악한다. 따라서 인지적 정보처리이론에 기초한 진로상담의 최종목표는 진로문제의 해결자이자 의사결정자인 내담자의 잠재력을 증진시키는 것이다.
① 사회인지적 진로이론은 진로선택에 있어서 개인의 평가와 믿음의 인지적 측면을 강조한다. 인지적 측면의 변인으로서 결과기대(성과기대)와 개인적 목표가 자기효능감과 상호작용하여 개인의 진로관련 활동의 방향을 결정한다고 주장한다.
③ 가치중심적 진로이론은 개인의 물려받은 특성과 경험의 상호작용에 의해 형성되는 가치를 행동역할을 합리화하는 데 매우 강력한 결정요인으로 본다.
④ 자기효능감 진로이론은 자기효능감이 선택권의 제한과 자신의 능력을 십분 발휘하지 못하는 경험 등에 의해 영향을 받는다고 주장하면서, 특히 자기효능감 수준이 낮은 여성들의 진로문제들을 제시한다.

이것이 핵심　TIP

인지적 정보처리이론은 인간의 문제해결 과정이 컴퓨터의 정보처리 과정과 유사하다는 점에 착안하여 진로선택의 과정을 정보처리의 과정으로 간주합니다. 따라서 진로선택 자체의 적절성보다는 그 선택에 있어서 인지적으로 정보를 처리하는 인간의 사고 과정에 초점을 둡니다. 이와 같은 인지적 정보처리 과정을 통한 진로문제 해결의 절차는 다음의 순서로 전개됩니다.

> 의사소통 → 분석 → 통합 또는 종합 → 가치부여 또는 평가 → 실행 또는 집행

인지적 정보처리이론에서 제시하는 의사결정 과정의 절차를 바르게 나열한 것은?

기 출	2021년 1회
정 답	④

> ㄱ. 분석단계　　　　　　ㄴ. 종합단계
> ㄷ. 실행단계　　　　　　ㄹ. 가치평가단계
> ㅁ. 의사소통단계

① ㄱ → ㄴ → ㄷ → ㄹ → ㅁ　　② ㄴ → ㄹ → ㄱ → ㄷ → ㅁ
③ ㄷ → ㄱ → ㄴ → ㅁ → ㄹ　　④ ㅁ → ㄱ → ㄴ → ㄹ → ㄷ

진로정보처리이론에서 진로문제 해결의 과정을 의미하는 CASVE에 해당하지 않는 것은?

기 출	2018년 3회
정 답	④

① 의사소통(Communication)
② 분석(Analysis)
③ 종합(Synthesis)
④ 승격(Elevation)

해 설
인지적 정보처리의 과정(진로문제 해결의 절차)
· 의사소통
· 분 석
· 통합 또는 종합
· 가치부여 또는 평가
· 집행 또는 실행

인지적 정보처리이론에서 제시하는 진로문제 해결의 절차를 바르게 나열한 것은?

기 출	2013년 2회
정 답	④

> ㄱ. 분석단계　　　　　　ㄴ. 통합단계
> ㄷ. 집행단계　　　　　　ㄹ. 가치부여단계
> ㅁ. 의사소통단계

① ㄱ → ㄴ → ㄷ → ㄹ → ㅁ　　② ㄴ → ㄹ → ㄱ → ㄷ → ㅁ
③ ㄷ → ㄱ → ㄴ → ㅁ → ㄹ　　④ ㅁ → ㄱ → ㄴ → ㄹ → ㄷ

다음에 해당하는 진로발달이론은?

기 출	2011년 2회, 2009년 3회, 2004년 3회
정 답	②

> 진로선택은 하나의 문제해결 활동이며, 진로발달은 지식구조의 끊임없는 성장과 변화를 포함한다. 진로상담의 최종목표는 진로문제의 해결자이고 의사결정자인 내담자의 잠재력을 증진시키는 것이다.

① 사회인지적 진로이론　　　② 인지적 정보처리적 진로이론
③ 목표중심적 진로이론　　　④ 자기효능감 중심의 진로이론

해 설
인지적 정보처리이론은 진로의사 결정을 하나의 문제해결 활동으로 보면서, 진로상담의 궁극적인 목표로 간주한다.

직업상담기법 중 진로선택을 일종의 문제해결 활동으로 보는 이론은?

기 출	2011년 3회
정 답	②

① 정신분석이론　　　　　② 인지적 정보처리이론
③ 욕구이론　　　　　　　④ 성격이론

27 인지적 정보처리의 주요 전제가 아닌 것은?

① 진로선택은 인지적 및 정의적 과정들의 상호작용의 결과이다.

② 진로를 선택한다는 것은 하나의 문제해결 활동이다.

③ 진로성숙은 진로문제를 해결할 수 있는 자신의 능력에 의존하지 않는다.

④ 진로문제 해결은 고도의 기억력을 요하는 과제이다.

핵심 키워드 인지적 정보처리이론의 주요 가정

☞ 진로선택은 인지와 정서의 상호작용 결과, 진로의사결정은 문제해결 활동, 진로성숙은 개인의 능력과 관련

기출 데이터 2014년 2회, 2010년 1회, 2009년 1회

핵심기출 해설 답 ③

③ 진로성숙도는 자신의 진로문제를 해결하는 개인의 능력과 관련된다. 이는 개인과 직업에 대한 정보를 활용하여 통합적이고 독립적으로 문제를 해결해 가는 능력을 말한다.

인지적 정보처리의 주요 전제(기본 가정)
- 진로선택은 인지적 및 정의적(정서적) 과정들의 상호작용의 결과이다.(①)
- 진로를 선택한다는 것은 하나의 문제해결 활동이다.(②)
- 진로문제 해결자의 잠재력은 지식뿐만 아니라 인지적 조작의 가용성에 의존한다.
- 진로문제 해결은 고도의 기억력을 요하는 과제이다.(④)
- 동기의 근원을 앎으로써 자신을 이해하고 만족스러운 진로선택을 하려는 욕망을 갖게 된다.
- 진로발달은 지식구조의 끊임없는 성장과 변화를 포함한다.
- 진로정체성은 자기지식에 의존한다.
- 진로성숙은 진로문제를 해결할 수 있는 자신의 능력에 의존한다.(③)
- 진로상담의 최종목표는 정보처리기술의 신장을 촉진시킴으로써 달성된다.
- 진로상담의 최종목표는 진로문제의 해결자이고 의사결정자인 내담자의 잠재력을 증진시키는 것이다.

이것이 핵심 TIP

인지적 정보처리이론은 진로상담을 하나의 학습 과정으로 간주합니다. 물론 다른 이론들도 의사결정 기술의 개발을 위해 이와 유사한 가정 및 절차들을 제안하고 있습니다. 그러나 인지적 정보처리이론과 다른 이론들과의 주요한 차이는 개인이 자신의 운명을 결정 및 통제하는 데 있어서 무엇보다도 인지의 역할을 크게 강조하고 있다는 점입니다.

진로발달이론 중 인지적 정보처리이론의 핵심적인 가정으로 옳지 않은 것은?

① 직업 문제해결 능력은 지식과 마찬가지로 인지적인 기능에 따라 달라진다.
② 직업발달은 지식구조의 지속적인 성장과 변화를 내포한다.
③ 직업 문제해결과 의사결정은 인지적인 과정을 내포하고 있고 정서적인 과정은 포함되지 않는다.
④ 직업 문제해결과 의사결정 기술의 발전은 정보처리 능력을 강화함으로써 이루어진다.

기출 2021년 3회
정답 ③
해설
진로선택은 인지적 및 정의적(정서적) 과정들의 상호작용의 결과이므로, 직업 문제해결과 의사결정은 인지적인 과정은 물론 정의적인 과정을 포함한다.

다음 진로발달의 이론 중 인지적 정보처리 관점을 의미하는 것은?

① 개인에게 학습기회를 제공함으로써 개인의 처리능력을 발전시킨다.
② 개인의 삶은 외부환경 요인, 개인과 신체적 속성 및 외형적 행동 간의 상호작용이다.
③ 인간의 기능은 개인의 가치에 의해 상당 부분 영향을 받는다.
④ 인간은 특성과 환경, 성격 등의 요인에 의해서 진로를 발전시킨다.

기출 2018년 2회, 2006년 1회
정답 ①
해설
② 사회인지적 진로이론
③ 가치중심적 진로접근 모형
④ 홀랜드(Holland)의 직업발달적 인성이론

28

Bandura가 제시한 사회인지이론의 인과적 모형에 해당하지 않는 변인은?

① 외형적 행동
② 자기효능감
③ 외부환경요인
④ 개인과 신체적 속성

핵심 키워드 3축 호혜성 인과적 모형
☞ 개인적 · 신체적 속성, 외부환경요인, 외형적 행동
기출 데이터 2019년 3회, 2012년 2회, 2010년 2회

핵심기출 해설 답 ②

② 자기효능감은 목표한 과업을 완성시키기 위해 필요한 행동을 계획하고 수행할 수 있는 자신의 능력에 대한 신념을 말하는 것으로서, 인과적 모형의 변인이라기보다는 결과기대(성과기대), 개인적 목표와 함께 진로발달의 개인적 결정요인에 해당한다.
① · ③ · ④ 3축 호혜성 인과적 모형의 변인에 해당한다.

3축 호혜성 인과적 모형

• 개인 내의 요인과 환경이 행동에 영향을 미칠 뿐 아니라 행동이 또한 정서 · 인지 등 개인 내 요인과 환경에 다시 영향을 미친다.
• '개인적 · 신체적 속성', '외부환경요인', '외형적 행동'의 상보적 인과관계를 수용함으로써 개인의 진로발달을 개인의 특성과 환경의 단순한 결과물이 아닌 개인의 의지와 인지적 판단이 포함된 끊임없는 상호작용의 결과로 간주한다.
• 개인은 '개인-행동-상황의 상호작용'에 의해 유전과 환경의 단순한 결과물이 아닌 진로발달의 역동적 주체가 된다.

이것이 핵심 TIP

사회인지적 진로이론은 진로발달의 개인적인 결정요인을 '자기효능감', '결과기대 또는 성과기대', '개인적 목표'로 개념화하였습니다. 여기서 '자기효능감'은 목표수행(과제수행) 활동과 관련된 자신의 능력에 대한 신념, '결과기대(성과기대)'는 어떤 과업을 수행했을 때 자신 및 타인에게 일어날 일에 대한 믿음, '개인적 목표'는 특정 활동에의 참여 혹은 특정 결과를 성취하기 위한 개인의 의도를 말합니다.

Bandura가 제시한 것으로, 어떤 과제를 수행하는 데 있어서 자신의 능력에 대한 믿음이 과제 시도의 여부와 과제를 어떻게 수행하는지를 결정한다는 것은? ① 자기통제 이론　　② 자기판단 이론 ③ 자기개념 이론　　④ 자기효능감 이론	**기출** 2024년, 2018년 1회, 2010년 3회 **정답** ④
사회인지적 직업상담이론의 기반이 되는 Bandura의 상호적 결정론의 세 가지 요인이 아닌 것은? ① 개인과 신체적 속성　　② 모범이 되는 모델 ③ 외부환경　　④ 외형적 행동	**기출** 2019년 1회 **정답** ②
직업발달이론에 관한 설명으로 틀린 것은? ① 사회학습이론에서는 진로발달 과정이 유전요인과 특별한 능력, 환경조건과 사건, 학습경험, 과제접근기술 등의 4가지 요인과 관련된다고 본다. ② 진로선택에 대한 정신분석적 접근에서는 초기의 발달 과정을 중시하며, 기본적인 욕구는 6세까지 형성된다고 가정하였다. ③ 인지적 정보처리이론은 환경적 요인, 개인적 요인 그리고 실제 행동 간의 상호작용을 연구한다. ④ 가치중심적 진로접근 모형은 가치, 흥미, 환경 등과의 관계에서 가치중심 모형의 명제를 제시하였다.	**기출** 2012년 3회 **정답** ③ **해설** '개인–행동–상황의 상호작용'을 강조하는 3축 호혜성 인과적 모형은 사회인지적 진로이론과 연관된다.
어떤 과제를 수행하는 데 있어서 자신의 능력에 대한 믿음이 과제 시도의 여부와 과제를 어떻게 수행하는지를 결정한다는 Bandura의 이론은? ① 자기통제 이론　　② 자기판단 이론 ③ 자기개념 이론　　④ 자기효능감 이론	**기출** 2010년 3회 **정답** ④
Bandura의 사회인지적 진로발달이론에 대한 설명으로 틀린 것은? ① 직업행동을 이해하는 데 흥미를 중요하게 다룬다. ② 개인, 환경, 외형적 행동 간에 상호작용을 강조한다. ③ 성과기대나 개인목표와 같은 인지적 과정을 주로 다룬다. ④ 자기효능감을 진로발달의 중요한 개인적 결정요인으로 가정한다.	**기출** 2010년 4회, 2007년 1회, 2003년 1회 **정답** ① **해설** 직업행동을 이해하는 데 흥미를 중요하게 다루는 대표적인 이론으로 홀랜드(Holland)의 흥미이론을 들 수 있다.

29 진로이론에 관한 설명으로 옳은 것은?

ㄱ. 사회인지적 진로이론 – 진로발달과 선택에서 진로와 관련된 자신에 대한 평가와 믿음을 강조한다.
ㄴ. 인지적 정보처리이론 – 내담자가 욕구를 분류하고 지식을 획득하여, 자신의 욕구가 무엇인지 알 수 있도록 돕는다.
ㄷ. 인지적 정보처리이론 – 학습경험을 형성하고 진로행동에 단계적으로 영향을 주는 구체적인 매개변인을 찾는 데 목표를 둔다.
ㄹ. 가치중심적 진로이론 – 흥미와 가치가 진로결정 과정에서 가장 중요한 작용을 한다.

① ㄱ, ㄴ   ② ㄱ, ㄷ
③ ㄴ, ㄹ   ④ ㄷ, ㄹ

핵심 키워드
• 사회인지적 진로이론 ☞ 진로 관련 자신에 대한 평가, 믿음 등 인지적 측면 중시
• 인지적 정보처리이론 ☞ 내담자의 욕구 분류, 욕구에 대한 인식 중시

기출 데이터 2013년 3회, 2011년 3회

핵심기출 해설 답 ①

ㄱ. 사회인지적 진로이론은 반두라(Bandura)의 사회인지이론을 토대로 크롬볼츠(Krumboltz)의 사회학습이론과 여성 진로발달에 자기효능감의 개념을 적용한 헥케트와 베츠(Hackett & Betz)의 연구를 통해 발전하였다. 이는 진로선택에 있어서 진로와 관련된 자신에 대한 평가와 믿음 같은 인지적인 측면을 중시한 것으로서, 진로선택과 행동을 보다 포괄적으로 이해할 수 있는 틀을 제공해 준다.

ㄴ. 인지적 정보처리이론은 진로선택의 과정을 정보처리의 과정으로 간주한다. 단기기억의 부호화에서부터 장기기억으로의 저장 그리고 재생 및 변형을 통한 문제해결로 전개되는 정보처리의 과정은 인지적 정보처리이론에서 '의사소통 → 분석 → 통합 → 가치부여(평가) → 실행(집행)'의 과정으로 나타난다. 이 과정에서 상담자는 내담자의 욕구를 분류하고, 내담자로 하여금 지식을 획득하여, 자신의 욕구가 무엇인지 알 수 있도록 돕는 개입 기능을 한다.

ㄷ. 사회인지적 진로이론의 내용에 해당한다.

ㄹ. 가치중심적 진로이론은 흥미를 진로결정에 큰 영향을 미치지 않는 것으로 보는 반면, 가치를 행동역할을 합리화하는 데 매우 강력한 결정요인으로 본다.

이것이 핵심 TIP

헥케트와 베츠(Hackett & Betz)는 반두라(Bandura)의 이론을 토대로 자기효능감 이론을 발전시켰습니다. 그들은 자기효능감 수준이 낮은 여성들의 경우 진로이동뿐만 아니라 진로선택에 있어서도 제약을 받는다고 주장하였습니다. 또한 여성들이 성취에 대한 보상을 남성과 동등하게 받지 못하는 작업환경에 있는 경우 자기효능감 개발에 방해를 받게 된다고 주장하였습니다. 이와 같이 자기효능감은 선택권의 제한과 자신의 능력을 십분 발휘하지 못하는 경험 등에 의해 영향을 받게 되므로, 자기효능감이 낮은 여성들의 경우 진로결정을 포기, 지연 혹은 회피하는 경향을 나타내 보이게 됩니다.

사회인지적 관점의 진로이론(SCCT)의 세 가지 중심적인 변인이 아닌 것은?

① 자기효능감
② 자기 보호
③ 결과 기대
④ 개인적 목표

기출 2020년 4회
정답 ②

사회인지 진로이론(SCCT ; Social Cognitive Career Theory)에 대한 설명으로 옳지 않은 것은?

① Bandura의 사회학습이론에 토대를 두며 환경, 개인적 요인, 행동 사이의 상호작용을 중시한다.
② 개인의 진로선택과 수행에 영향을 미치는 성(Gender)과 문화적 이슈 등에 민감하다.
③ 개인의 사고와 인지는 기억과 신념, 선호, 자기지각에 영향을 미치며, 이는 진로발달 과정의 일부이다.
④ 진로발달의 기본이 되는 핵심개념으로 자아효능감과 수행결과, 개인적 목표를 들고 있다.

기출 2017년 3회
정답 ④
해설
사회인지적 진로이론(SCCT)은 진로발달의 개인적 결정요인을 '자기효능감 또는 자아효능감', '결과기대 또는 성과기대', '개인적 목표'로 개념화하였다.

다음의 진로발달의 이론 중 성차에 대한 설명이 시도되고 있는 이론은?

① 인지적 정보처리 접근
② 사회인지적 조망
③ 자기효능감 이론
④ 가치중심적 진로접근 모형

기출 2003년 3회
정답 ③
해설
헥케트와 베츠(Hackett & Betz)는 남녀 간 불평등한 작업환경 등이 여성의 자기효능감 개발에 부정적인 영향을 미친다고 주장하였다.

30 가치중심적 진로접근 모형의 명제에 관한 설명으로 틀린 것은?

① 개인이 우선권을 부여하는 가치들은 얼마 되지 않는다.

② 가치는 환경 속에서 가치를 담은 정보를 획득함으로써 학습된다.

③ 생애만족은 중요한 모든 가치들을 만족시키는 생애역할들에 의존한다.

④ 생애역할에서의 성공은 개인적 요인보다는 외적 요인들에 의해 주로 결정된다.

핵심 키워드 가치중심적 진로접근 모형의 주요 명제

☞ 생애만족은 필수적 가치들을 만족시키는 생애역할에 의존, 생애역할에서의 성공은 다양한 요인들에 의해 결정

기출 데이터 2020년 3회, 2015년 2회, 2012년 1회

핵심기출 해설 답 ④

가치중심적 진로접근 모형의 기본명제

• 개인이 우선권을 부여하는 가치들은 얼마 되지 않는다.(①)

• 우선순위가 높은 가치들은 일정한 조건하에서 생애역할 선택에 가장 중요한 결정요인이 되기도 한다.

• 가치는 환경 속에서 가치를 담은 정보를 획득함으로써 학습된다.(②)

• 생애만족은 모든 필수적인 가치들을 만족시키는 생애역할에 달려 있다.(③)

• 한 역할의 특이성(현저성)은 역할 안에 있는 필수적인 가치들의 만족 정도와 직접 관련된다.

• 생애역할에서의 성공은 학습된 기술, 인지적 · 정의적 · 신체적 적성 등 다양한 요인들에 의해 결정된다.(④)

이것이 핵심 TIP

가치중심적 진로접근 모형을 제안한 브라운(Brown)은 다양한 연구결과들을 통해 대략 40%의 유전적 요인과 60%의 환경적 영향이 개인의 가치발달과 연관된다는 점에 주목하였습니다. 그에 따라 가치가 개인이 물려받은 특성과 경험의 상호작용에 의해 형성된다고 주장하였습니다.

● **핵심유형 완성하기** ●

가치중심적 진로접근 모형의 기본명제와 가장 거리가 먼 것은?

① 개인이 우선권을 부여하는 가치들은 얼마 되지 않는다.

② 가치는 환경 속에서 가치를 담은 정보를 획득함으로써 학습된다.

③ 한 역할의 특이성은 역할 안에 있는 필수적인 가치들의 만족 정도와 관련된다.

④ 생애역할에서의 성공은 학습된 기술과 인지적 · 정의적 · 신체적 적성을 제외한 요인에 의해 결정된다.

기출 2019년 2회, 2014년 3회, 2011년 1회
정답 ④
해설
생애역할에서의 성공은 학습된 기술, 인지적 · 정의적 · 신체적 적성 등 다양한 요인들에 의해 결정된다.

31 진로발달에서 맥락주의(Contextualism)에 관한 설명으로 틀린 것은?

① 행위는 맥락주의의 주요 관심대상이다.

② 개인보다는 환경의 영향을 강조한다.

③ 행위는 인지적 · 사회적으로 결정되며 일상의 경험을 반영하는 것이다.

④ 진로연구와 진로상담에 대한 맥락상의 행위설명을 확립하기 위하여 고안된 방법이다.

핵심 키워드 맥락주의의 특징

☞ 개인과 환경의 상호작용 강조, 행위에 대한 관심, 맥락상의 행위설명

기출 데이터 2023년, 2020년 1 · 2회, 2016년 2회, 2013년 1회, 2012년 3회

핵심기출 해설 답 ②

② 맥락주의에서는 개인과 환경의 상호작용과 다각적인 관계를 강조한다.

① · ③ 행위는 맥락주의의 주요 관심대상으로서 인지적 · 사회적으로 결정되며, 개인의 일상경험은 물론 사회문화적 세계를 반영하는 것이다.

④ 맥락주의는 구성주의의 철학적 입장을 토대로 한 것으로서, 진로연구와 진로상담에 대한 맥락상의 행위설명을 확립하기 위해 고안되었다. 구성주의자들은 개인이 정보를 조직화하는 나름대로의 방식을 구축하며, 진리나 실재는 지각의 문제에서 비롯된다고 보았다. 따라서 맥락주의는 내담자가 현재의 행위와 후속적인 경험으로부터 어떻게 개인적인 의미를 구성하는지를 파악하고자 한다.

이것이 핵심 TIP

진로발달에서 맥락주의적 관점

• 기존의 진로선택 및 진로발달의 이론들은 특히 개인의 내적 특성이나 직무의 성격, 그리고 두 요소들 간의 매칭에만 초점을 둠으로써 환경적 요소에 대한 깊이 있는 논의가 부족했다. 특히 이론의 초점을 온통 개인에게 집중함으로써 정작 개인의 진로선택에 상당한 영향을 미치는 외부요소들을 경시하였다.

• 최근 진로선택 및 진로발달에 관한 연구로서 대두되고 있는 맥락주의는 '진로 환경'에 관심을 기울이면서 개인의 진로에 영향을 미치는 다양한 환경적 요소, 즉 산업화, 세계화, 기술의 발전, 노동시장, 조직 내부의 리엔지니어링 등을 관심요소에 포함시키고 있다.

• 맥락주의적 관점은 개인과 환경을 별개로 간주하는 것이 아닌 하나의 맥락적 그물 안에서 그들 간의 상호작용과 다각적인 관계에 대해 연구한다. 따라서 기존의 분화된 이론들과 달리 총체적인 동시에 거시적인 접근을 펼친다.

32 Maslow의 욕구단계이론 중 자아실현과 존중의 욕구 수준에 상응하는 내용으로 적합한 것은?

① Alderfer의 ERG 이론 중 존재욕구

② Herzberg의 2요인이론 중 위생요인

③ McClelland의 성취동기이론 중 성취동기

④ Adams의 공정성 이론 중 인정동기

핵심 키워드
- McClelland 성취동기이론의 3가지 욕구 범주 ☞ 성취욕구, 권력욕구, 친교욕구
- Alderfer EGR 이론의 3가지 욕구 범주 ☞ 존재욕구, 관계욕구, 성장욕구

기출 데이터 2022년 2회, 2013년 2회

핵심기출 해설 답 ③

③ 맥클리랜드(McClelland)의 성취동기이론은 매슬로우(Maslow)의 5단계 욕구위계이론에 바탕을 두고 있다. 맥클리랜드는 개인의 성격이 행위를 유발하는 잠재적인 요소들, 즉 '성취욕구', '권력욕구', '친교욕구'로 구성되어 있다고 보았다. 실제로 맥클리랜드의 성취동기이론을 매슬로우의 5단계 욕구위계이론과 비교해 보면, 성취욕구는 매슬로우의 '자아실현의 욕구'와 흡사하며, 친교욕구는 '애정과 소속에 대한 욕구'와 밀접하다.

① 알더퍼(Alderfer)는 매슬로우의 '만족−진행'의 욕구 전개를 비판하고 '좌절·퇴행'의 욕구 전개를 주장하면서, 경험적인 연구를 통해 욕구단계를 3단계로 재분류하였다. 그는 ERG 이론을 통해 욕구의 3단계로서 '존재욕구', '관계욕구', '성장욕구'를 제시하였으며, 이러한 욕구들이 동시에 추구될 수 있다고 보았다.

② 허즈버그(Herzberg)는 인간이 이원적 욕구구조, 즉 불만을 일으키는 요인(위생요인)과 만족을 일으키는 요인(동기요인)을 가진다는 욕구충족요인 이원론, 즉 2요인이론을 제시하였다. 그는 인간이 자신의 일에 만족감을 느끼지 못하게 되면 위생요인에 관심을 기울이게 되고, 그와 같은 낮은 수준의 욕구를 만족하지 못하면 직무불만족이 생긴다고 보았다.

④ 아담스(Adams)의 형평성(공정성) 이론에서는 노력과 보상 간의 공정성을 동기부여의 핵심요소로 본다. 투입, 산출, 준거인물을 요소로 하여 자신의 '산출 / 투입'보다 준거가 되는 다른 사람의 '산출 / 투입'이 클 경우 불공정성을 자각하게 되며, 공정성 추구행동을 작동시키는 동기가 유발된다는 것이다.

매슬로우(Maslow)는 처음 인간욕구위계 5단계를 제시한 이후 인간의 학습 행동과 예술적 행위에 대한 설명이 부족함을 인식하였습니다. 그리하여 최상의 욕구에 해당하는 '자아실현의 욕구'에 앞서 '인지적 욕구'와 '심미적 욕구'를 포함시킴으로써 욕구위계의 7단계를 완성하였습니다.

단 계	욕구 5단계	욕구 7단계	구 분
1단계	생리적 욕구	생리적 욕구	결핍 욕구
2단계	안전(안정)에 대한 욕구	안전(안정)에 대한 욕구	
3단계	애정과 소속에 대한 욕구	애정과 소속에 대한 욕구	
4단계	자기존중(존경)의 욕구	자기존중(존경)의 욕구	
5단계	자기실현(자아실현)의 욕구	인지적 욕구	성장 욕구
6단계	–	심미적 욕구	
7단계	–	자기실현(자아실현)의 욕구	

● 핵심유형 완성하기 ●

다음 중 Maslow의 욕구위계이론과 가장 유사성이 많은 직무동기이론은?

① 기대-유인가 이론
② Adams의 형평이론
③ Locke의 목표설정이론
④ Alderfer의 존재-관계-성장이론

기출 2019년 1회, 2010년 4회
정답 ④

Maslow의 동기위계설에서 가장 상층에 존재하는 동기는 무엇인가?

① 자존감
② 소속감
③ 안 전
④ 자아실현

기출 2009년 3회
정답 ④
해설
매슬로우(Maslow)의 욕구위계 5단계
생리적 욕구 → 안전(안정)에 대한 욕구 → 애정과 소속에 대한 욕구 → 자기존중(존경)의 욕구 → 자기실현(자아실현)의 욕구

매슬로우(Maslow)는 인간의 동기를 욕구위계로 분류하여 설명한다. 욕구위계 중 가장 낮은 하위단계의 욕구는 어느 것인가?

① 사회적 욕구
② 안전의 욕구
③ 생리적 욕구
④ 자아실현의 욕구

기출 2002년 1회
정답 ③

33 Maslow 욕구위계이론의 기본 가정에 해당하는 것은?

① 한 개인이 얼마나 동기화되는가는 타인이 기울인 노력과 자신이 기울인 노력의 비교를 통해 결정된다.

② 모든 동기는 학습된다.

③ 직무만족을 결정하는 요인들과 직무불만족을 결정하는 요인들은 질적으로 서로 다르다.

④ 인간은 특정한 형태의 충족되지 못한 욕구들을 만족시키기 위하여 동기화되어 있다.

핵심 키워드 Maslow 욕구위계이론의 기본 가정
☞ 욕구충족을 위한 동기화, 욕구의 공통된 위계적 형태
기출 데이터 2014년 1회

핵심기출 해설 답 ④

① 사회적 비교원리에 기초하여 개인의 동기화 수준을 분석하는 형평성(공정성) 이론을 제시한 학자는 아담스(Adams)이다.

② 모든 동기를 학습된 것으로 보고 학습개념에 기초하여 성취동기이론을 제시한 학자는 맥클리랜드(McClelland)이다.

③ 직무만족을 결정하는 요인들과 직무불만족을 결정하는 요인들을 알아내어 근로자를 동기화시킬 수 있는 방법에 주목한 학자는 2요인이론을 제시한 허즈버그(Herzberg)이다.

매슬로우(Maslow) 욕구위계이론의 두 가지 기본 가정

• 인간은 특정한 형태의 충족되지 못한 욕구들을 만족시키기 위하여 동기화되어 있는 동물이다. '생리적 욕구', '안전(안정)에 대한 욕구', '애정과 소속에 대한 욕구', '자기존중(존경)의 욕구', '자기실현(자아실현)의 욕구'가 그것으로, 이러한 욕구들 가운데 충분히 충족되지 못한 욕구들이 긴장을 유발한다.

• 대부분의 사람들이 추구하는 욕구들은 사람에 따라 서로 다르기는 하지만, 이를 분류하면 몇 가지 공통된 범주로 구분할 수 있다. 또한 보편성을 가진 공통적 욕구들은 충족되어야 할 순서에 따라 위계적인 형태로 계열화되어 있다.

이것이 핵심 TIP

알더퍼(Alderfer)의 ERG 이론은 매슬로우(Maslow)의 욕구위계이론과 유사하나 크게 3가지 측면에서 차이가 있습니다.

첫째, 매슬로우의 이론이 만족을 통한 고차적인 욕구로의 진행, 즉 '만족-진행'에 초점을 두는 반면, 알더퍼의 이론은 이와 같은 접근법에 '좌절-퇴행'의 요소를 가미하였습니다.

둘째, 알더퍼의 이론은 매슬로우의 이론과 달리 한 가지 이상의 욕구가 동시에 작용할 수 있다고 보았습니다.

셋째, 알더퍼의 이론은 보다 고차적인 욕구가 행위에 영향력을 행사하기 전에 반드시 하위욕구가 충족되어야 한다는 매슬로우 이론의 전제를 배제하고 있습니다.

34

자신의 직무나 직무경험에 대한 평가로부터 비롯되는 유쾌하거나 정적인 감정 상태는?

① 직무만족
② 직업적응
③ 작업동기
④ 직무몰입

핵심 키워드
• 직무만족 ☞ 직무관련 감정
• 작업동기 ☞ 작업관련 행동

기출 데이터 2020년 3회, 2015년 2회

핵심기출 해설 **답 ①**

① 로크(Locke)는 "자신의 직무나 직무경험에 대한 평가로부터 비롯되는 유쾌하거나 정적인 감정 상태"를 직무만족으로 정의하였다.
② 직업적응은 직업선택이 이루어진 이후 개인과 환경 간의 상호작용으로 이루어지는 조화로운 상태를 말한다.
③ 작업동기는 개인의 작업관련 행동을 일으키며, 작업관련 행동의 형태, 방향, 강도, 지속기간 등을 결정하는 역동적 힘의 집합을 말한다.
④ 직무몰입은 개인이 자신의 일에 대해 심리적으로 일체감을 가지고 있는 정도로서, 자아상에 자신의 일이 차지하는 중요도에 대한 지각을 말한다.

이것이 핵심 **TIP**

직무만족에 대해 다양한 학자들이 각자 나름의 정의를 제시하고 있습니다. 그 몇 가지를 소개하면 다음과 같습니다.

• Bently & Rempel : 직무만족은 조직구성원들이 주어진 업무 상황에서 구성원 개인 및 조직의 목표를 달성하기 위해 나타내는 직업적 관심과 열의를 말한다.
• Steers & Porter : 직무만족은 조직구성원이 자신에게 주어진 직무에 대해 만족하는 정도를 말한다.
• Miskel, Fevurly & Stward : 직무만족은 조직구성원 개인이 현재 맡고 있는 직무에 대해 가지는 감성적 양상이다.
• Hoppock : 직무만족은 "나는 나의 직무에 대해 만족하고 있는 상태이다"라고 말할 수 있도록 하는 심리적 · 물리적 · 환경적 상태의 조합이다.
• Smith : 직무만족은 직무 당사자가 자신의 직무에 대해 가지는 애정적 반응이다.

자신의 직무나 직무경험에 대한 평가로부터 비롯되는 유쾌하거나 정적인 감정 상태는?

① 직무만족
② 직업적응
③ 작업동기
④ 직업욕구

기 출 2012년 3회

정 답 ①

해 설
④ 직업욕구는 개인이 일을 통해 자신의 생리적인 욕구를 충족시키는 것은 물론 사회적 소속감과 자기실현을 이루고자 하는 욕구를 말한다.

Locke가 주장했던 "자신의 직무나 직무경험에 대한 평가로부터 비롯되는 유쾌하거나 정적인 감정 상태"를 무엇이라고 하는가?

① 직무만족
② 직업적응
③ 작업동기
④ 직업수행

기 출 2011년 2회, 2002년 1회

정 답 ①

다음 중 직무만족과 작업동기에 대한 설명으로 틀린 것은?

① 직무만족은 목표 행동을 일으키는 역동적 과정인 반면, 작업동기는 태도 대상에 대한 좋아함과 싫어함의 쾌락적 반응이다.
② 직무만족과 작업동기는 상이한 측면이다.
③ 직무만족은 감정에 대한 것이고, 작업동기는 행동과 더 많이 관련된다.
④ 대인비교과정이론은 직무만족이론이고, 형평이론은 작업동기이론이다.

기 출 2006년 3회

정 답 ①

해 설
목표 행동을 일으키는 역동적 과정은 '작업동기'인 반면, 태도 대상에 대한 좋아함과 싫어함의 쾌락적 반응은 '직무만족'에 해당한다.

다음 중 직무만족(Job Satisfaction)과 작업동기(Work Motivation)에 대한 설명으로 옳은 것은?

① 직무만족은 직무상에 발생되는 행동에 관한 것이다.
② 직무만족은 목표에 방향 지워진 행동을 일으키게 하는 역동적인 과정이다.
③ 작업동기는 직무상에 발생되는 행동에 대한 것이다.
④ 작업동기는 직무에 대해 가지고 있는 감정에 대한 것이다.

기 출 2005년 1회

정 답 ③

해 설
①·② 작업동기, ④ 직무만족

35

직무만족에 관한 2요인이론의 설명으로 틀린 것은?

① 낮은 수준의 욕구를 만족하지 못하면 직무불만족이 생긴다.
② 자아실현의 실패로 직무불만족이 생기는 것은 아니다.
③ 동기요인은 높은 수준의 성과를 얻도록 자극하는 요인이다.
④ 위생요인은 직무만족과 관련된 직접적인 요인이다.

핵심 키워드 • 동기요인 ☞ 직무만족과 관련된 직접적인 요인
• 위생요인 ☞ 일과 관련된 환경요인

기출 데이터 2025년, 2019년 3회, 2014년 2회, 2006년 3회

핵심기출 해설 **답 ④**

④ 위생요인이 아닌 동기요인에 해당한다.

허즈버그(Herzberg)의 2요인이론(동기-위생이론)

• 동기요인
  직무만족과 관련된 보다 직접적인 요인으로서, 동기요인이 충족되지 않아도 불만족은 생기지 않으나 이 요인을 좋게 하면 일에 대해 만족하게 되어 직무성과가 올라간다.
  예 직무 그 자체, 직무상의 성취, 직무성취에 대한 인정, 승진, 책임, 성장 및 발달 등
• 위생요인
  일과 관련된 환경요인으로서, 위생요인을 좋게 하는 것은 불만족을 감소시킬 수는 있으나 만족감을 산출할 힘은 갖고 있지 못하다.
  예 조직(회사)의 정책과 관리, 감독, 봉급, 개인 상호 간의 관계, 지위 및 안전, 근무환경 등

이것이 핵심 **TIP**

허즈버그(Herzberg)의 2요인이론에서는 동기요인과 위생요인의 구체적인 예가 중요합니다. 특히 '직무 그 자체'는 동기요인에 해당한다는 점을 반드시 기억해 두시기 바랍니다.

● 핵심유형 완성하기 ●

Herzberg의 직무동기이론에서 동기요인에 해당하는 것은?	**기출** 2013년 3회
① 회사정책과 관리　　　② 직무 그 자체	**정답** ②
③ 개인 상호 간의 관계　　　④ 지위 및 안전	**해설** ①·③·④ 위생요인

Herzberg는 직무요인을 위생요인(불만족요인)과 동기요인(만족요인)으로 나누었다. 다음 중 만족요인에 속하는 것은 무엇인가?	**기출** 2002년 3회
① 회사정책과 관리　　　② 일 그 자체	**정답** ②
③ 개인 상호 간의 관계　　　④ 지위 및 안전	

36 다음 중 진로의사결정 모델(이론)에 해당하는 것은?

① Parsons의 특성-요인이론

② Vroom의 기대이론

③ Super의 발달이론

④ Krumboltz의 사회학습이론

핵심 키워드 Vroom 기대이론의 특징
☞ 노력과 성과, 보상적 결과에 대한 믿음, 기대감 · 유의성 · 도구성

기출 데이터 2013년 2회, 2010년 3회

핵심기출 해설 **답 ②**

① · ③ · ④ 직업선택 및 진로발달에 관한 일반적인 이론에 해당한다.

브룸(Vroom)의 기대이론

• 브룸(Vroom)은 욕구충족과 직무수행이 직접적으로 연결되어 있다는 기존의 이론들을 비판하면서 기대이론을 제시하였다. 즉, 인간이 서로 다른 욕구와 열망 그리고 목적을 가지고 있으며, 결과에 대한 자신들의 인지를 통해 행동을 결정한다는 진로의사결정에 관한 이론을 전개한 것이다.

• 브룸은 인간이 행동하는 방향과 강도는 그 행동이 일정한 성과로 이어진다는 기대와 강도, 실제로 이어진 결과에 대해 느끼는 매력에 달려 있다고 보았다. 그에 따라 노력과 성과, 그리고 그에 대한 보상적 결과에 대한 믿음으로 작업동기를 설명하며, 이를 위해 '기대감', '유의성', '도구성 또는 수단성' 등의 개념을 주요 변수로 제시하였다.

• '기대감'은 노력을 통해 특정한 목표행위를 성취할 수 있는가에 대한 주관적인 확률을 말하며, '유의성'은 개인이 특정 행위를 통해 달성한 1차적 결과(예 일의 성과)에 의해 얻게 되는 2차적 결과(예 보상, 승진 등)에 대한 욕구를 말한다. 또한 '도구성(수단성)'은 1차적 결과를 달성했을 때 2차적 결과를 얻게 되리라는 주관적인 믿음을 의미한다.

이것이 핵심 **TIP**

브룸(Vroom)은 인간행위의 본능이론을 거부한 채 인간이 사고와 이성을 지닌 존재임을 강조합니다. 그는 현재와 미래의 행위에 대한 동기 수준이 행위가 가져다주는 결과의 매력 정도(유의성)와 행위를 통해 결과를 얻어낼 수 있는 가능성(기대감)이라는 2가지 요인에 의해 결정된다고 보았습니다.

동기의 강도는 어떤 결과에 부여하는 가치와 특정한 행동이 그 결과를 가져다 줄 것이라고 믿는 것을 곱한 값과 같다고 설명하는 이론은?

① 형평이론
② 강화이론
③ 욕구이론
④ 기대이론

기 출 2023년, 2016년 1회
정 답 ④

작업동기를 노력, 성과 그리고 도구성과의 관계로 설명하는 이론은?

① 형평이론
② 강화이론
③ 욕구이론
④ 기대이론

기 출 2012년 3회, 2004년 1회
정 답 ④

다음 중 "직무에서 열심히 일함으로써 긍정적 유인가가 높은 성과들을 얻을 확률이 높다고 지각하면 작업동기가 높아진다"는 이론은?

① 기대이론
② 성취귀인이론
③ 목표설정이론
④ 생존, 관계, 성장(ERG)이론

기 출 2008년 1회
정 답 ①

작업동기에 관한 설명으로 틀린 것은?

① 목표설정이론에 따르면 어려운 목표는 쉬운 목표보다 더 나은 수행성과를 가져온다.
② 내재적 동기이론에 의하면 외적 보상은 내재적 동기를 저해한다.
③ 기대이론의 의사결정 과정에서는 합리적 측면이 무시되고 있다.
④ Alderfer는 Maslow의 이론을 수정하여 ERG 이론을 제안하였다.

기 출 2005년 3회
정 답 ③
해 설
기대이론은 개인이 자신이 바라는 것을 얻을 확률이 큰 쪽으로, 즉 여러 대안들 가운데 가장 이익이 되는 쪽으로 행동한다고 주장함으로써 합리적인 인간을 가정한다.

심리검사의 목적과 용도

37 심리검사를 실시하는 목적 내지는 용도와 가장 거리가 먼 것은?

① 예 측   ② 진 단
③ 분 류   ④ 합리화

핵심 키워드 심리검사 실시 목적(용도)
☞ 분류 및 진단, 자기이해의 증진, 예측
기출 데이터 2015년 2회

핵심기출 해설   답 ④

심리검사의 일반적인 목적
- 분류 및 진단 : 내담자(수검자)의 적성·흥미·동기 등 내담자에 관한 자료를 수집하여 내담자의 문제 원인을 파악하며, 이를 해결하기 위한 효과적인 도구로 활용한다.
- 자기이해의 증진 : 표준화된 검사를 통해 과학적이고 객관적인 결과를 제시함으로써 내담자로 하여금 자기 자신에 대한 올바른 이해와 더불어 현명하고 합리적인 의사결정을 내릴 수 있도록 한다.
- 예측 : 심리검사를 통해 내담자의 특성을 밝혀냄으로써 내담자의 장래 행동이나 성취 등을 예측하며, 이를 토대로 가능한 여러 결과들을 예측하여 대안적 조치를 마련한다.

이것이 핵심   TIP

심리검사의 목적
- 기술적 진단 : 심리검사는 개인의 행동상 나타나는 문제나 요인들에 대한 원인적 요인을 진단한다.
- 미래 행동의 예측 : 심리검사 결과의 개인 간 상호비교를 통해 특정 개인이 수행할 행동을 확률적으로 예측한다.
- 개성 및 적성의 발견 : 개인으로 하여금 개성과 적성을 발견하도록 한다.
- 조사 및 연구 : 개인은 물론 집단의 일반적인 경향을 파악하도록 한다.

진로 심리검사 결과 해석에 관한 설명으로 틀린 것은?

① 검사결과는 가능성보다 확실성의 관점에서 제시되어야 한다.

② 내담자가 검사결과를 잘 이해할 수 있도록 안내하고 격려해야 한다.

③ 검사결과로 나타난 강점과 약점 모두를 객관적으로 검토해야 한다.

④ 검사결과는 내담자가 이용 가능한 다른 정보와 관련하여 제시되어야 한다.

기출 2022년 1회

정답 ①

심리검사에 관한 설명으로 틀린 것은?

① 행동표본을 측정할 수 있다.

② 개인 간 비교가 가능하다.

③ 심리적 속성을 직접적으로 측정한다.

④ 심리평가의 근거자료 중 하나이다.

기출 2022년 2회

정답 ③

해설
심리검사의 심리적 속성에 대한 측정
개인의 심리적 속성은 추상적이고 비가시적이므로 직접적으로 측정하기 어렵다. 따라서 심리학자는 특정의 구체적인 행동을 나름대로 관찰 가능한 형태로 정의하고, 이를 토대로 행동을 관찰한 다음 개인의 심리적 구성물을 추론하게 된다.

심리검사의 유형 중 객관적 검사의 장점이 아닌 것은?

① 검사 실시의 간편성　　② 객관성의 증대

③ 반응의 풍부함　　　　④ 높은 신뢰도

기출 2021년 1회

정답 ③

해설
투사적 검사의 장점에 해당한다.

심리검사를 선택하고 해석하는 과정에 관한 설명으로 틀린 것은?

① 검사는 진행 중인 상담과정의 한 구성요소로만 보아야 한다.

② 검사는 내담자의 의사결정을 돕기 위한 정보를 얻는 하나의 도구이다.

③ 검사는 내담자와 함께 협조해서 선택하는 것이 좋다.

④ 검사의 결과는 가능한 한 내담자에게 제공해서는 안 된다.

기출 2021년 2회

정답 ④

해설
검사의 결과는 내담자가 이용 가능한 다른 정보와 관련하여 제시되어야 한다. 상담자는 내담자가 검사 해석의 내용을 이해하는지 확인하며, 내담자로 하여금 그 정보에 대한 반응을 표현할 수 있도록 격려해야 한다.

회사에서 인사선발 및 배치와 관련해서 심리검사를 실시하는 경우, 이는 심리검사의 용도 중 무엇에 해당하는가?

① 진 단

② 연 구

③ 조 사

④ 예 측

기출 2013년 1회

정답 ④

해설
심리검사는 지원자 개인의 심리적 특성을 사전에 파악하여 인적자원을 효과적으로 확보 및 관리하기 위한 조직적 차원의 인적자원관리 활동으로 볼 수 있다.

심리검사에 관한 설명으로 가장 거리가 먼 것은?

① 심리검사의 목적은 검사결과를 얻는 것이다.

② 심리검사는 알아보려는 심리특성을 대표하는 행동진술문들을 표집해 놓은 측정도구이다.

③ 심리검사는 객관적인 측정을 위해서 표준화된 절차에 따라 실시된다.

④ 심리전문가라고 하더라도 각 검사에 대한 훈련을 마친 후에 그 검사를 사용해야 한다.

기출 2013년 2회

정답 ①

해설
심리검사 결과는 내담자를 이해할 때 대략적인 판단의 자료로 활용된다.

38 다음 중 비표준화 검사와 비교할 때 표준화 검사의 특징과 가장 거리가 먼 것은?

① 검사의 실시와 채점이 객관적이다.

② 체계적 오차는 있어도 무선적 오차는 없다.

③ 신뢰도와 타당도가 비교적 높다.

④ 규준집단에 비교해서 피검사자의 상대적 위치를 알 수 있다.

핵심 키워드 표준화 검사의 특징

☞ 검사 실시와 채점의 객관성, 상대적으로 높은 신뢰도와 타당도, 규준집단과의 비교를 통한 상대적 위치 파악

기출 데이터 2011년 3회, 2010년 2회

핵심기출 해설　**답 ②**

② 체계적 오차는 응답자 개인이나 검사 자체의 특성으로 인해 발생하는 오차인 반면, 무선적 오차는 검사 과정에서 통제되지 않은 요인들에 의해 우연하게 발생하는 오차이다. 표준화 검사는 검사제작 과정에서 신뢰도와 타당도 검증이 이루어지고 검사의 실시·채점·해석이 객관적으로 수행되므로 비표준화 검사에 비해 전반적으로 오차가 적다. 그러나 이와 같은 낮은 오차율은 검사자 변인이나 검사상황 변인에 의한 영향을 적게 받음으로써 나타나는 결과일 뿐 표준화 검사에도 오차는 있기 마련이다.

표준화 검사와 비표준화 검사

표준화 검사	• 정해진 절차에 따라 실시되고 채점되는 검사이다. 즉, 검사 조건이 모든 수검자(피검사자)에게 동일하며, 모든 채점은 객관적이다.(①) • 표준화된 평가 절차를 위해 검사의 구조, 실시방법, 해석에 대한 특정한 기준을 갖추고 있다. • 대부분의 표준화 검사는 검사의 신뢰도와 타당도를 확보한 검사이다. 즉, 신뢰도와 타당도가 비교적 높다.(③) • 검사 결과는 대규모 표집으로부터 얻은 규준 자료를 참고하여 해석되며, 이를 통해 규준집단에 비교해서 수검자의 상대적 위치를 알 수 있다.(④)
비표준화 검사	• 상담에 활용되는 많은 심리검사들은 검사 해석을 위한 대표적 규준집단, 검사 채점의 신뢰도 등의 기준을 갖추고 있지 않은 경우가 많다. • 비표준화 검사는 표준화된 검사에 비해 신뢰도가 떨어지지만, 기존의 심리검사에 의해 다루어지지 못한 측면들을 융통성 있게 고려할 수 있다. • 투사적 기법, 행동관찰, 질문지 등이 포함된다. 이러한 방법들은 평가 절차상 신뢰도는 낮지만 검사 대상자의 일상생활, 주관적인 생각 등 표준화 검사를 통해 얻기 어려운 정보들을 제공해 준다.

이것이 핵심　**TIP**

무선적 오차의 원인으로는 검사 상황의 산만함, 수검자의 신체적·정서적 상태, 수검 태도 등이 있습니다. 이러한 무선적 오차가 크면 검사의 신뢰도는 낮아지게 됩니다. 반면, 체계적 오차는 체중계로 몸무게를 측정할 때 실수로 초기설정을 5kg 낮게 함으로써 모든 측정대상의 체중이 5kg 낮게 측정된 경우를 예로 들 수 있습니다. 이 경우 검사의 신뢰도에는 영향을 주지 않지만 타당도에는 부정적인 영향을 미치게 됩니다.

표준화 검사의 특징으로 틀린 것은?

① 검사의 실시와 채점이 객관적이다.
② 체계적 오차와 무선적 오차가 없다.
③ 신뢰도와 타당도가 비교적 높다.
④ 규준집단에 비교해서 피검사자의 상대적 위치를 알 수 있다.

기 출 2018년 2회, 2010년 2회
정 답 ②
해 설
표준화 검사의 낮은 오차율은 검사자 변인
이나 검사상황 변인에 의한 영향을 적게 받
음으로써 나타나는 결과일 뿐 표준화 검사
에도 오차는 있기 마련이다.

검사실시에 영향을 미치는 외적 변수들을 가능한 제거하는 것이 목표인 것은?

① 타당화   ② 표준화
③ 신뢰화   ④ 규준화

기 출 2018년 2회, 2005년 1회
정 답 ②
해 설
표준화는 검사 실시 및 채점 절차의 동일성
을 유지하는 데 필요한 세부사항들이 잘 정
리되어 있는 것을 말한다.

다음 (   )에 알맞은 심리검사 용어는?

(   )란 검사의 실시와 채점 절차의 동일성을 유지하는 데 필요한 세부사항
들을 잘 정리한 것을 말한다. 즉, 검사재료, 시간제한, 검사순서, 검사장소 등
검사 실시의 모든 과정과 응답한 내용을 어떻게 점수화하는가 하는 채점 절차
를 세부적으로 명시하는 것을 말한다.

① 일반화   ② 규준화
③ 표준화   ④ 규격화

기 출 2017년 3회
정 답 ③
해 설
② 규준화의 이유는 다른 사람들의 검사점
   수를 참고로 하여 개인점수의 상대적 위
   치를 앎으로써 검사점수를 상대적으로
   해석하기 위해서이다.

다음 괄호 안에 알맞은 것은?

(   )란 심리검사의 실시와 채점 절차의 동일성을 유지하는 데 필요한 세부
사항들이 잘 정리되어 있는 것을 말한다.

① 표준화   ② 독립변인
③ 종속변인   ④ 규 준

기 출 2006년 3회
정 답 ①
해 설
②·③ 독립변인은 어떤 다른 변인의 원인
   이 되는 변인, 종속변인은 그 독립변인
   의 결과가 되는 변인을 말한다.
④ 규준은 대표집단의 사람들에게 실시한
   검사점수를 일정한 분포도로 작성한, 특
   정 검사점수의 해석에 필요한 기준이 되
   는 자료를 말한다.

다음 중 좋은 심리검사가 갖추어야 할 조건이 아닌 것은?

① 타당도   ② 신뢰도
③ 표준화   ④ 추상적 구성개념

기 출 2003년 1회
정 답 ④
해 설
추상적인 개념들을 조작적 정의를 통해 측
정 가능한 상태로 만들고, 반복적인 관찰을
통해 동일한 결과를 얻음으로써 객관성을
확보할 수 있는 것이다.

39

준거참조검사에 관한 설명으로 옳은 것은?

① 검사점수를 다른 사람의 점수와 비교하여 어떤 수준인지 알아낸다.

② 상대적인 정보를 제공한다.

③ 성격이나 적성검사에 주로 사용된다.

④ 기준점수는 검사, 조직의 특성, 시기 등에 따라 달라질 수 있다.

핵심 키워드
• 준거참조검사 ☞ 당락의 기준점수, 대부분의 국가자격시험
• 규준참조검사 ☞ 다른 사람의 점수와 비교, 대부분의 심리검사

기출 데이터 2011년 1회, 2009년 1회

핵심기출 해설　답 ④

④ 준거참조검사는 규준참조검사와 달리 검사점수를 다른 사람들과 비교하는 것이 아닌 어떤 기준점수와 비교하는 방식이다. 이때 기준점수는 검사에 따라, 검사를 사용하는 기관이나 조직의 특성에 따라, 검사의 시기나 목적에 따라 달라질 수 있다. 따라서 준거참조검사는 '규준'을 가지고 있지 않으며, 특정의 당락점수만 가지고 있다.

①·② 규준참조검사의 내용에 해당한다. 규준참조검사는 개인의 점수를 해석하기 위해 유사한 다른 사람들의 점수를 비교하여 평가함으로써 상대적인 정보를 제공한다.

③ 성격검사나 적성검사 등 대부분의 심리검사들은 규준참조검사에 해당한다.

이것이 핵심　TIP

Q 직업상담사 자격시험은 준거참조검사일까요? 아니면 규준참조검사일까요?

A 직업상담사 자격시험을 비롯하여 당락의 기준점수가 사전에 정해져 있는 대부분의 국가자격시험이 준거참조검사에 해당합니다. 직업상담사 자격시험은 평균 60점 이상(단, 과락 과목 없이)이면 합격이라는 사실 다들 알고 계시죠? 옆집 아저씨가 평균 50점을 받든 뒷집 아주머니가 평균 80점을 받든 상관없이 각자 자신의 점수가 당락의 기준점수인 평균 60점 이상을 충족시키면 됩니다.

● **핵심유형 완성하기** ●

심리검사에 관한 설명으로 틀린 것은?	기출 2017년 2회, 2012년 1회
① 대부분의 심리검사는 준거참조검사이다. ② 측정의 오차가 작을수록 신뢰도는 높은 경향이 있다. ③ 검사의 신뢰도가 높으면 타당도도 높게 나타나지만 항상 그런 것은 아니다. ④ 검사가 측정하고자 하는 심리적 구인(구성개념)을 정확하게 측정하는 것은 타당도의 개념이다.	정답 ① 해설 각종 심리검사나 선발검사 등은 규준참조검사에 해당한다.
심리검사에 관한 설명 중 틀린 것은?	기출 2014년 3회
① 속도검사는 숙련도를 측정하는 검사이다. ② 역량검사는 궁극적인 문제해결력을 측정하는 검사이다. ③ 수행검사는 대상이나 도구를 직접 다루어야 하는 검사이다. ④ 준거참조검사는 타인과 비교하기 위한 검사이다.	정답 ④ 해설 타인과 비교하기 위한 검사는 규준참조검사에 해당한다.

40

다음 중 능력검사에 해당하지 않는 것은?

① 적성검사

② 지능검사

③ 성취검사

④ 흥미검사

핵심 키워드 • 인지적 검사(극대수행검사) ☞ 지능검사, 적성검사, 성취도검사
• 정서적 검사(습관적 수행검사) ☞ 성격검사, 흥미검사, 태도검사

기출 데이터 2011년 3회

핵심기출 해설　**답 ④**

④ 흥미검사는 비인지적 · 정서적 검사에 해당한다.

심리검사의 측정 내용에 따른 분류

인지적 검사	• 일정한 시간 내에 자신의 능력을 최대한 발휘하도록 하는 '극대수행검사'에 해당한다. • 개인의 능력 전체가 아닌 일부의 능력을 측정하는 능력검사이다. • 보통 문항에 정답이 있으며, 응답에 시간제한이 있다. **예** 지능검사(K–WAIS, K–WISC), 적성검사(진학적성검사, 직업적성검사), 성취도검사(학업성취도검사) 등
정서적 검사	• 비인지적 검사로서 일상생활에서의 습관적인 행동을 검토하는 '습관적 수행검사'에 해당한다. • 개인의 인지능력 외에 정서, 흥미, 태도, 가치 등을 측정하며, 응답자의 정직한 응답을 요구한다. • 문항에 정답이 없으며, 응답에 시간제한도 없다. **예** 성격검사(MBTI, MMPI), 흥미검사(직업흥미검사, 학습흥미검사), 태도검사(직무만족도검사) 등

이것이 핵심　**TIP**

심리검사는 다양한 방식으로 분류됩니다. 그 대표적인 분류방식은 다음과 같습니다.

• 실시시간을 기준으로 하는 분류 : 속도검사 / 역량검사

• 한 번에 실시할 수 있는 수검자의 수에 따른 분류 : 개인검사 / 집단검사

• 검사도구에 따른 분류 : 지필검사 / 수행검사

• 검사 사용 목적에 따른 분류 : 규준참조검사 / 준거참조검사

• 측정 내용에 따른 분류 : 인지적 검사 / 정서적 검사

심리검사는 다양한 기준을 적용하여 분류할 수 있다. 검사의 실시방법에 따른 분류에 해당하지 않는 검사는?

① 규준참조검사와 준거참조검사
② 속도검사와 역량검사
③ 개인검사와 집단검사
④ 지필검사와 수행검사

기출 2025년, 2016년 3회

정답 ①

해설
규준참조검사와 준거참조검사는 검사의 사용 목적에 따른 분류에 해당한다.

내담자의 직무능력을 언어능력과 동작성 능력으로 구분하여 분석하는 대표적인 검사는?

① 비문자형 종합검사(NATB)
② 웩슬러 성인용 지능검사(WAIS-Ⅲ)
③ FQ(Finger-function Quotient) 검사
④ 수정베타 검사법(제2판)

기출 2023년, 2018년 2회

정답 ②

해설
웩슬러 성인용 지능검사(WAIS)는 일반지능을 측정하는 검사로서, 언어성 검사와 동작성 검사로 구분되며, 하위검사(소검사) 간 비교를 통해 개인의 인지기능 전반을 평가할 수 있다.

심리검사의 유형과 그 예를 짝지은 것으로 틀린 것은?

① 직업흥미검사 - VPI
② 직업적성검사 - AGCT
③ 성격검사 - CPI
④ 직업가치검사 - MIQ

기출 2019년 3회

정답 ②

최대수행검사 중 적성검사와 성취검사를 구분하는 기준으로 가장 적합한 것은?

① 검사 문항의 유형
② 검사의 채점 방식
③ 검사 실시의 목적
④ 검사 규준의 산출 방식

기출 2018년 3회

정답 ③

해설
성취검사는 제한된 교과과정에서 학습된 내용을 평가하고, 적성검사는 교과과정과 무관하게 전반적인 학습정도를 평가한다.

41 직업상담에 사용되는 질적 측정도구가 아닌 것은?

① 역할놀이
② 제노그램
③ 카드분류
④ 욕구 및 근로 가치 척도

핵심 키워드   질적 측정도구
　　　　　☞ 자기효능감 측정, 직업카드분류, 직업가계도(제노그램), 역할놀이(역할극)
기출 데이터   2020년 3회, 2017년 2회, 2013년 3회, 2010년 3회

핵심기출 해설   답 ④

직업상담에 사용되는 주요 질적 측정도구
• 자기효능감 척도 또는 자기효능감 측정 : 어떤 과제를 어느 정도 수준으로 수행할 수 있는 능력을 갖추었다고 스스로 판단하는지의 정도를 측정한다.
• (직업)카드분류 : 내담자의 가치관, 흥미, 직무기술, 라이프 스타일 등의 선호형태를 측정하는 데 유용하다.
• 직업가계도 또는 제노그램 : 내담자의 가족이나 선조들의 직업 특징에 대한 시각적 표상을 얻기 위해 도표를 만드는 것이다.
• 역할놀이 또는 역할극 : 내담자의 수행행동을 나타낼 수 있는 업무상황을 제시해 준다.

이것이 핵심   **TIP**

욕구 및 근로 가치 척도(설문)와 더불어 흥미검사, 성격검사(인성검사), 적성검사, 경력진단검사 등의 진로검사도구들은 양적 측정도구에 해당합니다.

● **핵심유형 완성하기** ●

다음은 질적 측정도구 중 무엇에 관한 설명인가?	기출 2020년 1 · 2회
원래 가족치료에 활용하기 위해 개발되었는데, 기본적으로 경력상담 시 먼저 내담자의 가족이나 선조들의 직업 특징에 대한 시각적 표상을 얻기 위해 도표를 만드는 것 ① 자기효능감 척도　　　　② 역할놀이 ③ 제노그램　　　　④ 카드분류	정답 ③
심리검사 중 질적 측정도구에 해당하지 않는 것은? ① 역할놀이　　　　② 제노그램 ③ 카드분류　　　　④ 경력진단검사	기출 2018년 1회 정답 ④

제노그램(Genogram)

42

경력 상담 시 내담자의 가족이나 선조들의 직업 특징에 대한 시각적 표상을 얻기 위해 도표를 만드는 방식은?

① 경력개발 프로그램 ② 제노그램
③ 경력사다리 ④ 직업결정 나무

핵심 키워드 제노그램(Genogram)
☞ 가족이나 선조들의 직업 특징을 시각적으로 나타낸 도표
기출 데이터 2014년 2회, 2012년 2회

핵심기출 해설 **답 ②**

② 제노그램(Genogram)은 원래 가족치료에 활용하기 위해 개발되었는데, 기본적으로 경력상담 시 먼저 내담자의 가족이나 선조들의 직업 특징에 대한 시각적 표상을 얻기 위해 도표를 만드는 것이다.

① 경력개발은 조직의 인력개발 계획 속에서 자신의 진로를 결정하고 실행에 옮기는 것을 돕기 위해 평가, 상담, 계획수립 및 훈련 등을 실시하는 것이며, 경력개발 프로그램은 이와 같은 경력개발을 위한 구체적인 방법에 해당한다.

③ 경력사다리는 조직 내에서 직무상 나타나는 승진의 일정한 패턴을 의미하는 것으로서, 개인의 경력개발을 통한 전문성 제고 및 성장비전 확보를 위한 기본적인 밑그림으로 볼 수 있다.

④ 직업결정 나무는 나무도해를 이용하여 각 나뭇가지에 제시된 선택대안들을 따라 보다 구체화된 직업의사결정이 이루어지도록 돕는 방법이다.

이것이 핵심 **TIP**

제노그램(Genogram)은 이를 전체적으로 구성할 경우 상당히 많은 시간이 소요되고, 사실상 경력상담의 일부 목적에만 적용되므로 축약형을 만들어 쓰기도 합니다. 이러한 제노그램에는 설령 가족이 아니더라도 내담자의 경력 사고에 큰 영향을 미친 사람이라면 누구라도 추가할 수 있습니다(예 교사, 과거의 상사 등). 다만, 이 경우 해당 인물의 직업을 반드시 기록해 넣어야 합니다.

● **핵심유형 완성하기** ●

직업상담 시 활용할 수 있는 측정도구에 관한 설명으로 틀린 것은?

① 자기효능감 척도는 어떤 과제를 어느 정도 수준으로 수행할 수 있는 능력을 갖추었다고 스스로 판단하는지의 정도를 측정한다.

② 소시오그램은 원래 가족치료에 활용하기 위해 개발되었는데, 기본적으로 경력상담 시 먼저 내담자의 가족이나 선조들의 직업 특징에 대한 시각적 표상을 얻기 위해 도표를 만드는 것이다.

③ 역할놀이에서는 내담자의 수행행동을 나타낼 수 있는 업무상황을 제시해 준다.

④ 카드분류는 내담자의 가치관, 흥미, 직무기술, 라이프 스타일 등의 선호형태를 측정하는 데 유용하다.

기출 2023년, 2020년 1·2회, 2016년 1회
정답 ②
해설
소시오그램이 아닌 제노그램(직업가계도)에 해당한다.

표준편차(Standard Deviation)

43 다음 중 표준편차에 대한 설명으로 옳은 것은?

① 최저점과 최고점의 점수차

② 최빈치와 최소치 간의 점수차의 평균

③ 각 점수들이 평균에서 벗어난 평균면적

④ 평균에서 각 점수들이 평균적으로 이탈된 정도

핵심 키워드 표준편차(SD)

☞ 평균에서 각 점수들이 평균적으로 이탈된 정도

기출 데이터 2014년 3회, 2010년 4회

핵심기출 해설 답 ④

표준편차(Standard Deviation)

• 점수집합 내에서 점수들 간의 상이한 정도, 즉 변숫값이 평균값에서 어느 정도 떨어져 있는지를 나타내는 수치이다.

• 표준편차가 클수록 평균값에서 이탈한 것이고, 표준편차가 작을수록 평균값에 근접한 것이다.

• 집단의 각 점수들이 평균에서 벗어난 평균거리를 의미하므로, 표준편차가 작을수록 해당 집단의 사례들이 서로 동질적인 것으로, 표준편차가 클수록 해당 집단의 사례들이 서로 이질적인 것으로 볼 수 있다.

이것이 핵심 TIP

분산 정도를 판단하기 위한 주요 기준으로 범위, 분산 또는 변량, 표준편차가 있습니다. 또한 표준편차와 표준오차는 서로 다른 개념임을 유의해야 합니다.

● **핵심유형 완성하기** ●

다음 중 표준편차가 가장 작은 것은?	**기출** 2015년 3회
① 1, 5, 10, 15 ② 7, 9, 10, 12 ③ 3, 7, 10, 12 ④ 5, 10, 15, 21	**정답** ② **해설** '7, 9, 10, 12'의 평균은 '(7+9+10+12)/4 = 9.5'이며, 따라서 개별 편차는 각각 '−2.5, −0.5, 0.5, 2.5'이다.
평균이 100, 표준편차가 15이고 정상분포를 이루고 있는 검사의 경우, 전체 사례의 68%가 속하게 되는 점수의 범위는? ① 85~115 ② 70~130 ③ 65~145 ④ 50~160	**기출** 2013년 3회, 2010년 2회 **정답** ① **해설** **정상분포(정규분포)상에서의 표준편차** 평균이 100, 표준편차가 15인 정상분포의 경우, 85~115점(→ 평균±1표준편차) 안에 전체 사례의 약 68.3%가 속하게 되고, 70~130점(→ 평균±2표준편차) 안에 전체 사례의 약 95.4%가 속하게 된다.

44 검사점수의 표준오차에 관한 설명으로 옳은 것은?

① 검사의 표준오차는 클수록 좋다.
② 검사의 표준오차는 검사점수의 타당도를 나타내는 수치다.
③ 표준오차를 고려할 때 오차 범위 안의 점수 차이는 무시해도 된다.
④ 표준오차가 크더라도 검사점수에서 작은 차이도 중요하게 받아들여야 한다.

핵심 키워드 표준오차(SE)
☞ 표본평균이 모집단의 평균으로부터 이탈된 정도
기출 데이터 2012년 3회, 2003년 1회

핵심기출 해설 **답 ③**

③ · ④ 표준오차는 5% 내외의 수치이므로 크건 작건 큰 차이로 받아들이지 않는다. 다만, 표준오차가 너무 큰 경우 검사 자체가 무의미해진다.
① 검사의 표준오차는 작을수록 좋다. 표준오차가 작을수록 표본의 대표성이 높다고 볼 수 있다.
② 검사의 표준오차는 신뢰도를 나타내는 수치이다. 참고로 신뢰도를 추정하기 위해 표준오차, 표준편차, 신뢰구간, 신뢰수준 등이 활용된다.

표준오차(Standard Error)
• 추출된 표본들의 평균이 실제 모집단의 평균과 어느 정도 떨어져서 분포되어 있는지를 나타내는 수치이다.
• 검사의 표준오차는 검사 점수의 신뢰도를 나타내는 수치이다.
• 검사의 표준오차는 작을수록 좋다. 표준오차가 작을수록 표본의 대표성이 높다고 볼 수 있다.
• 표준오차를 고려할 때 오차 범위 안의 점수 차이는 무시해도 된다. 즉, 표준오차는 5% 내외의 수치이므로 크건 작건 큰 차이로 받아들이지 않는다. 다만, 표준오차가 너무 큰 경우 검사 자체가 무의미해진다.

이것이 핵심 **TIP**

• 표준편차는 모집단 내의 분산을 측정합니다. 전체평균으로부터 평균적으로 얼마나 떨어져 있는가를 측정합니다.
• 표준오차는 표본평균들의 분산을 측정합니다. 표본평균들이 모집단의 평균으로부터 평균적으로 얼마나 떨어져 있는가를 측정합니다.

● **핵심유형 완성하기** ●

검사점수의 표준오차에 관한 설명으로 옳은 것은?

① 검사의 표준오차는 클수록 좋다.
② 검사의 표준오차는 검사점수의 타당도를 나타내는 수치다.
③ 표준오차를 고려할 때 오차 범위 안의 점수 차이는 무시해도 된다.
④ 검사의 표준오차는 표준편차의 다른 표현이다.

기출 2017년 1회, 2013년 2회
정답 ③

45 다음의 설명에 해당하는 심리검사 용어는?

대표집단의 사람들에게 실시한 검사점수를 일정한 분포도로 작성한, 특정 검사점수의 해석에 필요한 기준이 되는 자료

① 규 준
② 표 준
③ 준 거
④ 참 조

핵심 키워드 • 규준 ☞ 검사점수를 대표집단 사람들의 점수와 비교하여 해석
• 준거 ☞ 검사점수를 특정 기준을 토대로 해석

기출 데이터 2015년 2회

핵심기출 해설 답 ①

규준(Norm)과 준거(Criterion)

규 준	• 대표집단의 사람들에게 실시한 검사점수를 일정한 분포도로 작성해서 만드는 것으로, 이는 특정 검사점수의 해석에 필요한 기준이 된다. • 한 개인의 점수를 이 분포에 비추어 어느 위치에 속하는지, 즉 해당 점수가 대표집단의 평균 정도에 해당하는지 혹은 그보다 높은지 낮은지 등으로 해석하게 된다.
준 거	• 개인이 어떤 일을 수행할 수 있다고 대중이 확신하는 지식 또는 기술 수준을 말하며, 목표 설정에 있어서 도달하여야 할 기준을 의미한다. • 어떤 검사를 예언을 목적으로 사용하기 위해 개발할 경우 개발한 검사의 예측력을 객관적인 절차를 통해 검증해야 하는데, 이때 사용되는 예측정보가 준거에 해당한다.

이것이 핵심 TIP

규준참조검사는 개인의 점수를 해석하기 위해 유사한 다른 사람들의 점수를 비교하여 평가하는 상대평가 목적의 검사인 반면, 준거참조검사는 검사점수를 다른 사람들의 결과와 비교하는 것이 아닌 어떤 기준점수와 비교하는 절대평가 목적의 검사에 해당합니다.

심리검사에서 규준에 대한 설명으로 옳은 것은?

① 한 집단의 특성을 가장 간편하게 표현하기 위한 개념으로 그 집단의 대푯값을 말한다.
② 한 집단의 수치가 얼마나 동질적인지를 표현하기 위한 개념으로 점수들이 그 집단의 평균치로부터 벗어난 평균거리를 말한다.
③ 서로 다른 체계로 측정한 점수들을 동일한 조건에서 비교하기 위한 개념으로 원점수에서 평균을 뺀 후 표준편차로 나눈 값을 말한다.
④ 원점수를 표준화된 집단의 검사점수와 비교하기 위한 개념으로 대표집단의 검사점수 분포도를 작성하여 개인의 점수를 해석하기 위한 것이다.

기출 2019년 3회, 2009년 1회, 2002년 1회
정답 ④
해설
① 평균, ② 표준편차, ③ 표준점수

다음 설명에 해당하는 심리검사 용어는?

> 기본적으로 특정 모집단을 대표하는 표본을 구성하고 이들에게 검사를 실시하여 얻은 점수를 체계적으로 분석해서 만들게 된다.

① 규 준
② 표 준
③ 준 거
④ 참 조

기출 2018년 1회
정답 ①

다음 중 심리검사에서 규준이 필요한 이유는?

① 준거참조검사에서 어떤 기준점수와 비교하여 기준점인 당락점수에 비추어 검사점수를 해석하기 위해서
② 다른 사람들의 검사점수를 참고로 하여 개인점수의 상대적 위치를 앎으로써 검사점수의 상대적인 해석을 하기 위해서
③ 심리검사의 실시와 채점 절차의 동일성을 유지하기 위해 검사자가 지켜야 하는 관련 세부규칙들을 정리하기 위해서
④ 심리검사의 신뢰도와 타당도를 구하기 위해서 동일한 사람을 상대로 동일한 검사를 실시하고 그 검사가 무엇을 얼마나 정확하게 측정하는지를 알기 위해서

기출 2003년 3회
정답 ②

46 다음 중 규준의 범주에 포함될 수 없는 점수는?

① 표준점수　　　　　　　　② Stanine점수
③ 백분위 점수　　　　　　　④ 표집점수

핵심 키워드　집단 내 규준
　　　　　　☞ 백분위 점수, 표준점수, 표준등급(Stanine)
기출 데이터　2021년 1회, 2012년 2회

핵심기출 해설　답 ④

집단 내 규준
• 백분위 점수 : 원점수의 분포에서 100개의 동일한 구간으로 점수들을 분포하여 변환점수를 부여한 것이다.
• 표준점수 : 원점수를 주어진 집단의 평균을 중심으로 표준편차 단위를 사용하여 분포상 어느 위치에 해당하는가를 나타낸 것이다. 가장 보편적인 표준점수로서 Z점수, T점수, H점수 등이 있다.
• 표준등급 : 원점수를 비율에 따라 1~9까지의 구간으로 구분하여 각각의 구간에 일정한 점수나 등급을 부여한 것이다.

이것이 핵심　TIP

집단 내 규준은 개인의 원점수를 규준집단의 수행과 비교해 볼 수 있도록 합니다. 특히 원점수가 서열척도에 불과한 데 비해 집단 내 규준점수들은 심리측정상 등간척도의 성질을 띠므로 보다 높은 수준의 측정을 가능하게 합니다.

● **핵심유형 완성하기** ●

규준은 검사점수 해석에 필요한 기준이 되는 자료이다. 다음 중 집단 내 규준에 해당하지 않는 것은?

① 백분위 점수　　　② 표준등급(Stanine)
③ 학년점수　　　　　④ 편차 IQ

기출 2023년, 2011년 3회
정답 ③
해설
학년점수 또는 학년규준은 주로 성취도검사에 이용하기 위해 학년별 평균이나 중앙치를 이용하여 규준을 제작하는 발달규준에 해당한다.

규준의 종류에 해당하지 않는 것은?

① 표준점수　　　② 표준등급
③ 원점수　　　　④ 백분위

기출 2002년 1회
정답 ③
해설
원점수는 실시한 검사를 채점하여 얻는 최초의 점수로서, 그 자체로는 거의 아무런 정보를 주지 못한다.

47 다음은 무엇에 관한 설명인가?

> • 서로 다른 체계로 측정한 점수들을 동일한 조건에서 비교할 수 있도록 한다.
> • 음수값을 가지지 않는다.
> • 원점수를 변환해서 평균이 50이고 표준편차가 10인 분포로 만든 것이다.

① T점수
② Z점수
③ 백분율 점수
④ 백분위 점수

핵심 키워드 • Z점수 ☞ 평균 = 0, 표준편차 = 1
　　　　　　　 • T점수 ☞ 평균 = 50, 표준편차 = 10

기출 데이터 2014년 1회

핵심기출 해설 **답 ①**

Z점수와 T점수

• Z점수는 원점수를 평균이 0, 표준편차가 1인 Z분포상의 점수로 변환한 점수이다. 예를 들어, Z점수 0은 원점수가 정확히 평균값에 위치한다는 의미이며, Z점수 −1.5는 원점수가 참조집단의 평균으로부터 하위 1.5 표준편차만큼 떨어져 있다는 것이다. 이와 같이 Z점수는 소수점과 음수값으로 제시되기도 하는데, 이는 계산 및 해석을 어렵게 만든다.

• T점수는 소수점과 음수값을 가지는 Z점수의 단점을 보완하기 위해 Z점수에 10을 곱한 후 50을 더하여 평균이 50, 표준편차가 10인 분포로 전환시킨 것이다. 가장 널리 사용되는 정규화된 표준점수로서 미네소타 다면적 인성검사(MMPI) 등이 있다.

이것이 핵심 **TIP**

다음의 Z점수와 T점수의 산출 공식도 반드시 암기해 두시기 바랍니다. 계산문제가 나올 수 있습니다.

• Z점수 $= \dfrac{\text{원점수} - \text{평균}}{\text{표준편차}}$

• T점수 $= 10 \times Z\text{점수} + 50$

표준화된 심리검사에서 표준점수에 관한 설명으로 옳은 것은?

① 특정한 원점수 이하에 속하는 사례의 비율을 통해 나타내는 상대적 위치이다.
② 개인의 점수가 평균으로부터 떨어져 있는 거리이다.
③ 순차적이고 단계적인 발달의 과정이다.
④ 모집단을 대표할 수 있도록 표집한 규준집단에서의 자료이다.

기출 2017년 2회
정답 ②
해설
표준점수는 분포의 표준편차를 이용하여 개인의 점수가 평균으로부터 떨어져 있는 거리를 표시한 것이다.

어떤 사람의 심리검사점수가 다른 사람과 비교하여 어느 위치에 있는지 알기 위해서 일반적으로 T점수로 변환하는데, 이러한 T점수의 평균과 표준편차는?

① 평균 0, 표준편차 1
② 평균 50, 표준편차 10
③ 평균 10, 표준편차 5
④ 평균 100, 표준편차 50

기출 2015년 1회
정답 ②

A군은 지능검사에서 원점수가 110점이었다. 전체 집단의 평균이 100점이고 표준편차가 10일 때 A군의 표준점수(T점수)는?

① 50
② 60
③ 70
④ 80

기출 2013년 2회
정답 ②

다음 중 표준점수에 대한 설명으로 옳은 것은?

① 표준점수는 음수(−)값을 가질 수 없다.
② 표준점수는 원점수에서 표준편차를 빼고 평균으로 나눈 값이다.
③ T점수의 평균은 50이고, 표준편차는 10이다.
④ 표준점수의 분포는 항상 정상분포가 된다.

기출 2010년 3회
정답 ③
해설
① 표준점수 중 특히 Z점수의 경우 음수(−)값을 가질 수 있다.
② 표준점수는 원점수에서 평균을 뺀 후 표준편차로 나눈 값이다.

다음 중 원점수를 표준점수로 변환했을 때 이들 표준점수(Z−score)의 평균과 표준편차가 옳은 것은?

① 평균＝0, 표준편차＝1
② 평균＝1, 표준편차＝1
③ 평균＝100, 표준편차＝15
④ 평균＝1, 표준편차＝15

기출 2005년 3회
정답 ①

48

특정 집단의 점수분포에서 한 개인의 상대적 위치를 나타내는 점수는?

① 표준점수

② 표준등급

③ 백분위 점수

④ 규준점수

핵심 키워드
- 백분위 점수 ☞ 특정 집단의 점수분포에서 한 개인의 상대적 위치를 나타낸 것
- 표준점수 ☞ 서로 다른 체계로 측정한 점수들을 동일한 조건에서 비교하기 위한 것
- 표준등급 ☞ 원점수를 1~9까지 구간으로 구분하여 한 자리 숫자체계로 전환한 것

기출 데이터 2021년 2회, 2012년 2회

핵심기출 해설 **답 ③**

③ 백분위 점수는 원점수의 분포에서 100개의 동일한 구간으로 점수들을 분포하여 변환점수를 부여한 것이다. 표준화 집단에서 특정 원점수 이하인 사례의 비율이라는 측면에서 표시한 것으로서, 개인이 표준화 집단에서 차지하는 상대적인 위치를 가리킨다. 특히 최저점수에서부터 등수가 정해지므로 백분위가 낮아질수록 개인성적은 나쁘게 나온다. 백분위 점수는 계산이 간편하고 이해가 쉬우며, 사실상 모든 심리검사에서 보편적으로 이용할 수 있는 장점이 있다.

① 표준점수는 원점수를 주어진 집단의 평균을 중심으로 표준편차 단위를 사용하여 분포상 어느 위치에 해당하는가를 나타낸 것이다. 서로 다른 체계로 측정한 점수들을 동일한 조건에서 비교하기 위한 개념으로서, 원점수에서 평균을 뺀 후 표준편차로 나눈 값을 말한다.

② 표준등급은 원점수를 비율에 따라 1~9까지의 구간으로 구분하여 각각의 구간에 일정한 점수나 등급을 부여한 것이다.

④ 개인의 점수를 다른 사람들의 점수와 비교하고 해석하는 과정에서 비교대상이 되는 집단을 '규준집단'이라고 하며, 개인의 원점수를 규준에 따라 상대적으로 해석할 수 있도록 변환한 점수를 '규준점수'라고 한다.

이것이 핵심 **TIP**

백분위와 백분율은 사용상에 있어서 매우 유사하나 동일한 것이 아닙니다. 백분위는 최댓값을 100으로 하여 특정 대상의 상대적인 위치를 수치화한 값입니다. 반면, 백분율은 최댓값이 1이며, 여기에 분모 100을 적용하여 분자의 값만을 표기한 것입니다. 따라서 백분위의 경우 산출되는 값을 그대로 사용할 수 있으나, 백분율의 경우 해당 값이 항상 1보다 작은 값을 가지게 됩니다.

규준점수에 관한 설명으로 틀린 것은?

① Z점수 0에 해당하는 웩슬러(Wechsler) 지능검사 편차 IQ는 100이다.
② 백분위 50과 59인 두 사람의 원점수 차이는 백분위 90과 99인 두 사람의 원점수 차이와 같다.
③ 평균과 표준편차가 60, 15인 규준집단에서 원점수 90의 T점수는 70이다.
④ 백분위 50에 해당하는 스테나인(Stanine)의 점수는 5이다.

기출 2022년 2회
정답 ②
해설
백분위는 원점수와 선형관계에 있지 않으므로, 원점수에서 1점의 차이가 백분위에서는 전혀 다른 크기의 차이로 나타날 수 있다.

점수유형 중 그 의미가 모든 사람에게 단순하고 직접적이며, 한 집단 내에서 개인의 상대적인 위치를 살펴보는 데 적합한 것은?

① 원점수
② T점수
③ 표준점수
④ 백분위 점수

기출 2019년 2회, 2012년 1회
정답 ④
해설
② T점수는 표준점수의 범주에 포함되는 것으로서, 평균이 50, 표준편차가 10이 되도록 Z점수를 변환한 것이다.

검사 결과로 제시되는 백분위 "95"에 관한 의미로 옳은 것은?

① 검사점수를 95% 신뢰할 수 있다는 의미이다.
② 전체 문제 중에서 95%를 맞혔다는 의미이다.
③ 내담자의 점수보다 높은 사람들이 전체의 95%가 된다는 의미이다.
④ 내담자의 점수보다 낮은 사람들이 전체의 95%가 된다는 의미이다.

기출 2018년 2회, 2007년 1회, 2005년 1회
정답 ④
해설
백분위 점수는 특정 집단의 점수분포에서 한 개인의 상대적 위치를 나타내는 점수이다.

원점수가 가장 높은 사람부터 낮은 사람까지 순서대로 나열한 것은?

ㄱ. 원점수 65점
ㄴ. 백분위 점수 70점
ㄷ. 표준점수(Z점수) 1점
ㄹ. T점수 75점
※ 평균 50, 표준편차 10

① ㄴ - ㄱ - ㄹ - ㄷ
② ㄴ - ㄷ - ㄱ - ㄹ
③ ㄹ - ㄱ - ㄷ - ㄴ
④ ㄹ - ㄴ - ㄱ - ㄷ

기출 2016년 2회
정답 ③
해설
ㄱ. 원점수 65점을 Z점수로 변환하면,
$$Z점수 = \frac{원점수 - 평균}{표준편차} = \frac{65 - 50}{10} = 1.5$$
∴ 이 경우 Z점수는 1.5
ㄴ. 정규분포상 백분위 70은 Z점수로 약 0.5에 해당한다.
ㄷ. 보기에서 표준점수로 Z점수를 1.0으로 제시하고 있다.
ㄹ. T점수 75점을 Z점수로 변환하면,
$T점수(75점) = 10 \times Z점수 + 50$
∴ 이 경우 Z점수는 2.5

49 다음에 해당하는 규준은?

학교에서 실시하는 성취도검사나 적성검사의 점수를 정해진 범주에 집어넣어 학생들 간의 점수차가 작을 때 생길 수 있는 지나친 확대해석을 미연에 방지할 수 있다.

① 백분위 점수   ② 표준점수
③ 표준등급   ④ 학년규준

핵심 키워드 표준등급의 특징
☞ 스테나인(Stanine), 1~9까지의 구간, 성취도검사나 적성검사에 사용
기출 데이터 2022년 1회, 2018년 3회, 2016년 1회, 2011년 1회, 2008년 3회

핵심기출 해설 | **답 ③**

③ 표준등급은 원점수를 비율에 따라 1~9까지의 구간으로 구분하여 각각의 구간에 일정한 점수나 등급을 부여한 것이다. 학교에서 실시하는 성취도검사나 적성검사, 내신등급을 나타낼 때 주로 사용한다.
① 백분위 점수는 원점수의 분포에서 100개의 동일한 구간으로 점수들을 분포하여 변환점수를 부여한 것이다.
② 표준점수는 원점수를 주어진 집단의 평균을 중심으로 표준편차 단위를 사용하여 분포상 어느 위치에 해당하는가를 나타낸 것이다. 서로 다른 체계로 측정한 점수들을 동일한 조건에서 비교하기 위한 개념으로서, 원점수에서 평균을 뺀 후 표준편차로 나눈 값을 말한다.
④ 학년규준은 주로 성취도검사에 이용하기 위해 학년별 평균이나 중앙치를 이용하여 규준을 제작하는 발달규준에 해당한다.

이것이 핵심 | **TIP**

정상분포(정규분포)에서 표준등급에 해당하는 면적 비율은 다음과 같습니다.

Stanine	1	2	3	4	5	6	7	8	9
백분율(%)	4	7	12	17	20	17	12	7	4

이는 100명으로 구성된 집단이 있다고 가정할 때 그들 중 최하점수를 받은 4명에게는 'Stanine 1'을 부여하고, 그 다음으로 낮은 점수를 받은 7명에게는 'Stanine 2', 그 다음으로 낮은 점수를 받은 12명에게는 'Stanine 3'을 부여하는 방식입니다. 이러한 방식은 무엇보다도 소숫점이 없는 정수 점수를 제공함으로써 계산이 간편한 장점이 있습니다. 그러나 해당 점수가 단일 점수가 아닌 범위에 대한 점수이므로 엄밀하지 못한 단점도 있습니다.

● **핵심유형 완성하기** ●

2차 세계대전 중에 미국 공군에서 개발한 것으로 모든 원점수를 1~9까지의 한자리 숫자체계로 전환시킨 것은?

① 스테나인 척도   ② 써스톤 척도
③ 서열척도   ④ T점수

기 출 2021년 3회, 2011년 1회
정 답 ①

50

직업상담사 자격시험 문항 중 대학수학능력을 측정하는 문항이 섞여 있을 경우 가장 문제가 되는 것은?

① 타당도
② 신뢰도
③ 객관도
④ 매력도

핵심 키워드 검사도구의 주요 조건
☞ 타당도, 신뢰도, 객관도, 실용도

기출 데이터 2021년 3회, 2015년 2회, 2012년 2회

핵심기출 해설 답 ①

① 직업상담사 자격시험과 대학수학능력시험의 평가 목적은 다르며, 그로 인해 시험 문항들의 속성이나 측정내용 또한 차이가 있다. 직업상담사 자격시험은 직업 관련 상담 및 지도, 직업소개 등의 업무수행을 위한 기능을 평가하는 데 반해, 대학수학능력시험은 대학교육을 이수하는 데 필요한 수학능력 및 학업적성 등을 평가한다. 따라서 본질적으로 서로 다른 목적을 가진 측정항목으로는 연구자가 의도한 바대로 정확히 측정하는 것이 어려우며, 그로 인해 타당도 가 문제될 수 있다.

검사도구의 주요 조건(기준)

• 타당도 : 측정하고자 하는 개념이나 속성을 얼마나 실제에 가깝게 정확히 측정하고 있는가?
• 신뢰도 : 동일한 대상에 대해 같거나 유사한 측정도구를 사용하여 반복 측정할 경우 동일하거나 비슷한 결과를 얻을 수 있는가?
• 객관도 : 검사자의 채점이 어느 정도 신뢰할 만하고 일관성이 있는가?
• 실용도 : 검사도구가 얼마나 적은 시간과 비용, 노력을 투입하여 얼마나 많은 목표를 달성할 수 있는가?

이것이 핵심 TIP

타당도와 신뢰도를 한 마디로 정의하면 각각 '정확성'과 '일관성'으로 표현할 수 있습니다. 특히 신뢰도를 심리측정학 분야에서 사용할 때는 주로 '일관성'의 의미로 사용됩니다. 예를 들어, 동일한 사람을 대상으로 동일한 검사를 반복 실시하거나 동등한 형태의 A형과 B형으로 검사 및 재검사를 수행하였을 때 동일한 점수들이 관찰된다면, 해당 검사는 '일관성'이 있다고 말합니다. 참고로 객관도는 신뢰도의 일종으로서, '검사자의 신뢰도'라고도 불립니다.

신뢰도가 높은 검사의 특성으로 옳은 것은?

① 공부를 잘하는 학생이 못하는 학생보다 더 좋은 점수를 받는다.
② 검사점수들이 정상분포를 이룬다.
③ 한 피검사자가 동일한 검사를 반복해서 받을 때 유사한 점수를 받는다.
④ 검사 문항의 난이도가 낮은 것부터 높은 것까지 골고루 분포되어 있다.

기출 2019년 1회
정답 ③

신뢰도가 높은 심리검사란?

① 측정하고자 하는 특성을 정확하게 측정하는 검사
② 측정하고자 하는 특성을 일관성 있게 측정하는 검사
③ 검사를 개발하는 데 대규모 표본에 근거한 검사
④ 남녀노소 누구에게나 실시할 수 있는 검사

기출 2014년 3회
정답 ②
해설
신뢰도는 측정도구(척도)가 측정하고자 하는 현상을 일관성 있게 측정하는 능력을 말한다.

다음 사례에서 측정의 신뢰도와 타당도에 관한 설명으로 옳은 것은?

어떤 직업상담사가 내담자의 지능을 알아보기 위해 정확도가 보장된 체중계로 내담자의 몸무게를 측정했다.

① 신뢰도와 타당도가 모두 낮은 측정이다.
② 신뢰도와 타당도가 모두 높은 측정이다.
③ 타당도는 낮지만 신뢰도는 높은 측정이다.
④ 신뢰도는 낮지만 타당도는 높은 측정이다.

기출 2012년 3회
정답 ③
해설
직업상담사가 내담자의 지능을 측정하기 위해 지능검사 도구를 사용하지 않고 몸무게 측정을 위한 체중계를 사용했다면 결코 타당한 결과를 얻을 수 없다.

51

검사의 신뢰도에 영향을 주는 요인이 아닌 것은?

① 개인차
② 문항 수
③ 규준집단
④ 문항에 대한 반응 수

핵심 키워드 검사의 신뢰도에 영향을 미치는 요인
　　　　　☞ 개인차, 문항 수, 문항반응 수, 검사유형(속도검사의 신뢰도), 신뢰도 추정방법(검증법)
기출 데이터 2018년 1회, 2012년 1회, 2008년 3회

핵심기출 해설 **답 ③**

검사의 신뢰도에 영향을 미치는 주요 요인
- 개인차 : 검사대상이 되는 집단의 개인차가 클수록 검사점수의 변량은 커지며, 그에 따라 신뢰도 계수도 커지게 된다.
- 문항 수 : 문항 수가 많은 경우 신뢰도는 어느 정도 높아진다. 다만, 문항 수를 무작정 늘린다고 해서 검사의 신뢰도가 정비례하여 커지는 것은 아니다.
- 문항반응 수 : 문항반응 수는 적정한 크기를 유지하는 것이 바람직하며, 만약 이를 초과하는 경우 신뢰도는 향상되지 않는다. 일반적으로 리커트 척도에서 문항반응 수가 5점 내지 7점을 초과하는 경우 신뢰도 계수는 더 이상 커지지 않는 것으로 보고되고 있다.
- 검사유형(속도검사의 신뢰도) : 문항 수가 많고 주어진 시간이 제한되어 있는 속도검사의 경우 특히 전후반분법을 이용하여 신뢰도를 추정하는 것은 바람직하지 못하다. 그 이유는 응답자가 후반부로 갈수록 문항에 답할 충분한 시간이 없으므로 상대적으로 낮은 점수를 받게 되기 때문이다.
- 신뢰도 추정방법(검증법) : 신뢰도를 추정하는 각 방법은 오차를 포함하는 내용이 서로 다르므로 동일한 검사에 여러 가지 방법을 동시에 사용하여 얻어진 신뢰도 계수는 서로 다를 수밖에 없다. 특히 측정오차가 클수록 신뢰도 계수는 그만큼 작게 계산될 가능성이 높다.

이것이 핵심 **TIP**

심리검사의 신뢰도에 영향을 미치는 요인은 매우 다양하며, 교재마다 관점을 달리하여 약간씩 다르게 제시되고 있으나, 위의 5가지는 일반적인 내용으로서 직업상담사 시험의 지문으로도 자주 언급되는 내용이므로 반드시 기억해 두시기 바랍니다.

신뢰도의 크기에 영향을 주는 요인에 대한 설명과 가장 거리가 먼 것은?

① 문항 수가 많을수록 신뢰도가 높게 나타날 가능성이 크다.

② 개인차가 클수록 신뢰도가 높게 나타날 가능성이 높다.

③ 신뢰도 계산방법에 따라 신뢰도의 크기가 달라질 가능성이 높다.

④ 응답자 수가 많을수록 신뢰도가 높게 나타날 가능성이 높다.

기출 2025년, 2015년 1회, 2007년 1회

정답 ④

해설

'응답자 수'가 아닌 '문항 수'가 많을수록 신뢰도가 높게 나타날 가능성이 크다.

신뢰도 계수에 관한 설명으로 틀린 것은?

① 신뢰도 계수는 점수분포의 분산에 의해 영향을 받는다.

② 측정오차가 크면 신뢰도 계수는 작아진다.

③ 수검자들 간의 개인차가 크면 신뢰도 계수는 작아진다.

④ 추측해서 우연히 맞을 수 있는 문항이 많으면 신뢰도 계수가 작아진다.

기출 2022년 2회

정답 ③

해설

신뢰도 계수는 개인차가 클수록 커진다. 검사대상이 되는 집단의 개인차가 클수록 검사 점수의 변량은 커지며, 그에 따라 신뢰도 계수도 커지게 된다.

신뢰도 추정에 관한 설명으로 옳지 않은 것은?

① 속도검사의 경우 기우양분법으로 반분신뢰도를 추정하면 신뢰도 계수가 과대추정되는 경향이 있다.

② 신뢰도 추정에 영향을 미치는 요인은 상관계수에 영향을 미치는 요인과 유사하다.

③ 신뢰도 추정에 영향을 미치는 요인 중 가장 중요한 요인은 표본의 동질성이다.

④ 정서반응과 같은 불안정한 심리적 특성의 신뢰도를 정확히 추정하기 위해서는 검사-재검사의 기간을 충분히 두어야 한다.

기출 2021년 2회, 2016년 2회

정답 ④

해설

어떤 심리적 특성은 상황이나 생리적 변인에 민감할 수 있다. 예를 들어, 피부전기반응으로 측정한 정서적 반응은 소음, 사고과정, 스트레스, 우발적 사건 등과 같은 요인에 의해 쉽게 변한다. 따라서 피부전기반응으로 측정한 정서반응과 같은 불안정한 심리적 특성의 신뢰도를 정확히 추정하기 위해서는 검사-재검사를 거의 동시에 실시해야 한다.

신뢰도 계수에 관한 설명으로 틀린 것은?

① 신뢰도 계수는 개인차가 클수록 커진다.

② 신뢰도 계수는 문항 수가 증가함에 따라 정비례하여 커진다.

③ 신뢰도 계수는 신뢰도 추정방법에 따라서 달라질 수 있다.

④ 신뢰도 계수는 결과의 일관성을 보여주는 값이다.

기출 2020년 4회, 2014년 1회

정답 ②

해설

문항 수가 많은 경우 신뢰도는 어느 정도 높아진다. 다만, 문항 수를 무작정 늘린다고 해서 검사의 신뢰도가 정비례하여 커지는 것은 아니다.

일반적으로 가장 높은 신뢰도 계수를 기대할 수 있는 것은?

① 표준화된 성취검사

② 표준화된 지능검사

③ 자기보고식 검사

④ 투사식 성격검사

기출 2014년 2회, 2004년 3회

정답 ②

52 다음 사례에서 검사-재검사 신뢰도 계수는?

> 100명의 학생들이 특정 심리검사를 받고 한 달 후에 동일한 검사를 다시 받았는데 두 번의 검사에서 각 학생의 점수는 동일했다.

① 0.00   ② −1.00

③ +0.50   ④ +1.00

핵심 키워드 • 정적상관 ☞ X변인이 증가할수록 Y변인도 증가(+)
              • 부적상관 ☞ X변인이 증가할수록 Y변인은 감소(−)

기출 데이터 2023년, 2019년 2회

핵심기출 해설   **답 ④**

검사-재검사 신뢰도

• '검사-재검사 신뢰도'는 동일한 검사를 동일한 수검자에게 일정 시간 간격을 두고 두 번 실시하여 얻은 두 검사점수의 상관계수에 의해 신뢰도를 추정하는 방법이다.

• '상관계수'는 두 변인이 서로 관계되어 있는 정도를 나타내는 지수로서, '−1'에서 '+1' 사이의 값을 가진다.

• 문제의 경우처럼 반복 측정하였을 때 측정치들이 똑같다면 신뢰도는 '+1.00'이 된다. 이때 '+1.00'은 측정의 오차가 없음을 의미하는 '정적상관'을 나타낸다. 반면, '0.00'은 '상관없음 혹은 독립적'을, ' −1.00'은 '부적상관'을 나타낸다.

• 정적상관에서 두 변인은 같은 방향으로 움직이는 경향이 있는 반면, 부적상관에서 두 변인은 반대방향으로 가는 경향이 있다. 즉, 정적상관에서는 X변인이 증가할수록 Y변인도 증가하는 반면, 부적상관에서는 X변인이 증가할수록 Y변인은 감소한다.

● **핵심유형 완성하기** ●

"어떤 흥미검사(A)의 신뢰도가 높다"고 하는 말의 의미는?	**기출** 2022년 1회
① 어떤 사람이 흥미검사(A)를 처음 치렀을 때 받은 점수가 얼마 후 다시 치렀을 때의 점수와 비슷하다.	**정답** ①
② 흥미검사(A)가 원래 재고자 했던 흥미영역을 재고 있다.	
③ 그 흥미검사(A)와 그와 유사한 목적을 가진 다른 종류의 흥미검사(B)의 점수가 유사하다.	
④ 흥미검사(A)가 흥미에 대해 가장 포괄적으로 측정하고 있다.	
다음 중 검사의 신뢰도 계수로 볼 수 없는 것은?	**기출** 2004년 1회
① 1.2 ② −0.3	**정답** ①
③ 0 ④ 0.7	**해설** 검사의 신뢰도를 나타내는 상관계수는 '−1'에서 '+1' 사이의 값을 가진다.

53 오차변량의 원인을 특정 문항의 표집에 기인한 것으로 가정하는 신뢰도 계수는?

① 검사-재검사 신뢰도 계수

② 반분신뢰도 계수

③ 동형검사 신뢰도 계수

④ 크론바하 알파계수

핵심 키워드
- 검사-재검사 신뢰도 ☞ 검사 실시 시기에서의 차이
- 동형검사 신뢰도 ☞ 특정 문항의 표집에서의 차이
- 반분신뢰도 ☞ 검사를 반분하는 방식에서의 차이
- 문항내적합치도 ☞ 문항 반응의 일관성에서의 차이

기출 데이터 2015년 1회

핵심기출 해설 답 ③

③ 동형검사 신뢰도는 동일한 수검자에게 첫 번째 시행한 검사와 동등한 유형의 검사를 실시하여 두 검사점수 간의 상관계수에 의해 신뢰도를 추정하는 방법이다. 두 검사는 근본적으로 측정하려는 영역에서 동일한 내용이 표집되어야 하며, 동일한 문항 수와 동일한 형식으로 표현되어야 한다. 따라서 동형검사 신뢰도는 검사내용, 즉 문항의 차이나 문항의 표집에서 생기는 검사도구의 신뢰도에 초점을 둔다.

① 검사-재검사 신뢰도는 동일한 검사를 동일한 수검자에게 일정 시간 간격을 두고 두 번 실시하여 얻은 두 검사점수의 상관계수에 의해 신뢰도를 추정하는 방법이다. 따라서 검사를 실시하는 시기의 차이에 따른 검사도구의 신뢰도에 초점을 둔다.

② 반분신뢰도는 한 검사를 어떤 집단에 실시하고 그 검사의 문항을 동형이 되도록 두 개의 검사로 나눈 다음 두 검사의 점수가 어느 정도 일치하는지를 상관계수를 통해 추정하는 방법이다. 따라서 검사를 반분하는 방식의 차이에 따른 검사도구의 신뢰도에 초점을 둔다.

④ 크론바하(크론바흐) 알파계수는 문항내적합치도를 추정하는 방법이다. 문항내적합치도는 한 검사에 포함된 모든 문항에서 반응의 일관성에 따른 검사도구의 신뢰도에 초점을 둔다.

이것이 핵심 TIP

- '검사-재검사 신뢰도'는 동일한 검사를 동일한 수검자에게 일정 시간 간격을 두고 두 번 실시하게 됩니다. 이 경우 가장 문제시되는 것은 무엇일까요? 바로 이월효과(혹은 기억효과)입니다. 이월효과는 수검자가 첫 번째 검사에서 자신이 답했던 것을 기억하여 이를 재검사에서 그대로 답하는 것입니다.
- '동형검사 신뢰도'는 이와 같은 검사-재검사 신뢰도의 단점을 보완하기 위한 것으로 볼 수 있습니다. 이는 새로 개발한 검사와 여러 면에서 동질적인 검사를 하나 더 개발해서 두 검사의 점수 간의 상관계수를 구하여 검사의 신뢰도를 알아보는 방식입니다.

다음 중 동일한 검사를 동일한 피검자 집단에 일정 시간 간격을 두고 두 번 실시하여 얻은 두 검사 점수의 상관계수에 의하여 신뢰도를 측정하는 방법은?

① 동형검사 신뢰도
② 검사-재검사 신뢰도
③ 반분검사 신뢰도
④ 문항 내적 일관성 신뢰도

기출 2020년 1·2회
정답 ②

이미 신뢰성이 입증된 유사한 검사점수와의 상관계수를 검토하는 신뢰도는?

① 검사-재검사 신뢰도
② 동형검사 신뢰도
③ 반분신뢰도
④ 채점자 간 신뢰도

기출 2019년 3회, 2014년 3회
정답 ②
해설
④ 채점자 간 신뢰도는 관찰자 간 신뢰도와 유사한 것으로서, 채점자들 간의 객관도 및 채점에 대한 일관성 정도를 비교하는 방법이다.

다음 중 채점자 간 신뢰도가 가장 높게 나타나는 유형은?

① 에세이 검사
② 사지선다형 검사
③ 투사법
④ 직접 행동 관찰법

기출 2017년 2회
정답 ②
해설
사지선다형 검사는 신속하고 객관적인 채점이 가능하며, 채점에 대한 신뢰도와 객관도가 높은 것이 장점이다.

검사-재검사를 통해 신뢰도를 추정할 경우 충족되어야 할 조건이 아닌 것은?

① 두 검사가 근본적으로 측정하려 하는 영역에서 동일한 내용이 표집되어야 한다.
② 측정내용 자체는 일정 시간이 경과하더라도 변하지 않는다.
③ 점수에 영향을 미치지 않는다는 확신이 있어야 한다.
④ 어떤 학습활동이 두 번째 검사의 점수에 영향을 미치지 않는다.

기출 2016년 1회
정답 ①
해설
동형검사 신뢰도의 내용에 해당한다.

다음 중 동일한 검사를 동일한 피검자 집단에 일정 시간 간격을 두고 두 번 실시하여 얻은 두 검사점수의 상관계수에 의하여 신뢰도를 측정하는 방법은?

① 동형검사 신뢰도
② 재검사 신뢰도
③ 반분검사 신뢰도
④ 채점자 간의 신뢰도

기출 2007년 3회
정답 ②

54

어떤 심리검사의 내적합치도 계수가 매우 낮을 때의 설명으로 옳은 것은?

① 검사가 측정하고자 하는 것을 측정하고 있지 못하다.

② 검사의 두 가지 형태가 매우 다른 개념을 측정하고 있다.

③ 검사가 성질상 매우 다른 속성을 측정하는 문항들로 구성되어 있다.

④ 검사를 받은 사람이 또 다시 검사를 받을 때 매우 다른 점수를 받을 것이다.

핵심 키워드 내적 일관성 신뢰도
☞ 반분신뢰도, 문항내적합치도

기출 데이터 2013년 3회

핵심기출 해설 **답 ③**

③ 내적합치도 계수는 둘로 구분된 문항들 간의 내용상 일관성을 측정하는 것이므로, 성질상 유사한 속성을 측정하는 문항들로 구성되어 있는 경우 신뢰도 계수가 높게 나타나는 반면, 그 반대의 경우 낮게 나타난다.

내적 일관성 신뢰도
• 반분신뢰도 - 내적합치도 계수
  - 한 검사를 어떤 집단에 실시하고 그 검사의 문항을 동형이 되도록 두 개의 검사로 나눈 다음 두 검사의 점수가 어느 정도 일치하는지를 상관계수를 통해 추정한다.
  - 둘로 구분된 문항들의 내용이 얼마나 일관성이 있는가를 측정하는 것이므로, 이를 흔히 '내적합치도 계수'라고 한다.
  - 반분신뢰도 추정을 위해서는 한 검사를 두 부분으로 나누어 두 평형검사를 얻는 것이 중요하며, 이를 위해 전후절 반법, 기우절반법, 짝진 임의배치법 등이 사용된다.
• 문항내적합치도 - 동질성 계수
  - 한 검사 내에 있는 각 문항들을 독립된 별개의 검사로 간주하고, 문항들 간의 일관성이나 합치성을 신뢰도로 규정한다.
  - 한 검사에 포함된 문항에 대한 반응의 일관성이 문항의 동질성 여부에 따라 결정되므로, 이를 흔히 '동질성 계수'라고 한다.
  - 문항내적합치도를 추정하는 방법으로 쿠더-리처드슨 계수와 크론바흐 알파계수가 있다.

이것이 핵심 **TIP**

반분신뢰도와 문항내적합치도는 방법상 차이만 있을 뿐 내적 일관성 신뢰도를 추정하는 방식이라는 점에서 공통적이므로, 이를 서로 구분하지 않은 채 문항내적합치도를 내적합치도 계수로 설명하는 교재도 있습니다. 다만, 이 두 가지가 동시에 제시되는 경우 서로 구분할 필요가 있습니다. 이와 관련하여 다음의 내용을 반드시 기억해 두시기 바랍니다.

• 검사-재검사 신뢰도 → 안정성 계수
• 동형검사 신뢰도 → 동등성(동형성) 계수
• 반분신뢰도 → 내적합치도 계수
• 문항내적합치도 → 동질성 계수

신뢰도의 종류 중 검사 내 문항들 간의 동질성을 나타내는 것은?

① 동등형 신뢰도
② 내적일치 신뢰도
③ 검사-재검사 신뢰도
④ 평가자 간 신뢰도

기출 2021년 1회
정답 ②

반분신뢰도(Split-half Reliability)를 추정하는 방법과 가장 거리가 먼 것은?

① 사후양분법
② 전후절반법
③ 기우절반법
④ 짝진 임의배치법

기출 2019년 3회
정답 ①

검사의 신뢰도 중의 하나인 크론바흐 알파(Cronbach's α)값이 크다는 것이 나타내는 의미는?

① 검사 문항들이 동질적이라는 것을 나타낸다.
② 검사의 예언력이 높다는 것을 의미한다.
③ 시간이 흐르더라도 검사점수가 변하지 않는다는 것을 의미한다.
④ 검사의 채점 과정을 신뢰할 수 있다는 것을 나타낸다.

기출 2018년 3회, 2009년 2회
정답 ①
해설
크론바흐 알파계수는 문항내적합치도(동질성 계수)를 추정하는 방법이다.

다음 중 반분신뢰도를 추정하는 방법과 가장 거리가 먼 것은?

① 전후절반법
② 기우절반법
③ 짝진 임의배치법
④ 양분법

기출 2013년 2회
정답 ④

다음 중 검사의 신뢰도와 타당도에 대한 설명으로 틀린 것은?

① 동일한 사람에게 두 번 실시해서 얻는 점수들의 상관계수는 안정성 계수이다.
② 내적합치도 계수의 크기를 결정짓는 원인은 두 검사 시행 간의 시간 간격이다.
③ 검사를 구성하고 있는 문항들이 전체 내용 영역의 문항들을 얼마나 잘 대표하는가에 관한 정도를 나타낸 것이 내용타당도이다.
④ 해당 검사가 이론적 구성개념이나 특성을 측정할 수 있는 정도를 나타낸 것이 구성개념 타당도이다.

기출 2010년 4회
정답 ②
해설
두 검사 시행 간의 시간 간격과 밀접하게 연관된 것은 안정성 계수이다. 내적합치도 계수에서는 내적 일관성이 중시된다.

다음 중 검사의 문항들이 내적으로 얼마나 일관성이 있는가를 나타내는 신뢰도는?

① 검사-재검사 신뢰도
② 동형검사 신뢰도
③ 반분신뢰도
④ 채점자 간 신뢰도

기출 2006년 1회
정답 ③
해설
반분신뢰도는 내적 일관성 신뢰도를 추정하는 방식이다.

55

다음 중 타당도 계수를 산출하기 어려운 타당도는?

① 예언타당도

② 준거관련 타당도

③ 수렴타당도

④ 내용타당도

핵심 키워드 내용타당도의 특징

☞ 논리적 분석의 주관적 타당도, 전문가의 판단에 의존, 타당도 계수 산출의 어려움, 성취도검사의 타당도 평가에 널리 사용

기출 데이터 2011년 1회, 2008년 3회, 2006년 1회

핵심기출 해설 **답 ④**

④ 내용타당도는 검사의 문항들이 그 검사가 측정하고자 하는 내용영역을 얼마나 잘 반영하고 있는지를 평가한다. 논리적 사고에 입각한 논리적인 분석과정으로 판단하는 주관적인 타당도로서, 주로 해당 분야 전문가에 의해서 주관적으로 평가되기 때문에 구체적인 타당도 계수를 제시하기 어렵다.

① 예언타당도 또는 예측타당도는 어떠한 행위가 일어날 것이라고 예측한 것과 실제 대상자 또는 집단이 나타낸 행위 간의 관계를 측정하는 것이다. 한 검사에서의 점수와 이후 실제 직무수행 수준 간의 관련성을 분석해서 해당 검사의 타당도를 평가할 수 있다.

② 준거관련 타당도 또는 준거타당도는 어떤 심리검사가 특정 준거와 어느 정도 연관성이 있는지를 나타내는 것이다. 즉, 검사와 준거 간의 관계를 분석해서 검사의 타당도를 평가하는 방법이다. 이러한 준거관련 타당도는 동시타당도(공인타당도 또는 공존타당도)와 예언타당도(예측타당도)로 구분된다.

③ 수렴타당도는 구성타당도 분석방법의 일종으로서, 새로 개발한 검사를 기존의 검사들과 비교해서 상관계수를 구하는 방법이다. 이때 상관관계가 높을수록 타당도가 높은 것으로 간주된다.

이것이 핵심 **TIP**

• 내용타당도는 전문가가 문항들을 자세히 검토·평가한 후 판단을 내리는 방법입니다.

• 안면타당도는 비전문가로서 일반인이 문항들을 잠시 살펴본 후 판단을 내리는 방법입니다.

어떤 직업적성검사의 신뢰도 계수가 1.0이면 그 검사의 타당도 계수는?

① 1.0
② 0
③ 0.5
④ 알 수 없다.

기출 2020년 3회, 2012년 1회
정답 ④
해설
타당도는 신뢰도의 충분조건인 반면, 신뢰도는 타당도의 필요조건에 해당한다. 즉, 신뢰도가 높다고 하여 반드시 타당도가 높은 것은 아니며, 타당도가 낮다고 하여 반드시 신뢰도가 낮은 것은 아니다.

다음 설명에 해당하는 타당도의 종류는?

검사의 문항들이 그 검사가 측정하고자 하는 내용영역을 얼마나 잘 반영하고 있는지를 의미하며, 흔히 성취도검사의 타당도를 평가하는 방법으로 많이 사용된다.

① 준거타당도　　　　② 내용타당도
③ 예언타당도　　　　④ 구성타당도

기출 2020년 4회
정답 ②

다음은 심리검사의 타당도 중 어떤 것을 설명한 것인가?

• 논리적 사고에 입각한 논리적인 분석과정으로 판단하는 주관적 타당도이다.
• 본질적으로 해당 분야 전문가의 판단에 의존한다.

① 구성타당도　　　　② 예언타당도
③ 내용타당도　　　　④ 동시타당도

기출 2019년 2회
정답 ③

고용주는 직무수행에 필요한 지식, 기술, 능력들을 평가하는 검사들을 개발한다. 이러한 검사의 내용이 실제 직무와 얼마나 관련되어 있는지를 살펴보기 위해서는 무엇을 살펴보아야 하는가?

① 구성타당도　　　　② 내용타당도
③ 안면타당도　　　　④ 준거관련 타당도

기출 2009년 1회
정답 ②

검사가 얼마나 좋은지를 알아내는 개념이 타당도이다. 주로 전문가에 의해서 주관적으로 평가되기 때문에 구체적인 타당도 계수를 제시하기 어려운 타당도 개념은?

① 구성타당도　　　　② 예언타당도
③ 내용타당도　　　　④ 공인타당도

기출 2004년 3회
정답 ③

56

다음은 무엇에 관한 설명인가?

> 실제로 무엇을 재는가의 문제가 아니라 검사가 잰다고 말하는 것을 재는 것처럼 보이는가의 문제이다. 즉, 검사를 받는 사람들에게 그 검사가 타당한 것처럼 보이는가를 뜻한다.

① 내용타당도(Content Validity) ② 준거관련 타당도(Criterion-related Validity)
③ 예언타당도(Predictive Validity) ④ 안면타당도(Face Validity)

핵심 키워드 안면타당도의 특징
  ☞ 검사가 잰다고 말하는 것을 재는 것처럼 보이는가의 문제, 전문가가 아닌 일반인의 판단에 기초
기출 데이터 2019년 1회, 2011년 1회

핵심기출 해설 **답 ④**

④ 안면타당도는 내용타당도와 유사하나 약간의 차이점으로 인해 별개로 간주하기도 한다. 안면타당도는 내용타당도와 마찬가지로 측정항목이 연구자가 의도한 내용대로 실제로 측정하고 있는가 하는 것으로서, 내용타당도가 전문가의 평가 및 판단에 근거한 반면, 안면타당도는 전문가가 아닌 일반인의 일반적인 상식에 준하여 분석한다.

① 내용타당도는 검사의 문항들이 그 검사가 측정하고자 하는 내용영역을 얼마나 잘 반영하고 있는지를 평가한다. 안면타당도와 달리 해당 분야 전문가의 판단을 토대로 결정한다.

② 준거관련 타당도 또는 준거타당도는 어떤 심리검사가 특정 준거와 어느 정도 연관성이 있는지를 나타내는 것이다. 즉, 검사와 준거 간의 관계를 분석해서 검사의 타당도를 평가하는 방법이다. 이러한 준거관련 타당도는 동시타당도(공인타당도 또는 공존타당도)와 예언타당도(예측타당도)로 구분된다.

③ 예언타당도 또는 예측타당도는 어떠한 행위가 일어날 것이라고 예측한 것과 실제 대상자 또는 집단이 나타낸 행위 간의 관계를 측정하는 것이다. 한 검사에서의 점수와 이후 실제 직무수행 수준 간의 관련성을 분석해서 해당 검사의 타당도를 평가할 수 있다.

● 핵심유형 완성하기 ●

타당도에 관한 설명으로 틀린 것은?

① 안면타당도는 전문가가 문항을 읽고 얼마나 타당해 보이는지를 평가하는 방법이다.
② 검사의 신뢰도는 타당도 계수의 크기에 영향을 준다.
③ 구성타당도를 평가하는 방법으로 요인분석방법이 있다.
④ 예언타당도는 타당도를 구하는 데 시간이 많이 걸린다는 단점이 있다.

기출 2020년 1·2회, 2007년 1회
정답 ①
해설
안면타당도는 일반인이 문항을 읽고 얼마나 타당해 보이는지를 평가하는 방법이다.

심리검사를 받은 피검사자들이 자신들이 받은 심리검사가 측정하고자 하는 것을 제대로 측정하는 것이라고 판단한다면 이 검사는 어떤 타당도가 높다고 할 수 있는가?

① 안면타당도 ② 내용타당도
③ 구성타당도 ④ 준거관련 타당도

기출 2008년 1회
정답 ①
해설
피검사자(수검자)는 일반인으로 볼 수 있으므로 내용타당도가 아닌 안면타당도에 해당한다.

57 적성검사에서 높은 점수를 받은 사람들일수록 입사 후 업무수행이 우수한 것으로 나타났다면, 이 검사는 어떠한 타당도가 높은 것인가?

① 구성타당도(Construct Validity)
② 내용타당도(Content Validity)
③ 예언타당도(Predictive Validity)
④ 공인타당도(Concurrent Validity)

핵심 키워드 예언(예측)타당도가 높은 검사
☞ 검사의 높은 점수가 이후 업무수행에서의 높은 점수로 이어지는 경우
기출 데이터 2024년, 2023년, 2022년 2회, 2017년 1회, 2013년 3회

핵심기출 해설 답 ③

③ 입사 시 적성검사와 흥미검사를 실시하는 이유는 신입직원의 직무선호도, 직무적합도, 직무역량 등에 대한 평가를 통해 신입직원을 최적의 부서에 배치하기 위함이다. 이와 같이 신입직원을 대상으로 실시한 적성검사 및 흥미검사 결과와 최근의 업무수행에 따른 성과 결과 간의 상관계수를 측정하는 것은 미래에 대해 예측한 것과 실제 나타나는 것 사이의 관계를 측정하는 예언타당도(예측타당도)와 연관된다.
① 구성타당도 또는 구인타당도는 검사가 이론적 개념의 구성인자들을 제대로 측정하고 있는 정도를 나타내는 타당도이다.
② 내용타당도는 검사의 문항들이 그 검사가 측정하고자 하는 내용영역을 얼마나 잘 반영하고 있는지를 평가한다.
④ 공인타당도 또는 동시타당도는 새로운 검사를 제작했을 때 새로 제작한 검사의 타당도를 위해 기존에 타당도를 보장받고 있는 검사와의 유사성 혹은 연관성에 의해 타당도를 검증한다.

이것이 핵심 TIP

준거타당도의 분류

동시타당도 (공인타당도)	새로운 검사를 제작했을 때 새로 제작한 검사의 타당도를 위해 기존에 타당도를 보장받고 있는 검사와의 유사성 혹은 연관성에 의해 타당도를 검증하는 방법이다. 즉, 동시 타당도는 동일 시점에서 새로운 검사와 준거를 동시에 측정해서 두 결과 간의 상관계수를 추정한다. 예 근무실적과 시험성적에 대한 자료를 동시에 수집하여 상관관계를 검토할 수 있다. 재직자에게 응시자용 문제를 제시하여 시험을 실시한 후 재직자의 평소 근무실적과 시험성적을 비교하여 근무실적이 좋은 재직자가 시험에서도 높은 성적을 얻었다면, 해당 시험은 준거타당도를 갖추었다고 볼 수 있는 것이다.
예언타당도 (예측타당도)	어떠한 행위가 일어날 것이라고 예측한 것과 실제 대상자 또는 집단이 나타낸 행위 간의 관계를 측정하는 것이다. 즉, 예언타당도는 검사 점수를 가지고 다른 준거 점수들을 어느 정도 예측할 수 있는가 하는 정도이다. 예 적성검사에서 높은 점수를 받은 사람들이 입사 후 업무수행이 우수한 것으로 나타났다면, 해당 검사는 타당도를 갖추었다고 볼 수 있다.

다음은 무엇에 관한 설명인가?

기 출 2022년 1회
정 답 ①

> 한 검사가 그 준거로 사용된 현재의 어떤 행동이나 특성과 관련된 정도를 나
> 타내는 타당도

① 공인타당도　　　　　　② 구성타당도
③ 내용타당도　　　　　　④ 예언타당도

한 검사에서의 점수와 나중에 그 사람이 실제로 직무를 수행할 때의 수행
수준 간 관련성이 높을 때 그 검사는 어떤 타당도가 높다고 하는가?

기 출 2016년 3회, 2010년 1회
정 답 ③

① 구성타당도　　　　　　② 내용타당도
③ 예언타당도　　　　　　④ 동시타당도

적성검사에서 높은 점수를 받은 사람들일수록 입사 후 업무수행이 우수한
것으로 나타났다면, 이 검사는 어떠한 타당도가 높은 것인가?

기 출 2015년 2회
정 답 ③

① 구성타당도(Construct Validity)
② 내용타당도(Content Validity)
③ 예측(예언)타당도(Predictive Validity)
④ 안면타당도(Face Validity)

타당도 중에서 수치(예 타당도 계수)로 나타낼 수 있는 것은?

기 출 2014년 2회
정 답 ①

① 예언타당도　　　　　　② 내용타당도
③ 구성타당도　　　　　　④ 안면타당도

A씨는 회사에 입사할 때 적성검사와 흥미검사를 실시하였다. 이후 A씨는
영업부에 배치되었고, 최근에 A씨의 영업실적이 평가되었다. A씨가 입사
시 실시한 검사점수와 최근에 측정한 영업실적과의 상관계수를 통해 측정
하려고 하는 것은 무엇인가?

기 출 2011년 2회
정 답 ②

① 동시타당도　　　　　　② 예언타당도
③ 구성타당도　　　　　　④ 수렴타당도

A씨는 적성검사에서 높은 적성을 보인 영역에 취업을 하였는데, 나중에 그
영역에서 낮은 생산성을 보여 퇴직을 당하였다. 그렇다면 그 적성검사는 다
음 중 어떤 영역에서 문제를 가지고 있는 것인가?

기 출 2005년 1회
정 답 ③

① 구인타당도　　　　　　② 내용타당도
③ 예언타당도　　　　　　④ 수렴타당도

58 검사의 구성타당도 분석방법으로 적합하지 않은 것은?

① 실험을 통한 집단 간 차이검증
② 유사한 특성을 측정하는 기존 검사와의 상관계수 분석
③ 확인적 요인분석
④ 기대표 작성

핵심 키워드 구성타당도 분석방법
☞ 변별타당도(판별타당도), 수렴타당도, 요인분석
기출 데이터 2017년 3회, 2013년 3회, 2009년 2회

핵심기출 해설 답 ④

④ '기대표 작성'은 준거타당도 분석방법에 해당한다. 기대표는 세로에 연구도구 점수의 범주를, 가로에 준거 점수의 범주를 분류한 이원분류표를 말한다.

① 구성타당도 분석방법 중 변별타당도(판별타당도) 분석에 해당한다. 변별타당도 분석은 다른 특성을 측정하는 다른 종류의 검사와의 상관계수를 구하는 방법으로서, 상관관계가 낮을수록 변별타당도가 높다. 예를 들어, 지능지수(IQ)와 외모와 같이 검사 결과가 이론적으로 연관되어 있지 않은 변수들 간의 상관관계를 측정하는 경우 두 검사 간의 상관계수가 높게 나타났다면, 새로운 지능검사는 지능이라는 개념을 잘 측정하지 못한 것으로 볼 수 있다.

② 구성타당도 분석방법 중 수렴타당도 분석에 해당한다. 수렴타당도 분석은 새로 개발한 검사를 기존의 검사들과 비교해서 상관계수를 구하는 방법으로서, 상관관계가 높을수록 타당도가 높다. 예를 들어, 지능지수(IQ)와 학교성적과 같이 검사 결과가 이론적으로 연관되어 있는 변수들 간의 상관관계를 측정하는 경우 두 검사 간의 상관계수가 높게 나타났다면, 새로운 지능검사는 지능이라는 개념을 잘 측정한 것으로 볼 수 있다.

③ 구성타당도 분석방법 중 요인분석에 해당한다. 요인분석은 검사의 구성타당도를 알아보기 위해 가장 널리 사용되는 방법으로서, 검사를 구성하는 문항들의 상관관계를 분석하여 상관이 높은 문항들을 묶어주는 통계적 방법이다. 예를 들어, 수학과 과학 문항들을 혼합하여 하나의 시험으로 치르는 경우, 수학을 잘하는 학생의 경우 수학 문항들에 대해, 과학을 잘하는 학생의 경우 과학 문항들에 대해 좋은 결과를 나타내 보일 것이므로 해당 문항들은 두 개의 군집, 즉 요인으로 추출될 것이다.

이것이 핵심 TIP

구성타당도 혹은 구인타당도는 검사가 이론적 개념의 구성인자들을 제대로 측정하고 있는 정도를 나타내는 타당도입니다. 특히 심리학에서는 적성, 지능, 흥미, 동기, 직무만족 등 추상적 개념들을 측정하게 되는데, 이러한 추상적 개념들을 '구성개념'이라고 합니다. 문제는 구성개념 자체가 본질적으로 추상적이기 때문에 이를 측정하는 심리검사의 타당도를 분석하는 방법 또한 매우 복잡합니다. 이와 같이 심리검사가 심리적 구성개념을 제대로 측정하고 있는지를 평가하는 것을 '구성타당도 분석'이라고 하며, 그 대표적인 방법으로 변별타당도(판별타당도), 수렴타당도, 요인분석 등이 있습니다.

검사의 구성타당도 분석방법으로 적합하지 않은 것은?

① 기대표 작성
② 확인적 요인분석
③ 관련 없는 개념을 측정하는 검사와의 상관계수 분석
④ 유사한 특성을 측정하는 기존 검사와의 상관계수 분석

기출 2021년 1회
정답 ①

다음은 어떤 타당도에 관한 설명인가?

측정도구가 실제로 무엇을 측정했는가 또는 조사자가 측정하고자 하는 추상적인 개념이 실제로 측정도구에 의해서 적절하게 측정되었는가에 관한 문제로서, 이론적 연구를 하는 데 가장 중요한 타당도

① 내용타당도(Content Validity)
② 개념타당도(Construct Validity)
③ 공인타당도(Concurrent Validity)
④ 예언타당도(Predictive Validity)

기출 2021년 2회
정답 ②
해설
개념타당도 또는 구성타당도는 검사가 해당 이론적 개념의 구성인자들을 제대로 측정하고 있는 정도를 나타낸다.

한 연구자가 검사를 개발한 후 요인분석을 통해 그 검사가 검사개발의 토대가 되는 이론을 잘 반영하는지를 확인하였는데 이 과정은 무엇을 확인하기 위한 것인가?

① 내용타당도
② 동시타당도
③ 준거타당도
④ 구성타당도

기출 2018년 1회, 2014년 1회, 2011년 3회
정답 ④

한 연구자가 검사를 개발한 후 요인분석을 통해 그 검사가 검사개발의 토대가 된 이론을 잘 반영하는지를 확인하였다. 이 과정은 무엇을 확인하기 위한 것인가?

① 내용(Content)타당도
② 동시(Concurrent)타당도
③ 준거(Criterion-related)타당도
④ 구성(Construct)타당도

기출 2018년 3회
정답 ④

다음은 무엇을 설명한 것인가?

특정한 종류의 한 검사로 측정하려는 행동 표본이 삶의 곳곳에 나타나는 행동을 얼마나 잘 대표하는지에 대한 문제를 해결하려는 과정이다.

① 신뢰도 과정
② 타당화 과정
③ 추론 과정
④ 개인차

기출 2017년 1회
정답 ②
해설
타당화(Validation) 과정
특정한 종류의 한 검사로 측정하려는 행동 표본이 과연 삶의 곳곳에 나타나는 행동을 얼마나 잘 대표하는지의 문제는 특정 검사의 심리적 구성물을 정의하고 개발하는 심리학자가 해야 할 일이다. 이와 같은 문제를 해결하는 과정을 '타당화 과정'이라고 한다.

어떤 검사가 측정하고 있는 것이 이론적으로 관련이 깊은 속성과는 실제로 높은 상관관계를 보이고, 관계가 없는 것과는 낮은 상관관계를 보이는 타당도는 어떤 것인가?

① 준거관련 타당도
② 동시타당도
③ 수렴 및 변별 타당도
④ 예언타당도

기출 2017년 3회, 2010년 2회
정답 ③
해설
구성타당도의 분석(검증) 방법
• 수렴타당도(집중타당도) : 검사 결과가 이론적으로 해당 속성과 관련 있는 변수들과 어느 정도 높은 상관관계를 가지고 있는지를 측정한다.
• 변별타당도(판별타당도) : 검사 결과가 이론적으로 해당 속성과 관련 없는 변수들과 어느 정도 낮은 상관관계를 가지고 있는지를 측정한다.

검사가 이론적 개념의 구성인자들을 제대로 측정하고 있는 정도를 나타내는 타당도는?

① 공인타당도
② 안면타당도
③ 구인타당도
④ 예측타당도

기출 2012년 3회
정답 ③

다음 중 구성타당도를 평가하는 방법에 해당하지 않는 것은?

① 수렴타당도
② 변별타당도
③ 요인분석
④ 공인타당도

기출 2010년 1회
정답 ④
해설
공인타당도(동시타당도 또는 공존타당도)는 준거타당도(준거관련 타당도)의 범주에 포함된다.

다음 타당도에 대한 설명 중 가장 적절하지 않은 것은?

① 안면타당도는 전문가가 아닌 일반인이 검사문항을 평가하는 것으로 검사제작 시 참고할 수 있는 방법이다.
② 예언타당도의 단점을 보완해 주는 것이 공존타당도이다.
③ 구성타당도는 객관적으로 관찰 가능하지 않은 추상적인 개념, 즉 적성, 지능, 흥미 등을 얼마나 잘 측정하는지를 나타낸 것이다.
④ 수렴타당도는 연구자가 개발한 새로운 검사와 다른 특성을 측정하는 기존 검사의 상관계수를 구해서 분석하는 방법이다.

기출 2002년 1회
정답 ④
해설
수렴타당도는 연구자가 개발한 새로운 검사를 동일하거나 유사한 특성을 측정하는 기존의 검사들과 비교하여 두 검사 간의 상관계수를 구하는 방법이다.

59

심리검사를 실시할 때 지켜야 할 사항과 가장 거리가 먼 것은?

① 검사의 구두 지시사항을 미리 충분히 암기한다.

② 지나친 소음과 방해자극이 없는 곳에서 검사를 실시한다.

③ 수검자에 대한 관심과 협조, 격려를 통해 수검자로 하여금 검사를 성실히 하도록 한다.

④ 수검자에게 검사결과를 통보할 때는 일상적인 용어보다 통계적인 숫자나 용어를 중심으로 전달하여야 한다.

핵심 키워드 검사결과의 통보
☞ 일상적인 용어 사용, 질적인 해설 부가
기출 데이터 2021년 3회, 2015년 1회

핵심기출 해설 **답 ④**

④ 검사결과는 기계적으로 전달되어서는 안 되며, 적절한 해석을 담은 설명과 함께 전달되어야 한다. 일반 수검자들에게 검사결과를 전달할 때는 통계적인 숫자나 용어를 사용하는 것보다 이해하기 쉬운 일상적인 용어를 사용하여 전반적인 수행을 설명하고 질적인 해설을 덧붙이는 것이 바람직하다.

① 검사자는 사전에 철저한 준비를 통해 검사 실시 과정이 자연스럽고 예상했던 방식으로 이루어지도록 해야 한다. 이를 위해 가장 중요한 사전준비는 검사의 정확한 구두 지시사항을 미리 충분히 암기하는 것이다. 이는 특히 개인검사에서 더욱 중요하다.

② 표준화된 검사절차에는 구두 지시사항, 시간제한, 검사재료들은 물론 검사환경도 포함된다. 검사실은 지나친 소음과 방해자극이 없는 곳이어야 하며, 적당한 조명과 통풍, 착석시설, 그리고 수검자를 위한 편안한 작업공간을 갖추어야 한다.

③ 수검자에 대한 관심과 협조, 격려를 통해 수검자로 하여금 검사를 성실히 하도록 이끄는 노력을 '친밀교감'이라고 한다. 검사 도입 시 친밀교감이 필요한 이유는 그것이 수검자로 하여금 성실하고 솔직하게 응답하려는 동기를 결정하기 때문이다.

이것이 핵심 **TIP**

검사결과를 전달할 때는 개인의 일반적인 교육수준, 심리검사에 관한 지식수준 등을 고려해야 하는 것은 물론, 검사결과를 통보받는 사람이 경험하게 될 정서적인 반응까지도 고려해야 합니다. 참고로 심리검사의 평가기법과 관련하여 준수해야 할 윤리강령도 기억해 두시기 바랍니다. 특히 미국 정신의학회(APA) 윤리강령의 관련 내용이 1차 필기시험은 물론 2차 실무시험에 출제된 바 있습니다.

● **핵심유형 완성하기** ●

심리검사의 윤리적 문제와 관계없는 것은?	**기출** 2014년 2회
① 심리검사의 목적과 절차를 충분히 설명해야 한다.	**정답** ③
② 심리검사나 평가기법을 개발하고 표준화할 때에는 과학적 과정을 따라야 한다.	
③ 평가된 검사는 평가기관의 사용목적에 따라 자유롭게 사용해야 한다.	
④ 적절한 훈련을 받지 않은 사람은 심리검사를 자유롭게 이용해서는 안 된다.	

60 검사 해석 시 주의해야 할 사항이 아닌 것은?

① 해석에 대한 내담자의 반응을 고려해야 한다.

② 검사결과에 대해 여러 정보에 근거한 주관적인 견해를 설명해 준다.

③ 검사결과에 대해 내담자가 이해하기 쉬운 언어를 사용한다.

④ 검사결과에 대한 내담자의 방어를 최소화하도록 한다.

핵심 키워드 검사 해석 시 주의사항

☞ 쉬운 언어 사용, 내담자 반응 고려, 방어 최소화, 중립적 · 무비판적 자세, 표준화된 자료 활용, 주관적 판단 배제, 점수범위 고려

기출 데이터 2016년 2회, 2012년 3회, 2009년 2회

핵심기출 해설 답 ②

검사 해석 시 주의사항

• 검사결과를 내담자에게 이야기해 줄 때 가능한 한 이해하기 쉬운 언어를 사용한다.(③)
• 해석에 대한 내담자의 반응을 고려한다.(①)
• 내담자의 방어를 최소화하기 위해 중립적이고 무비판적인 자세를 견지한다.(④)
• 검사결과에 대해 객관적이고 표준화된 자료를 활용하여 설명해 준다.
• 상담자의 주관적 판단은 배제하고 검사점수에 대하여 중립적인 입장을 취한다.(②)
• 내담자에게 검사의 점수를 말해주기보다는 내담자의 진점수의 범위를 말해주는 것이 좋다.
• 검사자가 일방적으로 해석하기보다 내담자 스스로 생각해서 자신의 진로를 결정하도록 돕는다.

이것이 핵심 TIP

검사결과 해석 시 주의사항에 대한 내용은 교재마다 다양하게 제시되고 있습니다. 특히 문제 지문의 내용은 직업능력 검사 도구에 의한 결과 해석 시 주의사항에 관한 것입니다.

진로 심리검사 결과 해석에 관한 설명으로 틀린 것은?

① 검사 결과는 가능성보다 확실성의 관점에서 제시되어야 한다.

② 내담자가 검사 결과를 잘 이해할 수 있도록 안내하고 격려해야 한다.

③ 검사 결과로 나타난 강점과 약점 모두를 객관적으로 검토해야 한다.

④ 검사 결과는 내담자가 이용 가능한 다른 정보와 관련하여 제시되어야 한다.

기 출 2022년 1회

정 답 ①

해 설
검사 결과는 확실성이나 구체적 예언보다는 가능성의 관점에서 제시되어야 한다.

심리검사를 선택하고 해석하는 과정에 관한 설명으로 틀린 것은?

① 검사는 진행 중인 상담 과정의 한 구성요소로만 보아야 한다.

② 검사는 내담자의 의사결정을 돕기 위한 정보를 얻는 하나의 도구이다.

③ 검사는 내담자와 함께 협조해서 선택하는 것이 좋다.

④ 검사의 결과는 가능한 한 내담자에게 제공해서는 안 된다.

기 출 2021년 2회, 2003년 1회

정 답 ④

해 설
검사의 결과는 내담자가 이용 가능한 다른 정보와 관련하여 제시되어야 한다. 상담자는 내담자가 검사 해석의 내용을 이해하는지 확인하며, 내담자로 하여금 그 정보에 대한 반응을 표현할 수 있도록 격려해야 한다.

심리검사 해석 시의 주의사항으로 틀린 것은?

① 검사결과를 내담자에게 이야기해 줄 때 가능한 한 이해하기 쉽게 해주어야 한다.

② 내담자에게 검사의 점수를 말해주기보다는 내담자의 진점수의 범위를 말해주는 것이 좋다.

③ 검사결과를 내담자와 함께 해석하는 것은 검사 전문가로서 해서는 안 되는 일이다.

④ 내담자의 방어를 최소화하기 위해 상담자는 중립적이고 무비판적이어야 한다.

기 출 2020년 3회, 2006년 3회

정 답 ③

해 설
검사자가 일방적으로 해석하기보다는 내담자와 함께 해석함으로써 내담자 스스로 생각해서 자신의 진로를 결정하도록 돕는다.

다음 중 심리검사 결과의 해석에 있어 상담자의 행동으로 옳은 것은?

① 검사결과에 대하여 전문적인 용어를 사용한다.

② 검사점수를 그대로 전한다.

③ 상담자의 주관적 판단은 배제하고 검사점수에 대하여 중립적인 입장을 취한다.

④ 내담자의 반응은 고려하지 않는다.

기 출 2004년 1회

정 답 ③

해 설
① 이해하기 쉬운 언어를 사용한다.
② 진점수의 범위를 말해주는 것이 좋다.
④ 내담자의 반응을 고려한다.

61 K-WAIS의 동작성 검사에 해당되지 않는 것은?

① 바꿔쓰기   ② 토막짜기

③ 공통성 찾기   ④ 빠진 곳 찾기

핵심 키워드 • K-WAIS의 언어성 검사 ☞ 기본지식, 숫자 외우기, 어휘문제, 산수문제, 이해문제, 공통성 문제
              • K-WAIS의 동작성 검사 ☞ 빠진 곳 찾기, 차례 맞추기, 토막짜기, 모양 맞추기, 바꿔쓰기

기출 데이터 2017년 2회, 2013년 2회, 2010년 3회

핵심기출 해설 답 ③

한국판 웩슬러 성인용 지능검사(K-WAIS)의 구성

언어성 검사	• 기본지식 • 어휘문제 • 이해문제	• 숫자 외우기 • 산수문제 • 공통성 문제
동작성 검사	• 빠진 곳 찾기 • 토막짜기 • 바꿔쓰기	• 차례 맞추기 • 모양 맞추기

이것이 핵심 TIP

지능검사의 시초는 1905년 정신지체아 구별을 목적으로 개발된 비네-시몽(Binet-Simon) 검사입니다. 이후 1916년 스탠포드-비네 검사에서 지능지수(IQ)의 개념이 처음 도입되었으며, 1939년 웩슬러-벨르뷔(Wechsler-Bellevue) 검사에서 개인의 어떤 시점의 지능을 동일 연령대 집단에서의 상대적인 위치로 규정한 편차지능지수를 사용하게 되었습니다. 한국판 웩슬러 성인용 지능검사(K-WAIS)는 1992년에 번안되었으며, 2012년에 제4판(K-WAIS-Ⅳ)이 개발되었습니다. 특히 K-WAIS-Ⅳ는 원판 K-WAIS와 다른 구성을 보이고 있습니다.

K-WAIS-Ⅳ의 척도별 구성

언어이해	• 공통성 • 상 식	• 어 휘 • 이해-보충
지각추론	• 토막짜기 • 퍼 즐 • 빠진 곳 찾기-보충	• 행렬추론 • 무게비교-보충
작업기억	• 숫 자 • 순서화-보충	• 산 수
처리속도	• 동형 찾기 • 지우기-보충	• 기호쓰기

다음 중 인지능력을 평가하는 검사에 해당하는 것은?

① MMPI
② WAIS
③ MBTI
④ Big 5

기 출 2023년, 2017년 3회

정 답 ②

해 설
웩슬러 지능검사(WAIS)는 지능검사로서 인지능력을 평가하기 위한 인지적 검사에 해당한다.

성인용 웩슬러 지능검사(K-WAIS-Ⅳ)의 처리속도지수에 포함되지 않는 소검사는?

① 동형찾기   ② 퍼 즐
③ 기호쓰기   ④ 지우기

기 출 2021년 2회

정 답 ②

지능지수(IQ)라는 개념을 처음으로 도입한 심리검사는?

① 비네 검사   ② 스탠포드-비네 검사
③ 다면적 인성검사   ④ 직업흥미검사

기 출 2017년 1회

정 답 ②

Wechsler 지능검사의 소검사 중 피검자의 상태에 따라 변동·손상되기 가장 쉬운 것은?

① 상 식
② 산 수
③ 공통성
④ 숫자 외우기

기 출 2017년 3회, 2015년 2회

정 답 ④

해 설
숫자 외우기는 언어성 소검사 중 피검자의 상태에 따라 가장 변동·손상되기 쉬운 검사로서, 특히 불안과 많은 관련이 있다.

한국판 웩슬러 성인지능검사(K-WAIS)의 구성에 관한 설명으로 틀린 것은?

① 언어성 검사와 동작성 검사로 대별된다.
② 총 11개의 하위검사로 구성되어 있다.
③ 언어성 검사에는 기본지식, 숫자 외우기, 바꿔쓰기 등이 포함되어 있다.
④ 동작성 검사에는 빠진 곳 찾기, 모양 맞추기, 토막짜기 등이 포함되어 있다.

기 출 2011년 1회

정 답 ③

해 설
바꿔쓰기는 동작성 검사의 범주에 포함된다.

K-WAIS의 언어성 검사에 해당되지 않는 것은?

① 바꿔쓰기
② 숫자 외우기
③ 산수문제
④ 이해문제

기 출 2010년 4회, 2008년 3회

정 답 ①

해 설
바꿔쓰기는 동작성 검사의 범주에 포함된다.

한국판 웩슬러 성인지능검사의 특징이 아닌 것은?

① 언어성 검사와 동작성 검사로 이루어져 있다.
② 반응양식이나 검사행동양식으로 개인의 독특한 심리 특성도 파악할 수 있다.
③ 신뢰도와 타당도가 높다.
④ 동작성 검사에는 숫자 외우기, 추리력, 어휘문제 등의 소검사가 포함되어 있다.

기 출 2007년 3회, 2005년 3회

정 답 ④

해 설
숫자 외우기와 어휘문제는 언어성 검사의 범주에 포함되며, 추리력은 한국판 웩슬러 성인용 지능검사(K-WAIS)의 소검사에 해당하지 않는다.

62

성격 5요인(Big-5) 검사의 하위요인으로 틀린 것은?

① 성실성
② 정서적 개방성
③ 외향성
④ 호감성

핵심 키워드 성격 5요인
☞ 외향성, 호감성(친화성), 성실성, 정서적 불안정성, 경험에 대한 개방성
기출 데이터 2016년 1회, 2012년 2회

핵심기출 해설 **답 ②**

성격 5요인(Big 5) 모델의 5가지 성격차원

• 외향성
• 호감성 또는 친화성
• 성실성
• 정서적 불안정성
• 경험에 대한 개방성

이것이 핵심 **TIP**

성격 5요인이론에 의한 5가지 성격차원에서 '정서적 개방성'이 아닌 '정서적 불안정성', '경험의 불안정성'이 아닌 '경험에 대한 개방성'이 옳다는 점을 반드시 기억해 두시기 바랍니다. 또한 '정서적 불안정성'을 '정서적 안정성'으로 제시하는 경우도 있으므로, 이점 착오 없으시기 바랍니다.

정신건강에 문제가 있는 사람을 측정하고 구별하기 위해 사용하는 검사는?

① MBTI
② MMPI
③ 16PFI
④ CPI

기 출 2025년, 2016년 2회
정 답 ②
해 설
미네소타 다면적 인성검사(MMPI)
• 하더웨이와 매킨리(Hathaway & McKinley)가 고안한 것으로, 정신건강에 문제가 있는 사람을 측정하고 구별하기 위해 사용하는 자기보고식 검사이다.
• 수검자의 수검태도(검사태도)를 측정하는 4가지 타당도 척도와 주요 비정상행동을 측정하는 10가지 임상척도로 구성되어 있다.

직무수행 관련 성격 5요인(Big 5) 모델의 요인이 아닌 것은?

① 외향성
② 친화성
③ 성실성
④ 지배성

기 출 2021년 1회, 2015년 1회
정 답 ④

성격의 5요인(Big Five)에 해당하지 않는 것은?

① 정서적 안정성
② 정확성
③ 성실성
④ 호감성

기 출 2020년 3회
정 답 ②

다음 중 성격 5요인 검사(Big-5)의 하위요인에 포함되지 않는 것은?

① 성실성(Conscientiousness)
② 강인성(Hardiness)
③ 외향성(Extraversion)
④ 개방성(Openness)

기 출 2011년 2회
정 답 ②

최근 많이 활용되고 있는 성격 5요인(Big 5) 검사의 특성요인이 아닌 것은?

① 정서적 불안정성
② 호감성
③ 남성성
④ 성실성

기 출 2004년 3회
정 답 ③

다음 중 성격 5요인 검사(혹은 5요인 성격검사)의 특성요인에 포함되지 않는 것은?

① 성실성
② 공격성
③ 정서적 불안정성
④ 경험에의 개방성

기 출 2002년 1회
정 답 ②

63 다음에서 설명하고 있는 검사는?

• 미국에서 개발한 검사를 토대로 표준화한 것으로서 여러 특수검사를 포함하고 있다.
• 11개의 지필검사와 4개의 기구검사로 구성되어 있으며, 이들 하위검사들을 조합해서 모두 9개의 적성을 검출해 내도록 되어 있다.

① GATB 검사
② MBTI 검사
③ 직업선호도검사
④ MMPI 검사

핵심 키워드 GATB의 특징
☞ 11개 지필검사, 4개 기구검사(수행검사), 9가지 적성 측정
기출 데이터 2015년 1회, 2006년 3회

핵심기출 해설 답 ①

① 일반적성검사(GATB)는 미국 노동청 고용위원회에서 개발한 종합적성검사이다. 모두 15개의 하위검사를 통해 9가지 분야의 적성을 측정할 수 있도록 제작된 것으로서, 15개의 하위검사 중 11개는 지필검사이고 4개는 기구검사(수행검사 또는 동작검사)이다.

② 마이어스-브릭스 성격유형검사(MBTI)는 융(Jung)의 심리유형이론을 토대로 고안된 성격검사로서, 4가지 선호지표(외향형 / 내향형, 감각형 / 직관형, 사고형 / 감정형, 판단형 / 인식형)를 통해 16가지의 성격유형으로 구분한다.

③ 직업선호도검사(VPI)는 홀랜드(Holland)의 성격검사를 표준화하여 특정 직업활동에 대한 선호도를 측정하기 위해 고안된 검사로서, 특히 워크넷 제공 직업선호도검사는 (직업)흥미검사, 성격검사, 생활사검사로 구성되어 있다.

④ 미네소타 다면적 인성검사(MMPI)는 미국 미네소타 대학의 하더웨이와 매킨리(Hathaway & McKinley)가 개발한 성격검사로서, 4가지 타당도 척도와 주요 비정상행동을 측정하는 10가지 임상척도로 구성되어 있다.

이것이 핵심 TIP

일반적성검사는 미국 노동청의 고용위원회에서 처음 개발하였을 당시의 명칭이며, 'GATB 직업적성검사', '적성종합검사' 등은 우리나라에서 이 검사를 토대로 표준화한 검사들의 일부 명칭에 해당합니다. 직업상담사 시험에서는 이와 같은 명칭을 별도로 구분하고 있지 않으므로, 이점 착오 없으시기 바랍니다.

진로나 적성을 측정하는 검사로 적합하지 않은 것은?

① 진로사고검사
② 자기탐색검사
③ 안전운전검사
④ 주제통각검사

기출 2022년 1회

정답 ④

GATB 직업적성검사에 대한 설명으로 틀린 것은?

① 지필검사와 동작검사로 구성되어 있다.
② 모두 8개 영역의 적성을 검출한다.
③ 지능도 측정한다.
④ 모두 15개 하위검사로 이루어져 있다.

기출 2015년 3회

정답 ②

해설
모두 9개 영역의 적성을 검출한다.

일반적성검사(GATB)에 관한 설명으로 가장 적합한 것은?

① 2~3개 적성분야를 조합해서 15개의 직무군을 제공한다.
② 현재 국내의 GATB는 미국의 것을 토대로 했으며 타당화가 잘 되어 있다.
③ 하위검사에 지필검사는 포함되어 있지 않다.
④ 15개의 지필검사로 이루어져 있다.

기출 2014년 2회

정답 ①

해설
② 일반적성검사(GATB)는 검사의 타당화에 대한 연구가 별로 없어서 타당도에 대한 증거가 미흡하다.
③ · ④ 모두 15개의 하위검사 중 11개는 지필검사, 4개는 기구검사로 이루어져 있다.

직업적성검사에 속하는 심리검사는?

① GATB
② MMPI
③ TAT
④ K-WAIS

기출 2014년 3회, 2004년 3회

정답 ①

해설
② 미네소타 다면적 인성검사(MMPI)는 성격검사에 해당한다.
③ 주제통각검사(TAT)는 성격검사에 해당한다.
④ 한국판 웩슬러 성인용 지능검사(K-WAIS)는 지능검사에 해당한다.

직업적성검사 중 다양한 직업에 필요한 인간의 능력을 9가지 영역으로 구분하여 측정하는 것은?

① 미네소타 직업평가척도(MORS)
② 직업선호도검사(VPI)
③ 일반적성검사(GATB)
④ 마이어스-브릭스 유형검사(MBTI)

기출 2010년 1회

정답 ③

해설
일반적성검사(GATB)는 지능(일반학습능력), 언어능력, 수리능력, 사무지각, 공간적성, 형태지각, 운동반응, 손가락 재치, 손의 재치 등 9가지 영역의 적성을 측정한다.

64

일반적성검사(GATB)에서 측정하는 직업적성이 아닌 것은?

① 손가락 정교성
② 언어적성
③ 사무지각
④ 과학적성

핵심 키워드 **GATB의 9가지 직업적성**
☞ 지능(일반학습능력), 언어능력, 수리능력, 사무지각, 공간적성, 형태지각, 운동반응, 손가락 재치, 손의 재치

기출 데이터 2020년 4회, 2018년 1회, 2018년 3회, 2015년 2회, 2010년 3회

핵심기출 해설 답 ④

일반적성검사(GATB)에서 측정하는 직업적성(검출 적성)

지능(G) 또는 일반학습능력(G)	일반적인 학습능력 및 원리이해 능력, 추리 · 판단능력
언어능력 또는 언어적성(V)	언어의 뜻과 함께 그와 관련된 개념을 이해하고 사용하는 능력
수리능력 또는 수리적성(N)	신속하고 정확하게 계산하는 능력
사무지각(Q)	문자나 인쇄물, 전표 등의 세부를 식별하는 능력
공간적성(S)	공간상의 형태를 이해하고 평면과 물체의 관계를 이해하는 능력
형태지각(P)	실물이나 도해 또는 표에 나타나는 것을 세부까지 바르게 지각하는 능력
운동반응 또는 운동협응(K)	눈과 손 또는 눈과 손가락을 함께 사용하여 빠르고 정확하게 운동할 수 있는 능력
손가락 재치 또는 손가락 정교성(F)	손가락을 정교하고 신속하게 움직이는 능력
손의 재치 또는 손 정교성(M)	손을 마음대로 정교하게 조절하는 능력

고용24 제공 직업심리검사 중 한국고용정보원이 개발한 '성인용 직업적성검사'가 있습니다. 이 검사도구는 기존의 일반적성검사(GATB)의 방식에 착안한 것으로서, 우리나라에 필요한 직업적성요인을 선별하여 규준으로 제작한 것입니다.

• 언어력	• 수리력
• 추리력	• 공간지각력
• 사물지각력	• 상황판단력
• 기계능력	• 집중력
• 색체지각력	• 사고유창력
• 협응능력	

요컨대, 상당수의 적성검사는 기존의 일반적성검사(GATB)를 응용·발전시킨 형태로 제시되고 있습니다. 그에 따라 하위검사의 명칭과 종류는 물론 검출되는 적성요인에 있어서도 차이를 나타내 보이고 있습니다.

● 핵심유형 완성하기 ●

고용노동부에서 실시하는 일반직업적성검사가 측정하는 영역이 아닌 것은?

① 형태지각력
② 공간판단력
③ 상황판단력
④ 언어능력

> **기출** 2025년, 2020년 1·2회, 2014년 2회
> **정답** ③
> **해설**
> 공간판단력은 포함되나, 상황판단력은 포함되어 있지 않다.
>
> * 참고 : 고용24 제공 직업심리검사 중 한국고용정보원이 개발한 '성인용 직업적성검사'가 있습니다. 이 검사도구는 미국 노동청의 고용위원회에서 처음 개발한 일반적성검사(GATB)의 방식에 착안한 것으로서, 여기에는 '상황판단력'이 적성요인이 포함되어 있습니다.

직업적성검사인 GATB에서 측정하는 적성요인에 해당하지 않는 것은?

① 기계적성   ② 공간적성
③ 사무지각   ④ 손의 기교도

> **기출** 2022년 1회
> **정답** ①

일반직업적성검사(GATB)에서 실물이나 도해 또는 표에 나타나는 것을 세부적인 면까지 바르게 지각하는 능력은?

① 형태지각   ② 공간적성
③ 사무지각   ④ 지 능

> **기출** 2011년 1회
> **정답** ①

직업적성을 평가하는 일반적성검사문항(GATB)에 포함되지 않는 것은?

① 손가락 민첩성   ② 언어능력
③ 사무능력   ④ 공감력

> **기출** 2005년 1회
> **정답** ④

65

직업적성검사(GATB)에서 사무지각적성(Clerical Perception)을 측정하기 위한 검사는?

① 표식검사　　　　　　　　　　② 계수검사
③ 명칭비교검사　　　　　　　　④ 평면도판단검사

핵심 키워드
- 명칭비교검사 ☞ 사무지각(Q)
- 표식검사 ☞ 운동반응(K)
- 평면도판단검사 ☞ 공간적성(S)
- 계수검사 ☞ 수리능력(N)

기출 데이터 2024년, 2021년 2회, 2018년 3회, 2010년 4회, 2009년 3회, 2006년 1회

핵심기출 해설　**답 ③**

③ 명칭비교검사는 좌우 양쪽의 문자 또는 숫자로 표시된 명칭을 비교하여 서로 동일한지를 판별하는 검사로서, 수검자의 사무지각(Q)을 측정한다.

① 표식검사는 사각형 안에 최대한 빨리 정해진 기호(표식)를 기입하는 검사로서, 수검자의 운동반응(K)을 측정한다.

② 계수검사는 덧셈, 뺄셈, 곱셈, 나눗셈의 사칙연산을 통해 기본연산능력을 측정하는 검사로서, 수검자의 수리능력(N)을 측정한다.

④ 평면도판단검사는 보기에 제시된 자극도형 중 위치나 방향을 바꾸어 놓은 도형을 5개의 기하학적 도형 중에서 찾아내는 검사로서, 수검자의 공간적성(S)을 측정한다.

일반적성검사(GATB)의 하위검사별 검출되는 적성요인

측정방식	하위검사명	검출되는 적성요인
지필검사	기구대조검사	형태지각(P)
	형태대조검사	
	명칭비교검사	사무지각(Q)
	타점속도검사	운동반응(K)
	표식검사	
	종선기입검사	
	평면도판단검사	공간적성(S)
	입체공간검사	공간적성(S), 지능(G)
	어휘검사	언어능력(V), 지능(G)
	산수추리검사	수리능력(N), 지능(G)
	계수검사	수리능력(N)

수행검사	환치검사	손의 재치(M)
	회전검사	
	조립검사	손가락 재치(F)
	분해검사	

이것이 핵심 TIP

일반적성검사(GATB)는 15개의 하위검사를 이용하여 9가지 분야의 적성을 측정합니다. 어떤 경우에는 1개의 하위검사로 1가지의 적성요인을 검출하지만, 다른 경우에는 2개 혹은 3개의 하위검사로 1가지의 적성요인을 검출하기도 합니다. 반면, 1가지 적성요인을 검출하는 데 1개의 하위검사가 사용되기도 하지만, 2가지 적성요인을 검출하는 데 역시 1가지 하위검사가 사용되기도 합니다.

● **핵심유형 완성하기** ●

직업적성검사의 측정에 관한 설명으로 옳은 것은?

① 개인이 맡은 특정 직무를 성공적으로 수행할 수 있는지를 측정한다.
② 일반적인 지적 능력을 알아내어 광범위한 분야에서 그 사람이 성공적으로 수행할 수 있는지를 측정한다.
③ 직업과 관련된 흥미를 알아내어 직업에 관한 의사결정에 도움을 주기 위한 것이다.
④ 개인이 가지고 있는 기질이라든지 성향 등을 측정하는 것으로 개인에게 습관적으로 나타날 수 있는 어떤 특징을 측정한다.

기출 2022년 2회, 2019년 1회, 2012년 2회
정답 ①
해설
② 지능검사, ③ 흥미검사, ④ 성격검사

GATB 직업적성검사의 하위검사 중에서 둘 이상의 적성을 검출하는 데 이용되는 검사가 아닌 것은?

① 입체공간검사
② 어휘검사
③ 산수추리검사
④ 기구대조검사

기출 2016년 1회
정답 ④

GATB 직업적성검사의 하위검사 중에서 둘 이상의 적성을 검출하는 데 이용되는 검사는?

① 기구대조검사
② 평면도판단검사
③ 어휘검사
④ 계수검사

기출 2009년 1회
정답 ③
해설
어휘검사는 언어능력(V)과 지능(G)의 적성요인을 검출하는 데 이용된다.

66

다음 중 특정 직업 활동에 대한 선호를 측정하기 위해 사용되는 흥미검사가 아닌 것은?

① 스트롱-캠벨 검사
② 쿠더식 검사
③ 홀랜드의 육각검사
④ 수퍼의 CDI검사

핵심 키워드 직업흥미검사

☞ 스트롱-캠벨 흥미검사(SCII), 쿠더 직업흥미검사(KOIS), 자기방향탐색 혹은 자가흥미탐색(SDS), 직업선호도검사(VPI)

기출 데이터 2011년 3회

핵심기출 해설 답 ④

④ 수퍼(Super)의 진로발달이론에 기초한 진로발달검사(CDI)는 진로성숙검사의 부류에 포함되는 것으로서, 진로발달 및 직업성숙도, 진로결정을 위한 준비도 등을 측정한다.

직업흥미검사의 주요 종류
- 스트롱과 캠벨(Strong & Campbell)이 개발한 스트롱-캠벨 흥미검사(SCII)
- 쿠더와 다이아몬드(Kuder & Diamond)가 개발한 쿠더 직업흥미검사(KOIS)
- 홀랜드의 직업선택이나 적응이론을 기반으로 한 자기방향탐색 혹은 자가흥미탐색(SDS), 직업선호도검사(VPI) 등

이것이 핵심 **TIP**

스트롱(Strong) 검사는 다양한 직업세계의 특징과 개인의 흥미 간의 유의미한 자료를 제공해 주는 도구로서 다양한 형태로 제시되고 있습니다.

● **핵심유형 완성하기** ●

스트롱-캠벨 흥미검사(SVIB-SCII)에 관한 설명으로 옳지 않은 것은?

① 직업전환에 관심이 있는 사람들에게 활용될 수 있다.
② 207개 직업별 흥미척도가 제시된다.
③ 반응관련 자료 및 특수척도 점수 등과 같은 자료가 제공된다.
④ 사회 경제구조와 직업형태에 적합한 18개 영역의 직업흥미를 분류하여 구성하였다.

기출 2021년 3회
정답 ④
해설
국내에서 개발된 직업흥미검사로서 이상로와 변창진(1979)의 직업흥미(진단)검사에 관한 설명에 해당한다.

다음 중 직업에 관련된 흥미를 측정하는 직업흥미검사가 아닌 것은?

① Strong Interest Inventory
② Vocational Preference Inventory
③ Kuder Interest Inventory
④ California Psychological Inventory

기출 2020년 4회, 2018년 2회, 2010년 2회
정답 ④
해설
캘리포니아 성격검사(CPI)는 일반인의 심리적 특성을 이해하기 위한 성격검사에 해당한다.

67

Strong 검사에 대한 설명으로 옳은 것은?

① 기본흥미척도(BIS)는 Holland의 6가지 유형을 제공한다.

② Strong 진로탐색검사는 진로성숙도검사와 직업흥미검사로 구성되어 있다.

③ 업무, 학습, 리더십, 모험심을 알아보는 기본흥미척도(BIS)가 포함되어 있다.

④ 개인특성척도(BSS)는 일반직업분류(GOT)의 하위척도로서 특정 흥미분야를 파악하는 데 도움이 된다.

핵심 키워드 스트롱(Strong) 진로탐색검사
☞ 진로성숙도검사와 직업흥미검사로 구성

기출 데이터 2025년, 2022년 2회, 2017년 2회, 2011년 3회

핵심기출 해설 **답 ②**

② 스트롱(Strong) 진로탐색검사는 1부 진로성숙도검사에서 진로정체감, 가족일치도, 진로준비도, 진로합리성, 정보습득률 등을 측정하며, 2부 직업흥미검사에서 직업, 활동, 교과목, 여가활동, 능력, 성격특성 등에 대한 문항을 통해 수검자의 흥미유형을 파악한다.

① 홀랜드(Holland)의 직업선택이론에 의한 6가지 주제로 구성되어 있으며, 수검자의 흥미에 대한 포괄적인 전망과 함께 그 속에 내재된 보편적인 패턴을 측정하는 것은 일반직업분류에 해당한다.

③ 업무 유형, 학습 유형, 리더십 유형, 모험심 유형의 4개 척도를 통해 일상생활과 일의 세계에서 어떠한 방식을 개인이 선호하고 편안하게 느끼는지를 측정하는 것은 개인특성척도(PSS)에 해당한다.

④ 일반직업분류(GOT)를 특정한 흥미들로 세분화한 것으로서, 수검자의 특정한 활동이나 주제에 대한 흥미도를 측정하는 것은 기본흥미척도(BIS)이다.

> * 참고 : 문제의 지문 ④번에서 '개인특성척도(BSS)'는 '개인특성척도(PSS ; Personal Style Scales)'의 오타인 것으로 보입니다.

이것이 핵심 **TIP**

직업상담장면에서 널리 사용되고 있는 직업선호도검사(VPI)의 경우 수검자의 직업흥미, 일반성격, 생활경험을 측정하기 위해 (직업)흥미검사, 성격검사, 생활사검사를 포함하고 있습니다. 특히 직업선호도검사(VPI)는 홀랜드(Holland) 모형을 기초로 하고 있으며, 시간상 제약이 있는 경우 (직업)흥미검사만을 실시하기도 합니다.

● 핵심유형 완성하기 ●

직업선호도검사에 관한 설명으로 틀린 것은?

① 직업흥미검사, 지능검사, 생활사검사로 구성된다.

② 직업흥미검사의 목적은 개인에게 적합한 직업선정에 있다.

③ 생활사검사는 개인의 과거 또는 현재의 생활특성을 통해 직업선택 시 고려될 수 있는 정보를 제공한다.

④ 시간상 제약이 있을 경우에는 직업흥미검사만으로도 직업선정이 가능하다.

기출 2016년 3회
정답 ①
해설
직업선호도검사(VPI)는 (직업)흥미검사, 성격검사, 생활사검사로 구성된다.

68

진로성숙검사도구(CMI)의 특징이 아닌 것은?

① 태도척도에는 선발척도와 상담척도 두 가지가 있다.

② 진로선택 과정에 대한 피험자의 태도와 진로결정에 영향을 미치는 성향적 반응경향성을 측정한다.

③ 능력척도는 자기평가, 직업정보, 목표선정, 계획의 4개 영역만을 측정한다.

④ 초등학교 6학년부터 고등학교 3학년을 대상으로 표준화되었다.

핵심 키워드
- 태도척도의 하위영역 ☞ 결정성, 참여도(관여도), 독립성, 지향성(성향), 타협성
- 능력척도의 하위영역 ☞ 자기평가, 직업정보, 목표선정, 계획, 문제해결

기출 데이터 2013년 1회, 2007년 1회

핵심기출 해설 **답 ③**

③ 능력척도는 자기평가, 직업정보, 목표선정, 계획, 문제해결 등 5개 영역을 측정한다.

진로성숙도검사

- 크라이티스(Crites)의 진로발달모델에 기초한 것으로서, 초등학교 6학년부터 고등학교 3학년을 대상으로 표준화한 검사도구이다.
- 태도척도와 능력척도로 구성되며, 진로선택과 관련된 수검자의 태도(성향)와 직업세계에 대한 지식수준 등을 측정한다.
- 태도척도는 선발척도와 상담척도로 구분되며, 결정성, 참여도(관여도), 독립성, 지향성(성향), 타협성 등 5개 하위영역으로 이루어져 있다.
- 능력척도는 수검자의 지식영역을 측정하기 위한 것으로서, 자기평가, 직업정보, 목표선정, 계획, 문제해결 등 5개 하위영역으로 이루어져 있다.

이것이 핵심 **TIP**

진로성숙도검사(CMI)는 수검자의 진로선택과 관련된 태도와 능력이 어느 정도 발달되어 있는지를 진단·기술하는 목적으로 개발되었습니다. 특히 수검자의 진로성숙도 진단에 따라 진로교사 혹은 상담교사가 학생 개인별로 어느 영역에서 보다 많은 지도가 필요한가를 판단할 수 있는 자료를 제시한다는 점에서 처방적인 성격을 가지고 있습니다.

● **핵심유형 완성하기** ●

진로선택과 관련된 태도와 능력의 발달 정도를 진단·기술하는 검사는? ① 진로적성검사 ② 진로흥미검사 ③ 진로성격검사 ④ 진로성숙도검사	**기 출** 2014년 3회 **정 답** ④ **해 설** ① 바람직한 직업선택이 이루어지도록 하기 위한 검사도구 ② 자신의 흥미에 적합한 직업을 선택하도록 하기 위한 검사도구 ③ 직업선택 시 성격적 특성에 대한 정보를 제공하기 위한 검사도구

69

진로성숙도검사(CMI) 중 태도척도의 하위영역과 문항의 예가 잘못 연결된 것은?

① 결정성 – 나는 선호하는 진로를 자주 바꾸고 있다.

② 참여도 – 나는 졸업할 때까지는 진로선택 문제에 별로 신경을 쓰지 않을 것이다.

③ 타협성 – 나는 하고 싶기는 하나 할 수 없는 일을 생각하느라 시간을 보내곤 한다.

④ 독립성 – 일하는 것이 무엇인지에 대해 생각한 바가 거의 없다.

핵심 키워드
- 결정성 ☞ 진로 방향에 대한 확신
- 참여도(관여도) ☞ 진로선택에의 능동적 참여
- 독립성 ☞ 독립적인 진로선택
- 지향성(성향) ☞ 사전이해와 준비
- 타협성 ☞ 욕구와 현실의 타협

기출 데이터 2011년 3회, 2008년 3회, 2006년 3회

핵심기출 해설 답 ④

④ 독립성이 아닌 지향성(성향)의 내용에 해당한다.

진로성숙도검사(CMI) 중 태도척도의 하위영역

결정성	선호하는 진로의 방향에 대한 확신의 정도 **예** "나는 선호하는 진로를 자주 바꾸고 있다."
참여도 또는 관여도	진로선택 과정에의 능동적 참여의 정도 **예** "나는 졸업할 때까지는 진로선택 문제에 별로 신경을 쓰지 않을 것이다."
독립성	진로선택을 독립적으로 할 수 있는 정도 **예** "나는 부모님이 정해 주시는 직업을 선택하겠다."
지향성 또는 성향	진로결정에 필요한 사전이해와 준비의 정도 **예** "일하는 것이 무엇인지에 대해 생각한 바가 거의 없다."
타협성	진로선택 시 욕구와 현실에 타협하는 정도 **예** "나는 하고 싶기는 하나 할 수 없는 일을 생각하느라 시간을 보내곤 한다."

진로성숙도검사(CMI)와 관련하여 직업상담사 시험에서는 주로 태도척도가 출제되고 있습니다. 다만, 향후 능력척도에 대한 문제가 출제될 수도 있으므로, 다음의 능력척도의 하위영역에 관한 내용도 기억해 두시기 바랍니다.

- 자기평가 : 자신의 성격, 흥미, 태도를 명확히 지각하고 이해하는 능력
- 직업정보 : 직업세계에 대한 지식, 고용에 관한 정보 등을 획득·평가하는 능력
- 목표선정 : 자아와 직업세계에 대한 지식을 토대로 합리적인 직업선택을 하는 능력
- 계획 : 직업목표 선정 후 이를 달성하기 위한 계획을 수립하는 능력
- 문제해결 : 진로선택이나 의사결정 과정에서 경험하는 다양한 문제들을 해결하는 능력

● **핵심유형 완성하기** ●

진로성숙도검사(CMI)의 태도척도 영역과 이를 측정하는 문항의 예가 바르게 짝지어진 것은? ① 결정성 – 나는 선호하는 진로를 자주 바꾸고 있다. ② 독립성 – 나는 졸업할 때까지는 진로선택 문제에 별로 신경을 쓰지 않겠다. ③ 타협성 – 일하는 것이 무엇인지에 대해 생각한 바가 거의 없다. ④ 성향 – 나는 하고 싶기는 하나 할 수 없는 일을 생각하느라 시간을 보내곤 한다.	**기출** 2021년 3회, 2017년 1회, 2011년 1회 **정답** ① **해설** ② 참여도(관여도) ③ 성향(지향성) ④ 타협성
Crites가 개발한 직업성숙도검사(CMI)에서 태도척도에 해당되지 않는 것은? ① 성실성 ② 독립성 ③ 지향성 ④ 결정성	**기출** 2019년 1회, 2013년 2회 **정답** ① **해설** '성실성'은 성격 5요인 검사의 성격요인에 해당한다.
진로성숙도검사(CMI) 중 태도척도의 하위영역과 문항의 예가 잘못 연결된 것은? ① 결정성(Decisiveness) – 나는 선호하는 진로를 자주 바꾸고 있다. ② 관여도(Involvement) – 나는 졸업할 때까지는 진로선택 문제에 별로 신경을 쓰지 않을 것이다. ③ 타협성(Compromise) – 나는 부모님이 정해 주시는 직업을 선택하겠다. ④ 지향성(Orientation) – 일하는 것이 무엇인지에 대해 생각한 바가 거의 없다.	**기출** 2019년 3회, 2015년 3회 **정답** ③ **해설** 타협성이 아닌 독립성에 해당한다.

70

승진을 하려면 지방근무를 해야만 하고, 서울근무를 계속하려면 승진기회를 잃는 경우에 겪는 갈등의 유형은?

① 접근-접근 갈등
② 회피-회피 갈등
③ 접근-회피 갈등
④ 이중 접근-회피 갈등

핵심 키워드
- 접근-접근 갈등 ☞ 여름휴가를 산으로 갈까, 바다로 갈까?
- 접근-회피 갈등 ☞ 승진을 위해 지방근무를 해야만 하나?
- 회피-회피 갈등 ☞ 학교에 가기도 싫고, 집에서 꾸중을 듣기도 싫다.
- 이중 접근-회피 갈등 ☞ 친구의 말을 따르자니 아내가 싫어할 것이고, 아내의 말을 따르자니 친구가 싫어할 것이다.

기출 데이터 2024년, 2023년, 2019년 1회, 2015년 2회, 2012년 2회

핵심기출 해설 답 ③

갈등의 유형(Lewin)

접근-접근 갈등	두 개의 정적 유의성을 띠고 있는 바람직하면서도 상호배타적인 행동목표가 동시에 나타나는 경우
접근-회피 갈등	동일한 행동목표가 정적 유의성과 부적 유의성을 동시에 나타내 보이는 경우
회피-회피 갈등	두 개의 부적 유의성을 띠고 있는 상호배타적인 행동목표가 동시에 나타나는 경우
이중 접근-회피 갈등	접근-회피 갈등을 보이는 두 개의 행동목표 중 어느 하나만을 선택할 수밖에 없는 경우

● **핵심유형 완성하기** ●

스트레스 요인과 상황에 관한 설명으로 틀린 것은?

① 좌절(Frustration) - 원하는 목표가 지연되거나 차단될 때이다.
② 과잉부담(Overload) - 개인의 능력을 벗어난 일이나 요구일 때이다.
③ 갈등(Conflict) - 두 가지의 긍정적인 일들이 갈등을 일으킬 때이다.
④ 생활의 변화(Life Change) - 부정적인 사건이 제한된 시간 내에 많을 때이다.

기출 2017년 1회, 2003년 1회
정답 ④
해설
생활의 변화는 평소 익숙하던 생활환경이 바뀐 때이다.

71 Lazarus의 스트레스 이론에 관한 설명으로 틀린 것은?

① 스트레스 사건 자체보다 지각과 인지 과정을 중시하는 이론이다.

② 1차 평가는 사건이 얼마나 위협적인지를 평가하는 것이다.

③ 2차 평가는 자신의 대처 능력에 대한 평가이다.

④ 3차 평가는 자신의 스트레스 반응에 대한 평가이다.

핵심 키워드
• 1차 평가 ☞ 사건에 대한 평가
• 2차 평가 ☞ 자신의 대처 능력에 대한 평가
• 3차 평가 ☞ 새로운 정보의 입수에 따른 재평가

기출 데이터 2016년 3회, 2011년 3회, 2010년 2회

핵심기출 해설 답 ④

④ '3차 평가'는 '재평가'에 해당하는 것으로서, 새로운 정보에 근거하여 처음의 평가가 수정되는 것이다.

스트레스 인지적 평가이론

• 스트레스를 유발하는 사건 자체보다 그 사건에 대한 개인의 지각 및 인지 과정을 중시한다.

• 스트레스 여부는 상황에 대한 개인의 주관적 해석에 의존한다.

• 스트레스원에 대한 인지적 평가 과정은 다음의 3단계로 이루어진다.

1차 평가	• 사건에 대한 평가로서, 사건이 얼마나 위협적인지를 평가한다. • "그 사건이 나에게 어떤 의미를 주는가?"에 대한 평가이다.
2차 평가	• 사건에 대해 개인이 실행할 수 있는 유효한 대처전략 또는 자신의 대처능력을 평가한다. • "내가 스트레스 사건에 대해 무엇을 할 수 있는가?"에 대한 평가이다.
3차 평가 (재평가)	• 본질적으로 1차 평가 및 2차 평가와 크게 다르지 않다. • 환경으로부터 오는 새로운 정보에 근거하여 처음의 평가가 수정되는 것이다.

이것이 핵심 TIP

라자루스와 포크만(Lazarus & Folkman)은 스트레스에 대한 인지적 평가 과정 3단계와 함께 스트레스에 대한 대처방식 3가지 유형을 제시한 바 있습니다.

• 문제집중적 대처방식 : 스트레스를 유발하는 개인의 문제행동이나 환경적 조건을 변화시킴으로써 스트레스를 해소하고자 한다.

• 정서집중적 대처방식 : 스트레스를 유발하는 문제에 직접적으로 접근하기보다는 스트레스 상황에서의 불안감이나 초조함 등의 정서적 고통을 경감시키고자 한다.

• 문제-정서 혼합적 대처방식 : 문제집중적 대처와 정서집중적 대처를 혼합한 방식으로서, 이 두 가지 방식은 스트레스에 대한 대처 과정에서 서로 촉진적인 방향으로도 혹은 서로 방해하는 방향으로도 작용할 수 있다.

72

셀리(Selye)가 제시한 스트레스 반응단계(일반적응증후군)를 순서대로 바르게 나열한 것은?

① 소진 – 저항 – 경고
② 저항 – 경고 – 소진
③ 소진 – 경고 – 저항
④ 경고 – 저항 – 소진

핵심 키워드 일반적응증후군 3단계
☞ 경고(경계) → 저항 → 소진(탈진)

기출 데이터 2023년, 2020년 1 · 2회, 2020년 4회, 2015년 2회, 2013년 1회

핵심기출 해설 답 ④

스트레스에 의한 일반적응증후군의 3단계(Selye)

- 제1단계 – 경계단계(경고반응단계)
  - 어떠한 스트레스 자극을 받았을 때 나타나는 신체의 최초의 즉각적인 반응이다.
  - 스트레스에 의해 체온이 떨어지고 심박수가 빨라지는 쇼크단계와, 신체의 자동적 방어기제에 의해 순간적으로 대항하는 역쇼크단계로 이루어진다.
- 제2단계 – 저항단계(저항반응단계)
  - 스트레스에 대한 경고반응으로 비상동원체계가 작동되었음에도 불구하고 스트레스가 지속되는 경우 저항단계로 접어든다.
  - 처음 제시된 스트레스 유발요인에 대한 저항력과 면역력이 일시적으로 증가하지만, 스트레스가 지속되는 경우 신체의 전반적인 기능은 저하된다.
- 제3단계 – 탈진단계(소진단계)
  - 유해한 스트레스에의 노출이 장기간 지속됨으로써 신체 에너지가 고갈상태에 이른다.
  - 신체의 저항력과 면역력이 붕괴되어 심각한 질병을 유발하며, 신체손상을 가져오기도 한다.

* 참고 : 'Selye'는 교재에 따라 '셀리', '셀리에', '샐리에'로도 제시되고 있으며, 직업상담사 시험에서도 이들 명칭이 혼용되고 있습니다.

이것이 핵심 TIP

스트레스에 관한 연구는 '자극접근'과 '반응접근'으로 구분됩니다. '자극접근'에서는 스트레스를 '압력'과 같은 자극의 개념으로 설명하는데, 어떤 사람에게 가해지는 압력 수준이 최적의 조건을 벗어날 때 스트레스가 발생하게 된다는 입장입니다. 반면, '반응접근'은 환경적인 자극 스트레스 인자나 요구에 대해 사람들이 보여주는 반응에 초점을 둡니다. 이때의 반응은 심장박동이 빨라지는 것과 같은 생리적인 반응일 수도, 짜증이 나는 것과 같은 심리적인 반응일 수도 있습니다. 셀리에(Selye)는 반응접근 방식 스트레스 연구의 대표자입니다. 그는 동물실험에서 추위나 더위 등의 물리적 자극 혹은 공포나 위협 등의 심리적 자극 등 어떠한 종류의 스트레스를 가해도 모두 동일한 반응을 보인다는 사실을 발견하였습니다. 그는 이와 같은 일반적인 반응 양상을 '일반적응증후군'이라 불렀습니다.

스트레스에 관한 설명으로 옳은 것은?

① 스트레스에 대한 일반적응증후는 경계, 저항, 탈진 단계로 진행된다.
② 1년간 생활변동단위(Life Change Unit)의 합이 90인 사람은 대단히 심한 스트레스를 겪는 사람이다.
③ A유형의 사람은 B유형의 사람보다 스트레스에 더 인내력이 있다.
④ 사회적 지지가 스트레스의 대처와 극복에 미치는 영향력은 거의 없다.

기 출 2022년 2회, 2019년 1회, 2014년 3회
정 답 ①

셀리에(Selye)의 스트레스에서의 일반적응증후군에 관한 설명으로 옳지 않은 것은?

① 스트레스의 결과가 신체부위에 영향을 준다는 뜻에서 일반적이라 명명했다.
② 스트레스의 원인으로부터 신체가 대처하도록 한다는 의미에서 적응이라 명명했다.
③ 경계단계는 정신적 혹은 육체적 위험에 노출되었을 때 즉각적인 반응을 보이는 단계이다.
④ 탈진단계에서 심장병을 잘 유발하는 성격의 B유형은 흥분을 가라앉히지 않는다.

기 출 2021년 2회
정 답 ④
해 설
심장병을 잘 유발하는 성격은 A형 성격이다. 참고로 A형 성격의 사람들은 B형 성격의 사람들보다 심장병으로 고생하는 비율이 5배나 더 많은 것으로 보고되고 있다.

Selye가 제시한 일반적응증후군의 3가지 단계가 아닌 것은?

① 경계단계
② 도피단계
③ 저항단계
④ 탈진단계

기 출 2019년 3회, 2014년 2회, 2011년 1회
정 답 ②

Selye가 제시한 스트레스의 단계에 해당하지 않는 것은?

① 경계단계(Alarm Stage)
② 저항단계(Resistance Stage)
③ 재발단계(Recurrence Stage)
④ 탈진단계(Exhaustion Stage)

기 출 2017년 2회, 2014년 1회
정 답 ③

Selye가 제시한 일반적응증후군(General Adaptation Syndrome)의 반응단계에 해당하지 않는 것은?

① 경계단계
② 적응단계
③ 저항단계
④ 소진단계

기 출 2016년 3회, 2010년 2회
정 답 ②

직장인들이 스트레스를 경험할 때 나타나는 반응의 단계를 옳게 나열한 것은?

① 소진단계 → 저항단계 → 경고단계
② 저항단계 → 경고단계 → 소진단계
③ 경고단계 → 소진단계 → 저항단계
④ 경고단계 → 저항단계 → 소진단계

기 출 2012년 2회, 2004년 3회
정 답 ④

73 조직에서 자신이 생각하는 역할과 상급자가 생각하는 역할 간 차이에 기인한 스트레스원은?

① 역할과다
② 역할모호성
③ 역할갈등
④ 과제곤란도

핵심 키워드
• 역할갈등 ☞ 자신의 지위와 역할전달자의 역할기대 간의 상충
• 역할과다(역할과부하) ☞ 신규 업무를 부여받은 상황에서의 양적 및 질적 과부하
• 역할모호성 ☞ 역할담당자가 역할전달자의 역할기대를 명확히 알지 못함

기출 데이터 2025년, 2021년 1회, 2015년 1회, 2004년 1회

핵심기출 해설　답 ③

③ 역할갈등은 역할담당자가 자신의 지위와 역할전달자의 역할기대가 상충되는 상황에서 지각하는 심리적 상태를 말한다. 둘 또는 그 이상의 사회적 지위(역할)를 가지고 있는 사람이 상반된 기대 역할을 요구받을 때 경험하게 된다.

① 역할과다 또는 역할과부하는 역할담당자가 일상적인 업무를 수행하는 과정에서 신규의 특정 업무를 부여받게 됨으로써 대처능력 초과상태에 이르는 것이다. 제한된 시간 내에 수행할 수 있는 것보다 더 많은 양의 역할을 부여받는 '양적 과부하', 직무수행에 필요한 경험, 기술, 지식, 자격의 부족으로 나타나는 '질적 과부하'로 구분된다.

② 역할모호성은 역할담당자가 역할전달자의 역할기대에 대해 명확히 알지 못하여 발생하는 심리적 상태를 말한다. 개인이 자기역할을 수행하는 데 필요하다고 느끼는 정보를 보유하지 못하거나 전달받지 못하는 경우에 주로 나타난다.

④ 과제곤란도는 역할담당자가 자신의 능력에 대한 지각과 과제의 곤란도 간에 불확실성을 인식함으로써 발생하는 심리적 상태와 연관된다. 자신의 능력이 과제의 곤란도에 비해 높거나 낮다고 생각하는 경우 과제에 대한 흥미를 상실하거나 도전의식을 상실하게 된다.

이것이 핵심　TIP

학자들의 역할갈등에 관한 정의는 크게 세 가지 차원으로 분류할 수 있습니다.

• 첫째, 역할갈등을 역할담당자의 지각에 의한 갈등차원으로 보는 관점입니다. 리조(Rizzo)는 역할갈등을 "개인의 욕구와 역할의 요구 간의 불일치 상태"로 간주한 바 있습니다.

• 둘째, 역할갈등을 역할에 관련된 여러 사람의 기대가 서로 상충된 사회적 상황으로 보는 관점입니다. 파슨스(Parsons)는 역할갈등을 "역할담당자가 일을 전부 수행하기가 불가능한 서로 상충되면서도 합당한 여러 역할기대 사이에 처한 상태"로 간주한 바 있습니다.

• 셋째, 역할갈등을 위의 두 가지 상태, 즉 역할담당자의 심리와 여러 가지 역할기대가 상충된 상태로 보는 관점입니다. 카츠와 칸(Katz & Kahn)은 역할갈등을 "한 가지에 순응함으로써 다른 것에 순응하지 못해 갈등에 처하게 되는 둘 이상의 역할기대가 동시에 발생하는 상태"로 간주한 바 있습니다.

다음에 해당하는 직무 및 조직관련 스트레스 요인은?

기출 2021년 3회
정답 ①

직장 내 요구들 간의 모순 혹은 직장의 요구와 직장 밖 요구 사이의 모순이 있을 때 발생한다.

① 역할갈등
② 역할과다
③ 과제특성
④ 역할모호성

다음에 해당하는 직무 및 조직 관련 스트레스 요인은?

기출 2016년 2회
정답 ①

역할담당자가 자신의 지위와 역할전달자의 역할기대가 상충되는 상황에서 지각하는 심리적 상태이다.

① 역할갈등
② 역할과다
③ 과제특성
④ 역할모호성

다음이 설명하고 있는 직무 및 조직 관련 스트레스 요인은?

기출 2009년 1회
정답 ①

역할담당자가 자신의 지위와 역할전달자의 역할기대가 상충되는 상황에서 지각하는 심리적 상태이다.

① 역할갈등
② 산업의 조직문화
③ 과제특성
④ 역할모호성

74 역할갈등에 관한 설명으로 틀린 것은?

① 직업에서의 요구와 직업 이외의 요구가 다를 때 발생한다.

② 개인이 수행하는 직무의 요구와 개인의 가치관이 다를 때 발생한다.

③ 개인에게 요구하는 두 사람 이상의 요구가 다를 때 발생한다.

④ 개인의 책임한계와 목표가 명확하지 않아서 역할이 분명하지 않을 때 발생한다.

핵심 키워드 역할갈등의 종류
☞ 개인 간 역할갈등, 개인 내 역할갈등, 송신자 간 갈등, 송신자 내 갈등
기출 데이터 2018년 3회, 2013년 2회

핵심기출 해설 **답 ④**

④ 역할모호성에 대한 내용에 해당한다.
① 개인 간 역할갈등, ② 개인 내 역할갈등, ③ 송신자 간 갈등

역할갈등의 유형

• 개인 간 역할갈등 : 직업에서의 요구와 직업 이외의 요구 간의 갈등에서 발생한다.
• 개인 내 역할갈등 : 개인의 복잡한 과제, 개인이 수행하는 직무의 요구와 개인의 가치관이 다를 때 발생한다.
• 송신자 간 갈등 : 두 명 이상의 요구가 갈등을 일으킬 때 발생한다.
• 송신자 내 갈등 : 업무 지시자가 서로 배타적이고 양립할 수 없는 요구를 요청할 때 발생한다.

이것이 핵심 **TIP**

앞서 역할갈등이 세 가지 차원으로 분류된다고 언급했습니다. 역할갈등은 역할 상황을 역할담당자가 어떻게 인식하는가도 중요하지만, 실제로 여러 사람들의 기대가 상충되어 나타나는 경우도 많습니다. 따라서 역할갈등의 유형 분류는 역할담당자의 지각과 함께 여러 가지 역할기대 간의 상충이라는 관점에 입각합니다.

● 핵심유형 완성하기 ●

팀 생산성을 높이기 위해서 부하들을 철저히 감독하라는 사장의 요구와 작업능률을 높이려면 자발적으로 일할 수 있는 분위기를 만들어 주어야 한다는 부하들의 요구 사이에서 고민하는 팀장의 스트레스 원인은?

① 송신자 내 갈등 　　　　② 개인 간 역할갈등
③ 개인 내 역할갈등 　　　　④ 송신자 간 갈등

기출 2019년 2회, 2012년 1회
정답 ④
해설
사장의 요구와 부하직원들의 요구, 즉 두 명 이상의 요구가 갈등을 일으키는 것이므로 '송신자 간 갈등'에 해당한다.

스트레스 요인의 역할갈등 중 직업에서의 요구와 직업 이외의 요구 간의 갈등에서 발생하는 것은?

① 개인 내 역할갈등 　　　　② 개인 간 역할갈등
③ 송신자 내 갈등 　　　　④ 송신자 간 갈등

기출 2009년 3회, 2007년 3회
정답 ②

75 스트레스의 원인 중 역할갈등과 가장 관련이 높은 것은?

① 직무 관련 스트레스원

② 개인 관련 스트레스원

③ 조직 관련 스트레스원

④ 물리적 환경 관련 스트레스원

핵심 키워드 직무 관련 스트레스원

☞ 과제특성, 역할갈등, 역할모호성, 산업의 조직문화와 풍토, 역할과다 또는 역할과소 등

기출 데이터 2024년, 2023년, 2022년 1회, 2017년 3회, 2014년 3회, 2010년 3회

핵심기출 해설 답 ①

스트레스의 원인

• 직무 관련 스트레스원 : 과제특성, 역할갈등, 역할모호성, 산업의 조직문화와 풍토, 역할과다 또는 역할과소 등

• 개인 관련 스트레스원 : A 유형 행동, 통제 위치(통제 소재), 인구통계적 변인 등

• 물리적 환경 관련 스트레스원 : 조명, 소음, 온도, 진동, 공기오염, 사무실 설계, 사회적 밀도 등

이것이 핵심 TIP

• 직무 관련 스트레스원 중 과제특성은 과제의 복잡함이나 단조로움과 연관됩니다. 개인이 갖고 있는 일의 처리능력에는 한계가 있기 때문에 과제가 복잡해지면 정보과부하로 인해 스트레스에 쉽게 노출될 수 있습니다. 그러나 기계화 및 자동화 시대에 살고 있는 오늘날에는 반복적이고 단조로운 업무에서 비롯되는 지루함이 가장 위험한 스트레스 요인으로 간주되기도 합니다.

• 직업상담사 시험에서는 스트레스의 원인(스트레스원)과 스트레스의 조절변인을 구분하여 학습하여야 합니다. 예를 들어, A 유형 행동과 통제 위치(통제 소재)는 개인 관련 스트레스원에 해당하지만, 직무 관련 스트레스의 조절변인이기도 합니다. 특히 A 유형 행동은 공격성, 적대감, 시간의 절박감(긴박감), 경쟁적 성취욕(승부욕) 등을 특징으로 합니다. 이러한 A 유형 행동을 보이는 사람은 짧은 시간 내에 더욱더 많은 일을 성취하려고 하므로 일의 과정을 즐기지 못합니다. 또한 너무 많은 책임을 맡는 경향이 있는데, 그것이 자신의 능력으로 통제할 수 없다고 판단되는 스트레스 상황에 부딪치게 될 때 B 유형보다 훨씬 더 빨리 과제를 포기하고는 보다 많은 무력감을 느끼게 됩니다.

직무 스트레스에 관한 설명으로 틀린 것은?

① 지루하게 반복되는 과업의 단조로움은 매우 위험한 스트레스 요인이 될 수 있다.
② 복잡한 과제는 정보 과부하를 일으켜 스트레스를 높인다.
③ 공식적이고 구조적인 조직에서 주로 인간관계 변수 때문에 역할갈등이 발생한다.
④ 역할모호성은 개인의 역할이 명확하지 않을 때 발생한다.

기출 2020년 3회
정답 ③
해설
공식적이고 구조적인 조직에서는 주로 구조적 변수 때문에, 비공식적이고 비구조적인 조직에서는 인간관계 변수 때문에 역할갈등이 발생한다.

A 유형의 행동 특징에 관한 설명으로 틀린 것은?

① 근무 시간을 철저하게 지키고, 항상 긴박감을 느낀다.
② 평소 활동이 공격적이고 적대적이며 참을성이 없다.
③ 시간에 대한 걱정이 덜 하고 여유를 가진다.
④ 사내의 활동이 경쟁적이며 승부에 집착한다.

기출 2017년 2회, 2012년 1회
정답 ③
해설
B 유형 행동의 특징에 해당한다.

개인 관련 스트레스 요인인 A 유형 행동을 보이는 사람의 특성으로 틀린 것은?

① 일의 결과보다는 과정을 즐긴다.
② 쉽게 화를 낸다.
③ 많은 일을 성취하려 한다.
④ 스트레스 상황에서 과제를 더 빨리 포기한다.

기출 2016년 1회
정답 ①
해설
짧은 시간 내에 더욱더 많은 일을 성취하려고 하므로 일의 과정을 즐기지 못한다.

직무 스트레스에 대한 설명으로 틀린 것은?

① 개인의 책임한계나 직무의 목표가 명료하지 않을 때 스트레스가 높아진다.
② 복잡한 과제는 정보과부하를 일으켜 스트레스를 높인다.
③ 공식적이고 구조적인 조직에서는 인간관계가 주요 역할갈등을 일으켜 스트레스원이 된다.
④ 집합주의/개인주의 산업문화의 충돌은 근로자에게 스트레스원이 된다.

기출 2011년 3회, 2008년 1회
정답 ③
해설
공식적이고 구조적인 조직에서는 주로 구조적 변수 때문에 역할갈등이 발생하는 반면, 비공식적이고 비구조적인 조직에서는 인간관계 변수 때문에 역할갈등이 발생한다.

다음 중 개인 관련 스트레스 요인인 A 유형 행동을 보이는 사람의 특성에 해당하지 않는 것은?

① 책임을 피한다.
② 쉽게 화를 낸다.
③ 많은 일을 성취하려 한다.
④ 늘 경쟁적 성취욕으로 가득 차 있다.

기출 2010년 1회, 2006년 1회, 2004년 1회
정답 ①

직무와 관련된 스트레스 요인 중 기계화 및 자동화 시대에 살고 있는 오늘날 가장 위험한 스트레스 요인이 될 수 있는 것은?

① 지루함
② 역할갈등
③ 생산압력
④ 개인주의

기출 2007년 3회, 2005년 3회, 2003년 3회
정답 ①

76

직무 스트레스를 조절하는 변인과 가장 거리가 먼 것은?

① 성격의 유형
② 역할모호성
③ 통제의 위치
④ 사회적 지원

핵심 키워드 직무 관련 스트레스의 조절변인
☞ A/B 성격유형, 통제 위치(통제 소재), 사회적 지원 등
기출 데이터 2014년 1회, 2010년 1회

핵심기출 해설 **답** ②

② 역할모호성은 직무 관련 스트레스의 조절변인(매개변인)이라기보다는 직무 관련 스트레스원에 해당한다. 역할담당자가 역할전달자의 역할기대에 대해 명확히 알지 못하여 발생하는 심리적 상태를 말하는 것으로서, 개인이 자기역할을 수행하는 데 필요하다고 느끼는 정보를 보유하지 못하거나 전달받지 못하는 경우에 주로 나타난다.

① 성격유형에 따른 직무 스트레스의 양상은 프리드만과 로젠만(Friedman & Rosenman)이 제시한 A/B 성격유형에 따른 행동패턴을 기초로 한다. 여기서 A형 성격은 직무수행에 있어서 경쟁 및 성취 지향, 신속성, 완벽함을 추구하는 반면, B형 성격은 느긋함과 차분함, 일처리에 있어서 여유로운 대처, 상황의 수용 등을 특징으로 한다.

③ 통제의 위치는 개인의 행위가 일어날 가능성을 규명하기 위해 강화의 가치나 기대, 심리적 상황을 고려해야 한다는 로터(Rotter)의 사회학습이론에서 비롯된다. 내적 통제자는 사건의 발생이나 그 결과를 자기 자신의 행동에서 비롯된 것으로 간주하는 반면, 외적 통제자는 기회나 운 등 외적 요인의 강력한 영향력에 의한 것으로 본다.

④ 사회적 지원은 직무수행자의 직무 스트레스를 완화할 수 있도록 해 주는 조직 내적 혹은 조직 외적 요인을 의미하는 것으로서, 특히 조직 내적 요인으로는 직장 상사, 동료, 부하가 있으며, 조직 외적 요인으로는 대표적으로 가족이 있다.

● **핵심유형 완성하기** ●

조직에서의 스트레스를 매개하거나 조절하는 요인들 중 개인속성이 아닌 것은? ① Type A형과 같은 성격유형 ② 친구나 부모와 같은 주변인의 사회적 지지 ③ 상황을 개인이 통제할 수 있느냐에 대한 신념 ④ 부정적인 사건들에서 빨리 벗어나는 능력	**기 출** 2022년 2회, 2018년 1회 **정 답** ② **해 설** 사회적 지지(사회적 지원)는 상황속성에 해당한다.
직무 스트레스를 조절하는 변인과 가장 거리가 먼 것은? ① 성격유형 ② 역할모호성 ③ 통제 소재 ④ 사회적 지원	**기 출** 2020년 3회 **정 답** ②

직무 스트레스를 촉진시키거나 완화하는 조절요인이 아닌 것은?

① A/B 성격유형
② 통제의 소재
③ 사회적 지원
④ 반복적이고 단조로운 업무

기출 2019년 2회, 2015년 3회, 2004년 3회
정답 ④
해설
과제특성으로서 반복적이고 단조로운 업무는 직무 관련 스트레스의 조절변인이 아닌 직무 관련 스트레스원에 해당한다.

직무 스트레스 매개변인으로 개인속성에 해당하는 것은?

① 통제 소재
② 역할과부하
③ 역할모호성
④ 조직 풍토

기출 2019년 3회
정답 ①

스트레스에 관한 설명으로 틀린 것은?

① 스트레스 여부는 상황에 대한 개인의 주관적 해석에 의존한다.
② 스트레스 여부는 상황에 대한 통제 가능성에 의존한다.
③ A 유형에 비해 B 유형의 사람들이 스트레스원에 더 강한 경향이 있다.
④ 내적 통제자에 비해 외적 통제자가 스트레스 상황에 대한 대처능력이 뛰어나다.

기출 2018년 3회
정답 ④
해설
외적 통제자는 자신의 삶에 있어서 중요한 사건들이 주로 타인이나 외부에 의해 결정된다고 보기 때문에 스트레스 영향력을 감소시키려는 노력을 하지 않는 편이며, 그로 인해 스트레스 상황에 대한 대처능력이 부족하다.

A형 성격유형에 대한 설명과 가장 거리가 먼 것은?

① 시간의 절박감과 경쟁적 성취욕이 강하다.
② 관상동맥성 심장병(CHD)에 걸릴 확률이 높다.
③ 비경쟁적 상황에서는 의외로 타인과의 경쟁심이나 적대감이 없다.
④ 직무 스트레스의 주요 원천이다.

기출 2017년 3회, 2015년 1회, 2011년 2회
정답 ③
해설
A형 성격유형은 비경쟁적 상황에서조차 타인과 경쟁하고 공격적이며, 쉽게 일어나는 적대감, 시간의 절박감 그리고 경쟁적 성취욕을 보이는 특성을 가지고 있다.

직무 스트레스에 영향을 주는 요인에 관한 설명과 가장 거리가 먼 것은?

① B 성격유형의 사람들은 A 성격유형의 사람들보다 성취욕구와 포부수준이 더 높기 때문에 일로부터 스트레스를 느낄 가능성이 적다.
② 내적 통제자보다 외적 통제자들은 자신의 삶에서 중요한 사건들이 주로 타인이나 외부에 의해 결정된다고 보기 때문에 스트레스 영향력을 감소시키려는 노력을 하지 않는 편이다.
③ 스트레스 자체를 없애기는 어렵기 때문에 스트레스 출처를 예측하는 것이 스트레스를 완화하는 데 중요한 역할을 한다.
④ 사회적 지원은 스트레스 출처를 약화시키지만 스트레스 출처로부터 야기된 권태감, 직무불만족 자체를 감소시키는 것은 아니다.

기출 2017년 3회, 2015년 1회
정답 ①
해설
A 성격유형의 사람들은 B 성격유형의 사람들보다 성취욕구와 포부수준이 더 높기 때문에 일로부터 스트레스를 느낄 가능성이 많다.

77 스트레스와 직무수행의 관계를 가장 잘 나타낸 것은?

① 스트레스가 많을수록 직무수행이 떨어지는 일차함수 관계이다.

② 어느 수준까지는 스트레스가 많을수록 직무수행이 떨어지다가 어느 수준에 이르면 더 이상 직무수행이 떨어지지 않고 일정 수준을 유지한다.

③ 스트레스 수준이 너무 낮거나 너무 높으면 직무수행은 떨어지는 역U자형 관계이다.

④ 스트레스와 직무수행은 관계가 없다.

핵심 키워드 Yerkes-Dodson의 역U자형 가설
☞ 스트레스 수준이 너무 높거나 너무 낮으면 직무수행이 떨어짐

기출 데이터 2008년 3회, 2006년 3회, 2003년 3회

핵심기출 해설　답 ③

여크스-도슨(Yerkes-Dodson)의 역U자형 가설

• 직무에 대한 스트레스가 너무 높거나 반대로 너무 낮은 경우 직무수행능력이 떨어지는 역U자형 양상을 보이게 된다.

• 역U자형 곡선은 흥분이나 욕구, 긴장이 증대되는 경우 어느 정도 수준에 이르기까지 수행실적이 증가하다가 그 이후에는 오히려 수행실적이 감소한다는 사실을 반영한다.

• 스트레스 수준이 너무 높거나 너무 낮은 경우 건강이나 작업능률에 부정적인 영향을 미치므로 스트레스를 적정 수준으로 유지하는 것이 바람직하다.

이것이 핵심　TIP

정신의학적으로 스트레스나 불안은 생산성 있는 삶을 영위하는 데 필수적인 요소로 간주되고 있습니다. 그럼에도 불구하고 스트레스에 대해 부정적인 관념을 가지는 이유는 우리가 그것을 병적인 것으로 이해하고 있기 때문입니다. 스트레스는 양면성을 가집니다. 그 한 가지는 유스트레스(Eustress)이고, 다른 하나는 디스트레스(Distress)입니다. 유스트레스는 '순기능 스트레스'로도 불리는 것으로서, 긍정적·건설적으로 일에 대한 동기와 성취욕을 불러일으킵니다. 반대로 디스트레스는 '역기능 스트레스'로도 불리는 것으로서, 부정적·파괴적으로 질병과 노쇠를 불러옵니다. 특히 유스트레스는 조직에서의 높은 성과 수준과 연결되는 반면, 디스트레스는 높은 지각률 혹은 결근율 등과 연관됩니다.

스트레스가 반드시 부정적인 효과만 나타내는 것은 아닙니다. 적정 수준의 스트레스(Eustress)는 다음과 같은 긍정적인 효과를 가지기도 합니다.

스트레스의 긍정적 효과

• 스트레스 상황은 자극을 받고 도전하려는 욕구를 자극한다.

• 개인적 성장, 자기 향상 증진 등의 기능을 할 수 있다.

• 스트레스 경험을 통해 미래의 더 큰 스트레스에 대한 예방접종과 같은 면역기능을 발생시킨다. 즉, 스트레스에 대한 내성이 길러진다.

직무 스트레스에 관한 설명으로 틀린 것은?

① 직장 내 소음, 온도와 같은 물리적 요인이 직무 스트레스를 유발할 수 있다.
② 직무 스트레스를 일으키는 심리사회적 요인으로 역할갈등, 역할과부하, 역할모호성 등이 있다.
③ 사회적 지지가 제공되면 우울이나 불안 같은 직무 스트레스 반응이 감소한다.
④ 직무 스트레스는 직무만족과 부정적 관계에 있으며, 모든 스트레스는 항상 직무수행 성과를 떨어뜨린다.

기출 2025년, 2022년 1회, 2018년 1회
정답 ④
해설
스트레스의 긍정적 효과
• 스트레스 상황은 자극을 받고 도전하려는 욕구를 자극한다.
• 개인적 성장, 자기 향상 증진 등의 기능을 할 수 있다.
• 스트레스 경험을 통해 예방접종과 같은 면역기능을 발생시킨다.

조직에 영향을 미치는 직무 스트레스의 결과와 가장 거리가 먼 것은?

① 직무수행 감소
② 직무불만족
③ 상사의 부당한 지시
④ 결근 및 이직

기출 2022년 1회, 2019년 1회, 2010년 4회
정답 ③

스트레스와 직무수행 간의 관계에 대한 설명으로 옳은 것은?

① 스트레스가 많을수록 직무수행이 떨어지는 일차함수 관계이다.
② 어느 수준까지만 스트레스가 많을수록 직무수행이 떨어진다.
③ 일정 시점 이후에 스트레스 수준이 증가하면 수행실적은 오히려 감소하는 역U형 관계이다.
④ 스트레스와 직무수행은 관계가 없다.

기출 2021년 2회, 2018년 2회, 2013년 1회
정답 ③

스트레스에 관한 설명으로 옳은 것은?

① 스트레스 수준과 수행은 U형 관계를 가진다.
② B 유형 행동은 관상동맥성 질환과 밀접한 관련이 있다.
③ 외적 통제자는 스트레스 상황에 노출되더라도 크게 위험을 느끼지 않는다.
④ 코티졸은 부신피질에서 방출하는 스트레스 통제 호르몬이다.

기출 2017년 1회
정답 ④

스트레스와 직무수행의 관계에 관한 설명으로 가장 적합한 것은?

① 스트레스가 높아질수록 수행실적도 함께 증가한다.
② 스트레스 수준이 아주 낮으면 수행실적이 증가한다.
③ 스트레스는 직무만족에 직접적인 영향을 준다.
④ 지각이나 결근은 스트레스와는 상관이 없다.

기출 2010년 1회, 2007년 1회
정답 ③

스트레스와 직무수행의 관계에 대한 설명으로 옳은 것은?

① 스트레스와 직무수행의 관련성은 미미하다.
② 스트레스가 너무 높은 경우에는 직무수행이 높아질 수 있다.
③ 스트레스 수준이 너무 높거나 낮으면 직무수행은 떨어지는 역U자형 관계이다.
④ 스트레스로 인해 직무수행이 저하되다 일정한 수준에 이르면 더 이상 떨어지지 않고 일정 수준을 유지한다.

기출 2009년 1회
정답 ③

78

조직 감축에서 살아남은 구성원들이 조직에 대해 보이는 전형적인 반응은?

① 살아남은 구성원들은 조직에 대해 높은 신뢰감을 가지고 있다.

② 더 많은 일을 해야 하기 때문에 과로하며 종종 불이익도 감수하려고 한다.

③ 살아남은 구성원들은 다른 직무나 낮은 수준의 직무로 이동하는 것을 거부한다.

④ 조직 감축에서 살아남은 데 만족하며 조직 몰입을 더욱 많이 한다.

핵심 키워드 조직 감축에서 살아남은 구성원들의 주요 반응
☞ 사기 저하, 신뢰감 상실, 불이익 감수, 조직 몰입에의 어려움

기출 데이터 2020년 4회, 2018년 2회, 2013년 1회, 2012년 3회

핵심기출 해설　**답 ②**

① 살아남은 구성원들도 종종 조직에 대한 신뢰감을 상실한다.

③ 일부 구성원들은 다른 직무나 낮은 수준의 직무로 이동하는 것을 감수한다.

④ 감축대상이 된 동료들에 대한 미안한 마음과 자신도 언제 감축대상이 될지 모른다는 불안감으로 인해 조직 몰입에 어려움을 겪는다.

그 외의 전형적인 반응

• 일반적으로 조직의 분위기가 침체되고 사기가 급격히 저하된다.

• 자신 또한 감축 대상이 되지 않기 위해 실패할 우려가 있는 혁신적인 업무나 변화를 기피하는 현상이 나타나기도 한다.

• 조직 감축이 불공정하다고 느끼는 경우 분노나 공격적 성향을 드러내어 인간관계의 악화를 초래한다.

• 구성원들의 이직 의향이나 이직률이 높아지는 등 조직으로부터의 이탈현상이 발생할 수 있다.

이것이 핵심　**TIP**

구조조정이나 조직 감축에서 살아남은 구성원들이 겪게 되는 다양한 형태의 부정적인 심리적 반응을 '생존자증후군(Layoff Survivor Syndrome)'으로 표현하고 있습니다.

● 핵심유형 완성하기 ●

조직 감축으로부터 살아남은 종업원들이 전형적으로 조직에 대해 반응하는 행동이 아닌 것은?

① 살아남은 자들도 종종 조직에 대한 신뢰감을 상실하고는 한다.

② 더 많은 일을 해야 하기 때문에 과로하며 종종 불이익도 감수하려고 한다.

③ 일부 사람들은 다른 직무나 낮은 수준의 직무로 이동하는 것을 감수한다.

④ 조직 감축에서 살아남은 데 만족하며 조직 몰입을 더욱 많이 한다.

기출 2011년 2회, 2007년 3회
정답 ④

79

다음에 해당하는 스트레스 관리전략은?

> 예전에는 은행원들이 창구에 줄 서서 기다리는 고객들에게 가능한 빨리 서비스를 제공하고자 스트레스를 많이 받았었는데, 고객 대기표(번호표) 시스템을 도입한 이후 이러한 스트레스를 많이 줄일 수 있게 되었다.

① 반응지향적 관리전략　　　　　　　② 증후지향적 관리전략
③ 평가지향적 관리전략　　　　　　　④ 출처지향적 관리전략

핵심 키워드　스트레스 관리전략
　　☞ 1차적 예방 → 출처지향적 / 2차적 예방 → 반응지향적 / 3차적 예방 → 증후지향적
기출 데이터　2024년, 2020년 1 · 2회, 2017년 1회, 2013년 3회

핵심기출 해설　**답 ④**

④ 고객에게 최대한 신속히 서비스를 제공해야 한다는 부담감을 줄이기 위해 새로운 시스템을 도입하는 등 직무와 관련된 조직적 스트레스의 요인을 수정하는 것이므로, 스트레스 요인 중심의 출처지향적 관리전략에 해당한다.

이것이 핵심　**TIP**

스트레스 예방관리전략(Quick & Quick)
• 1차적 예방 : 스트레스 요인 중심(출처지향적 관리전략)
　실제적으로 디스트레스(Distress)를 유발하는 조직적 스트레스의 제 요인을 수정 및 변경하는 것을 목적으로 한다.
• 2차적 예방 : 스트레스 반응 중심(반응지향적 관리전략)
　개인적으로 조직적인 긴장을 방제 · 제거하거나 억제하는 것을 목적으로 한다.
• 3차적 예방 : 스트레스 증후 중심(증후지향적 관리전략)
　조직적 스트레스 요인의 증상이 나타나는 것을 적합한 상태에서 최소화하거나 통제하는 것을 목적으로 한다.

수준별 스트레스 관리전략
• 1차적 스트레스 관리전략(조직 수준의 스트레스 관리전략)
　– 직무중심 관리전략 : 직무재설계, 참여적 관리, 경력개발, 융통적 작업계획 등
　– 관계중심 관리전략 : 역할분석, 목표설정, 사회적 지지, 팀 형성(팀 빌딩) 등
• 2차적 스트레스 관리전략(개인 수준의 스트레스 관리전략)
　– 요인지향적 관리전략 : 스트레스의 지각관리, 작업환경 및 생활스타일 관리 등
　– 반응지향적 관리전략 : 이완훈련, 신체적 배출, 정서적 배출 등
　– 증상지향적 관리전략 : 상담 및 정신치료, 의학적 보호 등

● 핵심유형 완성하기 ●

개인의 변화를 목표로 하는 이차적 스트레스 관리전략에 해당하지 않는 것은?

① 이완훈련　　　　　　　② 바이오피드백
③ 직무재설계　　　　　　④ 스트레스관리훈련

기출 2021년 3회, 2017년 2회, 2011년 1회
정답 ③

80

스트레스에 대처하기 위한 포괄적인 노력과 가장 거리가 먼 것은?

① 과정중심적 사고방식에서 목표지향적 초고속사고로 전환해야 한다.

② 가치관을 전환시켜야 한다.

③ 스트레스에 정면으로 도전하는 마음가짐이 있어야 한다.

④ 균형 있는 생활을 해야 한다.

핵심 키워드 스트레스 대처를 위한 노력
☞ 가치관 전환, 과정중심적 사고방식, 스트레스에의 정면 도전, 균형 있는 생활
기출 데이터 2025년, 2022년 2회, 2019년 3회, 2014년 3회, 2006년 3회

핵심기출 해설 **답 ①**

스트레스에 대처하기 위한 포괄적인 노력

• 가치관을 전환시켜야 한다.(②)

• 목표지향적 초고속심리에서 과정중심적 사고방식으로 전환해야 한다.(①)

• 스트레스에 정면으로 도전하는 마음가짐이 있어야 한다.(③)

• 가슴속에 쌓인 한을 털어내야 한다.

• 균형 있는 생활을 해야 한다.(④)

• 취미 · 오락을 통해 생활장면을 전환하는 활동을 규칙적으로 해야 한다.

• 운동을 통해 스트레스를 적절히 해소한다.

이것이 핵심 **TIP**

스트레스 대처를 위한 기본조건은 다음과 같습니다.

• 적절한 스트레스는 도움을 준다.

• 유스트레스(Eustress)는 적극적인 노력에 의해서만 획득될 수 있다.

• 자신의 스트레스 상황을 의식하고 확인하는 일은 매우 중요하다.

• 스트레스 상황이 자신의 내면에 있다는 점을 인식해야 한다.

• 긴장방출률을 최대한 높여야 한다.

● **핵심유형 완성하기** ●

스트레스의 예방 및 대처 방안으로 틀린 것은?	기출 2020년 4회, 2018년 1회, 2014년 2회, 2008년 3회
① 가치관을 전환시켜야 한다.	
② 과정중심적 사고방식에서 목표지향적 초고속심리로 전환해야 한다.	정답 ②
③ 균형 있는 생활을 해야 한다.	
④ 취미 · 오락을 통해 생활장면을 전환하는 활동을 규칙적으로 해야 한다.	

초기면담의 유형 ★

81

초기면담의 유형인 정보지향적 면담에서 주로 사용하는 기법이 아닌 것은?

① 폐쇄형 질문

② 개방형 질문

③ 탐색하기

④ 감정이입하기

핵심 키워드 초기면담의 정보지향적 면담에서 사용하는 기법

☞ 탐색하기, 폐쇄형 질문, 개방형 질문

기출 데이터 2016년 2회, 2013년 2회, 2006년 3회

핵심기출 해설 **답 ④**

④ '감정이입'은 초기면담의 특정 유형에서 사용하는 기법이 아닌 초기면담의 주요 요소에 해당한다. 초기면담의 다른 주요 요소로는 신뢰관계 형성, 언어적 · 비언어적 행동, 상담자 노출하기, 즉시성, 유머, 직면, 계약, 리허설 등이 있다.

① '폐쇄형 질문'은 '예 / 아니요'와 같이 제한된 응답을 요구하는 질문으로, 짧은 시간 안에 상당한 양의 정보를 추출해 내는 데 효과적이다. 그러나 내담자가 대답할 수 있는 범위를 제한함으로써 보다 정교화된 정보를 입수하기 어렵다.

② '개방형 질문'은 폐쇄형 질문과 대조적인 것으로, 보통 '무엇을, 어떻게'로 질문을 시작한다. 내담자에게 말할 수 있는 시간을 충분히 부여하며, 가능한 한 많은 대답을 선택할 기회를 제공한다. 그러나 이와 같은 질문에 익숙지 않은 내담자에는 오히려 답변에 대한 부담감을 줄 수도 있다.

③ '탐색하기' 또는 '탐색해 보기'는 '누가, 무엇을, 어디서, 어떻게'로 시작되는 질문으로, 한두 마디 단어 이상의 응답을 요구한다. 예를 들어 "일자리를 구하기 위해서 당신은 어떤 계획을 가지고 있나요?"라고 묻는 것이다. 대부분의 질문에서 '왜'라는 표현은 삼가는데, 이는 어떤 이유를 캐묻는 듯한 인상을 주어 내담자의 방어적인 반응을 유발할 수 있기 때문이다.

이것이 핵심 **TIP**

정보지향적 면담의 기법 중 '탐색하기(탐색해 보기)'는 사실상 직업상담의 질문기법으로서 '탐색적 질문'과 같다고 볼 수 있습니다. 탐색적 질문은 상담자가 자신의 관심을 충족시키기 위해 하는 질문이 아니라, 내담자로 하여금 자기 자신과 자신의 문제를 자유롭게 탐색하도록 함으로써 내담자의 이해를 증진시키기 위한 질문입니다. 이러한 탐색적 질문이 되도록 하기 위해서는 '예 / 아니요'로 답할 수 없는 개방형 질문을 사용해야 합니다. 참고로 초기면담의 유형으로는 정보지향적 면담 외에 내담자 대 상담자의 솔선수범 면담, 관계지향적 면담 등이 있습니다.

초기상담의 유형 중 관계지향적 면담에 관한 설명으로 옳은 것은?

① 재진술과 감정의 반향 등이 주로 이용된다.
② 내담자에 의해 시작된 면담과 상담자에 의해 시작된 면담으로 구분된다.
③ '누가, 무엇을, 어디서, 어떻게'로 시작되는 질문이 사용된다.
④ 상담의 틀이 상담자에게 초점을 맞추어져 진행된다.

기출 2025년, 2011년 1회
정답 ①
해설
② 내담자 대 상담자의 솔선수범 면담
③ · ④ 정보지향적 면담의 내용

상담을 효과적으로 진행하는 데 장애가 되는 면담 태도는?

① 내담자와 유사한 언어를 사용하는 태도
② 분석하고 충고하는 태도
③ 비방어적 태도로 내담자를 편안하게 만드는 태도
④ 경청하는 태도

기출 2022년 2회, 2016년 3회, 2008년 1회, 2003년 3회
정답 ②

상담 과정에서 상담자가 내담자에게 질문하는 형식에 관한 설명으로 옳지 않은 것은?

① 간접적 질문보다는 직접적 질문이 더 효과적이다.
② 폐쇄적 질문보다는 개방적 질문이 더 효과적이다.
③ 이중질문은 상담에서 도움이 되지 않는다.
④ "왜"라는 질문은 가능하면 피해야 한다.

기출 2021년 1회, 2010년 3회, 2007년 1회
정답 ①
해설
간접 질문은 내담자로 하여금 자신이 질문을 받는다는 느낌을 덜 받게 하므로, 특히 질문 공세를 받는다는 느낌을 주지 않도록 할 필요가 있을 때 간접 질문을 사용할 것을 권장한다.

개방적 질문의 형태와 가장 거리가 먼 것은?

① 시험이 끝나고서 기분이 어떠했습니까?
② 지난주에 무슨 일이 있었습니까?
③ 당신은 학교를 좋아하지요?
④ 당신은 누이동생을 어떻게 생각하는지요?

기출 2020년 3회, 2017년 1회, 2004년 3회
정답 ③
해설
'예 / 아니요'로 답할 수 있는 폐쇄형 질문에 해당한다.

초기면담의 유형 중 정보지향적 면담을 위한 상담기법과 가장 거리가 먼 것은?

① 재진술
② 탐색해 보기
③ 폐쇄형 질문
④ 개방형 질문

기출 2019년 3회
정답 ①
해설
재진술은 초기면담의 유형 중 관계지향적 면담을 위한 상담기법에 해당한다.

초기상담의 유형 중 정보지향적 면담에 관한 설명으로 틀린 것은?

① 재진술과 감정의 반향 등이 주로 이용된다.
② '예, 아니요'와 같은 특정하고 제한된 응답을 요구하는 것이다.
③ '누가, 무엇을, 어디서, 어떻게'로 시작되는 개방형 질문이 사용된다.
④ 상담의 틀이 상담자에게 초점을 맞추어져 진행된다.

기출 2018년 3회, 2013년 1회
정답 ①
해설
재진술과 감정의 반향(반영)이 주로 이용되는 것은 관계지향적 면담에 해당한다.

82

내담자에게 선정된 행동을 연습하거나 실천하도록 함으로써 내담자가 계약을 실행하는 기회를 최대화하도록 돕는 면담의 요소는?

① 감정이입
② 계 약
③ 직 면
④ 리허설

핵심 키워드
- 리허설 ☞ 선정된 행동의 연습
- 감정이입 ☞ 길을 잃지 않으면서 내담자 세계 경험
- 계약 ☞ 목표 달성에 포함된 과정과 최종결과에 초점
- 직면 ☞ 행동의 특정 측면에 대한 검토 · 수정 · 통제

기출 데이터 2016년 1회, 2013년 1회, 2011년 2회, 2009년 1회, 2009년 3회

핵심기출 해설 답 ④

④ '리허설'은 계약이 설정된 후 상담자가 내담자에게 선정된 행동을 연습하거나 실천하도록 함으로써 계약을 실행하는 기회를 최대화하도록 돕는 것이다. 리허설은 내담자가 하고자 하는 것을 말로 표현하거나 행위로 보이는 명시적인 것(명시적 리허설), 원하는 것을 상상하거나 숙고해 보는 암시적인 것(암시적 리허설)의 두 가지 종류로 구분된다.

① '감정이입'은 지각과 의사소통으로써 상담자로 하여금 길을 잃지 않으면서 내담자 세계를 경험할 수 있도록 하는 능력이다.

② '계약'은 목표 달성에 포함된 과정과 최종결과에 초점을 두는 것으로서, 특히 내담자의 행동, 사고 등의 변화를 촉진하는 계약이 강조된다.

③ '직면'은 내담자로 하여금 행동의 특정 측면을 검토 · 수정 · 통제하도록 하는 것이다.

이것이 핵심 TIP

초기면담의 주요 요소와 관련하여 '김병숙, 『직업상담심리학』, 시그마프레스 刊'에는 다음의 몇 가지를 제시하고 있습니다.
- 신뢰관계 형성
- 감정이입
- 언어적 · 비언어적 행동
- 상담자 노출하기
- 즉시성
- 유 머
- 직 면
- 계 약
- 리허설

상담사가 길을 전혀 잃어버리지 않고 마치 자신이 내담자의 세계에서 경험을 하는 듯한 능력을 의미하는 상담기법은?

① 직 면
② 즉시성
③ 리허설
④ 감정이입

기출 2019년 3회, 2012년 1회
정답 ④
해설
감정이입은 지각과 의사소통으로써 상담자로 하여금 길을 잃지 않으면서 내담자 세계를 경험할 수 있도록 하는 능력이다.

초기면담의 주요 요소 중 내담자로 하여금 행동의 특정 측면을 검토해 보고 수정하게 하며 통제하도록 도전하게 하는 것은?

① 계 약
② 감정이입
③ 리허설
④ 직 면

기출 2017년 3회, 2008년 3회, 2005년 3회
정답 ④

직업상담에서 도움이 되는 면담행동이 아닌 것은?

① 이해 가능하고 명료한 말을 사용한다.
② 충고한다.
③ 가끔 고개를 끄덕인다.
④ 개방적 질문을 한다.

기출 2012년 1회
정답 ②

직업상담 기법에 대한 설명으로 틀린 것은?

① 상담자의 사적인 정보를 공개하는 자기노출은 직업상담 과정에서 항상 필요한 것은 아니다.
② 유머는 민감성과 시간성이 요구되며 상담장면에서 품위를 떨어뜨리는 것이 아니고 내담자의 저항을 우회하여 긴장을 없앨 수 있다.
③ 리허설은 내담자가 하고자 하는 것을 말로 표현하거나 행위로 보이는 영적인 것과 원하는 것을 상상해 보는 공상적인 것의 두 가지 종류로 나뉜다.
④ 주의 깊고 적절한 직면은 성장을 유도하고 용기를 주나 때론 상담자가 직면에 실패할 수 있으므로 실제로 내담자에게 해로울 수 있다.

기출 2006년 3회
정답 ③
해설
리허설은 명시적인 것(명시적 리허설)과 암시적인 것(암시적 리허설)의 두 가지 종류로 나뉜다.

원하는 목표를 상상하거나 숙고해 보도록 하는 상담기법은?

① 직 면
② 계 약
③ 즉시성
④ 암시적 리허설

기출 2004년 3회
정답 ④
해설
'명시적 리허설'은 내담자로 하여금 하고자 하는 것을 말로 표현하거나 행위로 보이도록 하는 것인 반면, '암시적 리허설'은 원하는 것을 상상하거나 숙고해 보도록 하는 것이다.

83

상담자가 자신의 바람은 물론 내담자의 느낌, 인상, 기대 등을 이해하고 이를 상담과정의 주제로 삼는 상담기법은?

① 직 면　　　　② 계 약　　　　③ 즉시성　　　　④ 리허설

핵심 키워드 즉시성
　　　☞ 내담자의 느낌, 인상, 기대에 대한 이해
기출 데이터 2014년 1회, 2005년 1회

핵심기출 해설　답 ③

초기면담의 주요 요소로서 즉시성(Immediacy)

상담자가 자신의 바람은 물론 내담자의 느낌, 인상, 기대 등에 대해 이를 깨닫고 대화를 나누는 것으로, 상담자는 이를 상담 과정의 주제로 삼게 된다. 이러한 즉시성에는 '관계 즉시성'과 '지금 – 여기에서의 즉시성'이 있다.

이것이 핵심　TIP

즉시성의 상담기법이 유용한 경우
- 방향감이 없는 경우
- 긴장감이 감돌고 있는 경우
- 신뢰성에 의문이 제기되는 경우
- 상담자와 내담자 간에 사회적 거리감이 있는 경우
- 내담자의 의존성이 있는 경우
- 역의존성이 있는 경우
- 상담자와 내담자 간에 친화력이 있는 경우

● **핵심유형 완성하기** ●

직업상담을 위해 면담을 하는 중 즉시성(Immediacy)을 사용하기에 적합하지 않은 경우는?

① 방향감이 없는 경우
② 신뢰성에 의문이 제기되는 경우
③ 내담자가 독립성이 있는 경우
④ 상담자와 내담자 간에 사회적 거리감이 있는 경우

기출 2020년 3회
정답 ③

즉시성의 상담기법이 유용한 경우가 아닌 것은?

① 상담자와 내담자 간에 상당한 정도의 사회적 거리가 있을 경우
② 내담자가 의존성이 있을 경우
③ 상담자와 내담자 간에 친화력이 있을 경우
④ 내담자가 심리적 고통에 빠져 있을 경우

기출 2006년 3회
정답 ④

84

내담자의 생애진로주제와 이를 확인하는 데 도움이 되는 자료를 바르게 연결한 것은?

① 기술 확인 – Prediger의 분류체계
② 작업자 역할 – 자료, 관념, 사람, 사물
③ 직업적 성격 및 작업환경 – Bolles의 분류체계
④ 탐구적 성격 및 환경 – 상상적이고 창조적인 활동

핵심 키워드 Prediger의 작업자 역할에 기초한 직업분류체계
☞ 자료–관념–사람–사물
기출 데이터 2014년 1회, 2008년 1회

핵심기출 해설 답 ②

생애진로주제(Life Career Themes)
사람들이 자신의 생각, 가치, 태도, 자신의 신념(나), 다른 사람에 대한 신념(타인), 세상에 대한 신념(인생) 등을 표현하기 위해 사용하는 개념이다. 직업상담에서 내담자의 생애진로주제를 확인하는 주된 이유는 내담자의 사고과정을 이해하고 행동을 통찰하는 데 유용하기 때문이다. 내담자의 생애진로주제를 확인하는 데 도움이 되는 자료는 다음과 같다.

작업자	• 자료–관념–사람–사물(Prediger) • 직업적 성격 및 작업환경(Holland) • 기술 확인(Bolles)
학습자	• 학습자 형태(Kolb) • 학습 형태(Canfield)
개 인	• 생애 형태(Adler) • 대뇌반구상의 기능

● **핵심유형 완성하기** ●

직업상담에서 내담자의 생애진로주제를 확인하는 가장 중요한 이유는?

① 내담자의 사고과정을 이해하고 행동을 통찰하도록 도와주기 때문이다.
② 상담을 상담자 입장에서 원만하게 이끌 수 있도록 해 주기 때문이다.
③ 작업자, 지도자, 개인 역할이 고려되어야 하기 때문이다.
④ 내담자의 생각을 읽을 수 있게 해 주기 때문이다.

기출 2022년 1회, 2014년 1회
정답 ①

Adler가 생애진로주제를 이해하기 위해서 활용한 3가지 차원에 해당하지 않는 것은?

① 작업자 역할   ② 학습자 역할
③ 개인적 역할   ④ 기술자 역할

기출 2012년 1회
정답 ④

85 생애진로사정에 관한 설명으로 틀린 것은?

① 상담사와 내담자가 처음 만났을 때 이용할 수 있는 구조화된 면접기법이며 표준화된 진로사정 도구의 사용이 필수적이다.

② Adler의 심리학 이론에 기초하여 내담자와 환경과의 관계를 이해하는 데 도움을 주는 면접기법이다.

③ 비판단적이고 비위협적인 대화 분위기로써 내담자와 긍정적인 관계를 형성하는 데 도움이 된다.

④ 생애진로사정에서는 작업자, 학습자, 개인의 역할 등을 포함한 다양한 생애역할에 대한 정보를 탐색해간다.

핵심 키워드 생애진로사정
☞ 비판단적 · 비위협적, 대화적인 분위기 강조, 표준화된 진로사정 도구 사용 배제

기출 데이터 2016년 3회, 2013년 1회, 2012년 2회

핵심기출 해설 **답 ①**

① · ③ 생애진로사정은 상담자가 내담자와 처음 만났을 때 이용할 수 있는 구조화된 면접기법으로서, 특히 평가 과정에서의 비판단적 · 비위협적 · 대화적인 분위기를 중시한다. 따라서 내담자가 학교에서나 훈련기관에서의 평가 과정을 통해 부정적인 선입견을 가지고 있을 가능성이 있는 인쇄물이나 소책자, 지필도구 등의 표준화된 진로사정 도구는 사용하지 않는다.

② 생애진로사정은 아들러(Adler)의 개인심리학(개인차 심리학)에 기초를 둔다. 아들러는 개인과 세계의 관계를 '일(직업)', '사회(사회적 관계)', '성(사랑)'의 세 가지 인생과제로 구분하였으며, 이 세 가지 인생과제가 서로 긴밀히 연결되어 있다고 보았다.

④ 생애진로사정에서는 작업자, 학습자, 개인의 역할 등을 포함한 다양한 생애역할에서의 내담자의 기술 수준은 물론 내담자가 환경을 어떻게 극복할 것인가에 대한 정보를 산출하는 데 기여한다.

이것이 핵심 **TIP**

생애진로사정이 내담자의 부정적인 선입견을 유발할 수 있는 인쇄물이나 소책자, 지필도구 등을 사용하지 않는다고 해서 표준화된 진로사정 도구를 결코 사용하지 않는다는 의미는 아닙니다. 생애진로사정은 내담자의 진로계획 향상을 위해 내담자의 강점을 저해하는 장애를 발견하고 다양한 생활장면에서 내담자의 기능수준을 발견하며, 이를 통해 수립된 목표에 도달할 수 있도록 행동의 변화를 유도하게 됩니다. 이와 같은 발견을 위해 탐색이 요구되는 문제 혹은 보다 나은 평가를 위해 표준화검사와 같은 진로사정 도구를 이용할 수 있습니다.

생애진로사정에 관한 설명으로 틀린 것은?

① 상담사와 내담자가 처음 만났을 때 이용할 수 있는 비구조화된 면접기법이며 표준화된 진로사정 도구의 사용이 필수적이다.
② Adler의 심리학 이론에 기초하여 내담자와 환경과의 관계를 이해하는 데 도움을 주는 면접기법이다.
③ 비판단적이고 비위협적인 대화 분위기로써 내담자와 긍정적인 관계를 형성하는 데 도움이 된다.
④ 생애진로사정에서는 작업자, 학습자, 개인의 역할 등을 포함한 다양한 생애역할에 대한 정보를 탐색해간다.

기출 2021년 2회
정답 ①
해설
생애진로사정은 상담자가 내담자와 처음 만났을 때 이용할 수 있는 구조화된 면접기법으로서, 내담자에 대한 가장 기초적인 직업상담 정보를 얻는 질적인 평가절차이다.

생애진로사정에 관한 설명으로 옳은 것은?

① 직업상담에서 생애진로사정은 초기단계보다 중·말기단계 면접법으로 사용된다.
② 생애진로사정은 Adler의 개인심리학에 부분적으로 기초를 둔다.
③ 생애진로사정은 객관적인 사실 확인에만 중점을 둔다.
④ 생애진로사정에서는 여가생활, 친구관계 등과 같이 일과 직접적으로 관련이 없는 주제는 제외된다.

기출 2020년 1·2회, 2015년 1회
정답 ②
해설
생애진로사정은 아들러(Adler)의 개인심리학(개인차 심리학)에 기초를 둔 것으로서, 내담자와 환경과의 관계를 이해할 수 있는 정보를 제공한다.

생애진로사정에 관한 설명으로 틀린 것은?

① 생애진로사정은 Jung의 분석심리학에 일부 이론적 기초를 두고 있다.
② 생애진로사정의 구조는 진로사정, 전형적인 하루, 강점과 장애 및 요약으로 이루어진다.
③ 생애진로사정은 검사실시나 검사해석의 예비적 단계에서 특별히 유용하다.
④ 생애진로사정은 구조화된 면담기술로서 짧은 시간에 체계적인 정보를 수집할 수 있다.

기출 2015년 2회
정답 ①
해설
생애진로사정은 아들러(Adler)의 개인심리학에 일부 이론적 기초를 두고 있다.

생애진로사정에 대한 설명으로 틀린 것은?

① 생애진로사정은 검사실시나 검사해석의 예비적 단계를 끝내고 실시하는 단계이다.
② 구조화된 면담기술로서 비교적 짧은 시간 내에 내담자에 대한 정보를 수집하는 단계이다.
③ 내담자가 하는 일의 유형이나 내담자의 정보를 처리하고 의사결정을 돕는 방법을 모색할 수 있는 단계이다.
④ 직업상담의 주제와 관심을 표면화하는 데 덜 위협적인 방법의 단계이다.

기출 2015년 3회, 2010년 2회, 2007년 3회
정답 ①
해설
생애진로사정은 검사실시나 검사해석의 예비적 단계에서 특별히 유용하다.

다음 중 생애진로사정(Life Career Assessment)에 관한 설명으로 틀린 것은?

① 생애진로사정은 Adler의 개인심리학에 이론적 기초를 두고 있다.
② 생애진로사정의 구조는 진로사정, 전형적인 하루, 강점과 장애 및 요약으로 이루어진다.
③ 생애진로사정은 직업상담의 마무리 단계로서 최종 결론을 도출하기 위한 시도이다.
④ 생애진로사정은 구조화된 면담기술로서 짧은 시간에 체계적인 정보를 수집할 수 있다.

기출 2011년 3회, 2010년 1회, 2004년 1회
정답 ③
해설
생애진로사정은 상담자가 내담자와 처음 만났을 때 이용할 수 있는 구조화된 면접기법이다.

86 생애진로사정의 구조에 포함되지 않는 것은?

① 진로사정

② 강점과 장애

③ 훈련 및 평가

④ 전형적인 하루

핵심 키워드 생애진로사정의 구조
☞ 진로사정, 전형적인 하루, 강점과 장애, 요약

기출 데이터 2021년 3회, 2017년 2회, 2007년 3회, 2004년 3회

핵심기출 해설 **답 ③**

생애진로사정(Life Career Assessment)의 구조

진로사정	• 직업경험(시간제 · 전임, 유 · 무보수) • 교육 또는 훈련과정과 관련된 문제들 • 여가활동
전형적인 하루	• 의존적–독립적 성격차원 • 자발적–체계적 성격차원
강점과 장애	• 주요 강점 : 내담자가 가지고 있는 자원, 내담자에게 요구되는 자원 • 주요 장애 : 강점과 관련된 장애, 주제와 관련된 장애
요 약	• 생애주제에 동의하기 • 내담자 자신의 용어를 사용하기 • 목표설정 또는 문제해결과 연결시키기

이것이 핵심 **TIP**

생애진로사정을 통해 알 수 있는 정보는 다음과 같습니다.

• 내담자의 직업경험과 교육수준을 나타내는 객관적인 사실

• 내담자의 기술과 유능성에 대한 자기평가 및 상담자의 평가 정보

• 내담자의 가치관 및 자기인식 정도

다음 ( ) 안에 알맞은 용어로 바르게 짝지어진 것은?

생애진로사정의 구조는 진로사정, (ㄱ), 강점과 장애, 그리고 (ㄴ)(으)로 이루어진다.

① ㄱ : 진로요약, ㄴ : 하루에 대한 묘사
② ㄱ : 일의 경험, ㄴ : 요약
③ ㄱ : 전형적인 하루, ㄴ : 요약
④ ㄱ : 훈련과정과 관심사, ㄴ : 내담자 자신의 용어 사용

기출 2023년, 2016년 1회, 2006년 3회
정답 ③

생애진로사정의 구조에서 중요 주제에 해당하지 않는 것은?

① 요 약
② 평 가
③ 강점과 장애
④ 전형적인 하루

기출 2022년 2회, 2018년 3회, 2012년 3회
정답 ②

생애진로사정의 과정에 해당하지 않는 것은?

① 내담자의 과거 직업에 대한 전문지식 분석
② 내담자의 과거 직업경력에 대한 정보수집
③ 내담자의 가계도(Genogram) 작성
④ 내담자가 가진 자원과 장애물에 대한 평가

기출 2017년 1회, 2008년 3회, 2006년 1회
정답 ①
해설
과거 직업에 대한 전문지식의 분석이 아닌 과거 직업경험에서의 좋았던 점과 싫었던 점을 기술한다.

진로상담 시 사용하는 가계도(Genogram)에 관한 설명으로 틀린 것은?

① 가족의 미완성된 과제를 발견할 수 있으며 그것은 개인에게 심리적인 압박으로 작용할 것이다.
② 3세대 내에 포함된 가족들이 가장 선호한 직업이 내담자에게도 무난한 직업이 될 것이다.
③ 가족은 개인이 직업을 선택하는 방식이나 자신을 지각하는 데 영향을 미칠 것이다.
④ 가계도는 직업선택과 관련된 무의식적 과정을 밝히는 데 도움이 될 것이다.

기출 2016년 2회
정답 ②
해설
가계도는 내담자를 이해하는 기초적인 자료로서, 일차적으로 직업상담 과정에서 하나의 사정전략으로 사용된다.

생애진로사정의 구조에 해당되지 않는 것은?

① 적성과 특기
② 강점과 장애
③ 진로사정
④ 전형적인 하루

기출 2009년 1회
정답 ①

87

다음에서 설명하고 있는 생애진로사정의 구조는?

> 개인이 자신의 생활을 어떻게 조직하는지를 발견하는 것이다. 내담자가 그들 자신의 생활을 체계적으로 조직하는지 아니면 매일 자발적으로 반응하는지 결정하는 데 도움을 준다.

① 진로사정
② 전형적인 하루
③ 강점과 장애
④ 요 약

핵심 키워드 전형적인 하루
☞ 의존적–독립적 성격차원, 자발적–체계적 성격차원
기출 데이터 2025년, 2024년, 2019년 3회, 2013년 3회, 2011년 2회

핵심기출 해설 **답 ②**

① '진로사정'은 내담자의 직업경험, 교육훈련경험, 여가활동 등에 대해 사정하는 것이다.
③ '강점과 장애'는 내담자에게 자신의 장점과 단점, 잘하는 일과 못하는 일이 무엇인지 질문하는 것이다.
④ '요약'은 내담자의 주도로 생애주제, 강점과 장애 등을 반복적으로 검토하도록 하는 것이다. 이는 면접 동안 수집된 정보를 강조하는 동시에 상담을 통한 목표 성취를 자극하는 데 목적이 있다.

생애진로사정의 구조로서 전형적인 하루
• 전형적인 하루의 탐색은 생애진로사정을 실시하는 동안 본질적인 대립 양상을 보이는 쌍들을 성격차원에서 고려함으로써 개인이 자신의 생활을 어떻게 조직하는지를 발견하는 것이다.
• 생애진로사정에서 전형적인 하루 동안 검토되어야 할 성격차원은 '의존적–독립적 성격차원'과 '자발적–체계적 성격차원'이다.
• '의존적–독립적 성격차원'에서 독립적인 사람은 타인에게 자신의 의사결정을 주장하는 반면, 의존적인 사람은 타인의 의사결정을 그대로 따르는 경향이 있다. '자발적–체계적 성격차원'에서 체계적인 사람은 매일 똑같은 일을 반복하는 경향이 있는 반면, 자발적인 사람은 이를 반복하지 않는 경향이 있다.
• 전형적인 하루의 사정에서 나타나는 사례들은 학교, 훈련, 직업 등에서의 문제와 연관된 것이므로, 내담자를 좀 더 명확히 이해하는 데 유효하다.

이것이 핵심 **TIP**

'전형적인 하루'는 내담자가 생활을 어떻게 조직하는지를 시간의 흐름에 따라 체계적으로 기술하는 것입니다.

생애진로사정의 구조 중 전형적인 하루에서 검토되어야 할 성격차원은?

① 의존적–독립적 성격차원
② 판단적–인식적 성격차원
③ 외향적–내성적 성격차원
④ 감각적–직관적 성격차원

기 출 2021년 1회, 2014년 2회, 2011년 1회
정 답 ①

생애진로사정 시 전형적인 하루를 탐색할 때 초점을 두어야 하는 요소는?

① 독립적 또는 의존적 성격인가?
② 여가시간에 무엇을 하는가?
③ 살아가면서 필요한 자원은 무엇인가?
④ 하루를 살면서 가장 좋았던 것은 무엇인가?

기 출 2018년 1회
정 답 ①
해 설
내담자가 의존적인지 또는 독립적인지, 임의적인지 또는 체계적인지 성격차원을 파악한다.

생애진로사정의 구조에서 전형적인 하루가 갖는 정보유형은?

① 내담자의 의존적–독립적, 자발적–체계적 특성
② 일의 경험, 훈련과정과 관심사, 오락
③ 주요 강점과 장애물
④ 생애주제에 대한 동의, 목표설계와 관련된 정보

기 출 2018년 2회
정 답 ①

생애진로사정 부분에서 전형적인 하루 동안 검토되어야 할 성격차원으로 옳은 것은?

① 수용적–회피적
② 경쟁적–협동적
③ 의존적–독립적
④ 내향적–외향적

기 출 2017년 3회
정 답 ③

88

내담자의 정보를 수집하고 행동을 이해하고 해석할 때 내담자가 다음과 같은 반응을 보일 경우 사용하는 상담기법은?

- 이야기 삭제하기
- 불확실한 인물 인용하기
- 불분명한 동사 사용하기
- 제한적 어투 사용하기

① 전이된 오류 정정하기
② 분류 및 재구성하기
③ 왜곡된 사고 확인하기
④ 저항감 재인식하기

핵심 키워드 전이된 오류 정정하기
☞ 정보의 오류, 한계의 오류, 논리적 오류의 정정

기출 데이터 2020년 4회, 2015년 1회

핵심기출 해설　**답 ①**

① '전이된 오류 정정하기'는 '정보의 오류', '한계의 오류', '논리적 오류' 등을 바로잡는 것이다. 여기서 '정보의 오류'는 내담자가 실제 경험과 행동을 이야기할 때 대략적으로 이야기하거나, 삭제, 제한된 어투를 사용함으로써 발생하는 오류이며, '한계의 오류'는 내담자가 예외를 인정하지 않거나 불가능을 가정하는 경우 발생하는 오류이다. 그리고 '논리적 오류'는 내담자가 인간관계를 잘못 설정하거나 다른 사람과의 직접적인 의사소통 없이 마음을 해석하는 경우 발생하는 오류이다.

② '분류 및 재구성하기'는 내담자의 표현을 분류하고 재구성함으로써, 내담자에게 자신의 세계를 다른 각도에서 볼 수 있도록 기회를 제공하는 것이다.

③ '왜곡된 사고 확인하기'는 결론 도출, 재능 지각, 지적 및 정보의 부적절, 부분적인 일반화 그리고 관념 등에서 정보의 일부분만을 봄으로써 나타나는 왜곡된 사고를 밝히는 것이다.

④ '저항감 재인식하기 및 다루기'는 상담에 대해 동기화되지 않거나 저항감을 나타내는 경우, 방어기제를 사용하거나 의도적으로 의사소통을 방해하는 경우 그와 같은 저항의 목적을 이해하고 재인식하며, 이를 다루는 것이다.

이것이 핵심　**TIP**

기즈버스와 무어(Gysbers & Moore)가 제시한 내담자의 정보 및 행동에 대한 이해와 해석을 위한 기법은 다음의 9가지가 있습니다.

- 가정 사용하기
- 전이된 오류 정정하기
- 저항감 재인식하기 및 다루기
- 왜곡된 사고 확인하기
- 변명에 초점 맞추기
- 의미 있는 질문 및 지시 사용하기
- 분류 및 재구성하기
- 근거 없는 믿음(신념) 확인하기
- 반성의 장 마련하기

상담 시 상담사의 질문으로 바람직하지 않은 것은?

① "당신이 선호하는 직업이 있다면 무엇인가요? 그런 이유를 말씀해 주시겠어요?"

② "당신이 특별히 좋아하는 것이 있다면 말씀해 주시겠어요?"

③ "직업상담을 해야겠다고 결정했나요?"

④ "어떻게 생각해야 할지 이해가 잘 가지 않는군요. 잘 모르겠어요. 제가 좀 더 확실하게 이해할 수 있도록 도와주시겠어요?"

기출	2022년 2회, 2017년 2회
정답	③

해설
과정에 초점을 맞추어 "직업상담을 해야겠다는 결정을 내린 과정을 말씀해 주시겠어요?"와 같이 질문을 하는 것이 바람직하다.

다음 상황에 가장 적합한 상담기법은?

> 상담자 : 다른 회사들이 써 본 결과 많은 효과가 입증된 그런 투쟁 해결방법을 써보도록 하지요.
>
> 내담자 : 매우 흥미로운 일이군요. 그러나 그 방법은 K 주식회사에서는 효과가 있었는지 몰라도 우리 회사에서는 안 될 것입니다.

① 가정 사용하기

② 전이된 오류 정정하기

③ 분류 및 재구성 기법 활용하기

④ 저항감 재인식 및 다루기

기출	2022년 2회, 2013년 1회
정답	④

해설
내담자가 상황을 적당히 얼버무리고 비활동을 정당화하여 의도적으로 의사소통을 방해하는 경우, 저항의 목적을 이해하고 재인식하며, 이를 다루어야 한다.

내담자와 관련된 정보를 수집하여 내담자의 행동을 이해하고 해석하는 데 기본이 되는 상담기법으로 가장 거리가 먼 것은?

① 한정된 오류 정정하기

② 왜곡된 사고 확인하기

③ 반성의 장 마련하기

④ 변명에 초점 맞추기

기출	2020년 1·2회
정답	①

내담자의 정보 및 행동을 이해하기 위해 사용하는 변형된 오류 수정하기와 은유 사용하기는 무엇을 위한 기법인가?

① 왜곡된 사고 확인하기

② 분류 및 재구성하기

③ 전이된 오류 정정하기

④ 저항감 다루기

기출	2017년 2회
정답	④

직업상담기법에 관한 설명으로 틀린 것은?

① 은유 사용하기– 내담자가 이야기 속에서 문제해결방법을 통하여 자신의 문제해결의 실마리를 찾는다.

② 논리적 오류 – 다른 사람의 경험에 대하여 직접 의사소통을 해보지 않고 그 사람의 마음을 읽을 수 있다고 자신하는 사람에게 사용된다.

③ 의미 있는 질문 사용하기 – 자신과 그들의 세계를 다른 각도에서 바라볼 수 있는 기회를 주는 것이며, 자아개념이 낮은 내담자에게 효과가 있다.

④ 근거 없는 믿음 확인하기 – 거절에 대하여 두려워할 필요가 없으며, 모든 사람이 원하는 직업을 다 갖는 것이 아니며, 거절당한다는 것은 특별한 직업을 갖지 못한다는 것이다.

기출 2012년 1회
점답 ③
해설
'분류 및 재구성하기'의 내용에 해당한다. '의미 있는 질문 및 지시 사용하기'는 가정법을 지지하는 의미 있는 질문과 지시를 사용하는 기법이다.

내담자의 행동과 정보를 수집하고 이해하며 상담하는 기법에 대한 설명으로 틀린 것은?

① 의미 있는 질문은 언제든지 반응하도록 범위를 열어 놓는 것이다.

② 전이된 오류 정정하기는 정보의 오류, 한계의 오류, 논리적 오류 등으로 구별된다.

③ 근거 없는 믿음 확인하기는 내담자의 결론 도출, 재능 지각, 지적 및 정보의 부적절하거나 부분적인 일반화, 관념 등 정보의 일부분만을 보는 것이다.

④ 변명에 초점 맞추기는 자신의 행동에 부정적인 면을 줄이려는 행동이나 설명으로써 자신의 긍정적인 면을 계속 유지하려는 것이다.

기출 2007년 3회
점답 ③
해설
'왜곡된 사고 확인하기'의 내용에 해당한다.

89

다음 내담자와 상담자의 대화 중 내담자가 범하고 있는 한계의 오류와 이에 대한 상담자의 개입이라 볼 수 있는 것은?

① "나는 사장님께 말을 할 수 없어요." – "사장님과 대화할 수 있는 방법을 모르시는 것이겠지요."

② "우리 상사는 나와 일하는 것을 불편하게 생각해요." – "그 사실을 어떻게 그렇게 잘 알지요?"

③ "그 사람들은 나를 이해하지 못해요." – "누가 당신을 이해하지 못한다는 거지요?"

④ "우리 상관은 나를 무시하려 들지요." – "당신의 상관께서 특별히 어떤 점에서 무시한다는 생각이 드나요?"

핵심 키워드 한계의 오류
☞ 불가능의 가정(～ 할 수 없다, 안 된다)

기출 데이터 2010년 4회, 2006년 3회

핵심기출 해설 | 답 ①

① 한계의 오류 중 '불가능을 가정하는 것'에 해당한다.
② 논리적 오류 중 '마음의 해석'에 해당한다.
③ 정보의 오류 중 '불확실한 인물(명사 또는 대명사)의 인용(사용)'에 해당한다.
④ 정보의 오류 중 '불분명한 동사의 사용'에 해당한다.

이것이 핵심 | TIP

직업상담에서의 전이된 오류는 다음과 같이 나타납니다.

정보의 오류	• 이야기 삭제(중요 부분의 삭제) • 불확실한 인물(명사 또는 대명사)의 인용(사용) • 불분명한 동사의 사용 • 참고자료(구체적인 진술자료)의 불충분 • 제한된 어투의 사용
한계의 오류	• 예외를 인정하지 않는 것 • 불가능을 가정하는 것 • 어쩔 수 없음을 가정하는 것
논리적 오류	• 잘못된 인간관계의 오류 • 마음의 해석 • 제한된 일반화

직업상담 시 한계의 오류를 가진 내담자들이 자신의 견해를 제한하는 방법에 해당하지 않는 것은?

기 출 2023년, 2022년 1회
정 답 ③

① 예외를 인정하지 않는 것
② 불가능을 가정하는 것
③ 왜곡되게 판단하는 것
④ 어쩔 수 없음을 가정하는 것

직업상담 시 한계의 오류를 가진 내담자들이 자신의 견해를 제한하는 방법과 가장 거리가 먼 것은?

기 출 2018년 1회, 2011년 1회
정 답 ③

① 예외를 인정하지 않는 것
② 불가능을 가정하는 것
③ 왜곡되게 판단하는 것
④ 어쩔 수 없음을 가정하는 것

다음 내용은 어떤 오류가 발생한 경우인가?

기 출 2017년 1회
정 답 ①

> 내담자들은 자신의 직업세계에 대해서 충분한 정보를 알고 있다고 잘못 생각하는 경우가 많다. 예를 들어, "내 상사가 그러는데 나는 책임감이 없대요."라고 반응하는 경우이다.

① 삭 제
② 참고자료
③ 어투의 사용
④ 불분명한 동사 사용

제한된 기회 및 선택에 대한 견해를 갖고 있는 내담자들이 스스로 자신의 견해를 제한하기 위해 사용하는 방법이 아닌 것은?

기 출 2017년 3회
정 답 ④

① 예외를 인정하지 않는 것
② 불가능을 가정하는 것
③ 어쩔 수 없음을 가정하는 것
④ 공정한 세상을 인정하지 않는 것

직업상담에서 내담자의 정보 오류에 해당하는 것은?

기 출 2014년 1회
정 답 ①
해 설
②·④ 한계의 오류, ③ 논리적 오류

① 삭 제
② 불가능을 가정함
③ 제한된 일반화
④ 예외를 인정하지 않음

90

내담자의 동기와 역할을 사정(Assessment)하는 데 가장 많이 사용되는 방법은?

① 개인상담

② 직업상담

③ 자기보고

④ 심리치료

핵심 키워드 동기 · 역할사정을 위해 많이 사용되는 방법

☞ 자기보고법

기출 데이터 2012년 2회

핵심기출 해설　답 ③

동기 · 역할사정

동기(Motivation)와 역할(Role)을 사정하는 데에는 자기보고법이 가장 많이 사용된다. 자기보고법은 내담자 스스로 자신을 탐색하도록 하는 방법으로, 내담자로 하여금 현재 상황과 미래에 대한 기대수준을 진단하도록 함으로써 진로선택에 대한 중요성 및 이를 위한 자기효능감을 증가시키도록 한다.

이것이 핵심　TIP

동기사정에서 낮은 동기를 갖고 있는 내담자의 자기효능감을 증진시키는 방법, 역할사정에서 상호역할관계를 사정하는 방법을 각각 기억해 두시기 바랍니다.

자기효능감 증진 방법	• 내담자와 비슷한 인물이나 관련자료 보여주기 • 내담자의 강점(장점)을 강조하면서 격려하기 • 긍정적인 단계를 강화하기 • 계획/의사결정과제 완수 시 자기강화방법을 가르쳐 주기
상호역할관계 사정 방법	• 질문을 통해 사정하기 • 동그라미로 역할관계 그리기 • 생애–계획연습으로 전환시키기

직업상담의 과정 중 역할사정에서 상호역할관계를 사정하는 방법이 아닌 것은?

① 질문을 통해 사정하기
② 동그라미로 역할관계 그리기
③ 역할의 위계적 구조 작성하기
④ 생애-계획연습으로 전환시키기

기출 2023년, 2020년 3회
정답 ③

내담자의 낮은 자기효능감을 증진시키기 위한 방법으로 적합하지 않은 것은?

① 내담자의 장점을 강조하며 격려하기
② 긍정적인 단계를 강화하기
③ 내담자와 비슷한 인물이나 관련자료 보여주기
④ 직업대안 규명하기

기출 2020년 1·2회, 2012년 2회, 2010년 4회
정답 ④
해설
직업대안 규명하기는 내담자의 흥미를 사정하는 목적에 해당합니다.

역할사정에서 상호역할관계를 사정하는 방법이 아닌 것은?

① 질문을 통해 사정하기
② 동그라미로 역할관계 그리기
③ 역할의 위계적 구조 작성하기
④ 생애-계획연습으로 전환시키기

기출 2019년 2회, 2017년 2회, 2016년 3회
정답 ③

다음 중 내담자의 동기와 역할을 사정함에 있어서 자기보고법이 적합한 내담자는?

① 인지적 명확성이 낮은 내담자
② 인지적 명확성이 높은 내담자
③ 흥미가치가 낮은 내담자
④ 흥미가치가 높은 내담자

기출 2019년 3회
정답 ②

내담자의 작업에 관한 상호역할관계의 사정방법 중 질문을 통해 사정하는 방법에 해당하지 않는 것은?

① 내담자에게 삶에서의 역할들을 원으로 그리기
② 내담자가 개입하고 있는 생애역할들을 나열하기
③ 개개 역할에 소요되는 시간의 양을 추정하기
④ 내담자의 가치들을 이용해서 순위 정하기

기출 2018년 3회
정답 ①
해설
상호역할관계의 사정방법 중 '동그라미로 역할관계 그리기'에 해당한다.

동기사정하기에서 내담자가 성공에 대해 낮은 동기를 가지고 있을 때 대처하는 방안과 가장 거리가 먼 것은?

① 진로선택에 대한 중요성 증가시키기
② 낮은 수준의 수행을 강화시켜 수행기준의 필요성을 인식시키기
③ 좋은 선택이나 전환을 할 수 있는 자기효능감 증가시키기
④ 기대한 결과를 이끌어 낼 수 있는지에 대한 확신 증가시키기

기출 2016년 2회
정답 ②

91 다음은 내담자의 무엇을 사정하기 위한 것인가?

내담자에게 과거에 했던 선택의 회상, 절정경험, 자유시간, 그리고 금전사용계획 등을 조사하고, 존경하는 사람을 쓰게 하는 등의 상담행위

① 내담자의 동기   ② 내담자의 역할관계

③ 내담자의 가치   ④ 내담자의 흥미

핵심 키워드 자기보고식 가치사정법
☞ 체크목록 가치에 순위 매기기, 과거의 선택 회상하기, 절정경험 조사하기, 자유시간과 금전의 사용, 백일몽 말하기, 존경하는 사람 기술하기

기출 데이터 2021년 2회, 2015년 3회, 2011년 3회, 2010년 1회

핵심기출 해설   **답 ③**

자기보고식 가치사정법의 6가지 기법

- 체크목록 가치에 순위 매기기 : 목록 중 중요하다고 생각되는 가치와 중요하지 않다고 생각되는 가치에 '+', '−' 표시를 하도록 하며, 그 결과에 대해 순위를 매긴다.
- 과거의 선택 회상하기 : 직업의 선택, 여가의 선택 등 과거 선택에 있어서의 경험을 파악하며, 그것을 선택한 기준에 대해 조사한다.
- 절정경험 조사하기 : 자신이 체험한 최고의 경험에 대해 회상하도록 하거나 이를 상상하도록 하여 그 과정에 대해 설명하게 한다.
- 자유시간과 금전의 사용 : 자신에게 자유시간이 주어지는 경우 또는 예상치 못한 돈이 주어지는 경우 이를 어떠한 목적으로 어떻게 사용할 것인지 상상하도록 한다.
- 백일몽 말하기 : 자신이 가지고 있는 개인적인 환상으로서의 백일몽을 이야기하도록 한다.
- 존경하는 사람 기술하기 : 자신이 존경하는 사람들이 누구인지 제시하도록 한다.

이것이 핵심   **TIP**

'가치'는 동기의 원천이자 개인적 충족의 근거로서, 삶에서 무엇을 지향할 것인가에 관하여 가지고 있는 생각과 연관됩니다. 가치는 사람들과의 상호작용이나 서로 다른 문화에 대한 인식, 개인이 가지고 있는 흥미와 희망으로 인해 고정적이지 않은 채 변화하게 됩니다. 자기보고식 가치사정법의 6가지 기법을 쓰는 문제가 2차 실무시험에 자주 출제되고 있습니다.

● 핵심유형 완성하기 ●

자기보고식 가치사정법이 아닌 것은?

① 과거의 선택 회상하기
② 존경하는 사람 기술하기
③ 난관을 극복한 경험 기술하기
④ 백일몽 말하기

기출 2021년 1회, 2016년 1회, 2011년 1회
정답 ③
해설
'난관을 극복한 경험 기술하기'는 자기보고식 가치사정법에 포함되지 않는다.

92 직업상담 시 흥미사정의 목적과 가장 거리가 먼 것은?

① 여가선호와 직업선호 구별하기　　　② 직업탐색 조장하기

③ 직업·교육상 불만족 원인 규명하기　④ 기술과 능력 범위 탐색하기

핵심 키워드 흥미사정의 목적

☞ 자기인식 발전, 직업대안 규명, 여가선호와 직업선호 구별, 직업·교육상 불만족 원인 규명, 직업탐색 조장

기출 데이터 2022년 1회, 2017년 3회, 2013년 2회, 2011년 2회

핵심기출 해설　답 ④

흥미사정의 목적
- 자기인식 발전시키기
- 직업대안 규명하기
- 여가선호와 직업선호 구별하기(①)
- 직업·교육상 불만족 원인 규명하기(③)
- 직업탐색 조장하기(②)

이것이 핵심　TIP

- 표현된 흥미는 어떤 활동이나 직업에 대해 좋고 싫음을 간단하게 말하도록 요청하는 것이다.
- 조작된 흥미는 특정 활동에 대해 질문을 하거나 해당 활동에 참여하는 사람들이 어떻게 시간을 보내는지를 관찰하는 것이다.
- 조사된 흥미는 개인의 다양한 활동에 대해 좋고 싫음을 묻는 표준화된 검사를 완성한다.

● 핵심유형 완성하기 ●

Super가 제시한 흥미사정기법에 해당하지 않는 것은?

① 표현된 흥미　　　　② 선호된 흥미
③ 조작된 흥미　　　　④ 조사된 흥미

기출 2021년 3회, 2019년 1회, 2014년 3회
정답 ②

다음에 해당하는 Super가 제시한 흥미사정기법은?

> 활동에 대해 질문을 하거나 활동에 참여하는 사람들이 어떻게 시간을 보내는지 관찰한다. 이 기법은 사람들이 자신이 좋아하거나 즐기는 활동과 연관된다는 것을 가정한다.

① 표현된 흥미　　　　② 조작된 흥미
③ 선호된 흥미　　　　④ 조사된 흥미

기출 2018년 2회
정답 ②

93 직업상담에서 직업카드분류법은 무엇을 알아보기 위한 것인가?

① 직업선택 시 사용 가능한 기술

② 가족 내 서열 및 직업가계도

③ 직업세계와 고용시장의 변화

④ 직업선택의 동기와 가치

핵심 키워드 직업카드분류법
☞ 직업선택의 동기와 가치에 대한 질적 탐색

기출 데이터 2021년 2회, 2015년 2회, 2012년 1회, 2005년 1회

핵심기출 해설 답 ④

직업카드분류법의 목적

• 진로 및 직업탐색에 있어서 기초가 되는 자신의 특성(동기, 흥미, 가치관 등)을 질적으로 탐색하도록 한다.

• 진로 및 직업탐색에 흥미를 가지도록 하여 활동 과정에 자발적으로 참여하도록 유도하며, 이를 통해 직업의 다양성 및 종류를 이해하고 직업세계의 중요 요소들을 파악할 수 있도록 돕는다.

이것이 핵심 TIP

직업카드분류 방식은 대부분 홀랜드(Hollnad)의 흥미이론에 따른 유형론에 의해 구분된 카드분류를 활용합니다.

● **핵심유형 완성하기** ●

직업카드분류법에 관한 설명으로 틀린 것은?	**기출** 2022년 2회
① 내담자의 흥미, 가치, 능력 등을 탐색하는 방법으로 활용된다.	**정답** ④
② 내담자의 흥미나 능력 수준이 다른 사람에 비하여 얼마나 높은지 알 수 없다.	**해설**
③ 다른 심리검사에 비하여 내담자가 자신을 탐색하는 과정에 보다 능동적으로 참여하게 하는 방법이다.	기존의 표준화 평가, 전통적 평가, 객관적 평가와 대비되는 개념인 질적 평가, 대안적 평가, 자기 평가의 영역에 속하는 것으로, 특히 개인의 대표적인 특성 중 하나인 흥미를 알아보는 평가도구로 분류된다.
④ 표준화되어 있는 객관적 검사방법의 일종이다.	
직업카드분류로 살펴보기에 가장 적합한 개인의 특성은?	**기출** 2020년 3회
① 가 치 ② 성 격	**정답** ③
③ 흥 미 ④ 적 성	
직업카드분류(OCS)는 내담자의 어떤 특성을 사정하기 위한 도구인가?	**기출** 2020년 4회, 2017년 1회
① 흥미사정 ② 가치사정	**정답** ①
③ 동기사정 ④ 성격사정	

94 진로시간전망 검사지의 사용목적과 가장 거리가 먼 것은?

① 진로 태도를 인식하기 위해

② 미래의 방향을 이끌어내기 위해

③ 계획에 대해 긍정적 태도를 강화하기 위해

④ 현재의 행동을 미래의 결과와 연계시키기 위해

핵심 키워드 진로시간전망 검사지의 사용목적

☞ 미래의 방향과 희망, 현재와 미래의 연계, 계획에 대한 긍정적 태도 및 기술 연마, 목표설정 촉구 및 진로의식 고양

기출 데이터 2019년 3회, 2014년 1회

핵심기출 해설 **답 ①**

진로시간전망 검사지의 사용목적

• 미래의 방향을 이끌어내기 위해(②)

• 미래에 대한 희망을 심어주기 위해

• 미래가 실제인 것처럼 느끼도록 하기 위해

• 계획에 대해 긍정적 태도를 강화하기 위해(③)

• 목표설정을 촉구하기 위해

• 현재의 행동을 미래의 결과와 연계시키기 위해(④)

• 계획기술을 연습하기 위해

• 진로의식을 높이기 위해

이것이 핵심 **TIP**

'진로시간전망'은 진로에 관한 과거, 현재, 미래의 정신적 상을 말합니다. 상담자는 진로시간전망의 개입을 통해 미래에 대한 내담자의 관심을 증가시키고, 현재의 행동을 미래의 목표에 연결시키며, 내담자로 하여금 미래에 초점을 맞추어 자신의 미래를 설계할 수 있도록 합니다. 이와 같은 과정을 통해 내담자는 진로선택 및 조정에 필요한 계획태도와 기술을 발달시키게 됩니다.

● 핵심유형 완성하기 ●

진로시간전망 검사지를 사용하는 주요 목적과 가장 거리가 먼 것은?	**기출** 2022년 1회, 2019년 2회, 2016년 1회 **정답** ③
① 목표설정 촉구 ② 계획기술 연습 ③ 진로계획 수정 ④ 진로의식 고취	
다음 중 진로시간전망 검사지의 사용목적과 가장 거리가 먼 것은?	**기출** 2010년 3회 **정답** ④
① 목표설정 촉구하기 ② 계획기술 연습하기 ③ 진로의식 높이기 ④ 미래직업에 대한 지식 확장하기	

95

진로시간전망 검사 중 코틀(Cottle)이 제시한 원형검사에서 원의 크기가 나타내는 것은?

① 과거, 현재, 미래
② 방향성, 변별성, 통합성
③ 시간차원에 대한 상대적 친밀감
④ 시간차원의 연결 구조

핵심 키워드
- 세 가지 원 ☞ 과거, 현재, 미래
- 원의 크기 ☞ 시간차원에 대한 상대적 친밀감
- 원의 배치 ☞ 시간차원의 연결 구조
- 시간전망개입의 국면 ☞ 방향성, 변별성, 통합성

기출 데이터 2020년 4회, 2018년 2회, 2014년 3회, 2009년 2회

핵심기출 해설 답 ③

③ 원의 크기는 시간차원에 대한 상대적 친밀감을 나타낸다.
① 원형검사를 받을 때 내담자가 그리게 되는 3가지 원에 해당한다.
② 시간에 대한 심리적 경험의 세 가지 측면에 반응하는 세 가지 국면을 의미한다.
④ 원의 상대적 배치에 따른 시간관계성을 의미한다.

코틀(Cottle)의 진로시간전망에 대한 원형검사(The Circles Test)
- 과거, 현재, 미래를 의미하는 세 가지 원을 통해 어떤 시간차원이 개인의 시간전망을 지배하는지, 어떻게 시간차원과 개인이 연관되어 있는지를 파악할 수 있도록 한다.
- 원의 크기는 시간차원에 대한 상대적 친밀감을 나타내는 반면, 원의 배치는 시간차원들이 어떻게 연결되어 있는지를 나타낸다.
- 원형검사에 기초한 진로시간전망 개입은 시간에 대한 심리적 경험의 세 가지 측면에 반응하는 세 가지 국면으로서 방향성, 변별성, 통합성을 제시한다.

이것이 핵심 TIP

코틀(Cottle)의 원형검사에 기초한 진로시간전망 개입의 3가지 국면으로서 방향성, 변별성, 통합성이 추구하는 목표는 다음과 같습니다.
- 방향성 : 미래지향성을 증진시키기 위해 미래에 대한 낙관적인 입장을 구성하는 것을 목표로 한다.
- 변별성 : 미래를 현실처럼 느끼도록 하고 미래 계획에 대한 정적(긍정적) 태도를 강화시키며, 목표설정이 신속히 이루어지도록 하는 것을 목표로 한다.
- 통합성 : 현재 행동과 미래의 결과를 연결시키며, 계획한 기법의 실습을 통해 진로인식을 증진시키는 것을 목표로 한다.

다음은 무엇에 관한 설명인가?

> 원형검사에 기초한 시간전망 개입의 세 가지 국면 중 미래를 현실처럼 느끼게 하고 미래 계획에 대한 긍정적 태도를 강화시키며 목표설정을 신속하게 하는 데 목표를 두는 것

① 방향성
② 변별성
③ 주관성
④ 통합성

기출 2020년 1·2회
정답 ②

진로시간전망을 측정하는 원형검사에서 시간차원 내 사건의 강도와 확장의 원리를 기초로 수행되는 차원은?

① 방향성
② 통합성
③ 변별성
④ 포괄성

기출 2019년 1회
정답 ③

Cottle의 원형검사 시 세 가지 원을 그릴 때 원의 상대적 배치에 따른 시간 관계성에 관한 설명으로 틀린 것은?

① 중복되지 않고 경계선에 접해 있는 원은 시간차원의 연결을 의미하며, 구별된 사건의 선형적 흐름을 뜻한다.
② 어떤 것도 접해 있지 않은 원은 시간차원의 완전성을 의미한다.
③ 부분적으로 중첩된 원들은 시간차원의 연합을 나타낸다.
④ 완전히 중첩된 원들은 시간차원의 통합을 의미한다.

기출 2017년 3회, 2012년 1회
정답 ②
해설
어떤 것도 접해 있지 않은 원 : 시간차원의 고립

원형검사에 기초한 시간전망 개입에서 세 가지 국면 중 미래를 현실처럼 느끼게 하고 미래 계획에 대한 긍정적 태도를 강화시키며 목표설정을 신속하게 하는 데 목표를 둔 것은?

① 방향성
② 변별성
③ 주관성
④ 통합성

기출 2016년 2회
정답 ②

진로시간전망 검사 중 Cottle의 원형검사에 기초한 시간전망개입은 3가지 국면으로 구분할 수 있다. 이들 중 미래를 현실처럼 느끼게 하고, 미래 계획에 대한 정적인 태도를 강화시키며 목표설정을 신속하게 하는 것을 목표로 하는 것은?

① 방향성
② 변별성
③ 통합성
④ 개별성

기출 2009년 3회
정답 ②

96

내담자의 인지적 명확성을 위한 직업상담 과정으로 가장 적합한 것은?

① 내담자와의 관계 → 진로와 관련된 개인적 사정 → 직업선택 → 정보통합과 선택

② 직업탐색 → 내담자와의 관계 → 정보통합과 선택 → 직업선택

③ 내담자와의 관계 → 인지적 명확성/동기에 대한 사정 → 예/아니요 → 개인상담/직업상담

④ 개인상담/직업상담 → 내담자와의 관계 → 인지적 명확성/동기에 대한 사정 → 예/아니요

핵심 키워드 인지적 명확성을 위한 직업상담 과정
      ☞ 내담자와의 관계 → 인지적 명확성/동기에 대한 사정 → 예/아니요 → 직업상담/개인상담

기출 데이터 2014년 3회, 2010년 2회, 2007년 1회

핵심기출 해설   답 ③

인지적 명확성을 위한 직업상담 과정

내담자의 인지적 명확성을 위한 직업상담 과정은 다음의 도표로 나타낼 수 있다.

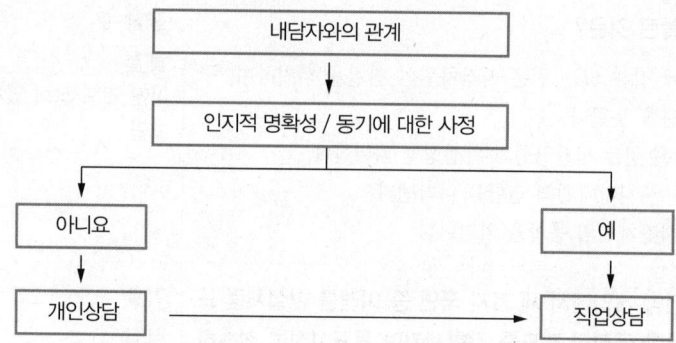

위의 도표에서와 같이 내담자에게 인지적 명확성이 있는 경우 바로 직업상담을 실시한다. 그러나 내담자에게 인지적 명확성이 없는 경우 우선 개인상담을 실시한 후 직업상담으로 전환한다. 이때 개인상담도 직업상담 과정에 포함한다.

이것이 핵심   **TIP**

직업상담 과정에 대한 두 가지 관점으로서 인지적 명확성을 위한 직업상담 과정과 특성·요인지향적 직업상담 과정이 있습니다. 특히 특성·요인지향적 직업상담은 파슨스(Parsons)의 특성–요인이론에 근거한 것으로서, 자기 자신에 대해 더 많이 탐색하고 직업선택을 잘 할 수 있도록 돕는 전통적인 과정에 해당합니다. 문제의 지문 ① 내용은 특성·요인지향적 직업상담 과정에 해당하므로, 인지적 명확성을 위한 직업상담 과정과 함께 다음의 특성·요인지향적 직업상담 과정을 함께 기억해 두시기 바랍니다.

> **특성·요인지향적 직업상담 과정**
> 내담자와의 관계형성 → 진로와 관련된 개인적 사정 → 직업탐색 → 정보통합과 선택

다음 사례에서 면담 사정 시 사정단계에서 확인해야 하는 내용으로 가장 적합한 것은?

> 중2 남학생인 내담자는 소극적인 성격으로 대인관계에 어려움을 겪고 있고 진로에 대한 고민을 한 적이 없고 학업도 게을리하고 있다.

① 내담자의 잠재력, 내담자의 자기진단
② 인지적 명확성, 정신건강 문제, 내담자의 동기
③ 내담자의 자기진단, 상담자의 정보제공
④ 동기문제 해결, 상담자의 견해 수용

기 출 2021년 3회, 2019년 1회
정 답 ②
해 설
직업상담에서 이루어지는 일반적인 상담과정의 사정단계는 '인지적 명확성 존재 → 내담자의 동기 존재 → 내담자의 자기진단 → 내담자의 자기진단 탐색'의 과정으로 전개된다.

내담자의 인지적 명확성을 위한 직업상담 과정을 바르게 나열한 것은?

① 내담자와의 관계 → 진로와 관련된 개인적 사정 → 직업선택 → 정보통합과 선택
② 직업선택 → 내담자와의 관계 → 정보통합과 선택 → 직업선택
③ 내담자와의 관계 → 인지적 명확성/동기에 대한 사정 → 예/아니요 → 직업상담/개인상담
④ 직업상담/개인상담 → 내담자와의 관계 → 인지적 명확성/동기에 대한 사정 → 예/아니요

기 출 2018년 3회, 2014년 3회, 2010년 2회
정 답 ③

직업상담에 대한 설명으로 틀린 것은?

① 직업상담에서는 내담자의 안전이나 사회적 적응방법으로 직업문제를 인식하므로 일반상담에서 사용되는 심리치료를 포함하고 있다.
② 직업상담은 개인의 내적 · 외적 문제를 다루므로 개인의 내적 문제를 다루는 심리치료보다 더 필요하다.
③ 직업상담은 생애역할과 다른 생애역할과의 통합의 부적절과 불만족을 포함한 것이다.
④ 직업상담은 잘못된 논리체계에 의한 인지적 명확성이 부족한 내담자에게는 일반상담을 실시토록 의뢰한다.

기 출 2006년 1회
정 답 ④
해 설
내담자가 인지적 명확성이 없으면 개인상담 후 직업상담을 실시하며, 인지적 명확성이 있으면 바로 직업상담을 실시한다.

97

내담자의 인지적 명확성을 사정할 때 고려할 사항이 아닌 것은?

① 직장을 처음 구하는 사람과 직업전환을 하는 사람의 직업상담에 관한 접근은 동일하게 해야 한다.

② 직장인으로서의 역할이 다른 생애 역할과 복잡하게 얽혀 있는 경우 생애 역할을 함께 고려한다.

③ 직업상담에서는 내담자의 동기를 고려하여 상담이 이루어져야 한다.

④ 우울증과 같은 심리적 문제로 인지적 명확성이 부족한 경우 진로문제에 대한 결정은 당분간 보류하는 것이 좋다.

핵심 키워드 인지적 명확성 사정 시 고려사항
  ☞ 내담자의 심리적인 문제, 내담자의 동기, 내담자의 생애 역할, 신규구직자나 직업전환자 등에 대한 차별화된 접근

기출 데이터 2020년 4회, 2016년 2회, 2013년 1회, 2012년 3회

핵심기출 해설 **답 ①**

① 직장을 처음 구하는 사람 또는 자신의 진로를 처음 선택하는 사람과 직업전환 또는 직업적응 중에 있는 사람에 대해서는 직업상담의 사정 과정이 서로 다르다.

면담의존 사정에 있어서의 주요 가정 및 고려사항

• 첫째, 내담자가 우울증과 같은 심리적인 문제를 가지고 있다면 직업선택 및 적응결정을 적절하게 할 수 없다. 따라서 이와 같은 심리적 문제로 인지적 명확성이 부족한 경우 진로문제에 대한 결정은 당분간 보류하는 것이 좋다.(④)

• 둘째, 직업상담에서는 상담 과정을 완수하려는 내담자의 동기가 반드시 필요하다. 동기의 문제는 정신건강상의 문제나 단순정보 결핍, 상담 과정에서의 복잡한 문제 등에 의해서도 유발될 수 있다. 이와 같은 문제는 목표설정 과정에 앞서 우선적으로 확인되고 해결되어야 한다.(③)

• 셋째, 내담자의 직장인으로서의 역할이 다른 생애 역할과 복잡하게 얽혀 있다. 이러한 역할들은 상호의존적이어서 어느 한 역할의 변화가 다른 역할에도 영향을 미치게 된다. 따라서 직업계획이나 재적응을 생각할 때 다른 생애 역할의 맥락을 함께 고려해야 한다.(②)

• 넷째, 직장을 처음 구하는 사람 또는 자신의 진로를 처음 선택하는 사람과 직업전환 또는 직업적응 중에 있는 사람에 대해서는 직업상담의 사정 과정이 서로 다르다. 특히 직업상담사는 직장을 처음 구하는 내담자를 대상으로 상담하는 경우 내담자의 자기인식 정도, 직업세계에 대한 지식, 적절한 직업기회를 인식하는 정도, 직업선택에서의 자신감 및 보유기술 등을 구별할 수 있어야 한다.(①)

앞서 내담자에게 인지적 명확성이 없는 경우 일반적으로 개인상담을 실시한 후 직업상담으로 전환한다고 하였습니다. 요컨대, 인지적 명확성 문제의 원인은 정보결핍, 고정관념, 경미한 정신건강문제, 심각한 정신건강문제 등으로 분류됩니다. 이와 같이 그 구체적인 원인을 토대로 진행 과정을 간략히 살펴보면 다음과 같습니다.

원 인	진행 과정
정보결핍	바로 직업상담 진행
고정관념	
경미한 정신건강문제	다른 치료(심리치료) 후 직업상담 진행
심각한 정신건강문제	
그 밖의 외적 요인들*	개인상담 후 직업상담 진행

* '그 밖의 외적 요인들'이란 일시적인 위기(⑩ 주변사람과의 사별이나 부부 간의 불화), 일시적 혹은 장기적 스트레스로 인한 직업문제에의 집중 곤란(⑩ 실업충격) 등을 말함

● **핵심유형 완성하기** ●

처음 직업상담을 받는 내담자에게서 탐색해야 할 내용으로 가장 적합한 것은?

① 자기인식 수준
② 유머감각 수준
③ 내담자의 경제적 상황
④ 상담자와 문화적 차이

기출 2014년 1회
정답 ①

다음의 경우 인지적 명확성의 원인과 관련하여 어떤 직업상담 과정이 필요한가?

- 자기가 경험한 역할 이외에 대해서는 생각하지 못하는 데서 오는 낮은 자기효능감으로 인하여 다른 선택사항에 대한 고려를 방해
- 비논리적 사고나 다른 배제적 사고유형에서 나오는 의사결정 방해
- 잘못된 결정방식이 진지한 결정을 방해

① 고정관념이 그 원인이므로 직업상담을 실시한다.
② 경미한 정신건강이 그 원인이므로 다른 치료 후에 직업상담을 실시한다.
③ 자신과 직업에 대한 정보결핍이 그 원인이므로 직업상담을 실시한다.
④ 직업문제에 대해 집중하는 데 어려움이 있는 것이 그 원인이므로 개인상담 후 직업상담을 실시한다.

기출 2006년 1회
정답 ②
해설
인지적 명확성 문제의 원인이 경미한 정신건강문제 혹은 더 나아가 심각한 정신건강문제에서 비롯된 경우 다른 치료 후에 직업상담을 실시한다.

98

다음은 인지적 명확성이 부족한 내담자와의 상담내용이다. 상담사가 주로 다루고 있는 내담자 특성으로 가장 적합한 것은?

> 내담자 : 사람들이 요즘은 취직을 하기가 어렵다고들 해요.
> 상담자 : 어떠한 사람들을 이야기하시는지 짐작이 안 되네요.
> 내담자 : 모두 다예요. 제가 상의할 수 있는 상담사, 담당교수님들, 심지어는 친척들까지도요. 정말 그런가요?
> 상담자 : 그래요? 그럼 사실이 어떤지 알아보도록 하죠.

① 파행적 의사소통
② 구체성의 결여
③ 가정된 불가능
④ 강박적 사고

핵심 키워드 구체성의 결여
☞ "사람들이 요즘은 (취직을 하기가 / 교수직을 얻기가) 어렵다고들 해요."

기출 데이터 2015년 2회, 2012년 1회

핵심기출 해설 답 ②

② 내담자는 취직을 하기 어려운 이유에 대해 구체적으로 생각한 적이 없다. 그로 인해 체계적인 사고의 과정을 거치지 않은 채 막연히 '사람들'이라고 언급한 것이다. 구체성의 결여는 내담자의 막연한 사고로 인해 부적절한 판단에 이르는 것을 말한다. 이 경우 상담자는 내담자로 하여금 자신의 사고를 구체화하도록 함으로써 문제와 관련된 현실 상황에 대해 보다 명확히 이해하도록 할 수 있다.

① 파행적 의사소통은 내담자의 회피 또는 저항 반응에 의해 상담자와 내담자 간의 대화에 문제가 발생하는 것이다. 이 경우 상담자는 내담자의 저항에 초점을 맞추어 내담자로 하여금 자신의 문제에 직면하도록 유도할 수 있다.

③ 가정된 불가능은 내담자의 위축, 자신감 및 용기 부족 등으로 인해 내담자가 근거 없이 자신의 능력과 역량에 대해 부정적인 심상을 가지는 것이다. 이 경우 상담자는 내담자가 그와 같이 생각하는 이유에 대해 논리적으로 분석하고 내담자를 지지, 격려하여 자신에 대해 자긍심을 가지도록 도울 수 있다.

④ 강박적 사고는 내담자가 평소 불안과 긴장으로 인해 걱정을 많이 하며, 특정한 사고에 집착하는 것을 말한다. 이 경우 상담자는 내담자의 비합리적인 사고에 초점을 두어 이를 합리적인 사고로 재구조화하도록 유도할 수 있다.

이것이 핵심 TIP

'인지적 명확성'이란 자기 자신의 강점과 약점을 객관적으로 평가하고 그 평가를 환경 상황에 연관시킬 수 있는 능력을 말합니다. 인지적 명확성이 뛰어난 사람은 자기 자신에 대한 자료를 수집하고 이를 자기 자신에 대한 전반적인 견해에서 이해함으로써 자기 지식을 자신의 환경에 응용할 수 있게 됩니다. 그러나 인지적 명확성이 부족한 사람은 잘못된 논리체계에 사로잡혀 가능한 직업대안을 잘못 제거하거나 잘못된 추리로 목표를 달성할 수 없다고 지각하게 됩니다.

99

다음 면담에서 인지적 명확성이 부족한 내담자의 유형과 상담자의 개입방법이 바르게 짝지어진 것은?

> 내담자 : 난 사업을 할까 생각 중이에요. 그런데 그 분야에서 일하는 여성들은 대부분 이혼을 한 대요.
>
> 상담자 : 선생님은 사업을 하면 이혼을 할까 봐 두려워하시는군요. 직장여성들의 이혼율과 다른 분야에 종사하는 여성들에 대한 통계를 알아보도록 하죠.

① 구체성의 결여 – 구체화시키기
② 파행적 의사소통 – 저항에 다시 초점 맞추기
③ 강박적 사고 – RET 기법
④ 원인과 결과 착오 – 논리적 분석

핵심 키워드 원인과 결과의 착오
☞ "난 사업을 할까 생각 중이에요. 그런데 그 분야에서 일하는 여성들은 대부분 이혼을 한대요."
기출 데이터 2021년 2회, 2017년 2회, 2010년 3회, 2007년 3회

핵심기출 해설 **답 ④**

④ 원인과 결과 착오는 내담자가 논리적인 근거 없이 특정 사건이나 현상에 대해 인과관계를 설정하는 것을 말한다. 이 경우 상담자는 내담자의 개념이나 주장이 논리적으로 타당한지 분석하여 오류가 있는 경우 이를 지적하고 개선하도록 유도할 수 있다.

이것이 핵심 **TIP**

인지적 명확성이 부족한 내담자의 유형에 따른 면담 과정 및 개입방법

• 단순 오정보 : "그 대학은 부자들만 들어갈 수 있어요. 그 대학에 다니는 학생들 대부분이 강남 출신이에요." → 정보 제공
• 복잡한 오정보 : "난 아직도 결정을 못 했어요. 그 대학에 다니는 4명의 학생들을 아는데, 그들은 모두가 강남 출신인걸요." → 논리적 분석
• 구체성의 결여 : "사람들이 요즘은 취직을 하기가 어렵다고들 해요." → 구체화시키기
• 가정된 불가능(불가피성) : "난 자격시험에 합격할 수 없을 것 같아요." → 논리적 분석, 격려
• 원인과 결과의 착오 : "난 사업을 할까 생각 중이에요. 그런데 그 분야에서 일하는 여성들은 대부분 이혼을 한다고 합니다." → 논리적 분석
• 파행적 의사소통 : "제가 작업하는 데에 어떤 문제가... 아참, 오늘 새 차를 하나 보아둔 것이 있어요." → 저항에 (다시) 초점 맞추기
• 강박적 사고 : "저는 변호사가 될 거예요. 우리 아버지도, 할아버지도, 형도 변호사예요." → 합리적 · 정서적 치료(REBT 또는 RET 기법)

- 양면적 사고 : "나는 기계공학 전공 말고는 아무것도 생각할 수 없어요. (성적이 좋지 못해서) 낙제할 것 같아요." → 역설적 사고–증상의 기술
- 자기인식의 부족 : "난 호의를 가지고 있는데 왜 사람들이 그렇게 반응하는지 이해할 수 없어요. (속담이나 동화로 비유하면) 난 미운 오리새끼 같아요." → 은유나 비유 쓰기

● **핵심유형 완성하기** ●

인지적 명확성 문제의 원인 중 경미한 정신건강문제의 특성으로 옳은 것은?

① 심각한 약물남용 장애
② 잘못된 결정방식이 진지한 결정 방해
③ 경험부족에서 오는 고정관념
④ 심한 가치관 고착에 따른 고정성

기출 2024년, 2022년 2회, 2018년 1회
정답 ②
해설
① 심각한 정신건강문제의 특성
③ · ④ 고정관념의 특성

자기인식이 부족한 내담자를 사정할 때 인지에 대한 통찰을 재구조화하거나 발달시키는 데 적합한 방법은?

① 직면이나 논리적 분석을 해 준다.
② 불안에 대처하도록 심호흡을 시킨다.
③ 은유나 비유를 사용한다.
④ 사고를 재구조화한다.

기출 2022년 1회, 2021년 1회, 2019년 2회, 2017년 1회, 2016년 1회
정답 ③
해설
① 비난하기
② 잘못된 의사결정방식
④ 걸러내기

상담장면에서 인지적 명확성이 부족한 내담자를 위한 개입방법이 아닌 것은?

① 잘못된 정보를 바로 잡아줌
② 구체적인 정보를 제공함
③ 원인과 결과의 착오를 바로 잡아줌
④ 가정된 불가피성에 대해 지지적 상상을 제공함

기출 2019년 3회, 2016년 3회, 2013년 3회
정답 ④
해설
가정된 불가능(불가피성)에 대해서는 논리적 분석과 격려를 제공한다.

다음 상담장면에서 인지적 명확성이 부족한 내담자의 유형과 상담자의 개입방법이 옳은 것은?

> 내담자 : 난 자격시험에 합격할 수 없을 것 같아요.
> 상담자 : 그동안 선생님은 자격시험 공부를 매우 열심히 하신 걸로 아는데요.
> 내담자 : 하지만 단념했어요. 내 친구는 자격시험이 어렵다고 했어요.
> 상담자 : 선생님은 자격시험에 불합격할 것이라고 생각하고 있군요. 그 이유는 친구분이 어렵다고 했기 때문이고요. 그러면 선생님과 친구분과의 공통점을 알아보기로 하죠.

① 단순 오정보 – 정보제공
② 구체성의 결여 – 구체화시키기
③ 자기인식의 부족 – 은유나 비유 쓰기
④ 가정된 불가능 – 논리적 분석, 격려

기출 2011년 2회, 2009년 1회
정답 ④
해설
내담자의 '가정된 불가능(불가피성)'에 대해 '논리적 분석과 격려'로써 개입한다.

다음 면담에서 인지적 명확성이 부족한 내담자의 유형과 상담자의 개입방법이 올바르게 연결된 것은?

> 내담자 : 나는 기계공학 전공 말고는 아무것도 생각할 수 없어요. 그 외의 일을 한다는 것을 생각해 본 적도 없어요.
> 상담자 : 학생이 기술자가 되지 못한다면 재앙이라도 일어날 것처럼 들리는군요. 그런데 학생은 기계공학을 하기에는 성적이 좋지 않군요.
> 내담자 : 그래서 미칠 것 같아요. 난 낙제할 것 같아요.
> 상담자 : 학생 인생에서 다른 대안을 생각해 보지 않는다면 정말 문제가 되겠네요.

① 양면적 사고 – 역설적 사고(증상을 기술한다)
② 파행적 의사소통 – 저항에 다시 초점 맞추기
③ 강박적 사고 – RET 기법
④ 원인과 결과 착오 – 논리적 분석

기출 2009년 2회
정답 ①
해설
내담자의 '양면적 사고'에 대해 '역설적 사고-증상의 기술'로써 개입한다.

다음의 상담 과정에 필요한 상담기법은?

> 내담자 : 난 ○○기사 자격시험에 합격할 수 없을 것 같아요.
> 상담자 : 그동안 선생님은 ○○기사 공부를 매우 열심히 하셨네요.
> 내담자 : 하지만 단념했어요. 내 친구는 ○○기사 자격시험이 어렵다고 했어요.
> 상담자 : 선생님은 ○○기사 자격시험에 불합격할 것이라고 생각하고 있군요. 그 이유는 친구분이 어렵다고 했기 때문이고요. 그러면 선생님과 친구분과의 공통점을 알아보기로 하죠.

① 은유나 비유 쓰기   ② 논리적 분석, 격려
③ 구체화시키기   ④ 정보제공

기출 2006년 3회
정답 ②
해설
내담자의 '가정된 불가능(불가피성)'에 대해 '논리적 분석과 격려'로써 개입한다.

다음의 상담내용과 같이 인지적 명확성을 위하여 사용되는 기법은?

> 상담자 : 제가 내준 과제인 진로일기를 작성하는 데 많은 어려움이 있다고 하셨지요. 지금 하는 일을 조절하도록 도와드리면 도움이 될 것 같네요.
> 내담자 : 그거 괜찮은 생각 같네요. 제가 왜 진로일기를 작성하는 데 힘든지 아셨죠. 그런데 오늘 제가 멋진 영화를 보려고 해요. 그 생각만 해도 즐거워요.
> 상담자 : 진로문제가 선생님이 당면한 주요 관심사 같네요. 제가 그러한 것을 제안할 때마다 선생님께서는 회피하시는군요. 진로일기를 작성하고 나서 선생님의 진로문제를 해결하면 어떤 느낌을 갖게 될까요?

① 구체화시키기
② 역설적 사고
③ 재구조화
④ 저항에 다시 초점 맞추기

기출 2004년 3회
정답 ④
해설
내담자의 '파행적 의사소통'에 대해 '저항에 (다시) 초점 맞추기'로써 개입한다.

100 직업상담에서 이루어지는 일반적인 상담 과정의 사정단계를 바르게 나열한 것은?

ㄱ. 내담자의 동기 존재
ㄴ. 내담자의 자기진단 탐색
ㄷ. 내담자의 자기진단
ㄹ. 인지적 명확성 존재

① ㄷ → ㄱ → ㄴ → ㄹ
② ㄷ → ㄴ → ㄹ → ㄱ
③ ㄹ → ㄷ → ㄱ → ㄴ
④ ㄹ → ㄱ → ㄷ → ㄴ

핵심 키워드 직업상담의 사정단계
☞ 인지적 명확성 존재 → 내담자의 동기 존재 → 내담자의 자기진단 → 내담자의 자기진단 탐색

기출 데이터 2014년 2회

핵심기출 해설 답 ④

직업상담의 사정단계
- 인지적 명확성 존재(제1단계) : 내담자에게 인지적 명확성이 존재하는가?
- 내담자의 동기 존재(제2단계) : 내담자에게 동기가 존재하는가?
- 내담자의 자기진단(제3단계) : 내담자가 자기진단을 통해 자신을 노출하고 있는가?
- 내담자의 자기진단 탐색(제4단계) : 내담자가 자기진단을 확인했는가 안 했는가?

이것이 핵심 TIP

직업상담의 초기 과정은 내담자의 인지적 명확성을 평가하는 것에서부터 시작합니다. 예를 들어, 내담자가 실업으로 인한 충격으로 무기력, 슬픔, 불안 등에 빠져 있는 경우, 내담자는 자신의 특성이나 선택을 객관적으로 검토할 수 없게 됩니다. 이러한 인지적 명확성의 범위는 정보결핍, 고정관념, 경미한 정신건강문제, 심각한 정신건강문제 등 4가지로 분류됩니다.

● **핵심유형 완성하기** ●

직업상담 과정에서의 사정단계를 바르게 나열한 것은?

ㄱ. 내담자의 동기 파악
ㄴ. 내담자의 자기진단 탐색
ㄷ. 내담자의 자기진단
ㄹ. 인지적 명확성 파악

① ㄷ → ㄱ → ㄴ → ㄹ
② ㄷ → ㄴ → ㄹ → ㄱ
③ ㄹ → ㄷ → ㄱ → ㄴ
④ ㄹ → ㄱ → ㄷ → ㄴ

기출 2020년 1 · 2회
정답 ④

101

다음은 직업상담 과정 중 무엇에 대한 설명인가?

> 직업상담 시 상담자와 내담자가 상담에 대한 기본적인 기대를 맞추어가는 과정으로 이를 통해 내담자는 상담에 대한 모호함과 불안감을 경감시킬 수 있다. 여기에는 상담이 얼마 동안 진행되는지, 얼마나 자주 만나는 것인지, 상담시간에는 무엇을 하는 것인지, 비밀보장은 어떻게 해주는지 등이 포함된다.

① 상담의 명료화
② 상담의 구체화
③ 상담의 안정화
④ 상담의 구조화

핵심 키워드 상담의 구조화 과정
☞ 상담에 대한 기본적인 기대 맞추기 과정
기출 데이터 2013년 3회, 2005년 3회

핵심기출 해설 **답 ④**

상담의 구조화(Structuring)
• 상담 과정의 본질과 제한조건 및 목적에 대해 상담자가 정의를 내려주는 것이다.
• 상담자와 내담자가 상담목표를 성취하기 위해 상담의 기본성격, 상담자 및 내담자의 역할한계, 바람직한 태도 등을 설명하고 인식시켜 주는 작업이다.
• 구조화 작업은 관계형성과 어느 정도 분리되는 과정이지만, 관계형성 과정에서 빠져서는 안 될 부분이다.

이것이 핵심 **TIP**

상담의 구조화는 초기 상담자와 내담자가 상담에 대한 기본적인 기대를 맞추어가는 과정으로서, 대부분의 상담이론가들이 구조화를 상담의 구체적인 단계에 포함시키고 있습니다. 물론 상담이론가들이 제시하는 구조화의 구체적인 내용에 대해 서로 약간의 차이가 있을 수 있으나, 그 본질적인 내용에 있어서 큰 차이는 없습니다.

상담 과정에 관한 설명으로 틀린 것은?

① 라포(Rapport) 형성 : 상담자와 내담자가 신뢰관계를 형성하는 단계이다.
② 명료화 : 문제 자체가 무엇이며 누가 상담의 대상인가를 분명하게 밝히는 단계이다.
③ 구조화 : 상담목표를 위해 제시된 대안이나 대체될 행동들을 실제로 적용해 나가는 단계이다.
④ 탐색 : 문제 해결에 도움이 될 수 있는 방법과 절차를 결정하는 단계이다.

기출 2023년, 2014년 2회
정답 ③
해설
브래머(Brammer)가 제시한 직업상담의 8단계 중 제6단계에 해당하는 '견고화'에 해당한다.

상담 과정의 본질과 제한조건 및 목적에 대하여 상담자가 정의를 내려주는 것은?

① 촉진화
② 관계형성
③ 문제해결
④ 구조화

기출 2021년 2회
정답 ④

초기 상담 과정에서 상담사가 수행해야 할 내용으로 옳지 않은 것은?

① 상담사의 개입을 시도한다.
② 상담 과정에서 필요한 과제물을 부여한다.
③ 조급하게 내담자에 대한 결론을 내리지 않는다.
④ 상담 과정과 역할에 대한 서로의 기대를 명확히 한다.

기출 2019년 1회
정답 ①

직업상담 과정의 구조화 단계에서 상담자가 할 일로 가장 알맞은 것은?

① 내담자에게 상담자의 자질, 역할, 책임에 대해서 미리 알려줄 필요가 없다.
② 내담자에게 검사나 과제를 잘 이행할 것을 기대하고 있다는 것을 분명히 밝힌다.
③ 상담 중에 얻은 내담자에 대한 비밀을 지키는 것은 당연하므로 사전에 이것을 밝혀두는 것은 오히려 내담자를 불안하게 만든다.
④ 상담 과정은 예측할 수 없으므로 상담 장소, 시간, 상담의 지속 등에 대해서 미리 합의해서는 안 된다.

기출 2017년 1회, 2002년 1회
정답 ②

다음은 상담 초기단계에서 중요하게 이루어지는 작업들이다. 무엇에 관한 것인가?

- 상담 과정의 본질과 제한조건 및 방향에 대해 알려주는 것
- 내담자의 역할과 상담자의 역할에 대해 분명히 알려주는 것
- 상담시간 및 내담자의 행동규범에 대해 알려주는 것
- 상담의 과정 및 목표에 대한 언급

① 상담의 구조화
② 라포 형성
③ 접수면접 과정
④ 상담의 종결 과정

기출 2011년 3회
정답 ①

102

상담관계의 틀을 구조화하기 위해서 다루어야 할 요소와 가장 거리가 먼 것은?

① 상담자의 역할과 책임

② 내담자의 성격

③ 상담의 목표

④ 상담시간과 장소

핵심 키워드 상담의 구조화 요소

☞ 상담의 목표 · 성격 · 시간 · 장소, 상담자 및 내담자의 역할 · 책임

기출 데이터 2020년 1 · 2회, 2013년 2회, 2006년 1회

핵심기출 해설 **답 ②**

② 상담의 구조화는 상담의 기본적인 성격(성질)을 내담자에게 인식시켜 주는 작업이다(주의 : 내담자의 성격이 아님).

상담의 구조화를 위해 다루어야 할 주요 요소

- 상담의 목표(③)
- 상담의 성격(성질)
- 상담자 및 내담자의 역할과 책임(①)
- 상담 절차 및 수단
- 상담시간과 장소(④)
- 상담비 등

이것이 핵심 **TIP**

상담의 구조화를 위해 다루어야 할 요소는 학자마다 교재마다 약간씩 다르게 제시되고 있으나 내용상 큰 차이는 없습니다. 참고로 요스트와 코비슬리(Yost & Corbishley)는 직업상담 과정을 구조화하기 위한 주요 과제로서 상담의 목표, 진행절차 및 사용하게 될 도구, 위험요소, 상담의 한계, 예상되는 성과 및 비용 등에 대한 명확한 진술을 강조하였습니다.

● **핵심유형 완성하기** ●

상담과 관련된 설명으로 옳은 것은?

① 즉시성(Immediacy)이란 내담자의 질문에 즉각적으로 반응하는 것을 의미한다.

② 내담자에게 피드백(Feedback)을 줄 때는 일반적으로 부정적인 것부터 주는 것이 좋다.

③ 상담을 진행하면서 시간, 내담자의 행동 및 절차상의 제한, 상담목표 등에 대해 논의하는 것을 구조화(Structuring)라고 한다.

④ 짧은 시간에 구체적인 정보를 많이 수집하려고 할 때는 폐쇄형 질문(Closed Question)보다 개방형 질문(Open Question)이 효과적이다.

기출 2015년 1회, 2003년 3회

정답 ③

다음 중 상담에 대한 구조화 작업에 주로 포함되는 것으로만 나열된 것은?

A. 상담목표 설정	B. 상담시간 약속
C. 촉진적인 관계형성	D. 구체적인 상담기법의 적용

① A, B, C

② B, C, D

③ A, C, D

④ A, B, C, D

기출 2008년 1회

정답 ①

해설

D. 구체적인 상담기법의 적용은 상담의 구조화가 이루어지는 상담 초기 단계가 아닌 상담 중기 단계의 내용에 해당한다.

103 직업상담에서 내담자가 검사도구에 대해 비현실적 기대를 가지고 있을 때 상담자가 취할 수 있는 행동으로 가장 적합한 것은?

① 즉시 검사를 실시한다.

② 검사 사용 목적에 대하여 내담자에게 설명한다.

③ 추천되는 검사를 상담사가 정해준다.

④ 심리검사는 상담관계를 방해하므로 실시하지 않는다.

핵심 키워드 내담자의 상담(도구)에 대한 비현실적인 기대
☞ '구조화'를 통한 수정(제한 설정)

기출 데이터 2016년 3회, 2013년 3회, 2010년 1회, 2008년 3회, 2004년 1회

핵심기출 해설 **답 ②**

내담자의 비현실적 기대에 따른 상담 구조화의 필요성

• 어떤 내담자는 상담에 대한 기대가 비현실적으로 높은 경우가 있다. 그들은 상담자가 자신에게 조언하고 자신의 문제를 모두 해결해 주거나 대신 결정해 주기를 기대한다.

• 직업상담장면에서도 내담자는 상담자가 자신에게 즉각적으로 직업을 구해 줄 것이라고 기대할 수 있는데, 스포캔(Spokane)은 이를 '갈망하는 단계'로 불렀다.

• 상담자는 우선 초기면접에서의 구조화 과정을 통해 내담자의 기대가 어느 정도인지 파악하여 상담에 대한 기대를 결정하는 동시에 초기목표를 명확히 해야 한다.

• 이와 같은 비현실적인 기대는 심리검사를 수행하는 과정에서도 나타날 수 있는데, 이때 상담자는 검사 사용 목적에 대해 명확히 설명함으로써 제한을 설정한다.

이것이 핵심 **TIP**

'구조화'는 곧 제한을 설정하는 과정으로 볼 수 있습니다. 시간 및 행동을 제한하고 상담자와 내담자의 역할을 명확히 하는 등의 과정이 곧 구조화이며, 이를 통해 상담은 보다 현실적으로 목표에 도달할 수 있는 것입니다.

● **핵심유형 완성하기** ●

직업상담에 있어 검사도구에 대해 내담자가 비현실적 기대를 가지고 있을 때 상담자가 취할 수 있는 적절한 행동은?

기출 2006년 1회
정답 ②

① 즉시 검사를 실시한다.
② 상담 초기의 구조화를 통해 수정해 주어야 한다.
③ 검사종류의 선택을 독단적으로 한다.
④ 심리검사는 상담관계를 방해하므로 실시하지 않는다.

104

다음의 내담자를 상담할 경우 가장 먼저 해야 할 것은?

> 갑자기 구조조정 대상이 되어 직장을 떠난 40대 후반의 남성이 상담을 받으러 왔다. 전혀 눈 마주침도 못 하며, 상당히 위축되어 있는 상태이고 미래에 대한 불안감을 호소하고 있다.

① 관계형성   ② 상담자의 전문성 소개
③ 상담 구조 설명   ④ 상담목표 설정

핵심 키워드 관계형성의 목표
☞ 내담자의 불안감 및 위축감 해소
기출 데이터 2011년 2회, 2008년 3회, 2007년 1회, 2004년 1회

핵심기출 해설 **답 ①**

상담 초기 접수면접에서의 관계형성

• 관계형성, 즉 라포(Rapport)는 상담자와 내담자 간의 친근감 및 신뢰감의 형성을 의미하는 것으로서, 서로를 믿고 존중하는 감정의 교류에서 이루어지는 조화로운 인간관계이다.
• 상담 초기 접수면접에서 내담자는 상담에 대한 불안과 두려움, 그리고 자신의 문제에 대한 해결가능성을 사이에 두고 양가감정을 경험하게 된다.
• 상담자는 내담자의 양가감정을 해소함으로써 상담이 원활히 이루어질 수 있도록 내담자와 상호 긍정적인 친화관계를 형성할 필요가 있다.

이것이 핵심 **TIP**

개인주의 상담이론을 주창한 아들러(Adler)는 개인의 열등감을 비정상적인 것이 아닌 정상적인 것으로 간주하였고, 그와 같은 열등감이 자아실현 및 사회발전의 추진력이 된다고 주장하였습니다. 그는 상담관계를 용기를 북돋우고 격려하는 관계로 보았는데, 이는 내담자로 하여금 자신감과 용기를 가지고 자신의 열등감을 더욱 적극적으로 극복할 수 있도록 한다는 취지입니다. 참고로 상담의 '접수면접'과 '초기면접'은 엄밀한 의미에서 차이가 있습니다. 다만, 상담 과정의 일반적인 분류 방식에서는 이 두 가지를 상담의 초기 절차로 포괄하는 경향이 있습니다.

● **핵심유형 완성하기** ●

직업상담 초기 접수면접에서 이루어지는 주된 내용은?

① 행동수정
② 과제물 부여
③ 내담자 심리평가
④ 상담관계 형성

기출 2018년 1회, 2015년 2회
정답 ④

105

직업상담 과정에서 내담자와 상담자 간의 관계형성에 도움을 줄 수 있는 조건과 가장 거리가 먼 것은?

① 공감적 이해 ② 무조건적 수용
③ 친화감 형성 ④ 내담자 문제 분석

핵심 키워드 관계형성의 요인
☞ 인간존중, 허용적 분위기, 적극적 경청, 공감, 수용, 친화감 형성
기출 데이터 2015년 1회

핵심기출 해설 답 ④

관계형성의 요인
• 상담자는 인간존중의 가치관을 가지고 내담자를 대해야 한다.
• 상담자는 내담자로 하여금 편안한 분위기에서 자연스럽게 자신을 표현할 수 있도록 허용적인 분위기를 조성해야 한다.
• 상담자는 내담자 쪽으로 자세를 기울이며, 적극적인 표정이나 자세를 통해 내담자의 말에 경청하고 있음을 표현해야 한다.
• 상담자는 내담자의 말에 공감하며, 민감한 반응을 보여야 한다.(①)
• 상담자는 내담자의 표현에 면박을 주거나 비판하지 않으며, 내담자가 처한 현실과 감정을 거부하지 않고 있는 그대로 수용해야 한다.(②)
• 상담자는 내담자에게 친절하고 따뜻하며 부드러운 태도를 취해야 한다.(③)
• 상담자는 내담자에게 은혜를 베푼다는 인상을 주지 말아야 한다.

이것이 핵심 TIP

이 문제는 상담의 초기면담 과정에서 내담자와 상담자 간의 관계형성 및 성공적인 상담관계의 유지를 위해 요구되는 조건 또는 행동을 다루고 있습니다. 본질적으로 같은 내용을 다루고 있으므로, 다음 문제들을 함께 학습하시기 바랍니다.

● 핵심유형 완성하기 ●

직업상담 시 초기면담에서 도움이 되지 않는 행동은?	**기출** 2014년 3회
① 내담자에게 적절한 호칭을 사용하면서 상담한다.	**정답** ②
② 내담자가 이해하지 못하는 단어를 사용한다.	**해설**
③ 긴장을 줄이기 위해 가끔 유머를 사용한다.	성공적인 상담관계를 유지하기 위해서는 내담자가 쉽게 이해할 수 있는 언어를 사용해야 한다.
④ 내담자에게 신체적으로 가깝게 기울이며 근접하여 상담한다.	

다음 중 직업상담 과정에서 내담자와 상담자 간의 관계형성에 영향을 줄 수 있는 조건이 아닌 것은?	**기출** 2003년 3회
① 공감적 이해 ② 무조건적 수용	**정답** ④
③ 친화감 형성 ④ 질문과 해석	

106

직업상담사의 윤리에 관한 설명으로 옳은 것은?

① 직업상담사는 내담자 개인 및 사회에 임박한 위험이 있다고 판단되더라도 개인정보와 상담내용에 대한 비밀을 유지해야 한다.

② 직업상담사는 자신이 실제로 갖추고 있는 자격 및 경험의 수준을 벗어나는 인상을 주어서는 안 된다.

③ 직업상담은 심층적인 심리상담이 아니므로 비밀 유지 의무가 없다.

④ 직업상담사는 내담자가 상담을 통해 도움을 받지 못하더라도 먼저 종결하려고 해서는 안 된다.

핵심 키워드 윤리원칙으로서 사회관계

☞ 기관의 목적 및 방침에 모순되지 않는 활동, 사회윤리 및 지역사회의 도덕적 기준 존중, 실제로 갖춘 자격 및 경험 수준 내의 제한된 인상

기출 데이터 2012년 2회, 2010년 1회, 2005년 1회

핵심기출 해설 **답 ②**

② 직업상담사는 자신이 실제로 갖추고 있는 자격 및 경험의 수준을 벗어나는 인상을 타인에게 주어서는 안 되며, 타인이 실제와 다른 인식을 가지고 있을 경우 이를 시정해 줄 책임이 있다(사회관계).

① 직업상담사는 내담자 개인 및 사회에 임박한 위험이 있다고 판단될 때 극히 조심스러운 고려 후에만, 내담자의 사회생활 정보를 적정한 전문인 혹은 사회 당국에 공개한다(개인정보의 보호).

③ 내담자에 관한 정보를 교육장면이나 연구용으로 사용할 경우에는 내담자와 합의한 후 그의 정체가 전혀 노출되지 않도록 해야 한다(개인정보의 보호).

④ 직업상담사는 내담자가 자기로부터 도움을 받지 못하고 있음이 분명할 경우에는 상담을 종결하려고 노력한다(내담자의 복지).

이것이 핵심 **TIP**

직업상담사의 윤리강령은 한국카운슬러협회 윤리강령의 내용에 부합합니다. 한국카운슬러협회 윤리강령은 일반원칙과 개별원칙으로 구분되며, 개별원칙에는 '사회관계', '전문적 태도', '개인정보의 보호', '내담자의 복지', '상담관계(카운슬링 관계)', '타 전문직과의 관계' 등이 제시되어 있습니다.

직업상담사가 지켜야 할 윤리사항으로 옳은 것은?

① 습득된 직업정보를 가지고 다니면서 직업을 찾아준다.
② 습득된 직업정보를 먼저 가까운 사람들에게 알려준다.
③ 상담에 대한 이론적 지식보다는 경험적 훈련과 직관을 앞세워 구직활동을 도와준다.
④ 내담자가 자기로부터 도움을 받지 못하고 있음이 분명한 경우에는 상담을 종결하려고 노력한다.

기 출 2022년 2회, 2016년 2회
정 답 ④
해 설
상담자는 내담자가 자기로부터 도움을 받지 못하고 있음이 분명할 경우에는 상담을 종결하려고 노력한다(내담자의 복지).

직업상담사의 윤리에 관한 설명으로 옳은 것은?

① 내담자 개인 및 사회에 임박한 위험이 있다고 판단되더라도 개인정보와 상담내용에 대한 비밀을 유지해야 한다.
② 자기의 능력 및 기법의 한계를 넘어서는 문제에 대해서는 다른 전문가에게 의뢰해야 한다.
③ 심층적인 심리상담이 아니므로 직업상담은 비밀 유지 의무가 없다.
④ 상담을 통해 내담자가 도움을 받지 못하더라도 내담자보다 먼저 종결을 제안해서는 안 된다.

기 출 2021년 1회, 2016년 3회, 2013년 1회
정 답 ②
해 설
① 직업상담사는 내담자 개인 및 사회에 임박한 위험이 있다고 판단될 때 극히 조심스러운 고려 후에만 내담자의 사회생활 정보를 적정한 전문인 혹은 사회 당국에 공개한다.
③ 직업상담사는 직무수행에서 습득한 내담자의 비밀을 철저히 유지하며, 학술적 발표나 논의에 있어서 내담자의 신상에 관한 사항은 공개하지 않는다.
④ 직업상담사는 내담자가 자기로부터 도움을 받지 못하고 있음이 분명할 경우에는 상담을 종결하려고 노력한다.

직업상담사의 윤리강령에 관한 설명으로 가장 거리가 먼 것은?

① 상담자는 상담에 대한 이론적, 경험적 훈련과 지식을 갖춘 것을 전제로 한다.
② 상담자는 내담자의 성장, 촉진과 문제 해결 및 방안을 위해 시간과 노력상의 최선을 다한다.
③ 상담자는 자신의 능력 및 기법의 한계 때문에 내담자의 문제를 다른 전문직 동료나 기관에 의뢰해서는 안 된다.
④ 상담자는 내담자가 이해, 수용할 수 있는 한도 내에서 기법을 활용한다.

기 출 2020년 1·2회, 2016년 3회
정 답 ③

카운슬러 윤리강령을 기반으로 한 직업상담사의 기본윤리로 가장 적합한 것은?

① 상담자는 내담자가 이해하고 수용할 수 있는 한도 내에서 상담기법을 활용한다.
② 상담자는 내담자 개인이나 사회에 위험이 있다고 판단이 될지라도 개인의 정보를 보호해 줄 수 있는 포용력이 있어야 한다.
③ 상담자는 내담자가 도움을 받지 못하는 상담임이 확인된 경우라도 초기 구조화한 대로 상담을 지속적으로 진행하여야 한다.
④ 내담자에 대한 정보가 교육장면이나 연구장면에서 필요할 경우 내담자와 합의한 후 개인정보를 밝혀 활용하면 된다.

기 출 2018년 2회, 2011년 2회
정 답 ①
해 설
②·④ '개인정보의 보호'에 위배된다.
③ '내담자의 복지'에 위배된다.

상담자의 윤리강령으로 옳지 않은 것은?

① 상담 활동의 과정에서 소속 기관 및 비전문인과 갈등이 있을 때 내담자의 복지를 우선적으로 고려한다.

② 타 전문인과 상호 합의가 없었지만 내담자가 간절히 원하면 타 전문인으로부터 도움을 받고 있는 내담자라도 상담한다.

③ 자신의 개인 문제 및 능력의 한계 때문에 도움을 주지 못하리라고 판단될 경우는 다른 전문가 동료 및 관련기관에 의뢰한다.

④ 사회공익과 자기가 종사하는 전문직의 바람직한 이익을 위하여 최선을 다한다.

기출 2017년 3회, 2010년 4회
정답 ②
해설
상담자는 상호 합의한 경우를 제외하고는 타 전문인으로부터 도움을 받고 있는 내담자에게 상담을 하지 않는다. 공동으로 도움을 줄 경우에는 타 전문인과의 관계와 조건에 관하여 분명히 할 필요가 있다.

직업상담사의 윤리강령에 대한 설명으로 틀린 것은?

① 상담자는 상담에 대한 이론적, 경험적 훈련과 지식을 갖춘 것을 전제로 한다.

② 상담자는 내담자의 성장, 촉진과 문제 해결 및 방안을 위해 시간과 노력상의 최선을 다한다.

③ 상담자는 자신의 능력 및 기법의 한계에도 불구하고 최선을 다하여 내담자를 끝까지 책임지도록 한다.

④ 상담자는 내담자가 이해, 수용할 수 있는 한도 내에서 기법을 활용한다.

기출 2011년 3회, 2009년 3회, 2007년 1회, 2004년 1회
정답 ③
해설
자신의 개인 문제 및 능력의 한계 때문에 도움을 주지 못하리라고 판단될 경우에는 다른 전문직 동료 및 기관에게 의뢰한다.

107

직업상담자가 지켜야 할 윤리적 행동과 가장 거리가 먼 것은?

① 내담자에 관한 정보를 교육과 연구를 위해 임의로 적극 활용한다.

② 내담자를 좀 더 효율적으로 도울 수 있는 방법을 꾸준히 연구 개발한다.

③ 내담자와 협의하에 상담관계의 형식, 방법, 목적을 설정하고 토의한다.

④ 자신이 종사하는 전문직의 바람직한 발전을 위하여 최선을 다한다.

핵심 키워드 윤리원칙으로서 개인정보의 보호
☞ 임박한 위험이 있다고 판단될 때 조심스러운 고려 후 공개, 임상 및 평가 자료의 전문적 목적에 국한된 사용, 교육·연구용인 경우 신상정보 노출금지

기출 데이터 2015년 2회, 2011년 1회

핵심기출 해설 **답 ①**

① 내담자에 관한 정보를 교육장면이나 연구용으로 사용할 경우에는 내담자와 합의한 후 그의 정체가 전혀 노출되지 않도록 해야 한다(개인정보의 보호).

② 상담자는 상담에 대한 이론적·경험적 훈련과 지식을 갖추는 것을 전제로 하며, 내담자를 보다 효과적으로 도울 수 있는 방법에 관하여 꾸준히 노력하는 것을 의무로 삼는다(전문적 태도).

③ 상담자는 자신의 주관적 판단에만 의존하지 않고, 내담자와의 협의하에 상담관계의 형식·방법·목적을 설정하고 결과를 토의한다(상담관계).

④ 상담자는 사회윤리 및 자기가 속한 지역사회의 도덕적 기준을 존중하여, 사회공익과 자기가 종사하는 전문직의 바람직한 이익을 위하여 최선을 다한다(사회관계).

● **핵심유형 완성하기** ●

상담내용에 대한 비밀을 지키지 않아도 되는 상황을 모두 고른 것은?

ㄱ. 내담자가 자신이나 다른 사람을 위험에 빠뜨릴 가능성이 클 때
ㄴ. 내담자의 법적 보호자가 내담자의 정보를 구할 때
ㄷ. 법적으로 정보의 공개가 요구되는 경우
ㄹ. 내담자가 감염성이 있는 치명적인 질병에 걸린 경우

① ㄱ, ㄴ, ㄷ   ② ㄱ, ㄴ, ㄹ
③ ㄴ, ㄷ, ㄹ   ④ ㄱ, ㄷ, ㄹ

기출 2025년, 2018년 3회
정답 ④

직업상담사의 윤리강령으로 옳지 않은 것은?

① 직업상담사는 개인이나 사회에 임박한 위험이 있더라도 개인정보의 보호를 위하여 내담자의 정보를 누설하지 말아야 한다.
② 직업상담사는 내담자에 대한 정보를 교육장면이나 연구에 사용할 경우에는 내담자와 합의 후 사용하되 정보가 노출되지 않도록 해야 한다.
③ 직업상담사는 소속 기관과의 갈등이 있을 경우 내담자의 복지를 우선적으로 고려해야 한다.
④ 직업상담사는 상담관계의 형식, 방법, 목적을 설정하고 그 결과에 대하여 내담자와 협의해야 한다.

기출 2024년, 2021년 2회, 2014년 1회, 2008년 3회
정답 ①
해설
직업상담사는 내담자 개인 및 사회에 임박한 위험이 있다고 판단될 때 극히 조심스러운 고려 후에만 내담자의 사회생활 정보를 적정한 전문인 혹은 사회 당국에 공개한다 (한국카운슬러협회 윤리강령 中).

상담의 비밀보장 원칙에 대한 예외사항이 아닌 것은?

① 상담사가 내담자의 정보를 학문적 목적에만 사용하려고 하는 경우
② 미성년 내담자가 학대를 받고 있다는 사실이 보고되는 경우
③ 내담자가 타인의 생명을 위협할 가능성이 있다고 판단되는 경우
④ 내담자가 자기의 생명을 위협할 가능성이 있다고 판단되는 경우

기출 2023년, 2019년 1회, 2013년 2회
정답 ①

상담에서 비밀보장 예외의 원칙과 가장 거리가 먼 것은?

① 상담자가 슈퍼비전을 받아야 하는 경우
② 심각한 범죄 실행의 가능성이 있는 경우
③ 내담자가 자살을 실행할 가능성이 있는 경우
④ 상담을 의뢰한 교사가 내담자의 상담자료를 요청하는 경우

기출 2023년, 2019년 3회
정답 ④

상담사가 비밀유지를 파기할 수 있는 경우와 거리가 가장 먼 것은?

① 내담자가 자살을 시도할 계획이 있는 경우
② 비밀을 유지하지 않는 것이 효과적이라고 슈퍼바이저가 말하는 경우
③ 내담자가 타인을 해칠 가능성이 있는 경우
④ 아동학대와 관련된 경우

기출 2021년 3회, 2018년 1회
정답 ②
해설
"상담사가 비밀유지를 파기할 수 있는 경우"란 상담의 비밀보장 원칙에 대한 예외의 경우(예외사항)를 의미한다.

상담사의 윤리적 태도와 행동으로 옳은 것은?

① 내담자와 상담관계 외에도 사적으로 친밀한 관계를 형성한다.
② 과거 상담사와 성적 관계가 있었던 내담자라도 상담관계를 맺을 수 있다.
③ 내담자의 사생활과 비밀보호를 위해 상담 종결 즉시 상담기록을 폐기한다.
④ 비밀보호의 예외 및 한계에 관한 갈등상황에서는 동료 전문가의 자문을 구한다.

기출 2020년 3회, 2017년 2회, 2013년 3회
정답 ④

상담자가 내담자와 상담한 내용에 대해 보고할 의무가 없는 상황은?

① 내담자가 적개심이 강할 때
② 가족을 폭행했을 때
③ 내담자가 범법행위를 했을 때
④ 미성년자로 성적인 학대를 당한 희생자일 때

기출 2016년 3회, 2007년 1회
정답 ①

108

레벤슨(Levenson)이 제시한 직업상담사의 반윤리적 행동에 해당하는 것은?

① 상담사의 능력 내에서 내담자의 문제를 다룬다.

② 내담자에게 부당한 광고를 하지 않는다.

③ 적절한 상담비용을 청구한다.

④ 직업상담사에 대한 내담자의 의존성을 최대화한다.

핵심 키워드 직업상담사의 반윤리적 행동
         ☞ 자신의 전문적 능력 초월, 부당한 광고, 과중한 요금 등
기출 데이터 2020년 4회, 2015년 1회, 2012년 1회, 2010년 3회

핵심기출 해설 답 ④

④ 상담사가 내담자에게 의존성을 심는 것은 반윤리적 행동에 해당한다.

① · ② · ③ 상담사의 바람직한 태도로서 윤리적 행동에 해당한다.

직업상담사의 반윤리적 행동(Levenson & Swanson)

• 비밀누설
• 자신의 전문적 능력 초월
• 자신이 갖지 않은 전문성의 주장
• 내담자에게 자신의 가치를 속이기
• 내담자에게 의존성 심기
• 내담자와의 성적 행위

• 이해갈등
• 의심스러운 계약
• 부당한 광고
• 과중한 요금
• 태만함 등

● **핵심유형 완성하기** ●

상담 윤리강령의 역할 및 기능과 가장 거리가 먼 것은?	기출 2023년, 2019년 2회
① 내담자의 복리 증진 ② 지역사회의 경제적 기대 부응 ③ 상담자 자신의 사생활과 인격 보호 ④ 직무수행 중의 갈등 해결 지침 제공	정답 ②

상담 윤리강령의 역할과 기능을 모두 고른 것은?	기출 2022년 1회, 2017년 1회
ㄱ. 내담자의 복리 증진 ㄴ. 지역사회의 도덕적 기대 존중 ㄷ. 전문직으로서의 상담기능 보장 ㄹ. 상담자 자신의 사생활과 인격 보호 ㅁ. 직무수행 중의 갈등 해결 지침 제공	정답 ④
① ㄱ, ㄴ, ㄷ　　② ㄴ, ㄷ, ㄹ ③ ㄱ, ㄴ, ㄹ, ㅁ　　④ ㄱ, ㄴ, ㄷ, ㄹ, ㅁ	

해설편

제 **2** 과목

직업상담 및 취업지원

제2과목 CONTENTS

직업상담의 영역 ★

01 직업상담 영역과 가장 거리가 먼 것은?

① 직업일반상담

② 직업정신건강 상담

③ 취업상담

④ 실존문제 상담

핵심 키워드 직업상담 영역
☞ 직업~상담, 취업~상담

기출 데이터 2015년 2회, 2007년 3회, 2005년 3회

핵심기출 해설 **답 ④**

④ 실존문제 상담은 일반상담 영역에 포함된다.

직업상담의 영역
- 직업일반상담
- 취업상담
- 직업적응 상담
- 직업전환 상담
- 직업(정신)건강 상담
- 직업문제 치료
- 은퇴상담(은퇴 후 상담) 등

이것이 핵심 **TIP**

엄밀한 의미에서 진로는 직업보다 포괄적인 개념이지만, 협의의 의미로 직업과 같이 쓰입니다. 진로상담의 영역에는 진로일반 상담, 진로수정 상담, 진로문제 치료 등이 포함됩니다.

● **핵심유형 완성하기** ●

다음 중 직업상담 영역이 아닌 것은?

① 은퇴상담
② 직업전환 상담
③ 취업상담
④ 실존문제 상담

기출 2003년 1회
정답 ④
해설
실존문제 상담은 일반상담 영역에 포함된다.

02 신규 입직자나 직업인을 대상으로 조직문화, 인간관계, 직업예절, 직업의식과 직업관 등에 관한 정보를 제공하고 필요시 직업지도 프로그램에 참여하게 하는 상담은?

① 직업전환 상담

② 직업적응 상담

③ 구인 · 구직 상담

④ 경력개발 상담

핵심 키워드 직업적응 상담
☞ 조직문화, 인간관계, 직업예절, 직업의식과 직업관

기출 데이터 2025년, 2015년 3회, 2013년 1회, 2003년 3회

핵심기출 해설 **답 ②**

② 직업적응 상담은 신규 입직자나 직업인을 대상으로 조직문화, 인간관계, 직장예절, 직업의식과 직업관, 직업스트레스, 직무만족, 직업동기 등에 초점을 둔 상담이다.

① 직업전환 상담은 실업 · 실직 위기상황에 있거나 전직의 의도가 있는 직업인을 대상으로 직업경로 사항, 요구되는 전문지식, 직업전환을 위한 준비상태 등에 관한 정보를 수집 및 제공하는 상담이다.

③ 구인 · 구직 상담은 구직신청서(구직표) 또는 구인신청서(구인표)에 작성된 정보가 누락되지 않았는지 확인하며, 특히 구인처의 조직문화, 요구되는 자질 및 요건, 근로조건상의 특이사항, 우대조항, 진급 및 승진, 복지 등에 관한 상세한 정보를 수집 및 제공하는 상담이다.

④ 경력개발 상담은 주로 직업인을 대상으로 직무경험을 통해 경력경로를 설정하고 경력개발을 할 수 있도록 돕는 상담이다.

이것이 핵심 **TIP**

직업상담에서 다루는 상담 유형은 그 성격에 따라 크게 진학상담, 취업상담, 직업적응 상담으로 구분할 수 있습니다.

• 진학상담 : 상급학교 진학을 목표로 하는 학생들을 대상으로 졸업 후의 취업 문제를 다룸

• 취업상담 : 최초 취업을 준비하는 학생들(졸업자)과 재취업이 요구되는 사람들(실직자)을 대상으로 내담자 자기 자신과 직업세계에 대한 이해를 확장시키도록 도움

• 직업적응 상담 : 직업선택의 문제라기보다는 취업 후 발생하는 적응 과정상의 문제들을 다룸

● 핵심유형 완성하기 ●

직업상담의 문제 유형을 크게 3가지로 대별할 때 적절하지 않은 것은?

① 취업상담

② 인성상담

③ 진학상담

④ 직업적응 상담

기출 2009년 2회

정답 ②

해설
직업상담의 문제 유형
진학상담, 취업상담, 직업적응 상담

---

03 직업상담의 목적과 가장 거리가 먼 것은?

① 내담자가 이미 잠정적으로 선택한 진로결정을 확고하게 해주는 것이다.

② 개인의 직업목표를 명백히 해주는 과정이다.

③ 내담자가 자기 자신과 직업세계에 대해 알지 못했던 사실을 발견하도록 도와주는 것이다.

④ 내담자가 최대한 고소득 직업을 선택하도록 돕는 것이다.

핵심 키워드 직업상담의 목적
☞ 진로결정 확고히, 직업목표 명백히, 자기 자신과 직업세계 발견

기출 데이터 2023년, 2017년 3회, 2014년 3회, 2007년 3회

핵심기출 해설 답 ④

④ 직업상담은 내담자가 고소득 직업을 선택하도록 돕는 것이 아니라 내담자의 흥미와 적성에 맞는 직업을 선택하도록 돕는 것이다.

직업상담의 구체적인 목적

• 내담자가 이미 잠정적으로 선택한 진로결정을 확고하게 해주는 과정이다.

• 개인의 직업목표를 명백히 해주는 과정이다.

• 내담자로 하여금 자기 자신과 직업세계에 대한 구체적인 이해 및 새로운 사실의 발견을 촉진하는 과정이다.

• 내담자에게 진로 및 직업선택 관련 의사결정 능력을 길러주는 과정이다.

• 내담자에게 직업선택 및 직업생활에서의 능동적인 태도를 함양하도록 돕는 과정이다.

이것이 핵심 TIP

직업상담의 목적은 학자마다 교재마다 다양하게 제시되고 있습니다. 다만, 직업상담의 목적이 문제해결 그 자체, 즉 직업을 직접 찾아주기보다는 내담자의 자기발전 및 자기개발에 초점을 둔다는 점을 유념해야 합니다.

직업상담의 목적에 대한 설명으로 틀린 것은?

① 직업상담은 내담자가 이미 결정한 직업계획과 직업선택을 확신·확인하는 과정이다.
② 직업상담은 개인의 직업적 목표를 명확히 해주는 과정이다.
③ 직업상담은 내담자에게 진로관련 의사결정 능력을 길러주는 과정은 아니다.
④ 직업상담은 직업선택과 직업생활에서의 능동적인 태도를 함양하는 과정이다.

기출 2025년, 2023년, 2020년 1·2회
정답 ③
해설
내담자에게 진로관련 의사결정 능력을 길러주는 과정이다.

직업상담의 목표와 거리가 가장 먼 것은?

① 적성과 흥미를 탐색하고 확대한다.
② 진로발달이나 직업문제에 대한 처치를 한다.
③ 새로운 노동시장의 영역을 개척한다.
④ 직업과 관련된 문제해결에 관심을 갖는다.

기출 2024년, 2018년 1회
정답 ③

Gysbers가 제시한 직업상담의 목적에 관한 설명으로 옳은 것은?

① 생애진로발달에 관심을 두고, 효과적인 사람이 되는 데 필요한 지식과 기능을 습득하게 한다.
② 직업선택, 의사결정기술의 습득 등이 주요한 목적이고, 직업상담 과정에는 진단, 문제분류, 문제 구체화 등이 들어가야 한다.
③ 자기관리 상담모드가 주요한 목적이고, 직업정보탐색과 직업결정, 상담만족 등에 효과가 있다.
④ 직업정보를 스스로 탐색하게 하고 자신을 사정하게 하는 능력을 갖추도록 돕는다.

기출 2022년 1회, 2018년 3회
정답 ①
해설
직업상담의 목적(Gysbers)
예언과 발달, 처치와 자극, 결함과 유능(능력)

직업상담의 목적에 해당하지 않는 것은?

① 개인의 직업적 목표를 명확히 해주는 과정이다.
② 진로관련 의사결정 능력을 길러주는 과정이다.
③ 직업선택과 직업생활에서 수동적인 태도를 함양하는 과정이다.
④ 이미 결정한 직업계획과 직업선택을 확신, 확인하는 과정이다.

기출 2020년 3회
정답 ③
해설
직업선택과 직업생활에서 능동적인 태도를 함양하는 과정이다.

직업상담의 목표와 가장 거리가 먼 것은?

① 능력과 적성발달에 대한 관심
② 진로발달이나 직업문제에 대한 처치
③ 결함보다 유능성에 초점을 맞추는 것
④ 알맞은 직업을 골라 주는 것

기출 2015년 3회
정답 ④
해설
상담자는 직업선택에 있어서 내담자 스스로 올바른 결정을 내릴 수 있도록 도와야 한다.

다음 중 내담자에 대한 직업상담의 목적이 아닌 것은?

① 직업목표를 명확하게 해준다.
② 상담능력을 향상시킨다.
③ 의사결정 능력을 증진시킨다.
④ 자기를 성장시키는 능력을 기른다.

기출 2004년 1회
정답 ②
해설
직업상담은 직업상담사의 상담능력 향상을 목적으로 하지 않는다.

04 진로상담의 원리에 관한 설명으로 틀린 것은?

① 진로상담은 진학과 직업선택, 직업적응에 초점을 맞추어 전개되어야 한다.

② 진로상담은 상담사와 내담자 간의 라포가 형성된 관계 속에서 이루어져야 한다.

③ 진로상담은 항상 집단적인 진단과 처치의 자세를 견지해야 한다.

④ 진로상담은 상담윤리강령에 따라 전개되어야 한다.

핵심 키워드 진로 및 직업상담의 기본 원리

☞ 진학 및 직업선택 초점, 라포(신뢰관계) 형성, 상담윤리 고려

기출 데이터 2019년 2회, 2015년 1회, 2012년 2회, 2010년 4회

핵심기출 해설　답 ③

③ 진로상담은 내담자의 일반적 특성과 상황적 맥락을 고려하여 대상에 맞는 차별적 진단과 차별적 처치가 이루어져야 한다. 이는 전 생애적 발달의 측면에서 각 개인이 자신의 특성만이 아닌 환경과의 끊임없는 상호작용 속에서 변화하고 성장하는 존재이기 때문이다.

직업상담(진로상담)의 기본 원리

• 진학과 직업선택, 직업적응에 초점을 맞추어 전개되어야 한다.(①)
• 상담자와 내담자 간의 라포(Rapport)가 형성된 관계 속에서 이루어져야 한다.(②)
• 인간의 성격 특성과 재능에 대한 이해를 토대로 진행되어야 한다.
• 내담자의 전 생애적 발달과정을 반영할 수 있어야 한다.
• 직업상담에 있어서 가장 핵심적인 요소는 개인의 진로 혹은 직업의 결정이므로, 직업상담 과정 속에 개인의 의사결정에 대한 상담(지도) 과정이 포함되어야 한다.
• 진로발달이론에 근거하여 진로발달이 진로선택에 영향을 미친다는 사실을 인식해야 한다.
• 변화하는 직업세계에 대한 이해를 토대로 이루어져야 한다.
• 각종 심리검사 결과를 기초로 합리적인 판단을 이끌어 낼 수 있도록 도와주는 역할을 해야 한다.
• 내담자에 대한 차별적 진단(분류) 및 차별적 지원(처치)의 자세를 견지해야 한다.(③)
• 상담윤리강령에 따라 전개되어야 한다. 즉, 윤리적인 범위 내에서 상담을 전개하여야 한다.(④)

이것이 핵심　TIP

직업상담(진로상담)의 기본 원리는 교재마다 약간씩 다르게 제시되고 있으나 내용상 큰 차이는 없습니다. 다만, 직업상담사 시험에서도 문장이 약간씩 변형되어 출제되는 경향이 있으므로, 위의 해설을 중심으로 학습하시기 바랍니다.

직업상담의 기본 원리와 가장 거리가 먼 것은?

① 윤리적인 범위 내에서 상담을 전개하여야 한다.
② 산업구조 변화, 직업정보, 훈련정보 등 변화하는 직업세계에 대한 이해를 토대로 이루어져야 한다.
③ 각종 심리검사 결과를 기초로 합리적인 판단을 이끌어 낼 수 있어야 하지만 심리검사에 대해 과잉의존해서는 안 된다.
④ 개인의 진로 혹은 직업결정에 대한 상담으로 전개되어야 하며, 자칫 의사결정 능력에 대한 훈련으로 전환되지 않도록 유의한다.

기출 2023년, 2019년 1회, 2014년 1회, 2008년 3회
정답 ④
해설
내담자로 하여금 합리적인 진로의사결정 과정 및 기법을 체득할 수 있도록 도와야 한다.

직업상담의 기본 원리에 대한 설명으로 틀린 것은?

① 직업상담은 개인의 특성을 객관적으로 파악한 후, 직업상담자와 내담자 간의 신뢰관계(Rapport)를 형성한 뒤에 실시하여야 한다.
② 직업상담에 있어서 가장 핵심적인 요소는 개인의 심리적 · 정서적 문제의 해결이다.
③ 직업상담은 진로발달이론에 근거하여야 한다.
④ 직업상담은 각종 심리검사를 활용하여 그 결과를 기초로 합리적인 결과를 끌어낼 수 있어야 한다.

기출 2021년 1회
정답 ②
해설
직업상담에 있어서 가장 핵심적인 요소는 개인의 진로 혹은 직업의 결정이므로, 직업상담 과정 속에 개인의 의사결정에 대한 상담(지도) 과정이 포함되어야 한다.

직업상담의 기본 원리에 관한 설명으로 틀린 것은?

① 직업상담은 변화하는 직업세계에 대한 이해를 토대로 이루어져야 한다.
② 직업상담은 신뢰관계를 형성한 후 인간의 성격 특성과 재능에 대한 이해를 토대로 진행되어야 한다.
③ 직업상담은 내담자의 전 생애적 발달과정을 반영할 수 있어야 한다.
④ 가장 핵심적인 요소는 진로 혹은 직업의 결정이므로 개인의 의사결정보다는 직업세계의 이해에 대한 상담이 우선되어야 한다.

기출 2016년 1회
정답 ④
해설
가장 핵심적인 요소는 진로 혹은 직업의 결정이므로, 직업상담 과정 속에 개인의 의사결정에 대한 상담 과정이 포함되어야 한다.

청소년 직업지도의 기본 원리와 가장 거리가 먼 것은?

① 변화하는 직업세계에 대한 이해를 토대로 이루어져야 한다.
② 인간의 성격 특성과 재능에 대한 이해를 토대로 신뢰관계를 형성한 후 진행되어야 한다.
③ 취업단계의 환경적 요구를 반영하며 지도가 이루어져야 한다.
④ 가장 핵심적인 요소는 진로 혹은 직업의 결정이므로 개인의 의사결정 과정에 대한 지도가 포함되어야 한다.

기출 2013년 3회
정답 ③
해설
청소년 내담자의 진로발달 및 성숙정도를 고려하여 지도가 이루어져야 한다.

구직자 및 실직자에 대한 직업상담의 기본 원리에 대한 설명으로 틀린 것은?

① 직업상담은 변화하는 직업세계에 대한 이해를 토대로 이루어져야 한다.
② 직업상담은 인간의 성격 특성과 재능에 대한 이해를 토대로 신뢰관계를 형성한 후 진행되어야 한다.
③ 직업상담은 내담자의 현재 발달단계에 초점을 두고 상담이 이루어져야 한다.
④ 가장 핵심적인 요소는 진로 혹은 직업의 결정이므로 개인의 의사결정 과정에 대한 상담이 포함되어야 한다.

기출 2011년 2회
정답 ③
해설
직업상담은 내담자의 전 생애적 발달과정을 반영할 수 있어야 한다.

05 청소년 직업발달에 영향을 미치는 요인과 가장 거리가 먼 것은?

① 부모의 직업　　　　　　　　　② 성역할의 사회화

③ 진로교사의 직업선택　　　　　④ 실습기간 동안의 근로경험

핵심 키워드 청소년 직업발달
　　☞ 가정(부모), 학교(또래집단), 성역할, 일의 경험
기출 데이터 2015년 2회, 2012년 1회, 2010년 4회

핵심기출 해설　답 ③

청소년의 직업발달에 영향을 미치는 요인

• 가정적 배경 : 부모의 직업(①), 가정의 구조, 부모의 사회적 · 경제적 지위
• 학교와 친구집단 : 학교와 교사의 관계, 또래집단
• 성역할의 사회화(②) : 진로의식화와 직업결정에 영향
• 일(근로)의 경험(④) : 아르바이트, 실습체험, 시간제 취업 등

이것이 핵심　TIP

개인의 진로발달에 영향을 주는 요인(Tolbert)

• 직업적성
• 직업흥미
• 인 성
• 직업성숙도와 발달
• 성취도

• 가정 · 성별 · 인종
• 장애물
• 교육정도
• 경제적 조건 등

● **핵심유형 완성하기** ●

톨버트(Tolbert)가 제시한 개인의 진로발달에 영향을 주는 요인이 아닌 것은?	**기 출** 2020년 4회, 2017년 1회, 2012년 3회, 2010년 4회
① 교육정도(Educational Degree) ② 직업흥미(Occupational Interest) ③ 직업전망(Occupational Prospective) ④ 가정 · 성별 · 인종(Family · Sex · Race)	**정 답** ③
개인의 진로결정 요인 중 내재적 요인에 속하지 않는 것은?	**기 출** 2009년 3회
① 연 령 ② 능 력 ③ 신체적 조건 ④ 가족구성원	**정 답** ④ **해 설** **개인의 진로결정 요인 중 내재적 요인** 연령, 성별, 능력, 인성, 직업적 흥미, 학력, 신체조건 등

06 직업상담사의 역할과 가장 거리가 먼 것은?

① 조언자의 역할

② 자료제공자의 역할

③ 내담자의 보호자 역할

④ 기관/단체들과의 협의자 역할

핵심 키워드 직업상담사의 역할

☞ 상담자, 정보분석자, 해석자, 처치자, 조언자, 개발자, 지원자, 협의자, 관리자, 연구 및 평가자

기출 데이터 2015년 2회, 2008년 1회, 2005년 3회, 2002년 3회

핵심기출 해설 답 ③

직업상담사의 역할(출처 : 한국직업상담협회)

• 상담자 : 내담자의 직업욕구에 적절한 일반상담이나 직업상담 수행

• 정보분석자 : 직업정보의 수집 · 분석 · 가공 · 관리 및 환류에 의한 정보 축적

• 해석자 : 직업관련 심리검사의 해석

• 처치자 : 내담자의 직업문제 진단 · 분류 및 처치

• 조언자 : 내담자 스스로 문제를 인식하여 문제해결을 하도록 조력

• 개발자 : 다양한 직업지도 프로그램 개발

• 지원자 : 직업상담 프로그램의 실제 적용 및 결과 평가를 통한 프로그램 보완, 중요 자료 제공

• 협의자 : 직업정보 생산 기관 및 단체들과의 유기적인 협의관계 구축 · 유지

• 관리자 : 상담 과정, 직업정보 수집 과정, 상담실 관리 과정 등 일련의 업무 관리 · 통제

• 연구 및 평가자 : 직업관 및 직업욕구 변화에 따른 주기적인 조사연구, 상담 프로그램 개발을 위한 연구 및 평가

이것이 핵심 TIP

'자료제공자의 역할'은 직업상담사의 역할 중 '지원자'와 연관됩니다. 직업상담사는 다양한 직업상담 프로그램을 실제로 적용하고 그 결과를 평가하여 프로그램을 보완합니다. 특히 프로그램 참여자를 관찰하여 프로그램 개발자에게 중요한 자료를 제공하는 지원자로서의 역할을 수행하게 됩니다.

● **핵심유형 완성하기** ●

직업상담사의 역할이 아닌 것은?

① 내담자에게 적합한 직업 탐색 및 결정

② 내담자의 능력, 흥미 및 적성의 평가

③ 직무스트레스, 직무 상실 등으로 인한 내담자 지지

④ 내담자의 삶과 직업목표 명료화

기출 2024년, 2020년 3회, 2012년 1회

정답 ①

해설

직업상담사는 내담자로 하여금 자신의 직업을 스스로 결정하도록 돕는 역할을 수행할 뿐 내담자의 직업을 직접 결정하지 않는다.

직업상담사의 직무내용과 가장 거리가 먼 것은?

① 직업문제에 대한 심리치료
② 직업관련 임금평가
③ 직업상담 프로그램의 개발과 운영
④ 구인·구직상담, 직업적응, 직업전환, 은퇴 후 등의 직업상담

기출 2023년, 2022년 2회, 2005년 3회
정답 ②

Herr가 제시한 직업상담사의 직무내용에 해당되지 않는 것은?

① 상담자는 특수한 상담기법을 통해서 내담자의 문제를 확인하도록 한다.
② 상담자는 좋은 결정을 가져오기 위한 예비행동을 설명한다.
③ 직업선택이 근본적인 관심사인 내담자에 대해서는 직업상담 실시를 보류하도록 한다.
④ 내담자에 관한 부가적 정보를 종합한다.

기출 2023년, 2021년 1회, 2017년 1회
정답 ③
해설
직업선택이 근본적인 관심이라면 직업상담 실시를 확정한다.

상담이론과 직업상담사의 역할의 연결이 바르지 않은 것은?

① 인지상담 – 수동적이고 수용적인 태도
② 정신분석적 상담 – 텅 빈 스크린
③ 내담자 중심의 상담 – 촉진적인 관계형성 분위기 조성
④ 행동주의 상담 – 능동적이고 지시적인 역할

기출 2023년, 2021년 3회, 2017년 1회, 2013년 2회
정답 ①
해설
인지상담 혹은 인지치료의 상담(치료) 과정은 보통 단기적·한시적이고 구조화되어 있으며, 상담자(치료자)는 내담자에 대한 보다 적극적이고 교육적인 치료를 수행한다.

직업상담사의 역할과 가장 거리가 먼 것은?

① 직업정보의 수집 및 분석
② 직업관련 이론의 개발 및 강의
③ 직업관련 심리검사의 실시 및 해석
④ 구인, 구직, 직업적응, 경력개발 등 직업관련 상담

기출 2019년 3회, 2011년 3회, 2009년 2회
정답 ②
해설
직업관련 이론을 개발하는 것은 관련 분야의 학자 및 이론가들의 역할에 해당한다.

직업상담사에게 요구되는 역할과 가장 거리가 먼 것은?

① 직업정보를 분석하고 구인·구직 정보제공
② 구직자의 직업적 문제를 진단하고 해결 및 지원
③ 노동통계를 분석하여 새로운 직업전망을 예견하여 미래의 취업정보를 제공
④ 직업상담실을 관리하며 구직자의 행동을 조정 및 통제

기출 2018년 3회, 2007년 1회, 2003년 3회
정답 ④
해설
직업상담사는 통제자로서의 역할이 아니라 일련의 업무를 관리 및 통제하는 관리자로서의 역할을 수행한다.

직업상담사의 역할과 가장 거리가 먼 것은?

① 진학상담
② 직무분석 수행
③ 직업적응 상담
④ 은퇴 후 상담

기출 2015년 3회
정답 ②
해설
직업상담사는 직업정보 분석을 수행한다.

다음 중 직업상담사의 역할과 가장 거리가 먼 것은?

① 직업정보 분석
② 직업상담
③ 직업지도 프로그램 운영
④ 새로운 직무분야 개발

기출 2013년 2회
정답 ④
해설
새로운 직무분야의 개발은 각 조직의 직무개발자들의 역할에 해당한다.

07 직업상담의 과정을 순서대로 바르게 나열한 것은?

① 관계형성 – 진단 및 측정 – 개입 – 목표설정 – 평가
② 관계형성 – 목표설정 – 진단 및 측정 – 개입 – 평가
③ 관계형성 – 진단 및 측정 – 목표설정 – 개입 – 평가
④ 관계형성 – 목표설정 – 개입 – 진단 및 측정 – 평가

핵심 키워드 직업상담 5단계
☞ 관계 → 진단 → 목표 → 개입 → 평가
기출 데이터 2024년, 2016년 1회, 2008년 3회

핵심기출 해설 답 ③

직업상담의 일반적인 5단계 과정
① 제1단계 – 관계형성과 구조화
상호존중에 기초한 개방적이고 신뢰로운 관계를 형성하는 단계로서, 이 과정에서 구조화의 작업이 동시에 일어난다.
② 제2단계 – 진단 및 측정
표준화된 심리검사를 이용한 공식적 측정절차를 통해 내담자들이 자신의 흥미, 가치, 적성, 개인적 특성, 의사결정방식 등에 대해 자각할 수 있도록 돕는다.
③ 제3단계 – 목표설정
직업상담의 목적이 문제해결 그 자체가 아닌 자기발전 및 자기개발에 있음을 인식시키면서, 내담자들의 목표가 명백해지는 경우 잠재적 목표를 밝혀 우선순위를 정한다.
④ 제4단계 – 개입 또는 중재
내담자가 목표를 달성하는 데 도움이 될 수 있는 중재를 제안하여 개입한다.
⑤ 제5단계 – 평가
상담자와 내담자는 그동안의 중재가 얼마나 효과적으로 적용되었는지를 평가한다.

이것이 핵심 TIP

직업상담의 과정은 학자마다 혹은 교재마다 매우 다양하게 제시되고 있습니다.

심리상담과 비교하여 진로상담 과정의 특징으로 옳지 않은 것은?

① 진로검사결과에만 의지하는 태도에서 벗어나 보다 유연한 관점에서 진로선택에 임하려는 융통성이 요구된다.

② 내담자가 놓인 경제 현실 및 진로 상황에 따라 개인의 진로선택 및 의사결정이 상당히 변화될 수 있다.

③ 진로상담은 인지적 통찰이나 결정 이외에 행동 차원에서의 실행능력 배양 및 기술함양을 더욱 중시한다.

④ 실제 진로상담에서는 내담자의 심리적인 특성과 진로문제가 얽혀 있는 경우는 많지 않다.

기출 2021년 2회

정답 ④

해설
실제 진로상담에서는 내담자의 심리적인 특성과 진로문제가 얽혀 있는 경우가 많다. 따라서 진로상담은 개인과 직업의 연결이라는 단순한 논리보다는 진로탐색, 진로결정, 진로전환을 비롯하여 구직활동, 실직, 은퇴 시 나타나는 다양한 심리적 불편감이나 부적응 등의 문제를 진로상담 과정에서 충분히 다루어 주어야 한다.

직업상담 과정에 관한 설명으로 틀린 것은?

① 일반적으로 직업상담은 관계의 형성 – 문제의 진단 – 목표의 설정 – 구조화 – 중재 – 평가의 과정을 거친다.

② 관계의 형성 단계에서 가장 중요한 것은 상호 존중에 기초한 개방적이고 신뢰로운 관계를 형성하는 것이다.

③ 직업상담의 목표를 설정한다고 해서 그 내담자가 반드시 문제를 가지고 있다는 것을 의미하는 것은 아니다.

④ 평가는 직업상담의 필수적인 요소로서, 내담자를 위해서뿐만 아니라 직업상담사 스스로를 위해서도 상담 과정에서 평가가 항상 뒤따라야 한다.

기출 2012년 3회

정답 ①

해설
직업상담의 과정에서 구조화는 상담 초기 관계형성과 함께 일어난다.

다음 중 직업상담의 과정이 순서대로 바르게 기술된 것은 무엇인가?

① 관계형성과 구조화 – 측정 – 목표설정 – 중재 – 평가

② 관계형성과 구조화 – 목표설정 – 중재 – 측정 – 평가

③ 관계형성과 구조화 – 측정 – 평가 – 목표설정 – 중재

④ 관계형성과 구조화 – 중재 – 목표설정 – 측정 – 평가

기출 2002년 1회

정답 ①

해설
직업상담의 과정
관계형성과 구조화 – 측정(진단) – 목표설정 – 중재(개입) – 평가

08 일반적인 진로상담의 과정을 바르게 나열한 것은?

ㄱ. 상담목표의 설정
ㄴ. 관계수립 및 문제의 평가
ㄷ. 문제해결을 위한 개입
ㄹ. 훈습(Working Through)
ㅁ. 종 결

① ㄱ → ㄴ → ㄷ → ㄹ → ㅁ
② ㄴ → ㄱ → ㄷ → ㄹ → ㅁ
③ ㄱ → ㄴ → ㄹ → ㄷ → ㅁ
④ ㄴ → ㄹ → ㄱ → ㄷ → ㅁ

핵심 키워드   직업상담 5단계
☞ 관계 → 목표 → 개입 → 훈습 → 종결
기출 데이터   2025년, 2018년 3회, 2013년 1회, 2010년 2회

핵심기출 해설   답 ②

직업(진로)상담의 일반적인 5단계 과정 II
① 제1단계 - 관계수립 및 문제의 평가
상담자는 내담자에 대한 수용, 공감적 반영, 진실성을 통해 허용적인 분위기를 형성함으로써 내담자와의 촉진적인 상담관계를 수립한다.
② 제2단계 - 상담목표의 설정
내담자의 진로 및 직업선택과 관련된 문제들이 규정되는 경우, 상담자는 내담자와 함께 상담의 목표를 설정한다.
③ 제3단계 - 문제해결을 위한 개입
상담자는 직업정보의 수집, 보유기술의 파악, 의사결정의 촉진, 과제물 부여 등의 방법들을 동원하여 내담자의 목표 달성을 돕는다.
④ 제4단계 - 훈습
훈습은 개입 과정의 연장으로서, 내담자로 하여금 자기 이해를 더욱 공고히 하고 진로탐색 및 준비 과정을 효율적으로 실천할 수 있도록 재확인 및 재점검한다.
⑤ 제5단계 - 종결 및 추수지도
상담자는 내담자와 함께 합의한 목표에 충분히 도달했는지 확인하며, 앞으로 부딪힐 문제들을 예측하고 준비한다. 또한 추수지도를 통해 내담자의 진로선택 및 의사결정에 대한 만족도를 파악하여 필요한 조치를 취한다.

이것이 핵심   TIP

직업상담의 일반적인 5단계 과정은 직업상담의 과정 II 단계와 함께 앞서 살펴본 직업상담의 과정 I 〈관계형성 - 진단 및 측정 - 목표설정 - 개입 - 평가〉의 5단계 과정이 널리 알려져 있습니다. 문제는 직업상담사 시험에서 이와 같은 과정들이 별다른 구분 없이 출제되는 경향이 있으며, 특히 2차 실무시험에서 정답 여부와 관련하여 논란이 제기될 수 있다는 점입니다.

상담의 목표설정 과정에 관한 설명으로 틀린 것은?

① 전반적인 목표는 내담자의 욕구들에 의해 결정된다.

② 현존하는 문제를 평가하고 나서 목표설정 과정으로 들어간다.

③ 상담자는 목표설정에 개입하지 않는다.

④ 내담자의 목표를 끌어내기 위한 기법에는 면접안내가 있다.

기출 2017년 2회, 2010년 1회
정답 ③
해설
목표설정은 내담자와 상담자 간의 협조적 과정이다.

진로상담 및 직업상담의 과정을 순서대로 잘 나열한 것은?

① 상담목표의 설정 → 관계수립 및 문제의 평가 → 문제해결을 위한 개입 → 훈습(Working Through) → 종결

② 관계수립 및 문제의 평가 → 상담목표의 설정 → 문제해결을 위한 개입 → 훈습(Working Through) → 종결

③ 상담목표의 설정 → 관계수립 및 문제의 평가 → 훈습(Working Through) → 문제해결을 위한 개입 → 종결

④ 관계수립 및 문제의 평가 → 훈습(Working Through) → 상담목표의 설정 → 문제해결을 위한 개입 → 종결

기출 2006년 1회
정답 ②

09

상담 초기 과정의 활동과 가장 거리가 먼 것은?

① 상담의 목표를 설정한다.
② 내담자와 라포를 형성한다.
③ 내담자의 심리상태를 평가한다.
④ 내담자의 문제행동에 대한 대안을 찾아본다.

핵심 키워드	상담 초기 과정
	☞ 관계형성, 문제평가, 목표설정
기출 데이터	2024년, 2023년, 2015년 1회, 2015년 2회

핵심기출 해설 **답 ④**

④ 상담을 초기 · 중기 · 종결의 3단계로 구분할 때 내담자의 문제행동에 대한 대안을 마련하는 과정은 상담의 중기 단계
에서 이루어지는 활동에 해당한다.

상담의 진행과정에 따른 일반적인 고려사항
• 초기 단계 : 상담관계(Rapport) 형성, 심리적 문제 파악(내담자의 문제 평가), 상담목표 및 전략 수립, 상담의 구조
화 등
• 중기 단계 : 내담자의 문제해결을 위한 구체적인 시도, 내담자의 저항 해결, 내담자의 변화를 통한 상담 과정 평가 등
• 종결 단계 : 합의한 목표달성, 상담종결 문제 다루기, 이별감정 다루기 등

이것이 핵심 **TIP**

상담을 초기 · 중기 · 종결의 3단계로 구분할 때 초기는 상담에서 기초를 세우는 단계, 중기는 상담 목표 도달을 위해 노력
하는 단계, 종결은 상담을 통해 얻은 것을 극대화하는 단계에 해당합니다. 참고로 내담자의 문제(심리상태)에 대한 평가는
초기 단계, 상담의 진행 과정에 대한 지속적인 평가는 중기 단계, 상담의 전반적인 성과에 대한 최종적인 평가는 종결 단계
에서 이루어집니다.

● 핵심유형 완성하기 ●

상담의 초기면접 단계에서 일반적으로 고려할 사항이 아닌 것은?

① 통찰의 확대
② 목표설정
③ 상담의 구조화
④ 문제의 평가

기 출 2022년 1회, 2018년 1회, 2013년 3회
정 답 ①
해 설
통찰(Insight)은 상담자가 해석을 통해 내담
자로 하여금 현실과 환상, 과거와 현재를 구
분하도록 해 주는 것으로, 특히 정신분석적
상담의 주요 기법에 해당한다. 정신분석적
상담은 '초기단계 → 전이단계 → 통찰단계
→ 훈습단계'로 전개되며, 내담자가 상담을
통해 획득한 통찰을 현실에서 적용하도록
강화하는 과정이 훈습단계에서 이루어진다.

상담 중기 과정의 활동으로 가장 거리가 먼 것은?

① 내담자에게 문제를 직면시키고 도전하게 한다.
② 내담자가 가진 문제의 심각도를 평가한다.
③ 내담자가 실천할 수 있도록 동기를 조성한다.
④ 문제에 대한 대안을 현실생활에 적용하고 실천하도록 돕는다.

기출 2020년 1 · 2회, 2014년 2회

정답 ②

해설
내담자의 호소문제 및 그와 관련된 변인, 내담자의 현재 기능 상태 및 문제의 심각도 등을 평가하는 것은 상담 초기 과정의 활동에 해당한다.

상담 종결 단계에서 다루어야 할 사항이 아닌 것은?

① 상담 종결 단계에 대한 내담자의 준비도를 평가하고 상담을 통해 얻은 학습을 강화시킨다.
② 남아 있는 정서적 문제를 해결하고 내담자와 상담사 간의 의미 있고 밀접했던 관계를 적절하게 끝맺는다.
③ 상담사와 내담자가 협력하여 앞으로 나아갈 방향과 상담목표를 설정하고 확인해 나간다.
④ 학습의 전이를 극대화하고 내담자의 자기 신뢰 및 변화를 유지할 수 있는 자신감을 증가시킨다.

기출 2019년 1회

정답 ③

해설
상담의 과정을 '첫 회 상담 → 면접개입 단계 → 상담 종결 단계'의 3단계로 구분할 때 상담목표를 확인하는 과정은 '면접개입 단계'의 활동에 해당한다.

다음 중 상담의 초기 단계와 가장 거리가 먼 것은?

① 상담의 구조화
② 목표설정
③ 상담관계 형성
④ 내담자의 자기탐색과 통찰

기출 2019년 2회

정답 ④

상담 종결 시 내담자의 종결 준비도를 알아볼 수 있는 내용과 거리가 가장 먼 것은?

① 적응능력이 증진되었는가?
② 호소문제나 증상이 줄어들었거나 제거되었는가?
③ 다른 사람과 관계를 맺는 수준이 증진되었는가?
④ 자신의 감정을 상담자에게 개방할 준비가 되었는가?

기출 2018년 1회, 2014년 2회

정답 ④

상담의 진행단계별 특징에 관한 설명으로 옳은 것은?

① 초기 단계의 주요 작업은 상담에 대한 구조화이다.
② 중기 단계의 주요 작업은 내담자와 상담자 간의 촉진적인 관계형성이다.
③ 종결 단계의 주요 작업은 문제해결이다.
④ 초기 단계의 주요 작업은 과정적 목표의 설정과 달성이다.

기출 2015년 3회, 2010년 2회

정답 ①

10 Williamson의 직업문제 분류범주에 포함되지 않는 것은?

① 진로 무선택

② 흥미와 적성의 차이

③ 진로선택에 대한 불안

④ 진로선택 불확실

핵심 키워드 Williamson의 직업선택 문제유형

☞ 직업 무선택, 직업선택의 확신부족, 흥미와 적성의 불일치(차이), 현명하지 못한 직업선택

기출 데이터 2024년, 2022년 2회, 2014년 2회, 2006년 3회

핵심기출 해설 답 ③

③ '직업(진로)선택에 대한 불안'은 보딘(Bordin)의 직업선택 문제유형 분류와 연관된다.

직업(진로)선택의 문제유형(Williamson)

- 직업 무선택 또는 미선택 : 내담자는 자신의 선택의사를 표현할 수 없으며, 자신이 무엇을 원하는지조차 모른다고 대답한다.
- 직업선택의 확신부족(불확실한 선택) : 내담자는 교육수준 부족, 자기이해 부족, 직업세계에 대한 이해 부족, 실패에 대한 두려움, 자신의 적성에 대한 불신 등으로 인해 직업선택에 대해 확신을 가지지 못한다.
- 흥미와 적성의 불일치(차이 또는 모순) : 내담자가 흥미를 느끼는 직업에 적성이 없거나, 적성을 가지고 있는 직업에 흥미를 느끼지 못하는 등 흥미와 적성이 일치하지 않는 경우를 말한다.
- 현명하지 못한(않은) 직업선택(어리석은 선택) : 내담자는 목표에 부합하지 않는 적성이나 자신의 흥미와 관계없는 목표를 가지고 있을 수 있다. 또한 직업적응을 어렵게 하는 성격적 특징이나 특권에 대한 갈망을 가지고 있을 수도 있다. 이러한 요인들로 인해 내담자는 현명하지 못한 선택을 내리기도 한다.

이것이 핵심 TIP

윌리암슨(Williamson)의 직업선택 문제유형 또는 직업문제 분류범주는 직업상담사 2차 실무시험에서 출제되기도 합니다.

● **핵심유형 완성하기** ●

Williamson이 분류한 직업선택의 주요 문제영역이 아닌 것은?

① 직업 무선택

② 직업선택의 확신부족

③ 정보의 부족

④ 현명하지 못한 직업선택

기출 2021년 1회, 2016년 2회, 2010년 2회, 2007년 1회

정답 ③

해설
'정보의 부족'은 보딘(Bordin)의 직업선택 문제유형 분류와 연관된다.

다음 중 윌리암슨(Williamson)이 분류한 진로선택의 문제에 해당하지 않는 것은?

① 직업선택의 확신부족
② 현명하지 못한 직업선택
③ 가치와 흥미의 불일치
④ 직업 무선택

기출 2020년 4회, 2011년 3회
정답 ③

다음은 Williamson이 분류한 진로선택 문제 중 어떤 유형에 해당하는가?

동기나 능력이 부족한 사람이 고도의 능력이나 특수한 재능을 요구하는 직업을 선택하거나, 흥미가 없고 자신의 성격에 맞지 않는 직업을 선택하는 경우 또는 자신의 능력보다 훨씬 낮은 능력을 요구하는 직업을 선택하거나 안정된 직업만을 추구하는 경우

① 직업선택의 확신부족
② 현명하지 않은 직업선택
③ 직업 무선택
④ 흥미와 적성의 모순

기출 2019년 2회
정답 ②

Williamson의 변별진단에서 4가지 결과에 해당하지 않는 것은?

① 직업선택에 대한 확신부족
② 직업 무선택
③ 정보의 부족
④ 흥미와 적성의 모순

기출 2019년 3회, 2016년 3회
정답 ③

직업상담의 문제유형에서 Williamson의 분류 중 '직업 무선택'에 해당하는 것은?

① 직업을 선택하기는 하였으나, 자신의 선택에 대해 자신감이 없고 타인으로부터 자기가 성공하리라는 위안을 받고자 추구하는 경우
② 내담자가 직접 직업을 결정한 경험이 없거나, 선호하는 몇 가지의 직업이 있음에도 불구하고 어느 것을 선택할지를 결정하지 못하는 경우
③ 흥미를 느끼는 직업에 대해서 수행능력이 부족하거나, 적성에 맞는 직업에 대해서 흥미를 느끼지 못하는 경우
④ 자신의 능력보다 훨씬 낮은 능력이 요구되는 직업을 선택하거나 안정된 직업만을 추구하는 경우

기출 2017년 3회
정답 ②
해설
① 직업선택의 확신부족(불확실한 선택)
③ 흥미와 적성의 불일치(흥미와 적성의 모순 또는 차이)
④ 현명하지 못한 직업선택(어리석은 선택)

윌리암슨(Williamson)이 제시한 진로선택 문제의 주요 영역 4가지에 해당하지 않는 것은?

① 직업 무선택
② 성급한 선택
③ 흥미와 적성의 불일치
④ 현명하지 못한 직업선택

기출 2015년 3회
정답 ②
해설
'직업선택의 확신부족' 또는 '불확실한 선택'이 옳다.

다음은 Williamson이 분류한 진로선택 문제 중 어떤 유형에 해당하는가?

• 목표와 맞지 않는 적성
• 흥미와 관계없는 목표
• 직업적응을 어렵게 하는 성격

① 불확실한 선택
② 미선택
③ 흥미와 적성의 불일치
④ 현명하지 않은 선택

기출 2012년 1회
정답 ④

11 보딘(Bordin)의 정신역동적 직업상담 모형에서 제시하고 있는 진단분류가 아닌 것은?

① 자아갈등

② 직업선택에 대한 불안

③ 의존성

④ 비현실성

핵심 키워드 Bordin의 직업선택 문제유형
☞ 의존성, 정보의 부족, 자아갈등, 직업선택의 불안, 확신의 결여

기출 데이터 2015년 1회, 2012년 2회, 2008년 3회, 2006년 3회

핵심기출 해설 **답 ④**

④ '비현실성' 문제는 크라이티스(Crites)의 직업선택 문제유형 분류와 연관된다.

직업(진로)선택의 문제유형(Bordin)

• 의존성 : 자신에게 부여된 진로 및 직업 문제의 해결 과제를 다른 사람에게 의존함으로써 자신을 억누르는 책임감에서 벗어나고자 한다.

• 정보의 부족 : 자신의 진로 선택 및 직업 결정과 관련된 정보를 충분히 얻지 못함으로써 직업적 문제를 해결하는 데 어려움을 겪는다.

• 자아갈등(내적 갈등) : 둘 혹은 그 이상의 자아개념과 관련된 반응기능 사이의 갈등으로 인해 자신의 진로 및 직업의 선택, 결혼 등 삶의 중요한 결정을 내려야 하는 상황에서 갈등을 경험한다.

• 직업(진로)선택에 대한 불안 : 자신이 하고자 희망하는 일이 사회적인 요구나 중요한 타인의 기대에서 벗어나는 경우 선택의 문제에 따른 불안을 경험한다.

• 확신의 부족(결여) 또는 문제없음 : 자신의 진로 선택 및 직업 결정에 대한 확신이 부족한 경우, 이미 스스로 타당한 선택을 내린 이후에도 단지 확인을 위한 절차로써 상담자를 찾기도 한다.

이것이 핵심 **TIP**

보딘(Bordin)의 직업선택 문제유형 또는 직업문제 분류범주는 직업상담사 2차 실무시험에서 출제되기도 합니다.

직업상담의 문제유형 중 Bordin의 분류에 해당하지 않는 것은?

① 의존성
② 확신의 결여
③ 선택에 대한 불안
④ 흥미와 적성의 모순

기출 2021년 3회, 2010년 4회, 2007년 3회

정답 ④

해설
'흥미와 적성의 모순'은 윌리암슨(Williamson)이 분류한 직업상담의 문제유형에 해당한다.

Bordin이 제시한 직업문제의 심리적 원인에 해당하지 않는 것은?

① 인지적 갈등
② 확신의 결여
③ 정보의 부족
④ 내적 갈등

기출 2020년 1 · 2회, 2009년 1회

정답 ①

해설
'인지적 갈등'이 아닌 '자아갈등' 혹은 '내적 갈등'이 옳다.

정신역동적 진로상담에서 보딘(Bordin)이 제시한 진단범주에 포함되지 않는 것은?

① 독립성
② 자아갈등
③ 정보의 부족
④ 진로선택에 따르는 불안

기출 2020년 4회, 2015년 2회

정답 ①

해설
'독립성'이 아닌 '의존성'이 옳다.

정신역동적 직업상담에서 Bordin이 제시한 진단범주가 아닌 것은?

① 의존성
② 자아갈등
③ 정보의 부족
④ 개인의 흥미

기출 2019년 1회

정답 ④

Bordin의 분류에서 다음에 해당하는 직업문제의 심리적 원인은?

> 한 개인이 어떤 일을 하고 싶은데 중요한 타인이 다른 일을 해 주기를 원하거나, 직업들과 관련된 긍정적 유인가와 부정적 유인가 사이에서 내적 갈등을 경험하고 있다.

① 직업선택에 대한 불안
② 정보의 부족
③ 의존성
④ 자아갈등

기출 2018년 3회

정답 ①

12 직업상담의 문제유형에 대한 Crites의 분류 중 가능성이 많아서 흥미 느끼는 직업들과 적성에 맞는 직업들 사이에 결정을 내리지 못하는 것은?

① 다재다능형

② 우유부단형

③ 불충족형

④ 비현실형

핵심 키워드 Crites의 직업선택 문제유형
☞ 적응성(적응형 / 부적응형), 결정성(다재다능형 / 우유부단형), 현실성(비현실형 / 강압형 / 불충족형)

기출 데이터 2017년 1회, 2010년 1회, 2009년 3회, 2007년 3회

핵심기출 해설 답 ①

크라이티스(Crites)의 직업선택 문제유형

적응성 (적응 문제)	• 적응형 : 흥미와 적성이 일치하는 분야를 발견한 유형(흥미를 느끼는 분야와 적성에 맞는 분야가 일치하는 사람) • 부적응형 : 흥미와 적성이 일치하는 분야를 찾지 못한 유형(흥미를 느끼는 분야도 없고 적성에 맞는 분야도 없는 사람)
결정성 (우유부단 문제)	• 다재다능형 : 재능(가능성)이 많아 흥미와 적성에 맞는 직업 사이에서 결정을 내리지 못하는 유형 • 우유부단형 : 흥미와 적성에 관계없이 어떤 직업을 선택할지 결정을 내리지 못하는 유형
현실성 (비현실성 문제)	• 비현실형 : 자신의 적성수준보다 높은 적성을 요구하는 직업을 선택하거나, 흥미를 느끼는 분야가 있지만 그 분야에 적성이 없는 유형 • 강압형 : 적성 때문에 직업을 선택했지만 그 직업에 흥미가 없는 유형 • 불충족형 : 흥미와는 일치하지만 자신의 적성수준보다 낮은 적성을 요구하는 직업을 선택하는 유형

이것이 핵심 TIP

크라이티스(Crites)의 직업선택 문제유형 분류는 윌리암슨(Williamson)의 변별진단 4가지 범주를 보완한 것입니다. 특히 직업상담사 시험에서는 크라이티스의 직업선택과 관련된 3가지 변인, 즉 '적응성', '결정성', '현실성'에 대해 물을 수도, 문제유형의 3가지 범주, 즉 '적응 문제', '우유부단 문제', '비현실성 문제'에 대해 물을 수도 있습니다.

직업상담의 문제유형에 대한 Crites의 분류 중 '부적응형'에 대한 설명으로 옳은 것은?	**기출** 2022년 1회, 2019년 1회
① 적성에 따라 직업을 선택했지만 그 직업에 흥미를 느끼지 못하는 사람 ② 흥미를 느끼는 분야는 있지만 그 분야에 필요한 적성을 가지고 있지 못하는 사람 ③ 흥미나 적성의 유형이나 수준과는 상관없이 어떤 분야를 선택할지 결정하지 못하는 사람 ④ 흥미를 느끼는 분야도 없고 적성에 맞는 분야도 없는 사람	**정답** ④ **해설** ① 강압형, ② 비현실형, ③ 우유부단형
직업선택 문제들 중 비현실성의 문제와 가장 거리가 먼 것은?	**기출** 2022년 1회, 2019년 2회
① 흥미나 적성의 유형이나 수준과 관계없이 어떤 직업을 선택해야 할지 결정하지 못한다. ② 자신의 적성수준보다 높은 적성을 요구하는 직업을 선택한다. ③ 자신의 흥미와는 일치하지만, 자신의 적성수준보다는 낮은 적성을 요구하는 직업을 선택한다. ④ 자신의 적성수준에서 선택을 하지만, 자신의 흥미와는 일치하지 않는 직업을 선택한다.	**정답** ① **해설** '우유부단 문제' 중 '우유부단형'에 해당한다.
Crites의 분류유형 중 가능성이 많아서 흥미를 느끼는 직업들과 적성에 맞는 직업들 사이에서 결정을 내리지 못하는 유형은?	**기출** 2018년 3회, 2010년 1회
① 부적응형 ② 우유부단형 ③ 다재다능형 ④ 비현실형	**정답** ③
직업상담의 문제유형에 관한 Crites의 분류에 해당하지 않는 것은?	**기출** 2013년 3회, 2012년 2회
① 현실형 ② 다재다능형 ③ 적응형 ④ 불충족형	**정답** ① **해설** '현실형'이 아닌 '비현실형'에 해당한다.
Crites는 내담자들이 경험하는 문제의 유형들에 대해 독립적이고 상호 배타적인 진단체계를 고안하였다. 다음 중 이 진단체계에 해당하지 않는 문제유형은?	**기출** 2011년 1회
① 적응 문제 ② 우유부단의 문제 ③ 비현실성의 문제 ④ 현명하지 못한 선택의 문제	**정답** ④ **해설** '현명하지 못한 선택의 문제'는 윌리암슨(Williamson)의 직업선택 문제유형 분류와 연관된다.
Crites는 흥미와 적성을 3가지 변인과 관련지어 포괄적 진단체계를 개발하였다. 다음 중 3가지 변인에 해당하지 않는 것은?	**기출** 2011년 2회
① 충족성 ② 적응성 ③ 결정성 ④ 현실성	**정답** ① **해설** 크라이티스(Crites)의 직업선택 문제유형 분류의 3가지 변인은 적응성(적응 문제), 결정성(우유부단 문제), 현실성(비현실성 문제)이다.
Crites의 직업상담의 문제유형 중 흥미와 적성에 관계없이 성격적으로 선택과 결정을 못 내리는 것은?	**기출** 2004년 3회
① 다재다능형 ② 우유부단형 ③ 불충족형 ④ 비현실형	**정답** ②

13

필립스(Phillips)가 제시한 상담목표에 따른 진로문제의 분류 범주를 따른다면, 내담자가 자기의 능력이 어느 정도인지, 어떤 분야의 직업을 원하는지, 왜 일하는 것이 싫은지 등의 고민을 가지고 있는 경우 상담의 초점은 어디에 두어야 하는가?

① 자기탐색과 발견
② 선택의 준비도
③ 의사결정 과정
④ 선택과 결정

핵심 키워드 Phillips의 상담목표에 따른 진로문제 분류
　　　　　　　☞ 자기탐색과 발견, 선택을 위한 준비, 의사결정 과정, 선택과 결정, 실천
기출 데이터 2015년 2회, 2010년 2회, 2004년 1회

핵심기출 해설　**답 ①**

필립스(Phillips)의 상담목표에 따른 진로문제 분류
• 자기탐색과 발견 : 자기의 능력이 어느 정도인지, 어떤 분야의 직업을 원하는지, 왜 일하는 것이 싫은지 등의 고민이 있는 경우
• 선택을 위한 준비(선택의 준비도) : 적성 및 성격과 직업 간의 관계, 관심 있는 직업에 관한 정보 등이 필요한 경우
• 의사결정 과정 : 진로선택 및 직업결정 방법의 습득, 선택과 결정에의 장애요소 발견 등이 필요한 경우
• 선택과 결정 : 진로를 선택해야만 하는 상황에 직면한 경우(여러 가지 여건들을 고려하여 최선의 선택을 하고 만족할 만한 결정을 내리도록 돕는 것이 중요함)
• 실천 : 선택과 결정에 대한 만족 여부 및 확신 정도를 확인하는 일이 중요함

이것이 핵심　**TIP**

이 문제는 윌리암슨(Williamson), 보딘(Bordin), 크라이티스(Crites) 등이 제시한 직업선택(진로선택) 문제유형 분류와도 연관되어 있습니다. 직업상담에서 내담자의 진로문제에 관한 다양한 진단체계는 상담의 방향과 목표를 설정하는 데 도움을 줍니다.

14 일반적으로 상담자가 갖추어야 할 기법 중 내담자가 전달하려는 내용에서 한 걸음 더 나아가 그 내면적 감정에 대해 반영하는 것은?

① 해 석
② 공 감
③ 명료화
④ 직 면

핵심 키워드
- 공감 ☞ 감정에 대한 반영
- 해석 ☞ 사건들의 의미 설정
- 명료화 ☞ 불분명한 측면을 분명히 밝힘
- 직면 ☞ 맞닥뜨리기

기출 데이터 2020년 3회, 2011년 3회, 2010년 2회, 2004년 1회

핵심기출 해설 **답 ②**

② '공감'은 내담자가 전달하려는 내용에서 한 걸음 더 나아가 그 내면적 감정에 대해 반영하는 것이다. 즉, 상담자가 자신이 직접 경험하지 않고도 다른 사람의 감정을 거의 같은 수준으로 이해하는 능력을 말한다.

① '해석'은 내담자가 새로운 방식으로 자신의 문제들을 돌아볼 수 있도록 사건들의 의미를 설정해 주고, 자신의 문제를 새로운 각도에서 이해할 수 있도록 그의 생활 경험과 행동, 행동의 의미를 설명하는 것이다.

③ '명료화'는 내담자의 말 속에 포함되어 있는 불분명한 측면을 분명하게 밝히는 기술이다. 즉, 상담자가 내담자에게 어떠한 중요한 문제의 밑바닥에 깔려 있는 혼동되고 갈등적인 느낌을 질문이나 재진술 등의 방법을 통해 가려내어 이를 분명히 해 주는 것이다.

④ '직면'은 내담자의 말이나 행동이 일치하지 않은 경우 또는 내담자의 말에 모순점이 있는 경우 상담자가 그것을 지적해 주는 기술이다. 즉, 내담자에게 문제를 있는 그대로 확인시켜 주어 문제와 맞닥뜨리도록 함으로써, 내담자로 하여금 현실적인 대처방안을 찾을 수 있도록 도전시키는 것이다.

이것이 핵심 **TIP**

상담면접의 주요 기법에 대한 설명은 교재마다 매우 다양하게 제시되고 있으며, 직업상담사 시험에서도 특정한 문장으로 제시하고 있지 않습니다. 따라서 다양한 설명으로 제시되는 문장들을 무조건적으로 암기하기보다는 중요 키워드를 중심으로 학습하기 바랍니다.

상담자가 자신이 직접 경험하지 않고도 다른 사람의 감정을 거의 같은 내용과 수준으로 이해하는 능력을 무엇이라고 하는가?

① 공감
② 수용
③ 해석
④ 직면

기출 2023년, 2008년 3회, 2003년 3회
정답 ①

내담자의 세계를 상담자 자신의 세계인 것처럼 경험하지만 객관적인 위치에서 벗어나지 않는 상담대화의 기법은?

① 수용
② 전이
③ 공감
④ 동정

기출 2021년 2회, 2015년 2회, 2003년 1회
정답 ③

해설
① '수용'은 상담자가 내담자의 이야기에 주의를 집중하고 있고, 내담자를 인격적으로 존중하고 있음을 보여 주는 기법이다.
② '전이'는 내담자가 어린 시절 어떤 중요한 인물에 대해 가졌던 관계를 상담자에게 표출하는 일종의 투사현상이다.
④ '동정'은 공감과 유사하나 상담자가 내담자의 위치에서 그의 정서를 같이 경험한다는 점에서 차이가 있다.

상담사의 기본 기술 중 내담자가 전달하려는 내용에서 한 걸음 더 나아가 그 내면적 감정에 대해 반영하는 것은?

① 해석
② 공감
③ 명료화
④ 적극적 경청

기출 2021년 3회, 2019년 2회, 2012년 3회
정답 ②

해설
④ '적극적 경청'은 내담자가 표현하는 언어적인 의미 외에 비언어적인 의미까지 이해하는 것이다.

어떤 문제의 밑바닥에 깔려 있는 혼란스러운 감정과 갈등을 가려내어 분명히 해주는 것은?

① 경청
② 명료화
③ 반영
④ 직면

기출 2020년 1 · 2회
정답 ②

다음은 어떤 상담기법에 대한 설명인가?

> 내담자가 직접 진술하지 않은 내용이나 개념을 그의 과거 경험이나 진술을 토대로 하여 추론해서 말하는 것

① 수용
② 요약
③ 직면
④ 해석

기출 2019년 2회, 2013년 2회
정답 ④

15 상담기법 중 내담자가 전달하는 이야기의 표면적 의미를 상담자가 다른 말로 바꾸어서 말하는 것은?

① 탐색적 질문

② 요약과 재진술

③ 명료화

④ 적극적 경청

핵심 키워드
- 요약과 재진술 ☞ 내용에 대한 반영
- 탐색적 질문 ☞ 내담자가 자기 자신과 자신의 문제를 자유롭게 탐색
- 적극적 경청 ☞ 언어적인 의미 외에 비언어적인 의미까지 이해

기출 데이터 2024년, 2020년 1 · 2회, 2017년 1회, 2009년 2회, 2006년 3회

핵심기출 해설 **답 ②**

② '요약과 재진술'은 내용에 대한 반영을 의미하는 것으로서, 내담자가 전달하려는 내용을 상담자가 다른 말과 용어를 사용하여 내담자에게 되돌려 주는 것이다. 요약과 재진술을 통해 상담자가 내담자의 이야기에 귀를 기울이고 있으며 이해하려 노력하고 있다는 것을 내담자에게 전달할 수 있다. 또한 내담자의 이야기를 간략히 반복함으로써 그 내용을 더욱 명확히 하는 동시에 상담자 자신이 내담자의 이야기를 정확히 이해하고 있는지 점검해 볼 수 있다.

① '탐색적 질문'은 상담자가 자신의 관심을 충족시키기 위해 하는 질문이 아니라, 내담자로 하여금 자기 자신과 자신의 문제를 자유롭게 탐색하도록 함으로써 내담자의 이해를 증진시키는 개방적 질문이다.

③ '명료화'는 내담자의 말 속에 포함되어 있는 불분명한 측면을 분명하게 밝히는 기술이다.

④ '적극적 경청'은 내담자의 말이나 사건의 내용은 물론 내담자의 심정을 파악함으로써 내담자가 표현하는 언어적인 의미 외에 비언어적인 의미까지 이해하는 것이다.

이것이 핵심 **TIP**

사실 '요약'과 '재진술'은 동일한 상담기법이 아닙니다. '재진술'이 내담자의 메시지 내용에 초점을 두고 이를 다른 동일한 의미의 말로 바꾸어 기술하는 것인 반면, '요약'은 둘 이상의 언어적 표현들을 서로 묶어서 진술의 내용 부분을 다른 동일한 의미의 말로 바꾸어 기술하는 재진술과 반영의 확대된 형태의 기법에 해당합니다.

직업상담의 기초기법에 대한 설명으로 틀린 것은?

① 수용 : 내담자의 이야기에 주의집중하고 내담자를 인격적으로 존중하는 기법이다.

② 명료화 : 내담자의 말 속에 포함되어 있는 불분명한 측면을 상담자가 분명하게 밝히는 기법이다.

③ 해석 : 내담자가 전달하는 이야기의 표면적 의미를 상담자가 다른 말로 바꾸어서 말하는 기법이다.

④ 탐색적 질문 : 내담자로 하여금 자신과 자신의 문제를 자유롭게 탐색하도록 허용함으로써 내담자의 이해를 증진시키는 개방적 질문기법이다.

기출 2023년, 2018년 3회

정답 ③

다음 중 효과적인 적극적 경청을 위한 지침과 가장 거리가 먼 것은?

① 내담자의 음조를 경청한다.

② 사실 중심적으로 경청한다.

③ 내담자의 표현의 불일치를 인식한다.

④ 내담자가 보이는 일반화, 빠뜨린 내용, 왜곡을 경청한다.

기출 2022년 1회, 2018년 2회

정답 ②

해설

경청의 장애물인 부적절한 경청, 평가적 경청, 선별적 경청, 사실 중심적 경청, 동정적 경청을 피한다.

직업상담의 기초기법에 관한 설명으로 틀린 것은?

① 적극적 경청 : 내담자의 내면적 감정을 반영하는 것으로 이를 통해 내담자의 감정을 충분히 이해하고 수용할 수 있다.

② 명료화 : 내담자의 말 속에 포함되어 있는 불분명한 측면을 상담자가 분명하게 밝히는 반응이다.

③ 수용 : 상담자가 내담자의 이야기에 주의를 집중하고 있고, 내담자를 인격적으로 존중하고 있음을 보여주는 기법이다.

④ 해석 : 내담자가 새로운 방식으로 자신의 문제들을 볼 수 있도록 사건들의 의미를 설정해 주는 것이다.

기출 2021년 1회, 2010년 1회

정답 ①

해설

내담자의 내면적 감정을 반영하는 것은 '공감'에 해당한다. 반면, '적극적 경청'은 내담자의 말이나 사건의 내용은 물론 내담자의 심정을 파악함으로써 내담자가 표현하는 언어적인 의미 외에 비언어적인 의미까지 이해하는 것이다.

16 다음 사례에서 직면기법에 가장 가까운 반응은?

집단모임에서 여러 명의 집단원들로부터 부정적인 피드백을 받은 한 집단원에게 다른 집단원이 그의 느낌을 묻자 아무렇지도 않다고 하지만 그의 얼굴 표정이 몹시 굳어있을 때, 지도자가 이를 직면하고자 한다.

① "OO 씨, 지금 느낌이 어떤가요?"

② "OO 씨가 방금 아무렇지도 않다고 하는 말이 어쩐지 믿기지 않는군요."

③ "OO 씨, 내가 만일 OO 씨처럼 그런 지적을 받았다면 기분이 몹시 언짢겠는데요."

④ "OO 씨는 아무렇지도 않다고 말하지만, 지금 얼굴이 아주 굳어있고 목소리가 떨리는군요. 내적으로 지금 어떤 불편한 감정이 있는 것 같은데, OO 씨의 반응이 궁금하군요."

핵심 키워드 직 면
☞ 내담자의 말이나 행동상의 불일치나 모순점을 직접적으로 지적(맞닥뜨리기)

기출 데이터 2018년 2회, 2014년 2회, 2010년 1회, 2007년 3회

핵심기출 해설 답 ④

직 면

• 내담자의 말이나 행동이 일치하지 않은 경우 또는 내담자의 말에 모순점이 있는 경우 상담자가 그것을 지적해 주는 기술이다.

• 내담자에게 문제를 있는 그대로 확인시켜 주어 문제와 맞닥뜨리도록 함으로써, 내담자로 하여금 현실적인 대처방안을 찾을 수 있도록 도전시키는 것이다.

• 상담자와 내담자 간의 확고한 신뢰관계가 형성되기 전에는 사용을 피하는 것이 좋다.

이것이 핵심 TIP

직면은 내담자에게서 문제가 드러날 때 사용하는 것이 효과적입니다. 몇 가지 예를 들어보면 다음과 같습니다.

• 내담자의 말과 행동이 다를 때

• 내담자가 과거에 했던 말과 지금 하는 말이 다를 때

• 내담자의 생각이 지나치게 비합리적일 때

• 내담자의 현실지각과 상담자의 현실지각이 차이가 날 때

Snyder 등은 직업상담을 하면서 접할 수 있는 내담자의 변명을 종류별로 구분하였다. 다음 중 변명의 종류가 다른 것은?

① 축 소
② 비 난
③ 정당화
④ 훼 손

기 출 2018년 2회
정 답 ②
해 설
② 책임을 회피하기
① · ③ · ④ 결과를 다르게 조직하기

상담기법에 관한 설명으로 옳은 것은?

① 경청은 내담자의 행동을 제외한 모든 말을 항상 세심하게 주목하는 것을 말한다.
② 반영은 내담자의 말을 정확하게 반복하여 되돌려 주는 기법이다.
③ 명료화는 내담자의 말이나 행동 이면에 있는 무의식적 갈등을 가설의 형태로 제시하는 것이다.
④ 직면은 내담자가 모르고 있거나 인정하기를 거부하는 생각과 느낌에 대해 주목하도록 하는 것이다.

기 출 2016년 3회
정 답 ④
해 설
직면은 내담자가 모르고 있는 과거와 현재의 연관성, 행동과 감정 간의 유사점 및 차이점을 지적하고 그것에 주목하도록 한다.

다음은 상담기법 중 무엇에 관한 설명인가?

> 문제를 있는 그대로 확인시켜 주어 내담자가 문제와 맞닥뜨리도록 함으로써, 내담자로 하여금 현실적인 대처방안을 찾을 수 있도록 도전시키는 과정

① 자유연상
② 반 영
③ 직 면
④ 명료화

기 출 2010년 3회
정 답 ③

17

다음 내용에 대한 상담자의 반응 중 공감적 이해 수준이 가장 높은 것은?

> 일단 저에게 맡겨주신 업무에 대해서는 너무 간섭하지 마세요. 제 소신껏 창의적으로 일하고 싶습니다.

① 자네가 알아서 할 일을 내가 부당하게 간섭한다고 생각하지 말게.

② 자네가 지난번에 처리했던 일이 아마 잘못됐었지?

③ 믿고 맡겨준다면 잘할 수 있을 것 같은데, 간섭받는다는 기분이 들어 불쾌한 게로군.

④ 기분이 나쁘더라도 상사의 지시대로 해야지.

핵심 키워드 공감적 이해의 가장 높은 수준
☞ 표면적인 감정과 내면적인 감정에 대한 정확한 반응

기출 데이터 2014년 3회, 2003년 3회

핵심기출 해설 **답 ③**

공감적 이해의 5가지 수준

• 수준 1 : 상대방의 언어 및 행동 표현의 내용에 대해 별다른 주의를 기울이지 않으므로 감정 반응이나 의사소통에 있어서 상대방이 표현한 것보다 훨씬 못 미치게 소통이 이루어진다.
예 자네가 지난번에 처리했던 일이 아마 잘못됐었지?

• 수준 2 : 상대방의 표면적인 감정에는 어느 정도 반응하지만 상대방의 의도와 관련된 주목할 만한 감정이나 의사를 제외시킨 채 소통이 이루어진다.
예 기분이 나쁘더라도 상사의 지시대로 해야지.

• 수준 3 : 상대방이 표현한 것과 본질적으로 같은 정서 및 의미를 표현함으로써 상호교류적인 의사소통이 이루어진다.
예 자네가 알아서 할 일을 내가 부당하게 간섭한다고 생각하지 말게.

• 수준 4 : 상대방이 스스로 표현할 수 있는 것보다 더 내면적인 감정을 표현하면서 의사소통이 이루어진다.
예 자네 업무에 대해 이야기하는 것이 간섭받는다고 생각이 되어서 기분이 상했군.

• 수준 5 : 상대방의 표면적인 감정은 물론 내면적인 감정에 대해 정확하게 반응하며, 상대방의 내면적인 자기탐색과 동일한 몰입 수준에서 상대방이 표현한 정서 및 의미에 첨가하여 의사소통이 이루어진다.
예 믿고 맡겨준다면 잘할 수 있을 것 같은데, 간섭받는다는 기분이 들어 불쾌한 게로군.

이것이 핵심 **TIP**

공감적 이해는 3가지 수준, 즉 '인습적 수준', '기본적 수준', '높은 수준'으로 구분하기도 합니다. 이때 인습적 수준은 내담자의 언어적 · 비언어적 표현에 주의를 기울이지 않으므로 표면적인 감정조차 정확히 지각하지 못하는 수준인 반면, 높은 수준은 상담자가 내담자의 내면적 사고와 깊은 감정을 정확하게 지각하여 이를 내담자의 적극적인 성장 동기로써 이해하고 표현하는 수준에 해당합니다.

상담자에 대한 공감적 이해 과정에 관한 설명으로 틀린 것은?

① 공감적 이해를 위해서는 내담자의 입장에서 느끼고 생각해야 한다.
② 공감적 이해는 내담자의 자기 탐색과 수용을 촉진시킨다.
③ 공감적 이해란 상담자가 내담자의 주관적인 경험의 세계에 자신을 맞춰나가는 것이다.
④ 공감적 이해란 지금-여기에서의 내담자의 감정과 경험을 정확하게 이해하는 것이다.

기출 2023년, 2011년 2회, 2008년 3회
정답 ③
해설
공감적 이해는 주관적 경험의 세계에 보다 가까이 다가감으로써 내담자의 입장을 좀 더 깊게 이해하기 위한 과정이다.

다음에 대해 가장 수준이 높은 공감적 이해와 관련된 반응은?

> 우리 집은 왜 그리 시끄러운지 모르겠어요. 집에서는 영 공부할 마음이 없어요.

① 시끄러워도 좀 참고 하지 그러니.
② 그래, 집이 시끄러우니까 공부하는 데 많이 힘들지?
③ 식구들이 좀 더 조용히 해 주면 공부를 더 잘 할 수 있을 것 같단 말이지.
④ 공부하기 싫으니까 핑계도 많구나.

기출 2018년 2회, 2010년 4회
정답 ③

다음 내담자의 진술에 대해 가장 수준이 높은 수용적 존중 반응은?

> 저 오늘 몸이 아파서 조퇴를 했어요. 좀 더 견뎌보려고 했는데 참을 수가 없었어요.

① 아플 땐 쉬어야지. 건강해야 일도 잘 할 수 있지.
② 그래, 자네니깐 그만큼이나 참았지. 자네 웬만하면 조퇴하지 않는 거 알지.
③ 몸이 조금 아프다고 자꾸 조퇴하면 안 되지.
④ 몸이 아프면 힘들지. 그동안 좀 무리했지.

기출 2016년 2회
정답 ②

공감적 이해 과정에 대한 설명으로 틀린 것은?

① 공감적 이해를 위해서는 내담자의 입장에서 느끼고 생각해야 한다.
② 공감적 이해는 내담자의 자기 탐색과 수용을 촉진시킨다.
③ 공감적 이해를 위해서 상담자는 자신의 가치관이나 정체감을 내담자에게 맞추어 수용해야 한다.
④ 공감적 이해란 지금-여기에서의 내담자의 감정과 경험을 정확하게 이해하는 것이다.

기출 2015년 3회
정답 ③

18 직업상담에서 내담자의 저항을 다루는 방법과 가장 거리가 먼 것은?

① 내담자와의 상담관계를 재점검한다.

② 긴장이완법을 사용한다.

③ 내담자가 위협을 느끼지 않도록 한다.

④ 내담자의 고통을 공감해 준다.

핵심 키워드 저항의 처리방법
  ☞ 이해와 공감, 상담관계 재점검
기출 데이터 2014년 1회

핵심기출 해설 **답 ②**

② 긴장이완법은 내담자의 불안이나 긴장을 완화하기 위한 방법에 해당한다.

저항의 처리

• 상담자는 내담자가 전혀 동기화되지 않거나 저항감을 나타내는 경우 저항의 목적이 무엇인지 파악하도록 한다.

• 저항은 일종의 자기보호를 위한 노력이므로, 상담자는 내담자의 저항을 자연스럽게 나타나는 반응으로 이해하고 존중하도록 한다.

• 상담자는 공감, 감정이입, 대안제시, 목적행동에의 직면 등을 통해 내담자의 저항을 다루도록 한다.

• 상담자는 내담자가 지속적인 저항을 보이는 경우 내담자와의 상담관계를 재점검하도록 한다.

이것이 핵심 **TIP**

'긴장이완법' 또는 '점진적 이완훈련'은 조용한 환경에서 근육을 이완하고, 깊고 규칙적인 호흡을 함으로써 긴장과 이완에 따른 차이를 경험하도록 하는 행동주의 상담의 기법입니다.

● **핵심유형 완성하기** ●

내담자의 침묵에 관한 설명으로 틀린 것은?

① 상담자 개인에 대한 적대감에서 오는 저항이나 불안 때문에 생긴다.

② 상담관계가 이루어지기도 전에 일어난 침묵은 대개 긍정적이며 수용의 형태로 해석될 수 있다.

③ 내담자가 상담자에게서 재확인을 바라거나 상담자의 해석 등을 기대하며 침묵에 들어가는 경우이다.

④ 내담자가 이전에 표현했던 감정 상태에서 생긴 피로를 회복하고 있다는 뜻이기도 하다.

기출 2010년 1회
정답 ②
해설
상담관계가 이루어지기도 전에 일어난 침묵은 대개 부정적이며 거절의 형태로 해석될 수 있다.

19 상담이론과 심리적 문제의 의미가 잘못 짝지어진 것은?

① 정신분석적 접근 – 무의식적 충동에 대처하기 위한 증상 형성
② 내담자중심 접근 – 자기와 경험의 불일치
③ 행동주의적 접근 – 충동적인 욕구에 의한 부적응적인 행동
④ 인지적 접근 – 비합리적이고 부적응적인 사고방식

핵심 키워드
• 정신분석적 접근 ☞ 무의식적 충동
• 내담자중심 접근 ☞ 자기와 경험의 불일치
• 행동주의적 접근 ☞ 학습의 원리
• 인지적 접근 ☞ 비합리적 사고

기출 데이터 2015년 1회, 2012년 3회

핵심기출 해설 답 ③

③ 행동주의적 접근은 내담자의 비정상적 · 부적응적인 행동이 무의식적 충동에 의해서가 아닌 학습에 의해 획득 · 유지된 것으로 보며, 이를 수정하기 위해 학습의 원리를 적용한다. 즉, 행동주의적 접근은 기본적으로 내담자의 행동을 변화시키려는 목적을 가지며, 내담자로 하여금 문제행동을 소거하는 동시에 바람직한 행동을 학습하도록 돕는다.

① 정신분석적 접근은 인간을 비합리적이고 결정론적이며, 생물학적 충동과 본능을 만족시키려는 욕망에 의해 동기화된 존재로 가정한다. 특히 내담자가 무의식적 충동에서 비롯되는 불안을 극복하기 위해 자아방어적 행동을 반복하며, 자아방어적 행동이 효율적이지 못할 때 심리적 증상을 형성한다고 본다.

② 내담자중심 접근은 각 개인이 현실을 지각하고 구성하는 방법이 개별적이고 현상적이며, 독특하다는 것에 초점을 둔다. 특히 내담자가 자기와 경험의 불일치로 인해 고통을 받고 있는 것으로 가정한다.

④ 인지적 접근은 인간을 합리적인 사고는 물론 비합리적인 사고의 가능성도 가진 존재로 가정한다. 특히 내담자에게서 나타나는 부적응적인 문제들이 경험적으로 타당성이 없는 비논리적 · 비합리적인 사고에서 비롯된 것으로 본다.

이것이 핵심 TIP

무의식의 의식화를 통해 문제의 원인을 찾고 자아(Ego)를 강화하여 본능적 · 충동적인 욕구들을 의식적인 현실의 규제 속에서 다룰 수 있는 능력을 촉진 및 강화하고자 하는 것은 정신분석적 접근과 연관됩니다.

다음은 어떤 직업상담 접근방법에 관한 설명인가?

> 모든 내담자는 공통적으로 자기와 경험의 불일치로 인해서 고통을 받고 있기 때문에 직업상담 과정에서 내담자가 지니고 있는 직업문제를 진단하는 것 자체가 불필요하다고 본다.

① 내담자중심 직업상담
② 특성-요인 직업상담
③ 정신역동적 직업상담
④ 행동주의 직업상담

기출 2021년 1회, 2009년 3회

정답 ①

해설
내담자중심 접근법은 내담자가 유기체적 경험을 왜곡 없이 지각하여 이를 자기개념으로 통합할 수 있도록 환경조건이 마련된다면, 내담자는 자신의 내면적인 힘으로 자신이 직면한 문제를 해결하고 자신의 삶을 긍정적으로 변화시킴으로써 성장해 나갈 수 있다고 본다.

상담이론과 그와 관련된 상담기법을 바르게 짝지은 것은?

① 정신분석적 상담 – 인지적 재구성
② 행동치료 – 저항의 해석
③ 인지적 상담 – 이완기법
④ 형태치료 – 역할연기, 감정에 머무르기

기출 2021년 2회, 2010년 4회

정답 ④

해설
④ '역할연기'는 내담자로 하여금 과거 혹은 미래의 어떤 장면을 현재에 벌어지는 장면으로 상상하여 실제 행동으로 연출해 보도록 하는 것이다. 또한 '감정에 머무르기(머물러 있기)'는 내담자에게 미해결 감정들을 회피하지 않고 견뎌내도록 함으로써 이를 해소하도록 돕는 것이다.
① '인지적 재구성'은 인지행동적 상담의 주요 기법에 해당 한다.
② '저항의 해석'은 정신분석적 상담의 주요 기법에 해당 한다.
③ '이완기법'은 행동적 상담(행동치료)의 주요 기법에 해당 한다.

직업상담의 인지적 접근에 대한 설명이 아닌 것은?

① 심리교육적 접근을 한다.
② 아동기 경험을 중요시한다.
③ 잘못된 생각과 신념을 수정한다.
④ 사람의 생각이 직업행동을 결정하는 데 중요한 영향을 미친다고 가정한다.

기출 2015년 3회, 2012년 1회

정답 ②

해설
초기 아동기 경험의 중요성을 강조한 대표적인 상담방법은 정신분석적 상담에 해당한다.

많은 상담기법들은 내담자를 상담하기 이전에 그의 문제점을 알아보기 위한 진단이 필요하다고 본다. 다음 중 상담 이전에 심리진단이 필요하지 않다고 보는 입장은?

① 정신분석적 상담
② 내담자중심 상담
③ 형태주의 상담
④ 교류분석적 상담

기출 2003년 1회

정답 ②

해설
특성-요인 접근법에서는 진단 자체가 상담의 중심을 이루는 반면, 내담자중심 접근법에서는 기본적으로 심리진단이 불필요하다는 입장을 취한다.

20 진로선택과 관련된 이론으로 인생 초기의 발달 과정을 중시하는 이론은?

① 인지적 정보처리이론   ② 정신분석이론

③ 사회학습이론   ④ 진로발달이론

핵심 키워드
- 정신분석이론 ☞ 인생 초기 발달 과정 중시
- 인지적 정보처리이론 ☞ 개인의 정보처리 능력에 주목
- 사회학습이론 ☞ 유전적 요인과 특별한 능력, 환경조건과 사건, 학습 경험, 과제접근 기술 중시
- 진로발달이론 ☞ 개인의 발달과정 및 진로성숙 과정에 주목

기출 데이터 2021년 3회, 2018년 2회, 2014년 3회, 2011년 3회, 2010년 2회, 2003년 1회

핵심기출 해설 **답 ②**

② 정신분석이론은 인간을 비합리적이고 결정론적인 존재로 가정하여 인간의 행동이 기본적인 생물학적 충동과 본능을 만족시키는 욕망에서 동기화된다고 본다. 특히 어린 시절의 경험과 무의식을 강조하며, 인간의 적응을 방해하는 요소를 무의식 속에서 동기로 작용하고 있는 억압된 충동으로 본다. 따라서 진로 및 직업의 선택이 이와 같은 인생 초기에 형성된 욕구를 만족시키기 위한 방향에서 이루어지는 것으로 파악한다.

① 인지적 정보처리이론은 진로선택에 있어서 인지의 역할을 강조하며, 개인의 정보처리 능력을 향상시키는 데 주력한다.

③ 사회학습이론은 진로발달에 있어서 유전적 요인과 특별한 능력, 환경조건과 사건, 학습 경험, 과제접근 기술 등 4가지 요인의 상호작용에 주목한다.

④ 진로발달이론은 진로선택의 과정이 개인의 발달 과정 및 발달 단계에 부합하는 과정으로서 전체 발달과정의 일부로 보며, 진로성숙의 과정에 대해 체계적으로 기술하고자 한다.

이것이 핵심 **TIP**

인생 초기의 발달 과정을 중시하는 상담방법으로는 정신분석적 상담, 개인주의 상담, 교류분석 상담 등이 있습니다.

● **핵심유형 완성하기** ●

다음 중 직업발달이론에 대한 설명으로 틀린 것은?

① 사회학습이론에서는 진로발달 과정은 유전 요인과 특별한 능력, 환경조건과 사건, 학습 경험, 과제접근 기술 등의 네 가지 요인과 관련된다고 본다.

② 진로선택에 대한 정신분석적 접근에서는 초기의 발달 과정을 중시하며, 기본적인 욕구는 6세까지 형성된다고 가정하였다.

③ 인지적 정보처리이론은 자기개념과 자기효능감의 개념과 만족, 안정성 등의 공통적인 성과와 흥미, 자기효능감, 능력, 욕구 등과 같은 관계를 설명하고 있다.

④ 가치중심적 진로접근모형은 가치, 흥미, 환경 등과의 관계에서 가치중심모형의 명제를 제시하였다.

기출 2007년 3회
정답 ③
해설
사회인지적 진로이론의 내용에 해당한다.

21

정신분석적 상담과정에 관한 설명으로 틀린 것은?

① 심리적 장애의 근원을 과거 경험에서 찾고자 한다.

② 내담자의 유아기적 갈등과 감정을 중요하게 다룬다.

③ 내담자의 무의식적 자료와 방어를 탐색하는 작업을 한다.

④ 심리적 장애행동과 관련된 표준화된 자료를 활용한다.

핵심 키워드 정신분석적 상담
☞ 무의식적 자료와 방어의 탐색 및 해석

기출 데이터 2023년, 2014년 1회

핵심기출 해설 **답 ④**

④ 정신분석적 상담은 심리적 장애행동과 관련된 표준화된 자료를 활용하기보다는 자유연상, 꿈의 분석, 저항의 분석 등 다소 직관적인 방법을 활용한다.

정신분석적 상담

• 정신분석이론은 과거 어린 시절의 충족되지 못한 욕망이 개인의 무의식 속에 남게 되며, 무의식이 자각할 수도 통제할 수도 없음에도 불구하고 개인의 행동에 지속적인 영향을 미친다고 주장한다. 그로 인해 개인은 불안을 느끼고 이를 극복하기 위해 자아방어적인 행동을 반복하게 된다는 것이다.

• 정신분석적 상담은 자유연상(Free Association), 꿈의 분석(Dream Analysis), 저항의 분석(Resistance Analysis), 전이 분석(Transference Analysis), 해석(Interpretation), 훈습(Working-through) 등을 통해 내담자로 하여금 무의식 세계에 있는 것들을 의식 세계로 끌어올리도록 함으로써 과거의 갈등을 해소할 기회를 제공하는 동시에 자신에 대한 통찰력을 얻도록 하는 것을 목적으로 한다.

이것이 핵심 **TIP**

Q : '정신분석(Psychoanalysis)'과 '정신역동(Psychodynamic)'은 어떤 차이점이 있을까요?

A : 최근의 정신역동은 정신분석보다 넓은 의미를 포함하나 프로이트(Freud)의 정신분석이론의 주요 개념에 근거하므로 사실상 정신분석과 같은 개념으로 이해하는 것이 일반적입니다. 다만, 정신역동이 여기-지금(Here & Now)의 치료적 관계에서 환자의 의식과 잠재의식에 초점을 두는 반면, 정신분석은 환자의 무의식과 과거 경험에 주목하여 치료적 관계를 통한 과거의 재경험 및 재구성 과정에 초점을 둔다는 점에서 차이가 있습니다.

정신분석에서 제시하는 불안의 유형을 모두 고른 것은?

> ㄱ. 사회적 불안
> ㄴ. 현실적 불안
> ㄷ. 신경증적 불안
> ㄹ. 도덕적 불안
> ㅁ. 행동적 불안

① ㄱ, ㄴ, ㄷ
② ㄱ, ㄴ, ㅁ
③ ㄱ, ㄹ, ㅁ
④ ㄴ, ㄷ, ㄹ

기 출 2020년 4회

정 답 ④

해 설
정신분석에서 제시하는 불안의 3가지 유형
(Freud)
• 현실적 불안(Reality Anxiety)
• 신경증적 불안(Neurotic Anxiety)
• 도덕적 불안(Moral Anxiety)

정신분석 상담에서 Freud가 제시한 불안의 유형에 해당하지 않는 것은?

① 현실적 불안
② 심리적 불안
③ 신경증적 불안
④ 도덕적 불안

기 출 2018년 2회

정 답 ②

정신분석적 상담에서 내담자가 과거의 중요한 인물에게서 느꼈던 감정이나 생각을 상담자에게 투사하는 현상은?

① 증상 형성
② 전 이
③ 저 항
④ 자유연상

기 출 2016년 2회

정 답 ②

해 설
① 증상 형성(Symptom Formation)은 무의식적 충동에 대한 자아의 방어가 효율적이지 못할 때 무의식적 충동에 대처하기 위해 심리적 증상을 형성하는 것을 말한다.
③ 저항(Resistance)은 상담의 진행을 방해하고 현재 상태를 유지하려는 내담자의 의식적 또는 무의식적 사고와 감정을 말한다.
④ 자유연상(Free Association)은 내담자에게 무의식적 감정과 동기에 대해 통찰하도록 하기 위해 마음속에 떠오르는 것을 의식의 검열을 거치지 않은 채 표현하도록 하는 것이다.

정신분석에 관한 설명으로 틀린 것은?

① 분석가의 중립적 태도는 내담자의 전이를 촉진시키는 데 중요하다.
② 해석은 자유연상이나 꿈, 저항, 전이 등을 분석하여 그 의미를 설명해 주는 것이다.
③ 저항에 대한 주의를 환기시킨 후에 저항을 해석해 주어야 한다.
④ 현재몽은 잠재몽에 대한 자유연상을 통해 더 쉽게 이해할 수 있다.

기 출 2016년 3회

정 답 ④

해 설
현재몽에 대한 자유연상을 통해 잠재몽을 더 쉽게 이해할 수 있다.

22 정신분석적 상담에서 내담자의 갈등과 방어를 탐색하고 이를 해석해 나가는 과정은?

① 논 박　　　　　　　② 훈 습

③ 통 찰　　　　　　　④ 조 정

핵심 키워드 훈 습
　　　　　☞ 내담자의 갈등과 방어의 탐색 및 해석 과정
기출 데이터 2023년, 2013년 3회, 2012년 2회

핵심기출 해설　답 ②

훈습(Working–through)
* 내담자의 갈등과 방어를 탐색하고 이를 해석해 나가는 과정으로서 반복, 정교화, 확대(확장)의 활동들로 이루어진다.
* 내담자가 이전에는 회피하였던 무의식적 자료를 정확히 이해하고 통합하여 활용할 수 있을 때까지 반복적인 해석을 받는 과정이다.
* 내담자의 전이현상이나 생활상의 문제 또는 과거문제에서 비롯되는 갈등에 대해 내담자의 이해수준을 확장시킴으로써 내담자로 하여금 자신의 문제와 현 상황을 좀 더 통합적인 관점으로 이해할 수 있도록 하는 것을 목표로 한다.

이것이 핵심　TIP

정신분석적 상담의 주요 기술로서 통찰과 훈습은 사실 명확히 구분하기 어렵습니다. 다만, 통찰의 경우 내담자의 깨달음에 대한 결과적 측면이 강한 반면, 훈습의 경우 해석에 의해 얻어진 통찰을 학습을 통해 지속적·반복적으로 이행해 나가는 과정적 측면이 강합니다. 참고로 '논박'은 인지·정서·행동적 상담의 주요 기술에 해당합니다.

● **핵심유형 완성하기** ●

정신분석적 상담에서 훈습의 단계에 해당하지 않는 것은? ① 환자의 저항 ② 분석의 시작 ③ 분석자의 저항에 대한 해석 ④ 환자의 해석에 대한 반응	**기출** 2022년 2회, 2018년 1회 **정답** ② **해설** 정신분석적 상담에서 훈습 단계의 절차(Weinshel) 환자의 저항 → 분석자의 저항에 대한 해석 → 환자의 해석에 대한 반응
정신분석적 상담에서 내담자의 갈등과 방어를 탐색하고 이를 해석해 나가는 과정은? ① 논 박　　　② 훈 습 ③ 행동수정　④ 관계형성	**기출** 2010년 3회, 2009년 2회 **정답** ②

23 다음과 관계있는 상담이론과 학자가 바르게 짝지어진 것은?

- 사회적 관계를 강조한다.
- 행동수정보다는 동기수정에 관심을 둔다.
- 열등감의 극복과 우월성의 추구가 개인의 목표이다.

① 실존주의적 상담 – Frankl
② 개인심리학적 상담 – Adler
③ 형태주의적 상담 – Perls
④ 현실치료적 상담 – Glasser

핵심 키워드 개인주의 상담
☞ 사회적 관계 강조, 열등감 극복, 우월성 추구
기출 데이터 2013년 3회

핵심기출 해설 답 ②

② 아들러(Adler)는 프로이트(Freud)의 생물학적 · 결정론적 관점에서 벗어나 사회학적 · 비결정론적 관점으로 전환함으로써 자신의 개인주의(개인심리학적) 상담이론을 전개하였다. 그는 인간이 성적 동기보다 사회적 동기에 의해 동기화된다는 점을 강조하면서, 사회적 관심 및 사회적 관계를 강조하였다. 또한 열등감을 동기유발의 요인이자 자기성숙 및 자기완성의 필수적인 요소로 간주하여, 이와 같은 열등감을 긍정적으로 해결하고 우월성을 통해 자기완성에 도달하는 것을 개인의 목표로 제시하였다.

① 실존주의적 상담은 대면적 관계를 중요시하며, 내담자들로 하여금 자신의 현재 상태에 대해 인식하고 피해자적 역할로부터 벗어날 수 있도록 돕는 것을 목적으로 한다.

③ 형태주의적 상담은 내담자로 하여금 '여기-지금'의 현실에서 자신이 무엇을 어떻게 보고 느끼는지, 무엇이 경험을 방해하는지 '자각 또는 각성'하도록 돕는 것을 목적으로 한다.

④ 현실치료적 상담은 책임감과 자율성 성취를 통해 내담자가 독립된 인격체로서 자립하는 동시에 성공적인 정체감에 이를 수 있도록 돕는 것을 목적으로 한다.

이것이 핵심 TIP

아들러(Adler)의 개인주의 상담은 과거 사건에 대한 개인의 지각과 해석이 현재의 행동에 어떠한 영향을 미치는가에 중점을 두므로, 사건의 객관성 자체보다는 그에 대한 주관적 지각과 해석을 중시합니다. 참고로 개인주의 상담의 주요 개념으로 열등감과 보상, 우월성의 추구, 사회적 관심, 생활양식, 창조적 자기, 가상적 목표 등이 있습니다.

Adler의 개인주의 상담에 관한 설명으로 옳은 것은?

① 내담자의 잘못된 가치보다는 잘못된 행동을 수정하는 데 초점을 둔다.
② 상담자는 조력자의 역할을 하며 내담자가 상담을 주도적으로 이끈다.
③ 상담 과정은 사건의 객관성보다는 주관적 지각과 해석을 중시한다.
④ 내담자의 사회적 관심보다는 개인적 열등감의 극복을 궁극적 목표로 삼는다.

기출 2025년, 2024년, 2020년 4회, 2017년 1회

정답 ③

해설
① 개인주의 상담은 내담자의 잘못된 가치와 목표를 수정하는 데 초점을 둔다.
② Rogers의 내담자중심 상담(인간중심 상담)의 특징에 해당한다.
④ 상담자는 내담자로 하여금 사회적 관심을 갖도록 도우며, 열등감을 극복하고 우월성을 추구하도록 돕는 것을 목표로 한다.

아들러(Adler)의 개인심리학적 상담의 목표로 옳지 않은 것은?

① 사회적 관심을 갖도록 돕는다.
② 내담자의 잘못된 목표를 수정하도록 돕는다.
③ 패배감을 극복하고 열등감을 감소시킬 수 있도록 돕는다.
④ 전이 해석을 통해 중요한 타인과의 관계 패턴을 알아차리도록 돕는다.

기출 2023년, 2022년 2회

정답 ④

해설
프로이트(Freud)의 정신분석적 상담의 목표에 해당한다.

아들러(A. Adler)의 개인주의 상담에 관한 설명으로 맞는 것을 모두 고른 것은?

> ㄱ. 범인류적 유대감을 중시한다.
> ㄴ. 인간을 전체적 존재로 본다.
> ㄷ. 사회 및 교육문제에 관심을 갖는다.

① ㄱ, ㄴ
② ㄱ, ㄷ
③ ㄴ, ㄷ
④ ㄱ, ㄴ, ㄷ

기출 2021년 3회

정답 ④

해설
ㄱ. 아들러(Adler)는 인간의 행복과 성공이 사회적 결속과 깊은 관계가 있다는 전제 하에 공동체감(Gemein-schaftsgefühl)을 강조하였다.
ㄴ. 아들러는 사람의 행동, 사고, 감정을 하나의 일관된 전체로 보아야 한다고 주장하였다.
ㄷ. 아들러는 개인이 본질적으로 집단에 소속되어 사회적 문제의 해결을 추구하는 사회적 존재로 보았다.

개인주의 상담에서 허구적 최종목적론에 관한 설명으로 틀린 것은?

① 인간의 행동을 유도하는 상상된 중심목표를 설명하기 위한 것이다.
② 허구나 이상이 현실을 보다 더 효과적으로 움직인다.
③ 인간은 현실적으로 전혀 실현 불가능한 많은 가공적인 생각에 의해서 살아가고 있다.
④ 인간의 행동은 미래에 대한 기대에 의해 좌우되기보다는 과거 경험에 의해서 더 좌우된다.

기출 2017년 3회

정답 ④

해설
인간의 행동은 과거 경험에 의해 좌우되기보다는 미래에 대한 기대에 의해서 더 좌우된다.

프로이트(Freud)의 정신분석과 아들러(Adler)의 개인심리학의 특징을 순서대로 나열한 것으로 가장 적합한 것은?

① 생물학적 토대 – 사회심리학적 토대
② 목적론 강조 – 인과론 강조
③ 총체주의 – 환원주의
④ 꿈의 분석 – 각본(Script) 분석

기 출 2015년 1회
정 답 ①

다음과 같은 상담 과정의 목표를 제시한 상담이론은?

> • 사회적 관심을 갖도록 돕는다.
> • 패배감을 극복하고 열등감을 감소시킬 수 있도록 돕는다.
> • 잘못된 동기를 바꾸도록 돕는다.

① 교류분석적 상담
② 개인주의 상담
③ 실존주의 상담
④ 형태주의 상담

기 출 2011년 2회
정 답 ②

직업상담이론과 그 특징을 틀리게 짝지은 것은?

① 교류분석적 상담 – 성격 · 자아상태 분석
② 내담자중심 상담 – 비지시적 상담
③ Adler의 개인주의 상담 – 심리성적 결정론
④ 형태주의 상담 – Perls에 의한 발전

기 출 2011년 3회, 2010년 1회, 2005년 1회
정 답 ③
해 설
심리성적 결정론은 프로이트(Freud)가 주창한 정신분석적 상담의 특징에 해당한다.

다음 중 개인적 역할을 강조한 아들러(Adler)의 주장이 아닌 것은?

① 개인은 사회적 환경에 관해서만 이해할 수 있다.
② 성격과 특성요인은 가족집단 내에서의 운동의 표현이다.
③ 개인은 일, 사회, 성(性) 등 3개의 주요 생애과제에 반응해야 한다.
④ 한 가정에서 태어난 두 아이는 동일한 상황에서 자라는 아이다.

기 출 2009년 1회
정 답 ④

아들러(Adler)가 말한 세계와 개인의 관계에 관한 세 가지 과제에 속하지 않는 것은?

① 성(性)
② 여 가
③ 일
④ 사 회

기 출 2005년 1회
정 답 ②

24

교류분석적 상담에 관한 설명으로 틀린 것은?

① 대부분의 다른 이론과는 달리 계약적이고 의사결정적이다.

② 새로운 결정을 내릴 수 있는 개인의 능력을 강조한다.

③ 현재를 온전히 음미하고 경험하는 학습을 강조한다.

④ 개인 간 그리고 개인 내부의 상호작용을 분석하기 위한 구조를 제공한다.

핵심 키워드 교류분석적 상담
☞ 계약적, 의사결정적, 개인 능력 강조, 성격 자아상태 분석

기출 데이터 2016년 3회

핵심기출 해설　**답 ③**

③ 형태주의(게슈탈트) 상담의 내용에 해당한다. 형태주의 상담은 내담자로 하여금 '여기-지금'의 현실에서 자신이 무엇을 어떻게 보고 느끼는지, 무엇이 경험을 방해하는지 '자각 또는 각성(Awareness)'하도록 돕는 것을 목적으로 한다.

교류분석적 상담이론의 특징

• 인간을 자율적인 존재, 자유로운 존재, 선택할 수 있는 존재, 책임질 수 있는 존재로 본다.

• 초기결정의 변화 가능성과 함께 새로운 결정을 내릴 수 있는 개인의 능력을 강조한다.

• 대부분의 다른 이론들과 달리 계약적이고 의사결정적인 양상을 보인다.

• 개인 간 그리고 개인 내부의 상호작용을 분석하기 위한 구조를 제공한다.

• 상담 과정에서 내담자의 성격 자아상태 분석을 실시한다.

• 각본(대본)분석 평가항목이나 질문지를 사용하며, 게임과 삶의 위치분석, 가족모델링 등의 기법을 활용한다.

이것이 핵심　**TIP**

'교류(Transaction)'는 본래 '거래', '흥정행위'를 의미하는 상업용어이지만, '의사교류', '의사소통', '의사거래' 등으로도 번역됩니다. 따라서 '교류분석'을 '의사교류분석', '의사거래분석' 등으로도 부릅니다. 교류분석적 상담의 목표는 내담자로 하여금 '자각', '자발성', '친밀성'의 능력을 회복하도록 조력하는 데 있습니다.

● 핵심유형 완성하기 ●

교류분석 상담의 상담 과정에서 내담자 자신의 부모 자아, 성인 자아, 어린이 자아의 내용이나 기능을 이해하는 방법은? ① 구조분석 ② 의사교류분석 ③ 게임분석 ④ 생활각본분석	**기출** 2021년 3회, 2017년 2회 **정답** ①

다음 대화는 교류분석이론의 어떤 유형에 해당하 는가?

> A : 철수야, 우리 눈썰매 타러 갈래?
> B : 나이에 맞는 행동 좀 해라. 난 그런 쓸데없는 짓으로 낭비할 시간이 없어!

① 암시적 교류
② 직접적 교류
③ 이차적 교류
④ 교차적 교류

기출 2019년 3회
정답 ④
해설
교류분석(의사교류분석)의 교류 유형
- 상보적 교류 : 두 자아상태가 상호 지지하고 있는 교류로서, 발신자가 기대하는 대로 수신자가 반응한다.
- 교차적 교류 : 두 사람 사이에 복수의 자아상태가 개입되어 상호 충돌함으로써 서로 기대하고 있는 발신과 수신이 이루어지지 않는다.
- 이면적(암시적) 교류 : 현재적 교류와 잠재적 교류가 동시에 작용하는 것으로서, 대화 속에 숨어있는 의사를 교류 한다.

교류분석적 상담에서 피부접촉, 표정, 태도, 감정, 언어, 기타 여러 형태의 행동을 통해 상대방에 대한 반응을 알리는 인간인식의 기본 단위는?

① 스트로크(Stroke)
② 교류(Transaction)
③ 각본(Script)
④ 라켓(Racket)

기출 2014년 2회
정답 ①
해설
① '스트로크(Stroke)'는 친밀한 신체적 접촉이라는 일반적 용어가 확대되어 다른 사람에 대한 존재의 인정을 뜻하는 모든 행위를 포함하는 개념이다.
② '교류(Transaction)'는 두 사람의 자아 상태 사이에서 이루어지는 자극과 그에 관련된 반응으로서 의사소통의 단위이다.
③ '각본(Script)'은 본래 연극의 줄거리를 의미하는 것으로서, 어릴 때부터 형성하기 시작한 무의식적인 인생계획이다.
④ '라켓(Racket)'은 라켓 감정에 이르는 조작된 행동을 의미하며, '라켓 감정(Racket Feelings)'은 자신의 진정한 감정 대신 부모가 허용한 감정을 표현하는 것이다.

교류분석에서 사용하는 대표적인 성격 자아상태가 아닌 것은?

① 부모 자아(Parent Ego)
② 성인 자아(Adult Ego)
③ 청년 자아(Youth Ego)
④ 아동 자아(Child Ego)

기출 2010년 2회
정답 ③
해설
① 부모 자아(P)는 어릴 때 부모로부터 받은 영향을 그대로 재현하는 상태로서 개인의 가치, 도덕, 신념 등을 나타낸다.
② 성인 자아(A)는 현실을 합리적이고 객관적으로 판단하며, 문제에 대한 적절한 해결책을 찾는 자아상태이다.
④ 아동 자아(C)는 어린아이처럼 행동하거나 어린아이의 감정을 그대로 표현하는 자아상태이다.

25

직업상담 중 대면적 관계를 중요시하며, 내담자들로 하여금 자신의 현재 상태에 대해 인식하고 피해자적 역할로부터 벗어날 수 있도록 돕는 것은?

① 개인주의 상담

② 실존주의 상담

③ 교류분석적 상담

④ 형태주의 상담

핵심 키워드 실존주의 상담
☞ 피해자적 역할에서 벗어나도록 조력

기출 데이터 2012년 1회

핵심기출 해설 답 ②

② 실존주의 상담은 진정한 대면을 통해서만이 내담자가 성장할 수 있다고 가정한다. 또한 내담자가 단순한 환경의 피해자가 아닌 자기자각 능력을 통해 자신의 삶의 방식을 선택하며, 그에 대해 책임을 져야 한다고 주장한다.

① 개인주의 상담은 과거 사건에 대한 개인의 지각과 해석이 현재의 행동에 어떠한 영향을 미치는가에 중점을 두고 개인의 선택과 책임, 삶의 의미, 성공 추구 등을 강조한다.

③ 교류분석적 상담은 개인의 현재 결정이 과거에 설정된 전제나 신념들을 토대로 이루어진다고 가정하고, 인간의 생존욕구 충족에 있어서 과거 적합했던 전제들이 현재에는 적합하지 않은 것일 수 있으므로 문제를 경험하게 된다고 본다.

④ 형태주의 상담은 인간을 과거와 환경에 의해 결정되는 존재가 아닌 현재의 사고, 감정, 행동의 전체성과 통합을 추구하는 존재로 본다.

실존주의 상담의 목적(목표)

• 내담자에 대한 치료가 아닌 내담자로 하여금 자신의 현재 상태에 대해 인식하고 피해자적 역할로부터 벗어날 수 있도록 돕는다.

• 내담자가 효과적이고 책임질 수 있는 방법으로 행동하여 자신의 욕구를 충족시킬 수 있도록 돕는다.

• 내담자로 하여금 자신의 행동들의 가치를 검토 및 판단할 수 있도록 하며, 행동변화를 위한 계획을 세우도록 돕는다.

이것이 핵심 TIP

실존주의 상담에서는 상담자가 상담 초기에 내담자로 하여금 현실을 지각하고 존재를 이해하는 방법에 대해 스스로 정의 및 탐색하도록 함으로써 자신의 가치, 신념, 가정의 타당성을 검토하도록 합니다. 이와 같은 자기 탐색의 과정을 통해 내담자 스스로 자신이 얼마나 수동적으로 환경을 수용했는가를 깨닫게 하고, 자신에게 가치 있는 인생이란 무엇인지에 대해 좀 더 이해할 수 있도록 합니다.

실존주의 상담에 관한 설명으로 틀린 것은?

① 정형화된 상담 모형과 상담자 훈련 프로그램이 마련되어 있지 않은 것이 한계점이다.

② 인간을 자기인식 능력을 지닌 존재로 본다.

③ 상담자는 내담자가 스스로 삶의 의미와 목적을 발견하고, 삶을 주체적으로 선택하고 책임지도록 돕는 것을 목표로 한다.

④ 실존주의 상담에서 가정하는 인간의 궁극적 관심사는 무의식의 자각이다.

기 출 2022년 1회

정 답 ④

실존주의 상담에 관한 설명으로 옳은 것은?

① 인간은 과거와 환경에 의해 결정되는 것이 아니라 현재의 사고, 감정, 느낌, 행동의 전체성과 통합을 추구하는 존재이다.

② 인간은 자신의 삶 속에서 스스로를 불행하게 만드는 요인이 무엇인가를 이해할 수 있을 뿐만 아니라 자신의 나아갈 방향을 찾고 건설적인 변화를 이끌 수 있다.

③ 치료가 상담목표가 아니라 내담자로 하여금 자신의 현재 상태에 대해 인식하고 피해자적 역할로부터 벗어날 수 있도록 돕는 것이다.

④ 과거 사건에 대한 개인의 지각과 해석이 현재의 행동에 어떠한 영향을 미치는가에 중점을 두고 개인의 선택과 책임, 삶의 의미, 성공 추구 등을 강조한다.

기 출 2021년 1회, 2010년 4회

정 답 ③

해 설
① 형태주의 상담의 인간관
② 내담자중심 상담의 인간관
④ 개인주의 상담의 특징

실존주의 상담에 관한 설명으로 틀린 것은?

① 실존주의 상담의 궁극적 목적은 치료이다.

② 실존주의 상담은 대면적 관계를 중시한다.

③ 인간에게 자기지각의 능력이 있다고 가정한다.

④ 자유와 책임의 양면성에 대한 지각을 중시한다.

기 출 2020년 3회, 2016년 3회

정 답 ①

해 설
실존주의 상담은 피해자적 역할로부터 벗어날 수 있도록 돕는 것을 궁극적 목적으로 한다.

다음 중 실존주의 상담 혹은 실존치료에 관한 설명으로 틀린 것은?

① 인간본질에 대한 결정론적인 입장을 취한다.

② 자유와 책임을 강조한다.

③ 개인이 겪는 불안은 하나의 삶의 조건이라고 본다.

④ 개인의 자기인식 능력을 강조한다.

기 출 2010년 1회

정 답 ①

해 설
프로이트(Freud)의 정신분석 상담의 내용에 해당한다.

26 형태주의 상담에 관한 설명으로 틀린 것은?

① 인간은 과거와 환경에 의해 결정되는 존재로 보았다.

② 개인의 발달 초기에서의 문제들을 중요시한다는 점에서 정신분석적 상담과 유사하다.

③ 현재 상황에 대한 자각에 초점을 두고 있다.

④ 개인이 자신의 내부와 주변에서 일어나는 일들을 충분히 자각할 수 있다면 자신이 당면하는 삶의 문제들을 개인 스스로가 효과적으로 다룰 수 있다고 가정한다.

핵심 키워드 형태주의 상담
☞ 게슈탈트, 전체성과 통합, 자각(각성)
기출 데이터 2018년 3회, 2012년 3회, 2009년 1회

핵심기출 해설 답 ①

① 형태주의 상담은 인간을 과거와 환경에 의해 결정되는 존재가 아닌 현재의 사고, 감정, 행동의 전체성과 통합을 추구하는 존재로 본다.

②·③ 형태주의 상담은 개인의 발달 초기에서의 문제들을 중요시한다는 점에서 정신분석적 상담과 유사하다. 그러나 정신분석적 상담이 유아기에서부터의 무의식적 갈등을 밝히는 데 초점을 두는 반면, 형태주의 상담은 현재 상황에 대한 '자각 또는 각성(Awareness)'에 초점을 둔다.

④ 형태주의 상담은 내담자 자신의 내부와 주변에서 일어나는 일들에 대한 자각을 강조한다. 따라서 상담자는 내담자가 자신의 모든 감정을 충분히 자각하고 스스로 해석할 수 있도록 지원해야 한다.

이것이 핵심 TIP

펄스(Perls)에 의해 발전된 상담이론으로, '게슈탈트(Gestalt) 상담'이라고도 한다. 여기서 게슈탈트(Gestalt)란 '전체' 또는 '형태' 등의 뜻을 지닌 독일어로, 개체가 자신의 욕구나 감정을 하나의 의미 있는 전체로 조직화하여 지각한 것을 의미한다. 주요 개념으로는 여기-지금(Here and Now) 또는 지금-여기(Now and Here), 미해결 과제(Unfinished Business), 신경증의 층(피상층, 공포층, 곤경층, 내파층, 폭발층) 등이 있다.

● 핵심유형 완성하기 ●

게슈탈트 이론에 관한 설명으로 옳은 것을 모두 고른 것은?

ㄱ. 지금 여기서 무엇을 어떻게 경험하느냐와 각성을 중요시한다.
ㄴ. 성격은 생물학적 요구 및 충동에 의해 결정된다.
ㄷ. 인간은 신체, 정서, 사고, 감각, 지각 등 모든 부분이 서로 관련을 갖고 있는 전체로서 완성되려는 경향이 있다.
ㄹ. 인간의 행동은 외부의 환경조건에 의해 좌우된다.

① ㄱ, ㄴ
② ㄱ, ㄷ
③ ㄱ, ㄴ, ㄷ
④ ㄴ, ㄷ, ㄹ

기출 2020년 3회, 2014년 3회
정답 ②
해설
ㄴ. 정신분석이론, ㄹ. 행동주의이론

게슈탈트 상담의 상담기법으로 적절하지 않은 것은?

① 꿈을 이용한 작업
② 자기 부분들과의 대화를 통한 자각
③ 자각을 증가시키기 위한 숙제의 사용
④ 상담사-내담자 사이에 드러나는 전이의 분석

기출 2018년 1회
정답 ④

형태주의적 상담이론에 관한 설명으로 옳은 것은?

① 융합 : 자신의 요구나 감정 혹은 생각 등을 타인의 것으로 왜곡하여 지각
② 내사 : 부모나 사회의 영향을 받거나 스스로의 경험에 의해 형성
③ 투사 : 중요한 타인과 자신과의 경계를 짓지 못하고 의존적인 관계를 형성
④ 편향 : 외부의 타인에게 표출할 행동을 자신을 대상으로 하는 것

기출 2018년 1회
정답 ②
해설
① 투사, ③ 융합, ④ 반전

다음 중 형태주의 상담기법과 가장 거리가 먼 것은?

① 꿈 작업
② 빈 의자 기법
③ 과장하기
④ 탈중심화

기출 2018년 2회
정답 ④

형태주의 상담에서 Perls가 제안한 신경증의 층 중 개인이 자신의 고유한 모습으로 살아가지 않고 부모나 주위환경의 기대역할에 따라 행동하며 살아가는 단계는?

① 피상층
② 곤경층
③ 공포층
④ 내파층

기출 2017년 2회
정답 ③
해설
① 피상층 : 진실성이 없이 상투적으로 대하는 거짓된 상태로서, 개인은 형식적 · 의례적인 규범에 따라 피상적인 만남을 한다.
② 곤경층 : 개인은 자신이 했던 역할연기를 자각하게 되면서 더 이상 같은 역할을 지속적으로 수행하는 데 대해 곤경과 허탈감, 무력감을 경험하게 된다.
④ 내파층 : 개인은 그동안 억압해 온 자신의 욕구와 감정을 알아차리게 되지만 이를 겉으로 드러내지 못한 채 안으로 억제한다.

게슈탈트 상담에서 인간의 분노, 격분, 증오, 고통, 불안, 슬픔, 죄의식, 포기 등과 같은 표현되지 못한 감정을 포함하는 개념은?

① 미해결 과제
② 미성숙 과제
③ 정서결핍 과제
④ 구조적 과제

기출 2015년 1회
정답 ①
해설
미해결 과제는 완결되지 않은 게슈탈트(Gestalt)를 의미한다.

인간을 과거나 환경에 의해 결정되는 존재가 아니라 현재의 사고, 감정, 행동의 전체성과 통합을 추구하는 존재로 보는 상담접근법은?

① 정신분석학적 상담
② 형태주의 상담
③ 개인주의 상담
④ 교류분석적 상담

기출 2015년 2회, 2008년 1회, 2003년 1회
정답 ②

형태주의 상담의 주요 상담 과정과 가장 거리가 먼 것은?

① 내담자의 자신에 대한 자각을 증진시키는 것
② 자신의 행동결과를 수용하고 이에 대한 책임감을 증진시키는 것
③ 내담자 자신의 잠재능력을 확인하고 실현할 수 있게 하는 것
④ 지금-여기에서의 지각과 경험을 내담자와 공유하는 것

기출 2010년 3회
정답 ③
해설
로저스(Rogers)의 내담자중심(인간중심) 상담의 내용에 해당한다.

---

27 비합리적 신념에 대한 논박을 통해 사고와 감정의 변화를 도모하는 상담이론은?

① 인지 행동적 상담

② 현실치료

③ 교류분석 상담

④ 합리적 정서적 상담

핵심 키워드 인지 · 정서 · 행동적 상담(REBT)
☞ 엘리스(Ellis)의 합리적 · 정서적 상담(합리적 · 정서적 행동치료), 벡(Beck)의 인지치료

기출 데이터 2014년 1회, 2003년 3회

핵심기출 해설 **답 ④**

④ 엘리스(Ellis)는 인간의 정서적인 문제가 일상생활에서 구체적으로 경험하는 생활사건 자체에 기인하는 것이 아닌 그러한 사건을 합리적이지 못한 방식으로 받아들이는 것에서 비롯된다고 보았다. 엘리스는 인간의 비합리적 사고에 초점을 두어 이를 합리적인 사고로 재구조화하도록 하는 것을 목표로 합리적 · 정서적 상담을 제시하였다. 특히 그가 고안한 'ABCDE 모델'은 내담자가 가지고 있는 비합리적 사고에 대해 그것이 사리에 부합하는 것인지 논리성 · 실용성 · 현실성에 비추어 논박하는 과정이 포함되어 있다.

① 인지 · 행동적 상담이론은 인간의 주된 특성을 인지에서 찾으려 하며, 인지를 변화시킴으로써 다른 모든 것을 변화시킬 수 있다고 본다. 내담자의 정서적 문제를 사고의 내용이나 방식이 잘못되어 초래된 것으로 보고, 인지적 재구성을 통해 정서적 문제를 해결하고 변화시키고자 한다.

② 현실치료 또는 현실치료적 상담은 '여기-지금'에 초점을 두며, 내담자의 책임감 있는 행동을 강조한다. 책임감과 자율성 성취를 통해 내담자가 독립된 인격체로서 자립하는 동시에 성공적인 정체감에 이를 수 있도록 돕는 것을 목표로 한다.

③ 교류분석 상담은 개인의 현재 결정이 과거에 설정된 전제나 신념들을 토대로 이루어진다고 가정한다. 내담자로 하여금 현재의 행동과 앞으로의 삶의 방향에 대한 새로운 결정을 내릴 수 있도록 돕는 것을 목표로 한다.

이것이 핵심 **TIP**

'REBT'는 우리말로 '합리적 · 정서적 행동치료', '합리적 · 정서적 · 행동적 상담', '인지 · 정서 · 행동치료', '인지 · 정서 · 행동적 상담' 등 다양한 용어로 번역되고 있습니다.

● **핵심유형 완성하기** ●

Ellis의 합리적 정서치료의 정신건강 기준에 관한 설명으로 옳은 것은?	**기출** 2025년, 2018년 3회
① 사회적 관심 : 자신의 삶에 책임감이 있고 독립적이다. ② 관용 : 변화에 대해 수긍하고 타인에게 편협한 견해를 갖지 않는다. ③ 몰입 : 실수하는 사람들을 비난하지 않는다. ④ 과학적 사고 : 깊게 느끼고 구체적으로 행동할 수 있다.	**정답** ④

Beck의 인지치료이론에 관한 설명으로 옳은 것은?

① ABCDE 모형에 기초하여 문제를 해결해 나간다.
② 인간의 사고와 행동은 서로 밀접한 연관이 있다.
③ 인지적 오류에는 억압, 합리화, 퇴행, 투사 등이 있다.
④ 인간의 행동은 환경적 조건에 따라 결정된다.

기출 2025년, 2012년 3회
정답 ②
해설
① 엘리스(Ellis)의 인지 · 정서적 상담(RET) 또는 합리적 · 정서적 행동치료(REBT)의 내용에 해당한다.
③ 억압, 합리화, 퇴행, 투사 등은 정신분석적 상담이론의 주요 개념으로서 방어기제의 종류에 해당한다.
④ 인간의 행동이 환경에서 제공되는 강화 형태와 빈도에 의해 결정된다는 것은 행동주의 상담이론의 인간관에 해당한다.

다음 설명에 해당하는 상담이론은?

> 인간은 합리적인 사고를 할 수 있는 동시에 비합리적인 사고의 가능성도 가지고 있는 존재이며, 따라서 내담자의 모든 행동적/정서적 문제는 경험적으로 타당성이 없는 비논리적이고 비합리적인 사고로 인해 발생한 것이라고 보았다.

① 합리적 정서행동 상담
② 현실치료적 상담
③ 형태주의 상담
④ 정신분석적 상담

기출 2019년 1회
정답 ①
해설
합리적 정서행동 상담 또는 합리적 · 정서적 행동치료(REBT)는 내담자의 비합리적 사고에 초점을 두어 이를 합리적인 사고로 재구조화하도록 돕는 것을 목표로 한다.

인지적 왜곡의 유형 중 상황이 긍정적인 양상을 여과하는 데 초점이 맞추어져 있고 극단적으로 부정적인 세부사항에 머무르는 것은?

① 자의적 추론
② 선택적 추상
③ 긍정 격하
④ 잘못된 명명

기출 2016년 1회, 2016년 2회
정답 ②
해설
선택적 추상은 다른 중요한 요소들은 무시한 채 사소한 부분에 초점을 맞추고, 그것에 근거하여 전체 경험을 이해하는 것이다.

다음 중 비합리적이거나 비논리적 사고체계를 지닌 구직자에게 가장 효율적인 상담기법은?

① 내담자중심 상담
② 정신분석 상담
③ 합리적 · 정서적 상담
④ 교류분석 상담

기출 2013년 2회
정답 ③

다음 중 실업자의 비합리적 신념체계를 논박하고 자신이 무가치한 존재가 아니라는 것을 일깨워 주며, 자신에 대한 긍정적인 태도와 감정을 갖게 만드는 상담기법은?

① 합리적-정서적 상담(RET)
② 특성-요인적 상담
③ 정신역동적 상담
④ 내담자 중심적 상담

기출 2010년 4회, 2008년 1회, 2005년 3회
정답 ①

28 인지적-정서적 상담(RET)의 기본 모델에 대한 설명으로 옳은 것은?

① 선행사건 → 비합리적 신념체계 → 정서적/행동적 결과 → 효과 → 논박

② 선행사건 → 정서적/행동적 결과 → 비합리적 신념체계 → 논박 → 효과

③ 선행사건 → 비합리적 신념체계 → 논박 → 정서적/행동적 결과 → 효과

④ 선행사건 → 비합리적 신념체계 → 정서적/행동적 결과 → 논박 → 효과

핵심 키워드 Ellis의 ABCDE 모델

☞ 사건 → 신념 → 결과 → 논박 → 효과

기출 데이터 2009년 1회

핵심기출 해설 답 ④

엘리스(Ellis)의 ABCDE(ABCDEF) 모델

- A(Activating Event ; 선행사건) : 내담자의 감정을 동요하거나 내담자의 행동에 영향을 미치는 사건을 의미한다.
- B(Belief System ; 비합리적 신념체계) : 선행사건에 대한 내담자의 비합리적 신념체계나 사고체계를 의미한다.
- C(Consequence ; 결과) : 선행사건을 경험한 후 자신의 비합리적 신념체계를 통해 그 사건을 해석함으로써 느끼게 되는 정서적 · 행동적 결과를 말한다.
- D(Dispute ; 논박) : 내담자가 가지고 있는 비합리적 신념이나 사고에 대해 그것이 사리에 부합하는 것인지 논리성 · 실용성 · 현실성에 비추어 반박하는 것으로서, 내담자의 비합리적 신념체계를 수정하기 위한 것이다.
- E(Effect ; 효과) : 논박으로 인해 나타나는 효과로서, 내담자가 가진 비합리적인 신념을 철저하게 논박하여 합리적인 신념으로 대체한다.
- F(Feeling ; 감정) : 내담자는 합리적인 신념으로 인해 자신에 대한 수용적인 태도와 긍정적인 감정을 가지게 된다.

이것이 핵심 TIP

엘리스(Ellis)의 ABCDE 모델은 'ABC 모델' 혹은 'ABCDEF 모델'로도 불립니다. 다만, 여기서 'ABC 모델'은 행동주의이론 또는 행동치료의 'ABC 패러다임'과 다릅니다. 'ABC 패러다임'은 〈선행요인(Antecedents) → 행동(Behavior) → 결과(Consequences)〉를 의미합니다.

인지적-정서적 상담에 관한 설명으로 틀린 것은?

① Ellis에 의해 개발되었다.
② 모든 내담자의 행동적-정서적 문제는 비논리적이고 비합리적인 사고에서 발생한 것이다.
③ 성격 자아상태 분석을 실시한다.
④ A-B-C 이론을 적용한다.

기출 2022년 1회, 2010년 1회
정답 ③

엘리스(Ellis)가 개발한 인지적-정서적 상담에서 정서적이고 행동적인 결과를 야기하는 것은?

① 선행사건
② 논 박
③ 신 념
④ 효 과

기출 2021년 1회, 2013년 2회
정답 ③

REBT 상담의 ABCDE 원리에 비추어 볼 때 〈보기〉에서 "B"에 해당하는 것은?

> 가. 현실적으로 부모와 선배에게 상의를 함
> 나. 직업상담사 시험에 실패하여 실망한 우울한 상태임
> 다. 불안, 자기혐오, 분노 등을 느끼게 되어 어떤 대처를 함
> 라. 일이 뜻대로 진행되지 않는다면 끔찍할 것이라는 생각을 함

① 가
② 나
③ 다
④ 라

기출 2015년 1회
정답 ④
해설
내담자는 자신이 계획한 대로 일이 진행되어야 하며(당위적 사고), 그렇지 못할 경우 끔찍할 것이라는 파국화(재앙화) 사고를 하고 있다.

Ellis가 제시한 인지적-정서적 상담(RET) 과정을 바르게 나열한 것은?

① 사건 → 신념 → 결과 → 논박 → 효과
② 신념 → 사건 → 결과 → 논박 → 효과
③ 결과 → 사건 → 신념 → 논박 → 효과
④ 논박 → 사건 → 신념 → 결과 → 효과

기출 2010년 3회
정답 ①

다음 중 합리적-정서적 상담(RET)에 대한 설명으로 옳지 않은 것은?

① 내담자의 문제를 학습 과정을 통해 습득된 부적응 행동으로 보고, 상담 과정을 통해 부적절한 행동을 밝혀서 제거하고, 보다 적절한 새로운 행동을 학습하도록 하는 것이 상담의 목표이다.
② 인간의 정서적·행동적 문제의 근원은 비합리적 사고에 있다고 본다.
③ 우울증을 치료하는 데 효과적이다.
④ A-B-C 또는 A-B-C-D-E-F 이론이라고도 불린다.

기출 2007년 1회
정답 ①
해설
행동주의 상담의 내용에 해당한다.

29 인지 행동적 접근에 해당하는 주된 상담기법을 바르게 짝지은 것은?

A. 인지적 재구성
B. 대처기술훈련
C. 역설적 의도
D. 자각 촉진기법

① A, B
② A, C
③ C, D
④ B, D

핵심 키워드 인지 행동적 접근의 기법
☞ 인지적 재구성(인지적 재구조화), 대처기술훈련, 스트레스 접종

기출 데이터 2013년 1회, 2004년 3회

핵심기출 해설 **답 ①**

A. 인지적 재구성 또는 인지적 재구조화는 내담자 자신의 인지를 확인 · 평가하고, 어떤 사고에 의해 일어나는 행동의 부정적 영향을 이해하며, 인지를 좀 더 현실적이고 적절한 사고로 대체하는 것을 학습하는 과정이다. 즉, 내담자의 부정적인 자기패배적 사고 대신 긍정적인 자기적응적(자기진보적) 사고를 가지도록 하는 기법이다.

B. 대처기술훈련(Coping Skill Training)은 문제 장면에서의 구체적인 대처기술을 집중적으로 훈련시킴으로써 내담자로 하여금 상황에 적절하게 대응할 수 있도록 하기 위한 기법이다. 인지행동이론에서는 내담자의 부적응이 상황에 대한 부적절한 반응에서 비롯된 것으로 간주하므로, 내담자에게 교육과 훈련을 통해 상황에 부합하는 적절한 대처행동을 습득하도록 함으로써 부적응이 해소될 수 있다고 본다.

C. 역설적 의도(Paradoxical Intention)는 다양한 상담이론의 기법으로 활용되고 있으나 특히 실존주의 상담의 대표적인 기법으로 볼 수 있다. 내담자가 예기불안(Anticipatory Anxiety)으로 인해 불안이나 공포에의 회피 반응을 보일 때 이를 직면할 수 있도록 불안 및 공포를 의도적으로 익살을 섞어 과장되게 생각하고 표현하도록 유도한다.

D. 내담자의 자각을 촉진시키기 위한 기법은 형태주의(게슈탈트) 상담의 기법들이 해당된다. 내담자로 하여금 욕구와 감정의 자각, 신체 자각, 환경 자각, 언어 자각 등을 통해 자기 자신에 대한 보다 깊은 자각 또는 각성(Awareness)과 함께 '여기-지금'의 삶에 충실할 수 있도록 돕는다.

이것이 핵심 **TIP**

역설적 의도는 프랭클(Frankle)이 체계화한 것으로 일반적으로 실존주의 상담 또는 의미치료의 대표적인 기법입니다.

Beck의 인지행동 상담에서 사용하는 주된 상담기법이 아닌 것은?

① 정서적 기법
② 반응적 기법
③ 언어적 기법
④ 행동적 기법

기 출 2017년 1회
정 답 ②

행동주의 상담에서 내적인 행동변화를 촉진시키는 방법이 아닌 것은?

① 체계적 둔감법
② 근육이완훈련
③ 인지적 모델링과 사고정지
④ 상표제도

기 출 2017년 1회, 2009년 3회
정 답 ④
해 설
내적 행동변화 촉진
체계적 둔감법, 근육이완훈련, 인지적 모델링, 인지적 재구조화, 사고중지(사고정지), 정서적 심상법(정서적 상상), 스트레스 접종 등

직업상담 시 내담자의 표현을 분류하고 재구성하기 위해 사용하는 역설적 의도의 원칙이 아닌 것은?

① 재구성 계획하기
② 저항하기
③ 시간 제한하기
④ 변화 꾀하기

기 출 2016년 1회, 2012년 3회
정 답 ①

다음 중 예상되는 신체적, 정신적인 긴장을 약화시켜 내담자가 충분히 자신의 문제를 다룰 수 있도록 준비시키는 데 사용되는 인지적 행동주의 기법은?

① 인지적 재구조화
② 스트레스 접종
③ 사고정지
④ 행동계약

기 출 2016년 3회
정 답 ②

내담자의 부정적인 자기패배적 사고 대신에 긍정적인 자기진보적 사고를 갖도록 교수하는 체계적인 기법은?

① 근육이완훈련
② 체계적 둔감법
③ 인지적 재구조화
④ 스트레스 접종

기 출 2011년 1회
정 답 ③

30 특성-요인 상담의 특징으로 옳지 않은 것은?

① 상담자 중심의 상담방법이다.

② 문제의 객관적 이해보다는 내담자에 대한 정서적 이해에 중점을 둔다.

③ 내담자에게 정보를 제공하고 학습기술과 사회적 적응기술을 알려주는 것을 중요시한다.

④ 사례연구를 상담의 중요한 자료로 삼는다.

핵심 키워드 특성-요인 직업상담의 특징
☞ 상담자 중심, 문제의 객관적 이해, 정보제공, 사례연구 및 표준화검사 자료 활용

기출 데이터 2024년, 2023년, 2021년 1회, 2014년 2회, 2010년 4회, 2008년 3회

핵심기출 해설 답 ②

② 특성-요인 상담은 내담자에 대한 정서적 이해보다 문제의 객관적 이해에 중점을 두고, 내담자에 대한 자료를 과학적으로 수집 및 분석하기 위해 흥미, 지능, 적성, 성격 등 표준화 검사의 실시와 결과의 해석을 강조하는 상담방법이다.

특성-요인 직업상담의 특징
• 상담자 중심의 상담방법이다.(①)
• '직업과 사람을 연결시키기'라는 심리학적 관점을 토대로 한다.
• 내담자에 대한 정서적 이해보다 문제의 객관적 이해에 중점을 둔다.(②)
• 내담자에게 정보를 제공하고 학습기술 및 사회적 적응기술을 알려주는 것을 중시한다.(③)
• 내담자를 객관적으로 이해하고, 올바른 예언을 하기 위해 사례나 사례연구를 상담의 중요한 자료로 삼는다.(④)
• 흥미, 지능, 적성, 성격 등 표준화검사의 실시와 결과의 해석을 강조한다.
• 특성-요인 직업상담에 있어서 상담자의 역할은 교육자의 역할이다.

이것이 핵심 TIP

특성-요인 직업상담은 내담자가 자신의 문제를 독립적으로 해결할 수 있는 능력이 결여되어 있는 반면, 상담자는 훈련과 경험, 다양한 정보를 가지고 있으므로 내담자의 문제해결을 위한 암시와 조언을 줄 수 있다고 가정합니다. 따라서 특성-요인 직업상담은 내담자로 하여금 자신이 필요로 하는 정보를 수집ㆍ분석ㆍ종합하고, 자기 자신의 가능성을 확인하도록 함으로써 궁극적으로 내담자가 자신의 문제를 해결할 수 있도록 돕는 것을 목표로 합니다.

특성-요인 상담에서 Strong과 Schmidt가 중요하게 생각한 상담사의 특성과 거리가 가장 먼 것은?

① 신 뢰
② 전문성
③ 매 력
④ 공 감

기출 2018년 1회
정답 ④
해설
특성-요인 상담에서 상담자의 특성 또는 자질(Strong & Schmidt)
전문성, 신뢰, 매력

특성-요인 상담의 목표가 아닌 것은?

① 내담자가 잠재적인 모든 개성을 발달시키는 데 주력한다.
② 내담자가 자기 자신의 가능성을 확인하고 그 가능성을 활용할 수 있게 한다.
③ 내담자가 자신이 필요로 하는 정보를 수집, 분석, 종합할 수 있도록 한다.
④ 내담자가 자신의 문제를 해결하도록 한다.

기출 2017년 2회
정답 ①
해설
자신의 잠재적인 개성을 최대한 발휘하도록 함으로써 자기실현(자아실현)을 촉진하는 것을 목표로 하는 것은 인간중심(내담자중심) 상담에 해당한다.

특성-요인 직업상담에 관한 설명으로 옳은 것은?

① 상담의 내용은 내담자의 흥미나 선호에 기반한다.
② 상담자의 역할은 지지자의 역할과 같다.
③ 과학적이고 합리적인 문제해결 방법을 따른다.
④ 상담자는 반응적이고 배려적 역할을 한다.

기출 2016년 3회
정답 ③

직업상담의 이론 중 내담자에 대한 자료를 과학적으로 수집하고 분석하기 위해 흥미, 지능, 적성, 성격 등 표준화검사의 실시와 결과의 해석을 중요시하는 직업상담은?

① 정신역동적 직업상담
② 내담자중심 직업상담
③ 특성-요인 직업상담
④ 발달적 직업상담

기출 2010년 1회, 2005년 1회
정답 ③

다음 특성-요인이론과 관련된 내용으로 옳지 않은 것은?

① '직업과 사람을 연결시키기'라는 심리학적 관심을 대표한다.
② 직업선택 과정이 개인의 아동기부터 초기 성인기까지의 사회문화적 환경에 따라 주관적으로 발달된다고 본다.
③ 특성-요인 직업상담에 있어서 상담자의 역할은 교육자의 역할이다.
④ 미네소타 대학의 직업심리학자들이 이 이론에 근거한 각종 심리검사를 제작하였다.

기출 2005년 3회
정답 ②
해설
긴즈버그(Ginzberg)의 직업발달이론에 관한 내용에 해당한다.

31

직업상담에서 특성–요인이론에 관한 설명으로 옳은 것은?

① 대부분의 사람들은 여섯 가지 유형의 성격 특성으로 분류될 수 있다.

② 각각의 개인은 신뢰할 만하고 타당하게 측정될 수 있는 고유한 특성의 집합이다.

③ 개인은 일을 통해 개인적 욕구를 성취하도록 동기화되어 있다.

④ 직업적 선택은 개인의 발달적 특성이다.

핵심 키워드 Parsons의 특성–요인이론
　　　　　☞ 개인의 특성과 직업의 요구 간의 매칭

기출 데이터 2025년, 2022년 2회, 2018년 2회, 2013년 1회, 2006년 1회

핵심기출 해설 　답 ②

② 직업지도운동의 선두주자로서 특성–요인이론을 제안한 파슨스(Parsons)는 각 개인을 신뢰롭고 타당하게 측정될 수 있는 고유한 특성의 집합체로 보았다. 그는 직업이 성공을 위해 특정한 특성을 소유하고 있는 근로자를 필요로 하며, 직업선택은 직선적인 과정으로서 매칭이 가능하므로 개인의 특성과 직업의 요구 간에 매칭이 잘 될수록 성공의 가능성 또한 커진다고 주장하였다.

① 홀랜드(Holland)의 직업적 성적유형론(인성이론)과 연관된다.

③ 맥클리랜드(McClelland)의 성취동기이론과 연관된다.

④ 직업선택을 개인의 발달적 특성과 밀접하게 결부시킨 대표적인 학자로서 긴즈버그(Ginzberg)와 수퍼(Super) 등을 예로 들 수 있다.

이것이 핵심 　TIP

파슨스(Parsons)는 특성–요인이론 혹은 특성–요인 상담의 3가지 요소로 다음을 제시하였습니다.

• 자신(개인)에 대한 이해 – 내담자 특성의 객관적인 분석
• 직업세계에 대한 이해 – 직업세계의 분석
• 자신과 직업의 합리적 연결 – 과학적 조언을 통한 매칭

특성요인이론에 관한 설명으로 맞는 것을 모두 고른 것은?

> ㄱ. 대표적인 학자로 파슨스, 윌리엄슨 등이 있다.
> ㄴ. 직업선택은 인지적인 과정으로 개인의 특성과 직업의 특성을 짝짓는 것이 가능하다고 본다.
> ㄷ. 개인차에 관한 연구에서 시작하였고, 심리측정을 중요하게 다루지 않는다.

① ㄱ, ㄴ
② ㄱ, ㄷ
③ ㄴ, ㄷ
④ ㄱ, ㄴ, ㄷ

기출 2021년 3회
정답 ①
해설
ㄷ. 특성요인이론은 미국의 경제대공황 당시 실직자들의 재취업을 돕기 위해 고안된 것으로서, 역사적으로 인간행동의 개인차 측정에 초점을 맞추어 온 심리학 분야에 토대를 두고 있다.

Parsons가 제안한 특성-요인이론에 관한 설명으로 틀린 것은?

① 고도로 개별적이고 과학적인 방법을 통해 개인과 직업을 연결하는 것이 핵심이다.
② 사람들은 누구나 신뢰롭고 타당하게 측정될 수 있는 독특한 특성을 지니고 있다.
③ 특성이란 숨어 있는 특질이나 원인이 아니라 기술적인 범주이다.
④ 직업선택은 직접적인 인지과정이기 때문에 개인의 특성과 직업의 특성을 연결하는 것이 가능하다.

기출 2019년 1회
정답 ③
해설
"특성이란 숨어 있는 특질이나 원인이 아니라 기술적인 범주"라고 주장한 사람은 트라이온과 아나스타시이다.

특성-요인이론에 관한 설명으로 옳은 것은?

① 행동주의의 영향을 많이 받았다.
② 특성은 특정 상황에 대해서만 타당한 것으로 여겨진다.
③ 특성은 학습되는 것이다.
④ 개개인은 신뢰할 만하고 타당하게 측정될 수 있는 고유한 특성의 집합이다.

기출 2016년 2회
정답 ④
해설
특성-요인이론을 제안한 Parsons는 각 개인을 신뢰할 만하고 타당하게 측정될 수 있는 고유한 특성의 집합체로 보았다.

특성-요인이론에서 파슨스(Parsons)가 구체화한 3요소 직업지도 모델에 포함되지 않는 것은?

① 내담자 특성의 객관적인 분석
② 직업세계의 분석
③ 과학적 조언을 통한 매칭(Matching)
④ 주변 환경의 분석

기출 2015년 2회, 2012년 2회, 2007년 3회
정답 ④

파슨스(Parsons)가 주장한 직업상담의 3단계 접근법 중 두 번째 단계는?

① 직업분석
② 직무분석
③ 자기분석
④ 직장분석

기출 2006년 3회
정답 ①
해설
파슨스(Parsons)의 특성-요인 직업상담의 3단계 접근법 중 두 번째 단계는 직업세계의 분석(직업분석)에 해당한다.

32 윌리암슨(Williamson)이 구분한 특성-요인 진로상담 과정 중 (A)에 해당하는 것은?

분석 → 종합 → (A) → 예후 → 상담 → 추수지도

① 진 단　　　　　　　　② 계획의 수행
③ 설 명　　　　　　　　④ 정보제공

핵심 키워드 Williamson의 직업상담 과정
☞ 분석 → 종합 → 진단 → 예후(처방) → 상담(치료) → 추수지도(사후지도)

기출 데이터 2015년 1회, 2011년 2회

핵심기출 해설 답 ①

특성-요인 직업(진로)상담의 과정(Williamson)

- 분석(제1단계) : 내담자에 관한 자료수집, 표준화검사, 적성·흥미·동기 등의 요소들과 관련된 심리검사가 주로 사용된다.
- 종합(제2단계) : 내담자의 성격, 장단점, 욕구, 태도 등에 대한 이해를 얻기 위해 정보를 수집·종합한다.
- 진단(제3단계) : 문제의 원인들을 탐색하며, 내담자의 문제를 해결할 수 있는 다양한 방법들을 검토한다.
- 예후(예측) 또는 처방(제4단계) : 조정 가능성, 문제들의 가능한 여러 결과를 판단하며, 대안적 조치와 중점사항을 예측한다.
- 상담 또는 치료(제5단계) : 미래에 혹은 현재에 바람직한 적응을 위해 무엇을 해야 하는가에 대해 함께 협동적·능동적으로 상의한다.
- 추수지도 또는 사후지도(제6단계) : 새로운 문제가 야기되었을 때 위의 단계를 반복하며, 바람직한 행동 계획을 실행하도록 계속적으로 돕는다.

이것이 핵심 TIP

윌리암슨(Williamson)의 특성-요인 직업(진로)상담 과정은 직업상담사 시험에서 4단계, 5단계 혹은 6단계로 제시되고 있습니다. 특히 4단계의 경우 〈분석 → 종합 → 진단 → 예후(처방)〉, 5단계의 경우 〈분석 → 종합 → 진단 → 상담(치료) → 추수지도〉 혹은 〈분석 → 종합 → 진단 → 예후(처방) → 상담(치료)〉으로 제시되고 있습니다.

● **핵심유형 완성하기** ●

윌리암슨(Williamson)이 제시한 상담의 과정을 바르게 나열한 것은?

기출 2023년, 2021년 2회
정답 ①

ㄱ. 분 석　　　　　　ㄴ. 종 합
ㄷ. 상 담　　　　　　ㄹ. 진 단
ㅁ. 추수지도　　　　　ㅂ. 처 방

① ㄱ → ㄴ → ㄹ → ㅂ → ㄷ → ㅁ　　② ㄱ → ㄴ → ㄹ → ㄷ → ㅁ → ㅂ
③ ㄱ → ㄹ → ㅂ → ㄷ → ㅁ → ㄴ　　④ ㄹ → ㅂ → ㄴ → ㄱ → ㄷ → ㅁ

특성-요인 직업상담의 과정을 순서대로 바르게 나열한 것은?

> ㄱ. 분 석 ㄴ. 종 합
> ㄷ. 진 단 ㄹ. 예 측
> ㅁ. 상 담

① ㄱ → ㄴ → ㄷ → ㄹ → ㅁ ② ㄱ → ㄴ → ㄷ → ㅁ → ㄹ
③ ㄱ → ㅁ → ㄷ → ㄹ → ㄴ ④ ㄷ → ㄱ → ㄴ → ㄹ → ㅁ

Williamson의 특성-요인 직업상담의 단계를 바르게 나열한 것은?

> ㄱ. 분 석 ㄴ. 종 합
> ㄷ. 진 단 ㄹ. 예 측
> ㅁ. 상 담 ㅂ. 추수지도

① ㄱ → ㄴ → ㄷ → ㄹ → ㅁ → ㅂ ② ㄷ → ㄱ → ㄴ → ㅁ → ㄹ → ㅂ
③ ㄴ → ㄱ → ㄹ → ㄷ → ㅁ → ㅂ ④ ㄱ → ㄷ → ㅁ → ㄴ → ㄹ → ㅂ

Williamson의 특성-요인 진로상담 과정을 바르게 나열한 것은?

> ㄱ. 진단단계 ㄴ. 분석단계
> ㄷ. 예측단계 ㄹ. 종합단계
> ㅁ. 상담단계 ㅂ. 추수지도단계

① ㄱ → ㄴ → ㄷ → ㄹ → ㅂ → ㅁ ② ㄱ → ㄷ → ㄴ → ㄹ → ㅁ → ㅂ
③ ㄴ → ㄱ → ㄹ → ㄷ → ㅂ → ㅁ ④ ㄴ → ㄹ → ㄱ → ㄷ → ㅁ → ㅂ

특성-요인 직업상담 과정의 단계를 순서대로 나열한 것은?

> ㄱ. 종 합 ㄴ. 진 단
> ㄷ. 분 석 ㄹ. 상담 또는 치료
> ㅁ. 사후지도 ㅂ. 예 측

① ㄷ → ㄱ → ㄴ → ㅂ → ㄹ → ㅁ ② ㄷ → ㄴ → ㅂ → ㄱ → ㄹ → ㅁ
③ ㄷ → ㄹ → ㄴ → ㄱ → ㅂ → ㅁ ④ ㄷ → ㅂ → ㄴ → ㄱ → ㄹ → ㅁ

Williamson이 분류한 임상적 상담 과정을 바르게 나열한 것은?

① 분석 → 종합 → 진단 → 예후 → 상담 → 추수
② 분석 → 진단 → 종합 → 상담 → 예후 → 추수
③ 진단 → 분석 → 종합 → 예후 → 상담 → 추수
④ 진단 → 종합 → 분석 → 상담 → 예후 → 추수

특성-요인 직업상담의 과정에서 내담자가 능동적으로 참여하는 단계는?

① 상담 또는 치료 단계 ② 분석 단계
③ 진단 단계 ④ 종합 단계

33 Williamson의 특성-요인 직업상담에서 검사의 해석단계에서 이용할 수 있다고 제시한 상담기법은?

① 가 정   ② 해 석

③ 변 명   ④ 설 명

핵심 키워드 특성-요인 직업상담의 검사 해석단계 상담기법
　　　　　　☞ 설명, 설득, 직접충고

기출 데이터 2019년 3회

핵심기출 해설　**답 ④**

특성-요인 직업상담의 검사 해석단계에서 이용할 수 있는 상담기법

• 설명 : 상담자는 검사자료뿐만 아니라 내담자에 대한 다양한 자료들을 해석함으로써, 내담자가 가능한 직업선택을 할 수 있도록 설명한다. 윌리암슨(Williamson)은 설명을 가장 완전하고 만족스러운 방법으로 보았다.

• 설득 : 상담자는 내담자에게 합리적이고 논리적인 방법으로 검사자료를 제공하며, 내담자에게 진단과 결과의 의미를 이해하도록 설득한다.

• 직접충고 : 내담자가 상담자에게 지나치게 솔직한 의견을 요구하거나 실패와 좌절을 가져올 직업선택을 강요해 줄 것을 요구할 경우 상담자는 직접적인 충고를 한다.

이것이 핵심　**TIP**

2011년 3회 필기시험에서는 "～ 검사의 해석단계에서 이용할 수 있다고 제시한 상담기법이 아닌 것은?"으로 출제되었으며, 당시 '해석'이 정답으로 제시되었습니다. 언뜻 검사의 해석단계이므로 '해석'이 상담기법에 포함될 것이라 생각할 수 있는데, 바로 그것이 함정입니다.

● 핵심유형 완성하기 ●

특성-요인 직업상담에서 일련의 관련 있는 또는 관련 없는 사실들로부터 일관된 의미를 논리적으로 파악하여 문제를 하나씩 해결하는 과정은?

① 다중진단   ② 선택진단

③ 변별진단   ④ 범주진단

기출 2020년 3회, 2016년 1회, 2011년 1회

정답 ③

특성-요인 직업상담에서 윌리암슨(Williamson)이 검사의 해석단계에서 이용할 수 있다고 제시한 상담기법이 아닌 것은?

① 직접충고   ② 해 석

③ 설 득   ④ 설 명

기출 2011년 3회

정답 ②

34 비지시적 상담을 원칙으로 자아와 일에 대한 정보 부족 혹은 왜곡에 초점을 맞춘 직업상담은?

① 정신분석 직업상담

② 내담자중심 직업상담

③ 행동적 직업상담

④ 발달적 직업상담

핵심 키워드
• 특성–요인 직업상담 ☞ 지시적 상담
• 내담자중심 직업상담 ☞ 비지시적 상담

기출 데이터 2018년 2회, 2014년 3회, 2003년 3회

핵심기출 해설 답 ②

② 내담자중심 직업상담은 개인이 현실을 지각하고 구성하는 방법이 개별적이고 현상적이며 독특하다는 것에 초점을 두며, 자기구조(자아구조)와 주관적 경험 사이의 일치를 강조한다. 상담의 기본목표는 개인이 일관된 자기개념(자아개념)을 가지고 자신의 기능을 최대로 발휘할 수 있는 '완전히(충분히) 기능하는 사람'이 되도록 환경을 마련하는 것이다.

① 정신분석 직업상담은 내담자의 욕구와 발달 과정을 중시하며, 욕구를 직업선택의 주요 요인으로 본다. 특히 직업선택에 있어서 심리학적 요인을 중시하며, 내담자의 동기유발과 방어기제에 초점을 둔다.

③ 행동적 직업상담은 내담자의 비정상적·부적응적인 행동이 무의식적 충동에 의해서가 아닌 학습에 의해 획득·유지된 것으로 보며, 이를 수정하기 위해 학습의 원리를 적용한다. 즉, 행동주의적 접근은 기본적으로 내담자의 행동을 변화시키려는 목적을 가지며, 내담자로 하여금 문제행동을 소거하는 동시에 바람직한 행동을 학습하도록 돕는다.

④ 발달적 직업상담은 내담자의 생애단계를 통한 진로발달의 측면을 중시한다. 발달의 의사결정적 측면을 강조한 정신역동적 직업상담과 달리, 내담자의 직업 의사결정 문제와 직업성숙도 사이의 일치성에 초점을 둔다.

이것이 핵심 TIP

상담자가 내담자에 대해 지시적 입장을 취하는 대표적인 상담방법으로는 특성–요인 상담, 행동적 상담 또는 행동치료 등이 있습니다. 수퍼(Super)의 발달적 직업상담의 경우 지시적 방법과 비지시적 방법을 함께 사용하는데, 직업상담사가 내담자의 내용 설명에는 지시적으로, 감정표현에는 비지시적으로 반응할 것을 강조합니다. 참고로 비지시적 상담 규칙에 대해서도 반드시 기억해 두시기 바랍니다.

인간중심 진로상담의 개념에 관한 설명으로 옳지 않은 것은?

① 일의 세계 및 자아와 관련된 정보의 부족에 관심을 둔다.
② 자아 및 직업과 관련된 정보를 거부하거나 왜곡하는 문제를 찾고자 한다.
③ 진로선택과 관련된 내담자의 불안을 줄이고 자기의 책임을 수용하도록 한다.
④ 상담자의 객관적 이해를 내담자에 대한 자아 명료화의 근거로 삼는다.

기 출 2021년 2회, 2013년 3회
정 답 ④
해 설
인간중심 진로상담은 내담자의 주관적인 경험을 감지하고 내담자의 마음속으로 들어감으로써 내담자로 하여금 자신의 감정을 더욱 강렬하게 경험하는 동시에 내부의 불일치를 인식하도록 돕는 것을 목표로 한다.

직업상담의 기법 중 비지시적 상담 규칙이 아닌 것은?

① 상담자는 내담자와 논쟁해서는 안 된다.
② 상담자는 내담자에게 질문 또는 이야기를 해서는 안 된다.
③ 상담자는 내담자에게 어떤 종류의 권위도 과시해서는 안 된다.
④ 상담자는 인내심을 가지고 우호적으로, 그러나 지적으로는 비판적인 태도로 내담자의 말을 경청해야 한다.

기 출 2019년 1회, 2014년 2회, 2003년 1회
정 답 ②
해 설
상담자는 특수한 경우에 한해 내담자에게 질문 또는 이야기를 할 수 있다.

내담자중심 상담의 상담목표가 아닌 것은?

① 내담자의 내적 기준에 대한 신뢰를 증가시키도록 도와주는 것
② 경험에 보다 개방적이 되도록 도와주는 것
③ 지속적인 성장 경향성을 촉진시켜 주는 것
④ 내담자의 자유로운 선택과 책임의식을 증가시켜 주는 것

기 출 2017년 2회, 2010년 2회
정 답 ④
해 설
내담자의 자유로운 선택과 책임의식을 증가시켜 주는 것은 실존주의 상담의 주요 목표에 해당한다.

자아개념을 중심으로 자아와 일의 세계에 대한 정보 부족과 일치성 부족으로 내담자의 부적응이 발생한다고 보는 상담이론은?

① 발달적 직업상담
② 행동주의 직업상담
③ 특성-요인 직업상담
④ 내담자중심 직업상담

기 출 2004년 3회
정 답 ④

35 내담자중심 상담이론에 관한 설명으로 틀린 것은?

① Rogers의 상담경험에서 비롯된 이론이다.

② 상담의 기본목표는 개인이 일관된 자아개념을 가지고 자신의 기능을 최대로 발휘하는 사람이 되도록 도울 수 있는 환경을 제공하는 것이다.

③ 특정 기법을 사용하기보다는 내담자와 상담자 간의 안전하고 허용적인 '나와 너'의 관계를 중시한다.

④ 상담기법으로 적극적 경청, 감정의 반영, 명료화, 공감적 이해, 내담자 정보탐색, 조언, 설득, 가르치기 등이 이용된다.

핵심 키워드 내담자중심 상담의 주요 기법
☞ 적극적 경청, 감정의 반영, 명료화, 공감적 이해

기출 데이터 2020년 4회, 2011년 2회, 2007년 3회

핵심기출 해설 답 ④

④ 내담자중심 상담은 기본적인 상담기법으로서 적극적 경청, 감정의 반영, 명료화, 공감적 이해 등을 사용한다. 반면, 진단적 검사를 실시하거나 내담자의 감정과 내용의 해석을 통한 내담자 정보탐색, 조언, 설득, 가르치기 등은 사용하지 않는다.

① 내담자중심 상담은 로저스(Rogers)의 상담경험에서 비롯된 이론으로, 학자에 따라 '비지시적 상담' 또는 '사람중심의 방법'이라고도 불리는 대표적인 인본주의적 접근방법이다.

② 내담자중심 상담은 내담자를 '현실적 자아(자기)', '이상적 자아(자기)', '타인이 본 자아(자기)' 간의 불일치로 인해 불안을 경험하는 사람으로 간주한다. 따라서 상담의 기본 목표는 개인이 일관된 자아개념(자기개념)을 가지고 자신의 기능을 최대로 발휘할 수 있도록 돕는 데 있다.

③ 내담자중심 상담은 특정 기법을 사용하기보다는 내담자와 상담자 간의 안전하고 허용적인 '나와 너'의 관계를 중시하며, "상담자가 가장 많이 안다"는 상담자중심의 기본가정에 이의를 제기한다.

이것이 핵심 TIP

1940년대 초 로저스(Rogers)에 의해 창안된 인간중심적 접근은 초기에 '비지시적 상담이론', 중기에 '내담자중심 상담이론', 그리고 최근에 '인간중심 상담이론'으로 발전되어 왔습니다. 직업상담사 시험에서는 이 3가지 명칭이 혼용되고 있으므로 착오 없으시기 바랍니다.

내담자중심 상담에서 사용되는 상담기법이 아닌 것은?

① 적극적 경청
② 공감적 이해
③ 감정의 반영
④ 역할연기

기출 2025년, 2023년, 2022년 2회, 2009년 1회

정답 ④

해설
역할연기는 대표적으로 행동주의 상담 또는 행동치료에서 내담자의 외적 행동변화를 촉진시키기 위한 기법으로 사용된다.

인간중심 상담이론에서 상담사의 역할과 가장 거리가 먼 것은?

① 조력관계를 통해 성장을 촉진한다.
② 내담자 문제를 진단하여 분류한다.
③ 내담자가 자신의 깊은 감정을 깨닫게 돕는다.
④ 내담자로 하여금 존중받고 있음을 느끼게 한다.

기출 2019년 3회, 2015년 1회

정답 ②

해설
②는 특성-요인 상담이론에 해당한다.

내담자중심 상담이론에 관한 설명으로 틀린 것은?

① 다양한 진로 관련 검사 결과에 기초하여 상담을 진행한다.
② Rogers는 직업과 관련된 의사결정에 대해 구체적으로 언급하지 않았다.
③ 몇몇 내담자중심 상담사들은 일반적 적응과 직업적 적응 사이에 관련성이 크지 않다고 보았다.
④ 직업정보는 내담자의 입장에서 필요할 때에만 상담 과정에 도입한다.

기출 2018년 1회

정답 ①

해설
로저스(Rogers)는 검사 사용에 대해 반대의 입장을 취하였다.

내담자중심 직업상담에서 Snyder가 제시한 상담자가 보일 수 있는 반응 중 다음은 어떤 반응에 해당하는가?

> 상담자가 내담자의 생각을 변화시키려 시도하거나 내담자의 생각에 상담자의 가치를 주입하려 하는 범주

① 안내를 수반하는 범주
② 지시적 상담범주
③ 감정에 대한 비지시적 상담범주
④ 감정에 대한 준지시적 상담범주

기출 2017년 3회

정답 ②

해설
① 면접의 방향을 결정짓는 범주
③ 해석이나 충고, 비평이나 제안 없이 내담자가 표현하는 감정을 재진술하는 범주
④ 내담자의 감정에 대해 해석하는 범주

내담자중심 상담이론에 대한 설명으로 틀린 것은?

① 내담자들이 완전히 기능하는 사람이 될 수 있다고 보았다.
② 인간은 자신이 나아가야 할 방향을 찾고 건설적 변화를 이끌 수 있는 능력이 있음을 가정한다.
③ 내담자들로 하여금 사회적 관심을 갖도록 도우며 열등감을 감소할 수 있도록 돕는다.
④ 기본적인 상담 기법으로 적극적 경청, 감정 반영, 명료화, 공감적 이해 등이 이용된다.

기출 2009년 1회, 2003년 1회

정답 ③

해설
아들러(Adler)의 개인주의 상담(개인심리학적 상담)의 내용에 해당한다.

36 내담자중심 상담이론의 특징이 아닌 것은?

① 동일한 상담원리를 정상적 상태에 있는 사람이나 정신적으로 부적응상태에 있는 사람 모두에게 적용한다.

② 상담은 모든 건설적인 대인관계의 실제 사례 중 단지 하나에 불과하다.

③ 실험에 기초한 귀납적인 접근방법이며, 실험적 방법을 상담 과정에 적용한다.

④ 상담의 과정과 그 결과에 대한 연구조사를 통하여 개발되어 왔다.

핵심 키워드 내담자중심 상담의 주요 특징

☞ 동등한 관계, 동일한 상담원리 적용, 기법보다 태도, 지적인 면보다 정의적인 면, 현상학적 장(場)

기출 데이터 2017년 3회, 2016년 1회, 2016년 2회, 2012년 1회, 2010년 4회

핵심기출 해설 답 ③

③ 행동주의적 접근방법에 해당한다. 행동주의적 접근에 기초한 행동주의 상담은 행동을 변화시키기 위한 상담방법을 추론하기 위해 학습이론에서 개념과 원리를 유추하며, 행동주의적 변화를 가져오는 데 작용하는 기법을 귀납적·경험적으로 확인함으로써 이를 상담 과정에 적용한다.

내담자중심 상담의 주요 특징

• 상담자중심이 아니라 내담자중심의 상담을 중시한다.

• 내담자와 상담자는 동등한 관계라는 입장을 취한다.

• 기법보다는 태도를 강조한다.

• 상담자와 내담자 간의 관계형성(Rapport)을 강조한다.

• 지적인 면보다는 정의적인 면을 강조한다.

• 인간은 현상학적 존재이며, 현상학적 장(場)은 '경험의 전체'를 의미한다.

• 동일한 상담원리를 정상적 상태에 있는 사람이나 정신적으로 부적응상태에 있는 사람 모두에게 적용한다.(①)

• 상담은 모든 건설적인 대인관계의 실제 사례 중 단지 하나에 불과하다.(②)

• 비지시적 상담을 원칙으로 자아와 일에 대한 정보 부족 혹은 왜곡에 초점을 둔다.

• 상담의 과정과 그 결과에 대한 연구조사를 통해 개발되어 왔다.(④)

이것이 핵심 TIP

로저스(Rogers)는 동일한 현상이라도 개인에 따라 다르게 지각하고 경험하기 때문에 이 세상에는 개인적 현실, 즉 '현상학적 장'만이 존재한다고 보았습니다. 여기서 '현상학적 장'은 '경험적 세계' 또는 '주관적 경험'으로도 불리며, 특정 순간에 개인이 지각하고 경험하는 모든 것을 의미합니다.

인간중심 상담이론에 관한 설명으로 틀린 것은?

① 실현화 경향성은 자기를 보전, 유지하고 향상시키고자 하는 선천적 성향이다.
② 자아는 성격의 조화와 통합을 위해 노력하는 원형이다.
③ 가치의 조건화는 주요 타자로부터 긍정적 존중을 받기 위해 그들이 원하는 가치와 기준을 내면화하는 것이다.
④ 현상학적 장은 경험적 세계 또는 주관적 경험으로 특정 순간에 개인이 지각하고 경험하는 모든 것을 뜻한다.

기 출 2022년 1회
정 답 ②

다음은 어떤 상담이론에 관한 설명인가?

> 부모의 가치조건을 강요하여 긍정적 존중의 욕구가 좌절되고, 부정적 자아개념이 형성되면서 심리적 어려움이 발생된다고 본다.

① 행동주의 상담 　　　② 게슈탈트 상담
③ 실존주의 상담 　　　④ 인간중심 상담

기 출 2021년 3회
정 답 ④

인간중심적 상담에 적합한 내담자인지 알아보기 위해 상담자가 우선적으로 고려해야 할 점은?

① 상담자의 적극적인 개입 없이도 자신의 방식을 찾아갈 수 있는 내담자의 역량은 어느 정도인가?
② 무의식적인 방어의 강도가 어느 정도이며 주로 사용하는 방어기제의 종류는 무엇인가?
③ 개인과 환경 간의 상호작용에 의해 만들어진 성격유형은 무엇인가?
④ 내담자의 기억에서 우세하게 나타나는 주제의 내용과 양상은 무엇인가?

기 출 2018년 3회, 2013년 2회
정 답 ①

해 설
내담자가 일관된 자기개념(자아개념)으로 자신의 기능을 최대로 발휘할 수 있는 '완전히 기능하는 사람'이 되도록 환경을 조성하는 데 초점을 둔다.

내담자중심 상담에서 기대하는 상담결과가 아닌 것은?

① 내담자는 이상적 자아개념을 갖는다.
② 내담자는 불일치의 경험이 감소한다.
③ 내담자는 문제해결에 있어 더 능률적이 된다.
④ 타인을 더 잘 수용할 수 있게 된다.

기 출 2015년 3회
정 답 ①

해 설
내담자는 현실적이 되고 객관적이며, 자기 지각을 형성하는 데 외부 중심적으로 변한다.

로저스(Rogers)의 내담자중심 접근이 개인의 지금-여기에서의 주관적인 경험을 중요시한다는 것을 보여주는 대표적인 개념은?

① 자기실현 경향성 　　　② 현상학적인 장
③ 가치의 조건 　　　④ 수용적인 존중

기 출 2006년 1회
정 답 ②

Rogers의 내담자중심 접근의 인간행동에 대한 기본 관점을 가장 잘 표현한 것은?

① 인간의 행동에 대한 정신적 결정론
② 선천적인 잠재력 및 자기실현 경향성
③ 개인의 다양한 학습경험의 축적
④ 무의식적 동기에 의해 결정

기 출 2005년 3회
정 답 ②

해 설
①·④ 정신분석이론 접근
③ 사회학습이론 접근

37

불안을 경험할 때 내담자중심 상담에서 불일치를 가정하는 3가지 자아에 해당하지 않는 것은?

① 현실적 자아
② 이상적 자아
③ 당위적 자아
④ 타인이 본 자아

핵심 키워드 내담자중심 상담의 3가지 자아 유형
☞ 현실적 자아, 이상적 자아, 타인이 본 자아
기출 데이터 2013년 3회

핵심기출 해설 **답 ③**

내담자중심 상담의 로저스(Rogers)는 현재 경험이 자아구조와 불일치할 때 개인이 불안을 경험한다고 보았다. 따라서 자아구조와 주관적 경험 사이의 일치를 강조하며, 이 양자가 일치하는 경우 적응적이고 건강한 성격을 가지게 되는 반면, 불일치하는 경우 부적응적이고 병적인 성격을 가지게 된다고 주장하였다. 내담자중심 상담에서 제시하는 3가지 자아 유형은 다음과 같다.

• 현실적 자아(Real Self) : 현재 자신의 모습에 대한 인식
• 이상적 자아(Ideal Self) : 앞으로 자신이 어떤 존재가 되어야 하며, 어떤 존재가 되기를 원하고 있는지에 대한 인식
• 타인이 본 자아(Perceived Self) : 객체로서의 나에 대한 인식

이것이 핵심 **TIP**

사실 엄밀한 의미에서 '자기(Self)'와 '자아(Ego)'는 다릅니다. 로저스(Rogers)는 개인이 스스로에 대해 가지고 있는 조직적이고 지속적인 인식으로서 '자기(Self)'와 함께 인간행동의 기본적인 동기로서 '자기실현 경향(Self-actualization)'을 강조했습니다.

● **핵심유형 완성하기** ●

내담자중심 상담에서는 내담자를 3가지 자아 간의 불일치 때문에 불안을 경험하는 사람으로 간주한다. 다음 중 그 3가지 자아에 해당하지 않는 것은?

① 현실적 자아
② 이상적 자아
③ 도덕적 자아
④ 타인이 본 자아

기출 2011년 1회
정답 ③

38 인간중심(내담자중심) 직업상담을 할 때 직업상담자가 갖추어야 할 세 가지 기본 태도가 아닌 것은?

① 일치성/진실성　　　　　　　　　　② 해석능력

③ 공감적 이해　　　　　　　　　　　④ 수 용

핵심 키워드　내담자중심 상담에서 상담자의 기본적인 태도
　　　　　　　☞ 일치성과 진실성, 공감적 이해와 경청, 무조건적 긍정적 수용(관심) 또는 존중

기출 데이터　2008년 3회, 2005년 1회

핵심기출 해설　답 ②

내담자중심(인간중심) 상담에서 상담자가 지녀야 할 태도

• 일치성과 진실성(진솔성)

　– 상담자는 자신의 감정을 솔직하게 인정하고 내담자의 진솔한 감정 표현을 유도한다.

　– 상담자의 일치성 태도는 내담자로 하여금 개방적 자기탐색을 촉진하여 그가 지금-여기에서 경험하는 감정을 자각하도록 하는 요인이 된다.

• 공감적 이해와 경청

　– 상담자는 내담자의 마음속으로 들어가 내담자로 하여금 자신의 감정을 강렬하게 경험하고 내부의 불일치를 인식하도록 돕는다.

　– 공감적 이해는 상담자가 내담자의 내적 참조 틀에 근거해서 그가 경험하는 감정을 파악하고 이해하는 것이다.

• 무조건적인 긍정적 수용(관심) 또는 존중

　– 상담자는 아무런 조건 없이 수용적인 태도로써 내담자를 존중하며, 따뜻하게 수용한다.

　– 무조건적인 긍정적 수용은 인간의 가치와 의미성에 대한 상담자의 태도가 얼마나 중요한가를 강조한 개념이다.

이것이 핵심　TIP

로저스(Rogers)는 상담자가 진실하고 솔직하며 인간적 존중과 공감적 이해의 태도를 내담에게 전달하여 신뢰할 만하고 수용적인 분위기를 조성할 때 내담자의 성장 잠재력이 발현된다고 보았습니다.

● **핵심유형 완성하기** ●

인간중심 상담에서 중요하게 요구되는 상담자의 태도로 옳은 것은?	**기출** 2019년 2회, 2015년 3회
	정답 ②

ㄱ. 해 석　　　　　　　　　ㄴ. 진솔성
ㄷ. 공감적 이해　　　　　　ㄹ. 무조건적 수용
ㅁ. 맞닥뜨림

① ㄱ, ㄴ, ㄷ　　　　　　　② ㄴ, ㄷ, ㄹ
③ ㄱ, ㄹ, ㅁ　　　　　　　④ ㄴ, ㄷ, ㅁ

내담자중심 직업상담에서 상담자가 지녀야 할 태도 중 내담자로 하여금 개방적 자기탐색을 촉진하여 그가 지금-여기에서 경험하는 감정을 자각하도록 하는 요인은?

① 일치성
② 일관성
③ 공감적 이해
④ 무조건적 수용

기출 2016년 1회
정답 ①

Rogers가 제시한 내담자 변화의 필요충분조건은?

① 공감, 수용, 일치
② 의식, 전의식, 무의식
③ 감각, 알아차림, 접촉
④ 비합리적 신념, 논박, 결과

기출 2016년 3회, 2003년 1회
정답 ①
해설
② 프로이트의 정신분석적 상담이 강조한 3가지 의식수준(정신의 3요소)

내담자중심 직업상담기법을 사용할 때 상담자가 갖추어야 할 기본적인 태도에 해당하지 않는 것은?

① 일치성/진실성
② 공감적 이해
③ 무조건적 긍정적 수용
④ 소망-방어체계의 이해

기출 2009년 2회
정답 ④
해설
'소망-방어체계'는 보딘(Bordin)의 정신역동적 직업상담에서 사용하는 기법과 연관된다.

다양한 접근의 진로상담에서 면접기법에 관한 설명으로 옳지 않은 것은?

① 특성-요인 상담자는 내담자의 인지적 측면에 주로 관여하며 면접에서 주도적 역할을 한다.
② 상담자의 공감, 무조건적인 수용, 진실성을 특별히 강조하는 상담 모델은 행동주의적 상담이다.
③ 명료화, 비교, 소망-방어체계에 대한 해석 등의 면접기술이 주로 사용되는 상담모델은 정신역동적 상담이다.
④ 발달적 상담에서는 내담자의 이성적 측면과 정서적 측면 둘 다에 관심을 가지고 지시적·비지시적 면접기술을 사용한다.

기출 2009년 3회, 2004년 3회
정답 ②
해설
내담자중심 상담(인간중심 상담)에 대한 설명이다.

Carl Rogers의 내담자중심 상담에서 상담자의 태도로 적합하지 않은 것은?

① 내담자의 감정(정서)과 생각에 소극적이어야 한다.
② 무조건적인 수용의 태도로 꾸준히 내담자의 내면심리를 반영해 준다.
③ 내담자와 마주 앉으며 상담자와 내담자는 동등한 관계라는 입장을 취한다.
④ 기법보다는 태도(진실성, 공감적, 수용적)를 강조하고 내담자와의 신뢰형성에 더 많은 관심을 갖는다.

기출 2008년 1회
정답 ①
해설
로저스는 내담자중심 상담을 성공적으로 이끄는 데 있어서 상담자의 능동적인 성향을 강조하였다.

내담자중심 상담에서 강조되는 상담자의 특성이 아닌 것은?

① 일치성
② 무조건적 수용
③ 공감적 이해
④ 분석적 사고

기출 2006년 1회
정답 ④
해설
상담자의 내담자에 대한 객관적인 이해를 위해 분석과 진단을 강조한 것은 특성-요인 상담이다.

39 정신역동 상담의 주요 기술이 아닌 것은?

① 전 이　　　　　　　　　　② 훈 습
③ 해 석　　　　　　　　　　④ 선 택

핵심 키워드　정신역동 상담의 기술
　　　　　☞ 자유연상, 해석, 저항의 분석, 꿈의 분석, 전이 분석, 훈습
기출 데이터　2014년 2회, 2010년 4회, 2003년 3회

핵심기출 해설　답 ④

정신역동 상담의 주요 기술

- 자유연상 : 내담자에게 무의식적 감정과 동기에 대해 통찰하도록 하기 위해 마음속에 떠오르는 것을 의식의 검열을 거치지 않은 채 표현하도록 하는 것이다.
- 해석 : 상담자가 내담자의 자유연상이나 정신 작용 가운데 명확하지 않은 부분에 대해 추리하여 이를 내담자에게 설명하는 것이다.
- 저항의 분석 : 내담자에게 무의식적 내용의 의식화에 따른 불안감에서 벗어나도록 하여 내담자의 갈등을 해소하고, 상담을 원활히 진행하도록 하는 것이다.
- 꿈의 분석 : 내담자의 꿈속에 내재된 억압된 감정과 무의식적인 욕구를 꿈의 내용을 분석함으로써 통찰하도록 하는 것이다.
- 전이 분석 : 내담자의 유아기에서 비롯된 대인관계 또는 방위패턴을 통찰할 수 있도록 함으로써 현재의 심리적인 문제를 극복하고 성격을 개선하도록 하는 것이다.
- 훈습 : 내담자의 전이 저항에 대해 기대되는 수준의 통찰과 이해가 성취될 때까지 상담자가 반복적으로 직면하거나 설명함으로써 내담자의 통찰력이 최대한 발달하도록 하는 것이다.

이것이 핵심　TIP

'전이'는 내담자가 어린 시절 어떤 중요한 인물에 대해 가졌던 관계를 상담자에게 표출하는 것으로서, 과거에 충족되지 못한 욕구를 현재의 상담자를 통해 해결하고자 하는 일종의 투사현상을 말합니다. 따라서 '전이'를 그 자체로 정신역동 상담의 기술로 보기는 어렵습니다. 다만, 여기서 '전이'는 '전이 분석'을 의미하는 것으로 보입니다.

● 핵심유형 완성하기 ●

정신역동 상담이론에 관한 설명으로 옳은 것은?

① 정신분석에서 해석은 목적지향적으로 이루어진다.
② 개인심리학에서는 내담자의 심리내적인 갈등이 가장 중시된다.
③ 정신분석에서 내담자가 상담자에게 느끼는 모든 감정은 전이의 표현이다.
④ 개인심리학에서 상담자는 내담자에 대한 광범위한 격려의 사용을 권장한다.

기 출　2016년 2회
정 답　④
해 설
격려는 개인심리학의 중재기법 중 하나로서, 내담자의 자신감과 심리적 강인성을 촉진시키는 작업이다.

40 Bordin의 정신역동적 직업상담에서 사용하는 기법이 아닌 것은?

① 명료화

② 비 교

③ 소망-방어체계

④ 반응 범주화

핵심 키워드 Bordin의 정신역동적 직업상담의 기법
☞ 명료화, 비교, 소망-방어체계에 대한 해석

기출 데이터 2017년 1회, 2013년 1회, 2012년 3회, 2011년 1회, 2011년 2회, 2009년 2회, 2009년 3회, 2004년 1회

핵심기출 해설 **답 ④**

④ 반응 범주화는 내담자중심 직업상담의 기법에 해당한다. 참고로 스나이더(Snyder)는 상담자가 상담 동안 나타내 보일 수 있는 반응들을 '안내를 수반하는 범주', '감정에 대한 비지시적 반응 범주', '감정에 대한 준지시적 반응 범주', '지시적 상담 범주' 등 4가지 범주들로 구분하였다.

보딘(Bordin)의 정신역동적 직업상담의 기법

• 명료화 : 내담자의 문제와 관련된 생각이 어떤 것인지 언어적 표현에 초점을 두고 요약해 준다. 전형적으로 명료화는 개방형 질문, 부드러운 명령, 단순화된 진술 등의 형태를 취한다.

• 비교 : 두 가지 또는 그 이상 주제들의 역동적 현상들 사이 간 유사성이나 차이점들을 보다 분명하게 부각시키기 위해 대비시킨다.

• 소망-방어체계에 대한 해석 : 상담자는 내담자의 내적 동기 상태와 진로결정 과정 사이의 관계를 내담자로 하여금 자각하도록 시도한다.

이것이 핵심 **TIP**

'소망-방어체계'라는 어려운 용어가 등장했는데요. 예를 들어 설명하면 이렇습니다. 의대 과정을 잘 다니던 내담자가 갑자기 자신의 전공을 건축학으로 바꾸려고 합니다. 상담자는 상담 과정에서 내담자의 어머니가 자식의 뒷바라지를 하다가 뇌출혈로 쓰러졌던 사실을 알게 됩니다. 상담자는 내담자가 건축학으로 전공을 바꾸려는 이유가 어머니의 건강 악화에 대한 죄의식과 함께 건축물이 가지는 여성의 상징성 때문인 것으로 해석합니다. 즉, 건축을 통해 어머니의 건강이 회복되기를 바라는 열망에서 비롯되었다는 것입니다. 상담자는 이와 같이 소망-방어체계에 내포된 의미를 해석하면서 내담자로 하여금 내적 동기 상태와 직업결정 사이의 관계를 인식하도록 돕게 됩니다.

정신역동적 직업상담에서 Bordin이 제시한 상담자의 반응범주에 해당하지 않는 것은?

① 소망-방어체계
② 비 교
③ 명료화
④ 진 단

기 출 2021년 1회, 2017년 3회
정 답 ④

보딘(Bordin)의 정신역동적 직업상담에서 사용하는 기법이 아닌 것은?

① 명료화
② 비 교
③ 소망-방어체계
④ 준지시적 반응 범주화

기 출 2021년 2회
정 답 ④

정신역동적 직업상담을 구체화한 Bordin이 제시한 직업상담의 3단계 과정이 아닌 것은?

① 관계설정
② 탐색과 계약설정
③ 핵심결정
④ 변화를 위한 노력

기 출 2019년 2회, 2009년 3회
정 답 ①
해 설
탐색과 계약설정(제1단계), 핵심결정(제2단계), 변화를 위한 노력(제3단계)

Bordin의 정신역동적 진로상담기법과 가장 거리가 먼 것은?

① 비 교
② 순수성
③ 명료화
④ 소망-방어체계에 대한 해석

기 출 2019년 3회
정 답 ②

정신역동적 직업상담에서 Bordin이 제시한 상담자의 반응범주에 해당하지 않는 것은?

① 비 교
② 명료화
③ 소망-방어체계에 대한 해석
④ 감정에 대한 준지시적 반응범주

기 출 2016년 1회
정 답 ④

41 수퍼(Super)가 제시한 발달적 직업상담 단계를 바르게 나열한 것은?

ㄱ. 문제탐색 및 자아개념 묘사	ㄴ. 현실검증
ㄷ. 자아수용 및 자아통찰	ㄹ. 심층적 탐색
ㅁ. 태도와 감정의 탐색과 처리	ㅂ. 의사결정

① ㄱ → ㄴ → ㄷ → ㄹ → ㅁ → ㅂ

② ㄱ → ㄹ → ㄷ → ㄴ → ㅁ → ㅂ

③ ㄱ → ㄷ → ㄴ → ㄹ → ㅁ → ㅂ

④ ㄱ → ㄴ → ㄹ → ㄷ → ㅁ → ㅂ

핵심 키워드   Super의 발달적 직업상담 단계

☞ 문제탐색 → 심층적 탐색 → 자아수용 → 현실검증 → 태도와 감정의 탐색과 처리 → 의사결정(문제를 심층적으로 탐색해보면 자신(자아)의 현실이 태도와 감정에 따라 결정된다는 사실을 알게 된다)

기출 데이터   2015년 1회, 2012년 2회, 2009년 3회

핵심기출 해설   답 ②

수퍼(Super)의 발달적 직업상담 단계

① 제1단계 – 문제탐색 및 자아(자기)개념 묘사

    비지시적 방법으로 문제를 탐색하고 자아(자기)개념을 묘사한다.

② 제2단계 – 심층적 탐색

    지시적 방법으로 심층적 탐색을 위한 주제를 설정한다.

③ 제3단계 – 자아수용 및 자아통찰

    자아수용 및 자아통찰을 위해 비지시적 방법으로 사고와 느낌을 명료화한다.

④ 제4단계 – 현실검증

    심리검사, 직업정보, 과외활동 등을 통해 수집된 사실적 자료들을 지시적으로 탐색한다.

⑤ 제5단계 – 태도와 감정의 탐색과 처리

    현실검증에서 얻어진 태도와 감정을 비지시적으로 탐색하고 처리한다.

⑥ 제6단계 – 의사결정

    대안적 행위들에 대한 비지시적 고찰을 통해 자신의 직업을 결정한다.

이것이 핵심   TIP

수퍼(Super)의 발달적 직업상담 단계와 더불어 수퍼의 직업발달 과정이 직업상담사 1차 필기시험 및 2차 실무시험에 빈번히 출제되고 있습니다. 특히 〈성장기(출생~14세) → 탐색기(15~24세) → 확립기(25~44세) → 유지기(45~64세) → 쇠퇴기(65세 이후)〉로 이어지는 수퍼의 직업발달 과정은 제1과목 직업심리에서 다루었습니다.

수퍼(Super)의 발달적 직업상담에서 의사결정에 이르는 단계를 바르게 나열한 것은?

| 기출 2020년 3회, 2013년 1회, 2010년 3회 |
| 점답 ③ |

ㄱ. 문제탐색　　　　　　　ㄴ. 태도와 감정의 탐색과 처리
ㄷ. 심층적 탐색　　　　　　ㄹ. 현실검증
ㅁ. 자아수용　　　　　　　ㅂ. 의사결정

① ㄱ → ㄴ → ㄷ → ㄹ → ㅁ → ㅂ
② ㄱ → ㄷ → ㄴ → ㄹ → ㅁ → ㅂ
③ ㄱ → ㄷ → ㅁ → ㄹ → ㄴ → ㅂ
④ ㄱ → ㄷ → ㄹ → ㅁ → ㄴ → ㅂ

Super가 제시한 발달적 직업상담 단계에서 다음 (　　)에 알맞은 것은?

| 기출 2019년 2회, 2016년 3회 |
| 점답 ④ |

1단계 : 문제탐색 및 자아개념 묘사　　2단계 : 심층적 탐색
3단계 : (ㄱ)　　　　　　　　　　　4단계 : (ㄴ)
5단계 : (ㄷ)　　　　　　　　　　　6단계 : 의사결정

① ㄱ : 태도와 감정의 탐색과 처리　　② ㄱ : 현실검증
　ㄴ : 현실검증　　　　　　　　　　　ㄴ : 태도와 감정의 탐색과 처리
　ㄷ : 자아수용 및 자아통찰　　　　　ㄷ : 자아수용 및 자아통찰
③ ㄱ : 현실검증　　　　　　　　　　④ ㄱ : 자아수용 및 자아통찰
　ㄴ : 자아수용 및 자아통찰　　　　　ㄴ : 현실검증
　ㄷ : 태도와 감정의 탐색과 처리　　　ㄷ : 태도와 감정의 탐색과 처리

발달적 직업상담에서 Super가 제시한 평가의 종류 중 내담자가 겪고 있는 어려움이나 직업상담에 대한 내담자의 기대를 평가하는 것은?

① 문제평가　　　　　　② 현실평가
③ 일차평가　　　　　　④ 내용평가

| 기출 2016년 1회 |
| 점답 ① |
| 해설 |
| **발달적 직업상담의 평가 종류(Super)** |
| 문제의 평가, 개인의 평가, 예언평가 또는 예후평가 |

다음 중 Super의 발달적 직업상담 단계의 배열이 옳은 것은?

① 문제탐색 → 태도와 감정의 탐색과 처리 → 심층적 탐색 → 현실검증 → 자아수용 → 의사결정
② 문제탐색 → 심층적 탐색 → 태도와 감정의 탐색과 처리 → 현실검증 → 자아수용 → 의사결정
③ 문제탐색 → 심층적 탐색 → 자아수용 → 현실검증 → 태도와 감정의 탐색과 처리 → 의사결정
④ 문제탐색 → 심층적 탐색 → 현실검증 → 자아수용 → 태도와 감정의 탐색과 처리 → 의사결정

| 기출 2005년 3회 |
| 점답 ③ |

42

행동주의적 접근의 상담기법 중 공포와 불안이 원인이 되는 부적응 행동이나 회피행동을 치료하는 데 가장 효과적인 기법은?

① 타임아웃 기법　　　　　　　　② 모델링 기법
③ 체계적 둔감법　　　　　　　　④ 행동조성법

핵심 키워드 체계적 둔감법(체계적 둔감화)
　☞ 불안 감소, 공포증상 치료, 근육이완(이완법)
기출 데이터 2022년 1회, 2015년 1회, 2012년 1회, 2008년 1회, 2003년 1회

핵심기출 해설　**답 ③**

③ 체계적 둔감법은 혐오스러운 느낌이나 불안한 자극에 대한 위계목록을 작성한 다음, 낮은 수준의 자극에서 높은 수준의 자극으로 상상을 유도함으로써 불안이나 공포에서 서서히 벗어나도록 하는 불안감소기법이다.

① 타임아웃은 문제행동을 중지시킬 목적으로 문제가 일어나는 상황으로부터 내담자를 일정시간 분리시키는 기법이다. 내담자의 바람직하지 못한 행동에 강화를 주지 않음으로써 반응의 강도 및 출현빈도를 감소시키는 일종의 소거 기술에 해당한다.

② 모델링 또는 대리학습은 타인의 행동에 대한 관찰 및 모방에 의한 학습을 통해 내담자로 하여금 문제행동을 수정하거나 학습을 촉진시키는 기법이다.

④ 행동조성 또는 조형은 행동을 구체적으로 세분화하여 단계별로 구분한 후 각 단계마다 강화를 제공함으로써 내담자가 단번에 수행하기 어렵거나 그 반응을 촉진하기 어려운 행동 또는 복잡한 행동 등을 학습하도록 유도하는 기법이다.

이것이 핵심　**TIP**

체계적 둔감법(체계적 둔감화)은 불안감소를 위한 가장 효과적인 행동주의 상담기법으로서 직업상담사 1차 필기시험은 물론 2차 실무시험에서도 빈번히 출제되고 있습니다.

● **핵심유형 완성하기** ●

내담자의 부적절한 행동을 변화하는 데 자주 사용하는 체계적 둔감화의 주요 원리는? ① 상호억제　　② 변별과 일반화 ③ 소 거　　　　④ 조 성	**기출** 2020년 1·2회 **정답** ①
체계적 둔감화를 주로 사용하는 상담기법은? ① 정신역동적 직업상담 ② 특성-요인 직업상담 ③ 발달적 직업상담 ④ 행동주의 직업상담	**기출** 2020년 3회, 2012년 3회 **정답** ④ **해설** 행동적 상담기법 중 불안감소기법으로서, 혐오스러운 느낌이나 불안한 자극에 대한 위계목록을 작성한 다음, 낮은 수준의 자극에서 높은 수준의 자극으로 상상을 유도함으로써 불안이나 공포에서 서서히 벗어나도록 하는 것이다.

행동적 상담기법 중 불안을 감소시키는 방법으로 이완법과 함께 쓰이는 방법은?

① 강 화
② 변별학습
③ 사회적 모델링
④ 체계적 둔감화

기출 2020년 4회, 2018년 1회, 2014년 3회, 2002년 1회
정답 ④

행동주의 직업상담 프로그램의 문제점에 해당하는 것은?

① 직업결정 문제의 원인으로 불안에 대한 이해와 불안을 규명하는 방법이 결여되어 있다.
② 진학상담과 취업상담에 적합하지만 취업 후 직업적응 문제들을 깊이 있게 다루지 못하고 있다.
③ 직업선택에 미치는 내적 요인의 영향을 지나치게 강조한 나머지 외적 요인의 영향에 대해서는 충분하게 고려하고 있지 못하다.
④ 직업상담사가 교훈적 역할이나 내담자의 자아를 명료화하고 자아실현을 시킬 수 있는 적극적 태도를 취하지 않는다면 내담자에게 직업에 대한 정보를 효과적으로 알려줄 수 없다.

기출 2019년 2회, 2009년 1회
정답 ①

행동주의 상담기법 중 내담자가 긍정적 강화를 받을 기회를 박탈시키는 것은?

① 타임아웃
② 혐오치료
③ 자극통제
④ 토큰경제

기출 2019년 3회
정답 ①

상호제지(Reciprocal Inhibition)의 원리를 사용한 행동치료기법은?

① 행동계약법
② 체계적 둔감법
③ 자기교시법
④ 자기통제법

기출 2018년 3회
정답 ②

행동주의적 상담(행동치료)에서 고전적 조건형성의 원리를 반영한 것으로, 특정 대상에 대한 공포증상을 치료하는 데 효과적인 기법은?

① 토큰기법
② 체계적 둔감법
③ 조형기법
④ 타임아웃 기법

기출 2015년 2회
정답 ②

해설
① 토큰기법은 바람직한 행동들에 대한 목록을 정한 후 그 행동이 이루어질 때 상응하는 보상(토큰)을 하는 것이다.

체계적 둔감화의 3단계를 순서대로 바르게 나열한 것은?

① 근육이완훈련 → 불안위계목록 작성 → 둔감화
② 둔감화 → 근육이완훈련 → 불안위계목록 작성
③ 불안위계목록 작성 → 둔감화 → 근육이완훈련
④ 근육이완훈련 → 둔감화 → 불안위계목록 작성

기출 2010년 2회, 2003년 3회
정답 ①

해설
체계적 둔감화의 표준절차 3단계 과정
근육의 긴장이완(근육이완훈련) → 불안위계목록 작성 → 체계적 둔감화 실행

43 행동주의적 상담기법 중 학습촉진기법과 가장 거리가 먼 것은?

① 강 화
② 변별학습
③ 대리학습
④ 체계적 둔감화

핵심 키워드 • 학습촉진기법 ☞ 강화, 변별학습, 사회적 모델링과 대리학습 등
• 불안감소기법 ☞ 체계적 둔감법, 금지조건형성(내적 금지), 반조건형성(역조건형성) 등

기출 데이터 2022년 2회, 2016년 2회, 2013년 2회, 2005년 1회

핵심기출 해설 **답 ④**

④ 체계적 둔감화(Systematic Desensitization)는 혐오스러운 느낌이나 불안한 자극에 대한 위계목록을 작성한 다음, 낮은 수준의 자극에서 높은 수준의 자극으로 상상을 유도함으로써 불안이나 공포에서 서서히 벗어나도록 하는 불안감소기법이다.

① 강화(Reinforcement)는 내담자의 행동에 개입하여 보상교환 등의 긍정적인 피드백을 제공함으로써 정적 행동을 유도하거나 특정 행동을 조장하는 학습촉진기법이다.

② 변별학습(Discrimination Learning) 또는 자극 변별(Stimulus Discrimination)은 유사한 자극에서 나타나는 조그만 차이에 따라 서로 다른 반응을 보이도록 유도하는 학습촉진기법이다.

③ 대리학습(Vicarious Learning) 또는 사회적 모델링(Modeling)은 타인의 행동에 대한 관찰 및 모방에 의한 학습을 통해 내담자로 하여금 문제행동을 수정하거나 학습을 촉진하는 기법이다.

행동주의 상담(행동치료)의 학습촉진기법과 불안감소기법

학습촉진기법	강화, 변별학습, 사회적 모델링과 대리학습, 행동조성(조형), 토큰경제(상표제도) 등
불안감소기법	체계적 둔감법, 금지조건형성(내적 금지), 반조건형성(역조건형성), 홍수법, 혐오치료, 주장훈련(주장적 훈련), 자기표현훈련 등

이것이 핵심 **TIP**

이 문제는 행동주의 상담기법으로서 불안감소기법에 대비되는 학습촉진기법에 관한 문제입니다. 특히 직업상담사 시험에서는 서로 다른 방식의 범주에 포함되는 각각의 기법들을 구분하는 문제가 종종 출제되고 있으므로, 그 종류를 명확히 기억해 두시기 바랍니다.

행동주의 직업상담에서 사용되는 학습촉진기법과 가장 거리가 먼 것은?

① 강 화
② 내적 금지
③ 사회적 모델링과 대리학습
④ 변별학습

기 출 2018년 2회, 2013년 1회

정 답 ②

해 설
내적 금지는 내담자에게 추가적인 강화 없이 충분히 불안을 일으킬 만한 단서를 반복적으로 제시함으로써 불안 반응을 제거하는 기법이다.

행동주의 상담기법에 해당되지 않는 것은?

① 조형법
② 역전기법
③ 혐오치료법
④ 긍정적 강화법

기 출 2017년 2회

정 답 ②

해 설
역전기법 또는 반대로 하기는 형태주의(게슈탈트) 상담의 상담기법에 해당한다.

다음에서 진우 엄마가 사용하고 있는 기법은?

책을 전혀 읽지 않는 진우를 위해 진우 엄마는 방에 동화책을 가득 늘어놓았다. 방안 가득 쌓인 책을 진우가 만지면 "그 책은 …에 대한 이야기다"라고 설명해 주고, 흥미를 보이면 한 페이지씩 읽어주었다. 함께 쇼핑을 할 때에도 서점 근처에 가면 칭찬해 주고, 진우가 서점에 들어가자고 했을 때는 진우가 좋아하는 만화책을 사주었으며, 책을 한 페이지라도 읽으면 원하는 장난감을 사게 했다. 장난감을 사는 재미에 얇은 책을 읽기 시작한 진우는 차츰 책읽기에 재미를 붙이기 시작했다.

① 조형법   ② 토큰법
③ 타임아웃   ④ 변별적 강화

기 출 2016년 3회

정 답 ①

해 설
조형법
행동을 구체적으로 세분화하여 단계별로 구분한 후 각 단계마다 강화를 제공함으로써 내담자가 단번에 수행하기 어렵거나 그 반응을 촉진하기 어려운 행동 또는 복잡한 행동 등을 학습하도록 유도하는 기법이다.

행동주의 직업상담 기법에 관한 설명으로 틀린 것은?

① 체계적 둔감화는 불안반응을 제거시키기 위해 개발된 행동수정의 기법이다.
② 증상행동에 상반되는 바람직한 행동을 강화함으로써 증상행동이 없어지거나 약화되는 방법을 쓴다.
③ 체계적 둔감화는 근육의 긴장이완, 불안위계표의 작성, 체계적 둔감의 3단계로 시행된다.
④ 변별학습은 다른 사람들의 진로결정행동이나 결과를 관찰함으로써 의사결정의 학습을 촉진시킨다.

기 출 2012년 1회

정 답 ④

해 설
변별학습이 아닌 대리학습 또는 모델링(사회적 모델링)에 해당한다.

행동주의 직업상담 기법 중 새로운 학습을 돕는 학습촉진기법에 해당하지 않는 것은?

① 강 화
② 금지조건형성
③ 대리학습
④ 변별학습

기 출 2012년 2회

정 답 ②

해 설
금지조건형성 또는 내적 금지는 불안감소기법에 해당한다.

44 행동주의 상담에서 외적인 행동변화를 촉진시키는 방법이 아닌 것은?

① 주장훈련   ② 자기관리 프로그램

③ 행동계약   ④ 인지적 재구조화

핵심 키워드
- 내적 행동변화 촉진기법 ☞ 체계적 둔감법, 근육이완훈련, 인지적 모델링, 인지적 재구조화, 사고중지 (사고정지) 등
- 외적 행동변화 촉진기법 ☞ 상표제도(토큰경제), 모델링(대리학습), 주장훈련, 행동계약, 자기관리 프로그램 등

기출 데이터 2012년 1회, 2009년 1회

핵심기출 해설   **답 ④**

④ 인지적 재구조화는 내적인 행동변화를 촉진시키는 방법에 해당한다.

행동주의 상담(행동치료)의 치료기술

내적 행동변화 촉진	• 체계적 둔감법 • 근육이완훈련 • 인지적 모델링 • 인지적 재구조화 • 사고중지(사고정지) • 정서적 심상법(정서적 상상) • 스트레스 접종 등
외적 행동변화 촉진	• 상표제도(토큰경제) • 모델링(대리학습) • 주장훈련(주장적 훈련) • 역할연기 • 행동계약 • 자기관리 프로그램 • 혐오치료 • 바이오피드백 등

이것이 핵심   **TIP**

행동주의 상담기법은 앞서 살펴보았듯이 '불안감소기법 / 학습촉진기법', '내적 행동변화 촉진기법 / 외적 행동변화 촉진기법' 등으로 분류할 수 있습니다. 사실 행동주의 접근은 과학적 방법을 통해 특수한 치료기법 및 절차들을 발달시켜 왔으며, 실제 상담장면(치료장면)에서 내담자의 행동적 특징 및 결함, 내담자의 문제 유형, 내담자의 생활환경에 이용될 수 있는 강화 유형, 내담자의 바람직한 행동 육성에 도움을 줄 수 있는 중요한 타인의 존재 여부 등 다양한 변인들을 고려할 것을 요구하고 있습니다. 행동주의 상담기법이 그 수가 많고 서로 다른 관점에서 분류되는 이유는 그것 때문입니다.

내담자가 자기지시적인 삶을 영위하고 상담자에게 의존하지 않게 하기 위해 상담사가 내담자와 지식을 공유하며 자기강화 기법을 적극적으로 활용하는 행동주의 상담기법은?

① 모델링
② 과잉교정
③ 내현적 가감법
④ 자기관리 프로그램

기 출 2021년 3회, 2017년 1회
정 답 ④
해 설
'자기관리 프로그램'은 외적인 행동변화를 촉진시키는 방법이다.

행동주의 상담에서 외적인 행동변화를 촉진시키는 방법은?

① 체계적 둔감법
② 근육이완훈련
③ 인지적 모델링과 사고정지
④ 상표제도

기 출 2019년 2회, 2010년 4회
정 답 ④
해 설
체계적 둔감법, 근육이완훈련, 인지적 모델링과 사고정지는 내적인 행동변화를 촉진시키는 방법이다.

행동주의 상담에서 내적인 행동변화를 촉진시키는 방법이 아닌 것은?

① 체계적 둔감법
② 근육이완훈련
③ 인지적 모델링과 사고정지
④ 상표제도

기 출 2017년 1회, 2009년 3회
정 답 ④
해 설
상표제도(토큰경제)는 외적인 행동변화를 촉진시키는 방법에 해당한다.

행동주의 상담에서 문제행동에 대한 대안행동이 거의 없거나 효과적인 강화인자가 없을 때 유용한 기법으로서 파괴적이고 폭력적인 행동을 수정하는 데 효과적인 것은?

① 과잉교정
② 모델링
③ 반응가
④ 자기지시기법

기 출 2016년 1회, 2012년 2회
정 답 ①

다음은 행동주의 상담기법 중 무슨 기법에 해당하는가?

- 불안을 역제지하는 방법으로 사용한다.
- 대인관계에서 오는 불안의 제거에 효과적이다.
- 이 기법의 목표는 내담자로 하여금 광범위한 대인관계의 상황에 효과적으로 대처하기 위해 필요한 기술과 태도를 갖추게 하는 데 있다.

① 모델링
② 주장훈련
③ 자기관리 프로그램
④ 행동계약

기 출 2010년 3회
정 답 ②

45 강화계획 중 자동차 영업사원이 판매 대수에 따라 일정한 성과급을 받는 것은?

① 고정간격

② 고정비율

③ 변동간격

④ 변동비율

핵심 키워드
- 고정간격(FI) ☞ 주급, 월급, 일당
- 변동간격(VI) ☞ 아이에게 사탕을 평균 1분에 한 번씩 주되 시간 간격은 불규칙적임
- 고정비율(FR) ☞ 일정한 목표달성에 따른 성과급
- 변동비율(VR) ☞ 카지노의 슬롯머신, 복권

기출 데이터 2017년 1회, 2012년 3회

핵심기출 해설 **답 ②**

강화계획 또는 강화스케줄

- 계속적(연속적) 강화계획

  반응의 횟수나 시간에 상관없이 기대하는 반응이 나타날 때마다 강화를 부여한다.

  예 아이가 숙제를 모두 마치는 경우 TV를 볼 수 있도록 허락한다.

- 간헐적(부분적) 강화계획

  반응의 횟수나 시간을 고려하여 간헐적 또는 주기적으로 강화를 부여하는 것으로서, 다음의 강화계획들이 포함된다.

고정간격계획	요구되는 행동의 발생빈도에 상관없이 일정한 시간 간격에 따라 강화를 부여한다. **예** 주급, 월급, 일당, 정기적 시험 등
변동(가변)간격계획	일정한 시간 간격을 두지 않은 채 평균적으로 확인할 수 있는 시간 간격이 지난 후에 강화를 부여한다. 강화 시간은 불규칙적이지만 강화가 주어진 시간을 분석하는 경우 평균 시간마다 한 번씩 강화를 받게 되는 셈이다. **예** 아이에게 사탕을 평균 1분에 한 번씩 준다고 했을 경우, 이는 1~120초 사이의 어느 순간에 사탕을 주겠다는 것이다.
고정비율계획	행동중심적 강화방법으로서, 일정한 횟수의 바람직한 반응이 나타난 다음에 강화를 부여한다. **예** 옷 공장에서 옷 100벌을 만들 때마다 1인당 100만 원의 성과급을 지급한다.
변동(가변)비율계획	반응행동에 변동적인 비율을 적용하여 불규칙한 횟수의 바람직한 행동이 나타난 후 강화를 부여한다. **예** 카지노의 슬롯머신, 복권 등

'성과급'이라고 해서 무조건 고정비율계획(고정비율강화)에 해당하는 것은 아닙니다. 고정비율계획에서의 성과급은 일정한 목표가 있고, 해당 목표에 도달했을 때 받게 되는 성과급을 말합니다. 만약 일정한 목표 없이 무작위적 혹은 선별적으로 지급하는 성과급은 변동비율계획에 가깝습니다. 참고로 반응률이 높은 강화계획 순서는 '변동비율계획(VR) > 고정비율계획(FR) > 변동간격계획(VI) > 고정간격계획(FI)' 순입니다.

● **핵심유형 완성하기** ●

강화이론에서 제시한 강화계획(Reinforcement Schedule) 중 불규칙한 횟수의 바람직한 행동 후 강화요인을 제공하는 것은? ① 계속적 강화(Continuous Reinforcement) ② 고정간격강화(Fixed Interval Reinforcement) ③ 변동간격강화(Variable Interval Reinforcement) ④ 변동비율강화(Variable Ratio Reinforcement)	**기 출** 2011년 3회 **정 답** ④
강화계획(Reinforcement Schedule) 중 행동수정의 효과가 가장 약하게 나타나는 것은? ① 계속적 강화(Continuous Reinforcement) ② 고정간격강화(Fixed Interval Reinforcement) ③ 변동간격강화(Variable Interval Reinforcement) ④ 변동비율강화(Variable Ratio Reinforcement)	**기 출** 2010년 2회 **정 답** ② **해 설** 고정간격강화는 '강화 후 휴식현상'이 현저하므로 행동수정의 효과를 기대하기 어렵다.
판매에 따라 수수료를 받는 부동산영업사원은 강화계획 중 무엇의 예에 해당하는가? ① 고정간격 ② 고정비율 ③ 변동간격 ④ 변동비율	**기 출** 2005년 3회 **정 답** ②

46

포괄적 직업상담에서 내담자가 지닌 직업상의 문제를 가려내기 위해 실시하는 변별적 진단 검사와 가장 거리가 먼 것은?

① 직업성숙도검사

② 직업적성검사

③ 직업흥미검사

④ 경력개발검사

핵심 키워드 포괄적 직업상담의 변별적 진단검사
☞ 직업성숙도검사, 직업적성검사, 직업흥미검사

기출 데이터 2025년, 2020년 4회, 2013년 3회, 2011년 2회

핵심기출 해설 답 ④

④ 경력개발검사(CDI)는 수퍼(Super) 등이 개발한 것으로서, 경력관련 의사결정에 대한 참여 준비도를 측정하기 위한 것이다.

포괄적 직업상담에서의 진단검사

• 변별적 진단검사 : 직업성숙도검사, 직업적성검사, 직업흥미검사 등을 실시하여 직업상의 문제를 가려낸다.

• 역동적 진단검사 : 상담자와 내담자의 상호작용을 통해 상담자에 의한 주관적 오류를 보완하며, 상담 과정에서 얻은 다양한 자료들을 통해 심리측정 자료에 의한 통계적인 오류를 보완한다.

• 결정적 진단검사 : 직업선택 및 의사결정의 과정에서 나타나는 내담자의 다양한 문제를 체계적으로 분석한다.

이것이 핵심 TIP

포괄적 직업상담은 특성-요인이론, 정신분석이론, 행동주의이론, 인간중심이론 등 다양한 상담이론을 절충·통합한 것으로서, 대표적인 학자로는 크라이티스(Crites)가 있습니다. 크라이티스는 직업상담의 과정에 진단, 문제분류, 문제 구체화, 문제해결의 단계 등이 포함되어야 한다고 주장하였습니다. 그에 따라 포괄적 직업상담은 〈진단 → 명료화 또는 해석 → 문제해결〉의 3단계 상담 과정을 통해 내담자의 문제를 파악하며, 상담과 검사를 통해 얻어진 자료를 토대로 직업정보를 제공합니다.

Crites가 제시한 직업상담 과정에 포함되지 않는 것은?

① 진 단
② 문제분류
③ 정보제공
④ 문제 구체화

기 출	2019년 3회
정 답	③

다음과 같은 직업상담에 대한 견해를 제시한 학자는?

> 직업상담의 과정에는 진단, 문제분류, 문제 구체화, 문제해결의 단계 등이 포함되어야 하며, 직업상담의 목적에는 직업선택, 의사결정기술의 습득, 일반적 적응의 고양 등이 포함되어야 한다.

① Maola
② Gysbers
③ Crites
④ Krivatsy

기 출	2018년 2회
정 답	③

직업상담의 과정을 진단, 문제분류, 문제 구체화, 문제해결의 단계로 구분한 학자는?

① Crites
② Krumboltz
③ Super
④ Gysbers

기 출	2017년 2회
정 답	①

직업상담의 과정에는 진단, 문제분류, 문제 구체화, 문제해결의 단계가 있고 직업상담의 목적에는 진로선택, 의사결정 기술의 습득, 일반적 적응의 고양 등이 포함된다고 한 학자는?

① 크라이티스(Crites)
② 크롬볼츠(Krumboltz)
③ 수퍼(Super)
④ 기즈버스(Gysbers)

기 출	2008년 1회, 2005년 3회
정 답	①

47

포괄적 직업상담 프로그램은 여러 직업상담 이론들과 일반상담 이론들이 갖는 장점들을 서로 절충하고 단점들을 보완하여 일관성 있는 체계로 통합시키기 위하여 Crites가 제안한 프로그램이다. 이 포괄적 직업상담 프로그램의 문제점은?

① 직업결정 문제의 원인으로 불안에 대한 이해와 불안을 규명하는 방법이 결여되어 있다.

② 직업상담의 문제 중 진학상담과 취업상담에 적합할 뿐 취업 후 직업적응 문제들을 깊이 있게 다루지 못하고 있다.

③ 직업선택에 미치는 내적 요인의 영향을 지나치게 강조한 나머지 외적 요인의 영향에 대해서는 충분하게 고려하고 있지 못하다.

④ 직업상담사가 교훈적 역할이나 내담자의 자아를 명료화하고 자아실현을 시킬 수 있는 적극적 태도를 취하지 않는다면 내담자에게 직업에 대한 정보를 효과적으로 알려줄 수 없다.

핵심 키워드
- 포괄적 직업상담의 장점 ☞ 내담자의 다양한 문제들에 대한 적용 가능성 확대
- 포괄적 직업상담의 단점 ☞ 취업 후 직업적응 문제들을 깊이 있게 다루지 못함

기출 데이터 2012년 2회, 2011년 3회, 2010년 2회, 2009년 1회, 2009년 3회

핵심기출 해설　답 ②

① 행동주의 직업상담의 부정적 평가에 해당한다.
③ 정신역동적 직업상담의 부정적 평가에 해당한다.
④ 내담자중심 직업상담의 부정적 평가에 해당한다.

포괄적 직업상담의 평가

- 긍정적 평가 : 포괄적 직업상담은 여러 직업상담 접근방법들의 장점을 부각시키고 단점을 보완함으로써 상담자로 하여금 다양한 상담장면에서 다양한 내담자들의 문제에 대해 폭넓게 적용할 수 있는 가능성을 확대시켰다.
- 부정적 평가 : 포괄적 직업상담도 다른 직업상담이론들과 마찬가지로 진학상담과 취업상담에 적합할 뿐 취업 후 직업적응 문제들을 깊이 있게 다루지 못하고 있으므로, 향후 직업상담의 전반적인 문제들을 포함하는 좀 더 포괄적인 이론이 제안될 필요가 있다.

이것이 핵심　TIP

포괄적 직업상담은 상담 초기 단계에는 발달적 접근법과 내담자중심 접근법을 통해 내담자에 대한 탐색 및 문제의 원인에 대한 토론을 촉진시키는 반면, 상담 중간 단계에는 정신역동적 접근법을 통해 내담자의 문제에서 원인이 되는 요인을 명료히 밝혀 이를 제거합니다. 그리고 마지막 단계에는 특성-요인적 접근법과 행동주의적 접근법을 통해 상담자가 보다 능동적·지시적인 태도로 내담자의 문제해결에 개입하게 됩니다.

포괄적 직업상담에 관한 설명으로 틀린 것은?

① 논리적인 것과 경험적인 것을 의미 있게 절충시킨 모형이다.
② 진단은 변별적이고 역동적인 성격을 가지고 있다.
③ 상담의 진단단계에서는 주로 특성-요인이론과 행동주의이론으로 접근한다.
④ 문제해결 단계에서는 도구적(조작적) 학습에 초점을 맞춘다.

기 출 2021년 1회
정 답 ③
해 설
내담자에 대한 탐색적 진단이 이루어지는 상담 초기 단계에서는 발달적 접근법과 내담자중심 접근법을 주로 활용한다.

포괄적 직업상담에서 초기, 중간, 마지막 단계 중 중간 단계에서 주로 사용하는 접근법은?

① 발달적 접근법
② 정신역동적 접근법
③ 내담자중심 접근법
④ 행동주의적 접근법

기 출 2021년 2회, 2017년 3회
정 답 ②
해 설
포괄적 직업상담의 기법
• 상담 초기 단계 : 발달적 접근법과 내담자 중심 접근법
• 상담 중간 단계 : 정신역동적 접근법
• 상담 마지막 단계 : 특성-요인적 접근법과 행동주의적 접근법

포괄적 직업상담 과정에 대한 설명으로 틀린 것은?

① 내담자가 직업선택에서 가졌던 문제들을 상담한다.
② 내담자가 자신의 내부와 주변에서 일어나는 일들을 충분히 자각하게 한다.
③ 직업심리검사를 통해 내담자의 문제를 명료화한다.
④ 상담과 검사를 통해 얻어진 자료를 바탕으로 직업정보를 제공한다.

기 출 2019년 3회
정 답 ②
해 설
자각에 의한 성숙과 통합의 성취는 형태주의 상담(게슈탈트 상담)의 목표에 해당한다.

포괄적 직업상담에 관한 설명으로 틀린 것은?

① 논리적인 것과 경험적인 것을 의미 있게 절충시킨 모형이다.
② 진단은 변별적이고 역동적인 성격을 가지고 있다.
③ 상담의 전반적인 진행에서 특성-요인이론과 행동주의이론으로 접근한다.
④ 검사의 역할을 중시하며 검사를 효율적으로 사용한다.

기 출 2014년 1회
정 답 ③

몰입 모델 적용 진로상담

48 진로상담의 몰입 모델에 따르면 몰입 경험의 두 가지 구조에 따라 진로문제의 성격 및 대처 방안이 달라질 수 있다. 다음 중 일상의 몰입 경험은 낮지만 삶의 의미가 높은 집단에 해당하는 것은?

① 통합 · 분화 발달 집단

② 통합 · 분화 미발달 집단

③ 통합 미발달, 분화 발달 집단

④ 통합 발달, 분화 미발달 집단

핵심 키워드 몰입 경향에 따른 진로문제 유형

☞ 통합 · 분화 발달 집단, 통합 미발달, 분화 발달 집단, 통합 발달, 분화 미발달 집단, 통합 · 분화 미발달 집단

기출 데이터 적중 예상 문제

해설 답 ④

몰입 경험에 따른 진로문제 유형

• 통합 · 분화 발달 집단 : 일상의 몰입 경험과 삶의 의미가 모두 높은 집단이다.

• 통합 미발달, 분화 발달 집단 : 일상의 몰입 경험은 높지만 삶의 의미가 낮은 집단이다.

• 통합 발달, 분화 미발달 집단 : 일상의 몰입 경험은 낮지만 삶의 의미가 높은 집단이다.

• 통합 · 분화 미발달 집단 : 일상의 몰입 경험과 삶의 의미가 모두 낮은 집단이다.

이것이 핵심 TIP

몰입 모델을 적용한 진로상담은 내담자의 흥미와 능력이 균형을 이룬 상태를 '몰입(Flow)'으로 가정하면서, 특정한 영역에서의 몰입 경험을 내담자의 진로발달 및 진로결정과 연결시키는 것을 강조합니다.

49 다음 중 피터슨과 셀리그만(Peterson & Seligman)이 제시한 강점 분류체계에서 핵심 덕목에 해당하는 것을 올바르게 모두 고른 것은?

> ㄱ. 지혜 및 지식(Wisdom & Knowledge)　　ㄴ. 절제(Temperance)
> ㄷ. 개방성(Open-Mindedness)　　　　　　ㄹ. 리더십(Leadership)
> ㅁ. 정의(Justice)　　　　　　　　　　　　ㅂ. 자애(Humanity)

① ㄱ, ㄷ, ㅁ
② ㄱ, ㄴ, ㄹ
③ ㄱ, ㄴ, ㅁ, ㅂ
④ ㄴ, ㄷ, ㄹ, ㅁ, ㅂ

핵심 키워드　강점 분류체계 ☞ 지혜 및 지식, 용기, 자애, 절제, 정의, 초월성
기출 데이터　적중 예상 문제

해설　답 ③

강점 분류체계(Peterson & Seligman)

지혜 및 지식 (Wisdom & Knowledge)	더 나은 삶을 위해 지식을 습득하고 활용하는 것과 관련된다. 예 창의성, 호기심, 개방성, 학구열, 지혜 등
용 기 (Courage)	목표 추구 과정에서 난관에 직면하더라도 이를 극복하면서 목표를 성취하려는 강인한 투지를 보인다. 예 용감성, 끈기, 활력, 진실성 등
자 애 (Humanity)	다른 사람을 보살피고 이해하며, 그들과 따뜻하고 친밀한 관계를 형성하도록 돕는다. 예 사랑, 친절, 사회지능 등
절 제 (Temperance)	지나침으로부터 스스로를 보호한다. 예 용서, 겸손, 신중성, 자기조절 등
정 의 (Justice)	모든 개인과 개인을 둘러싼 사회 간의 건강한 상호작용에 기여한다. 예 시민의식, 리더십, 공정성 등
초월성 (Transcendence)	현상과 행위에 대해 의미를 부여하고 보다 큰 우주와의 연결성을 추구한다. 예 감상력, 낙관성, 감사, 영성, 유머감각 등

50

다음 중 진로 SWOT 분석에 의한 전략에서 외부 환경의 기회를 활용하여 분석 대상의 약점을 보완하는 전략에 해당하는 것은?

① SO 전략

② WO 전략

③ ST 전략

④ WT 전략

핵심 키워드   진로 SWOT 분석에 의한 전략 수립

☞ SO 전략, ST 전략, WO 전략, WT 전략

기출 데이터   적중 예상 문제

해설   **답** ②

① SO 전략 : 분석 대상의 강점을 활용하여 외부 환경의 기회 요소들을 살린다.

③ ST 전략 : 분석 대상의 강점을 활용하여 외부 환경의 위협 요소들을 최소화한다.

④ WT 전략 : 분석 대상의 약점을 보완하여 외부 환경의 위협 요소들을 최소화한다.

이것이 핵심   **TIP**

SWOT 분석이란 특정한 사안에 대한 의사결정을 합리적이고 체계적으로 할 수 있도록 개발된 분석 기법입니다. SWOT 분석의 각 요소들도 기억해 두시기 바랍니다.

강 점 (Strength)	분석 대상이 가지고 있는 유·무형의 자산으로 성과를 만드는 데 긍정적인 역할을 하는 내부 요소
약 점 (Weakness)	특정한 목표를 달성하거나 성과를 만드는 데 방해가 되는 내부 요소
기 회 (Opportunity)	분석 대상의 지속적인 생존이나 성장에 긍정적인 영향을 주는 외부 요소
위 협 (Threat)	목표를 달성하는 데 장애가 되거나 위험이 되는 외부 요소

● **핵심유형 완성하기** ●

다음 중 개인자원목록 작성을 위한 SWOT 분석의 요소로 옳지 않은 것은?

① 강점(Strength)

② 약점(Weakness)

③ 기회(Opportunity)

④ 근심(Trouble)

기 출   적중 예상 문제

정 답   ④

해 설

'근심(Trouble)'이 아닌 '위협(Threat)'이 옳다.

51

성공적인 상담결과를 위한 상담목표의 특징으로 옳지 않은 것은?

① 변화될 수 없으며 구체적이어야 한다.

② 실현가능한 것이어야 한다.

③ 내담자가 원하고 바라는 것이어야 한다.

④ 상담자의 기술과 양립 가능해야만 한다.

핵심 키워드 상담목표의 특징

☞ 구체적, 실현가능, 내담자가 원하고 바라는 것, 상담자의 기술과 양립 가능, 내담자와 함께 설정

기출 데이터 2021년 1회, 2014년 2회, 2011년 1회

핵심기출 해설 **답 ①**

① 상담목표는 구체적이어야 하나 고정불변한 것은 아니다.

상담목표의 특징

• 목표는 구체적이어야 한다.

• 목표는 실현가능한 것이어야 한다.(②)

• 목표는 내담자가 원하고 바라는 것이어야 한다.(③)

• 목표는 상담자의 기술과 양립 가능해야 한다.(④)

• 목표는 내담자의 문제에 대해 내담자와 함께 설정해야 한다.

이것이 핵심 **TIP**

상담목표와 관련된 내용은 학자마다 교재마다 매우 다양하게 제시되고 있습니다. 참고로 목표설정은 다음의 3가지 측면에서 주로 이용됩니다.

• 상담의 방향 제공
• 상담전략 선택 및 개입에 대한 기초 제공
• 상담결과 평가에 대한 기초 제공

● **핵심유형 완성하기** ●

다음 중 상담자가 상담목표를 설정할 때 고려해야 할 사항으로 가장 적합한 것은?

① 달성하기 어렵더라도 이상적인 관점에서 상담목표를 세운다.

② 내담자가 바라는 구체적이고 긍정적인 변화를 상담목표로 삼는다.

③ 상담의 방향성을 내담자와 공유하기 위해 추상적인 상담목표를 세운다.

④ 내담자의 문제를 가장 잘 파악하고 있는 부모와 함께 상담목표를 설정한다.

기출 2025년, 2018년 3회, 2013년 2회

정답 ②

내담자에 대한 상담목표의 특성이 아닌 것은?

① 구체적이어야 한다.
② 내담자가 원하고 바라는 것이어야 한다.
③ 실현가능해야 한다.
④ 인격성장을 도와야 한다.

진로상담에서 내담자의 목표가 현실적으로 가능한지를 묻는 '목표실현가능성'에 관한 상담자의 질문으로 적절하지 않은 것은?

① 목표를 성취하기 위해 현재 처한 상황을 당신은 얼마나 통제할 수 있나요?
② 당신이 이 목표를 성취하지 못하도록 방해하는 것은 무엇인가요?
③ 언제까지 목표를 성취해야 한다고 느끼며, 마음속에 어떤 시간계획을 가지고 있나요?
④ 당신이 목표하는 직업에서 의사결정은 어디서 누가 내리나요?

직업상담의 상담목표에 관한 설명으로 틀린 것은?

① 상담목표 설정은 상담전략 및 개입의 선택과 관련이 있다.
② 하위목표들은 보편적으로 이해되는 수준이면 된다.
③ 내담자의 기대나 가치를 반영하여야 한다.
④ 상담목표는 가능한 한 현실적이고 실현가능해야 한다.

상담의 목표설정 과정에 관한 설명으로 틀린 것은?

① 전반적인 목표는 내담자의 욕구들에 의해 결정된다.
② 현존하는 문제를 평가하고 나서 목표설정 과정으로 들어간다.
③ 상담자는 목표설정에 개입하지 않는다.
④ 내담자의 목표를 끌어내기 위한 기법에는 면접안내가 있다.

직업상담의 상담목표 설정에 관한 설명으로 가장 적합한 것은?

① 상담목표 설정은 상담전략 및 개입의 선택과 관련이 없다.
② 하위목표들을 명확히 하여 가능한 한 구체적으로 설정되어야 한다.
③ 내담자의 기대나 가치와 어긋나더라도 상담자의 전문가적인 식견에 따라 설정되어야 한다.
④ 현실적이기보다 가능한 한 궁극적인 변화를 가져올 수 있는 원대한 목표이어야 한다.

직업상담에서 내담자로 하여금 상담의 목표를 설정하게 하는 이유로 가장 적절한 것은?

① 상담전략의 선택과 상담결과의 평가를 위해
② 내담자의 가치관 인식과 성취동기 향상을 위해
③ 내담자가 원하는 것을 밝히고 개입하기 위해
④ 상담목표의 실현가능성을 예측하기 위해

52

다음 중 일반적인 직업정보 수집과정을 순서대로 올바르게 나열한 것은?

ㄱ. 직업분류 제시하기
ㄴ. 대안 만들기
ㄷ. 목록 줄이기
ㄹ. 직업정보 수집하기

① ㄱ → ㄴ → ㄷ → ㄹ
② ㄴ → ㄱ → ㄹ → ㄷ
③ ㄹ → ㄷ → ㄴ → ㄱ
④ ㄷ → ㄴ → ㄱ → ㄹ

핵심 키워드 직업정보 수집 및 대안개발 단계
　　　　　 ☞ 직업분류 제시하기 → 대안 만들기 → 목록 줄이기 → 직업정보 수집하기
기출 데이터 2009년 3회

핵심기출 해설 답 ①

직업정보 수집 및 대안개발의 4단계

직업분류 제시하기 (제1단계)	내담자에게 직업분류체계를 제공한다.
대안 만들기 (제2단계)	내담자와 함께 대안직업들에 대한 광범위한 목록을 작성한다.
목록 줄이기 (제3단계)	내담자와 함께 2~5개의 가장 적당한 대안으로 목록을 줄인다.
직업정보 수집하기 (제4단계)	내담자에게 줄어든 목록 각각의 대안들에 관한 정보를 수집하도록 지시한다.

53

내담자가 수집한 직업목록의 내용이 실현 불가능할 때, 상담사의 개입 방안으로 옳지 않은 것은?

① 브레인스토밍 과정을 통해 내담자의 부적절한 직업목록 내용을 명확히 한다.

② 최종 의사결정은 내담자가 해야 함을 확실히 한다.

③ 내담자가 그 직업들을 시도해 본 후 어려움을 겪게 되면 개입한다.

④ 객관적인 증거나 논리로 추출한 것에 대해서 대화해야 한다.

핵심 키워드 부적절한 대안목록 직업들에 대한 상담

☞ 내담자가 정서적 열정을 소모하기 전에 신속히 개입

기출 데이터 2025년, 2024년, 2019년 1회, 2013년 1회, 2011년 1회, 2009년 1회

핵심기출 해설 **답 ③**

③ 내담자의 직업들 대부분이 어떤 식으로든 실현 불가능한 것으로 여겨질 경우, 상담자는 내담자로 하여금 그와 같은 직업들에 정서적 열정을 소모하기 전에 신속히 개입하는 것이 중요하다. 만약 내담자가 부적절하다고 생각되는 직업들을 선택할 때까지 상담자가 아무런 조언을 하지 않는 경우, 내담자는 결국 사전에 그와 같은 사실을 알려주지 않은 것에 대해 상담자를 불신할 수 있다.

내담자가 수집한 대안목록 직업들이 실현 불가능할 때의 상담전략

• 상담자는 브레인스토밍 과정을 통해 내담자의 대안직업 대다수가 부적절한 것을 논리적이고 명확하게 설명한다.(①)

• 상담자의 견해는 자기 자신의 편견이나 부정적 경험의 결과가 아닌 내담자의 상황을 토대로 한 것이어야 한다.

• 상담자는 자신의 판단이 잘못될 수 있음을 염두에 두고 어떤 경우에서든 내담자를 특정 방향으로 가도록 설득할 권리가 없음을 명심한다.

• 객관적인 증거나 논리에서 추출한 것에 대해서만 대화하도록 하며(④), 자신의 감정을 토대로 이야기하지 않도록 한다.

• 내담자에게 대안직업에 대한 인식의 폭을 넓히도록 유도한다.

• 최종 의사결정은 내담자가 해야 함을 확실히 한다.(②)

이것이 핵심 **TIP**

'부적절한 대안목록 직업들'이란 내담자의 비현실적 능력 수준이 요구되는 직업, 내담자의 성격이나 특성과 일치하지 않는 직업, 내담자의 흥미나 과제와 전혀 관계가 없는 것으로 보이는 직업 등을 말합니다. 이는 특히 내담자의 선택의 권리와 상담자의 전문적 견해를 제공하려는 책임감 간의 갈등을 유발하는 본질적으로 윤리적인 문제에 해당합니다.

대안개발과 의사결정 시 사용하는 인지적 기법으로 다음 설명에 해당하는 인지치료 과정의 단계는?

> 상담자는 두 부분의 개입을 하게 된다. 첫 번째는 낡은 사고에 대한 평가이며, 두 번째는 낡은 사고나 새로운 사고의 적절성을 검증하는 실험을 해 보는 것이다. 의문문 형태의 개입은 상담자가 정답을 제시하기보다는 내담자 스스로 해결방법에 다가가도록 유도한다.

① 2단계   ② 3단계
③ 4단계   ④ 5단계

기 출 2021년 1회, 2017년 1회
정 답 ③
해 설
대안개발과 의사결정 시 사용하는 인지치료의 과정 4단계 : 내담자를 도와 현실과 사고를 조사해 보도록 개입

내담자가 수집한 대안목록의 직업들이 실현 불가능할 때 사용하는 상담전략으로 가장 적합한 것은?

① 직업상담사의 개인적 경험을 적극 활용한다.
② 내담자에게 가장 알맞아 보이는 직업을 골라준다.
③ 브레인스토밍 과정을 통해 내담자의 대안직업 대다수가 부적절한 것임을 명확히 한다.
④ 내담자가 그 직업들을 시도해 본 후 어려움을 겪게 되면 개입한다.

기 출 2015년 3회
정 답 ③

다음은 직업상담기법 중 무엇에 대한 설명인가?

> 상담자는 두 부분의 개입을 하게 된다. 첫 번째는 낡은 사고에 대한 평가이며, 두 번째는 낡은 사고 나 새로운 사고의 적절성을 검증하는 실험을 해 보는 것이다. 의문의 형태의 개입은 상담자가 정답을 제시하기보다는 내담자 스스로 해결방법을 다가가도록 유도한다.

① 실제적 기법
② 심리측정 도구 사용기법
③ 인지적 기법
④ 논리적 기법

기 출 2009년 1회, 2006년 1회
정 답 ③
해 설
보기의 내용은 대안개발과 의사결정을 위한 인지치료의 과정에서 사용하는 인지적 기법에 해당한다.

54

직업선택을 위한 마지막 과정인 선택할 직업에 대한 평가과정 중 요스트(Yost)가 제시한 방법이 아닌 것은?

① 원하는 성과연습
② 확률추정연습
③ 대차대조표연습
④ 동기추정연습

핵심 키워드 선택할 직업에 대한 평가과정
☞ 원하는 성과연습, 찬반연습, 대차대조표연습, 확률추정연습, 미래를 내다보는 연습

기출 데이터 2024년, 2021년 2회, 2018년 2회, 2014년 3회

핵심기출 해설 **답 ④**

선택할 직업에 대한 평가과정으로서 요스트(Yost)의 기법
• 원하는 성과연습(①)
• 찬반연습
• 대차대조표연습(③)
• 확률추정연습(②)
• 미래를 내다보는 연습

이것이 핵심 **TIP**

요스트(Yost)가 제시한 방법으로서 '확률추정연습'을 '동기추정연습'으로 바꾸어 문제의 틀린 지문으로 제시하고 있습니다. 헷갈리지 않도록 기억해 두시기 바랍니다.

● **핵심유형 완성하기** ●

인간의 의사결정모형 중 대안을 모색해서 각각의 대안을 의사결정기준에 따라 평가하는 과정은?

① 탐색 과정
② 선택 과정
③ 설계 과정
④ 구현 과정

기출 2006년 1회

정답 ③

해설
의사결정의 4단계 과정(Simon)
• 탐색 또는 인텔리전스(Intelligence) : 문제의 탐색 및 환경요인 평가
• 설계(Design) : 대안의 모색, 개발, 분석 및 평가
• 선택(Choice) : 합리적인 대안의 선택
• 수행 또는 구현(Implementation) : 선택된 대안의 실행 및 효과성 검토

55

직업선택 결정모형을 기술적 직업결정 모형과 처방적 직업결정 모형으로 분류할 때, 다음 중 기술적 직업결정 모형에 해당하지 않는 것은?

① 브룸(Vroom)의 모형

② 플레처(Fletcher)의 모형

③ 겔라트(Gelatt)의 모형

④ 타이드만과 오하라(Tiedeman & O'Hara)의 모형

핵심 키워드 직업선택의 결정모형

☞ 기술적 직업결정 모형 : 타이드만과 오하라, 힐튼, 브룸, 슈, 플레처

☞ 처방적 직업결정 모형 : 카츠, 겔라트, 칼도와 쥐토우스키

기출 데이터 2020년 4회, 2009년 2회

핵심기출 해설 답 ③

직업선택 결정모형 분류

기술적 직업결정 모형	사람들의 일반적인 직업결정 방식을 나타내고자 시도한 이론모형이다. **예** 타이드만과 오하라(Tiedeman & O'Hara), 힐튼(Hilton), 브룸(Vroom), 슈(Hsu), 플레처 (Fletcher) 등
처방적 직업결정 모형	사람들로 하여금 직업을 결정하는 데 있어서 실수를 감소시키고 보다 나은 직업선택을 할 수 있도록 도우려는 의도에서 시도된 이론모형이다. **예** 카츠(Katz), 겔라트(Gelatt), 칼도와 쥐토우스키(Kaldor & Zytowski) 등

이것이 핵심 TIP

겔라트는 직업선택의 결과보다는 그 선택 과정을 중시하였으며, 정보체계를 예언적 체계, 가치체계, 결정준거 등으로 설명하였습니다. 또한 겔라트가 제시한 진로의사결정에 대한 상담 과정은 직업상담사 2차 실무시험에서 출제되기도 합니다.

겔라트(Gelatt)의 진로의사결정에 대한 상담 과정
- 제1단계 : 목적(목표)의식
- 제2단계 : 정보수집
- 제3단계 : 대안열거
- 제4단계 : 대안의 결과 예측
- 제5단계 : 대안의 실현 가능성 예측
- 제6단계 : 가치평가
- 제7단계 : 의사결정
- 제8단계 : 평가 및 재투입

56

6개의 생각하는 모자(Six Thinking Hats)는 직업상담의 중재와 관련된 단계들 중 무엇을 위한 것인가?

① 직업정보의 수집　　　　　　　② 의사결정의 촉진

③ 보유기술의 파악　　　　　　　④ 시간관의 개선

핵심 키워드　6개의 생각하는 모자의 목적
　　　　　　　☞ 의사결정의 촉진

기출 데이터　2020년 4회, 2016년 2회, 2012년 1회, 2010년 4회, 2009년 3회

핵심기출 해설　**답 ②**

② '6개의 생각하는 모자' 기법은 창의적 사고의 대가인 에드워드 드 보노(Edward de Bono)에 의해 개발된 것이다. 상담자는 의사결정자인 내담자에게 "창의적 의사결정자는 백색, 적색, 흑색, 황색, 녹색, 청색의 6가지 생각하는 모자를 쓰고 있습니다"라는 이야기를 들려준 후 내담자에게 각각의 모자들을 써보도록 제안한다. 내담자는 각각의 모자를 쓰고 있는 동안 그 모자의 색에 해당하는 역할을 수행하게 된다.

① 직업정보는 여러 가지 직업적 대안들을 명료화하고 새로운 대안을 개발하거나 현재 고려하고 있는 직업들 중 어떤 것들을 배제해야 할지를 결정하는 데 사용된다. 또한 경험이 부족한 내담자들에게 다양한 직업들을 접할 기회를 제공하며, 특정 직업에 대한 내담자의 고정관념을 수정하는 데 사용된다.

③ 상담자는 내담자가 과거의 직무경험이나 훈련을 통해 어떤 기술들을 습득하였는지, 그 기술들이 어떤 직무들에서 활용될 수 있는지를 파악하여야 한다.

④ 직업계획을 위해 내담자의 시간관은 미래지향적일 필요가 있다. 상담자는 '일대기법(Birth to Death Lifeline)'을 통해 내담자로 하여금 앞으로 다가올 일들과 함께 그로 인한 책임과 의무들을 예측하도록 돕거나, '공상으로의 안내' 기법을 통해 공상 속 미래의 특정 사건들을 경험할 수 있도록 한다.

이것이 핵심　**TIP**

'6개의 생각하는 모자'와 함께 의사결정의 촉진을 위한 유용한 기법으로서 '대차대조표식 의사결정법'이 있습니다. 대차대조표식 의사결정법은 의사결정을 위해 먼저 내담자에게 3~5개까지의 직업대안들을 신중히 선택하도록 한 후 각각의 대안들을 선택했을 때 예상되는 '개인적인 이익과 손실', '다른 사람의 이익과 손실', '자기 인정/부정의 출처', '사회적 인정/부정의 출처'에 대한 목록을 작성하고 그 각각에 '+5점'에서 '−5점'까지 부여하도록 합니다. 이후 각 대안들의 총점을 지금까지 수집한 정보와 함께 검토하도록 합니다. 이 기법은 내담자의 최종 직업선택을 결정해 주는 것은 아니지만, 각 대안들을 서로 비교해 볼 수 있도록 해 줍니다.

● **핵심유형 완성하기** ●

6개의 생각하는 모자(Six Thinking Hats) 기법은 무엇을 위한 것인가?

① 직업정보의 수집　　　　② 시간관념의 개선

③ 보유기술의 파악　　　　④ 의사결정의 촉진

기출　2017년 2회, 2010년 3회

정답　④

57

다음 중 의사결정의 촉진을 위한 "6개의 생각하는 모자(Six Thinking Hats)" 기법의 모자 색상별 역할에 관한 설명으로 옳은 것은?

① 청색 – 낙관적이며, 모든 일이 잘될 것이라고 생각한다.
② 백색 – 본인과 직업들에 대한 사실들만을 고려한다.
③ 흑색 – 직관에 의존하고, 직감에 따라 행동한다.
④ 황색 – 새로운 대안들을 찾으려 노력하고, 문제들을 다른 각도에서 바라본다.

핵심 키워드
• 백색 ☞ 사실에 초점
• 적색 ☞ 직관, 직감
• 흑색 ☞ 비관적 · 비판적 사고
• 황색 ☞ 낙관적 사고
• 녹색 ☞ 창조적 사고
• 청색 ☞ 합리적 사고

기출 데이터 2024년, 2011년 2회, 2009년 2회

핵심기출 해설 | **답 ②**

① 황색(노랑), ③ 적색(빨강), ④ 녹색(초록)

6개의 생각하는 모자(Six Thinking Hats)의 색상별 역할
• 백색(하양) : 본인과 직업들에 대한 사실들만을 고려한다.
• 적색(빨강) : 직관에 의존하고, 직감에 따라 행동한다.
• 흑색(검정) : 비관적 · 비판적이며, 모든 일이 잘 안 될 것이라고 생각한다.
• 황색(노랑) : 낙관적이며, 모든 일이 잘될 것이라고 생각한다.
• 녹색(초록) : 새로운 대안들을 찾으려 노력하고, 문제들을 다른 각도에서 바라본다.
• 청색(파랑) : 합리적으로 생각한다(사회자로서의 역할 반영).

이것이 핵심 | **TIP**

에드워드 드 보노(Edward de Bono)는 '6개의 생각하는 모자'와 같은 측면적 사고기법에서의 사고 유형들 모두가 유용하기는 하지만, 의사결정자에게 가장 필요한 것은 합리적인 접근, 즉 청색 모자를 쓰고 있을 때의 접근일 것이라고 제안하였습니다.

6개의 생각하는 모자(Six Thinking Hats) 기법에서 사용하는 모자 색깔이 아닌 것은?

① 갈 색
② 녹 색
③ 청 색
④ 흑 색

기출 2025년, 2023년, 2020년 3회, 2018년 2회, 2014년 1회
정답 ①

6개의 생각하는 모자(Six Thinking Hats) 기법에서 모자의 색상별 역할에 관한 설명으로 옳은 것은?

① 청색 – 낙관적이며, 모든 일이 잘될 것이라고 생각한다.
② 적색 – 직관에 의존하고, 직감에 따라 행동한다.
③ 흑색 – 본인과 직업들에 대한 사실들만을 고려한다.
④ 황색 – 새로운 대안들을 찾으려 노력하고, 문제들을 다른 각도에서 바라본다.

기출 2021년 3회, 2017년 3회
정답 ②

다음 중 의사결정의 촉진을 위한 "6개의 생각하는 모자(Six Thinking Hats)" 기법의 모자 색상별 역할에 관한 설명으로 옳은 것은?

① 청색 – 낙관적이며, 모든 일이 잘될 것이라고 생각한다.
② 적색 – 직관에 의존하고, 직감에 따라 행동한다.
③ 흑색 – 직관에 의존하고, 직감에 따라 행동한다.
④ 황색 – 새로운 대안들을 찾으려 노력하고, 문제들을 다른 각도에서 바라본다.

기출 2013년 2회
정답 ②
해설
① 황색(노랑), ③ 적색(빨강), ④ 녹색(초록)

6개의 생각하는 모자(Six Thinking Hats) 기법에서는 내담자에게 6가지 색깔의 생각하는 모자를 써보고 각각의 모자의 색에 해당하는 역할을 수행하게 한다. 다음 중 6개의 생각하는 모자 색깔에 해당하지 않는 것은?

① 갈 색
② 백 색
③ 청 색
④ 흑 색

기출 2011년 3회
정답 ①

58

다음 중 진로역량 개발을 위한 GROW 코칭 모델의 단계에 포함되지 않는 것은?

① 목표(Goal)

② 역할(Role)

③ 대안(Option)

④ 실행의지(Will)

핵심 키워드 GROW 코칭의 단계
  ☞ 목표(Goal), 현실(Reality), 대안(Option), 실행의지(Will)
기출 데이터 적중 예상 문제

해설 답 ②

② '역할(Role)'이 아닌 '현실(Reality)'이 옳다.

GROW 코칭 모델의 단계

목 표 (Goal)	문제해결의 의미, 문제해결의 주체, 문제해결의 과정을 생각해 보도록 함으로써 내담자로 하여금 진정 원하는 바가 무엇인지를 깨닫고 긍정적인 에너지를 갖게 한다.
현 실 (Reality)	내담자의 고정관념이나 인식에 대한 비합리적 신념이나 가정을 직면할 수 있도록 한다.
대 안 (Option)	목표를 이루기 위해 시도한 방법들의 실패와 성공 경험, 그 과정에서의 배울 점, 새롭게 시도해 볼 만한 방법들에 대해 탐색하도록 한다.
실행의지 (Will)	구체적인 실행계획에 대해 합의하며, 지속적으로 실행할 수 있는 후원 환경들을 점검한다.

59

론돈(London)의 진로동기 모델은 진로동기를 유지하는 요소로 진로탄력성(Career Resilience)을 강조하고 있다. 다음 중 보기의 내용과 연관된 진로탄력성의 하위 요소에 해당하는 것은?

> 어려운 상황에서도 자신의 미래를 낙관적으로 보고 인내와 끈기로 더 높은 목표를 달성하고자 한다.

① 성취 열망   ② 진로 자립
③ 변화 대처   ④ 자기 신뢰

핵심 키워드 진로탄력성의 5가지 하위 요소
☞ 자기 신뢰, 성취 열망, 진로 자립, 변화 대처, 관계 활용
기출 데이터 적중 예상 문제

해설 **답 ①**

진로탄력성의 5가지 하위 요소

자기 신뢰	어려운 상황이나 스트레스에도 불구하고 자신을 믿고 확신하며 자기 긍정성을 발휘한다.
성취 열망	어려운 상황에서도 자신의 미래를 낙관적으로 보고 인내와 끈기로 더 높은 목표를 달성하고자 한다.
진로 자립	진로목표 달성을 위해 지속적으로 학습하며, 새로운 기술과 훈련을 주도적으로 계획하여 직무기술을 향상시킨다.
변화 대처	진로목표 달성 과정에서 예기치 못한 사건으로 인한 실패를 두려워하지 않으며, 부정적인 결과에서도 긍정적인 요소를 찾아내 적절히 대처한다.
관계 활용	어려운 상황이나 역경에 부딪혔을 때 개인이 활용할 수 있는 사회적 자원을 확보하며, 대인관계 네트워크 구축 등 긍정적 관계를 활용한다.

이것이 핵심 **TIP**

진로탄력성과 관련된 개념으로 릭우드(Rickwood)가 고안한 모델인, 진로탄력성 틀(CRF ; Career Resiliency Framework)이 있습니다. 이는 급변하는 업무환경에 처한 내담자를 돕기 위한 모델로, 개인의 진로탄력성이 어떻게 길러지는지를 설명하기 위한 4가지 영역을 제안하였습니다.

주제 수용	조직의 관리자나 정책을 통해 탄력적 특성과 관련된 직업발달을 적극적으로 촉진하는 환경을 만든다.
자기인식 돕기	진로상담 등을 통해 내담자로 하여금 자신의 핵심 가치와 흥미에 대한 이해를 발달시키도록 돕는다.
전 환	내담자의 내적 동기를 찾는 행동계획을 세움으로써 진로 상황을 분명히 하며, 진로장벽을 극복하도록 돕는다.
관계성	직장 내 공동체감을 가지며, 다른 사람들과 의미 있는 상호작용을 하도록 촉진한다.

60 다음 중 저능력 · 저의욕을 가진 구직자에게 가장 적합한 서비스는?

① 직업정보 제공 및 취업알선

② 심층상담 등 밀착 서비스 제공

③ 집단상담 프로그램 등 의욕 증진 서비스 제공

④ 직업훈련, 취업특강 등 구직기술 향상 서비스 제공

핵심 키워드 내담자 구직능력 및 구직의욕 유형
☞ 고능력 · 고의욕, 고능력 · 저의욕, 저능력 · 고의욕, 저능력 · 저의욕

기출 데이터 2025년

핵심기출 해설 답 ②

① 고능력 · 고의욕을 가진 구직자에게 가장 적합한 서비스이다.

③ 고능력 · 저의욕을 가진 구직자에게 가장 적합한 서비스이다.

④ 저능력 · 고의욕을 가진 구직자에게 가장 적합한 서비스이다.

이것이 핵심 TIP

국민취업지원제도의 상담유형분류 질문지에는 '구직의욕', '구직능력', '복지지원 필요', '정서지원 필요' 관련 다양한 질문 목록이 포함되어 있습니다. 그중 구직의욕 질문지 항목에는 내담자의 의지, 목표, 태도의 항목이 있으며, 구직능력 질문지 항목은 직무능력, 직업기초능력, 구직기술을 묻는 항목으로 이루어져 있습니다.

● **핵심유형 완성하기** ●

다음 중 구직자의 구직의욕을 파악하기 위한 질문 문항과 가장 거리가 먼 것은?

① 희망하는 직업이 있습니까?

② 현재 일할 의향이 있으십니까?

③ 희망직업과 관련한 경력 및 경험을 가지고 있습니까?

④ 취업조건이 만족스럽지 않더라도 일자리가 있으면 취업할 생각이 있습니까?

기 출 적중 예상 문제

정 답 ③

해 설
구직자의 구직능력(주의 : '구직의욕'이 아님)을 파악하기 위한 질문 문항에 해당한다.

61

다음 구직역량의 역량군 중 구직 기술군의 하위 역량에 포함되는 것을 올바르게 모두 고른 것은?

> ㄱ. 구직 의사결정 능력
> ㄴ. 구직 정보탐색 능력
> ㄷ. 자기 관리 및 개발 능력
> ㄹ. 인적 네트워크 활용 능력
> ㅁ. 구직 서류 작성 능력

① ㄱ, ㄴ, ㄷ
② ㄴ, ㄷ, ㄹ
③ ㄱ, ㄴ, ㄹ, ㅁ
④ ㄱ, ㄴ, ㄷ, ㄹ, ㅁ

핵심 키워드　구직역량의 구성요소
☞ 구직 지식군, 구직 기술군, 구직 태도군, 직무 적응군
기출 데이터　적중 예상 문제

해설　　답 ③

ㄷ. 구직역량의 역량군 중 직무 적응군의 하위 역량에 해당한다.

구직역량의 구성요소

구직 지식군	자신에게 적합한 직장을 탐색하고 입직하기 위해 갖추어야 할 지식 예 자기 이해, 구직 희망 분야 이해, 전공지식, 외국어 능력, 구직 일반 상식 등
구직 기술군	직장을 선택하고 그곳에 취업하는 데 필요한 실제적 기술 예 구직 의사결정 능력, 구직 정보탐색 능력, 인적 네트워크 활용 능력, 구직 서류 작성 능력, 구직 의사소통 능력 등
구직 태도군	직장에 취업하고 적응하는 데 갖추어야 할 태도 및 가치관 예 긍정적 가치관, 도전 정신, 글로벌 마인드, 직업윤리 등
직무 적응군	직장에서 직무를 성공적으로 수행하고 지속적인 발전을 가능하게 하는 능력 예 직무 및 조직 몰입, 현장 직무수행 능력, 대인관계 능력, 문제해결 능력, 자원 활용 능력, 자기 관리 및 개발 능력 등

62

다음 중 취업효능감의 구성요소와 가장 거리가 먼 것은?

① 대리경험
② 성취경험
③ 언어적 설득
④ 사회경제적 여건

핵심 키워드 취업효능감의 구성요소
☞ 개인적 수행성취, 간접경험, 사회적 설득, 생리적 상태와 반응
기출 데이터 적중 예상 문제

해설 **답 ④**

취업효능감의 구성요소

개인적 수행성취 (성취경험)	비교적 작은 일부터 점점 큰 일로 단계적으로 성공을 경험함으로써 자기효능감이 증가하게 된다.
간접경험 (대리경험)	타인이 특정 과업에서 성공을 거두는 것을 보게 되면 자신도 할 수 있다는 자기효능감이 증가하게 된다.
사회적 설득 (언어적 설득)	타인으로부터 격려와 지지를 받을 때 자기효능감이 증가하게 된다.
생리적 상태와 반응 (정서적 안정)	구직자가 중요한 일을 앞두고 불안해할 때 정서적으로 안정을 취할 수 있도록 격려하면 자기효능감이 증가하게 된다.

● **핵심유형 완성하기** ●

자기효능감에 영향을 미치는 요인과 가장 거리가 먼 것은?

① 대리경험
② 설 득
③ 성취경험
④ 사회경제적 여건

기 출 2017년 2회
정 답 ④
해 설
자기효능감에 영향을 미치는 요인(Lent, Brown & Hackett)
• 개인적 수행성취(성취경험)
• 간접경험(대리경험)
• 사회적 설득(언어적 설득)
• 생리적 상태와 반응(정서적 안정)

63

다음 중 자기소개서 작성 시 주의사항으로 옳지 않은 것은?

① 성격의 장점만을 크게 부각시킨다.

② 지원동기에서는 회사에 대한 충성도를 강조한다.

③ 학교생활에 대해서는 지원 직무와의 연관성에 초점을 둔다.

④ 입사 후 포부에서는 지원 분야에 대한 구체적인 계획과 실천력을 표현한다.

핵심 키워드 자기소개서 작성 시 주의사항 ☞ 성격의 장단점을 모두 기재
기출 데이터 적중 예상 문제

해설　　**답 ①**

① 성격의 장단점을 모두 기재한다. 다만, 성격의 단점을 기재할 때는 직무역량과 관련 없는 큰 과오가 안 되는 단점을 적도록 하며, 이를 극복하기 위한 실천방안을 제시한다.

자기소개서 작성 시 주의사항

• 성장과정에서는 지원한 직무나 기업의 조직 적합성에 부합하는 인성의 형성 과정을 표현한다.
• 성격의 장점을 기재할 때는 그 근거를 명확한 수치와 고유명사, 윗사람들의 평가 등을 포함하여 구체적으로 기술한다.
• 성격의 단점을 기재할 때는 직무역량과 관련 없는 큰 과오가 안 되는 단점을 적도록 하며, 이를 극복하기 위한 실천방안을 제시한다.
• 학교생활이나 경력사항에서는 지원 직무와의 연관성에 초점을 두고 구체적으로 기술한다. (③)
• 지원동기에서는 회사에 대한 충성도를 강조한다. (②)
• 입사 후 포부에서는 지원 분야에 대한 구체적인 계획과 실천력을 표현한다. (④)

● **핵심유형 완성하기** ●

다음 중 자기소개서 작성 시 주의사항으로 옳지 않은 것은?

① 성장과정에서는 조직 적합성에 부합하는 인성의 형성 과정을 표현한다.

② 성격에 대해서는 자신의 장점만을 크게 부각시 킨다.

③ 학교생활에 대해서는 지원 직무와의 연관성에 초점을 둔다.

④ 입사 후 포부에서는 지원 분야에 대한 구체적인 계획과 실천력을 표현한다.

기출 적중 예상 문제

정답 ②

해설
성격의 장단점을 모두 기재한다. 다만, 성격의 단점을 기재할 때는 직무역량과 관련 없는 큰 과오가 안 되는 단점을 적도록 하며, 이를 극복하기 위한 실천방안을 제시한다.

64

다음 중 보기의 내용과 연관된 면접 방법에 해당하는 것은?

- 일 대 다(多) 형태로 이루어진다.
- 지원자의 문제해결 능력, 직무수행 능력 등을 평가한다.
- 질의응답 시간이 주어지며, 지원자의 구조화 능력 및 발표력 등을 평가한다.

① 역량 면접　　　　　　　　　　② PT 면접
③ 토론 면접　　　　　　　　　　④ 인성 면접

핵심 키워드　유형별 면접 방법 ☞ 인성 면접, PT 면접, 역량 면접, 토론 면접
기출 데이터　적중 예상 문제

해설　　**답 ②**

① 역량 면접은 회사에 필요한 역량에 초점을 두고 꼬리 물기식 질문을 통해 지원자의 역량을 평가하는 면접이다.
③ 토론 면접은 문제에 대한 답을 구하는 것이 아닌 서로의 의견을 주고받는 과정을 평가하는 면접이다.
④ 인성 면접은 지원자의 기본 품성, 조직 적합성 등을 평가하는 면접이다.

유형별 면접 방법

인성 면접	• 지원자의 기본 품성, 조직 적합성 등을 평가하는 면접이다. • 지원자의 열정이나 입사에 대한 의지를 물으며, 지원자의 답변 태도, 의지, 화법, 성향 등에 대한 종합적인 평가를 한다. • 입사지원서나 자기소개서를 기반으로 한 질문이 제시될 수 있으므로, 면접에 임하기 전에 이들을 다시 살펴보는 것이 좋다.
PT 면접	• 지원자의 문제해결 능력, 직무수행 능력 등을 평가하는 면접이다. • 지원자의 문제인식 및 해결, 창의성, 자료 이해도, 직무 적합성 등이 드러나며, 지원자의 구조화 능력 및 발표력 등을 평가한다. • 질의응답 시간이 주어지므로, 질문 요점을 정확히 파악하고 답변하도록 한다.
역량 면접	• 회사에 필요한 역량에 초점을 두고 꼬리 물기식 질문을 통해 지원자의 역량을 평가하는 면접이다. • 지원자의 의사소통 능력, 문제해결 능력, 대인관계 능력, 조직이해 능력, 자기관리 능력 등을 답변 내용, 표정과 행동까지 세심히 관찰하여 평가한다. • 답변에 과장이나 거짓이 섞이지 않도록 하며, 진실성 있게 답변하도록 한다.
토론 면접	• 문제에 대한 답을 구하는 것이 아닌 서로의 의견을 주고받는 과정을 평가하는 면접이다. • 자신의 역할을 수행하면서 타인의 의견을 수용하고 발전시키는 모습, 합의된 결과물을 도출하는 과정 등을 평가한다. • 토론 중 논의사항을 정리하고 토론 방향이 틀어지지 않도록 하며, 상대방의 의견을 경청하고 상대방을 존중하는 태도를 보이도록 한다.

65

다음 중 AI 면접(AI 역량검사)의 수행 순서를 올바르게 나열한 것은?

ㄱ. 보상 선호
ㄴ. 상황 대처
ㄷ. 기본 면접
ㄹ. 성향 분석
ㅁ. 심층 면접
ㅂ. AI 게임

① ㄷ → ㄱ → ㄴ → ㅂ → ㄹ → ㅁ
② ㄷ → ㄴ → ㅂ → ㄱ → ㄹ → ㅁ
③ ㄷ → ㄹ → ㄴ → ㄱ → ㅂ → ㅁ
④ ㄷ → ㅂ → ㄴ → ㄱ → ㄹ → ㅁ

핵심 키워드 AI 면접(AI 역량검사)의 수행 순서
☞ 기본 면접 → 성향 분석 → 상황 대처 → 보상 선호 → AI 게임(전략 게임) → 심층 면접
기출 데이터 적중 예상 문제

해설　**답 ③**

AI 면접(AI 역량검사)의 수행은 기본 면접 → 성향 분석 → 상황 대처 → 보상 선호 → AI 게임(전략 게임) → 심층 면접 순으로 진행된다.

AI 면접(AI 역량검사)

- 인공지능(Artificial Intelligence)을 이용하여 지원자의 역량을 평가하는 방법으로, 대인 면접에서 드러나지 않는 업무 스타일이나 성향을 판단할 수 있도록 한다.
- '기본 면접 → 성향 분석 → 상황 대처 → 보상 선호 → AI 게임(전략 게임) → 심층 면접'으로 구성되어 있다.
- 기존 대인 면접이 면접자와 지원자 간 직접 대면으로 질의응답을 통해 지원자의 역량을 확인하는 반면, AI 면접은 비대면으로 질의응답뿐만 아니라 게임, 자기보고문항 등을 활용하여 공통 질문과 개인 특성에 맞는 심화 질문을 제시한다.
- AI 시스템은 지원자의 답변을 텍스트로 변환하여 추출한 핵심 키워드를 중심으로 파악하며, 면접 시 지원자의 표정과 음성 등을 종합적으로 분석한다.

66

직업상담사가 직업을 전환하고자 하는 내담자에게 우선적으로 탐색해야 할 것은?

① 변화에 대한 인지능력
② 새로운 직업에 대한 성공기대 수준
③ 직업상담에 대한 기대
④ 기존 직업에 대한 애착 수준

핵심 키워드 직업전환 상담 시 우선적인 탐색 및 고려사항
☞ 변화에 대한 인지능력, 필요한 기술과 능력, 나이와 건강, 동기화 수준

기출 데이터 2018년 2회, 2013년 2회, 2012년 3회, 2010년 1회, 2005년 1회

핵심기출 해설 **답 ①**

① 직업전환 상담 시 직업상담사가 아무리 직업전환을 유도하려 해도 내담자가 변화에 대한 인지능력이 없다면 전환이 불가능하게 된다. 따라서 직업상담사는 전환될 직업에 대한 내담자의 성공기대 수준이나 기존 직업에 대한 애착 수준보다 앞서 내담자의 변화에 대한 인지능력을 탐색하여야 한다. 또한 내담자의 전환될 직업에 대한 기술과 능력, 내담자의 나이와 건강, 직업전환에 대한 동기화 수준을 일차적으로 고려해야 한다.

이것이 핵심 **TIP**

내담자의 직업적응 문제가 대인관계나 직무스트레스 등에 의한 것인 경우 그와 같은 스트레스를 해결할 수 있는 방안을 모색하는 것이 바람직합니다. 그러나 내담자의 직업적응 문제가 내담자 개인의 적성과 흥미 또는 성격과 직업적 요구와의 차이로 인한 것인 경우 직업전환을 통한 재취업이 바람직하다고 볼 수 있습니다.

● **핵심유형 완성하기** ●

직업전환을 원하는 내담자를 상담할 때 고려해야 할 사항과 가장 거리가 먼 것은?	**기출** 2019년 1회, 2014년 1회, 2014년 2회, 2009년 1회, 2002년 3회
① 나이와 건강을 고려해야 한다. ② 부모의 기대와 아동기 경험을 분석한다. ③ 직업을 전환하는 데 동기화가 되어 있는지 알아본다. ④ 직업을 바꾸는 데 필요한 기술을 가지고 있는지 평가해야 한다.	**정답** ②
내담자의 적성과 흥미 또는 성격이 직업적 요구와 달라 생긴 직업적응 문제를 해결하는 데 가장 적합한 방법은?	**기출** 2019년 3회, 2017년 1회
① 스트레스 관리 방안 모색 ② 직업전환 ③ 인간관계 개선 프로그램 제공 ④ 갈등관리 프로그램 제공	**정답** ②

67

실업자의 직업전환에 대한 설명으로 틀린 것은?

① 실업자는 나이가 많을수록 취업제의를 받는 비율이 감소한다.

② 조직에서는 청년기, 중년기, 정년 전 등 직업경력의 전환점에서 적절한 훈련 내지 지도 조언을 실시하는 경력개발계획을 추진할 필요가 있다.

③ 직업상담에서 실업자에게 생애훈련적 사고를 갖도록 조언하고 촉구하고 참여하도록 권고하여야 한다.

④ 직업전환은 어려운 일이기 때문에 한 직업에 계속해서 종사해야 한다.

핵심 키워드 직업전환의 바람직한 방향

☞ 직업경력 전환점에서의 경력개발계획 추진, 생애훈련적 사고를 위한 조언

기출 데이터 2011년 2회, 2006년 1회

핵심기출 해설 | 답 ④

④ 직업전환이 어려운 것이기는 하지만 직업환경의 변화에 따라 한 직업에 계속 종사하기 어려운 여건에 처할 수 있는 경우도 많다. 특히 일생 동안 직업을 수차례 바꾸어야 하는 현대사회에서 실업자로 하여금 실업을 새로운 직업에 도전하는 인생의 전환점으로 삼아 생애설계를 하도록 돕는 직업상담 프로그램이 필요하다.

이것이 핵심 | **TIP**

청년기 실업자는 경력, 학력, 관심사항, 작업능력 등에서 일반적인 평가방법에 의존해도 큰 무리가 없습니다. 그러나 중·장년기 혹은 노년기의 실업자는 대부분 한 직종에서 전문적인 직무를 수행하여 왔으므로 직업을 전환하거나 하향된 직무로 배치되는 경우 직업상담에서 작업능력에 대한 평가가 고려되어야 합니다. 그런데 작업능력 평가에서 개인이 가지고 있는 신체적·정신적 능력평가는 각종 검사로써 평가할 수 있다고 해도, 실제 직무에 대한 수행평가는 직업상담을 통해 평가하기 어렵습니다. 따라서 직업상담에서는 실업자에게 직업복귀를 위해 스스로 자신의 작업능력을 평가하도록 하며, 이때 고려되어야 할 점 등을 조언하게 됩니다.

● 핵심유형 완성하기 ●

실업자의 직업전환과 직업상담에 관한 설명으로 틀린 것은?

① 청년기 실업자는 경력, 학력, 관심사항, 작업능력 등에서 일반적인 평가방법에 의존해도 큰 무리가 없다.

② 조직에서는 청년기, 중년기, 정년 전 등 직업경력의 전환점에서 적절한 훈련 내지 조언을 실시하는 경력개발계획을 추진할 필요가 있다.

③ 직업상담에서 실업자에게 생애훈련적 사고를 갖도록 조언하고 촉구하고 참여하도록 권고하여야 한다.

④ 직업전환은 어려운 일이기 때문에 한 직업에 계속해서 종사해야 한다.

기출 2012년 2회
정답 ④

68

Harren이 제시한 진로의사결정 유형 중 의사결정에 대한 개인적 책임을 부정하고 외부로 책임을 돌리는 경향이 높은 유형은?

① 합리적 유형
② 투사적 유형
③ 직관적 유형
④ 의존적 유형

핵심 키워드 의사결정 유형 ☞ 합리적 유형, 직관적 유형, 의존적 유형
기출 데이터 2019년 2회

핵심기출 해설 답 ④

하렌(Harren)의 진로의사결정 유형

합리적 유형 (Rational Style)	• 자신과 상황에 대해 정확한 정보를 수집하고, 신중하면서 논리적으로 의사결정을 수행해 나가며, 의사결정에 대한 책임을 자신이 진다. • 의사결정 과업에 대해 논리적이고 체계적으로 접근하며, 결정에 대한 책임을 수용하는 유형이다.
직관적 유형 (Intuitive Style)	• 의사결정의 기초로 상상을 사용하며, 현재의 감정에 주의를 기울이면서 정서적 자각을 사용한다. • 개인 내적인 감정적 상태에 따라 의사결정을 내리는 유형으로, 결정에 대한 책임은 수용하지만 미래에 대한 논리적 예견이나 정보수집을 위한 활동을 거의 하지 않는다.
의존적 유형 (Dependent Style)	• 합리적 유형 및 직관적 유형과 달리 의사결정에 대한 개인적 책임을 부정하고 그 책임을 외부로 돌리는 경향이 있다. • 의사결정 과정에서 타인의 영향을 많이 받고 수동적·순종적이며, 사회적 인정에 대한 욕구가 높은 유형이다.

이것이 핵심 TIP

진로의사결정 모델(이론)

• 진로의사결정 모델은 직업을 선택하는 실질적인 과정을 설명하기 위해 고안된 것으로, 하렌(Harren)은 이를 "개인이 정보를 조직하고 여러 가지 대안들을 신중하게 검토하며, 행동과정에 전념하는 심리학적인 과정에 대한 설명"으로 정의하였다.

• 브룸(Vroom)은 '직업적 선택(Occupational Choice)'과 '직업적 획득(Occupational Attainment)'을 구별해야 한다고 지적한 바 있는데, 이는 잘못된 의사결정과정으로 인해 막상 직업을 선택하고도 이를 실천에 옮기지 못하는 경우들이 있기 때문이다.

• 브룸의 기대이론(기대-유인가 이론)은 대표적인 기술적 진로의사결정 모델로서, 기대(Expectancy)와 유인가(Valence)가 진로선택을 결정하는 데 있어서 어떻게 상호작용하는가에 대해 설명한다. 즉, 개인이 특정한 진로선택에 대한 기대와 유인가가 동시에 높다면, 개인이 진로를 선택하려는 데 있어서 실질적인 노력을 광범위하게 펼칠 것으로 예상할 수 있다는 것이다.

하렌(V. Harren)의 진로의사결정 유형에 해당하는 것은?

① 운명론적 – 계획적 – 지연적
② 합리적 – 의존적 – 직관적
③ 주장적 – 소극적 – 공격적
④ 계획적 – 직관적 – 순응적

기출 2022년 2회
정답 ②

다음 중 진로의사결정 모델(이론)에 해당하는 것은?

① Parsons의 특성–요인이론
② Vroom의 기대이론
③ Super의 발달이론
④ Krumboltz의 사회학습이론

기출 2013년 2회, 2010년 3회
정답 ②
해설
진로의사결정 모델은 직업을 선택하는 실질적인 과정을 설명하기 위해 고안된 것으로, 하렌(Harren)은 이를 "개인이 정보를 조직하고 여러 가지 대안들을 신중하게 검토하며, 행동과정에 전념하는 심리학적인 과정에 대한 설명"으로 정의하였다.

김병숙(2009)은 의사결정 기법을 체득하기 위한 훈련 과정을 5단계로 구분하였다. 다음 보기에서 의사결정 기법의 5단계를 순서대로 올바르게 나열한 것은?

> ㄱ. 상황을 명확히 한다.
> ㄴ. 계획을 수립하고 그대로 추진한다.
> ㄷ. 대안을 탐색해 본다.
> ㄹ. 기준을 확인한다.
> ㅁ. 대안을 평가하고 결정을 내린다.

① ㄱ → ㄷ → ㄹ → ㅁ → ㄴ
② ㄱ → ㄹ → ㄷ → ㄴ → ㅁ
③ ㄷ → ㄱ → ㄹ → ㅁ → ㄴ
④ ㄷ → ㄹ → ㄱ → ㄴ → ㅁ

기출 적중 예상 문제
정답 ①
해설
의사결정 기법의 5단계(김병숙)
• 제1단계 : 상황을 명확히 한다.
• 제2단계 : 대안을 탐색해 본다.
• 제3단계 : 기준을 확인한다.
• 제4단계 : 대안을 평가하고 결정을 내린다.
• 제5단계 : 계획을 수립하고 그대로 추진한다.

69

다음 중 진로자본(Career Capital)에 대한 설명으로 옳지 않은 것은?

① 소득을 창출할 수 있는 유용성 있는 자원이다.

② 진로성숙역량, 전문지식역량, 인적관계역량을 핵심역량으로 한다.

③ 문화적 자본, 사회적 자본, 경제적 자본 등으로 구성된다.

④ 개인의 자율성 성취에 대한 집착은 긍정적 내적 자본이다.

핵심 키워드 진로자본의 내적 자본 ☞ 긍정적 내적 자본, 부정적 내적 자본
기출 데이터 적중 예상 문제

해설 **답 ④**

④ 벡(Beck)은 타인의 인정과 애정에 과도하게 집착하는 사회적 의존성(Sociotropy), 반대로 개인의 독립성과 성취에 과도하게 집착하는 자율성(Autonomy)을 내적 자본의 부정적 요인으로 제시하였다.

진로자본(Career Capital)의 내적 자본

긍정적 내적 자본	• 진로결정 관련 자신의 능력에 대한 신념 및 유능감에 대한 주관적 지각으로서 진로결정 자기효능감이 대표적이다. • 테일러와 베츠(Taylor & Betz)는 정보수집, 목표설정, 진로계획, 문제해결, 자기평가 등을 진로결정 자기효능감의 하위요인으로 제시하였다.
부정적 내적 자본	• 인지적 취약성과 관련된 역기능적 신념이 대표적이다. • 벡(Beck)은 타인의 인정과 애정에 과도하게 집착하는 사회적 의존성(Sociotropy), 반대로 개인의 독립성과 성취에 과도하게 집착하는 자율성(Autonomy)을 부정적 요인으로 제시하였다.

이것이 핵심 **TIP**

진로자본은 진로 분야에 있어서 가치가 있는 자본의 독특한 형태를 의미합니다. 진로자본의 3가지 핵심역량은 진로성숙역량, 전문지식역량, 인적관계역량이며, 주요 구성은 문화적 자본, 사회적 자본, 경제적 자본으로 구성되어 있음을 기억해 두시기 바랍니다.

● **핵심유형 완성하기** ●

다음 중 드필리피(Defillippi) 등이 제안한 진로자본의 핵심역량에 해당하지 않는 것은?

① 기본지식역량(Knowing-What)
② 인적관계역량(Knowing-Who)
③ 전문지식역량(Knowing-How)
④ 진로성숙역량(Knowing-Why)

기출 적중 예상 문제
정답 ①
해설
진로자본의 3가지 핵심역량(Defillippi et al.)
• 진로성숙역량(Knowing-Why)
• 전문지식역량(Knowing-How)
• 인적관계역량(Knowing-Who)

70

다음 중 오리아레이(O'Leary)가 제시한 여성의 진로장벽으로서 내적 장벽에 해당하는 것을 올바르게 모두 고른 것은?

ㄱ. 관리적 여성에 대한 태도	ㄴ. 역할갈등
ㄷ. 실패에 대한 두려움	ㄹ. 직업적 승진에서 지각된 결과들

① ㄱ, ㄴ
② ㄱ, ㄷ, ㄹ
③ ㄴ, ㄷ, ㄹ
④ ㄱ, ㄴ, ㄷ, ㄹ

핵심 키워드 여성의 진로장벽 ☞ 내적 장벽(내적 요인), 외적 장벽(외적 요인)
기출 데이터 적중 예상 문제

해설 답 ③

여성의 진로장벽(O'Leary)

내적 장벽 (내적 요인)	• 실패에 대한 두려움(ㄷ) • 낮은 자존감 • 역할갈등(ㄴ) • 성공에 대한 두려움 • 직업적 승진에서 지각된 결과들(ㄹ) • 결과기대와 관련된 유인가
외적 장벽 (외적 요인)	• 사회적 성역할에 대한 고정관념 • 관리적 여성에 대한 태도(ㄱ) • 여성의 능력에 대한 태도 • 남성 관리 모형의 유행

● **핵심유형 완성하기** ●

다음 중 내담자로 하여금 진로장벽을 극복하도록 하기 위한 방안으로 옳지 않은 것은?

① 내담자의 적응 유연성(Resilience)을 증진시킨다.
② 내담자가 진로장벽의 의미를 파악하는 데 시간을 소요하지 않도록 주의한다.
③ 내담자가 진로장벽에 대해 객관적인 평가를 할 수 있도록 안내한다.
④ 내담자와 함께 진로장벽을 극복하기 위한 적합한 대안에 대해 고민한다.

기 출 2025년
정 답 ②
해 설
내담자가 진로장벽에 대한 의미를 정확히 파악할 수 있도록 안내한다.

71

다음 중 직업훈련의 훈련과정 선택지원에 대한 설명으로 옳지 않은 것은?

① 내담자의 훈련 참여의지를 파악한다.

② 내담자의 훈련 요구도 분석을 위해 반구조화된 질문지를 사용한다.

③ 내담자의 적합 분야 및 전공영역 진단을 위해 보통 웩슬러 지능검사를 사용한다.

④ 미래사회에서의 직업변화를 고려하여 훈련과정을 선택한다.

핵심 키워드 훈련과정 선택지원
☞ 훈련 가능성 진단, 훈련과정 선택
기출 데이터 적중 예상 문제

해설 **답 ③**

③ 내담자의 적합 분야 및 전공영역 진단을 위해 보통 홀랜드 이론에 근거한 직업카드 심리검사를 사용한다.

훈련과정 선택지원

훈련 가능성 진단	훈련 참여의지 및 훈련 요구도 분석	• 훈련 참여의지는 내담자가 훈련과정에 참여하는 동안 이를 견디고 이수하겠다는 스스로의 다짐과 격려할 수 있는 역량을, 훈련 요구도는 내담자의 직무역량을 증가시키기 위한 목적의 강도를 의미한다. • 내담자의 훈련 요구도 분석을 위해 보통 반구조화된 질문지를 사용한다.
	적합 분야 및 전공영역에 대한 진단	• 직업훈련상담은 청소년들에게 진학상담과 동일한 의미를 지니므로, 전공영역에 대한 진단이 직업훈련 분야에 대한 진단과 결부된다. • 내담자의 적합 분야 및 전공영역 진단을 위해 보통 홀랜드 이론에 근거한 직업카드 심리검사를 사용한다.
훈련과정 선택	훈련과정 선택의 지원	• 내담자에게 훈련과정 중 선택 가능한 훈련과정을 선택하도록 한다. • 내담자에게 선택한 훈련과정들의 훈련 내용을 확인하도록 한다. • 내담자에게 훈련과정들의 자격 및 취업 등에 관한 정보들을 확인하도록 한다. • 내담자에게 훈련과정들을 비교하여 적합한 훈련과정을 선택하도록 한다.
	훈련과정 선택 시 고려사항	• 선택한 훈련직종의 미래 성장 가능성을 고려한다. • 내담자의 직무역량, 적합한 분야 및 전공을 고려한다. • 미래사회에서의 직업변화를 고려한다.

다음 중 훈련기관의 훈련목표 달성 촉진을 위한 노력으로 옳지 않은 것은?

① 취업상담은 훈련 시작 전에 실시한다.
② 관련 자격증 취득을 위한 커뮤니티 참여를 지원한다.
③ 훈련 참여자와 협의하여 훈련목표를 단계별로 점검한다.
④ 변화 유지 계획을 수립하도록 하여 행동 변화를 촉진한다.

기출 2025년

정답 ①

해설
본격적인 훈련에 앞서 훈련생 개인 및 진로에 대한 상담을 실시하며, 훈련 종료 후 취업상담으로 연계한다.

다음 중 직업훈련(Vocational Training)에 대한 설명으로 옳지 않은 것은?

① 인간 성장을 위한 교육의 보편성이 조직이라는 특수성 속에서 행해지는 활동이다.
② 직업을 갖고자 하는 사람에게는 산업사회에 적응하기 위한 능력을 갖추도록 필요한 기능, 지식, 태도 등을 함양하도록 돕는 활동이다.
③ 취업한 사람에게는 기술혁신과 산업변화에 대처하기 위한 능력을 향상시켜 자기실현을 성취하도록 돕는 활동이다.
④ 공공직업훈련, 인정직업훈련, 사업 내 직업훈련 등의 형태로 이루어진다.

기출 적중 예상 문제

정답 ①

해설
'인적자원 개발(HRD ; Human Resource Development)'에 대한 설명에 해당한다. 인적자원 개발은 산업체에만 국한된 것은 아니며, 조직 구성원의 성장과 발달을 돕는 모든 활동을 포괄한다.

다음 중 직업훈련과정 선택 시 고려사항으로 옳지 않은 것은?

① 내담자의 직무역량을 고려한다.
② 미래사회에서의 직업변화를 고려한다.
③ 선택한 훈련직종의 미래 성장 가능성을 고려한다.
④ 내담자에게 고소득을 보장할 수 있는지를 고려한다.

기출 적중 예상 문제

정답 ④

다음 중 훈련기관의 기능으로 옳지 않은 것은?

① 훈련계획서를 작성한다.
② 훈련생에 대한 개인, 진로, 현장 적응 등에 대한 상담을 한다.
③ 기업체의 새로운 직무개발을 주도한다.
④ 기업체를 섭외하고 훈련을 홍보한다.

기출 적중 예상 문제

정답 ③

해설
훈련기관은 기업체의 새로운 직무개발을 주도하는 것이 아닌 기업체의 관련 직무분석을 토대로 기업주가 요구하는 훈련 내용을 선정하여 훈련과정을 운영한다.

CHAPTER 04 프로그램 운영 및 행정

집단직업상담의 특징 ★

72 집단직업상담에 관한 설명으로 가장 적합하지 않은 것은?

① 집단직업상담은 개인 직업상담보다 일반적으로 직업성숙도가 높은 사람들에게 더 효과적이다.

② 가능한 모임의 횟수를 최소화해야 한다.

③ 남성과 여성은 집단직업상담에 임할 때의 목표가 서로 다를 수 있으므로 성별을 고려해야 한다.

④ Butcher는 집단직업상담의 3단계로 탐색단계, 전환단계, 행동단계를 제시하였다.

핵심 키워드
• 집단직업상담 ☞ 직업성숙도가 낮은 사람에게 효과적
• 개인직업상담 ☞ 직업성숙도가 높은 사람에게 효과적

기출 데이터 2023년, 2013년 3회, 2010년 2회

핵심기출 해설　**답 ①**

① 집단직업상담은 일반적으로 직업성숙도가 낮고 많은 도움을 빠른 시간 내에 필요로 하는 사람들에게 더욱 효과적이다. 반면, 개인 직업상담은 직업성숙도가 높은 사람들에게 더욱 효과적이다.

② 집단직업상담은 가능한 모임의 횟수를 최소화하여야 한다. 모임의 횟수가 많으면 비용·시간 등 경제적인 측면에서 효율성이 떨어질 수 있으며, 상담의 참여도가 낮아질 수 있다.

③ 남성은 자신이 이미 내린 선택과 결정에 대한 확신을 얻는 데 일차적인 관심을 두는 반면, 여성은 자신의 선택의 폭을 확장하고 새로운 가능성을 찾는 데 더 큰 관심을 두는 경향이 있다.

④ 부처(Butcher)는 집단직업상담을 위한 3단계 모델로서 '탐색단계', '전환단계', '행동단계'를 제시하였다.

이것이 핵심　**TIP**

집단상담은 개인상담과는 다른 특유의 장단점이 있습니다. 특히 집단직업상담은 직업성숙도가 낮은 사람들에게 적합합니다. 또한 톨버트(Tolbert)는 집단직업상담의 핵심요소를 목표, 과정, 비밀유지, 집단구성, 리더, 일정 등 6가지로 설명하였습니다.

진로개발프로그램을 운영하는 방법의 하나인 집단 진로상담에 관한 설명으로 옳은 것은?

① 참여하고자 하는 학생들 중 사전조사를 통해서 책임의식이 있는 학생들로 선발한다.
② 참여하는 학생들은 목표와 기대가 동일하기 때문에 개인차를 고려하지 않는다.
③ 프로그램 단계별로 나타나는 집단의 역동성은 문제를 복잡하게 만들기 때문에 무시하는 것이 좋다.
④ 다양한 정보습득과 경험을 해야 하기 때문에 참여 학생들은 진로발달상 이질적일수록 좋다.

기출 2025년, 2017년 2회
정답 ①
해설
부처(Butcher)는 집단상담에 참여하고자 하는 학생들을 사전조사하여 어느 정도 책임의식이 있는 학생들만을 선발할 필요가 있다고 주장하였다.

집단상담의 특징에 관한 설명으로 틀린 것은?

① 집단상담은 상담사들이 제한된 시간 내에 적은 비용으로 보다 많은 내담자들에게 접근하는 것을 가능하게 한다.
② 효과적인 집단에는 언제나 직접적인 대인적 교류가 있으며 이것이 개인적 탐색을 도와 개인의 성장과 발달을 촉진시킨다.
③ 집단은 집단과정의 다양한 문제에 많은 시간을 사용하게 되어 내담자의 개인적인 문제를 등한시할 수 있다.
④ 집단에서는 구성원 각자의 사적인 경험을 구성원 모두가 공유하지 않기 때문에 비밀유지가 쉽다.

기출 2022년 2회, 2009년 1회
정답 ④
해설
집단 내 개별성원의 사적인 경험을 집단성원 모두가 공유하게 되므로 비밀유지가 어렵다.

Tolbert가 제시한 집단직업상담의 요소에 대한 설명으로 옳은 것은?

① 일정 : 가능한 모임의 횟수를 늘려야 한다.
② 집단구성 : 2~4명 정도의 소규모 집단에서 구성원들 간의 상호작용과 피드백이 촉진된다.
③ 과정 : 집단직업상담의 과정은 5가지 유형의 활동으로 이루어진다.
④ 리더 : 집단의 리더는 상담의 목표가 달성되었는지 평가하고 구성원에게 피드백한다.

기출 2018년 2회
정답 ③

효과적인 집단상담을 위해 고려해야 할 사항이 아닌 것은?

① 집단발달 과정 자체를 촉진시켜 주기 위하여 의도적으로 게임을 활용할 수 있다.
② 매 회기가 끝난 후 각 집단 구성원에게 경험보고서를 쓰게 할 수 있다.
③ 집단 내의 리더십을 확보하기 위해 집단상담자는 반드시 1인이어야 한다.
④ 집단상담 장소는 가능하면 신체 활동이 자유로운 크기가 좋다.

기출 2017년 3회, 2007년 1회
정답 ③
해설
집단 내의 리더십을 확보하기 위해 집단상담자가 반드시 1인일 필요는 없다. 상황에 따라 복수의 집단상담자를 두는 것이 보다 효율적인 경우도 있다.

다음 중 집단직업상담에 관한 설명으로 틀린 것은?

① 각 구성원은 집단직업상담 과정에서 이루어진 토의내용에 대한 비밀을 유지해야 한다.
② 집단의 리더는 집단상담과 직업정보에 대해 잘 알고 있는 사람이어야 한다.
③ 6명에서 10명 정도의 인원이 이상적이다.
④ 가능한 모임의 횟수를 최대화하여야 한다.

기출 2010년 1회
정답 ④
해설
가능한 모임의 횟수를 최소화하여야 한다.

73

Butcher가 제시한 집단직업상담을 위한 3단계 모델에 해당하지 않는 것은?

① 탐색단계 ② 전환단계
③ 실행단계 ④ 행동단계

핵심 키워드 Butcher의 집단직업상담 3단계 모델
☞ 탐색 → 전환 → 행동
기출 데이터 2024년, 2012년 3회, 2011년 2회

핵심기출 해설 **답 ③**

부처(Butcher)의 집단직업상담 3단계 모델
• 탐색단계(제1단계) : 자기개방, 흥미와 적성에 대한 측정, 측정 결과에 대한 피드백, 불일치의 해결 등이 이루어진다.
• 전환단계(제2단계) : 자아상과 피드백 간의 일치가 이루어지면, 집단성원들은 자기 지식을 직업세계와 연결하며, 일과 삶의 가치를 조사한다. 또한 자신의 가치에 대해 피드백을 받고, 가치명료화를 위해 또 다시 자신의 가치와 피드백 간의 불일치를 해결한다.
• 행동단계(제3단계) : 목표설정, 행동계획의 개발, 목표달성을 촉진하기 위한 자원의 탐색, 정보의 수집과 공유, 즉각적 또는 장기적 의사결정 등이 이루어진다.

이것이 핵심 **TIP**

부처(Butcher)의 집단직업상담을 위한 3단계 모델에 관한 문제는 2차 실무시험에서도 종종 출제되고 있습니다.

● **핵심유형 완성하기** ●

Butcher가 제시한 집단직업상담을 위한 3단계 모델에 해당하지 않는 것은? ① 탐색단계　　　　② 전환단계 ③ 평가단계　　　　④ 행동단계	**기 출** 2020년 1 · 2회, 2015년 3회 **정 답** ③
다음 중 부처(Butcher)가 제안한 집단직업상담을 위한 3단계 모형에 해당하지 않는 것은? ① 탐색단계　　　　② 계획단계 ③ 전환단계　　　　④ 행동단계	**기 출** 2020년 4회, 2016년 3회 **정 답** ②
Butcher가 제시한 집단직업상담의 3단계를 바르게 나열한 것은? ① 탐색 → 행동 → 유지　　② 탐색 → 전환 → 행동 ③ 유지 → 전환 → 행동　　④ 전환 → 탐색 → 유지	**기 출** 2010년 3회, 2005년 3회 **정 답** ②

74

다음 중 사이버 직업상담의 장점과 가장 거리가 먼 것은?

① 개인의 지위, 연령, 신분, 권력 등을 짐작할 수 있는 사회적 단서가 제공되지 않으므로 전달되는 내용 자체에 많은 주위를 기울이고 의미를 부여할 수 있다.

② 내담자의 자발적 참여로 상담이 진행되는 경우가 대면상담에 비해 압도적으로 많으므로 내담자들의 문제해결에 대한 동기가 높다고 할 수 있다.

③ 내담자 자신의 정보를 선택적으로 공개할 수 있고 언제든지 상담을 중단할 수 있어 매우 편리하다.

④ 상담자와 직접 얼굴을 마주하지 않기 때문에 자신의 행동이나 감정에 대한 즉각적인 판단이나 비판을 염려하지 않아도 된다.

핵심 키워드 사이버 직업상담의 장점
☞ 내담자의 자발적 참여, 사회적 단서 배제, 즉각적 판단 배제

기출 데이터 2023년, 2013년 2회, 2011년 3회

핵심기출 해설 | **답 ③**

③ 사이버 직업상담의 단점에 해당한다.

사이버 직업상담의 장점

• 개인의 지위, 연령, 신분, 권력 등을 짐작할 수 있는 사회적 단서가 제공되지 않으므로 전달되는 내용 자체에 많은 주의를 기울이고 의미를 부여할 수 있다.(①)

• 내담자의 자발적 참여로 상담이 진행되는 경우가 대면상담에 비해 압도적으로 많으므로 내담자들의 문제해결에 대한 동기가 높다.(②)

• 상담자와 직접 얼굴을 마주하지 않기 때문에 자신의 행동이나 감정에 대한 즉각적인 판단이나 비판을 염려하지 않아도 된다.(④)

• 대면상담에 비해 비용면에서 효율적이며, 그로 인해 상담료 또한 저렴한 편이다.

• 상담 내용의 저장, 유통, 가공, 검색, 재검토 등이 용이하다.

이것이 핵심 | **TIP**

사이버 직업상담의 단점을 간략히 정리하면 다음과 같습니다.

• 깊이 있는 의사소통의 어려움

• 내담자와의 관계형성(Rapport)의 어려움

• 내담자의 선택적 정보 공개

• 내담자에 의한 일방적 상담 중단이 용이함

• 컴퓨터 시스템이 필요함(네트워크상의 불안정성에 영향을 받음)

• 익명성에 따른 부적절한 대화예절, 노골적인 성적 표현

• 단순한 역할시험의 장(場)으로 오용될 가능성이 있음

• 자구적인 노력이나 책임감 없이 습관적인 상담요청이 이루어질 수 있음

사이버 직업상담의 장점이 아닌 것은?

① 개인의 지위, 연령, 신분, 권력 등을 짐작할 수 있는 사회적 단서가 제공되지 않으므로 전달되는 내용 자체에 많은 주의를 기울이고 의미를 부여할 수 있다.

② 내담자의 자발적 참여로 상담이 진행되는 경우가 대면상담에 비해 압도적으로 많으므로 내담자들이 문제해결에 대한 동기가 높다고 할 수 있다.

③ 내담자 자신의 정보가 제한되며 상담의 저항 같은 것에 영향을 받지 않아 상담을 쉽게 마무리할 수 있다.

④ 상담자와 직접 얼굴을 마주하지 않기 때문에 자신의 행동이나 감정에 대한 즉각적인 판단이나 비판을 염려하지 않아도 된다.

기출 2017년 3회
정답 ③
해설
사이버 직업상담에서는 충분하지 못한 자기 노출로 인해 상담에 어려움을 경험하기도 한다.

다음 중 사이버 직업상담의 단점과 가장 거리가 먼 것은?

① 내담자의 신상과 상담 내용을 신뢰하기 어렵고 내담자와의 관계형성이 쉽지 않다.

② 내담자 자신의 정보를 선택적으로 공개할 수 있고 언제든지 상담을 중단할 수 있다.

③ 대면상담에 비해 비용이 많이 들고 상담료도 비싼 편이다.

④ 내담자와의 깊이 있는 의사소통을 기대하기 어렵다.

기출 적중예상문제
정답 ③
해설
사이버 직업상담은 대면상담에 비해 비용면에서 효율적이며, 그로 인해 상담료 또한 저렴한 편이다.

사이버 직업상담 필요성으로 적합하지 않은 것은?

① 경제성 및 효율성
② 심리적 편안함과 친밀감
③ 익명성의 보장
④ 자기 주도에 의한 자기성찰 능력 향상

기출 적중 예상 문제
정답 ④
해설
사이버 상담의 필요성
· 경제성 및 효율성
· 익명성의 보장
· 심리적 편안함과 친밀감
· 가명을 이용한 상담사례 소개 및 대처방안 제시
· 문제해결을 위한 자료탐색의 용이함
· 내담자 주도에 의한 자기성찰 능력 향상

75 사이버 직업상담 기법으로 적합하지 않은 것은?

① 질문내용 구상하기   ② 핵심 진로논점 분석하기

③ 진로논점 유형 정하기   ④ 직업정보 가공하기

핵심 키워드   사이버 직업상담의 기법

☞ 주요 진로논점 파악하기, 핵심 진로논점 분석하기, 진로논점 유형 정하기, 답변내용 구상하기, 직업정보 가공하기, 답변 작성하기

기출 데이터   2021년 3회, 2014년 1회, 2012년 1회

핵심기출 해설   **답 ①**

① '질문내용 구상하기'가 아닌 '답변내용 구상하기'에 해당한다.

사이버 직업상담의 기법

• 주요 진로논점 파악하기 : 상담자는 내담자의 진로논점 자체에 논리성이 결여되어 있는지, 내담자가 단순히 직업정보를 원하는 것인지, 또는 상담자의 보다 적극적인 개입을 요구하는지 파악한다.

• 핵심 진로논점 분석하기 : 상담자는 내담자의 핵심 진로논점이 명확히 드러나도록 반복적으로 읽고 해독한다.

• 진로논점 유형 정하기 : 상담자는 내담자의 핵심 진로논점이 구체적인 진로논점인지, 내담자의 성격에서 비롯되는 논점인지, 단순한 정보요구인지에 대해 파악한다.

• 답변내용 구상하기 : 상담자는 직업정보를 가공할 것인지, 직업정보를 제공하는 과정에서 논박을 할 것인지, 진로의 사결정에 도움이 되도록 조언을 할 것인지 답변의 방향을 결정한다.

• 직업정보 가공하기 : 상담자는 적절한 답변을 위해 내담자의 특성에 부합하도록 직업정보를 가공한다.

• 답변 작성하기 : 상담자는 내담자에 대한 존중의 표시로 반드시 존칭을 사용하며, 라포(Rapport) 형성을 위해 친숙한 표현방식으로 답변을 작성한다.

이것이 핵심   **TIP**

사이버 직업상담의 기법 중 '직업정보 가공하기'는 그 자체로 직업정보를 수집하여 내담자의 수준에 맞게 가공한 후 이를 내담자에게 제공하는 일련의 과정을 포함하는 것으로 확대 해석할 수 있습니다.

● **핵심유형 완성하기** ●

사이버 직업상담에서 답변을 작성할 때 고려해야 할 사항으로 가장 거리가 먼 것은?

① 추수상담의 가능성과 전문기관에 대한 안내를 한다.

② 친숙한 표현으로 답변을 작성하여 내담자가 친근감을 느끼게 한다.

③ 답변은 장시간이 소요되더라도 정확하게 하도록 노력한다.

④ 청소년이라 할지라도 반드시 존칭을 사용하여 호칭한다.

기출 2025년, 2020년 3회

정답 ③

해설
답변은 가급적 신속하게 하도록 노력한다.

---

76 전화상담의 장점이 아닌 것은?

① 상담관계가 안정적이다.

② 응급상황에 있는 내담자에게 도움이 된다.

③ 청소년의 성문제 같은 사적인 문제를 상담하는 데 좋다.

④ 익명성이 보장되어 신분노출을 꺼리는 내담자에게 적합하다.

핵심 키워드 전화상담의 장점
☞ 접근성, 익명성, 용이성, 친밀성, 응급상황(위기상황)에 효과적

기출 데이터 2016년 2회, 2012년 3회, 2010년 1회

핵심기출 해설 **답 ①**

① 전화상담은 보통 일회적으로 끝나는 경우가 대부분이며, 단일매체로서 내담자의 음성에 의존하므로 상담관계가 안정적이지 못하다.

전화상담의 주요 특징

• 응급상황에 있는 내담자에게 도움이 된다.(②)
• 청소년의 성문제 같은 사적인 문제를 상담하는 데 좋다.(③)
• 익명성이 보장되어 신분노출을 꺼리는 내담자에게 적합하다.(④)
• 단일매체로서 내담자의 음성에 의존하므로 상담관계가 안정적이지 못하다.(①)
• 내담자에 대한 시각적 · 비언어적인 정보를 얻을 수 없다.
• 전화상담의 침묵은 면접상담의 침묵보다 더욱 지루하고 위협적이다.

● **핵심유형 완성하기** ●

위기상담 시 상담내용에 관한 설명으로 틀린 것은?

① 정서적 지원을 제공한다.
② 정서 발산을 자제하게 한다.
③ 희망과 낙관적인 태도를 전달한다.
④ 위기 문제에 집중하도록 선택적인 경청을 한다.

기출 2025년, 2018년 1회
정답 ②
해설
정서적 발산기회를 제공한다.

다음 중 단기상담을 진행하기에 가장 적합한 내담자는?

① 잦은 가출로 어머니가 상담을 의뢰한 17세의 고등학생
② 성격장애의 경향성을 보이는 19세의 고등학교 중도탈락자
③ 중학교 이후 학교 부적응과 우울을 겪고 있는 18세의 고등학생
④ 이성친구를 사귀는 데 도움을 받기 위해 상담을 신청한 15세의 중학생

기출 2018년 3회, 2014년 3회
정답 ④
해설
① · ② · ③ 내담자의 상담에 대한 동기가 결여되어 있는 경우, 비현실적인 기대를 가지고 있는 경우, 정신병이나 성격장애, 중독 등과 같은 심각한 장애를 가진 경우, 문제가 다양한 영역에 걸쳐 복잡한 양상을 보이는 경우 등은 단기상담에 적합하지 않다.

77

협업은 관계의 집중도에 따라 단계별로 구분된다. 다음 중 관계의 집중도가 가장 강한 협업 수준에 해당하는 것은?

① 통합(Consolidation)
② 협력(Cooperation)
③ 융합(Convergence)
④ 협업(Collaboration)

핵심 키워드 협업의 수준 ☞ 의사소통, 협력, 조정, 협업, 융합, 통합
기출 데이터 적중 예상 문제

해설　**답 ①**

협업의 수준

의사소통 (Communication)	협력 (Cooperation)	조정 (Coordination)	협업 (Collaboration)	융합 (Convergence)	통합 (Consolidation)

약 함　　　　　　　　　　　관계의 집중도　　　　　　　　　　강 함

● 핵심유형 완성하기 ●

협업은 관계의 집중도에 따라 단계별로 구분된다. 다음 중 관계의 집중도가 약한 것에서 강한 것으로 순서대로 올바르게 나열한 것은?

ㄱ. 협력(Cooperation)　　ㄴ. 의사소통(Communication)
ㄷ. 융합(Convergence)　　ㄹ. 조정(Coordination)
ㅁ. 협업(Collaboration)　　ㅂ. 통합(Consolidation)

① ㄱ→ㄴ→ㄷ→ㄹ→ㅁ→ㅂ
② ㄴ→ㄱ→ㄷ→ㅁ→ㄹ→ㅂ
③ ㄴ→ㄱ→ㄹ→ㅁ→ㄷ→ㅂ
④ ㄱ→ㄷ→ㅁ→ㄴ→ㄹ→ㅂ

기출 적중 예상 문제
정답 ③

다음 중 협업에 대한 설명으로 옳은 것은?

① 협업은 그 자체가 목적이 될 수 있다.
② 부정적 효과가 예측되더라도 협업을 추진하여야 한다.
③ 성공적인 협업을 위해 협약기관의 독립성을 인정해서는 안 된다.
④ 협업의 비용이 편익을 초과하는 경우 협업은 바람직하지 않다.

기출 적중 예상 문제
정답 ④
해설
① 협업은 그 자체가 목적이 될 수 없고 하나의 수단일 뿐 이다.
② 협업은 성과 달성, 비용 절감, 효율성 증대 등 긍정적 효과가 예측될 때 추진하여야 한다.
③ 공적인 협업을 위해 협약기관의 독립성을 인정하여야 한다.

78 다음 중 보기의 내용과 연관된 네트워크 구축 방법으로 옳은 것은?

구인기업과 구직자가 현장에서 회사 홍보 및 면접을 통해 채용 결정이 이루어지거나 취업과 관련된 정보를 제공한다.

① 취업박람회(Job Fair) ② 컨퍼런스(Conference)
③ 워크숍(Workshop) ④ 세미나(Seminar)

핵심 키워드 네트워크 구축
☞ 취업박람회, 컨퍼런스, 세미나, 워크숍

기출 데이터 2025년

핵심기출 해설 **답 ①**

네트워크 구축 방법

취업박람회 (Job Fair)	구인기업과 구직자가 현장에서 회사 홍보 및 면접을 통해 채용 결정이 이루어지거나 취업과 관련된 정보를 제공한다.
세미나 (Seminar)	진로, 취업, 직업상담 등의 주제에 관심을 가진 사람들이 모여 연구발표나 토론을 통해 함께 연구한다.
컨퍼런스 (Conference)	진로, 취업, 직업상담 등의 주제와 관련하여 사람들을 모아 협의하는 회의로, 이벤트, 전시 등을 동반한다.
포 럼 (Forum)	진로, 취업, 직업상담 등의 주제와 관련하여 사람들이 모여서 자유롭게 의견을 개진하고 공유하는 집단공개토의이다.
워크숍 (Workshop)	참가자가 자율적 · 주도적으로 특정 주제를 가지고 운영 및 활동하는 연구모임이다.
전문가 커뮤니티 (Expert Community)	일정한 지역이나 공간에서 직업상담 서비스에 대한 공통의 가치와 유사한 정체성을 가진 전문가들의 네트워크에 의해 이루어진다.

● **핵심유형 완성하기** ●

다음 중 비공식적 네트워크의 특징으로 옳지 않은 것은?

① 자연발생적 조직이다.
② 전체적 질서를 추구한다.
③ 수평적 관계를 지향한다.
④ 의사결정에서 개인적 요구와 동기를 중시한다.

기출 적중 예상 문제
정답 ②
해설
비공식적 네트워크는 부분적 질서를 추구한다.

79

다음 중 직업상담의 행정에서 사무 관리의 목적으로 가장 옳은 것은?

① 직업상담 과정에서 생산되는 정보를 효율적으로 관리한다.

② 내담자에 대한 정보보호를 위한 시스템을 구축한다.

③ 직업상담의 실적 결과물들을 체계적으로 보관 · 관리 · 평가한다.

④ 내담자가 편안함을 느낄 수 있는 상담실 환경을 조성한다.

핵심 키워드 사무 관리의 목적
☞ 직업상담 과정에서 생산되는 정보를 효율적으로 관리

기출 데이터 적중 예상 문제

해설 **답 ①**

① 사무 관리는 직업상담 과정에서 생산되는 정보를 효율적으로 관리하는 것으로, 각종 행정서류를 비롯하여 상담일지, 초기면담지, 상담기록지, 진단결과지, 종합상담 의견서, 활동기록지 등을 포함한다.

② 전산망 관리는 국가에서 운영하는 전산망과 조직에서 운영되는 전산망으로 구분되며, 특히 조직 내 전산망의 경우 내담자에 대한 정보보호를 위한 시스템을 구축하여야 한다.

③ 실적 관리는 직업상담의 실적 결과물들을 체계적으로 보관 · 관리 · 평가하는 것으로, 상담 기록지, 상담 프로그램 결과서, 연구 · 조사 보고서, 강의계획서 및 강의만족도 조사 결과 등을 포함한다.

④ 시설 관리는 내담자가 편안함을 느낄 수 있는 상담 여건을 조성하기 위한 것으로, 상담실의 실내 환경과 설비 및 비품, 교육훈련장의 강의 · 실습 시설과 각종 교보재, 그 밖에 전기시설, 보안 및 소방 시설 등을 포함한다.

이것이 핵심 **TIP**

이외에도 조직 구성원 간 협동적인 업무수행, 조직 구성원의 감독자 및 유관기관 구성원과의 유기적인 관계 구축이 이루어지도록 지원하는 인력 관리도 직업상담의 행정관리 중 하나입니다.

● **핵심유형 완성하기** ●

다음 중 직업상담 행정의 전산망 관리에서 강조되는 정보보안의 원칙으로서 무결성(Integrity)의 원칙에 부합하는 것은?

① 허락되지 않은 이용자가 정보의 내용을 알 수 없도록 하였다.

② 허락되지 않은 이용자가 정보를 함부로 수정할 수 없도록 하였다.

③ 허락된 이용자가 필요로 하는 때에 정보에 접근할 수 있도록 하였다.

④ 서비스 거부 공격(DoS 공격)에 대한 사전 조치로 서비스가 원활히 이루어지도록 하였다.

기출 2025년

정답 ②

해설
정보보안의 원칙

• 기밀성(Confidentiality) : 허락되지 않은 이용자 또는 객체가 정보의 내용을 알 수 없도록 해야 한다.

• 무결성(Integrity) : 허락되지 않은 이용자 또는 객체가 정보를 함부로 수정할 수 없도록 해야 한다.

• 가용성(Availability) : 허락된 이용자 또는 객체가 정보에 접근하고자 할 때 방해받지 않도록 해야 한다.

80

다음 행사 홍보의 방법 중 일종의 입소문 마케팅으로 인적 네트워크를 통해 정보를 전달하는 방식에 해당하는 것은?

① DM(Direct Mail)

② 스폿 리싱(Spot Leasing)

③ 스플래시 스크린(Splash Screen)

④ 바이럴 마케팅(Viral Marketing)

핵심 키워드 행사 홍보의 주요 방법

☞ 인쇄매체, 옥외광고, 방송광고, 인터넷광고, 거리홍보, DM, 바이럴 마케팅

기출 데이터 적중 예상 문제

해설　　**답 ④**

① DM(Direct Mail)은 예상고객에게 직접 우편을 전달하는 홍보 방식이다.

② 스폿 리싱(Spot Leasing)은 인터넷광고의 일종으로, 홈페이지 내 일부 공간을 임대 사용하여 광고하는 방식이다.

③ 스플래시 스크린(Splash Screen)은 인터넷광고의 일종으로, 애플리케이션 로딩 전 일시적으로 광고를 노출시키는 방식이다.

● **핵심유형 완성하기** ●

다음 행사 홍보의 방법 중 바이럴 마케팅(Viral Marketing)에 대한 설명으로 옳은 것은? ① 전단지 및 각종 준비물품을 배포하는 방식이다. ② 입소문 등 인적 네트워크를 이용하는 방식이다. ③ 예상고객에게 우편을 통해 직접 전달하는 방식이다. ④ 배너광고, 검색광고, 스플래시 스크린 등 다양한 방식으로 이루어진다.	**기출** 적중 예상 문제 **정답** ② **해설** ① 거리홍보, ③ DM(Direct Mail), ④ 인터넷광고
다음 중 온라인 홍보의 특징에 대한 설명으로 옳지 않은 것은? ① 일방향 커뮤니케이션만 가능하다. ② 시간과 공간의 제약 없이 홍보가 가능하다. ③ 홍보 내용을 실시간으로 변경할 수 있다. ④ 홍보 효과를 실시간으로 측정할 수 있다.	**기출** 적중 예상 문제 **정답** ① **해설** 온라인 홍보는 실시간으로 쌍방향 커뮤니케이션을 할 수 있다.

81

다음 중 행사운영을 위한 리허설 유형에 대한 설명으로 옳지 않은 것은?

① 리딩 리허설 – 작가와 연출자가 참여대본을 읽어봄으로써 연출 의지를 출연진, 스태프에게 인지시킨다.
② 드레스 리허설 – 화장, 의상, 조명, 음향 등 모든 조건을 완비하고 실제와 동일하게 실시한다.
③ 카메라 리허설 – 실제 촬영을 하듯이 카메라 위치나 동선, 그밖에 기술적인 문제 등을 점검한다.
④ 런 스루 리허설 – 카메라를 작동한 상태에서 실제와 같이 마지막으로 진행한다.

핵심 키워드 행사운영을 위한 리허설 유형
☞ 리딩 리허설, 드레스 리허설, 카메라 리허설, 런 스루 리허설
기출 데이터 적중 예상 문제

해설　**답 ④**

④ 런 스루 리허설(Run Through Rehearsal)은 카메라를 작동하지 않은 상태에서 실제와 같이 마지막으로 진행하는 리허설이다.

● 핵심유형 완성하기 ●

다음 중 행사운영에서 위기상황 대응 전략에 대한 설명으로 옳은 것은?

① 부인전략 – 비난은 받아들이면서도 최소화 등의 방법으로 사건의 심각성을 인정하지 않는다.
② 사건의 공격성 축소 전략 – 사건이 행사와 무관하다고 주장하거나 사고를 은폐한다.
③ 교정행위 – 비난을 받아들이면서 차후 재발 방지를 위한 노력을 약속한다.
④ 사과 – 사건에 대한 책임은 인정하나, 피해보상에 대한 책임은 수용하지 않는다.

기출 적중 예상 문제
정답 ③
해설
① '사건의 공격성 축소 전략'의 내용에 해당한다.
② '부인전략'의 내용에 해당한다.
④ '사과'는 모든 책임을 인정하고 사과하며, 피해보상에 대한 책임도 마다하지 않는다.

다음 중 행사결과 분석에서 정성적 평가의 예에 해당하는 것을 올바르게 모두 고른 것은?

ㄱ. 행사 참가자 및 진행요원들의 의견
ㄴ. 각 프로그램별 참여자 수
ㄷ. 참여 구인업체 수
ㄹ. 공간 활용 분석

① ㄱ, ㄷ　　　　② ㄱ, ㄹ
③ ㄴ, ㄷ　　　　④ ㄴ, ㄹ

기출 적중 예상 문제
정답 ②
해설
ㄱ · ㄹ. 행사관계자 및 참여자 의견 등을 수렴하여 분석하는 정성적 평가의 예에 해당한다.
ㄴ · ㄷ. 구체적인 성과를 통계로 확인할 수 있도록 최대한 세세하게 분석하는 정량적 평가의 예에 해당한다.

제 **3** 과목

직업정보

제3과목 CONTENTS

01 직업성립의 일반요건과 가장 거리가 먼 것은?

① 윤리성　　　　　　　　　② 경제성

③ 계속성　　　　　　　　　④ 사회보장성

핵심 키워드 직업성립의 일반요건
　　　　　　☞ 계속성, 경제성, 윤리성, 사회성
기출 데이터 2021년 3회, 2018년 3회, 2016년 2회, 2013년 2회

핵심기출 해설 　답 ④

직업(활동)성립의 일반요건

계속성	• 계속해서 하는 일이어야 한다. • 유사성을 갖는 직무를 지속적으로 수행하는 것을 의미한다.
경제성	• 노동의 대가로 그에 따른 수입이 있어야 한다. • 경제적인 거래 관계가 성립하는 활동을 수행해야 함을 의미한다.
윤리성	• 비윤리적인 직업이 아니어야 한다. • 비윤리적인 영리행위나 반사회적인 활동을 통한 경제적인 이윤추구는 직업 활동으로 인정되지 못한다는 의미이다.
사회성	• 사회적으로 가치 있고 쓸모 있는 일이어야 한다. • 직업 활동은 사회 공동체적인 맥락에서 의미 있는 활동 즉, 사회적인 기여를 전제조건으로 한다는 의미이다.

이것이 핵심 　TIP

한국표준직업분류(제8차)에서는 '계속성'을 일시적인 것을 제외한 다음에 해당하는 것으로 제시하고 있습니다.

> • 매일, 매주, 매월 등 주기적으로 행하는 것
> • 계절적으로 행해지는 것
> • 명확한 주기는 없으나 계속적으로 행해지는 것
> • 현재 하고 있는 일을 계속적으로 행할 의지와 가능성이 있는 것

한국표준직업분류(KSCO) 제8차 개정은 2025년 1월 1일부터 시행됩니다. 고시연도와 시행연도에 차이가 있는 만큼 직업상담사 시험에서 '한국표준직업분류(2024)' 혹은 '한국표준직업분류(2025)'로 제시될 수 있으나, 이는 동일한 '제8차 개정'을 가리키는 것이므로 이점 혼동하지 않도록 주의하시기 바랍니다.

한국표준직업분류에서 직업의 성립조건에 해당하지 않는 것은?

① 경제성
② 윤리성
③ 사회성
④ 우연성

기출 2017년 2회
정답 ④

한국표준직업분류상 일의 계속성에 대한 설명으로 틀린 것은?

① 매일, 매주, 매월 등 주기적으로 행하는 것
② 계절적으로 행해지는 것
③ 명확한 주기는 없으나 계속적으로 행해지는 것
④ 취업한 후 계속적으로 행할 의지와 가능성이 있는 것

기출 2015년 2회
정답 ④
해설
현재 하고 있는 일을 계속적으로 행할 의지와 가능성이 있는 것

한국표준직업분류에서 직업에 대한 설명으로 가장 거리가 먼 것은?

① 유사성을 갖는 직무를 계속하여 수행하는 계속성을 가져야 한다.
② 노력이 전제되지 않는 자연발생적인 이득의 수취나 우연하게 발생하는 경제적인 과실에 전적으로 의존하는 활동은 직업으로 보지 않는다.
③ 경제성은 비윤리적 영리행위나 반사회적인 활동을 통한 경제적인 이윤추구는 직업 활동으로 인정되지 못한다는 것이다.
④ 직업 활동은 사회 공동체적인 맥락에서 의미 있는 활동 즉, 사회적인 기여를 전제조건으로 하고 있다.

기출 2014년 2회
정답 ③
해설
'윤리성'의 내용에 해당한다.

다음 중 직업의 성립요건에 해당되지 않는 것은?

① 계속성
② 윤리성
③ 사회성
④ 동일성

기출 2012년 1회
정답 ④

02 한국표준직업분류상 직업으로 볼 수 있는 활동은?

① 주식투자에 의한 시세차익이 있는 경우

② 자기 집의 가사 활동에 전념하는 경우

③ 사회복지시설 수용자의 시설 내 경제활동

④ 의무복무가 아닌 부사관

핵심 키워드 직업(활동)으로 볼 수 없는 경우

☞ 이자 · 주식배당 · 임대료, 사회보장 · 민간보험에 의한 수입, 배당금 · 시세차익금, 예 · 적금 인출, 자기 집의 가사 활동, 교육기관 재학, 시설 내 경제활동, 불법적 활동 등

기출 데이터 2016년 1회

핵심기출 해설 답 ④

직업(활동)으로 볼 수 없는 경우[출처 : 한국표준직업분류(제8차)]

• 이자, 주식배당, 임대료(전세금, 월세) 등과 같은 자산 수입이 있는 경우
• 연금법, 국민기초생활 보장법, 국민연금법 및 고용보험법 등의 사회보장이나 민간보험에 의한 수입이 있는 경우
• 경마, 경륜, 경정, 복권 등에 의한 배당금이나 주식투자에 의한 시세차익이 있는 경우(①)
• 예 · 적금 인출, 보험금 수취, 차용 또는 토지나 금융자산을 매각하여 수입이 있는 경우
• 자기 집의 가사 활동에 전념하는 경우(②)
• 교육기관에 재학하며 학습에만 전념하는 경우
• 시민봉사활동 등에 의한 무급 봉사적인 일에 종사하는 경우
• 사회복지시설 수용자의 시설 내 경제활동(③)
• 수형자의 활동과 같이 법률에 의한 강제노동을 하는 경우
• 도박, 강도, 절도, 사기, 매춘, 밀수와 같은 불법적인 활동

이것이 핵심 TIP

한국표준직업분류(2018) 제7차 개정에서는 의무복무 중인 사병 및 장교도 직업 활동에 포함하여 모든 군인을 직업분류 범위 안에 포괄하였습니다.

● 핵심유형 완성하기 ●

한국표준직업분류에서 직업으로 보지 않는 활동을 모두 고른 것은?

기 출 2023년, 2019년 2회
정 답 ④

ㄱ. 이자, 주식배당 등과 같은 자산 수입이 있는 경우
ㄴ. 예 · 적금 인출, 보험금 수취, 차용 또는 토지나 금융자산을 매각하여 수입이 있는 경우
ㄷ. 사회복지시설 수용자의 시설 내 경제활동
ㄹ. 수형자의 활동과 같이 법률에 의한 강제노동을 하는 경우

① ㄱ, ㄷ
② ㄴ, ㄹ
③ ㄱ, ㄴ, ㄷ
④ ㄱ, ㄴ, ㄷ, ㄹ

한국표준직업분류에서 직업의 성립조건에 대한 설명으로 옳은 것은?

① 사회복지시설 수용자의 시설 내 경제활동은 직업으로 보지 않는다.
② 이자나 주식배당으로 자산 수입이 있는 경우는 직업으로 본다.
③ 자기 집의 가사 활동도 직업으로 본다.
④ 속박된 상태에서의 제반활동이 경제성이나 계속성이 있으면 직업으로 본다.

기출 2020년 4회
정답 ①

한국표준직업분류상 직업 활동에 해당하는 경우는?

① 명확한 주기는 없으나 계속적으로 동일한 형태의 일을 하여 수입이 있는 경우
② 연금법, 국민기초생활 보장법, 국민연금법 및 고용보험법 등의 사회보장에 의한 수입이 있는 경우
③ 이자, 주식배당, 임대료(전세금, 월세금) 등과 같은 자산 수입이 있는 경우
④ 예금 인출, 보험금 수취, 차용 또는 토지나 금융자산을 매각하여 수입이 있는 경우

기출 2015년 3회, 2010년 3회, 2009년 1회
정답 ①

다음 중 한국표준직업분류상 직업에 속하는 활동은?

① 이자, 주식배당, 임대료, 소작료, 권리금 등과 같은 재산 수입을 얻는 활동
② 의무복무 중이 아닌 장교
③ 자기 집에서 하는 가사 활동
④ 정규 주간 교육기관에 재학하고 있는 학습 활동

기출 2014년 2회
정답 ②

한국표준직업분류에서 정의하는 직업에 해당하는 것은?

① 레스토랑에서 아르바이트를 하는 경우
② 경마, 경륜, 복권 등에 의한 배당금이나 주식투자에 의한 시세차익이 있는 경우
③ 자기 집의 가사 활동에 전념하는 경우
④ 연금법, 국민기초생활 보장법, 국민연금법 및 고용보험법 등의 사회보장이나 민간보험에 의한 수입이 있는 경우

기출 2013년 1회
정답 ①

다음 중 한국표준직업분류에서 직업으로 보는 활동은?

① 주식배당 등과 같은 재산수입이 있는 경우
② 경마, 경륜 등에 의한 배당금 수입이 있는 경우
③ 토지나 금융자산을 매각하여 수입이 있는 경우
④ 계절적으로 행해지는 생산활동에 의해 수입이 있는 경우

기출 2006년 1회
정답 ④

03 한국표준직업분류의 목적 및 활용에 해당하지 않는 것은?

① 취업알선을 위한 구인 · 구직안내 기준

② 직종별 급여 및 수당지급 결정 기준

③ 실직자의 직업훈련을 지원하기 위한 기준

④ 산재보험요율, 생명보험요율 또는 교통사고 보상액 등의 결정 기준

핵심 키워드 직업분류의 목적
☞ 통계조사 직업단위 기준, 구인 · 구직안내 기준, 급여 · 수당지급 결정 기준, 이환율 · 사망률 · 생명표 작성 기준, 보험요율 · 보상액 결정 기준

기출 데이터 2010년 3회

핵심기출 해설   **답 ③**

직업분류의 목적[출처 : 한국표준직업분류(제8차)]

직업분류는 고용 관련 통계 및 장 · 단기 인력수급 정책수립과 직업연구를 위한 기초자료 작성에 활용되며, 다음에도 기준자료로 활용되고 있다.

- 각종 사회 · 경제통계조사의 직업단위 기준
- 취업알선을 위한 구인 · 구직안내 기준(①)
- 직종별 급여 및 수당지급 결정 기준(②)
- 직종별 특정질병의 이환율, 사망률과 생명표 작성 기준
- 산재보험요율, 생명보험요율 또는 산재보상액, 교통사고 보상액 등의 결정 기준(④)

이것이 핵심   **TIP**

직업분류는 경제활동인구조사, 인구주택총조사, 지역별 고용조사 등 고용 관련 통계조사나 각종 행정자료를 통하여 얻어진 직업정보를 분류하고 집계하기 위한 것입니다. 직업 관련 통계를 작성하는 모든 기관이 통일적으로 사용하도록 함으로써 통계자료의 일관성과 비교성을 확보할 수 있도록 합니다. 특히 각종 직업정보에 관한 국내통계를 국제적으로 비교 · 활용할 수 있도록 하기 위해 국제노동기구(ILO)의 국제표준직업분류(ISCO)를 근거로 설정되어 있습니다. 참고로 위의 해설에서 '이환율(罹患率)'이란 어떤 일정한 기간 내에 발생한 환자의 수를 인구당 비율로 나타낸 것입니다.

● **핵심유형 완성하기** ●

한국표준직업분류에서 직업분류의 목적이 아닌 것은?

① 각종 사회 · 경제통계조사의 직업단위 기준으로 활용

② 취업알선을 위한 구인 · 구직안내 기준으로 활용

③ 직종별 급여 및 수당지급 결정기준으로 활용

④ 산업활동 유형을 분류하는 기준으로 활용

기출 2021년 3회
정답 ④

04 한국표준직업분류에서 다음이 의미하는 것은?

> 자영업을 포함하여 특정한 고용주를 위하여 개별 종사자들이 수행하거나 또는 수행해야 할 일련의 업무와 과업

① 직 군 ② 직 렬
③ 직 업 ④ 직 무

핵심 키워드 직무와 직업의 정의
- 직무(Job) ☞ 일련의 업무와 과업
- 직업(Occupation) ☞ 유사한 직무의 집합

기출 데이터 2010년 1회, 2009년 2회

핵심기출 해설 답 ④

직무와 직업[출처 : 한국표준직업분류(제8차)]

국제표준직업분류(ISCO-08)에서 직무(Job)는 '자영업을 포함하여 특정한 고용주를 위하여 개별 종사자들이 수행하거나 또는 수행해야 할 일련의 업무와 과업'으로 설정하고 있으며, 직업은 '유사한 직무의 집합'으로 정의된다. 여기에서 유사한 직무란 '주어진 업무와 과업이 매우 높은 유사성을 갖는 것'을 말한다.

이것이 핵심 **TIP**

하나의 직업은 직무상 유사성을 갖고 있는 여러 직무의 묶음으로 볼 수 있습니다. 한국표준직업분류(2024)에서는 직무 유사성의 판단기준으로 다음의 4가지를 제시하고 있으며, 이와 관련된 내용이 2015년 2회 2차 실무시험에 출제된 바 있습니다.

- 지식(Knowledge)
- 경험(Experience)
- 기능(Skill)
- 직무수행자가 입직을 하기 위해서 필요한 요건(Skill Requirements)

● **핵심유형 완성하기** ●

다음 (   )에 알맞은 것은?

> 국제표준직업분류(ISCO-08)에서 (   )은(는) '자영업을 포함하여 특정한 고용주를 위하여 개별 종사자들이 수행하거나 또는 수행해야 할 일련의 업무와 과업(Tasks and Duties)'으로 설정하고 있다.

① 직 무 ② 직 업
③ 직 위 ④ 직 군

기 출 2016년 3회
정 답 ①

---

05 한국표준직업분류에서 직업을 분류하는 기준은?

① 직무와 직종
② 직무와 직능
③ 직무와 자격
④ 직능과 직종

핵심 키워드 한국표준직업분류(KSCO)의 직업분류 기준
☞ 직무와 직능

기출 데이터 2009년 3회, 2005년 1회

핵심기출 해설 답 ②

직업분류의 개념과 기준[출처 : 한국표준직업분류(제8차)]

한국표준직업분류는 주어진 직무의 업무와 과업을 수행하는 능력인 직능을 근거로 편제되며, 직능수준과 직능유형을 고려하고 있다.

직능수준	직무수행능력의 높낮이를 말하는 것으로 정규교육, 직업훈련, 직업경험 그리고 선천적 능력과 사회 문화적 환경 등에 의해 결정된다.
직능유형	직무수행에 요구되는 지식의 분야, 사용하는 도구 및 장비, 투입되는 원재료, 생산된 재화나 서비스의 종류와 관련된다.

● **핵심유형 완성하기** ●

한국표준직업분류에서 다음은 무엇에 대한 설명인가?

직무수행능력의 높낮이를 말하는 것으로 정규교육, 직업훈련, 직업경험 그리고 선천적 능력과 사회 문화적 환경 등에 의해 결정된다.

① 직능수준
② 직업수준
③ 직무수준
④ 과업수준

기출 2015년 2회
정답 ①

한국표준직업분류의 개념과 기준에 관한 설명으로 틀린 것은?

① 수입(경제활동)을 위해 개인이 하고 있는 일을 그 수행되는 일의 형태에 따라 체계적으로 유형화한 직업분류를 우리나라 직업구조 및 실태에 맞도록 표준화한 것이다.
② 주어진 직무의 업무와 과업을 수행하는 능력인 직능(Skill)을 근거로 제시되었다.
③ 직무수행에 요구되는 지식의 분야, 사용하는 도구 및 장비, 투입되는 원재료, 생산된 재화나 서비스의 종류와 관련되는 직능수준(Skill Level)을 고려한다.
④ 직무 유사성의 기준에는 해당 직무를 수행하는 사람에게 필요한 지식, 경험, 기능(Skill)과 함께 직무수행자가 입직을 하기 위해서 필요한 요건(Skill Requirements) 등이 있다.

기출 2012년 2회
정답 ③
해설
'직능수준'이 아닌 '직능유형'의 내용에 해당한다.

06 다음은 한국표준직업분류의 어떤 직능수준에 해당하는 설명인가?

> 일반적으로 중등교육을 마치고 1~3년 정도의 추가적인 교육과정(ISCED 수준5) 정도의 정규교육 또는 직업훈련을 필요로 한다.

① 제1직능수준
② 제2직능수준
③ 제3직능수준
④ 제4직능수준

핵심 키워드 한국표준직업분류(KSCO)의 직능수준
• 제1직능수준 ☞ 초등교육이나 기초교육(ISCED 수준1)
• 제2직능수준 ☞ 중등 이상 교육과정(ISCED 수준2~3, 일부 수준4)
• 제3직능수준 ☞ 중등교육 + 1~3년 추가적인 교육(ISCED 수준5)
• 제4직능수준 ☞ 학사 이상(ISCED 수준6 이상)

기출 데이터 2017년 3회, 2011년 2회

핵심기출 해설 답 ③

직능수준[출처 : 한국표준직업분류(제8차)]

제1직능수준	• 일반적으로 단순하고 반복적이며 때로는 육체적인 힘을 요하는 과업을 수행한다. • 간단한 수작업 공구나 진공청소기, 전기장비들을 이용한다. 과일을 따거나 채소를 뽑고 단순 조립을 수행하며, 손을 이용하여 물건을 나르기도 하고 땅을 파기도 한다. • 이러한 수준의 직업은 최소한의 문자이해와 수리적 사고능력이 요구되는 간단한 직무교육으로 누구나 수행할 수 있다. 제1직능수준의 일부 직업에서는 초등교육이나 기초적인 교육(ISCED 수준1)을 필요로 한다.
제2직능수준	• 일반적으로 완벽하게 읽고 쓸 수 있는 능력과 정확한 계산능력, 그리고 상당한 정도의 의사소통 능력을 필요로 한다. • 보통 중등 이상 교육과정의 정규교육이수(ISCED 수준2, 수준3) 또는 이에 상응하는 직업훈련이나 직업경험을 필요로 하며, 일부의 직업은 중등학교 졸업 후 교육(ISCED 수준4)이나 직업교육기관에서의 추가적인 교육이나 훈련을 요구할 수도 있다. • 이러한 수준의 직업에 종사하는 자는 일부 전문적인 직무훈련과 실습과정이 요구되며, 훈련실습기간은 정규훈련을 보완하거나 정규훈련의 일부 또는 전부를 대체할 수 있다.
제3직능수준	• 복잡한 과업과 실제적인 업무를 수행할 정도의 전문적인 지식을 보유하고 수리계산이나 의사소통 능력이 상당히 높아야 한다. • 이러한 수준의 직업에 종사하는 자는 일정한 보충적 직무훈련 및 실습과정이 요구될 수 있으며, 정규훈련과정의 일부를 대체할 수도 있다. 또한 유사한 직무를 수행함으로써 경험을 습득하여 이에 해당하는 수준에 이를 수도 있다. • 일반적으로 중등교육을 마치고 1~3년 정도의 추가적인 교육과정(ISCED 수준5) 정도의 정규교육 또는 직업훈련을 필요로 한다.

제4직능수준	• 매우 높은 수준의 이해력과 창의력 및 의사소통 능력이 필요하다. • 이러한 수준의 직업에 종사하는 자는 일정한 보충적 직무훈련 및 실습이 요구된다. 또한 유사한 직무를 수행함으로써 경험을 습득하여 이에 해당하는 수준에 이를 수도 있다. • 일반적으로 4년 또는 그 이상 계속하여 학사, 석사나 그와 동등한 학위가 수여되는 교육수준(ISCED 수준6 혹은 그 이상)의 정규교육 또는 훈련을 필요로 한다.

● 핵심유형 완성하기 ●

한국표준직업분류에서 다음에 해당되는 직능수준은?

> 복잡한 과업과 실제적인 업무를 수행할 정도의 전문적인 지식을 보유하고 수리계산이나 의사소통 능력이 상당히 높아야 한다. 이러한 수준의 직업에 종사하는 자는 일정한 보충적 직무훈련 및 실습과정이 요구될 수 있으며, 정규훈련과정의 일부를 대체할 수도 있다.

① 제1직능수준
② 제2직능수준
③ 제3직능수준
④ 제4직능수준

기출 2016년 2회
정답 ③

한국표준직업분류에서 "일반적으로 완벽하게 읽고 쓸 수 있는 능력과 정확한 계산능력, 그리고 상당한 정도의 의사소통 능력을 필요로 한다"고 설명하는 직능수준은?

① 제1직능수준
② 제2직능수준
③ 제3직능수준
④ 제4직능수준

기출 2014년 3회
정답 ②

07

한국표준직업분류의 대분류에서 제4직능수준 혹은 제3직능수준을 필요로 하는 것은?

① 관리자
② 사무 종사자
③ 서비스 종사자
④ 기능원 및 관련 기능 종사자

핵심 키워드 한국표준직업분류(KSCO)의 대분류별 직능수준

- 관리자, 전문가 및 관련 종사자 ☞ 제4직능수준 혹은 제3직능수준 필요
- 단순 노무 종사자 ☞ 제1직능수준 필요
- 그 밖의 대분류 항목 ☞ 제2직능수준 필요(단, '군인'은 제2직능수준 이상 필요)

기출 데이터 2017년 2회, 2015년 1회

핵심기출 해설 답 ①

한국표준직업분류(KSCO)의 대분류별 직능수준[출처 : 한국표준직업분류(제8차)]

대분류	대분류 항목	직능수준
1	관리자	제4직능수준 혹은 제3직능수준 필요
2	전문가 및 관련 종사자	제4직능수준 혹은 제3직능수준 필요
3	사무 종사자	제2직능수준 필요
4	서비스 종사자	제2직능수준 필요
5	판매 종사자	제2직능수준 필요
6	농림어업 숙련 종사자	제2직능수준 필요
7	기능원 및 관련 기능 종사자	제2직능수준 필요
8	장치 · 기계 조작 및 조립 종사자	제2직능수준 필요
9	단순 노무 종사자	제1직능수준 필요
A	군 인	제2직능수준 이상 필요

이것이 핵심 TIP

한국표준직업분류(KSCO) 제7차 개정(2018)에서 대분류별 직능수준의 'A 군인'이 기존 "직능수준과 무관"에서 "제2직능수준 이상 필요"로 변경되었습니다. 그동안 직업상담사 시험에서 'A 군인'의 직능수준을 틀린 지문으로 제시한 문제들을 다수 출제한 바 있으므로, 변경된 내용을 반드시 기억해 두시기 바랍니다.

한국표준직업분류에서 표준직업분류와 직능수준과의 관계가 옳지 않은 것은?	기출 2023년, 2021년 1회
① 관리자 : 제4직능수준 혹은 제3직능수준 필요 ② 전문가 및 관련 종사자 : 제4직능수준 혹은 제3직능수준 필요 ③ 군인 : 제1직능수준 이상 필요 ④ 단순 노무 종사자 : 제1직능수준 필요	정답 ③

한국표준직업분류의 대분류 항목과 직능 수준과의 관계가 올바르게 연결된 것은?	기출 2022년 2회, 2015년 3회, 2010년 4회
① 전문가 및 관련 종사자 – 제4직능수준 혹은 제3직능수준 필요 ② 사무 종사자 – 제3직능수준 필요 ③ 단순 노무 종사자 – 제2직능수준 필요 ④ 군인 – 제1직능수준 필요	정답 ①

한국표준직업분류의 직무능력수준 중 제2직능수준이 요구되는 대분류는?	기출 2020년 1·2회, 2007년 1회
① 관리자　② 전문가 및 관련 종사자 ③ 단순 노무 종사자　④ 농림·어업 숙련 종사자	정답 ④

한국표준직업분류에서 대분류와 직능수준과의 관계로 틀린 것은?	기출 2019년 1회
① 관리자 – 제4직능수준 혹은 제3직능수준 필요 ② 사무 종사자 – 제2직능수준 필요 ③ 판매 종사자 – 제2직능수준 필요 ④ 군인 – 제1직능수준 필요	정답 ④

한국표준직업분류의 대분류와 직능수준이 틀리게 연결된 것은?	기출 2018년 1회
① 관리자 – 제4직능수준 혹은 제3직능수준 필요 ② 판매 종사자 – 제2직능수준 필요 ③ 농림·어업 숙련 종사자 – 제3직능수준 필요 ④ 단순 노무 종사자 – 제1직능수준 필요	정답 ③

한국표준직업분류 대분류와 직능수준이 틀리게 연결된 것은?	기출 2017년 1회
① 관리자 – 제4직능수준 혹은 제3직능수준 필요 ② 판매 종사자 – 제2직능수준 필요 ③ 군인 – 제2직능수준 필요 ④ 단순 노무 종사자 – 제1직능수준 필요	정답 ③ 해설 대분류 A 군인 – 제2직능수준 이상 필요

한국표준직업분류에서 요구되는 직능수준이 다른 대분류 항목은?	기출 2011년 1회
① 전문가 및 관련 종사자　② 사무 종사자 ③ 서비스 종사자　④ 기능원 및 관련 기능 종사자	정답 ①

08

한국표준직업분류의 대분류 9에 해당하는 것은?

① 사무 종사자

② 단순 노무 종사자

③ 서비스 종사자

④ 기능원 및 관련 기능 종사자

핵심 키워드	한국표준직업분류(KSCO)의 대분류 명칭
	☞ 관리, 전문, 사무, 서비스, 판매, 농림어업, 기능, 장치 · 기계, 단순 노무, 군인
기출 데이터	2020년 3회, 2013년 3회, 2011년 2회, 2003년 1회

핵심기출 해설 답 ②

한국표준직업분류(KSCO)의 대분류별 중분류[출처 : 한국표준직업분류(제8차)]

대분류	중분류	대분류	중분류
1 : 관리자	11 의회 · 정부 및 기업 고위직 12 행정 · 경영 지원 및 마케팅 관리직 13 전문 서비스 관리직 14 건설 · 전기 및 생산 관련 관리직 15 판매 및 고객 서비스 관리직	2 : 전문가 및 관련 종사자	21 과학 전문가 및 관련직 22 정보 통신 전문가 및 기술직 23 공학 전문가 및 기술직 24 보건 전문가 및 종교 관련직 25 사회복지 · 종교 전문가 및 관련직 26 교육 전문가 및 관련직 27 법률 및 행정 전문직 28 경영 · 금융 전문가 및 관련직 29 문화 · 예술 · 스포츠 · 기타 전문가 및 관련직
3 : 사무 종사자	31 기획 · 영업 및 인사 사무직 32 자재 · 생산 및 운송 사무직 33 회계 · 경리 및 통계 사무직 34 금융 사무직 35 법률 · 감사 및 정부 행정 사무직 36 상담 · 안내 및 접수 사무직 37 일반 지원 사무직	4 : 서비스 종사자	41 경찰 · 소방 및 보안 관련 서비스직 42 돌봄 및 보건 서비스직 43 개인 생활 서비스직 44 운송 및 여가 서비스직 45 조리 및 음식 서비스직
5 : 판매 종사자	51 영업직 52 매장 판매 및 상품 대여직 53 통신 및 방문 · 노점 판매 관련직	6 : 농림어업 숙련 종사자	61 농축산 숙련직 62 임업 숙련직 63 어업 숙련직

7 : 기능원 및 관련 기능 종사자	71 식품 가공 관련 기능직 72 섬유 · 의복 및 가죽 관련 기능직 73 목재 · 가구 · 악기 및 간판 관련 기능직 74 금속 성형 관련 기능직 75 운송 및 기계 관련 기능직 76 전기 및 전자 관련 기능직 77 정보 통신 및 방송장비 관련 기능직 78 건설 및 채굴 관련 기능직 79 기타 기능 관련직	8 : 장치 · 기계 조작 및 조립 종사자	81 식품가공 관련 기계 조작직 82 섬유 및 신발 관련 기계 조작직 83 화학 관련 기계 조작직 84 금속 및 비금속 관련 기계 조작직 85 기계 제조 · 관련 기계 조작 및 조립 86 전기 · 전자 관련 기계 조작 및 조립직 87 운전 및 운송 관련 기계 조작직 88 상하수도 및 재활용 처리 관련 기계 조작직 89 목재 · 인쇄 및 기타 기계 조작직
9 : 단순 노무 종사자	91 건설 및 광업 관련 단순 노무직 92 운송 관련 단순 노무직 93 제조 관련 단순 노무직 94 청소 및 건물 관리 단순 노무직 95 가사 · 음식 및 판매 관련 단순 노무직 99 농림어업 및 기타 서비스 단순 노무직	A : 군인	A0 군인

이것이 핵심 TIP

직업상담사 시험에서는 한국표준직업분류(KSCO)의 대분류 명칭은 물론 중분류 명칭을 문제로 제시하기도 합니다. 또한 보다 구체적으로 직업을 제시하여 어느 분류범주에 속하는지를 묻기도 합니다. 물론 한국표준직업분류(KSCO)에 제시된 수많은 직업들을 그 분류범주와 함께 외우는 것은 사실상 불가능하나, 최소한 그 기본적인 분류체계를 눈여겨 볼 필요가 있습니다. 참고로 한국표준직업분류(제8차)의 분류번호는 아라비아 숫자와 알파벳 A로 표시됩니다. 최대 5자리까지 표시되며, 맨 앞의 첫째 자리는 대분류, 둘째 자리는 중분류, 셋째 자리는 소분류, 넷째 자리는 세분류, 마지막 다섯째 자리는 세세분류에 해당합니다.

예 한국표준직업분류(제8차)에 의한 '일반 경찰관'의 직업분류

분류범주	분류번호	직종 및 직업
대분류	4	서비스 종사자
중분류	41	경찰 · 소방 및 보안 관련 서비스직
소분류	411	경찰 · 소방 및 교도 관련 종사자
세분류	4111	경찰관 및 수사관
세세분류	41111	해양 경찰관 및 수사관
	41112	일반 경찰관 및 수사관

한국표준직업분류상 다음 개념에 해당하는 대분류 는?

> • 일반적으로 단순하고 반복적이며 때로는 육체적인 힘을 요하는 과업을 수행한다.
> • 간단한 수작업 공구나 진공청소기, 전기장비들을 이용한다.
> • 제1직능수준의 일부 직업에서는 초등교육이나 기초적인 교육(ISCED 수준 1)을 필요로 한다.

① 단순 노무 종사자   ② 장치 · 기계 조작 및 조립 종사자
③ 기능원 및 관련 기능 종사자   ④ 판매 종사자

기출 2025년, 2020년 1 · 2회
정답 ①
해설
보기의 내용은 '제1직능수준'의 개념에 해당한다. 한국표준직업분류(제8차)의 대분류별 직능수준에서 제1직능수준을 필요로 하는 것은 '대분류 9 단순 노무 종사자'이다.

한국표준직업분류의 특정 직종의 분류요령에 관한 설명으로 틀린 것은?

① 행정 관리 및 입법기능을 수행하는 자는 '대분류 1 관리자'에 분류된다.
② 자영업주 및 고용주는 수행되는 일의 형태나 직무내용에 따라 정의된 개념이다.
③ 연구 및 개발업무 종사자는 '대분류 2 전문가 및 관련 종사자'에서 그 전문분야에 따라 분류된다.
④ 군인은 별도로 '대분류 A 군인'에 분류된다.

기출 2023년, 2022년 1회
정답 ②

한국표준직업분류 개정 시 대분류 3 "사무 종사자"에 신설된 것은?

① 행정사
② 신용카드 모집인
③ 로봇공학 기술자 및 연구원
④ 문화 관광 및 숲 · 자연환경 해설사

기출 2021년 2회
정답 ①
해설
② '대분류 5 판매 종사자'에 신설된 직업이다.
③ '대분류 2 전문가 및 관련 종사자'에 신설된 직업이다.
④ '대분류 4 서비스 종사자'에 신설된 직업이다.

한국표준직업분류에서 직업분류의 개념과 기준에 관한 설명이다. (　) 안에 알맞은 직업분류 단위는?

> 직무 범주화 기준에는 직무별 고용의 크기 또한 현실적인 기준이 된다. 한국표준직업분류에서는 (　) 단위에서 최소 1,000명의 고용을 기준으로 설정하였다.

① 대분류   ② 중분류
③ 소분류   ④ 세분류

기출 2021년 3회
정답 ④

한국표준직업분류의 "대분류 2 전문가 및 관련 종사자"에 속하지 않는 직업은?

① 기상 예보관   ② 경찰관
③ 웹마스터   ④ 운동경기 코치

기출 2015년 3회
정답 ②
해설
분류번호 4111 경찰관 및 수사관

한국표준직업분류에서 대분류 5 판매 종사자에 속하는 직업은?

① 간병인   ② 치료사 보조원
③ 주차 단속원   ④ 행사 및 홍보 도우미

기출 2013년 2회
정답 ④
해설
분류번호 53231 행사 및 홍보 도우미

09

한국표준직업분류의 포괄적인 업무에 대한 직업분류 원칙에 해당되지 않는 것은?

① 주된 직무 우선 원칙

② 최상급 직능수준 우선 원칙

③ 수입 우선의 원칙

④ 생산업무 우선 원칙

핵심 키워드   포괄적인 업무에 대한 직업분류 원칙

☞ 주된 직무 → 최상급 직능수준 → 생산업무

기출 데이터   2020년 1 · 2회, 2009년 1회

핵심기출 해설   **답 ③**

③ 수입 우선의 원칙은 '다수 직업 종사자의 분류원칙'에 해당된다.

직업분류 원칙[출처 : 한국표준직업분류(제8차)]

직업분류의 일반원칙	• 포괄성의 원칙 • 배타성의 원칙
포괄적인 업무의 직업분류 원칙	• 주된 직무 우선 원칙 • 최상급 직능수준 우선 원칙 • 생산업무 우선 원칙
다수 직업 종사자의 분류원칙	• 취업시간 우선의 원칙 • 수입 우선의 원칙 • 조사 시 최근의 직업 원칙
순서배열 원칙	• 한국표준산업분류(KSIC) • 특수–일반분류 • 고용자 수와 직능수준, 직능유형 고려

이것이 핵심   **TIP**

직업분류 원칙과 하위원칙에도 우선적으로 적용되는 순서가 있으므로, 이를 순서대로 암기해야 합니다.

한국표준직업분류에서 포괄적인 업무에 대해 적용하는 직업분류 원칙을 순서대로 바르게 나열한 것은?

① 주된 직무 → 최상급 직능수준 → 생산업무
② 최상급 직능수준 → 주된 직무 → 생산업무
③ 최상급 직능수준 → 생산업무 → 주된 직무
④ 생산업무 → 최상급 직능수준 → 주된 직무

기출 2025년, 2020년 3회, 2010년 4회
정답 ①

다음은 한국표준직업분류에서 직업분류의 일반원칙이다. (　)에 알맞은 것은?

동일하거나 유사한 직무는 어느 경우에든 같은 단위직업으로 분류되어야 한다는 점이다. 하나의 직무가 동일한 직업단위 수준에서 2개 혹은 그 이상의 직업으로 분류될 수 있다면 (　)의 원칙을 위반한 것이라 할 수 있다.

① 단일성　　　② 배타성
③ 포괄성　　　④ 경제성

기출 2022년 2회, 2016년 2회
정답 ②

한국표준직업분류에서 포괄적인 업무에 대한 직업분류 원칙에 해당하는 것은?

① 최상급 직능수준 우선 원칙
② 포괄성의 원칙
③ 취업시간 우선의 원칙
④ 조사 시 최근의 직업 원칙

기출 2021년 1회, 2016년 3회
정답 ①
해설
② 직업분류의 일반원칙
③ 다수 직업 종사자의 분류원칙
④ 다수 직업 종사자의 분류원칙

한국표준직업분류의 포괄적인 업무에 대한 직업분류 원칙에 해당되지 않는 것은?

① 주된 직무 우선 원칙　　② 최상급 직능수준 우선 원칙
③ 생산업무 우선 원칙　　④ 조사 시 최근의 직업 원칙

기출 2019년 1회
정답 ④

한국표준직업분류에서 포괄적인 업무에 대한 분류원칙에 해당하지 않는 것은?

① 주된 직무 우선 원칙　　② 최상급 직능수준 우선 원칙
③ 다수 취업시간 우선 원칙　　④ 생산업무 우선 원칙

기출 2016년 1회
정답 ③

한국표준직업분류의 포괄적인 업무에 대한 직업분류 원칙에 해당되지 않는 것은?

① 주된 직무 우선 원칙　　② 최상급 직능수준 우선 원칙
③ 생산업무 우선 원칙　　④ 최근 직업 우선 원칙

기출 2015년 3회
정답 ④

한국표준직업분류의 포괄적인 업무에 대한 직업분류 원칙에 해당하지 않는 것은?

① 주된 직무 우선 원칙　　② 취업시간 우선 원칙
③ 최상급 직능수준 우선 원칙　　④ 생산업무 우선 원칙

기출 2014년 1회, 2013년 3회, 2011년 1회
정답 ②

10 한국표준직업분류에서 분류원칙에 대한 설명으로 틀린 것은?

① 포괄적인 업무의 경우에는 직무 내용상 상관성이 많은 항목에 분류한다.

② 다수 직업 종사자의 경우에는 취업시간이 많은 직업을 택한다.

③ 포괄적인 업무의 경우에는 높은 수준의 직무능력을 필요로 하는 항목에 따라서 분류한다.

④ 재화의 생산 및 공급과정의 상이한 단계에 연관된 업무인 경우에는 공급과정에 관련된 업무에 따라 분류한다.

핵심 키워드 포괄적인 업무에 대한 직업분류 원칙 중 생산업무 우선 원칙
☞ 생산과 공급 중 생산 관련 업무 우선

기출 데이터 2014년 3회

핵심기출 해설 답 ④

④ 재화의 생산과 공급이 같이 이루어지는 경우는 생산단계에 관련된 업무를 우선적으로 분류한다(→ 생산업무 우선 원칙).

포괄적인 업무에 대한 직업분류 원칙[출처 : 한국표준직업분류(제8차)]

• 주된 직무 우선 원칙 : 2개 이상의 직무를 수행하는 경우는 수행되는 직무내용과 관련 분류 항목에 명시된 직무내용을 비교·평가하여 관련 직무 내용상의 상관성이 가장 많은 항목에 분류한다.

　예 교육과 진료를 겸하는 의과대학 교수는 강의, 평가, 연구 등과 진료, 처치, 환자상담 등의 직무내용을 파악하여 관련 항목이 많은 분야로 분류한다.

• 최상급 직능수준 우선 원칙 : 수행된 직무가 상이한 수준의 훈련과 경험을 통해서 얻어지는 직무능력을 필요로 한다면, 가장 높은 수준의 직무능력을 필요로 하는 일에 분류하여야 한다.

　예 조리와 배달의 직무비중이 같을 경우에는, 조리의 직능수준이 높으므로 조리사로 분류한다.

• 생산업무 우선 원칙 : 재화의 생산과 공급이 같이 이루어지는 경우는 생산단계에 관련된 업무를 우선적으로 분류한다.

　예 한 사람이 빵을 생산하여 판매도 하는 경우에는, 판매원으로 분류하지 않고 제빵사 및 제과원으로 분류한다.

한국표준직업분류에서 다음에 해당하는 직업분류원칙은?

> 교육과 진료를 겸하는 의과대학 교수는 강의, 평가, 연구 등과 진료, 처치, 환자상담 등의 직무내용을 파악하여 관련 항목이 많은 분야로 분류한다.

① 취업 시간 우선 원칙   ② 최상급 직능수준 우선 원칙
③ 조사 시 최근의 직업 원칙   ④ 주된 직무 우선 원칙

기출 2019년 3회
정답 ④

낮에는 제조업체에서 금형공으로 일하고, 밤에는 대리운전을 하는 경우, 한국표준직업분류에서 직업을 결정하는 일반적 원칙이 아닌 것은?

① 주된 직무 우선 원칙   ② 취업시간 우선의 원칙
③ 수입 우선의 원칙   ④ 조사 시 최근의 직업 원칙

기출 2018년 2회
정답 ①

한국표준직업분류의 직업분류 원칙에 대한 설명으로 틀린 것은?

① 동일하거나 유사한 직무는 어느 경우에든 같은 단위직업으로 분류한다.
② 2개 이상의 직무를 수행하는 경우는 실제 직무내용과 관련 분류 항목에 명시된 직무내용을 비교·평가하여 관련 직무 내용상의 상관성이 가장 높은 항목에 분류한다.
③ 수행된 직무가 상이한 수준의 훈련과 경험을 통해 얻어지는 직무능력을 필요로 한다면, 가장 높은 수준의 직무능력을 필요로 하는 일에 분류한다.
④ 재화의 생산과 공급이 같이 이루어지는 경우는 공급단계에 관련된 업무를 우선적으로 분류한다.

기출 2018년 3회 기출변형
정답 ④
해설
재화의 생산과 공급이 같이 이루어지는 경우는 생산단계에 관련된 업무를 우선적으로 분류한다(포괄적인 업무에 대한 직업분류 원칙 중 생산업무 우선 원칙).

한국표준직업분류에서 "빵을 굽는 제빵사가 빵을 제조하고 이를 판매하였다면 판매원으로 구분하지 않고 제빵사로 분류한다."가 해당되는 직업분류 원칙은?

① 생산업무 우선 원칙   ② 최상급 직능수준 우선 원칙
③ 최초 업무 우선 원칙   ④ 주된 업무 우선 원칙

기출 2014년 1회, 2007년 1회
정답 ①

한국표준직업분류의 직업분류 원칙에 해당하지 않는 것은?

① 2개 이상의 직무를 수행하는 경우는 수행되는 직무내용과 관련 분류 항목에 명시된 직무내용을 비교·평가하여 관련 직무 내용상의 상관성이 가장 많은 항목에 분류한다.
② 수행된 직무가 상이한 수준의 훈련과 경험을 통해서 얻어지는 직무능력을 필요로 한다면, 가장 높은 수준의 직무능력을 필요로 하는 일에 분류하여야 한다.
③ 한 사람이 전혀 상관성이 없는 두 가지 이상의 직업에 종사할 경우, 취업시간을 고려하여 보다 긴 시간을 투자하는 직업으로 결정한다.
④ 재화의 생산과 공급이 같이 이루어지는 경우는 공급단계에 관련된 업무를 우선적으로 분류한다.

기출 2013년 2회
정답 ④
해설
재화의 생산과 공급이 같이 이루어지는 경우는 생산단계에 관련된 업무를 우선적으로 분류한다.

11 한 사람이 전혀 상관이 없는 두 가지 이상의 직업에 종사할 경우 그 사람의 직업을 결정하는 일반적 원칙이 아닌 것은?

① 취업시간이 많은 직업을 택한다.

② 수입이 많은 직업을 택한다.

③ 경력이 많은 직업을 택한다.

④ 최근의 직업을 택한다.

핵심 키워드 다수 직업 종사자의 분류원칙
 ☞ 취업시간 → 수입 → 최근직업

기출 데이터 2015년 1회

핵심기출 해설 **답 ③**

다수 직업 종사자의 분류원칙[출처 : 한국표준직업분류(제8차)]

• 취업시간 우선의 원칙 : 가장 먼저 분야별로 취업시간을 고려하여 보다 긴 시간을 투자하는 직업으로 결정한다.

• 수입 우선의 원칙 : 위의 경우로 분별하기 어려운 경우는 수입(소득이나 임금)이 많은 직업으로 결정한다.

• 조사 시 최근의 직업 원칙 : 위의 두 가지 경우로 판단할 수 없는 경우에는 조사시점을 기준으로 최근에 종사한 직업으로 결정한다.

이것이 핵심 **TIP**

'다수 직업 종사자'란 한 사람이 전혀 상관성이 없는 두 가지 이상의 직업에 종사할 경우를 의미합니다.

한국표준직업분류 직업분류 원칙 중 다수 직업 종사자의 분류 원칙에 해당하지 않는 것은?

① 수입 우선의 원칙
② 취업시간 우선의 원칙
③ 조사 시 최근의 직업 원칙
④ 생산업무 우선 원칙

기출 2020년 4회
정답 ④

한국표준직업분류에서 한 사람이 전혀 상관성이 없는 두 가지 이상의 직업에 종사할 경우에 그 직업을 결정하는 일반적 원칙이 아닌 것은?

① 더 높은 직위에 있는 직업으로 결정한다.
② 수입(소득이나 임금)이 많은 직업으로 결정한다.
③ 조사시점을 기준으로 최근에 종사한 직업으로 결정한다.
④ 분야별로 취업시간을 고려하여 보다 긴 시간을 투자하는 직업으로 결정한다.

기출 2018년 1회
정답 ①

한국표준직업분류에서 다수 직업 종사자의 분류원칙이 아닌 것은?

① 주된 직무 우선의 원칙
② 취업시간 우선의 원칙
③ 수입 우선의 원칙
④ 조사 시 최근의 직업 원칙

기출 2015년 1회
정답 ①
해설
주된 직무 우선의 원칙은 '포괄적인 업무에 대한 직업분류 원칙'에 해당한다.

한국표준직업분류에서 다수 직업 종사자에 대한 분류원칙을 바르게 나열한 것은?

A. 수입 우선의 원칙
B. 취업시간 우선의 원칙
C. 조사 시 최근의 직업 원칙

① A → B → C
② B → A → C
③ B → C → A
④ C → A → B

기출 2010년 2회
정답 ②

12 한국고용직업분류(KECO)의 분류 원칙에 대한 설명으로 옳은 것은?

① 직업분류에서 일반적으로 사용하는 10진법을 준용하였다.

② 직능수준(Skill Level)을 분류의 우선적인 기준으로 사용하였다.

③ 직업분류의 기본 원칙인 포괄성과 배타성을 고려하여 분류하였다.

④ 최소 고용인원을 고려하여 모든 직무를 일괄적으로 직업단위로 분류하였다.

핵심 키워드 한국고용직업분류(KECO)의 직업분류 일반원칙
☞ 포괄성과 배타성

기출 데이터 2017년 1회, 2010년 1회

핵심기출 해설 **답 ③**

③ '포괄성'이란 존재하는 모든 직무는 예외 없이 특정 직업으로 반드시 분류되어야 하는 것이고, '배타성'이란 모든 동일한 직무는 동일한 하나의 직업으로 분류될 수 있어야 하며 여타의 직업으로도 분류될 수 있는 여지가 가능한 한 적어야 함을 말한다.

① 10진법을 사용하지 않고 소분류 이하에서 9를 사용하여 식별하였다.

② 직능유형을 우선분류방식으로 채택함으로써 동일한 대분류 안에 관련 직업들이 모두 포함되도록 하여 누구나 쉽게 이해하고 사용할 수 있도록 하였다.

④ 우리나라에서만 1만 개에 가까운 직무가 있지만 개별 직무별로 직업전환, 훈련, 자격 및 향후 전망 등 정보 전달의 의미가 적기 때문에 이들을 모두 직업으로 분류하지는 않는다. 따라서 전국적으로 1만 명 내외의 고용인원이 있는 수준에서 직업단위를 구분하여 분류하였다.

이것이 핵심 **TIP**

한국표준직업분류(KSCO)와 한국고용직업분류(KECO)는 직업을 분류하는 데 있어서 직능수준과 직능유형을 고려하고 있다는 점에서 공통점을 지닙니다. 다만, 한국표준직업분류(KSCO)가 직능수준(Skill Level)을 우선적으로 고려하는 반면, 한국고용직업분류(KECO)는 직능유형(Skill Type)을 우선적으로 고려한다는 점에서 차이가 있습니다.

한국고용직업분류(2025)는 통계의 다양한 활용성을 위해 한국표준직업분류(KSCO)와 세분류 단위에서 직무 포괄범위를 일치시켰고, 대분류 10개, 중분류 35개, 소분류 136개, 세분류 450개로 구성되어 있습니다.

대분류	중분류	소분류	세분류
0 경영 · 사무 · 금융 · 보험직	3	18	70
1 연구직 및 공학 기술직	5	19	54
2 교육 · 법률 · 사회복지 · 경찰 · 소방직 및 군인	5	12	41
3 보건 · 의료직	1	7	20
4 예술 · 디자인 · 방송 · 스포츠직	2	8	34
5 미용 · 여행 · 숙박 · 음식 · 경비 · 청소직	6	13	49

6 영업 · 판매 · 운전 · 운송직	2	11	35
7 건설 · 채굴직	1	6	24
8 설치 · 정비 · 생산직	9	37	110
9 농림어업직	1	5	13
10 항 목	35항목	136항목	450항목

● 핵심유형 완성하기 ●

한국고용직업분류의 대분류에 해당하지 않는 것은?

① 군 인
② 건설 · 채굴직
③ 설치 · 정비 · 생산직
④ 연구직 및 공학 기술직

기출 2019년 2회
정답 ①

한국고용직업분류에 관한 설명으로 틀린 것은?

① 10진법 중심의 분류이다.
② 직능유형(Skill Type) 중심이다.
③ 대분류보다는 중분류 중심체계이다.
④ 직업분류의 기본 원칙인 포괄성과 배타성을 고려하여 분류하였다.

기출 2018년 2회
정답 ③
해설
한국고용직업분류(2025)는 사용자가 직관적으로 쉽게 직업을 분류할 수 있는 대분류 10개 항목 중심 분류체계다.

한국고용직업분류의 개정방향 및 주요 개정내용에 대한 설명으로 틀린 것은?

① 대분류 및 중분류 단위는 직능수준을 우선적으로 고려하였으며, 직능유형은 소분류 단위에서 고려되었다.
② 기존 24개의 중분류 중심 분류체계에서 10개의 실질적인 대분류 중심 체계로 전환하였다.
③ 대분류, 중분류 단위의 직업명은 직업묶음이라는 의미로서의 '～직'으로 통일하여 사용하였다.
④ 우선적으로 널리 통용되는 직업 명칭을 사용하였으며, 의미전달이라는 언어수단 본래의 목적에 부합되도록 가능한 한 간명한 직업명을 사용하였다.

기출 2018년 3회
정답 ①

13

다음 중 한국표준산업분류(제11차)의 주요 개정 내용으로 가장 옳은 것은?

① 콩나물 재배업은 기타 시설작물 재배업으로 통합하였다.

② 운송장비용 이차전지 제조업은 기타 이차전지 제조업으로 통합하였다.

③ 부동산 중개 및 대리업은 부동산 중개업과 부동산 대리업으로 세분하였다.

④ 국제기준을 반영하여 사회보장보험업 및 연금업을 '대분류 O'에서 '대분류 K'로 이동하였다.

핵심 키워드 한국표준산업분류(2024)상 기타 시설작물 재배업
기출 데이터 2017년 3회 기출변형

핵심기출 해설 | **답 ①**

② 축전지 제조업은 운송장비용 이차전지 제조업과 기타 이차전지 제조업으로 세분하였다.

③ 부동산 중개 및 대리업은 부동산 중개 및 대리업과 부동산 분양 대행업으로 세분하였다.

④ 국제기준을 반영하여 사회보장보험업 및 연금업을 '대분류 K 금융 및 보험업'에서 '대분류 O 공공 행정, 국방 및 사회보장 행정'으로 이동하였다.

한국표준산업분류(KSIC) 제11차 개정(2024)의 주요 개정 내용(일부)

A 농업, 임업 및 어업	콩나물 재배업은 기타 시설작물 재배업으로 통합하였다.
C 제조업	• 배합 사료 제조업은 반려동물용 사료 제조업과 배합 사료 제조업으로 세분하였다. • 산업용 가스 제조업은 수소 제조업과 산소, 질소 및 기타 산업용 가스 제조업으로 세분하였다. • 생물학적 제제 제조업은 기초 의약 물질 제조업과 체외 진단 시약 제조업으로 세분하였다. • 축전지 제조업은 운송장비용 이차전지 제조업과 기타 이차전지 제조업으로 세분하였다.
K 금융 및 보험업	건강보험업, 산업 재해 및 기타 사회보장보험, 연금업은 '대분류 O 공공 행정, 국방 및 사회보장 행정'으로 이동하였다.
L 부동산업	부동산 중개 및 대리업은 부동산 중개 및 대리업과 부동산 분양 대행업으로 세분하였다.

이것이 핵심 | **TIP**

'한국표준산업분류(2017)'는 제10차 개정을, '한국표준산업분류(2024)'는 제11차 개정을 의미합니다.

● **핵심유형 완성하기** ●

한국표준산업분류(KSIC 11)의 대분류에 해당하지 않는 것은?

① A 농업, 임업 및 어업

② D 전기, 가스, 증기 및 공기 조절 공급업

③ L 부동산업

④ R 기타 공공, 수리 및 개인서비스업

기출 2017년 1회 기출변형
정답 ④
해설
R 예술, 스포츠 및 여가관련 서비스업

14

한국표준산업분류에 관한 설명으로 틀린 것은?

① 산업활동의 범위에는 영리적, 비영리적 활동 및 가정 내의 가사 활동 등을 모두 포함한다.

② 한국표준산업분류는 통계작성 목적 이외에도 일반 행정 및 산업정책 관련 법령에서 적용대상 산업영역을 한정하는 기준으로 준용되고 있다.

③ 산업분류는 산출물·투입물의 특성, 생산활동의 일반적인 결합형태와 같은 기준에 의하여 분류된다.

④ 사업체 단위는 공장, 광산, 상점, 사무소 등과 같이 산업활동과 지리적 장소의 양면에서 가장 동질성이 있는 통계단위이다.

핵심 키워드 산업활동의 범위
☞ 영리적·비영리적 활동을 모두 포함(단, 가정 내의 가사 활동은 제외)

기출 데이터 2015년 1회, 2012년 2회, 2007년 3회

핵심기출 해설 **답 ①**

산업 및 산업활동[출처 : 한국표준산업분류(제11차)]
• 산업 : 유사한 성질을 갖는 산업활동에 주로 종사하는 생산단위의 집합
• 산업활동 : 각 생산단위가 노동, 자본, 원료 등 자원을 투입하여, 재화 또는 서비스를 생산 또는 제공하는 일련의 활동과정
• 산업활동의 범위 : 영리적·비영리적 활동이 모두 포함되나, 가정 내의 가사 활동은 제외

이것이 핵심 **TIP**

한국표준산업분류(2017)에서 가정 내의 가사 활동은 산업활동의 범위에서 제외되었다는 점을 반드시 기억해 두시기 바랍니다.

● **핵심유형 완성하기** ●

다음은 한국표준산업분류의 분류 정의 중 무엇에 관한 설명인가?	**기출** 2022년 1회
	정답 ②
각 생산단위가 노동, 자본, 원료 등 자원을 투입하여, 재화 또는 서비스를 생산 또는 제공하는 일련의 활동과정	
① 산 업　　　　② 산업활동 ③ 생산활동　　　④ 산업분류	
한국표준산업분류에서 각 생산단위가 노동, 자본, 원료 등 자원을 투입하여, 재화 또는 서비스를 생산 또는 제공하는 일련의 활동 과정은?	**기출** 2016년 3회, 2013년 3회
	정답 ②
① 산 업　　　　② 산업활동 ③ 생산활동　　　④ 생 산	

15 한국표준산업분류의 분류 목적에 관한 설명으로 틀린 것은?

① 산업활동에 의한 통계 자료의 수집, 제표, 분석 등을 위해서 활동 분류 및 범위를 제공한다.

② 일반 행정 및 산업정책 관련 법령에서 적용대상 산업영역을 한정하는 기준으로 준용된다.

③ 취업알선을 위한 구인 · 구직안내 기준으로 사용된다.

④ 산업통계 자료의 정확성, 비교성을 위하여 모든 통계작성기관이 의무적으로 사용해야 한다.

핵심 키워드 한국표준산업분류(KSIC)의 분류 목적

☞ 활동 분류 및 범위 제공, 적용대상 산업영역의 한정기준, 통계 자료의 정확성 · 비교성을 위한 의무적 사용

기출 데이터 2017년 1회, 2011년 2회

핵심기출 해설 답 ③

③ 취업알선을 위한 구인 · 구직안내 기준으로 사용되는 것은 한국표준직업분류(KSCO)에 해당한다.

한국표준산업분류(KSIC)의 분류 목적[출처 : 한국표준산업분류(제11차)]
• 한국표준산업분류는 생산단위(사업체 단위, 기업체 단위 등)가 주로 수행하는 산업활동을 그 유사성에 따라 체계적으로 유형화한 것이다.
• 한국표준산업분류는 산업활동에 의한 통계 자료의 수집, 제표, 분석 등을 위해서 활동 분류 및 범위를 제공하기 위한 것이다.(①)
• 통계법에서는 산업통계 자료의 정확성, 비교성을 위하여 모든 통계작성기관이 이를 의무적으로 사용하도록 규정하고 있다.(④)
• 한국표준산업분류는 통계작성 목적 이외에도 일반 행정 및 산업정책 관련 법령에서 적용대상 산업영역을 한정하는 기준으로 준용되고 있다.(②)

이것이 핵심 TIP

표준산업분류는 각 생산주체의 산업활동에 관련된 통계자료의 수집, 분석 등 각종 통계목적에 모든 통계작성기관이 통일적으로 사용할 수 있도록 표준화한 것을 말합니다.

한국표준산업분류의 분류 목적에 해당하지 않는 것은?

① 기본적으로 산업활동 관련 통계 자료 수집, 제표, 분석 등을 위해서 활동 분류 및 범위를 제공하기 위한 것
② 산업 관련 통계자료 정확성, 비교성을 확보하기 위하여 모든 통계작성기관은 한국표준산업분류를 의무적으로 사용하도록 규정
③ 일반 행정 및 산업정책 관련 다수 법령에서 적용대상 산업영역을 규정하는 기준으로 준용
④ 취업알선을 위한 구인 · 구직안내 기준

기출 2021년 2회
점답 ④

한국표준산업분류 분류 정의가 틀린 것은?

① 산업은 유사한 성질을 갖는 산업활동에 주로 종사하는 생산단위의 집합이다.
② 각 생산단위가 노동, 자본, 원료 등 자원을 투입하여, 재화 또는 서비스를 생산 또는 제공하는 일련의 활동과정은 산업활동이다.
③ 산업활동 범위에는 영리적, 비영리적 활동이 모두 포함되며, 가정 내 가사 활동도 포함된다.
④ 산업분류는 생산단위가 주로 수행하는 산업활동을 분류 기준과 원칙에 맞춰 그 유사성에 따라 체계적으로 유형화한 것이다.

기출 2021년 2회
점답 ③
해설
산업활동의 범위에는 영리적, 비영리적 활동이 모두 포함되나, 가정 내의 가사 활동은 제외된다.

한국표준산업분류의 분류 목적에 대한 설명으로 틀린 것은?

① 생산단위가 주로 수행하는 산업활동을 그 유사성에 따라 체계적으로 유형화한다.
② 산업활동에 의한 통계 자료의 수집, 제표, 분석 등을 위해서 활동 분류 및 범위를 제공한다.
③ 통계법에서는 산업통계 자료의 정확성, 비교성을 위하여 모든 통계작성기관이 이를 선택적으로 사용하도록 규정하고 있다.
④ 일반 행정 및 산업정책 관련 법령에서 적용대상 산업영역을 한정하는 기준으로 준용되고 있다.

기출 2016년 3회, 2013년 1회
점답 ③
해설
통계법에서는 산업통계 자료의 정확성, 비교성을 위하여 모든 통계작성기관이 이를 의무적으로 사용하도록 규정하고 있다.

다음은 무엇에 대한 설명인가?

각 생산주체의 산업활동에 관련된 통계자료의 수집, 분석 등 각종 통계목적에 모든 통계작성기관이 통일적으로 사용할 수 있도록 표준화한 것

① 표준생산분류
② 표준산업분류
③ 표준직업분류
④ 표준직무분류

기출 2014년 1회
점답 ②

16

한국표준산업분류의 산업분류 기준에 해당되지 않는 것은?

① 투입물의 특성
② 생산활동의 일반적인 결합형태
③ 생산된 재화 또는 제공된 서비스의 특성
④ 생산단위가 수행하는 산업활동의 차별성

핵심 키워드 한국표준산업분류(KSIC)의 산업분류 기준
☞ 산출물의 특성, 투입물의 특성, 생산활동의 일반적인 결합형태

기출 데이터 2011년 3회, 2010년 3회, 2009년 1회, 2006년 3회

핵심기출 해설 답 ④

한국표준산업분류(제11차)의 산업분류 기준
• 산출물(생산된 재화 또는 제공된 서비스)의 특성
  – 산출물의 물리적 구성 및 가공 단계
  – 산출물의 수요처
  – 산출물의 기능 및 용도
• 투입물의 특성
  원재료, 생산 공정, 생산기술 및 시설 등
• 생산활동의 일반적인 결합형태

이것이 핵심 TIP

'산출물의 특성'은 '생산된 재화 또는 제공된 서비스의 특성'으로도 제시될 수 있습니다. 또한 '생산활동의 일반적인 결합형태'와 '생산단위의 활동 형태'를 혼동하지 마세요. 참고로 '생산단위의 활동 형태'는 통계단위의 산업결정과 연관됩니다.

한국표준산업분류의 "A 농업, 임업 및 어업" 분야 분류 시 유의사항으로 틀린 것은?

① 구입한 농·임·수산물을 가공하여 특정 제품을 제조하는 경우에는 제조업으로 분류
② 농·임·수산업 관련 조합은 각각의 사업 부문별로 그 주된 활동에 따라 분류
③ 농업생산성을 높이기 위한 지도·조언 등을 수행하는 정부기관은 "경영 컨설팅업"에 분류
④ 수상오락 목적의 낚시장 및 관련시설 운영활동은 "낚시장 운영업"에 분류

기출 2025년, 2021년 3회
정답 ①
해설
③ 농업생산성을 높이기 위한 지도·조언·감독 등의 활동을 수행하는 정부기관은 "84 공공행정, 국방 및 사회보장 행정"의 적합한 항목에 분류하며, 수수료 및 계약에 의하여 기타 기관에서 농업 경영상담 및 관련서비스를 제공하는 경우는 "71531 경영 컨설팅업"에 분류한다.

한국표준산업분류의 분류 기준이 아닌 것은?

① 산출물의 특성
② 투입물의 특성
③ 생산단위의 활동형태
④ 생산활동의 일반적인 결합형태

기출 2020년 4회, 2018년 3회
정답 ③

한국표준산업분류의 산업분류 기준에 해당되지 않는 것은?

① 투입물의 특성
② 생산활동의 일반적인 결합형태
③ 생산된 재화 또는 제공된 서비스의 특성
④ 산업활동의 차별성

기출 2014년 2회
정답 ④

한국표준산업분류의 분류 기준으로 틀린 것은?

① 산출물의 특성
② 투입물의 특성
③ 소비활동의 일반적인 결합형태
④ 생산된 재화의 특성

기출 2014년 3회
정답 ③

한국표준산업분류의 산업분류 기준이 아닌 것은?

① 산출물의 특성
② 투입물의 특성
③ 생산활동의 일반적인 결합형태
④ 소비활동의 일반적인 형태

기출 2010년 2회
정답 ④

17 한국표준산업분류에서 하나 이상의 장소에서 이루어지는 단일 산업활동의 통계단위는?

① 기업집단 단위

② 기업체 단위

③ 활동유형 단위

④ 지역 단위

핵심 키워드 한국표준산업분류(KSIC)의 통계단위

구 분	하나 이상 장소	단일 장소
하나 이상 산업활동	기업집단 단위	지역 단위
	기업체 단위	
단일 산업활동	활동유형 단위	사업체 단위

기출 데이터 2019년 2회, 2016년 2회, 2013년 1회, 2010년 1회, 2009년 1회

핵심기출 해설 답 ③

통계단위[출처 : 한국표준산업분류(제11차)]

'통계단위'란 생산단위의 활동(생산, 재무활동 등)에 관한 통계작성을 위하여 필요한 정보를 수집 또는 분석할 대상이 되는 관찰 또는 분석단위를 말한다. 이러한 통계단위는 생산활동과 장소의 동질성의 차이에 따라 다음과 같이 구분된다.

구 분	하나 이상 장소	단일 장소
하나 이상 산업활동	기업집단 단위	지역 단위
	기업체 단위	
단일 산업활동	활동유형 단위	사업체 단위

* 하나의 기업체 또는 기업집단을 전제함

- 사업체 단위의 정의
  - 사업체 단위는 공장, 광산, 상점, 사무소 등과 같이 산업활동과 지리적 장소의 양면에서 가장 동질성이 있는 통계단위이다.
  - 일정한 물리적 장소에서 단일 산업활동을 독립적으로 수행하며, 영업잉여에 관한 통계를 작성할 수 있고 생산에 관한 의사결정에 있어서 자율성을 갖고 있는 단위이므로, 장소의 동질성과 산업활동의 동질성이 요구되는 생산통계 작성에 가장 적합한 통계단위라고 할 수 있다.
- 기업체 단위의 정의
  - 기업체 단위란 재화 및 서비스를 생산하는 법적 또는 제도적 단위의 최소 결합체로서, 자원 배분에 관한 의사결정에서 자율성을 갖고 있다.
  - 기업체는 하나 이상의 사업체로 구성될 수 있다는 점에서 사업체와 구분되며, 재무 관련 통계작성에 가장 유용한 단위이다.

한국표준산업분류의 통계단위는 생산활동과 장소의 동질성의 차이에 따라 다음과 같이 구분된다. (　　)에 알맞은 것은?

구 분	하나 이상 장소	단일 장소
하나 이상 산업활동	×××	×××
	×××	
단일 산업활동	(　　)	×××

① 기업집단 단위　　　　② 지역 단위
③ 기업체 단위　　　　　④ 활동유형 단위

기출 2023년, 2021년 3회, 2019년 1회, 2014년 2회, 2011년 3회, 2010년 3회
정답 ④

한국표준산업분류상 단일 장소에서 이루어지는 단일 산업활동의 통계단위는?

① 기업집단 단위　　　　② 사업체 단위
③ 활동유형 단위　　　　④ 지역 단위

기출 2018년 2회, 2015년 3회, 2011년 2회, 2009년 3회
정답 ②

다음 한국표준산업분류에서 통계단위를 구분하는 표의 (　　)에 알맞은 것은?

구 분	하나 이상 장소	단일 장소
하나 이상 산업활동	(ㄱ)	지역 단위
	기업체 단위	
단일 산업활동	활동유형 단위	(ㄴ)

① ㄱ : 사업집단 단위, ㄴ : 기업체 단위
② ㄱ : 경영집단 단위, ㄴ : 활동체 단위
③ ㄱ : 기업집단 단위, ㄴ : 기업체 단위
④ ㄱ : 기업집단 단위, ㄴ : 사업체 단위

기출 2017년 2회 기출변형
정답 ④

한국표준산업분류의 통계단위 개념에 대한 다음 표에서 (　　) 안에 들어갈 말을 순서대로 바르게 짝지은 것은?

구 분	하나 이상 장소	단일 장소
하나 이상 산업활동	기업집단 단위	지역 단위
	(A)	
단일 산업활동	활동유형 단위	(B)

* 하나의 기업체 또는 기업집단을 전제함

① A : 산업체 단위, B : 기업체 단위
② A : 사업체 단위, B : 기업체 단위
③ A : 기업체 단위, B : 사업체 단위
④ A : 기업체 단위, B : 산업체 단위

기출 2015년 2회 기출변형
정답 ③

18

한국표준산업분류에서 생산단위의 활동 형태에 관한 설명으로 틀린 것은?

① 모 생산단위의 생산품을 포장하기 위한 캔, 상자 및 유사 제품의 생산은 보조단위로 본다.

② 주된 산업활동이란 산업활동이 복합 형태로 이루어질 경우 생산된 재화 또는 제공된 서비스 중 부가가치(액)가 가장 큰 활동을 의미한다.

③ 부차적 산업활동은 주된 산업활동 이외의 재화 생산 및 서비스 제공 활동을 의미한다.

④ 보조 활동에는 회계, 운송, 구매, 판매 촉진, 수리 서비스 등이 포함된다.

핵심 키워드 보조단위가 아닌 별개의 활동으로 간주하여야 하는 활동 형태
☞ 고정자산의 구성, 다른 시장에의 판매, 생산품의 구성 부품, 연구 및 개발활동

기출 데이터 2017년 3회, 2013년 2회, 2006년 1회 기출변형

핵심기출 해설 **답 ①**

보조단위가 아닌 별개의 활동으로 간주하여야 하는 활동 형태[출처 : 한국표준산업분류(제11차)]

• 고정자산을 구성하는 재화의 생산, 예를 들면 자기계정을 위한 건설활동을 하는 경우 이에 관한 별도의 자료를 이용할 수 있으면 건설활동으로 분류

• 모 생산단위에서 사용되는 재화나 서비스를 보조적으로 생산하더라도 그 생산되는 재화나 서비스의 대부분을 다른 시장(사업체 등)에 판매하는 경우

• 모 생산단위가 생산하는 생산품의 구성 부품이 되는 재화를 생산하는 경우, 예를 들면 모 생산단위의 생산품을 포장하기 위한 캔, 상자 및 유사 제품의 생산활동

• 연구 및 개발활동은 통상적인 생산과정에서 소비되는 서비스를 제공하는 것이 아니므로 그 자체의 본질적인 성질에 따라 전문, 과학 및 기술 서비스업으로 분류되며, 국민계정(SNA) 측면에서는 고정자본의 일부로 고려됨

● **핵심유형 완성하기** ●

한국표준산업분류에서 통계단위의 산업결정에 관한 설명으로 틀린 것은?

① 부차적 산업활동은 주된 산업활동 이외의 재화 생산 및 서비스 제공 활동을 말한다.

② 주된 산업활동과 부차적 산업활동은 보조 활동의 지원 없이도 수행될 수 있다.

③ 생산단위의 산업활동은 그 생산단위가 수행하는 주된 산업활동의 종류에 따라 결정된다.

④ 모 생산단위에서 사용되는 재화나 서비스를 보조적으로 생산하더라도 그 생산되는 재화나 서비스의 대부분을 다른 사업체에 판매하는 경우 별개의 활동으로 간주하여 그 자체활동에 따라 분류하여야 한다.

기출 2012년 3회, 2007년 3회

정답 ②

해설
주된 산업활동과 부차적 산업활동은 보조 활동의 지원 없이는 수행될 수 없다.

19

한국표준산업분류의 산업 결정 방법에 관한 설명으로 틀린 것은?

① 생산단위의 산업활동은 그 생산단위가 수행하는 주된 산업활동의 종류에 따라 결정된다.

② 계절에 따라 정기적으로 산업을 달리하는 사업체의 경우에는 조사시점에 경영하는 사업과는 관계없이 조사대상 기간 중 산출액이 많았던 활동에 의하여 분류된다.

③ 단일사업체의 보조단위는 그 사업체의 일개 부서로 포함하지 않고 별도의 사업체로 처리한다.

④ 휴업 중 또는 자산을 청산 중인 사업체의 산업은 영업 중 또는 청산을 시작하기 이전의 산업활동에 의하여 결정하며, 설립 중인 사업체는 개시하는 산업활동에 따라 결정한다.

핵심 키워드 한국표준산업분류(KSIC)의 산업 결정 방법
☞ 주된 산업활동 → 종업원 수 및 노동시간 등 → (계절적 산업) 조사대상 기간 중 산출액 → (휴업 중 또는 청산 중) 영업 중, 청산 이전 산업활동 → (단일사업체의 보조단위) 일개 부서로 포함

기출 데이터 2021년 1회, 2017년 3회, 2013년 3회, 2011년 1회

핵심기출 해설　**답 ③**

산업 결정 방법[출처 : 한국표준산업분류(제11차)]
- 생산단위의 산업활동은 그 생산단위가 수행하는 주된 산업활동(판매 또는 제공하는 재화 및 서비스)의 종류에 따라 결정된다. 이러한 주된 산업활동은 산출물(재화 또는 서비스)에 대한 부가가치(액)의 크기에 따라 결정되어야 하나, 부가가치(액) 측정이 어려운 경우에는 산출액에 의하여 결정한다.(①)
- 상기의 원칙에 따라 결정하는 것이 적합하지 않을 경우에는 그 해당 활동의 종업원 수 및 노동시간, 임금 및 급여액 또는 설비의 정도에 의하여 결정한다.
- 계절에 따라 정기적으로 산업을 달리하는 사업체의 경우에는 조사시점에서 경영하는 사업과는 관계없이 조사대상 기간 중 산출액이 많았던 활동에 의하여 분류한다.(②)
- 휴업 중 또는 자산을 청산 중인 사업체의 산업은 영업 중 또는 청산을 시작하기 이전의 산업활동에 의하여 결정하며, 설립 중인 사업체는 개시하는 산업활동에 따라 결정한다.(④)
- 단일사업체의 보조단위는 그 사업체의 일개 부서로 포함하며, 여러 사업체를 관리하는 중앙 보조단위(본부, 본사 등)는 별도의 사업체로 처리한다.(③)

이것이 핵심　**TIP**

한국표준산업분류(KSIC)의 산업 결정 방법 중 특히 계절에 따라 정기적으로 산업을 달리하는 사업체의 경우를 틀린 지문으로 출제하는 경우가 많으므로, 이점 감안하여 학습하시기 바랍니다.

한국표준산업분류의 산업분류 결정 방법에 관한 설명으로 틀린 것은?

① 생산단위 산업활동은 그 생산단위가 수행하는 주된 산업활동 종류에 따라 결정
② 계절에 따라 정기적으로 산업활동을 달리하는 사업체의 경우엔 조사대상 기간 중 산출액이 많았던 활동에 의하여 분류
③ 설립 중인 사업체는 개시하는 산업활동에 따라 결정
④ 단일사업체 보조단위는 별도의 사업체로 처리

| 기출 | 2023년, 2021년 2회 |
| 정답 | ④ |

해설
단일사업체의 보조단위는 그 사업체의 일개 부서로 포함하며, 여러 사업체를 관리하는 중앙 보조단위(본부, 본사 등)는 별도의 사업체로 처리한다.

다음은 한국표준산업분류에서 산업분류 결정 방법이다. (   )에 알맞은 것은?

> 계절에 따라 정기적으로 산업을 달리하는 사업체의 경우에는 조사시점에서 경영하는 사업과 관계없이 조사대상 기간 중 (   )이 많았던 활동에 의하여 분류

① 급여액   ② 근로소득세액
③ 산출액   ④ 부가가치액

| 기출 | 2022년 2회 |
| 정답 | ③ |

한국표준산업분류에서 통계단위의 산업 결정 방법에 관한 설명으로 틀린 것은?

① 생산단위의 산업활동은 그 생산단위가 수행하는 주된 산업활동의 종류에 따라 결정된다.
② 단일사업체의 보조단위는 그 사업체의 일개 부서로 포함한다.
③ 계절에 따라 정기적으로 산업을 달리하는 사업체의 경우에는 조사시점에 경영하는 사업으로 분류된다.
④ 휴업 중 또는 자산을 청산 중인 사업체의 산업은 영업 중 또는 청산을 시작하기 전의 산업활동에 의하여 결정한다.

| 기출 | 2020년 3회, 2014년 1회, 2010년 4회 |
| 정답 | ③ |

한국표준산업분류에서 통계단위의 산업 결정 방법에 관한 설명으로 틀린 것은?

① 생산단위의 산업활동은 그 생산단위가 수행하는 주된 산업활동의 종류에 따라 결정된다.
② 단일사업체의 보조단위는 그 사업체의 일개 부서로 포함된다.
③ 계절에 따라 정기적으로 산업을 달리하는 사업체의 경우에는 조사시점에 경영하는 사업으로 분류된다.
④ 설립 중인 사업체는 개시하는 산업활동에 따라 결정한다.

| 기출 | 2020년 4회, 2019년 2회 |
| 정답 | ③ |

한국표준산업분류의 산업 결정 방법에 관한 설명으로 틀린 것은?

① 생산단위의 산업활동은 그 생산단위가 수행하는 주된 산업활동의 종류에 따라 결정된다.
② 계절에 따라 정기적으로 산업을 달리하는 사업체의 경우에는 조사시점의 경영하는 산업에 의해 결정된다.
③ 휴업 중 또는 자산을 청산 중인 사업체의 산업은 영업 중 또는 청산을 시작하기 전의 산업활동에 의해 결정된다.
④ 설립 중인 사업체의 산업은 개시하는 산업활동에 따라 결정한다.

| 기출 | 2017년 2회, 2011년 3회, 2009년 2회 |
| 정답 | ② |

해설
계절에 따라 정기적으로 산업을 달리하는 사업체의 경우에는 조사시점에서 경영하는 사업과는 관계없이 조사대상 기간 중 산출액이 많았던 활동에 의하여 분류한다.

20 한국표준산업분류의 적용원칙에 관한 설명으로 틀린 것은?

① 생산단위는 산출물뿐만 아니라 투입물과 생산공정 등을 함께 고려하여 그들의 활동을 가장 정확하게 설명된 항목에 분류해야 한다.

② 복합적인 활동단위는 우선적으로 최상급 분류단계(대분류)를 정확히 결정하고, 순차적으로 중, 소, 세, 세세분류 단계 항목을 결정하여야 한다.

③ 산업활동이 결합되어 있는 경우에는 그 활동단위의 주된 활동에 따라서 분류하여야 한다.

④ 수수료 또는 계약에 의하여 활동을 수행하는 단위는 자기계정과 자기책임하에서 생산하는 단위와 다른 항목에 분류되어야 한다.

핵심 키워드 한국표준산업분류(KSIC)의 산업분류 적용원칙

☞ 투입물과 생산공정 등을 함께 고려, 대·중·소·세·세세분류 단계 항목 순으로 결정, 주된 활동에 따라서 분류, 자기계정과 자기책임하에서 생산하는 단위와 같은 항목에 분류

기출 데이터 2020년 3회, 2017년 1회, 2017년 2회, 2013년 1회, 2010년 1회

핵심기출 해설 답 ④

④ 수수료 또는 계약에 의하여 활동을 수행하는 단위는 동일한 산업활동을 자기계정과 자기책임하에서 생산하는 단위와 같은 항목에 분류하여야 한다.

산업분류의 주요 적용원칙[출처 : 한국표준산업분류(제11차)]

• 생산단위는 산출물뿐만 아니라 투입물과 생산공정 등을 함께 고려하여 그들의 활동을 가장 정확하게 설명된 항목에 분류해야 한다.(①)

• 복합적인 활동단위는 우선적으로 최상급 분류단계(대분류)를 정확히 결정하고, 순차적으로 중·소·세·세세분류 단계 항목을 결정하여야 한다.(②)

• 산업활동이 결합되어 있는 경우에는 그 활동단위의 주된 활동에 따라서 분류하여야 한다.(③)

• 수수료 또는 계약에 의하여 활동을 수행하는 단위는 동일한 산업활동을 자기계정과 자기책임하에서 생산하는 단위와 같은 항목에 분류하여야 한다.(④)

• 동일 단위에서 제조한 재화의 소매활동은 별개 활동으로 분류하지 않고 제조활동으로 분류되어야 한다. 그러나 자기가 생산한 재화와 구입한 재화를 함께 판매한다면 그 주된 활동에 따라 분류한다.

• '공공행정 및 국방, 사회보장 사무, 의무가입 성격의 연금 업무' 이외의 교육, 보건, 제조, 유통 및 금융 등 다른 산업활동을 수행하는 정부기관은 그 활동의 성질에 따라 분류하여야 한다. 반대로, 법령 등에 근거하여 전형적인 공공행정 부문에 속하는 산업활동을 정부기관이 아닌 민간에서 수행하는 경우에는 공공행정 부문으로 포함한다.

한국표준산업분류의 적용원칙으로 틀린 것은?

① 생산단위는 산출물뿐만 아니라 투입물과 생산공정 등을 함께 고려하여 그들의 활동을 가장 정확하게 설명된 항목에 분류해야 한다.

② 산업활동이 결합되어 있는 경우에는 그 활동단위의 주된 활동에 따라서 분류해야 한다.

③ 수수료 또는 계약에 의하여 활동을 수행하는 단위는 동일한 산업활동을 자기계정과 자기책임하에서 생산하는 단위와 같은 항목에 분류해야 한다.

④ 공식적 생산물과 비공식적 생산물, 합법적 생산물과 불법적인 생산물을 달리 분류해야 한다.

기출 2022년 1회, 2019년 1회
정답 ④

한국표준산업분류의 적용원칙에 관한 설명으로 틀린 것은?

① 산업활동이 결합되어 있는 경우에는 그 활동단위의 주된 활동에 따라서 분류

② 생산단위는 산출물만을 토대로 가장 정확하게 설명된 항목에 분류

③ 복합적인 활동단위는 우선적으로 최상급 분류단계(대분류)를 정확히 결정하고, 순차적으로 중, 소, 세, 세세분류 단계 항목을 결정

④ 수수료 또는 계약에 의하여 활동을 수행하는 단위는 자기계정과 자기책임하에서 생산하는 단위와 동일항목으로 분류

기출 2021년 1회
정답 ②
해설
생산단위는 산출물뿐만 아니라 투입물과 생산공정 등을 함께 고려하여 그들의 활동을 가장 정확하게 설명된 항목에 분류해야 한다.

한국표준산업분류의 산업분류 적용원칙에 관한 설명으로 틀린 것은?

① 생산단위는 산출물뿐만 아니라 투입물과 생산공정 등을 함께 고려하여 그들의 활동을 가장 정확하게 설명한 항목에 분류

② 생산단위 소유 형태, 법적 조직 유형 또는 운영 방식도 산업분류에 영향을 미침

③ 산업활동이 결합되어 있는 경우에는 그 활동단위의 주된 활동에 따라 분류

④ 공식적 · 비공식적 생산물, 합법적 · 불법적인 생산은 달리 분류하지 않음

기출 2020년 1 · 2회
정답 ②

한국표준산업분류에서 산업분류의 적용원칙에 관한 설명으로 틀린 것은?

① 생산단위는 산출물뿐만 아니라 투입물과 생산공정 등을 함께 고려하여 그들의 활동을 가장 정확하게 설명된 항목으로 분류해야 한다.

② 복합적인 활동단위는 우선적으로 최상급 분류단계(대분류)를 정확히 결정하고, 순차적으로 중, 소, 세, 세세분류 단계 항목을 결정해야 한다.

③ 공식적 생산물과 비공식적 생산물, 합법적 생산물과 불법적인 생산물을 달리 분류해야 한다.

④ 산업활동이 결합되어 있는 경우에는 그 활동단위의 주된 활동에 따라서 분류해야 한다.

기출 2020년 4회, 2018년 1회
정답 ③
해설
공식적 생산물과 비공식적 생산물, 합법적 생산물과 불법적인 생산물을 달리 분류하지 않는다.

한국표준산업분류의 적용원칙에 대한 설명으로 틀린 것은?

① 생산단위는 산출물뿐만 아니라 투입물과 생산공정 등을 함께 고려하여 그들의 활동을 가장 정확하게 설명된 항목에 분류해야 한다.

② 복합적인 활동단위는 우선적으로 세세분류를 정확히 결정하고, 순차적으로 세, 소, 중, 대분류 단계 항목을 결정하여야 한다.

③ 산업활동이 결합되어 있는 경우에는 그 활동단위의 주된 활동에 따라서 분류하여야 한다.

④ 공식적 생산물과 비공식적 생산물, 합법적 생산물과 불법적인 생산물을 달리 분류하지 않는다.

기출 2019년 2회
정답 ②
해설
복합적인 활동단위는 우선적으로 최상급 분류단계(대분류)를 정확히 결정하고, 순차적으로 중·소·세·세세분류 단계 항목을 결정하여야 한다.

한국표준산업분류의 산업분류 적용원칙에 관한 설명으로 틀린 것은?

① 생산단위는 투입물과 생산공정을 제외한 산출물을 고려하여 그들의 활동을 가장 정확하게 설명된 항목에 분류해야 한다.

② 복합적인 활동단위는 우선적으로 최상급 분류단계를 정확히 결정하고, 순차적으로 중, 소, 세, 세세분류 단계 항목을 결정하여야 한다.

③ 산업활동이 결합되어 있는 경우에는 그 활동단위의 주된 활동에 따라서 분류하여야 한다.

④ 공식적 생산물과 비공식적 생산물, 합법적 생산물과 불법적인 생산물을 달리 분류하지 않는다.

기출 2019년 3회
정답 ①

한국표준산업분류의 적용원칙으로 틀린 것은?

① 생산단위는 산출물뿐만 아니라 투입물과 생산공정 등을 함께 고려하여 그들의 활동을 가장 정확하게 설명된 항목에 분류해야 한다.

② 복합적인 활동단위는 우선적으로 세세분류를 정확히 결정하고, 순차적으로 세·소·중·대분류 단계 항목을 결정하여야 한다.

③ 산업활동이 결합되어 있는 경우에는 그 활동단위의 주된 활동에 따라서 분류하여야 한다.

④ 수수료 또는 계약에 의하여 활동을 수행하는 단위는 동일한 산업활동을 자기계정과 자기책임하에서 생산하는 단위와 같은 항목에 분류하여야 한다.

기출 2018년 2회
정답 ②
해설
복합적인 활동단위는 우선적으로 최상급 분류단계(대분류)를 정확히 결정하고, 순차적으로 중·소·세·세세분류 단계 항목을 결정하여야 한다.

한국표준산업분류의 산업분류 적용원칙에 관한 설명으로 틀린 것은?

① 생산단위는 투입물과 생산공정을 제외한 산출물을 고려하여 그들의 활동을 가장 정확하게 설명된 항목에 분류해야 한다.

② 복합적인 활동단위는 우선적으로 최상급 분류단계를 정확히 결정하고, 순차적으로 중, 소, 세, 세세분류 단계 항목을 결정하여야 한다.

③ 산업활동이 결합되어 있는 경우에는 그 활동단위의 주된 활동에 따라서 분류하여야 한다.

④ 수수료 또는 계약에 의하여 활동을 수행하는 단위는 자기계정과 자기책임하에서 생산하는 단위와 같은 항목에 분류하여야 한다.

기출 2016년 2회, 2012년 1회, 2010년 4회, 2008년 3회
정답 ①
해설
생산단위는 산출물뿐만 아니라 투입물과 생산공정 등을 함께 고려하여 그들의 활동을 가장 정확하게 설명된 항목에 분류해야 한다.

한국표준산업분류에서 산업분류의 적용원칙에 관한 설명으로 틀린 것은?

① 생산단위는 산출물뿐만 아니라 투입물과 생산공정 등을 함께 고려하여 그들의 활동을 가장 정확하게 설명된 항목에 분류해야 한다.
② 복합적인 활동단위는 우선적으로 세세분류 단계를 정확히 결정하고, 순차적으로 세, 소, 중 단계 항목을 결정하여야 한다.
③ 동일 단위에서 제조한 재화의 소매활동은 별개 활동으로 파악하지 않고 제조활동으로 분류되어야 한다. 그러나 자기가 생산한 재화와 구입한 재화를 함께 판매한다면 그 주된 활동에 따라 분류한다.
④ "공공행정 및 국방, 사회보장 사무" 이외의 다른 산업활동을 수행하는 정부기관은 그 활동의 성질에 따라 분류하여야 한다.

기출 2016년 3회, 2014년 1회
정답 ②
해설
복합적인 활동단위는 우선적으로 최상급 분류단계(대분류)를 정확히 결정하고, 순차적으로 중·소·세·세세분류 단계 항목을 결정하여야 한다.

한국표준산업분류상 산업분류의 적용원칙으로 틀린 것은?

① 산업활동이 결합되어 있는 경우에는 생산업무에 따라서 분류하여야 한다.
② 생산단위는 산출물뿐만 아니라 투입물과 생산공정 등을 함께 고려하여 그들의 활동을 가장 정확하게 설명된 항목에 분류해야 한다.
③ 수수료 또는 계약에 의하여 활동을 수행하는 단위는 자기계정과 자기책임 하에서 생산하는 단위와 같은 항목에 분류하여야 한다.
④ 복합적인 활동단위는 우선적으로 최상급 분류단계(대분류)를 정확히 결정하여야 한다.

기출 2015년 2회
정답 ①
해설
산업활동이 결합되어 있는 경우에는 그 활동단위의 주된 활동에 따라서 분류하여야 한다.

한국표준산업분류의 적용원칙에 대한 설명으로 틀린 것은?

① 생산단위는 산출물뿐만 아니라 투입물과 생산공정 등을 함께 고려하여 그들의 활동을 가장 정확하게 설명된 항목에 분류해야 한다.
② 복합적인 활동단위는 우선적으로 세세분류를 정확히 결정하고, 순차적으로 세, 소, 중, 대분류 단계 항목을 결정하여야 한다.
③ 산업활동이 결합되어 있는 경우에는 그 활동단위의 주된 활동에 따라서 분류하여야 한다.
④ 수수료 또는 계약에 의하여 활동을 수행하는 단위는 자기계정과 자기책임 하에서 생산하는 단위와 동일 항목에 분류되어야 한다.

기출 2015년 3회, 2013년 2회
정답 ②
해설
복합적인 활동단위는 우선적으로 최상급 분류단계(대분류)를 정확히 결정하고, 순차적으로 중·소·세·세세분류 단계 항목을 결정하여야 한다.

한국표준산업분류의 적용원칙으로 틀린 것은?

① 생산단위는 산출물뿐만 아니라 투입물과 생산공정 등을 함께 고려하여 그들의 활동을 가장 정확하게 설명된 항목에 분류해야 한다.
② 복합적인 활동단위는 우선적으로 최상급 분류단계(대분류)를 정확히 결정하고, 순차적으로 중, 소, 세, 세세분류 단계 항목을 결정해야 한다.
③ 수수료 또는 계약에 의하여 활동을 수행하는 단위는 자기계정과 자기책임 하에서 생산하는 단위와 동일 항목에 분류되어야 한다.
④ 동일 단위에서 제조한 재화의 소매활동은 별개 활동으로 파악하여 그 주된 활동에 따라 분류되어야 하나 자기가 생산한 재화와 구입한 재화를 함께 판매한다면 제조활동으로 분류해야 한다.

기출 2011년 1회, 2009년 3회
정답 ④
해설
동일 단위에서 제조한 재화의 소매활동은 별개 활동으로 분류하지 않고 제조활동으로 분류되어야 한다. 그러나 자기가 생산한 재화와 구입한 재화를 함께 판매한다면 그 주된 활동에 따라 분류한다.

21 한국표준산업분류의 분류구조 및 부호체계에 관한 설명으로 옳은 것은?

① 부호 처리를 할 경우에는 알파벳 문자와 아라비아 숫자를 함께 사용토록 했다.

② 권고된 국제분류 ISIC Rev.4를 기본체계로 하였으나, 국내 실정을 고려하여 독자적으로 분류 항목과 분류 부호를 설정하였다.

③ 중분류의 번호는 001부터 999까지 부여하였으며, 대분류별 중분류 추가 여지를 남겨놓기 위하여 대분류 사이에 번호 여백을 두었다.

④ 소분류 이하 모든 분류의 끝자리 숫자는 01에서 시작하여 99에서 끝나도록 하였다.

핵심 키워드 한국표준산업분류(KSIC)의 분류구조 및 부호체계
☞ 5단계 구성, 아라비아 숫자만으로 부호 처리, 국내 실정을 고려한 독자적 분류항목 및 분류부호 설정, 01부터 99까지 중분류 번호 부여 등

기출 데이터 2025년, 2018년 3회, 2016년 1회, 2013년 3회, 2011년 1회

핵심기출 해설 답 ②

분류구조 및 부호체계[출처 : 한국표준산업분류(제11차)]
- 분류구조는 대분류(알파벳 문자 사용/Section), 중분류(2자리 숫자 사용/Division), 소분류(3자리 숫자 사용/Group), 세분류(4자리 숫자 사용/Class), 세세분류(5자리 숫자 사용/Sub-Class) 5단계로 구성된다.
- 부호 처리를 할 경우에는 아라비아 숫자만을 사용하도록 했다.
- 권고된 국제분류 ISIC Rev.4를 기본체계로 하였으나, 국내 실정을 고려하여 국제분류의 각 단계 항목을 분할, 통합 또는 재그룹화하여 독자적으로 분류 항목과 분류 부호를 설정하였다.
- 분류 항목 간에 산업 내용의 이동을 가능한 한 억제하였으나 일부 이동 내용에 대한 연계분석 및 시계열 연계를 위하여 부록에 수록된 신구 연계표를 활용하도록 하였다.
- 중분류의 번호는 01부터 99까지 부여하였으며, 대분류별 중분류 추가 여지를 남겨놓기 위하여 대분류 사이에 번호 여백을 두었다.
- 소분류 이하 모든 분류의 끝자리 숫자는 "0"에서 시작하여 "9"에서 끝나도록 하였으며, "9"는 기타 항목을 의미한다. 앞에서 명확하게 분류되어 남아 있는 활동이 없는 경우에는 "9" 기타 항목이 필요 없는 경우도 있다. 또한 각 분류 단계에서 더 이상 하위분류가 세분되지 않을 때는 "0"을 사용한다(예 중분류 02 임업 / 소분류 020 임업).

한국표준직업분류(KSCO)의 대분류는 아라비아 숫자와 알파벳 A로 표시하는 반면, 한국표준산업분류(KSIC)의 대분류는 알파벳 문자를 사용한다는 점을 유념하시기 바랍니다.

분류 구조	부호 체계	산업
대분류	Q	보건업 및 사회복지 서비스업
중분류	87	사회복지 서비스업
소분류	872	비거주 복지시설 운영업
세분류	8729	기타 비거주 복지 서비스업
세세분류	87294	사회복지 상담서비스 제공업

● 핵심유형 완성하기 ●

한국표준산업분류의 분류구조 및 부호체계에 대한 설명으로 틀린 것은?

① 분류구조는 대분류(알파벳 문자 사용), 중분류(2자리 숫자 사용), 소분류(3자리 숫자 사용), 세분류(4자리 숫자 사용)의 4단계로 구성된다.

② 부호 처리를 할 경우에는 아라비아 숫자만을 사용토록 했다.

③ 권고된 국제분류 ISIC Rev.4를 기본체계로 하였으나, 국내 실정을 고려하여 국제분류의 각 단계 항목을 분할, 통합 또는 재그룹화하여 독자적으로 분류 항목과 분류 부호를 설정하였다.

④ 중분류의 번호는 01부터 99까지 부여하였으며, 대분류별 중분류 추가 여지를 남겨놓기 위하여 대분류 사이에 번호 여백을 두었다.

기출 2022년 1회, 2018년 2회
정답 ①

한국표준산업분류의 분류구조 및 부호체계에 대한 설명으로 틀린 것은?

① 부호 처리를 할 경우에는 아라비아 숫자만을 사용하도록 했다.

② 권고된 국제분류 ISIC Rev.4를 기본체계로 하였으나, 국내 실정을 고려하여 국제분류의 각 단계 항목을 분할, 통합 또는 재그룹화하여 독자적으로 분류 항목과 분류 부호를 설정하였다.

③ 분류 항목 간에 산업 내용의 이동을 가능한 억제하였으나 일부 이동 내용에 대한 연계분석 및 시계열 연계를 위하여 부록에 수록된 신구 연계표를 활용하도록 하였다.

④ 중분류의 번호는 001부터 999까지 부여하였으며, 대분류별 중분류 추가 여지를 남겨놓기 위하여 대분류 사이에 번호 여백을 두었다.

기출 2019년 3회
정답 ④

한국표준산업분류의 분류구조 및 부호체계에 대한 내용으로 틀린 것은?

① 분류구조는 대분류(알파벳 문자 사용), 중분류(2자리 숫자 사용), 소분류(3자리 숫자 사용), 세분류(4자리 숫자 사용)의 4단계로 구성된다.

② 부호 처리를 할 경우에는 아라비아 숫자만을 사용하도록 했다.

③ 분류 항목 간에 산업 내용의 이동을 가능한 억제하였으나 일부 이동 내용에 대한 연계분석 및 시계열 연계를 위하여 부록에 수록된 신구 연계표를 활용하도록 하였다.

④ 중분류의 번호는 01부터 99까지 부여하였으며, 대분류별 중분류 추가 여지를 남겨놓기 위하여 대분류 사이에 번호 여백을 두었다.

기출 2014년 3회
정답 ①
해설
세세분류(5자리 숫자 사용)를 포함하여 5단계로 구성된다.

직업정보의 기능 ★★

22 직업상담 시 제공하는 직업정보의 기능과 역할에 대한 설명으로 틀린 것은?

① 여러 가지 직업적 대안들의 정보를 제공한다.

② 내담자의 흥미, 적성, 가치 등을 파악하는 것이 직업정보의 주기능이다.

③ 경험이 부족한 내담자에게 다양한 직업들을 간접적으로 접할 기회를 제공한다.

④ 내담자가 자신의 선택이 현실에 비추어 부적당한 선택이었는지를 점검하고 재조정해 볼 수 있는 기초를 제공한다.

핵심 키워드   직업정보의 기능
            ☞ 정보제공, 재조정, 동기화
기출 데이터   2023년, 2020년 3회, 2018년 2회, 2014년 1회

핵심기출 해설   답 ②

② 내담자의 흥미, 적성, 가치 등을 파악하는 것은 심리검사의 주된 기능에 해당한다. 반면, 직업정보는 내담자로 하여금 진로 및 직업선택의 의사결정을 돕고, 직업선택에 관한 지식을 증가시키는 것을 주된 기능으로 한다.

이것이 핵심   TIP

이 문제와 관련하여 브레이필드(Brayfield)는 직업정보의 기능을 다음과 같이 정보제공의 기능, 재조정의 기능, 동기화의 기능으로 설명하였습니다. 특히 브레이필드의 직업정보의 기능은 '2과목 직업상담 및 취업지원'에서도 출제되고 있습니다.

정보적 기능 (정보제공 기능)	내담자로 하여금 적절한 선택이 이루어지도록 도우며, 직업선택에 대한 내담자의 지식을 증가시킨다.
재조정 기능	내담자로 하여금 현재 상황에 비추어 자신의 진로선택이 적절했는지 여부를 점검해 보도록 한다.
동기화 기능	직업정보 제공 과정을 통해 내담자로 하여금 의사결정에 자발적이고 적극적으로 참여하도록 유도한다.

직업정보의 주요 사용목적도 함께 기억해 두시기 바랍니다.

• 직업정보를 통해 일을 하려는 동기를 부여받을 수 있다.
• 직업정보를 통해 근로생애를 설계할 수 있다.
• 직업정보를 통해 전에 알지 못했던 직업세계와 직업비전에 대해 인식할 수 있다.
• 직업정보를 통해 역할모형(Role Model)을 제공받을 수 있다.

Brayfield가 제시한 직업정보의 기능에 해당하지 않는 것은?

① 정보적 기능
② 재조정 기능
③ 동기화 기능
④ 결정화 기능

기출 2025년, 2018년 1회
정답 ④

직업정보를 사용하는 목적과 가장 거리가 먼 것은?

① 직업정보를 통해 근로생애를 설계할 수 있다.
② 직업정보를 통해 전에 알지 못했던 직업세계와 직업비전에 대해 인식할 수 있다.
③ 직업정보를 통해 과거의 직업탐색, 은퇴 후 취미활동 등에 필요한 정보를 얻을 수 있다.
④ 직업정보를 통해 일을 하려는 동기를 부여받을 수 있다.

기출 2020년 4회, 2018년 1회
정답 ③

브레이필드(Brayfield)가 직업상담에서 직업정보가 가지는 3가지 기능으로 지적한 것이 아닌 것은?

① 정보적 기능
② 설득적 기능
③ 재조정 기능
④ 동기화 기능

기출 2015년 1회
정답 ②

다음 중 Brayfield의 직업정보 세 가지 기능에 해당하지 않는 것은?

① 정보적 기능
② 재조정 기능
③ 동기화 기능
④ 평가적 기능

기출 2007년 3회
정답 ④

23 비경제활동인구에 포함되지 않는 사람은?

① 일기불순이나 노동재해 등의 이유로 인한 일시휴직자
② 가사를 돌보는 가정주부
③ 초 · 중 · 고등학교에 재학 중인 학생
④ 심신장애자

핵심 키워드 경제활동인구와 비경제활동인구
- 경제활동인구 ☞ 만 15세 이상 인구 중 수입이 있는 일을 한 취업자와 구직활동을 한 실업자
- 비경제활동인구 ☞ 만 15세 이상 인구 중 취업도 실업도 아닌 상태에 있는 사람

기출 데이터 2014년 3회, 2009년 3회

핵심기출 해설 답 ①

경제활동인구와 비경제활동인구

경제활동인구	만 15세 이상 인구 중 조사대상기간 동안 상품이나 서비스를 생산하기 위하여 실제로 수입이 있는 일을 한 취업자와 일을 하지는 않았으나 구직활동을 한 실업자를 말한다. 경제활동인구 수 = 15세 이상 인구 수 – 비경제활동 인구 수 = 취업자 수 + 실업자 수
비경제활동인구	만 15세 이상 인구 중 조사대상기간에 취업도 실업도 아닌 상태에 있는 사람으로서, 주로 가사 또는 육아를 전담하는 주부, 학교에 다니는 학생, 일을 할 수 없는 연로자 및 심신장애자, 자발적으로 자선사업이나 종교단체에 관여하는 자 등이 해당된다. 비경제활동인구 수 = 15세 이상 인구 수 – 경제활동인구 수

이것이 핵심 TIP

만 15세 이상 인구(생산가능인구)는 위와 같이 경제활동인구와 비경제활동인구로 분류됩니다. 참고로 '만 15세'와 '15세'는 엄밀한 의미에서 차이가 있으나, 고용통계에서는 이 두 용어를 명확히 구분하지 않는 경향이 있습니다.

경제활동인구조사의 주요 산식으로 틀린 것은?

① 잠재경제활동인구 = 잠재취업가능자 + 잠재구직자

② 경제활동참가율 = (경제활동인구 + 15세 이상 인구) ×100

③ 고용률 = (취업자 ÷ 15세 이상 인구) ×100

④ 실업률 = (실업자 ÷ 15세 이상 인구) ×100

기출 2022년 1회

정답 ④

다음 중 비경제활동인구에 해당하는 것은?

① 수입목적으로 1시간 일한 자

② 일시휴직자

③ 신규실업자

④ 전업학생

기출 2021년 3회, 2015년 1회, 2008년 1회, 2005년 1회

정답 ④

해설
① · ② · ③ 경제활동인구에 해당한다.

경제활동인구조사에서 비경제활동인구로 분류되는 것은?

① 가족단위사업체의 무급가족종사자

② 일시적인 병 등으로 인한 일시휴직자

③ 직장이 없는 실업자

④ 가사노동을 하는 가정주부

기출 2010년 4회, 2005년 3회

정답 ④

해설
① · ② · ③ 경제활동인구에 해당한다.

경제활동인구조사에서 고등학교 3학년 학생이 단과학원에서 칠판청소를 해 주고 영어, 수학을 무료로 수강하는 경우 경제활동상태는?

① 취업자이다.

② 비경제활동인구에 속한다.

③ 구직준비자로 보아야 한다.

④ 조사대상이 아니다.

기출 2004년 3회

정답 ①

해설
고등학교 3학년 학생은 만 15세 이상으로, 학원비를 대신하여 수입(경제활동) 있는 일을 하는 것이므로 경제활동인구로서 취업자에 해당한다.

24 다음 중 경제활동인구조사에서 사용하는 용어에 관한 설명으로 틀린 것은?

① 15세 이상 인구 : 매월 15일 현재 만 15세 이상인 자

② 경제활동인구 : 만 15세 이상 인구 중 취업자와 실업자

③ 취업자 : 조사대상기간 중 수입을 목적으로 5시간 이상 일한 자

④ 자영업자 : 고용원이 있는 자영업자 및 고용원이 없는 자영업자를 합친 개념

핵심 키워드 취업자

☞ 조사대상기간에 수입을 목적으로 1시간 이상 일한 자, 주당 18시간 이상 일한 무급가족종사자, 일시
적인 병·사고·연가·교육·노사분규 등으로 인한 일시휴직자

기출 데이터 2010년 1회

핵심기출 해설 **답 ③**

③ 조사대상기간 중 수입을 목적으로 1시간 이상 일한 자는 취업자에 해당한다.

취업자[출처 : 경제활동인구조사(통계청)]

• 조사대상기간에 수입을 목적으로 1시간 이상 일한 자

• 동일가구 내 가구원이 운영하는 농장이나 사업체의 수입을 위하여 주당 18시간 이상 일한 무급가족종사자

• 직업 또는 사업체를 가지고 있으나 일시적인 병 또는 사고, 연가, 교육, 노사분규 등의 사유로 일하지 못한 일시휴직자

이것이 핵심 **TIP**

경제활동인구조사에서 사용하는 용어에 관한 내용은 직업상담사 '3과목 직업정보'는 물론 '4과목 노동시장'에서도 출제되고 있습니다. 특히 '4과목 노동시장'에서는 취업률, 실업률, 고용률 등을 계산하는 문제로도 출제되고 있으므로, 해당 과목과 함께 학습하시기 바랍니다. 참고로 경제활동인구조사에서 사용하는 용어에 관한 문제는 단순히 용어의 정의를 묻는 형태가 아닌 구체적인 예를 제시하여 묻는 방식으로도 출제됩니다.

$$\text{• 취업률(\%)} = \frac{\text{취업자 수}}{\text{경제활동인구 수}} \times 100$$

$$\text{• 실업률(\%)} = \frac{\text{실업자 수}}{\text{경제활동인구 수}} \times 100$$

$$\text{• 고용률(\%)} = \frac{\text{취업자 수}}{\text{15세 이상 인구 수}} \times 100$$

통계청 경제활동인구조사의 주요 용어에 관한 설명으로 틀린 것은?

① 경제활동인구 : 만 15세 이상 인구 중 취업자와 실업자를 말한다.

② 육아 : 조사대상주간에 주로 미취학자녀(초등학교 입학 전)를 돌보기 위하여 집에 있는 경우가 해당된다.

③ 취업준비 : 학교나 학원에 가지 않고 혼자 집이나 도서실에서 취업을 준비하는 경우가 해당된다.

④ 자영업자 : 고용원이 없는 자영업자를 제외한 고용원이 있는 자영업자를 말한다.

> **기출** 2020년 4회, 2016년 3회
> **정답** ④

통계청 경제활동인구조사에서 사용하는 용어에 관한 설명으로 틀린 것은?

① 잠재취업가능자 : 비경제활동인구 중에서 지난 4주간 구직활동을 하였으나, 조사대상주간에 취업이 가능하지 않은 자

② 고용률 : 만 15세 이상 인구 중 취업자가 차지하는 비율

③ 취업자 : 조사대상주간 중 수입을 목적으로 18시간 이상 일한 자

④ 자영업자 : 고용원이 있는 자영업자 및 고용원이 없는 자영업자를 합친 개념

> **기출** 2018년 1회
> **정답** ③

우리나라에서는 통계청에서 매달 실시하는 경제활동인구조사를 통해 고용통계를 작성하고 있다. 올해 봄에 막내를 초등학교에 입학시킨 주부 A씨는 조사대상이 되는 4주일의 기간 중 동네의 할인매장에서 단 이틀 동안 하루 두 시간씩 급여를 받고 근무한 후 그 일을 그만둔 것으로 조사되었다. A씨는 다음 중 어디에 해당하는 것으로 분류되는가?

① 취업자

② 실업자

③ 비경제활동인구

④ 위의 어느 것에도 해당되지 않음

> **기출** 2013년 3회
> **정답** ①
> **해설**
> 주부 A씨는 조사대상기간에 수입을 목적으로 1시간 이상 일하였으므로 취업자로 분류된다.

경제활동인구조사에서 취업자로 분류되는 사람은?

① 명예퇴직을 하여 연금을 받고 있는 전직 공무원

② 하루 3시간씩 구직활동을 하고 있는 전직 은행원

③ 하루 1시간씩 학교 부근 식당에서 아르바이트를 하고 있는 대학생

④ 하루 2시간씩 남편의 상점에서 무급으로 일하는 기혼여성

> **기출** 2012년 1회
> **정답** ③

25

경제활동인구조사에서 종사상 지위로 고용계약기간이 1개월 미만인 임금근로자는?

① 임시근로자

② 계약직근로자

③ 고용직근로자

④ 일용근로자

핵심 키워드 임금근로자의 구분
- 상용근로자 ☞ 고용계약기간 1년 이상
- 임시근로자 ☞ 고용계약기간 1개월 이상 1년 미만
- 일용근로자 ☞ 고용계약기간 1개월 미만

기출 데이터 2017년 2회, 2014년 3회

핵심기출 해설 답 ④

임금근로자의 구분

상용근로자	• 고용계약 설정자는 고용계약기간이 1년 이상인 경우 • 고용계약 미설정자는 소정의 채용절차에 의해 입사하여 인사관리 규정을 적용받거나 상여금 및 퇴직금 등 각종 수혜를 받는 경우
임시근로자	• 고용계약 설정자는 고용계약기간이 1개월 이상 1년 미만인 경우 • 고용계약 미설정자는 일정한 사업(완료 1년 미만)의 필요에 의해 고용된 경우
일용근로자	• 고용계약기간이 1개월 미만인 경우 • 매일매일 고용되어 근로의 대가로 일급 또는 일당제 급여를 받고 일하는 경우

이것이 핵심 **TIP**

종사상 지위란 상용근로자, 임시근로자, 일용근로자, 고용원이 있는 자영업자, 고용원이 없는 자영업자, 무급가족종사자 등과 같이 일한 사람이 직무를 수행한 직장(일)과의 관계를 말합니다. 참고로 무급가족종사자는 동일가구 내 가족이 경영하는 사업체, 농장에서 무보수로 일하는 사람을 말하는 것으로서, 조사대상기간에 18시간 이상 일한 사람은 취업자로, 18시간 미만 일한 사람은 경제활동상태를 판단하여 실업자 또는 비경제활동인구로 분류합니다.

경제활동인구조사에서 종사상 지위별 취업자 분류에 해당하지 않은 것은?

① 자영업자
② 무급가족종사자
③ 임시근로자
④ 관리자

기출 2017년 1회
정답 ④

통계청 경제활동인구조사의 주요 용어에 대한 설명으로 틀린 것은?

① 무급가족종사자는 동일가구 내 가족이 경영하는 사업체, 농장에서 무보수로 일하는 사람을 말하며, 조사대상기간에 16시간 이상 일한 사람은 취업자로 분류한다.
② 실업자는 15세 이상 인구 중 조사대상기간에 수입이 있는 일을 하지 않았고, 지난 4주간 적극적으로 구직활동을 하였으며, 조사대상기간에 일이 주어지면 즉시 취업이 가능한 사람이다.
③ 구직단념자는 비경제활동인구 중 취업 의사와 일할 능력은 있으나 노동시장적 사유로 지난 4주간에 구직활동을 하지 않은 자 중 지난 1년 안에 구직 경험이 있는 사람이다.
④ 고용률은 만 15세 이상 인구 중 취업자가 차지하는 비율이다.

기출 2016년 1회
정답 ①
해설
16시간 이상이 아닌 18시간 이상이 옳다.

종사상의 지위로 고용계약기간이 1개월 이상 1년 미만인 임금근로자를 통계청에서 분류하는 명칭은?

① 임시근로자
② 일일종사자
③ 일시근로자
④ 일용근로자

기출 2006년 3회
정답 ①

종사상의 지위로 고용계약기간이 1개월 미만인 임금근로자를 통계청에서 분류하는 명칭은?

① 임시근로자
② 일일종사자
③ 일시근로자
④ 일용근로자

기출 2004년 3회
정답 ④

26 다음 표의 2012년 7월 고용동향에 대한 분석으로 틀린 것은?

〈실업자 및 실업률〉

(단위 : 천 명, %, %p, 전년동월대비)

	2011. 7	2012. 6	증 감	증감률	2012. 7	증 감	증감률
실업자	837	822	−17	−2.1	795	−42	−5.0
남 자	530	505	−1	−0.3	501	−29	−5.5
여 자	307	317	−16	−4.8	294	−13	−4.2
실업률	3.3	3.2	−0.1p	−	3.1	−0.2p	−
(계절조정)	(3.3)	(3.2)			(3.1)		
남 자	3.6	3.4	0.0p	−	3.3	−0.3p	−
(계절조정)	(3.6)	(3.4)			(3.3)		
여 자	2.9	2.9	−0.2p	−	2.7	−0.2p	−
(계절조정)	(2.9)	(2.9)			(2.8)		

① 실업자는 79만 5천 명으로 전월대비 4만 2천 명(−5.0%) 감소하였다.

② 실업자는 성별로 보면 전년동월대비 남자는 50만 1천 명으로 2만 9천 명(−5.5%) 감소
하였고, 여자는 29만 4천 명으로 1만 3천 명(−4.2%) 감소하였다.

③ 실업률은 성별로 보면 남자는 3.3%로 전년동월대비 0.3%p 하락하였고, 여자는 2.7%
로 전년동월대비 0.2%p 하락하였다.

④ 계절조정 실업률은 3.1%로 전월대비 0.1%p 하락하였다.

핵심 키워드 실업자의 조건
☞ 조사대상기간 수입 있는 일을 하지 않음 + 지난 4주간 적극적인 구직활동 + 즉시 취업 가능
기출 데이터 2015년 3회, 2012년 3회

핵심기출 해설 답 ①

① 실업자는 79만 5천 명으로 전년동월대비 4만 2천 명(−5.0%) 감소하였다.

실업자

조사대상기간에 수입 있는 일을 하지 않았고, 지난 4주간 일자리를 찾아 적극적으로 구직활동을 하였던 사람으로서 일자리가 주어지면 즉시 취업이 가능한 사람을 말한다.

이 문제는 통계청에서 제공하는 '고용동향'에 관한 것으로, 2012년 3회는 물론 2015년 3회 필기시험에서도 2012년 7월 고용동향의 똑같은 표가 제시되었습니다. '고용동향'은 통계청 홈페이지(http://kostat.go.kr), '새소식'→ '보도자료'→ '고용'에서 확인하실 수 있습니다.

● **핵심유형 완성하기** ●

고용노동통계조사의 각 항목별 조사대상의 연결이 틀린 것은?

① 시도별 임금 및 근로시간조사 : 상용 5인 이상 사업체
② 임금체계, 정년제, 임금피크 제조사 : 상용 1인 이상 사업체
③ 직종별사업체 노동력조사 : 근로자 1인 이상 33천 개 사업체
④ 지역별사업체 노동력조사 : 종사자 1인 이상 200천 개 사업체

기출 2022년 1회

정답 ③

해설
직종별사업체 노동력조사는 종사자 1인 이상 약 72천 개 사업체를 조사대상으로 한다.

> * 참고 : 고용노동부, 통계청 등에서 실시하는 각종 통계조사의 조사대상, 조사항목, 조사시기, 작성주기 등은 관련 부처 혹은 기관의 고시 개정 등에 따라 변경될 수 있으므로, 이점 감안하여 학습하시기 바랍니다.

고용노동통계조사의 각 항목별 조사주기의 연결이 틀린 것은?

① 사업체노동력조사 : 연 1회
② 시도별 임금 및 근로시간조사 : 연 1회
③ 지역별사업체 노동력조사 : 연 2회
④ 기업체노동비용조사 : 연 1회

기출 2021년 2회

정답 ①

통계상 실업자에 포함되지 않는 사람은?

① 대학 재학생으로 시간제 근무를 찾고 있는 사람
② 재학 중인 16세의 소녀 가장으로 시간제 일자리를 찾고 있는 사람
③ 부모가 운영하는 가계에서 매일 4시간 이상 무급으로 일하면서 다른 직장을 찾고 있는 고교 졸업자
④ 현재 사회봉사 활동을 하면서 수입이 있는 일자리를 찾고 있는 성인

기출 2015년 2회

정답 ③

해설
동일가구 내 가구원이 운영하는 농장이나 사업체의 수입을 위하여 주당 18시간 이상 일한 무급가족종사자는 취업자로 분류된다.

27

직업정보의 수집방법 중 기존 자료에 의한 수집방법이 아닌 것은?

① 각종 통계조사, 업무통계

② 신문 등 보도기사

③ 구직표 · 구인표

④ 직업안정기관 이용자로부터의 수집

핵심 키워드 고용정보(직업정보)의 수집방법
☞ 기존 정보자료의 수집 · 정리, 필요한 정보의 수집 · 기록

기출 데이터 2015년 2회, 2010년 1회, 2008년 3회, 2007년 1회

핵심기출 해설 답 ④

고용정보(직업정보)의 수집방법(직업소개 등 업무 처리 규정 제19조 참조)

• 기존 정보자료의 수집 · 정리 : 구인신청서 · 구직신청서(구인표 · 구직표), 각종 통계조사 · 업무통계, 조사연구자료 및 보고서, 신문 · 잡지 · 관계기관지 등의 기사 및 은행 · 민간신용기관이 공표하는 정보지 등

• 필요한 정보의 수집 · 기록 : 관내 사업체 및 사업주단체 등의 방문, 직업안정기관을 이용하는 구인 · 구직자 등과의 면접 및 설문조사, 사업주단체 · 노동단체 · 교육훈련기관 · 관계행정기관 및 직업안정기관과의 각종 회의 등

이것이 핵심 TIP

'필요한 정보의 수집 · 기록'은 여러 문서화된 기존 자료들을 이용하여 간접적으로 정보를 수집하는 방식이 아닌 필요에 의해 직접적으로 정보를 수집하는 일종의 직접수집법에 해당합니다.

● **핵심유형 완성하기** ●

직업정보 수집 시 2차 자료의 원천에 해당하지 않는 것은?

① 대중매체

② 공문서와 공식기록

③ 직접 수행한 심층면접자료

④ 민간부문 문서

기출 2025년, 2021년 3회

정답 ③

해설
2차 자료의 원천
• 공문서와 공식기록
• 민간부문 문서
• 대중매체
• 물리적 · 비언어적 자료
• 기존의 축적된 사회과학 분야 수집자료 등

직업정보의 수집방법 중 직접수집법에 해당하는 것은?

① 전화통화에 의한 수집

② 구직표

③ 각종 통계조사

④ 신문 등 보도기사

기출 2005년 3회

정답 ①

---

28 직업정보 수집방법으로서 면접법에 관한 설명으로 가장 적합하지 않은 것은?

① 표준화 면접은 비표준화 면접보다 타당도가 높다.

② 면접법은 질문지법보다 응답범주의 표준화가 어렵다.

③ 면접법은 질문지법보다 제3자의 영향을 배제할 수 있다.

④ 표준화 면접에는 개방형 및 폐쇄형 질문을 모두 사용할 수 있다.

핵심 키워드 직업정보 수집방법 중 면접법
• 표준화 면접 ☞ 신뢰도 > 타당도
• 비표준화 면접 ☞ 신뢰도 < 타당도

기출 데이터 2024년, 2023년, 2021년 1회, 2016년 2회, 2013년 3회

핵심기출 해설 **답 ①**

① 표준화 면접은 비표준화 면접보다 신뢰도가 높지만 타당도는 낮다.

표준화 면접과 비표준화 면접

표준화 면접 (구조화된 면담)	• 면접자(면담자)가 면접조사표를 만들어서 상황에 구애됨이 없이 모든 응답자에게 동일한 질문순서와 동일한 질문내용에 따라 수행하는 방법이다. • 비표준화 면접에 비해 응답 결과에 있어서 상대적으로 신뢰도가 높지만 타당도는 낮다. • 반복적인 면접이 가능하며, 면접 결과에 대한 비교가 용이하다. • 면접의 신축성·유연성이 낮으며, 깊이 있는 측정을 도모할 수 없다.
비표준화 면접 (비구조화된 면담)	• 면접자가 면접조사표의 질문 내용, 형식, 순서를 미리 정하지 않은 채 면접상황에 따라 자유롭게 응답자와 상호작용을 통해 자료를 수집하는 방법이다. • 표준화 면접에 비해 응답 결과에 있어서 상대적으로 타당도가 높지만 신뢰도는 낮다. • 면접의 신축성·유연성이 높으며, 깊이 있는 측정을 도모할 수 있다. • 반복적인 면접이 불가능하며, 면접 결과에 대한 비교가 어렵다.

이것이 핵심 **TIP**

개방형 질문은 주로 비표준화 면접에서 많이 사용됩니다. 표준화 면접은 숙련된 면접자 없이도 면접조사표를 이용하여 신뢰성 있는 자료를 얻을 수 있는 반면, 비표준화 면접은 숙련된 면접자를 통해 융통성 있고 타당도 높은 자료를 얻을 수 있습니다.

질문지를 활용한 면접조사를 통해 직업정보를 수집할 때, 면접자가 지켜야 할 일반적 원칙으로 틀린 것은?

① 질문지를 숙지하고 있어야 한다.
② 응답자와 친숙한 분위기를 형성해야 한다.
③ 개방형 질문인 경우에는 응답내용을 해석하고 요약하여 기록해야 한다.
④ 면접자는 응답자가 이질감을 느끼지 않도록 복장이나 언어사용에 유의해야 한다.

기출 2022년 2회, 2018년 1회, 2012년 1회
정답 ③
해설
개방형 질문인 경우에는 응답내용을 해석하고 요약하여 기록하기보다는 대화내용을 있는 그대로 기록하여 면접자가 일관성 있게 정리하는 것이 중요하다.

다음은 직업정보 수집을 위한 자료수집방법을 비교한 표이다. (   )에 알맞은 것은?

기 준	(ㄱ)	(ㄴ)	(ㄷ)
비 용	높 음	보 통	보 통
응답자료의 정확성	높 음	보 통	낮 음
응답률	높 음	보 통	낮 음
대규모 표본 관리	곤 란	보 통	용 이

① ㄱ : 전화조사, ㄴ : 우편조사, ㄷ : 면접조사
② ㄱ : 면접조사, ㄴ : 우편조사, ㄷ : 전화조사
③ ㄱ : 면접조사, ㄴ : 전화조사, ㄷ : 우편조사
④ ㄱ : 전화조사, ㄴ : 면접조사, ㄷ : 우편조사

기출 2020년 4회, 2018년 3회
정답 ③

다음 중 면접을 통한 직업정보 수집 시 개방형 질문(Open-ended Questions)을 이용하기에 적합하지 못한 경우는?

① 응답자에 대한 사전지식의 부족으로 응답을 예측할 수 없는 경우
② 특정 행동에 대한 동기조성과 같은 깊이 있는 내용을 다루고자 하는 경우
③ 숙련된 전문 면접자보다 자원봉사자에 의존하여 면접을 실시하는 경우
④ 응답자들의 지식수준이 높아 면접자의 도움 없이 독자적으로 응답할 수 있는 경우

기출 2017년 3회
정답 ③
해설
개방형 질문은 응답자료가 개인별로 표준화되어 있지 않으므로 비교나 통계분석이 어렵다. 또한 면접 후 분류 과정에서 자의적인 구분이 일어날 가능성도 있다. 따라서 성공적인 조사를 위해 숙련된 면접자를 필요로 한다.

29 직업정보 수집을 위해 질문지를 마련할 때 문항 작성 및 배열의 원칙과 가장 거리가 먼 것은?

① 개인 사생활에 관한 질문과 같이 민감한 질문은 가급적 뒤로 배치하는 것이 좋다.

② 질문 내용은 가급적 구체적인 용어로 표현하는 것이 좋다.

③ 특수한 것을 먼저 묻고 그 다음에 일반적인 것을 질문하도록 하는 것이 좋다.

④ 질문은 논리적인 순서에 따라 자연스럽게 배치하는 것이 좋다.

핵심 키워드 | 질문지(설문지)의 질문 문항 순서 결정 시 유의사항
• 답변이 용이한 질문, 일반적인 질문 ☞ 앞으로
• 민감한 질문, 특별한(특수한) 질문 ☞ 뒤로

기출 데이터 | 2017년 2회

핵심기출 해설 | 답 ③

③ 일반적인 것을 먼저 묻고 그 다음에 특수한 것을 질문하도록 하는 것이 좋다.

질문지(설문지)의 질문 문항 순서 결정 시 유의사항
• 민감한 질문이나 개방형 질문은 가급적 질문지의 후반부에 배치한다.(①)
• 답변이 용이한 질문들을 전반부에 배치한다.
• 계속적인 기억이 필요한 질문들을 전반부에 배치한다.
• 질문 문항들을 논리적 순서에 따라 자연스럽게 배치한다.(④)
• 응답의 신뢰도를 묻는 질문 문항들은 분리시켜야 한다.
• 동일한 척도항목들은 모아서 배치한다.
• 질문 문항들을 길이와 유형에 따라 변화 있게 배치한다.
• 여과 질문을 적절하게 배치하여 사용한다.
• 특별한 질문은 일반질문 뒤에 놓는다.(③)

이것이 핵심 | TIP

여과 질문이란 다음과 같이 질문 항목에 해당하는 사람에게만 질문이 적용되는 방식입니다.

질문 4-1) 당신은 기초생활보장 수급권자입니까?	
A. 수급권자	☞ 5-1번 질문으로 이동
B. 비수급권자	☞ 6번 질문으로 이동

직업정보 조사를 위한 설문지 작성법과 거리가 가장 먼 것은?

① 이중질문은 피한다.
② 조사주제와 직접 관련이 없는 문항은 줄인다.
③ 응답률을 높이기 위해 민감한 질문은 앞에 배치한다.
④ 응답의 고정반응을 피하도록 질문형식을 다양화한다.

기출 2025년, 2021년 1회, 2014년 1회
정답 ③
해설
민감한 질문은 가급적 설문지(질문지)의 후반부에 배치한다.

질문지를 사용한 조사를 통해 직업정보를 수집하고자 한다. 질문지 문항 작성방법에 대한 설명으로 틀린 것은?

① 객관식 문항의 응답 항목은 상호배타적이어야 한다.
② 응답하기 쉬운 문항일수록 설문지의 앞에 배치하는 것이 좋다.
③ 신뢰도 측정을 위해 짝으로 된 문항들은 함께 배치하는 것이 좋다.
④ 이중질문과 유도질문은 피하는 것이 좋다.

기출 2022년 1회, 2019년 1회
정답 ③
해설
한 질문지(설문지) 내에 표현은 각기 다르지만 동일한 질문 목적을 가진 문항 짝(Pair)들을 배치하는 경우가 있는데, 이는 신뢰도를 측정하기 위한 것이다. 이와 같은 문항들은 가급적 서로 멀리 떨어져 있어야 한다.

직업정보 수집을 위한 설문지 작성에 관한 설명으로 틀린 것은?

① 폐쇄형 질문의 응답범주는 포괄적이어야 한다.
② 응답자의 이해능력을 고려하여 설문문항이 작성되어야 한다.
③ 폐쇄형 질문의 응답범주는 상호배타적이지 않아야 된다.
④ 이중질문은 배제되어야 한다.

기출 2019년 3회
정답 ③

재직자 대상 설문조사를 통해 직업정보를 수집하고자 한다. 설문지의 질문 순서에 관한 설명으로 틀린 것은?

① 특수한 것을 먼저 묻고 그 다음에 일반적인 것을 질문하도록 하는 것이 좋다.
② 질문 내용은 가급적 구체적인 용어로 표현하는 것이 좋다.
③ 개인 연봉에 관한 질문과 같이 민감한 질문은 가급적 뒤로 배치하는 것이 좋다.
④ 질문은 논리적인 순서에 따라 자연스럽게 배치하는 것이 좋다.

기출 2017년 1회
정답 ①

직업정보 수집을 위해 질문지를 작성할 때 문항배열의 원칙과 가장 거리가 먼 것은?

① 특수한 것을 먼저 묻고 그 다음에 일반적인 것을 질문하도록 하는 것이 좋다.
② 개인 사생활에 관한 질문과 같이 민감한 질문은 가급적 뒤로 배치하는 것이 좋다.
③ 질문은 논리적인 순서에 따라 자연스럽게 배치하는 것이 좋다.
④ 질문 내용은 가급적 구체적인 용어로 표현하는 것이 좋다.

기출 2013년 2회
정답 ①

30

내용분석법을 통해 직업정보를 수집할 때의 장점이 아닌 것은?

① 정보제공자의 반응성이 높다.

② 장기간의 종단연구가 가능하다.

③ 필요한 경우 재조사가 가능하다.

④ 역사연구 등 소급조사가 가능하다.

핵심 키워드 내용분석법의 장점

☞ 장기간의 종단연구, 재조사, 소급조사 가능

기출 데이터 2020년 1 · 2회, 2016년 3회, 2013년 3회

핵심기출 해설 **답 ①**

① 내용분석법은 조사자의 비관여적인 접근을 통해 조사대상자(정보제공자)의 반응성을 유발하지 않는다.

장 점	• 조사자의 비관여적인 접근을 통해 조사대상자(정보제공자)의 반응성을 유발하지 않음(①) • 가치, 요망, 태도, 창의성, 인간성 또는 권위주의 등 다양한 심리적 변수를 효과적으로 측정할 수 있음 • 역사적 기록물을 통해 시간의 흐름에 따른 소급조사, 장기간의 종단연구가 가능함(② · ④) • 여타의 관찰 또는 측정방법에 대한 타당성 여부를 조사하기 위해 사용될 수 있음 • 여타의 연구방법과 병용이 가능함(예 실험적 연구의 결과 또는 개방형 질문의 응답내용 등에 대한 내용분석이 가능함) • 다른 조사에 비해 실패 시의 위험부담이 적으며, 필요한 경우 재조사가 가능함(③) • 비용과 시간 등이 절약됨
단 점	• 기록된 자료에만 의존해야 하며, 자료의 입수가 제한되어 있는 경우도 적지 않음 • 단어나 문장, 표현이나 사건을 통해 명백히 드러난 내용과 숨겨진 내용을 구분하는 데 어려움이 있음 • 분류 범주의 타당도 확보가 곤란함 • 기존자료의 신뢰도 및 자료분석에 있어서 신뢰도가 흔히 문제시됨

이것이 핵심 **TIP**

조사연구에는 횡단적 연구와 종단적 연구의 두 유형이 있습니다. 횡단적 연구는 같은 기간에 모집단으로부터 추출된 표본의 현상을 연구하는 방법인 반면, 종단적 연구는 연구대상의 특성이 시간에 따라 어떻게 변화되는지를 지속적으로 연구하는 방법입니다. 특히 동일집단 반복연구로서 '패널(Panel)'이라 불리는 특정응답자 집단을 정해 놓고 그들로부터 비교적 긴 시간 동안 지속적으로 연구자가 필요로 하는 정보를 획득하는 패널조사, 동기생 · 동시경험집단 연구로서 특정 경험을 같이 하는 사람들이 가지는 특성들에 대해 두 번 이상의 다른 시기에 걸쳐서 비교 · 연구하는 코호트조사 등은 종단적 연구의 연구방법에 해당한다고 볼 수 있습니다.

서울시 마포구 주민 중 일부를 사전에 조사대상으로 선정하고, 이들을 대상으로 6개월 혹은 1년 단위로 고용현황 등 직업정보를 반복하여 수집하는 조사방법은?

① 코호트조사
② 횡단조사
③ 패널조사
④ 사례조사

기출 2018년 2회
정답 ③
해설

③ 패널조사(Panel Study)는 '패널(Panel)'이라 불리는 특정 응답자 집단을 정해 놓고 그들로부터 비교적 긴 시간 동안 지속적으로 연구자가 필요로 하는 정보를 획득하는 방법이다.

① 코호트조사(Cohort Study)는 특정 경험을 같이 하는 사람들이 가지는 특성들에 대해 두 번 이상의 다른 시기에 걸쳐서 비교·연구하는 방법이다.

② 횡단조사(Cross-sectional Study)는 일정 시점을 기준으로 모든 관련 변수에 대한 자료를 수집하는 정태적 조사이다.

④ 사례조사(Case Study)는 특정 사례를 조사하여 문제를 종합적으로 파악하고, 그에 대한 실증적인 분석을 실행하는 조사이다.

직업의 탐색과 선택, 유지 및 은퇴를 연령에 따라 연구할 때, 일정한 수의 사람들을 연령의 증가에 따라 계속 관찰하고 그 결과를 연령의 함수로 나타내는 연구방법은?

① 수직적 연구
② 수평적 연구
③ 종단적 연구
④ 횡단적 연구

기출 2005년 3회
정답 ③

31 한국직업사전(2020)에서 알 수 있는 직업관련 정보가 아닌 것은?

① 표준산업분류 코드　　　　　　② 직무개요
③ 수행직무　　　　　　　　　　④ 임금수준

핵심 키워드　한국직업사전(2020)에서 제공하는 직업관련 정보
　　　　　　　☞ 직업코드, 본직업명, 직무개요, 수행직무, 부가 직업정보
기출 데이터　2016년 2회

핵심기출 해설　**답 ④**

④ 임금수준은 한국직업전망에서 알 수 있다. 한국직업전망(2019)에서는 임금수준에 따라 세 구간[임금수준 25% 미만 (하위 25%) / 25% 이상~75% 미만(중위 50%) / 75% 이상(상위 25%)]으로 나누어 각 구간의 평균임금을 제공하고 있다.

한국직업사전(2020)에 수록된 직업정보의 5가지 주요 항목
• 직업코드
• 본직업명
• 직무개요(②)
• 수행직무(③)
• 부가 직업정보(표준산업분류 코드 및 표준직업분류 코드 포함)(①)

이것이 핵심　**TIP**

한국고용정보원은 지난 2012년부터 2019년까지 사업장 직무 조사를 통해 우리나라 직업을 집대성한 『2020 한국직업사전』 (통합본 제5판)을 발간하였습니다. 한국직업사전은 1986년부터 발간된 우리나라 대표적인 직업정보서로서, 이번 통합본 제5판을 통해 지난 8년간 새롭게 나타난 직업과 기존 직업의 직무변화 등 직업세계의 과거와 현재를 관통하는 변화를 한 눈에 확인할 수 있습니다

● **핵심유형 완성하기** ●

다음 중 직업별 임금관련 정보를 제공하지 않는 것은?	**기출** 2018년 2회, 2010년 2회
① 한국직업전망　　　　② Job Map ③ 한국직업사전　　　　④ 한국직업정보시스템	**정답** ③
다음 중 직업별 임금관련 정보를 제공하지 않는 것은?	**기출** 2009년 1회
① 한국직업전망　　　　② 한국직업정보시스템 ③ 한국직업사전　　　　④ 고용24(워크넷) Job Map	**정답** ③
다음 중 한국직업사전에서 알 수 있는 직업관련 정보가 아닌 것은?	**기출** 2007년 3회, 2004년 3회
① 작업강도　　　　　　② 직무개요 ③ 수행직무　　　　　　④ 임금수준	**정답** ④

32 한국직업사전(2020)의 직업코드 기준은?

① 한국고용직업분류의 대분류
② 한국고용직업분류의 중분류
③ 한국고용직업분류의 소분류
④ 한국고용직업분류의 세분류

핵심 키워드 | 한국직업사전(2020)의 직업코드 기준
☞ 한국고용직업분류(KECO)의 세분류 4자리
기출 데이터 | 2015년 3회, 2006년 1회

핵심기출 해설   답 ④

한국직업사전(2020)의 직업코드 기준

• 특정 직업을 구분해 주는 단위로서 『한국고용직업분류(KECO)』의 세분류 4자리 숫자로 표기하였다. 다만, 동일한 직업에 대해 여러 개의 직업코드가 포함되는 경우에는 직무의 유사성 등을 고려하여 가장 타당하다고 판단되는 직업코드 하나를 부여하였다.

• 직업코드 4자리에서 첫 번째는 대분류, 두 번째는 중분류, 세 번째 숫자는 소분류, 네 번째 숫자는 세분류를 나타낸다. 세분류 내 직업들은 가나다 순으로 배열된다.

이것이 핵심   TIP

한국직업사전의 직업코드는 한국고용직업분류(KECO)의 세분류 4자리 숫자로 표기한다는 점을 기억해 두세요. '한국표준직업분류(KSCO)'도, '세분류 5자리'도 아닙니다.

● 핵심유형 완성하기 ●

한국직업사전에 수록된 직업정보는 크게 5가지 항목으로 구분할 수 있다. 이에 대한 설명으로 틀린 것은?

① 본직업명 – 산업현장에서 일반적으로 해당 직업으로 알려진 명칭 혹은 그 직무가 통상적으로 호칭되는 것으로 '한국직업사전'에 그 직무내용이 기술된 명칭이다.

② 직업코드 – 특정 직업을 구분해 주는 단위로서 '한국고용직업분류'의 세분류 5자리 숫자로 표기하였다.

③ 수행직무 – 직무담당자가 직무의 목적을 완수하기 위하여 수행하는 구체적인 작업내용을 작업순서에 따라 서술한 것이다.

④ 부가 직업정보 – 정규교육, 숙련기간, 직무기능, 작업강도, 육체활동 등을 포함한다.

기출 2015년 2회
정답 ②
해설
직업코드는 특정 직업을 구분해 주는 단위로서 『한국고용직업분류(KECO)』의 세분류 4자리 숫자로 표기하였다.

33 한국직업사전의 부가 직업정보에 해당되지 않는 것은?

① 직무기능(DPT)

② 숙련기간

③ 자격 · 면허

④ 직무개요

핵심 키워드 한국직업사전(2020) 부가 직업정보의 구성

☞ 정규교육, 숙련기간, 직무기능, 작업강도, 육체활동, 작업장소, 작업환경, 유사명칭, 관련직업, 자격 · 면허, 한국표준산업분류 코드, 한국표준직업분류 코드, 조사연도

기출 데이터 2017년 1회, 2010년 1회

핵심기출 해설 답 ④

한국직업사전(2020)의 부가 직업정보

• 정규교육
• 숙련기간(②)
• 직무기능(①)
• 작업강도
• 육체활동
• 작업장소
• 작업환경
• 유사명칭
• 관련직업
• 자격 · 면허(③)
• 한국표준산업분류 코드
• 한국표준직업분류 코드
• 조사연도

이것이 핵심 TIP

한국직업사전(2020)에 수록된 직업정보의 5가지 주요 항목은 '직업코드', '본직업명', '직무개요', '수행직무', '부가 직업정보'입니다. 따라서 '직무개요'는 한국직업사전(2020)의 주요 항목에 해당하며, '부가 직업정보'의 하위항목에 해당하지 않습니다.

한국직업사전의 부가 직업정보에 대한 설명으로 옳은 것은?

① 정규교육 : 해당 직업 종사자의 평균 학력을 나타낸다.
② 조사연도 : 해당 직업의 직무조사가 실시된 연도를 나타낸다.
③ 작업강도 : 해당 직업의 직무를 수행하는 데 필요한 육체적·심리적·정신적 힘의 강도를 나타낸다.
④ 유사명칭 : 본직업명과 기본적인 직무에 있어서 공통점이 있으나 직무의 범위, 대상 등에 따라 나누어지는 직업이다.

기출 2019년 2회
정답 ②

한국직업사전에 수록되어 있는 정보 중 유사명칭에 대한 설명으로 틀린 것은?

① 직업 수 집계에서 제외된다.
② 본직업명을 명칭만 다르게 해서 부르는 것이다.
③ 한국직업사전의 부가 직업정보에 해당한다.
④ 본직업명을 직무의 범위, 대상 등에 따라 나눈 것이다.

기출 2017년 3회
정답 ④
해설
'유사명칭'은 현장에서 본직업명을 명칭만 다르게 부르는 것으로 본직업명과 사실상 동일하다. 따라서 직업 수 집계에서 제외된다.

한국직업사전의 부가 직업정보에 해당하는 것은?

① 직업코드
② 수행직무
③ 본직업명
④ 정규교육

기출 2015년 1회
정답 ④

직업의 정규교육, 숙련기간, 직무기능 등의 직업정보를 제공하는 것은?

① 한국표준직업분류
② 한국직업전망
③ 한국직업사전
④ 한국표준산업분류

기출 2015년 1회
정답 ③

한국직업사전의 부가 직업정보에 해당하지 않는 것은?

① 정규교육
② 숙련기간
③ 직무개요
④ 작업강도

기출 2012년 2회
정답 ③

34

한국직업사전(2020)의 부가 직업정보에서 정규교육에 관한 설명으로 틀린 것은?

① 해당 직업의 직무를 수행하는 데 필요한 일반적인 정규교육수준을 의미한다.

② 현행 우리나라 정규교육과정의 연한을 고려하여 그 수준은 6개로 분류된다.

③ 해당 직업 종사자의 평균 학력을 나타낸 것이다.

④ 독학, 검정고시 등을 통해 정규교육과정을 이수하였다고 판단되는 기간도 포함된다.

핵심 키워드 한국직업사전(2020) 부가 직업정보 중 정규교육
　　　　　☞ 일반적인 정규교육수준, 독학 · 검정고시 기간 포함
기출 데이터 2014년 3회, 2008년 3회, 2004년 3회

핵심기출 해설　답 ③

③ 한국직업사전(2020)의 부가 직업정보 중 정규교육은 해당 직업의 직무를 수행하는 데 필요한 일반적인 정규교육수준을 의미하는 것으로 해당 직업 종사자의 평균 학력을 나타내는 것은 아니다.

이것이 핵심　**TIP**

한국직업사전(2020)에서는 현행 우리나라 정규교육과정의 연한을 고려하여 정규교육의 수준을 다음과 같이 6단계로 구분하고 있습니다. 특히 독학, 검정고시 등을 통해 정규교육과정을 이수하였다고 판단되는 기간도 포함된다는 점을 반드시 기억해 두시기 바랍니다.

수 준	교육정도
1	6년 이하(초졸 정도)
2	6년 초과 ~ 9년 이하(중졸 정도)
3	9년 초과 ~ 12년 이하(고졸 정도)
4	12년 초과 ~ 14년 이하(전문대졸 정도)
5	14년 초과 ~ 16년 이하(대졸 정도)
6	16년 초과(대학원 이상)

다음은 한국직업사전에서 해당 직업의 직무를 수행하는 데 필요한 일반적인 정규교육수준에 대한 설명이다. (   )에 알맞은 것은?

기출 2025년, 2019년 1회
정답 ②

(ㄱ) : 9년 초과 ~ 12년 이하(고졸 정도)
(ㄴ) : 14년 초과 ~ 16년 이하(대졸 정도)

① ㄱ : 수준 2, ㄴ : 수준 4
② ㄱ : 수준 3, ㄴ : 수준 5
③ ㄱ : 수준 4, ㄴ : 수준 6
④ ㄱ : 수준 5, ㄴ : 수준 7

한국직업사전(2020)의 부가 직업정보 중 정규교육에 관한 설명으로 틀린 것은?

기출 2022년 1회
정답 ④

① 우리나라 정규교육과정의 연한을 고려하여 6단계로 분류하였다.
② 4수준은 12년 초과 ~ 14년 이하(전문대졸 정도)이다.
③ 독학, 검정고시 등을 통해 정규교육과정을 이수하였다고 판단되는 기간도 포함된다.
④ 해당 직업 종사자의 평균 학력을 나타내는 것이다.

한국직업사전에서 제공하는 부가 직업정보에 대한 설명으로 틀린 것은?

기출 2017년 2회
정답 ①

① 정규교육은 해당 직업의 직무를 수행하는 데 필요한 일반적인 정규교육수준을 의미하는 것으로 해당 직업 종사자의 평균 학력을 나타낸다.
② 숙련기간은 정규교육과정을 이수한 후 해당 직업의 직무를 평균적인 수준으로 스스로 수행하기 위하여 필요한 각종 교육기간, 훈련기간 등을 의미한다.
③ 작업강도는 해당 직업의 직무를 수행하는 데 필요한 육체적 힘의 강도를 나타내며, 심리적 · 정신적 노동강도는 고려하지 않았다.
④ 관련 직업은 본직업명과 기본적인 직무에 있어서 공통점이 있으나 직무의 범위, 대상 등에 따라 나누어지는 직업이다.

한국직업사전의 부가 직업정보 중 "정규교육"에 관한 설명으로 틀린 것은?

기출 2013년 2회
정답 ④
해설
독학, 검정고시 등을 통해 정규교육과정을 이수하였다고 판단되는 기간도 정규교육에 포함된다.

① 해당 직업의 직무를 수행하는 데 필요한 일반적인 정규교육수준을 의미한다.
② 해당 직업 종사자의 평균 학력을 나타내는 것은 아니다.
③ 현행 우리나라 정규교육과정의 연한을 고려하여 6단계로 분류하였다.
④ 정규교육과정이 아닌 독학, 검정고시 등은 기간에 포함되지 않는다.

35

한국직업사전(2020)의 숙련기간에 대한 설명으로 틀린 것은?

① 정규교육과정을 이수한 후 해당 직업의 직무를 평균적인 수준으로 스스로 수행하기 위하여 필요한 각종 교육, 훈련, 숙련기간을 의미한다.

② 해당 직업에 필요한 자격·면허를 취득하는 취업 전 교육 및 훈련기간이 해당되며, 취업 후에 이루어지는 관련 자격·면허 취득 교육 및 훈련기간은 포함되지 않는다.

③ 해당 직무를 평균적으로 수행하기 위한 각종 교육·훈련기간, 수습교육, 기타 사내교육, 현장훈련 등이 포함된다.

④ 해당 직무를 평균적인 수준 이상으로 수행하기 위한 향상훈련은 숙련기간에 포함되지 않는다.

핵심 키워드 한국직업사전(2020) 부가 직업정보 중 숙련기간
- 해당 직무를 평균적으로 수행하기 위한 각종 교육·훈련 ☞ 숙련기간에 포함
- 해당 직무를 평균적인 수준 이상으로 수행하기 위한 향상훈련 ☞ 숙련기간에 불포함

기출 데이터 2016년 1회

핵심기출 해설 **답** ②

한국직업사전(2020)의 부가 직업정보 중 숙련기간
- 정규교육과정을 이수한 후 해당 직업의 직무를 평균적인 수준으로 스스로 수행하기 위하여 필요한 각종 교육, 훈련, 숙련기간을 의미한다.(①)
- 해당 직업에 필요한 자격·면허를 취득하기 위해 소요되는 취업 전 교육 및 훈련기간뿐만 아니라 취업 후에 이루어지는 관련 자격·면허 취득 교육 및 훈련기간도 포함된다.(②)
- 자격·면허가 요구되는 직업은 아니지만 해당 직무를 평균적으로 수행하기 위한 각종 교육·훈련기간, 수습교육, 기타 사내교육, 현장훈련 등도 포함된다.(③)
- 다만, 해당 직무를 평균적인 수준 이상으로 수행하기 위한 향상훈련은 숙련기간에 포함되지 않는다.(④)

이것이 핵심 **TIP**

숙련기간은 다음과 같이 9가지 수준으로 구분됩니다.

수 준	숙련기간	수 준	숙련기간
1	약간의 시범 정도	6	1년 초과 ~ 2년 이하
2	시범 후 30일 이하	7	2년 초과 ~ 4년 이하
3	1개월 초과 ~ 3개월 이하	8	4년 초과 ~ 10년 이하
4	3개월 초과 ~ 6개월 이하	9	10년 초과
5	6개월 초과 ~ 1년 이하		

한국직업사전의 부가 직업정보 중 숙련기간에 대한 설명으로 틀린 것은?

① 정규교육과정을 이수한 후 해당 직업의 직무를 평균적인 수준으로 스스로 수행하기 위하여 필요한 각종 교육기간, 훈련기간 등을 의미한다.

② 해당 직업에 필요한 자격 · 면허를 취득하는 취업 전 교육 및 훈련기간뿐만 아니라 취업 후에 이루어지는 관련 자격 · 면허 취득 교육 및 훈련기간도 포함된다.

③ 자격 · 면허가 요구되는 직업은 아니지만 해당 직무를 평균적으로 수행하기 위한 각종 교육 · 훈련, 수습교육, 기타 사내교육, 현장훈련 등의 기간이 포함된다.

④ 5수준의 숙련기간은 4년 초과 ~ 10년 이하이다.

기출 2019년 3회
정답 ④

한국직업사전의 부가 직업정보 중 숙련기간에 포함되지 않는 것은?

① 해당 직업에 필요한 자격 · 면허를 취득하는 취업 전 교육 및 훈련 기간

② 취업 후에 이루어지는 관련 자격 · 면허 취득 교육 및 훈련 기간

③ 해당 직무를 평균적으로 수행하기 위한 각종 교육 · 훈련, 수습교육 등의 기간

④ 해당 직무를 평균적인 수준 이상으로 수행하기 위한 향상훈련 기간

기출 2018년 1회, 2013년 1회
정답 ④

한국직업사전의 부가 직업정보 중 '수준 4'에 해당하는 숙련기간은?

① 시범 후 30일 이하

② 3개월 초과 ~ 6개월 이하

③ 1년 초과 ~ 2년 이하

④ 4년 초과 ~ 10년 이하

기출 2018년 2회
정답 ②

한국직업사전의 부가 직업정보 중 숙련기간의 수준과 숙련기간이 바르게 짝지어진 것은?

① 수준 2 : 시범 후 30일 이하

② 수준 5 : 3개월 초과 ~ 6개월 이하

③ 수준 7 : 1년 초과 ~ 2년 이하

④ 수준 9 : 4년 초과 ~ 10년 이하

기출 2011년 3회
정답 ①
해설
② 수준 4, ③ 수준 6, ④ 수준 8

36

한국직업사전(2020)의 직무기능에 해당하지 않는 것은?

① 환 경
② 자 료
③ 사 물
④ 사 람

핵심 키워드 한국직업사전(2020) 부가 직업정보 중 직무기능(DPT)
☞ 자료(Data), 사람(People), 사물(Thing)

기출 데이터 2015년 1회

핵심기출 해설 **답 ①**

한국직업사전(2020)의 부가 직업정보 중 직무기능(DPT)

• 해당 직업 종사자가 직무를 수행하는 과정에서 '자료(Data)', '사람(People)', '사물(Thing)'과 맺는 관련된 특성을 나타낸다.

• 각각의 작업자 직무기능은 광범위한 행위를 표시하고 있으며, 작업자가 자료, 사람, 사물과 어떤 관련을 가지고 있는지를 보여준다.

자료(Data)와 관련된 기능	정보, 지식, 개념 등 세 가지 종류의 활동으로 배열되어 있는데 어떤 것은 광범위하며 어떤 것은 범위가 협소하다. 또한 각 활동은 상당히 중첩되어 배열 간의 복잡성이 존재한다.
사람(People)과 관련된 기능	위계적 관계가 없거나 희박하다. 서비스 제공이 일반적으로 덜 복잡한 사람 관련 기능이며, 나머지 기능들은 기능의 수준을 의미하는 것은 아니다.
사물(Thing)과 관련된 기능	작업자가 기계와 장비를 가지고 작업하는지 혹은 기계가 아닌 도구나 보조구를 가지고 작업하는지에 기초하여 분류된다. 또한 작업자의 업무에 따라 사물과 관련되어 요구되는 활동수준이 달라진다.

이것이 핵심 **TIP**

'자료(Data)', '사람(People)', '사물(Thing)'은 기능적 직무분석의 세 가지 차원에 해당합니다. 기능적 직무분석은 직무정보를 모든 직무에 존재하는 자료, 사람, 사물 기능으로 분석하는 방법입니다.

한국직업사전 부가 직업정보의 직무기능에 대한 설명에서 (   ) 안에 공통적으로 들어갈 말은?

> (   )와/과 관련된 기능은 위계적 관계가 없거나 희박하다. 서비스 제공이 일반적으로 덜 복잡한 (   ) 관련 기능이며, 나머지 기능들은 기능의 수준을 의미하는 것은 아니다.

① 시스템
② 사 물
③ 자 료
④ 사 람

기출 2015년 2회
정답 ④

한국직업사전의 제공 정보 중 직무기능(DPT)에 대한 설명으로 틀린 것은?

① 직무기능은 해당 직업 종사자가 직무를 수행하는 과정에서 자료(Data), 사람(People), 사물(Thing)과 맺는 관련된 특성을 나타낸다.
② 사람(People)의 기능은 자문, 협의, 교육, 감독, 오락제공, 설득, 말하기-신호, 서비스 제공 등을 포함하여 위계적 관계가 명확한 활동이다.
③ 사물(Thing)의 기능은 작업자가 기계와 장비를 가지고 작업하는지 혹은 기계와 관련 없는 도구와 작업보조구를 가지고 작업하는지를 기초로 하여 분류한다.
④ 자료(Data)와 관련된 기능은 정보, 지식, 개념 등 세 가지 종류의 활동으로 배열되어 있다.

기출 2014년 1회
정답 ②
해설
사람(People)의 기능은 위계적 관계가 없거나 희박하다.

한국직업사전의 부가 직업정보에 대한 설명으로 옳은 것은?

① 산업분류는 한국표준산업분류 대분류 산업을 기준으로 하였다.
② 정규교육은 독학, 검정고시 등은 제외하였다.
③ 숙련기간에는 해당 직무를 평균적인 수준 이상으로 수행하기 위한 향상훈련도 포함된다.
④ 직무기능은 해당 직업 종사자가 직무를 수행하는 과정에서 자료, 사람, 사물과 맺는 관련된 특성을 나타낸다.

기출 2007년 1회
정답 ④
해설
① 한국표준산업분류의 소분류(3-digits) 산업을 기준으로 하였다.
② 정규교육과정을 이수하였다고 판단되는 기간도 정규교육에 포함된다.
③ 향상훈련은 숙련기간에 포함되지 않는다.

37

한국직업사전에서 제공하는 정보 중 직무기능(DPT)은 해당 직무를 수행하는 작업자가 자료, 사람, 사물과 맺는 관계를 나타내는 것이다. 다음 표의 (　) 안에 들어갈 알맞은 것은?

수 준	자료(Data)	사람(People)	사물(Thing)
0	종 합	자 문	설 치
1	(A)	협 의	정밀작업
2	분 석	(B)	제어조작
3	수 집	감 독	(C)
4	계 산	오락제공	수동조작

① A : 조정, B : 교육, C : 조작운전
② A : 기록, B : 설득, C : 유지
③ A : 비교, B : 말하기-신호, C : 투입-인출
④ A : 관련 없음, B : 서비스 제공, C : 단순작업

핵심 키워드　직무기능(DPT)의 수준
• 자료(Data) ☞ 종합, 조정, 분석, 수집, 계산, 기록, 비교
• 사람(People) ☞ 자문, 협의, 교육, 감독, 오락제공, 설득, 말하기-신호, 서비스 제공
• 사물(Thing) ☞ 설치, 정밀작업, 제어조작, 조작운전, 수동조작, 유지, 투입-인출, 단순작업
기출 데이터　2011년 2회

핵심기출 해설　**답 ①**

직무기능(DPT)의 수준

수 준	자료(Data)	사람(People)	사물(Thing)
0	종 합	자 문	설 치
1	조 정	협 의	정밀작업
2	분 석	교 육	제어조작
3	수 집	감 독	조작운전
4	계 산	오락제공	수동조작
5	기 록	설 득	유 지
6	비 교	말하기-신호	투입-인출
7	–	서비스 제공	단순작업
8	관련없음	관련없음	관련없음

직무기능(DPT)의 수준을 나타내는 '자료(Data)', '사람(People)', '사물(Thing)'의 세 가지 관계 내에서의 배열은 아래에서 위로 올라가면서 단순한 것에서 차츰 복잡한 것으로 향하는 특성을 보여줍니다. 특히 각 수준의 구체적인 숫자를 기억해 두어야 합니다.

● **핵심유형 완성하기** ●

한국직업사전의 직무기능 중 사물(T)에 해당하는 것은?	**기 출** 2012년 3회
① 조작운전	**정 답** ①
② 분 석	**해 설**
③ 계 산	② · ③ 자료(Data)와 관련된 직무기능
④ 자 문	④ 사람(People)과 관련된 직무기능
한국직업사전의 직무기능(DPT) 내용을 의미하는 [조정-자문-정밀작업]에 해당하는 수준들의 합은?	**기 출** 2012년 3회
① 2	**정 답** ①
② 3	**해 설**
③ 4	조정(1)+자문(0)+정밀작업(1)=2
④ 5	
한국직업사전의 부가 직업정보 중 직무기능(DPT)에서 자료(Data)의 수준과 내용이 바르게 짝지어진 것은?	**기 출** 2011년 1회
① 1 - 분석	**정 답** ④
② 2 - 수집	**해 설**
③ 3 - 조정	① 1 - 조정, ② 2 - 분석, ③ 3 - 수집
④ 4 - 계산	

38

한국직업사전(2020)의 부가정보 중 "자료"에 관한 설명으로 틀린 것은?

① 종합 – 사실을 발견하고 지식개념 또는 해석을 개발하기 위해 자료를 종합적으로 분석한다.

② 분석 – 조사하고 평가하며, 평가와 관련된 대안적 행위의 제시가 빈번하게 포함된다.

③ 계산 – 사칙연산을 실시하고 사칙연산과 관련하여 규정된 활동을 수행하거나 보고한다. 수를 세는 것도 포함된다.

④ 기록 – 데이터를 옮겨 적거나 입력하거나 표시한다.

핵심 키워드 직무기능(DPT) 중 자료(Data)의 세부영역

☞ 종합(→ 종합적 분석) / 조정(→ 작업순서 · 활동 결정) / 분석(→ 조사 · 평가) / 수집(→ 수집 · 대조 · 분류) / 계산(→ 수를 세는 것 제외) / 기록(→ 입력 · 표시) / 비교(→ 유사성 및 차이 판단)

기출 데이터 2021년 1회

핵심기출 해설 **답 ③**

직무기능(DPT)의 세부영역

- 자료(Data)

0 종 합	사실을 발견하고 지식개념 또는 해석을 개발하기 위해 자료를 종합적으로 분석한다.
1 조 정	데이터의 분석에 기초하여 시간, 장소, 작업순서, 활동 등을 결정한다. 결정을 실행하거나 상황을 보고한다.
2 분 석	조사하고 평가한다. 평가와 관련된 대안적 행위의 제시가 빈번하게 포함된다.
3 수 집	자료, 사람, 사물에 관한 정보를 수집 · 대조 · 분류한다. 정보와 관련한 규정된 활동의 수행 및 보고가 자주 포함된다.
4 계 산	사칙연산을 실시하고 사칙연산과 관련하여 규정된 활동을 수행하거나 보고한다. 수를 세는 것은 포함되지 않는다.
5 기 록	데이터를 옮겨 적거나 입력하거나 표시한다.
6 비 교	자료, 사람, 사물의 쉽게 관찰되는 기능적 · 구조적 · 조합적 특성을 (유사성 또는 표준과의 차이) 판단한다.

- 사람(People)

0 자 문	법률적으로나 과학적, 임상적, 종교적, 기타 전문적인 방식에 따라 사람들의 전인격적인 문제를 상담하고 조언하며 해결책을 제시한다.
1 협 의	정책을 수립하거나 의사결정을 하기 위해 생각이나 정보, 의견 등을 교환한다.

2 교육	설명이나 실습 등을 통해 어떤 주제에 대해 교육하거나 훈련(동물 포함)시킨다. 또한 기술적인 문제를 조언한다.
3 감독	작업절차를 결정하거나 작업자들에게 개별 업무를 적절하게 부여하여 작업의 효율성을 높인다.
4 오락제공	무대공연이나 영화, TV, 라디오 등을 통해 사람들을 즐겁게 한다.
5 설득	상품이나 서비스 등을 구매하도록 권유하고 설득한다.
6 말하기-신호	언어나 신호를 사용해서 정보를 전달하고 교환한다. 보조원에게 지시하거나 과제를 할당하는 일을 포함한다.
7 서비스 제공	사람들의 요구 또는 필요를 파악하여 서비스를 제공한다. 즉각적인 반응이 수반된다.

• 사물(Thing)

0 설치	기계의 성능, 재료의 특성, 작업장의 관례 등에 대한 지식을 적용하여 연속적인 기계가공작업을 수행하기 위한 기계 및 설비의 준비, 공구 및 기타 기계장비의 설치 및 조정, 가공물 또는 재료의 위치 조정, 제어장치 설정, 기계의 기능 및 완제품의 정밀성 측정 등을 수행한다.
1 정밀작업	설정된 표준치를 달성하기 위하여 궁극적인 책임이 존재하는 상황하에서 신체부위, 공구, 작업도구를 사용하여 가공물 또는 재료를 가공, 조종, 이동, 안내하거나 또는 정위치시킨다. 그리고 도구, 가공물 또는 원료를 선정하고 작업에 알맞게 공구를 조정한다.
2 제어조작	기계 또는 설비를 시동, 정지, 제어하고 작업이 진행되고 있는 기계나 설비를 조정한다.
3 조작운전	다양한 목적을 수행하고자 사물 또는 사람의 움직임을 통제하는 데 있어 일정한 경로를 따라 조작되고 안내되어야 하는 기계 또는 설비를 시동, 정지하고 그 움직임을 제어한다.
4 수동조작	기계, 설비 또는 재료를 가공, 조정, 이동 또는 위치할 수 있도록 신체부위, 공구 또는 특수장치를 사용한다. 정확도 달성 및 적합한 공구, 기계, 설비 또는 원료를 산정하는 데 있어서 어느 정도의 판단력이 요구된다.
5 유지	기계 및 장비를 시동, 정지하고 그 기능을 관찰한다. 체인징가이드, 조정타이머, 온도게이지 등의 계기의 제어장치를 조정하거나 원료가 원활히 흐르도록 밸브를 돌려주고 빛의 반응에 따라 스위치를 돌린다. 이러한 조정업무에 판단력은 요구되지 않는다.
6 투입-인출	자동적으로 또는 타 작업원에 의하여 가동, 유지되는 기계나 장비 안에 자재를 삽입, 투척, 하역하거나 그 안에 있는 자재를 다른 장소로 옮긴다.
7 단순작업	신체부위, 수공구 또는 특수장치를 사용하여 기계, 장비, 물건 또는 원료 등을 정리, 운반 처리한다. 정확도 달성 및 적합한 공구, 장비, 원료를 선정하는 데 판단력은 요구되지 않는다.

이것이 핵심 **TIP**

'자료(Data)'와 관련된 기능은 만질 수 없으며 숫자, 단어, 기호, 생각, 개념 그리고 구두상 표현을 포함하는 반면, '사람(People)'과 관련된 기능은 인간과 인간처럼 취급되는 동물을 다루는 것을 포함합니다. 또한 '사물(Thing)'과 관련된 기능은 사람과 구분되는 무생물로서 물질, 재료, 기계, 공구, 설비, 작업도구 및 제품 등을 다루는 것을 포함합니다.

한국직업사전의 직무기능 자료(Data) 항목 중 무엇에 관한 설명인가?

> • 데이터의 분석에 기초하여 시간, 장소, 작업순서, 활동 등을 결정한다.
> • 결정을 실행하거나 상황을 보고한다.

① 종 합   ② 조 정
③ 계 산   ④ 수 집

기출 2024년, 2020년 1 · 2회
정답 ②

다음은 한국직업사전 직무기능 "사물" 항목 중 무엇에 관한 설명인가?

> 다양한 목적을 수행하고자 사물 또는 사람의 움직임을 통제하는 데 있어 일정한 경로를 따라 조작되고 안내되어야 하는 기계 또는 설비를 시동, 정지하고 그 움직임을 제어한다.

① 조작운전   ② 정밀작업
③ 제어조작   ④ 수동조작

기출 2021년 2회
정답 ①

한국직업사전에서 사람과 관련된 직무기능 중 "정책을 수립하거나 의사결정을 하기 위해 생각이나 정보, 의견 등을 교환한다"와 관련 있는 것은?

① 자 문   ② 협 의
③ 설 득   ④ 감 독

기출 2020년 4회
정답 ②

한국직업사전의 '사물'과 관련된 기능 중 다음에서 설명하는 것은?

> 신체부위, 수공구 또는 특수장치를 사용하여 기계, 장비, 물건 또는 원료 등을 정리, 운반 처리한다. 정확도 달성 및 적합한 공구, 장비, 원료를 선정하는 데 판단력은 요구되지 않는다.

① 제어조작   ② 운 전
③ 수동조작   ④ 단순작업

기출 2014년 3회
정답 ④

한국직업사전의 직업명세 중 자료(Data)와 관련된 직무기능에 관한 설명으로 틀린 것은?

① 종합 – 사실을 발견하고 지식개념 또는 해석을 개발하기 위해 자료를 종합적으로 분석한다.
② 조정 – 데이터의 분석에 기초하여 시간, 장소, 작업순서, 활동 등을 결정한다.
③ 계산 – 수를 세거나 사칙연산을 실시하고 사칙연산과 관련하여 규정된 활동을 수행하거나 보고한다.
④ 수집 – 자료, 사람, 사물에 관한 정보를 수집, 대조, 분류한다.

기출 2010년 4회, 2009년 1회
정답 ③
해설
수를 세는 것은 포함되지 않는다.

39 한국직업사전(2020)의 작업강도 중 '보통 작업'에 대한 설명으로 옳은 것은?

① 최고 4kg의 물건을 들어 올리고 때때로 장부, 대장, 소도구 등을 들어 올리거나 운반한다.

② 최고 8kg의 물건을 들어 올리고 4kg 정도의 물건을 빈번히 들어 올리거나 운반한다.

③ 최고 20kg의 물건을 들어 올리고 10kg 정도의 물건을 빈번히 들어 올리거나 운반한다.

④ 최고 40kg의 물건을 들어 올리고 20kg 정도의 물건을 빈번히 들어 올리거나 운반한다.

핵심 키워드 작업강도의 5단계 분류
- 아주 가벼운 작업 ☞ 최고 4kg
- 가벼운 작업 ☞ 최고 8kg
- 보통 작업 ☞ 최고 20kg
- 힘든 작업 ☞ 최고 40kg
- 아주 힘든 작업 ☞ 40kg 이상

기출 데이터 2024년, 2015년 3회, 2010년 1회

핵심기출 해설 | 답 ③

작업강도의 5단계 분류

아주 가벼운 작업	• 최고 4kg의 물건을 들어 올리고, 때때로 장부, 소도구 등을 들어 올리거나 운반한다. • 앉아서 하는 작업이 대부분을 차지하지만 직무수행상 서거나 걷는 것이 필요할 수도 있다.
가벼운 작업	• 최고 8kg의 물건을 들어 올리고, 4kg 정도의 물건을 빈번히 들어 올리거나 운반한다. • 걷거나 서서 하는 작업이 대부분일 때 또는 앉아서 하는 작업일지라도 팔과 다리로 밀고 당기는 작업을 수반할 때에는 무게가 매우 적을지라도 이 작업에 포함된다.
보통 작업	최고 20kg의 물건을 들어 올리고, 10kg 정도의 물건을 빈번히 들어 올리거나 운반한다.
힘든 작업	최고 40kg의 물건을 들어 올리고, 20kg 정도의 물건을 빈번히 들어 올리거나 운반한다.
아주 힘든 작업	40kg 이상의 물건을 들어 올리고, 20kg 이상의 물건을 빈번히 들어 올리거나 운반한다.

이것이 핵심 | TIP

작업강도는 '아주 가벼운 작업', '가벼운 작업', '보통 작업', '힘든 작업', '아주 힘든 작업' 등 5단계로 분류하는 반면, 각각의 작업강도의 결정기준은 '들어올림', '운반', '밈', '당김' 등 4가지 활동으로 구분합니다.

한국직업사전의 작업강도 중 '보통 작업'에 대한 설명으로 옳은 것은?

① 최고 4kg의 물건을 들어 올리고, 때때로 장부, 소도구 등을 들어 올리거나 운반한다.
② 최고 8kg의 물건을 들어 올리고, 4kg 정도의 물건을 빈번히 들어 올리거나 운반한다.
③ 최고 20kg의 물건을 들어 올리고, 10kg 정도의 물건을 빈번히 들어 올리거나 운반한다.
④ 최고 40kg의 물건을 들어 올리고, 20kg 정도의 물건을 빈번히 들어 올리거나 운반한다.

기출 2025년, 2015년 3회, 2010년 1회
정답 ③

한국직업사전(2020)의 작업강도 중 무엇에 관한 설명인가?

최고 20kg의 물건을 들어 올리고 10kg 정도의 물건을 빈번히 들어 올리거나 운반한다.

① 가벼운 작업 　② 보통 작업
③ 힘든 작업 　④ 아주 힘든 작업

기출 2022년 2회, 2013년 3회
정답 ②

한국직업사전에서 다음에 해당하는 작업강도는?

최고 40kg의 물건을 들어 올리고 20kg 정도의 물건을 빈번히 들어 올리거나 운반한다.

① 가벼운 작업 　② 보통 작업
③ 힘든 작업 　④ 아주 힘든 작업

기출 2018년 1회
정답 ③

한국직업사전의 작업강도 중 "가벼운 작업"의 의미는?

① 최고 40kg의 물건을 들어 올리는 정도
② 최고 8kg의 물건을 들어 올리고, 4kg 정도의 물건을 빈번히 들어 올리거나 운반하는 정도
③ 최고 20kg의 물건을 들어 올리고, 10kg 정도의 물건을 빈번히 들어 올리거나 운반하는 정도
④ 최고 40kg의 물건을 들어 올리고, 20kg 정도의 물건을 빈번히 들어 올리거나 운반하는 정도

기출 2015년 1회, 2008년 1회
정답 ②

한국직업사전의 부가 직업정보에서 작업강도에 대한 설명으로 틀린 것은?

① 아주 가벼운 작업 – 최고 4kg의 물건을 들어 올리고, 때때로 장부, 소도구 등을 들어 올리거나 운반한다.
② 가벼운 작업 – 최고 8kg의 물건을 들어 올리고, 4kg 정도의 물건을 빈번히 들어 올리거나 운반한다.
③ 힘든 작업 – 최고 20kg의 물건을 들어 올리고, 10kg 정도의 물건을 빈번히 들어 올리거나 운반한다.
④ 아주 힘든 작업 – 40kg 이상의 물건을 들어 올리고, 20kg 이상의 물건을 빈번히 들어 올리거나 운반한다.

기 출 2011년 2회
정 답 ③
해 설
'보통 작업'의 내용에 해당한다.

다음의 설명에 해당하는 한국직업사전에서의 작업강도는?

> • 최고 8kg의 물건을 들어 올리고, 4kg 정도의 물건을 빈번히 들어 올리거나 운반한다.
> • 걷거나 서서 하는 작업이 대부분일 때 또는 앉아서 하는 작업일지라도 팔과 다리로 밀고 당기는 작업을 수반할 때에는 무게가 매우 적을지라도 이 작업에 포함된다.

① 아주 가벼운 작업
② 가벼운 작업
③ 보통 작업
④ 힘든 작업

기 출 2010년 2회, 2009년 1회
정 답 ②

한국직업사전의 부가 직업정보에서 작업강도에 대한 설명으로 틀린 것은?

① 아주 가벼운 작업 – 최고 4kg의 물건을 들어 올리고, 때때로 장부, 소도구 등을 들어 올리거나 운반한다.
② 가벼운 작업 – 최고 8kg의 물건을 들어 올리고, 4kg 정도의 물건을 빈번히 들어 올리거나 운반한다.
③ 힘든 작업 – 최고 40kg의 물건을 들어 올리고, 10kg 정도의 물건을 빈번히 들어 올리거나 운반한다.
④ 아주 힘든 작업 – 40kg 이상의 물건을 들어 올리고, 20kg 이상의 물건을 빈번히 들어 올리거나 운반한다.

기 출 2008년 3회
정 답 ③
해 설
힘든 작업 : 최고 40kg의 물건을 들어 올리고, 20kg 정도의 물건을 빈번히 들어 올리거나 운반한다.

다음 괄호 안에 알맞은 것은?

> 한국직업사전에서 작업강도 중 '보통 작업'은 최고 (ㄱ)kg의 물건을 들어 올리고 (ㄴ)kg 정도의 물건을 빈번히 들어 올리거나 운반하는 것을 의미한다.

① ㄱ – 8, ㄴ – 4
② ㄱ – 20, ㄴ – 10
③ ㄱ – 30, ㄴ – 15
④ ㄱ – 40, ㄴ – 20

기 출 2007년 3회
정 답 ②

40

한국직업사전(2020)의 부가 직업정보 중 작업강도에 관한 설명으로 옳은 것은?

① 작업강도는 해당 직업의 직무를 수행하는 데 필요한 육체적 힘의 강도를 나타낸 것으로 3단계로 분류하였다.

② 작업강도는 심리적 · 정신적 노동강도는 고려하지 않았다.

③ 보통 작업은 최고 40kg의 물건을 들어 올리고 20kg 정도의 물건을 빈번히 들어 올리거나 운반한다.

④ 운반이란 물체를 주어진 높이에서 다른 높이로 올리거나 내리는 작업을 의미한다.

핵심 키워드 작업강도의 의미
☞ 직무수행을 위한 육체적 힘의 강도(심리적 · 정신적 노동강도 배제)

기출 데이터 2016년 2회, 2005년 3회

핵심기출 해설 답 ②

① · ② '작업강도'는 해당 직업의 직무를 수행하는 데 필요한 육체적 힘의 강도를 나타낸 것으로 5단계로 분류하였다. 그러나 '작업강도'는 심리적 · 정신적 노동강도는 고려하지 않았다.

③ '보통 작업'은 최고 20kg의 물건을 들어 올리고, 10kg 정도의 물건을 빈번히 들어 올리거나 운반한다.

④ '운반'이란 손에 들거나 팔에 걸거나 어깨에 메고 물체를 한 장소에서 다른 장소로 옮기는 작업을 의미한다.

이것이 핵심 **TIP**

작업강도는 다음과 같이 '들어올림', '운반', '밈', '당김' 등을 기준으로 결정합니다.

들어올림	물체를 주어진 높이에서 다른 높이로 올리거나 내리는 작업
운 반	손에 들거나 팔에 걸거나 어깨에 메고 물체를 한 장소에서 다른 장소로 옮기는 작업
밈	물체에 힘을 가하여 힘을 가한 쪽으로 움직이게 하는 작업(때리고, 치고, 발로 차고, 페달을 밟는 일도 포함)
당 김	물체에 힘을 가하여 힘을 가한 반대쪽으로 움직이게 하는 작업(물체에 힘을 가하여 자기 쪽으로 일정한 방향으로 가까이 오게 하는 작업)

● **핵심유형 완성하기** ●

한국직업사전의 작업강도에 대한 설명에서 손에 들거나 팔에 걸거나 어깨에 메고 물체를 한 장소에서 다른 장소로 옮기는 작업은?

① 들어올림　　　　② 운 반
③ 밈　　　　　　④ 이 동

기출 2014년 3회
정답 ②

41

한국직업사전의 부가 직업정보 중 작업환경에 대한 설명으로 틀린 것은?

① 작업환경은 해당 직업의 직무를 수행하는 작업자에게 직접적으로 물리적, 신체적 영향을 미치는 작업장의 환경요인을 나타낸 것이다.

② 작업환경의 측정은 조사자가 느끼는 신체적 반응 및 작업자의 반응을 듣고 판단한다.

③ 작업환경은 저온·고온, 다습, 소음·진동, 위험내재, 대기환경미흡으로 구분한다.

④ 작업환경은 사업체의 규모와 특성에 따라 달라질 수 있으나 동일사업체의 경우에는 작업장마다 절대적인 기준이 된다.

핵심 키워드 한국직업사전(2012) 부가 직업정보 중 작업환경
☞ 저온, 고온, 다습, 소음·진동, 위험내재, 대기환경미흡

기출 데이터 2010년 2회, 2009년 1회

핵심기출 해설 **답 ④**

부가 직업정보 중 작업환경

• 해당 직업의 직무를 수행하는 작업자에게 직접적으로 물리적, 신체적 영향을 미치는 작업장의 환경요인을 나타낸 것이다.(①)

• 작업자의 작업환경을 조사하는 담당자는 일시적으로 방문하고 또한 정확한 측정기구를 가지고 있지 못한 경우가 일반적이기 때문에 조사 당시에 조사자가 느끼는 신체적 반응 및 작업자의 반응을 듣고 판단한다.(②)

• 온도(저온·고온), 소음·진동, 위험내재 및 대기환경이 미흡한 직업은 근로기준법, 산업안전보건법 등의 법률에서 제시한 금지직업이나 유해요소가 있는 직업 등을 근거로 판단할 수 있다.(③)

• 그러나 이러한 기준도 산업체 및 작업장에 따라 달라질 수 있으므로 절대적인 기준이 될 수 없다.(④)

이것이 핵심 **TIP**

작업환경은 다음과 같은 작업장의 환경요인을 나타낸 것입니다. 특히 위험내재와 대기환경미흡의 각 요소를 구분하는 문제가 출제되기도 한다는 점을 유념하시기 바랍니다. 예를 들어, 가스는 위험내재의 요소가 아닌 대기환경미흡의 요소에 해당합니다.

저온	신체적으로 불쾌감을 느낄 정도로 저온이거나 두드러지게 신체적 반응을 야기시킬 정도로 저온으로 급변하는 경우
고온	신체적으로 불쾌감을 느낄 정도로 고온이거나 두드러지게 신체적 반응을 야기시킬 정도로 고온으로 급변하는 경우
다습	신체의 일부분이 수분이나 액체에 직접 접촉되거나 신체에 불쾌감을 느낄 정도로 대기 중에 습기가 충만하는 경우
소음·진동	심신에 피로를 주는 청각장애 및 생리적 영향을 끼칠 정도의 소음, 전신을 떨게 하고 팔과 다리의 근육을 긴장시키는 연속적인 진동이 있는 경우

위험내재	신체적인 손상의 위험에 노출되어 있는 상황으로 기계적 위험, 전기적 위험, 화상, 폭발, 방사선 등의 위험이 있는 경우
대기환경미흡	직무를 수행하는 데 방해가 되거나 건강을 해칠 수 있는 냄새, 분진, 연무, 가스 등의 물질이 작업장의 대기 중에 다량 포함된 경우

● **핵심유형 완성하기** ●

한국직업사전의 부가 직업정보 중 작업환경에 대한 설명으로 틀린 것은?

① 작업환경은 해당 직업의 직무를 수행하는 작업원에게 직접적으로 물리적, 신체적 영향을 미치는 작업장의 환경요인을 나타낸 것이다.
② 작업환경의 측정은 작업자의 반응을 배제하고 조사자가 느끼는 신체적 반응으로 판단한다.
③ 작업환경은 저온 · 고온, 다습, 소음 · 진동, 위험내재, 대기환경미흡으로 구분한다.
④ 작업환경은 산업체 및 작업장에 따라 달라질 수 있으므로 절대적인 기준이 될 수 없다.

기출 2021년 3회
정답 ②
해설
작업자의 작업환경을 조사하는 담당자는 일시적으로 방문하고 또한 정확한 측정기구를 가지고 있지 못한 경우가 일반적이기 때문에 조사 당시에 조사자가 느끼는 신체적 반응 및 작업자의 반응을 듣고 판단한다.

한국직업사전 작업환경에 대한 설명에서 위험내재에 포함되지 않는 것은?

① 방사선   ② 기 계
③ 가 스   ④ 전 기

기출 2016년 1회
정답 ③
해설
'가스'는 대기환경미흡에 포함된다.

한국직업사전의 부가 직업정보 중 작업환경에 대한 설명으로 틀린 것은?

① 작업환경은 해당 직업의 직무를 수행하는 작업자에게 직접적으로 물리적, 신체적 영향을 미치는 작업장의 환경요인을 나타낸 것이다.
② 작업환경의 측정은 조사자가 느끼는 신체적 반응 및 작업자의 반응을 듣고 판단한다.
③ 작업환경은 사업체의 규모와 특성에 따라 달라질 수 있으나 동일사업체의 경우에는 작업장마다 절대적인 기준이 된다.
④ 작업환경에는 저온, 고온, 다습, 소음 · 진동, 위험내재, 대기환경미흡 등이 있다.

기출 2015년 1회
정답 ③
해설
작업환경의 기준은 산업체 및 작업장에 따라 달라질 수 있으므로 절대적인 기준이 될 수 없다.

한국직업사전에는 각 직업별로 환경조건을 분석하여 제시한다. 다음의 직업명세 항목 가운데 작업환경에 해당하는 것은?

① 작업강도   ② 손사용
③ 위험내재   ④ 정밀작업

기출 2014년 2회
정답 ③

42

한국직업전망의 수록 직업 선정에 관한 설명으로 틀린 것은?

① 수록 직업은 한국표준직업분류의 중분류 직업에 기초하여 종사자 수가 일정 규모 이상인 경우를 원칙으로 선정하였다.

② 청소년 및 구직자의 관심이 높거나 직업정보를 제공할 가치가 있다고 판단되는 직업을 추가 선정하였다.

③ 직업 선정 시 승진을 통해 진입하게 되는 관리직은 제외하였다.

④ 직무가 유사한 직업들은 하나로 통합하거나 소분류(3-digits) 수준에서 통합하였다.

핵심 키워드 한국직업전망의 수록 직업 선정 기준
☞ 한국고용직업분류(KECO)의 세분류(4-digits) 직업에 기초

기출 데이터 2017년 2회

핵심기출 해설 **답 ①**

① 수록 직업은 한국고용직업분류(KECO)의 세분류(4-digits) 직업에 기초하여 종사자 수가 일정 규모(3만 명) 이상인 경우를 원칙으로 선정하였다.

한국직업사전(2021~2023)의 수록 직업 선정 기준

- 수록 직업 선정은 한국고용직업분류(KECO)의 세분류(4-digits) 직업에 기초하여 종사자 수가 일정 규모(3만 명) 이상인 경우를 원칙으로 하였다. 특히 직업정보의 연결성을 높이기 위해서 고용24(워크넷) 직업·진로(한국직업정보시스템)에서 제공되고 있는 직업 단위를 기본 정보단위로 사용하였다.

- 다만, 한국고용직업분류(KECO)의 세분류 직업 중 승진을 통해 진입하게 되는 관리직과 직업정보 제공의 실효성이 낮은 직업은 제외하였다. 또한 직무가 유사하거나 직업정보 제공의 실효성이 낮은 직업들은 하나로 통합하거나 소분류(3-digits) 수준에서 통합하여 제공하였다.

이것이 핵심 **TIP**

『2021~2023 한국직업전망 : 일자리 전망 통합본』에는 『2021 한국직업전망』, 『2022 한국직업 전망』, 『2023 한국직업전망』의 수록 직업에 신규 직업을 추가하여 우리나라의 대표직업 537개에 대한 일자리 전망을 수록하고 있습니다.
또한 한국고용직업분류(KECO)와 한국표준직업분류(KSCO)의 세분류(4-digits)를 소개한 것과 달리 『2021~2023 한국직업전망 : 일자리 전망 통합본』에서는 직업별 6-digits으로 구성된 직업 코드를 새롭게 부여하고 있습니다.

한국직업전망에 관한 설명으로 옳은 것은?

① 한국직업전망은 2001년부터 발간하기 시작하였다.
② 한국직업전망의 수록 직업 선정 기준은 한국표준직업분류의 세분류에 근거한다.
③ 직업에 대한 고용전망은 감소, 다소 감소, 다소 증가, 증가 등 4개 구간으로 구분하여 제시한다.
④ 해당 직업 종사자의 일반적인 근무시간, 근무형태, 육체적 · 정신적 스트레스 정도 등을 근무환경으로 서술한다.

기출 2018년 1회
정답 ④
해설
해당 직업 종사자의 일반적인 근무시간, 근무형태(교대근무, 야간근무 등), 근무장소, 육체적 · 정신적 스트레스 정도, 산업안전 등을 업무환경(근무환경)으로 서술하였다.

한국직업전망에 관한 설명으로 옳은 것은?

① 한국직업전망은 2001년부터 발간되기 시작하였다.
② 한국직업전망의 수록 직업은 한국표준직업분류에 근거한다.
③ 해당 직업에 대한 고용전망은 감소, 다소 감소, 다소 증가, 증가 등 4가지 수준으로 구분하여 제시한다.
④ 직업 종사자의 성별, 연령, 학력 등 인적 특성과 임금 자료는 통계청의 「지역별 고용조사」 자료를 활용하였다.

기출 2013년 3회
정답 ④
해설
① 한국직업전망은 1999년부터 발간되기 시작하였다.
② 한국직업전망의 수록 직업은 한국고용직업분류(KECO)에 근거한다.
③ 감소, 다소 감소, 유지, 다소 증가, 증가 등 5가지 수준으로 구분하여 제시한다.

한국직업전망에 대한 설명으로 틀린 것은?

① 직업전망은 향후 10년간 해당 직업의 고용전망을 그 이유를 들어 기술한 것으로 5가지 수준으로 구분하여 제시하였다.
② 수록 직업은 한국고용직업분류(KECO)에 근거하였다.
③ 직업 종사자의 성별, 연령, 학력 등 인적 특성과 임금 자료는 통계청의 경제활동인구조사의 통계를 주로 활용하였다.
④ 해당 직업을 갖기 위해 필요한 교육 및 훈련, 관련 자격, 입직경로 및 진출분야 등을 수록하였다.

기출 2011년 2회
정답 ③
해설
통계청의 「지역별 고용조사」 자료를 활용하였다.

43

'2021~2023 한국직업전망(일자리 전망 통합본)'의 직업별 일자리 전망 결과에서 '다소 증가'로 전망되지 않은 것은?

① 항공기조종사

② 경찰관

③ 방송기자

④ 손해사정사

핵심 키워드 『2021~2023 한국직업전망 : 일자리 전망 통합본』의 직업별 일자리 전망 결과

☞ 증가, 다소 증가, 현 상태 유지, 다소 감소, 감소

기출 데이터 2020년 4회 기출변형

핵심기출 해설 **답 ①**

① '항공기조종사'는 '2021~2023 한국직업전망(일자리 전망 통합본)'의 직업별 일자리 전망 결과에서 '증가'로 전망되는 직업이다.

이것이 핵심 **TIP**

『2021~2023 한국직업전망 : 일자리 전망 통합본』의 직업별 일자리 전망 결과(일부)

증 가	• 변호사 • 심리상담전문가 • 수의사 • 반려동물미용사 • 로봇공학기술자 • 항공기조종사 • 웹개발자(웹프로그래머)	• 사회복지사 • 성형외과의사 • 간호사 • 요양보호사 및 간병인 • 의약품공학기술자 및 연구원 • 응용소프트웨어개발자 • 산업안전원 및 위험관리원 등
다소 증가	• 경영 · 진단전문가 • 회계사 • 상품기획자 • 직업상담사 • 연예인매니저 • 건설기계공학기술자 및 연구원 • 반도체공학기술자 및 연구원 • 네트워크시스템개발자(네트워크엔지니어)	• 노무사 • 세무사 • 경찰관 • 임상심리사(심리치료사) • 미용사 • 항공공학기술자 • 손해사정사 • 택배원 등

현 상태 유지	• 관세사 • 회계사무원 • 보육교사 • 가사관리사(가사도우미) • 자동차정비원 • 조선 · 해양공학기술자 • 건축가(건축설계사)	• 감정평가사 • 비 서 • 사 서 • 자동차공학기술자 • 금속가공기계조작원 • 제과 · 제빵원 • 선장 및 항해사 등
다소 감소	• 은행사무원 • 일반의사 • 부동산중개인 • 바텐더(조주사) • 상점판매원	• 대학교수 • 방송작가 • 웨딩플래너 • 주조원(주조기조작원) • 양식원 등
감 소	• 전산자료입력원 및 사무보조원 • 사진인화 · 현상기조작원 • 홍보도우미 및 판촉원	• 인쇄기계조작원 • 방문판매원 • 매장계산원 및 요금정산원 등

● **핵심유형 완성하기** ●

'2021~2023 한국직업전망(일자리 전망 통합본)'의 향후 10년간 직업별 일자리 전망 결과 '증가'가 예상되는 직업에 해당하지 않는 것은?

① 어업 종사자
② 사회복지사
③ 간병인
④ 간호사

기 출 2020년 3회 기출변형
점 답 ①

'2021~2023 한국직업전망(일자리 전망 통합본)'에서 세분류 수준의 일자리 전망 결과가 '증가' 및 '다소 증가'에 해당하는 직업명을 모두 고른 것은?

ㄱ. 연예인매니저
ㄴ. 간병인
ㄷ. 네트워크시스템개발자
ㄹ. 보육교사
ㅁ. 임상심리사
ㅂ. 택배원

① ㄱ, ㄴ, ㄷ, ㅁ, ㅂ
② ㄴ, ㄹ, ㅂ
③ ㄱ, ㄷ, ㄹ, ㅁ
④ ㄱ, ㄴ, ㄷ, ㄹ, ㅁ, ㅂ

기 출 2019년 3회 기출변형
점 답 ①

44 국가직무능력표준(NCS)에 관한 설명으로 틀린 것은?

① 산업현장에서 직무를 수행하기 위해 요구되는 지식·기술·태도 등의 내용을 국가가 체계화한 것이다.

② 한국고용직업분류를 중심으로 분류하였으며, 대분류 → 중분류 → 소분류 → 세분류 순으로 구성되어 있다.

③ 능력단위는 NCS 분류의 하위단위로서 능력단위요소, 직업기초능력 등으로 구성되어 있다.

④ NCS 선정은 중분류 단위를 원칙으로 하되 소분류나 세분류 단위로 선정할 수 있다.

핵심 키워드 국가직무능력표준(NCS)의 직무 ☞ NCS 분류체계의 세분류, 다수의 능력단위로 구성

기출 데이터 2025년, 2022년 1회 기출변형

핵심기출 해설 답 ④

④ NCS 선정은 세분류 단위를 원칙으로 하되 중분류나 소분류 단위로 선정할 수 있다.

국가직무능력표준(NCS)의 구성
- NCS는 능력단위 또는 능력단위의 집합으로 구성된다.
- 능력단위는 복수의 능력단위요소, 적용범위 및 작업상황, 평가지침, 직업기초능력 등의 정보로 구성되며, 능력단위요소는 수행준거, 지식·기술·태도로 이루어진다.

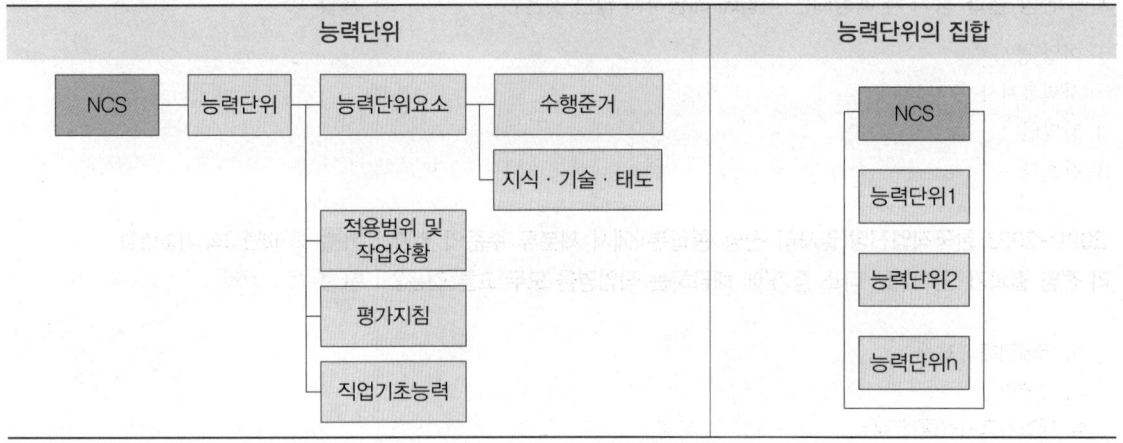

이것이 핵심 TIP

국가직무능력표준(NCS)의 수준체계

8수준	해당 분야에 대한 최고도의 이론 및 지식을 활용하여 새로운 이론을 창조할 수 있고, 최고도의 숙련으로 광범위한 기술적 작업을 수행할 수 있으며, 조직 및 업무 전반에 대한 권한과 책임이 부여된 수준
7수준	해당 분야의 전문화된 이론 및 지식을 활용하여 고도의 숙련으로 광범위한 작업을 수행할 수 있으며, 타인의 결과에 대하여 의무와 책임이 필요한 수준

6수준	독립적인 권한 내에서 해당 분야의 이론 및 지식을 자유롭게 활용하고, 일반적인 숙련으로 다양한 과업을 수행하며, 타인에게 해당 분야의 지식 및 노하우를 전달할 수 있는 수준
5수준	포괄적인 권한 내에서 해당 분야의 이론 및 지식을 사용하여 매우 복잡하고 비일상적인 과업을 수행하고, 타인에게 해당 분야의 지식을 전달할 수 있는 수준
4수준	일반적인 권한 내에서 해당 분야의 이론 및 지식을 제한적으로 사용하여 복잡하고 다양한 과업을 수행하는 수준
3수준	제한된 권한 내에서 해당 분야의 기초이론 및 일반지식을 사용하여 다소 복잡한 과업을 수행하는 수준
2수준	일반적인 지시 및 감독하에 해당 분야의 일반지식을 사용하여 절차화되고 일상적인 과업을 수행하는 수준
1수준	구체적인 지시 및 철저한 감독하에 문자이해, 계산능력 등 기초적인 일반지식을 사용하여 단순하고 반복적인 과업을 수행하는 수준

● 핵심유형 완성하기 ●

국가직무능력표준(NCS)에 대한 설명으로 틀린 것은?

① 국가직무능력표준은 산업현장에서 직무를 수행하기 위해 요구되는 지식, 기술, 태도 등의 내용을 국가가 체계화한 것이다.
② 국가직무능력표준 분류는 직무의 유형(Type)을 중심으로 단계적으로 구성하였다.
③ 국가직무능력표준을 활용하여 교육 · 훈련 프로그램 및 자격종목을 설계할 수 있다.
④ 국가직무능력표준의 수준체계는 1수준~5수준의 5단계로 구성된다.

기출 2024년, 2018년 2회
정답 ④

다음에 해당하는 NCS 수준체계는?

- 정의 : 독립적인 권한 내에서 해당 분야의 이론 및 지식을 자유롭게 활용하고, 일반적인 숙련으로 다양한 과업을 수행하고, 타인에게 해당 분야 지식 및 노하우를 전달할 수 있는 수준
- 지식기술 : 해당 분야의 이론 및 지식을 자유롭게 활용할 수 있는 수준 / 일반적인 숙련으로 다양한 과업을 수행할 수 있는 수준
- 역량 : 타인에게 해당 분야의 지식 및 노하우를 전달할 수 있는 수준 / 독립적인 권한 내에서 과업을 수행할 수 있는 수준

① 8수준   ② 7수준
③ 6수준   ④ 5수준

기출 2019년 3회 기출변형
정답 ③

국가직무능력표준에 대한 설명과 가장 거리가 먼 것은?

① 능력단위요소는 적용범위와 작업상황으로 구성된다.
② NCS의 하위구성요소는 능력단위이다.
③ 직무능력표준이란 직무를 수행하기 위하여 요구되는 지식, 기술, 소양 등의 내용을 국가가 산업부문별, 수준별로 체계화한 것이다.
④ 능력단위별로 평가지침과 직업기초능력을 규정한다.

기출 2014년 3회 기출변형
정답 ①
해설
능력단위(주의 : 능력단위요소가 아님)는 NCS 기본 구성요소로 복수의 능력단위요소, 적용범위 및 작업상황, 평가지침, 직업기초능력 등의 정보로 구성된다.

45

다음은 어떤 직업훈련지원제도에 관한 설명인가?

> 급격한 기술발전에 적응하고 노동시장 변화에 대응하는 사회안전망 차원에서 생애에 걸친 역량개발 향상 등을 위해 국민 스스로 직업능력개발훈련을 실시할 수 있도록 훈련비 등을 지원

① 국가기간 · 전략산업직종 훈련
② 사업주 직업능력개발훈련
③ 국민내일배움카드
④ 일학습병행

핵심 키워드 국민의 직업능력개발훈련
기출 데이터 2021년 2회

핵심기출 해설 답 ③

① 국가기간 · 전략산업직종 훈련은 실업자 등 직업능력개발훈련 구분의 하나로, 고용센터의 상담을 거쳐 훈련의 필요성이 인정된 구직자와 영세자영업자 등에게 내일배움카드를 발급하여 훈련비를 지원한다.
② 사업주 직업능력개발훈련은 사업주가 소속근로자 등의 직무수행능력을 향상시키기 위하여 훈련을 실시할 때, 이에 소요되는 비용의 일부를 지원해 주는 제도로 '사업주 훈련'이라고도 한다.
④ 일학습병행은 산업현장의 실무형 인재양성을 위하여 기업이 취업을 원하는 청년 등을 학습근로자로 채용하여 맞춤형 체계적 훈련을 제공하고, 훈련종료 후 학습근로자 역량평가 및 자격인정을 통한 노동시장의 통용성을 확보한다.

이것이 핵심 TIP

①번의 '국가기간 · 전략산업직종 훈련'은 국가의 기간산업 및 전략산업 등의 산업분야에서 부족하거나 수요가 증가할 것으로 예상되는 직종에 대한 직업능력개발훈련을 실시하여 기업에서 필요로 하는 기술 · 기능 인력 양성 · 공급 및 실업문제 해소를 목적으로 합니다.

● **핵심유형 완성하기** ●

저소득 구직자 등 취업취약계층을 대상으로 일정한 금액을 지원하여 그 범위 이내에서 직업능력개발훈련에 참여할 수 있도록 하고, 훈련이력 등을 개인별로 통합관리하는 제도는?

① 훈련계좌발급제
② 직업능력훈련제도
③ 국민내일배움카드
④ 직업능력카드

기출 2015년 3회 기출변형
정답 ③

46

국민내일배움카드의 지원대상에 해당하지 않는 것은?

① 「한부모가족지원법」에 따른 지원대상자
② 「고용보험법 시행령」에 따른 기간제근로자인 피보험자
③ 「수산업 · 어촌 발전 기본법」에 따른 어업인으로서 어업 이외의 직업에 취업하려는 사람
④ 만 75세 이상인 사람

핵심 키워드 지원대상 제외
기출 데이터 2021년 1회

핵심기출 해설 답 ④

국민내일배움카드 직업능력개발계좌 발급의 지원제외대상(국민내일배움카드 운영규정 제4조)
• 현직 공무원 및 사립학교교직원
• 현직 군인(단, 중 · 장기복무 제대군인으로서 국가보훈처장의 추천을 받아 직업능력개발훈련을 받는 사람은 지원대상에 포함)
• 만 75세 이상인 사람
• 외국인근로자(단, 고용보험 피보험자이거나 피보험자였던 사람, 법령에 따른 난민인정자 · 결혼이민자 등은 지원대상에 포함)
• 국민 평생 직업능력 개발법규에 따른 지원 · 융자 · 수강 제한의 기간이 종료되지 않은 사람
• 고용보험법령에 따라 부정행위에 따른 지원금 등의 반환 명령을 받고 그 납부의 의무를 이행하지 아니하는 사람
• 중앙행정기관 또는 지방자치단체로부터 훈련비를 지원받는 훈련(또는 사업)에 참여하는 사람
• 생계급여를 수급받는 사람(단, 조건부수급자와 조건 부과를 유예받은 사람은 지원대상에 포함)
• 초 · 중등교육법에 따른 학교의 재학생(단, 고등학교 3학년에 재학 중인 사람은 지원대상에 포함)
• 고등교육법에 따른 학교(대학 및 대학원)의 재학생(단, 졸업까지 남은 수업연한이 2년 이내인 사람, 원격대학에 재학 중인 사람은 지원대상에 포함)
• 대규모기업에 고용된 만 45세 미만인 사람으로서 최근 3개월간 월평균 임금이 300만 원 이상인 사람(단, 기간제 · 단시간 · 파견 · 일용근로자, 직업안정기관의 장에게 취업훈련을 신청한 날부터 180일 이내에 이직 예정인 사람, 경영상의 이유로 90일 이상 무급 휴직 중인 사람, 사업주가 실시하는 직업능력개발훈련을 수강하지 못한 기간이 3년 이상인 사람, 육아휴직 중인 사람은 지원대상에 포함)
• 과세표준확정신고의 예외 사업자 또는 영리를 목적으로 자기의 계산과 책임하에 근로를 제공하는 사람으로서 최근 3개월간 월평균 소득이 500만 원 이상인 사람
• 사업자등록증을 발급받은 사람으로서 사업 기간이 1년 미만이거나, 최근 1년간 매출과세표준이 4억 원 이상인 사람(단, 부동산 임대사업자의 경우 사업 기간이 1년 미만이거나, 부동산임대공급가액이 4천 8백만 원 이상인 사람)
• 사업자등록증을 발급받은 법인의 대표자로서 사업기간이 1년 미만이거나, 최근 1년간 월평균 소득이 300만 원 이상인 사람

이것이 핵심 TIP

만 75세인 사람은 국민내일배움카드제의 직업능력개발계좌를 발급받을 수 없지만, 만 65세인 사람은 직업능력개발계좌를 발급받을 수 있습니다.

국민내일배움카드 제도를 지원받을 수 있는 자는?

① 만 65세인 사람
②「사립학교교직원 연금법」을 적용받고 현재 재직 중인 사람
③「군인연금법」을 적용받고 현재 재직 중인 사람
④ 지방자치단체로부터 훈련비를 지원받는 훈련에 참여하는 사람

기 출 2025년, 2024년, 2023년, 2022년 2회
정 답 ①

국민내일배움카드의 적용을 받는 자에 해당하는 것은?

①「공무원연금법」을 적용받고 현재 재직 중인 사람
② 만 75세인 사람
③ 중앙행정기관으로부터 훈련비를 지원받는 훈련에 참여하는 사람
④ 대학교 4학년에 재학 중인 졸업예정자

기 출 2022년 1회 기출변형
정 답 ④

다음 (   )에 알맞은 것은?

일반계좌제 훈련과정으로서 실업자를 대상으로 한 집체훈련이 적합훈련과정
으로 인정받으려면 원칙적으로 소정훈련일수가 (ㄱ)일 이상이고 소정훈련시
간이 (ㄴ)시간 이상이어야 한다.

① ㄱ : 10, ㄴ : 40
② ㄱ : 15, ㄴ : 40
③ ㄱ : 10, ㄴ : 65
④ ㄱ : 15, ㄴ : 120

기 출 2018년 1회, 2013년 2회 기출변형
정 답 ①
해 설
일반계좌제 훈련과정으로서 집체훈련의 인
정요건(국민내일배움카드 운영규정 제19조
제2항 및 별표2 참조)
• 실업자 : 소정훈련일수가 10일 이상이고
소정훈련시간이 40시간 이상일 것
• 재직자 : 훈련일수가 2일 이상이고 훈련
시간이 16시간 이상일 것

국민내일배움카드제의 직업능력개발계좌에 대한 설명으로 틀린 것은?

① 단위기간이란 훈련개시일로부터 매 1개월을 단위로 하는 기간을 말한다.
② 집체훈련과정에서 수료란 원칙적으로 소정훈련일수의 80퍼센트 이상을 출
석한 경우를 말한다.
③ 계좌의 유효기간은 계좌발급일로부터 5년으로 한다.
④ 일반계좌제 훈련과정으로서 실업자 대상 집체훈련의 인정요건은 훈련기간
과 훈련시간이 각각 15일 이상이고 60시간 이상이어야 한다.

기 출 2016년 2회, 2013년 1회 기출변형
정 답 ④
해 설
일반계좌제 훈련과정으로서 실업자 대상 집
체훈련의 인정요건은 소정훈련일수가 10일
이상이고 소정훈련시간이 40시간 이상이어
야 한다(국민내일배움카드 운영규정 제19조
제2항 및 별표2 참조)

국민내일배움카드 훈련과정으로 인정받을 수 있는 것은?

① 공인노무사
② 변리사
③ 재직자 집체훈련 외국어훈련과정
④ 공인중개사

기 출 2014년 3회 기출변형
정 답 ③
해 설
①·②·④ 변호사·변리사·공인중개사·
공인노무사 등의 자격시험 및 공무원 공
채시험과 관련된 과정 등 지원의 필요성
이 적은 과정은 국민내일배움카드 훈련과
정으로 인정받을 수 없다(국민내일배움카
드 운영규정 제19조 제5항 참조).

47 다음 검정기준에서 설명하는 국가기술자격 등급은?

> 해당 국가기술자격의 종목에 관한 고도의 전문지식과 실무경험에 입각한 계획·연구·설계·분석·조사·시험·시공·감리·평가·진단·사업관리·기술관리 등의 업무를 수행할 수 있는 능력 보유

① 기술사
② 기능장
③ 기 사
④ 산업기사

핵심 키워드 기술·기능 분야 국가기술자격의 등급
☞ 기술사, 기능장, 기사, 산업기사, 기능사

기출 데이터 2015년 2회, 2010년 4회

핵심기출 해설 **답 ①**

기술·기능 분야 국가기술자격 검정의 기준(국가기술자격법 시행령 제14조 제1항 및 별표3 참조)

기술사	해당 국가기술자격의 종목에 관한 고도의 전문지식과 실무경험에 입각한 계획·연구·설계·분석·조사·시험·시공·감리·평가·진단·사업관리·기술관리 등의 업무를 수행할 수 있는 능력 보유
기능장	해당 국가기술자격의 종목에 관한 최상급 숙련기능을 가지고 산업현장에서 작업관리, 소속 기능인력의 지도 및 감독, 현장훈련, 경영자와 기능인력을 유기적으로 연계시켜 주는 현장관리 등의 업무를 수행할 수 있는 능력 보유
기 사	해당 국가기술자격의 종목에 관한 공학적 기술이론 지식을 가지고 설계·시공·분석 등의 업무를 수행할 수 있는 능력 보유
산업기사	해당 국가기술자격의 종목에 관한 기술기초이론 지식 또는 숙련기능을 바탕으로 복합적인 기초기술 및 기능업무를 수행할 수 있는 능력 보유
기능사	해당 국가기술자격의 종목에 관한 숙련기능을 가지고 제작·제조·조작·운전·보수·정비·채취·검사 또는 작업관리 및 이에 관련되는 업무를 수행할 수 있는 능력 보유

이것이 핵심 **TIP**

국가기술자격은 국가기술자격법에 의해 운영되는 자격으로 크게 '기술·기능 분야(기술사/기능장/기사/산업기사/기능사)'와 '서비스 분야(1급/2급/3급/단일등급)'로 구성되어 있습니다. 직업상담사 시험에서는 이 두 가지를 구분하여 문제를 출제하고 있으므로, 기술·기능 분야와 서비스 분야를 구분하여 학습하시기 바랍니다.

다음 국가기술자격 검정의 기준은 어느 등급에 해당하는가?

> 해당 국가기술자격의 종목에 관한 최상급 숙련기능을 가지고 산업현장에서 작업관리, 소속 기능인력의 지도 및 감독, 현장훈련, 경영자와 기능인력을 유기적으로 연계시켜 주는 현장관리 등의 업무를 수행할 수 있는 능력 보유

① 기술사
② 기능장
③ 기 사
④ 산업기사

기출 2025년, 2023년, 2018년 2회
정답 ②

다음은 국가기술자격 검정의 기준 중 어떤 등급에 관한 설명인가?

> 해당 국가기술자격의 종목에 관한 고도의 전문지식과 실무경험에 입각한 계획, 연구, 설계, 분석, 조사, 시험, 시공, 감리, 평가, 진단, 사업관리, 기술관리 등의 업무를 수행할 수 있는 능력 보유

① 기술사
② 기 사
③ 산업기사
④ 기능장

기출 2022년 2회, 2019년 3회, 2013년 3회, 2011년 2회
정답 ①

국가기술자격 검정의 방법으로 사실과 다른 것은?

① 기술사 – 단답형 필기시험 또는 주관식 논문형 필기시험, 구술형 면접
② 기능장 – 단답형 필기시험, 작업형 실기시험
③ 기사 – 객관식 필기시험, 주관식 필기시험 또는 작업형 실기시험
④ 산업기사 – 객관식 필기시험, 주관식 필기시험 또는 작업형 실기시험

기출 2014년 2회
정답 ②
해설
② 기능장 – 객관식 필기시험, 작업형 실기시험

> ※ 고용노동부령으로 정하는 국가기술자격의 종목은 작업형 실기시험을 주관식 필기시험 또는 주관식 필기와 실기를 병합한 시험으로 갈음할 수 있다.
> ※ 고용노동부령으로 정하는 국가기술자격의 종목은 실기시험만 시행할 수 있다.

현장관리 및 기능인력의 지도, 감독을 수행하는 국가기술자격의 등급은?

① 기술사
② 기능장
③ 기 사
④ 산업기사

기출 2003년 3회
정답 ②

48

다음은 국가기술자격 중 어떤 등급의 검정기준에 해당하는가?

> 해당 국가기술자격의 종목에 관한 숙련기능을 가지고 제작·제조·조작·운전·보수·정비·채취·검사 또는 작업관리 및 이에 관련되는 업무를 수행할 수 있는 능력 보유

① 기능사
② 산업기사
③ 기 사
④ 기능장

핵심 키워드 | 기술·기능 분야 국가기술자격의 검정기준
- 기술사 ☞ 고도의 전문지식
- 기능장 ☞ 최상급 숙련기능
- 기사 ☞ 공학적 기술이론
- 산업기사 ☞ 기술기초이론(+숙련기능)
- 기능사 ☞ 숙련기능

기출 데이터 | 2021년 2회, 2014년 1회

핵심기출 해설 **답 ①**

기술·기능 분야 국가기술자격 검정의 기준이 되는 주요 기능 수준
- 기술사 : 고도의 전문지식과 실무경험
- 기능장 : 최상급 숙련기능
- 기사 : 공학적 기술이론 지식
- 산업기사 : 기술기초이론 지식 또는 숙련기능
- 기능사 : 숙련기능

이것이 핵심 **TIP**

기사, 산업기사, 기능사의 등급을 혼동하지 않도록 주의합시다. 1998년 국가기술자격법 시행령 개정으로 자격등급이 통합되어 종전의 기사 1급을 기사로, 종전의 기사 2급, 다기능기술자, 기능사 1급을 산업기사로, 종전의 기능사 2급을 기능사로 전환하였습니다.

다음은 어떤 국가기술자격 등급의 검정기준에 해당하는가?

> 해당 국가기술자격의 종목에 관한 공학적 기술이론 지식을 가지고 설계·시공·분석 등의 기술업무를 수행할 수 있는 능력의 유무

① 기능장
② 기 사
③ 산업기사
④ 기능사

기 출 2021년 1회, 2016년 2회, 2013년 2회
정 답 ②

기술기초이론 지식 또는 숙련기능을 바탕으로 복합적인 기초기술 및 기능업무를 수행할 수 있는 능력의 보유 여부를 검정기준으로 하는 국가기술자격 등급은?

① 기능장
② 기 사
③ 산업기사
④ 기능사

기 출 2018년 3회, 2012년 1회
정 답 ③

국가기술자격의 검정기준 또는 응시요건에 대한 설명으로 옳은 것은?

① 기능사에 대한 응시자격은 고등학교 졸업 이상이다.
② 응시하려는 종목에 속하는 동일 및 유사 직무분야에서 3년 이상 실무에 종사한 사람은 기사 등급의 응시자격을 충족한다.
③ 기술사 등급에 대한 검정기준은 '응시하고자 하는 종목에 관한 공학적 기술이론 지식을 가지고 설계, 시공, 분석 등의 기술업무를 수행할 수 있는 능력의 유무'이다.
④ 기능사 등급에 대한 검정기준은 '응시하고자 하는 종목에 관한 숙련기능을 가지고 제작, 제조, 운전, 보수, 정비, 채취, 검사 또는 작업관리 및 이에 관련된 업무를 수행할 수 있는 능력의 유무'이다.

기 출 2017년 3회
정 답 ④

응시하고자 하는 종목에 관한 공학적 기술이론 지식을 가지고 설계, 시공, 분석 등의 기술업무를 수행할 수 있는 능력의 유무를 평가하는 국가기술자격은?

① 기술사
② 기능장
③ 기 사
④ 산업기사

기 출 2003년 3회
정 답 ③

49 국가기술자격 기사의 응시자격기준으로 틀린 것은?

① 기능사 자격을 취득한 후 응시하려는 종목이 속하는 동일 및 유사 직무분야에서 2년 이상 실무에 종사한 사람

② 산업기사 등급 이상의 자격을 취득한 후 응시하려는 종목이 속하는 동일 및 유사 직무분야에서 1년 이상 실무에 종사한 사람

③ 응시하려는 종목이 속하는 동일 및 유사 직무분야의 다른 종목의 기사 등급 이상의 자격을 취득한 사람

④ 응시하려는 종목이 속하는 동일 및 유사 직무분야에서 4년 이상 실무에 종사한 사람

핵심 키워드 국가기술자격 기사의 응시자격
☞ 산업기사+실무경력 1년, 기능사+실무경력 3년, 3년제 전문대학+실무경력 1년, 2년제 전문대학+실무경력 2년, 관련학과 대학졸업, 실무경력 4년

기출 데이터 2015년 3회, 2012년 2회

핵심기출 해설 | **답 ①**

국가기술자격 기사의 응시자격(국가기술자격법 시행령 제14조 제7항 및 별표4의2 참조)
• 산업기사 등급 이상의 자격을 취득한 후 응시하려는 종목이 속하는 동일 및 유사 직무분야에서 1년 이상 실무에 종사한 사람(②)
• 기능사 자격을 취득한 후 응시하려는 종목이 속하는 동일 및 유사 직무분야에서 3년 이상 실무에 종사한 사람(①)
• 응시하려는 종목이 속하는 동일 및 유사 직무분야의 다른 종목의 기사 등급 이상의 자격을 취득한 사람(③)
• 관련학과의 대학졸업자 등 또는 그 졸업예정자
• 3년제 전문대학 관련학과 졸업자 등으로서 졸업 후 응시하려는 종목이 속하는 동일 및 유사 직무분야에서 1년 이상 실무에 종사한 사람
• 2년제 전문대학 관련학과 졸업자 등으로서 졸업 후 응시하려는 종목이 속하는 동일 및 유사 직무분야에서 2년 이상 실무에 종사한 사람
• 동일 및 유사 직무분야의 기사 수준 기술훈련과정 이수자 또는 그 이수예정자
• 동일 및 유사 직무분야의 산업기사 수준 기술훈련과정 이수자로서 이수 후 응시하려는 종목이 속하는 동일 및 유사 직무분야에서 2년 이상 실무에 종사한 사람
• 응시하려는 종목이 속하는 동일 및 유사 직무분야에서 4년 이상 실무에 종사한 사람(④)
• 외국에서 동일한 종목에 해당하는 자격을 취득한 사람

이것이 핵심 | **TIP**

국가기술자격 기사의 응시자격에서 3년제 전문대학 관련학과 졸업자 등의 경우 1년 이상의 실무경력이, 2년제 전문대학 관련학과 졸업자 등의 경우 2년 이상의 실무경력이 요구됩니다. 또한 관련학과의 대학졸업(예정)자, 동일 및 유사 직무분야의 4년 이상 실무경력자도 기사 응시자격을 가집니다.

국가기술자격 기사 등급의 응시자격으로 틀린 것은?

① 응시하려는 종목이 속하는 동일 및 유사 직무분야에서 4년 이상 실무에 종사한 사람
② 동일 및 유사 직무분야의 기사 수준 기술훈련과정 이수자 또는 그 이수예정자
③ 응시하려는 종목이 속하는 동일 및 유사 직무분야의 다른 종목의 기사 등급 이상의 자격을 취득한 사람
④ 기능사 자격을 취득한 후 응시하려는 종목이 속하는 동일 및 유사 직무분야에서 2년 이상 실무에 종사한 사람

기출 2019년 1회
정답 ④
해설
기능사 자격을 취득한 후 응시하려는 종목이 속하는 동일 및 유사 직무분야에서 3년 이상 실무에 종사한 사람

국가기술자격 기사 등급의 자격시험에 응시하기 위해서는 기능사 자격 취득 후 응시하려는 종목이 속하는 동일 및 유사 직무분야에서 몇 년의 실무 경력이 필요한가?

① 2년   ② 3년
③ 4년   ④ 5년

기출 2017년 2회
정답 ②

국가기술자격 검정 중 기사 응시자격에 관한 설명으로 옳은 것은?

① 기능사 취득 후 1년 이상 실무 종사자
② 관련학과 4년제 대학 졸업(예정)자
③ 산업기사 수준의 노동부령으로 정하는 기술훈련과정 이수(예정)자
④ 2년제 전문대학 관련학과 졸업자로 졸업 후 동일 분야에서 1년 이상 실무에 종사한 자

기출 2015년 1회
정답 ②

국가기술자격의 기사 응시자격으로 가장 거리가 먼 것은?

① 산업기사 등급 이상의 자격을 취득한 후 응시하려는 종목이 속하는 동일 및 유사 직무분야에서 1년 이상 실무에 종사한 사람
② 기능사 자격을 취득한 후 응시하려는 종목이 속하는 동일 및 유사 직무분야에서 3년 이상 실무에 종사한 사람
③ 2년제 전문대학 관련학과 졸업자 등으로서 졸업 후 응시하려는 종목이 속하는 동일 및 유사 직무분야에서 1년 이상 실무에 종사한 사람
④ 응시하려는 종목이 속하는 동일 및 유사 직무분야에서 4년 이상 실무에 종사한 사람

기출 2014년 2회
정답 ③
해설
3년제 전문대학 관련학과 졸업자 등의 경우 1년 이상의 실무경력이 필요하나, 2년제 전문대학 관련학과 졸업자 등의 경우 2년 이상의 실무경력이 요구된다.

국가기술자격 중 기사 등급의 응시자격이 없는 자는?

① 응시하려는 종목이 속하는 동일 직무분야에서 4년 이상 실무에 종사한 자
② 관련학과의 대학졸업자 등 또는 그 졸업예정자
③ 관련학과의 2년제 전문대학 졸업자 등으로서 졸업 후 응시하려는 종목이 속하는 동일 직무분야에서 2년 이상 실무에 종사한 자
④ 기능사 자격을 취득한 후 응시하고자 하는 종목이 속하는 동일 직무분야에서 2년 이상 실무에 종사한 자

기출 2008년 3회
정답 ④
해설
2년 이상이 아닌 3년 이상이 옳다.

50

국가기술자격 산업기사 응시요건으로 틀린 것은?

① 응시하려는 종목이 속하는 동일 및 유사 직무분야에서 1년 이상 실무에 종사한 사람

② 관련학과의 2년제 또는 3년제 전문대학졸업자 등 또는 그 졸업예정자

③ 고용노동부령이 정하는 기능경기대회 입상자

④ 응시하려는 종목이 속하는 동일 및 유사 직무분야의 다른 종목의 산업기사 등급 이상의 자격을 취득한 사람

핵심 키워드   국가기술자격 산업기사의 응시자격
☞ 기능사+실무경력 1년, 관련학과 전문대학졸업, 관련학과 대학졸업, 실무경력 2년
기출 데이터   2020년 1·2회, 2014년 1회

핵심기출 해설   **답 ①**

국가기술자격 산업기사의 응시자격(국가기술자격법 시행령 제14조 제7항 및 별표4의2 참조)
• 기능사 등급 이상의 자격을 취득한 후 응시하려는 종목이 속하는 동일 및 유사 직무분야에 1년 이상 실무에 종사한 사람
• 응시하려는 종목이 속하는 동일 및 유사 직무분야의 다른 종목의 산업기사 등급 이상의 자격을 취득한 사람(④)
• 관련학과의 2년제 또는 3년제 전문대학졸업자 등 또는 그 졸업예정자(②)
• 관련학과의 대학졸업자 등 또는 그 졸업예정자
• 동일 및 유사 직무분야의 산업기사 수준 기술훈련과정 이수자 또는 그 이수예정자
• 응시하려는 종목이 속하는 동일 및 유사 직무분야에서 2년 이상 실무에 종사한 사람(①)
• 고용노동부령으로 정하는 기능경기대회 입상자(③)
• 외국에서 동일한 종목에 해당하는 자격을 취득한 사람

이것이 핵심   **TIP**

국가기술자격 산업기사의 응시자격에서 관련학과의 2년제 또는 3년제 전문대학졸업자는 관련학과의 대학졸업자와 마찬가지로 별도의 실무경력 없이 산업기사에 응시할 수 있습니다. 물론 전문대학졸업자든 대학졸업자든 관련학과가 아닌 비관련학과의 졸업자에게는 응시자격이 주어지지 않습니다.

국가기술자격 산업기사 등급의 응시자격 기준으로 틀린 것은?

① 고용노동부령으로 정하는 기능경기대회 입상자
② 동일 및 유사 직무분야의 산업기사 수준 기술훈련과정 이수자 또는 그 이수 예정자
③ 응시하려는 종목이 속하는 동일 및 유사 직무분야의 다른 종목의 산업기사 등급 이상의 자격을 취득한 사람
④ 응시하려는 종목이 속하는 동일 및 유사 직무분야에서 1년 이상 실무에 종사한 사람

| 기출 2022년 1회, 2018년 3회 |
| 정답 ④ |

다음 (   )에 알맞은 것은? (단, 실무경력에 의한 경우에 한함)

기능사 등급 자격을 취득한 후, 산업기사 등급을 취득하기 위해서는 응시하려는 종목이 속하는 동일 및 유사 직무분야에 (A)년, 기사 등급을 취득하기 위해서는 (B)년 이상 종사해야 응시자격이 주어진다.

① A − 1, B − 2
② A − 1, B − 3
③ A − 2, B − 3
④ A − 2, B − 4

| 기출 2011년 3회 |
| 정답 ② |

산업기사 응시자격으로 옳지 않은 것은?

① 기능사 + 실무경력 1년
② 대 졸
③ 전문대 졸업(비관련학과)
④ 실무경력 2년

| 기출 2004년 1회 |
| 정답 ③ |
| 해설 |
| 관련학과의 2년제 또는 3년제 전문대학졸업자 등 또는 그 졸업예정자 |

51 서비스 분야 국가기술자격 종목별 응시자격 기준으로 틀린 것은?

① 컨벤션기획사 1급 – 대학졸업자 등으로서 졸업 후 응시하고자 하는 종목이 속하는 동일 직무분야에서 5년 이상 실무에 종사한 자

② 소비자전문상담사 1급 – 소비자상담 관련 실무경력 3년 이상인 사람

③ 임상심리사 2급 – 임상심리와 관련하여 1년 이상 실습수련을 받은 사람 또는 2년 이상 실무에 종사한 사람으로서 대학졸업자 및 졸업예정자

④ 스포츠경영관리사 – 제한 없음

핵심 키워드 서비스 분야 국가기술자격 중 컨벤션기획사의 응시자격

1급	• 2급 자격 취득 후 실무경력 3년 이상 • 실무경력 4년 이상 • 외국에서 동일 자격 취득
2급	제한 없음

기출 데이터 2015년 2회, 2010년 2회, 2009년 2회

핵심기출 해설 답 ①

서비스 분야 주요 국가기술자격의 응시자격(국가기술자격법 시행규칙 제10조의2 제3항 및 별표11의4 참조)

• 직업상담사, 사회조사분석사, 전자상거래관리사

1급	• 해당 종목의 2급 자격을 취득한 후 해당 실무에 2년 이상 종사한 사람 • 해당 실무에 3년 이상 종사한 사람
2급	제한 없음

• 소비자전문상담사

1급	• 해당 종목의 2급 자격 취득 후 소비자상담 실무경력 2년 이상인 사람 • 소비자상담 관련 실무경력 3년 이상인 사람 • 외국에서 동일한 종목에 해당하는 자격을 취득한 사람
2급	제한 없음

• 임상심리사

1급	• 임상심리분야에서 2년 이상의 실습수련을 받은 경력(학위 취득 전의 실습수련 경력 포함)이 있는 사람으로서 심리학 분야에서 석사학위 이상의 학위를 취득한 사람 및 취득 예정자 • 임상심리분야에서 4년 이상의 실무에 종사한 경력(학위 취득 전의 실무경력 포함)이 있는 사람으로서 심리학 분야에서 석사학위 이상의 학위를 취득한 사람 및 취득 예정자 • 임상심리사 2급 자격 취득 후 임상심리와 관련하여 5년 이상 실무에 종사한 사람 • 외국에서 동일한 종목에 해당하는 자격을 취득한 사람
2급	• 임상심리분야에서 1년 이상의 실습수련을 받은 경력(졸업 전의 실습수련 경력 포함)이 있는 사람으로서 대학졸업자 및 그 졸업예정자 • 임상심리분야에서 2년 이상의 실무에 종사한 경력(졸업 전의 실무경력 포함)이 있는 사람으로서 대학졸업자 및 그 졸업예정자 • 외국에서 동일한 종목에 해당하는 자격을 취득한 사람

• 컨벤션기획사

1급	• 해당 종목의 2급 자격을 취득한 후 응시하려는 종목이 속하는 동일 및 유사 직무분야에서 3년 이상 실무에 종사한 사람 • 응시하려는 종목이 속하는 동일 및 유사 직무분야에서 4년 이상 실무에 종사한 사람 • 외국에서 동일한 종목에 해당하는 자격을 취득한 사람
2급	제한 없음

이것이 핵심 TIP

서비스 분야 국가기술자격의 응시자격에서 특히 1급 응시자격이 부여되는 다음의 주요 조건들을 반드시 기억해 두시기 바랍니다.

직업상담사 1급, 사회조사분석사 1급, 전자상거래관리사 1급, 소비자전문상담사 1급	• 2급 자격 취득 후 실무경력 2년 이상 • 실무경력 3년 이상
컨벤션기획사 1급	• 2급 자격 취득 후 실무경력 3년 이상 • 실무경력 4년 이상
임상심리사 1급	• 2급 자격 취득 후 실무경력 5년 이상 • 실습수련 2년 이상 또는 실무경력 4년 이상으로 심리학 분야 석사학위 이상 취득(예정)

국가기술자격 직업상담사 1급 응시자격으로 옳은 것은?

① 해당 실무에 2년 이상 종사한 사람
② 해당 실무에 3년 이상 종사한 사람
③ 관련학과 대학졸업자 및 졸업예정자
④ 해당 종목의 2급 자격을 취득한 후 해당 실무에 1년 이상 종사한 사람

기 출 2021년 1회, 2013년 2회
정 답 ②

서비스 분야 국가기술자격 종목별 응시자격 기준으로 틀린 것은?

① 직업상담사 1급 – 해당 실무에 5년 이상 종사한 사람
② 컨벤션기획사 1급 – 동일 및 유사 직무분야에서 4년 이상 실무에 종사한 사람
③ 소비자전문상담사 1급 – 해당 종목의 2급 자격 취득 후 소비자상담 실무경력 2년 이상인 사람
④ 직업상담사 2급 – 제한 없음

기 출 2016년 1회
정 답 ①
해 설
해당 실무에 3년 이상 종사한 사람

국가기술자격 중 전문사무 분야인 사회조사분석사 1급의 응시자격은?

① 해당 종목의 2급 자격 취득 후 해당 실무에 2년 이상 종사한 자
② 해당 실무에 4년 이상 종사한 자
③ 대학졸업자 등으로서 졸업 후 해당 실무에 2년 이상 종사한 자
④ 전문대학 졸업자 등으로서 졸업 후 해당 실무에 3년 이상 종사한 자

기 출 2015년 3회
정 답 ①

국가기술자격 서비스 분야의 종목별 응시자격으로 틀린 것은?

① 텔레마케팅관리사 – 제한 없음
② 스포츠경영관리사 – 제한 없음
③ 임상심리사 1급 – 임상심리와 관련하여 2년 이상 실습수련을 받은 사람 또는 4년 이상 실무에 종사한 사람으로서 심리학 분야에서 석사학위 이상의 학위를 취득한 사람 및 취득 예정자
④ 컨벤션기획사 1급 – 해당 종목의 2급 자격을 취득한 후 응시하고자 하는 종목이 속하는 동일 직무분야에서 2년 이상 실무에 종사한 자

기 출 2014년 3회, 2008년 3회
정 답 ④
해 설
2년 이상(×) → 3년 이상(○)

국가기술자격 소비자전문상담사 1급의 응시자격이 아닌 것은?

① 해당 종목의 2급 자격 취득 후 소비자상담 실무경력 2년 이상인 사람
② 소비자상담 관련 실무경력 3년 이상인 사람
③ 대학졸업자 등으로서 졸업 후 응시하고자 하는 종목이 속하는 동일 직무분야에서 2년 이상 종사한 자
④ 외국에서 동일한 종목에 해당하는 자격을 취득한 사람

기 출 2012년 3회
정 답 ③

국가기술자격 서비스 분야 응시자격 기준으로 옳은 것은?

① 직업상담사 1급 – 해당 실무에 3년 이상 종사한 사람
② 사회조사분석사 1급 – 해당 종목의 2급 자격을 취득한 후 해당 실무에 1년 이상 종사한 사람
③ 소비자전문상담사 1급 – 소비자상담 관련 실무경력 2년 이상인 사람
④ 임상심리사 2급 – 제한 없음

기 출 2011년 1회
정 답 ①
해 설
② 1년 이상(×) → 2년 이상(○)
③ 2년 이상(×) → 3년 이상(○)

52 국가기술자격 중 응시자격의 제한이 없는 서비스 분야는?

① 스포츠경영관리사   ② 임상심리사 2급

③ 컨벤션기획사 1급   ④ 국제의료관광코디네이터

핵심 키워드 응시자격의 제한이 없는 서비스 분야 국가기술자격 주요 종목
☞ 스포츠경영관리사, 컨벤션기획사 2급, 전자상거래운용사, 텔레마케팅관리사 등

기출 데이터 2020년 3회, 2017년 1회

핵심기출 해설   답 ①

응시자격에 제한이 없는 서비스 분야 국가기술자격 종목(국가기술자격법 시행규칙 제10조의2 및 별표11의4 참조)

• 사회조사분석사 2급   • 스포츠경영관리사
• 전자상거래관리사 2급   • 워드프로세서
• 직업상담사 2급   • 전자상거래운용사
• 소비자전문상담사 2급   • 전산회계운용사 1 · 2 · 3급
• 컨벤션기획사 2급   • 컴퓨터활용능력 1 · 2급
• 게임그래픽전문가   • 텔레마케팅관리사
• 게임기획전문가   • 한글속기 1 · 2 · 3급
• 게임프로그래밍전문가   • 이러닝운영관리사
• 멀티미디어콘텐츠제작전문가   • 경영정보시각화능력
• 비서 1 · 2 · 3급

이것이 핵심   TIP

이 문제와 반대로 응시자격에 제한이 있는 국가기술자격 종목을 고르는 문제가 출제되기도 합니다. 또한 해당 종목이 단일등급인지 아니면 1 · 2급 혹은 1 · 2 · 3급으로 등급이 나뉘는 종목인지 묻는 문제가 출제되기도 합니다. 참고로 단일등급으로서 국제의료관광코디네이터의 응시자격은 국가기술자격법령에 따른 공인어학성적 기준요건을 충족하고 다음의 어느 하나에 해당하는 사람에 해당합니다.

• 보건의료 또는 관광분야의 학과로서 관련학과의 대학졸업자 또는 졸업예정자
• 2년제 전문대학 관련학과 졸업자 등으로서 졸업 후 보건의료 또는 관광분야에서 2년 이상 실무에 종사한 사람
• 3년제 전문대학 관련학과 졸업자 등으로서 졸업 후 보건의료 또는 관광분야에서 1년 이상 실무에 종사한 사람
• 보건의료 또는 관광분야에서 4년 이상 실무에 종사한 사람
• 관련자격증(의사, 간호사, 보건교육사, 관광통역안내사, 컨벤션기획사 1 · 2급)을 취득한 사람

서비스 분야 국가기술자격의 단일등급에 해당하지 않는 직종은?

① 스포츠경영관리사
② 텔레마케팅관리사
③ 게임그래픽전문가
④ 전자상거래관리사

기출 2025년, 2017년 2회
정답 ④
해설
전자상거래관리사는 1급과 2급으로 등급이 구분된다.

다음 국가기술자격 종목 중 응시자격에 제한이 있는 것은?

① 스포츠경영관리사
② 국제의료관광코디네이터
③ 사회조사분석사 2급
④ 소비자전문상담사 2급

기출 2025년, 2013년 1회
정답 ②

국가기술자격 서비스 분야 종목 중 응시자격에 제한이 없는 것으로만 짝지어진 것은?

① 직업상담사 2급 – 임상심리사 2급 – 스포츠경영관리사
② 사회조사분석사 2급 – 소비자전문상담사 2급 – 텔레마케팅관리사
③ 직업상담사 2급 – 컨벤션기획사 2급 – 국제의료관광코디네이터
④ 컨벤션기획사 2급 – 스포츠경영관리사 – 국제의료관광코디네이터

기출 2023년, 2021년 3회, 2019년 1회
정답 ②

국가기술자격 서비스 분야 등급에서 응시자격의 제한이 없는 종목을 모두 고른 것은?

ㄱ. 사회조사분석사 2급
ㄴ. 스포츠경영관리사
ㄷ. 소비자전문상담사 2급
ㄹ. 임상심리사 2급
ㅁ. 텔레마케팅관리사

① ㄱ, ㄷ, ㄹ
② ㄱ, ㄴ, ㄷ, ㅁ
③ ㄴ, ㄹ, ㅁ
④ ㄱ, ㄴ, ㄷ, ㄹ, ㅁ

기출 2018년 1회
정답 ②
해설
임상심리사 2급의 응시자격
• 임상심리와 관련하여 1년 이상 실습수련을 받은 사람 또는 2년 이상 실무에 종사한 사람으로서 대학졸업자 및 그 졸업예정자
• 외국에서 동일한 종목에 해당하는 자격을 취득한 사람

53

다음 국가기술자격 종목이 공통으로 해당하는 직무분야는?

- 산업위생관리기사
- 와전류비파괴검사기사
- 가스기사
- 인간공학기사

① 안전관리
② 환경 · 에너지
③ 기 계
④ 재 료

핵심 키워드 '25 안전관리' 직무분야의 기술 · 기능 분야 주요 종목
☞ 가스, 건설안전, 기계안전, 산업위생관리, 소방설비, 인간공학, 전기안전, 화재감식평가, 비파괴검사 등

기출 데이터 2017년 3회

핵심기출 해설 답 ①

'25 안전관리' 직무분야의 기술 · 기능 분야(국가기술자격법 시행규칙 제3조 및 별표2 참조)

중직무분야	기술 · 기능 분야 종목
251 안전관리	• 가 스 • 건설안전 • 기계안전 • 산업안전 • 산업위생관리 • 소 방 • 소방설비(기계) • 소방설비(전기) • 인간공학 • 전기안전 • 화공안전 • 화재감식평가 • 농작업안전보건 • 방 재
252 비파괴검사	• 비파괴검사 • 누설비파괴검사 • 방사선비파괴검사 • 와전류비파괴검사 • 자기비파괴검사 • 초음파비파괴검사 • 침투비파괴검사

국가기술자격법령에서는 국가기술자격의 직무분야 및 국가기술자격의 종목을 다음과 같이 26개 직무분야로 범주화하고 있습니다.

01 사업관리	14 건 설
02 경영 · 회계 · 사무	15 광업자원
03 금융 · 보험	16 기 계
04 교육 · 자연과학 · 사회과학	17 재 료
05 법률 · 경찰 · 소방 · 교도 · 국방	18 화 학
06 보건 · 의료	19 섬유 · 의복
07 사회복지 · 종교	20 전기 · 전자
08 문화 · 예술 · 디자인 · 방송	21 정보통신
09 운전 · 운송	22 식품가공
10 영업 · 판매	23 인쇄 · 목재 · 가구 · 공예
11 경비 · 청소	24 농림어업
12 이용 · 숙박 · 여행 · 오락 · 스포츠	25 안전관리
13 음식 서비스	26 환경 · 에너지

● **핵심유형 완성하기** ●

국가기술자격 종목과 그 직무분야의 연결이 틀린 것은?

① 직업상담사 2급 – 사회복지 · 종교

② 소비자전문상담사 2급 – 경영 · 회계 · 사무

③ 임상심리사 2급 – 보건 · 의료

④ 컨벤션기획사 2급 – 이용 · 숙박 · 여행 · 오락 · 스포츠

기 출 2021년 1회

정 답 ④

해 설
컨벤션기획사 1 · 2급은 직무분야 중 경영 · 회계 · 사무에 해당한다.

국가기술자격 종목과 그 직무분야의 연결이 틀린 것은?

① 가스산업기사 – 환경 · 에너지

② 건설안전산업기사 – 안전관리

③ 광학기기산업기사 – 전기 · 전자

④ 방수산업기사 – 건설

기 출 2021년 3회

정 답 ①

해 설
가스기술사, 가스기능장, 가스기사, 가스산업기사, 가스기능사 등은 '25 안전관리' 직무분야에 포함된다.

건설기계설비기사, 공조냉동기계기사, 승강기기사 자격이 공통으로 해당되는 직무분야는?

① 건설분야

② 재료분야

③ 기계분야

④ 안전관리분야

기 출 2020년 3회, 2012년 1회

정 답 ③

해 설
건설기계설비기사, 공조냉동기계기사, 승강기기사는 직무분야 중 '16 기계', 중직무분야 중 '162 기계장비설비 · 설치'에 해당한다.

국가기술자격 종목과 해당 직무분야 연결이 옳지 않은 것은?

① 임상심리사 1급 – 보건 · 의료
② 텔레마케팅관리사 – 경영 · 회계 · 사무
③ 직업상담사 1급 – 사회복지 · 종교
④ 어로산업기사 – 농림어업

기출 2020년 4회, 2012년 1회
정답 ②

국가기술자격 종목 중 임산가공기사, 임업종묘기사, 산림기사가 공통으로 해당하는 직무분야는?

① 농림어업
② 건 설
③ 안전관리
④ 환경 · 에너지

기출 2019년 2회
정답 ①

다음 국가기술자격 종목이 공통으로 해당되는 직무분야는?

- 광학기사
- 반도체설계기사
- 3D프린터운용기능사

① 보건 · 의료
② 안전관리
③ 환경 · 에너지
④ 전기 · 전자

기출 2018년 3회
정답 ④

응용지질기사, 조경기사, 지적기사 자격이 공통으로 해당되는 직무분야는?

① 건설분야
② 환경 · 에너지분야
③ 안전관리분야
④ 화학분야

기출 2012년 2회
정답 ①

해설
- 응용지질기사, 지적기사 → '14 건설' 직무분야 중 '142 토목' 중직무분야
- 조경기사 → '14 건설' 직무분야 중 '143 조경' 중직무분야

국가기술자격 종목 중 임산가공기사, 임업종묘기사, 산림기사가 공통으로 해당하는 직무분야는?

① 건 설
② 농림어업
③ 안전관리
④ 환경 · 에너지

기출 2012년 3회
정답 ②

해설
임산가공기사, 임업종묘기사, 산림기사 → '24 농림어업' 직무분야 중 '243 임업' 중직무분야

54

실기능력이 중요하여 필기시험이 면제되는 국가기술자격 기능사 종목이 아닌 것은?

① 조적기능사 ② 건축도장기능사

③ 도배기능사 ④ 미용사(피부)

핵심 키워드 실기능력이 중요하여 필기시험이 면제되는 주요 기능사 종목

☞ 건축도장, 도배, 미장, 방수, 조적, 도화, 석공, 항공사진, 금속재창호 등

기출 데이터 2016년 1회, 2011년 3회, 2010년 1회

핵심기출 해설 **답 ④**

실기시험만 시행할 수 있는 국가기술자격 종목(국가기술자격법 시행규칙 제9조 및 별표10 참조)

직무분야	중직무분야	자격종목
02 경영 · 회계 · 사무	023 사 무	한글속기 1 · 2 · 3급
14 건 설	141 건 축	• 거푸집기능사 • 건축도장기능사 • 건축목공기능사 • 도배기능사 • 미장기능사 • 방수기능사 • 비계기능사 • 온수온돌기능사 • 유리시공기능사 • 조적기능사 • 철근기능사 • 타일기능사
	142 토 목	• 도화기능사 • 석공기능사 • 지도제작기능사 • 항공사진기능사
17 재 료	172 판금 · 제관 · 새시	금속재창호기능사

이것이 핵심 **TIP**

"실기능력이 중요하여 필기시험이 면제되는 국가기술자격 종목"이란 국가기술자격법령상 "실기시험만 시행할 수 있는 국가기술자격 종목"을 의미합니다. 특히 정보처리기능사, 로더운전기능사, 한복기능사, 미용사 등은 해당하지 않는다는 점을 반드시 기억해 두시기 바랍니다.

실기능력이 중요하여 고용노동부령이 정하는 필기시험이 면제되는 국가기술자격 기능사 종목이 아닌 것은?

① 석공기능사
② 항공사진기능사
③ 한복기능사
④ 조적기능사

기출 2025년, 2015년 2회, 2010년 2회
정답 ③

실기능력이 중요하여 고용노동부령이 정하는 필기시험이 면제되는 기능사 종목이 아닌 것은?

① 측량기능사
② 도화기능사
③ 도배기능사
④ 방수기능사

기출 2021년 3회
정답 ①

국가기술자격 중 실기시험만 시행할 수 있는 종목이 아닌 것은?

① 금속재창호기능사
② 항공사진기능사
③ 로더운전기능사
④ 미장기능사

기출 2020년 1 · 2회, 2016년 3회
정답 ③

실기능력이 중요하여 고용노동부령으로 정하는 필기시험이 면제되는 기능사 종목이 아닌 것은?

① 도화기능사
② 항공사진기능사
③ 유리시공기능사
④ 사진기능사

기출 2019년 1회
정답 ④

실기능력이 중요하여 필기시험이 면제되는 국가기술자격 기능사 종목이 아닌 것은?

① 금속재창호기능사
② 항공사진기능사
③ 로더운전기능사
④ 미장기능사

기출 2016년 3회
정답 ③

실기능력이 중요하여 고용노동부령이 정하는 필기시험이 면제되는 기능사 종목이 아닌 것은?

① 정보처리기능사
② 도화기능사
③ 도배기능사
④ 방수기능사

기출 2015년 1회, 2012년 2회
정답 ①

55 다음 중 국가기술자격 종목에 해당하지 않는 것은?

① 임상심리사 2급

② 컨벤션기획사 2급

③ 그린전동자동차기사

④ 자동차관리사 2급

핵심 키워드 국가기술자격과 국가전문자격
- 국가기술자격 ☞ 기술 · 기능 분야 + 서비스 분야
- 국가전문자격 ☞ 의사, 변호사, 공인노무사, 사회복지사 등

기출 데이터 2021년 2회, 2017년 3회

핵심기출 해설 **답 ④**

④ 자동차관리사는 한국자동차관리사협회가 등에서 운영하는 등록민간자격 종목에 해당한다.

① 임상심리사는 서비스 분야 국가기술자격 종목으로서 1급과 2급으로 구분되며, 직무상 '06 보건 · 의료' 분야에 해당한다.

② 컨벤션기획사는 서비스 분야 국가기술자격 종목으로서 1급과 2급으로 구분되며, 직무상 '02 경영 · 회계 · 사무' 분야에 해당한다.

③ 그린전동자동차기사는 기술 · 기능 분야 국가기술자격 종목으로서 '16 기계' 분야에 해당한다.

이것이 핵심 **TIP**

'국가기술자격'은 국가자격 중 산업과 관련이 있는 기술 · 기능 분야의 자격과 서비스 분야의 자격으로 구분됩니다. 일반적으로 "국가기술자격 종목"이라고 하면, 이 두 분야가 모두 포함됩니다. 반면, '국가전문자격'은 정부 부처별 소관 법령에 의해 운영되는 자격으로 의사, 변호사, 공인노무사, 사회복지사 등의 자격이 있습니다. 이와 같이 국가기술자격과 국가전문자격을 혼동하지 않도록 주의하시기 바랍니다.

국가기술자격법에 의한 국가기술자격 종목이 아닌 것은?

① 제강기능사
② 주택관리사보
③ 사회조사분석사 1급
④ 스포츠경영관리사

기출 2023년, 2019년 3회

정답 ②

해설
주택관리사보는 국가전문자격 종목에 해당한다.

국가기술자격 중 한국산업인력공단에서 시행하지 않는 것은?

① 3D프린터개발산업기사
② 빅데이터분석기사
③ 로봇기구개발기사
④ 반도체설계산업기사

기출 2022년 1회

정답 ②

해설
국가기술자격 빅데이터분석기사는 한국데이터산업진흥원에서 시행하고 있다.

2024년도에 신설되어 시행되는 국가기술자격 종목은?

① 방재기사
② 신발산업기사
③ 보석감정산업기사
④ 경영정보시각화능력

기출 2022년 1회 기출변형

정답 ④

해설
'경영정보시각화능력(BI Specialist)'은 2024년에 신설된 서비스 분야 국가기술자격 종목이다.

다음 중 국가기술자격 종목을 모두 고른 것은?

ㄱ. 전산회계운용사 1급
ㄴ. 감정평가사
ㄷ. 국제의료관광코디네이터
ㄹ. 국가유산수리기능자

① ㄱ, ㄴ, ㄹ
② ㄱ, ㄷ
③ ㄴ
④ ㄷ, ㄹ

기출 2019년 2회 기출변형

정답 ②

해설
ㄱ·ㄷ. 서비스 분야 국가기술자격 종목에 해당한다.
ㄴ·ㄹ. 국가전문자격 종목에 해당한다.

다음 중 국가기술자격이 아닌 것은?

① 화재감식평가기사
② 국제의료관광코디네이터
③ 기상감정기사
④ 국가유산수리기술자

기출 2016년 2회 기출변형

정답 ④

해설
국가유산수리기술자는 국가전문자격 종목에 해당한다.

국가기술자격에 해당하지 않는 자격 종목은?

① 기업리스크관리사
② 멀티미디어콘텐츠제작전문가
③ 텔레마케팅관리사
④ 국제의료관광코디네이터

기출 2016년 3회

정답 ①

해설
기업리스크관리사는 (주)한국기업교육강사협회에서 운영하는 등록민간자격 종목에 해당한다.

56 고용24(워크넷)에서 채용정보검색 조건에 해당하지 않는 것은?

① 소정근로시간
② 고용형태
③ 희망직종
④ 희망임금

핵심 키워드 고용24(워크넷)의 채용정보검색 조건
☞ 근무지역, 희망직종, 기업형태, 희망임금, 경력, 학력, 고용형태, 근무형태 등

기출 데이터 2017년 3회

핵심기출 해설 답 ①

고용24(워크넷)의 채용정보검색 조건

- 일자리 키워드
- 근무지역
- 희망직종
- 기업형태
- 희망임금
- 경 력
- 학 력
- 고용형태
- 우대조건

- 장애인 희망채용
- 근무형태
- 교대근무여부
- 식사(비)제공
- 복리후생
- 채용구분
- 병역특례
- 자격면허
- 기타 우대사항 등

이것이 핵심 TIP

우리나라의 대표적인 고용정보시스템으로서 직업상담사 2급 시험에서 주로 다루던 '워크넷'이 2024년 9월 정식 오픈한 '고용24'에 통합되었습니다. '고용24'는 디지털 고용서비스 이용자의 서비스 접근성 제고를 위해 워크넷, 고용보험, HRD-Net, 취업이룸(국민취업지원제도), EPS(외국인고용관리시스템), 청년일자리, 청년내일채움공제, 중소기업청년직무체험, 청년도전지원 등 9개로 분산된 온라인 고용서비스를 하나로 통합하고 있습니다. 다행히 '고용24'에서는 워크넷의 주요 페이지들을 거의 그대로 이관한 양상을 보이는데, 따라서 본 교재는 기존 기출문제에서 "워크넷"을 "고용24(워크넷)"로 병기하여 수록하였고, 2025년 시험부터 '고용24'로 통합하여 문제가 출제됨을 참고하시기 바랍니다.

고용24(워크넷)에서 채용정보 상세검색에 관한 설명으로 틀린 것은?

① 최대 10개의 직종선택이 가능하다.
② 연령별 채용정보를 검색할 수 있다.
③ 재택근무 가능 여부를 검색할 수 있다.
④ 희망임금은 연봉, 월급, 일급, 시급별로 입력할 수 있다.

기출 2025년, 2022년 2회
정답 ②
해설
'고용상 연령차별금지 및 고령자고용촉진에 관한 법률'이 시행됨에 따라 채용정보에서 연령이 삭제되었다.

고용24(워크넷)에서 채용정보검색 조건에 해당하지 않는 것은?

① 희망임금
② 학력
③ 경력
④ 연령

기출 2021년 3회, 2019년 2회, 2016년 2회
정답 ④

고용24(워크넷)에서 검색할 수 있는 우대 채용정보의 분류가 아닌 것은?

① 청년층 우대 채용정보
② 장년 우대 채용정보
③ 여성 우대 채용정보
④ 이주민 우대 채용정보

기출 2018년 3회
정답 ④
해설
고용24(워크넷)의 우대 채용정보 분류
• 청년층 우대 채용정보
• 장년 우대 채용정보
• 여성 우대 채용정보
• 장애인 우대 채용정보

고용24(워크넷)에서 채용정보를 검색하는 방법에 대한 설명으로 틀린 것은?

① 최대 10개의 직종선택이 가능하다.
② 연령별 채용정보를 검색할 수 있다.
③ 이메일 입사지원이 가능한 채용정보를 검색할 수 있다.
④ 최저희망임금은 연봉, 월급, 일급, 시급별로 입력할 수 있다.

기출 2017년 1회
정답 ②
해설
'고용상 연령차별금지 및 고령자고용촉진에 관한 법률'이 시행됨에 따라 채용정보에서 연령이 삭제되었다.

고용24(워크넷)에서 채용정보검색 조건으로 틀린 것은?

① 근로시간
② 근무지역
③ 희망직종
④ 희망임금

기출 2013년 1회
정답 ①
해설
'근무시간' 검색조건이 '근무형태' 검색조건으로 명칭이 변경되었다.

57

고용24(워크넷) 채용정보검색 중 기업형태별 검색에 해당하지 않는 것은?

① 강소기업
② 대기업
③ 중소기업
④ 일학습병행기업

핵심 키워드 고용24(워크넷) 채용정보검색 중 기업형태별 검색
☞ 대기업, 공무원/공기업/공공기관, 강소기업, 코스피/코스닥, 중견기업, 외국계기업, 일학습병행기업, 벤처기업, 청년친화강소기업, 가족친화인증기업

기출 데이터 2013년 3회

핵심기출 해설   답 ③

고용24(워크넷) 채용정보검색 중 기업형태별 검색

- 대기업
- 공무원/공기업/공공기관
- 강소기업
- 코스피/코스닥
- 중견기업

- 외국계기업
- 일학습병행기업
- 벤처기업
- 청년친화강소기업
- 가족친화인증기업

이것이 핵심   TIP

고용24(워크넷)에서 채용정보 상세검색 시 선택할 수 있는 기업형태로 '중견기업'이 새롭게 포함되었습니다. 다만, '중소기업', '금융권기업', '환경친화기업', '다문화가정 지원기업' 등은 포함되지 않는다는 점을 반드시 기억해 두세요.

고용24(워크넷)에서 채용정보 상세검색 시 선택할 수 있는 기업형태가 아닌 것은?

① 대기업 　　　　　　② 일학습병행기업
③ 가족친화인증기업 　　④ 다문화가정지원기업

기 출 2024년, 2023년, 2022년 1회, 2019년 3회
정 답 ④

고용24(워크넷)에서 제공하는 채용정보 중 기업형태별 검색에 해당하지 않는 것은?

① 벤처기업 　　　　　　② 외국계기업
③ 환경친화기업 　　　　④ 일학습병행기업

기 출 2021년 2회, 2019년 1회
정 답 ③

고용24(워크넷)에 대한 설명으로 틀린 것은?

① 직업심리검사, 취업가이드, 취업지원프로그램 등 각종 취업지원서비스를 제공한다.
② 기업회원은 고용24(워크넷)에서 인재정보 검색할 수 있고, 허위구인 방지를 위해 고용센터에 방문하여 구인신청서를 작성해야 한다.
③ 청년친화강소기업, 공공기관, 시간선택제일자리, 기업공채 등의 채용정보를 제공한다.
④ 직종별, 근무지역별, 기업형태별 채용정보를 제공한다.

기 출 2021년 3회, 2018년 1회
정 답 ②
해 설
구인신청서 작성은 고용24(워크넷) 사이트를 통해 이루어지며, 구인신청 후 고용센터 담당자의 인증을 받게 된다.

고용24(워크넷)에서 제공하는 채용정보 중 기업형태별 검색에 해당하지 않는 것은?

① 대기업 　　　　　　② 가족친화인증기업
③ 외국계기업 　　　　④ 금융권기업

기 출 2020년 3회, 2018년 2회
정 답 ④

고용24(워크넷)에 대한 설명으로 틀린 것은?

① 고용24(워크넷)는 개인구직자와 구인기업을 위한 취업지원 또는 채용지원 서비스를 제공할 뿐만 아니라, 고용센터 직업상담원이나 지자체 취업알선 담당자 등의 취업알선업무 수행을 지원하기 위한 내부 취업알선시스템이기도 하다.
② 고용24(워크넷)는 여성, 장년, 장애인, 청년 등 취약계층을 위한 우대채용 정보를 제공한다.
③ 고용24(워크넷)는 구인·구직 관련 서비스 외에 직업 및 진로 정보도 제공한다.
④ 고용24(워크넷)는 정부에서 운영하는 취업정보 사이트이기 때문에 고용센터 등 공공직업안정기관에서 생산한 구인·구직 정보만 제공한다.

기 출 2019년 1회
정 답 ④

고용24(워크넷)에서 제공하는 채용정보 중 기업형태별 검색에 해당하지 않는 것은?

① 대기업 　　　　　　② 공무원/공기업/공공기관
③ 외국계기업 　　　　④ 금융권기업

기 출 2014년 2회, 2011년 2회
정 답 ④

---

58 고용24(워크넷)에서 제공하는 청소년 직업흥미검사의 하위척도가 아닌 것은?

① 활동척도 ② 자신감척도

③ 직업척도 ④ 가치관척도

핵심 키워드 고용24(워크넷) 제공 청소년 직업흥미검사의 하위척도 ☞ 활동척도, 자신감척도, 직업척도

기출 데이터 2023년, 2021년 1회, 2017년 3회, 2015년 2회, 2013년 1회

핵심기출 해설 **답 ④**

청소년 직업흥미검사의 하위척도[출처 : 고용24(워크넷)]

활동척도	다양한 직업 및 일상생활 활동을 묘사하는 문항들로 구성되어 있으며, 해당 문항 활동을 얼마나 좋아하는지 혹은 싫어하는지의 선호를 측정한다.
자신감척도	활동척도와 동일하게 직업 및 일상생활 활동을 묘사하는 문항들로 구성되어 있으며, 다양한 문항의 활동들에 대해서 개인이 얼마나 잘할 수 있다고 느끼는지의 자신감 정도를 측정한다.
직업척도	다양한 직업명의 문항들로 구성되어 있으며, 각 문항의 직업명에는 해당 직업에서 수행하는 일에 관한 설명이 함께 제시된다.

이것이 핵심 **TIP**

한국고용정보원이 개발한 '청소년 직업흥미검사'는 홀랜드(Holland)의 흥미이론에 기초하여 제작된 것으로서, 활동, 자신감, 직업 등 3가지 하위척도를 이용하여 일반흥미유형과 개인의 기초흥미분야를 측정합니다.

● **핵심유형 완성하기** ●

고용24(워크넷)의 청소년 대상 심리검사의 종류 중 지필방법으로 실시할 수 없는 것은? ① 청소년 직업흥미검사 ② 직업흥미탐색검사(간편형) ③ 고등학생 적성검사 ④ 청소년 진로발달검사	**기출** 2020년 4회, 2017년 2회 기출변형 **정답** ②
고용24(워크넷)에서 제공하는 청소년 직업흥미검사의 하위척도가 아닌 것은? ① 활 동 ② 자신감 ③ 직 업 ④ 봉 사	**기출** 2010년 3회, 2009년 2회 **정답** ④

59 고용24(워크넷)에서 제공하는 직업선호도검사 L형의 하위검사가 아닌 것은?

① 흥미검사

② 성격검사

③ 생활사검사

④ 구직취약성적응도검사

핵심 키워드 | 고용24(워크넷) 제공 직업선호도검사 L형의 하위검사 ☞ 흥미검사, 성격검사, 생활사검사
기출 데이터 | 2018년 1회, 2015년 3회, 2013년 2회, 2009년 3회

핵심기출 해설 **답 ④**

④ 구직취약성적응도검사는 고용24(워크넷) 직업 · 진로에서 제공하는 구직준비도검사의 하위검사에 해당한다.

직업선호도검사 L형의 하위검사

흥미검사	다양한 분야에 대한 개인의 흥미를 측정하는 검사로 개인의 흥미특성을 6가지 유형, 즉 현실형, 탐구형, 예술형, 사회형, 진취형, 관습형으로 분류한다.
성격검사	일상생활 속에서 나타나는 개인의 성향을 측정하는 검사로 개인의 성격특성을 5가지 요인, 즉 외향성, 호감성, 성실성, 정서적 불안정성, 경험에 대한 개방성으로 분류한다.
생활사검사	과거의 다양한 생활경험을 측정하여 개인을 이해하도록 돕는 검사로 9가지 생활경험 요인, 즉 대인관계지향, 독립심, 가족친화, 야망, 학업성취, 예술성, 운동선호, 종교성, 직무만족으로 분류한다.

이것이 핵심 **TIP**

고용24(워크넷) 제공 직업선호도검사는 L(Long)형과 S(Short)형이 있습니다. L형은 수검자가 어느 정도 시간적인 여유가 있는 상태에서 보다 상세한 정보를 얻고자 할 때 사용되는 반면, S형은 시간적인 여유가 없을 때 또는 필요한 정보만을 얻고자 할 때 사용됩니다. L형은 흥미검사, 성격검사, 생활사검사로 구성되는 반면, S형은 진로 및 직업상담 장면에서 가장 많이 활용되는 홀랜드(Holland)의 흥미이론을 기초로 한 흥미검사만으로 구성되어 있습니다. 일반적으로 직업선호도검사는 L형을 말합니다.

고용24(워크넷)에서 제공하는 직업선호도검사 L형의 하위검사가 아닌 것은?

① 흥미검사
② 성격검사
③ 생활사검사
④ 문제해결능력검사

기출 2022년 1회
정답 ④

다음은 고용24(워크넷)에서 제공하는 성인 대상 심리검사 중 무엇에 관한 설명인가?

> • 검사대상 : 만 18세 이상
> • 주요내용 : 개인의 흥미유형 및 적합직업 탐색
> • 측정요인 : 현실형, 탐구형, 예술형, 사회형, 진취형, 관습형

① 구직준비도검사
② 직업가치관검사
③ 직업선호도검사 S형
④ 성인용 직업적성검사

기출 2020년 1 · 2회
정답 ③

고용24(워크넷) 직업 · 진로에서 제공하는 직업선호도검사 L형과 S형의 공통적인 하위검사는?

① 흥미검사
② 성격검사
③ 생활사검사
④ 구직동기검사

기출 2018년 3회, 2014년 2회, 2009년 1회
정답 ①

고용24(워크넷)에서 제공하는 직업선호도검사 L형과 S형의 공통적인 하위검사는?

① 성격검사
② 흥미검사
③ 생활사검사
④ 구직동기검사

기출 2010년 2회
정답 ②

60 고용24(워크넷)에서 제공하는 성인용 직업적성검사의 적성요인과 하위검사를 짝지은 것으로 틀린 것은?

① 언어력 − 어휘력 검사, 문장독해력 검사

② 수리력 − 계산력 검사, 자료해석력 검사

③ 추리력 − 수열추리력 1, 2 검사, 도형추리력 검사

④ 사물지각력 − 지각속도 검사, 기호쓰기 검사

핵심 키워드 | 고용24(워크넷) 제공 성인용 직업적성검사의 적성요인
☞ 언어력, 수리력, 추리력, 공간지각력, 사물지각력, 상황판단력, 기계능력, 집중력, 색채지각력, 문제해결능력, 사고유창력

기출 데이터 | 2025년, 2014년 3회

핵심기출 해설 답 ④

④ 기호쓰기 검사는 협응능력을 검출하기 위한 하위검사이다.

고용24(워크넷) 제공 성인용 직업적성검사의 적성요인과 하위검사

적성요인	능력설명	하위검사
언어력 (43문항)	일상생활에서 사용되는 다양한 단어의 의미를 정확히 알고 글로 표현된 문장들의 내용을 올바르게 파악하는 능력	어휘력 검사, 문장독해력 검사
수리력 (26문항)	사칙연산을 이용하여 수리적 문제들을 풀어내고 일상생활에서 접하는 통계적 자료(표와 그래프)들의 의미를 정확하게 해석하는 능력	계산력 검사, 자료해석력 검사
추리력 (27문항)	주어진 정보를 종합해서 이들 간의 관계를 논리적으로 추론해 내는 능력	수열추리력 1 · 2 검사, 도형추리력 검사
공간지각력 (25문항)	물체를 회전시키거나 배열했을 때 변화된 모습을 머릿속에 그릴 수 있으며, 공간 속에서 위치나 방향을 정확히 파악하는 능력	조각맞추기 검사, 그림맞추기 검사
사물지각력 (30문항)	서로 다른 사물들 간의 유사점이나 차이점을 빠르고 정확하게 지각하는 능력	지각속도 검사
상황판단력 (45문항)	실생활에서 자주 당면하는 문제나 갈등 상황에서 문제를 해결하기 위한 여러 가지 가능한 방법들 중 보다 바람직한 대안을 판단하는 능력	상황판단력 검사
기계능력 (15문항)	기계의 작동원리나 사물의 운동원리를 정확히 이해하는 능력	기계능력 검사
집중력 (45문항)	작업을 방해하는 자극이 존재함에도 불구하고 정신을 한 곳에 집중하여 지속적으로 문제를 해결할 수 있는 능력	집중력 검사
색채지각력 (20문항)	서로 다른 두 가지 색을 혼합하였을 때의 색을 유추할 수 있는 능력	색혼합 검사
문제해결능력 (13문항)	문제 및 장애요소를 해결하기 위해 논리적 사고와 올바른 의사결정 과정을 통해 구체적인 행동으로 연계될 수 있는 해결방안을 찾아내는 능력	문제해결능력 검사
사고유창력 (2문항)	주어진 상황에서 짧은 시간 내에 서로 다른 많은 아이디어를 개발해 내는 능력	사고유창력 검사

고용24(워크넷) 제공 성인용 직업적성검사와 일반 직업적성검사(GATB)의 검출되는 적성요인을 혼동하지 않도록 주의합시다. 참고로 일반 직업적성검사(GATB)의 검출 적성은 다음과 같습니다.

• 지능 또는 일반학습능력	• 언어능력(언어적성)
• 수리능력(수리적성)	• 사무지각
• 공간판단력(공간적성)	• 형태지각
• 운동반응 또는 운동협응	• 손가락 재치 또는 손가락 정교성
• 손의 재치 또는 손 정교성	

● 핵심유형 완성하기 ●

고용24(워크넷)에서 제공하는 성인용 직업적성검사의 적성요인별 하위검사에 관한 설명으로 틀린 것은?

① 계산력 검사 – 정수, 분수, 소수, 백분율 등이 사칙연산을 이용한 단순한 계산적 형태로 제시되었을 때 얼마나 빠르고 정확하게 계산하는가를 측정하고자 하는 검사이다.
② 기호쓰기 검사 – 특정의 기호를 주어진 시간 동안 얼마나 빠르게 적을 수 있는지를 알아보는 검사이다.
③ 기계능력 검사 – 자연의 운동법칙과 물리학적 원리 및 기계의 작동원리 등에 대한 판단능력과 지식을 측정하기 위한 검사이다.
④ 사고유창력 검사 – 방해과제(글자)가 존재하는 상황 속에서 주어진 과제(색판단, 도형판단)를 빠르고 정확하게 수행하는 능력을 측정하기 위한 검사이다.

기출 2011년 1회

정답 ④

해설
집중력 검사의 내용에 해당한다. 사고유창력 검사는 주어진 상황에서 짧은 시간 내에 서로 다른 많은 아이디어를 개발해 내는 능력검사이다.

61

다음 ( ) 안에 알맞은 것은?

한국직업정보시스템[고용24(워크넷) 직업 · 진로]에서 직업의 전망조건을 '매우 밝음'으로 선택하여 직업정보를 검색하면 직업전망이 상위 ( ) 이상인 직업만 검색된다.

① 10%   ② 15%

③ 20%   ④ 25%

핵심 키워드   한국직업정보시스템의 조건별 검색
• 평균연봉 ☞ 3,000 / 3,000~4,000 / 4,000~5,000 / 5,000(만 원)
• 직업전망 ☞ 상위 10% / 상위 20% / 중간 / 감소예상

기출 데이터   2017년 2회, 2012년 2회

핵심기출 해설   **답 ①**

한국직업정보시스템[고용24(워크넷) 직업 · 진로]의 조건별 검색[출처 : 고용24(워크넷)]

평균연봉	직업전망
• 3,000만 원 미만 • 3,000~4,000만 원 미만 • 4,000~5,000만 원 미만 • 5,000만 원 이상	• 매우 밝음(상위 10% 이상) • 밝음(상위 20% 이상) • 보통(중간 이상) • 전망 안 좋음(감소예상직업)

이것이 핵심   **TIP**

한국직업정보시스템의 조건별 검색에서 '평균연봉'의 범주가 기존 〈2,000만 원 미만 / 2,000~4,000만 원 / 4,000만 원 초과〉에서 〈3,000만 원 미만 / 3,000~4,000만 원 미만 / 4,000만 원~5,000만 원 미만 / 5,000만 원 이상〉으로 확대되었습니다.

● **핵심유형 완성하기** ●

한국직업정보시스템[고용24(워크넷) 직업 · 진로]의 직업정보 찾기 중 조건별 검색의 검색항목으로 옳은 것은?

기출 2020년 1 · 2회, 2013년 1회
정답 ③

① 평균학력, 근로시간
② 근로시간, 평균연봉
③ 평균연봉, 직업전망
④ 직업전망, 평균학력

62

한국직업정보시스템[고용24(워크넷) 직업 · 진로]에서 백분위 점수의 중요도 형태로 제공되지 않는 정보는?

① 평균임금　　　　　　　　　　　② 직업가치관
③ 업무수행능력　　　　　　　　　④ 성 격

핵심 키워드 한국직업정보시스템에서 백분위 점수의 중요도 형태
☞ 업무수행능력, 지식, 업무환경, 성격, 흥미, 직업가치관
기출 데이터 2012년 1회

핵심기출 해설　**답 ①**

① 임금정보는 직업당 평균 30명의 재직자를 대상으로 실시한 자기보고 설문조사 결과의 통계치로서 하위(25%), 평균(50%), 상위(25%)로 구분하여 제공한다.

한국직업정보시스템[고용24(워크넷) 직업 · 진로]에서 백분위 점수의 중요도 형태로 제공되는 정보

능력/지식/환경	• 업무수행능력 중요도 • 업무수행능력 수준 • 지식 중요도 • 지식 수준 • 업무환경
성격/흥미/가치관	• 성 격 • 흥 미 • 직업가치관

● **핵심유형 완성하기** ●

다음 중 해당 직업에서 업무를 수행하는 데 있어서 필요한 능력의 상대적 중요성(적합성) 정도를 직업 간 비교가 가능한 100점 만점으로 제공하는 직업정보원은?

기출 2010년 3회
정답 ②

① 한국직업사전
② 한국직업정보시스템
③ 한국직업전망
④ 신생 및 이색직업

63

고용24(워크넷) 직업·진로에서 제공하는 학과정보 검색방법이 아닌 것은?

① 키워드로 학과 찾기　　　　　　② 조건별 검색

③ 계열별 검색　　　　　　　　　④ 학과 검색 내용

핵심 키워드　고용24(워크넷) 제공 학과정보 검색방법

　　　　　　☞ 키워드로 학과 찾기, 계열별 검색, 학과 검색 내용

기출 데이터　2012년 3회

핵심기출 해설　**답** ②

고용24(워크넷) 학과정보 검색방법

· 키워드로 검색 : 학과명, 전공 또는 관련 키워드 입력을 통해 학과정보를 찾는다.

· 계열별 검색 : 인문계열, 사회계열, 교육계열, 자연계열, 공학계열, 의약계열, 예체능계열, 이색학과정보로 구별된 카테고리를 이용하여 학과정보를 찾는다.

· 학과 검색 내용 : 학과소개, 관련학과/교과목, 개설대학, 진출직업, 취업현황이 검색된다.

이것이 핵심　**TIP**

이색학과정보에는 식품/웰빙/여가, 과학/정보통신, 보건의료/교육, 문화/예술/스포츠, 경영/금융/보안, 방송/이벤트, 기타(제철산업과, 장례복지과, 자동차딜러과) 등이 검색된다.

● **핵심유형 완성하기** ●

고용24(워크넷) 직업·진로에서 제공하는 정보가 아닌 것은? ① 학과정보　　　　② 직업동영상 ③ 신직업　　　　　④ 국가직무능력표준(NCS)	**기출** 2024년, 2016년 3회 **정답** ④ **해설** 고용24(워크넷) 직업·진로에서 제공하는 주요 정보 직업심리검사, 직업정보, 학과정보, 진로상담, 직업·학과 동영상, 자료실
고용24(워크넷) 직업·진로에서 학과정보를 계열별로 검색하고자 할 때 선택할 수 있는 계열이 아닌 것은? ① 문화관광계열　　② 교육계열 ③ 자연계열　　　　④ 예체능계열	**기출** 2021년 3회, 2018년 3회, 2013년 3회 **정답** ①
고용24(워크넷) 직업·진로에서 학과정보를 학과계열과 취업률에 따라 검색하고자 할 때 선택할 수 있는 학과계열이 아닌 것은? ① 문화관광계열　　② 교육계열 ③ 자연계열　　　　④ 예체능계열	**기출** 2013년 3회 **정답** ①

64

한국직업정보시스템[고용24(워크넷) 직업 · 진로]에서 제공하는 학과정보 중 사회계열에 해당하지 않는 학과는?

① 경제학과　　　　　　　　　　② 정치외교학과
③ 문헌정보학과　　　　　　　　④ 신문방송학과

핵심 키워드 사회계열의 주요 학과 ☞ 경영, 경제, 무역 · 유통, 신문방송, 정치외교, 행정, 지리 등
기출 데이터 2016년 2회

핵심기출 해설 **답 ③**

③ 문헌정보학과는 인문계열에 해당한다.

고용24(워크넷) 직업 · 진로의 학과정보 중 사회계열 학과

• 경영학과	• 경제학과	• 호텔 · 관광경영학과
• 항공서비스과	• 광고 · 홍보학과	• 금융 · 보험학과
• 세무 · 회계학과	• 무역 · 유통학과	• 법학과
• 사회복지학과	• 아동 · 청소년복지학과	• 노인복지학과
• 국제학과	• 도시 · 지역학과	• 사회학과
• 신문방송학과	• 정보미디어학과	• 정치외교학과
• 행정학과	• 경찰행정학과	• 보건행정학과
• 비서학과	• 지리학과 등	

이것이 핵심 **TIP**

위의 해설은 사회계열의 전체 학과를 나열한 것은 아닙니다. 예를 들어, 경영학과의 경우에도 국제경영학과, 마케팅학과, 정보경영학과, e−비즈니스학과, 부동산경영학과 등 다양한 관련 학과가 포함됩니다.

● **핵심유형 완성하기** ●

고용24(워크넷)에서 제공하는 학과정보 중 사회계열에 해당하지 않는 학과는?

① 경찰행정학과　　　　　② 국제학부
③ 문헌정보학과　　　　　④ 지리학과

기출 2024년, 2022년 2회
정답 ③
해설
'문헌정보학과'는 인문계열에 해당한다.

한국고용정보원에서 제공하는 "직업선택을 위한 학과정보"에서 계열과 학과명이 잘못 연결된 것은?

① 인문계열 − 문헌정보학과　　② 사회계열 − 가정관리학과
③ 자연계열 − 화학과　　　　　④ 공학계열 − 건축학과

기출 2011년 2회
정답 ②
해설
가정관리학과는 자연계열의 학과에 해당한다.

65

한국직업정보시스템[고용24(워크넷) 직업·진로]에서 제공하는 학과정보 중 공학계열에 해당하는 학과가 아닌 것은?

① 식품생명공학과

② 건축학과

③ 안경광학과

④ 메카트로닉스공학과

핵심 키워드 공학계열의 주요 학과
☞ 건축·설비, 조경, 토목, 도시, 지상교통, 항공, 해양, 자동차, 메카트로닉스(기전), (안경)광학, 컴퓨터, 응용소프트웨어 등

기출 데이터 2012년 1회, 2010년 2회

핵심기출 해설 답 ①

① 식품생명공학과는 자연계열에 해당한다.

고용24(워크넷) 직업·진로의 학과정보 중 공학계열 학과

• 건축학과
• 조경학과
• 도시공학과
• 항공학과
• 기계공학과
• 자동차공학과
• 전자공학과
• (안경)광학과
• 반도체·세라믹공학과
• 신소재공학과
• 컴퓨터공학과
• 정보·통신공학과
• 화학공학과
• 메카트로닉스(기전)공학과
• 정보보안·보호학과

• 건축·설비공학과
• 토목공학과
• 지상교통공학과
• 해양공학과
• 재료·금속공학과
• 전기공학과
• 제어계측공학과
• 에너지공학과
• 섬유공학과
• 게임공학과
• 응용소프트웨어공학과
• 산업공학과
• 소방방재학과
• 환경공학과

이것이 핵심 TIP

'~공학'이라는 명칭이 곧 공학계열을 의미하는 것은 아닙니다. 예를 들어, 농업공학부, 직물생산공학전공, 사회환경시스템공학과, 바이오환경공학과, 식품공학과, 식품생명공학과, 임산공학과, 생명공학과, 동물생명공학과, 환경공학과, 나노공학부 등은 자연계열에 해당합니다.

고용24(워크넷)에서 제공하는 학과정보 중 공학계열에 해당하는 학과가 아닌 것은?

① 생명공학과   ② 건축학과
③ 안경광학과   ④ 해양공학과

기출 2022년 1회
정답 ①

고용24(워크넷)에서 제공하는 학과정보 중 공학계열에 해당하는 것은?

① 생명과학과   ② 조경학과
③ 통계학과   ④ 응용물리학과

기출 2020년 3회
정답 ②

고용24(워크넷) 직업 · 진로에서 제공하는 학과정보 중 공학계열에 해당하는 학과가 아닌 것은?

① 생명과학과   ② 건축학과
③ 안경광학과   ④ 해양공학과

기출 2019년 1회
정답 ①
해설
생명과학과는 자연계열에 해당한다.

한국직업정보시스템에서 제공하는 학과정보 중 공학계열에 해당하는 학과가 아닌 것은?

① 해양공학과   ② 식품공학과
③ 자동차공학과   ④ 안경광학과

기출 2011년 1회
정답 ②
해설
식품공학과는 자연계열에 해당한다.

다음의 한국직업정보시스템에서 제공하는 학과정보 중 공학계열에 해당하지 않는 것은?

① 조경학과   ② 안경광학과
③ 교통공학과   ④ 임산공학과

기출 2010년 3회
정답 ④
해설
임산공학과는 자연계열에 해당한다.

한국직업정보시스템에서 제공하는 학과정보 중 공학계열에 해당하는 학과가 아닌 것은?

① 천문우주학과   ② 건축설비학과
③ 조경학과   ④ 메카트로닉스공학과

기출 2009년 1회
정답 ①

66

고용24(워크넷) 직업 · 진로에서 제공하는 학과정보가 아닌 것은?

① 관련학과/교과목　　　　　　　　　② 개설대학

③ 진출직업　　　　　　　　　　　　④ 졸업자 평균연봉

핵심 키워드　고용24(워크넷) 제공 학과정보
　　　　　　　☞ 학과소개, 관련학과/교과목, 개설대학, 진출분야, 진출직업, 취업현황

기출 데이터　2016년 3회

핵심기출 해설　**답 ④**

고용24(워크넷) 직업 · 진로에서 제공하는 학과정보

- 학과소개 : 학과의 전반적인 개요, 적성 및 흥미
- 관련학과/교과목 : 관련학과, 주요교과목, 취득자격/면허(국가자격, 민간자격)
- 개설대학 : 전공별 개설대학교 및 개설전문대학교(홈페이지 링크 연결)
- 진출분야 : 진출분야(기업체, 연구소, 정부 및 공공기관), 진출직업(직업정보검색으로 링크 연결)
- 취업현황 : 학과(전공)별 졸업자 수, 졸업상황(취업자, 진학자, 입대자, 취업불가능자, 외국인유학생, 제외인정자), 취업률

$$\text{취업률(\%)} = \frac{\text{취업자}}{\text{졸업자} - (\text{진학자} + \text{입대자} + \text{취업불가능자*} + \text{외국인유학생**} + \text{제외인정자***})} \times 100$$

* 취업불가능자 : 수형자, 사망자, 해외이민자, 6개월 이상 장기입원자

** 외국인유학생 : 외국국적을 가진 유학생(외국국적 재외동포 포함)

*** 제외인정자 : 의료급여 수급자, 항공종사자 전문교육기관 교육대상자, 종교지도자 양성학과 졸업자, 여자 군인 중 임관 전 훈련생, 경찰공무원 및 소방공무원 채용후보자 중 훈련생

● **핵심유형 완성하기** ●

고용24(워크넷) 직업 · 진로에서 제공하는 학과정보에 관한 설명으로 틀린 것은?

① 학과별로 진출분야정보를 제공한다.

② 학과별로 관련직업정보를 제공한다.

③ 학과별 취득자격은 민간자격정보를 제외한 국가자격정보만 제공한다.

④ 학과별 개설대학 홈페이지로 바로 연결될 수 있는 링크를 제공한다.

기출 2014년 1회

정답 ③

해설
학과별 취득자격은 민간자격정보도 포함한다.

한국직업정보시스템에서 제공하는 학과정보가 아닌 것은?

① 주요 교과목　　　　　　　　　　② 개설대학

③ 진출직업　　　　　　　　　　　　④ 졸업자 평균연봉

기출 2011년 2회

정답 ④

67

Q-Net에서 제공하는 자격정보에 관한 설명으로 틀린 것은?

① 국가자격정보는 한국산업인력공단에서 시행하는 자격정보만을 제공한다.

② 국가공인민간자격 정보를 민간자격정보서비스(www.pqi.or.kr)와 연계하여 제공한다.

③ 국가기술자격 통계연보를 제공한다.

④ 미국, 호주, 독일 등 외국의 자격제도 운영현황 정보를 제공한다.

핵심 키워드	Q-Net 제공 주요 자격정보
	☞ 국가자격, 민간자격, 외국자격
기출 데이터	2017년 2회

핵심기출 해설　**답 ①**

① Q-Net에서 제공하는 국가자격정보는 한국산업인력공단에서 시행하는 자격정보는 물론 대한상공회의소, 영화진흥위원회, 한국광해관리공단, 한국기술자격검정원, 한국방송통신전파진흥원, 한국원자력안전기술원, 한국인터넷진흥원, 한국콘텐츠진흥원 등 9개 기관을 비롯하여 보건복지부, 고용노동부, 국토교통부 등 다양한 정부부처 및 산하기관 혹은 단체에서 시행하는 자격종목에 관한 정보를 제공한다.

Q-Net에서 제공하는 자격정보

국가자격	국가기술자격제도, 국가자격종목별상세정보, 비상대비자원관리종목, 자격종목변천일람표
민간자격	민간자격 등록제도, 민간자격 국가공인제도, 사업주 자격제도
외국자격	국가별 자격제도 운영현황(일본, 독일, 영국, 호주, 미국, 프랑스)

이것이 핵심　**TIP**

국가기술자격 종목별 상세정보

시험정보	시험일정, 시험정보(시험수수료, 출제경향, 출제기준, 취득방법)
기본정보	기본정보(자격개요, 수행직무, 실시기관 홈페이지, 실시기관명, 진로 및 전망), 종목별 검정현황 (연도별 응시자 수/합격자 수/합격률)
우대현황	자격취득자에 대한 법령상 우대현황
일자리정보	경력, 학력, 지역, 기타 상세조건(임금형태, 근무형태, 근무시간, 우대사항, 키워드검색)
수험자 동향	성별, 연령별, 직업별, 응시목적별, 시험준비경로별, 시험준비기간별 등

Q-Net(www.q-net.or.kr)에서 제공하는 국가별 자격제도 정보가 아닌 것은?

① 영국의 자격제도
② 프랑스의 자격제도
③ 호주의 자격제도
④ 스위스의 자격제도

기출 2022년 2회, 2012년 1회
정답 ④

Q-Net(www.q-net.or.kr)에서 제공하는 국가기술자격 종목별 정보를 모두 고른 것은?

> ㄱ. 자격취득자에 대한 법령상 우대현황
> ㄴ. 수험자 동향(응시목적별, 연령별 등)
> ㄷ. 연도별 검정현황(응시자 수, 합격률 등)
> ㄹ. 시험정보(수수료, 취득방법 등)

① ㄱ, ㄴ
② ㄷ, ㄹ
③ ㄱ, ㄴ, ㄹ
④ ㄱ, ㄴ, ㄷ, ㄹ

기출 2021년 2회, 2018년 3회
정답 ④

직업정보 제공과 관련된 인터넷사이트 연결이 틀린 것은?

① 직업훈련정보 : 고용-24(work24.go.kr)
② 자격정보 : Q-Net(q-net.or.kr)
③ 외국인고용관리정보 : EI넷(ei.go.kr)
④ 해외취업정보 : 월드잡플러스(worldjob.or.kr)

기출 2019년 2회 기출변형
정답 ③
해설
외국인고용관리정보는 외국인고용관리시스템(eps.go.kr)을 통해 서비스가 제공되었으며, 티넷(ei.go.kr)은 고용보험 홈페이지에 해당한다. 이러한 온라인 고용서비스들은 직업훈련포털+(HRD-Net) 등과 함께 2024년 9월 정식 오픈한 '고용24(work24.go.kr)'에 통합되었다.

Q-Net에서 제공하는 자격정보가 아닌 것은?

① 과정이수형자격 종목별 상세정보
② 국가기술자격 종목별 상세정보
③ 민간자격 국가공인제도
④ 외국의 국가별 자격제도

기출 2012년 3회
정답 ①

Q-Net에서 제공하는 자격정보에 관한 설명으로 틀린 것은?

① 국가자격정보는 한국산업인력공단에서 시행하는 자격정보만을 제공한다.
② 민간자격정보는 국가공인민간자격과 등록민간자격 정보를 제공한다.
③ 직업능력개발훈련정보망 및 워크넷과 연계하여 자격종목별 직업 훈련정보와 취업정보를 제공한다.
④ 미국, 호주, 독일 등 6개 국가별 자격제도 운영현황 정보를 제공한다.

기출 2011년 1회
정답 ①

68

해외취업 · 창업 · 인턴 · 봉사 등의 해외진출 관련 정보를 통합하여 제공하는 사이트는?

① 월드잡플러스(worldjob.or.kr)　　　② 일모아사이트(ilmoa.go.kr)

③ 커리어넷(career.go.kr)　　　　　④ 공공데이터포털(data.go.kr)

핵심 키워드　월드잡플러스(WORLDJOB⁺)
　　　　　　　☞ 해외통합정보망(한국산업인력공단에서 운영)

기출 데이터　2016년 2회

핵심기출 해설　**답 ①**

① 월드잡플러스(WORLDJOB⁺)는 청년들의 도전적인 해외진출을 지원하는 국정과제 'K-MOVE' 사업의 일환으로서, 흩어져 있는 해외취업 · 창업 · 인턴 · 봉사 등의 해외진출 관련 정보들을 통합적으로 제공하는 해외통합정보망이다.

② 일모아(ILMOA)는 정부 및 지방자치단체에서 추진하는 일자리 사업 및 참여자 선발의 체계적 관리 지원을 위한 업무 지원시스템이다.

③ 커리어넷(CareerNet)은 한국직업능력개발원의 국가진로교육센터에서 운영하고 있는 것으로서, '개인의 삶의 질 향상'과 '국가의 경쟁력 강화'라는 두 테마의 중요한 연결고리인 국민의 진로개발을 지원하기 위해 다양한 역할을 수행한다.

④ 공공데이터포털(DATA)은 공공기관이 생성 또는 취득하여 관리하고 있는 공공데이터를 한 곳에서 제공하는 통합 창구로서, 누구나 쉽고 편리한 검색을 통해 원하는 공공데이터를 빠르고 정확하게 찾을 수 있도록 고안된 시스템이다.

이것이 핵심　**TIP**

직업상담사 시험에서는 직업 관련 다양한 정보망의 운영기관을 묻는 문제를 출제하기도 합니다. 참고로 월드잡플러스(WORLDJOB⁺)는 한국산업인력공단, 일모아(ILMOA)는 한국고용정보원, 커리어넷(CareerNet)은 한국직업능력개발원, 공공데이터포털(DATA)은 한국정보화진흥원에서 운영하고 있습니다.

● **핵심유형 완성하기** ●

직업 관련 주요 정보망과 운영기관이 바르게 짝지어진 것은?	**기출** 2012년 1회 기출변형
	정답 ③
ㄱ. 고용24 – 한국직업능력연구원 ㄴ. 민간자격정보서비스(pqi) – 한국고용정보원 ㄷ. 해외취업정보서비스(WORLDJOB⁺) – 한국산업인력공단	**해설** ㄱ. '고용24'는 한국고용정보원이 운영한다. ㄴ. '민간자격정보서비스(pqi)'는 한국직업능력연구원이 운영한다.
① ㄱ　　　　　　　　　② ㄴ ③ ㄷ　　　　　　　　　④ ㄱ, ㄴ, ㄷ	
다음 중 민간등록자격의 상세한 종목별 자격정보를 제공하는 정보망은?	**기출** 2018년 1회, 2012년 3회
① hrd.go.kr　　　　　　② pqi.or.kr ③ ilmoa.go.kr　　　　　④ careerjob.or.kr	**정답** ②

민간직업정보와 공공직업정보의 특성 ㅣ ★★★

69

공공직업정보와 비교한 민간직업정보의 일반적 특성에 관한 설명으로 틀린 것은?

① 필요한 시기에 최대한 활용되도록 한시적으로 신속하게 생산되어 운영된다.

② 국제적으로 인정되는 객관적인 기준에 근거하여 직업을 분류한다.

③ 특정한 목적에 맞게 해당 분야 및 직종을 제한적으로 선택한다.

④ 시사적인 관심이나 흥미를 유도할 수 있도록 해당 직업을 분류한다.

핵심 키워드 민간직업정보의 특성
☞ 한시적 생산·운영, 특정 목적에 따른 제한적 선택, 생산자의 임의적 기준, 시사적 관심 및 흥미 유도, 유료 제공

기출 데이터 2023년, 2021년 1회, 2017년 1회, 2012년 1회, 2010년 2회, 2008년 3회

핵심기출 해설 답 ②

② 공공직업정보의 일반적인 특성에 해당한다. 공공직업정보는 국내 또는 국제적으로 인정되는 객관적인 기준(국제표준직업분류 및 한국표준직업분류 등)에 근거하여 직업을 분류하는 반면, 민간직업정보는 정보생산자의 임의적 기준이나 관심위주로 직업을 분류한다.

민간직업정보의 특성
- 필요한 시기에 최대한 활용되도록 한시적으로 신속하게 생산되어 운영된다.(①)
- 노동시장환경, 취업상황, 기업의 채용환경 등을 반영한 직업정보가 상대적으로 단기간에 조사되어 집중적으로 제공된다.
- 특정한 목적에 맞게 해당 분야 및 직종이 제한적으로 선택된다.(③)
- 정보생산자의 임의적 기준 또는 시사적인 관심이나 흥미를 유도할 수 있도록 해당 직업을 분류한다.(④)
- 정보 자체의 효과가 큰 반면, 부가적인 파급효과는 적다.
- 객관적이고 공통적인 기준에 따라 분류되지 않았기 때문에 다른 직업정보와의 비교가 적고 활용성이 낮다.
- 민간이 특정 직업에 대해 구체적이고 상세한 정보를 제공하기 위해서는 조사·분석 및 정리와 제공에 상당한 시간 및 비용이 소요되므로 해당 직업정보는 유료로 제공된다.

민간직업정보와 공공직업정보의 대략적인 차이점은 다음과 같습니다.

구 분	민간직업정보	공공직업정보
정보제공 속성	한시적	지속적
직업 분류 · 구분	생산자의 자의성	기준에 의한 객관성
조사 직업 범위	제한적	포괄적
정보의 구성	완결적 정보체계	기초적 정보체계
타 정보와의 관계	관련성 낮음	관련성 높음
비 용	보통 유료	보통 무료

● 핵심유형 완성하기 ●

민간직업정보의 일반적인 특징과 가장 거리가 먼 것은?

① 한시적으로 정보가 수집 및 가공되어 제공된다.
② 객관적인 기준을 가지고 전체 직업에 관한 일반적인 정보를 제공한다.
③ 직업정보 제공자의 특정한 목적에 따라 직업을 분류한다.
④ 통상적으로 직업정보를 유료로 제공한다.

기 출 2024년, 2022년 1회, 2016년 3회, 2014년 1회, 2011년 2회
정 답 ②
해 설
민간직업정보는 객관적이고 공통적인 기준에 따라 분류되지 않기 때문에 다른 직업정보와의 비교가 적고 활용성이 낮다.

민간직업정보의 일반적인 특성에 관한 설명으로 옳은 것은?

① 특정한 목적에 맞게 해당 분야 및 직종을 제한적으로 제시하는 경향이 있다.
② 특정 시기에 국한되지 않고 지속적으로 제공된다.
③ 무료로 제공된다.
④ 다른 정보에 미치는 영향이 크며 연관성이 높은 편이다.

기 출 2019년 2회, 2012년 3회
정 답 ①

민간직업정보와 공공직업정보의 일반적 특성에 대한 설명으로 틀린 것은?

① 민간직업정보와 공공직업정보는 모두 유료로 구매하여 활용해야 한다.
② 민간직업정보는 불연속적이고 단기적이며, 공공직업정보는 연속적이고 장기적이다.
③ 민간직업정보는 다른 정보와의 연계 및 비교 가능성이 낮고, 공공직업정보는 다른 정보와의 연계 및 비교 가능성이 높다.
④ 민간직업정보에 조사 · 수록되는 직업의 범위는 제한적인 경우가 많으나, 공공직업정보는 전 산업이나 직종에 걸쳐 포괄적인 경우가 많다.

기 출 2018년 3회
정 답 ①
해 설
민간직업정보는 민간이 조사 · 분석 및 정리와 제공하므로 보통 유료로, 공공직업정보는 정부 및 공공단체에서 생산 · 운영되므로 보통 무료로 제공된다.

공공직업정보와 비교하여 민간직업정보의 특성에 관한 설명으로 옳은 것은?

① 정보생산자의 임의적 기준이나 관심 위주로 직업을 분류한다.
② 특정 시기에 국한하지 않고 전체 산업 및 업종에 걸쳐진 직종을 대상으로 한다.
③ 국내 또는 국제적으로 인정된 분류체계에 근거한다.
④ 광범위한 이용가능성에 따라 직접적이고 객관적인 평가가 가능하다.

기 출 2017년 2회, 2014년 2회, 2011년 1회
정 답 ①
해 설
② · ③ · ④ 공공직업정보의 특성에 해당한다.

70 민간직업정보와 비교한 공공직업정보의 특성에 관한 설명과 가장 거리가 먼 것은?

① 필요한 시기에 최대한 활용되도록 한시적으로 신속하게 생산 및 운영된다.

② 광범위한 이용가능성에 따라 공공직업정보체계에 대한 직접적이며 객관적인 평가가 가능하다.

③ 특정 분야 및 대상에 국한되지 않고 전체 산업 및 업종에 걸친 직종 등을 대상으로 한다.

④ 직업별로 특정한 정보만을 강조하지 않고 보편적인 항목으로 이루어진 기초적인 직업정보체계로 구성되어 있다.

핵심 키워드 공공직업정보의 특성
☞ 공익적 목적, 전체 산업 및 업종 대상, 객관적인 기준, 기초적인 직업정보체계, 광범위한 이용가능성, 무료 제공

기출 데이터 2021년 2회, 2017년 3회, 2014년 3회, 2011년 3회, 2010년 1회, 2007년 1회

핵심기출 해설 **답 ①**

① 민간직업정보의 특성에 해당한다.

공공직업정보의 특성
• 정부 및 공공단체와 같은 비영리기관에서 공익적 목적으로 생산·제공된다.
• 특정한 시기에 국한되지 않고 지속적으로 조사·분석하여 제공되며, 장기적인 계획 및 목표에 따라 정보체계의 개선 작업 수행이 가능하다.
• 특정 분야 및 대상에 국한되지 않고 전체 산업 및 업종에 걸친 직종(업)을 대상으로 한다.(③)
• 국내 또는 국제적으로 인정되는 객관적인 기준(예 국제표준직업분류 및 한국표준직업분류 등)에 근거한 직업분류이다.
• 직업별로 특정한 정보만을 강조하지 않고 보편적인 항목으로 이루어진 기초적인 직업정보체계로 구성된다.(④)
• 관련 직업정보 간의 비교·활용이 용이하고, 공식적인 노동시장통계 등 관련 정보와 결합하여 제반 정책 및 취업알선과 같은 공공목적에 사용 가능하다.
• 정부 및 공공기관 주도로 생산·운영되므로 무료로 제공된다.
• 광범위한 이용가능성에 따라 공공직업정보체계에 대한 직접적이며 객관적인 평가가 가능하다.(②)

이것이 핵심 **TIP**

민간직업정보와 공공직업정보에 관한 문제는 보통 두 가지 유형의 차이점을 비교하는 방식으로 출제되는 경향이 있습니다. 다만, 이와 같은 문제는 사실상 민간직업정보 혹은 공공직업정보 중 어느 하나의 특성(특징)을 묻는 방식과 같다고 볼 수 있으므로, 이 두 가지의 특성을 서로 구분하여 기억해 두도록 합시다.

공공직업정보의 일반적인 특성을 모두 고른 것은?

> ㄱ. 필요한 시기에 최대한 활용되도록 한시적으로 신속하게 생산되어 운영한다.
> ㄴ. 특정 분야 및 대상에 국한하지 않고, 전체 산업 및 업종에 걸친 직종을 대상으로 한다.
> ㄷ. 특정 시기에 국한하지 않고 지속적으로 조사, 분석하여 제공된다.
> ㄹ. 관련 직업정보 간의 비교 · 활용이 용이하다.

① ㄱ, ㄴ, ㄷ, ㄹ
② ㄱ, ㄴ, ㄷ
③ ㄱ, ㄴ, ㄹ
④ ㄴ, ㄷ, ㄹ

기출 2021년 3회, 2019년 1회
정답 ④
해설
ㄱ. 민간직업정보의 특성에 해당한다.

공공직업정보의 일반적인 특성에 대한 설명으로 틀린 것은?

① 전 산업 및 직종을 대상으로 지속적으로 조사 · 분석한다.
② 보편적 항목으로 이루어진 기초정보가 많다.
③ 관련 직업 간 비교가 용이하다.
④ 단시간에 조사하고 특정 목적에 맞게 직종을 제한적으로 선택한다.

기출 2020년 3회, 2018년 2회, 2013년 1회
정답 ④

공공직업정보의 일반적인 특성으로 가장 적합한 것은?

① 필요한 시기에만 최대한 활용되도록 한시적으로 신속하게 생산 · 제공된다.
② 특정 분야 및 대상에 국한되지 않고 전체 산업의 직종을 대상으로 한다.
③ 정보 생산자의 임의적 기준에 따라 관심이나 흥미를 유도할 수 있도록 해당 직업을 분류한다.
④ 유료로 제공된다.

기출 2020년 4회, 2018년 1회, 2015년 3회, 2013년 3회
정답 ②
해설
① · ③ · ④ 민간직업정보의 특성에 해당한다.

공공직업정보의 일반적인 특성이 아닌 것은?

① 전체 산업이나 직종을 대상으로 한다.
② 조사 분석 및 정리, 제공에 상당한 시간 및 비용이 소모되므로 유료제공이 원칙이다.
③ 지속적으로 조사 · 분석하여 제공되며 장기적인 계획 및 목표에 따라 정보체계의 개선작업 수행이 가능하다.
④ 직업별로 특정한 정보만을 강조하지 않고 보편적인 항목으로 이루어진 기초적인 직업정보체계로 구성된다.

기출 2019년 3회, 2016년 2회, 2010년 4회
정답 ②
해설
공공직업정보는 정부 및 공공기관 주도로 생산 · 운영되므로 무료제공이 원칙이다.

직업정보는 정보의 생산 및 운영 주체에 따라 민간직업정보와 공공직업정보로 구분된다. 다음 중 공공직업정보의 특성이 아닌 것은?

① 지속적으로 조사 분석하여 제공되며 장기적인 계획 및 목표에 따라 정보체계의 개선작업 수행이 가능하다.
② 전체 산업 및 업종에 걸친 직종을 대상으로 한다.
③ 조사 분석 및 정리, 제공에 상당한 시간 및 비용이 소요되므로 유료로 제공한다.
④ 직업별로 특정한 정보만을 강조하지 않고 보편적인 항목으로 이루어진 기초적인 직업정보체계로 구성된다.

기 출 2009년 3회
정 답 ③

다음 중 공공직업정보의 특성에 해당되는 것은?

① 필요한 시기에 최대한 활용되도록 한시적으로 신속하게 생산되어 운영된다.
② 특정 분야 및 대상에 국한되지 않고 전체 산업 및 업종에 걸친 직종을 대상으로 한다.
③ 정보 생산자의 임의적 기준에 따라 관심이나 흥미를 유도할 수 있도록 해당 직업을 분류한다.
④ 특정 직업에 대해 구체적이고 상세한 정보를 제공하기 위해서는 조사 분석 및 제공에 상당한 시간 및 비용이 소요되므로 해당 직업정보는 유료로 제공한다.

기 출 2007년 3회, 2005년 1회
정 답 ②

71

직업정보를 제공하는 유형별 방식의 설명이다. (   )에 가장 알맞은 것은?

종 류	비 용	학습자 참여도	접근성
인쇄물	(A)	수 동	용 이
면 접	저	(B)	제한적
직업경험	고	적 극	(C)

① A : 고, B : 적극, C : 용이

② A : 고, B : 수동, C : 제한적

③ A : 저, B : 적극, C : 제한적

④ A : 저, B : 수동, C : 용이

핵심 키워드 직업정보의 유형별 특징
- 저비용 ☞ 인쇄물, 면접
- 적극적 참여도 ☞ 면접, 직업경험, 직업체험
- 용이한 접근성 ☞ 인쇄물

기출 데이터 2025년, 2022년 1회, 2021년 1회, 2017년 3회, 2015년 3회

핵심기출 해설   답 ③

직업정보의 주요 유형별 장 · 단점

종류(유형)	비 용	학습자 참여도	접근성
인쇄물	저	수 동	용 이
시청각자료	고	수 동	제한적
면 접	저	적 극	제한적
관 찰	고	수 동	제한적
직업경험	고	적 극	제한적
직업체험	고	적 극	제한적

이것이 핵심   TIP

직업정보의 유형은 위의 해설로 제시한 인쇄물, 시청각자료, 면접, 관찰, 직업경험, 직업체험 이외에도 프로그램화된 자료, 진로상담 프로그램, 온라인 시스템, 시뮬레이션 자료, 게임, 직업 실험실 등 매우 다양합니다. 다만, 직업상담사 시험에서는 주로 위의 해설의 유형(종류)들을 중심으로 문제를 출제하고 있으므로, 해설의 내용을 중심으로 암기하시기 바랍니다.

직업정보를 전달하는 유형별 특징에 관한 다음 표의 (　　)에 알맞은 것은?

종류(유형)	비 용	학습자 참여도	접근성
인쇄물	저	(ㄱ)	용 이
시청각자료	(ㄴ)	수 동	제 한
직업경험	고	적 극	(ㄷ)

① ㄱ - 수동, ㄴ - 고, ㄷ - 제한　　② ㄱ - 수동, ㄴ - 고, ㄷ - 적극
③ ㄱ - 적극, ㄴ - 저, ㄷ - 제한　　④ ㄱ - 적극, ㄴ - 저, ㄷ - 적극

기출 2024년, 2019년 1회, 2014년 1회
정답 ①

직업정보에 대한 설명으로 틀린 것은?

① 현재 고려 중인 직업의 선택의 수를 줄이기 위해서 사용할 수 있다.
② 직업정보를 제공하는 인쇄매체는 직업체험보다 학습자 참여도가 수동적이다.
③ 직업정보를 수집할 때는 항상 최신의 자료인가 확인한다.
④ 직업정보 수집을 목적으로 할 때 직업체험은 인쇄매체보다 접근성이 우수하다.

기출 2018년 2회
정답 ④
해설
직업정보 수집을 목적으로 할 때 직업체험은 인쇄매체보다 접근성이 떨어진다.

다음 직업정보 유형별 특징에 관한 표의 (　　) 안에 들어갈 알맞은 것은?

종류(유형)	비 용	학습자 참여도	접근성
인쇄물	(A)	수 동	용 이
면 접	저	(B)	제한적
직업경험	(C)	적 극	제한적
직업체험	고	적 극	(D)

① A - 고, B - 적극, C - 고, D - 용이
② A - 고, B - 수동, C - 저, D - 제한적
③ A - 저, B - 적극, C - 고, D - 제한적
④ A - 저, B - 수동, C - 저, D - 용이

기출 2014년 2회, 2010년 1회
정답 ③

직업정보를 전달하는 유형별 특징에 관한 다음 표의 (　　)에 들어갈 것으로 알맞은 것은?

종류(유형)	비 용	학습자 참여도	접근성
인쇄물	저	(A)	용 이
시청각자료	(B)	수 동	제 한
면 접	저	(C)	제 한
직업경험	고	적 극	(D)

① A - 수동, B - 고, C - 적극, D - 제한
② A - 수동, B - 고, C - 제한, D - 적극
③ A - 적극, B - 저, C - 제한, D - 제한
④ A - 적극, B - 저, C - 적극, D - 적극

기출 2011년 1회
정답 ①

다음 직업정보 유형별 특징에 관한 표의 (　　) 안에 들어갈 알맞은 것은?

종류(유형)	비용	학습자 참여도	접근성
인쇄물	(A)	수동	용이
면접	저	(B)	제한적
직업경험	고	적극	(C)
직업체험	고	적극	제한적

① A - 고, B - 적극, C - 용이
② A - 고, B - 수동, C - 제한적
③ A - 저, B - 적극, C - 제한적
④ A - 저, B - 수동, C - 용이

기출 2010년 2회
정답 ③

다음 (A), (B), (C) 안에 들어갈 직업정보를 전달하는 유형별 장단점으로 옳은 것은?

구분	비용	학습자 참여도	접근성
인쇄물	저	수동	용이
시청각자료	고	(A)	제한적
면접	저	적극	(B)
직업경험	(C)	적극	제한적

① (A) - 수동, (B) - 제한적, (C) - 고
② (A) - 적극, (B) - 제한적, (C) - 고
③ (A) - 수동, (B) - 용이, (C) - 저
④ (A) - 적극, (B) - 용이, (C) - 저

기출 2009년 1회
정답 ①

다음 직업정보 유형별 장단점에 관한 표의 (　　) 안에 들어갈 알맞은 것은?

종류(유형)	비용	학습자 참여도	접근성
인쇄물	저	수동	용이
시청각자료	고	(B)	제한적
관찰	(A)	수동	제한적
직업체험	고	적극	(C)

① A - 고, B - 적극, C - 용이
② A - 고, B - 수동, C - 제한적
③ A - 저, B - 적극, C - 제한적
④ A - 저, B - 수동, C - 용이

기출 2009년 3회
정답 ②

72 직업정보시스템의 일반적인 정보관리 순서를 바르게 나열한 것은?

① 수집 → 분석 → 가공 → 체계화 → 제공 → 평가

② 수집 → 가공 → 분석 → 제공 → 평가 → 체계화

③ 수집 → 분석 → 평가 → 가공 → 체계화 → 제공

④ 수집 → 분석 → 체계화 → 제공 → 가공 → 평가

핵심 키워드 직업정보(고용정보)의 일반적인 처리과정

☞ 수집 → 분석 → 가공 → 체계화 → 제공 → 평가

기출 데이터 2011년 3회, 2010년 3회, 2009년 2회, 2003년 1회

핵심기출 해설 **답 ①**

직업정보(고용정보)의 일반적인 처리과정

• 수집 : 정보사용자가 무엇을 요구하는지에 대한 명확한 목표를 세우고, 항상 최신의 자료를 수집하여야 한다. 자료를 수집하면 자료의 출처와 저자, 발행연도, 수집일자를 기입한다.

• 분석 : 사용자가 요구하는 목적에 부합하도록 분석기간의 길이, 양과 질 등을 고려하여 자료의 내용을 파악하며, 이를 체계적으로 분류하여 제공하기에 편리하도록 배열한다.

• 가공 : 수집 · 분석된 정보를 기초로 이를 재편집함으로써 내담자가 사용하기에 편리하도록 요약 · 정리한다.

• 체계화 : 필요도에 따라 수집되어 분석된 정보라도 오래되거나 불필요하게 된 정보는 폐기하고, 항상 최신의 자료인지 확인하여 체계화하도록 한다.

• 제공 : 직업정보는 사용자의 요구에 부합하도록 생산되어야 하며, 그 과정은 공개하도록 한다.

• 축적 : 정보관리시스템을 적용하여 정보를 제공 · 교환하며, 보급된 정보를 축적하는 과정이다.

• 평가 : 직업정보가 사용자의 요구사항에 근접하게 맞추어졌는지(형태효용), 필요한 때에 필요한 정보를 사용할 수 있는지(시간효용), 정보에의 접근 및 전달이 용이한지(장소효용), 정보소유자가 타인에게로의 정보 전달을 통제할 수 있는지(소유효용) 등을 평가한다.

이것이 핵심 **TIP**

직업정보(고용정보)의 일반적인 처리과정(관리과정)과 관련하여 직업상담사 시험에서는 이를 5단계, 6단계 혹은 7단계로 제시하고 있습니다. 실제 시험문제에서 다음과 같이 출제될 수 있으므로, 다음의 내용을 기억해 두시기 바랍니다.

• 5단계 : 수집 → 분석 → 가공 → 제공 → 평가

• 6단계 : 수집 → 분석 → 가공 → 체계화 → 제공 → 평가

• 6단계 : 분석 → 가공 → 체계화 → 제공 → 축적 → 평가

• 7단계 : 수집 → 분석 → 가공 → 체계화 → 제공 → 축적 → 평가

직업정보의 수집 이후 일반적인 처리과정을 바르게 나열한 것은?

ㄱ. 분 석	ㄴ. 체계화
ㄷ. 가 공	ㄹ. 제 공
ㅁ. 축 적	ㅂ. 평 가

① ㄱ → ㄴ → ㄷ → ㄹ → ㅁ → ㅂ
② ㄱ → ㄷ → ㄴ → ㄹ → ㅁ → ㅂ
③ ㄴ → ㄷ → ㅁ → ㄱ → ㄹ → ㅂ
④ ㄴ → ㄹ → ㄷ → ㄱ → ㅁ → ㅂ

기 출 2025년, 2023년, 2019년 3회
정 답 ②

직업정보에 대한 설명으로 틀린 것은?

① 직업정보는 경험이 부족한 내담자들에게 다양한 직업을 접할 기회를 제공한다.
② 직업정보는 수집 → 체계화 → 분석 → 가공 → 제공 → 축적 → 평가 등의 단계를 거쳐 처리된다.
③ 직업정보를 수집할 때는 항상 최신의 자료인지 확인한다.
④ 동일한 정보라 할지라도 다각적인 분석을 시도하여 해석을 풍부히 한다.

기 출 2022년 1회, 2016년 2회
정 답 ②
해 설
직업정보는 '수집 → 분석 → 가공 → 체계화 → 제공 → 축적 → 평가' 등의 단계를 거쳐 처리된다.

직업정보의 처리단계를 옳게 나열한 것은?

① 분석 → 가공 → 수집 → 체계화 → 제공 → 축적 → 평가
② 수집 → 분석 → 체계화 → 가공 → 축적 → 제공 → 평가
③ 분석 → 수집 → 가공 → 체계화 → 축적 → 제공 → 평가
④ 수집 → 분석 → 가공 → 체계화 → 제공 → 축적 → 평가

기 출 2021년 1회
정 답 ④

직업정보의 일반적인 정보관리 순서로 가장 적합한 것은?

① 수집 – 분석 – 가공 – 체계화 – 제공 – 평가
② 수집 – 제공 – 분석 – 가공 – 평가 – 체계화
③ 수집 – 분석 – 평가 – 가공 – 제공 – 체계화
④ 수집 – 분석 – 체계화 – 제공 – 가공 – 평가

기 출 2020년 3회, 2017년 3회
정 답 ①

일반적인 직업정보 처리과정을 바르게 나열한 것은?

① 수집 → 제공 → 분석 → 가공 → 평가
② 수집 → 가공 → 제공 → 분석 → 평가
③ 수집 → 평가 → 가공 → 제공 → 분석
④ 수집 → 분석 → 가공 → 제공 → 평가

기 출 2019년 2회, 2017년 1회, 2013년 1회
정 답 ④

73 직업정보 수집 시의 유의점으로 틀린 것은?

① 명확한 목표를 세운다.

② 직업정보는 계획적으로 수집하여야 한다.

③ 수집한 정보는 항상 유효하기 때문에 불필요한 자료라도 별도 보관하여 활용하도록 한다.

④ 자료를 수집하면 자료의 출처와 저자, 발행연도와 수집일자를 기입해야 한다.

핵심 키워드 직업정보 수집 시 주요 유의사항

☞ 명확한 목표 설정, 계획적으로 수집, 출처 · 발행연도 · 수집자 · 수집일자 기입, 지속적인 보완 등

기출 데이터 2008년 1회, 2006년 3회

핵심기출 해설 답 ③

직업정보 수집 시 유의사항

• 목표를 명확히 설정한다.(①)

• 직업정보는 조직적이고 계획적으로 수집한다.(②)

• 필요한 정보를 적시에 제공받도록 한다.

• 과거에 유용했던 정보도 시간이 지나면 가치가 변하므로 필요 없는 자료는 폐기한다.(③)

• 항상 최신의 자료가 되도록 새로운 정보를 지속적으로 보완한다.

• 정리와 활용을 편리하게 할 수 있도록 녹음, 녹화, 사진 오려붙이기 등 수집에 필요한 도구를 활용한다.

• 자료의 출처와 저자, 발행연도, 수집자 및 수집일자 등을 기입한다.(④)

이것이 핵심 TIP

우연히 획득되거나 출처가 불명확한 직업정보는 직업정보로서 가치가 있다고 볼 수 없습니다. 따라서 우연히 발견한 것과 단순히 외부로부터 자료를 모아두는 것은 직업정보의 수집으로 볼 수 없습니다.

직업정보로서 갖추어야 할 요건에 대한 설명으로 틀린 것은?

① 직업정보는 객관성이 담보되어야 한다.

② 직업정보 활용의 효율성 측면에서 이용대상자의 진로발달단계나 수준, 이용 목적에 적합한 직업정보를 개발하여 제공하는 것이 바람직하다.

③ 우연히 획득되거나 출처가 불명확한 직업정보라도 내용이 풍부하다면 직업정보로서 가치가 있다고 판단한다.

④ 직업정보는 개발 연도를 명시하여 부적절한 과거의 직업세계나 노동시장 정보가 구직자나 청소년에게 제공되지 않도록 하는 것이 바람직하다.

기출 2022년 2회, 2017년 3회

정답 ③

해설
직업정보는 조직적이고 계획적으로 수집하여야 하며, 이를 위해 직업정보 제공원을 파악하고 연결되는 관계 속에서 직업정보가 수집되도록 흐름을 정해야 한다.

직업정보 수집 시의 유의점으로 틀린 것은?

① 명확한 목표를 세운다.

② 직업정보는 계획적으로 수집하여야 한다.

③ 자료를 수집하면 자료의 출처와 저자, 발행연도와 수집일자를 기입해야 한다.

④ 수집한 모든 자료는 별도 보관하여 활용하도록 한다.

기출 2014년 1회

정답 ④

해설
수집한 정보는 수시로 변화하므로 불필요한 자료는 폐기하고 새로운 자료는 보완하는 작업을 지속적으로 진행하여 항상 최신의 상태를 유지하도록 노력해야 한다.

직업정보 수집 시의 유의점으로 틀린 것은?

① 명확한 목표를 세운다.

② 직업정보는 계획적으로 수립하여야 한다.

③ 자료를 수집하면 자료의 출처와 저자, 발행연도와 수집일자를 기입해야 한다.

④ 수집한 정보는 항상 유효하기 때문에 불필요한 자료라도 별도 보관하여 활용하도록 한다.

기출 2010년 1회

정답 ④

직업정보 수집 시의 유의사항으로 옳은 것은?

① 자료의 출처와 저자, 발행연도를 반드시 명기하여야 하나 수집자는 기입하지 않아도 된다.

② 수집된 정보라 할지라도 항상 유효하지 않기 때문에 지속적인 정보의 보완이 필요하다.

③ 직업정보를 수집하기 위해서는 옮겨 쓰기, 오려붙이기, 녹음, 입력, 재구성하기 등이 필요하다.

④ 우연히 발견한 것과 외부로부터 자료를 모아두는 것도 직업정보의 수집이다.

기출 2006년 1회, 2003년 3회

정답 ②

해설
① 수집자도 기입하여야 한다.
③ 재구성하기는 바람직하지 않다.
④ 우연히 발견한 것과 단순히 외부로부터 자료를 모아두는 것은 직업정보의 수집으로 볼 수 없다.

74 직업정보 분석 시 유의점으로 틀린 것은?

① 전문적인 시각에서 분석한다.

② 직업정보원과 제공원에 대해 제시한다.

③ 동일한 정보에 대해서는 한 가지 측면으로 분석한다.

④ 원자료의 생산일, 자료표집방법, 대상 등을 검토해야 한다.

핵심 키워드 직업정보 분석 시 주요 유의사항

☞ 다각적인 분석, 전문적인 시각, 원자료 생산일 · 자료표집방법 검토, 직업정보원 · 제공원 제시 등

기출 데이터 2021년 2회, 2019년 2회, 2016년 3회, 2012년 1회, 2010년 4회

핵심기출 해설 **답 ③**

직업정보 분석 시 유의사항

• 정보의 분석 목적을 명확히 하며, 변화의 동향에 유의한다.

• 동일한 정보라 할지라도 다각적이고 종합적인 분석을 시도하여 해석을 풍부히 한다.(③)

• 직업정보의 신뢰성, 객관성, 정확성, 효용성 등을 확보하기 위해 전문가나 전문적인 시각에서 분석한다.(①)

• 분석과 해석은 원자료의 생산일, 자료표집방법, 대상, 자료의 양 등을 검토하여야 하는 한편, 분석비교도 이에 준한다.(④)

• 수집된 정보는 목적에 맞도록 분석하며, 수차례의 재검토 과정을 거쳐 객관성과 정확성을 갖춘 최신자료를 선정한다.

• 수집된 정보는 필요도에 따라 선택하고 항목별로 분류하며, 오래되거나 불필요한 것은 버린다.

• 다양한 정보를 충분히 검토하여 가장 효율적으로 검색 · 활용할 수 있는 방법으로 분류한다.

• 각 정보는 입수 연월일, 제공처, 주제별, 활용대상별, 활용방법, 활용장소 등에 따라 분류하며, 그 내용을 명확히 한다.

• 다른 통계와의 관련성 및 여러 측면들을 고려하며, 숫자로 표현할 수 없는 정보라도 이를 삭제 혹은 배제하지 않는다.

• 직업정보원과 제공원에 대하여 제시한다.(②)

이것이 핵심 **TIP**

직업정보 수집 시 유의사항, 직업정보 분석 시 유의사항, 직업정보 가공 시 유의사항 등은 교재에 따라 다양하게 제시되고 있으나, 직업상담사 시험에서는 본 교재의 해설 내용이 주로 언급되고 있습니다.

직업정보의 관리 과정에 대한 설명으로 틀린 것은?

① 직업정보 수집 시에는 명확한 목표를 세운다.
② 직업정보 분석 시에는 하나의 항목에 초점을 맞춰 집중적으로 분석해야 한다.
③ 직업정보 가공 시에는 전문적인 지식이 없어도 이해할 수 있도록 가공해야 한다.
④ 직업정보 가공 시에는 직업이 가지고 있는 장·단점을 편견 없이 제공해야 한다.

기출 2019년 3회, 2017년 2회, 2013년 2회
정답 ②

직업정보 분석 시 유의사항이 아닌 것은?

① 직업정보원과 제공원을 제시한다.
② 동일한 정보도 다각적인 분석을 시도하여 해석을 풍부하게 한다.
③ 전문지식이 없는 개인을 위해 비전문적인 시각에서 분석한다.
④ 분석과 해석은 원자료의 생산일, 자료표집방법, 대상, 자료의 양 등을 검토해야 한다.

기출 2017년 2회
정답 ③
해설
직업정보의 신뢰성, 객관성, 정확성, 효용성 등을 확보하기 위해 전문가나 전문적인 시각에서 분석한다.

직업정보 분석에 관한 설명으로 틀린 것은?

① 직업정보는 직업전문가에 의해 분석되어야 한다.
② 수집된 정보에 대하여는 목적에 맞도록 몇 번이고 분석하여 가장 최신의 객관적이며 정확한 자료를 선정한다.
③ 동일한 정보라 할지라도 다각적인 분석을 시도하여 해석을 풍부하게 한다.
④ 직업정보원과 제공원에 관한 정보는 일반적으로 생략한다.

기출 2011년 2회
정답 ④
해설
직업정보원과 제공원에 대하여 제시한다.

직업정보 분석 시 유의점으로 틀린 것은?

① 동일한 정보에 대해서는 한 가지 측면으로 분석한다.
② 전문적인 시각에서 분석한다.
③ 분석과 해석은 원자료의 생산일, 자료표집방법 등을 검토하여야 한다.
④ 직업정보원과 제공원에 대해 제시한다.

기출 2010년 3회, 2009년 2회
정답 ①
해설
동일한 정보라 할지라도 다각적이고 종합적인 분석을 시도하여 해석을 풍부히 한다.

직업정보 분석 시 유의점으로 틀린 것은?

① 동일한 정보는 한 가지 측면으로 분석하여 단일해석한다.
② 전문적인 시각에서 분석한다.
③ 분석은 원자료의 생산일, 자료표집방법, 대상, 자료의 양 등을 검토한다.
④ 직업정보원과 제공원에 대하여 제시한다.

기출 2009년 1회
정답 ①

다음 중 직업정보 분석 시 유의사항이 아닌 것은?

① 동일한 정보도 다각적인 분석을 시도하여 해석을 풍부하게 한다.
② 전문지식이 없는 개인을 위해 비전문적인 시각에서 분석한다.
③ 분석과 해석은 원자료의 생산일, 자료표집방법, 대상, 자료의 양 등을 검토해야 한다.
④ 직업정보원과 제공원을 제시한다.

기출 2004년 3회
정답 ②

75

직업정보 가공 시 유의사항으로 틀린 것은?

① 직업은 그 분야에서 매우 전문적이므로, 전문적인 지식이 없어도 이해할 수 있는 언어로 가공한다.

② 직업에 대한 장·단점을 편견 없이 제공한다.

③ 현황은 가장 최신의 자료를 활용하되, 표준화된 정보를 활용한다.

④ 시청각 효과를 부여하면 혼란이 발생되기 때문에 가급적 삼간다.

핵심 키워드   직업정보 가공 시 주요 유의사항
     ☞ 이해할 수 있는 언어 사용, 표준화된 정보 활용, 장단점 편견 없이 제공, 시청각 효과 부가 등

기출 데이터   2011년 1회, 2009년 3회, 2005년 3회

핵심기출 해설   **답 ④**

직업정보 가공 시 유의사항

• 직업정보의 공유방법을 강구하는 과정이므로 이용자의 수준에 부합하는 언어로 가공한다. 즉, 이용자가 전문적인 지식이 없어도 이해할 수 있도록 가공한다.(①)

• 정보의 생명력을 측정하여 활용방법을 선정하고 이용자에게 동기를 부여할 수 있도록 구상한다.

• 가장 최신의 자료를 활용하되 표준화된 정보(한국직업사전, 한국표준직업분류, 한국표준산업분류 등)를 활용한다.(③)

• 직업에 대한 장단점을 편견 없이 제공한다.(②)

• 객관성을 잃은 정보나 문자, 어투는 삼간다.

• 효율적인 정보제공을 위해 시각적(시청각) 효과를 부가한다.(④)

• 정보제공 방법에 적절한 형태로 제공한다.

이것이 핵심   **TIP**

앞서 직업정보는 신뢰성, 객관성, 정확성, 효용성 등을 확보하기 위해 전문가나 전문적인 시각에서 분석하여야 한다고 말했습니다. 그러나 이는 전문적인 용어를 사용하여 직업정보를 가공하여야 한다는 의미가 아닙니다. 직업정보는 이용자가 전문적인 지식이 없어도 이해할 수 있도록 가공할 필요가 있습니다.

직업정보의 가공에 대한 설명으로 가장 적합하지 않은 것은?

① 효율적인 정보제공을 위해 시각적 효과를 부가한다.
② 정보를 공유하는 방법과도 연관되어 있다.
③ 긍정적인 정보를 제공하는 입장에서 출발해야 한다.
④ 정보의 생명력을 측정하여 활용방법을 선정하고 이용자에게 동기를 부여할 수 있도록 구상한다.

기출 2023년, 2020년 1·2회, 2017년 1회
정답 ③
해설
직업에 대한 장단점을 편견 없이 제공한다.

직업정보를 가공할 때 유의해야 할 사항으로 틀린 것은?

① 시청각적 효과를 첨가한다.
② 직업에 대한 장·단점을 편견 없이 제공한다.
③ 가장 최신의 자료를 활용하되, 표준화된 정보를 활용한다.
④ 직업은 전문적인 것이므로 가능하면 전문적인 용어를 사용하여 가공한다.

기출 2020년 3회, 2008년 3회, 2006년 3회
정답 ④
해설
직업정보의 공유방법을 강구하는 과정이므로 이용자의 수준에 부합하는 언어로 가공한다.

고용정보의 가공·분석 시 유의사항으로 틀린 것은?

① 변화 동향에 유의할 것
② 정보의 가공 및 분석목적을 명확히 할 것
③ 숫자로 표현할 수 없는 정보는 배제할 것
④ 다른 통계와의 관련성 및 여러 측면을 고려할 것

기출 2018년 2회
정답 ③
해설
숫자로 표현할 수 없는 정보라고 하여 이를 무조건 배제하기보다는 과학적·전문적인 시각에서 체계적이고 유효적절하게 수용하는 것이 바람직하다.

직업정보 가공 시의 유의점에 대한 설명으로 틀린 것은?

① 직업정보의 이용자는 일반인이므로 이용자의 수준에 맞는 언어로 가공한다.
② 직업에 대한 장점만 제공하여 이용자들이 직업에 대한 비전을 갖도록 해야 한다.
③ 가장 최신의 자료를 활용하되 표준화된 정보를 활용한다.
④ 객관성이 없는 정보는 활용하지 않도록 한다.

기출 2018년 3회
정답 ②

고용정보의 가공·분석에 관한 설명으로 틀린 것은?

① 정보의 가공 및 분석 목적을 명확히 해야 한다.
② 변화 동향에 유의해야 한다.
③ 숫자로 표현할 수 없는 정보는 배제해야 한다.
④ 다른 통계와의 관련성 및 여러 측면을 고려해야 한다.

기출 2016년 3회, 2013년 3회, 2006년 1회
정답 ③

직업정보의 처리과정에 대한 설명으로 틀린 것은?

① 직업정보 수집 시에는 명확한 목표를 세운다.
② 직업정보 분석 시에는 다각적인 분석을 시도하여 해석을 풍부히 한다.
③ 직업정보 가공 시에는 전문적인 용어를 주로 사용하여 활용가치를 높여야 한다.
④ 직업정보 가공 시에는 직업에 대한 장·단점을 편견 없이 제공해야 한다.

기출 2012년 3회
정답 ③

76

직업정보에 대한 설명으로 틀린 것은?

① 직업정보의 사용목적은 한 직업에서 근로자의 더 좋은 생활 형태를 비교하기 위한 것이다.

② 직업정보를 제공할 때 자료의 출처는 밝혀야 하나 생산과정은 공개하지 않아도 된다.

③ 직업정보분석은 관점을 가지고 분석한 형태와 원자료를 가지고 직업정보분석가들에 의하여 다각도로 해석될 수 있는 여지를 갖는 형태로 구분할 수 있다.

④ 분석된 직업정보는 활용하기 쉬운 형태로 보존하거나 내용을 요약 · 정리하여 능동적으로 활용할 수 있도록 편집 · 가공하는 것이 중요하다.

핵심 키워드 직업정보 제공 시 주요 유의사항
☞ 생산과정 공개, 내담자의 필요와 자발적 의사 고려, 내담자의 흥미와 적성 고려 등

기출 데이터 2008년 1회, 2006년 3회

핵심기출 해설 답 ②

직업정보 제공 시 유의사항

• 직업정보는 이용자의 구미에 맞도록 생산되어야 하며, 이용자의 진로발달단계나 수준, 이용 목적 등을 고려하여 제공한다.
• 직업정보는 생산과정을 공개한다.(②)
• 직업정보의 본래적 기능과 정보 활용의 효율성을 위해 내담자의 필요와 자발적 의사를 고려하여 직업정보를 제공한다.
• 상담자는 모든 형태의 자료에 구분을 두지 않은 채 다양한 정보를 수집 및 제공하기 위하여 지속적으로 노력해야 한다.
• 직업정보 제공 후 작업과 일에 대한 내담자의 태도 및 감정을 자유롭게 표현할 수 있도록 하며, 그에 대한 피드백을 상담에 효과적으로 활용한다.
• 내담자 개인은 물론 내담자의 직업선택에 영향을 미칠 수 있는 환경에 대해서도 충분히 고려하여 내담자의 흥미와 적성에 부합하는 직업정보를 제공한다.
• 전문용어 및 기술용어는 가급적 삼가며, 필요할 경우 해당 용어에 대해 자세히 설명해야 한다. 특히 은어나 비속어를 사용해서는 안 된다.
• 직업정보는 개발연도를 명시하여 부적절한 과거의 직업세계나 노동시장 정보가 구직자나 청소년에게 제공되지 않도록 하는 것이 바람직하다.

이것이 핵심 TIP

직업정보의 제공 시 유의사항은 직업정보의 가공 시 유의사항과 일면 내용상 겹치기도 합니다. 예를 들어, 직업정보의 용어는 목적대상의 수준에 적합하여야 하므로 전문용어나 기술용어를 가급적 삼가며, 필요할 경우 해당 용어에 대해 자세히 설명하여야 합니다. 또한 직업정보의 제공 시에도 직업에 대한 장 · 단점을 편견 없이 제공하여야 합니다.

직업정보관리에 관한 설명으로 틀린 것은?

① 직업정보의 범위는 개인에 대한 정보, 직업에 대한 정보, 미래에 대한 정보 등으로 구성되어 있다.

② 직업정보원은 정부부처, 정부투자출연기관, 단체 및 협회, 연구소, 기업과 개인 등이 있다.

③ 직업정보 가공 시에는 전문적인 지식이 없이도 이해할 수 있도록 가급적 평이한 언어로 제공하여야 한다.

④ 개인의 정보는 보호되어야 하기 때문에 구직 시에 연령, 학력 및 경력 등의 취업과 관련된 정보는 제한적으로 제공되어야 한다.

기출 2023년, 2022년 2회
정답 ④
해설
직업정보의 본래적 기능과 정보 활용의 효율성을 위해 내담자의 필요와 자발적 의사를 고려하여 직업정보를 제공한다.

직업정보의 처리에 대한 설명으로 틀린 것은?

① 직업정보는 전문가가 분석해야 한다.

② 직업정보 제공 시에는 이용자의 수준에 맞게 한다.

③ 직업정보 수집 시에는 명확한 목표를 세운다.

④ 직업정보 제공 시에는 직업의 장점만을 최대한 부각해서 제공한다.

기출 2022년 2회, 2018년 1회
정답 ④
직업정보 제공 시에는 직업에 대한 장단점을 편견 없이 제공한다.

직업정보를 수집 · 제공 시 고려해야 할 사항과 가장 거리가 먼 것은?

① 명확한 목표를 가지고 계획적으로 수집한다.

② 최신의 자료를 수집한다.

③ 자료를 수집할 때 자료출처와 일자를 기록한다.

④ 직업정보는 전문성이 있으므로 전문용어를 사용하여 제공한다.

기출 2021년 1회, 2014년 3회
정답 ④

직업정보 제공에 관한 설명으로 옳은 것은?

① 모든 내담자에게 직업정보를 우선적으로 제공한다.

② 직업상담사는 다양한 직업정보를 제공하기 위해 지속적으로 노력한다.

③ 진로정보 제공은 직업상담의 초기단계에서 이루어지며, 이 경우 내담자의 피드백은 고려하지 않는다.

④ 내담자가 속한 가족, 문화보다는 표준화된 정보를 우선적으로 고려하여 정보를 제공한다.

기출 2020년 3회, 2017년 2회
정답 ②

직업정보의 처리에 대한 설명으로 가장 거리가 먼 것은?

① 직업정보는 전문가가 분석해야 한다.

② 직업정보는 제공 시에는 이용자의 수준에 맞게 한다.

③ 직업정보 수집 시에는 명확한 목표를 세운다.

④ 직업정보 제공 시에는 직업의 장점만을 최대한 부각해서 제공한다.

기출 2014년 2회
정답 ④

77 직업정보의 일반적인 평가 기준과 가장 거리가 먼 것은?

① 어떤 목적으로 만든 것인가

② 얼마나 비싼 정보인가

③ 누가 만든 것인가

④ 언제 만들어진 것인가

핵심 키워드 직업정보의 일반적인 평가 기준 ☞ 언제, 어느 곳을, 누가, 어떤 목적으로, 어떤 방식으로
기출 데이터 2023년, 2021년 2회, 2018년 3회, 2016년 1회, 2013년 3회

핵심기출 해설   답 ②

직업정보의 평가 기준(Hoppock)
• 언제 만들어진 것인가?(④)
• 어느 곳을 대상으로 한 것인가?
• 누가 만든 것인가?(③)
• 어떤 목적으로 만든 것인가?(①)
• 자료를 어떤 방식으로 수집하고 제시했는가?

이것이 핵심   TIP

직업정보의 평가 기준은 학자들에 따라 다양하게 제시되고 있습니다. 참고로 앤드루스(Andrus)는 효용의 관점에서 직업정보의 평가 기준을 다음과 같이 제시하였습니다.

형태효용	정보의 형태가 의사결정자의 요구사항에 보다 더 근접하게 맞추어짐에 따라 정보의 가치는 증가한다.
시간효용	필요할 때 필요한 정보를 사용할 수 있다면 정보는 의사결정자에게 보다 더 큰 가치를 준다.
장소효용	정보에 쉽게 접근할 수 있거나 전달할 수 있다면 정보는 보다 큰 가치를 가지며, 온라인 시스템은 시간효용과 장소효용 모두를 극대화한다.
소유효용	정보소유자는 타인에게로의 정보전달을 통제함으로써 그것의 가치에 크게 영향을 준다.

● **핵심유형 완성하기** ●

다음 중 Andrus가 제시한 정보의 효용에 해당하지 않는 것은?

① 장소효용
② 형태효용
③ 시간효용
④ 통제효용

기출 2010년 4회, 2003년 1회
정답 ④

제 **4** 과목

노동시장

제4과목 CONTENTS

노동시장의 이해

노동수요의 특징

01 다음 중 노동수요의 특징이 아닌 것은?

① 유발수요　　　　　　　② 파생수요

③ 결합수요　　　　　　　④ 가수요

핵심 키워드 노동수요의 특징
　　　　　　 ☞ 유량의 개념, 파생수요(유발수요), 결합수요
기출 데이터 2013년 1회, 2004년 3회

핵심기출 해설　답 ④

④ 가수요는 실수요에 대응하는 개념으로서, 특히 가격이 항상 불안정하고 공급에 비해 수요가 많은 시장상황에서 투기를 목적으로 한 비정상적인 수요가 이루어지는 것을 말한다. 따라서 가수요는 노동수요의 일반적인 특징으로 볼 수 없다.

노동수요의 특징

• 유량(Flow)의 개념 : 노동의 수요는 일반적으로 일정 기간 동안 기업에서 고용하고자 하는 노동의 양을 의미한다는 측면에서 유량의 개념에 속하는 것으로 볼 수 있다. 그러나 만약 노동을 일정 기간이 아닌 일정 시점에서 일할 수 있는 인간의 능력과 힘의 총체인 생산가능인구, 경제활동인구, 취업인구 등 노동의 공급적인 측면에서 파악하는 경우 저량(Stock)의 개념에 속한다고 볼 수 있다.

• 파생수요 또는 유발수요 : 노동의 수요주체인 기업에서는 노동을 수요함에 있어서 항상 상품시장에서의 최종생산물의 판매와 결부시켜 노동을 수요하려고 하기 때문에 기업의 노동에 대한 수요는 기업에서 생산된 상품에 대한 소비자들의 수요에 크게 영향을 받게 된다. 이와 같이 노동의 수요가 소비자들의 상품에 대한 수요에 의해 파생된다는 의미에서 '파생수요' 또는 '유발수요'라고 하는 것이다.

• 결합수요 : 노동의 수요는 노동 그 자체에 대한 독립적인 수요만으로 이루어지는 것이 아닌 다른 투입물, 예를 들면 생산설비나 기계시설과 같은 수요와 동시에 결합되어 이루어진다. 이와 같이 노동의 수요가 상품의 생산과 관련된 다른 생산요소의 발달정도 및 이용가능성의 여부 등과 밀접하게 연관되어 있다는 의미에서 '결합수요'라고 하는 것이다.

이것이 핵심　TIP

경제학에서는 양을 나타내는 변수로서 유량과 저량의 개념을 사용하고 있습니다. 여기서 유량은 일정 기간 동안 새롭게 흘러 들어온 수량을 말하는 것으로서, 이때 변수는 일정 기간 동안 측정 가능합니다. 반면, 저량은 일정 시점의 존재량을 말하는 것으로서, 이때 변수는 특정 기준 시점에서 측정 가능합니다. 예를 들어, 국내총생산(GDP)은 한 나라의 모든 경제주체, 즉 가계, 기업, 정부 등이 일정 기간 동안 생산활동에 참여하여 창출한 최종생산물을 시장가격으로 평가한 합계이므로 유량의 개념에 해당합니다. 반면, 통화량은 금융기관 이외의 다른 민간부문이 보유하고 있는 현금 및 예금통화를 총칭하는 것이므로 저량의 개념에 해당합니다.

다음 중 노동에 대한 수요가 유발수요(Derived Demand)인 것을 가장 잘 나타내는 것은?

① 사무자동화로 사무직에 대한 수요가 감소하고 있다.
② 자동차회사 노동자의 임금상승은 자동차 조립라인에서의 로봇에 대한 수요를 증가시킨다.
③ 휘발유 가격의 상승은 경소형차에 대한 수요를 증가시킨다.
④ 자동차 생산을 증가시킨다는 경영진의 결정은 자동차공장 노동자에 대한 수요를 증가시킨다.

기출 2025년, 2018년 1회
정답 ④

노동수요 측면에서 비정규직 증가의 원인과 가장 거리가 먼 것은?

① 세계화에 따른 기업 간 경쟁 환경의 변화
② 정규직 근로자 해고의 어려움
③ 고학력 취업자의 증가
④ 정규노동자 고용비용의 증가

기출 2021년 1회, 2017년 1회
정답 ③
해설
비정규직의 확대가 고학력 비정규취업자를 증가시키는 것이지, 고학력 취업자의 증가가 비정규직을 증가시키는 직접적인 원인이라 할 수 없다.

최종생산물이 수요자에 의하여 수요되기 때문에 그 최종생산물을 생산하는 데 투입되는 노동이 수요된다고 할 때 이러한 수요를 무엇이라고 하는가?

① 유효수요
② 잠재수요
③ 파생수요
④ 실질수요

기출 2020년 3회, 2010년 2회, 2003년 1회
정답 ③

생산요소에 대한 수요를 파생수요(Derived Demand)라 부르는 이유로 가장 적합한 것은?

① 생산요소의 수요곡선은 이윤극대화에서 파생되기 때문이다.
② 정부의 요소수요는 민간의 수요를 보완하기 때문이다.
③ 생산요소에 대한 수요는 그들이 생산한 생산물에 대한 수요에 의존하기 때문이다.
④ 생산자들은 저렴한 생산요소로 늘 대체하기 때문이다.

기출 2015년 3회, 2010년 3회
정답 ③

다음 중 노동수요의 특성에 대한 설명으로 틀린 것은?

① 유발수요이다.
② 결합수요이다.
③ 유량의 개념이다.
④ 저량의 개념이다.

기출 2008년 1회
정답 ④
해설
저량(Stock)의 개념이 아닌 유량(Flow)의 개념이다.

02 기업에서 단기 노동수요를 증가시키는 요인으로 가장 적합한 것은?

① 상품 수요의 증가

② 실업의 감소

③ 노동생산성의 체감

④ 고용보험료의 인상

핵심 키워드 노동수요의 결정요인

☞ 노동의 가격(임금), 상품(서비스)에 대한 소비자의 수요, 다른 생산요소의 가격변화, 노동생산성의 변화, 생산기술의 진보

기출 데이터 2014년 3회, 2007년 1회, 2004년 3회

핵심기출 해설 | 답 ①

기업의 단기 노동수요를 증가시키는 요인

• 임금의 하락 : 임금이 상승하는 경우 노동수요는 감소하는 반면, 임금이 하락하는 경우 노동수요는 증가한다.

• 상품(서비스)의 수요 증가 : 해당 노동을 이용하여 생산하는 상품(서비스)에 대한 수요가 클수록 유발수요인 노동수요는 증가한다.

• 다른 생산요소 가격의 상승 : 다른 생산요소가 노동과 대체관계인 경우 다른 생산요소의 가격이 오르면 노동수요는 증가한다.

• 노동생산성의 증가 : 노동생산성이 증가하는 경우 노동수요가 감소하는 것으로 인식되고 있으나, 물가 하락, 소득 증가 등에 의한 생산물 수요 증가로 인해 고용이 증가하는 측면도 있다.

• 생산기술의 진보 : 노동생산성의 증가와 마찬가지로 생산물 한 단위를 만들어내는 데 소요되는 노동량을 감소시킨다. 다만, 생산비의 절감에 따른 상품가격의 하락으로 인해 장기적으로 추가적인 노동수요를 발생시킬 수도 있다.

이것이 핵심 | TIP

노동수요를 증가시키거나 감소시키는 요인, 즉 노동수요의 결정요인을 다음과 같이 정리할 수 있습니다.

> • 노동의 가격(임금)
> • 상품(서비스)에 대한 소비자의 수요
> • 다른 생산요소의 가격변화
> • 노동생산성의 변화
> • 생산기술의 진보

노동수요를 결정하는 요인과 가장 거리가 먼 것은?

① 개인의 여가에 대한 태도
② 시장임금의 크기
③ 자본서비스의 가격
④ 노동을 이용하여 생산된 상품에 대한 소비자의 수요

기출 2024년, 2018년 2회
정답 ①

다음 중 노동수요의 결정요인으로 옳은 것은?

① 노동과 관련된 타 생산요소의 가격변화
② 인구의 규모와 구조
③ 노동에 대한 노력의 강도
④ 임금지불방식

기출 2010년 1회
정답 ①

다음 중 노동수요를 결정하는 요인이 아닌 것은?

① 개인의 여가에 대한 태도
② 시장임금의 크기
③ 타 생산요소의 가격
④ 노동을 이용하여 생산된 상품에 대한 소비자의 수요

기출 2004년 3회
정답 ①

다음 중 노동수요를 결정하는 요인과 가장 거리가 먼 것은?

① 노동생산성
② 노동 이외의 생산요소의 가격
③ 노동에 대체되는 여가의 가치
④ 노동에 의해 생산된 상품에 대한 소비자들의 수요

기출 2003년 1회
정답 ③

03 노동과 자본만이 생산요소이고 두 생산요소가 서로 보완재인 경우, 자본의 가격이 하락할 때 노동수요의 변화를 나타낸 그래프는?

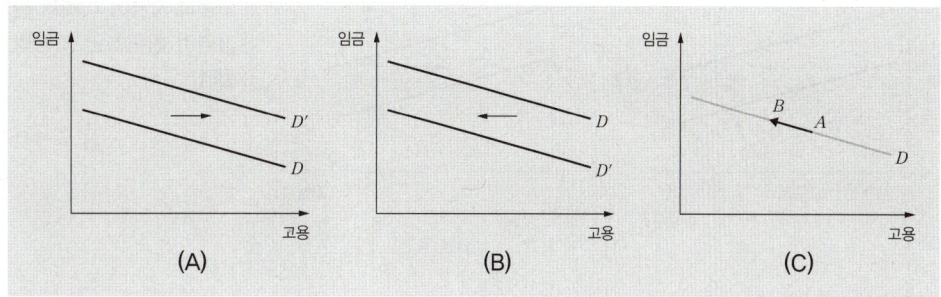

(A)　　　　　　　(B)　　　　　　　(C)

① 그래프 – A
② 그래프 – B
③ 그래프 – C
④ 그래프 – A, B, C

핵심 키워드	노동과 자본이 대체재인 경우 ☞ 자본 가격 하락 시 노동수요 감소
	노동과 자본이 보완재인 경우 ☞ 자본 가격 하락 시 노동수요 증가
기출 데이터	2015년 3회

핵심기출 해설　답 ①

대체재는 연관재화의 가격 상승 시 해당 재화의 수요가 증가하는 재화를 말한다. 반면, 보완재는 연관재화의 가격 상승 시 해당 재화의 수요가 감소하는 재화를 말한다. 따라서 대체재의 가격이 상승하거나 보완재의 가격이 하락하는 경우, 해당 재화의 수요는 증가하여 수요곡선이 오른쪽으로 이동하게 된다(A). 반면, 대체재의 가격이 하락하거나 보완재의 가격이 상승하는 경우, 해당 재화의 수요는 감소하여 수요곡선이 왼쪽으로 이동하게 된다(B).

이것이 핵심　TIP

노동과 자본은 대체재 관계일 수도 보완재 관계일 수도 있습니다. 예를 들어 봅시다.

• 노동과 자본이 대체재 관계인 경우 A공장에서는 매출 하락에 따라 인건비(노동)를 줄이기 위해 기계(자본)를 도입합니다. 기계 1대는 노동자 2명이 할 수 있는 일을 대신할 수 있습니다. 이때 노동과 자본은 대체재 관계를 형성합니다. 대체재 관계에서 자본의 가격이 상승하면 노동의 수요는 증가합니다(기계가 비싸져서 기계를 구입하는 대신 보다 저렴한 노동력을 활용함). 반면, 자본의 가격이 하락하면 노동의 수요는 감소하게 됩니다(기계가 저렴해져서 상대적으로 비싼 노동력 대신 기계를 더 많이 활용함).

• 노동과 자본이 보완재 관계인 경우 B공장에서는 매출 상승에 따라 새롭게 공장을 확장하면서 기계를 2대 더 도입합니다. 그런데 기계 1대를 가동하는 데는 2명의 노동자가 필요합니다. 그렇다면 기계를 2대 도입하는 데 4명의 노동자가 필요하게 됩니다. 이때 노동과 자본은 보완재 관계를 형성합니다. 보완재 관계에서 자본의 가격이 상승하면 노동의 수요는 감소합니다(기계가 비싸져서 덜 구입하게 되므로 추가 노동력이 필요 없음). 반면, 자본의 가격이 하락하면 노동의 수요는 증가하게 됩니다(기계가 저렴해져서 더 많이 구입하게 되므로 추가 노동력을 필요로 함).

노동과 자본만이 생산요소이고 두 생산요소가 서로 대체요소인 경우, 자본의 가격이 하락할 때 노동수요의 변화는 어떤 형태로 나타나는가?

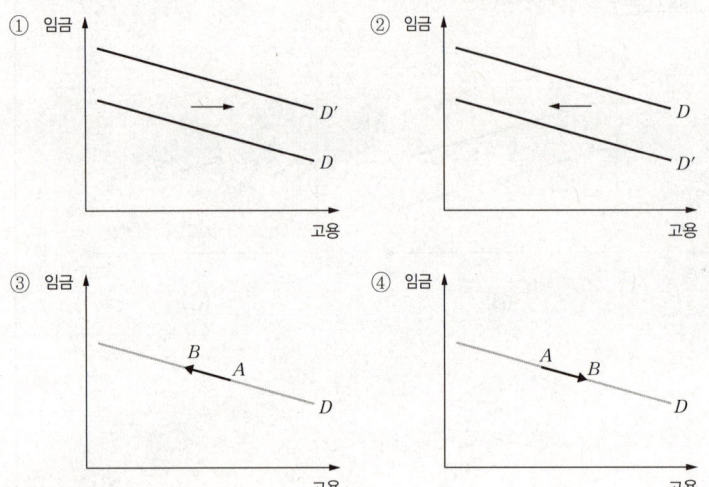

기출 2012년 1회	
정답 ②	

해설
노동과 자본이 대체재 관계인 경우, 자본의 가격이 하락하면 노동의 수요는 감소하게 된다.

기술발전과 노동이 대체생산요소라고 할 때 기술발전이 노동시장 균형에 미치는 효과로 옳은 것은? (단, 다른 조건은 일정하며 노동공급곡선은 우상향함)

① 균형 고용수준 상승, 균형임금 상승
② 균형 고용수준 상승, 균형임금 하락
③ 균형 고용수준 하락, 균형임금 상승
④ 균형 고용수준 하락, 균형임금 하락

기출 2012년 1회
정답 ④
해설
노동과 자본이 대체재 관계인 경우 기술발전이 노동수요곡선을 좌측으로 이동시킴으로써 고용수준과 균형임금을 하락시킨다.

기술발전과 노동이 보완재라고 할 때 기술발전이 노동수요에 미치는 효과로 옳은 것은? (단, 노동공급곡선은 우상향함)

① 시장균형 고용수준 상승, 균형임금 상승
② 시장균형 고용수준 상승, 균형임금 하락
③ 시장균형 고용수준 하락, 균형임금 상승
④ 시장균형 고용수준 하락, 균형임금 하락

기출 2011년 2회
정답 ①
해설
노동과 자본이 보완재 관계인 경우 기술발전이 노동수요곡선을 우측으로 이동시킴으로써 고용수준과 균형임금을 상승시킨다.

04 다음 노동수요곡선에 대한 설명으로 틀린 것은?

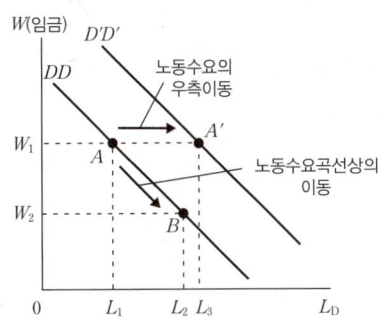

① 임금이 하락하면 고용량이 증가하고 임금이 상승하면 고용량이 감소함을 DD처럼 표시할 수 있다.

② 임금이 W_1일 때 노동수요량은 L_1이며 임금이 W_2로 하락할 때 노동수요량은 L_2로 증가한다.

③ 수요곡선인 DD는 임금과 기업의 고용량 간에 정의 관계가 성립함을 의미하는 것이다.

④ 기업 판매상품의 수요가 증대하면 노동수요곡선 전체가 우측으로 이동한다.

핵심 키워드 노동수요곡선상의 이동
☞ 임금과 기업의 고용량 간 부(−)의 관계

기출 데이터 2016년 1회

핵심기출 해설 답 ③

③ 수요곡선 DD는 임금이 하락하면 고용량이 증가하고 임금이 상승하면 고용량이 감소함을 나타낸다. 즉, 임금과 기업의 고용량 간에 부(−)의 관계가 성립함을 의미한다. ① · ② · ③은 노동수요곡선상의 이동을, ④는 노동수요곡선 자체의 이동(Shift)을 다루고 있다.

이것이 핵심 TIP

'정(+)의 관계'는 독립변수의 값이 증가하면 종속변수의 변숫값이 증가하는 관계를 의미하며, '부(−)의 관계'는 독립변수의 값이 증가하면 종속변수의 변숫값이 감소하는 관계를 의미합니다. 문제의 해설에서 독립변수는 임금, 종속변수는 고용량에 해당하며, 이들이 부의 관계에 의해 반비례적인 특성을 나타내고 있습니다.

● 핵심유형 완성하기 ●

노동수요에 대한 설명으로 틀린 것은?

① 재화가격이 상승하면 노동수요곡선이 우측으로 이동한다.

② 장기에는 노동수요곡선이 단기보다 더 완만해진다.

③ 기술혁신이 이루어지면 노동수요곡선이 우측으로 이동한다.

④ 임금이 하락하면 노동수요곡선이 우측으로 이동한다.

기출 2008년 3회
정답 ④
해설
임금이 하락하면 노동수요곡선 자체가 이동하는 것이 아니라 노동수요곡선상의 수요점 이동이 나타난다.

05

생산요소인 노동의 수요곡선을 이동(Shift)시키는 요인이 아닌 것은?

① 임금의 변화

② 노동을 투입하여 생산한 생산물의 가격변화

③ 노동생산성의 변화

④ 자본의 생산성 변화

핵심 키워드 노동수요곡선을 이동(Shift)시키는 요인

☞ 생산물에 대한 수요의 변화, 생산방법의 변화, 생산성의 변화, 생산기술의 변화, 다른 요소 공급의 변화, 자본의 가격 변화, 최종생산물의 가격변화

기출 데이터 2023년, 2013년 3회, 2010년 2회, 2007년 3회

핵심기출 해설 **답 ①**

노동수요곡선을 이동(Shift)시키는 요인

• 최종생산물의 가격변화

노동의 한계생산물가치는 노동의 한계생산량에 생산물가격을 곱한 값이다. 따라서 산출물의 시장가격이 변화하는 경우 한계생산물가치가 변화하고, 그 결과 노동수요곡선이 이동하게 된다.

예 사과가격이 상승하는 경우 과수원 인부들의 한계생산물가치가 상승하여 과수원 인부들의 노동에 대한 수요가 증가할 것이다. → 노동수요곡선의 우측 이동

예 사과가격이 하락하는 경우 과수원 인부들의 한계생산물가치가 하락하여 노동에 대한 수요가 감소할 것이다. → 노동수요곡선의 좌측 이동

• 생산기술의 변화 또는 생산성의 변화

기술진보는 노동시장에 매우 중요한 의미를 지니는데, 노동의 한계생산성을 증가시키고 그 결과 노동수요를 증가시킨다.

• 다른 요소 공급의 변화

한 생산요소의 공급량이 변화함에 따라 다른 요소의 한계생산량이 영향을 받을 수 있다.

예 사다리의 공급이 부족한 경우 과수원 인부들의 한계생산량이 감소하고, 그 결과 과수원 인부들에 대한 수요가 감소하게 될 것이다.

이것이 핵심 **TIP**

노동수요곡선의 변화와 관련하여 '노동수요의 변화'와 '노동수요량의 변화'를 구분할 수 있어야 합니다. 노동수요의 변화는 노동수요의 결정요인 중 임금을 제외한 요인이 변화하여 나타나는 노동수요곡선 자체의 이동(shift)을 말합니다. 반면, 노동수요량의 변화는 노동수요의 결정요인 중 임금의 변화에 의해 나타나는 노동수요곡선상의 수요점 이동을 말합니다. 이와 관련된 문제가 직업상담사 시험에 빈번히 출제되고 있으나 동일한 지문으로 제시되고 있지는 않습니다. 다만, 임금(수준)의 변화는 노동수요곡선 자체의 이동이 아닌 노동수요곡선상의 수요점 이동과 관련이 있음을 반드시 기억할 필요가 있습니다.

노동수요곡선이 이동하는 이유가 아닌 것은?

① 임금수준의 변화
② 생산방법의 변화
③ 자본의 가격변화
④ 생산물에 대한 수요의 변화

기 출	2022년 1회, 2014년 2회
정 답	①

개별기업수준에서 노동에 대한 수요곡선을 이동시키는 요인을 모두 고른 것은?

> ㄱ. 기술의 변화
> ㄴ. 임금의 변화
> ㄷ. 최종생산물가격의 변화
> ㄹ. 자본의 가격 변화

① ㄱ, ㄴ, ㄷ　　　　　② ㄱ, ㄴ, ㄹ
③ ㄱ, ㄷ, ㄹ　　　　　④ ㄴ, ㄷ, ㄹ

기 출	2022년 2회
정 답	③
해 설	ㄴ. 임금의 변화는 노동수요의 결정요인이기는 하나 노동수요곡선을 이동(Shift)시키는 것이 아닌 노동수요곡선상의 이동으로 나타난다.

개별기업수준에서 노동에 대한 수요곡선을 이동시키는 요인이 아닌 것은?

① 기술의 변화　　　　② 임금의 변화
③ 자본의 가격 변화　　④ 최종생산물가격의 변화

기 출	2019년 2회
정 답	②

노동수요곡선을 이동(Shift)시키는 요인이 아닌 것은?

① 임금의 변화　　　　② 생산성의 변화
③ 제품 생산 기술의 발전　④ 최종상품에 대한 수요의 변화

기 출	2019년 3회, 2012년 2회
정 답	①

노동수요곡선 자체를 이동시키는 요인이 아닌 것은?

① 산출물 가격
② 기술진보
③ 다른 요소 공급의 변화
④ 임금의 상승

기 출	2017년 2회
정 답	④
해 설	임금수준의 변화는 노동수요의 결정요인이기는 하나 노동수요곡선을 이동시키는 것이 아닌 노동수요곡선상의 이동으로 나타난다.

다음 중 노동수요곡선을 이동(Shift)시키는 요인이 아닌 것은?

① 임금의 변화
② 다른 생산요소의 가격의 변화
③ 최종상품에 대한 수요의 변화
④ 생산성의 변화

기 출	2011년 1회
정 답	①

개별기업수준에서 노동에 대한 수요곡선을 이동시키는 요인이 아닌 것은?

① 기술의 변화
② 임금의 변화
③ 최종생산물 가격의 변화
④ 노동 이외 타 생산요소의 가격변화

기 출	2011년 2회, 2008년 1회
정 답	②

06

경쟁시장에서 아이스크림 가게를 운영하는 A씨는 5명을 고용하여 1개당 2,000원에 판매하고 있으며, 시간당 12,000원을 임금으로 지급하면서 이윤을 극대화하고 있다. 만일 아이스크림 가격이 3,000원으로 오른다면 현재의 고용수준에서 노동의 한계생산물가치는 시간당 얼마이며, 이때 A씨는 노동의 투입량을 어떻게 변화시킬까?

① 9,000원, 증가시킨다.
② 18,000원, 증가시킨다.
③ 9,000원, 감소시킨다.
④ 18,000원, 감소시킨다.

핵심 키워드 이윤극대화 노동수요의 조건
☞ 노동의 한계생산물가치($VMP_L = P \times MP_L$)=임금률(W)

기출 데이터 2025년, 2015년 3회, 2008년 1회, 2003년 1회

핵심기출 해설 답 ②

이윤극대화 노동수요의 조건

기업은 노동을 1단위 추가로 고용했을 때 얻게 되는 노동의 한계생산물가치(VMP_L)와 기업이 노동자에게 지급하는 한계비용으로서의 임금률(W)이 같아질 때까지 고용량을 증가시킬 때 이윤을 극대화할 수 있다. 이를 공식으로 나타내면 다음과 같다.

노동의 한계생산물가치($VMP_L = P \times MP_L$) = 임금률(W)(단, P는 생산물 가격, MP_L은 노동의 한계생산량)

위의 공식을 이용하여 노동의 한계생산량(MP_L)을 구하면,

노동의 한계생산량(MP_L) = $\dfrac{\text{임금률}(W)}{\text{생산물가격}(P)} = \dfrac{12,000}{2,000} = 6$

만일 현재의 고용수준에서 아이스크림 가격이 3,000원으로 오를 경우 노동의 한계생산물가치(VMP_L)는,

노동의 한계생산물가치(VMP_L) = 생산물가격(P)×노동의 한계생산량(MP_L) = 3,000×6 = 18,000(원)

노동의 한계생산물가치(VMP_L)가 아이스크림 가격 인상으로 12,000원에서 18,000원으로 올랐다. 앞서 노동의 한계생산물가치(VMP_L)가 임금률(W)과 같아질 때까지 고용량을 증가시킬 때 이윤을 극대화할 수 있다고 하였으므로, A씨는 6,000원만큼 노동 투입량을 증가시킬 것이다.

이것이 핵심 TIP

완전경쟁시장에서 기업의 이윤극대화 조건은 노동의 한계생산물가치(VMP_L)와 임금률(W)이 같아지는 지점까지 생산하는 것임을 반드시 기억해 두시기 바랍니다.

K회사는 4번째 직원을 채용할 때 모든 근로자의 시간당 임금을 8천 원에서 9천 원으로 인상할 것이다. 만약 4번째 직원의 시간당 한계수입생산이 1만 원이라면 K기업이 4번째 직원을 새로 고용함에 따라 얻을 수 있는 시간당 이윤은?

① 1천 원 증가
② 2천 원 증가
③ 1천 원 감소
④ 2천 원 감소

기출 2021년 2회, 2016년 3회
정답 ④
해설

$$MC_L = \frac{\Delta C}{\Delta L}$$

$$= \frac{(4명 \times 9,000원) - (3명 \times 8,000원)}{4단위 - 3단위}$$

$$= \frac{36,000원 - 24,000원}{1단위} = 12,000(원)$$

이와 같이 노동의 한계비용이 시간당 12,000원인데 반해, 노동의 한계수입생산물이 10,000원이므로, 시간당 이윤은 2,000원 감소한다.

생산물시장과 노동시장이 완전경쟁일 때 노동의 한계생산량이 10개이고 생산물가격이 500원이며 시간당 임금이 4,000원이라면 이윤을 극대화하기 위한 기업의 반응으로 옳은 것은?

① 임금을 올린다.
② 노동을 자본으로 대체한다.
③ 노동의 고용량을 증대시킨다.
④ 고용량을 줄이고 생산을 감축한다.

기출 2020년 1·2회, 2017년 2회, 2010년 3회, 2009년 1회
정답 ③
해설
노동의 한계생산물가치($VMP_L = P \times MP_L$) = 임금률(W)
노동의 한계생산물가치(VMP_L)는 5,000원이다. 이는 시간당 임금 4,000원보다 높은 금액이므로, 노동의 고용량을 증대시킴으로써 이윤을 극대화할 수 있다.

완전경쟁시장의 치킨매장에서 치킨 1마리를 14,000원에 팔고 있다. 그리고 종업원을 시간당 7,000원에 고용하고 있다. 이 매장이 이윤을 극대화하기 위해서는 노동의 한계생산이 무엇과 같아질 때까지 고용을 늘려야 하는가?

① 시간당 치킨 1/2마리
② 시간당 치킨 1마리
③ 시간당 치킨 2마리
④ 시간당 치킨 4마리

기출 2020년 4회
정답 ①
해설
노동의 한계생산물가치($VMP_L = P \times MP_L$) = 임금률(W)
노동의 한계생산량(MP_L)

$$= \frac{임금률(W)}{생산물가격(P)} = \frac{7,000원}{14,000원} = 0.5(개)$$

∴ 시간당 치킨 1/2마리

생산물시장과 노동시장이 완전경쟁이고, A기업의 시간당 임금은 3,000원이다. A기업에서 생산된 제품의 가격은 500원이고, 현 고용수준에서 최종적으로 고용된 근로자가 생산하는 제품의 수는 시간당 5개라 할 때 A기업의 이윤극대화를 위한 고용수준의 결정은?

① 고용량을 감소시킬 것이다.
② 고용량을 증대시킬 것이다.
③ 고용량을 현 수준에서 동결시킬 것이다.
④ 기업의 이윤극대화는 고용량과는 관련이 없다.

기출 2014년 2회
정답 ①
해설
노동의 한계생산물가치(VMP_L)는 2,500원이다. 이는 시간당 임금(W) 3,000원보다 낮은 금액이므로, 노동의 고용량을 감소시킴으로써 이윤을 극대화할 수 있다.

07

경쟁시장에서 이윤을 극대화하는 어느 기업은 노동자에게 하루에 50,000원의 임금을 지급하고 있으며, 현재 14명을 고용하고 있다. 이 회사 제품은 개당 100원에 팔리고 있다고 하면, 14번째 노동자는 하루에 몇 개를 생산해야 하는가?

① 50개

② 500개

③ 1,000개

④ 주어진 정보로는 알 수 없다.

핵심 키워드 노동의 한계생산량(MP_L)

☞ 노동의 투입이 한 단위 증가함으로써 얻어지는 총생산량의 증가분

기출 데이터 2017년 2회, 2014년 3회

핵심기출 해설 답 ②

이윤극대화 노동수요의 조건

기업은 노동을 1단위 추가로 고용했을 때 얻게 되는 노동의 한계생산물가치(VMP_L)와 기업이 노동자에게 지급하는 한계비용으로서의 임금률(W)이 같아질 때까지 고용량을 증가시킬 때 이윤을 극대화할 수 있다. 이를 공식으로 나타내면 다음과 같다.

$$\text{노동의 한계생산물가치}(VMP_L = P \times MP_L) = \text{임금률}(W)$$
$$(\text{단, } P\text{는 생산물 가격, } MP_L\text{은 노동의 한계생산량})$$

최종적으로 고용된 14번째 노동자의 하루 임금(W)이 50,000원이고 제품의 생산물가격(P)이 100원이므로, 최종적으로 고용된 14번째 노동자가 생산해야 할 생산량으로서 노동의 한계생산량(MP_L)은

$$\text{노동의 한계생산량}(MP_L) = \frac{\text{임금률}(W)}{\text{생산물가격}(P)} = \frac{50,000}{100} = 500 \quad \therefore \ 500(\text{개})$$

이것이 핵심 TIP

노동의 한계생산량(MP_L)은 노동의 투입이 한 단위 증가함으로써 얻어지는 총생산량의 증가분을 말합니다. 즉, 최종적으로 고용된 노동자가 생산하는 제품의 수를 의미하는 것으로 볼 수 있습니다.

요컨대, 기업의 이윤극대화 조건으로서 개별기업이 이윤을 얻을 수 있을 때까지 고용량을 늘린다는 가정은 한계생산력설에서 비롯됩니다. 한계생산력설에 따르면, 개별기업은 자신의 한계생산물가치 곡선, 즉 노동수요곡선의 높이가 노동시장에서 주어진 임금수준과 같은 지점에서 고용량을 결정하게 됩니다. 이는 한계생산력설이 기업 수준에서는 고용이론이며, 노동시장 혹은 산업 수준에서는 임금의 결정에 있어서 수요 측면을 강조한다는 점에서 임금이론으로도 볼 수 있는 근거를 제공합니다.

이윤극대화를 추구하는 어떤 커피숍 종업원의 임금은 시간당 6,000원이고 커피 1잔의 가격은 3,000원일 때 이 종업원의 한계생산은?

① 커피 1잔
② 커피 2잔
③ 커피 3잔
④ 커피 4잔

기출 2021년 1회, 2017년 3회
정답 ②
해설
노동의 한계생산량$(MP_L) = \dfrac{6,000(원)}{3,000(원)} = 2$

노동자 7명의 평균생산량이 20단위일 때, 노동자를 추가로 1명 더 고용하여 평균생산량이 18단위로 감소하였다면, 이때 추가로 고용된 노동자의 한계생산량은?

① 4단위
② 5단위
③ 6단위
④ 7단위

기출 2021년 3회, 2018년 3회, 2014년 3회
정답 ①
해설
• 7명 총생산량$(TP) = 7 \times 20 = 140$
• 8명 총생산량$(TP) = 8 \times 18 = 144$
• 노동의 한계생산량$(MP_L) = \dfrac{144 - 140}{8 - 7}$
$= \dfrac{4}{1} = 4$

우리나라에 10개의 야구공 생산업체가 있다. 야구공은 개당 1,000원에 거래되고 있다. 각 기업의 야구공 생산함수와 노동의 한계생산은 다음과 같다.

> $Q = 600L - 3L^2$, $MP_L = 600 - 6L$(단, Q는 야구공 생산량, L은 근로자의 수, MP_L은 노동의 한계생산이다)

우리나라에 야구공을 만드는 기술을 가진 근로자가 500명 있으며, 이들의 노동공급이 완전비탄력적이고 야구공의 가격은 일정하다고 할 때, 균형임금 수준은 얼마인가?

① 100,000원
② 200,000원
③ 300,000원
④ 400,000원

기출 2020년 3회, 2016년 3회
정답 ③
해설
임금률$(W) =$ 생산물가격$(P) \times$ 노동의 한계생산량(MP_L)
$= 1,000 \times [600 - (6 \times 50)] = 1,000 \times 300$
$= 300,000(원)$

일반적으로 노동시장이 경쟁적으로 작동하면 근로자의 한계생산물과 임금이 일치한다. 다음 중 임금이 한계생산물과 일치하지 않을 가능성이 가장 큰 경우는?

① 건설현장의 미숙련근로자
② 개수제 임금이 시행되는 제조업근로자
③ 여성의 최소 채용비율이 정해져 있는 공무원
④ 사설 직업훈련기관에서 훈련을 받은 자동차산업의 근로자

기출 2005년 3회
정답 ③
해설
최소 채용비율이 정해져 있다면, 근로자의 한계생산물이 임금에 미치지 못하더라도 근로자를 채용할 수밖에 없다.

08 완전경쟁기업의 단기 노동수요곡선은 다음 중 어느 곡선의 일부인가?

① 평균수입(AR) 곡선   ② 한계수입(MR) 곡선

③ 평균수입생산물(ARP) 곡선   ④ 한계생산물가치(VMP) 곡선

핵심 키워드   완전경쟁기업의 단기 노동수요곡선
         ☞ 한계생산물가치(VMP_L) 곡선

기출 데이터   2014년 2회

핵심기출 해설   답 ④

노동의 한계생산물가치(VMP_L) 곡선

• 완전경쟁시장하의 기업은 시장에서 수요공급에 의해 결정되는 생산물의 판매가격을 수용할 수밖에 없다. 그로 인해 추가적인 노동의 고용에 따른 한계생산량과 시장에서 결정된 가격이라는 두 가지 정보를 토대로 한계생산물가치(VMP_L)를 모든 노동의 고용 수준에 대해 알 수 있게 된다.

• 이는 다음의 그래프로 나타낼 수 있는데, 추가적인 노동의 고용에 따라 생산량이 체감하는 단기 생산함수에서의 우하향 곡선이 한계생산물가치(VMP_L) 곡선에 해당하며, 바로 이 한계생산물가치(VMP_L) 곡선이 기업의 단기 노동수요곡선이 된다.

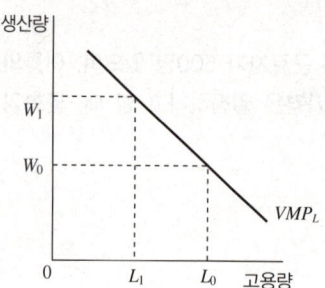

이것이 핵심   TIP

위의 단기 노동수요곡선은 완전경쟁시장하에서 노동시장에 의해 결정되는 임금 수준을 알게 되는 경우, 단기에 기업이 이윤을 극대화하기 위해 얼마만큼의 고용량을 유지할 것인지, 즉 최적고용량이 어떻게 되는지 결정할 수 있음을 나타냅니다. 특히 이 경우 추가적인 노동의 고용에 따라 생산량이 체감하는 양상을 나타내 보이게 되는데, 이를 '한계생산물체감의 법칙' 또는 '수확체감의 법칙'이라고 합니다. 한계생산물체감의 법칙은 기업의 생산기술에 변화가 없고 자본의 투입량이 고정되어 있을 때, 노동의 투입이 많아짐에 따라 차츰 한계생산물이 체감하는 현상을 말합니다. 이와 같이 한계생산성이 체감하는 이유는 자본과 노동이라는 두 생산요소 중 자본을 고정시킨 채, 노동의 투입만 증가시키기 때문입니다.

● **핵심유형 완성하기** ●

완전경쟁하에서 노동의 수요곡선을 우하향하게 하는 주된 요인은 무엇인가?

① 노동의 한계생산력   ② 노동의 가격

③ 생산물의 가격   ④ 한계비용

기출   2025년, 2019년 1회, 2009년 1회

정답   ①

09

독점 상품시장과 완전경쟁 노동시장에서 기업의 균형 고용 조건은?

① 임금과 총수입이 일치한다.

② 임금과 총비용이 일치한다.

③ 임금과 한계수입생산이 일치한다.

④ 임금과 한계생산물가치가 일치한다.

핵심 키워드 완전경쟁시장 ☞ 노동의 한계생산물가치(VMP_L)
독과점시장 ☞ 노동의 한계수입생산(MRP_L)

기출 데이터 2014년 1회

핵심기출 해설 **답 ③**

기업의 균형 고용 조건

• 완전경쟁시장에서 기업의 균형 고용 조건, 즉 이윤극대화 노동수요 조건은 노동의 한계생산물가치(VMP_L)와 임금률(W)이 일치하는 수준에 해당합니다. 이때 노동의 한계생산물가치(VMP_L)는 넓은 의미에서 노동의 한계수입생산(물)(MRP_L)으로도 볼 수 있습니다.

• 다만, 완전경쟁시장에서는 한계수입(MR)이 생산물가격(P)과 같으므로 '$VMP_L = MP_L \times P(=MR)$'의 공식이 성립하지만, 독과점시장의 경우 한계수입(MR)이 생산물가격(P)과 같지 않으므로 이를 노동의 한계생산물가치(VMP_L)로 나타내지 않습니다. 이는 독점 상태하의 기업의 경우 일정불변의 가격을 가지고 있는 것이 아니고 생산 공급량의 변화에 따라 변화하는 가격을 가지며, 그때그때 상품 판매에 따라 발생하는 추가적 수입으로서 한계수입(MR)이 각각 달라지기 때문입니다.

● **핵심유형 완성하기** ●

한계수입생산물(Marginal Revenue Product)은?	**기출** 2012년 3회
① 한계수입 × 한계생산물	**정답** ①
② 한계수입 × 생산물가격	**해설**
③ 총수입 × 한계생산물	한계생산량(MP)과 실물 산출량 한 단위당 발생하는 수입, 즉 한계수입(MR)을 곱한 것이다.
④ 한계수입 × 생산량	

독과점시장하에서의 기업의 노동수요곡선은?	**기출** 2006년 1회
① 노동의 한계수입생산물 곡선	**정답** ①
② 노동의 한계생산물가치 곡선	
③ 노동의 한계생산물 곡선	
④ 노동의 평균생산물 곡선	

10

다음 그림에서 노동시장이 수요독점인 경우 임금과 고용량은? (단, D와 S는 각각 노동의 수요곡선과 공급곡선, 그리고 MFC는 한계요소비용으로 노동의 한계비용을 의미한다)

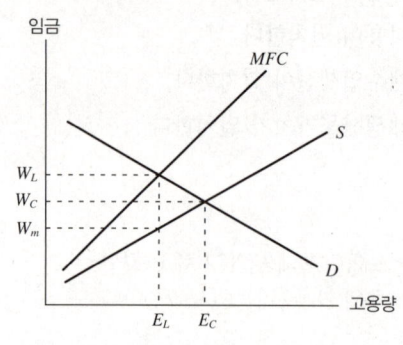

① W_L, E_L

② W_C, E_C

③ W_L, E_C

④ W_M, E_L

핵심 키워드 노동시장의 수요독점
☞ 낮은 임금수준, 낮은 고용수준

기출 데이터 2014년 1회, 2006년 3회

핵심기출 해설 답 ④

노동시장이 수요독점 상태인 경우 수요독점기업이 임의로 시장임금을 조정할 수 있을 것이며, 이러한 조건하에서 고용량은 수요곡선과 공급곡선에 의해 결정되는 것이 아닌 노동의 한계비용, 즉 한계요소비용(MFC)과 수요독점기업의 노동수요(D)에 해당하는 노동의 한계수입생산물(MRP_L)이 일치하는 수준(→ E_L)에서 결정된다. 이때 기업은 결정된 고용량 수준에 해당하는 공급곡선(S)의 높이만큼 임금을 지불하게 된다(→ W_M).

이것이 핵심 TIP

노동시장에서 수요독점이란 노동의 공급자는 다수인데 비해 이를 수요하는 수요자로서 기업은 하나뿐인 경우를 말합니다. 예를 들어, 작은 소도시에 비교적 큰 규모의 기업이 하나 있고, 그 기업이 대부분의 마을사람들을 고용한다고 가정할 때, 그 기업은 근로자인 마을사람들의 임금에 영향을 미칠 수 있으며, 이를 자기에게 유리한 방향으로 사용할 것입니다. 이와 같은 수요독점기업은 완전경쟁기업에 비해 고용량을 감소시키는 동시에 임금수준을 낮춤으로써 이윤을 증대시킬 것입니다.

● **핵심유형 완성하기** ●

노동시장이 완전경쟁인 경우와 수요독점인 경우의 비교로 옳은 것은?

① 수요독점인 경우가 완전경쟁인 경우에 비해 임금수준은 높게 되고 고용수준은 낮게 된다.

② 수요독점인 경우가 완전경쟁인 경우에 비해 임금수준은 낮게 되고 고용수준은 높게 된다.

③ 수요독점인 경우가 완전정쟁인 경우에 비해 임금수준과 고용수준 모두 높게 된다.

④ 수요독점인 경우가 완전경쟁인 경우에 비해 임금수준과 고용수준 모두 낮게 된다.

기출 2013년 1회, 2004년 1회

정답 ④

11 최저임금제의 도입이 근로자에게 유리하게 될 가능성이 높은 경우는?

① 노동시장이 수요독점 상태일 경우

② 최저임금과 한계요소비용이 일치할 경우

③ 최저임금이 시장균형임금 수준보다 낮을 경우

④ 노동시장이 완전경쟁상태일 경우

핵심 키워드 최저임금제의 도입이 근로자에게 유리한 경우

☞ 노동시장이 수요독점 상태일 경우

기출 데이터 2016년 2회, 2013년 3회, 2009년 2회, 2007년 1회

핵심기출 해설 **답 ①**

노동시장이 수요독점 상태인 경우 수요독점기업이 임의로 시장임금을 조정할 수 있을 것이며, 이러한 조건하에서 고용량은 수요곡선과 공급곡선에 의해 결정되는 것이 아닌 노동의 한계비용, 즉 한계요소비용(MFC)과 노동의 한계수입생산물(MRP_L)이 일치하는 수준에서 결정된다. 이러한 상황에서 정부에 의해 강제적인 최저임금법이 시행되는 경우, 기업은 최저임금 이하로 시장임금을 내리지 못할 것이며, 그렇다고 해서 무작정 고용량을 감소시키지도 않을 것이다. 그 이유는 기업의 경우 이윤의 극대화를 위해 노동의 한계수입생산물(MRP_L)과 노동의 한계비용으로서 한계요소비용(MFC)이 일치하는 지점까지 노동을 수요할 것이기 때문이다. 이는 최저임금의 인상에도 불구하고 고용이 오히려 증가할 수 있음을 시사한다.

이것이 핵심 **TIP**

최저임금제의 부정적 효과

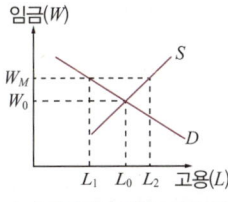

(ㄱ) 최저임금 적용 노동시장

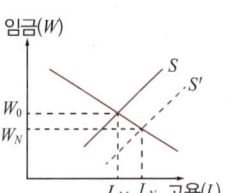

(ㄴ) 최저임금 적용제외 노동시장

- (ㄱ)의 노동시장이 탄력적인 노동수요곡선을 보이는 미숙련노동시장이라고 가정할 때, 정부가 시장에서 결정된 시장임금(W_0)이 지나치게 낮다고 간주하여 최저임금을 적용한다면(W_M), 고용이 유지된 미숙련근로자들은 임금 상승의 혜택을 보는 반면, 일부 미숙련근로자들은 $L_0 - L_1$ 만큼 일자리를 잃게 된다.

- 노동공급곡선이 탄력적일 때 (ㄱ)의 노동시장에서 축출된 $L_0 - L_1$ 만큼의 근로자들은 최저임금 적용이 제외되는 보다 열악한 (ㄴ)의 노동시장으로 몰리게 되는데, 그로 인한 파급효과(Spillover Effect)로 임금이 하락($W_0 - W_N$)하게 된다. 결국 이들 근로자들은 종전의 시장임금보다 더 낮은 임금(W_N)을 받음으로써 노동시장 내에서 차별을 경험하게 된다.

최저임금의 인상이 고용을 증가시킬 수 있는 경우는?

① 노동공급곡선이 우상향할 때 높아진 임금에 노동공급이 증가할 경우
② 노동공급곡선이 우상향할 때 최저임금 인상과 별개로 노동수요가 동시에 크게 증가할 경우
③ 최저임금이 시장균형임금 수준보다 낮을 경우
④ 노동공급곡선이 수직인 경우

기 출 2024년, 2011년 1회
정 답 ②

다음 중 최저임금제가 고용에 미치는 부정적 효과가 가장 큰 상황은?

① 노동수요곡선과 노동공급곡선이 모두 탄력적일 때
② 노동수요곡선과 노동공급곡선이 모두 비탄력적일 때
③ 노동수요곡선이 탄력적이고 노동공급곡선이 비탄력적일 때
④ 노동수요곡선이 비탄력적이고 노동공급곡선이 탄력적일 때

기 출 2022년 1회, 2019년 2회
정 답 ①

정부가 임금을 인상시킬 때 오히려 고용이 증대되는 경우는?

① 공급독점의 노동시장
② 수요독점의 노동시장
③ 완전경쟁의 노동시장
④ 복점의 노동시장

기 출 2021년 3회, 2008년 1회
정 답 ②
해 설
정부에 의한 인위적인 임금인상은 최저임금제의 도입 등으로 나타날 수 있다. 참고로 복점시장은 과점의 한 유형으로서, 시장에 2개의 기업만이 경쟁하는 형태를 말한다.

12

노동의 준고정비용(Quasi-fixed Cost)의 증가가 기업의 고용 수준과 소속 근로자의 초과근로시간에 미치는 효과는?

① 고용 수준은 증가하지만 초과근로시간은 감소한다.

② 고용 수준은 감소하지만 초과근로시간은 증가한다.

③ 고용 수준과 초과근로시간 모두 증가한다.

④ 고용 수준과 초과근로시간 모두 감소한다.

핵심 키워드 노동의 준고정비용의 증가
☞ 고용 수준 감소, 초과근로시간 증가

기출 데이터 2023년, 2017년 2회, 2011년 3회

핵심기출 해설 답 ②

준고정비용

• 사용자는 근로자의 근로시간이 아닌 다른 수와 관련된 비용을 부담하게 되며, 이는 근로시간의 단축 등으로 쉽게 삭감할 수 있는 가변비용과 달리 삭감이 어려운 준고정적 비용과 연관된다.

• 준고정비용은 크게 '근로자에 대한 투자'와 '부가급여'로 구분된다. 근로자에 대한 투자에는 근로자의 채용 및 훈련비용, 고용관계 종결에 따른 비용 등이 있으며, 부가급여에는 직접적인 임금 및 급여근로소득 이외의 건강보험, 퇴직연금(퇴직금), 유급휴가, 교육훈련비, 사회보장지급 등이 있다.

• 비임금노동비용으로서 준고정비용은 노동자의 신규채용 및 초과근로에 대한 사용자들의 의사결정에 상당한 영향을 미친다.

• 준고정비용이 증가하는 경우 사용자는 비용을 절감하기 위해 고용을 감소하며, 그로 인해 1인당 근로시간은 증가할 수 있다.

이것이 핵심 TIP

부가급여는 근로자 1인당 지급되므로, 만약 근로시간만을 조정한다면 부가급여 총액은 변동하지 않습니다. 그러나 근로자를 더 고용하거나 감원하는 경우 부가급여 총액은 변동합니다. 따라서 부가급여의 존재를 감안할 때, 노동비용 중 근로자에게 매달 근로의 대가로 지불하는 임금노동비용은 가변비용에 해당하지만, 비임금노동비용으로서 부가급여는 기업이 택하는 전략에 따라서 고정비용이 되기도 하고 가변비용으로서의 성격을 가지기도 하므로 '준고정비용'이라 부르는 것입니다.

요컨대, 사용자는 다음과 같은 이유로 부가급여를 선호하는 경향이 있습니다.

• 정부의 임금규제 강화 시 이를 회피하는 수단
• 전반적인 임금통제시기에 양질의 근로자 혹은 사용자가 선호하는 근로자 유치
• 근로자의 장기근속 유도 및 생산성 향상
• 조세나 보험료 부담 감소(절세효과)

준고정적 노동비용에 해당하지 않는 것은?

① 퇴직금
② 의료보험
③ 유급휴가
④ 초과근무수당

기출 2020년 4회, 2006년 1회
정답 ④

해설
초과근무수당은 임금노동비용에 해당한다.

사용자의 부가급여 선호 이유가 아닌 것은?

① 절세(節稅)효과
② 근로자 유치
③ 장기근속 유도
④ 퇴직금 부담 감소

기출 2017년 1회
정답 ④

해설
퇴직금이나 퇴직연금은 부가급여에 포함된다.

노동비용을 현금급여와 부가급여로 구분할 때 일반적으로 부가급여와 가장 거리가 먼 것은?

① 초과급여
② 퇴직금
③ 교육훈련비
④ 사업주가 부담하는 사회보험료

기출 2017년 2회
정답 ①

해설
초과급여는 경상화폐임금으로서 변동적 임금에 해당한다.

단시간근로자(파트타임근로자)에 대한 의료보험 가입을 법적으로 강제할 경우 발생하는 경제적 효과로 옳은 것은?

① 단시간근로자의 고용 증가와 전일제근무자의 초과근로 시간 증가
② 단시간근로자의 고용 증가와 전일제근무자의 초과근로 시간 감소
③ 단시간근로자의 고용 감소와 전일제근무자의 초과근로 시간 증가
④ 단시간근로자의 고용 감소와 전일제근무자의 초과근로 시간 감소

기출 2013년 2회
정답 ③

해설
준고정비용이 증가하는 경우 사용자는 비용을 절감하기 위해 고용을 감소하며, 그로 인해 1인당 근로시간은 증가할 수 있다.

퇴직금, 사회보장비, 복리후생비 등 노동시간과 직접적인 관계없이 지불되는 비용을 준고정비용이라고 한다. 준고정비용이 증가하면 기업의 고용, 근로시간은 어떻게 변할까?

① 고용은 증가하고 1인당 근로시간은 감소할 것이다.
② 고용은 감소하고 1인당 근로시간은 증가할 것이다.
③ 고용과 1인당 근로시간 모두 증가할 것이다.
④ 고용과 1인당 근로시간 모두 감소할 것이다.

기출 2005년 3회
정답 ②

13 장 · 단기 노동수요곡선에 관한 설명으로 옳은 것은?

① 장기가 단기에 비해 더욱 탄력적이다.

② 장기가 단기에 비해 더욱 비탄력적이다.

③ 장기와 단기의 탄력성은 같다.

④ 노동공급곡선의 탄력성과 비교해야 알 수 있다.

핵심 키워드 장 · 단기 노동수요곡선 ☞ 장기가 단기에 비해 탄력적

기출 데이터 2013년 3회

핵심기출 해설 답 ①

장 · 단기 노동수요의 임금탄력성

• 단기는 생산량 증가를 위해 생산요소를 투입시키고자 할 때 그 투입량을 변화시킬 수 없는 고정 생산요소(예 자본이나 토지 등)가 존재하는 기간을 의미한다. 반면, 장기는 생산량 증가를 위해 생산요소를 투입시키고자 할 때 모든 투입요소들이 가변적인 상태에 있는 기간을 의미한다.

• 장기에 기업은 노동뿐만 아니라 자본 투입의 통제가 가능하므로 자본과 노동의 투입비율의 적절한 변동으로 최대 산출량을 도모하려 할 것이다. 예를 들어, 어느 기업의 1원당 노동의 한계생산이 1원당 자본의 한계생산보다 작을 경우 장기 노동수요를 감소시키거나 자본투입량을 증가시킴으로써 이윤을 극대화할 수 있다. 결국 장기 노동수요는 노동만을 가변요소로 하는 단기 노동수요보다 더욱 탄력적이 된다.

이것이 핵심 TIP

장기가 단기에 비해 더욱 탄력적인 이유를 쉽게 예를 들어 설명해보겠습니다.

만약 교통사고가 났다고 가정합시다. 당장 치료비가 없다면 집이라도 팔아야겠죠? 하지만 이와 같은 사태를 미리 대비해온 사람은 사전에 보험이나 적금을 들어놓아 집을 안 팔아도 치료비를 지불할 수 있습니다. 즉, 만약의 사태에 단기적으로 대처하는 사람이 동원할 수 있는 방법은 극히 제한적입니다(집을 파는 방법밖에 없음 ☞ 비탄력적). 그러나 이를 장기적으로 대처하는 사람이 동원할 수 있는 방법은 보다 많습니다(굳이 집을 안 팔아도 됨 ☞ 탄력적).

● **핵심유형 완성하기** ●

기업의 장기 노동수요곡선에 대한 설명으로 옳은 것은?

① 단기 노동수요곡선과 같다.

② 단기 노동수요곡선보다 비탄력적이다.

③ 단기 노동수요곡선보다 탄력적이다.

④ 일정한 규칙이 없다.

기출 2015년 2회

정답 ③

14

임금이 하락할 경우 장기 노동수요곡선에 대한 설명으로 옳은 것을 모두 고른 것은?

ㄱ. 장기 노동수요곡선은 단기 노동수요곡선에 비해 비탄력적이다.
ㄴ. 장기에는 대체효과 외에 추가 자본투입에 의한 산출량 효과로 인해 추가적으로 노동수요가 증가한다.
ㄷ. 장기에는 대체효과 및 소득효과로 인해 노동수요가 증가한다.

① ㄱ   ② ㄴ
③ ㄱ, ㄴ   ④ ㄱ, ㄴ, ㄷ

핵심 키워드 　장기 노동수요곡선
　　　　　　 ☞ 대체효과와 규모효과(산출량 효과)
기출 데이터 　2016년 2회

핵심기출 해설　답 ②

ㄴ. 규모효과(산출량 효과)는 임금의 상승 또는 하락에 의해 생산비와 생산량, 그로 인한 노동수요가 증가 또는 감소 하는 효과를 말한다. 만약 장기에 임금이 하락할 경우 한계비용(MC)이 감소하게 되고, 이는 이윤극대화를 위한 생산량 수준의 증가를 유도하게 되어 추가적인 자본 투입과 함께 노동수요의 증가를 유발한다.

ㄱ. 장기 노동수요곡선은 단기 노동수요곡선에 비해 탄력적이다.

ㄷ. 장기 노동수요곡선은 대체효과와 규모효과(산출량 효과)의 결합으로 유도된다(주의 : 대체효과와 소득효과가 아님).

이것이 핵심　TIP

위의 해설 내용에서 대체효과는 생산요소 중 상대적으로 값이 싸진 노동을 생산에 상대적으로 더 많이 투입하는 효과로, 규모효과(산출량 효과)는 임금률 저하에 따른 생산비 저하로 기업이 생산규모를 확대하여 생산량을 증가시키는 효과로 제시하고 있는 점을 기억해 두시기 바랍니다(주의 : 규모효과와 소득효과는 다름). 참고로 이와 같은 효과들은 임금이 상승할 경우 그 반대의 양상을 보이게 됩니다.

● **핵심유형 완성하기** ●

다음 중 장기 노동수요에 대한 설명이 아닌 것은?

① 단기에서보다 장기에서 임금률이 높으므로 기업에서의 노동수요량은 더욱 하락한다.
② 노동의 수요가 단기보다 장기에서 더욱 탄력적이다.
③ 기업의 장기 노동수요곡선은 대체효과와 소득효과의 결합으로 유도된다.
④ 장기 노동수요는 노동 이외의 다른 생산요소를 함께 변화시켜 가면서 고용량을 조정한다.

기출 2025년, 2006년 1회
정답 ③
해설
기업의 장기 노동수요곡선은 대체효과와 규모효과(산출량 효과)의 결합으로 유도된다.

15 다음 (   ) 안에 들어갈 알맞은 것은?

우하향하는 기울기를 갖는 등량곡선이 근본적으로 보여주는 바는 (   )의 원리이다. 이는 일정한 산출량 수준을 유지하는 데 있어서 한 투입요소를 더 이용하면 기업은 다른 투입요소를 줄여야 함을 의미한다.

① 대 체   ② 상 쇄
③ 보 완   ④ 상 극

핵심 키워드 등량곡선
           ☞ 생산요소의 대체관계(대체의 원리)
기출 데이터 2011년 3회, 2008년 3회

핵심기출 해설   답 ①

등량곡선과 한계기술대체율
• 등량곡선은 주로 노동과 자본을 변수로 하는 좌표평면에서 볼 수 있는 것으로, 생산자이론에서 산출량의 극대화에 이르는 점을 찾기 위해 사용한다.
• 한계기술대체율은 등량곡선에서 두 투입요소(노동과 자본) 가운데 하나의 투입요소가 한 단위 증가함에 따라 대체되는 다른 투입요소 간의 비율을 말한다.

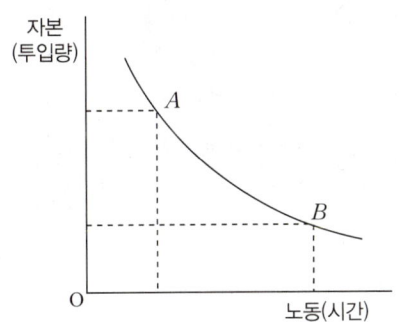

이것이 핵심   **TIP**

등량곡선이 우하향한다는 것은 생산요소(여기서는 노동과 자본)가 서로 대체된다는 것을, 즉 기업이 한 투입요소(예 자본)를 더 이용할 경우 다른 투입요소(예 노동)를 줄여야 이윤을 극대화할 수 있음을 나타냅니다. 또한 원점에 마주하여 볼록하다는 것은 두 생산요소가 서로 대체되기는 하지만, 그 생산요소 간의 대체정도가 체감한다는 것을 의미합니다. 물론 앞서 살펴보았듯이, 생산요소로서 노동과 자본이 항상 대체관계인 것은 아니며, 보완관계일 수도 있습니다.

16

노동수요의 탄력성의 값이 0이면 완전비탄력적인 경우를 말하고 노동수요곡선의 형태는 수직이 된다. 이때 임금의 변화에 대한 노동수요량의 변화에 대한 설명 중 옳은 것은?

① 임금의 변화에 대한 노동수요량의 변화가 작다는 것을 의미한다.

② 임금의 변화율보다 노동수요량의 변화가 더 크다는 것을 의미한다.

③ 임금의 변화에 대한 노동수요량의 변화가 0이라는 것을 나타낸다.

④ 임금의 미세한 변화에도 불구하고 노동수요량이 매우 민감하게 반응한다는 것을 의미한다.

핵심 키워드 노동수요의 (임금)탄력성
☞ 임금의 변화율에 대한 노동수요량의 변화율

기출 데이터 2004년 1회

핵심기출 해설 답 ③

노동수요의 (임금)탄력성

- 탄력성은 독립변수 변화율에 대한 종속변수 변화율의 정도를 말한다. 특히 노동수요의 임금탄력성은 독립변수인 임금률이 1% 변화할 때 그에 의해 유발되는 종속변수로서 노동수요량의 변화율을 말한다.

- 노동수요의 임금탄력성이 '1'보다 크다면 임금의 1% 증가는 1% 이상의 고용 감소를 가져오며, 이 경우 수요는 탄력적이라고 한다. 또한, 탄력성의 값이 무한대(∞)이면 완전탄력적이라고 하며, 노동수요곡선의 형태는 수평이 된다. 이는 임금의 변화에 대한 노동수요량의 변화가 무한대(∞)임을 나타낸다.

- 노동수요의 임금탄력성이 '1'보다 작으면 수요는 비탄력적이라고 하며, 이때 임금의 1% 상승은 1%보다 작은 고용의 감소를 초래한다. 또한 탄력성의 값이 '0'이면 '완전비탄력적'인 경우를 말하고, 노동수요곡선의 형태는 수직이 된다. 이는 임금의 변화에 대한 노동수요량의 변화가 '0'임을 나타낸다.

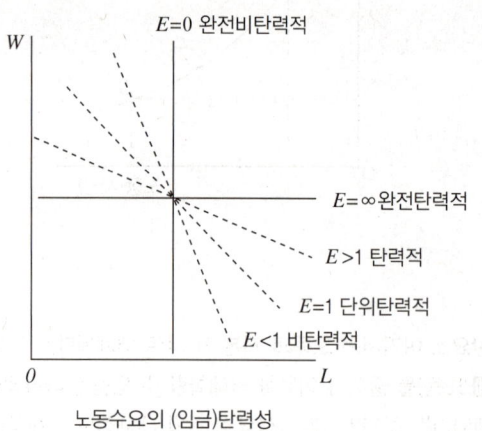

노동수요의 (임금)탄력성

이것이 핵심 TIP

'노동수요의 탄력성'과 '노동공급의 탄력성'은 각각 '노동수요의 임금탄력성'과 '노동공급의 임금탄력성'으로 부르는 것이 보다 정확한 표현입니다. 그 이유는 임금의 변화에 따른 노동수요 또는 노동공급의 변화를 나타내는 것이기 때문입니다.

노조가 임금인상 투쟁을 벌일 때, 고용량 감소효과가 가장 적게 나타나는 경우는?

① 노동수요의 임금탄력성이 0.1일 때
② 노동수요의 임금탄력성이 1일 때
③ 노동수요의 임금탄력성이 2일 때
④ 노동수요의 임금탄력성이 5일 때

기출 2022년 2회, 2016년 1회, 2008년 1회, 2005년 3회
정답 ①
해설
노동수요의 임금탄력성이 커지면 노동조합의 임금교섭력은 약화되는 반면, 임금탄력성이 작아지면 임금교섭력은 커지게 된다.

노동수요의 탄력성에 관한 설명으로 옳은 것은?

① 노동수요의 변화율에 대한 임금의 변화율이다.
② 노동수요의 변화율에 대한 제품수요의 변화율이다.
③ 임금의 변화율에 대한 노동수요량의 변화율이다.
④ 임금의 변화율에 대한 제품수요의 변화율이다.

기출 2009년 1회
정답 ③
해설

*참고 : '노동수요의 탄력성'은 '노동수요의 임금탄력성'으로 부르는 것이 보다 정확한 표현입니다. 그 이유는 임금의 변화에 따른 노동수요의 변화를 나타내는 것이기 때문입니다.

다음 중 노동수요의 임금탄력성을 바르게 설명한 것은?

① 노동수요의 임금탄력성이란 수요가 1% 변할 때 임금은 몇 % 증가하는지를 말한다.
② 탄력성이 1보다 크면 임금 상승은 근로자의 총 근로소득을 감소시킨다.
③ 장기보다는 단기에 탄력성의 효과가 크다.
④ 탄력성이 1인 것이 바람직하다.

기출 2004년 3회
정답 ②
해설
노동수요의 임금탄력성이 1보다 크다면 임금의 1% 증가는 1% 이상의 고용 감소를 가져오므로, 결과적으로 근로자의 총 근로소득을 감소시킨다.

17 노동수요의 탄력성에 관한 설명으로 틀린 것은?

① 생산물에 대한 수요가 탄력적일수록 노동수요도 탄력적으로 된다.

② 총생산비에 대한 노동비용의 비중이 클수록 노동수요는 비탄력적으로 된다.

③ 노동을 다른 생산요소로 대체하는 것이 용이할수록 노동수요는 탄력적으로 된다.

④ 노동 이외 생산요소의 공급탄력성이 작을수록 노동수요는 비탄력적으로 된다.

핵심 키워드 노동수요의 (임금)탄력성 결정요인

☞ 생산물 수요의 탄력성, 총생산비에 대한 노동비용의 비중, 노동의 대체가능성, 노동 이외의 생산요소의 공급탄력성

기출 데이터 2017년 1회, 2011년 1회

핵심기출 해설 답 ②

노동수요의 (임금)탄력성 결정요인

• 생산물 수요의 탄력성 : 생산물의 수요가 탄력적일수록 노동수요는 더 탄력적이 된다.

• 총생산비에 대한 노동비용의 비중(비율) : 총생산비에서 차지하는 노동비용의 비중(비율)이 클수록 노동수요는 더 탄력적이 된다.

• 노동의 대체가능성 : 노동과 다른 생산요소 간의 대체가 용이할수록 노동수요는 더 탄력적이 된다.

• 노동 이외의 생산요소의 공급탄력성 : 노동 이외의 생산요소의 공급탄력성이 클수록 노동수요는 더 탄력적이 된다.

이것이 핵심 TIP

위의 해설은 노동수요가 더욱 탄력적이 되는 경우를 설명하고 있습니다. 따라서 그 반대의 경우를 가정할 때 노동수요는 비탄력적이 된다고 볼 수 있습니다(예 생산물의 수요가 비탄력적일수록 노동수요도 비탄력적이 된다). 참고로 이 문제는 노동수요의 임금탄력성에 대한 힉스-마샬의 법칙과 연관됩니다.

● **핵심유형 완성하기** ●

노동수요 탄력성의 크기에 영향을 미치는 요인과 거리가 가장 먼 것은?

① 생산물 수요의 가격탄력성

② 총생산비에 대한 노동비용의 비중

③ 노동의 대체곤란성

④ 대체생산요소의 수요탄력성

기출 2021년 3회, 2018년 1회

정답 ④

해설
대체생산요소(노동 이외의 생산요소)의 수요탄력성이 아닌 공급탄력성이 노동수요 임금탄력성의 크기에 영향을 미친다.

노동수요의 탄력성 결정요인이 아닌 것은?

① 다른 요소와의 대체가능성
② 총생산비에 대한 노동비용의 비중
③ 다른 생산요소의 수요의 가격탄력성
④ 상품에 대한 수요의 탄력성

기출 2020년 3회, 2005년 3회

정답 ③

노동수요의 탄력성에 대한 설명으로 틀린 것은?

① 생산물에 대한 수요가 탄력적일수록 노동수요는 더욱 비탄력적이 된다.
② 총생산비 중 노동비용이 차지하는 비중이 클수록 노동수요는 더 탄력적이 된다.
③ 노동을 다른 생산요소로 대체할 가능성이 낮으면 노동수요는 더 비탄력적이 된다.
④ 노동 이외 생산요소의 공급탄력성이 클수록 노동수요는 더 탄력적이 된다.

기출 2019년 1회

정답 ①

해설
생산물에 대한 수요가 탄력적일수록 노동의 수요 또한 탄력적이 된다.

노동의 임금탄력성에 관한 설명 중 옳은 것을 모두 고른 것은?

> ㄱ. 상품수요가 가격탄력적이면 노동수요의 임금탄력성이 높다.
> ㄴ. 숙련정도가 높을수록 노동수요의 임금탄력성은 감소한다.
> ㄷ. 생산비 중 인건비가 차지하는 비중이 크면 노동수요의 임금탄력성이 높다.

① ㄱ, ㄴ
② ㄱ, ㄷ
③ ㄴ, ㄷ
④ ㄱ, ㄴ, ㄷ

기출 2018년 3회

정답 ④

힉스-마샬 법칙에 관한 설명으로 틀린 것은?

① 최종생산물에 대한 수요가 탄력적일수록, 노동에 대한 수요는 탄력적이 된다.
② 다른 요소와의 대체가능성이 높을수록 노동에 대한 탄력성은 작게 된다.
③ 다른 생산요소의 공급탄력성이 작을수록 노동을 다른 생산요소(자본)로 대체하기가 어렵게 되기 때문에 노동수요의 탄력성은 작아진다.
④ 총생산비에서 차지하는 노동비용의 비중이 높을수록 노동에 대한 수요탄력성은 크게 된다.

기출 2016년 1회, 2007년 3회

정답 ②

해설
노동과 다른 생산요소 간의 대체가능성이 높을수록, 즉 대체가 용이할수록 노동수요는 더 탄력적이 된다.

다음 중 노동수요의 탄력성 결정요인이 아닌 것은?

① 노동자에 의해 생산된 상품의 수요탄력성
② 총생산비에서 차지하는 노동비용의 비율
③ 노동의 다른 생산요소로의 대체가능성
④ 노동이동의 가능성

기출 2016년 3회, 2004년 1회

정답 ④

노동수요 탄력성의 크기에 영향을 미치는 요인과 가장 거리가 먼 것은?

① 생산물 수요의 가격탄력성 크기
② 총비용에서 노동이 차지하는 비중
③ 다른 생산요소로의 대체 용이성
④ 대체생산요소의 수요탄력성

기출 2011년 3회

정답 ④

해설
대체생산요소(노동 이외의 생산요소)의 수요탄력성이 아닌 공급탄력성이 노동수요의 임금탄력성의 크기에 영향을 미친다.

다음 중 노동수요가 상대적으로 탄력적인 경우는?

① 기업이 이윤을 극대화하는 경우
② 기업의 생산비용 중 노동비용이 증가하는 경우
③ 노동 이외의 생산요소의 공급곡선이 비탄력적인 경우
④ 노동의 공급곡선이 수직인 경우

기출 2010년 4회, 2005년 1회
정답 ②

다음 중 노동수요의 탄력성에 관한 설명으로 옳은 것은?

① 생산물 수요의 탄력성이 낮을수록 노동수요의 탄력성은 크다.
② 총생산비 중 노동비용의 비중이 낮을수록 노동수요의 탄력성은 크다.
③ 노동 외의 생산요소와 대체가 어려울 경우 노동수요의 탄력성은 작다.
④ 노동 이외 생산요소의 공급탄력성이 클수록 노동수요의 탄력성은 작다.

기출 2008년 3회
정답 ③

노동수요의 탄력성에 대한 설명으로 맞는 것은?

① 노동수요의 탄력성은 기업의 생산물시장에 있어서 생산물의 수요탄력성이 보다 탄력적일수록 비탄력적으로 된다.
② 총비용에서 차지하는 노동비용의 비율이 클수록 노동수요의 탄력성은 더욱 커진다.
③ 노동과 자본의 대체가능성이 클수록 노동수요의 탄력성은 더욱 작아지게 된다.
④ 노동을 대체할 수 있는 다른 생산요소, 예를 들면 자본의 공급탄력성이 클 수록 노동수요의 탄력성은 더욱 비탄력적으로 된다.

기출 2007년 1회, 2004년 3회
정답 ②

노동수요 탄력성에 관한 힉스–마샬의 법칙에 대한 설명으로 옳지 않은 것은?

① 노동에 대한 수요탄력성은 여타 생산요소의 공급탄력성이 작을수록 커진다.
② 노동에 대한 수요탄력성은 노동비용이 총생산비에서 차지하는 비중이 클수록 크다.
③ 다른 생산요소와의 대체가능성이 높으면 높을수록 노동에 대한 탄력성은 크게 된다.
④ 최종생산물에 대한 수요가 탄력적일수록 노동에 대한 수요는 탄력적이 된다.

기출 2005년 3회
정답 ①
해설
노동에 대한 수요탄력성은 노동 이외의 생산요소의 공급탄력성이 클수록 커진다.

노동수요의 탄력성이 커지는 경우에 대한 설명으로 틀린 것은?

① 생산된 상품의 수요 탄력성이 크다.
② 노동 이외의 다른 생산요소가 노동과 쉽게 대체될 수 있다.
③ 노동 이외의 다른 생산요소의 공급이 탄력적이다.
④ 노동 이외의 요소비용이 전체 비용에서 차지하는 비율이 크다.

기출 2003년 3회
정답 ④
해설
① 생산물 수요의 탄력성
② 노동의 대체가능성
③ 노동 이외의 생산요소의 공급탄력성

18

임금이 10% 상승할 때 노동수요량이 20% 하락했다면 노동수요의 탄력성 값은?

① 0.5

② 1.0

③ 1.5

④ 2.0

핵심 키워드 노동수요의 (임금)탄력성 공식

☞ 노동수요의 (임금)탄력성 = $\dfrac{\text{노동수요량의 변화율(\%)}}{\text{임금의 변화율(\%)}}$

기출 데이터 2018년 2회, 2010년 1회, 2008년 3회

핵심기출 해설 **답 ④**

노동수요의 (임금)탄력성은 임금 1%의 증가에 의해 유발되는 고용의 변화율을 말하는 것으로서, 다음의 공식으로 나타낼 수 있다.

노동수요의 (임금)탄력성 = $\dfrac{\text{노동수요량의 변화율(\%)}}{\text{임금의 변화율(\%)}}$

임금이 10% 상승(+10%)할 때 노동수요량이 20% 하락(−20%)하였으므로,

노동수요의 (임금)탄력성 = $\dfrac{-20(\%)}{10(\%)}$ = −2.0

단, 노동수요의 (임금)탄력성은 절댓값 개념을 사용하므로 '2.0'에 해당한다.

이것이 핵심 **TIP**

일반적으로 임금이 상승하면 노동에 대한 수요가 감소하므로 노동수요의 임금탄력성은 항상 부(−)의 값을 가지게 됩니다. 따라서 노동수요의 임금탄력성은 절댓값 개념을 사용하며, 절댓값이 클수록 임금변화에 대한 고용변화의 정도가 큼을 나타냅니다. 참고로 절댓값은 '음/양'의 방향을 무시한 채 단지 변위의 크기만을 다루는 개념입니다. 또한 노동수요의 임금탄력성은 '%'의 단위를 가지지 않습니다.

● **핵심유형 완성하기** ●

노동의 수요탄력성이 0.5이고 다른 조건이 일정할 때 임금이 5% 상승한다면 고용량의 변화는?

① 0.5% 감소한다.

② 2.5% 감소한다.

③ 5% 감소한다.

④ 5.5% 감소한다.

기출 2022년 1회, 2017년 3회, 2009년 2회

정답 ②

해설

노동수요의 (임금)탄력성

= $\dfrac{\text{노동수요량의 변화율(\%)}}{\text{임금의 변화율(\%)}}$

$0.5 = \dfrac{x}{5(\%)}$

$x = 0.5 \times 5(\%) = 2.5(\%)$

∴ 2.5% 감소

임금이 10,000원에서 12,000원으로 증가할 때 고용량이 120명에서 108명으로 감소한 경우 노동수요의 탄력성은?

① 0.06
② 0.5
③ 1.0
④ 2.0

기출 2021년 2회, 2015년 1회
정답 ②
해설
- 노동수요량의 변화율(%)

$$= \frac{120-108}{120} \times 100 = 10(\%)$$

- 임금의 변화율(%)

$$= \frac{12,000-10,000}{10,000} \times 100 = 20(\%)$$

- 노동수요의 임금탄력성 $= \frac{10(\%)}{20(\%)} = 0.5$

∴ 0.5

시간당 임금이 5,000원에서 6,000원으로 인상될 때, 노동수요량이 10,000에서 9,000으로 감소한다면 노동수요의 임금탄력성은? (단, 노동수요의 임금탄력성은 절댓값이다)

① 0.2
② 0.5
③ 1
④ 2

기출 2020년 1 · 2회
정답 ②
해설
- 노동수요량의 변화율(%)

$$= \frac{10,000-9,000}{10,000} \times 100 = 10(\%)$$

- 임금의 변화율(%)

$$= \frac{6,000-5,000}{5,000} \times 100 = 20(\%)$$

- 노동수요의 임금탄력성 $= \frac{10(\%)}{20(\%)} = 0.5$

∴ 0.5

외국인 노동자들의 모든 근로가 합법화되었을 때 외국인 노동수요의 임금탄력성이 0.6이고 임금이 15% 상승하면, 외국인 노동자들에 대한 수요는 몇 % 감소하는가?

① 6%
② 9%
③ 12%
④ 15%

기출 2020년 4회, 2016년 2회, 2013년 2회
정답 ②
해설

$$0.6 = \frac{x}{15(\%)}$$

$$x = 0.6 \times 15(\%) = 9(\%)$$

∴ 9%

노동수요의 탄력성 개념을 설명한 것으로 옳은 것은?

① 노동수요의 변화율을 임금수준의 변화율로 나눈 값
② 임금수준의 변화율을 노동수요의 변화율로 나눈 값
③ 노동수요의 변화량을 임금수준의 변화량으로 나눈 값
④ 임금수준의 변화량을 노동수요의 변화량으로 나눈 값

기출 2005년 1회
정답 ①
해설
노동수요의 (임금)탄력성

$$= \frac{\text{노동수요량의 변화율(\%)}}{\text{임금의 변화율(\%)}}$$

19 다음 중 노동공급의 결정요인을 모두 짝지은 것은?

ㄱ. 인구 수
ㄴ. 경제활동참가율
ㄷ. 노동시간
ㄹ. 일에 대한 노력의 강도
ㅁ. 노동인구의 교육정도

① ㄱ, ㄴ
② ㄱ, ㄴ, ㄷ
③ ㄱ, ㄴ, ㄷ, ㄹ
④ ㄱ, ㄴ, ㄷ, ㄹ, ㅁ

핵심 키워드 노동공급의 결정요인
☞ 인구 수, 경제활동참가율, 노동시간, 일에 대한 노력의 강도, 노동인구의 교육정도(노동력의 질) 등
기출 데이터 2012년 1회

핵심기출 해설 답 ④

노동공급의 결정요인

• 인구 또는 생산가능인구의 크기(인구 수) : 어떤 국민경제의 총인구 또는 생산가능인구가 증가할수록 노동공급도 증가하게 된다.
• 경제활동참가율 : 경제활동참가율이 높을수록 노동공급이 증가하게 된다.
• 노동시간(노동공급시간) : 노동공급시간이 증가할수록 노동공급도 증가한다.
• 노동력의 질(노동인구의 교육정도) : 교육, 훈련을 통해 많은 능력과 기술이 축적되어 있다면 다양한 분야로 진출할 수 있기 때문에 노동공급이 늘어날 수 있다.
• 일에 대한 노력의 강도 : 노동자가 일에 대한 노력을 많이 기울일수록 노동공급도 증가한다.
• 임금지불방식 : 직무가 개별 노동자들의 능력에 크게 의존하는 경우에는 개별성과급제도를, 기업 전체의 집단적인 생산성을 도모하기 위한 경우에는 집단성과급제도를 실시하여 노동공급의 증대효과를 도모한다.
• 동기부여와 사기 : 종업원의 사기앙양과 회사에 대한 충성심을 고양시킴으로써 노동공급에 영향을 미친다.

이것이 핵심 TIP

'노동공급의 결정요인'과 '노동공급의 (임금)탄력성 결정요인'은 다릅니다. 이 두 가지를 서로 구분할 수 있어야 합니다.

● **핵심유형 완성하기** ●

다음 중 노동공급의 결정요인이 아닌 것은?

① 인구의 규모와 구조
② 노동생산성의 변화
③ 임금지불방식
④ 동기부여와 사기

기출 2010년 3회
정답 ②

20

경제활동참가 또는 노동공급을 결정하는 요인에 대한 설명으로 사실과 가장 거리가 먼 것은?

① 비근로소득이 클수록 경제활동참가는 낮아진다.
② 취학 전 자녀 수가 많을수록 경제활동참가는 낮아진다.
③ 교육수준이 높아질수록 경제활동참가는 증가한다.
④ 기업의 노동시간이 신축적일수록 노동공급이 감소한다.

핵심 키워드 기혼여성의 경제활동참가율 결정요인
☞ 법적 · 제도적 장치, 시장임금, 남편(배우자) 소득, 자녀 수, 가계생산기술, 고용시장, 교육수준

기출 데이터 2025년, 2017년 1회, 2010년 4회, 2009년 3회

핵심기출 해설 **답 ④**

④ 기업의 노동시간이 신축적일수록, 즉 고용시장의 유연화가 이루어질수록 경제활동참가(노동공급)가 증가한다.

기혼여성의 경제활동참가율을 결정하는 요인

• 법적 · 제도적 장치의 유무 : 육아 및 가사를 위한 법적 · 제도적 장치가 부족한 경우 기혼여성의 경제활동참가율은 감소한다.
• 시장임금의 증감 : 시장임금이 감소하는 경우 기혼여성의 경제활동참가율은 감소한다.
• 남편(배우자) 소득의 증감 : 남편의 소득이 증가하는 경우 기혼여성의 경제활동참가율은 감소한다.
• 자녀 수의 증감 : 자녀 수가 증가하는 경우 기혼여성의 경제활동참가율은 감소한다.
• 가계생산기술의 발달 여부 : 노동절약적 가계생산기술이 낙후된 경우 기혼여성의 경제활동참가율은 감소한다.
• 고용시장의 발달 여부 : 고용시장이 경직된 경우 기혼여성의 경제활동참가율은 감소한다.
• 여성의 교육수준 : 기혼여성의 교육수준이 낮은 경우 경제활동참가율은 감소한다.

이것이 핵심 **TIP**

기혼여성의 경제활동참가율을 높이는 요인
• 법적 · 제도적 장치의 확충(육아 및 유아교육시설의 증설)
• 시장임금의 상승
• 남편(배우자) 소득의 감소
• 자녀 수의 감소(출산율 저하)
• 가계생산기술의 향상(노동절약적 가계생산기술의 향상)
• 고용시장의 유연화(시간제근무자 또는 단시간근무자에 대한 기업의 수요 증가)
• 여성의 높은 교육수준

● **핵심유형 완성하기** ●

기혼여성의 경제활동참가율을 높이는 요인과 가장 거리가 먼 것은?

① 가사노동 대체비용의 하락
② 남편의 소득 증가
③ 출산율 저하
④ 시간제근무 기회 확대

기 출 2018년 2회, 2012년 2회
정 답 ②
해 설
남편(배우자)의 소득 증가가 아닌 소득 감소가 옳다.

기혼여성의 경제활동참가율을 높이는 요인과 가장 거리가 먼 것은?

① 시장임금의 상승
② 노동절약적 가계생산기술의 향상
③ 배우자의 소득 증가
④ 육아 및 유아교육시설의 증설

기 출 2017년 2회, 2013년 2회
정 답 ③
해 설
남편(배우자)의 소득이 증가할수록 기혼여성의 경제활동참가율은 감소한다.

다음 중 기혼여성의 경제활동참가 증가요인이 아닌 것은?

① 시장임금의 상승
② 보상요구임금의 상승
③ 남편 근로소득의 감소
④ 파트타임 고용시장의 발달

기 출 2014년 2회
정 답 ②

기혼여성의 경제활동참가율을 높이는 요인이 아닌 것은?

① 가사노동 대체비용의 하락
② 남편의 소득 증가
③ 출산율 저하
④ 시간제근무 기회 확대

기 출 2012년 2회
정 답 ②

기혼여성의 경제활동참가율에 관한 설명으로 틀린 것은?

① 남편의 소득이 높을수록 경제활동참가율은 하락한다.
② 가계생산의 기술이 향상될수록 경제활동참가율은 하락한다.
③ 교육수준이 높을수록 경제활동참가율은 상승한다.
④ 자녀의 연령이 높을수록 경제활동참가율은 상승한다.

기 출 2010년 2회, 2007년 1회
정 답 ②
해 설
가계생산의 기술이 향상될수록 기혼여성의 경제활동참가율은 상승한다.

21

다음 중 노동의 수요·공급에 대한 설명으로 틀린 것은?

① 총비용 중 노동비용(임금)의 비중이 클수록 노동수요의 탄력성은 커진다.

② 완전경쟁시장에서 노동수요를 결정하는 것은 노동의 한계생산물가치이다.

③ 임금 상승은 여가의 기회비용을 낮춤으로써 여가에 대한 선호를 증대시켜 노동공급을 감소시킨다.

④ 자본소득, 주소득자 외 다른 가족구성원의 소득이 증가하게 되면 노동공급시간이 감소하는 경향이 있다.

핵심 키워드
• 대체효과 ☞ 임금 상승에 의해 노동공급 증가
• 소득효과 ☞ 임금 상승에 의해 노동공급 감소

기출 데이터 2013년 1회, 2004년 1회

핵심기출 해설 **답 ③**

노동공급의 대체효과와 소득효과

• 임금이 상승한다는 가정하에서 여가의 가격은 곧 임금으로 볼 수 있다. 예를 들어, 내가 한 시간 여가를 즐기면, 나는 그 한 시간에 해당하는 임금을 포기하게 되는 것이다. 그것이 곧 '여가의 기회비용'이다.

• 임금의 상승은 여가의 기회비용을 상승시켜서 여가를 덜 소비하는 대신 노동공급을 증가시키게 된다. 그러나 임금의 상승이 무조건적인 노동공급의 증가로 이어지는 것은 아니다. 임금 소득이 매우 높은 수준으로 상승하는 경우 오히려 노동공급이 감소될 수도 있다. 이는 동일한 노동을 공급하더라도 평소보다 더 높은 소득을 얻을 수 있으므로 굳이 노동시간을 늘리기보다는 여가를 즐기려는 생각을 가지게 되기 때문이다.

• 이와 같이 임금 상승에 의해 노동공급을 증가시키는 것은 대체효과, 노동공급을 감소시키는 것은 소득효과에 해당한다.

이것이 핵심 **TIP**

대체효과와 소득효과는 특히 수험생분들이 가장 헷갈려 하는 부분입니다. 그 이유는 '비용'이란 용어에 대한 고정관념 때문입니다. 보통 '비용'이라고 하면 공과금이나 교통비 등 '돈이 나가는 것'을 생각합니다. 이는 엄밀한 의미에서 '회계비용'을 말합니다. 그러나 '기회비용'은 실질적으로 돈이 나가는 것을 의미하지 않습니다. 기회비용이란 사전적 의미로 '특정한 선택을 하였기 때문에 포기한 나머지 선택의 가치'를 말합니다. 예를 들어, 여러분이 직업상담사 공부와 친구모임 중 어느 하나를 선택하는 기로에서 직업상담사 공부를 선택했다면, 친구모임이 곧 직업상담사 공부의 기회비용이 되는 것입니다.

임금 상승이 한 개인의 여가와 노동시간에 미치는 효과 중에서 소득효과가 대체효과보다 클 경우 나타나는 것은?

① 여가시간은 감소하지만 노동시간이 증가한다.
② 여가시간과 노동시간이 함께 증가한다.
③ 여가시간과 노동시간이 함께 감소한다.
④ 여가시간은 증가하지만 노동시간은 감소한다.

기출 2021년 2회, 2003년 3회
정답 ④

다음 사례에 해당하는 것은?

> A는 대형마트에서 주당 20시간 근무하고 있는 단시간근로자(파트타임근로자)이다. 시간당 임금이 7천 원에서 9천 원으로 인상되어 A는 주당 근로시간을 30시간으로 확대하기로 하였다.

① 수요효과
② 공급효과
③ 소득효과
④ 대체효과

기출 2017년 3회
정답 ④
해설
임금 상승에 의해 노동공급을 증가시키는 것은 대체효과, 노동공급을 감소시키는 것은 소득효과에 해당한다.

임금 상승에 의한 소득효과가 대체효과보다 크다면 임금률이 상승할 때 노동공급은?

① 증가한다.
② 감소한다.
③ 감소하다가 증가한다.
④ 일정하다.

기출 2013년 3회
정답 ②
해설
임금 상승에 의해 노동공급을 증가시키는 것은 대체효과, 노동공급을 감소시키는 것은 소득효과에 해당한다.

임금률 상승의 대체효과가 소득효과보다 클 때 노동시간 공급은?

① 증가한다.
② 감소한다.
③ 불변이다.
④ 상관없다.

기출 2012년 3회
정답 ①

노동공급의 소득효과에 대해 가장 바르게 설명된 것은?

① 임금 이외 소득의 증가로 노동공급량을 증가시키는 것이다.
② 임금소득의 증가로 여가를 증가시키고 노동공급량을 감소시키는 것이다.
③ 임금소득의 증가로 노동공급량을 증가시키는 것이다.
④ 노동의 소득효과가 대체효과보다 크면 노동공급곡선이 우상향하는 형태로 나타난다.

기출 2007년 3회, 2005년 1회
정답 ②

22

다른 조건이 일정할 때 비노동소득의 발생이 노동공급에 미치는 영향은?

① 소득효과가 대체효과보다 더 크기 때문에 노동공급이 증가한다.

② 대체효과가 소득효과보다 더 크기 때문에 노동공급이 증가한다.

③ 대체효과만 있기 때문에 노동공급이 증가한다.

④ 소득효과만 있기 때문에 노동공급이 감소한다.

핵심 키워드 비노동소득의 발생
☞ 소득효과만 유발(여가가 정상재인 경우)

기출 데이터 2012년 1회

핵심기출 해설 답 ④

대체효과와 소득효과

• 임금 상승 또는 소득의 증가에 따른 노동시간의 효과는 '대체효과'와 '소득효과'로 설명할 수 있다.

• 대체효과는 임금 상승에 따라 여가에 활용하는 시간이 상대적으로 비싸지게 됨으로써 노동자가 여가시간을 줄이는 동시에 노동시간을 늘리는 것이다. 반면, 소득효과는 임금 상승에 따라 실질소득이 증가하여 노동자가 노동시간을 줄이는 동시에 여가시간과 소비재 구입을 늘리는 것이다.

• 일반적으로 노동자는 임금이 인상되는 경우 대체효과에 의해 노동시간을 늘림으로써 노동공급을 증가시키지만, 임금 상승이 매우 높은 수준에 도달하는 경우 소득효과에 의해 노동시간을 줄임으로써 노동공급을 감소시키기도 한다.

• 다만, 다른 조건이 일정할 때 이자, 배당, 임대, 상속, 증여, 복권당첨 등에 따른 비노동소득(비근로소득)이 증가하는 경우 소득효과만 있으므로 노동공급을 감소시키게 된다.

이것이 핵심 TIP

소득의 증가에 따라 재화의 수요도 증가하는 경우 해당 재화를 '정상재'라고 하는 반면, 소득의 증가에 따라 오히려 재화의 수요가 감소하는 경우 해당 재화를 '열등재'라고 합니다. 요컨대, 여가는 일반적으로 정상재로 간주됩니다. 그 이유는 소득이 증가할 경우 여가와 여타 소비재를 더 구입할 수 있기 때문입니다. 그러나 여가를 열등재로 간주하는 예외적인 경우들도 있습니다. 예를 들어, 일 중독증을 가진 사람은 소득이 증가하였다고 해서 일을 줄이고 여가를 늘리지는 않을 겁니다. 이는 대체효과가 소득효과를 압도하는 경우로 볼 수 있습니다.

만일 여가(Leisure)가 열등재라면, 임금이 증가할 때 노동공급은 어떻게 변하는가?

① 임금수준에 상관없이 임금이 증가할 때 노동공급은 감소한다.
② 임금수준에 상관없이 임금이 증가할 때 노동공급은 증가한다.
③ 낮은 임금수준에서 임금이 증가할 때 노동공급이 증가하다가 임금수준이 높아지면 임금증가는 노동공급을 감소시킨다.
④ 낮은 임금수준에서 임금이 증가할 때 노동공급이 감소하다가 임금수준이 높아지면 임금증가는 노동공급을 증가시킨다.

기출 2023년, 2021년 1회, 2007년 1회
정답 ②
해설
예외적인 경우로서 여가를 열등재로 간주할 때 노동공급은 임금수준에 상관없이 임금소득의 증가에 따라 노동공급을 늘리는 방향으로 나아간다.

노동의 공급곡선에 대한 설명 중 틀린 것은?

① 일정 임금수준 이상이 될 때 노동의 공급곡선은 후방굴절부분을 가진다.
② 임금과 노동시간 사이에 음(−)의 관계가 존재할 경우 임금률의 변화 시 소득효과가 대체효과보다 작다.
③ 임금과 노동시간과의 관계이다.
④ 노동공급의 증가율이 임금상승률보다 높다면 노동공급은 탄력적이다.

기출 2020년 4회, 2007년 3회
정답 ②
해설
임금과 노동시간 사이에 음(−)의 관계가 존재한다는 것은 임금이 증가할 때 노동시간이 감소한다는 의미이다.

가계생산(Household Production)과 가계소비(Household Consumption)에 관한 설명으로 틀린 것은?

① 가계생산함수에서는 남편과 아내의 소비에 대한 효용이 결합적으로 도출된다고 가정한다.
② 가계생산함수에서는 가족들이 소비하는 재화의 많은 부분은 가족 내에서 생산된다고 가정한다.
③ 기혼남성의 임금이 오를 경우 시간 집약적 상품의 소비를 줄이게 된다.
④ 기혼여성의 임금이 오를 경우 생산과 소비 양면에서 소득효과가 발생한다.

기출 2017년 3회
정답 ④
해설
기혼여성의 임금이 오를 경우 생산과 소비 양면에서 상대적으로 대체효과가 발생할 확률이 높다.

여가가 정상재일 때, 노동공급의 소득효과에 관한 설명으로 옳은 것은?

① 임금 이외 소득의 증가로 노동공급량 증가
② 임금소득 증가로 여가 증가 및 노동공급량 감소
③ 임금소득 증가로 노동공급량 증가
④ 노동의 소득효과가 대체효과보다 크면 노동공급곡선 우상향

기출 2013년 2회
정답 ②
해설
일반적인 경우로서 여가를 정상재로 간주할 때 노동공급의 소득효과는 임금소득의 증가에 따라 여가소비를 늘리는 반면, 노동공급을 줄이는 방향으로 나아간다.

다른 조건이 일정한 상태에서 비노동소득이 발생할 경우의 노동공급에 관한 설명으로 옳은 것은?

① 소득효과와 대체효과의 상대적 크기에 따라 노동공급이 늘 수도 있고, 줄 수도 있다.
② 소득효과보다 대체효과가 더 크기 때문에 노동공급이 증가한다.
③ 대체효과만 있기 때문에 노동공급이 증가한다.
④ 소득효과만 있기 때문에 노동공급이 감소한다.

기출 2011년 2회
정답 ④

23

노동공급곡선이 그림과 같을 때 임금이 W_0 이상으로 상승한 경우의 설명으로 옳은 것은?

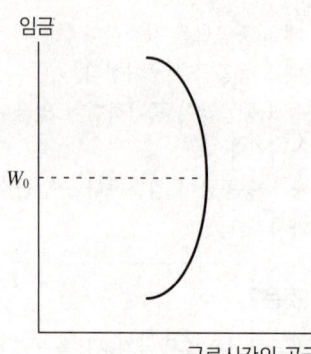

① 대체효과가 소득효과를 압도한다.　　② 소득효과가 대체효과를 압도한다.

③ 대체효과가 규모효과를 압도한다.　　④ 규모효과가 대체효과를 압도한다.

핵심 키워드　• 대체효과 > 소득효과 ☞ 노동공급곡선 우상향
　　　　　　　• 대체효과 < 소득효과 ☞ 노동공급곡선 후방굴절

기출 데이터　2021년 3회, 2015년 1회, 2003년 3회

핵심기출 해설　답 ②

대체효과와 소득효과에 따른 노동공급곡선의 변화

대체효과는 임금 상승에 따라 근로자가 여가시간을 줄이는 동시에 노동시간을 늘리는 것인 반면, 소득효과는 임금 상승에 따라 근로자가 노동시간을 줄이는 동시에 여가시간과 소비재 구입을 늘리는 것이다. 따라서 대체효과가 소득효과보다 클 경우 임금의 상승은 노동공급의 증가를 유발하며, 그에 따라 노동공급곡선이 우상향하는 양상을 보이게 된다. 그러나 소득효과가 대체효과보다 클 경우 임금의 상승은 노동공급의 감소를 유발하며, 그에 따라 노동공급곡선이 후방굴절하는 양상을 보이게 된다.

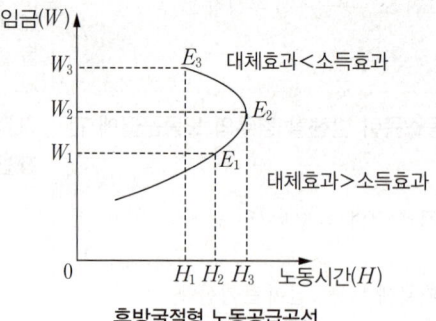

후방굴절형 노동공급곡선

이것이 핵심　TIP

후방굴절형 노동공급곡선은 임금 변화의 대체효과가 소득효과보다 클 때 임금과 노동시간 사이에 정(+)의 관계가, 소득효과가 대체효과보다 클 때 임금과 노동시간 사이에 부(−)의 관계가 성립된다는 이론적 추론을 가능하게 합니다.

개인의 후방굴절형(상단부분에서 좌상향으로 굽어짐) 노동공급곡선에 대한 설명으로 옳은 것은?

① 임금이 상승함에 따라 노동시간을 증가시키려고 한다.
② 소득−여가 간의 선호체계분석에서 소득효과가 대체효과를 압도한 결과이다.
③ 소득−여가 간의 선호체계분석에서 대체효과가 소득효과를 압도한 결과이다.
④ 임금이 하락함에 따라 노동시간을 줄이려는 의지를 강력하게 표현하고 있다.

기 출 2022년 1회, 2006년 1회
정 답 ②
해 설
후방굴절형 노동공급곡선의 상단부분에서 좌상향으로 굽어지는 지점은 소득효과가 대체효과를 압도한 결과이다.

다음은 후방굴절형의 노동공급곡선을 나타낸 것이다. 이때 노동공급곡선상의 a, b구간에 대한 설명으로 옳은 것은?

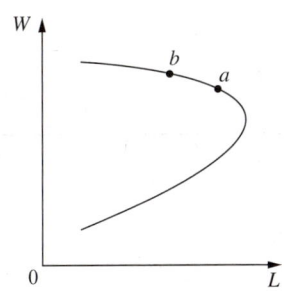

① 소득효과＝0
② 대체효과＝0
③ 소득효과＜대체효과
④ 소득효과＞대체효과

기 출 2020년 1 · 2회, 2006년 3회
정 답 ④

임금 상승의 소득효과가 대체효과보다 클 경우, 노동공급곡선의 형태는?

① 우상승한다.
② 수평이다.
③ 좌상승한다.
④ 변함없다.

기 출 2020년 4회
정 답 ③

후방굴절형(Backward−bending) 노동공급곡선에서 후방으로 굴절된 부분은?

① 임금변동에 따른 대체효과만이 존재하는 부분이다.
② 임금변동에 따른 소득효과만이 존재하는 부분이다.
③ 임금변동에 따른 대체효과가 소득효과보다 큰 부분이다.
④ 임금변동에 따른 소득효과가 대체효과보다 큰 부분이다.

기 출 2018년 1회
정 답 ④
해 설
후방굴절형 노동공급곡선에서 후방으로 굴절된 부분은 소득효과가 대체효과보다 큰 부분이다.

임금 상승에 따라 노동공급곡선이 후방굴절(상단부분에서 좌상향으로 굽어짐)을 보이는 이유는?

① 임금 상승 시 대체효과가 소득효과보다 크기 때문이다.
② 임금 상승 시 소득효과가 대체효과보다 크기 때문이다.
③ 임금 상승 시 소득효과와 대체효과가 같아지기 때문이다.
④ 임금 상승 시 노동자들이 일을 더 하려고 하기 때문이다.

기 출 2018년 3회, 2009년 1회
정 답 ②

24 후방굴절형 노동공급곡선이 의미하는 것은?

① 최저생계비 이하에서는 임금 하락이 오히려 노동공급을 증가시킬 수 있다.

② 후방굴절 부분에서는 임금 인상이 노동공급의 대체효과만으로 결정된다.

③ 개인의 노동공급은 임금 상승의 대체효과가 소득효과보다 클 때 증가한다.

④ 경기회복 시에는 노동공급이 증가하고 경기후퇴 시에는 노동공급이 감소한다.

핵심 키워드 • 대체효과 > 소득효과 ☞ 노동공급 증가
            • 대체효과 < 소득효과 ☞ 노동공급 감소

기출 데이터 2014년 2회

핵심기출 해설 **답 ③**

후방굴절형 노동공급곡선과 개인의 노동공급

• 개인의 노동공급은 임금 상승의 대체효과가 소득효과보다 클 때 증가한다.

• 개인의 노동공급은 임금 상승의 소득효과가 대체효과보다 클 때 감소한다.

이것이 핵심 **TIP**

여가가 정상재인 경우 노동공급곡선은 실질임금이 낮은 수준에서는 우상향하다가 임금이 일정한 수준을 넘어서면 후방굴절합니다. 그러나 여가가 열등재인 경우 노동공급곡선은 후방굴절하는 것이 아니라 임금수준과 무관하게 우상향합니다. 이는 열등재의 특성상 소득의 증가에도 불구하고 여가에 대한 수요가 증가하지 않은 채 오히려 감소하는 양상을 보이기 때문입니다.

● **핵심유형 완성하기** ●

만일 여가가 열등재라면 개인의 노동공급곡선의 형태는?

① 후방굴절한다.
② 완전비탄력적이다.
③ 완전탄력적이다.
④ 우상향한다.

기 출 2020년 1 · 2회, 2007년 3회
정 답 ④
해 설
여가가 정상재가 아닌 열등재인 경우, 임금 상승의 대체효과가 소득효과를 압도하게 되어 개인의 노동공급곡선은 후방굴절하는 것이 아니라 임금수준과 무관하게 우상향한다.

노동공급에 관한 설명으로 틀린 것은?

① 노동공급의 임금탄력성은 $\dfrac{노동공급량의\ 변화율}{임금의\ 변화율}$ 이다.

② 노동공급을 결정하는 요인으로서 인구는 양적인 규모뿐만 아니라 연령별, 지역별, 질적 구조도 중요한 의미를 갖는다.

③ 효용극대화에 기초한 노동공급모형에서 대체효과가 소득효과보다 클 경우 임금의 상승은 노동공급을 감소시키고 노동공급곡선은 후방으로 굴절된다.

④ 사회보장급여의 수준이 지나치게 높을 경우 노동공급에 대한 동기유발이 저해되어 총노동공급이 감소된다.

기 출 2020년 3회
정 답 ③

다음의 현상을 설명하는 개념은?

> 경제성장과 더불어 시간외 근무수당이 증가함에도 불구하고 근로자들이 휴일 근무나 잔업처리 등을 기피하는 현상이 늘고 있다.

① 임금의 하방경직성
② 후방굴절형 노동공급곡선
③ 노동의 이력현상(Hysteresis)
④ 임금의 화폐적 현상

기 출 2020년 3회, 2014년 3회
정 답 ②
해 설
보기의 내용은 임금 상승에 따른 노동시간의 효과와 관련하여 소득효과가 대체효과보다 큰 경우에 해당한다.

연장근로 등 일정량 이상의 노동을 기피하는 풍조가 확산된다면, 이 현상에 대한 분석도구로 가장 적합한 것은?

① 최저임금제
② 후방굴절형 노동공급곡선
③ 화폐적 환상
④ 노동의 수요독점

기 출 2019년 3회, 2010년 2회, 2003년 3회
정 답 ②

후방굴절형 노동공급곡선에 대한 설명으로 옳은 것은?

① 임금이 일정 수준 이상으로 오르면 임금이 오를수록 노동공급이 감소하게 된다.

② 임금 변화의 대체효과가 소득효과보다 클 때 임금과 노동시간 사이에 부의 관계가 나타나는 것을 말한다.

③ 노동공급의 변화율을 노동가격의 변화율로 나눈 값이 점차 감소하는 현상을 그래프로 나타낸 것을 말한다.

④ 인구가 일정 규모 이상이 되면 임금이 오를수록 노동공급이 감소하는 것을 그래프로 나타낸 것을 말한다.

기 출 2018년 2회, 2010년 3회, 2008년 3회
정 답 ①
해 설
임금 상승이 매우 높은 수준에 도달하는 경우 소득효과에 의해 노동시간을 무작정 늘리기보다는 현재의 임금으로 충분하다는 생각으로 인해 점차 노동시간을 줄임으로써 노동공급을 감소시킨다.

임금상승에 따라 후방굴절하는 구간에서의 노동공급곡선에 대한 설명으로 옳은 것은? (단, 여가는 소득효과가 양(+)인 정상재이다)

① 여가가 정상재이기 때문에 항상 후방굴절 한다.
② 여가에 대한 대체효과의 크기가 소득효과의 크기보다 크다.
③ 여가에 대한 대체효과의 크기가 소득효과의 크기와 같다.
④ 여가에 대한 대체효과의 크기가 소득효과의 크기보다 작다.

기 출 2010년 1회, 2008년 3회
정 답 ④

25 노동공급의 탄력성 결정요인이 아닌 것은?

① 산업구조의 변화
② 노동이동의 용이성 정도
③ 여성의 취업기회의 창출 가능성 여부
④ 다른 생산요소로의 노동의 대체가능성

핵심 키워드 노동공급의 (임금)탄력성 결정요인
☞ 인구 수, 노동조합의 결성과 교섭력의 정도, 여성취업기회의 창출 가능성 여부, 파트타임 근무제도의
   보급 정도, 노동이동의 용이성 정도, 고용제도의 개선 정도, 산업구조의 변화

기출 데이터 2019년 3회, 2016년 2회

핵심기출 해설 | 답 ④

④ 노동공급의 (임금)탄력성 결정요인이 아닌 노동수요의 (임금)탄력성 결정요인에 해당한다.

노동공급의 (임금)탄력성 결정요인
• 인구 수
• 노동조합의 결성과 교섭력의 정도(노조의 단체교섭력)
• 여성취업기회의 창출 가능성 여부(경제활동참가 결정요인)
• 파트타임 근무제도의 보급 정도(노동시간 결정요인)
• 노동이동의 용이성 정도(노동의 이동 결정요인)
• 고용제도의 개선 정도
• 산업구조의 변화 등

이것이 핵심 | TIP

노동공급의 임금탄력성은 독립변수인 임금률이 1% 변화할 때 그에 의해 유발되는 종속변수로서 노동공급량의 변화율을 말합니다. 노동공급의 임금탄력성의 주요 원리는 노동수요의 임금탄력성의 원리와 근본적으로 같습니다. 예를 들어, 노동공급의 임금탄력성이 '1'보다 작으면 '비탄력적', '1'보다 크면 '탄력적', '무한대(∞)'이면 '완전탄력적(→ 노동공급곡선은 수평)', '0'이면 '완전비탄력적(→ 노동공급곡선은 수직)'을 나타냅니다.

노동공급 탄력성이 무한대인 경우 노동공급곡선 형태는?

① 수평이다.
② 수직이다.
③ 우상향이다.
④ 우하향이다.

기출 2021년 3회
정답 ①
해설
노동공급의 임금탄력성 값이 '무한대(∞)'인 경우 노동공급곡선의 형태는 '수평'이며, 이는 완전탄력적인 노동공급이 이루어지고 있음을 나타낸다.

노동공급의 탄력성 값이 0인 경우 노동공급곡선의 형태는?

① 수평이다.
② 수직이다.
③ 우상향이다.
④ 후방굴절형이다.

기출 2019년 1회, 2011년 1회, 2009년 2회
정답 ②
해설
노동공급의 임금탄력성 값이 '0'인 경우 노동공급곡선의 형태는 수직이며, 이는 완전 비탄력적인 노동공급이 이루어지고 있음을 나타낸다.

다음 중 노동공급 탄력성에 영향을 미치는 요인을 모두 짝지은 것은?

ㄱ. 경제활동참가 결정요인
ㄴ. 노동시간 결정요인
ㄷ. 노동의 이동 결정요인
ㄹ. 노조의 단체교섭력

① ㄱ, ㄴ
② ㄱ, ㄴ, ㄷ
③ ㄴ, ㄷ, ㄹ
④ ㄱ, ㄴ, ㄷ, ㄹ

기출 2014년 1회
정답 ④

다음 중 노동공급의 탄력성 결정요인이 아닌 것은?

① 노동조합의 결성과 교섭력의 정도
② 노동이동의 용이성 정도
③ 여성의 취업기회의 창출 가능성 여부
④ 다른 생산요소로의 노동의 대체가능성

기출 2007년 1회
정답 ④
해설
노동수요의 (임금)탄력성 결정요인에 해당한다.

26

어느 지역의 노동공급 상태를 조사해 본 결과 시간당 임금이 3,000원일 때 노동공급량은 '270'이었고, 임금이 5,000원으로 상승했을 때 노동공급량은 '540'이었다. 이때 노동공급의 탄력성은?

① 1.28

② 1.50

③ 1.00

④ 0.82

핵심 키워드　노동공급의 (임금)탄력성 공식

☞ 노동공급의 (임금)탄력성 $= \dfrac{\text{노동공급량의 변화율(\%)}}{\text{임금의 변화율(\%)}}$

기출 데이터　2019년 2회, 2012년 2회

핵심기출 해설　답 ②

노동공급의 (임금)탄력성은 임금 1%의 증가에 의해 유발되는 노동공급량의 변화율을 말하는 것으로서, 다음의 공식으로 나타낼 수 있다.

$$\text{노동공급의 (임금)탄력성} = \dfrac{\text{노동공급량의 변화율(\%)}}{\text{임금의 변화율(\%)}}$$

• 임금의 변화율(%) $= \dfrac{5,000-3,000}{3,000} \times 100 ≒ 66.7(\%)$

• 노동공급량의 변화율(%) $= \dfrac{540-270}{270} \times 100 = 100(\%)$

• 노동공급공급의 (임금)탄력성 $= \dfrac{100(\%)}{66.7(\%)} ≒ 1.50$　∴ 1.50

이것이 핵심　TIP

노동수요의 임금탄력성은 일반적으로 임금 상승 시 노동수요가 감소하므로 부(−)의 값을 가지게 되며, 그로 인해 절댓값 개념을 사용합니다. 반면, 노동공급의 임금탄력성은 임금 상승 시 노동공급이 증가하므로 정(+)의 값을 가지게 되며, 그로 인해 반드시 절댓값 개념을 사용해야 한다는 원칙은 없습니다. 참고로 후방굴절하는 부분의 노동공급의 임금탄력성은 부(−)의 값으로 제시되기도 합니다. 다만, 노동수요의 임금탄력성이나 노동공급의 임금탄력성 수치에는 '%' 기호를 붙이지 않습니다.

● 핵심유형 완성하기 ●

다음 중 노동공급에 관한 설명으로 틀린 것은?

① 노동공급의 임금탄력성이 0이면 임금이 100% 상승하더라도 노동공급은 변화하지 않는다.

② 시간당 임금이 상승하더라도 개별 노동공급이 반드시 증가하는 것은 아니다.

③ 임금이 10% 상승할 때 노동공급이 5% 상승하면 노동공급의 임금탄력성은 2이다.

④ 노동공급곡선이 수평선이면 노동공급은 임금에 대해 완전탄력적이다.

기출　2013년 3회

정답　③

해설
노동공급의 (임금)탄력성
$= \dfrac{\text{노동공급량의 변화율(\%)}}{\text{임금의 변화율(\%)}} = \dfrac{5(\%)}{10(\%)} = 0.5$

∴ 0.5

27

일국(一國)의 경제에서 최적 인적자원배분이 이루어졌다고 하는 때는 언제인가?

① 동일노동에 대해 동일임금이 지급될 때

② 완전고용을 이루었을 때

③ 자연실업률 상태에 도달하였을 때

④ 경제원칙이 달성되었을 때

핵심 키워드 최적 인적자원배분
　　　　　　 ☞ 동일노동, 동일임금

기출 데이터 2011년 3회, 2010년 1회, 2008년 1회, 2006년 3회

핵심기출 해설 **답 ①**

① 국민경제에서 최적 인적자원배분이 이루어졌을 때는 동일노동에 대해 동일임금이 지급될 때이다. 노동시장에서는 경쟁의 힘에 의해 동일노동에 대한 동일임금이 확립되는 경향이 있다. 동일노동에 대한 동일임금은 노동의 각 부문 간 '배분의 효율성'을 달성하게 되는데, 이는 자원배분이 가장 효율적으로 이루어진 상태로서 '파레토 최적'과 연관된다.

이것이 핵심 **TIP**

최적 인적자원배분과 관련하여 노동시장의 균형에 대해서도 알아두어야 합니다. 노동시장은 노동수요곡선(D)과 노동공급곡선(S)으로 묘사되며, 이 두 곡선이 만나는 지점에서 균형임금(W_0)과 균형고용량(L_0)이 결정됩니다. 만약, 가구원 노동소득의 감소 등으로 여성의 경제활동참가가 높아진다면, 노동공급곡선은 이동(S')하여 E' 지점에서 새롭게 균형을 이루게 되며, 이에 대응하는 임금은 W_1, 고용량은 L_1이 됩니다. 결국 해당 직종에 대한 노동공급량의 증가는 다른 조건이 동일한 상태임을 가정할 때 균형임금의 하락($W_0 - W_1$), 균형고용량의 증가($L_0 - L_1$)를 초래하게 되는 것입니다.

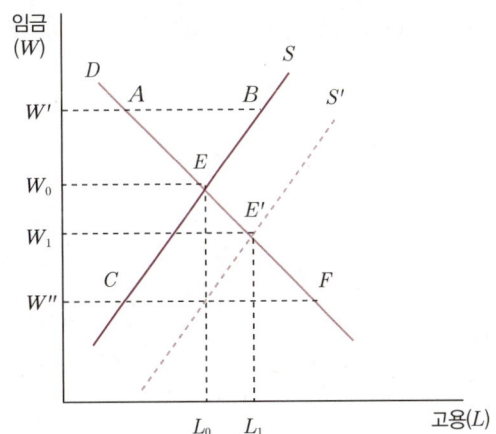

완전경쟁적인 노동시장에서 노동의 한계생산을 증가시키는 기술진보와 함께 보다 많은 노동자들이 노동시장에 참여하는 변화가 발생할 때 노동시장에서 발생하는 변화로 옳은 것은? (단, 다른 조건들은 일정하다고 가정한다)

① 균형노동고용량은 반드시 증가하지만 균형임금의 변화는 불명확하다.
② 균형임금은 반드시 상승하지만 균형노동고용량의 변화는 불명확하다.
③ 임금과 균형노동고용량 모두 반드시 증가한다.
④ 임금과 균형노동고용량의 변화는 모두 불명확하다.

기 출 2022년 1회

정 답 ①

해 설
노동의 한계생산을 증가시키는 기술진보로 인해 노동수요곡선이 우측으로 이동하게 되고, 많은 노동자들이 노동시장에 참여하는 변화로 인해 노동공급곡선 또한 우측으로 이동하게 된다. 따라서 균형노동고용량(균형고용량)은 반드시 증가하겠지만, 균형임금이 상승할지 혹은 하락할지는 두 곡선의 이동 크기에 따라 달라진다.

다른 조건이 동일한 상태에서 만약 여성의 경제활동참가가 높아진다면 노동시장에서 균형임금과 균형고용량은 어떻게 달라지는가?

① 균형임금 상승, 균형고용량 증가
② 균형임금 상승, 균형고용량 하락
③ 균형임금 하락, 균형고용량 증가
④ 균형임금 하락, 균형고용량 하락

기 출 2017년 2회

정 답 ③

하나의 국민경제에서 최적 인적자원배분이 이루어졌을 때는?

① 동일노동에 대해 동일임금이 지급될 때
② 완전고용을 이루었을 때
③ 자연실업률 상태에 도달하였을 때
④ 수요부족실업이 최소화될 때

기 출 2013년 3회

정 답 ①

28

기업이 인력운영의 유연성을 확보하기 위하여 채택하는 인적자원관리정책이 아닌 것은?

① 성과급제와 연봉제의 도입

② 정규직 중심의 인력채용

③ 사내직업훈련의 강화

④ 고용형태의 다양화

핵심 키워드 노동시장의 유연성
☞ 수량적 유연성, 작업의 외부화, 기능적 유연성, 임금 유연성

기출 데이터 2025년, 2018년 1회, 2012년 2회

핵심기출 해설 **답 ②**

② 기업은 계약근로 · 재택근로 · 파트타임 등과 같이 고용형태를 다양화하거나, 하청, 외주, 파견근로자 사용 등과 같이 외부화를 통해 인력운영의 유연성을 확보할 수 있다.

이것이 핵심 **TIP**

노동시장의 유연성이란 일반적으로 외부환경 변화에 인적자원이 신속하고 효율적으로 배분되는 노동시장의 능력으로, 그 대표적인 유형은 아래와 같습니다.

• 수량적 유연성

외부적 · 수량적 유연성	인력의 수적 감소 및 고용형태의 다양화를 통해 수량적 유연성을 도모한다. 🖼 신규채용 축소, 명예퇴직 · 희망퇴직, 유연한 정리해고절차 등 근로자 수의 조정, 계약근로 · 재택근로 · 파트타임 등 고용형태의 다양화
내부적 · 수량적 유연성	근로자 수의 조정 없이 고용을 유지하되 작업을 공유하거나 근로시간을 조절한다. 🖼 변형근로시간제, 탄력적 근무시간제, 변형근무일제, 교대근무제 등에 의한 직무 공유(Job Sharing), 휴직 또는 재고용 보장의 일시해고(근속기간 산입) 등

• 작업의 외부화

근로자의 권리를 우선시하는 노동법상의 고용계약 대신 쌍방의 동등한 권리를 강조하는 계약의 형태로 대체하는 것이다.

🖼 하청(Subcontracting), 외주(Outsourcing), 인재파견회사 혹은 용역업체로부터 파견근로자의 사용 및 자영업자의 사용 등

• 기능적 유연성

다기능공화, 배치전환, 작업장 간 노동이동 등을 통해 생산과정 변화에 대한 근로자의 적응력을 높이는 것이다.

• 임금 유연성

임금구조를 개인 혹은 집단(팀)의 능력 및 성과와 연계하여 결정하는 임금체계 및 임금형태로 전환하는 것이다.

근로기준법에 경영상 이유에 의한 해고, 탄력적 근로시간제 등의 조항이 등장하고 파견근로자 보호 등에 관한 법률이 제정된 이유로 가장 타당한 것은?

① 획일화되는 사회에 적응하기 위함이다.
② 노동조합의 전투성을 진정시키기 위함이다.
③ 외부자보다는 내부자를 보호하기 위함이다.
④ 불확실한 시장상황에 기업이 신속하게 대응할 수 있도록 하기 위함이다.

기출 2020년 4회, 2014년 3회
정답 ④
해설
긴박한 경영상의 필요에 따라 근로자의 정리해고 절차를 유연화하는 것, 일정 기간의 근로시간을 연장시키는 대신 다른 근로일의 근로시간을 단축시킴으로써 일정 기간의 평균근로시간을 기준근로시간 이내로 설정하는 탄력적 근로시간제를 도입하는 것, 파견근로자에 관한 법제화를 통해 파견근로자를 보호하는 한편 사용자의 인력확보를 용이하게 하는 것 등은 공통적으로 노동시장의 유연성을 위한 방안에 해당한다.

노동시장의 유연성을 높일 수 있는 방안과 가장 거리가 먼 것은?

① 신속한 고용조정능력을 갖춘다.
② 전직실업자의 신속한 재취업능력을 높인다.
③ 국제노동기구와의 연대를 모색한다.
④ 노동수요 측면의 능력위주 인사관행을 확립한다.

기출 2017년 1회
정답 ③
해설
국제노동기구(ILO)와의 연대 모색은 고용의 안정성을 높일 수 있는 방안으로 볼 수 있다.

다음 중 노동시장 유연성(Labor Market Flexibility)에 관한 설명으로 틀린 것은?

① 노동시장 유연성이란 일반적으로 외부환경 변화에 인적자원이 신속하고 효율적으로 재배분되는 노동시장의 능력을 지칭한다.
② 외부적·수량적 유연성이란 해고를 좀 더 자유롭게 하고 다양한 형태의 파트타임직을 확장시키는 것을 포함한다.
③ 외부적·수량적 유연성의 예로는 변형시간근로제, 탄력적 근무시간제 등이 있다.
④ 기능적 유연성이란 생산과정 변화에 대한 근로자의 적응력을 높이는 것을 의미한다.

기출 2016년 2회, 2010년 1회
정답 ③
해설
변형시간근로제(변형근로시간제), 탄력적 근무시간제(탄력적 근로시간제) 등은 근로자 수의 조정 없이 고용을 유지하되 작업을 공유하거나 근로시간을 조절하는 방식으로서 내부적·수량적 유연성의 예에 해당한다.

노동시장의 유연성에 대한 설명과 가장 거리가 먼 것은?

① 노동시장의 유연성이란 일반적으로 외부환경 변화에 인적자원이 신속하고 효율적으로 배분되는 노동시장의 능력을 지칭한다.
② 다기능공화, 배치전환, 작업장 간 노동이동 등을 통해 생산과정 변화에 대한 근로자의 적응력을 높이는 것을 기능적 유연성이라 한다.
③ 작업을 하청의 형태로 외부에 주거나 용역업체에 의해 노동자를 고용하는 것은 노동시장의 유연성이라 할 수 없다.
④ 일시휴업이나 휴가증가, 주휴 2일제 등은 노동시장 유연성의 유형 중 하나이다.

기출 2014년 3회, 2006년 3회
정답 ③
해설
노동시장의 유연성 중 작업의 외부화에 관한 설명이다.

29 다음 중 인적자본 투자대상을 모두 고른 것은?

ㄱ. 교 육　　　　　　　　　ㄴ. 직장훈련
ㄷ. 노동의 이동　　　　　　ㄹ. 정보의 획득
ㅁ. 건 강

① ㄱ, ㄴ, ㄷ

② ㄱ, ㄴ, ㄹ, ㅁ

③ ㄱ, ㄴ, ㄷ, ㅁ

④ ㄱ, ㄴ, ㄷ, ㄹ, ㅁ

핵심 키워드 인적자본투자의 대상
☞ 교육, 훈련, 이주, 건강, 정보, 학습

기출 데이터 2015년 3회

핵심기출 해설　**답 ④**

인적자본의 주요 투자대상

- 정규교육 또는 기타 학교교육
- 현장훈련
- 이주 또는 노동의 이동
- 건 강
- 정 보
- 비공식 학습
- 무형식 학습

이것이 핵심　**TIP**

직업에 관련된 정보를 얻는 데 소요된 지출도 인적자본투자의 한 형태입니다. 즉, 직업정보는 근로자가 자신의 시간과 시장에서 구입하는 재화(예 직업정보지의 구입, 교통비, 광고비 등)를 투입하여 가치 있는 자산으로 스스로 생산해 낼 수도 있는 것입니다.

● **핵심유형 완성하기** ●

근로자의 구직활동에 관한 설명으로 틀린 것은?

① 탐색기간이 길어질수록 탐색비용은 증가한다.
② 탐색기간이 길어질수록 좋은 일자리를 찾게 될 확률이 높아진다.
③ 직업탐색활동은 노동시장 정보의 불완전성에 기인한다.
④ 직업에 관련된 정보를 얻는 데 소요된 지출은 인적자본투자로 간주하지 않는다.

기 출 2016년 3회
정 답 ④
해 설
직업에 관련된 정보를 얻는 데 소요된 지출도 인적자본투자로 간주한다.

30 교육투자에 관한 설명으로 틀린 것은?

① 사적 수익률은 교육연수 증가에 따른 개인근로소득의 증가율을 의미한다.

② 교육투자의 사회적 수익률이 실물자본투자의 사회적 수익률에 비해 크다면 교육투자는 사회적으로도 바람직한 자원배분이다.

③ 학력이 간판으로서의 기능을 하고, 기업이 학력을 선발기준으로 삼는 고용관행이 고착화되면 고학력에 대한 민간부분의 수요는 과도하게 높아질 수 있다.

④ 정부는 사적 수익률을 높이는 데 초점을 두어야 한다.

핵심 키워드 교육투자의 수익률
☞ 사적 수익률과 사회적 수익률

기출 데이터 2012년 1회

핵심기출 해설 **답 ④**

④ 정부는 사적 수익률보다는 사회적 수익률을 높이는 데 초점을 맞추어야 한다.

교육투자의 사적 수익률과 사회적 수익률

• 교육의 사적 수익률이 사회적 수익률보다 높은 경우 개인이 교육을 통해 얻는 이익은 상대적으로 크다. 이 경우 교육에 대한 초과수요가 발생한다.

• 교육의 사적 수익률이 사회적 수익률보다 낮은 경우 개인이 교육을 통해 얻는 이익은 상대적으로 적다. 이 경우 정부는 개인이 교육을 통해 얻는 이익이 증가하도록 인적자본에 대한 투자정책을 확대할 필요가 있다.

이것이 핵심 **TIP**

정부가 사회적 수익률을 높이기 위해 인적자본에 대한 투자정책을 펼친다고 해도 부적절한 사회적 차별(예 저소득·저학력층에 대한 채용상의 차별)이 이미 만연해 있는 상황이라면 정책이 큰 효과를 발휘하지 못할 것입니다.

● **핵심유형 완성하기** ●

인적자본이론에 의하면 소득의 불평등을 완화하기 위해서 저소득층에 대한 교육훈련비가 지원되어야 한다. 다음 중 이러한 정책이 효과를 보지 못할 가능성이 큰 경우는?

기출 2006년 1회

정답 ②

① 학력별 임금격차가 클 경우

② 특정 집단에 대한 채용차별이 심할 경우

③ 교육훈련이 생산성 향상에 크게 기여할 경우

④ 자본시장이 불완전하여 소득제약이 교육투자의 큰 애로요인으로 작용할 경우

31 인적자본론의 노동이동에 관한 설명으로 틀린 것은?

① 사직률과 해고율은 기업특수적 인적자본과 음(-)의 상관관계를 갖는다.

② 인적자본론에서는 장기근속자일수록 기업특수적 인적자본량이 많아져 해고율이 낮아진다고 주장한다.

③ 임금률이 높을수록 해고율은 높다.

④ 사직률과 해고율은 경기변동에 따라 상반되는 관련성을 갖고 있다.

핵심 키워드 기업특수적 인적자본
☞ 훈련비 공동부담, 공동회수
기출 데이터 2025년, 2012년 1회, 2007년 1회

핵심기출 해설 답 ③

③ 인적자본 투자가 있는 경우 임금이 높더라도 생산성이 높기 때문에 회사에서 해고할 유인이 없다.

①·② 기업특수적 인적자본 투자가 있는 경우에는 노사가 훈련비를 공동으로 부담하고 공동으로 회수하므로 근로자는 사직하려 하지 않고 회사는 해고하려 하지 않는다고 한다.

④ 경기가 좋으면 이직의 기회비용(→ 실업으로 인해 상실되는 소득수준)이 하락하여 사직률이 높아지고, 경기가 좋지 않으면 회사 비용절감 차원에서 해고가 상대적으로 많이 이루어진다.

이것이 핵심 TIP

일반적 훈련과 기업특수적 훈련

• 일반적 훈련 : 어느 기업에서 일하더라도 생산성을 향상시킬 수 있는 기초적인 기술이나 지식에 대한 훈련을 의미합니다. 0기에 있어서 근로자의 생산성이 VMP_0임에도 불구하고 기업에서 VMP의 임금을 지급한다면(즉, 기업이 훈련비용을 부담한다면) 기업 입장에서는 손해를 볼 수 있습니다. 근로자가 0기의 기간 동안 훈련을 마치고 다른 기업으로 이직한다면 향상된 VMP_1만큼의 임금을 수령할 수 있기 때문입니다. 이러한 기회주의적인 행동은 기업에게 손해를 끼치므로 일반적 훈련의 경우는 근로자가 훈련비를 전액 부담하게 됩니다.

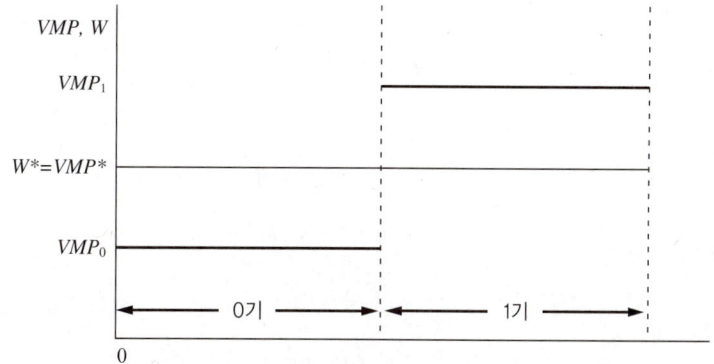

• 기업특수적 훈련 : 기업과 근로자가 각자 기회주의적인 행동으로 훈련 이후에 해고 또는 이직을 하는 경우 훈련비를 부담할 유인이 없기 때문에 훈련비를 공동으로 부담하고 공동으로 회수하게 됩니다.

기업특수적 인적자본형성의 원인이 아닌 것은?

① 기업 간 차별화된 제품생산
② 생산공정의 특유성
③ 생산장비의 특유성
④ 일반적 직업훈련의 차이

기 출 2021년 1회, 2016년 2회, 2007년 1회, 2004년 3회
정 답 ④
해 설
일반적 직업훈련의 차이가 아닌 해당 기업 특유의 직업훈련에 의해 기업특수적 인적자본형성이 발생한다.

인적자본론의 노동이동에 관한 설명으로 틀린 것은?

① 임금률이 높을수록 해고율은 높다.
② 사직률과 해고율은 경기변동에 따라 상반되는 관련성을 갖고 있다.
③ 사직률과 해고율은 기업특수적 인적자본과 음(−)의 상관관계를 갖는다.
④ 인적자본론에서는 장기근속자일수록 기업특수적 인적자본량이 많아져 해고율이 낮아진다고 주장한다.

기 출 2019년 1회
정 답 ①
해 설
기업특수적 인적자본을 다방면에 걸쳐 오랜 기간 동안 축적한 근로자는 기업의 입장에서 생산성 향상을 위한 중요한 요인이 되며, 그로 인해 높은 임금률에도 불구하고 해고율은 상대적으로 낮게 나타난다.

다음 사례에서 기업의 해고에 대한 설명으로 옳은 것은? (단, 주어진 조건 외에는 고려하지 않는다)

A기업은 기업에 특화된 훈련(Firm-specific Training)에 더 많은 투자를 하고, B기업은 모든 기업들에 필요한 일반 훈련(General Training)에 더 많은 투자를 한 상태에서, A기업과 B기업이 생산하는 상품의 수요가 감소하였다.

① A기업이 B기업보다 해고 가능성이 높다.
② B기업이 A기업보다 해고 가능성이 높다.
③ A기업, B기업 모두 동일하게 해고시킨다.
④ A기업, B기업 모두 동일하게 해고 가능성이 낮다.

기 출 2017년 3회
정 답 ②

32 인적자본론과 선별가설의 주장으로 옳은 것을 모두 짝지은 것은?

ㄱ. 인적자본론에 의하면 교육은 생산성을 증가시키는 역할을 한다.
ㄴ. 선별가설에 의하면 교육은 단지 생산성의 신호이다.
ㄷ. 인적자본론과 선별가설 모두 교육투자는 높은 임금을 보장한다고 주장한다.

① ㄱ   ② ㄴ   ③ ㄱ, ㄴ   ④ ㄱ, ㄴ, ㄷ

핵심 키워드   인적자본이론 ☞ 교육투자 → 생산성 향상 → 높은 임금
              선별가설 ☞ 높은 생산성(타고난 능력) → 교육투자 → 높은 임금
기출 데이터   2012년 1회

핵심기출 해설   답 ④

인적자본이론은 '교육투자 → 생산성 향상 → 높은 임금'으로 이어진다고 설명하는 반면, 선별가설(신호가설)은 '타고난 능력에 의한 높은 생산성 → 교육투자 → 높은 임금'으로 이어진다고 설명한다.

이것이 핵심   TIP

인적자본이론과 선별가설은 결론적으로 교육투자는 높은 임금을 보장한다는 점에서는 동일하지만 이론의 전개방식이 전혀 상반된다는 점을 기억해야 합니다.

● 핵심유형 완성하기 ●

다음은 무엇에 관한 설명인가?

경제학자 Spencer는 고학력자의 임금이 높은 것은 교육이 생산성을 높이는 역할을 하는 것이 아니라 처음부터 생산성이 높다는 것을 교육을 통해 보여주는 것이라는 견해를 제시했다.

① 인적자본이론   ② 혼잡가설
③ 고학력자의 맹목적 우대   ④ 교육의 신호모형

기출 2020년 1 · 2회, 2012년 2회
정답 ④
해설
문제상에서 신호모형의 주창자로서 '경제학자 Spencer'라고 제시하고 있으나 이는 오류에 해당합니다. 경제학에 신호의 개념을 도입한 경제학자는 2001년 노벨경제학상 수상자이기도 한 '마이클 스펜스(Michael Spence)'입니다.

다음 사례에서 기업의 채용 이유에 해당하는 것은?

국내 시장만을 상대하는 어떤 내수기업에서 영어에 능통한 A를 채용했다. 그런데 A의 업무는 영어를 전혀 필요로 하지 않는다. 그러나 이 회사는 A가 영어에 능통하다는 사실이 그만큼 A가 성실하고 유능하다는 것을 의미한다고 보고 채용한 것이다.

① 보상적 임금격차   ② 임금경쟁원리
③ 신호기능   ④ 효율임금

기출 2017년 3회
정답 ③

33 선별가설(Screening Hypothesis)에 대한 설명과 가장 거리가 먼 것은?

① 교육훈련이 생산성을 직접 높이는 것은 아니고 유망한 근로자를 식별해 주는 역할을 한다.

② 빈곤 문제 해결을 위해서는 교육훈련 기회를 확대하는 것이 중요하다.

③ 학력이 높은 사람이 소득이 높은 것은 교육 때문이 아니고 원래 능력이 우수하기 때문이다.

④ 근로자들은 자신의 능력과 재능을 보여주기 위해 교육에 투자한다.

핵심 키워드 선별가설에서 교육훈련의 기능
☞ 유망한 근로자를 식별해 주는 역할

기출 데이터 2022년 2회, 2015년 2회

핵심기출 해설 **답 ②**

교육훈련에 대한 관점의 대비

인적자본이론	• 교육훈련은 보다 높은 노동수익의 직접적인 원인이다. • 저소득층의 교육수준을 향상시키는 정책을 통해 그들의 빈곤 문제를 해결할 수 있다.
선별가설	• 교육훈련 자체가 보다 높은 노동소득을 얻게 하는 직접적인 원인은 아니다. • 빈곤 문제 해결을 위한 교육기회의 평등화정책은 크게 성공하지 못할 것이다.

이것이 핵심 **TIP**

선별가설이 인적자본이론을 비판한다고 해서 교육훈련과 높은 생산성 간의 상관관계를 완전히 부정한 것은 아닙니다. 다만, 교육훈련이 노동수익을 높이는 직접적인 원인이라는 인적자본이론에 반대하여 그것이 단지 교육훈련을 통해 성과를 올릴 수 있는 유망한 근로자를 선별해 주는 역할을 한다는 점을 강조합니다.

● **핵심유형 완성하기** ●

인적자본이론에 관한 설명으로 가장 거리가 먼 것은?

① 일반적으로 능력이 높은 사람일수록 인적자본투자를 더 많이 한다.

② 부모가 부자일수록 자녀의 인적자본투자가 많아진다.

③ 교육과 훈련이 생산성 증대를 가져오고, 이것이 보다 높은 노동이익을 가져온다는 점이 실증적으로 입증되었다.

④ 인적자본투자량은 내부수익률과 시장이자율의 비교에 의해 결정된다.

기 출 2016년 1회

정 답 ③

해 설

인적자본이론에 대한 가장 결정적인 비판점은 교육과 훈련이 실제로 생산성 증대로 이어지는가에 관한 인과관계의 실증적 근거가 불분명하다는 것이다.

34

다음 중 내부노동시장의 특징에 관한 설명으로 옳은 것은?

① 신규채용이나 복직 그리고 능력 있는 자의 초빙 시에만 외부노동시장과 연결된다.

② 승진이나 직무배치 그리고 임금 등은 외부노동시장과 연계하여 결정된다.

③ 임금은 근로자의 단기적 생산성과 관련된다.

④ 내부와 외부노동시장 간에 임금격차가 없다.

핵심 키워드 내부노동시장
☞ 제한된 입직구, 장기 근로계약관계, 내부규칙, 동기유발제도

기출 데이터 2021년 2회, 2011년 1회

핵심기출 해설 **답 ①**

② 내부노동시장과 외부노동시장은 신규 채용자에 대한 입직문과 이직의 퇴직문만으로 연결되어 있다.

③ 내부노동시장의 임금수준은 내부규칙에 의해서 정해진다.

④ 내부노동시장은 동기유발제도의 설계 등으로 인하여 외부노동시장에 비하여 임금이 높을 수 있다.

이것이 핵심 **TIP**

내부노동시장이란 제조업의 공장 또는 사업장과 같이 그 안에서 노동의 가격결정과 배치가 일련의 관리적인 규칙과 절차에 의해서 움직여지는 하나의 관리단위라고 할 수 있습니다. 이러한 내부노동시장은 사업장 바깥의 외부노동시장과 엄격히 구분되며 내부노동시장의 특징은 아래와 같습니다.

• 제1차 노동자와 장기근로자로 구성되며, 승진제도가 중요한 역할을 한다.
• 신규채용이나 복직, 능력 있는 자의 초빙 시에만 외부노동시장과 연결된다.
• 고용과 임금이 분리되어 결정된다.
• 동기유발제도가 설계되어 있다.

● **핵심유형 완성하기** ●

내부노동시장에 대한 설명으로 틀린 것은?

① 근로자의 단기적 생산성과 임금이 연관된다.
② 기업비용부담으로 기업차원의 교육훈련이 체계적으로 실시된다.
③ 내부승진이 많다.
④ 장기적 고용관계로 직장안정성이 높다.

기출 2025년, 2018년 2회
정답 ①
해설
내부노동시장은 기업특수적 교육훈련과 장기적 고용관계의 결합에 의해 형성된 연공서열형 임금제도와 내부승진제도가 특징이다.

다음 중 내부노동시장의 특징과 가장 거리가 먼 것은?

① 제1차 노동자로 구성된다.
② 장기근로자로 구성된다.
③ 승진제도가 중요한 역할을 한다.
④ 고용계약 형태가 다양하다.

기출 2020년 3회, 2010년 1회
정답 ④
해설
외부노동시장의 특징에 해당한다.

35 내부노동시장의 형성요인과 가장 거리가 먼 것은?

① 관 습
② 현장훈련
③ 임금수준
④ 숙련의 특수성

핵심 키워드 내부노동시장의 형성요인
☞ 숙련의 특수성, 현장훈련, 관습, 장기근속과 기업의 규모

기출 데이터 2022년 2회, 2016년 3회, 2012년 2회

핵심기출 해설 답 ③

내부노동시장의 형성요인
• 숙련의 특수성(기능의 특수성) : 기업의 고유한 숙련은 기록이나 문서로 전수가 불가능하며, 기업 내의 내부노동력에 의해 시간이 흐를수록 축적된다.
• 현장훈련 : 현장훈련에서는 문서화되지 않은 실제 현장의 담당자만이 아는 노하우(Know-how)를 전임자가 후임자에게 생산과정을 통해 직접 전수하게 된다.
• 기업 내의 관습(위계적 직무서열) : 노동현장에서의 관습은 근로자의 진입 · 보수 · 전환배치 · 승진 · 퇴직 등 노동관계의 각종 사항을 규율한다. 관습은 고용의 안정성에서 형성된 것으로서, 고용의 안정성은 사용자나 근로자 양측에 모두 중요한 의미를 가진다.
• 장기근속과 기업의 규모(장기근속 가능성) : 기업에 대한 정확한 정보를 입수하기 어려운 근로자들로서는 기업의 규모가 크고 역사가 오래된 기업일수록 장기근속이 유리하다는 인식을 가지기 마련이다. 규모가 큰 기업은 조직 내 업무분담과 함께 이를 관리하기 위한 관리조직이 형성됨으로써 내부노동시장이 형성된다.

이것이 핵심 TIP

내부노동시장이론은 이중노동시장이론의 또 다른 형태라고 할 수 있습니다. 이주노동시장이론은 노동시장이 1차 노동시장과 2차 노동시장으로 구분되며, 양 시장이 서로 독립적이고 임금 및 고용의 구조에도 차이를 보인다는 점을 강조합니다.

1차 노동시장 및 2차 노동시장의 주요 특징

1차 노동시장	• 고임금 • 고용의 안정성 • 승진 및 승급 기회의 평등(공평성) • 양호한 근로조건 • 합리적인 노무관리 등
2차 노동시장	• 저임금 • 고용의 불안정성(높은 노동이동) • 승진 및 승급 기회의 결여 • 열악한 근로조건 • 자의적인 관리감독 등

2차 노동시장의 특징에 해당되는 것은?

① 높은 임금
② 높은 안정성
③ 높은 이직률
④ 높은 승진률

기 출 2022년 2회, 2010년 1회, 2005년 3회
정 답 ③

내부노동시장의 형성요인이 아닌 것은?

① 기술변화에 따른 산업구조 변화
② 장기근속 가능성
③ 위계적 직무서열
④ 기능의 특수성

기 출 2020년 4회, 2015년 3회
정 답 ①
해 설
② 장기근속과 기업의 규모
③ 기업 내의 관습
④ 숙련의 특수성

기업 내부노동시장의 형성요인과 가장 거리가 먼 것은?

① 노동조합의 존재
② 기업 특수적 숙련기능
③ 직장 내 훈련
④ 노동관련 관습

기 출 2019년 2회, 2010년 3회, 2009년 2회
정 답 ①

내부노동시장이 형성되는 요인과 가장 거리가 먼 것은?

① 숙련의 특수성
② 교육수준
③ 현장훈련
④ 관 습

기 출 2018년 1회, 2008년 3회, 2006년 3회, 2003년 1회
정 답 ②

다음 중 1차 노동시장의 특성과 가장 거리가 먼 것은?

① 고용의 안정성
② 승진 기회의 평등
③ 자유로운 직업 간 이동 보장
④ 고임금

기 출 2017년 3회, 2009년 2회
정 답 ③

이중노동시장에서 2차 노동시장의 특징으로 가장 적합한 것은?

① 기업 내부의 승진가능성이 높다.
② 종사자의 결근율이 낮다.
③ 종사자의 고용기간이 짧다.
④ 자신의 인적자본을 높이려는 열의가 강하다.

기 출 2016년 1회, 2007년 3회
정 답 ③
해 설
2차 노동시장은 고용의 불안정성으로 인해 노동이동이 빈번히 발생한다.

36

다음 중 자발적 노동이동(Voluntary Mobility)에 따른 순수익의 현재가치(Present Value)를 결정해 주는 요인이 아닌 것은?

① 새로운 직장의 고용규모

② 새 직장에서의 예상근속연수

③ 장래의 기대되는 수익과 현 직장에서의 수익의 차를 현재가치로 할인해 주는 할인율

④ 노동이동에 따른 직접 비용

핵심 키워드 자발적 노동이동에 따른 순수익의 현재가치 결정요인

☞ 효용 내지 수익의 차, 예상근속연수, 수익의 차에 대한 현재가치 할인율, 노동이동의 직 · 간접 비용

기출 데이터 2011년 1회

핵심기출 해설   **답 ①**

자발적 노동이동에 따른 순수익의 현재가치를 결정해 주는 요인

• 구 직장과 신 직장 간의 효용 내지 수익의 차

• 새로운 직장에서의 예상근속연수

• 장래의 기대되는 수익과 현 직장에서의 수익의 차를 현재가치로 할인해 주는 할인율

• 노동이동에 따라 발생하는 직접비용 및 간접비용(심리적 비용) 등

이것이 핵심   **TIP**

구 직장과 신 직장 간의 수익의 차가 크면 클수록, 새로운 직장에서의 예상근속년수가 길면 길수록, 할인율이 낮으면 낮을수록, 노동이동에 따른 직접비용 및 심리적 비용이 적으면 적을수록 노동이동에 따른 순수익의 현재가치는 커집니다.

● **핵심유형 완성하기** ●

자발적 노동이동(Voluntary Mobility)에 따른 순수익의 현재가치(Present Value)를 결정해 주는 요인이 아닌 것은?

① 새로운 직장의 고용규모

② 새로운 직장에서의 예상근속연수

③ 장래의 기대되는 수익과 현 직장에서의 수익의 차를 현재가치로 할인해 주는 할인율

④ 노동이동에 따른 심리적 비용

기출 2015년 3회

정답 ①

37

1998~1999년 경제위기 기간에 나타난 우리 노동시장의 특징과 가장 거리가 먼 것은?

① 해고분쟁의 증가
② 외국인 노동자 대량유입
③ 근로자의 평균근속기간 감소
④ 임시직 · 일용직 고용비중의 증가

핵심 키워드   경제위기와 우리나라 노동시장
☞ 해고증가, 근속감소, 비정규직 증가, 소득격차 심화
기출 데이터   2021년 2회, 2013년 1회, 2003년 3회

핵심기출 해설   **답 ②**

② IMF 경제위기 기간에 우리나라 노동시장에서는 해고관련 분쟁의 증가, 평균근속기간 감소, 비정규직의 증가, 소득 격차 심화 등의 문제들이 발생했으나, 외국인 노동자의 대량유입은 일어나지 않았다.

이것이 핵심   **TIP**

국내에 외국인 노동자가 유입된 계기는 1980년대 후반 급격한 경제성장과 1988년 올림픽 개최에 따른 대외인지도 상승 때문이었습니다. 지속적인 경제성장은 노동시장에서의 취업기회 확대로 이어졌으며, 특히 제조업의 단순생산직이나 3D 업종에서의 인력난으로 인해 중국을 비롯한 동남아시아 국가의 외국인 노동자들을 활용하는 기업들이 늘어나기 시작했습니다. 그러나 1997년 말 외환위기에 따라 경기가 악화되고 기업들이 도산하는 가운데 상당수의 외국인 노동자들은 본국으로 귀국하게 되었습니다.

● **핵심유형 완성하기** ●

1997년 IMF 경제위기 이후 한국의 노동시장에 나타난 변화와 가장 거리가 먼 것은?

① 비정규직 노동의 증가
② 노동조합 조직률의 상승
③ 노동시장 유연화의 진행
④ 대량실업

기출 2012년 2회
정답 ②
해설
1997년 IMF 경제위기 이후 대규모 구조조정이 단행되면서 1999년 노동조합 조직률이 11.9%에 이르렀으며, 최근 2010년에 한 자리 수인 9.8%로 하락하게 되었다.

임금이론

38 임금이 노동자 및 그 가족의 생활을 유지할 수 있을 정도의 수준에서 결정되어야 한다는 이론은?

① 노동가치설
② 임금기금설
③ 임금생존비설
④ 한계생산력설

핵심 키워드 임금이론
　　　☞ 임금생존비설, 임금기금설, 노동가치설, 한계생산력설, 임금교섭력설
기출 데이터 2012년 2회

핵심기출 해설　**답 ③**

① 마르크스의 이론으로 자본가의 착취를 주장하였다.
② 노동수요 측면을 중요시하며 자본가의 이윤증대로 기금이 형성되어야 임금지불이 가능하다고 한다.
④ 한계생산력설은 개별적 기업들은 그들이 이윤을 얻을 수 있을 때까지 고용량을 늘린다고 한다.

이것이 핵심　**TIP**

임금과 관련된 다양한 이론을 기억해야 하며, 그 이론은 다음과 같습니다.

• 임금생존비설(임금철칙설)

배 경	17세기 중상주의 시절 국부증진을 위해 외국무역에 대한 국가의 강력한 규제와 임금극소화를 요구하여 등장한 이론이다.
의 의	근로자 자신 및 가족의 생활유지에 필요한 생존비에 의해 임금이 결정된다고 한다. 따라서, 「임금＞생존비」이면 '인구증가 → 노동공급증가 → 임금 = 생존비'이고, 「임금＜생존비」이면 '인구감소 → 노동공급감소 → 임금 = 생존비'라고 설명하였다. 즉, 임금은 생존비 수준에서 결정된다고 설명한다. 그러나 이 이론은 생존비라는 개념이 애매하고 그것이 임금에 의하여 영향을 받기 때문에 논리상 문제가 발생하게 된다.

• 임금기금설

배 경	노동공급 측면을 강조한 임금생존비설이 역사적으로 타당성을 잃은 후 노동수요 측면을 중시하여 등장한 이론이다.
의 의	자본가의 이윤증대로 기금이 형성되어야 임금지불이 가능하고 그러하지 않은 경우 교섭에 의한 임금 향상이 불가능하다고 설명한다. 따라서, 노동조합이 임금인상을 요구하면 비노동조합 근로자의 임금은 반드시 하락한다고 설명한다. 하지만 지나치게 노동수요 측면인 기업의 측면만을 강조했다는 비판을 받고 있다.

• 노동가치설(노동력재생산비설)

배 경	19세기 마르크스에 의해 제기된 이론으로서 자본가의 착취를 강조하였다.
의 의	노동가치가 임금보다 큰 경우 자본가가 생존비 수준의 임금만을 지급하여 차액분을 생산수단을 독점하는 자본가가 착취한다고 주장한다. 또한, 자본가끼리 경쟁하여 임금이 상승하면 기계를 도입하여 기술적인 실업이 발생하는데, 이러한 실업은 근로자의 임금을 생존비 수준으로 하락시킨다고 설명한다.

• 한계생산력설

배 경	19세기 후반 한계주의의 등장으로 나타난 이론이다.
의 의	개별적 기업들은 그들이 이윤을 얻을 수 있을 때까지 고용량을 늘린다. 즉, 고용노동 단위당 기업에 대한 그 근로자의 기여분과 같아질 때까지 고용을 확대한다. 또한 이윤극대화를 위한 기업 간 경쟁을 통해 그 기업의 생산물에 기여한 근로자의 한계생산물의 가치와 임금이 같아지게 된다.

• 임금교섭력설
고용기회나 노동공급량에 불리한 영향을 미치지 않으면서 일정한 범위 내에서 교섭력의 강도에 의해 임금이 변경될 수 있다는 이론이다.

● 핵심유형 완성하기 ●

임금의 경제적 기능에 대한 설명으로 틀린 것은?

① 임금결정에서 기업주는 동일노동 동일임금을 선호하고 노동자는 동일노동 차등임금을 선호한다.
② 기업주에게는 명목임금이 중요성을 가지나 노동자에게는 실질임금이 중요하다.
③ 기업주에서 본 임금과 노동자 입장에서 본 임금의 성격상 상호배반적인 관계를 갖는다.
④ 임금은 인적자본에 대한 투자수요결정의 변수로서 중요한 역할을 한다.

기출 2025년, 2009년 2회
정답 ①
해설
기업주는 노동자들이 담합이나 태업을 하지 않고 경쟁적으로 열심히 일하도록 하기 위해 선천적 또는 후천적 특징을 기준으로 노동자 간 임금의 차이를 두는 관리방안을 선호하는 반면, 노동자는 경쟁을 피하고 단결을 보다 용이하게 하는 '동일노동 동일임금'을 선호하는 경향이 있다.

임금에 대한 설명으로 틀린 것은?

① 산업사회에서 사회적 신분의 기준이 되기도 한다.
② 임금수준은 인적 자원의 효율적 배분과는 무관하다.
③ 가장 중요한 소득원천 중의 하나이다.
④ 유효수요에 영향을 미쳐 경제의 안정과 성장에 밀접한 관련이 있다.

기출 2022년 2회, 2007년 1회
정답 ②
해설
임금수준은 일정 기간 동안 한 기업 내의 모든 종업원에게 지급되는 평균임금을 의미하는 것으로, 기업의 전체적인 임금수준을 결정하는 총액 인건비와 관련된다.

임금-물가 악순환설, 지불능력설, 한계생산력설 등에 영향을 미친 임금결정이론은?

① 임금생존비설
② 임금철칙설
③ 노동가치설
④ 임금기금설

기출 2021년 1회, 2017년 3회, 2013년 1회, 2010년 4회, 2003년 1회
정답 ④

고전학파의 임금론인 임금생존비설과 마르크스의 노동력재생산비설의 유사점은?

① 노동수요 측면의 역할을 중요시한다는 점
② 임금 수준은 노동자와 그 가족의 생활필수품의 가치에 의해 결정된다는 점
③ 맬더스의 인구법칙에 따른 인구의 증감에 의해 임금이 생존비 수준에 수렴한다는 점
④ 임금의 상대적 저하 경향과 자본에 의한 노동의 착취를 설명한다는 점

기출 2019년 3회, 2013년 2회
정답 ②
해설
고전학파의 임금론인 임금생존비설과 마르크스의 노동력재생산비설의 유사점은 임금 수준이 노동자와 그 가족의 생활필수품의 가치에 의해서 결정된다는 점이다.

임금기금설(Wage-fund Theory)에 관한 설명으로 틀린 것은?

① 임금기금의 규모는 일정하므로 시장임금의 크기는 임금기금을 노동자의 수로 나눈 값이 된다.
② 임금기금설은 노동공급 측면의 역할을 중시한 노동의 장기적인 자연가격결정론에 해당된다.
③ 임금기금설은 고임금이 고실업률을 야기한다고 하여 고용이론에 영향을 주었다.
④ 임금기금설에 따라 노동조합의 교섭력을 통한 임금의 인상이 불가능하다는 노동조합 무용론이 제기되었다.

기출 2018년 3회, 2010년 1회
정답 ②
해설
노동공급 측면의 역할을 중시한 것은 임금생존비설이다. 임금생존비설은 자본주의 사회에서 임금이 장기적으로 근로자의 최저생존비에 머무르지 않을 수 없다고 설명하였다.

임금 학설에 관한 설명으로 틀린 것은?

① 임금생존비설은 임금 상승이 노동절약적 기계도입에 따른 기술적 실업의 발생으로 산업예비군을 증가시켜 다시 임금을 생존비 수준으로 저하시킨다는 학설이다.
② 임금기금설은 어느 한 시점에 근로자의 임금으로 지불될 수 있는 부의 총액 또는 기금은 정해져 있고, 이 기금은 시간이 지남에 따라 변화될 수 있다는 학설이다.
③ 임금교섭력설은 고용기회나 노동공급량에 불리한 영향을 미치지 않으면서도 일정한 범위 내에서 임금이 교섭력 강도에 따라 변화할 수 있다는 학설이다.
④ 임금철칙설은 노동자의 임금이 생활비에 귀착되며, 생활비를 중심으로 약간 변동이 있더라도 궁극적으로는 임금이 생활비에 일치된다는 학설이다.

기출 2016년 3회, 2010년 4회
정답 ①
해설
노동가치설(노동력재생산비설)의 내용에 해당한다.

39

실질임금의 정의로 옳은 것은?

① 한 가구의 총임금을 말한다.

② 물가수준을 반영하여 구매력으로 평가한 임금을 말한다.

③ 세금공제 후 노동자가 실제 지급받는 임금을 말한다.

④ 작업시간과 작업의 난이도를 반영한 임금을 말한다.

핵심 키워드 실질임금 $= \dfrac{\text{명목임금}}{\text{소비자물가지수}} \times 100$

기출 데이터 2014년 2회, 2003년 3회

핵심기출 해설 | **답 ②**

실질임금

실질임금은 물가가 상승된 효과를 제거한 실질적인 임금액 또는 임금의 실질적인 구매력을 나타낸 것이다. 기준년도와 비교년도 사이의 물가상승지수로 비교년도의 명목임금을 나누어서 비교년도의 실질임금을 산출한다. 이때 소비자물가의 상승효과를 제거하기 위해 사용되는 물가지수는 보통 전도시소비자물가지수이다.

이것이 핵심 | **TIP**

실질임금을 산출하는 공식은 다음과 같습니다.

실질임금 $= \dfrac{\text{명목임금}}{\text{소비자물가지수}} \times 100$

실질임금의 변화는 근로자의 실질소득이나 실질구매력 혹은 복지수준의 변화를 나타내는 지표로 사용됩니다.

● **핵심유형 완성하기** ●

다음 표에서 어떤 도시근로자의 실질임금을 구할 경우 ㄱ, ㄴ, ㄷ, ㄹ의 크기를 바르게 나타낸 것은?

구 분	'09년	'12년	'15년	'18년
도매물가지수	95	100	100	120
소비자물가지수	90	100	115	125
명목임금(만 원)	130	140	160	180
실질임금(만 원)	ㄱ	ㄴ	ㄷ	ㄹ

① ㄱ > ㄷ > ㄴ > ㄹ   ② ㄱ > ㄹ > ㄴ > ㄷ

③ ㄹ > ㄷ > ㄱ > ㄴ   ④ ㄹ > ㄴ > ㄷ > ㄱ

기출 2019년 3회, 2010년 2회

정답 ②

해설

실질임금을 산출하는 공식은 다음과 같다.

실질임금 $= \dfrac{\text{명목임금}}{\text{소비자물가지수}} \times 100$

• ㄱ $= \dfrac{130(\text{만 원})}{90} \times 100 \fallingdotseq 144.44(\text{만 원})$

• ㄴ $= \dfrac{140(\text{만 원})}{100} \times 100 \fallingdotseq 140(\text{만 원})$

• ㄷ $= \dfrac{160(\text{만 원})}{115} \times 100 \fallingdotseq 139.13(\text{만 원})$

• ㄹ $= \dfrac{180(\text{만 원})}{125} \times 100 \fallingdotseq 144(\text{만 원})$

40 유보임금(Reservation Wage)에 관한 설명이 옳은 것으로 짝지어진 것은?

> ㄱ. 유보임금의 상승은 실업기간을 연장한다.
> ㄴ. 유보임금의 상승은 기대임금을 하락시킨다.
> ㄷ. 유보임금은 기업이 근로자에게 제시한 최고의 임금이다.
> ㄹ. 유보임금은 근로자가 받고자 하는 최저의 임금이다.

① ㄱ, ㄷ   ② ㄱ, ㄹ
③ ㄴ, ㄷ   ④ ㄴ, ㄹ

핵심 키워드 유보임금
☞ 의중임금, 눈높이임금, 보상요구임금, 희망임금
기출 데이터 2022년 1회, 2018년 2회, 2015년 2회, 2011년 2회

핵심기출 해설 | **답 ②**

유보임금(Reservation Wage)
- '의중임금, 보상요구임금, 희망임금 또는 눈높이임금'이라고도 하며, 노동을 시장에 공급하기 위해 노동자가 요구하는 최소한의 주관적 요구임금 수준을 말한다(ㄷ·ㄹ).
- 유보임금의 상승은 곧 기대임금의 상승으로 이어져서 구직자로 하여금 직장을 구하는 것을 더욱 어렵게 하여 실업기간을 연장시킨다(ㄱ·ㄴ).

● **핵심유형 완성하기** ●

노동자가 기꺼이 일하려고 하는 최저한의 주관적 요구임금 수준은?

① 의중임금
② 통상임금
③ 최소임금
④ 최저임금

기출 2013년 3회
정답 ①

보상요구임금(Reservation Wage)에 관한 설명으로 틀린 것은?

① 노동을 시장에 공급하기 위해 노동자가 요구하는 최소한의 주관적 요구임금 수준이다.
② 의중임금 또는 눈높이임금으로 불린다.
③ 시장에 참가하여 효용극대화를 달성하는 근로자의 의중임금은 실제임금과 일치한다.
④ 전업주부의 의중임금은 실제임금보다 낮다.

기출 2009년 2회, 2007년 3회
정답 ④
해설
전업주부의 의중임금은 실제임금보다 높은 편이다.

41 임금체계의 유형 중 연공급의 단점에 대한 설명으로 틀린 것은?

① 위계질서의 확립이 어렵다.
② 동기부여 효과가 미약하다.
③ 비합리적인 인건비 지출을 하게 된다.
④ 능력 · 업무와의 연계성이 미약하다.

핵심 키워드
- 연공급의 장점 ☞ 위계질서 확립, 귀속의식 확대, 장기고용 유리, 교육훈련 효과 제고
- 연공급의 단점 ☞ 동일직무 · 동일임금 불가, 동기부여 효과 미약, 무사안일주의, 인건비 부담 가중

기출 데이터 2016년 2회, 2011년 2회, 2010년 1회, 2008년 3회

핵심기출 해설 답 ①

① 연공급은 임금이 근속연수, 학력, 연령 등 인적요소 기준에 따라 변화하므로 위계질서의 확립 및 사기 유지에 유리하다.

이것이 핵심 TIP

연공급의 장 · 단점

장 점	• 위계질서 확립 및 사기 유지 유리 • 기업 귀속의식 확대 • 노동력의 장기고용 유리	• 근로자에 대한 교육훈련의 효과 제고 • 배치전환 및 평가가 용이함
단 점	• 동일직무에 대해 동일임금 지급 불가 • 근로의욕 및 동기부여 효과 미약 • 무사안일주의, 적당주의 초래	• 인건비 부담 가중 • 전문기술인력 확보가 어려움

참고로 임금체계는 '속인급 체계', '업무급 체계', '종합급 체계'로 구분하기도 합니다. '속인급 체계'는 연령이나 학력, 경력, 근속연수 등을 기준으로 임금의 개인배분을 결정하는 반면, '업무급 체계'는 직무나 직능과 같은 업무, 즉 맡은 일을 기준으로 임금을 결정합니다. 그리고 '종합급 체계'는 속인급 체계와 업무급 체계의 두 가지 요소를 종합적으로 고려하여 임금을 결정합니다. 참고로 연공급은 속인급 체계에 해당하는 반면, 직무급과 직능급은 업무급 체계에 해당합니다.

● **핵심유형 완성하기** ●

연공급의 특징과 가장 거리가 먼 것은?

① 기업에 대한 귀속의식 제고
② 전문기술인력 확보 곤란
③ 근로자에 대한 교육훈련의 효과 제고
④ 인건비 부담의 감소

기출 2022년 2회, 2017년 2회, 2013년 2회
정답 ④
해설
연공급은 경직적인 임금인상으로 인해 기업의 인건비 부담을 가중시킨다.

임금체계에 대한 설명으로 틀린 것은?

① 직무급은 조직의 안정화에 따른 위계질서 확립이 용이하다는 장점이 있다.
② 연공급의 단점 중 하나는 직무성과와 관련없는 비합리적인 인건비 지출이 생긴다는 점이다.
③ 직능급은 직무수행능력을 기준으로 하여 각 근로자의 임금을 결정하는 임금체계이다.
④ 연공급의 기본적인 구조는 연령, 근속, 학력, 남녀별 요소에 따라 임금을 결정하는 것으로 정기승급의 축적에 따라 연령별로 필요생계비를 보장해 주는 원리에 기초하고 있다.

기출 2021년 1회, 2016년 1회
정답 ①
해설
연공급의 장점에 해당한다. 참고로 직무급은 직무에 기초를 두는 임금결정방식이므로 동일가치노동 · 동일임금의 원칙을 명확히 함으로써 임금배분의 공평성을 기할 수 있는 장점이 있다.

임금체계에 관한 설명으로 틀린 것은?

① 직능급은 개인의 직무수행능력을 고려하여 임금을 관리하는 체계이다.
② 속인급은 연령, 근속, 학력에 따라 임금을 결정하는 체계이다.
③ 직무급은 직무분석과 직무평가를 기초로 직무의 상대적 가치에 따라 임금을 결정하는 체계이다.
④ 연공급은 근로자의 생산성에 바탕을 둔 임금체계이다.

기출 2019년 2회, 2012년 3회
정답 ④
해설
연공급은 주로 근로자에게 지급되는 기본급의 수준이 개인의 근속연수에 의해 결정되는 임금체계이다.

다음 중 연공임금제도의 장점과 가장 거리가 먼 것은?

① 고용안정을 달성할 수 있다.
② 전문기술인력의 확보가 용이하다.
③ 폐쇄적인 노동시장에서 인력관리가 용이하다.
④ 근로자의 기업에 대한 귀속의식을 고양시킬 수 있다.

기출 2018년 1회
정답 ②

연공급(Seniority-based Pay)의 장점이 아닌 것은?

① 정기승급을 실시함에 따라 생활의 안정감과 장래에 대한 기대를 가질 수 있다.
② 위계질서의 확립이 용이하다.
③ 동기부여 효과가 강하다.
④ 근로자에 대한 교육훈련의 효과를 높일 수 있다.

기출 2017년 1회, 2013년 1회
정답 ③
해설
연공급은 근로의욕 및 동기부여 효과가 미약하다.

속인급 체계에 대한 설명으로 틀린 것은?

① 연령이나 학력, 경력, 근속년수 등을 기준으로 임금의 개인 배분을 결정한다.
② 직무급이 속인급 체계에 해당한다.
③ 근속년수가 늘어갈수록 숙련도가 향상되고 생활비도 많이 필요해진다는 점에서 속인급의 합리성을 확인할 수 있다.
④ 선진산업사회에서는 속인급의 영향력이 낮다.

기출 2015년 3회
정답 ②
해설
속인급 체계에 해당하는 것은 연공급이다. 반면, 직무급이나 직능급은 업무급 체계에 해당한다.

42 다음 중 직무급 임금체계의 장점이 아닌 것은?

① 개인별 임금격차에 대한 불만 해소

② 연공급에 비해 실시가 용이

③ 인건비의 효율적 관리

④ 능력위주의 인사풍토 조성

핵심 키워드 직무급

☞ 직무가치에 따른 임금, 임금배분의 공정성 제고, 실시가 어려움

기출 데이터 2022년 1회, 2018년 3회, 2012년 2회, 2004년 3회

핵심기출 해설 답 ②

② 직무급이란 기업에 존재하는 직무들을 평가하여 상대적인 가치에 따라 임금을 결정하는 임금제도로 올바른 직무급체계의 도입을 위해서는 합리적이고 공정한 직무분석과 직무평가가 선행되어야 하기 때문에 호봉 등에 따라서 임금이 순차적으로 올라가는 연공급에 비해서 실시가 불편한 측면이 있다.

이것이 핵심 TIP

직무급의 장·단점

장 점	• 동일가치노동 · 동일임금의 원칙으로 임금배분의 공평성 • 직무가치의 객관성 확보 • 경영조직 및 작업조직 개선 및 업무방식 합리화 • 적재적소의 인사배치, 능력위주의 인사관리 • 불합리한 노무비 상승 방지
단 점	• 직무평가에 있어 평가자의 주관 개입 • 기술변화나 노동시장의 변동에 따라 직무내용 변경의 필요성 발생 • 적정배치 어려움 • 직무내용의 정형화 · 고착화

직무급 임금체계에 관한 설명으로 가장 적합한 것은?

① 정기승급에 의한 생활안정으로 근로자의 기업에 대한 귀속의식을 고양시킨다.
② 기업풍토, 업무내용 등에서 보수성이 강한 기업에 적합하다.
③ 근로자의 능력을 직능고과의 평가결과에 따라 임금을 결정한다.
④ 노동의 양뿐만 아니라 노동의 질을 동시에 평가하는 임금결정방식이다.

기출	2023년, 2022년 2회, 2019년 1회, 2007년 1회
정답	④

해설
①·② 연공급, ③ 직능급

다음 중 직무급의 장점과 가장 거리가 먼 것은?

① 직무에 상응하는 임금지급이 가능하다.
② 직무가치의 객관성 확보가 가능하다.
③ 배치전환이 용이하다.
④ 능력위주의 인사관리가 가능하다.

기출	2017년 3회, 2004년 3회
정답	③

해설
배치전환이 용이한 것은 연공급의 장점에 해당한다.

직무분석과 직무평가를 기초로 하여 직무의 중요성과 난이도 등 직무의 상대적 가치에 따라 개별임금을 결정하는 것은?

① 연공급
② 직무급
③ 직능급
④ 기본급

기출	2015년 3회, 2009년 1회
정답	②

다음 중 직무급의 장점이 아닌 것은?

① 직무에 상응하는 임금지급이 가능하다.
② 직무가치의 객관성 확보가 가능하다.
③ 배치전환이 용이하다.
④ 능력위주의 인사관리가 가능하다.

기출	2004년 3회
정답	③

해설
연공급의 장점에 해당한다.

43 직능급 임금체계의 특징에 관한 설명으로 옳은 것은?

① 조직의 안정화에 따른 위계질서 확립이 용이하다.

② 직무에 상응하는 임금을 지급한다.

③ 학력과 직종에 관계없이 능력에 따라 임금을 지급한다.

④ 무사안일주의 및 적당주의를 초래할 수 있다.

핵심 키워드 직능급 ☞ 직무수행능력, 능력주의 실현, 적용직종의 제한

기출 데이터 2019년 3회, 2013년 2회, 2010년 3회

핵심기출 해설 | 답 ③

③ 직능급이란 근로자가 가지고 있는 직무수행능력을 기준으로 임금을 결정하는 제도이므로 학력이나 직종은 임금 결정에 영향을 주지 않는다.

①·④ 연공급에 관한 설명이다.

② 직무급에 관한 설명이다.

이것이 핵심 | TIP

직능급의 장·단점

장 점	• 자기계발 동기 부여 • 보상의 개별화 • 노사공동체 형성에 기여 • 기존 생산직의 불만 요소 감소
단 점	• 직무수행능력의 파악과 평가가 쉽지 않음 • 제도운용에 미숙할 경우 연공본위가 될 우려가 있음 • 직능급보다 직무급이 적합한 직종 존재 • 50세 이후는 능력개발에 한계가 있어 부적절

● **핵심유형 완성하기** ●

근로자의 직무수행능력을 기준으로 하여 각 근로자의 임금을 결정하는 임금체계는?

① 직무급

② 직능급

③ 부가급

④ 성과배분급

기출 2018년 2회, 2004년 1회

정답 ②

44

다음 중 성과급 제도의 장점에 해당하는 것은?

① 직원 간 화합이 용이하다.

② 근로의 능률을 자극할 수 있다.

③ 임금의 계산이 간편하다.

④ 확정적 임금이 보장된다.

핵심 키워드 임금형태
☞ 시간급제(고정급제), 능률급제(성과급제), 그 밖의 특수임금제도

기출 데이터 2021년 1회, 2020년 4회, 2018년 3회, 2014년 3회, 2012년 3회, 2010년 2회, 2008년 1회, 2005년 3회, 2003년 1회

핵심기출 해설 **답 ②**

② 성과급은 기본적으로 종업원의 업적 향상을 보수와 연관시킴으로써 근로의 능률을 자극하려는 능률급제 임금형태에 해당한다. 이러한 성과급 제도는 근로자의 동기유발은 물론 보상의 형평성을 기할 수 있는 장점이 있다. 그러나 근로자가 임금액을 올리고자 무리하게 노동한 결과 심신의 과로를 가져오기 쉬우며, 작업량에만 치중하여 제품 품질이 조악해지는 단점도 있다.

①·③·④ 고정급 제도의 장점에 해당한다.

이것이 핵심 **TIP**

'임금형태'란 종업원에 대한 임금산정 및 지불방법을 총괄하는 표현으로서, 기본적으로 시간급제(고정급제)와 능률급제(성과급제)로 대별되며, 그 밖에 특수임금제도를 들 수 있습니다. 시간급제, 즉 고정급제는 작업의 양이나 질과 상관없이 근로시간을 기준으로 하여 임금을 산정·지급하는 방식으로서, 시급제, 일급제(일당제), 주급제, 월급제, 연봉제 등이 있습니다. 반면, 능률급제는 노동성과를 측정하여 측정된 성과에 따라 임금을 산정·지급하는 방식으로서, 개인별 연봉제, 팀별 성과급, 조직의 이익분배제 등이 있습니다.

● **핵심유형 완성하기** ●

임금형태에 관한 설명 중 잘못된 것은?

① 임금형태는 경영이 안정 지향적이냐 혹은 성과 지향적이냐에 따라 고정급과 성과급으로 구분된다.

② 성과급은 노동능률이나 업적을 지급기준으로 하는 임금제도로 능률급 혹은 업적급이라 한다.

③ 일반적으로 성과급의 도입은 제품의 질을 향상시켜 품질관리에 필요한 비용을 절감시킨다.

④ 성과를 측정하는 도구로서는 생산량, 생산액, 이윤액, 원가절감액 등이 있다.

기출 2025년, 2014년 2회
정답 ③
해설
성과급의 도입은 작업량에만 치중한 나머지 제품 품질이 조악해지는 단점이 있다.

다음 중 통상임금에 포함되지 않는 것은?

① 기본급
② 직급수당
③ 직무수당
④ 특별급여

기출 2021년 3회

정답 ④

해설

통상임금에는 기본급, 직무관련 직책, 직급, 직무수당을 포함하며, 초과급여, 특별급여, 부정기적으로 지급되는 업적수당과 생활보조수당은 통상임금 산정에서 제외된다.

임금관리의 주요 구성요소와 가장 거리가 먼 것은?

① 기본급과 수당 등의 임금체계
② 임금지급 시기
③ 노동생산성 수준에 따른 임금수준
④ 고정급제와 성과급제 등의 임금형태

기출 2021년 3회, 2017년 1회

정답 ②

해설

임금관리의 주요 구성요소

임금수준, 임금체계, 임금형태

성과급 제도를 채택하기 어려운 경우는?

① 근로자의 노력과 생산량과의 관계가 명확한 경우
② 생산원가 중에서 노동비용에 대한 통제가 필요하지 않는 경우
③ 생산물의 질(Quality)이 일정한 경우
④ 생산량이 객관적으로 측정 가능한 경우

기출 2020년 1 · 2회, 2006년 1회

정답 ②

해설

성과급제는 작업수행에 소요된 작업시간은 고려하지 않은 채 작업성과의 수량만 계산하여 그것에 일정한 임률을 적용하는 방식이다.

고정급제 임금형태가 아닌 것은?

① 시급제
② 연봉제
③ 성과급제
④ 일당제

기출 2019년 3회, 2016년 3회, 2014년 2회

정답 ③

다음 중 고정적 임금의 구성으로 가장 적합한 것은?

① 기본급 + 성과급
② 기본급 + 초과급여 + 고정적 상여금
③ 기본급 + 제수당 + 고정적 상여금
④ 기본급 + 초과급여 + 성과급

기출 2018년 2회

정답 ③

해설

고정적 임금의 구성

• 기본금(봉급) : 업무급, 속인급, 종합급
• 제수당 : 가족수당, 직책수당, 정근수당, 주택수당 등
※ 상여금 중 고정적 상여금은 고정적 임금으로, 변동적 상여금은 변동적 임금으로 분류하기도 함

45 연봉제의 장점과 가장 거리가 먼 것은?

① 전문성의 촉진
② 개인의 능력에 기초한 생산성 향상
③ 구성원 상호 간의 친밀감 증진
④ 임금관리 용이

핵심 키워드 연봉제
☞ 조직의 활성화, 사기 앙양 유도, 생산성 향상에 유리, 전문성 촉진, 과감한 인재기용에 유리, 임금관리의 효율성

기출 데이터 2022년 1회, 2015년 2회, 2011년 3회, 2005년 1회

핵심기출 해설　답 ③

③ 연봉제의 본질은 개인의 능력 · 실적 등을 평가하여 연간 임금액을 개별적 · 차별적으로 결정하는 제도로서, 평가에 따른 동료 근로자들과의 갈등이나 위화감이 조성될 수 있다.

이것이 핵심　TIP

연봉제는 우리나라 기업에서 점점 그 경향이 강화되고 있는 추세이며, 장 · 단점을 반드시 기억해야 합니다.

장 점	• 능력주의 · 실적주의를 통해 조직의 활성화와 사기 앙양 유도 • 개인의 능력에 기초한 생산성 향상에 유리, 전문성 촉진 • 과감한 인재기용에 유리 • 임금관리의 효율성 증대
단 점	• 평가결과의 객관성과 공정성에 대한 시비 제기 가능성 • 연봉액 삭감 시 사기 저하 • 종업원 상호 간의 불필요한 경쟁심이나 위화감 조성, 불안감 증대

● **핵심유형 완성하기** ●

연봉제 성공을 위한 조건과 가장 거리가 먼 것은?

① 직무분석
② 인사고과
③ 목표관리제도
④ 품질관리제도

기출 2020년 1 · 2회
정답 ④
해설
연봉제 성공을 위한 주요 조건에는 직무분석, 인사고과, 목표관리제도가 있다.

다음 중 연봉제의 장점과 가장 거리가 먼 것은?

① 능력주의, 성과주의를 실현할 수 있다.
② 과감한 인재기용에 용이하다.
③ 종업원 상호 간의 협조성이 높아진다.
④ 종업원들의 동기를 부여할 수 있다.

기출 2019년 2회
정답 ③

46

생산성 임금제를 따를 때 물가상승률이 3%이고, 실질생산성 증가율이 5%라고 하면 명목임금은 얼마나 인상되어야 하는가?

① 2%   ② 4%
③ 8%   ④ 15%

핵심 키워드 명목생산성 증가율 = 실질생산성 증가율 + 가격 증가율(물가상승률)
기출 데이터 2011년 2회, 2009년 3회

핵심기출 해설 **답 ③**

생산성 임금제에서 임금결정 방식

생산성 임금제에서는 명목임금 증가율과 명목생산성 증가율을 산정할 때 실질임금 증가율과 실질생산성 증가율에 가격 증가율(여기서는 물가상승률)을 반영한다.

- 명목임금 증가율 = 실질임금 증가율 + 가격 증가율(물가상승률)
- 명목생산성 증가율 = 실질생산성 증가율 + 가격 증가율(물가상승률)

문제상에서 실질생산성 증가율이 5%, 물가상승률이 3%로 주어졌으므로,
명목생산성 증가율 = 5% + 3% = 8%
즉, 명목생산성이 8% 증가하였으므로, 명목임금도 8% 인상되어야 한다.

이것이 핵심 **TIP**

생산성 임금제에서는 기술적으로 명목임금 증가율의 경우 명목생산성 증가율과 같도록, 실질임금 증가율의 경우 실질생산성 증가율과 같도록 임금 인상률을 결정합니다.

● **핵심유형 완성하기** ●

생산성 임금제를 따를 때 물가상승률이 3%이고, 실질생산성 증가율이 7%라고 하면 명목임금은 얼마나 인상되어야 하는가? ① 2%　　　　　② 4% ③ 10%　　　　　④ 15%	**기출** 2025년, 2016년 2회 **정답** ③
생산성 임금제를 따를 때 실질생산성 증가율이 5%이고 물가상승률이 2%라고 하면 명목임금의 인상분은? ① 3%　　　　　② 5% ③ 7%　　　　　④ 10%	**기출** 2023년, 2021년 3회, 2017년 1회 **정답** ③ **해설** 생산성 임금제에 따라 명목생산성이 7% 증가하였으므로, 명목임금도 7% 인상되어야 한다.

47 A산업의 평균임금이 B산업보다 높은 것으로 알려져 있는데, 그 이유와 가장 거리가 먼 것은?

① A산업의 노동조합이 B산업보다 강하다.

② A산업 근로자의 생산성이 B산업 근로자보다 높다.

③ A산업은 경쟁적인 반면, B산업은 독과점도가 높다.

④ A산업은 최근 급속히 성장하고 있어 노동수요에 노동공급이 충분히 대응하지 못하고 있다.

핵심 키워드 산업별 임금격차
☞ 생산성의 차이, 노동조합의 존재, 독과점력

기출 데이터 2011년 1회

핵심기출 해설 답 ③

③ 특정 산업에서 독과점력을 가진 기업이 많은 경우 독과점력을 바탕으로 높은 임금을 지급할 수 있기 때문에 임금격차가 발생한다.

① 노동조합이 존재하거나 노동조합의 힘이 강력한 산업에서는 노동조합의 근로3권 행사로 인하여 상대적으로 임금이 높을 수 있다.

② 생산성의 차이는 임금격차를 불러오고 특히 개발도상국의 경우에 육성산업과 비육성산업 간의 임금격차는 크게 나타날 수 있다.

④ 노동수요에 노동공급이 대응하지 못하는 경우 노동공급 부족으로 인하여 임금격차가 발생한다.

이것이 핵심 TIP

임금격차의 유형 중 직종별 임금격차와 산업별 임금격차의 발생원인은 다음과 같습니다.

직종별 임금격차	• 근로환경의 차이(→ 보상적 임금격차) • 노동조합 조직률의 차이(→ 비경쟁집단의 존재) • 직종 간 정보흐름의 미흡(→ 과도적 임금격차) • 노동자의 특정 직종 회피·선호 경향의 차이 등
산업별 임금격차	• 산업 간 노동생산성의 차이 • 노동조합의 존재 • 산업별 집중도의 차이 • 단기적 노동공급의 비탄력성 등

노동시장에서의 차별로 인해 발생하는 임금격차에 대한 설명으로 틀린 것은?

① 직장 경력의 차이에 따른 인적자본 축적의 차이로는 임금격차를 설명할 수 없다.

② 경쟁적인 시장경제에서는 고용주에 의한 차별이 장기간 지속될 수 없다.

③ 소비자의 차별적인 선호가 있다면 차별적인 임금격차가 지속될 수 있다.

④ 정부가 차별적 임금을 지급하도록 강제하는 경우에는 경쟁시장에서도 임금격차가 지속될 수 있다.

|기출| 2025년, 2020년 1·2회

|정답| ①

|해설|
교육수준의 차이, 근속연수의 차이, 직장 경력의 차이 등 인적자본 축적의 차이로 임금격차를 설명할 수 있다.

시장경제를 채택하고 있는 국가의 노동시장에서 직종별 임금격차가 존재하는 이유와 가장 거리가 먼 것은?

① 직종 간 정보의 흐름이 원활하기 때문이다.

② 직종에 따라 근로환경의 차이가 존재하기 때문이다.

③ 직종에 따라 노동조합 조직률의 차이가 존재하기 때문이다.

④ 노동자들의 특정 직종에 대한 회피와 선호가 다르기 때문이다.

|기출| 2021년 1회, 2017년 2회

|정답| ①

|해설|
직종 간 정보흐름의 미흡으로 인해 직종별 임금격차가 발생한다.

A산업의 평균임금이 B산업보다 높을 경우 그 이유와 가장 거리가 먼 것은?

① A산업의 노동조합이 B산업보다 약하다.

② A산업의 근로자의 생산성이 B산업 근로자보다 높다.

③ A산업 근로자의 숙련도 수준이 B산업 근로자의 숙련도 수준보다 높다.

④ A산업은 최근 급속히 성장하고 있어 노동수요에 노동공급이 충분히 대응하지 못하고 있다.

|기출| 2020년 3회, 2013년 3회

|정답| ①

|해설|
강한 노동조합이 존재하는 산업이 노동조합이 약하거나 존재하지 않는 산업보다 임금수준이 높은 것이 일반적이다.

다음 중 직종별 임금격차의 발생 원인과 가장 거리가 먼 것은?

① 비경쟁집단

② 보상적 임금격차

③ 과도적 임금격차

④ 직종 간 자유로운 노동이동

|기출| 2019년 1회

|정답| ④

48 임금격차 중 임금차별의 차원에서 개선이 필요한 것은?

① 성별 임금격차　　　　　　　　　　② 학력별 임금격차

③ 직종별 임금격차　　　　　　　　　　④ 기업규모별 임금격차

핵심 키워드 성별 임금격차의 원인
☞ 편견, 통계적 차별, 노동시장 구조에 따른 차별, 과밀효과, 경력단절

기출 데이터 2015년 1회

핵심기출 해설 **답 ①**

① 차별이란 같은 것을 다르게 혹은 다른 것을 같게 대우하는 것을 의미하는 것을 말하며, 동일한 직무를 수행함에도 불구하고 남녀 간 임금격차가 발생한다면 이는 개선이 필요하다고 할 수 있다.

이것이 핵심 **TIP**

성별 임금격차가 발생하는 주요 원인

• 편견에 의한 임금격차 : 사업주 등이 특정 성을 가진 근로자에게 차별을 하는 경우 임금격차가 발생합니다.

• 통계적 차별 : 특정 성에 대한 과거 통계자료를 근거로 임금을 정하여 발생하는 임금차별을 의미합니다.

• 노동시장 구조에 따른 차별 : 노동시장이 내부노동시장과 외부노동시장으로 분단되어 있는 경우 경력단절이 예상되는 여성에 대한 채용을 꺼릴 수 있고, 이러한 경우 여성은 외부노동시장에 머물게 되어 임금격차가 발생할 수 있습니다.

• 내부노동시장 내에서 차별 : 여성이 내부노동시장에 진입하더라도 기업 내에서 저급직종으로 배치되어 임금격차가 발생합니다.

• 직종별 과밀효과 : 직종별로 성차별이 있는 경우 다른 조건이 동일하다면 여성이 많은 직종은 노동공급이 증가하여 임금이 감소할 수 있습니다.

• 인적자본량에 따른 임금격차 : 여성의 경우 결혼, 임신, 출산, 육아 등에 의한 경력단절 현상으로 인적자본을 축적하지 못하여 임금격차가 발생합니다. 특히 이는 M자형 그래프에 의해서 설명이 가능합니다.

● **핵심유형 완성하기** ●

성별 임금격차의 발생원인과 가장 거리가 먼 것은?

① 여성이 저임금 직종에 몰려 있어서

② 여성의 학력이 남성보다 낮기 때문에

③ 여성의 직장 내 승진 기회가 남성보다 적어서

④ 여성의 노조가입률이 높아서

기출 2019년 3회

정답 ④

49 노동수요 특성별 임금격차의 원인 중 경쟁적 요인이 아닌 것은?

① 인적자본량　　　　　　　　　　② 보상적 임금격차

③ 비효율적 연공급제도의 영향　　　④ 기업의 합리적 선택으로서 효율성 임금정책

핵심 키워드　노동수요 특성별 임금격차의 경쟁적 요인
　　　　　　　☞ 인적자본량, 근로자의 생산성 격차, 보상적 임금격차, 기업의 효율성 임금정책, 시장의 단기적 불균형

기출 데이터　2011년 2회, 2009년 1회

핵심기출 해설　**답 ③**

③ 비효율적 연공급제도의 영향은 경쟁 외적 요인(비경쟁적 요인)에 해당한다.

노동수요 특성별 임금격차의 원인

경쟁적 요인	• 인적자본량 • 근로자의 생산성 격차(보이지 않는 질적 차이) • 보상적 임금격차 • 기업의 합리적 선택으로서 효율성 임금정책(효율임금정책) • 시장의 단기적 불균형(산업발달의 불균형)
비경쟁적 요인 (경쟁 외적 요인)	• 시장지배력 및 독점지대의 배당 • 노동조합의 효과 • 비효율적 연공급제도

● 핵심유형 완성하기 ●

임금격차의 원인을 모두 고른 것은?

> ㄱ. 인적자본 투자의 차이로 인한 생산성 격차
> ㄴ. 보상적 격차
> ㄷ. 차 별

① ㄱ, ㄴ　　② ㄱ, ㄷ　　③ ㄴ, ㄷ　　④ ㄱ, ㄴ, ㄷ

기 출 2022년 2회
정 답 ④

임금격차의 원인 중 경쟁적 요인이 아닌 것은?

① 인적자본량
② 보상적 임금격차
③ 노동조합의 효과
④ 기업의 합리적 선택으로 효율성 임금정책

기 출 2018년 3회, 2013년 2회
정 답 ③
해 설
노동조합의 효과는 비경쟁적 요인(경쟁 외적 요인)에 해당한다.

다음의 노동수요 특성별 임금격차의 원인 중 경쟁적 요인이 아닌 것은?

① 인적자본량　　　　　　② 비효율적 연공급제도
③ 효율성 임금정책　　　　④ 보상적 임금격차

기 출 2003년 1회
정 답 ②

50 임금이 하방경직적인 이유와 가장 거리가 먼 것은?

① 장기 노동계약
② 물가의 지속적 상승
③ 강력한 노동조합의 존재
④ 노동자의 역선택 발생 가능성

핵심 키워드 임금의 하방경직성의 이유
☞ 화폐환상, 장기 근로(노동)계약, 강력한 노동조합의 존재, 노동자의 역선택 발생 가능성, 최저임금제의 실시, 대기업의 효율임금정책에 따른 고임금 지급

기출 데이터 2021년 1회, 2012년 2회, 2006년 3회

핵심기출 해설 **답 ②**

임금이 하방경직적인 이유
• 화폐환상(Money Illusion)
• 장기 노동(근로)계약
• 강력한 노동조합의 존재
• 노동자의 역선택 발생 가능성
• 최저임금제의 시행
• 대기업의 효율성 임금정책에 따른 고임금 지급

이것이 핵심 **TIP**

임금의 하방경직성은 케인즈(Keynes)의 실업이론과 연관됩니다. 케인즈는 노동자들이 기업과 달리 실질임금이 아닌 명목임금(화폐임금)에 관심을 가진다고 주장하였습니다. 사실 노동자들은 기업과 달리 물가상승을 예측하거나 이를 인식하는데 있어서 둔감합니다. 그로 인해 명목임금이 유지되는 경우, 화폐가치의 하락으로 인해 실질임금이 감소되더라도 노동공급을 유지하게 됩니다. 케인즈는 이와 같은 현상을 노동자들의 '화폐환상'으로 제시하였습니다.

● **핵심유형 완성하기** ●

케인즈(Keynes)의 실업이론에 관한 설명으로 틀린 것은?

① 노동의 공급은 실질임금의 함수이며, 노동에 대한 수요는 명목임금의 함수이다.
② 노동자들은 화폐환상을 갖고 있어 명목임금의 하락에 저항하므로 명목임금은 하방경직성을 갖는다.
③ 비자발적 실업의 원인을 유효수요의 부족으로 설명하였다.
④ 실업의 해소방안으로 재정투융자의 확대, 통화량의 증대 등을 주장하였다.

기출 2025년, 2021년 1회, 2006년 1회
정답 ①
해설
케인즈(Keynes)의 실업이론에서 노동의 수요는 실질임금의 함수이지만, 노동의 공급은 명목임금의 함수이다.

다음 중 시장균형임금보다 임금수준이 높게 유지되는 경우에 해당되지 않는 것은?

① 인력의 부족
② 노동조합의 존재
③ 최저임금제의 시행
④ 효율성 임금정책 도입

기출 2020년 4회, 2018년 2회
정답 ①

51

보상적 임금격차를 발생시키는 요인이 아닌 것은?

① 작업환경의 쾌적성 여부

② 성별 간의 소득차이

③ 교육훈련 기회의 차이

④ 고용의 안정성 여부

핵심 키워드 보상적 임금격차의 발생원인

☞ 고용의 안정성 여부, 작업의 쾌적함 정도, 교육훈련 비용(기회)의 차이, 책임의 정도, 성공 또는 실패
의 가능성

기출 데이터 2015년 3회, 2010년 1회, 2008년 3회, 2006년 1회

핵심기출 해설 답 ②

보상적 임금격차의 발생원인(Smith)

• 고용의 안정성 여부(금전적 위험) : 어떤 직업의 고용이 불안정하여 실업할 가능성이 크다면, 실업으로 인한 소득상실
을 보상해 줄 정도로 높은 임금을 지불해 주어야 한다.

• 작업의 쾌적함 정도(비금전적 차이) : 어떤 직업의 작업내용이 다른 직업에 비해 위험이 따르고 작업환경 또한 열악하
다면, 이 직업에 대해서는 더 많은 임금을 지불하여 비금전적 불이익을 보상해 주어야 한다.

• 교육훈련 비용의 여부(교육훈련의 차이 혹은 교육훈련 기회의 차이) : 어떤 직업에 취업하기 위해 교육 및 훈련비용이
들어간다면, 이 비용은 이자를 붙여 임금으로 회수되어야 할 것이다.

• 책임의 정도 : 의사, 변호사, 보석 세공인 등은 막중한 책임이 따르는 일에 종사한다. 따라서 이러한 직업 종사자들은
그들에게 맡겨진 큰 책임으로 인해 높은 임금을 지불해 주어야 한다.

• 성공 또는 실패의 가능성 : 임금소득이 보장되지 않아 장래가 불확실한 일에 종사하는 사람들에게는 보다 높은 임금
을 지불해 주어야 한다.

이것이 핵심 TIP

보상적 임금격차는 직업의 임금 외적인 불리한 측면을 상쇄하여 근로자에게 돌아가는 순이익을 다른 직업과 동등하게 해
주어야 한다는 원리로서 '균등화 임금격차'라고도 합니다.

다음 (   )에 들어갈 알맞은 것은?

아담 스미스(A. Smith)는 노동조건의 차이, 소득안정성의 차이, 직업훈련 비용의 차이 등 각종 직업상의 비금전적 불이익을 견딜 수 있기에 필요한 정도의 임금프리미엄을 (   )(이)라고 하였다.

① 직종별 임금격차
② 균등화 임금격차
③ 생산성임금
④ 헤도닉임금

기 출 2025년, 2019년 2회, 2011년 3회, 2007년 3회
정 답 ②

임금의 보상격차에 관한 설명으로 틀린 것은?

① 근무조건이 열악한 곳으로 전출되면 임금이 상승한다.
② 성별격차도 일종의 보상격차이다.
③ 물가가 높은 곳에서 근무하면 임금이 상승한다.
④ 더 높은 비용이 소요되는 훈련을 요구하는 직종의 임금이 상대적으로 높다.

기 출 2022년 1회
정 답 ②
해 설
성별 임금격차는 주로 차별에서 비롯되는 임금격차로, 채용 시 직종차별(Occupational Segregation)과 순수한 임금상의 차별(Wage Discrimination)로 나타난다.

다음 중 보상임금격차의 예로 가장 적합한 것은?

① 사회적으로 명예로운 직업의 보수가 높다.
② 대기업의 임금이 중소기업의 임금보다 높다.
③ 정규직 근로자의 임금이 일용직 근로자의 임금보다 높다.
④ 상대적으로 열악한 작업환경과 위험한 업무를 수행하는 광부의 임금은 일반 공장 근로자의 임금보다 높다.

기 출 2018년 1회, 2009년 3회, 2008년 1회, 2006년 3회
정 답 ④
해 설
3D 직종은 더럽고(Dirty), 위험하며 (Dangerous), 까다로운(Difficult) 작업환경을 특징으로 하므로, 다른 직종에 비해 더 높은 임금(→ 보상적 임금)을 제시한다.

보상적 임금격차의 발생 원인에 해당되지 않는 것은?

① 비금전적 차이
② 직장탐색비용의 차이
③ 금전적 위험(불안정)
④ 교육훈련의 차이

기 출 2016년 1회
정 답 ②

52

다음 중 헤도닉 임금이론의 가정으로 틀린 것은?

① 직장의 다른 특성은 동일하며 산업재해의 위험도도 동일하다.
② 노동자는 효용을 극대화하며 노동자 간에는 산업안전에 관한 선호의 차이가 존재한다.
③ 기업은 좋은 노동조건을 위해 산업안전에 투자해야 한다.
④ 노동자는 정확한 직업정보를 갖고 있으며 직업 간에 자유롭게 이동할 수 있다.

핵심 키워드 헤도닉 임금
☞ 산업재해 위험도, 산업재해 선호도, 산업안전에 대한 사항은 투자, 완전정보, 자유로운 이동

기출 데이터 2018년 2회, 2013년 1회, 2010년 2회

핵심기출 해설 **답 ①**

헤도닉 임금이론의 기본가정
• 직장의 다른 특성은 모두 동일하나 산업재해의 위험도만은 다르다.
• 노동자는 효용을 극대화하며, 노동자 간에는 산업안전에 관한 선호의 차이가 존재한다.
• 노동자는 정확한 직업정보를 가지고 있으며, 직업 간에 자유롭게 이동할 수 있다.
• 기업은 좋은 노동조건을 위해 산업안전에 투자해야 한다.

이것이 핵심 **TIP**

헤도닉 임금은 고통스럽고 불유쾌한 직업에 대한 근로자의 보상요구를 반영한 임금 또는 편하고 쾌적한 직업에 대한 근로자의 대가 지불 의사를 반영한 임금을 말합니다. 이러한 헤도닉 임금이론은 보상적 임금격차와 밀접하게 연관됩니다.

● **핵심유형 완성하기** ●

헤도닉(Hedonic) 임금이론과 관계있는 것은?

① 생산성 임금
② 보상임금격차
③ 생계비임금
④ 최저임금

기출 2010년 4회
정답 ②
해설
헤도닉 임금은 근로조건의 차이에 의해 발생하는 임금의 차이로서 보상임금격차와 연관된다.

53

효율임금이론에서 고임금이 고생산성을 가져오는 원인에 관한 설명으로 틀린 것은?

① 고임금은 노동자의 직장상실 기대비용을 증대시켜 노동자로 하여금 열심히 일하게 한다.

② 대규모 사업장에서는 통제상실을 사전에 방지하는 차원에서 고임금을 지불하여 노동자를 열심히 일하도록 유도할 수 있다.

③ 고임금은 노동자의 사직을 감소시켜 신규노동자의 채용 및 훈련비용을 감소시킨다.

④ 균형임금을 지불하여 경제 전반적으로 동일노동·동일임금이 달성되도록 한다.

핵심 키워드 효율성 임금
☞ 태만방지, 감독의 한계, 은혜적 측면, 사직 감소, 명예효과
기출 데이터 2018년 3회, 2012년 3회, 2010년 3회, 2008년 1회, 2006년 3회

핵심기출 해설 답 ④

효율임금이론

• 효율임금이론은 노동자의 생산성을 높이기 위해 균형임금보다 더 높은 임금을 지불하는 것이 이윤극대화를 추구하는 기업에 더 이익이 된다는 이론이다. (④)

• 고임금은 우수한 노동자의 채용을 통한 근로의 질 향상, 노동자의 사직 감소에 따른 노동자 신규채용 및 훈련에 드는 비용의 감소, 대규모 사업장에서의 통제상실 방지 등의 효과가 있다. (②·③)

• 고임금은 노동자의 직장상실 기대비용을 증대시켜 노동자로 하여금 열심히 일하게 하며, 노동자의 기업에 대한 충성심과 귀속감을 증대시킨다. (①)

• 고임금의 경제효과가 있을 때 임금이 상승하여도 생산성이 높으므로 새롭게 형성되는 노동수요곡선은 본래의 수요곡선보다 비탄력적이다. 즉, 임금 변화에 대한 수요의 영향력이 상대적으로 작다.

• 기업의 효율임금정책은 높은 임금의 지급을 통한 노동생산성 향상을 도모하기 위한 것이나, 기업 간 임금격차 및 이중노동시장 형성의 원인이 되기도 한다.

이것이 핵심 TIP

고임금경제는 효율성 임금과 같은 의미로서 임금상승과 더불어 생산성이 향상되는 현상을 의미하고, 고임금경제가 있을 때 원래의 노동수요곡선보다 비탄력적인 형태의 노동수요곡선이 도출됩니다.

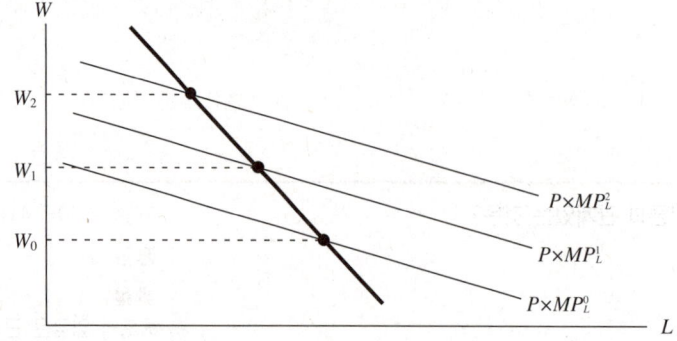

기업이 효율성 임금을 사용하는 이유는 태만방지, 감독의 한계, 은혜적 측면, 사직 감소, 명예효과 등이 있으며, 이 다섯 가지는 반드시 숙지해야 합니다. 또한 기업이 효율성 임금을 사용하는 것은 이윤극대화를 추구하는 기업의 합리적인 선택입니다.

효율임금정책이 높은 생산성을 가져오는 원인에 관한 설명으로 틀린 것은?

① 고임금은 노동자의 직장상실비용을 증대시켜서 작업 중에 태만하지 않게 한다.
② 고임금 지불기업은 그렇지 않은 기업에 비해 신규노동자의 훈련에 많은 비용을 지출한다.
③ 고임금은 노동자의 기업에 대한 충성심과 귀속감을 증대시킨다.
④ 고임금 지불기업은 신규채용 시 지원노동자의 평균자질이 높아져 보다 양질의 노동자를 고용할 수 있다.

기출 2021년 3회, 2017년 3회, 2013년 1회

정답 ②

해설
고임금은 노동자의 사직을 감소시켜 신규노동자의 채용 및 훈련비용을 감소시킨다.

효율임금가설에 대한 설명으로 틀린 것은?

① 효율임금은 생산의 임금탄력성이 1이 되는 점에서 결정된다.
② 효율임금은 전문직과 같이 노동자들의 생산성을 관측하기 어려운 경우 채택될 가능성이 높다.
③ 효율임금은 경쟁임금수준보다 높으므로 개별기업의 이윤극대화를 가져다주는 임금이라 할 수 없다.
④ 효율임금은 임금인상에 따른 한계생산이 임금의 평균생산과 일치하는 점에서 결정된다.

기출 2020년 4회, 2005년 1회

정답 ③

해설
효율임금가설은 노동자의 생산성을 높이기 위해 시장균형임금(경쟁임금)보다 더 높은 임금을 지불하는 것이 이윤극대화를 추구하는 기업에 더 이익이 된다고 주장한다.

효율임금(Efficiency Wage) 가설에 대한 설명으로 옳은 것은?

① 기업이 생산의 효율성을 달성하기 위해 적정임금을 책정한다.
② 기업이 시장임금보다 높은 임금을 유지해 노동생산성 증가를 도모한다.
③ 기업이 노동생산성에 맞춰 임금을 책정한다.
④ 기업이 생산비 최소화 원리에 따라 임금을 책정한다.

기출 2019년 2회, 2008년 3회, 2005년 3회

정답 ②

노동시장에서 존재하는 임금격차에 대한 설명으로 틀린 것은?

① 노동생산성의 차이, 근로자의 공헌도 차이 등에 의해서 임금격차가 발생하며 직종 간 노동이동이 자유롭지 못할수록 직종별 임금격차는 크게 발생할 것이다.
② 최근 들어 성별·직종별 임금격차는 점점 축소되는 경향을 보이고 있으며, 대학졸업자들이 양산됨에 따라 학력별 임금격차 역시 축소되는 경향을 보일 것이다.
③ 노동시장에서 노동공급이 노동수요를 초과하는 정도가 클수록 임금격차는 확대될 것이며, 반대일 경우에는 임금격차가 축소될 것이다.
④ 요금과 같은 대졸자 취업난 시대에도 많은 기업들이 대졸자에게 고임금을 지급하는 이유는 임금격차를 설명하는 효율임금이론과 관련된 것으로서 기업의 이윤극대화 목표와는 무관할 것이다.

기출 2007년 3회, 2003년 3회

정답 ④

해설
효율성임금이론은 기업의 이윤극대화 목표와 연관된다.

54 최저임금제의 기대효과와 가장 거리가 먼 것은?

① 산업 간, 직업 간 임금격차 해소

② 경기 활성화에 기여

③ 산업구조의 고도화

④ 청소년 취업촉진

핵심 키워드 최저임금제의 목적(기대효과)

☞ 소득분배 개선, 노동력 질적 향상, 기업 근대화 촉진, 공정경쟁 확보, 산업평화 유지, 경기 활성화 기여, 복지국가 실현

기출 데이터 2017년 2회, 2014년 3회

핵심기출 해설 | 답 ④

④ 최저임금제는 일반적으로 고용 감소 및 실업 증가의 부정적인 효과를 가지는 것으로 알려져 있다.

최저임금제도의 목적(기대효과)

• 소득분배의 개선(산업 간, 직업 간 임금격차 해소, 저임금 노동자의 생활보호)(①)

• 노동력의 질적 향상

• 기업의 근대화 및 산업구조의 고도화 촉진(③)

• 공정경쟁의 확보

• 산업평화의 유지

• 경기 활성화에 기여(유효수요의 창출)(②)

• 복지국가의 실현

이것이 핵심 | TIP

사실 최저임금제의 효과에 대해서는 아직까지 학자들 사이에 이견이 많습니다. 예를 들어, 몇몇 학자들은 최저임금제가 저소득 근로자의 실직을 유발하여 소득분배에 악영향을 미친다고 보고 있으며, 저수준의 기술을 가진 근로자와 고수준의 기술을 가진 근로자 간의 임금격차를 축소시켜 교육훈련에 따른 수익률을 감소시킴으로써 노동력의 평균적인 질적 저하와 생산성 저하를 야기할 수 있다고 주장하고 있습니다. 다만, 이와 같은 의견은 일반적인 것으로 받아들여지고 있지 않습니다.

최저임금제도의 기대효과로 가장 거리가 먼 것은?

① 소득분배의 개선
② 기업 간 공정경쟁의 확보
③ 산업평화의 유지
④ 실업의 해소

기출	2022년 2회
정답	④

다음 중 최저임금제도의 기대효과가 아닌 것은?

① 소득분배 개선
② 기업 간 공정경쟁 유도
③ 고용 확대
④ 산업구조의 고도화

기출	2021년 2회, 2013년 2회
정답	③

다음 중 최저임금제 도입의 직접적인 목적과 가장 거리가 먼 것은?

① 고용 확대
② 구매력 증대
③ 생계비 보장
④ 경영합리화 유도

기출	2020년 3회, 2018년 1회, 2013년 1회
정답	①
해설	

최저임금제는 일반적으로 고용 감소 및 실업의 증가를 야기한다.

최저임금제도의 기본취지 및 기대효과와 가장 거리가 먼 것은?

① 저임금 노동자의 생활보호
② 산업평화의 유지
③ 유효수요의 억제
④ 산업 간·직업 간 임금격차의 축소

기출	2019년 1회, 2009년 2회, 2004년 1회
정답	③

최저임금제도의 기대효과로 가장 거리가 먼 것은?

① 소득분배의 개선
② 공정경쟁의 확보
③ 산업평화의 유지
④ 실업의 해소

기출	2017년 3회
정답	④
해설	

최저임금제도는 일반적으로 고용 감소 및 실업 증가의 부정적인 효과를 가지는 것으로 알려져 있다.

최저임금제 실시에 따른 효과로 볼 수 있는 것은?

① 고용 증가
② 노동력의 질적 하락
③ 노동조합의 임금삭감 수용
④ 기업 간 공정경쟁 확보 가능성

기출	2014년 2회, 2003년 1회
정답	④

최저임금제도의 기본목적과 가장 거리가 먼 것은?

① 소득분배의 개선
② 공정경쟁의 확보
③ 산업평화의 유지
④ 실업의 해소

기출	2011년 3회, 2009년 3회
정답	④

55 다음 중 최저임금제가 노동시장에 미치는 효과로 볼 수 없는 것은?

① 잉여인력의 발생
② 부가급여의 축소
③ 숙련직의 임금 하락
④ 노동수요량의 감소

핵심 키워드 최저임금제가 노동시장에 미치는 효과
☞ 노동공급량 증가, 노동수요량 감소, 잉여인력 발생, 숙련직의 임금 상승 유발, 부가급여의 축소 유발
기출 데이터 2025년, 2009년 1회, 2007년 1회

핵심기출 해설   답 ③

최저임금제가 노동시장에 미치는 효과
최저임금제도의 목적은 저임금지대에 속하는 근로자들(대부분 미숙련직종에 종사하는 근로자들)의 임금을 법률에 의해
일정 수준 이상으로 인상시키는 데 있다. 그러나 이와 같은 목적에도 불구하고 하나의 사업장 내에서 임금은 근로자 간
에 계층성을 유지하고 있으므로, 최하위 부문의 임금 상향조정이 직접적 혹은 간접적으로 상층부의 임금 상향조정에도
어느 정도 영향을 미치게 된다.

이것이 핵심   TIP

최저임금제는 본래의 기대목적과 달리 소득분배의 역진적 효과를 유발할 수 있습니다. 요컨대, 최저임금제의 시행에 따라
최저임금수준이 강제되는 경우 최저임금수준 이하의 임금을 받고 있던 저소득 근로자의 일부는 새로운 최저임금을 받을
수 있으나 상당수의 저소득 근로자는 실직되어 소득을 상실할 수 있습니다. 반면, 최저임금수준 이상의 임금을 받는 근로
자는 아래로부터의 상승압박이 임금 인상의 유인으로 작용함으로써 임금이 연쇄적으로 인상될 수 있습니다. 결국 최저임
금제는 저소득 근로자의 실직을 통해 그의 소득을 상대적으로 높은 임금을 받는 근로자에게 재분배함으로써 역진적인 효
과를 유발하게 되는 것입니다.

● 핵심유형 완성하기 ●

최저임금제가 노동시장에 미치는 효과와 가장 거리가 먼 것은?

① 잉여인력 발생
② 노동공급량 증가
③ 숙련직의 임금 하락
④ 노동수요량 감소

기출 2015년 1회
정답 ③

필립스 곡선

56 실업률과 물가상승률 간 역의 상관관계를 나타내는 곡선은?

① 래퍼 곡선 　　　　　　　　② 필립스 곡선
③ 로렌즈 곡선 　　　　　　　　④ 테일러 곡선

핵심 키워드　필립스 곡선(Phillips Curve)
　　　　　　☞ 실업률과 물가상승률(임금상승률) 간 역의 상관관계(상충관계)
기출 데이터　2019년 1회, 2014년 2회

핵심기출 해설　답 ②

필립스 곡선

• 영국의 경제학자 필립스(Phillips)가 제시한 것으로, 그는 영국의 인플레이션율(임금 또는 물가의 상승률)과 실업률에 관한 통계자료 분석을 통해 인플레이션율과 실업률 간에 역의 상관관계(상충관계)가 있음을 설명하였다.
• 필립스 곡선은 정부가 낮은 인플레이션율과 낮은 실업률을 동시에 달성할 수 없음을 보여준다.
• 정부가 총수요를 증가시키는 경우, 경기부양을 통해 실업률을 단기적으로 줄일 수 있으나 그 결과 물가가 상승함으로써 인플레이션율은 증가하게 된다(그래프상의 A).
• 정부가 총수요를 감소시키는 경우, 물가 안정을 통해 인플레이션율을 단기적으로 줄일 수 있으나 경기침체로 인해 실업률은 증가하게 된다(그래프상의 B).

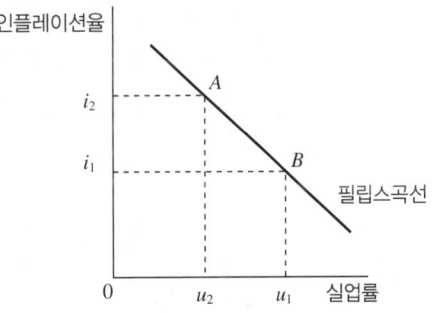

이것이 핵심　TIP

1960년대 영국과 미국에서는 실업률과 물가상승률(인플레이션율) 간의 상충관계를 개선하고자 구조적인 개선정책을 모색하였으며, 그 과정에서 소득정책을 제시하였습니다. 여기서 소득정책은 물가나 임금의 과도한 상승을 억제하기 위해 정부가 동원할 수 있는 반강제적 또는 설득적인 모든 조치를 포함합니다. 그러나 이와 같은 소득정책은 급격한 물가상승기에 일시적인 효과를 거둘 수는 있어도, 오히려 임금억제에 이용되어 소득분배의 불평등을 초래하는 것은 물론 성장산업의 위축, 행정적 관리비용의 증가 등 부작용을 가지는 것으로 알려져 있습니다.

1960년대 선진국에서 실업률과 물가상승률 간의 상충관계를 개선하고자 실시했던 정책은?

① 재정정책
② 금융정책
③ 인력정책
④ 소득정책

기 출 2021년 2회, 2016년 3회, 2013년 2회
정 답 ④
해 설
소득정책이란 물가나 임금의 과도한 상승을 억제하기 위해 정부가 동원할 수 있는 반강제적 또는 설득적인 모든 조치를 포함한다.

소득정책의 효과에 대한 설명으로 틀린 것은?

① 성장산업의 위축을 초래할 수 있다.
② 행정적 관리비용을 절감할 수 있다.
③ 임금억제에 이용될 가능성이 크다.
④ 급격한 물가상승기에 일시적으로 사용하면 효과를 거둘 수 있다.

기 출 2021년 3회, 2017년 1회, 2014년 1회
정 답 ②
해 설
소득정책에는 행정적 관리비용이 많이 소요된다. 이는 수많은 노동협약이나 부가급여 등에 관한 노사 간의 협약 등을 심사하는 데 있어서 많은 인력과 재원을 필요로 하기 때문이다.

필립스 곡선은 어떤 변수 간의 관계를 설명하는 것인가?

① 임금상승률과 노동참여율
② 경제성장률과 실업률
③ 환율과 실업률
④ 임금상승률과 실업률

기 출 2020년 3회, 2016년 1회, 2009년 3회
정 답 ④

필립스(Phillips, A. W) 곡선의 의미는?

① 실업률과 물가상승률 간의 상충관계
② 실업률과 성장률 간의 상충관계
③ 실업률과 인구증가율 간의 상호관계
④ 실업률과 사망률 간의 상호관계

기 출 2015년 1회
정 답 ①

57

실업–결원곡선(Beveridge Curve)에 관한 설명으로 틀린 것은?

① 종축에는 결원 수, 횡축에는 실업자 수를 표시한다.

② 원점에서 멀어질수록 구조적 실업자 수가 증가함을 의미한다.

③ 마찰적 실업과 구조적 실업을 구분하는 것이 가능하다.

④ 현재의 실업자 수에서 현재의 결원 수를 뺀 것이 수요부족실업자 수이다.

핵심 키워드 실업–결원곡선
☞ 수요부족실업(경기적 실업)과 비수요부족실업(마찰적 실업+구조적 실업)의 구분

기출 데이터 2019년 1회, 2014년 2회, 2011년 1회

핵심기출 해설 **답 ③**

실업–결원곡선

• 실업과 결원의 관계를 나타내는 베버리지 곡선은 실업의 구조와 완전고용실업률에 대해 설명한다.

• 종축은 결원 수를, 횡축은 실업자 수를 표시하며, 이 두 가지 변수 간의 관계를 우하향 곡선으로 나타낸다. 이는 실업자 수가 증가하는 경우 결원 수가 감소하며, 그 역의 관계도 성립됨을 의미한다.

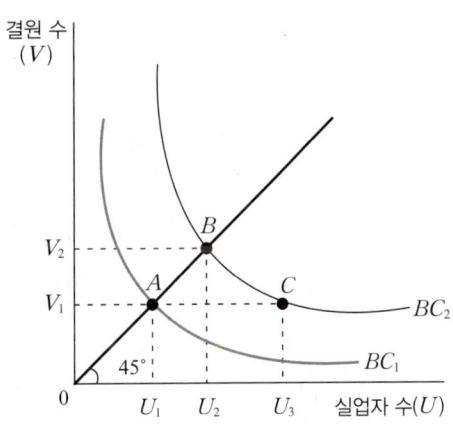

• 노동수요와 노동공급이 같은 경우 실업자 수와 결원 수가 균형을 이룬다. 이때 그 점들을 이으면 그래프상의 45°선이 되며, 이것이 곧 완전고용상태에 해당한다.

• 베버리지 곡선은 원점에서 멀어질수록 구조적 실업자 수가 증가하고 있음을 나타내 준다. 즉, BC_1이 BC_2로 이동하는 경우 동일한 수준의 결원 수에 대해 더 많은 실업자 수가 대응함으로써 노동시장이 구조적으로 악화되어 있음을 보여준다.

• 실업–결원곡선에 의해 수요부족실업과 비수요부족실업(마찰적 실업과 구조적 실업의 합에 해당)을 구분하는 것은 가능하다. 이는 현재의 노동시장 상황이 BC_2라고 할 때 실업자 수와 결원 수가 만나는 C점이 완전고용상태에 해당하는 B점만큼의 차이를 보이며, 이때 그 차이를 수요부족실업으로 간주할 수 있기 때문이다. 그러나 이와 같은 곡선에서 마찰적 실업과 구조적 실업을 구분하는 것은 사실상 어렵다.

경제학자들은 마찰적 실업률과 구조적 실업률의 합을 자연실업률로 간주하기도 합니다. 이러한 자연실업률은 완전고용의 상태를 의미하는 것으로 볼 수 있습니다. 다시 말해 완전고용의 상태는 실업률이 0%인 상황을 의미하는 것이 아닙니다.

● **핵심유형 완성하기** ●

실업을 수요부족실업과 비수요부족실업으로 구분할 때 비수요부족실업을 모두 고른 것은?

> ㄱ. 경기적 실업
> ㄴ. 마찰적 실업
> ㄷ. 구조적 실업
> ㄹ. 계절적 실업

① ㄱ
② ㄴ, ㄷ
③ ㄱ, ㄴ, ㄹ
④ ㄴ, ㄷ, ㄹ

기출 2025년, 2019년 2회
정답 ④

다음 중 비수요부족실업이 아닌 것은?

① 마찰적 실업
② 경기적 실업
③ 구조적 실업
④ 계절적 실업

기출 2017년 3회
정답 ②
해설
경기적 실업은 불경기 시에 생산물시장에서의 총수요 감소가 노동시장에서 노동의 총수요 감소로 이어지면서 발생하는 수요부족실업에 해당한다.

베버리지 곡선(Beveridge Curve)이 원점에서 멀어질 때 발생하는 실업의 유형은?

① 구조적 실업
② 마찰적 실업
③ 경기적 실업
④ 계절적 실업

기출 2014년 1회
정답 ①
해설
베버리지 곡선은 원점에서 멀어질수록 구조적 실업자 수가 증가하고 있음을 나타내 준다.

58 다음 중 마찰적 실업에 관한 설명으로 옳은 것은?

① 경기침체로부터 오는 실업이다.

② 구인자와 구직자 간의 정보의 불일치로 인해 발생한다.

③ 기업이 요구하는 기술수준과 노동자가 공급하는 기술수준의 불합치에 의해 발생한다.

④ 노동절약적 기술 도입으로 해고가 이루어짐으로써 발생한다.

핵심 키워드 마찰적 실업의 원인
☞ 노동시장 정보의 불일치(불완전)

기출 데이터 2023년, 2020년 3회, 2016년 3회, 2013년 1회

핵심기출 해설 답 ②

② 마찰적 실업은 실업과 미충원상태에 있는 공석이 공존하는 경우의 실업, 즉 노동시장의 정보가 불완전하여 구직자와 구인처가 적절히 대응되지 못하기 때문에 발생하는 실업을 말한다.

① 경기적 실업에 해당한다.

③ 구조적 실업에 해당한다.

④ 기술적 실업에 해당한다.

이것이 핵심 TIP

마찰적 실업은 신규 또는 전직자가 노동시장에 진입하는 과정에서 직업정보의 부족으로 인해 일시적으로 발생하는 실업을 말합니다. 구직과 구인에는 탐색 활동이 필요한데, 노동시장에서의 정보는 불완전하기 때문에 구직자와 구인자 간의 정보가 불일치하여 실업이 발생하는 것입니다. 마찰적 실업은 거의 대부분 자연적인 실업으로서, 다른 실업의 유형에 비해 사회적 비용이 가장 적게 유발됩니다.

● **핵심유형 완성하기** ●

마찰적 실업을 해소하기 위한 가장 효과적인 정책은?

① 성과급제를 도입한다.

② 근로자 파견업을 활성화한다.

③ 협력적 노사관계를 구축한다.

④ 구인 · 구직 정보제공시스템의 효율성을 제고한다.

기출 2025년, 2020년 1 · 2회, 2017년 2회, 2014년 3회, 2009년 1회

정답 ④

마찰적 실업의 원인에 해당하는 것을 모두 고른 것은?

ㄱ. 노동자들이 자신에게 잘 맞는 직장을 찾는 데 시간이 걸리기 때문이다.
ㄴ. 기업이 생산성을 제고하기 위해 시장균형임금보다 높은 수준의 임금을 지불하는 경향이 있기 때문이다.
ㄷ. 노동조합의 존재로 인해 조합원의 임금이 생산성보다 높게 설정되기 때문이다.

① ㄱ　　　　② ㄴ　　　　③ ㄱ, ㄴ　　　　④ ㄴ, ㄷ

기출 2022년 1회
정답 ①

다음 중 사회적 비용이 상대적으로 가장 적게 유발되는 실업은?

① 경기적 실업　　　　② 계절적 실업
③ 마찰적 실업　　　　④ 구조적 실업

기출 2022년 2회, 2016년 3회, 2013년 1회
정답 ③

마찰적 실업을 해소하기 위한 정책이 아닌 것은?

① 구인 및 구직에 대한 전국적 전산망 연결
② 직업안내와 직업상담 등 직업알선기관에 의한 효과적인 알선
③ 고용실태 및 전망에 관한 자료제공
④ 노동자의 전직과 관련된 재훈련 실시

기출 2021년 1회, 2017년 1회, 2013년 2회
정답 ④
해설
구조적 실업을 해소하기 위한 정책에 해당한다.

정보의 유통장애와 가장 관련이 높은 실업은?

① 마찰적 실업　　　　② 경기적 실업
③ 구조적 실업　　　　④ 잠재적 실업

기출 2021년 2회, 2017년 3회, 2009년 2회
정답 ①

노동자가 자신에게 가장 유리한 직장을 찾기 위해서 정보수집활동에 종사하고 있을 동안의 실업상태로 정보의 불완전성에 기인하는 실업은?

① 계절적 실업　　　　② 마찰적 실업
③ 경기적 실업　　　　④ 구조적 실업

기출 2021년 3회
정답 ②

다음 중 사회적 비용이 가장 적은 실업은?

① 마찰적 실업　　　　② 경기적 실업
③ 구조적 실업　　　　④ 기술적 실업

기출 2019년 1회
정답 ①

정부가 노동시장에서 구인·구직 정보의 흐름을 원활하게 하면 직접적으로 줄어드는 실업의 유형은?

① 마찰적 실업　　　　② 경기적 실업
③ 구조적 실업　　　　④ 계절적 실업

기출 2019년 3회, 2015년 3회
정답 ①

다음은 무엇에 대한 설명인가?

실업과 미충원상태에 있는 공석이 공존하는 경우의 실업, 즉 노동시장의 정보가 불완전하여 구직자와 구인처가 적절히 대응되지 못하기 때문에 발생하는 실업을 말한다.

① 경기적 실업　② 마찰적 실업　③ 구조적 실업　④ 계절적 실업

기출 2015년 3회, 2008년 3회
정답 ②

59 구인처에서 요구하는 기술을 갖춘 근로자가 없어서 발생하는 실업은?

① 구조적 실업

② 잠재적 실업

③ 마찰적 실업

④ 자발적 실업

핵심 키워드 구조적 실업의 원인
☞ 구인처에서 요구하는 기술을 갖춘 근로자가 없는 경우

기출 데이터 2022년 1회, 2017년 2회, 2012년 1회

핵심기출 해설 **답 ①**

① 구조적 실업은 구인처 또는 미충원공석에서 요구하는 자격을 갖춘 근로자가 없거나 혹은 해당 지역 내에 없는 경우에 발생한다.

② 잠재적 실업은 구직의 가능성이 높은 경우 노동시장에 참가하여 최소한 구직활동을 했을 사람이 그와 같은 전망이 없거나 낮다고 판단하여 비경제활동인구화됨으로써 발생한다.

③ 마찰적 실업은 미충원공석에서 요구하는 자격을 갖춘 근로자가 실업자로 존재하고 있더라도 취업이 즉각적으로 이루어지지 않는 데서 발생한다.

④ 자발적 실업은 자신의 적성에 맞는 일자리를 찾지 못한 경우, 근로자가 현행임금을 승인하지 않거나 임금이 조금이라도 저하되는 것을 승인하지 않는 경우 발생한다.

이것이 핵심 **TIP**

구조적 실업은 산업구조의 변화에 따라 노동력에 대한 수요구조가 변화함에도 불구하고 직종 간·지역 간 노동력 수급의 불균형이 존재할 경우 발생합니다. 또한 이윤극대화를 추구하는 기업이 이직률을 낮추기 위해 효율성 임금을 지불할 경우 노동력 수급의 불균형현상을 유발하여 구조적 실업이 발생할 수 있습니다. 이러한 구조적 실업을 해소하기 위한 정책은 다음과 같습니다.

- 산업구조 변화예측에 따른 인력수급정책
- 노동자의 전직과 관련된 재훈련(교육훈련프로그램 또는 직업전환훈련프로그램)
- 지역 간 이동을 촉진시키는 지역이주금 보조
- 인접지역 및 타 지역의 일자리정보 제공
- 미래의 각 부문별 노동력수급의 예측 등

해고에 대한 사전 예고와 통보가 실업을 감소시킬 수 있는 실업의 유형을 모두 고른 것은?

> ㄱ. 마찰적 실업
> ㄴ. 구조적 실업
> ㄷ. 경기적 실업

① ㄱ, ㄴ
② ㄱ, ㄷ
③ ㄴ, ㄷ
④ ㄱ, ㄴ, ㄷ

기출 2023년, 2018년 1회, 2015년 2회, 2011년 3회
정답 ①

디지털 카메라의 등장으로 기존의 필름산업이 쇠퇴하여 필름산업 종사자들이 일자리를 잃을 때 발생하는 실업은?

① 구조적 실업
② 계절적 실업
③ 경기적 실업
④ 마찰적 실업

기출 2023년, 2018년 2회
정답 ①
해설
구조적 실업은 새로운 산업이 요구하는 기술이 부족하여 발생하거나, 지역 간 또는 산업 간 노동력 수급의 불균형현상으로 인해 발생하는 실업이다.

직업훈련의 강화에 따른 효과로 가장 거리가 먼 것은?

① 인력부족 직종의 구인난을 완화시킬 수 있다.
② 재직근로자의 직무능력을 높일 수 있다.
③ 산업구조의 변화에 대응할 수 있다.
④ 마찰적인 실업을 줄일 수 있다.

기출 2021년 1회, 2007년 3회, 2004년 1회
정답 ④
해설
노동자의 전직과 관련된 직업훈련의 강화로 구조적 실업을 줄일 수 있다.

구조적 실업에 대한 설명으로 틀린 것은?

① 노동시장에 대한 정보 부족에 기인한다.
② 구인처에서 요구하는 자격을 갖춘 근로자가 없는 경우에 발생한다.
③ 산업구조 변화에 노동력 공급이 적절히 대응하지 못해서 발생한다.
④ 적절한 직업훈련 기회를 제공하는 것이 구조적 실업을 완화하는 데 중요하다.

기출 2020년 1·2회, 2013년 2회, 2011년 1회
정답 ①
해설
마찰적 실업을 유발하는 요인에 해당한다.

다음 중 구조적 실업에 대한 대책과 가장 거리가 먼 것은?

① 경기활성화
② 직업전환교육
③ 이주에 대한 보조금
④ 산업구조 변화 예측에 따른 인력수급정책

기출 2020년 4회, 2016년 3회, 2012년 2회, 2010년 2회, 2004년 1회
정답 ①
해설
경기적 실업을 해소하기 위한 정책에 해당한다.

이윤극대화를 추구하는 기업이 이직률을 낮추기 위해 효율성 임금(Efficiency Wage)을 지불할 경우 발생할 수 있는 실업은?

① 마찰적 실업
② 구조적 실업
③ 경기적 실업
④ 지역적 실업

기출 2019년 3회, 2017년 2회, 2013년 3회, 2011년 2회
정답 ②

산업구조 변동 시 성장산업의 기업들이 요구하는 기술과 사양산업에 종사하던 노동자들이 제공하는 기술이 서로 맞지 않아서 사양산업에 종사하던 노동자들이 성장산업으로 즉시 이동할 수 없어 발생하는 실업은?

① 마찰적 실업
② 구조적 실업
③ 경기적 실업
④ 직업탐색적 실업

기출 2018년 3회, 2013년 3회, 2004년 3회
정답 ②

다음 현상을 설명하는 실업의 종류와 대책을 연결한 것으로 옳은 것은?

> 성장산업에서는 노동에 대한 초과수요로 인하여 노동력의 부족현상이 야기되고, 사양산업에서는 노동에 대한 초과공급으로 인하여 노동력의 과잉현상이 야기되고 있다.

① 마찰적 실업 – 구인, 구직 정보망 확충
② 경기적 실업 – 유효수요의 증대
③ 구조적 실업 – 인력정책
④ 기술적 실업 – 기술혁신

기출 2016년 2회
정답 ③

60 다음 중 수요부족실업에 해당되는 것은?

① 마찰적 실업
② 구조적 실업
③ 계절적 실업
④ 경기적 실업

핵심 키워드 수요부족실업
☞ 경기적 실업
기출 데이터 2021년 1회, 2018년 3회, 2014년 2회, 2011년 2회

핵심기출 해설 답 ④

④ 경기적 실업은 불경기 시에 생산물시장에서의 총수요 감소가 노동시장에서 노동의 총수요 감소로 이어지면서 발생하는 수요부족실업에 해당한다.
①·②·③ 비수요부족실업에 해당한다.

실업의 구분
• 수요부족실업 : 총수요 부족에 따른 노동력 수요의 감소에서 비롯되는 실업
• 비수요부족실업 : 그 원인이 총수요 부족에서라기보다는 노동시장의 불균형이나 마찰 등에 의해 발생하는 실업

● **핵심유형 완성하기** ●

경기적 실업에 대한 대책으로 가장 적합한 것은?

① 지역 간 이동 촉진
② 총수요의 증대
③ 퇴직자 취업알선
④ 구인·구직에 대한 전산망 확대

기출 2022년 1회, 2018년 1회
정답 ②
해설
① 구조적 실업의 주요 대책
③·④ 마찰적 실업의 주요 대책

경기적 실업에 대한 대책으로 가장 적합한 것은?

① 지역 간 이동 촉진
② 유효수요의 확대
③ 기업의 퇴직자 취업알선
④ 구인·구직에 대한 전산망 확대

기출 2016년 2회, 2010년 3회
정답 ②
해설
경기적 실업에 대한 대책으로는 재정금융정책을 통한 총수요 증대정책(유효수요의 확대), 세율 인하 등의 경기활성화 정책, 공공사업 등의 고용창출사업 확대, 교대근무, 연장근무, 휴일근무 등 근무제도 변경방법 등이 있다.

61

잠재적 실업에 관한 설명으로 가장 거리가 먼 것은?

① 노동의 한계생산물이 거의 0에 가까운 실업을 말한다.

② 표면적으로 취업상태에 있지만 실질적으로 실업 상태에 있는 농촌의 과잉인구 등이 해당된다.

③ 구직의 가능성이 높았더라면 노동시장에 참가하여 적어도 구직활동을 했을 사람이 그와 같은 전망이 없거나 낮다고 판단하여 비경제활동인구화되어 있는 경우를 말한다.

④ 불법체류 외국인 취업에 따른 실업이 해당된다.

핵심 키워드 잠재적 실업
  ☞ 비경제활동인구화

기출 데이터 2017년 3회, 2006년 3회

핵심기출 해설 **답 ④**

④ 표면적으로 취업상태에 있지만 실질적으로 실업상태에 있는 농촌의 과잉인구 등이 해당된다.

잠재적 실업(Disguised Unemployment)

• 표면적으로 취업상태에 있으나 실질적으로는 실업상태와 마찬가지인 경우에 해당한다.

• 구직의 가능성이 높은 경우 노동시장에 참가하여 최소한 구직활동을 했을 사람이 그와 같은 전망이 없거나 낮다고 판단하여 비경제활동인구화됨으로써 발생한다.

• 잠재실업자는 노동의 한계생산력이 거의 '0'에 가까운 인력으로서, 통계청의 경제활동인구조사에서 실업으로 기록되지 않는 것이 보통이다.

62

A국의 취업자가 200만 명, 실업자가 10만 명, 비경제활동인구가 100만 명이라고 할 때, A국의 경제활동참가율은?

① 약 66.7%

② 약 67.7%

③ 약 69.2%

④ 약 70.4%

핵심 키워드 경제활동참가율(%) = $\dfrac{\text{경제활동인구 수}}{\text{15세 이상 인구 수}} \times 100$

기출 데이터 2023년, 2022년 2회, 2019년 2회, 2011년 2회

핵심기출 해설 **답 ②**

경제활동참가율은 다음의 공식으로 나타낼 수 있다.

경제활동참가율(%) = $\dfrac{\text{경제활동인구 수*}}{\text{15세 이상 인구 수**}} \times 100$

* 경제활동인구 수 = 15세 이상 인구 수 − 비경제활동인구 수 또는 경제활동인구 수 = 취업자 수 + 실업자 수

** 15세 이상 인구 수 = 경제활동인구 수 + 비경제활동인구 수

- 경제활동인구 수 : 200(만 명) + 10(만 명) = 210(만 명)
- 15세 이상 인구 수 : 210(만 명) + 100(만 명) = 310(만 명)
- 경제활동참가율(%) = $\dfrac{\text{경제활동인구 수}}{\text{15세 이상 인구 수}} \times 100 = \dfrac{210(\text{만 명})}{100(\text{만 명})} \times 100 ≒ 67.7(\%)$

∴ 67.7%

이것이 핵심 **TIP**

15세 이상 인구 수는 생산가능인구 수를 말합니다.

● **핵심유형 완성하기** ●

A국의 생산가능인구는 500만 명, 취업자 수는 285만 명, 실업률이 5%일 때 A국의 경제활동참가율은?

① 48%

② 50%

③ 57%

④ 60%

기출 2018년 2회

정답 ④

해설
- 실업자 수

  취업자 수 : 285만 명, 취업률 : 95%, 실업률 5%

  $2,850,000 : 0.95 = x : 0.05$

  $x = 150,000$(명)
- 경제활동참가율

  $= \dfrac{2,850,000(\text{명}) + 150,000(\text{명})}{5,000,000(\text{명})} \times 100$

  $= 60\%$

63

기혼여성의 경제활동참가율은 60%이고 실업률은 20%일 때, 기혼여성의 고용률은?

① 12%   ② 48%

③ 56%   ④ 86%

핵심 키워드 $고용률(\%) = \dfrac{취업자\ 수}{15세\ 이상\ 인구\ 수} \times 100$

기출 데이터   2021년 1회, 2018년 1회, 2015년 2회, 2012년 2회

핵심기출 해설   **답** ②

실업률과 고용률은 다음의 공식으로 나타낼 수 있다.

> · $실업률(\%) = \dfrac{실업자\ 수}{경제활동인구\ 수} \times 100$
>
> · $고용률(\%) = \dfrac{취업자\ 수}{15세\ 이상\ 인구\ 수} \times 100$

기혼여성의 경제활동참가율이 60%라고 하는 것은 15세 이상 인구 수(생산가능인구 수)를 100%에 해당하는 100명으로 가정할 때 60%에 해당하는 60명이 경제활동인구에 해당하는 것을 의미한다. 여기서 경제활동인구 중 실업률이 20%라고 하였으므로,

$$20(\%) = \dfrac{x}{60(명)} \times 100 \qquad \therefore\ 실업자\ 수(x) = 12(명)$$

실업자 수가 12명이 되며, 반대로 취업자 수는 60명에서 12명을 제외한 48명이 된다. 따라서 고용률을 계산하기 위한 공식에 대입하는 경우,

$$고용률(\%) = \dfrac{48(명)}{100(명)} \times 100 = 48(\%)$$

즉, 기혼여성의 고용률은 48%에 해당한다.

이것이 핵심   **TIP**

문제상에서 비율로만 제시된 수치를 간단히 방정식을 이용하여 풀이할 수 있습니다.

● 핵심유형 완성하기 ●

기혼여성의 경제활동참가율은 70%이고, 실업률은 20%일 때, 기혼여성의 고용률은?

① 50%   ② 56%

③ 80%   ④ 86%

기출 2011년 2회

정답 ②

해설

실업자 수는 14명, 취업자 수는 56명이 된다. 이를 고용률 공식에 대입하는 경우,

$$고용률(\%) = \dfrac{56(명)}{100(명)} \times 100 = 56(\%)$$

∴ 56%

64 어느 국가의 생산가능인구의 구성비가 다음과 같을 때 이 국가의 실업률은?

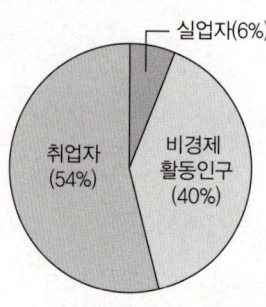

실업자(6%)

취업자
(54%)

비경제
활동인구
(40%)

① 6.0%   ② 10.0%

③ 11.1%   ④ 13.2%

핵심 키워드   실업률(%) = $\dfrac{\text{실업자 수}}{\text{경제활동인구 수}} \times 100$

기출 데이터   2019년 1회, 2016년 1회, 2012년 1회

핵심기출 해설   **답 ②**

실업률은 다음의 공식으로 나타낼 수 있다.

$$실업률(\%) = \frac{\text{실업자 수*}}{\text{경제활동인구 수**}} \times 100$$

* 실업자 수 = 경제활동인구 수 − 취업자 수(임금근로자 + 비임금근로자)

** 경제활동인구 수 = 15세 이상 인구 수 − 비경제활동인구 수 또는 경제활동인구 수 = 취업자 수 + 실업자 수

$$실업률(\%) = \frac{6(\%)}{54(\%)+6(\%)} \times 100 = \frac{6(\%)}{60(\%)} \times 100 = 10.0(\%)$$

∴ 10.0%

이것이 핵심   **TIP**

문제에서는 실제 취업자 수나 실업자 수가 아닌 비율의 형태로 제시되어 있으므로, 이를 그대로 공식에 대입하였습니다.

A국가의 경제활동참가율은 50%이고, 생산가능인구와 취업자가 각각 100만 명, 40만 명이라고 할 때, 이 국가의 실업률은?

① 5%

② 10%

③ 15%

④ 20%

기출 2022년 1회, 2018년 1회

정답 ④

해설

$$실업률(\%) = \frac{100,000(명)}{500,000(명)} \times 100 = 20\%$$

일부 사람들이 실업급여를 계속 받기 위해 채용될 가능성이 매우 낮은 곳에서만 일자리를 탐색하며 실업상태를 유지하고 있다. 다음 중 이러한 사람들이 실업자가 아니라 일할 의사가 없다는 이유로 비경제활동인구로 분류될 때 나타나는 현상으로 옳은 것은?

① 실업률과 경제활동참가율 모두 높아진다.

② 실업률과 경제활동참가율 모두 낮아진다.

③ 실업률은 낮아지는 반면, 경제활동참가율은 높아진다.

④ 실업률은 높아지는 반면, 경제활동참가율은 낮아진다.

기출 2022년 2회

정답 ②

해설

실업자가 비경제활동인구로 전환되면 실업자 수의 감소로 실업률과 경제활동참가율 모두 낮아진다.

다음 표에서 실업률은?

총 인구	생산가능인구	취업자	실업자
100만 명	60만 명	36만 명	4만 명

① 4.0%

② 6.7%

③ 10.0%

④ 12.5%

기출 2020년 3회, 2017년 1회, 2012년 2회

정답 ③

해설

$$실업률(\%) = \frac{4(만\ 명)}{36(만\ 명) + 4(만\ 명)} \times 100$$
$$= 10.0(\%)$$

어떤 나라의 경제활동참가율은 50%이고, 생산가능인구와 취업자가 각각 100만 명, 40만 명이라고 할 때, 이 나라의 실업률은?

① 5%　　　② 10%

③ 15%　　　④ 20%

기출 2018년 1회

정답 ④

해설

• 경제활동인구 수 = 50만 명

• 실업자 수 = 10만 명

• $실업률(\%) = \dfrac{100,000(명)}{500,000(명)} \times 100 = 20\%$

다음 표를 이용하여 실업률을 계산하면 약 얼마인가?

(단위 : 만 명)

총 인구	15세 미만 인구	비경제활동인구	취업자 수
5,000	1,000	800	3,000

① 5.00%

② 6.25%

③ 6.33%

④ 6.67%

기출 2018년 3회, 2014년 1회

정답 ②

해설

• 경제활동인구 수 = 5,000−1,000−800
　　　　　　　　　= 3,200(만 명)

• 실업자 수 = 3,200(만 명)−3,000(만 명)
　　　　　　= 200(만 명)

• $실업률(\%) = \dfrac{200(만\ 명)}{3,200(만\ 명)} = 6.25\%$

65

노동력의 10%가 매년 구직활동을 하고 구직에 평균 3개월이 소요되는 경우, 연간 몇 %의 실업률이 나타나게 되는가?

① 2.5%
② 2.7%
③ 3.0%
④ 3.3%

핵심 키워드 실업자 판단 및 실업률 산정의 중요 기준
☞ 적극적 구직활동의 기간

기출 데이터 2020년 1·2회, 2016년 1회, 2012년 2회

핵심기출 해설 답 ①

매년 노동력의 10%가 구직활동을 하는 데 평균 3개월이 소요된다면 연간 실업률은 $\dfrac{3개월}{12개월} \times 10(\%) = 2.5(\%)$가 된다.

이것이 핵심 TIP

실업률은 취업을 희망하지만 취업하지 못한 사람들의 비율로서, 경제활동인구 중 실업자가 차지하는 비중을 의미합니다. 제시된 문제의 경우 구직활동을 하는 사람들이 모두 3개월이 되는 시점에 취직을 한다고 가정하더라도, 1년 중 후반기의 마지막 3개월에 해당하는 시점부터 구직활동을 시작하는 사람의 경우 그 다음 해에 취업을 한 것으로 간주될 것입니다. 그로 인해 연간 실업률은 마지막 3개월의 기간 동안 구직활동을 시작한 사람에 한해 통계가 이루어집니다.

● **핵심유형 완성하기** ●

실업률을 하락시키는 변화로 옳은 것을 모두 고른 것은? (단, 취업자 수 및 실업자 수는 0보다 크다)

| ㄱ. 취업자가 비경제활동인구로 전환 |
| ㄴ. 실업자가 비경제활동인구로 전환 |
| ㄷ. 비경제활동인구가 취업자로 전환 |
| ㄹ. 비경제활동인구가 실업자로 전환 |

① ㄱ, ㄴ
② ㄱ, ㄹ
③ ㄴ, ㄷ
④ ㄷ, ㄹ

기출 2025년, 2018년 2회
정답 ③
해설
ㄱ. 취업자가 비경제활동인구로 전환될 경우 취업자 수의 감소로 인해 실업률은 상승한다.
ㄹ. 비경제활동인구가 실업자로 전환될 경우 실업자 수의 증가로 인해 실업률은 상승한다.

전체 근로자의 20%가 매년 새로운 일자리를 찾고 있으며 직업탐색기간이 평균 3개월이라면 마찰적 실업률은?

① 1%
② 5%
③ 6%
④ 10%

기출 2019년 3회, 2015년 3회, 2013년 1회
정답 ②
해설
연간 실업률(%) = $\dfrac{3개월}{12개월} \times 20(\%) = 5(\%)$

66 경기침체에도 불구하고 실업률이 크게 높아지지 않았다면, 그 이유로 가장 적합한 것은?

① 부가노동자효과가 실망노동자효과보다 컸기 때문이다.

② 실망노동자효과가 부가노동자효과보다 컸기 때문이다.

③ 실망노동자효과와 부가노동자효과의 크기가 비슷했기 때문이다.

④ 실망노동자효과가 없었기 때문이다.

핵심 키워드 • 실망노동자효과 ☞ 비경제활동인구화(실업률 감소효과)
• 부가노동자효과 ☞ 경제활동인구화(실업률 상승효과)

기출 데이터 2014년 2회, 2011년 1회

핵심기출 해설 답 ②

실망노동자효과와 부가노동자효과

실망노동자효과	• 경기침체 시 구인자의 수보다 구직자의 수가 많으므로 상당수가 취업의 기회를 얻지 못하고 실망한 결과 경제활동가능인력이 구직활동을 단념함으로써 비경제활동인구로 전락하는 것을 말한다. • 이 경우 실업자의 수는 비경제활동인구화된 실망실업자를 포함하지 않으므로 실제로 과소평가되어 있다.
부가노동자효과	• 가구주가 불황으로 실직하게 되면서 가족구성원 중 주부나 학생과 같이 비경제활동인구로 되어 있던 2차적 노동력이 구직활동을 함으로써 경제활동인구화되는 것을 말한다. • 이 경우 구직활동 중 경기가 좋지 않아 취업이 쉽지 않으므로 실직상태에 놓이게 되어 실업률이 증가한다. 따라서 그 시점의 실업자 수는 사실상의 고용기회의 수보다 과대평가되어 있을 수 있다.

이것이 핵심 TIP

실망노동자효과는 실업자 수가 과소평가되므로 실업률을 감소시키는 효과를 가지는 반면, 부가노동자효과는 실업자 수가 과대평가되므로 실업률을 상승시키는 효과를 가집니다.

경기침체 시 일자리를 찾게 될 확률이 낮아져 구직을 포기하는 사람들이 늘어나 경제활동인구를 감소시키는 효과는?

① 실망노동자효과(Discouraged Worker Effect)
② 부가노동자효과(Added Worker Effect)
③ 대체효과(Substitution Effect)
④ 대기실업효과(Wait-unemployment Effect)

기출 2023년, 2018년 1회, 2015년 3회
정답 ①

실업에 관한 설명으로 옳은 것은?

① 마찰적 실업은 자연실업률 측정에 포함되지 않는다.
② 더 좋은 직장을 구하기 위해 잠시 직장을 그만둔 경우는 경기적 실업에 해당한다.
③ 경기적 실업은 자연실업률 측정에 포함된다.
④ 현재의 실업률에서 실망실업자가 많아지면 실업률은 하락한다.

기출 2022년 2회
정답 ④
해설
경기침체로 실업자가 직장을 구하는 것이 더욱 어렵게 되어 구직활동을 단념함으로써 비경제활동인구가 늘어나고 경제활동인구가 감소하는 것을 '실망노동자효과'라고 한다. 이 경우 실업자의 수는 비경제활동인구화된 실망실업자를 포함하지 않으므로 실제로 과소평가되어 있다.

불경기에 발생하는 부가노동자효과(Added Worker Effect)와 실망실업자효과(Discouraged Worker Effect)에 따라 실업률이 변화한다. 다음 중 실업률에 미치는 효과의 방향성이 옳은 것은? (단, + : 상승효과, − : 감소효과)

① 부가노동자효과 : +, 실망실업자효과 : −
② 부가노동자효과 : −, 실망실업자효과 : −
③ 부가노동자효과 : +, 실망실업자효과 : +
④ 부가노동자효과 : −, 실망실업자효과 : +

기출 2022년 2회, 2019년 2회, 2015년 1회
정답 ①

경기침체로 실업자가 직장을 구하는 것이 더욱 어렵게 되어 구직활동을 단념함으로써 비경제활동인구가 늘어나고 경제활동인구가 감소하는 것은?

① 실망노동자효과   ② 부가노동자효과
③ 대기실업효과   ④ 추가실업효과

기출 2021년 2회, 2014년 1회
정답 ①

다음 중 경기침체 시 실업률이 높아질 때 경제활동인구가 감소되는 효과는?

① 대체효과(Substitution Effect)
② 부가노동자효과(Added Worker Effect)
③ 대기실업효과(Wait-unemployment Effect)
④ 실망노동자효과(Discouraged Worker Effect)

기출 2018년 3회, 2012년 3회
정답 ④

67 다음 중 적극적 노동시장정책(Active Labor Market Policy)이 아닌 것은?

① 실업보험
② 직업계속 및 전환교육
③ 고용보조
④ 장애인 대책

핵심 키워드 적극적 노동시장정책
☞ 적극적인 정부의 개입

기출 데이터 2013년 3회, 2009년 3회, 2005년 3회

핵심기출 해설 답 ①

① 실업급여, 실업부조, 그 밖에 공적부조의 지급을 핵심내용으로 하는 것은 소극적 노동시장정책에 해당한다.

OECD 분류법에 따른 노동시장 프로그램의 항목별 분류
• 적극적 노동시장정책(ALMP)
  – 취업알선 : 구직 · 구인 정보제공, 직업지도 및 상담, 취업통계 DB구축
  – 직업훈련 : 성인실업자 대상 훈련, 취업 중인 성인대상 훈련
  – 청년대책 : 청년실업자 또는 청년 중 취약집단에 대한 대책, 청년 직업훈련
  – 고용보조금 : 민간부문의 고용에 대한 보조금, 창업 지원, 공공부문 및 비영리부문 일자리 창출
  – 장애인 대책 : 장애인 직업훈련, 장애인 대상 사업
• 소극적 노동시장정책(PLMP)
  – 실업보조금 : 실업자에게 지급되는 보조금
  – 조기퇴직 대책 : 노동시장 악화 및 구조조정 등에 따른 조기퇴직 보조금

이것이 핵심 TIP

최근 OECD에서는 노동시장정책을 보다 구체적인 하위범주들로 구분하여 통계를 작성하고 있습니다. 다만, 여기서는 직업상담사 시험에서 노동시장정책을 선별하는 문제로 약간씩 다른 지문들을 제시하고 있고, 또한 적극적 노동시장정책이 분류기준에 따라 다르게 제시되고 있는 점을 감안하여 학습할 필요가 있습니다.

인플레이션을 유발하지 않으면서 실업문제를 해결하기 위한 정책은?

① 재정정책
② 금융정책
③ 인력정책
④ 소득정책

기 출 2025년, 2005년 1회
정 답 ③
해 설
인력정책(Manpower Policy)
• 고용의 지역적·직업적 특수성을 고려하여 국민경제의 노동력을 효율적으로 활용하기 위한 정책이다.
• 주로 구조적 실업문제를 해결하기 위한 정책으로서, 인적자본의 질을 향상시켜 실업을 예방하는 방식이므로 물가와 무관하여 인플레이션을 유발하지 않는다.

실업대책에 관한 설명으로 틀린 것은?

① 일반적으로 실업대책은 고용안정정책, 고용창출 정책, 사회안전망 형성정책으로 구분된다.
② 직업훈련의 효율성 제고는 고용안정정책에 해당 한다.
③ 고용창출정책은 실업률로부터 탈출을 촉진하는 정책이다.
④ 공공부문 유연성 확립은 사회안전망 형성정책에 해당한다.

기 출 2020년 1·2회
정 답 ④
해 설
공공부문 유연성 확립은 고용창출정책에 해당한다.

실업급여의 효과에 대한 설명으로 가장 적합한 것은?

① 노동시간을 늘리고 경제활동참가도 증대시킨다.
② 노동시간을 단축시키고 경제활동참가도 감소시킨다.
③ 노동시간의 증·감은 불분명하지만 경제활동참가는 증대시킨다.
④ 노동시간, 경제활동참가 모두 불분명하다.

기 출 2019년 2회, 2016년 2회, 2013년 1회
정 답 ③
해 설
실업급여는 적극적인 구직활동을 전제로 하므로, 실업자들의 구직활동이 곧 경제활동참가를 증대시키는 것으로 볼 수 있다. 그러나 실업급여를 받는 실업자들이 향후 취업할 수도 있고 실업상태에 그대로 머물 수도 있으므로, 노동시간의 증·감은 불분명하다.

다음 중 적극적 노동시장정책(ALMP)에 해당하는 것은?

① 실업급여 지급
② 취업알선
③ 실업자 대부
④ 실직자녀 학자금 지원

기 출 2019년 3회, 2008년 1회
정 답 ②

다음 중 적극적인 노동시장 정책으로 볼 수 없는 것은?

① 실업급여 제공
② 실직자 취업상담
③ 실직자 재취직훈련
④ 일자리 창출

기 출 2018년 2회, 2014년 2회
정 답 ①

다음 중 적극적 노동시장정책(Active Labor Market Policy)과 가장 거리가 먼 것은?

① 실업보험
② 직업훈련
③ 고용지원
④ 장애인 고용촉진

기 출 2017년 2회
정 답 ①

해설편

제 **5** 과목

고용노동관계법규(Ⅰ)

제5과목 CONTENTS

근로의 권리 Ⅰ ★

01 헌법상 근로의 권리에 관한 내용으로 틀린 것은?

① 국가의 고용증진 의무

② 근로조건 기준의 법정주의

③ 여자와 연소자의 근로의 특별보호

④ 국가유공자 등에 대한 근로기회의 평등보장

핵심 키워드 근로의 권리

☞ 고용증진, 적정임금 보장, 최저임금제 시행, 근로조건 법정주의, 여자와 연소자의 보호, 우선적 근로기회 부여

기출 데이터 2016년 2회, 2010년 1회, 2010년 4회

핵심기출 해설 답 ④

④ 국가유공자 · 상이군경 및 전몰군경의 유가족은 법률이 정하는 바에 의하여 우선적으로 근로의 기회를 부여받는다(헌법 제32조 제6항).

이것이 핵심 TIP

헌법 제32조의 내용은 전부 기억해야 합니다. 특히 우선적으로 근로의 기회를 부여받는 대상에 장애인이 포함되어 있지 않다는 것을 알아야 합니다.

헌법 제32조

① 모든 국민은 근로의 권리를 가진다. 국가는 사회적 · 경제적 방법으로 근로자의 고용의 증진과 적정임금의 보장에 노력하여야 하며, 법률이 정하는 바에 의하여 최저임금제를 시행하여야 한다.

② 모든 국민은 근로의 의무를 진다. 국가는 근로의 의무의 내용과 조건을 민주주의원칙에 따라 법률로 정한다.

③ 근로조건의 기준은 인간의 존엄성을 보장하도록 법률로 정한다.

④ 여자의 근로는 특별한 보호를 받으며, 고용 · 임금 및 근로조건에 있어서 부당한 차별을 받지 아니한다.

⑤ 연소자의 근로는 특별한 보호를 받는다.

⑥ 국가유공자 · 상이군경 및 전몰군경의 유가족은 법률이 정하는 바에 의하여 우선적으로 근로의 기회를 부여받는다.

헌법상 근로기본권에 관한 설명으로 틀린 것은?

① 국가는 사회적 · 경제적 방법으로 근로자의 고용의 증진과 적정임금의 보장에 노력하여야 한다.

② 국가는 법률이 정하는 바에 의하여 최저임금제를 시행하여야 한다.

③ 국가유공자 · 상이군경 및 전몰군경의 유가족은 법률이 정하는 바에 의하여 우선적으로 근로의 기회를 부여받는다.

④ 여자의 근로는 고용 · 임금 및 근로조건에 있어서 부당한 차별을 받지 아니하며 특별한 보호를 받지 아니한다.

기출 2025년, 2017년 3회, 2014년 2회
정답 ④

헌법 제32조에 명시된 내용이 아닌 것은?

① 연소자의 근로는 특별한 보호를 받는다.

② 근로조건의 기준은 인간의 존엄성을 보장하도록 법률로 정한다.

③ 여자의 근로는 특별한 보호를 받으며, 고용 · 임금 및 근로조건에 있어서 부당한 차별을 받지 아니한다.

④ 국가는 사회적 · 경제적 방법으로 근로자의 고용의 증진과 최저임금의 보장에 노력하여야 한다.

기출 2023년, 2022년 1회
정답 ④

다음 ( )에 알맞은 것은?

> 헌법상 국가는 ( )으로 근로자의 고용의 증진과 적정임금의 보장에 노력하여야 한다.

① 법률적 방법

② 사회적 방법

③ 경제적 방법

④ 사회적 · 경제적 방법

기출 2021년 1회, 2014년 1회
정답 ④

헌법상 근로의 권리로서 명시되어 있지 않은 것은?

① 최저임금제 시행

② 여성근로자의 특별보호

③ 연소근로자의 특별보호

④ 장애인근로자의 특별보호

기출 2021년 2회, 2012년 3회
정답 ④

헌법 제32조에 관한 설명으로 옳지 않은 것은?

① 근로조건의 기준은 인간의 존엄성을 보장하도록 법률로 정한다.

② 국가는 법률이 정하는 바에 의하여 최저임금제를 시행하여야 한다.

③ 고령자의 근로는 특별한 보호를 받는다.

④ 여자의 근로는 특별한 보호를 받는다.

기출 2020년 3회
정답 ③
해설
헌법상 근로의 특별한 보호 또는 우선적인 근로기회 보장의 대상자로 명시되어 있는 자는 여자, 연소자, 국가유공자 · 상이군경 및 전몰군경의 유가족이다.

헌법 제32조에서 명시된 내용이 아닌 것은?

① 국가는 근로의 의무의 내용과 조건을 민주주의원칙에 따라 법률로 정한다.
② 장애인의 근로는 특별한 보호를 받는다.
③ 국가는 법률이 정하는 바에 의하여 최저임금제를 시행하여야 한다.
④ 근로조건의 기준은 인간의 존엄성을 보장하도록 법률로 정한다.

기출 2018년 2회
정답 ②
해설
여자의 근로는 특별한 보호를 받으며, 고용·임금 및 근로조건에 있어서 부당한 차별을 받지 아니한다(헌법 제32조 제4항).

헌법상 근로의 권리와 관련하여 명시되어 있지 않은 것은?

① 최저임금제 시행
② 국가유공자의 유가족에 대한 우선적 근로기회 부여
③ 여자·연소자의 근로에 대한 특별한 보호
④ 산업재해로부터의 특별한 보호

기출 2018년 3회, 2013년 3회
정답 ④

헌법상 근로의 특별한 보호 또는 우선적인 근로기회 보장의 대상자로서 명시되어 있지 않은 것은?

① 여 자   ② 연소자
③ 실업자   ④ 국가유공자

기출 2017년 1회, 2012년 2회
정답 ③

노동기본권에 관한 설명으로 틀린 것은?

① 노동기본권은 헌법에서 근로자에게 보장된 기본적 권리이다.
② 공무원인 근로자는 법률에 정하는 자에 한하여 노동3권을 가진다.
③ 우리나라 헌법상 모든 국민의 근로의 권리와 의무는 별개 개념이다.
④ 주요 방위산업체에 종사하는 근로자의 단체행동권은 법률이 정하는 바에 의하여 이를 제한하거나 인정하지 아니할 수 있다.

기출 2013년 2회
정답 ③
해설
근로의 의무는 근로의 권리를 향수하기 위한 전제로서의 의미를 가지므로 두 가지는 별개의 개념으로 보기 어렵다.

헌법에 규정되어 있는 내용이 아닌 것은?

① 국가는 법률이 정하는 바에 의하여 최저임금제를 시행하여야 한다.
② 근로조건의 기준은 인간의 존엄성을 보장하도록 법률로 정한다.
③ 여자의 근로는 특별한 보호를 받으며, 고용, 임금 및 근로조건에 있어서 부당한 차별을 받지 아니한다.
④ 장애인은 법률이 정하는 바에 의하여 우선적으로 근로의 기회를 부여받는다.

기출 2010년 4회
정답 ④

02 헌법상 근로의 권리 기능이 아닌 것은?

① 근로를 통하여 개성과 자주적 인간성을 제고하고 함양하게 한다.

② 근로의 상품화를 허용함으로써 자본주의경제의 이념적 기초를 제공한다.

③ 국민으로 하여금 근로를 통하여 생활의 기본적 수요를 스스로 충족하게 한다.

④ 근로기회의 제공을 통하여 생활무능력자에 대한 국가적 보호 의무를 증가시킨다.

핵심 키워드 인간다운 생활 보장, 근로의 상품화 허용, 기본적 수요 충족, 국가 보호 의무 감소
기출 데이터 2011년 3회, 2008년 1회

핵심기출 해설 답 ④

④ 근로기회의 제공을 통해서 생활무능력자에 대한 국가적 보호 의무를 증가시키는 것이 아니라 감소시키는 것이다.

이것이 핵심 TIP

헌법상 근로의 권리를 보장함으로써 근로자의 근로의 상품화를 허용하여 근로자가 기본적 수요를 충족하고 인간다운 생활을 보장하는 것은 국가 전체적으로는 국가적 보호 의무가 감소되는 것입니다.

● **핵심유형 완성하기** ●

헌법상 근로에 관한 설명으로 틀린 것은?

① 모든 국민은 근로의 권리를 가진다.

② 모든 국민은 근로의 의무를 진다.

③ 연소자의 근로는 특별한 보호를 받는다.

④ 근로기회의 제공을 통하여 생활무능력자에 대한 국가적 보호 의무를 증가시킨다.

기출 2019년 3회, 2016년 1회
정답 ④

헌법상 근로권의 내용에 대한 설명으로 틀린 것은?

① 모든 국민은 근로의 권리와 함께 근로의 의무를 진다.

② 최저임금제는 법률에 의하여 시행된다.

③ 근로의 권리의 행사를 위한 입법으로는 직업안정법, 국민 평생 직업능력 개발법 등이 있다.

④ 법인도 근로권의 주체로서 보호받을 수 있다.

기출 2017년 2회 기출변형
정답 ④
해설
근로의 권리는 소위 자연인의 권리이므로 법인은 근로의 권리의 주체가 될 수 없다.

03 다음 중 노동법의 성격에 가장 적합한 원칙은?

① 계약자유의 원칙
② 자기책임의 원칙
③ 소유권 절대의 원칙
④ 당사자의 실질적 대등의 원칙

핵심 키워드 근대시민법 3대 원칙
☞ 계약자유, 과실책임(자기책임), 소유권 절대
기출 데이터 2019년 2회, 2010년 4회

핵심기출 해설 **답 ④**

④ 계약자유의 원칙, 자기책임의 원칙, 소유권 절대의 원칙은 근대시민법의 원칙에 해당한다. 근대시민법에서 사람은 모두 평등한 것으로 되어 있으나 실질적으로 불평등한 경우가 많으므로, 노동법에서는 이를 보완하기 위해 실질적 대등의 실현을 규정하고 있다.

이것이 핵심 **TIP**

노동법은 근대시민법 원칙을 수정하여 근로자의 인간다운 생활을 보장하고 근로관계 당사자의 실질적 대등을 추구하는 것을 목적으로 합니다.

● **핵심유형 완성하기** ●

노동법에 대한 설명과 가장 거리가 먼 것은? ① 근로자의 인간다운 생활보장 ② 근대시민법 원리의 부정 ③ 노사대등의 실현 ④ 자본주의체제의 유지 · 발전	**기출** 2014년 3회, 2006년 1회 **정답** ② **해설** **노동법의 특징** • 근로자의 인간다운 생활보장 • 근대시민법 원리의 수정(주의 : '부정'이 아닌 '수정'임) • 종속근로관계의 규율 • 노사대등의 실현 • 자본주의체제의 유지 · 발전
근대시민법의 원리가 아닌 것은? ① 노사자치주의 ② 과실책임의 원칙 ③ 소유권 절대의 원칙 ④ 계약자유의 원칙	**기출** 2005년 1회 **정답** ① **해설** **근대시민법의 원리** • 소유권 절대의 원칙 • 계약자유의 원칙 • 과실책임(자기책임)의 원칙

04 헌법상 노동3권에 해당되지 않는 것은?

① 단체교섭권   ② 평등권

③ 단결권   ④ 단체행동권

핵심 키워드   근로3권(노동3권)
     ☞ 단결권 · 단체교섭권 · 단체행동권

기출 데이터   2024년, 2020년 1 · 2회, 2017년 2회, 2010년 3회, 2007년 1회

핵심기출 해설   **답 ②**

② 헌법상 노동3권은 단결권, 단체교섭권, 단체행동권이다(헌법 제33조 제1항). 헌법 제33조 제1항은 '근로자는 근로조건의 향상을 위하여 자주적인 단결권 · 단체교섭권 및 단체행동권을 가진다'고 규정하고 있다.

이것이 핵심   **TIP**

헌법 제32조 근로의 권리(근로권)와 헌법 제33조 근로3권(노동3권)을 명확히 구분해야 합니다. 이와 관련하여 2017년 1회 필기시험에서 근로의 권리에 관한 내용을 근로3권(노동3권)의 내용으로 잘못 제시하여 출제 오류로 인해 전항정답(정답없음)으로 처리된 바 있습니다.

● 핵심유형 완성하기 ●

헌법상 노동3권과 관련이 있는 것은?

① 법률에 의해 최저임금제 보장
② 자주적인 단체교섭권의 보장
③ 연소근로자 특별한 보호
④ 국가유공자의 우선근로 기회 부여

> **기출** 2021년 3회, 2015년 1회
> **정답** ②

헌법상 노동3권에 해당하지 않는 것은?

① 단결권   ② 단체교섭권
③ 단체행동권   ④ 단체투쟁권

> **기출** 2018년 1회
> **정답** ④
> **해설**
> 근로3권(노동3권)
> 단결권, 단체교섭권, 단체행동권

우리나라 헌법에 규정된 노동3권이 아닌 것은?

① 단체요구권   ② 단체행동권
③ 단체교섭권   ④ 단결권

> **기출** 2018년 2회, 2015년 3회
> **정답** ①

헌법상 근로자의 노동3권에 해당하지 않는 것은?

① 단결권   ② 단체교섭권
③ 단체행동권   ④ 이익균점권

> **기출** 2017년 3회, 2014년 2회, 2011년 2회, 2009년 1회
> **정답** ④

05 근로3권에 관한 설명으로 옳은 것은?

① 근로자는 자주적인 단결권, 단체교섭권, 단체행동권을 가진다.

② 공무원도 근로자이므로 당연히 근로3권을 갖는다.

③ 주요 방위산업체의 근로자는 국가안보를 위해 당연히 단체행동권이 인정되지 않는다.

④ 미취업 근로자 개개인에게 주어지는 구체적 권리이다.

핵심 키워드 근로3권(노동3권)
☞ 주요 방위산업체 – 단체행동권 제한

기출 데이터 2019년 2회, 2013년 3회, 2011년 1회

핵심기출 해설 답 ①

① 헌법 제33조 제1항

② 공무원의 경우 당연히 근로3권을 가지는 것은 아니며, 법률이 정하는 자에 한하여 근로3권이 보장된다(헌법 제33조 제2항).

③ 주요 방위산업체 종사 근로자의 단체행동권은 당연히 인정되지 않는 것이 아니라 법률이 정하는 바에 따라 제한하거나 인정하지 않을 수 있다(동법 제33조 제3항).

④ 미취업 근로자뿐만 아니라 취업 근로자에게도 주어지는 권리이다.

● 핵심유형 완성하기 ●

헌법이 보장하는 근로3권의 설명으로 틀린 것은?

① 단결권은 근로조건의 향상을 도모하기 위하여 근로자와 그 단체에 부여된 단결체 조직 및 활동, 가입, 존립보호 등을 위한 포괄적 개념이다.

② 단결권이 근로자 집단의 근로조건의 향상을 추구하는 주체라면, 단체교섭권은 그 목적 활동이고, 단체협약은 그 결실이라고 본다.

③ 단체교섭의 범위는 근로자들의 경제적 · 사회적 지위향상에 관한 것으로 단체교섭의 주체는 원칙적으로 근로자 개인이 된다.

④ 단체행동권의 보장은 개개 근로자와 노동조합의 민 · 형사상 책임을 면제시키는 것이므로 시민법에 대한 중대한 수정을 의미한다.

기출 2020년 4회, 2006년 3회
정답 ③

헌법상 노동기본권에 관한 설명으로 옳은 것은?

① 공무원인 근로자는 법률이 정하는 자에 한하여 노동3권을 가진다.

② 근로자는 근로자의 근로조건과 정치적 지위향상을 위하여 자주적인 노동3권을 가진다.

③ 법률이 정하는 주요 방위산업체에 종사하는 근로자의 단체교섭권은 법률이 정하는 바에 의하여 인정하지 않을 수 있다.

④ 노동3권이라 함은 결사권, 단체교섭권, 단체행동권을 말한다.

기출 2012년 3회
정답 ①

06 다음 중 근로3권의 제한 및 한계에 관한 설명으로 틀린 것은?

① 근로3권은 어떠한 경우에도 제한할 수 없는 절대적인 권리이다.

② 현역군인, 경찰관 등에게 근로3권을 인정하지 않는 것은 헌법위반이라고 볼 수 없다.

③ 근로3권을 제한하는 경우 근로3권의 전면적 부인이나 본질적 내용의 침해는 인정될 수 없다.

④ 근로3권은 국가의 안전보장, 질서유지, 공공복리를 위하여 필요한 경우에 한하여 법률로써 제한할 수 있다.

핵심 키워드 근로3권의 제한 및 한계
☞ 무제한적 권리 아님

기출 데이터 2011년 3회

핵심기출 해설 답 ①

① 근로3권은 무제한적으로 보장되는 것은 아니며, 국가안전보장 · 질서유지 또는 공공복리 등을 위해서 불가피한 경우에 한하여 법률로써 제안할 수 있다(헌법 제37조 제2항).

이것이 핵심 TIP

방위산업체 종사 근로자에 대한 근로3권의 제한은 법률이 정하는 '주요 방위산업체'의 근로자의 단체행동권에 한정되므로, 법률로 정하여지지 아니한 방위산업체의 근로3권과 주요 방위산업체의 단결권 및 단체교섭권에 대해서는 이를 제한할 수 없습니다.

● **핵심유형 완성하기** ●

헌법상 근로3권과 그 제한에 관한 설명으로 틀린 것은?

① 근로조건의 향상과 무관한 근로3권의 행사는 제한될 수 있다.

② 공무원인 근로자는 법률이 정하는 자에 한하여 단결권 · 단체교섭권 및 단체행동권을 가진다.

③ 법률이 정하는 주요 방위산업체에 종사하는 근로자의 단체교섭권 · 단체행동권은 법률이 정하는 바에 의하여 제한될 수 있다.

④ 근로3권은 국가안전보장 · 질서유지 또는 공공복리를 위하여 필요한 경우에 한하여 법률로써 제한될 수 있다.

기출 2018년 3회, 2015년 2회

정답 ③

해설
법률이 정하는 주요 방위산업체에 종사하는 근로자의 단체행동권은 법률이 정하는 바에 의하여 이를 제한하거나 인정하지 아니할 수 있다(헌법 제33조 제3항).

07 다음 중 헌법상 보장된 쟁의행위로 볼 수 없는 것은?

① 파 업   ② 태 업

③ 직장폐쇄   ④ 보이콧

핵심 키워드 근로3권의 내용

☞ 단결권 · 단체교섭권 · 단체행동권, 단결체 조직 및 활동, 단결체의 가입, 단결체의 존립보호, 파업, 태 업, 보이콧 등 근로자의 쟁의행위

기출 데이터 2024년, 2019년 1회, 2014년 1회

핵심기출 해설 **답 ③**

③ 헌법 제33조에서는 근로자의 단체행동권만을 규정하고 있고 사용자의 행위인 직장폐쇄는 노동조합 및 노동관계조정법에서 규정하고 있다. 따라서 직장폐쇄는 헌법상 보장된 것이라고 볼 수 없다(헌법 제33조 제1항).

이것이 핵심 **TIP**

헌법 제33조에서는 "근로자는 근로조건의 향상을 위하여 자주적인 단결권 · 단체교섭권 및 단체행동권을 가진다."고 규정하고 있습니다. 근로3권을 부여받고 있는 대상이 근로자라는 사실을 기억해야 하며, 직장폐쇄는 사용자의 행동이라는 것을 기억해야 합니다.

● **핵심유형 완성하기** ●

단결권에 관한 설명으로 틀린 것은?

① 단결권은 근로조건의 유지 · 개선과 근로자의 사회적 · 경제적 · 정치적 지위의 향상을 직접적인 목적으로 한다.

② 근로자 개인의 단결권과 노동조합의 단결권은 서로 불가분의 관계에 있으나 때로는 대립하는 경우도 있다.

③ 독일의 기본법은 단결권만 명시하고 있으나 여기에 단체교섭권과 단체행동권까지 포함되는 것으로 해석된다.

④ 단결권은 시민법하의 형식적 평등관계를 시정하고 실질적인 노사대등관계의 형성을 목적으로 한다.

기출 2016년 2회, 2005년 1회
정답 ①

다음 중 헌법상 보장될 수 있는 쟁의행위로 볼 수 없는 것은?

① 파 업   ② 태 업

③ 직장폐쇄   ④ 보이콧

기출 2010년 2회
정답 ③

08

헌법에 규정된 노동기본권에 관한 설명으로 옳은 것은?

① 근로의 권리와 근로3권을 포함한다.
② 외국인도 근로의 권리 주체가 될 수 있다.
③ 근로의 권리는 생존권적 성격보다 자유권적 성격이 강하다.
④ 근로의 권리는 국가의 적극적인 입법 형성에 의해 구체화된다.

핵심 키워드 노동기본권(근로의 권리, 근로3권)
☞ 생존권적 성격이 강함, 외국인과 법인은 근로의 권리의 주체가 될 수 없음
기출 데이터 2012년 2회, 2010년 2회

핵심기출 해설 답 ①

② 근로의 권리는 국민의 권리이기 때문에 외국인이나 법인은 그 주체가 될 수 없다(헌법 제32조 제2항 참조).
③ 근로의 권리는 생존권적 성격이 강하다.
④ 근로의 권리는 헌법에 직접 보장하고 있으며, 근로조건의 기준은 법률로 정한다(헌법 제32조 제3항).

이것이 핵심 TIP

노동기본권(근로기본권)
• 근로의 권리(근로권) : 모든 국민은 근로의 권리를 가진다(헌법 제32조 제1항).
• 근로3권(노동3권) : 근로자는 근로조건의 향상을 위하여 자주적인 단결권 · 단체교섭권 및 단체행동권을 가진다(헌법 제33조 제1항).

● **핵심유형 완성하기** ●

헌법상 노동기본권 등에 관한 설명으로 틀린 것은?

① 국가는 근로자의 고용의 증진과 적정임금의 보장에 노력하여야 한다.
② 여자의 근로는 특별한 보호를 받으며 고용 · 임금 및 근로조건에 있어서 부당한 차별을 받지 아니한다.
③ 국가는 법률이 정하는 바에 의하여 최저임금제를 시행하여야 한다.
④ 공무원인 근로자는 자주적인 단결권 · 단체교섭권 및 단체행동권을 가진다.

기출 2022년 2회
정답 ④
해설
공무원인 근로자는 법률이 정하는 자에 한하여 단결권 · 단체교섭권 및 단체행동권을 가진다(헌법 제33조 제2항).

헌법에 명시된 노동기본권으로만 짝지어진 것은?

① 근로권, 단결권, 단체교섭권, 단체행동권
② 근로권, 노사공동결정권, 단체교섭권, 단체행동권
③ 근로권, 단결권, 경영참가권, 단체행동권
④ 근로의 의무, 단결권, 단체교섭권, 이익균점권

기출 2019년 1회, 2015년 2회
정답 ①

노동기본권에 관하여 헌법에 명시된 내용으로 틀린 것은?

① 공무원인 근로자는 법률이 정하는 자에 한하여 단결권·단체교섭권 및 단체행동권을 가진다.
② 근로자는 근로조건의 향상을 위하여 자주적인 단결권·단체교섭권 및 단체행동권을 가진다.
③ 공익사업에 종사하는 근로자의 단체행동권은 법률이 정하는 바에 의하여 이를 제한하거나 인정하지 아니할 수 있다.
④ 법률이 정하는 주요방위산업에 종사하는 근로자의 단체행동권은 법률이 정하는 바에 의하여 이를 제한하거나 인정하지 아니할 수 있다.

기출 2019년 3회
정답 ③
해설
단결권·단체교섭권 및 단체행동권의 근로3권(노동3권)에 관한 헌법 제33조의 규정은 단체행동권의 제한대상을 주요 방위산업체로 한정하여 명시하고 있다.

노동기본권에 관한 설명으로 틀린 것은?

① 모든 국민은 근로의 권리를 가진다.
② 공무원인 근로자는 법률이 정하는 자에 한하여 노동3권을 가진다.
③ 고용·임금 및 근로조건에 있어서 모든 근로자는 성별에 관계없이 평등하다.
④ 법률이 정하는 주요 방위산업체에 종사하는 근로자의 단체행동권은 법률이 정하는 바에 의하여 이를 제한하거나 인정하지 아니할 수 있다.

기출 2018년 1회
정답 ③
해설
여자의 근로는 특별한 보호를 받으며, 고용·임금 및 근로조건에 있어서 부당한 차별을 받지 아니한다(헌법 제32조 제4항).

노동기본권에 관하여 헌법에 명시된 내용으로 틀린 것은?

① 공무원인 근로자는 법률이 정하는 자에 한하여 단결권·단체교섭권 및 단체행동권을 가진다.
② 근로자는 근로조건의 향상을 위하여 자주적인 단결권·단체교섭권 및 단체행동권을 가진다.
③ 법률이 정하는 주요 방위산업에 종사하는 근로자의 단체행동권은 법률이 정하는 바에 의하여 이를 제한하거나 인정하지 아니할 수 있다.
④ 공익사업에 종사하는 근로자의 단체행동권은 법률이 정하는 바에 의하여 이를 제한하거나 인정하지 아니할 수 있다.

기출 2016년 3회, 2013년 1회
정답 ④
해설
헌법의 경우 단체행동권의 제한대상을 주요 방위산업체로 한정하여 명시하고 있다.

헌법상 노동기본권에 관한 설명으로 옳은 것은?

① 공무원인 근로자는 법률이 정하는 자에 한하여 단결권·단체교섭권 및 단체행동권을 가진다.
② 근로자는 근로자의 근로조건과 정치적 지위향상을 위하여 자주적인 단결권·단체교섭권 및 단체행동권을 가진다.
③ 법률이 정하는 주요 방위산업체에 종사하는 근로자의 단체교섭권은 법률이 정하는 바에 의하여 인정하지 않을 수 있다.
④ 법률이 정하는 주요 방위산업체에 종사하는 근로자의 단결권은 법률이 정하는 바에 의하여 제한할 수 있다.

기출 2015년 1회
정답 ①

헌법상의 노동기본권에 관한 설명으로 틀린 것은?

① 국가는 법률이 정하는 바에 의하여 최저임금제를 시행하여야 한다.
② 공무원인 근로자는 법률이 정하는 경우에 한하여 단결권·단체교섭권 및 단체행동권을 갖는다.
③ 외국인도 헌법상 근로의 권리의 주체가 될 수 있다는 것이 판례의 입장이다.
④ 여자의 근로는 고용·임금 및 근로조건에 있어서 차별을 받지 아니한다.

기출 2012년 2회
정답 ③
해설
헌법상 권리의 주체는 '국민'으로서, 이는 대한민국 국적을 가진 개인을 말한다.

CHAPTER 02 근로기준법

09 근로기준법의 적용범위에 관한 설명으로 틀린 것은?

① 상시 5명 이상의 근로자를 사용하는 모든 사업 또는 사업장에 적용한다.

② 상시 4명 이하의 근로자를 사용하는 사업 또는 사업장에 대하여는 주휴일, 월차휴가, 연차휴가, 생리휴가, 산전후휴가 등을 적용하지 아니한다.

③ 동거하는 친족만을 사용하는 사업 또는 사업장에 대하여는 적용하지 아니한다.

④ 가사 사용인에 대하여는 적용하지 아니한다.

핵심 키워드 근로기준법의 적용범위

☞ 상시 5명 이상(전부 적용), 상시 4명 이하(일부 적용), 동거의 친족만을 사용하는 사업 또는 사업장과 가사 사용인(적용 제외)

기출 데이터 2015년 3회

핵심기출 해설 답 ②

② 상시 4명 이하의 근로자를 사용하는 사업장이라 하더라도 주휴일이나 출산전후휴가 등은 적용이 된다(근로기준법 제11조 제2항).

①·③·④ 근로기준법은 상시 5명 이상의 근로자를 사용하는 모든 사업 또는 사업장에 적용한다. 다만, 동거하는 친족만을 사용하는 사업 또는 사업장과 가사(家事) 사용인에 대하여는 적용하지 아니한다(동법 제11조 제1항).

이것이 핵심 TIP

근로기준법의 기본원리
- 최저 근로조건 보장의 원칙(법 제3조)
- 근로조건 노사대등 결정의 원칙(법 제4조)
- 근로조건의 준수 원칙(법 제5조)
- 균등처우의 원칙(법 제6조)
- 강제근로 금지의 원칙(법 제7조)
- 폭행 금지의 원칙(법 제8조)
- 중간착취의 배제 원칙(법 제9조)
- 공민권 행사의 보장 원칙(법 제10조)

근로기준법의 기본원리와 가장 거리가 먼 것은?

① 강제근로의 금지
② 근로자단결의 보장
③ 균등한 처우
④ 공민권 행사의 보장

기출 2025년, 2022년 1회, 2018년 3회

정답 ②

근로기준법령상 상시 4명 이하의 근로자를 사용하는 사업 또는 사업장에 적용하는 법 규정을 모두 고른 것은?

> ㄱ. 근로기준법 제9조(중간착취의 배제)
> ㄴ. 근로기준법 제18조(단시간근로자의 근로조건)
> ㄷ. 근로기준법 제21조(전차금 상계의 금지)
> ㄹ. 근로기준법 제60조(연차 유급휴가)
> ㅁ. 근로기준법 제72조(갱내근로의 금지)

① ㄱ, ㄷ, ㄹ   ② ㄴ, ㄹ
③ ㄷ, ㅁ   ④ ㄱ, ㄴ, ㄷ, ㅁ

기출 2019년 2회

정답 ④

해설
연차 유급휴가에 관한 규정(근로기준법 제60조)은 상시 4명 이하의 근로자를 사용하는 사업 또는 사업장에 적용하지 않는다.

근로기준법상 상시 4명 이하의 근로자를 사용하는 사업 또는 사업장에 적용하는 규정으로만 짝지어진 것은?

> ㄱ. 주휴일
> ㄴ. 연차 유급휴가
> ㄷ. 해고의 예고
> ㄹ. 부당해고 구제신청

① ㄱ, ㄷ   ② ㄷ, ㄹ
③ ㄱ, ㄴ   ④ ㄱ, ㄹ

기출 2018년 3회

정답 ①

해설
ㄴ·ㄹ. 연차 유급휴가에 관한 규정(근로기준법 제60조), 부당해고 등의 구제신청에 관한 규정(동법 제28조)은 상시 4명 이하의 근로자를 사용하는 사업 또는 사업장에 적용하지 않는다.

근로기준법상 균등처우의 원칙에서 근로에 대한 차별이 금지되는 사유가 아닌 것은?

① 나 이
② 신 앙
③ 사회적 신분
④ 국 적

기출 2016년 1회

정답 ①

해설
사용자는 근로자에 대하여 남녀의 성(性)을 이유로 차별적 대우를 하지 못하고, 국적·신앙 또는 사회적 신분을 이유로 근로조건에 대한 차별적 처우를 하지 못한다(근로기준법 제6조).

근로기준법의 기본원칙에 관한 설명으로 틀린 것은?

① 근로기준법에서 정하는 근로조건은 최저기준이므로 근로관계 당사자는 이 기준을 이유로 근로조건을 낮출 수 없다.

② 근로조건은 근로자와 사용자가 동등한 지위에서 사용자의 의사에 따라 결정하여야 한다.

③ 근로자와 사용자는 각자가 단체협약, 취업규칙과 근로계약을 지키고 성실하게 이행할 의무가 있다.

④ 사용자는 근로자에 대하여 남녀의 성(性)을 이유로 차별적 대우를 하지 못하고, 국적·신앙 또는 사회적 신분을 이유로 근로조건에 대한 차별적 처우를 하지 못한다.

기출 2016년 2회
정답 ②
해설
근로조건은 근로자와 사용자가 동등한 지위에서 자유의사에 따라 결정하여야 한다(근로기준법 제4조).

근로기준법의 적용관계에 관한 설명으로 틀린 것은?

① 근로기준법상의 근로자라 함은 직업의 종류를 불문하고 임금·급료 기타 이에 준하는 수입에 의하여 생활하는 자를 말한다.

② 가사(家事) 사용인에게는 근로기준법이 적용되지 않는다.

③ 동거하는 친족만을 사용하는 사업 또는 사업장에는 근로기준법이 적용되지 않는다.

④ 근로기준법상의 사용자란 사업주 또는 사업경영 담당자, 그 밖에 근로자에 관한 사항에 대하여 사업주를 위하여 행위하는 자를 말한다.

기출 2015년 2회
정답 ①
해설
노동조합 및 노동관계조정법상 근로자의 정의에 해당한다.

근로기준법의 총칙 규정에 관한 설명으로 틀린 것은?

① 누구든지 법률에 따르지 아니하고는 영리로 다른 사람의 취업에 개입하거나 중간인으로서 이익을 취득하지 못한다.

② 사용자는 국적·신앙 또는 사회적 신분을 이유로 근로조건에 대한 차별적 처우를 하지 못한다.

③ 사용자는 사고의 발생이나 그 밖의 어떠한 이유로도 근로자에게 폭행을 하지 못한다.

④ 사용자는 근로자가 근로시간 중에 공민권의 행사를 위하여 필요한 시간을 청구하면 거부할 수 있다.

기출 2007년 3회
정답 ④
해설
사용자는 근로자가 근로시간 중에 선거권, 그 밖의 공민권(公民權) 행사 또는 공(公)의 직무를 집행하기 위하여 필요한 시간을 청구하면 거부하지 못한다. 다만, 그 권리 행사나 공(公)의 직무를 수행하는 데에 지장이 없으면 청구한 시간을 변경할 수 있다(근로기준법 제10조).

10 근로기준법에서 사용하는 용어에 관한 설명으로 틀린 것은?

① 근로란 정신노동과 육체노동을 말한다.

② 근로자란 직업의 종류와 관계없이 임금을 목적으로 사업이나 사업장에 근로를 제공하는 사람을 말한다.

③ 평균임금이란 이를 산정하여야 할 사유가 발생한 날 이전 6개월 동안에 그 근로자에게 지급된 임금의 총액을 그 기간의 총일수로 나눈 금액을 말한다.

④ 단시간근로자란 1주 동안의 소정근로시간이 그 사업장에서 같은 종류의 업무에 종사하는 통상 근로자의 1주 동안의 소정근로시간에 비하여 짧은 근로자를 말한다.

핵심 키워드 용어의 정리
☞ 근로, 근로자, 사용자, 평균임금, 단시간근로자

기출 데이터 2013년 3회, 2010년 1회

핵심기출 해설 　답 ③

근로기준법상 평균임금이란 이를 산정하여야 할 사유가 발생한 날 이전 3개월 동안에 그 근로자에게 지급된 임금의 총액을 그 기간의 총일수로 나눈 금액을 말한다(근로기준법 제2조 제1항 제6호).

● 핵심유형 완성하기 ●

근로기준법령상 용어의 정의로 틀린 것은?

① "근로"란 정신노동과 육체노동을 말한다.
② "근로계약"이란 근로자가 사용자에게 근로를 제공하고 사용자는 이에 대하여 임금을 지급하는 것을 목적으로 체결된 계약을 말한다.
③ "단시간근로자"란 1일의 소정근로시간이 통상 근로자의 1일의 소정근로시간에 비하여 짧은 근로자를 말한다.
④ "사용자"란 사업주 또는 사업 경영 담당자, 그 밖에 근로자에 관한 사항에 대하여 사업주를 위하여 행위하는 자를 말한다.

기출 2023년, 2022년 1회
정답 ③

근로기준법령상 용어의 정의에 관한 설명으로 틀린 것은?

① "근로"란 정신노동과 육체노동을 말한다.
② "사용자"란 사업주 또는 사업 경영 담당자, 그 밖에 근로자에 관한 사항에 대하여 사업주를 위하여 행위하는 자를 말한다.
③ "통상임금"이란 이를 산정하여야 할 사유가 발생한 날 이전 3개월 동안에 그 근로자에게 지급된 임금의 총액을 그 기간의 총일수로 나눈 금액을 말한다.
④ "단시간근로자"란 1주 동안의 소정근로시간이 그 사업장에서 같은 종류의 업무에 종사하는 통상 근로자의 1주 동안의 소정근로시간에 비하여 짧은 근로자를 말한다.

기출 2021년 2회, 2020년 3회
정답 ③
해설
통상임금이란 근로자에게 정기적이고 일률적으로 소정근로 또는 총 근로에 대하여 지급하기로 정한 시간급 금액, 일급 금액, 주급 금액, 월급 금액 또는 도급 금액을 말한다.

11 근로기준법상의 개념 정의와 일치하지 않는 것은?

① 근로자란 직업의 종류를 불문하고, 임금·급료 기타 이에 준하는 수입에 의하여 생활하는 자를 말한다.

② 사용자란 사업주 또는 사업 경영 담당자, 그 밖에 근로자에 관한 사항에 대하여 사업주를 위하여 행위하는 자를 말한다.

③ 근로계약이란 근로자가 사용자에게 근로를 제공하고 사용자는 이에 대하여 임금을 지급하는 것을 목적으로 체결된 계약을 말한다.

④ 임금이란 사용자가 근로의 대가로 근로자에게 임금, 봉급, 그 밖에 어떠한 명칭으로든지 지급하는 모든 금품을 말한다.

핵심 키워드 근로기준법상 근로자
☞ 직업의 종류와 관계없이 임금을 목적으로 사업이나 사업장에 근로를 제공하는 자

기출 데이터 2015년 2회, 2014년 3회

핵심기출 해설 답 ①

① 근로기준법상의 근로자는 직업의 종류와 관계없이 임금을 목적으로 사업이나 사업장에 근로를 제공하는 사람을 말한다(근로기준법 제2조 제1항 제1호).

이것이 핵심 TIP

'근로자'를 "사업주에게 고용된 사람과 취업할 의사가 있는 사람(의사를 가진 사람)"으로 정의하고 있는 것은 고용정책 기본법(제2조), 국민 평생 직업능력 개발법(제2조 제4호), 남녀고용평등과 일·가정 양립 지원에 관한 법률(제2조 제4호) 등입니다.

● **핵심유형 완성하기** ●

근로기준법령상 정의 규정에 관한 설명으로 옳게 명시되지 않은 것은?

① "근로자"라 함은 직업의 종류를 불문하고 임금·급료 기타 이에 준하는 수입에 의하여 생활하는 자를 말한다.

② "근로계약"이란 근로자가 사용자에게 근로를 제공하고 사용자는 이에 대하여 임금을 지급하는 것을 목적으로 체결된 계약을 말한다.

③ "임금"이란 사용자가 근로의 대가로 근로자에게 임금, 봉급, 그 밖에 어떠한 명칭으로든지 지급하는 모든 금품을 말한다.

④ "사용자"란 사업주 또는 사업 경영 담당자, 그 밖에 근로자에 관한 사항에 대하여 사업주를 위하여 행위를 하는 자를 말한다.

기출 2024년, 2020년 4회

정답 ①

12 근로기준법상 근로계약에 관한 설명으로 틀린 것은?

① 단시간근로자의 근로조건은 그 사업장의 같은 종류의 업무에 종사하는 통상 근로자의 근로시간을 기준으로 산정한 비율에 따라 결정되어야 한다.

② 사용자는 근로계약 불이행에 대한 위약금 또는 손해배상액을 예정하는 계약을 체결하여야 한다.

③ 사용자는 전차금이나 그 밖에 근로할 것을 조건으로 하는 전대채권과 임금을 상계하지 못한다.

④ 사용자는 근로계약에 덧붙여 강제 저축 또는 저축금의 관리를 규정하는 계약을 체결하지 못한다.

핵심 키워드 근로계약
☞ 위약 예정의 금지, 전차금 상계의 금지, 강제 저금의 금지
기출 데이터 2018년 2회, 2011년 2회

핵심기출 해설 **답 ②**

② 사용자는 근로계약 불이행에 대한 위약금 또는 손해배상액을 예정하는 계약을 체결하지 못한다(근로기준법 제20조).
① 동법 제18조 제1항
③ 동법 제21조
④ 동법 제22조 제1항

이것이 핵심 **TIP**

위약금이나 손해배상액을 미리 예정하는 것은 근로기준법에 의해서 금지되지만, 실제 발생한 손해에 대해서 손해배상을 청구하는 것까지 금지되는 것은 아니라는 점을 추가로 기억해야 합니다.

● **핵심유형 완성하기** ●

근로기준법상 미성년자의 근로계약에 관한 설명으로 틀린 것은?

① 원칙적으로 15세 이상 18세 미만인 사람의 근로시간은 1일에 7시간, 1주에 35시간을 초과하지 못한다.
② 미성년자는 독자적으로 임금을 청구할 수 없다.
③ 고용노동부장관은 근로계약이 미성년자에게 불리하다고 인정하는 경우에는 이를 해지할 수 있다.
④ 친권자나 후견인은 미성년자의 근로계약을 대리할 수 없다.

기출 2022년 2회
정답 ②
해설
미성년자는 독자적으로 임금을 청구할 수 있다(근로기준법 제68조).

근로기준법령상 근로계약에 관한 설명으로 틀린 것은?

① 근로기준법에서 정하는 기준에 미치지 못하는 근로조건을 정한 근로계약은 그 부분에 한하여 무효로 한다.
② 사용자는 근로계약 불이행에 대한 위약금 또는 손해배상액을 예정하는 계약을 체결할 수 있다.
③ 사용자는 근로계약을 체결할 때에 근로자에게 임금, 소정근로시간, 휴일, 연차 유급휴가 등의 사항을 명시하여야 한다.
④ 명시된 근로조건이 사실과 다를 경우에 근로자는 근로조건 위반을 이유로 손해의 배상을 청구할 수 있으며 즉시 근로계약을 해제할 수 있다.

기출 2021년 2회
정답 ②
해설
사용자는 근로계약 불이행에 대한 위약금 또는 손해배상액을 예정하는 계약을 체결하지 못한다(근로기준법 제20조).

근로기준법령상 근로계약에 관한 설명으로 틀린 것은?

① 이 법에서 정하는 기준에 미치지 못하는 근로조건을 정한 근로계약은 그 부분에 한하여 무효로 한다.
② 근로계약은 기간을 정하지 아니한 것과 일정한 사업의 완료에 필요한 기간을 정한 것 외에는 그 기간은 1년을 초과하지 못한다.
③ 단시간근무자의 근로조건은 그 사업장의 같은 종류의 업무에 종사하는 통상 근로자의 근로시간을 기준으로 산정한 비율에 따라 결정되어야 한다.
④ 사용자는 근로계약 불이행에 대한 위약금을 예정하는 계약을 체결한 경우 300만 원 이하의 과태료에 처한다.

기출 2020년 1 · 2회
정답 ④
해설
사용자는 근로계약 불이행에 대한 위약금 또는 손해배상액을 예정하는 계약을 체결하지 못한다. 위약 예정의 금지 규정을 위반한 자는 500만 원 이하의 벌금에 처한다(근로기준법 제114조 제1호).

근로기준법상 근로계약에 관한 설명으로 틀린 것은?

① 근로기준법에서 정하는 기준에 미치지 못하는 근로조건을 정한 근로계약은 그 부분에 한하여 무효로 한다.
② 근로계약이 무효로 된 부분은 근로기준법에서 정한 기준에 따른다.
③ 사용자는 근로계약을 체결할 때에 근로자에게 임금, 소정근로시간, 휴일, 연차 유급휴가 등의 사항을 명시하여야 한다.
④ 명시된 근로조건이 사실과 다를 경우에 근로자는 근로조건 위반을 이유로 손해의 배상을 청구할 수 있으나 근로계약은 해제할 수 없다.

기출 2018년 1회
정답 ④
해설
명시된 근로조건이 사실과 다를 경우에 근로자는 근로조건 위반을 이유로 손해의 배상을 청구할 수 있으며 즉시 근로계약을 해제할 수 있다(근로기준법 제19조 제1항).

근로계약의 일부 내용이 근로기준법의 기준에 미달하는 경우 근로계약의 효력은?

① 근로계약은 전부 무효이다.
② 근로자는 근로계약을 취소할 수 있다.
③ 미달한 부분의 근로계약만 무효이다.
④ 근로계약의 효력에는 아무런 영향을 미치지 않는다.

기출 2016년 3회
정답 ③

근로기준법의 내용에 관한 설명으로 틀린 것은?

① 임금채권은 3년간 행사하지 아니하면 시효로 소멸한다.
② 명시된 근로조건이 사실과 다를 경우에 근로자는 근로조건 위반을 이유로 손해의 배상 청구를 노동위원회에 신청할 수 있다.
③ 사용자는 전차금(前借金)이나 그 밖에 근로할 것을 조건으로 하는 전대(前貸)채권과 임금을 상계하지는 못한다.
④ 사용자는 근로계약 불이행에 대한 위약금을 예정하는 계약을 체결한 경우 근로자의 근로계약 불이행이 있으면 약정된 위약금을 청구할 수 있다.

기출 2012년 1회
정답 ④

13 근로기준법상 근로계약 체결 시 반드시 서면으로 명시하여 근로자에게 교부해야 하는 근로조건은?

① 퇴직에 관한 사항

② 소정근로시간에 관한 사항

③ 취업의 장소와 종사하여야 할 업무에 관한 사항

④ 사업장의 부속 기숙사에 근로자를 기숙하게 하는 경우에는 기숙사 규칙에서 정한 사항

핵심 키워드 근로조건의 서면명시
☞ 임금의 구성항목 · 계산방법 · 지급방법, 소정근로시간, 주휴일, 연차 유급휴가
기출 데이터 2015년 3회, 2012년 2회, 2010년 4회

핵심기출 해설 답 ②

② 사용자는 임금의 구성항목 · 계산방법 · 지급방법, 소정근로시간, 주휴일, 연차 유급휴가가 명시된 서면(전자문서 포함)을 근로자에게 교부하여야 한다(근로기준법 제17조 제2항).

이것이 핵심 TIP

근로조건의 명시(근로기준법 제17조 및 시행령 제8조 참조)

명시하여야 할 사항 (명시)	• 임금(구성항목 · 계산방법 · 지급방법) • 소정근로시간 • 휴일(주휴일) • 연차 유급휴가 • 취업의 장소와 종사하여야 할 업무에 관한 사항 • 취업규칙에서 정한 사항 • 기숙사 규칙에서 정한 사항(사업장의 부속 기숙사에 근로자를 기숙하게 하는 경우)
교부하여야 할 사항 (명시+교부)	• 임금(구성항목 · 계산방법 · 지급방법)　　• 휴일(주휴일) • 소정근로시간　　• 연차 유급휴가

사용자는 근로자 명부와 근로계약에 관한 다음의 중요한 서류를 3년간 보존하여야 한다.

계약 서류의 보존(근로기준법 제42조 및 시행령 제22조 제1항)
• 근로계약서　　　　　　　　　　　　　　　• 임금대장
• 임금의 결정 · 지급방법과 임금계산의 기초에 관한 서류　　• 고용 · 해고 · 퇴직에 관한 서류
• 승급 · 감급에 관한 서류　　　　　　　　　• 휴가에 관한 서류
• 탄력적 근로시간제, 선택적 근로시간제, 근로시간 연장, 대체휴일, 보상 휴가제, 근로시간 계산의 특례, 근로시간 및 휴게시간의 특례, 유급휴가의 대체에 관한 서면 합의 서류
• 연소자의 증명에 관한 서류

근로기준법상 사용자가 근로계약을 체결할 때 근로자에게 서면으로 명시하여야 하는 근로조건이 아닌 것은?

① 소정근로시간
② 연차 유급휴가
③ 휴게장소
④ 임금의 지급방법

기출 2025년, 2012년 2회
정답 ③

근로기준법령상 사용자가 3년간 보존하여야 하는 근로계약에 관한 중요한 서류로 명시되지 않은 것은?

① 임금대장
② 휴가에 관한 서류
③ 고용 · 해고 · 퇴직에 관한 서류
④ 퇴직금 중간정산에 관한 증명서류

기출 2024년, 2023년, 2022년 2회
정답 ④

근로기준법령상 근로계약을 체결할 때 사용자가 근로자에게 반드시 서면으로 명시하여 교부해야 하는 사항이 아닌 것은?

① 취업의 장소
② 소정근로시간
③ 연차 유급휴가
④ 임금의 구성항목 · 계산방법 · 지급방법

기출 2018년 3회
정답 ①

근로기준법상 근로시간에 관한 설명으로 틀린 것은?

① 1주간의 근로시간은 휴게시간을 제외하고 40시간을 초과할 수 없다.
② 1일의 근로시간은 휴게시간을 제외하고 8시간을 초과할 수 없다.
③ 선택적 근로시간제 대상 근로자의 범위는 15세 이상 18세 미만의 근로자이다.
④ 당사자 간에 합의하면 1주간에 12시간을 한도로 근로시간을 연장할 수 있다.

기출 2015년 1회
정답 ③
해설
선택적 근로시간제 대상 근로자의 범위에서 15세 이상 18세 미만의 근로자는 제외한다 (근로기준법 제52조 제1항 제1호).

근로기준법상 사용자가 근로계약 체결 시 명시해야 할 사항이 아닌 것은?

① 근로계약 위반 시 손해배상액
② 임금의 구성항목
③ 임금의 계산방법
④ 취업장소

기출 2015년 3회, 2007년 1회
정답 ①

---

14 근로기준법상 평균임금을 산정기준으로 하지 않는 것은?

① 야간근로수당

② 퇴직금

③ 휴업보상

④ 상해보상

핵심 키워드 평균임금으로 산정되는 수당 등
☞ 연차유급휴가수당, 휴업수당, 재해보상금, 퇴직급여, 제재로서의 감급액

기출 데이터 2017년 3회, 2014년 2회, 2013년 1회, 2012년 1회

핵심기출 해설 답 ①

① 평균임금은 연차유급휴가수당, 휴업수당, 재해보상금, 퇴직급여, 제재로서의 감급액을 산정함에 있어서 기준이 된다.

이것이 핵심 TIP

금품 등의 산정 시 기준이 평균임금인지 통상임금인지 구별할 수 있어야 합니다. 평균임금으로 산정되는 수당은 '연 · 휴 · 재 · 퇴 · 감(연차유급휴가수당, 휴업수당, 재해보상금, 퇴직급여, 제재로서의 감급액)'으로 반드시 암기하고 있어야 합니다. 또한 통상임금으로 산정되는 수당은 '평 · 해 · 연 · 출 · 장(평균임금의 최저기준, 해고예고수당, 연차유급휴가수당, 출산전후휴가수당, 연장 · 야간 · 휴일근로수당)'으로 암기해야 합니다.

● 핵심유형 완성하기 ●

통상임금과 평균임금에 관한 설명으로 틀린 것은?

① 통상임금에는 기본급, 직무관련 직책, 직급, 직무수당을 포함한다.

② 초과급여, 특별급여 등은 통상임금 산정에서 제외된다.

③ 평균임금은 고용기간 중에서 근로자가 지급받고 있던 평균적인 임금수준을 말한다.

④ 평균임금은 연장근로, 야간근로, 휴일근로 등의 산출 기준 임금이다.

기출 2021년 2회

정답 ④

해설
통상임금은 소정근로에 대하여 지급할 것으로 약정되어 있는 임금으로, 연장근로, 야간근로, 휴일근로, 해고예고수당 등의 산출 기준 임금이다.

근로기준법상 임금에 대한 설명으로 틀린 것은?

① 임금이란 사용자가 근로의 대가로 근로자에게 임금, 봉급, 그 밖에 어떠한 명칭으로든지 지급하는 모든 금품을 말한다.

② 평균임금이란 이를 산정하여야 할 사유가 발생한 날 이전 3개월 동안에 그 근로자에게 지급된 임금의 총액을 말한다.

③ 사용자는 도급이나 그 밖에 이에 준하는 제도로 사용하는 근로자에게 근로시간에 따라 일정액의 임금을 보장하여야 한다.

④ 근로기준법에 따른 임금채권은 3년간 행사하지 아니하면 시효로 소멸한다.

기출 2019년 2회
정답 ②
해설
평균임금이란 이를 산정하여야 할 사유가 발생한 날 이전 3개월 동안에 그 근로자에게 지급된 임금의 총액을 그 기간의 총일수로 나눈 금액을 말한다. 근로자가 취업한 후 3개월 미만인 경우도 이에 준한다(근로기준법 제2조 제1항 제6호).

근로기준법상 평균임금에 관한 설명으로 틀린 것은?

① 평균임금은 이를 산정하여야 할 사유가 발생한 날 이전 3개월 동안에 그 근로자에게 지급된 임금의 총액을 그 기간의 총일수로 나눈 금액을 말한다.

② 일용근로자의 평균임금은 고용노동부장관이 사업이나 직업에 따라 정하는 금액으로 한다.

③ 평균임금이 그 근로자의 통상임금보다 적으면 그 통상임금액을 평균임금으로 한다.

④ 근로자에게 정기적이고 일률적으로 소정(所定) 근로 또는 총 근로에 대하여 지급하기로 정한 시간급 금액, 일금 금액, 주급 금액, 월급 금액 또는 도급 금액을 말한다.

기출 2017년 1회
정답 ④
해설
평균임금이 아닌 통상임금의 내용에 해당한다(근로기준법 시행령 제6조 제1항).

근로기준법상 평균임금에 의해 계산되는 것은?

① 야간근로수당
② 연장근로수당
③ 휴업수당
④ 휴일근로수당

기출 2017년 3회
정답 ③

근로기준법상 평균임금으로 산정하지 않는 것은?

① 퇴직금
② 휴업수당
③ 휴업보상
④ 해고예고수당

기출 2014년 2회
정답 ④

근로기준법상 평균임금과 통상임금에 대한 설명으로 틀린 것은?

① 연장근로수당, 야간근로수당의 산정기초는 통상임금이다.

② 평균임금액이 통상임금보다 적으면 그 통상임금액을 평균임금으로 한다.

③ 일용근로자의 평균임금은 고용노동부장관이 사업이나 직업에 따라 정하는 금액으로 한다.

④ 평균임금은 이를 산정하여야 할 사유가 발생한 날 이전 3개월 동안에 그 근로자에게 지급된 임금의 총액을 월수로 나눈 금액을 말한다.

기출 2013년 3회
정답 ④

15 근로기준법상 평균임금이 산정대상기간에서 제외되는 기간에 해당되지 않는 것은?

① 2개월 이내의 수습기간

② 업무상 부상 · 질병으로 요양하기 위하여 휴업한 기간

③ 사용자의 귀책사유로 휴업한 기간

④ 병역의무의 이행을 위하여 임금을 받으면서 휴직한 기간

핵심 키워드 평균임금 산정대상기간에서 제외되는 기간

☞ 임금의 저하기간

기출 데이터 2015년 2회

핵심기출 해설 답 ④

평균임금의 계산에서 제외되는 기간(근로기준법 시행령 제2조 제1항)

• 근로계약을 체결하고 수습 중에 있는 근로자가 수습을 시작한 날부터 3개월 이내의 기간(①)

• 사용자의 귀책사유로 휴업한 기간(③)

• 출산전후휴가 및 유산 · 사산 휴가 기간

• 업무상 부상 또는 질병으로 요양하기 위하여 휴업한 기간(②)

• 남녀고용평등과 일 · 가정 양립 지원에 관한 법률에 따른 육아휴직 기간

• 노동조합 및 노동관계조정법에 따른 쟁의행위기간

• 병역법, 예비군법 또는 민방위기본법에 따른 의무를 이행하기 위하여 휴직하거나 근로하지 못한 기간(단, 그 기간 중 임금을 지급받은 경우는 평균임금의 계산에 포함)(④)

• 업무 외 부상이나 질병, 그 밖의 사유로 사용자의 승인을 받아 휴업한 기간

이것이 핵심 TIP

휴직이나 휴업 등으로 임금이 저하되는 기간을 평균임금 산정기간에 산입한다면 퇴직급여 등이 저하되는 등 근로자에게 불이익이 발생할 수 있기 때문에 임금이 저하되는 기간을 평균임금 산정대상기간에서 제외하는 것입니다.

● **핵심유형 완성하기** ●

근로기준법령상 평균임금의 계산에서 제외되는 기간이 아닌 것은?

① 사용자의 귀책사유로 휴업한 기간

② 출산전후휴가 기간

③ 남성근로자가 신생아의 양육을 위하여 육아휴직한 기간

④ 병역의무 이행을 위하여 유급으로 휴직한 기간

기출 2019년 1회

정답 ④

16 근로기준법상 임금 지급 원칙이 아닌 것은?

① 통화불의 원칙　　　　　　　　② 정액불의 원칙
③ 직접불의 원칙　　　　　　　　④ 정기불의 원칙

핵심 키워드　임금 지급의 원칙
　　　　　　　☞ 통화불, 직접불, 전액불, 정기불
기출 데이터　2017년 2회, 2010년 2회

핵심기출 해설　답 ②

임금은 원칙적으로 통화로 직접 근로자에게 그 전액을 지급하여야 한다. 다만, 법령 또는 단체협약에 특별한 규정이 있는 경우에는 임금의 일부를 공제하거나 통화 이외의 것으로 지급할 수 있다. 또한 임금은 매월 1회 이상 일정한 날짜를 정하여 지급하여야 한다(근로기준법 제43조 제1항 및 제2항).

이것이 핵심　TIP

임금 지급 원칙과 관련해서는 아래의 사항을 기억해야 합니다.

임금 지급의 원칙	직 · 전 · 통 · 정(직접불 · 전액불 · 통화불 · 정기불)
전액불의 원칙	법령 또는 단체협약에 특별한 규정이 있는 경우에는 일부를 공제할 수 있는 것이지 전부를 공제할 수 있는 것은 아님

● **핵심유형 완성하기** ●

근로기준법상의 임금의 지급방법에 관한 원칙으로만 연결된 것은?

① 통화불의 원칙, 직접불의 원칙, 정액불의 원칙, 일시불의 원칙
② 통화불의 원칙, 직접불의 원칙, 전액불의 원칙, 매월 1회 이상 정기불의 원칙
③ 통화불의 원칙, 정액불의 원칙, 전액불의 원칙, 일시불의 원칙
④ 직접불의 원칙, 정액불의 원칙, 전액불의 원칙, 매월 1회 이상 정기불의 원칙

기출　2014년 3회
정답　②

근로기준법상 임금 지급에 관한 설명으로 틀린 것은?

① 임금은 원칙적으로 직접 근로자에게 지급하여야 한다.
② 법령 또는 단체협약에 특별한 규정이 있는 경우에는 임금의 전부를 공제하거나 통화 이외의 것으로 지급할 수 있다.
③ 임금은 원칙적으로 그 전액을 지급하여야 한다.
④ 임금은 원칙적으로 매월 1회 이상 일정한 날짜를 정하여 지급하여야 한다.

기출　2012년 2회
정답　②

17 근로기준법상 임금에 관한 설명으로 틀린 것은?

① 임금은 원칙적으로 통화로 직접 근로자에게 그 전액을 지급하여야 한다.

② 사용자는 근로자가 출산, 질병, 재해 등 비상한 경우의 비용에 충당하기 위하여 임금 지급을 청구하면 지급기일 전이라도 향후 제공할 근로에 대한 임금을 지급하여야 한다.

③ 임금은 원칙적으로 매월 1회 이상 일정한 날짜를 정하여 지급하여야 한다.

④ 사업이 한 차례 이상의 도급에 따라 행해지는 경우에 하수급인이 직상 수급인의 귀책사유로 근로자에게 임금을 지급하지 못한 경우에는 그 직상수급은 그 하수급인과 연대하여 책임을 진다.

핵심 키워드 비상시 지급

☞ 출산하거나 질병에 걸리거나 재해를 당한 경우, 혼인 또는 사망한 경우, 부득이한 사유로 1주일 이상 귀향하게 되는 경우

기출 데이터 2023년, 2016년 2회, 2011년 1회 기출변형

핵심기출 해설 | **답 ②**

② 사용자는 근로자나 그의 수입으로 생계를 유지하는 자가 출산하거나 질병에 걸리거나 재해를 당한 경우, 혼인 또는 사망한 경우, 부득이한 사유로 1주 이상 귀향하게 되는 경우의 비용에 충당하기 위하여 임금 지급을 청구하면 지급기일 전이라도 이미 제공한 근로에 대한 임금을 지급하여야 한다(근로기준법 제45조 및 시행령 제25조).

이것이 핵심 | **TIP**

비상시 지급과 관련해서는 아래의 사항을 기억해야 합니다.

비상시 지급사유 (1)	근로자나 그의 수입으로 생계를 유지하는 자가 1주 이상 귀향하는 경우이며 3일이 아님
비상시 지급사유 (2)	자녀의 대학입학은 비상시 지급사유가 아님
비상시 지급사유 (3)	이미 제공한 근로에 대한 임금 지급을 청구하는 것임

● **핵심유형 완성하기** ●

근로기준법령상 근로자의 청구에 따라 사용자가 지급기일 전이라도 이미 제공한 근로에 대한 임금을 지급하여야 하는 비상(非常)한 경우에 해당하지 않는 것은?

① 근로자가 혼인한 경우
② 근로자의 수입으로 생계를 유지하는 자가 사망한 경우
③ 근로자나 그의 수입으로 생계를 유지하는 자가 출산하거나 질병에 걸린 경우
④ 근로자나 그의 수입으로 생계를 유지하는 자가 부득이한 사유로 3일 이상 귀향하게 되는 경우

기출 2019년 3회
정답 ④

18 근로기준법령상 임금채권의 소멸시효 기간은?

① 1년
② 2년
③ 3년
④ 5년

핵심 키워드 임금채권의 소멸시효
☞ 3년

기출 데이터 2021년 1회, 2015년 1회

핵심기출 해설 답 ③

③ 근로기준법에 따른 임금채권은 3년간 행사하지 아니하면 시효로 소멸한다(근로기준법 제49조).

이것이 핵심 TIP

근로기준법상 임금채권의 소멸시효 이외에 근로자퇴직급여 보장법에 따른 퇴직금, 고용보험법상 급여를 지급받을 권리도 3년간 행사하지 않으면 시효로 소멸한다는 사실을 추가로 기억해야 합니다.

● **핵심유형 완성하기** ●

다음 (   )에 알맞은 것은?

근로기준법에 따른 임금채권은 (   )간 행사하지 아니하면 시효로 소멸한다.

① 6개월
② 1년
③ 2년
④ 3년

기출 2024년, 2018년 1회

정답 ④

해설
근로기준법에 따른 임금채권은 3년간 행사하지 아니하면 시효로 소멸한다(근로기준법 제49조).

19 근로기준법상 근로시간과 휴게시간에 관한 설명으로 틀린 것은?

① 1주간의 근로시간은 휴게시간을 제외하고 40시간을 초과할 수 없다.

② 1일의 근로시간은 휴게시간을 제외하고 8시간을 초과할 수 없다.

③ 사용자는 근로시간이 4시간인 경우에는 30분 이상, 8시간인 경우에는 1시간 이상의 휴게시간을 근로시간 이후에 주어야 한다.

④ 휴게시간은 근로자가 자유롭게 이용할 수 있다.

핵심 키워드 근로시간과 휴게시간
☞ 일반근로자 근로시간(1일 8시간, 1주 40시간), 휴게시간(근로시간 4시간마다 30분씩)

기출 데이터 2025년, 2016년 2회, 2010년 3회

핵심기출 해설 **답 ③**

③ 사용자는 근로시간이 4시간인 경우에는 30분 이상, 8시간인 경우에는 1시간 이상의 휴게시간을 근로시간 도중에 주어야 하며, 휴게시간은 근로자가 자유롭게 이용할 수 있다(근로기준법 제54조).

이것이 핵심 **TIP**

일반근로자와 연소근로자의 법정(기준)근로시간은 아래와 같습니다.

일반근로자의 법정근로시간	1일 8시간, 1주 40시간
연소근로자의 법정근로시간	1일 7시간, 1주 35시간

● **핵심유형 완성하기** ●

다음 중 4주 동안을 평균하여 1주 동안의 소정근로시간이 15시간 미만인 근로자에게 적용되는 것은?

① 「근로기준법」에 따른 주휴일
② 「근로기준법」에 따른 휴게시간
③ 「근로기준법」에 따른 연차 유급휴가
④ 「근로자퇴직급여보장법」에 따른 퇴직급여제도

기출 2016년 1회

정답 ②

해설
사용자는 근로시간이 4시간인 경우에는 30분 이상, 8시간인 경우에는 1시간 이상의 휴게시간을 근로시간 도중에 주어야 한다(근로기준법 제54조 제1항).

20 다음 (   )에 알맞은 것은?

> 근로기준법상 야간근로는 (ㄱ)부터 다음 날 (ㄴ) 사이의 근로시간을 말한다.

① ㄱ : 오후 8시, ㄴ : 오전 4시   ② ㄱ : 오후 10시, ㄴ : 오전 6시
③ ㄱ : 오후 12시, ㄴ : 오전 6시   ④ ㄱ : 오후 6시, ㄴ : 오전 4시

핵심 키워드 야간근로
☞ 오후 10시부터 오전 6시까지 사이의 근로
기출 데이터 2019년 1회, 2012년 3회

핵심기출 해설 | 답 ②

② 근로기준법상 야간근로란 오후 10시부터 오전 6시 사이의 근로를 말한다(근로기준법 제56조 제3항).

이것이 핵심 | TIP

• 야간근로수당 : 사용자는 야간근로(오후 10시부터 다음 날 오전 6시 사이의 근로를 말한다)에 대하여는 통상임금의 100분의 50 이상을 가산하여 근로자에게 지급하여야 한다(동법 제56조 제3항).
• 연장근로수당 : 사용자는 연장근로에 대하여는 통상임금의 100분의 50 이상을 가산하여 근로자에게 지급하여야 한다(동법 제56조 제1항).
• 휴업수당 : 사용자의 귀책사유로 휴업하는 경우에 사용자는 휴업기간 동안 그 근로자에게 평균임금의 100분의 70 이상의 수당을 지급하여야 한다. 다만, 평균임금의 100분의 70에 해당하는 금액이 통상임금을 초과하는 경우에는 통상임금을 휴업수당으로 지급할 수 있다(근로기준법 제46조 제1항).
• 휴일근로수당 : 연장근로의 규정에도 불구하고 사용자는 휴일근로에 대하여는 8시간 이내의 휴일근로의 경우 통상임금의 100분의 50 이상, 8시간을 초과한 휴일근로의 경우 통상임금의 100분의 100 이상을 가산하여 근로자에게 지급하여야 한다(동법 제56조 제2항).

● **핵심유형 완성하기** ●

근로기준법령상 휴게 · 휴일에 관한 설명으로 틀린 것은?

① 사용자는 근로시간이 8시간인 경우에는 1시간 이상의 휴게시간을 근로시간 도중에 주어야 한다.
② 사용자는 근로자에게 1주에 평균 1회 이상의 유급휴일을 보장하여야 한다.
③ 사용자는 연장근로에 대하여는 통상임금의 100분의 50 이상을 가산하여 근로자에게 지급하여야 한다.
④ 사용자는 8시간 이내의 휴일근로에 대하여는 통상임금의 100분의 100 이상을 가산하여 근로자에게 지급하여야 한다.

기출 2020년 1 · 2회
정답 ④
해설
8시간 이내의 휴일근로는 통상임금의 100분의 50 이상을 가산하여 근로자에게 지급하여야 한다(근로기준법 제56조 참조).

21

근로기준법상의 근로시간, 휴게 및 휴일에 관한 규정이 모두 적용되지 않는 근로자는?

① 백화점매장에서 아르바이트하는 학생

② 자동차 경정비센터에서 일을 배우고 있는 자

③ 기밀을 취급하는 업무에 종사하는 근로자

④ 자동차판매회사의 외근사원

핵심 키워드   적용의 제외
    ☞ 농림 · 축산 · 양잠 · 수산 사업, 감시 · 단속적 근로자로서 고용노동부장관의 승인을 받은 자, 관리 · 감독 업무 또는 기밀을 취급하는 업무 종사자

기출 데이터   2014년 1회

핵심기출 해설   **답 ③**

사업의 종류에 관계없이 관리 · 감독 업무 또는 기밀을 취급하는 업무 종사자는 근로기준법상 근로시간, 휴게 및 휴일의 적용 제외 대상이 된다(근로기준법 제63조 제4호 및 동법 시행령 제34조).

근로시간, 휴게와 휴일에 관한 규정은 다음의 어느 하나에 해당하는 근로자에 대하여는 적용하지 아니한다.

> **근로시간 등의 적용 제외 근로자(근로기준법 제63조 및 동법 시행령 제34조)**
> • 토지의 경작 · 개간, 식물의 식재 · 재배 · 채취 사업, 그 밖의 농림 사업
> • 동물의 사육, 수산 동식물의 채취 · 포획 · 양식 사업, 그 밖의 축산, 양잠, 수산 사업
> • 감시 또는 단속적으로 근로에 종사하는 사람으로서 사용자가 고용노동부장관의 승인을 받은 사람
> • 사업의 종류에 관계없이 관리 · 감독 업무 또는 기밀을 취급하는 업무에 종사하는 근로자

이것이 핵심   **TIP**

감시 또는 단속적 근로에 종사하는 자에 대하여 근로시간 휴게 · 휴일이 적용 제외되려면 고용노동부장관의 승인까지 필요하다는 사실을 추가로 기억해야 합니다.

● **핵심유형 완성하기** ●

근로기준법령상 근로시간 및 휴게시간의 특례사업에 해당하지 않는 것은?

① 수상운송업

② 항공운송업

③ 육상운송 및 파이프라인 운송업

④ 노선(路線) 여객자동차운송사업

기출 2021년 3회

정답 ④

해설
근로시간 및 휴게시간의 특례사업에는 육상운송 및 파이프라인 운송업(노선 여객자동차운송사업은 제외), 수상운송업, 항공운송업, 기타 운송관련 서비스업, 보건업이 있다.

22 근로기준법에 명시된 휴일 또는 휴가로 볼 수 없는 것은?

① 주휴일

② 출산전후휴가

③ 근로자의 날

④ 연차 유급휴가

핵심 키워드 근로기준법상 휴일·휴가

☞ 주휴일, 연차 유급휴가, 출산전후휴가, 유·사산휴가, 생리휴가

기출 데이터 2014년 2회 기출변형

핵심기출 해설 답 ③

③ 근로자의 날은 근로자의 날 제정에 관한 법률에 의거하여 매년 5월 1일로 정하여져 있다(근로자의 날 제정에 관한 법률).

이것이 핵심 TIP

생리휴가의 경우 남녀고용평등과 일·가정 양립 지원에 관한 법률이 아니라 근로기준법에 규정되어 있다는 사실도 추가로 기억해야 합니다.

> **근로기준법 제73조(생리휴가)**
> 사용자는 여성 근로자가 청구하면 월 1일의 생리휴가를 주어야 한다.

23 근로기준법상 경영상 이유에 의한 해고의 요건에 관한 설명으로 틀린 것은?

① 모든 사업의 양도, 인수, 합병은 긴박한 경영상의 필요가 있는 것으로 본다.

② 사용자는 해고를 피하기 위한 노력을 다하여야 한다.

③ 사용자는 합리적이고 공정한 해고의 기준을 정하고 이에 따라 그 대상자를 선정하여야 한다.

④ 사용자는 근로자의 해고를 피하기 위한 방법과 해고의 기준 등에 관하여 근로자의 과반수를 대표하는 근로자대표에게 해고를 하려는 날의 50일 전까지 통보하고 성실하게 협의하여야 한다.

핵심 키워드 경영상 이유에 의한 해고
☞ 긴박한 경영상의 필요, 해고 회피 노력, 공정한 대상자 선정, 근로자대표와 성실한 협의

기출 데이터 2023년, 2015년 3회, 2014년 2회, 2014년 3회, 2010년 2회

핵심기출 해설 답 ①

① 사용자가 경영상 이유에 의하여 근로자를 해고하려면 긴박한 경영상의 필요가 있어야 한다. 이 경우 경영 악화를 방지하기 위한 사업의 양도·인수·합병은 긴박한 경영상의 필요가 있는 것으로 본다(근로기준법 제24조 제1항).

이것이 핵심 TIP

경영상 이유에 의한 해고의 절차를 기억해야 합니다.

① 긴박한 경영상의 필요 → ② 해고를 피하기 위한 노력 → ③ 합리적이고 공정한 해고의 기준 → ④ 대상자를 선정 → ⑤ 근로자대표(해고 대상자가 아님에 주의)에게 50일 전까지 해고 회피 방법과 해고기준을 통보하고 성실히 협의 → ⑥ 일정규모 이상의 인원을 해고할 경우 고용노동부장관에게 신고

근로기준법령상 고용노동부장관에게 경영상의 이유에 의한 해고 계획의 신고를 할 때 포함해야 하는 사항이 아닌 것은?

① 퇴직금
② 해고 사유
③ 해고 일정
④ 근로자대표와 협의한 내용

기출 2021년 1회, 2017년 2회

정답 ①

해설
경영상의 이유에 의한 해고 계획의 신고 시 포함하여야 하는 사항
해고 사유, 해고 예정 인원, 근로자대표와 협의한 내용, 해고 일정

근로기준법령상 경영상의 이유에 의한 해고에 관한 설명으로 옳은 것은?

① 사용자는 근로자대표에게 해고를 하려는 날의 60일 전까지 해고의 기준을 통보하여야 한다.
② 경영 악화를 방지하기 위한 사업의 합병은 긴박한 경영상의 필요가 있는 것으로 볼 수 없다.
③ 사용자는 근로자를 해고하려면 해고 사유와 해고 시기를 서면으로 통지하여야 한다.
④ 사용자는 경영상 이유에 의하여 해고된 근로자에 대하여 재취업 등 필요한 조치를 우선적으로 취하여야 한다.

기출 2021년 3회

정답 ③

근로기준법상 경영상 이유에 의한 해고에 대한 설명으로 틀린 것은?

① 사용자가 경영상 이유에 의하여 근로자를 해고하려면 긴박한 경영상의 필요가 있어야 한다.
② 사용자는 해고를 피하기 위한 노력을 다하여야 하며, 합리적이고 공정한 해고의 기준을 정하고 이에 따라 그 대상자를 선정하여야 한다.
③ 사용자는 해고를 피하기 위한 방법과 해고의 기준 등에 관하여 그 사업 또는 사업장에 근로자의 과반수로 조직된 노동조합이 있는 경우에는 그 노동조합에 해고를 하려는 날의 50일 전까지 통보하고 성실하게 협의하여야 한다.
④ 사용자는 대통령령으로 정하는 일정한 규모 이상의 인원을 해고하려면 고용노동부장관의 승인을 얻어야 한다.

기출 2019년 1회, 2015년 3회

정답 ④

해설
사용자는 대통령령으로 정하는 일정한 규모 이상의 인원을 해고하려면 대통령령으로 정하는 바에 따라 고용노동부장관에게 신고하여야 한다(근로기준법 제24조 제4항).

근로기준법상 경영상 이유에 의한 해고에 관한 설명으로 틀린 것은?

① 경영 악화를 방지하기 위한 사업의 양도·인수·합병은 긴박한 경영상의 필요가 있는 것으로 본다.
② 사용자는 해고를 피하기 위한 노력을 다하여야 한다.
③ 사용자는 합리적이고 공정한 해고의 기준을 정하고 이에 따라 그 대상자를 선정하여야 한다.
④ 사용자는 해고를 피하기 위한 방법과 해고의 기준 등에 관하여 해고를 하려는 날의 60일 전까지 고용노동부장관의 승인을 받아야 한다.

기출 2019년 3회

정답 ④

24 근로기준법상 해고에 관한 설명으로 틀린 것은?

① 사용자는 근로자에게 정당한 이유 없이 해고를 하지 못한다.

② 사용자는 근로자를 해고하려면 해고 사유와 해고 시기를 서면으로 통지하여야 한다.

③ 사용자는 근로자를 해고하려면 적어도 30일 전에 예고를 하여야 하고, 30일 전에 예고를 하지 아니하였을 때에는 30일분 이상의 통상임금을 지급하여야 함이 원칙이다.

④ 사용자가 근로자에게 부당해고를 하면 근로자는 노동위원회에 구제신청을 할 수 있고, 구제신청은 부당해고가 있었던 날로부터 6개월 이내에 하여야 한다.

핵심 키워드
• 해고의 예고 ☞ 적어도 30일 전 예고 / 기간 내 예고하지 않은 경우 30일분 이상의 통상임금 지급
• 근로자의 부당해고 등에 대한 구제신청 ☞ 노동위원회에 부당해고 등이 있었던 날부터 3개월 이내 신청

기출 데이터 2017년 1회

핵심기출 해설 **답 ④**

④ 사용자가 근로자에게 부당해고 등을 하면 근로자는 노동위원회에 구제를 신청할 수 있다. 구제신청은 부당해고 등이 있었던 날부터 3개월 이내에 하여야 한다(근로기준법 제28조 제1항 및 제2항). 노동위원회는 구제신청을 받으면 지체 없이 필요한 조사를 하여야 하며 관계 당사자를 심문하여야 한다(동법 제29조 제1항).

① 사용자는 근로자에게 정당한 이유 없이 해고, 휴직, 정직, 전직, 감봉, 그 밖의 징벌을 하지 못한다(동법 제23조 제1항).

② 동법 제27조 제1항

③ 사용자는 근로자를 해고(경영상 이유에 의한 해고를 포함)하려면 적어도 30일 전에 예고를 하여야 하고, 30일 전에 예고를 하지 아니하였을 때에는 30일분 이상의 통상임금을 지급하여야 한다(동법 제26조).

이것이 핵심 **TIP**

근로기준법 제26조(해고의 예고)

사용자는 근로자를 해고(경영상 이유에 의한 해고를 포함한다)하려면 적어도 30일 전에 예고를 하여야 하고, 30일 전에 예고를 하지 아니하였을 때에는 30일분 이상의 통상임금을 지급하여야 한다. 다만, 다음의 어느 하나에 해당하는 경우에는 그러하지 아니하다.

• 근로자가 계속 근로한 기간이 3개월 미만인 경우
• 천재ㆍ사변, 그 밖의 부득이한 사유로 사업을 계속하는 것이 불가능한 경우
• 근로자가 고의로 사업에 막대한 지장을 초래하거나 재산상 손해를 끼친 경우로서 고용노동부령으로 정하는 사유에 해당하는 경우

25

근로기준법상 이행강제금에 관한 설명으로 틀린 것은?

① 노동위원회는 구제명령을 받은 후 이행기한까지 구제명령을 이행하지 아니한 사용자에게 3천만 원 이하의 이행강제금을 부과한다.

② 노동위원회는 이행강제금을 부과하기 30일 전까지 이행강제금을 부과·징수한다는 뜻을 사용자에게 미리 문서로써 알려주어야 한다.

③ 노동위원회는 최초의 구제명령을 한 날을 기준으로 매년 2회의 범위에서 구제명령이 이행될 때까지 반복하여 이행강제금을 부과·징수할 수 있는데, 이 경우 이행강제금은 2년을 초과하여 부과·징수하지 못한다.

④ 노동위원회는 구제명령을 받은 자가 구제명령을 이행하면 새로운 이행강제금을 부과하지 아니하되, 구제명령을 이행하기 전에 이미 부과된 이행강제금은 2분의 1을 감액하여 징수하여야 한다.

핵심 키워드 이행강제금
☞ 구제명령 이행 전 이미 부과된 이행강제금은 전액 징수함

기출 데이터 2011년 1회

핵심기출 해설　답 ④

④ 노동위원회는 구제명령을 받은 자가 구제명령을 이행하면 새로운 이행강제금을 부과하지 아니하되, 구제명령을 이행하기 전에 이미 부과된 이행강제금은 징수하여야 한다(근로기준법 제33조 제6항).

이것이 핵심　TIP

이행강제금과 관련해서는 아래의 사항을 기억해야 합니다.

부과기준	매년 2회의 범위에서 최대 2년까지 부과
이미 부과된 이행강제금	구제명령을 이행하기 전에 이미 부과된 이행강제금은 감액·면제·환급하지 않고 전부 징수함

근로기준법령상 이행강제금에 관한 설명으로 옳은 것은?

① 노동위원회는 구제명령을 받은 후 이행기한까지 구제명령을 이행하지 아니한 사용자에게 3천만 원 이하의 이행강제금을 부과한다.

② 노동위원회는 이행강제금 납부의무자가 납부기한까지 이행강제금을 내지 아니하면 즉시 국세 체납처분의 예에 따라 징수할 수 있다.

③ 노동위원회는 최초의 구제명령을 한 날을 기준으로 매년 4회의 범위에서 구제명령이 이행될 때까지 반복하여 이행강제금을 부과·징수할 수 있다.

④ 근로자는 구제명령을 받은 사용자가 이행기한까지 구제명령을 이행하지 아니하면 이행기한이 지난 때부터 30일 이내에 그 사실을 노동위원회에 알려 줄 수 있다.

기출 2022년 2회
정답 ①

근로기준법령상 이행강제금에 관한 설명으로 틀린 것은?

① 노동위원회는 구제명령을 받은 후 이행기한까지 구제명령을 이행하지 아니한 사용자에게 3천만 원 이하의 이행강제금을 부과한다.

② 노동위원회는 이행강제금을 부과하기 30일 전까지 이행강제금을 부과·징수한다는 뜻을 사용자에게 미리 문서로써 알려 주어야 한다.

③ 근로자는 구제명령을 받은 사용자가 이행기한까지 구제명령을 이행하지 아니하면 이행기한이 지난 때부터 30일 이내에 그 사실을 노동위원회에 알려 줄 수 있다.

④ 노동위원회는 이행강제금 납부의무자가 납부기한까지 이행강제금을 내지 아니하면 기간을 정하여 독촉을 하고 지정된 기간에 이행강제금을 내지 아니하면 국세 체납처분의 예에 따라 징수할 수 있다.

기출 2021년 2회 기출변형
정답 ③
해설
근로자는 구제명령을 받은 사용자가 이행기한까지 구제명령을 이행하지 아니하면 이행기한이 지난 때부터 15일 이내에 그 사실을 노동위원회에 알려줄 수 있다(근로기준법 제33조 제8항).

근로기준법상 이행강제금에 관한 설명으로 틀린 것은?

① 노동위원회는 구제명령을 받은 후 이행기한까지 구제명령을 이행하지 아니한 사용자에게 3천만 원 이하의 이행강제금을 부과한다.

② 노동위원회는 최초의 구제명령을 한 날을 기준으로 매년 2회의 범위에서 구제명령이 이행될 때까지 반복하여 이행강제금을 부과·징수할 수 있으며, 이 경우 이행강제금은 2년을 초과하여 부과·징수하지 못한다.

③ 노동위원회는 구제명령을 받은 자가 구제명령을 이행하면 새로운 이행강제금을 부과하지 아니하고 구제명령을 이행하기 전에 이미 징수된 이행강제금은 환급한다.

④ 노동위원회는 이행강제금 납부의무자가 납부기한까지 이행강제금을 내지 아니하면 기간을 정하여 독촉을 하고 지정된 기간에 이행강제금을 내지 아니하면 국세 체납처분의 예에 따라 징수할 수 있다

기출 2018년 1회, 2011년 3회
정답 ③
해설
노동위원회는 구제명령을 받은 자가 구제명령을 이행하면 새로운 이행강제금을 부과하지 아니하되, 구제명령을 이행하기 전에 이미 부과된 이행강제금은 징수하여야 한다(근로기준법 제33조 제6항).

26 다음 (   ) 안에 들어갈 가장 알맞은 것은?

> 근로기준법상 사용자는 근로자가 사망 또는 퇴직한 경우에는 그 지급 사유가 발생한 때부터 (   ) 이내에 임금, 보상금, 그 밖의 모든 금품을 지급하여야 한다. 다만, 특별한 사정이 있을 경우에는 당사자 사이의 합의에 의하여 기일을 연장할 수 있다.

① 14일   ② 30일
③ 60일   ④ 90일

핵심 키워드 금품 청산
☞ 14일
기출 데이터 2024년, 2018년 2회, 2010년 3회

핵심기출 해설   답 ①

① 사용자는 근로자가 사망 또는 퇴직한 경우에는 그 지급 사유가 발생한 때부터 14일 이내에 임금, 보상금, 그 밖의 모든 금품을 지급하여야 한다(근로기준법 제36조).

이것이 핵심   TIP

근로기준법상 금품 청산에 관한 규정을 둔 이유는 근로관계가 종료된 후에도 근로자가 당연히 지급받아야 할 임금 등의 금품이 조속히 지급되지 아니할 경우 근로자가 금품을 받기 위해 사업장에 남아 있는 등 부당하게 사용자에게 예속될 수 있고, 보다 근본적으로 근로자 및 근로자가족의 생활이 위협받을 수 있기 때문입니다.

금품 청산에 관한 규정처럼 근로계약 종료 후 근로자를 보호하는 규정으로 근로기준법 제38조 임금채권의 우선변제가 있습니다. 임금채권과 다른 채권의 우선순위도 함께 기억해 두시기 바랍니다.

- 최종 3개월분의 임금 및 재해보상금(최우선변제)
- 질권 · 저당권 또는 담보권에 우선하는 조세 · 공과금
- 질권 · 저당권 또는 담보권에 따라 담보된 채권
- 최종 3개월분의 임금을 제외한 임금 및 기타 근로관계로 인한 채권
- 그 밖에 우선권이 없는 조세 · 공과금 및 다른 채권

● **핵심유형 완성하기** ●

다음 중 근로기준법상 1순위로 변제되어야 하는 채권은?

① 우선권이 없는 조세 · 공과금
② 최종 3개월분의 임금
③ 질권 · 저당권에 의해 담보된 채권
④ 최종 3개월분의 임금을 제외한 임금채권 전액

기출 2020년 4회
정답 ②

27

근로기준법상 임산부의 보호에 관한 설명으로 틀린 것은? (한 번에 둘 이상의 자녀를 임신한 경우 제외)

① 사용자는 임신 중의 여성에게 산전과 산후를 통하여 90일의 출산전후휴가를 주어야 한다.

② 출산전후휴가 기간의 배정은 산후에 30일 이상이 되어야 한다.

③ 사용자는 임신 중의 여성 근로자에게 시간외근로를 하게 하여서는 아니 되며, 그 근로자의 요구가 있는 경우에는 쉬운 종류의 근로로 전환하여야 한다.

④ 사업주는 출산전후휴가 종료 후에는 휴가 전과 동일한 업무 또는 동등한 수준의 임금을 지급하는 직무에 복귀시켜야 한다.

핵심 키워드 임산부의 보호
         ☞ 90일(120일), 산후 45일(60일)

기출 데이터 2013년 2회, 2010년 1회

핵심기출 해설 답 ②

② 사용자는 임신 중의 여성에게 출산 전과 출산 후를 통하여 90일(미숙아를 출산한 경우에는 100일, 한 번에 둘 이상 자녀를 임신한 경우에는 120일)의 출산전후휴가를 주어야 한다. 이 경우 휴가 기간의 배정은 출산 후에 45일(한 번에 둘 이상 자녀를 임신한 경우에는 60일) 이상이 되어야 하고, 미숙아의 범위, 휴가 부여 절차 등에 필요한 사항은 고용노동부령으로 정한다(근로기준법 제74조 제1항).

이것이 핵심 TIP

인공임신중절수술의 허용한계 관련 조항(모자보건법 제14조 제1항)에 따라 다음의 경우에는 인공임신중절수술에 의한 유산·사산의 경우에도 근로기준법에 따른 유산·사산 휴가를 주도록 하고 있습니다.

- 본인이나 배우자가 우생학적 또는 유전학적 정신장애나 신체질환이 있는 경우
- 본인이나 배우자가 전염성 질환이 있는 경우
- 강간 또는 준강간에 의하여 임신된 경우
- 법률상 혼인할 수 없는 혈족 또는 인척 간에 임신된 경우
- 임신의 지속이 보건의학적 이유로 모체의 건강을 심각하게 해치고 있거나 해칠 우려가 있는 경우

근로기준법상 임산부의 보호에 관한 설명으로 틀린 것은?

① 사용자는 임신 중의 여성에게 출산 전과 출산 후를 통하여 90일(한 번에 둘 이상 자녀를 임신한 경우에는 120일)의 출산전후휴가를 주어야 한다.

② 휴가 기간의 배정은 출산 후에 30일(한 번에 둘 이상 자녀를 임신한 경우에는 45일) 이상이 되어야 한다.

③ 사용자는 임신 중의 여성 근로자에게 시간외근로를 하게 하여서는 아니 되며, 그 근로자의 요구가 있는 경우에는 쉬운 종류의 근로로 전환하여야 한다.

④ 사업주는 출산전후휴가 종료 후에는 휴가 전과 동일한 업무 또는 동등한 수준의 임금을 지급하는 직무에 복귀시켜야 한다.

기 출 2019년 3회
정 답 ②

근로기준법상 임산부의 보호에 관한 설명으로 틀린 것은?

① 사용자는 임신 중의 여성에게 출산 전과 출산 후를 통하여 90일의 출산전후휴가를 주어야 한다.

② 사용자는 임신 중인 여성 근로자가 유산의 경험 등의 사유로 휴가를 청구하는 경우 출산 전 어느 때라도 휴가를 나누어 사용할 수 있도록 하여야 한다.

③ 인공임신중절수술에 따른 유산의 경우 근로자가 청구하면 유산·사산 휴가를 주어야 한다.

④ 사용자는 임신 중의 여성 근로자에게 시간외근로를 하게 하여서는 아니 되며, 그 근로자의 요구가 있는 경우에는 쉬운 종류의 근로로 전환하여야 한다.

기 출 2015년 1회
정 답 ③
해 설
인공임신중절수술(모자보건법에 따른 경우는 제외)에 따른 유산의 경우는 유·사산 휴가를 부여하지 않는다.

근로기준법상 임산부의 보호에 관한 다음 내용에서 ( ) 안에 들어갈 말을 순서대로 바르게 짝지은 것은?

사용자는 임신 중의 여성에게 출산 전과 출산 후를 통하여 ( )의 출산전후휴가를 주어야 한다. 이 경우 휴가 기간의 배정은 출산 후에 ( ) 이상이 되어야 한다.

① 90일 – 120일
② 45일 – 90일
③ 90일 – 45일
④ 120일 – 90일

기 출 2015년 3회
정 답 ③

28

근로기준법상 여성과 연소근로자에 대한 특별보호에 관한 설명으로 옳은 것은?

① 13세 이상 15세 미만인 사람이라도 고용노동부장관이 발급한 취직인허증을 지닌 자는 근로자로 사용할 수 있다.

② 사용자는 18세 이상의 여성에게 야간근로를 시키고자 하는 경우에는 고용노동부장관의 인가를 얻어야 한다.

③ 임신 중의 여성근로자에 대하여 출산전후휴가 부여일수는 60일이다.

④ 임신 중의 여성근로자가 사산한 경우에는 청구하여도 보호휴가를 부여하지 않아도 된다.

핵심 키워드 여성과 소년

☞ 최저 연령과 취직인허증, 미성년자의 근로계약 및 임금청구, 근로시간의 제한, 야간근로와 휴일근로의 제한, 시간외근로, 갱내근로의 금지, 생리휴가, 임산부의 보호

기출 데이터 2014년 1회

핵심기출 해설 **답 ①**

② 사용자는 18세 이상의 여성을 오후 10시부터 오전 6시까지의 시간 및 휴일에 근로시키려면 그 근로자의 동의를 받아야 한다(근로기준법 제70조 제1항).

③ 사용자는 임신 중의 여성에게 출산 전과 출산 후를 통하여 90일(미숙아를 출산한 경우에는 100일, 한 번에 둘 이상 자녀를 임신한 경우에는 120일)의 출산전후휴가를 주어야 한다. 이 경우 휴가 기간의 배정은 출산 후에 45일(한 번에 둘 이상 자녀를 임신한 경우에는 60일) 이상이 되어야 한다(동법 제74조 제1항).

④ 사용자는 임신 중인 여성이 유산 또는 사산한 경우로서 그 근로자가 청구하면 대통령령으로 정하는 바에 따라 유산·사산 휴가를 주어야 한다. 다만, 인공임신중절수술(모자보건법 제14조 제1항에 따른 경우는 제외한다)에 따른 유산의 경우는 그러하지 아니하다(동법 제74조 제3항).

● 핵심유형 완성하기 ●

근로기준법령상 여성의 보호에 관한 설명으로 옳은 것은?

① 사용자는 임신 중의 여성이 명시적으로 청구하는 경우 고용노동부장관의 인가를 받으면 휴일에 근로를 시킬 수 있다.

② 여성은 보건·의료·보도·취재 등의 일시적 사유가 있더라도 갱내(坑內)에서 근로를 할 수 없다.

③ 사용자는 여성 근로자가 청구하면 월 3일의 유급생리휴가를 주어야 한다.

④ 사용자는 여성을 휴일에 근로시키려면 근로자대표의 서면 동의를 받아야 한다.

기출 2022년 1회
정답 ①

근로기준법령상 취직인허증에 대한 설명으로 틀린 것은?

① 취직인허증을 받으려는 자가 의무교육 대상자로서 재학 중인 경우에는 학교장이 고용노동부장관에게 신청하여야 한다.

② 고용노동부장관은 거짓이나 그 밖의 부정한 방법으로 취직인허증을 발급받은 자에게는 그 인허를 취소하여야 한다.

③ 예술공연 참가를 위한 경우에는 13세 미만인 사람도 취직인허증을 받을 수 있다.

④ 취직인허증은 본인의 신청에 따라 의무교육에 지장이 없는 경우에는 직종을 지정하여서만 발행할 수 있다.

기출 2018년 2회
정답 ①
해설
취직인허증을 받으려는 자는 고용노동부령으로 정하는 바에 따라 고용노동부장관에게 신청하여야 한다(근로기준법 시행령 제35조 제2항).

29 근로기준법상 취업규칙에 관한 설명으로 옳은 것은?

① 상시 5명 이상의 근로자를 사용하는 사용자는 취업규칙을 작성하여 고용노동부장관에게 신고하여야 한다.

② 사용자는 모든 취업규칙의 작성 또는 변경에 관하여 해당 사업 또는 사업장에 근로자의 과반수로 조직된 노동조합이 있는 경우에는 그 노동조합의 동의를 받아야 한다.

③ 취업규칙에서 정한 기준에 미달하는 근로조건을 정한 근로계약은 그 부분에 관하여는 무효로 한다. 이 경우 무효로 된 부분은 취업규칙에 정한 기준에 따른다.

④ 취업규칙에서 근로자에 대하여 감급(減給)의 제재를 정할 경우에 그 감액은 1회의 금액이 평균임금의 1일분의 10분의 3을, 총액이 1임금지급기의 임금 총액의 10분의 1을 초과하지 못한다.

핵심 키워드 취업규칙
☞ 상시 10명 이상, 근로자 과반수, 불리 – 동의, 유리 – 의견청취

기출 데이터 2010년 2회, 2010년 3회, 2010년 4회

핵심기출 해설 답 ③

① 상시 10명 이상의 근로자를 사용하는 사용자는 취업규칙을 작성하여 고용노동부장관에게 신고하여야 한다(근로기준법 제93조).

② 사용자는 취업규칙의 작성 또는 변경에 관하여 해당 사업 또는 사업장에 근로자의 과반수로 조직된 노동조합이 있는 경우에는 그 노동조합, 근로자의 과반수로 조직된 노동조합이 없는 경우에는 근로자의 과반수의 의견을 들어야 한다. 다만, 취업규칙을 근로자에게 불리하게 변경하는 경우에는 그 동의를 받아야 한다(동법 제94조 제1항).

④ 취업규칙에서 근로자에 대하여 감급(減給)의 제재를 정할 경우에 그 감액은 1회의 금액이 평균임금의 1일분의 2분의 1을, 총액이 1임금지급기의 임금 총액의 10분의 1을 초과하지 못한다(동법 제95조).

이것이 핵심 TIP

취업규칙의 작성 · 변경과 관련해서는 아래의 사항을 기억해야 합니다.

작성 · 신고의무 사업장	상시 10명 이상의 근로자를 사용하는 사용자
유리한 작성 · 변경	근로자 과반수의 의견청취
불리한 작성 · 변경	근로자 과반수의 동의
감급의 제재	1회의 금액이 평균임금 1일분의 2분의 1, 총액이 1임금지급기의 임금 총액의 10분의 1을 초과하지 못함

취업규칙의 작성 · 신고(근로기준법 제93조)

상시 10명 이상의 근로자를 사용하는 사용자는 다음의 사항에 관한 취업규칙을 작성하여 고용노동부장관에게 신고하여야 한다. 이를 변경하는 경우에도 또한 같다.

- 업무의 시작과 종료 시각, 휴게시간, 휴일, 휴가 및 교대 근로에 관한 사항
- 임금의 결정 · 계산 · 지급 방법, 임금의 산정기간 · 지급시기 및 승급(昇給)에 관한 사항
- 가족수당의 계산 · 지급 방법에 관한 사항
- 퇴직에 관한 사항
- 근로자퇴직급여 보장법 제4조에 따라 설정된 퇴직급여, 상여 및 최저임금에 관한 사항
- 근로자의 식비, 작업 용품 등의 부담에 관한 사항
- 근로자를 위한 교육시설에 관한 사항
- 출산전후휴가 · 육아휴직 등 근로자의 모성 보호 및 일 · 가정 양립 지원에 관한 사항
- 안전과 보건에 관한 사항
- 근로자의 성별 · 연령 또는 신체적 조건 등의 특성에 따른 사업장 환경의 개선에 관한 사항
- 업무상과 업무 외의 재해부조(災害扶助)에 관한 사항
- 직장 내 괴롭힘의 예방 및 발생 시 조치 등에 관한 사항
- 표창과 제재에 관한 사항
- 그 밖에 해당 사업 또는 사업장의 근로자 전체에 적용될 사항

● **핵심유형 완성하기** ●

근로기준법령상 취업규칙에 관한 설명으로 틀린 것은?

① 상시 10명 이상의 근로자를 사용하는 사용자는 취업규칙을 작성하여 고용노동부장관에게 신고하여야 한다.
② 사용자는 취업규칙의 작성 시 해당 사업장에 근로자의 과반수로 조직된 노동조합이 있는 경우에는 그 노동조합의 동의를 받아야 한다.
③ 고용노동부장관은 법령이나 단체협약에 어긋나는 취업규칙의 변경을 명할 수 있다.
④ 취업규칙에서 정한 기준에 미달하는 근로조건을 정한 근로계약은 그 부분에 관하여는 무효로 한다.

기출 2021년 1회
정답 ②
해설
사용자는 취업규칙의 작성 또는 변경에 관하여 해당 사업 또는 사업장에 근로자의 과반수로 조직된 노동조합이 있는 경우에는 그 노동조합, 근로자의 과반수로 조직된 노동조합이 없는 경우에는 근로자의 과반수의 의견을 들어야 한다. 다만, 취업규칙을 근로자에게 불리하게 변경하는 경우에는 그 동의를 받아야 한다(근로기준법 제94조 제1항).

근로기준법령상 상시 10명 이상의 근로자를 사용하는 사용자가 취업규칙을 작성하여 고용노동부장관에게 신고해야 하는 사항이 아닌 것은?

① 업무의 시작 시각
② 임금의 산정기간
③ 근로자의 식비 부담
④ 근로계약기간

기출 2020년 3회, 2017년 3회, 2014년 1회
정답 ④

근로기준법상 취업규칙에 관한 설명으로 틀린 것은?

① 상시 10명 이상의 근로자를 사용하는 사용자는 취업규칙을 작성하여 고용노동부장관에게 신고하여야 한다.

② 사용자는 취업규칙의 작성 또는 변경에 관하여 원칙적으로 해당 사업 또는 사업장에 근로자의 과반수로 조직된 노동조합이 있는 경우에는 그 노동조합, 근로자의 과반수로 조직된 노동조합이 없는 경우에는 근로자의 과반수의 동의를 받아야 한다.

③ 취업규칙에서 근로자에 대하여 감급(減給)의 제재를 정할 경우에 그 감액은 1회의 금액이 평균임금의 1일분의 2분의 1을, 총액이 1임금지급기의 임금 총액의 10분의 1을 초과하지 못한다.

④ 취업규칙은 법령이나 해당 사업 또는 사업장에 대하여 적용되는 단체협약과 어긋나서는 아니 되며, 고용노동부장관은 법령이나 단체협약에 어긋나는 취업규칙의 변경을 명할 수 있다.

기출 2017년 1회, 2011년 3회
정답 ②

근로기준법상 취업규칙에 관한 설명으로 틀린 것은?

① 취업규칙에서 근로자에 대하여 감급(減給)의 제재를 정할 경우에 그 감액은 1회의 금액이 평균임금의 1일분의 3분의 1을, 총액이 1임금지급기의 임금 총액의 10분의 1을 초과하지 못한다.

② 취업규칙을 신고할 때에는 근로자의 과반수로 조직된 노동조합 또는 근로자의 과반수로 조직된 노동조합이 없는 경우에는 근로자 과반수의 의견을 적은 서면을 첨부하여야 한다.

③ 취업규칙을 불이익하게 변경하는 경우에는 근로자의 과반수로 조직된 노동조합 또는 근로자의 과반수로 조직된 노동조합이 없는 경우에는 근로자 과반수의 동의를 얻어야 한다.

④ 취업규칙에서 정한 기준에 미달하는 근로조건을 정한 근로계약은 그 부분에 관하여는 무효로 한다.

기출 2017년 2회
정답 ①
해설
취업규칙에서 근로자에 대하여 감급(減給)의 제재를 정할 경우에 그 감액은 1회의 금액이 평균임금의 1일분의 2분의 1을, 총액이 1임금지급기의 임금 총액의 10분의 1을 초과하지 못한다(근로기준법 제95조).

근로기준법상 취업규칙의 작성과 변경에 관한 설명으로 옳은 것은?

① 취업규칙의 작성·변경에는 반드시 노동조합의 동의를 필요로 한다.

② 취업규칙의 변경으로 근로자가 불리하게 되는 경우에는 노동조합(근로자 과반수로 조직된 노동조합이 있는 경우) 또는 근로자 과반수의 동의를 필요로 한다.

③ 취업규칙은 사용자와 근로자가 합의로 작성한다.

④ 취업규칙에서 근로자에 대하여 감급의 제재를 정할 경우에 그 감액은 1회의 금액이 통상임금의 1일분의 2분의 1을 초과하지 못한다.

기출 2015년 2회
정답 ②
해설
취업규칙을 근로자에게 불리하게 변경하는 경우에는 그 동의를 받아야 한다(근로기준법 제94조 제1항).

근로기준법상 취업규칙에 관한 설명으로 옳은 것은?

① 상시 10명 이상의 근로자를 사용하는 사용자는 취업규칙을 작성하여 노동위원회에 신고하여야 한다.

② 취업규칙에서 근로자에 대하여 감급의 제재를 정할 경우에 그 감액은 1회의 금액이 평균임금의 1일분의 2분의 1을, 총액이 1임금지급기의 임금 총액의 10분의 1을 초과하지 못한다.

③ 취업규칙은 해당 사업 또는 사업장에 대하여 적용되는 단체협약과 어긋나서는 아니 되며, 노동위원회는 단체협약에 어긋나는 취업규칙의 변경을 명할 수 있다.

④ 사용자는 취업규칙의 작성 또는 변경에 관하여 해당 사업 또는 사업장에 근로자의 과반수로 조직된 노동조합이 있는 경우에는 그 노동조합, 근로자의 과반수로 조직된 노동조합이 없는 경우에는 근로자의 과반수의 동의를 받아야 한다.

기출 2013년 3회
정답 ②

30 근로기준법상 재해보상에 관한 설명으로 틀린 것은?

① 사용자는 요양 중에 있는 근로자에게 그 근로자의 요양 중 평균임금의 100분의 60의 휴업보상을 하여야 한다.

② 근로자가 업무상 사망한 경우에는 사용자는 근로자가 사망한 후 지체 없이 그 유족에게 평균임금 360일분의 유족보상을 하여야 한다.

③ 근로자가 업무상 사망한 경우에는 사용자는 근로자가 사망한 후 지체 없이 평균임금 90일분의 장례비를 지급하여야 한다.

④ 요양보상을 받는 근로자가 요양을 시작한 지 2년이 지나도 부상 또는 질병이 완치되지 아니하는 경우에는 사용자는 그 근로자에게 평균임금 1,340일분의 일시 보상을 하여 그 후의 이 법에 따른 모든 보상책임을 면할 수 있다.

핵심 키워드 재해보상

☞ 요양보상, 휴업보상(평균임금의 100분의 60), 장해보상, 유족보상(평균임금 1,000일분), 장례비(평균임금 90일분), 일시보상(평균임금 1,340일분), 분할보상(1년에 걸쳐)

기출 데이터 2011년 2회 기출변형

핵심기출 해설 답 ②

② 근로자가 업무상 사망한 경우에는 사용자는 근로자가 사망한 후 지체 없이 그 유족에게 평균임금 1,000일분의 유족보상을 하여야 한다(근로기준법 제82조 제1항).

이것이 핵심 TIP

보상을 받을 권리는 퇴직으로 인하여 변경되지 아니하고, 양도나 압류하지 못한다. 이 법의 규정에 따른 재해보상 청구권은 3년간 행사하지 아니하면 시효로 소멸한다.

● **핵심유형 완성하기** ●

근로기준법상 재해보상에 관한 설명으로 옳은 것은?

① 근로자가 업무상 사망한 경우에는 사용자는 근로자가 사망한 후 30일 이내에 그 유족에게 평균임금 1,000일분의 유족보상을 하여야 한다.

② 근로자가 업무상 사망한 경우에는 사용자는 근로자가 사망한 후 30일 이내에 평균임금 90일분의 장례비를 지급하여야 한다.

③ 보상을 받을 권리는 퇴직으로 인하여 변경되지 아니하고, 양도할 수 있다.

④ 보상을 받게 될 자가 동일한 사유에 대하여 민법이나 그 밖의 법령에 따라 이 법의 재해보상에 상당한 금품을 받으면 그 가액(價額)의 한도에서 사용자는 보상의 책임을 면한다.

기출 2016년 1회
정답 ④

31

근로기준법상 근로감독관에 관한 설명으로 틀린 것은?

① 근로조건의 기준을 확보하기 위하여 고용노동부와 그 소속 기관에 근로감독관을 둔다.

② 근로감독관은 사업장, 기숙사, 그 밖의 부속 건물을 현장조사하고 장부와 서류의 제출을 요구할 수 있으며 사용자와 근로자에 대하여 심문(審問)할 수 있다.

③ 의사인 근로감독관이나 근로감독관의 위촉을 받은 의사는 취업을 금지하여야 할 질병에 걸릴 의심이 있는 근로자에 대하여 검진할 수 있다.

④ 근로감독관은 이 법이나 그 밖의 노동 관계 법령 위반의 죄에 관하여 「사법경찰관리의 직무를 수행할 자와 그 직무범위에 관한 법률」에서 정하는 바에 따라 검사의 직무를 수행한다.

핵심 키워드 근로감독관
　☞ 사법경찰관리의 직무를 행할 자와 그 직무범위에 관한 법률에서 정하는 바에 따라 사법경찰관의 직무를 수행

기출 데이터 2013년 2회

핵심기출 해설　답 ④

④ 근로감독관은 이 법이나 그 밖의 노동 관계 법령 위반의 죄에 관하여 사법경찰관리의 직무를 수행할 자와 그 직무범위에 관한 법률에서 정하는 바에 따라 사법경찰관의 직무를 수행한다(근로기준법 제102조 제5항).

● **핵심유형 완성하기** ●

근로기준법상 근로감독관에 관한 설명으로 틀린 것은?

① 근로조건의 기준을 확보하기 위하여 고용노동부와 그 소속 기관에 근로감독관을 둔다.

② 근로감독관의 직무에 관한 범죄의 수사는 검사와 근로감독관이 전담하여 수행한다.

③ 근로감독관은 사업장, 기숙사, 그 밖의 부속 건물을 현장조사하고 장부와 서류의 제출을 요구할 수 있다.

④ 의사인 근로감독관이나 근로감독관의 위촉을 받은 의사는 취업을 금지하여야 할 질병에 걸릴 의심이 있는 근로자에 대하여 검진할 수 있다.

기출 2019년 2회

정답 ②

해설
근로기준법이나 그 밖의 노동 관계 법령에 따른 현장조사, 서류의 제출, 심문 등의 수사는 검사와 근로감독관이 전담하여 수행한다. 다만, 근로감독관의 직무에 관한 범죄의 수사는 그러하지 아니하다(근로기준법 제105조).

최저임금법

32 다음 중 최저임금법에 대한 설명으로 가장 옳은 것은?

① "임금"이란 「근로기준법」 제2조에 따른 임금을 말한다.
② 「선원법」의 적용을 받는 선원에게도 적용한다.
③ 「기간제 및 단시간근로자 보호 등에 관한 법률」의 적용을 받는 단시간근로자에게는 적용하지 아니한다.
④ 최저임금은 사업의 종류와 지역을 구분하여 정하여야 한다.

핵심 키워드 최저임금법상 임금 ☞ 「근로기준법」 제2조에 따른 임금
기출 데이터 적중 예상 문제

해설 답 ①

② 이 법은 「선원법」의 적용을 받는 선원과 선원을 사용하는 선박의 소유자에게는 적용하지 아니한다(최저임금법 제3조 제2항).
③ 「기간제 및 단시간근로자 보호 등에 관한 법률」의 적용을 받는 단시간근로자는 원칙상 「최저임금법」의 적용 대상이다 (동법 제3조 참조).
④ 최저임금은 근로자의 생계비, 유사 근로자의 임금, 노동생산성 및 소득분배율 등을 고려하여 정한다. 이 경우 사업의 종류별로 구분하여 정할 수 있다(동법 제4조 제1항).

● **핵심유형 완성하기** ●

다음 중 최저임금법의 목적과 거리가 먼 것은?

① 근로자의 생활안정
② 노동력의 질적 향상
③ 임금의 최적수준 보장
④ 국민경제의 건전한 발전

기출 적중 예상 문제
정답 ③
해설
최저임금법의 목적(법 제1조)
이 법은 근로자에 대하여 임금의 최저수준을 보장하여 근로자의 생활안정과 노동력의 질적 향상을 꾀함으로써 국민경제의 건전한 발전에 이바지하는 것을 목적으로 한다.

다음 중 최저임금법의 적용 대상에 해당하지 않는 사람은?

① 기간제근로자
② 가사 사용인
③ 수습 중인 근로자
④ 방위사업체 근로자

기출 적중 예상 문제
정답 ②
해설
최저임금법은 동거하는 친족만을 사용하는 사업과 가사(家事) 사용인에게는 적용하지 아니한다(최저임금법 제3조 제1항 단서).

33

다음 중 최저임금법상 최저임금의 결정기준으로 명시된 것이 아닌 것은?

① 노동생산성

② 소득분배율

③ 유사 근로자의 임금

④ 직무 수행에 요구되는 작업조건

핵심 키워드 최저임금의 결정기준
☞ 근로자의 생계비, 유사 근로자의 임금, 노동생산성 및 소득분배율 등
기출 데이터 적중 예상 문제

해설 **답 ④**

최저임금의 결정기준(최저임금법 제4조 제1항)
최저임금은 근로자의 생계비, 유사 근로자의 임금, 노동생산성 및 소득분배율 등을 고려하여 정한다. 이 경우 사업의 종류별로 구분하여 정할 수 있다.

● **핵심유형 완성하기** ●

다음은 최저임금법의 내용이다. 보기의 빈칸에 들어갈 내용을 순서대로 올바르게 나열한 것은?

(ㄱ)은/는 매년 (ㄴ)까지 최저임금을 결정하여야 한다.

① ㄱ : 고용노동부장관, ㄴ : 8월 5일
② ㄱ : 기획재정부장관, ㄴ : 8월 5일
③ ㄱ : 보건복지부장관, ㄴ : 8월 10일
④ ㄱ : 최저임금위원회, ㄴ : 8월 10일

기 출 적중 예상 문제
정 답 ①
해 설
최저임금의 결정(최저임금법 제8조 제1항)
고용노동부장관은 매년 8월 5일까지 최저임금을 결정하여야 한다.

34

다음은 최저임금법령상 수습 중에 있는 근로자(단, 단순노무업무로 고용노동부장관이 정하여 고시한 직종에 종사하는 근로자는 제외)에 대한 최저임금액의 내용이다. 보기의 빈칸에 들어갈 내용을 순서대로 올바르게 나열한 것은?

> (ㄱ)년 이상의 기간을 정하여 근로계약을 체결하고 수습 중에 있는 근로자로서 수습을 시작한 날부터 (ㄴ)개월 이내인 사람에 대하여는 시간급 최저임금액에서 100분의 (ㄷ)을 뺀 금액을 그 근로자의 시간급 최저임금액으로 한다.

① ㄱ : 1, ㄴ : 2, ㄷ : 5
② ㄱ : 1, ㄴ : 3, ㄷ : 10
③ ㄱ : 2, ㄴ : 3, ㄷ : 5
④ ㄱ : 2, ㄴ : 3, ㄷ : 10

핵심 키워드 ㅣ 수습근로자의 최저임금 감액
☞ 1년 이상의 기간, 수습을 시작한 날부터 3개월 이내, 시간급 최저임금액에서 100분의 10을 뺀 금액
기출 데이터 ㅣ 적중 예상 문제

해설 | 답 ②

수습근로자의 최저임금 감액(최저임금법 제5조 제2항 및 시행령 제3조)
1년 이상의 기간을 정하여 근로계약을 체결하고 수습 중에 있는 근로자로서 수습을 시작한 날부터 3개월 이내인 사람에 대하여는 시간급 최저임금액에서 100분의 10을 뺀 금액을 그 근로자의 시간급 최저임금액으로 한다. 다만, 단순노무업무로 고용노동부장관이 정하여 고시한 직종에 종사하는 근로자는 제외한다.

이것이 핵심 | TIP

최저임금액은 시간 · 일(日) · 주(週) 또는 월(月)을 단위로 하여 정합니다. 이 경우 일 · 주 또는 월을 단위로 하여 최저임금액을 정할 때에는 시간급(時間給)으로도 표시하여야 합니다. 하지만 임금이 통상적으로 도급제나 그 밖에 이와 비슷한 형태로 정하여져 있는 경우로서, 이에 따라 최저임금액을 정하는 것이 적당하지 아니하다고 인정되면 대통령령으로 정하는 바에 따라 최저임금액을 따로 정할 수 있습니다.

35

다음 중 최저임금법령상 최저임금에 대한 설명으로 옳지 않은 것은?

① 사용자는 최저임금의 적용을 받는 근로자에게 최저임금액 이상의 임금을 지급하여야 한다.

② 사용자는 이 법에 따른 최저임금을 이유로 종전의 임금수준을 낮추어서는 아니 된다.

③ 사용자는 정신 또는 신체의 장애가 업무 수행에 직접적으로 현저한 지장을 주는 것이 명백하다고 인정되는 사람에 대하여는 고용노동부장관의 인가 없이도 최저임금의 적용을 제외할 수 있다.

④ 도급으로 사업을 행하는 경우 도급인이 책임져야 할 사유로 수급인이 근로자에게 최저임금액에 미치지 못하는 임금을 지급한 경우 도급인은 해당 수급인과 연대하여 책임을 진다.

핵심 키워드 최저임금의 효력
　　　　☞ 고용노동부장관의 인가를 받은 사람에 대하여 최저임금의 적용 제외 가능
기출 데이터 적중 예상 문제

해설　**답 ③**

③ 사용자는 정신 또는 신체의 장애가 업무 수행에 직접적으로 현저한 지장을 주는 것이 명백하다고 인정되는 사람으로서 고용노동부장관의 인가를 받은 사람에 대하여는 최저임금의 적용을 제외할 수 있다(최저임금법 제7조 및 시행령 제6조 참조).

최저임금의 효력(최저임금법 제6조 내지 제7조)

• 사용자는 최저임금의 적용을 받는 근로자에게 최저임금액 이상의 임금을 지급하여야 한다.

• 사용자는 이 법에 따른 최저임금을 이유로 종전의 임금수준을 낮추어서는 아니 된다.

• 최저임금의 적용을 받는 근로자와 사용자 사이의 근로계약 중 최저임금액에 미치지 못하는 금액을 임금으로 정한 부분은 무효로 하며, 이 경우 무효로 된 부분은 이 법으로 정한 최저임금액과 동일한 임금을 지급하기로 한 것으로 본다.

• 도급으로 사업을 행하는 경우 도급인이 책임져야 할 사유로 수급인이 근로자에게 최저임금액에 미치지 못하는 임금을 지급한 경우 도급인은 해당 수급인과 연대하여 책임을 진다.

• 사용자는 정신 또는 신체의 장애가 업무 수행에 직접적으로 현저한 지장을 주는 것이 명백하다고 인정되는 사람으로서 고용노동부장관의 인가를 받은 사람에 대하여는 최저임금의 적용을 제외할 수 있다(시행령 제6조).

36 다음 중 최저임금법규상 최저임금에 산입하는 임금은?

① 연장근로에 대한 가산임금

② 연차 유급휴가의 미사용수당

③ 매월 정기적으로 지급하는 상여금

④ 법정 주휴일 이외의 유급으로 처리되는 휴일에 대한 임금

핵심 키워드 최저임금의 산입범위
☞ 매월 1회 이상 정기적으로 지급하는 상여금 및 식비, 숙박비, 교통비

기출 데이터 적중 예상 문제

해설 **답 ③**

③ 최저임금의 효력에 관한 적용 특례(최저임금법 부칙 제2조)에 따라 매월 1회 이상 정기적으로 지급하는 상여금 및 식비, 숙박비, 교통비 등 근로자의 생활 보조 또는 복리후생을 위한 성질의 임금은 최저임금에 전부 산입한다.

> **최저임금의 산입범위(최저임금법 제6조 제4항 및 제6조의2)**
> • 근로기준법상 임금으로서 매월 1회 이상 정기적으로 지급하는 임금은 최저임금에 산입한다. 다만, 다음의 어느 하나에 해당하는 임금은 최저임금에 산입하지 아니한다(시행규칙 제2조).
> – 연장근로 또는 휴일근로에 대한 임금 및 연장·야간 또는 휴일 근로에 대한 가산임금
> – 「근로기준법」에 따른 연차 유급휴가의 미사용수당
> – 유급으로 처리되는 휴일에 대한 임금(단, 「근로기준법」에 따른 유급휴일은 제외)
> – 그 밖에 명칭에 관계없이 위의 규정에 준하는 것으로 인정되는 임금
> • 효력에 관한 적용 특례(부칙 제2조)에 따라 매월 1회 이상 정기적으로 지급하는 상여금 및 식비, 숙박비, 교통비 등 근로자의 생활 보조 또는 복리후생을 위한 성질의 임금은 최저임금에 전부 산입한다.
> • 사용자가 최저임금에 산입되는 임금에 포함시키기 위하여 1개월을 초과하는 주기로 지급하는 임금을 총액의 변동 없이 매월 지급하는 것으로 취업규칙을 변경하려는 경우에는 해당 사업 또는 사업장에 근로자의 과반수로 조직된 노동조합이 있는 경우에는 그 노동조합, 근로자의 과반수로 조직된 노동조합이 없는 경우에는 근로자의 과반수의 의견을 들어야 한다(→ 최저임금 산입을 위한 취업규칙 변경절차의 특례).

37 다음 중 최저임금법상 최저임금의 결정에 대한 설명으로 옳지 않은 것은?

① 최저임금위원회는 고용노동부장관으로부터 최저임금에 관한 심의 요청을 받은 경우 이를 심의하여 최저임금안을 의결하고 심의 요청을 받은 날부터 90일 이내에 고용노동부장관에게 제출하여야 한다.

② 고용노동부장관은 최저임금위원회가 심의하여 제출한 최저임금안에 따라 최저임금을 결정하기가 어렵다고 인정되면 재심의를 요청할 수 있고, 최저임금위원회가 재심의에서 재적위원 과반수의 출석과 출석위원 과반수의 찬성으로 당초의 최저임금안을 재의결한 경우에는 그에 따라 최저임금을 결정하여야 한다.

③ 근로자를 대표하는 자나 사용자를 대표하는 자는 고시된 최저임금안에 대하여 이의가 있으면 고시된 날부터 10일 이내에 대통령령으로 정하는 바에 따라 고용노동부장관에게 이의를 제기할 수 있다.

④ 고시된 최저임금은 다음 연도 1월 1일부터 효력이 발생하지만, 고용노동부장관이 사업의 종류별로 임금교섭시기 등을 고려하여 필요하다고 인정하면 효력발생 시기를 따로 정할 수 있다.

핵심 키워드 최저임금의 결정
☞ 재심의에서 재적위원 과반수의 출석과 출석위원 3분의 2 이상의 찬성
기출 데이터 적중 예상 문제

해설 **답 ②**

② 고용노동부장관은 최저임금위원회가 심의하여 제출한 최저임금안에 따라 최저임금을 결정하기가 어렵다고 인정되면 재심의를 요청할 수 있고, 최저임금위원회가 재심의에서 재적위원 과반수의 출석과 출석위원 3분의 2 이상의 찬성으로 당초의 최저임금안을 재의결한 경우에는 그에 따라 최저임금을 결정하여야 한다(최저임금법 제8조 제3항 및 제5항).
① 동법 제8조 제2항
③ 동법 제9조 제2항
④ 동법 제10조 제2항

● **핵심유형 완성하기** ●

다음은 최저임금법의 내용이다. 보기의 빈칸에 들어갈 내용을 순서대로 올바르게 나열한 것은?

기출 적중 예상 문제
정답 ③

근로자를 대표하는 자나 사용자를 대표하는 자는 고시된 최저임금안에 대하여 이의가 있으면 고시된 날부터 (ㄱ)에 대통령령으로 정하는 바에 따라 (ㄴ)에(게) 이의를 제기할 수 있다.

① ㄱ : 7일 이내, ㄴ : 고용노동부장관
② ㄱ : 7일 이내, ㄴ : 최저임금위원회
③ ㄱ : 10일 이내, ㄴ : 고용노동부장관
④ ㄱ : 10일 이내, ㄴ : 최저임금위원회

38

다음 중 최저임금법령상 최저임금의 적용을 받는 사용자가 근로자에게 주지시켜야 할 최저임금의 내용에 해당하는 것을 올바르게 모두 고른 것은?

ㄱ. 적용을 받는 근로자의 최저임금액
ㄴ. 최저임금에 산입하지 아니하는 임금
ㄷ. 해당 사업에서 최저임금의 적용을 제외할 근로자의 범위
ㄹ. 해당 연도 시간급 최저임금액을 기준으로 산정된 월 환산액

① ㄱ, ㄴ, ㄷ
② ㄱ, ㄷ
③ ㄴ, ㄹ
④ ㄱ, ㄴ, ㄷ, ㄹ

핵심 키워드 주지 의무
☞ 적용을 받는 근로자의 최저임금액, 최저임금에 산입하지 아니하는 임금, 해당 사업에서 최저임금의 적용을 제외할 근로자의 범위, 최저임금의 효력발생 연월일
기출 데이터 적중 예상 문제

해설 **답 ①**

최저임금의 적용을 받는 사용자는 해당 최저임금을 그 사업의 근로자가 쉽게 볼 수 있는 장소에 게시하거나 그 외의 적당한 방법으로 근로자에게 널리 알려야 한다.

사용자가 근로자에게 주지시켜야 할 최저임금의 내용(최저임금법 시행령 제11조 참조)
• 적용을 받는 근로자의 최저임금액
• 최저임금에 산입하지 아니하는 임금
• 해당 사업에서 최저임금의 적용을 제외할 근로자의 범위
• 최저임금의 효력발생 연월일

● **핵심유형 완성하기** ●

다음 중 최저임금법령상 최저임금의 적용을 받는 사용자가 근로자에게 주지시켜야 할 최저임금의 내용에 해당하지 않는 것은?

기출 적중 예상 문제
정답 ②

① 적용을 받는 근로자의 최저임금액
② 해당 연도 시간급 최저임금액을 기준으로 산정된 월 환산액
③ 해당 사업에서 최저임금의 적용을 제외할 근로자의 범위
④ 최저임금에 산입하지 아니하는 임금

39

다음 중 최저임금법상 최저임금위원회에 대한 설명으로 옳지 않은 것은?

① 최저임금위원회는 근로자위원 6명, 사용자위원 6명, 공익위원 6명으로 구성한다.

② 최저임금위원회의 위원의 임기는 3년으로 하되, 연임할 수 있다.

③ 최저임금위원회에 2명의 상임위원을 두며, 상임위원은 공익위원이 된다.

④ 최저임금위원회의 위원장과 부위원장은 공익위원 중에서 최저임금위원회가 선출한다.

핵심 키워드 최저임금위원회 ☞ 근로자위원 9명, 사용자위원 9명, 공익위원 9명
기출 데이터 적중 예상 문제

해설 **답 ①**

① 최저임금위원회는 근로자위원 9명, 사용자위원 9명, 공익위원 9명으로 구성한다(최저임금법 제14조 제1항).

최저임금위원회의 구성(최저임금법 제14조 내지 제16조)
• 위원회는 근로자위원 9명, 사용자위원 9명, 공익위원 9명으로 구성한다.
• 위원회에 2명의 상임위원을 두며, 상임위원은 공익위원이 된다.
• 위원의 임기는 3년으로 하되, 연임할 수 있다.
• 위원회에 위원장과 부위원장 각 1명을 둔다.
• 위원장과 부위원장은 공익위원 중에서 최저임금위원회가 선출한다.
• 위원회에는 관계 행정기관의 공무원 중에서 3명 이내의 특별위원을 둘 수 있다.

이것이 핵심 **TIP**

위원은 임기가 끝났더라도 후임자가 임명되거나 위촉될 때까지 계속하여 직무를 수행합니다(최저임금법 제14조 제5항).

● **핵심유형 완성하기** ●

다음 중 최저임금법상 최저임금위원회의 구성 등에 대한 설명으로 옳지 않은 것은?

기출 적중 예상 문제
정답 ②

① 최저임금위원회는 근로자위원, 사용자위원, 공익위원 각 9명으로 구성한다.

② 최저임금위원회에 위원장 1명, 부위원장 2명을 둔다.

③ 위원의 임기는 3년으로 하되, 연임할 수 있다.

④ 위원은 임기가 끝났더라도 후임자가 임명되거나 위촉될 때까지 계속하여 직무를 수행한다.

40

다음 중 최저임금법상 최저임금위원회에 대한 설명으로 옳지 않은 것은?

① 최저임금위원회의 회의는 재적위원 3분의 1 이상이 소집을 요구하는 경우 위원장이 소집한다.

② 최저임금위원회의 회의는 이 법으로 따로 정하는 경우 외에는 재적위원 과반수의 출석과 출석위원 과반수의 찬성으로 의결한다.

③ 최저임금위원회가 의결을 할 때에는 근로자위원과 사용자위원 각 3분의 1 이상의 출석이 있어야 한다.

④ 최저임금위원회가 사업의 종류별 또는 특정 사항별로 두는 전문위원회는 근로자위원, 사용자위원 및 공익위원 각 6명 이내의 같은 수로 구성한다.

핵심 키워드 전문위원회 ☞ 근로자위원, 사용자위원 및 공익위원 각 5명 이내의 같은 수로 구성

기출 데이터 2025년

핵심기출 해설 | **답 ④**

④ 최저임금위원회가 사업의 종류별 또는 특정 사항별로 두는 전문위원회는 근로자위원, 사용자위원 및 공익위원 각 5명 이내의 같은 수로 구성한다(최저임금법 제19조 제1항 및 제3항).

전문위원회

• 위원회는 필요하다고 인정하면 사업의 종류별 또는 특정 사항별로 전문위원회를 둘 수 있다.

• 전문위원회는 위원회 권한의 일부를 위임받아 위원회 기능을 수행한다.

• 전문위원회는 근로자위원, 사용자위원 및 공익위원 각 5명 이내의 같은 수로 구성한다.

41 다음 중 2025년 적용 최저임금으로 옳은 것은?

① 9,860원

② 10,030원

③ 10,060원

④ 10,120원

핵심 키워드   2025년 최저임금 ☞ 10,030원

기출 데이터   적중 예상 문제

해설   답 ②

② 2025년 적용 최저임금은 2024년 대비 1.7% 상승한 시간급(시급) 10,030원이다.

이것이 핵심   TIP

최근 4년간 최저임금 현황

연 도	2023년	2024년	2025년	2026년
시 급	9,620원	9,860원	10,030원	10,320원
인상률	5.0%	2.5%	1.7%	2.9%

● 핵심유형 완성하기 ●

다음 중 2026년 적용 최저임금으로 옳은 것은?

① 10,130원

② 10,220원

③ 10,320원

④ 10,360원

기출   적중 예상 문제

정답   ③

해설

2026년 적용 최저임금은 2025년 대비 2.9% 인상된 금액인 10,320원이다.

직업안정법 Ⅰ

42

직업안정법에서 사용하는 용어의 정의로 틀린 것은?

① 유료직업소개사업이란 무료직업소개사업이 아닌 직업소개사업을 말한다.

② 직업안정기관이란 직업소개, 직업지도 등 직업안정업무를 수행하는 지방고용노동행정기관을 말한다.

③ 무료직업소개사업이란 수수료, 회비 또는 그 밖의 어떠한 금품도 받지 아니하고 수행하는 직업소개사업을 말한다.

④ 직업소개란 구인 또는 구직의 신청을 받아 구인자와 구직자 간에 고용계약의 성립을 결정하는 것을 말한다.

핵심 키워드 용어의 정의
 ☞ 직업소개 – 고용계약 성립 알선
기출 데이터 2011년 2회

핵심기출 해설 답 ④

④ 직업소개란 구인 또는 구직의 신청을 받아 구직자 또는 구인자를 탐색하거나 구직자를 모집하여 구인자와 구직자 간에 고용계약이 성립되도록 알선하는 것을 말한다.

이것이 핵심 TIP

직업안정법에서 사용하는 용어(직업안정법 제2조의2)

직업안정기관	직업소개, 직업지도 등 직업안정업무를 수행하는 지방고용노동행정기관
직업소개	구인 또는 구직의 신청을 받아 구직자 또는 구인자(求人者)를 탐색하거나 구직자를 모집하여 구인자와 구직자 간에 고용계약이 성립되도록 알선하는 것
직업지도	취업하려는 사람이 그 능력과 소질에 알맞은 직업을 쉽게 선택할 수 있도록 하기 위한 직업적성검사, 직업정보의 제공, 직업상담, 실습, 권유 또는 조언, 그 밖에 직업에 관한 지도
무료직업소개사업	수수료, 회비 또는 그 밖의 어떠한 금품도 받지 아니하고 하는 직업소개사업
유료직업소개사업	무료직업소개사업이 아닌 직업소개사업
모 집	근로자를 고용하려는 자가 취업하려는 사람에게 피고용인이 되도록 권유하거나 다른 사람으로 하여금 권유하게 하는 것

근로자공급사업	공급계약에 따라 근로자를 타인에게 사용하게 하는 사업. 다만, 「파견근로자보호 등에 관한 법률」 제2조 제2호에 따른 근로자파견사업은 제외
직업정보제공사업	신문, 잡지, 그 밖의 간행물 또는 유선ㆍ무선방송이나 컴퓨터통신 등으로 구인ㆍ구직 정보 등 직업정보를 제공하는 사업
고용서비스	구인자 또는 구직자에 대한 고용정보의 제공, 직업소개, 직업지도 또는 직업능력개발 등 고용을 지원하는 서비스

● **핵심유형 완성하기** ●

직업안정법령상 용어 정의로 틀린 것은?

① "고용서비스"란 구인자 또는 구직자에 대한 고용정보의 제공, 직업소개, 직업지도 또는 직업능력개발 등 고용을 지원하는 서비스를 말한다.

② "직업안정기관"이란 직업소개, 직업지도 등 직업안정업무를 수행하는 지방고용노동행정기관을 말한다.

③ "모집"이란 근로자를 고용하려는 자가 취업하려는 사람에게 피고용인이 되도록 권유하거나 다른 사람으로 하여금 권유하게 하는 것을 말한다.

④ "근로자공급사업"이란 공급계약에 따라 근로자를 타인에게 사용하게 하는 사업을 말하는 것으로서, 파견근로자보호 등에 관한 법률에 의한 근로자파견사업도 포함한다.

기출 2020년 4회, 2017년 3회
정답 ④
해설
"근로자공급사업"이란 공급계약에 따라 근로자를 타인에게 사용하게 하는 사업을 말한다. 다만, 「파견근로자 보호 등에 관한 법률」에 따른 근로자파견사업은 제외한다(직업안정법 제2조의2 제7호).

직업안정법에서 사용하는 용어의 정의로 틀린 것은?

① "직업안정기관"이란 직업소개, 직업지도 등 직업안정업무를 수행하는 지방고용노동행정기관을 말한다.

② "직업소개"란 구인 또는 구직의 신청을 받아 구직자 또는 구인자(求人者)를 탐색하거나 구직자를 모집하여 구인자와 구직자 간에 고용계약이 성립되도록 알선하는 것을 말한다.

③ "직업지도"란 구인자 또는 구직자에 대한 고용정보의 제공, 직업소개, 직업지도 또는 직업능력개발 등 고용을 지원하는 서비스를 말한다.

④ "모집"이란 근로자를 고용하려는 자가 취업하려는 사람에게 피고용인이 되도록 권유하거나 다른 사람으로 하여금 권유하게 하는 것을 말한다.

기출 2017년 2회, 2013년 3회
정답 ③
해설
"직업지도"란 취업하려는 사람이 그 능력과 소질에 알맞은 직업을 쉽게 선택할 수 있도록 하기 위한 직업적성검사, 직업정보의 제공, 직업상담, 실습, 권유 또는 조언, 그 밖에 직업에 관한 지도를 말한다(직업안정법 제2조의2 제3호).

직업안정법상 "직업소개"의 뜻으로 옳은 것은?

① 취업하려는 사람이 그 능력과 소질에 알맞은 직업을 쉽게 선택할 수 있도록 하기 위한 직업적성검사, 직업정보의 제공, 직업상담, 실습, 권유 또는 조언, 그 밖에 직업에 관한 지도를 말한다.

② 구인자와 구직자 간의 직업을 알선하는 것을 말한다.

③ 구인자와 구직자 간의 직업을 소개하고 수수료를 받는 것을 말한다.

④ 구인 또는 구직의 신청을 받아 구직자 또는 구인자를 탐색하거나 구직자를 모집하여 구인자와 구직자 간에 고용계약이 성립되도록 알선하는 것을 말한다.

기출 2015년 2회
정답 ④

43

직업안정법에 관한 설명으로 틀린 것은?

① 누구든지 어떠한 명목으로든 구인자로부터 그 모집과 관련하여 금품을 받거나 그 밖의 이익을 취하여서는 아니 된다.

② 누구든지 국외에 취업할 근로자를 모집할 경우에는 고용노동부장관에게 신고하여야 한다.

③ 누구든지 고용노동부장관의 허가를 받지 아니하고는 근로자공급사업을 하지 못한다.

④ 누구든지 성별, 연령, 종교, 신체적 조건, 사회적 신분 또는 혼인 여부 등을 이유로 직업소개 또는 직업지도를 받거나 고용관계를 결정할 때 차별대우를 받지 아니한다.

핵심 키워드 직업안정법
☞ 금품의 수령

기출 데이터 2025년, 2020년 3회, 2014년 1회

핵심기출 해설 | 답 ①

① 근로자를 모집하려는 자와 그 모집업무에 종사하는 자는 어떠한 명목으로든 응모자로부터 그 모집과 관련하여 금품을 받거나 그 밖의 이익을 취하여서는 아니 된다. 다만, 유료직업소개사업을 하는 자가 구인자의 의뢰를 받아 구인자가 제시한 조건에 맞는 자를 모집하여 직업소개한 경우에는 그러하지 아니하다(직업안정법 제32조).

이것이 핵심 | TIP

• 국내 무료직업소개사업 : 특별자치도지사 · 시장 · 군수 및 구청장에게 신고
• 국외 무료직업소개사업 : 고용노동부장관에게 신고
• 국내 유료직업소개사업 : 특별자치도지사 · 시장 · 군수 및 구청장에게 등록
• 국외 유료직업소개사업 : 고용노동부장관에게 등록
• 직업정보제공사업 : 고용노동부장관에게 신고
• 국외 취업자 모집 : 고용노동부장관에게 신고
• 근로자공급사업 : 고용노동부장관의 허가

● **핵심유형 완성하기** ●

직업안정법상 고용노동부장관의 허가를 받아야 하는 것은?

① 근로자공급사업
② 유료직업소개사업
③ 직업정보제공사업
④ 국외 취업자의 모집

기출 2018년 2회, 2014년 3회

정답 ①

해설
누구든지 고용노동부장관의 허가를 받지 아니하고는 근로자공급사업을 하지 못한다(직업안정법 제33조 제1항).

44 직업안정법상 지방자치단체의 장이 필요에 따라 구인자 및 구직자에 대하여 할 수 있는 업무가 아닌 것은?

① 국내 직업소개

② 직업지도

③ 직업정보제공

④ 국외 직업소개

핵심 키워드 | 지방자치단체 장의 업무
☞ 국내 직업소개, 직업지도, 직업정보제공

기출 데이터 | 2012년 3회

핵심기출 해설 답 ④

④ 지방자치단체의 장은 필요한 경우 구인자·구직자에 대한 국내 직업소개, 직업지도, 직업정보제공 업무를 할 수 있으며, 국외 직업소개의 경우는 해당하지 않는다(직업안정법 제4조의2).

이것이 핵심 TIP

지방자치단체의 국내 직업소개 업무 등(직업안정법 제4조의2)

① 지방자치단체의 장은 필요한 경우 구인자·구직자에 대한 국내 직업소개, 직업지도, 직업정보제공 업무를 할 수 있다.

② 지방자치단체의 장은 ①에 따른 업무를 수행하는 데에 필요한 전문인력을 둘 수 있다.

③ 고용노동부장관은 업무를 원활하게 수행하기 위하여 필요하다고 인정하면 지방자치단체의 장과 공동으로 구인자·구직자에 대한 국내 직업소개, 직업지도, 직업정보제공 업무를 할 수 있다.

④ 지방자치단체의 장이 ①에 따라 구인자·구직자에 대한 국내 직업소개 업무 등을 수행하는 경우에 관하여는 제2장(제5조 및 제7조는 제외)을 준용한다.

45 직업안정법상 직업안정기관의 장이 구인신청의 수리(受理)를 거부할 수 없는 경우는?

① 구인신청의 내용이 법령을 위반한 경우
② 구인신청을 구인자의 사업장 소재지를 관할하는 직업안정기관에 하지 않은 경우
③ 구인신청의 내용 중 임금 등 근로조건이 통상적인 근로조건에 비하여 현저하게 부적당하다고 인정되는 경우
④ 구인자가 구인조건을 밝히기를 거부하는 경우

핵심 키워드 구인신청 수리 거부
☞ 법령 위반, 근로조건 부적당, 구인조건 은폐
기출 데이터 2018년 3회, 2010년 2회, 2003년 1회

핵심기출 해설 답 ②

직업안정기관의 장은 구인신청의 수리를 거부해서는 안 되지만, 다음의 어느 하나에 해당하는 경우에는 구인신청의 수리를 거부할 수 있다.

구인의 신청(직업안정법 제8조)
• 구인신청의 내용이 법령을 위반한 경우
• 구인신청의 내용 중 임금, 근로시간, 그 밖의 근로조건이 통상적인 근로조건에 비하여 현저하게 부적당하다고 인정되는 경우
• 구인자가 구인조건을 밝히기를 거부하는 경우
• 구인자가 구인신청 당시 「근로기준법」에 따라 명단이 공개 중인 체불사업주인 경우

이것이 핵심 TIP

구인신청은 원칙적으로 구인자의 사업장소재지를 관할하는 직업안정기관에 하도록 하고 있습니다. 다만, 사업장소재지관할 직업안정기관에 신청하는 것이 적절하지 아니하다고 인정되는 경우에는 인근의 다른 직업안정기관에 신청할 수 있도록 하고 있습니다(직업안정법 시행령 제5조 제1항).

직업안정법상 직업안정기관의 장이 구인신청의 수리(受理)를 거부할 수 있는 경우가 아닌 것은?

① 구인신청의 내용이 법령을 위반한 경우
② 구인자가 구인조건을 밝히기를 거부하는 경우
③ 구직자에게 제공할 선급금을 제공하지 않는 경우
④ 구인신청의 내용 중 임금·근로시간 기타 근로조건이 통상의 근로조건에 비하여 현저하게 부적당하다고 인정되는 경우

기출 2019년 2회, 2010년 4회
정답 ③

직업안정법상 직업안정기관의 장의 권한 또는 의무에 해당하지 않는 것은?

① 고용서비스 우수기관을 인증하는 일
② 구직신청의 내용이 법령을 위반한 경우, 그 구직신청의 수리를 거부함에 있어서 구직자에게 그 이유를 설명하는 일
③ 구직자가 고용보험법 규정에 의한 구직급여의 수급자격을 확인하여 수급자격이 있다고 인정되는 경우에는 구직급여 지급을 위하여 필요한 조치를 취하는 일
④ 학생 또는 직업훈련생 등에 대하여 직업적성검사 및 집단상담 등을 통하여 직업선택에 필요한 지도를 하는 일

기출 2014년 1회
정답 ①
해설
고용노동부장관은 구인자·구직자가 편리하게 이용할 수 있는 시설과 장비를 갖추고 직업소개 또는 취업정보 제공 등의 방법으로 구인자·구직자에 대한 고용서비스 향상에 기여하는 기관을 고용서비스 우수기관으로 인증할 수 있다(직업안정법 제4조의5 제1항).

46 직업안정법상 직업안정기관의 장이 직업지도를 하여야 하는 대상으로서 구체적으로 명시되어 있지 않은 자는?

① 새로 취업하려는 사람

② 국민기초생활 보장법상의 수급자

③ 신체에 장애가 있는 사람

④ 정신에 장애가 있는 사람

핵심 키워드   직업안정기관의 장이 하는 직업지도
☞ 새로 취업하려는 사람, 신체 또는 정신에 장애가 있는 사람

기출 데이터   2012년 1회

핵심기출 해설   답 ②

직업안정기관의 장은 아래의 어느 하나에 해당하는 사람에게 직업지도를 해야 한다.

직업지도(직업안정법 제14조)

- 새로 취업하려는 사람
- 신체 또는 정신에 장애가 있는 사람
- 그 밖에 취업을 위하여 특별한 지도가 필요한 사람

이것이 핵심   TIP

직업안정기관의 장이 수집·제공하여야 할 고용정보의 내용(직업안정법 시행령 제12조)

- 경제 및 산업동향
- 노동시장, 고용·실업동향
- 임금, 근로시간 등 근로조건
- 직업에 관한 정보
- 채용·승진 등 고용관리에 관한 정보
- 직업능력개발훈련에 관한 정보
- 고용관련 각종 지원 및 보조제도
- 구인·구직에 관한 정보

직업안정법령상 직업안정기관의 장이 수집·제공하여야 할 고용정보에 해당하지 않는 것은?

① 직무분석의 방법과 절차
② 경제 및 산업동향
③ 구인·구직에 관한 정보
④ 직업에 관한 정보

기출 2020년 1·2회
정답 ①

직업안정법상 직업안정기관에서 하는 업무가 아닌 것은?

① 고용정보의 제공
② 직업소개
③ 직업지도
④ 근로자 파견

기출 2017년 1회
정답 ④

직업안정법령상 직업안정기관의 장이 수집·제공하여야 할 고용정보의 내용이 아닌 것은?

① 직업에 관한 정보
② 경제 및 산업동향
③ 직업안정기관의 명칭 및 소재지
④ 직업능력개발훈련에 관한 정보

기출 2016년 1회, 2010년 4회
정답 ③

직업안정기관이 행하는 직업지도의 내용으로 틀린 것은?

① 새로 취업하려는 사람, 장애인에 대하여는 직업지도를 해야 한다.
② 장애인에 대한 직업지도는 특별한 지식과 기능을 가진 자가 담당해야 한다.
③ 직업지도를 받은 자가 취업한 후에는 직업지도를 할 수 없다.
④ 직업적성검사, 직업선호도검사를 실시할 수 있다.

기출 2006년 1회
정답 ③
해설
직업안정기관의 장은 직업지도를 받아 취업한 사람이 그 직업에 쉽게 적응할 수 있도록 하기 위하여 필요하다고 인정하는 경우에는 취업 후에도 직업지도를 실시할 수 있다(직업안정법 시행령 제9조 제3항).

47 직업안정법상 고용서비스 우수기관 인증에 관한 설명으로 틀린 것은?

① 고용노동부장관은 고용서비스 우수기관 인증업무를 대통령령으로 정하는 전문기관에 위탁할 수 있다.

② 고용서비스 우수기관으로 인증을 받은 자가 정당한 사유 없이 6개월 이상 계속 사업 실적이 없는 경우에는 인증을 취소할 수 있다.

③ 고용서비스 우수기관 인증의 유효기간은 인증일부터 3년으로 한다.

④ 고용서비스 우수기관으로 인증을 받은 자가 인증의 유효기간이 지나기 전에 다시 인증을 받으려면 고용노동부장관에게 재인증을 신청하여야 한다.

핵심 키워드 고용서비스 우수기관
☞ 고용노동부장관이 인증, 1년 이상 무실적이면 인증 취소, 인증일 3년, 재인증은 60일 전에 신청

기출 데이터 2010년 1회

핵심기출 해설 **답 ②**

② 고용서비스 우수기관으로 인증을 받은 자가 정당한 사유 없이 1년 이상 계속 사업 실적이 없는 경우에는 인증을 취소할 수 있다.

> **고용서비스 우수기관으로 인증을 받은 자가 인증이 취소될 수 있는 경우(직업안정법 제4조의5 제4항)**
> • 거짓이나 그 밖의 부정한 방법으로 인증을 받은 경우
> • 정당한 사유 없이 1년 이상 계속 사업 실적이 없는 경우
> • 인증기준을 충족하지 못하게 된 경우
> • 고용서비스 우수기관으로 인증을 받은 자가 폐업한 경우

이것이 핵심 **TIP**

고용서비스 우수기관 인증과 관련해서는 아래의 사항을 기억해야 합니다.

기 관	고용노동부장관
인증업무 위탁	고용노동부장관이 한국고용정보원에 위탁 가능
인증 취소	정당한 사유 없이 1년 이상 계속 사업 실적이 없는 경우
인증 유효기간	인증일부터 3년
재인증 신청	유효기간 만료 60일 전까지 고용노동부장관에게 신청

직업안정법상 고용서비스 우수기관 인증에 대한 설명으로 틀린 것은?

① 고용노동부장관은 고용서비스 우수기관 인증업무를 대통령령으로 정하는 전문기관에 위탁할 수 있다.
② 고용서비스 우수기관으로 인증을 받은 자가 인증의 유효기간이 지나기 전에 다시 인증을 받으려면 직업안정기관의 장에게 재인증을 신청하여야 한다.
③ 고용노동부장관은 고용서비스 우수기관으로 인증을 받은 자가 정당한 사유 없이 1년 이상 계속 사업 실적이 없는 경우 인증을 취소할 수 있다.
④ 고용서비스 우수기관 인증의 유효기간은 인증일부터 3년으로 한다.

기출 2019년 1회
정답 ②
해설
고용서비스 우수기관으로 인증을 받은 자가 인증의 유효기간이 지나기 전에 다시 인증을 받으려면 유효기간 만료 60일 전까지 고용노동부장관에게 재인증을 신청하여야 한다(직업안정법 제4조의5 제6항 및 시행령 제2조의6 참조).

직업안정법상 고용서비스 우수기관 인증에 관한 설명으로 옳은 것은?

① 고용노동부장관은 고용서비스 우수기관 인증업무를 한국고용정보원에 위탁할 수 있다.
② 고용노동부장관은 고용서비스 우수기관으로 인증 받은 자가 정당한 사유 없이 6개월 이상 계속사업 실적이 없는 경우 그 인증을 취소할 수 있다.
③ 고용서비스 우수기관 인증의 유효기관은 인증일로부터 1년으로 한다.
④ 고용서비스 우수기관으로 인증 받은 자가 인증의 유효기간이 지나기 전에 재인증을 받으려면 유효기간 만료 30일 전까지 고용노동부장관에게 신청하여야 한다.

기출 2017년 2회, 2011년 1회
정답 ①
해설
② 정당한 사유 없이 6개월 이상 → 정당한 사유 없이 1년 이상
③ 인증일부터 1년 → 인증일부터 3년
④ 유효기간 만료 30일 전까지 → 유효기간 만료 60일 전까지

48

직업안정법상 직업소개의 원칙으로 틀린 것은?

① 구직자 능력에 알맞은 직업의 소개
② 구인자의 구인조건에 적합한 구직자 소개
③ 구직자에게 임금수준이 높은 직업의 소개
④ 구직자 통근 가능한 지역 내 직업 소개

핵심 키워드 직업소개의 원칙
☞ 능력에 맞는, 구인조건에 적합, 통근 가능 지역

기출 데이터 2012년 3회

핵심기출 해설 **답 ③**

③ 임금수준이 높은 직업의 소개는 직업소개의 원칙에 해당하지 않는다.

> **직업소개의 원칙(직업안정법 제11조)**
> • 직업안정기관의 장은 구직자에게는 그 능력에 알맞은 직업을 소개하고, 구인자에게는 구인조건에 적합한 구직자를 소개하도록 노력하여야 한다.
> • 직업안정기관의 장은 가능하면 구직자가 통근할 수 있는 지역에서 직업을 소개하도록 노력하여야 한다.

이것이 핵심 **TIP**

직업안정기관의 장이 직업소개업무를 행할 때에는 다음의 원칙을 준수하여야 한다.

> **직업소개 시 준수사항(동법 시행령 제7조)**
> • 구인자 또는 구직자 어느 한쪽의 이익에 치우치지 아니할 것
> • 구직자가 취업할 직업에 쉽게 적응할 수 있도록 종사하게 될 업무의 내용, 임금, 근로시간, 그 밖의 근로조건에 대하여 상세히 설명할 것

직업안정법령상 직업안정기관의 장의 직업소개에 대한 설명으로 틀린 것은?

① 구직자에게는 그 능력에 알맞은 직업을 소개하도록 노력하여야 한다.
② 구인자에게는 구인조건에 적합한 구직자를 소개하도록 노력하여야 한다.
③ 가능하면 구직자가 통근할 수 있는 지역에서 직업을 소개하도록 노력하여야 한다.
④ 구인자와 구직자의 이익이 충돌할 경우에는 구직자의 이익을 우선할 수 있도록 노력하여야 한다.

기출 2018년 2회, 2005년 1회
정답 ④

직업안정법상 직업소개의 원칙으로 틀린 것은?

① 구직자의 능력에 알맞은 직업을 소개한다.
② 구인자에게는 구인조건에 적합한 구직자를 소개하도록 노력한다.
③ 구직자가 통근할 수 있는 지역에서 직업을 소개하도록 노력한다.
④ 구직자에게 광범위한 지역에 걸쳐 직업소개를 하도록 노력한다.

기출 2016년 1회
정답 ④

다음 중 직업안정법령상 직업소개의 절차로 옳은 것은?

ㄱ. 구인 · 구직에 필요한 기초적인 사항의 확인
ㄴ. 구인 · 구직의 상담
ㄷ. 구인 · 구직 신청의 수리
ㄹ. 취업 또는 채용 여부의 확인
ㅁ. 직업 또는 구직자의 알선

① ㄱ → ㄴ → ㄷ → ㅁ → ㄹ
② ㄱ → ㄷ → ㄴ → ㅁ → ㄹ
③ ㄱ → ㄹ → ㄴ → ㄷ → ㅁ
④ ㄱ → ㄴ → ㄹ → ㄷ → ㅁ

기출 2007년 3회
정답 ②
해설
직업소개의 절차(직업안정법 시행령 제4조)
직업안정기관의 장은 다음의 절차에 따라 직업소개를 하여야 한다.
• 구인 · 구직에 필요한 기초적인 사항의 확인(ㄱ)
• 구인 · 구직 신청의 수리(ㄷ)
• 구인 · 구직의 상담(ㄴ)
• 직업 또는 구직자의 알선(ㅁ)
• 취업 또는 채용 여부의 확인(ㄹ)

49

직업안정법상 신고를 하지 아니하고 무료직업소개사업을 할 수 있는 단체가 아닌 것은?

① 대한상공회의소

② 한국산업인력공단

③ 한국장애인고용공단

④ 교육 관계법에 따른 각급 학교의 장

핵심 키워드 신고를 요하지 않는 무료직업소개사업
☞ 한국산업인력공단, 한국장애인고용공단, 각급 학교의 장, 공공직업훈련시설의 장, 근로복지공단

기출 데이터 2015년 1회

핵심기출 해설 **답 ①**

직업안정법상 신고를 하지 않고 무료직업소개사업을 할 수 있는 단체는 아래와 같다.

> **무료직업소개사업(직업안정법 제18조 제4항)**
> • 한국산업인력공단이 하는 직업소개
> • 한국장애인고용공단이 장애인을 대상으로 하는 직업소개
> • 각급 학교의 장, 공공직업훈련시설의 장이 재학생·졸업생 또는 훈련생·수료생을 대상으로 하는 직업소개
> • 근로복지공단이 업무상 재해를 입은 근로자를 대상으로 하는 직업소개

● **핵심유형 완성하기** ●

직업안정법령상 신고를 하지 아니하고 할 수 있는 무료직업소개사업이 아닌 것은?

① 한국산업인력공단이 하는 직업소개
② 한국장애인고용공단이 장애인을 대상으로 하는 직업소개
③ 국민체육진흥공단이 체육인을 대상으로 하는 직업소개
④ 근로복지공단이 업무상 재해를 입은 근로자를 대상으로 하는 직업소개

기출 2022년 2회, 2016년 3회
정답 ③

직업안정법상 특별자치도지사·시장·군수 및 구청장에게 신고를 필요로 하는 무료직업소개사업은?

① 공익단체가 하는 국내 무료직업소개
② 한국산업인력공단이 하는 무료직업소개
③ 한국장애인고용공단이 장애인을 대상으로 하는 무료직업소개
④ 교육 관계법에 따른 각급 학교의 장이 재학생·졸업생 또는 훈련생·수료생을 대상으로 하는 무료직업소개

기출 2015년 3회
정답 ①

50 직업안정법상 직업소개사업에 관한 설명 중 옳은 것은?

① 무료직업소개사업은 사업장이 위치한 장소를 기준으로 하여 국내 무료직업소개사업과 국외 무료직업소개사업으로 구분한다.

② 국내 무료직업소개사업을 하려는 자는 주된 사업소의 소재지를 관할하는 특별자치도지사, 시장, 군수 및 구청장에게 등록하여야 한다.

③ 국외 유료직업소개사업을 하려는 자는 고용노동부장관에게 신고하여야 한다.

④ 유료직업소개사업을 하는 자는 고용노동부장관이 결정 고시한 요금 이외의 금품을 받아서는 아니 되나, 고용노동부령으로 정하는 고급·전문인력을 소개하는 경우에는 당사자 사이에 정한 요금을 구인자로부터 받을 수 있다.

핵심 키워드 무료직업소개사업
☞ 무료–신고
기출 데이터 2011년 1회, 2011년 2회

핵심기출 해설 답 ④

① 무료직업소개사업은 소개대상이 되는 근로자가 취업하려는 장소를 기준으로 하여 국내 무료직업소개사업과 국외 무료직업소개사업으로 구분한다(직업안정법 제18조 제1항).

② 국내 무료직업소개사업을 하려는 자는 주된 사업소의 소재지를 관할하는 특별자치도지사·시장·군수 및 구청장에게 신고해야 한다(동법 제18조 제1항).

③ 국외 유료직업소개사업을 하려는 자는 고용노동부장관에게 등록하여야 한다(동법 제19조 제1항).

이것이 핵심 TIP

무료직업소개사업과 관련해서는 아래의 사항을 반드시 기억해야 합니다.

국내·국외 구분	근로자가 취업하려는 장소 기준
국내 무료직업소개사업	특별자치도지사·시장·군수 및 구청장
국외 무료직업소개사업	고용노동부장관
사업개시	신고사항

직업안정법에 관한 설명으로 틀린 것은?

① 국외 무료직업소개사업을 하려는 자는 고용노동부장관의 허가를 받아야 한다.

② 국외 유료직업소개사업을 하려는 자는 고용노동부장관에게 등록을 하여야 한다.

③ 구인자가 직업안정기관에서 구직자를 소개받은 때에는 그 채용여부를 직업안 정기관의 장에게 통보하여야 한다.

④ 누구든지 국외에 취업할 근로자를 모집한 경우에는 고용노동부장관에게 신고 하여야 한다.

기출 2022년 1회

정답 ①

직업안정법령상 직업소개사업에 관한 설명으로 틀린 것은?

① 국내 무료직업소개사업을 하려는 자는 주된 사업소의 소재지를 관할하는 특별 자치도지사 · 시장 · 군수 및 구청장에게 신고하여야 한다.

② 국외 무료직업소개사업을 하려는 자는 고용노동부장관에게 신고하여야 한다.

③ 국내 유료직업소개사업을 하려는 자는 주된 사업소의 소재지를 관할하는 특별 자치도지사 · 시장 · 군수 및 구청장에게 등록하여야 한다.

④ 국외 유료직업소개사업을 하려는 자는 고용노동부장관에게 신고하여야 한다.

기출 2020년 1 · 2회

정답 ④

해설
국외 유료직업소개사업을 하려는 자는 고용노동부장관에게 등록하여야 한다.

직업안정법령의 내용에 대한 설명으로 틀린 것은?

① 고용노동부장관이 유료직업소개사업의 요금을 결정하고자 하는 경우에는 고용 정책기본법에 따른 고용정책심의회의 심의를 거쳐야 한다.

② 근로자공급사업 허가의 유효기간은 3년으로 한다.

③ 국내 무료직업소개사업을 하고자 하는 자가 둘 이상의 시 · 군 · 구에 사업소를 두고자 하는 때에는 주된 사업소의 소재지를 관할하는 직업안정기관에 등록하 여야 한다.

④ 신문 · 잡지 기타 간행물에 구인을 가장하여 물품판매, 수강생 모집, 직업소개, 부업알선, 자금모금 등을 행하는 광고는 거짓 구인광고의 범위에 해당한다.

기출 2017년 3회, 2008년 3회

정답 ③

해설
국내 무료직업소개사업을 하려는 자는 주된 사업소의 소재지를 관할하는 특별 자치도지사 · 시장 · 군수 및 구청장에게 신고하여야 한다.

51 직업안정법상 유료직업소개에 관한 설명으로 틀린 것은?

① 유료직업소개사업은 소개대상이 되는 근로자가 취업하려는 장소를 기준으로 하여 국내 유료직업소개사업으로 구분한다.

② 국내 유료직업소개사업을 하려는 자는 노동부장관에게 등록하여야 한다.

③ 유료직업소개사업을 등록한 자는 타인에게 자기의 성명 또는 상호를 사용하여 직업소개 사업을 하게 하거나 그 등록증을 대여하여서는 아니 된다.

④ 유료직업소개사업을 하는 자 및 그 종사자는 구직자에게 제공하기 위하여 구인자로부터 선급금을 받아서는 아니 된다.

핵심 키워드 유료직업소개사업
☞ 취업장소 기준, 국내─특별자치도지사 · 시장 · 군수 및 구청장, 국외─고용노동부장관, 등록

기출 데이터 2010년 1회

핵심기출 해설 답 ②

② 국내 유료직업소개사업을 하려는 자는 주된 사업소의 소재지를 관할하는 특별자치도지사 · 시장 · 군수 및 구청장에게 등록해야 한다(직업안정법 제19조 제1항).

이것이 핵심 TIP

유료직업소개사업과 관련해서 아래의 사항을 반드시 기억해야 합니다.

국내 · 국외 구분	근로자가 취업하려는 장소 기준
국내 유료직업소개사업	특별자치도지사 · 시장 · 군수 및 구청장
국외 유료직업소개사업	고용노동부장관
사업개시	등록사항
선급금	원칙적으로 구직자에게 제공하기 위하여 구인자로부터 선급금을 받을 수 없음
직업상담 업무	직업상담원이 아닌 사람은 직업소개 사무를 담당할 수 없음

직업안정법령상 유료직업소개사업의 등록을 할 수 있는 자에 해당되지 않는 것은?

① 지방공무원으로 2년 이상 근무한 경력이 있는 자
② 조합원이 100인 이상인 단위노동조합에서 노동조합업무전담자로 2년 이상 근무한 경력이 있는 자
③ 상시사용근로자 300인 이상인 사업장에서 노무관리업무전담자로 1년 이상 근무한 경력이 있는 자
④ 「공인노무사법」에 의한 공인노무사 자격을 가진 자

기출 2025년, 2021년 1회
정답 ③
해설
유료직업소개사업의 등록을 할 수 있는 자의 관련 경력에 있어서 경력연수 조건은 동일하게 '2년 이상'이다.

직업안정법상 유료직업소개사업에 관한 설명으로 틀린 것은?

① 국외 유료직업소개사업을 하려는 자는 고용노동부장관에게 등록하여야 한다.
② 유료직업소개사업을 하는 자는 고용노동부장관이 결정 · 고시한 요금 외의 금품을 받아서는 아니 되나 고용노동부령으로 정하는 고급 · 전문인력을 소개하는 경우에는 당사자 사이에 정한 요금을 구인자로부터 받을 수 있다.
③ 유료직업소개사업을 하는 자는 구직자에게 제공하기 위하여 구인자로부터 선급금을 받아 구직의 편의를 도모할 수 있다.
④ 유료직업소개사업을 하는 자는 구직자의 연령을 확인하여야 하며, 18세 미만의 구직자를 소개하는 경우에는 친권자나 후견인의 취업동의서를 받아야 한다.

기출 2018년 1회, 2013년 3회
정답 ③
해설
유료직업소개사업을 하는 자 및 그 종사자는 구직자에게 제공하기 위하여 구인자로부터 선급금을 받아서는 아니 된다(직업안정법 제21조의2).

직업안정법상 유료직업소개사업에 관한 설명으로 옳은 것은?

① 등록된 유료직업소개사업자는 구직자에게 제공하기 위해 구인자로부터 선급금을 받을 수 있다.
② 등록을 하고 유료직업소개사업을 하려는 자는 원칙적으로 둘 이상의 사업소를 두어야 한다.
③ 국외 유료직업소개사업을 하려는 자는 고용노동부장관에게 등록하여야 한다.
④ 유료직업소개사업은 근로자의 주소지를 기준으로 국내 유료직업소개사업과 국외 유료직업소개사업으로 구분한다.

기출 2018년 3회
정답 ③

직업안정법상 유료직업소개사업을 하는 자가 사업소별로 고용해야 하는 직업상담원의 자격으로 틀린 것은?

① 「국가기술자격법」에 따른 직업상담사 1급 또는 2급
② 「사회복지사업법」에 따른 사회복지사
③ 「고등교육법」에 따른 교원으로서 교원 근무 경력이 1년 이상인 사람
④ 「공인노무사법」에 따른 공인노무사

기출 2016년 2회
정답 ③

다음 (　　)에 알맞은 것은?

기출 2016년 2회
정답 ②

직업안정법상 국외 유료직업소개사업을 하려는 자는 (　　)에게 등록하여야 한다. 등록한 사항을 변경하려는 경우에도 또한 같다.

① 특별자치도지사 · 시장 · 군수 · 구청장
② 고용노동부장관
③ 보건복지부장관
④ 고용센터장

직업안정법상 유료직업소개사업에 대한 설명으로 옳은 것은?

기출 2015년 3회
정답 ③

① 국내 유료직업소개사업을 실시하기 위해서는 고용노동부장관에게 등록하여야 한다.
② 유료직업소개사업의 종사자는 구직자에게 제공하기 위하여 구인자로부터 선급금을 받을 수 있다.
③ 유료직업소개사업의 종사자 중 직업상담원이 아닌 사람은 직업소개에 관한 사무를 담당하여서는 아니 된다.
④ 유료직업소개사업을 하는 자는 자격을 갖춘 직업상담원을 2인 이상 고용하여야 한다.

직업안정법상 유료직업소개사업에 관한 설명으로 옳은 것은?

기출 2012년 2회
정답 ③

① 등록된 유료직업소개사업자는 구인자로부터 선급금을 받을 수 있다.
② 등록을 하고 유료직업소개사업을 하려는 자는 둘 이상의 사업소를 두어야 한다.
③ 국외 유료직업소개사업을 하려는 자는 고용노동부장관에게 등록하여야 한다.
④ 유료직업소개사업은 근로자의 주소지를 기준으로 국내 유료직업소개사업과 국외 유료직업소개사업으로 구분한다.

직업안정법령상 유료직업소개사업의 등록을 할 수 없는 자는?

기출 2009년 1회
정답 ①
해설
조합원이 100인 이상인 단위노동조합, 산업별 연합단체인 노동조합 또는 총연합단체인 노동조합에서 노동조합 업무전담자로 2년 이상 근무한 경력이 있어야 유료직업소개사업의 등록을 할 수 있다(직업안정법 시행령 제21조 제1항 제4호).

① 조합원이 100인 이상인 단위노동조합에서 노동조합업무전담자로 1년의 근무경력이 있는 자
② 국가기술자격법에 의한 직업상담사 2급의 국가기술자격이 있는 자
③ 국가공무원 또는 지방공무원으로서 5년 근무경력이 있는 자
④ 초 · 중등교육법에 의한 교원자격증을 가지고 있는 자로서 3년의 교사근무경력이 있는 자

52 직업안정법상 구인 · 구직의 신청에 관한 설명으로 옳은 것은?

① 국외취업희망자의 구직신청의 유효기간은 1년으로 한다.

② 직업안정기관의 장은 관할구역의 읍 · 면 · 동사무소에 구인신청서와 구직신청서를 갖추어 두어 구인자 · 구직자의 편의를 도모하여야 한다.

③ 직업안정기관의 장은 접수된 구인신청서 · 구직신청서를 3년간 관리 · 보관하여야 한다.

④ 수리된 구인신청의 유효기간은 3개월이다.

핵심 키워드 구인 · 구직의 신청
☞ 국외취업희망자 구직신청─6개월, 구인신청─15일~2개월 이내 선택, 구인 · 구직신청서 1년간 관리 · 보존

기출 데이터 2017년 1회, 2014년 2회

핵심기출 해설 답 ②

① 국외 취업희망자의 구직신청의 유효기간은 6개월이다(직업안정법 시행규칙 제3조 제2항).
③ 직업안정기관의 장은 접수된 구인신청서 및 구직신청서를 1년간 관리 · 보관하여야 한다(동법 시행규칙 제3조 제3항).
④ 수리된 구인신청의 유효기간은 15일 이상 2개월 이내에서 구인업체가 정한다(동법 시행규칙 제3조 제1항).

이것이 핵심 TIP

구인 · 구직 신청의 유효기간 등과 관련해서는 아래의 사항을 기억해야 합니다.

구인신청 유효기간	15일 이상 2개월 이내에서 구인업체가 정함
구직신청 유효기간	3개월
국외 취업희망자의 구직신청의 유효기간	6개월
서류의 보관	접수된 구인신청서 및 구직신청서를 1년간 관리 · 보관
편의 도모	관할구역의 읍 · 면 · 동사무소에 구인신청서와 구직신청서를 갖추어 두어야 함

53

직업안정법에 관한 다음 설명 중 (　　)에 들어갈 알맞은 것은?

무료직업소개사업 또는 유료직업소개사업을 하는 자와 그 종사자는 구직자의 연령을 확인해야 하고, (　　) 미만의 구직자를 소개하는 경우에는 친권자 또는 후견인의 동의서를 받아야 한다.

① 15세　　　　　　　　② 18세
③ 19세　　　　　　　　④ 20세

핵심 키워드　연령확인 등
　　　　　　☞ 18세
기출 데이터　2014년 3회

핵심기출 해설　답 ②

② 무료직업소개사업 또는 유료직업소개사업을 하는 자와 그 종사자는 구직자의 연령을 확인하여야 하며, 18세 미만의 구직자를 소개하는 경우에는 친권자나 후견인의 취업동의서를 받아야 한다(직업안정법 제21조의3 제1항).

이것이 핵심　TIP

연소자에 대한 직업소개의 제한(직업안정법 제21조의3)

• 무료직업소개사업 또는 유료직업소개사업을 하는 자와 그 종사자(이하 '직업소개사업자 등'이라 한다)는 구직자의 연령을 확인하여야 하며, 18세 미만의 구직자를 소개하는 경우에는 친권자나 후견인의 취업동의서를 받아야 한다.

• 직업소개사업자 등은 18세 미만의 구직자를 「근로기준법」에 따라 18세 미만자의 사용이 금지되는 직종의 업소에 소개하여서는 아니 된다.

• 직업소개사업자 등은 「청소년 보호법」에 따른 청소년인 구직자를 청소년유해업소에 소개하여서는 아니 된다.

54 직업안정법령상 직업정보제공사업자가 준수해야 하는 사항이 아닌 것은?

① 직업정보제공매체 또는 직업정보제공사업의 광고문에 "(무료)취업상담", "취업추천", "취업지원" 등의 표현을 사용하지 아니할 것

② 직업정보제공매체에 부여받은 신고번호를 표시하지 아니할 것

③ 직업정보제공매체의 구인·구직의 광고에 직업정보제공사업자의 주소 또는 전화번호는 기재하지 아니할 것

④ 구직자의 이력서 발송을 대행하거나 구직자에게 취업 추천서를 발부하지 아니할 것

핵심 키워드 직업정보제공사업자 준수사항
☞ 신고번호 표시, 구인·구직자 전화번호 기재
기출 데이터 2013년 1회, 2012년 2회, 2010년 3회

핵심기출 해설 **답 ②**

② 직업정보제공매체에 정보이용자들이 알아보기 쉽게 부여받은 신고번호를 표시해야 하며, 직업정보제공사업자의 준수사항은 아래와 같다.

> **직업정보제공사업자의 준수사항(직업안정법 제25조, 시행령 제28조)**
> • 구인자가 구인신청 당시 「근로기준법」에 따라 명단이 공개 중인 체불사업주인 경우 그 사실을 구직자가 알 수 있도록 게재할 것
> • 「최저임금법」에 따라 결정·고시된 최저임금에 미달되는 구인정보를 제공하지 아니할 것
> • 구인자의 업체명, 성명 또는 사업자등록증 등을 확인할 수 없거나 구인자의 연락처가 사서함 등으로 표시되어 구인자의 신원 또는 정보가 확실하지 않은 구인광고를 게재하지 않을 것
> • 직업정보제공매체의 구인·구직의 광고에는 구인·구직자의 주소 또는 전화번호를 기재하고, 직업정보제공사업자의 주소 또는 전화번호는 기재하지 아니할 것
> • 직업정보제공매체 또는 직업정보제공사업의 광고문에 "(무료)취업상담"·"취업추천"·"취업지원" 등의 표현을 사용하지 아니할 것
> • 구직자의 이력서 발송을 대행하거나 구직자에게 취업추천서를 발부하지 아니할 것
> • 직업정보제공매체에 정보이용자들이 알아보기 쉽게 신고로 부여받은 신고번호를 표시할 것
> • 「최저임금법」에 따라 결정 고시된 최저임금에 미달되는 구인정보, 「성매매알선 등 행위의 처벌에 관한 법률」에 따른 금지행위가 행하여지는 업소에 대한 구인광고를 게재하지 아니할 것

이것이 핵심 **TIP**

'직업정보제공사업자'의 주소 또는 전화번호를 기재하는 것이 아니라 '구인·구직자'의 주소 또는 전화번호를 기재한다는 점을 주의해야 합니다.

직업안정법령상 직업정보제공사업자의 준수사항에 해당하지 않는 것은?

① 구직자의 이력서 발송을 대행하지 아니할 것
② 직업정보제공사업의 광고문에 "취업지원" 등의 표현을 사용하지 아니할 것
③ 구인자의 신원이 확실하지 아니한 구인광고를 게재하지 아니할 것
④ 직업정보제공매체의 구인ㆍ구직의 광고에는 구인ㆍ구직자의 주소 또는 전화번호를 기재하지 아니할 것

기 출 2023년, 2019년 2회, 2012년 1회
정 답 ④

직업안정법령상 직업정보제공사업자의 준수사항으로 틀린 것은?

① 구인자의 업체명이 표시되어 있지 아니한 구인광고를 게재하지 아니할 것
② 직업정보제공매체의 구인ㆍ구직의 광고에는 구인ㆍ구직자의 주소 또는 전화번호를 기재하지 아니할 것
③ 구직자의 이력서 발송을 대행하거나 구직자에게 취업추천서를 발부하지 아니할 것
④ 직업정보제공사업의 광고문에 "취업추천"ㆍ"취업지원" 등의 표현을 사용하지 아니할 것

기 출 2021년 3회
정 답 ②
해 설
직업정보제공매체의 구인ㆍ구직의 광고에는 구인ㆍ구직자의 주소 또는 전화번호를 기재하고, 직업정보제공사업자의 주소 또는 전화번호는 기재하지 아니할 것(직업안정법 시행령 제28조 제2호)

직업안정법령상 직업정보제공사업자의 준수사항에 해당되지 않는 것은?

① 구인자의 업체명(또는 성명)이 표시되어 있지 아니하거나 구인자의 연락처가 사서함 등으로 표시되어 구인자의 신원이 확실하지 아니한 구인광고를 게재하지 아니할 것
② 직업정보제공매체의 구인ㆍ구직광고에는 구인ㆍ구직자 및 직업정보제공사업자의 주소 또는 전화번호를 기재할 것
③ 직업정보제공사업의 광고문에 "(무료)취업상담", "취업추천", "취업지원" 등의 표현을 사용하지 아니할 것
④ 구직자의 이력서 발송을 대행하거나 구직자에게 취업추천서를 발부하지 아니할 것

기 출 2019년 3회, 2016년 3회
정 답 ②

직업안정법령에 관한 설명으로 틀린 것은?

① 국내 근로자공급사업의 허가를 받을 수 있는 자는 노동조합 및 노동관계조정법에 의한 노동조합이다.
② 직업정보제공사업자는 구직자의 이력서 발송을 대행하거나 구직자에게 취업추천서를 발부하는 사업을 할 수 있다.
③ 근로자공급사업 허가의 유효기간은 3년이다.
④ 직업안정기관에 구인신청을 하는 경우에는 원칙적으로 구인자의 사업장소재지를 관할하는 직업안정기관에 하여야 한다.

기 출 2018년 1회, 2006년 3회
정 답 ②
해 설
구직자의 이력서 발송을 대행하거나 구직자에게 취업추천서를 발부하지 아니할 것

55

직업안정법상 직업소개사업을 겸업할 수 없는 자는?

① 교육사업자

② 제조업자

③ 결혼상담업자

④ 식품접객업자

핵심 키워드 겸업 금지

☞ 식품위생법에 따른 식품접객업, 공중위생관리법에 따른 숙박업

기출 데이터 2013년 2회, 2010년 2회

핵심기출 해설 | 답 ④

④ 직업소개사업자(법인의 임원도 포함) 또는 그 종사자는 결혼중개업의 관리에 관한 법률에 따른 결혼중개업, 공중위생 관리법에 따른 숙박업 또는 식품위생법에 따른 식품접객업에 해당하는 사업을 경영할 수 없다(직업안정법 제26조).

이것이 핵심 | TIP

겸업 금지(직업안정법 제26조 및 시행령 제29조 참조)

직업소개사업자(법인의 임원도 포함한다) 또는 그 종사자는 다음의 어느 하나에 해당하는 사업을 경영할 수 없다.

- 「결혼중개업의 관리에 관한 법률」에 따른 결혼중개업
- 「공중위생관리법」에 따른 숙박업
- 「식품위생법 시행령」에 따른 식품접객업 중 휴게음식점영업으로서 주로 다류(茶類)를 조리·판매하는 영업(영업자 또는 종업원이 영업장을 벗어나 다류를 배달·판매하면서 소요 시간에 따라 대가를 받는 형태로 운영하는 경우로 한정한다)
- 「식품위생법 시행령」에 따른 식품접객업 중 단란주점영업
- 「식품위생법 시행령」에 따른 식품접객업 중 유흥주점영업

식품위생법령에 따른 식품접객업으로는 휴게음식점영업, 일반음식점영업, 단란주점영업, 유흥주점영업, 위탁급식영업, 제과점영업 등이 포함됩니다.

직업안정법상 직업소개사업을 겸업할 수 있는 것은?

① 「결혼중개업의 관리에 관한 법률」상 결혼중개업
② 「공중위생관리법」상 숙박업
③ 「식품위생법」상 식품접객업 중 유흥주점영업
④ 「식품위생법」상 식품접객업 중 일반음식점영업

기출 2024년, 2021년 3회
정답 ④

직업안정법령상 직업소개사업을 겸업할 수 있는 자는?

① 식품접객업 중 유흥주점영업자
② 숙박업자
③ 경비용역업자
④ 결혼중개업자

기출 2022년 2회
정답 ③

직업안정법령상 직업소개업과 겸업이 금지되는 사업이 아닌 것은?

① 「결혼중개업의 관리에 관한 법률」상 결혼중개업
② 「파견근로자보호 등에 관한 법률」상 근로자 파견사업
③ 「식품위생법」상 식품접객업 중 단란주점영업
④ 「공중위생관리법」상 숙박업

기출 2020년 3회
정답 ②

직업안정법상 직업소개사업을 겸업할 수 있는 자는?

① 「공중위생관리법」에 따른 이용업 사업을 경영하는 자
② 「결혼중개업의 관리에 관한 법률」에 따른 결혼중개업 사업을 경영하는 자
③ 「식품위생법 시행령」에 따른 단란주점영업 사업을 경영하는 자
④ 「식품위생법 시행령」에 따른 유흥주점영업 사업을 경영하는 자

기출 2019년 3회
정답 ①

직업안정법상 식품위생법상의 규정에 따른 식품접객업을 경영하는 자의 겸업에 관한 설명으로 옳은 것은?

① 무료직업소개사업은 할 수 있고, 유료직업소개사업은 할 수 없다.
② 무료직업소개사업은 할 수 없고, 유료직업소개사업은 할 수 있다.
③ 무료직업소개사업도 할 수 있고, 유료직업소개사업도 할 수 있다.
④ 무료직업소개사업도 할 수 없고, 유료직업소개사업도 할 수 없다.

기출 2013년 2회
정답 ④

56 직업안정법상 근로자공급사업에 관한 설명으로 틀린 것은?

① 근로자공급사업 허가의 유효기간은 3년이다.

② 근로자공급사업 허가의 유효기간이 끝난 후 계속하여 근로자공급사업을 하려는 자는 연장허가를 받아야 하며, 이 경우 연장허가의 유효기간은 연장 전 허가의 유효기간이 끝나는 날부터 3년으로 한다.

③ 국내근로자공급사업의 허가를 받을 수 있는 자는 「노동조합 및 노동관계조정법」에 따른 노동조합이다.

④ 연예인을 대상으로 하는 국외 근로자공급사업의 허가를 받을 수 있는 자는 「민법」에 따른 비영리법인이 아니어야 한다.

핵심 키워드 근로자공급사업

☞ 국내-노동조합, 국외-제조업·건설업·용역업, 그 밖의 서비스업(연예인은 비영리법인), 고용노동부 장관의 허가

기출 데이터 2015년 1회, 2014년 3회, 2013년 1회

핵심기출 해설 답 ④

④ 연예인을 대상으로 하는 국외 근로자공급사업의 허가를 받을 수 있는 자는 「민법」에 따른 비영리법인이어야 한다(직업안정법 제33조 제3항 제2호).

이것이 핵심 TIP

근로자공급사업과 관련해서는 아래의 사항을 기억해야 합니다.

국내·국외 구분	근로자가 취업하려는 장소 기준
국내 근로자공급 사업 가능자	노동조합 및 노동관계조정법에 따른 노동조합
국외 근로자공급 사업 가능자	국내에서 제조업·건설업·용역업, 그 밖의 서비스업을 하고 있는 자. 다만, 연예인을 대상으로 하는 국외 근로자공급사업의 허가를 받을 수 있는 자는 「민법」 제32조에 따른 비영리법인
사업개시	고용노동부장관의 허가

직업안정법령상 근로자공급사업의 허가를 받을 수 있는 자는?

① 파산선고를 받고 복권되지 아니한 자
② 미성년자, 피성년후견인 및 피한정후견인
③ 이 법을 위반한 자로서, 벌금형이 확정된 후 2년이 지나지 아니한 자
④ 근로자공급사업의 허가가 취소된 후 7년이 지난 자

기 출 2022년 1회
정 답 ④

직업안정법령상 근로자공급사업에 관한 설명으로 틀린 것은?

① 누구든지 고용노동부장관의 허가를 받지 아니하고는 근로자공급사업을 하지 못한다.
② 국내 근로자공급사업은 「노동조합 및 노동관계조정법」에 따른 노동조합만이 허가를 받을 수 있다.
③ 국외 근로자공급사업을 하려는 자는 1천만 원 이상의 자본금만 갖추면 된다.
④ 근로자공급사업 허가의 유효기간은 3년으로 한다.

기 출 2021년 1회
정 답 ③
해 설
국외 근로자공급사업을 하려는 자는 1억 원 이상의 납입자본금(비영리법인의 경우 재무상태표의 자본총계), 국내에 소재하고, 2명 이상이 상담할 수 있는 독립된 공간을 갖춘 사무실을 갖추어야 한다.

직업안정법령상 근로자공급사업에 관한 설명으로 틀린 것은?

① 근로자공급사업 연장허가의 유효기간은 연장 전 허가의 유효기간이 끝나는 날부터 5년으로 한다.
② 누구든지 고용노동부장관의 허가를 받지 아니하고는 근로자공급사업을 하지 못한다.
③ 연예인을 대상으로 하는 국외 근로자공급사업의 허가를 받을 수 있는 자는 민법상 비영리법인으로 한다.
④ 국내 근로자공급사업 허가를 받을 수 있는 자는 「노동조합 및 노동관계조정법」에 따른 노동조합이다.

기 출 2021년 2회
정 답 ①
해 설
연장허가의 유효기간은 연장 전 허가의 유효기간이 끝나는 날부터 3년으로 한다(직업안정법 제33조 제2항).

직업안정법령상 (   )에 들어갈 공통적인 숫자는?

> 근로자공급사업 허가의 유효기간은 (   )년으로 하되, 유효기간이 끝난 후 계속하여 근로자공급사업을 하려는 자는 연장허가를 받아야 하며, 이 경우 연장허가의 유효기간은 연장 전 허가의 유효기간이 끝나는 날부터 (   )년으로 한다.

① 1   ② 2
③ 3   ④ 5

기 출 2020년 1·2년
정 답 ③

직업안정법상 근로자의 모집 및 근로자공급사업에 관한 설명으로 틀린 것은?

① 근로자를 고용하려는 자는 광고, 문서 또는 정보통신망 등 다양한 매체를 활용하여 자유롭게 근로자를 모집할 수 있다.
② 누구든지 국외에 취업할 근로자를 모집한 경우에는 고용노동부장관에게 신고하여야 한다.
③ 국내 근로자공급사업의 경우 그 사업의 허가를 받을 수 있는 자는 「노동조합 및 노동관계조정법」에 따른 노동조합이다.
④ 근로자공급사업에는 「파견근로자 보호 등에 관한 법률」에 따른 근로자파견사업을 포함한다.

기 출 2019년 1회
정 답 ④
해 설
'근로자공급사업'이란 공급계약에 따라 근로자를 타인에게 사용하게 하는 사업을 말한다. 다만, 「파견근로자 보호 등에 관한 법률」에 따른 근로자파견사업은 제외한다(직업안정법 제2조의2 제7호).

57

직업안정법상 국외 공급 근로자의 보호 및 국외 근로자공급사업의 관리에 관한 설명으로 틀린 것은?

① 공급 국가로부터 취업자격을 취득한 근로자만을 공급할 것
② 국외의 임금수준 등을 고려하여 공급 근로자에게 적정임금을 보장할 것
③ 공급 근로자의 출국일자, 국외 취업기간, 현 근무처 및 귀국일자 등을 기록한 명부를 작성ㆍ관리할 것
④ 임금은 매월 1회 이상 일정한 기일을 정하여 통화로 직접 해당 근로자에게 그 전액을 지급할 것

핵심 키워드 국외 공급 근로자의 보호
☞ 공급대상국가의 취업자격 취득
기출 데이터 2013년 2회, 2010년 3회

핵심기출 해설 **답 ①**

① 공급 국가가 아닌 공급대상 국가로부터 취업자격을 취득한 근로자만을 공급해야 하며, 국외 공급 근로자의 보호규정은 아래와 같다.

> **국외 공급 근로자의 보호 등(직업안정법 시행규칙 제41조)**
> • 공급대상 국가로부터 취업자격을 취득한 근로자만을 공급할 것
> • 공급 근로자를 공급계약 외의 업무에 종사하게 하거나 공급계약기간을 초과하여 체류하게 하지 아니할 것
> • 국외의 임금수준 등을 고려하여 공급 근로자에게 적정 임금을 보장할 것
> • 임금은 매월 1회 이상 일정한 기일을 정하여 통화로 직접 해당 근로자에게 그 전액을 지급할 것
> • 공급 근로자의 출국일자, 국외 취업기간, 현 근무처 및 귀국일자 등을 기록한 명부, 공급 근로자별 임금, 월별 임금 지급방법 및 지급일자 등을 기록한 임금대장, 공급 근로자의 고충처리 상황을 작성ㆍ관리할 것

● **핵심유형 완성하기** ●

직업안정법령상 근로자의 모집에 관한 설명으로 틀린 것은?

① 누구든지 국외에 취업할 근로자를 모집한 경우에는 고용노동부장관에게 신고하여야 한다.
② 고용노동부장관은 건전한 모집질서를 확립하기 위하여 필요하다고 인정하는 경우에는 근로자 모집방법 등의 개선을 권고할 수 있다.
③ 고용노동부장관은 근로자의 모집을 원활하게 하기 위하여 필요하다고 인정할 때에는 국외취업을 희망하는 근로자를 미리 등록하게 할 수 있다.
④ 근로자를 모집하려는 자가 응모자로부터 그 모집과 관련하여 금품을 받은 경우 7년 이하의 징역 또는 7천만 원 이하의 벌금에 처한다.

기출 2021년 2회
정답 ④
해설
금품 등의 수령 금지 규정을 위반하여 금품이나 그 밖의 이익을 취한 자는 5년 이하의 징역 또는 5천만 원 이하의 벌금에 처한다(직업안정법 제47조 제5호).

58 직업안정법규상 유료직업소개사업자의 장부비치기간으로 옳은 것은?

① 종사자명부 : 3년

② 구인신청서 및 구직신청서 : 3년

③ 소개요금약정서 : 2년

④ 금전출납부 및 금전출납명세서 : 1년

핵심 키워드 유료직업소개사업자 장부비치기간

☞ 2년

기출 데이터 2011년 3회

핵심기출 해설 답 ③

유료직업소개사업을 하는 자는 다음의 장부 및 서류를 작성하여 해당 기간 동안 갖추어 두어야 한다.

유료직업소개사업자의 장부비치(직업안정법 시행규칙 제26조 제1항)

• 종사자명부 : 2년

• 구인신청서 : 2년

• 구인접수대장 : 2년

• 구직신청서 : 2년

• 구직접수 및 직업소개대장 : 2년

• 소개요금약정서 : 2년

• 일용근로자 회원명부(일용근로자를 회원제로 소개 · 운영하는 경우만 해당한다) : 2년

• 금전출납부 및 금전출납 명세서 : 2년

이것이 핵심 TIP

장부비치기간은 '2년'으로 통일화되었다는 점을 기억해야 합니다.

● **핵심유형 완성하기** ●

직업안정법령상 일용근로자 이외의 직업소개를 하는 유료직업소개사업자의 장부 및 서류의 비치기간으로 옳은 것은?	기출 2025년, 2020년 4회
	정답 ②

① 종사자명부 : 3년

② 구인신청서 : 2년

③ 구직신청서 : 1년

④ 금전출납부 및 금전출납 명세서 : 1년

직업안정법상 일용근로자 이외의 직업소개를 하는 유료직업소개사업자의 장부 및 서류의 비치기간으로 옳은 것은?	기출 2015년 2회
	정답 ②

① 종사자명부 : 3년

② 구인신청서 및 구직신청서 : 2년

③ 소개요금약정서 : 1년

④ 금전출납부 및 금전출납 명세서 : 1년

CHAPTER 05 고용보험법

고용보험법에서 사용하는 용어

59 고용보험법에서 사용하는 용어에 관한 설명으로 틀린 것은?

① "보수"란 소득세법에 따른 근로소득에서 비과세 근로소득을 뺀 금액을 말한다.

② "일용근로자"는 3개월 미만 동안 고용되는 자를 말한다.

③ "이직"은 피보험자와 사업주 사이의 고용관계가 끝나게 되는 것을 말한다.

④ "실업"은 근로의 의사와 능력이 있음에도 불구하고 취업하지 못한 상태에 있는 것을 말한다.

핵심 키워드 용어의 정의
☞ 일용근로자 → 1개월 미만 동안 고용되는 자
기출 데이터 2015년 2회, 2010년 3회

핵심기출 해설 답 ②

② 일용근로자란 1개월 미만 동안 고용되는 자를 말한다.

고용보험법에서 사용하는 용어(고용보험법 제2조)

피보험자	• 「고용보험 및 산업재해보상보험의 보험료징수 등에 관한 법률(고용산재보험료징수법)」 제5조 제1항 · 제2항, 제6조 제1항, 제8조 제1항 · 제2항, 제48조의2 제1항 및 제48조의3 제1항에 따라 보험에 가입되거나 가입된 것으로 보는 근로자, 예술인 또는 노무제공자 • 고용산재보험료징수법 제49조의2 제1항 · 제2항에 따라 고용보험에 가입하거나 가입된 것으로 보는 자영업자(자영업자인 피보험자)
이직(離職)	피보험자와 사업주 사이의 고용관계가 끝나게 되는 것(예술인 및 노무제공자의 경우에는 문화예술용역 관련 계약 또는 노무제공계약이 끝나는 것)
실업	근로의 의사와 능력이 있음에도 불구하고 취업하지 못한 상태에 있는 것
실업의 인정	직업안정기관의 장이 수급자격자가 실업한 상태에서 적극적으로 직업을 구하기 위하여 노력하고 있다고 인정하는 것
보수	소득세법 제20조에 따른 근로소득에서 대통령령으로 정하는 금품을 뺀 금액. 다만, 휴직이나 그 밖에 이와 비슷한 상태에 있는 기간 중에 사업주 외의 자로부터 지급받는 금품 중 고용노동부장관이 정하여 고시하는 금품은 보수로 봄
일용근로자	1개월 미만 동안 고용되는 사람

고용보험법령상 용어의 정의로 옳은 것은?

① "피보험자"란 근로기준법상 근로자와 사업주를 말한다.

② "실업"이란 근로의 의사와 능력이 있음에도 불구하고 취업하지 못한 상태에 있는 것을 말한다.

③ "보수"란 사용자로부터 받는 일체의 금품을 말한다.

④ "일용근로자"란 3개월 미만 동안 고용된 자를 말한다.

기 출 2024년, 2022년 2회

정 답 ②

고용보험법령상 용어정의에 관한 설명으로 틀린 것은?

① "이직"이란 피보험자와 사업주 사이의 고용관계가 끝나게 되는 것을 말한다.

② "실업"이란 근로의 의사와 능력이 있음에도 불구하고 취업하지 못한 상태에 있는 것을 말한다.

③ "실업의 인정"이란 직업안정기관의 장이 수급자격자가 실업한 상태에서 적극적으로 직업을 구하기 위하여 노력하고 있다고 인정하는 것을 말한다.

④ "일용근로자"란 1일 단위로 근로계약을 체결하여 고용되는 자를 말한다.

기 출 2020년 1·2회

정 답 ④

해 설
"일용근로자"란 1개월 미만 동안 고용되는 사람을 말한다.

고용보험법령상 용어정의에 관한 설명으로 틀린 것은?

① 실업의 인정이란 직업안정기관의 장이 수급자격자가 실업한 상태에서 적극적으로 직업을 구하기 위하여 노력하고 있다고 인정하는 것을 말한다.

② 3개월 동안 고용된 자는 일용근로자에 해당한다.

③ 이직은 피보험자와 사업주 사이의 고용관계가 끝나게 되는 것을 말한다.

④ 실업은 근로의 의사와 능력이 있음에도 불구하고 취업하지 못한 상태에 있는 것을 말한다.

기 출 2020년 3회

정 답 ②

고용보험법상 내용으로 틀린 것은?

① 이직이란 피보험자와 사업주 사이의 고용관계가 끝나게 되는 것을 말한다.

② 일용근로자란 2개월 미만 동안 고용되는 자를 말한다.

③ 실업이란 근로의 의사와 능력이 있음에도 불구하고 취업하지 못한 상태에 있는 것을 말한다.

④ 고용보험은 고용노동부장관이 관장한다.

기 출 2015년 2회

정 답 ②

60 고용보험법상 고용보험에 해당하지 않는 것은?

① 재활사업
② 직업능력개발 사업
③ 실업급여
④ 고용안정사업

핵심 키워드 고용보험사업
☞ 고용안정 · 직업능력개발 사업, 실업급여, 육아휴직 급여 및 출산전후휴가 급여

기출 데이터 2015년 1회

핵심기출 해설 답 ①

① 고용보험의 목적을 이루기 위하여 고용보험사업으로 고용안정 · 직업능력개발 사업, 실업급여, 육아휴직 급여 및 출산전후휴가 급여 등을 실시한다.

이것이 핵심 TIP

기금의 용도(고용보험법 제80조 제1항)
① 고용안정 · 직업능력개발 사업에 필요한 경비
② 실업급여의 지급
③ 국민연금 보험료의 지원
④ 육아휴직 급여 및 출산전후휴가 급여 등의 지급
⑤ 보험료의 반환
⑥ 일시 차입금의 상환금과 이자
⑦ 이 법과 고용산재보험료징수법에 따른 업무를 대행하거나 위탁받은 자에 대한 출연금
⑧ 그 밖에 이 법의 시행을 위하여 필요한 경비로서 대통령령으로 정하는 경비와 ① 및 ②에 따른 사업의 수행에 딸린 경비

● **핵심유형 완성하기** ●

고용보험법령상 고용보험기금의 용도에 해당하지 않는 것은?

① 일시 차입금의 상환금과 이자
② 실업급여의 지급
③ 보험료의 반환
④ 국민건강 보험료의 지원

기출 2022년 1회
정답 ④

고용보험법상 고용보험기금의 용도로 틀린 것은?

① 퇴직급여의 지급
② 일시 차입금의 상환금과 이자
③ 고용안정 · 직업능력개발 사업에 필요한 경비
④ 육아휴직 급여 및 출산전후휴가 급여의 지급

기출 2017년 2회, 2013년 2회
정답 ①

61

고용보험법 적용 제외 근로자에 해당하는 자는?

① 60세에 새로 고용된 근로자

② 1개월 미만 동안 고용되는 일용근로자

③ 사립학교교직원 연금법의 적용을 받는 사람

④ 1일 6시간씩 주3일 근무하기로 한 사람

핵심 키워드 적용 제외 근로자

☞ 65세 이후, 초단시간, 공무원, 사립학교교직원, 외국인, 별정우체국 직원

기출 데이터 2018년 1회, 2012년 1회

핵심기출 해설 답 ③

고용보험 적용 제외 근로자는 아래와 같다.

적용 제외(고용보험법 제10조 및 시행령 제3조)

- 해당 사업에서 1개월간 소정근로시간이 60시간 미만이거나 1주간의 소정근로시간이 15시간 미만인 근로자(단, 해당 사업에서 3개월 이상 계속하여 근로를 제공하는 근로자와 일용근로자는 적용 대상에 포함)
- 「국가공무원법」과 「지방공무원법」에 따른 공무원(단, 대통령령으로 정하는 바에 따라 별정직공무원 및 임기제공무원의 경우 본인의 의사에 따라 고용보험에 가입 가능)
- 「사립학교교직원 연금법」의 적용을 받는 사람
- 「별정우체국법」에 따른 별정우체국 직원
- 농업·임업 및 어업 중 법인이 아닌 자가 상시 4명 이하의 근로자를 사용하는 사업에 종사하는 근로자(다만, 본인의 의사로 고용노동부령으로 정하는 바에 따라 고용보험에 가입을 신청하는 사람은 고용보험에 가입 가능)

● **핵심유형 완성하기** ●

고용보험법의 적용 제외 대상이 아닌 자는? (단, 기타 사항은 고려하지 않음)

① 해당 사업에서 3개월 이상 계속하여 근로를 제공하는 근로자
② 「지방공무원법」에 따른 공무원
③ 「사립학교교직원 연금법」의 적용을 받는 사람
④ 「별정우체국법」에 따른 별정우체국 직원

기출 2020년 4회 기출변형
정답 ①

고용보험법령상 고용안정·직업능력개발사업에 관한 규정이 적용되는 근로자에 해당하는 것은?

① 1월간의 소정근로시간이 60시간 미만인 자
② 지방공무원법에 의한 공무원
③ 65세 이상인 근로자
④ 별정우체국 직원

기출 2012년 2회
정답 ③

62

고용보험법령상 둘 이상의 사업에 일용근로자가 아닌 자로 동시에 고용되어 있는 경우 피보험자격을 취득하는 순서로 옳은 것은?

> ㄱ. 고용산재보험료징수법에 따른 월평균보수가 많은 사업
> ㄴ. 근로자가 선택한 사업
> ㄷ. 월 소정근로시간이 많은 사업

① ㄱ → ㄴ → ㄷ

② ㄱ → ㄷ → ㄴ

③ ㄴ → ㄷ → ㄱ

④ ㄷ → ㄱ → ㄴ

핵심 키워드 · 피보험자격 취득 순서
☞ 월평균보수 → 소정근로시간 → 선택
기출 데이터 · 2010년 2회, 2009년 1회 기출변형

핵심기출 해설 답 ②

피보험자격의 취득기준(고용보험법 시행령 제11조의2 제1항)

보험관계가 성립되어 있는 둘 이상의 사업에 동시에 고용되어 있는 근로자는 원칙적으로 다음의 순서에 따라 피보험자격을 취득한다. 다만, 일용근로자와 일용근로자가 아닌 근로자로 동시에 고용되어 있는 경우에는 일용근로자가 아닌 근로자로 고용된 사업에서 우선적으로 피보험자격을 취득한다.

• 고용산재보험료징수법에 따른 월평균 보수가 많은 사업
• 월 소정근로시간이 많은 사업
• 근로자가 선택한 사업

63 고용보험법상 피보험자격의 취득일과 상실일에 관한 설명으로 틀린 것은?

① 근로자인 피보험자가 사망한 경우에는 사망한 날의 다음 날에 피보험자격을 상실한다.

② 적용 제외 근로자였던 사람이 고용보험법의 적용을 받게 된 경우 그 사업에 고용된 날에 피보험자격을 취득한 것으로 본다.

③ 고용산재보험료징수법에 따른 보험관계 성립일 전에 고용된 근로자의 경우 그 보험관계가 성립된 날 피보험자격을 취득한 것으로 본다.

④ 근로자인 피보험자가 적용 제외 근로자에 해당하게 된 경우 그 적용 제외 대상자가 된 날 피보험자격을 상실한다.

핵심 키워드 취득일과 상실일
☞ 이직 · 사망의 경우에는 그 다음 날에 상실

기출 데이터 2024년, 2023년, 2016년 3회, 2014년 1회 기출변형

핵심기출 해설 답 ②

② 적용 제외 근로자였던 사람이 고용보험법의 적용을 받게 된 경우 그 적용을 받게 된 날 피보험자격을 취득한다(고용보험법 제13조 제1항 제1호).

고용보험법상 피보험자격의 취득일 및 상실일(고용보험법 제13조 및 제14조 참조)

취득일	• 근로자인 피보험자가 고용보험법이 적용되는 사업에 고용된 경우 : 그 고용된 날 • 적용제외 근로자였던 사람이 고용보험법의 적용을 받게 된 경우 : 그 적용을 받게 된 날 • 고용산재보험료징수법에 따른 보험관계 성립일 전에 고용된 근로자의 경우 : 그 보험관계가 성립한 날 • 자영업자인 피보험자의 경우 : 그 보험관계가 성립한 날
상실일	• 근로자인 피보험자가 적용제외 근로자에 해당하게 된 경우 : 그 적용 제외 대상자가 된 날 • 고용산재보험료징수법에 따라 보험관계가 소멸한 경우 : 그 보험관계가 소멸한 날 • 근로자인 피보험자가 이직한 경우 : 이직한 날의 다음 날 • 근로자인 피보험자가 사망한 경우 : 사망한 날의 다음 날 • 자영업자인 피보험자의 경우 : 그 보험관계가 소멸한 날

이것이 핵심 TIP

근로자인 피보험자가 이직하거나 사망한 경우에는 고용보험의 상실일이 해당일이 아니라 그 다음 날이라는 사실에 주의해야 합니다.

고용보험법령상 피보험자격의 신고에 관한 설명으로 틀린 것은?

① 사업주가 피보험자격에 관한 사항을 신고하지 아니하면 근로자가 신고할 수 있다.

② 사업주는 그 사업에 고용된 근로자의 피보험자격의 취득 및 상실 등에 관한 사항을 고용노동부장관에게 신고하여야 한다.

③ 자영업자인 피보험자는 피보험자격의 취득 및 상실에 관한 신고를 하지 아니한다.

④ 피보험자격의 취득 및 상실 등에 관한 신고는 그 사유가 발생한 날로부터 14일 이내에 하여야 한다.

> **기출** 2025년, 2021년 3회
> **정답** ④
> **해설**
> 피보험자격의 취득 및 상실 등에 관한 신고는 그 사유가 발생한 날이 속하는 달의 다음 달 15일까지(근로자가 그 기일 이전에 신고할 것을 요구하는 경우에는 지체 없이) 신고해야 한다(고용보험법 시행령 제7조 제1항).

고용보험법령상 피보험자격의 상실일에 해당하지 않는 것은?

① 근로자인 피보험자가 적용 제외 근로자에 해당하게 된 경우에는 그 적용 제외 대상자가 된 날

② 근로자인 피보험자가 이직한 경우에는 이직한 날의 다음 날

③ 근로자인 피보험자가 사망한 경우에는 사망한 날의 다음 날

④ 보험관계가 소멸한 경우에는 그 보험관계가 소멸한 날의 다음 날

> **기출** 2020년 3회 기출변형
> **정답** ④
> **해설**
> 보험관계가 소멸한 경우에는 그 보험관계가 소멸한 날에 피보험자격을 상실한다.

고용보험법상 피보험자격의 취득일 및 상실일에 관한 설명으로 옳은 것은?

① 근로자인 피보험자는 고용보험법이 적용되는 사업에 고용된 날의 다음 날에 피보험자격을 취득한다.

② 적용 제외 근로자였던 사람이 고용보험법의 적용을 받게 된 경우에는 그 적용을 받게 된 날의 다음 날에 피보험자격을 취득한 것으로 본다.

③ 근로자인 피보험자가 사망한 경우에는 사망한 날의 다음 날에 피보험자격을 상실한다.

④ 보험관계가 소멸한 경우에는 그 보험관계가 소멸한 날의 다음 날에 피보험자격을 상실한다.

> **기출** 2019년 1회 기출변형
> **정답** ③

고용보험법상 피보험자격에 관한 설명으로 틀린 것은?

① 「고용보험 및 산업재해보상보험의 보험료징수 등에 관한 법률」의 규정에 따른 보험관계 성립일 전에 고용된 근로자의 경우에는 그 보험관계가 성립한 날의 다음 날에 그 피보험자격을 취득한다.

② 근로자인 피보험자가 이직한 경우에는 이직한 날의 다음 날에 그 피보험자격을 상실한다.

③ 근로자가 보험관계가 성립되어 있는 둘 이상의 사업에 동시에 고용되어 있는 경우에는 대통령령으로 정하는 바에 따라 그중 한 사업의 피보험자격을 취득한다.

④ 피보험자 또는 피보험자였던 사람은 언제든지 고용노동부장관에게 피보험자격의 취득 또는 상실에 관한 확인을 청구할 수 있다.

> **기출** 2016년 2회 기출변형
> **정답** ①
> **해설**
> 「고용보험 및 산업재해보상보험의 보험료징수 등에 관한 법률」의 규정에 따른 보험관계 성립일 전에 고용된 근로자의 경우에는 그 보험관계가 성립한 날에 피보험자격을 취득한 것으로 본다(고용보험법 제13조 제1항).

64

고용보험법상 사업주에게 고용창출에 대한 지원으로 임금의 일부를 지원할 수 있는 경우가 아닌 것은?

① 정기적인 교육훈련·안식휴가 부여, 교대근로 또는 근로시간 단축 등을 통하여 실업자를 고용함으로써 근로자 수가 증가한 경우

② 고용노동부장관이 정하는 시설을 설치·운영하여 고용환경을 개선하고 실업자를 고용하여 근로자 수가 증가한 경우

③ 직무의 분할, 근무체계 개편 또는 시간제직무 개발 등을 통하여 실업자를 근로계약기간을 정하고 시간제로 근무하는 형태로 하여 새로 고용하는 경우

④ 고용보험위원회에서 심의·의결한 성장유망업종에 해당하는 창업기업이 실업자를 고용하는 경우

핵심 키워드 고용창출에 대한 지원
☞ 근로계약기간의 정함 없음

기출 데이터 2013년 1회

핵심기출 해설 **답 ③**

③ 반듯한 시간제 일자리와 관련된 사항으로 고용되는 시간제근로자는 근로계약기간의 정함이 없는 자이어야 한다.

고용창출에 대한 지원(고용보험법 시행령 제17조)

고용노동부장관은 법 제20조에 따라 다음의 어느 하나에 해당하는 사업주에게 임금의 일부를 지원할 수 있다. 다만, ①의 경우에는 근로시간이 감소된 근로자에 대한 임금의 일부와 필요한 시설의 설치비의 일부도 지원할 수 있으며, ②의 경우에는 시설의 설치비의 일부도 지원할 수 있다.

① 근로시간 단축, 교대근로 개편, 정기적인 교육훈련 또는 안식휴가 부여 등을 통하여 실업자를 고용함으로써 근로자 수가 증가한 경우

② 고용노동부장관이 정하는 시설을 설치·운영하여 고용환경을 개선하고 실업자를 고용하여 근로자 수가 증가한 경우

③ 직무의 분할, 근무체계 개편 또는 시간제직무 개발 등을 통하여 실업자를 근로계약기간을 정하지 않고 시간제로 근무하는 형태로 하여 새로 고용하는 경우

④ 위원회에서 심의·의결한 성장유망업종, 인력수급 불일치 업종, 국내복귀기업 또는 지역특화산업 등 고용지원이 필요한 업종에 해당하는 기업이 실업자를 고용하는 경우

⑤ 위원회에서 심의·의결한 업종에 해당하는 우선지원대상기업이 고용노동부장관이 정하는 전문적인 자격을 갖춘 자를 고용하는 경우

⑥ 임금피크제, 임금을 감액하는 제도 또는 그 밖의 임금체계 개편 등을 통하여 15세 이상 34세 이하의 청년 실업자를 고용하는 경우

⑦ 고용노동부장관이 「고용상 연령차별 금지 및 고령자고용촉진에 관한 법률」에 따른 고령자 또는 준고령자가 근무하기에 적합한 것으로 인정하는 직무에 고령자 또는 준고령자를 새로 고용하는 경우

65

고용보험법상 지역고용촉진 지원금의 지급요건으로 틀린 것은?

① 지역고용계획이 제출된 날부터 2년 이내에 이전, 신설 또는 증설된 사업의 조업이 시작될 것

② 지역고용계획의 실시 상황과 고용된 피보험자에 대한 임금지급 상황이 적힌 서류를 갖추고 시행할 것

③ 이전, 신설 또는 증설된 사업의 조업이 시작된 날 현재 그 지정지역이나 다른 지정지역에 3개월 이상 거주한 구직자를 그 이전, 신설 또는 증설된 사업에 피보험자로 고용할 것

④ 「고용정책 기본법」에 따른 고용정책심의회에서 그 필요성이 인정된 사업일 것

핵심 키워드 지역고용촉진 지원금
☞ 계획 신고, 1년 6개월 이내에 조업 시작, 지정지역 3개월 이상 거주자 채용

기출 데이터 2013년 2회

핵심기출 해설 **답 ①**

① 지역고용계획이 제출된 날부터 1년 6개월 이내에 이전, 신설 또는 증설된 사업의 조업이 시작되어야 하며, 지역고용촉진 지원금의 요건은 아래와 같다.

지역고용촉진 지원금(고용보험법 시행령 제24조 제1항)

① 고용정책 기본법 시행령 제29조 제3항에 따라 고시된 고용조정의 지원 등의 기간에 사업의 이전, 신설 또는 증설과 그에 따른 근로자의 고용에 관한 지역고용계획을 세워 고용노동부장관에게 신고할 것

② ①에 따라 고용노동부장관에게 신고한 지역고용계획에 따라 시행할 것

③ 지역고용계획이 제출된 날부터 1년 6개월 이내에 이전, 신설 또는 증설된 사업의 조업이 시작될 것

④ 이전, 신설 또는 증설된 사업의 조업이 시작된 날 현재 그 지정지역이나 다른 지정지역에 3개월 이상 거주한 구직자를 그 이전, 신설 또는 증설된 사업에 피보험자로 고용할 것

⑤ 고용정책심의회에서 그 필요성이 인정된 사업일 것

⑥ 지역고용계획의 실시 상황과 고용된 피보험자에 대한 임금지급 상황이 적힌 서류를 갖추고 시행할 것

---

66 고용보험법상 직업능력개발훈련을 실시하는 사업주에 대하여 비용을 지원하는 경우 고용노동부장관이 정하여 고시하는 바에 따라 지원수준을 높게 정할 수 있는 대상자로 틀린 것은?

① 일용근로자
②「근로기준법」에 따른 단시간근로자
③「산업재해보상보험법」에 따른 특수형태근로종사자
④「기간제 및 단시간근로자 보호 등에 관한 법률」에 따른 기간제근로자

핵심 키워드 직업능력개발훈련 지원수준
☞ 시간제, 단시간, 파견, 일용
기출 데이터 2013년 1회

핵심기출 해설 **답 ③**

고용노동부장관은 사업주가 다음의 어느 하나에 해당하는 사람에게 직업능력개발훈련을 실시하는 경우에는 대통령령으로 정하는 바에 따라 우대 지원할 수 있다.

사업주에 대한 직업능력개발훈련의 지원(고용보험법 제27조 제2항)
• 「기간제 및 단시간근로자 보호 등에 관한 법률」의 기간제근로자
• 「근로기준법」의 단시간근로자
• 「파견근로자 보호 등에 관한 법률」의 파견근로자
• 일용근로자
• 「고용상 연령차별금지 및 고령자고용촉진에 관한 법률」의 고령자 또는 준고령자
• 그 밖에 대통령령으로 정하는 사람

● **핵심유형 완성하기** ●

고용보험법령상 고용안정 · 직업능력개발 사업의 내용에 해당하지 않는 것은?	**기출** 2021년 2회
① 조기재취업 수당 지원　　② 고용창출의 지원 ③ 지역 고용의 촉진　　④ 임금피크제 지원금의 지급	**정답** ① **해설** '조기재취업 수당 지원'은 실업급여 사업의 내용에 포함된다.
고용보험법령상 고용안정 · 직업능력개발 사업의 내용이 아닌 것은? ① 광역 구직활동비의 지급 ② 임금피크제 지원금의 지급 ③ 고용유지지원금의 지급 ④ 고용창출의 지원	**기출** 2016년 3회 **정답** ① **해설** '광역 구직활동비의 지급'은 실업급여 사업의 내용에 포함된다.

67 고용보험법상 실업급여에 해당하지 않는 것은?

① 구직급여

② 조기(早期)재취업 수당

③ 정리해고 수당

④ 이주비

핵심 키워드 실업급여의 종류
☞ 구직급여, 취업촉진 수당(조기재취업 수당, 직업능력개발 수당, 광역 구직활동비, 이주비)

기출 데이터 2019년 2회, 2008년 1회, 2006년 1회

핵심기출 해설 답 ③

고용보험법상 실업급여에는 구직급여와 취업촉진 수당이 있으며 취업촉진 수당은 다시 조기재취업 수당, 직업능력개발 수당, 광역 구직활동비, 이주비로 구분된다(고용보험법 제37조 참조).

● 핵심유형 완성하기 ●

고용보험법령상 자영업자인 피보험자의 실업급여의 종류에 해당하지 않는 것은?	**기출** 2022년 1회 **정답** ④
① 이주비　　　　　② 광역 구직활동비 ③ 직업능력개발 수당　　④ 조기재취업 수당	

| 고용보험법령상 실업급여에 관한 설명으로 틀린 것은?

① 실업급여로서 지급된 금품에 대하여는 국가나 지방자치단체의 공과금을 부과하지 아니한다.
② 실업급여를 받을 권리는 양도하거나 담보로 제공할 수 없다.
③ 실업급여수급계좌의 해당 금융기관은 이 법에 따른 실업급여만이 실업급여수급계좌에 입금되도록 관리하여야 한다.
④ 구직급여에는 조기재취업 수당, 직업능력개발 수당, 광역 구직활동비, 이주비가 있다. | **기출** 2022년 2회
정답 ④ |

| 고용보험법상 실업급여에 관한 설명으로 틀린 것은?

① 구직급여는 실업급여와 취업촉진 수당으로 구분한다.
② 실업급여를 받을 권리는 양도하거나 담보로 제공할 수 없다.
③ 실업급여수급계좌의 해당 금융기관은 고용보험법에 따른 실업급여만이 실업급여수급계좌에 입금되도록 관리하여야 한다.
④ 조기재취업 수당, 직업능력개발 수당, 광역 구직활동비, 이주비는 취업촉진 수당의 종류이다. | **기출** 2017년 3회
정답 ① |

68 고용보험법상 이직한 피보험자의 구직급여 수급요건으로 틀린 것은?

① 이직일 이전 18개월간 피보험 단위기간이 통산하여 150일 이상일 것

② 근로의 의사와 능력이 있음에도 불구하고 취업하지 못한 상태에 있을 것

③ 재취업을 위한 노력을 적극적으로 할 것

④ 일용근로자는 수급자격 인정신청일이 속한 달의 직전 달 초일부터 수급자격 인정신청일 까지의 근로일수의 합이 같은 기간 동안의 총 일수의 3분의 1 미만일 것

핵심 키워드 구직급여 수급요건
☞ 18개월간 180일, 근로의 의사와 능력, 재취업 노력
기출 데이터 2017년 1회, 2011년 2회, 2010년 1회 기출변형

핵심기출 해설 **답 ①**

고용보험법상 근로자인 피보험자의 구직급여 수급요건은 아래와 같다(⑤, ⑥은 최종 이직 당시 일용근로자의 경우에만 해당).

구직급여의 수급요건(고용보험법 제40조 제1항)

① 이직일 이전 18개월간 피보험 단위기간이 합산하여 180일 이상일 것

② 근로의 의사와 능력이 있음에도 불구하고 취업하지 못한 상태에 있을 것

③ 이직사유가 수급자격의 제한 사유에 해당하지 아니할 것

④ 재취업을 위한 노력을 적극적으로 할 것

⑤ 수급자격 인정신청일이 속한 달의 직전 달 초일부터 수급자격 인정신청일까지의 근로일수의 합이 같은 기간 동안 의 총 일수의 3분의 1 미만이거나, 건설일용근로자로서 수급자격 인정신청일 이전 14일간 연속하여 근로내역이 없 을 것(단, 최종 이직 당시 일용근로자였던 사람만 해당)

⑥ 최종 이직 당시의 기준기간 동안의 피보험 단위기간 중 다른 사업에서 수급자격의 제한 사유에 해당하는 사유로 이직한 사실이 있는 경우에는 그 피보험 단위기간 중 90일 이상을 일용근로자로 근로하였을 것(단, 최종 이직 당 시 일용근로자였던 사람만 해당)

● **핵심유형 완성하기** ●

고용보험법령상 구직급여의 수급자격이 인정되기 위해서는 이직일 이전 18개월의 기준기간 중에 피보험 단위기간이 통산하여 며칠 이상 되어야 하는가? ① 60일　　　　② 90일 ③ 120일　　　④ 180일	**기출** 2021년 2회 **정답** ④
고용보험법상 구직급여의 수급 요건에 해당하지 않는 것은? ① 이직일 이전 18개월간 피보험 단위기간이 합산하여 180일 이상일 것 ② 근로의 의사와 능력이 있음에도 불구하고 취업하지 못한 상태에 있을 것 ③ 전직 또는 자영업을 하기 위하여 이직한 경우 ④ 재취업을 위한 노력을 적극적으로 할 것	**기출** 2021년 3회 **정답** ③

69 고용보험법상 피보험기간이 3년 이상 5년 미만이고, 이직일 현재 연령이 50세 미만인 경우의 구직급여 소정급여일수는? (단, 장애인이 아님)

① 120일

② 150일

③ 180일

④ 240일

핵심 키워드 구직급여 소정급여일수

☞ 이직일 현재 연령(50세 미만, 50세 이상), 피보험기간, 120~270일

기출 데이터 2023년

핵심기출 해설 답 ③

구직급여의 소정급여일수(고용보험법 제50조 제1항 관련 별표1)

구 분		피보험기간				
		1년 미만	1년 이상 3년 미만	3년 이상 5년 미만	5년 이상 10년 미만	10년 이상
이직일 현재 연령	50세 미만	120일	150일	180일	210일	240일
	50세 이상	120일	180일	210일	240일	270일

* 단, 「장애인고용촉진 및 직업재활법」에 따른 장애인은 50세 이상인 것으로 보아 위 표를 적용한다.

● **핵심유형 완성하기** ●

고용보험법령상 다음 사례에서 구직급여의 소정급여일수는?

> 장애인 근로자 A씨(40세)가 4년간 근무하던 회사를 퇴사하여 직업안정기관으로부터 구직급여 수급자격을 인정받았다.

① 120일 ② 150일
③ 180일 ④ 210일

기출 2022년 2회, 2019년 1회 기출변형
정답 ④

고용보험법상 피보험기간이 5년 이상 10년 미만이고, 이직일 현재 연령이 30세 미만인 경우의 구직급여 소정급여일수는? (단, 장애인이 아님)

① 150일 ② 180일
③ 210일 ④ 240일

기출 2019년 2회 기출변형
정답 ③

70

고용보험법상 구직급여의 수급 수준에 직접적인 영향을 미치지 않는 요소는?

① 가입자(신청인)의 가입기간

② 가입자(신청인)의 연령

③ 가입자(신청인)의 평균임금

④ 가입자(신청인)의 가족 수

핵심 키워드 구직급여의 수준

☞ 피보험기간, 연령, 기초일액(평균임금), 구직급여일액

기출 데이터 2015년 2회

핵심기출 해설 　 답 ④

④ 구직급여는 가입자의 평균임금에 의한 기초일액 및 구직급여일액과 고용보험 가입기간 및 가입자의 연령에 따른 소정급여일수에 의해 결정된다. 가입자의 가족 수는 구직급여 수준에 영향을 미치지 않는다.

①·②·③ 구직급여는 가입자(신청인)의 퇴직 당시 연령과 고용보험 가입기간에 따라 소정급여일수 범위 내에서 퇴직 전 평균임금의 일정 비율에 해당하는 금액을 지급한다.

이것이 핵심 　 TIP

구직급여일액(평균임금에서 산정)×소정급여일수(연령과 가입기간으로 산정) = 구직급여총액

71

다음 ( )에 알맞은 것은?

> 고용보험법상 구직급여를 지급받고자 하는 자는 이직 후 ( ) 직업안정기관에 출석하여 실업을 신고하여야 한다.

① 14일 이내에

② 7일 이내에

③ 3일 이내에

④ 지체 없이

핵심 키워드 실업의 신고
  ☞ 지체 없이 신고
기출 데이터 2014년 1회, 2008년 1회

핵심기출 해설 답 ④

④ 구직급여를 지급받으려는 사람은 이직 후 지체 없이 직업안정기관에 출석하여 실업을 신고하여야 하며, 실업의 신고에는 구직 신청과 수급자격의 인정신청을 포함하여야 한다(고용보험법 제42조 제1항 및 제2항).

● **핵심유형 완성하기** ●

고용보험법상 실업의 신고 및 인정에 대한 설명으로 옳은 것은?

① 구직급여를 지급받으려는 자는 이직 후 14일 이내에 직업안정기관에 출석하여 실업을 신고하여야 한다.

② 구직급여는 실업의 인정을 받은 날로부터 지급한다.

③ 구직급여는 이 법에 따로 규정이 있는 경우 외에는 그 구직급여의 수급자격과 관련된 이직일의 다음 날부터 계산하기 시작하여 10개월 내에 소정급여일수를 한도로 하여 지급한다.

④ 구직급여는 수급자격자가 실업한 상태에 있는 날 중에서 직업안정기관의 장으로부터 실업의 인정을 받은 날에 대하여 지급한다.

기출 2015년 3회
정답 ④

72

고용보험법상 자영업자인 피보험자의 실업급여에 관한 내용이다. (   )에 알맞은 것은?

> 구직급여는 폐업한 자영업자인 피보험자가 폐업일 이전 (A)간 자영업자인 피보험자로서 갖춘 피보험 단위기간이 합산하여 (B) 이상이 되어야 지급한다.

① A : 12개월, B : 180일

② A : 18개월, B : 180일

③ A : 18개월, B : 1년

④ A : 24개월, B : 1년

핵심 키워드 폐업한 자영업자의 구직급여
☞ 24개월간 피보험자, 피보험 단위기간이 1년 이상

기출 데이터 2013년 2회

핵심기출 해설 **답 ④**

④ 자영업자의 구직급여 수급 요건은 폐업일 이전 24개월간 자영업자인 피보험자로서 갖춘 피보험 단위기간이 합산하여 1년 이상이어야 한다.

구직급여의 수급 요건(고용보험법 제69조의3)

구직급여는 폐업한 자영업자인 피보험자가 아래의 요건을 모두 갖춘 경우에 지급한다.

- 폐업일 이전 24개월간 자영업자인 피보험자로서 갖춘 피보험 단위기간이 합산하여 1년 이상일 것
- 근로의 의사와 능력이 있음에도 불구하고 취업을 하지 못한 상태에 있을 것
- 폐업사유가 수급자격의 제한 사유에 해당하지 아니할 것
- 재취업을 위한 노력을 적극적으로 할 것

---

73 고용보험법상 자영업자인 피보험자의 실업급여의 종류로 틀린 것은?

① 조기재취업 수당
② 직업능력개발 수당
③ 광역 구직활동비
④ 구직급여

핵심 키워드 자영업자의 실업급여 종류
　　　　　　☞ 연장급여와 조기재취업 수당 제외
기출 데이터 2025년, 2013년 3회

핵심기출 해설　답 ①

① 자영업자인 피보험자의 실업급여의 종류는 구직급여와 취업촉진 수당으로 한다. 다만, 연장급여와 조기재취업 수당은 제외한다(고용보험법 제69조의2).

이것이 핵심　TIP

연장급여에는 훈련연장급여, 개별연장급여, 특별연장급여가 있습니다.

● **핵심유형 완성하기** ●

고용보험법상 자영업자인 피보험자에게 지급될 수 있는 급여를 모두 고른 것은?

　ㄱ. 이주비
　ㄴ. 훈련연장급여
　ㄷ. 조기재취업 수당
　ㄹ. 직업능력개발 수당

① ㄱ, ㄹ　　　　　　　　　② ㄴ, ㄷ
③ ㄴ, ㄷ, ㄹ　　　　　　　④ ㄱ, ㄴ, ㄷ, ㄹ

기출 2018년 2회
정답 ①
해설
자영업자인 피보험자의 실업급여의 종류는 제37조(실업급여의 종류)에 따른다. 다만, 법령에 따른 훈련연장급여, 개별연장급여, 특별연장급여 등의 연장급여와 함께 조기재취업 수당은 제외한다(고용보험법 제69조의2).

고용보험법상 자영업자인 피보험자의 실업급여의 종류가 아닌 것은?

① 직업능력개발 수당
② 광역 구직활동비
③ 조기재취업 수당
④ 이주비

기출 2018년 3회
정답 ③

74 고용보험법상 취업촉진 수당의 종류가 아닌 것은?

① 특별연장급여
② 조기재취업 수당
③ 광역 구직활동비
④ 이주비

핵심 키워드 취업촉진 수당
☞ 조기재취업 수당, 직업능력개발 수당, 광역 구직활동비, 이주비
기출 데이터 2021년 1회, 2016년 2회, 2011년 3회, 2008년 3회, 2004년 3회

핵심기출 해설 | 답 ①

① 특별연장급여는 취업촉진 수당이 아니다.

실업급여의 종류(고용보험법 제37조)
• 실업급여는 구직급여와 취업촉진 수당으로 구분한다.
• 취업촉진 수당의 종류 : 조기재취업 수당, 직업능력개발 수당, 광역 구직활동비, 이주비

이것이 핵심 | TIP

'구직급여', '훈련연장급여', '특별연장급여', '여성고용촉진장려금' 등은 고용보험법령상 취업촉진 수당에 해당하지 않습니다. 이를 틀린 지문으로 제시하여 문제를 출제하고 있습니다.

● **핵심유형 완성하기** ●

고용보험법령상 취업촉진 수당에 해당하지 않는 것은?	기출 2024년, 2023년, 2018년 1회
① 조기재취업 수당　　② 직업능력개발 수당 ③ 광역 구직활동비　　④ 구직급여	정답 ④
실업급여 중 취업촉진 수당이 아닌 것은?	기출 2020년 1·2회, 2017년 1회
① 직업능력개발 수당　　② 광역 구직활동비 ③ 훈련연장급여　　④ 이주비	정답 ③
고용보험법령상 취업촉진 수당에 해당하지 않는 것은?	기출 2020년 4회
① 여성고용촉진장려금　　② 광역 구직활동비 ③ 이주비　　④ 직업능력개발 수당	정답 ①

75 고용보험법상 육아휴직 급여에 관한 설명으로 옳은 것은?

① 피보험자가 「남녀고용평등 및 일·가정 양립 지원에 관한 법률」에 따른 육아휴직을 10일 이상 부여받은 경우에 육아휴직 급여를 지급한다.

② 같은 자녀에 대하여 피보험자인 배우자가 30일 이상의 육아휴직을 실시하지 아니하고 있어야만 지급한다.

③ 피보험자가 육아휴직을 시작한 날 이전에 피보험 단위 기간이 합산하여 90일 이상인 경우에 육아휴직 급여를 지급한다.

④ 피보험자가 육아휴직 기간 중에 그 사업에서 이직한 경우에는 이직하였을 때부터 육아휴직 급여를 지급하지 아니한다.

핵심 키워드	육아휴직 급여
	☞ 30일 이상 부여, 피보험 단위기간 180일
기출 데이터	2013년 1회 기출변형

핵심기출 해설 답 ④

① 육아휴직을 30일 이상 부여받은 경우에 육아휴직 급여를 지급한다(동법 제70조 제1항).
③ 육아휴직을 시작한 날 이전에 피보험 단위기간이 합산하여 180일 이상이어야 한다(동법 제70조 제1항).

이것이 핵심 TIP

아래의 사항을 기억해야 합니다.

지급대상	육아휴직을 30일 이상 부여받은 피보험자 중 육아휴직을 시작한 날 이전에 피보험 단위기간이 합산하여 180일 이상일 것
급여 신청기간의 연장 사유	• 천재지변 • 본인이나 배우자의 질병·부상 • 본인이나 배우자의 직계존속 및 직계비속의 질병·부상 • 병역법에 따른 의무복무 • 범죄혐의로 인한 구속이나 형의 집행
취업의 신고	피보험자가 육아휴직 급여 기간 중에 이직 또는 새로 취업(취직한 경우 1주간의 소정근로시간이 15시간 미만인 경우는 제외한다)하거나 사업주로부터 금품을 지급받은 경우에는 그 사실을 직업안정기관의 장에게 신고
지급제한	• 피보험자가 육아휴직 급여 기간 중에 그 사업에서 이직하거나 새로 취업한 경우 • 거짓이나 그 밖의 부정한 방법으로 육아휴직 급여를 받았거나 받으려 한 자 • 피보험자가 사업주로부터 육아휴직을 이유로 금품을 지급받은 경우 해당 급여를 감액하여 지급

고용보험법령상 (   )에 들어갈 숫자로 옳은 것은?

> 배우자의 질병으로 육아휴직 급여를 신청할 수 없었던 사람은 그 사유가 끝
> 난 후 (   )일 이내에 신청하여야 한다.

① 10   ② 30
③ 60   ④ 90

기출 2025년, 2020년 3회
정답 ②
해설

육아휴직 급여 신청기간에 천재지변 등 대통령령으로 정하는 사유로 육아휴직 급여를 신청할 수 없었던 사람은 그 사유가 끝난 후 30일 이내에 신청하여야 한다(고용보험법 제70조 제2항 단서).

고용보험법령상 (   ) 안에 들어갈 숫자의 연결이 옳은 것은?

> 육아휴직 급여는 육아휴직 시작일을 기준으로 한 월 통상임금의 100분의
> (ㄱ)에 해당하는 금액을 월별 지급액으로 한다. 다만, 해당 금액이 (ㄴ)만
> 원을 넘는 경우에는 (ㄴ)만 원으로 하고, 해당 금액이 (ㄷ)만 원보다 적은
> 경우에는 (ㄷ)만 원으로 한다.

① ㄱ : 80, ㄴ : 150, ㄷ : 70
② ㄱ : 80, ㄴ : 120, ㄷ : 50
③ ㄱ : 50, ㄴ : 150, ㄷ : 50
④ ㄱ : 50, ㄴ : 120, ㄷ : 70

기출 2022년 1회
정답 ①

고용보험법령상 육아휴직 급여에 관한 설명이다. (   ) 안에 들어갈 내용이 옳게 연결된 것은?

> • 육아휴직 시작일부터 3개월까지 : 육아휴직 시작일을 기준으로 한 월 통상
>   임금의 100분의 (ㄱ)에 해당하는 금액
> • 육아휴직 4개월째부터 육아휴직 종료일까지 : 육아휴직 시작일을 기준으로
>   한 월 통상임금의 100분의 (ㄴ)에 해당하는 금액

① ㄱ : 60, ㄴ : 30
② ㄱ : 70, ㄴ : 50
③ ㄱ : 80, ㄴ : 30
④ ㄱ : 80, ㄴ : 50

기출 2021년 1회
정답 ④
해설

• 육아휴직 시작일부터 3개월까지 : 통상임금의 100분의 80. 150만 원을 넘는 경우에는 150만 원, 70만 원보다 적은 경우에는 70만 원
• 육아휴직 4개월째부터 육아휴직 종료일까지 : 통상임금의 100분의 50. 120만 원을 넘는 경우에는 120만 원, 70만 원보다 적은 경우에는 70만 원

고용보험법상 (   )에 알맞은 것은?

> 육아휴직 급여를 지급받으려는 사람은 육아휴직을 시작한 날 이후 1개월부터
> 육아휴직이 끝난 날 이후 (   )개월 이내에 신청하여야 한다.

① 1   ② 3
③ 6   ④ 12

기출 2021년 3회, 2014년 2회
정답 ④
해설

육아휴직 급여를 지급받으려는 사람은 육아휴직을 시작한 날 이후 1개월부터 육아휴직이 끝난 날 이후 12개월 이내에 신청하여야 한다(고용보험법 제70조 제2항).

고용보험법령상 육아휴직 급여 신청기간의 연장 사유가 아닌 것은?

① 범죄혐의로 인한 형의 집행
② 배우자의 질병
③ 천재지변
④ 자매의 부상

기출 2020년 1·2회
정답 ④
해설
'형제의 질병'이나 '자매의 부상' 등은 육아휴직 급여 신청기간의 연장 사유에 해당하지 않는다.

고용보험법령상 육아휴직 급여 신청기간의 연장 사유에 해당하지 않는 것은?

① 천재지변
② 형제의 질병
③ 배우자의 직계존속의 부상
④ 범죄혐의로 인한 구속

기출 2018년 3회
정답 ②

다음 (   )에 알맞은 것은?

> 고용보험법상 육아휴직 급여를 지급받으려는 사람은 육아휴직을 시작한 날 이후 1개월부터 육아휴직이 끝난 날 이후 (   ) 이내에 신청하여야 한다. 다만, 해당 기간에 대통령령으로 정하는 사유로 육아휴직 급여를 신청할 수 없었던 사람은 그 사유가 끝난 후 30일 이내에 신청하여야 한다.

① 1개월
② 3개월
③ 6개월
④ 12개월

기출 2017년 3회
정답 ④

76

고용보험법령상 고용노동부장관은 고용보험기금을 관리·운용함에 있어 대량 실업의 발생이나 그 밖의 고용상태 불안에 대비한 준비금을 여유자금으로 적립하여야 한다. 실업급여 계정의 연말 적립금의 적정규모는?

① 해당연도 지출액의 1배
② 해당연도 지출액의 1배 이상 2배 미만
③ 해당연도 지출액의 1.5배 이상 2배 미만
④ 해당연도 지출액의 1.5배 이상 2.5배 미만

핵심 키워드   실업급여 계정의 연말 적립금
☞ 1.5배 이상 2배 미만
기출 데이터   2013년 3회

핵심기출 해설   답 ③

고용노동부장관이 적립해야 하는 여유자금의 적정규모는 아래와 같다.

기금의 적립(고용보험법 제84조 제2항)
• 고용안정·직업능력개발 사업 계정의 연말 적립금 : 해당 연도 지출액의 1배 이상 1.5배 미만
• 실업급여 계정의 연말 적립금 : 해당 연도 지출액의 1.5배 이상 2배 미만

---

77 고용보험의 심사청구와 관련된 설명으로 틀린 것은?

① 심사청구는 즉시 원처분의 집행을 정지시킨다.

② 결정은 원처분 등을 행한 직업안정기관의 장을 기속한다.

③ 심사의 청구는 대통령령으로 정하는 바에 따라 문서로 하여야 한다.

④ 직업안정기관은 심사청구서를 받은 날부터 5일 이내에 의견서를 첨부하여 심사청구서를 심사관에게 보내야 한다.

핵심 키워드 심사와 재심사
 ☞ 집행부정지, 문서로 청구, 처분청 경유, 보낸 날 효력 발생
기출 데이터 2014년 1회, 2014년 2회, 2011년 3회, 2010년 2회

핵심기출 해설　답 ①

① 심사의 청구는 원처분 등의 집행을 정지시키지 아니하며, 심사관이 원처분 등의 집행에 의하여 발생하는 중대한 위해를 피하기 위하여 긴급한 필요가 있다고 인정하는 경우에 직권으로 그 집행을 정지시킬 수 있다(고용보험법 제93조 제1항).

② 동법 제98조 제2항

③ 동법 제91조

④ 동법 제90조 제2항

이것이 핵심　TIP

아래의 사항을 기억해야 합니다.

청구대상	피보험자격의 취득·상실에 대한 확인, 실업급여, 육아휴직 급여와 출산전후휴가 급여 등에 관한 처분
청구기간	• 심사청구 : 확인 또는 처분이 있음을 안 날부터 90일 이내 • 재심사의 청구 : 심사청구에 대한 결정이 있음을 안 날부터 90일 이내
청구의 방식	• 문 서 • 원처분 등을 한 직업안정기관을 거쳐야 함
청구의 효력	집행부정지 원칙
시효중단	재판상의 청구로 보아 시효가 중단
대리인	• 법정대리인　　　　　　　　　　　　• 변호사나 공인노무사 • 청구인의 배우자, 직계존속·비속 또는 형제자매　• 고용보험심사위원회의 허가를 받은 자 • 청구인인 법인의 임원 또는 직원
결정의 효력발생일	심사청구인 및 직업안정기관의 장 또는 근로복지공단에게 결정서의 정본을 보낸 날
결정의 효력	원처분 등을 행한 직업안정기관의 장 또는 근로복지공단을 기속

고용보험법령상 심사 및 재심사청구에 관한 설명으로 옳지 않은 것은?

① 실업급여에 관한 처분에 이의가 있는 자는 고용보험심사관에게 심사를 청구할 수 있다.

② 심사 및 재심사의 청구는 시효중단에 관하여 재판상의 청구로 본다.

③ 재심사청구인은 법정대리인 외에 자신의 형제자매를 대리인으로 선임할 수 없다.

④ 고용보험심사관은 원칙적으로 심사청구를 받으면 30일 이내에 그 심사청구에 대한 결정을 하여야 한다.

기출 2021년 1회
정답 ③

고용보험법상 고용보험심사위원회의 재심사 청구에서 재심사 청구인의 대리인이 될 수 없는 자는?

① 청구인인 법인의 직원

② 청구인의 배우자

③ 청구인이 가입한 노동조합의 위원장

④ 변호사

기출 2020년 4회
정답 ③

고용보험법상 심사의 청구에 관한 설명으로 틀린 것은?

① 심사의 청구는 시효중단에 관하여 재판상의 청구로 본다.

② 육아휴직 급여와 출산전후휴가 급여 등에 관한 처분에 대한 심사의 청구는 직업안정기관의 장을 거쳐 고용보험심사관에게 하여야 한다.

③ 결정은 심사청구인 및 직업안정기관의 장 또는 근로복지공단에 결정서의 정본을 보낸 날부터 효력이 발생한다.

④ 고용보험심사관은 심사청구인의 신청에 의하여 원처분 등의 집행을 정지시킬 수 있다.

기출 2018년 2회 기출변형
정답 ④
해설
심사의 청구는 원처분 등의 집행을 정지시키지 아니한다. 다만, 고용보험심사관은 원처분 등의 집행에 의하여 발생하는 중대한 위해를 피하기 위하여 긴급한 필요가 있다고 인정하면 직권으로 그 집행을 정지시킬 수 있다(고용보험법 제93조 제1항).

고용보험법상 심사 및 재심사의 청구에 관한 설명으로 틀린 것은?

① 피보험자격의 취득·상실에 대한 확인 등에 이의가 있는 자는 고용보험심사관에게 심사를 청구할 수 있고, 그 결정에 이의가 있는 자는 고용보험심사위원회에 재심사를 청구할 수 있다.

② 심사청구인은 법정대리인 외에 변호사나 공인노무사를 대리인으로 선임할 수 있다.

③ 고용보험심사관은 심사의 청구에 대한 심리를 마쳤을 때에는 원처분 등의 전부 또는 일부를 취소하거나 심사청구의 전부 또는 일부를 기각한다.

④ 결정의 효력은 심사청구인 및 직업안정기관의 장이 결정서의 정본을 받는 날부터 발생하며 결정은 원처분 등을 행한 직업안정기관의 장을 기속한다.

기출 2016년 1회, 2011년 3회
정답 ④
해설
결정의 효력은 심사청구인 및 직업안정기관의 장에게 결정서의 정본을 보낸 날 발생한다.

고용보험법상 심사 및 재심사 청구의 대상이 되는 것은?

① 보험료 징수처분

② 피보험자격의 취득·상실에 대한 확인

③ 고용안정사업에 관한 처분

④ 직업능력개발사업에 관한 처분

기출 2014년 1회
정답 ②

78

고용보험법상 실업급여를 지급받을 권리는 몇 년간 행사하지 아니하면 시효로 소멸하는가?

① 1년

② 2년

③ 3년

④ 5년

핵심 키워드 실업급여의 소멸시효

☞ 3년

기출 데이터 2013년 1회

핵심기출 해설 답 ③

③ 고용보험법상 지원금 · 취업촉진 수당 · 구직급여 · 육아휴직 급여, 육아기 근로시간 단축 급여 및 출산전후휴가 급여 등을 지급받거나 그 반환을 받을 권리는 3년간 행사하지 아니하면 시효로 소멸한다(고용보험법 제107조 제1항).

● **핵심유형 완성하기** ●

고용보험법상 취업촉진 수당을 지급받을 권리는 몇 년간 행사하지 아니하면 시효로 소멸하는가?

① 1년

② 2년

③ 3년

④ 5년

기출 2019년 3회

정답 ③

국민 평생 직업능력 개발법의 용어 ★★

79

국민 평생 직업능력 개발법에서 사용하는 용어의 정의로 틀린 것은?

① "직업능력개발훈련"이란 모든 국민에게 평생에 걸쳐 직업에 필요한 직무 수행능력을 습득 · 향상시키기 위하여 실시하는 훈련을 말한다.

② "근로자"란 사업주에게 고용된 사람과 직업훈련을 받고 있는 사람을 말한다.

③ "양성훈련"이란 근로자에게 작업에 필요한 기초적 직무수행능력을 습득시키기 위하여 실시하는 직업능력개발훈련을 말한다.

④ "집체훈련"이란 직업능력개발훈련을 실시하기 위하여 설치한 훈련전용시설이나 그 밖에 훈련을 실시하기에 적합한 시설(산업체의 생산시설 및 근무장소는 제외)에서 실시하는 직업능력개발훈련을 말한다.

핵심 키워드 용어의 정의

☞ 근로자란 사업주에게 고용된 사람과 취업할 의사가 있는 사람

기출 데이터 2015년 3회, 2014년 3회, 2013년 2회, 2010년 4회

핵심기출 해설   답 ②

② 국민 평생 직업능력 개발법에서 근로자란 사업주에게 고용된 사람과 취업할 의사가 있는 사람을 말한다.

이것이 핵심   TIP

국민 평생 직업능력 개발법에서 사용하는 용어(국민 평생 직업능력 개발법 제2조)

직업능력개발훈련	모든 국민에게 평생에 걸쳐 직업에 필요한 직무수행능력(지능정보화 및 포괄적 직업 · 직무기초능력을 포함한다)을 습득 · 향상시키기 위하여 실시하는 훈련
직업능력개발사업	직업능력개발훈련, 직업 · 진로 상담 및 경력개발 지원, 직업능력개발훈련 과정 · 매체의 개발 및 직업능력개발에 관한 조사 · 연구 등을 하는 사업
직업능력개발 훈련시설	• 공공직업훈련시설 : 국가 · 지방자치단체 및 대통령령으로 정하는 공공단체가 직업능력개발훈련을 위하여 설치한 시설로서 고용노동부장관과 협의하거나 고용노동부장관의 승인을 받아 설치한 시설 • 지정직업훈련시설 : 직업능력개발훈련을 위하여 설립 · 설치된 직업전문학교 · 실용전문학교 등의 시설로서 고용노동부장관이 지정한 시설
근로자	사업주에게 고용된 사람과 취업할 의사가 있는 사람
기능대학	「고등교육법」에 따른 전문대학으로서 학위과정인 다기능기술자과정 또는 학위전공심화과정을 운영하면서 직업훈련과정을 병설운영하는 교육 · 훈련기관

국민 평생 직업능력 개발법령상 근로자의 정의로서 가장 적합한 것은?

① 1주 동안의 소정근로시간이 그 사업장에서 같은 종류의 업무에 종사하는 통상 근로자의 1주 동안의 소정근로시간에 비하여 짧은 자
② 직업의 종류와 관계없이 임금을 목적으로 사업이나 사업장에 근로를 제공하는 사람
③ 직업의 종류를 불문하고 임금·급료 기타 이에 준하는 수입에 의하여 생활하는 자
④ 사업주에게 고용된 사람과 취업할 의사가 있는 사람

기출	2022년 2회
정답	④

해설

"근로자"란 사업주에게 고용된 사람과 취업할 의사가 있는 사람을 말한다(국민 평생 직업능력 개발법 제2조 제4호).

국민 평생 직업능력 개발법상 용어의 정의에 관한 설명으로 틀린 것은?

① 직업능력개발훈련이란 모든 국민에게 평생에 걸쳐 직업에 필요한 직무수행능력을 습득·향상시키기 위하여 실시하는 훈련을 말한다.
② 근로자란 직업의 종류와 관계없이 임금을 목적으로 사업이나 사업장에 근로를 제공하는 자를 말한다.
③ 직업능력개발사업이란 직업능력개발훈련, 직업·진로 상담 및 경력개발 지원, 직업능력개발훈련 과정·매체의 개발 및 직업능력개발에 관한 조사·연구 등을 하는 사업을 말한다.
④ 지정직업훈련시설이란 직업능력개발훈련을 위하여 설립·설치된 직업전문학교·실용전문학교 등의 시설로서 고용노동부장관이 지정한 시설을 말한다.

기출	2018년 1회, 2015년 1회 기출변형
정답	②

해설

근로기준법상 근로자의 정의에 해당한다. 국민 평생 직업능력 개발법에서는 근로자를 "사업주에게 고용된 사람과 취업할 의사가 있는 사람을 말한다"라고 규정한다.

국민 평생 직업능력 개발법상 국가, 근로자 및 사업주 등의 책무에 관한 설명으로 틀린 것은?

① 지방자치단체는 근로자의 생애에 걸친 직업능력개발을 위하여 사업주·사업주단체가 하는 직업능력개발사업을 촉진·지원하기 위하여 필요한 시책을 마련하여야 한다.
② 사업주는 직업능력개발훈련에 관한 상담, 선발기준 마련 등을 함으로써 근로자가 자신의 적성과 능력에 맞는 직업능력개발훈련을 받을 수 있도록 하여야 한다.
③ 사업주단체는 직업능력개발훈련이 산업현장의 수요에 맞추어 이루어지도록 지역별·산업부문별 직업능력개발훈련 수요조사 등 필요한 노력을 하여야 한다.
④ 국민은 자신의 적성과 능력에 따른 평생 직업능력개발을 위하여 노력하여야 하고, 국가·지방자치단체 또는 사업주 등이 하는 직업능력개발사업에 협조하여야 한다.

기출	2017년 2회
정답	②

해설

직업능력개발훈련을 실시하는 자는 직업능력개발훈련에 관한 상담·취업지도, 선발기준 마련 등을 함으로써 국민이 자신의 적성과 능력에 맞는 직업능력개발훈련을 받을 수 있도록 노력하여야 한다(국민 평생 직업능력 개발법 제4조 제5항).

국민 평생 직업능력 개발법상 근로자의 정의로서 가장 적합한 것은?

① 사업주에게 고용되어 근로를 제공하는 자
② 직업의 종류와 관계없이 임금을 목적으로 사업이나 사업장에 근로를 제공하는 자
③ 직업의 종류를 불문하고 임금·급료 기타 이에 준하는 수입에 의하여 생활하는 자
④ 사업주에게 고용된 자와 취업할 의사가 있는 자

기출	2015년 3회
정답	④

해설

"근로자"란 사업주에게 고용된 사람과 취업할 의사가 있는 사람을 말한다(국민 평생 직업능력 개발법 제2조 제4호).

80

국민 평생 직업능력 개발법령상 직업능력개발훈련시설을 설치할 수 있는 공공단체가 아닌 것은?

① 한국산업인력공단(한국산업인력공단이 출연하여 설립한 학교법인을 포함)
② 안전보건공단
③ 한국장애인고용공단
④ 근로복지공단

핵심 키워드 공공직업훈련시설의 설치
☞ 대한상공회의소 제외

기출 데이터 2020년 1 · 2회, 2013년 3회

핵심기출 해설   답 ②

국민 평생 직업능력 개발법상 공공직업훈련시설을 설치할 수 있는 공공단체는 아래와 같다.

직업능력개발훈련시설을 설치할 수 있는 공공단체의 범위(국민 평생 직업능력 개발법 시행령 제2조)
• 한국산업인력공단(한국산업인력공단이 출연하여 설립한 학교법인을 포함)
• 한국장애인고용공단
• 근로복지공단

이것이 핵심   TIP

이 문제와 관련하여 '대한상공회의소', '한국직업능력개발원', '안전보건공단' 등을 문제의 틀린 지문으로 제시하고 있습니다.

● 핵심유형 완성하기 ●

국민 평생 직업능력 개발법령상 공공직업훈련시설을 설치할 수 있는 공공단체에 해당하지 않는 것은?	기출 2018년 2회
① 한국산업인력공단　　② 한국장애인고용공단 ③ 근로복지공단　　④ 한국직업능력개발원	정답 ④
국민 평생 직업능력 개발법령상 직업능력개발훈련시설을 설치할 수 있는 공공단체의 범위에 해당하지 않는 것은?	기출 2018년 3회, 2014년 2회
① 한국산업인력공단　　② 한국장애인고용공단 ③ 대한상공회의소　　④ 근로복지공단	정답 ③

81

국민 평생 직업능력 개발법상 직업능력개발훈련의 기본원칙으로 가장 적합하지 않은 것은?

① 국민 개개인의 희망·적성·능력에 맞게 국민의 생애에 걸쳐 체계적으로 실시되어야 한다.
② 사회적 공공성의 원리에 따라 국가 주도로 진행되어야 한다.
③ 직업능력개발훈련이 필요한 국민에 대하여 균등한 기회가 보장되도록 실시되어야 한다.
④ 국민의 직무능력과 고용가능성을 높일 수 있도록 지역·산업현장의 수요가 반영되어야 한다.

핵심 키워드 기본원칙
☞ 민간의 자율과 창의성
기출 데이터 2010년 2회, 2009년 1회

핵심기출 해설 **답 ②**

② 직업능력개발훈련은 민간의 자율과 창의성이 존중되도록 하여야 하며, 노사의 참여와 협력을 바탕으로 실시되어야 한다(국민 평생 직업능력 개발법 제3조 제2항).

이것이 핵심 **TIP**

직업능력개발훈련은 국민 개개인의 희망·적성·능력에 맞게 국민의 생애에 걸쳐 체계적으로 실시, 민간의 자율과 창의성이 존중되도록 하여야 하며, 노사의 참여와 협력을 바탕으로 실시, 모든 국민에게 균등한 기회가 보장되도록 실시, 학교교육 및 산업현장과 긴밀하게 연계될 수 있도록 실시되어야 하고, 차별하며 실시되어서는 안 됩니다.

● **핵심유형 완성하기** ●

국민 평생 직업능력 개발법령상 원칙적으로 직업능력개발훈련의 대상 연령은? ① 13세 이상　　② 15세 이상 ③ 18세 이상　　④ 20세 이상	**기출** 2025년, 2022년 1회 **정답** ②
국민 평생 직업능력 개발법상 직업능력개발훈련의 기본원칙으로 명시되지 않은 것은? ① 직업능력개발훈련은 국민 개개인의 희망·적성·능력에 맞게 국민의 생애에 걸쳐 체계적으로 실시되어야 한다. ② 직업능력개발훈련은 민간의 자율과 창의성이 존중되도록 하여야 하며, 노사의 참여와 협력을 바탕으로 실시되어야 한다. ③ 제조업의 생산직에 종사하는 근로자의 직업능력개발훈련은 중요시되어야 한다. ④ 직업능력개발훈련은 국민의 직무능력과 고용가능성을 높일 수 있도록 지역·산업현장의 수요가 반영되어야 한다.	**기출** 2021년 1회 기출변형 **정답** ③ **해설** '제조업의 생산직에 종사하는 근로자'는 국민 평생 직업능력 개발법상 직업능력개발훈련의 기본원칙에서 직업능력개발훈련이 중요시되어야 할 대상에 포함되지 않는다(국민 평생 직업능력 개발법 제3조 제4항 참조).

국민 평생 직업능력 개발법령상 직업능력개발훈련에 관한 설명으로 옳은 것은?

① 직업능력개발훈련은 18세 미만인 자에게는 실시할 수 없다.
② 직업능력개발훈련의 대상이 되는 근로자에는 취업할 의사가 있는 사람뿐만 아니라 사업주에게 고용된 사람도 포함된다.
③ 직업능력개발훈련 시설의 장은 직업능력개발훈련과 관련된 기술 등에 관한 표준을 정할 수 있다.
④ 산업재해보상보험법을 적용받는 사람도 재해 위로금을 받을 수 있다.

기출 2021년 2회, 2018년 1회 기출변형
정답 ②
해설
직업능력개발훈련은 국민에게 직업에 필요한 직무수행능력을 습득·향상시키기 위하여 실시하는 훈련을 말한다. 근로자란 사업주에게 고용된 사람과 취업할 의사가 있는 사람을 말한다(국민 평생 직업능력 개발법 제2조 제1호 및 제4호).

국민 평생 직업능력 개발법상 직업능력개발훈련의 기본원칙에 대한 설명으로 틀린 것은?

① 직업능력개발훈련은 정부 주도로 노사의 참여와 협력을 바탕으로 실시되어야 한다.
② 직업능력개발훈련은 국민 개개인의 희망·적성·능력에 맞게 국민의 생애에 걸쳐 체계적으로 실시되어야 한다.
③ 직업능력개발훈련은 성별, 연령, 신체적 조건, 고용형태, 신앙 또는 사회적 신분 등에 따라 차별하여 실시되어서는 아니 된다.
④ 직업능력개발훈련은 국민의 직무능력과 고용가능성을 높일 수 있도록 지역·산업현장의 수요가 반영되어야 한다.

기출 2019년 1회 기출변형
정답 ①

국민 평생 직업능력 개발법상 직업능력개발훈련의 기본원칙에 대한 설명으로 틀린 것은?

① 직업능력개발훈련은 국민 개개인의 희망·적성·능력에 맞게 실시되어야 한다.
② 직업능력개발훈련은 국민의 생애에 걸쳐 체계적으로 실시되어야 한다.
③ 직업능력개발훈련은 모든 국민에게 균등한 기회가 보장되도록 하여야 한다.
④ 직업능력개발훈련은 학교교육과 관계없이 산업현장과 긴밀하게 연계될 수 있도록 하여야 한다.

기출 2019년 3회 기출변형
정답 ④
해설
직업능력개발훈련은 교육 관계 법에 따른 학교교육 및 산업현장과 긴밀하게 연계될 수 있도록 하여야 한다(국민 평생 직업능력 개발법 제3조 제5항).

국민 평생 직업능력 개발법상 직업능력개발훈련의 기본원칙과 거리가 먼 것은?

① 국민 개개인의 희망·적성·능력에 맞게 생애에 걸쳐 체계적으로 실시되어야 한다.
② 민간의 자율과 창의성이 존중되고 직업능력개발훈련이 필요한 근로자에 대하여 균등한 기회가 보장되도록 실시되어야 한다.
③ 신기술을 필요로 하는 업무에 종사하는 근로자에 대한 직업능력개발훈련은 중요시되어야 한다.
④ 교육 관계법에 따른 학교교육 및 산업현장과 긴밀하게 연계될 수 있도록 하여야 한다.

기출 2017년 1회
정답 ③

82

국민 평생 직업능력 개발법령상 직업능력개발훈련이 중요시되어야 할 대상으로 명시되지 않은 것은?

① 고령자 · 장애인

② 여성근로자

③ 일용근로자

④ 제조업의 생산직에 종사하는 근로자

핵심 키워드 직업능력개발훈련이 중요시해야 할 대상

☞ 여성근로자, 중소기업의 근로자, 일용근로자, 고령자, 장애인

기출 데이터 2020년 3회

핵심기출 해설 답 ④

④ 제조업의 생산직에 종사하는 근로자는 직업능력개발훈련의 중요 대상에서 제외되었습니다.

직업능력개발훈련의 기본원칙(국민 평생 직업능력 개발법 제3조 제4항)

• 고령자 · 장애인

• 「국민기초생활 보장법」에 따른 수급권자

• 「국가유공자 등 예우 및 지원에 관한 법률」에 따른 국가유공자와 그 유족 또는 가족이나 「보훈보상대상자 지원에 관한 법률」에 따른 보훈보상대상자와 그 유족 또는 가족

• 「5 · 18민주유공자예우 및 단체설립에 관한 법률」에 따른 5 · 18민주유공자와 그 유족 또는 가족

• 「제대군인지원에 관한 법률」에 따른 제대군인 및 전역예정자

• 여성근로자

• 「중소기업기본법」에 따른 중소기업의 근로자

• 일용근로자, 단시간근로자, 기간을 정하여 근로계약을 체결한 근로자, 일시적 사업에 고용된 근로자

• 「파견근로자 보호 등에 관한 법률」에 따른 파견근로자

• 「학교 밖 청소년 지원에 관한 법률」에 따른 학교 밖 청소년

이것이 핵심 **TIP**

제조업의 생산직에 종사하는 근로자, 제조업의 연구직 혹은 사무직에 종사하는 근로자를 주로 오답으로 출제하고 있으니 주의해야 합니다.

국민 평생 직업능력 개발법에 명시된 직업능력개발훈련이 중요시되어야 하는 사람에 해당하지 않는 것은?

① 일용근로자
② 여성근로자
③ 제조업의 생산직에 종사하는 근로자
④ 중소기업기본법에 따른 중소기업의 근로자

> **기출** 2025년, 2023년, 2019년 2회
> **정답** ③

국민 평생 직업능력 개발법령에 관한 설명으로 틀린 것은?

① 「제대군인지원에 관한 법률」에 따른 제대군인 및 전역예정자의 직업능력개발훈련은 중요시되어야 한다.
② 「산업재해보상보험법」에 따른 근로복지공단은 직업능력개발훈련시설을 설치할 수 없다.
③ 이 법에서 "근로자"란 사업주에게 고용된 사람과 취업할 의사가 있는 사람을 말한다.
④ 직업능력개발훈련은 훈련의 목적에 따라 양성훈련, 향상훈련, 전직훈련으로 구분한다.

> **기출** 2022년 1회
> **정답** ②

국민 평생 직업능력 개발법상 직업능력개발훈련이 중요시되어야 할 대상으로 명시되지 않은 것은?

① 「국민기초생활 보장법」에 따른 수급권자
② 「국가유공자 등 예우 및 지원에 관한 법률」에 따른 국가유공자
③ 「제대군인지원에 관한 법률」에 따른 제대군인
④ 「한부모가족지원법」에 따른 지원대상자

> **기출** 2021년 3회
> **정답** ④

국민 평생 직업능력 개발법령상 직업능력개발훈련이 중요시되어야 하는 대상에 해당하는 것을 모두 고른 것은?

ㄱ. 「국민기초생활 보장법」에 따른 수급권자
ㄴ. 고령자
ㄷ. 단시간근로자
ㄹ. 제조업에 종사하는 근로자

① ㄱ, ㄴ, ㄹ
② ㄱ, ㄴ, ㄷ
③ ㄱ, ㄷ, ㄹ
④ ㄴ, ㄷ, ㄹ

> **기출** 2020년 1·2회
> **정답** ②

국민 평생 직업능력 개발법령상 직업능력개발훈련이 중요시되어야 하는 자를 모두 고른 것은?

기 출 2018년 1회

정 답 ④

> ㄱ. 고령자
> ㄴ. 국민기초생활 보장법에 따른 수급권자
> ㄷ. 여성근로자
> ㄹ. 일용근로자
> ㅁ. 단시간근로자

① ㄱ, ㄴ, ㅁ
② ㄷ, ㄹ, ㅁ
③ ㄱ, ㄴ, ㄷ, ㄹ
④ ㄱ, ㄴ, ㄷ, ㄹ, ㅁ

국민 평생 직업능력 개발법상 직업능력개발훈련이 중요시되어야 할 대상에 해당하지 않는 것은?

기 출 2018년 2회, 2012년 3회

정 답 ③

① 「국민기초생활 보장법」에 따른 수급권자
② 「제대군인지원에 관한 법률」에 따른 전역예정자
③ 제조업의 연구직에 종사하는 근로자
④ 일시적 사업에 고용된 근로자

국민 평생 직업능력 개발법상 직업능력개발훈련이 중요시되어야 할 대상으로 틀린 것은?

기 출 2015년 2회

정 답 ③

① 고령자
② 장애인
③ 사업주
④ 국민기초생활 보장법에 따른 수급권자

국민 평생 직업능력 개발법상 직업능력개발훈련에서 중요시되어야 할 대상이 아닌 것은?

기 출 2015년 3회

정 답 ④

① 「국민기초생활 보장법」에 따른 수급권자
② 「중소기업기본법」에 따른 중소기업의 근로자
③ 여성근로자
④ 비진학 청소년

83

국민 평생 직업능력 개발법령상 훈련의 목적에 따라 구분한 직업능력개발훈련에 해당하지 않는 것은?

① 집체훈련
② 양성훈련
③ 향상훈련
④ 전직훈련

핵심 키워드 | 목적에 따른 구분
☞ 양성, 향상, 전직

기출 데이터 | 2023년, 2021년 1회, 2010년 1회, 2008년 3회

핵심기출 해설 **답 ①**

① 집체훈련은 목적에 따른 구분이 아닌 '방법'에 따른 구분에 해당한다.

이것이 핵심 **TIP**

직업능력개발훈련의 목적에 따른 구분과 방법에 따른 구분을 반드시 개별적으로 숙지해야 합니다(국민 평생 직업능력 개발법 시행령 제3조).

• 목적에 따른 구분

양성훈련	국민에게 작업에 필요한 기초적 직무수행능력을 습득시키기 위하여 실시하는 직업능력개발훈련
향상훈련	양성훈련을 받은 사람이나 직업에 필요한 기초적 직무수행능력을 가지고 있는 사람에게 더 높은 직무수행능력을 습득시키거나 기술발전에 맞추어 지식·기능을 보충하게 하기 위하여 실시하는 직업능력개발훈련
전직훈련	국민에게 종전의 직업과 유사하거나 새로운 직업에 필요한 직무수행능력을 습득시키기 위하여 실시하는 직업능력개발훈련

• 방법에 따른 구분

집체훈련	직업능력개발훈련을 실시하기 위하여 설치한 훈련전용시설이나 그 밖에 훈련을 실시하기에 적합한 시설에서 실시하는 방법
현장훈련	산업체의 생산시설 또는 근무장소에서 실시하는 방법
원격훈련	먼 곳에 있는 사람에게 정보통신매체 등을 이용하여 실시하는 방법
혼합훈련	위의 훈련방법을 2개 이상 병행하여 실시하는 방법

국민 평생 직업능력 개발법령상 실시방법에 따라 구분한 직업능력개발훈련에 해당하지 않는 것은?

① 집체훈련   ② 향상훈련
③ 현장훈련   ④ 원격훈련

기 출 2021년 2회, 2015년 3회, 2004년 3회
정 답 ②

국민 평생 직업능력 개발법령상 훈련방법에 따른 구분에 해당하지 않는 것은?

① 집체훈련   ② 현장훈련
③ 양성훈련   ④ 원격훈련

기 출 2020년 4회
정 답 ③

국민 평생 직업능력 개발법령상 다음은 어떤 훈련방법에 관한 설명인가?

> 직업능력개발훈련을 실시하기 위하여 설치한 훈련전용시설이나 그 밖에 훈련을 실시하기에 적합한 시설(산업체의 생산시설 및 근무장소는 제외한다)에서 실시하는 방법

① 현장훈련   ② 집체훈련
③ 원격훈련   ④ 혼합훈련

기 출 2020년 3회
정 답 ②

국민 평생 직업능력 개발법령상 직업능력개발훈련의 구분 및 실시방법에 관한 설명으로 옳은 것은?

① 직업능력개발훈련은 훈련의 목적에 따라 현장훈련과 원격훈련으로 구분한다.
② 양성훈련은 국민에게 작업에 필요한 기초적 직무수행능력을 습득시키기 위하여 실시하는 직업능력개발훈련이다.
③ 혼합훈련은 전직훈련과 향상훈련을 병행하여 직업능력개발훈련을 실시하는 방법이다.
④ 집체훈련은 산업체의 생산시설 및 근무장소에서 직업능력개발훈련을 실시하는 방법이다.

기 출 2019년 3회, 2011년 3회 기출변형
정 답 ②

국민 평생 직업능력 개발법령상 직업에 필요한 기초적 직무수행능력을 가지고 있는 사람에게 더 높은 직무수행능력을 습득시키거나 기술발전에 맞추어 지식 · 기능을 보충하게 하기 위하여 실시하는 직업능력개발훈련은?

① 양성훈련   ② 향상훈련
③ 전직훈련   ④ 집체훈련

기 출 2018년 2회, 2013년 3회
정 답 ②

국민 평생 직업능력 개발법령상 훈련의 목적에 따른 직업능력개발훈련에 해당하지 않는 것은?

① 양성훈련   ② 향상훈련
③ 현장훈련   ④ 전직훈련

기 출 2016년 2회
정 답 ③

84 국민 평생 직업능력 개발법상 훈련계약에 관한 설명으로 틀린 것은?

① 사업주와 직업능력개발훈련을 받으려는 근로자는 직업능력개발훈련에 따른 권리ㆍ의무 등에 관하여 훈련계약을 체결하여야 한다.

② 기준근로시간 외의 훈련시간에 대하여는 생산시설을 이용하거나 근무장소에서 하는 직업능력개발훈련의 경우를 제외하고는 연장근로와 야간근로에 해당하는 임금을 지급하지 아니할 수 있다.

③ 훈련계약을 체결할 때에는 해당 직업능력개발훈련을 받는 사람이 직업능력개발훈련을 이수한 후에 사업주가 지정하는 업무에 일정 기간 동안 종사하도록 할 수 있다.

④ 훈련계약을 체결하지 아니한 경우에 고용근로자가 받은 직업능력개발훈련에 대하여는 그 근로자가 근로를 제공한 것으로 본다.

핵심 키워드　훈련계약
　　　　☞ 체결할 수 있다, 5년 이내, 3배

기출 데이터　2015년 2회, 2014년 2회, 2012년 3회, 2011년 2회

핵심기출 해설　**답 ①**

① 사업주와 직업능력개발훈련을 받으려는 근로자는 직업능력개발훈련에 따른 권리ㆍ의무 등에 관하여 훈련계약을 체결할 수 있는 것이지 체결해야만 하는 것은 아니다(국민 평생 직업능력 개발법 제9조 제1항).

이것이 핵심　**TIP**

훈련계약과 관련해서는 아래의 사항을 기억해야 합니다.

훈련계약의 체결	체결할 수 있는 것이지 반드시 해야 하는 것은 아님
의무종사기간	5년 이내로 하되, 직업능력개발훈련기간의 3배를 초과할 수 없음
훈련계약을 체결하지 않은 경우	고용근로자가 받은 직업능력개발훈련에 대하여는 그 근로자가 근로를 제공한 것으로 간주
기준근로시간 외의 훈련	생산시설을 이용하거나 근무장소에서 하는 직업능력개발훈련의 경우를 제외하고는 연장근로와 야간근로에 해당하는 임금을 지급하지 아니할 수 있음

다음 (   )에 알맞은 것은?

> 국민 평생 직업능력 개발법상 사업주는 근로자와 훈련계약을 체결할 때에는 해당 직업능력개발훈련을 받는 사람이 직업능력개발훈련을 이수한 후에 사업주가 지정하는 업무에 일정 기간 종사하도록 할 수 있다. 이 경우 그 기간은 (ㄱ)년 이내로 하되, 직업능력개발훈련기간의 (ㄴ)배를 초과할 수 없다.

① ㄱ : 3, ㄴ : 2
② ㄱ : 3, ㄴ : 3
③ ㄱ : 5, ㄴ : 2
④ ㄱ : 5, ㄴ : 3

기출 2020년 4회, 2016년 3회, 2010년 3회
정답 ④

국민 평생 직업능력 개발법상 훈련계약에 관한 설명으로 틀린 것은?

① 사업주와 직업능력개발훈련을 받으려는 근로자는 직업능력개발훈련에 따른 권리 · 의무 등에 관하여 훈련계약을 체결하여야 한다.
② 기준근로시간 외의 훈련시간에 대하여는 생산시설을 이용하거나 근무장소에서 하는 직업능력개발훈련의 경우를 제외하고는 연장근로와 야간근로에 해당하는 임금을 지급하지 아니할 수 있다.
③ 훈련계약을 체결할 때에는 해당 직업능력개발훈련을 받는 사람이 직업능력개발훈련을 이수한 후에 사업주가 지정하는 업무에 일정 기간 종사하도록 할 수 있다. 이 경우 그 기간은 5년 이내로 하되, 직업능력개발훈련기간의 3배를 초과할 수 없다.
④ 훈련계약을 체결하지 아니한 경우에 고용근로자가 받은 직업능력개발훈련에 대하여는 그 근로자가 근로를 제공한 것으로 본다.

기출 2019년 1회, 2013년 1회, 2010년 4회, 2009년 2회
정답 ①
해설
사업주와 직업능력개발훈련을 받으려는 근로자는 직업능력개발훈련에 따른 권리 · 의무 등에 관하여 훈련계약을 체결할 수 있다(국민 평생 직업능력 개발법 제9조 제1항).

국민 평생 직업능력 개발법상의 내용으로 (   )에 알맞은 것은?

> 사업주와 직업능력개발훈련을 받으려는 근로자가 훈련계약을 체결할 때 사업주가 직업능력개발훈련을 이수한 후에 지정하는 업무에 일정 기간 종사하도록 할 수 있으나 그 기간은 (ㄱ) 이내로 하되, 직업능력개발훈련기간의 (ㄴ)를 초과할 수 없다.

① ㄱ : 1년, ㄴ : 1배
② ㄱ : 2년, ㄴ : 2배
③ ㄱ : 3년, ㄴ : 2배
④ ㄱ : 5년, ㄴ : 3배

기출 2017년 1회
정답 ④
해설
훈련계약과 권리 · 의무(국민 평생 직업능력 개발법 제9조 제2항)
사업주는 훈련계약을 체결할 때에는 해당 직업능력개발훈련을 받는 사람이 직업능력개발훈련을 이수한 후에 사업주가 지정하는 업무에 일정 기간 종사하도록 할 수 있다. 이 경우 그 기간은 5년 이내로 하되, 직업능력개발훈련기간의 3배를 초과할 수 없다.

국민 평생 직업능력 개발법상 훈련계약에 관한 설명으로 틀린 것은?

① 훈련계약을 체결할 때에는 해당 직업능력개발훈련을 받는 사람이 직업능력개발훈련을 이수한 후에 사업주가 지정하는 업무에 일정 기간 종사하도록 할 수 있다. 이 경우 그 기간은 5년 이내로 하되, 직업능력개발훈련 기간의 3배를 초과할 수 없다.

② 훈련계약을 체결하지 아니한 경우에 고용근로자가 받은 직업능력개발훈련에 대하여는 그 근로자가 근로를 제공한 것으로 본다.

③ 기준근로시간 외의 훈련시간에 대하여는 생산시설을 이용하거나 근무장소에서 하는 직업능력개발훈련의 경우를 제외하고는 연장근로와 야간근로에 해당하는 임금을 지급하여야 한다.

④ 훈련계약을 체결하지 아니한 사업주는 직업능력개발훈련을 기준근로시간 내에 실시하되, 해당 근로자와 합의한 경우에는 기준근로시간 외의 시간에 직업능력개발훈련을 실시할 수 있다.

기 출 2017년 2회, 2013년 2회

정 답 ③

해 설
기준근로시간 외의 훈련시간에 대하여는 생산시설을 이용하거나 근무장소에서 하는 직업능력개발훈련의 경우를 제외하고는 연장근로와 야간근로에 해당하는 임금을 지급하지 아니할 수 있다(국민 평생 직업능력 개발법 제9조 제5항).

국민 평생 직업능력 개발법상 훈련계약과 권리·의무에 관한 내용으로 틀린 것은?

① 사업주와 직업능력개발훈련을 받으려는 근로자는 직업능력개발훈련에 따른 권리·의무 등에 관하여 훈련계약을 체결할 수 있다.

② 사업주는 훈련계약을 체결할 때에는 해당 직업능력개발훈련을 받는 사람이 직업능력개발훈련을 이수한 후에 사업주가 지정하는 업무에 일정 기간 종사하도록 할 수 있다.

③ 훈련계약을 체결하지 아니한 경우에 고용근로자가 받은 직업능력개발훈련에 대하여는 그 근로자가 근로를 제공하지 아니한 것으로 본다.

④ 기준근로시간 외의 훈련시간에 대하여는 생산시설을 이용하거나 근무장소에서 하는 직업능력개발훈련의 경우를 제외하고는 연장근로와 야간근로에 해당하는 임금을 지급하지 아니할 수 있다.

기 출 2017년 3회, 2015년 2회

정 답 ③

해 설
훈련계약을 체결하지 아니한 경우에 고용근로자가 받은 직업능력개발훈련에 대하여는 그 근로자가 근로를 제공한 것으로 본다(국민 평생 직업능력 개발법 제9조 제3항).

85

국민 평생 직업능력 개발법상 직업능력개발훈련을 받는 국민이 훈련 중에 그 훈련으로 인하여 재해를 입은 경우 지급받는 재해 위로금에 관한 설명으로 틀린 것은?

① 산업재해보상보험법의 적용을 받는 사람은 제외된다.

② 재해 위로금의 지급에 관하여는 휴업보상을 제외한 근로기준법을 준용한다.

③ 위탁에 의한 직업능력개발훈련을 받는 국민에 대하여는 위탁받은 자의 훈련시설의 결함으로 인하여 재해가 발생한 경우라도 위탁자가 재해 위로금을 지급하여야 한다.

④ 재해 위로금의 산정기준이 되는 평균임금은 산업재해보상보험법에 따라 고용노동부장관이 매년 정하여 고시하는 최고 보상기준 금액 및 최저 보상기준 금액을 각각 그 상한 및 하한으로 한다.

핵심 키워드 재해 위로금

☞ 산업재해보상보험 적용자 제외, 평균임금, 직업능력개발훈련을 실시하는 자, 위탁은 원칙적으로 위탁자, 상한 및 하한 있음

기출 데이터 2011년 3회

핵심기출 해설 **답 ③**

③ 위탁에 의한 직업능력개발훈련을 받는 국민에 대하여는 위탁받은 자의 훈련시설의 결함으로 인하여 재해가 발생한 경우에는 위탁받은 자가 재해 위로금을 지급하여야 한다(국민 평생 직업능력 개발법 제11조 제1항 참조).

이것이 핵심 **TIP**

재해 위로금과 관련해서는 아래의 사항을 기억해야 합니다.

위로금 지급주체	• 직업능력개발훈련을 실시하는 자 • 위탁의 경우 원칙적으로 위탁자이며, 위탁받은 자의 훈련시설의 결함 등으로 인한 경우에는 위탁받은 자
위로금 적용제외	산업재해보상보험법을 적용받는 사람은 제외
상한액	산업재해보상보험법에 따라 고용노동부장관이 정하여 고시하는 최고 보상기준 금액
하한액	산업재해보상보험법에 따라 고용노동부장관이 정하여 고시하는 최저 보상기준 금액

국민 평생 직업능력 개발법상 재해 위로금에 관한 설명으로 틀린 것은?

① 직업능력개발훈련을 받는 국민이 직업능력개발훈련 중에 그 직업능력개발훈련으로 인하여 재해를 입은 경우에는 재해 위로금을 지급하여야 한다.

② 위탁에 의한 직업능력개발훈련을 받는 국민에게 대하여는 그 위탁자가 재해 위로금을 부담한다.

③ 위탁받은 자의 훈련시설의 결함이나 그 밖에 위탁받은 자에게 책임이 있는 사유로 인하여 재해가 발생한 경우에는 위탁받은 자가 재해위로금을 지급하여야 한다.

④ 재해 위로금의 산정기준이 되는 평균임금은 산업재해보상보험법에 따라 고용노동부장관이 매년 정하여 고시하는 최고 보상기준 금액을 상한으로 하고 최저 보상기준 금액은 적용하지 아니한다.

기출 2019년 3회, 2009년 2회

정답 ④

해설
재해 위로금의 산정기준이 되는 평균임금은 「산업재해보상보험법」에 따라 고용노동부장관이 매년 정하여 고시하는 최고 보상기준 금액 및 최저 보상기준 금액을 각각 그 상한 및 하한으로 한다(국민 평생 직업능력 개발법 시행령 제5조 참조).

국민 평생 직업능력 개발법령에 대한 설명으로 틀린 것은?

① 직업능력개발훈련은 15세 이상인 자에게 실시한다.

② 직업능력개발훈련은 집체훈련, 현장훈련, 원격훈련, 혼합훈련의 방법으로 실시한다.

③ 국민에게 종전의 직업과 유사하거나 새로운 직업에 필요한 직무수행능력을 습득시키기 위하여 실시하는 직업능력개발훈련을 전직훈련이라고 한다.

④ 재해 위로금의 산정기준이 되는 통상임금은 산업재해보상보험법에 의한 최고 보상기준 금액 및 최저 보상기준 금액을 각각 그 상한 및 하한으로 한다.

기출 2018년 3회, 2012년 1회 기출변형

정답 ④

해설
재해 위로금의 산정기준이 되는 평균임금은 「산업재해보상보험법」에 따라 고용노동부장관이 매년 정하여 고시하는 최고 보상기준 금액 및 최저 보상기준 금액을 각각 그 상한 및 하한으로 한다(국민 평생 직업능력 개발법 시행령 제5조).

국민 평생 직업능력 개발법상의 재해 위로금을 받을 수 없는 자는?

① 수탁자의 귀책사유로 인하여 훈련생이 직업능력개발훈련 중 재해를 입은 경우

② 수탁자의 훈련시설의 하자에 의하여 훈련생이 직업능력개발훈련 중 재해를 입은 경우

③ 산업재해보상보험법의 적용을 받는 훈련생이 훈련 중에 그 훈련으로 인하여 재해를 입은 경우

④ 위탁에 의한 직업능력개발훈련을 받는 근로자가 위탁에 의한 훈련으로 인하여 재해를 입은 경우

기출 2015년 1회 기출변형

정답 ③

해설
산업재해보상보험법은 현장 실습을 하고 있는 학생 및 직업 훈련생(현장실습생)에 대한 특례규정(제123조)을 두고 있다. 그에 따라 현장실습생도 근로자로 간주되어 산업재해보상보험법령에 따른 보험급여를 받게 된다. 다만, 이 경우 「국민 평생 직업능력 개발법」에 따른 재해 위로금은 원칙적으로 적용되지 않는다.

국민 평생 직업능력 개발법상 재해 위로금에 관한 설명으로 틀린 것은?

① 직업능력개발훈련으로 인하여 재해를 입은 사람 중 산업재해보상보험법을 적용받는 사람은 재해 위로금을 지급하지 아니한다.

② 위탁에 의하여 실시하는 직업능력개발훈련의 훈련생에 대하여는 그 위탁자가 재해 위로금을 부담한다.

③ 수탁자의 귀책사유로 인하여 재해가 발생한 경우 위탁자는 수탁자에게 구상권을 행사할 수 있다.

④ 재해 위로금의 지급기준은 대통령령으로 정한다.

기출 2014년 1회

정답 ③

해설
구상권 행사에 대한 내용은 법령에 나와 있지 않다.

86

국민 평생 직업능력 개발법상 고용노동부장관이 비용을 지원하거나 융자할 수 있는 산업부문별 직업능력개발사업이 아닌 것은?

① 산업부문별 인력수급이 및 직업능력개발훈련 수요에 대한 조사 · 분석

② 자격 및 직업능력개발훈련 기준의 개발 · 보급

③ 직업능력개발훈련을 실시하는 기관 및 그 훈련과정 등에 대한 인증사업

④ 직업능력개발훈련 과정 및 매체 등의 개발 보완 · 보급사업

핵심 키워드 산업부문별 직업능력개발사업
☞ 조사 · 분석, 개발 · 보완 · 보급

기출 데이터 2011년 1회 기출변형

핵심기출 해설 답 ③

고용노동부장관은 산업부문별 직업능력개발사업을 촉진하기 위하여 산업부문별 인적자원 개발협의체, 근로자단체 및 사업주단체 등이 다음의 어느 하나에 해당하는 사업을 실시하는 경우 필요한 비용을 지원하거나 융자할 수 있다.

> **산업부문별 직업능력개발사업 지원 범위(국민 평생 직업능력 개발법 제22조 및 시행령 제20조)**
> • 산업부문별 인력수급 및 직업능력개발훈련 수요에 대한 조사 · 분석
> • 자격 및 직업능력개발훈련 기준의 개발 · 보급
> • 직업능력개발훈련 과정 및 매체 등의 개발 · 보완 · 보급사업
> • 직업능력개발훈련교사 및 인력개발담당자의 능력개발사업
> • 직업능력개발사업에 관한 조사 · 연구 · 교육 및 홍보 사업
> • 그 밖에 산업부문별 직업능력개발을 촉진하기 위한 사업으로서 고용노동부장관이 정하여 고시하는 사업

87

국민 평생 직업능력 개발법령상 고용노동부장관이 반드시 지정직업훈련시설의 지정을 취소해야 하는 경우에 해당하는 것은?

① 시정명령에 따르지 아니한 경우
② 변경지정을 받지 아니하고 지정 내용을 변경하는 등 부정한 방법으로 지정직업훈련시설을 운영한 경우
③ 훈련생을 모집할 때 거짓 광고를 한 경우
④ 거짓으로 지정을 받은 경우

핵심 키워드 지정 취소
☞ 거짓이나 부정한 방법, 결격사유
기출 데이터 2022년 2회

핵심기출 해설 답 ④

지정직업훈련시설의 지정취소(국민 평생 직업능력 개발법 제31조 제1항)
고용노동부장관은 지정직업훈련시설이 다음의 어느 하나에 해당하면 그 시정을 명하거나 그 지정의 취소 또는 1년 이내의 기간을 정하여 직업능력개발훈련의 정지를 명할 수 있다.

• 감염병에 관한 조치를 취하지 아니한 경우
• 거짓이나 그 밖의 부정한 방법으로 지정을 받은 경우(반드시 취소)(④)
• 지정 요건을 갖추지 못한 경우(「건축법」 등 법령 위반에 따른 행정처분으로 해당 시설을 직업훈련 용도에 사용할 수 없게 된 경우를 포함)
• 결격사유의 어느 하나에 해당하게 된 경우(반드시 취소)
• 정당한 사유 없이 계속하여 1년 이상 직업능력개발훈련을 실시하지 아니한 경우
• 변경지정을 받지 아니하고 지정 내용을 변경하는 등 부정한 방법으로 지정직업훈련시설을 운영한 경우(②)
• 훈련생을 모집할 때 과대 광고 또는 거짓 광고를 한 경우(③)
• 시정명령에 따르지 아니한 경우(①)
• 그 밖에 이 법 또는 이 법에 따른 명령을 위반한 경우

88 국민 평생 직업능력 개발법상 직업능력개발훈련교사에 관한 설명으로 틀린 것은?

① 직업능력개발훈련교사의 자격증이 있는 자만이 직업능력개발훈련을 위하여 훈련생을 가르칠 수 있다.

② 금고 이상의 형의 집행유예선고를 받고 그 유예기간 중에 있는 자는 직업능력개발훈련교사가 될 수 없다.

③ 직업능력개발훈련교사의 자격증을 대여한 자에 대하여는 그 자격을 취소할 수 있다.

④ 지방자치단체도 직업능력개발훈련교사의 양성을 위한 훈련과정을 설치·운영할 수 있다.

핵심 키워드 직업능력개발훈련교사
☞ 해당 분야의 전문적 지식인

기출 데이터 2011년 2회, 2010년 1회, 2008년 3회

핵심기출 해설 **답 ①**

① 직업능력개발훈련교사뿐만 아니라 그 밖에 해당 분야에 전문지식이 있는 사람 등으로서 대통령령으로 정하는 사람도 직업능력개발훈련을 위하여 훈련생을 가르칠 수 있다(국민 평생 직업능력 개발법 제33조 제1항).

② 동법 제34조 제3호

③ 동법 제35조 제1항 제4호

④ 동법 제36조 제1항 참조

이것이 핵심 **TIP**

법 제33조 제1항에서 "대통령령으로 정하는 사람"이란 다음의 어느 하나에 해당하는 사람을 말한다.

직업능력개발훈련을 위하여 훈련생을 가르칠 수 있는 사람(국민 평생 직업능력 개발법 시행령 제27조)

• 「고등교육법」에 따른 학교를 졸업하였거나 이와 같은 수준 이상의 학력을 인정받은 후 해당 분야의 교육훈련경력이 1년 이상인 사람

• 「정부출연연구기관 등의 설립·운영 및 육성에 관한 법률」, 「과학기술분야 정부출연연구기관 등의 설립·운영 및 육성에 관한 법률」에 따른 연구기관 및 「기초연구진흥 및 기술개발지원에 관한 법률」에 따른 기업부설연구소 등에서 해당 분야의 연구경력이 1년 이상인 사람

• 「국가기술자격법」이나 그 밖의 법령에 따라 국가가 신설하여 관리·운영하는 해당 분야의 자격증을 취득한 사람

• 해당 분야에서 1년 이상의 실무경력이 있는 사람

• 그 밖에 해당 분야의 훈련생을 가르칠 수 있는 전문지식이 있는 사람으로서 고용노동부령으로 정하는 사람

89

국민 평생 직업능력 개발법령상 직업능력개발훈련교사 2급의 자격기준으로 틀린 것은?

① 직업능력개발훈련교사 3급의 자격을 취득한 후 고용노동부장관이 정하여 고시하는 직종에서 3년 이상의 교육훈련 경력이 있는 사람으로서 향상훈련을 받은 사람

② 고용노동부장관이 정하여 고시하는 직종에 관한 학사 이상의 학위를 취득한 후 해당 직종에서 요구하는 중등학교 정교사 1급 또는 2급의 자격을 취득한 사람

③ 고용노동부장관이 정하여 고시하는 직종에서 요구하는 기술사 또는 기능장 자격을 취득하고 고용노동부령으로 정하는 훈련을 받은 사람

④ 「고등교육법」에 따른 교수·부교수·조교수로 재직 중 고용노동부장관이 정하여 고시하는 직종에서 2년 이상의 교육훈련 경력이 있는 사람

핵심 키워드 | 직업능력개발훈련교사 2급 자격기준
☞ 3급–3년–향상훈련, 기술사·기능장–훈련, 교수·부교수·조교수–2년

기출 데이터 | 2016년 3회, 2010년 2회 기출변형

핵심기출 해설　답 ②

서비스 및 사무관리 분야 자격직종의 중등학교 교사 또는 실기교사 자격 이상의 자격을 취득한 사람은 직업능력개발교사 3급의 자격기준에 해당한다.

직업능력개발훈련교사 자격기준(국민 평생 직업능력 개발법 시행령 제28조 제2항 관련)

1급	직업능력개발훈련교사 2급의 자격을 취득한 후 고용노동부장관이 정하여 고시하는 직종에서 3년 이상의 교육훈련 경력이 있는 사람으로서 향상훈련을 받은 사람
2급	• 직업능력개발훈련교사 3급의 자격을 취득한 후 고용노동부장관이 정하여 고시하는 직종에서 3년 이상의 교육훈련 경력이 있는 사람으로서 향상훈련을 받은 사람 • 고용노동부장관이 정하여 고시하는 직종에서 요구하는 기술사 또는 기능장 자격을 취득하고 고용노동부령으로 정하는 훈련을 받은 사람 • 「고등교육법」에 따른 교수·부교수·조교수로 재직 중 고용노동부장관이 정하여 고시하는 직종에서 2년 이상의 교육훈련 경력이 있는 사람

3급	• 기술교육대학에서 고용노동부장관이 정하여 고시하는 직종에 관한 학사학위를 취득한 사람 • 고용노동부장관이 정하여 고시하는 직종에 관한 학사 이상의 학위를 취득한 후 해당 직종에서 2년 이상의 교육훈련 경력 또는 실무경력이 있는 사람으로서 고용노동부령으로 정하는 훈련을 받은 사람 • 고용노동부장관이 정하여 고시하는 직종에 관한 학사 이상의 학위를 취득한 후 해당 직종에서 요구하는 중등학교 정교사 1급 또는 2급의 자격을 취득한 사람 • 고용노동부장관이 정하여 고시하는 직종에서 요구하는 기술 · 기능 분야의 기사 자격증을 취득한 후 해당 직종에서 1년 이상의 교육훈련 경력 또는 실무경력이 있는 사람으로서 고용노동부령으로 정하는 훈련을 받은 사람 • 고용노동부장관이 정하여 고시하는 직종에서 요구하는 기술 · 기능 분야의 산업기사 · 기능사 자격증, 서비스 분야의 국가기술자격증 또는 그 밖의 법령에 따라 국가가 신설하여 관리 · 운영하는 자격증을 취득한 후 해당 직종에서 2년 이상의 교육훈련 경력 또는 실무경력이 있는 사람으로서 고용노동부령으로 정하는 훈련을 받은 사람 • 고용노동부장관이 정하여 고시하는 직종에서 5년 이상의 교육훈련 경력 또는 실무경력이 있는 사람으로서 고용노동부령으로 정하는 훈련을 받은 사람 • 그 밖에 고용노동부장관이 정하여 고시하는 기준에 적합한 사람으로서 고용노동부령으로 정하는 훈련을 받은 사람

이것이 핵심 TIP

'직업능력개발훈련교사의 자격기준'에서는 특히 2급 자격기준을 눈여겨보시기 바랍니다.

● **핵심유형 완성하기** ●

다음 중 국민 평생 직업능력 개발법령상 직업능력개발훈련교사 2급의 자격기준으로 옳지 않은 것은?

① 고용노동부장관이 정하여 고시하는 직종에서 요구하는 기술사 또는 기능장 자격을 취득하고 고용노동부령으로 정하는 훈련을 받은 사람

②「고등교육법」에 따른 교수 · 부교수 · 조교수로 재직 중 고용노동부장관이 정하여 고시하는 직종에서 2년 이상의 교육훈련 경력이 있는 사람

③ 직업능력개발훈련교사 3급의 자격을 취득한 후 고용노동부장관이 정하여 고시하는 직종에서 3년 이상의 교육훈련 경력이 있는 사람으로서 향상훈련을 받은 사람

④ 고용노동부장관이 정하여 고시하는 직종에서 요구하는 서비스 분야의 국가기술자격증을 취득한 후 해당 직종에 서 2년 이상의 교육훈련 경력 또는 실무경력이 있는 사람으로서 고용노동부령으로 정하는 훈련을 받은 사람

기출 적중 예상 문제
정답 ④

90 국민 평생 직업능력 개발법상 직업능력개발훈련교사의 결격사유로 틀린 것은?

① 피성년후견인 · 피한정후견인

② 금고 이상의 형의 집행유예를 선고받고 그 유예기간 중에 있는 사람

③ 금고 이상의 형을 선고받고 그 집행이 끝나거나(집행이 끝난 것으로 보는 경우를 포함한다) 집행이 면제된 날부터 3년이 지나지 아니한 사람

④ 법원의 판결에 따라 자격이 상실되거나 정지된 사람

핵심 키워드 직업능력개발훈련교사 결격사유
☞ 집행 면제 이후 2년, 자격 취소 이후 3년

기출 데이터 2017년 1회, 2012년 2회, 2010년 4회 기출변형

핵심기출 해설 답 ③

③ 금고 이상의 형을 선고받고 그 집행이 끝나거나(집행이 끝난 것으로 보는 경우를 포함한다) 집행이 면제된 날부터 2년이 지나지 아니한 사람은 직업능력개발훈련교사가 될 수 없다. 직업능력개발훈련교사의 결격사유는 아래와 같다.

결격사유(국민 평생 직업능력 개발법 제34조)

• 피성년후견인 · 피한정후견인

• 금고 이상의 형을 선고받고 그 집행이 끝나거나(집행이 끝난 것으로 보는 경우를 포함한다) 집행이 면제된 날부터 2년이 지나지 아니한 사람

• 금고 이상의 형의 집행유예를 선고받고 그 유예기간 중에 있는 사람

• 법원의 판결에 따라 자격이 상실되거나 정지된 사람

• 성폭력범죄로 100만 원 이상의 벌금형을 선고받고 그 형이 확정된 후 2년이 지나지 아니한 사람

• 직업능력개발훈련교사의 자격이 취소된 후 3년이 지나지 아니한 사람

● **핵심유형 완성하기** ●

국민 평생 직업능력 개발법상 직업능력개발훈련교사가 될 수 있는 사람은?

기출 2016년 1회

정답 ④

① 피성년후견인

② 피한정후견인

③ 금고 이상의 형의 집행유예를 선고받고 그 유예기간 중에 있는 사람

④ 금고 이상의 형을 선고받고 그 집행이 끝난 날부터 2년이 지난 사람

91

국민 평생 직업능력 개발법상 직업능력개발훈련교사의 양성을 위한 훈련과정에 해당하지 않는 것은?

① 양성훈련과정
② 향상훈련과정
③ 전직훈련과정
④ 교직훈련과정

핵심 키워드 직업능력개발훈련교사 훈련과정
☞ 양성훈련과정, 향상훈련과정 및 교직훈련과정
기출 데이터 2019년 1회, 2014년 1회

핵심기출 해설 | **답 ③**

직업능력개발훈련교사의 양성을 위한 훈련과정은 양성훈련과정, 향상훈련과정 및 교직훈련과정으로 구분한다(국민 평생 직업능력 개발법 시행규칙 제18조 제1항).

이것이 핵심 | **TIP**

직업능력개발훈련교사의 양성을 위한 훈련과정에 '전직훈련과정'은 포함되지 않습니다. 시행령 제3조에 의한 직업능력개발훈련의 훈련 목적에 따른 구분(양성훈련, 향상훈련, 전직훈련)과 혼동하면 안 됩니다.

92

국민 평생 직업능력 개발법상 기능대학에 관한 설명으로 옳은 것은?

① 사립학교법에 따른 학교법인은 기능대학을 설립ㆍ경영할 수 없다.

② 지방자치단체가 기능대학을 설립ㆍ경영하려면 해당 지방자치단체의 장은 교육부장관과 협의를 한 후 고용노동부장관의 인가를 받아야 한다.

③ 국가가 기능대학을 설립ㆍ경영하려면 관계 중앙행정기관의 장은 교육부장관 및 고용노동부장관과 각각 협의하여야 한다.

④ 기능대학은 그 특성을 고려하여 다른 명칭을 사용할 수 없다.

핵심 키워드 기능대학

☞ 다른 명칭 사용가능, 국가(교육부장관 및 고용노동부장관 협의), 지방자치단체(고용노동부장관과 협의 및 교육부장관의 인가), 학교법인(고용노동부장관의 추천 및 교육부장관의 인가)

기출 데이터 2018년 3회, 2014년 2회

핵심기출 해설 **답 ③**

②ㆍ③ 국가가 기능대학을 설립ㆍ경영하려면 관계 중앙행정기관의 장은 교육부장관 및 고용노동부장관과 각각 협의하여야 하며, 지방자치단체가 기능대학을 설립ㆍ경영하려면 해당 지방자치단체의 장은 고용노동부장관과 협의를 한 후 교육부장관의 인가를 받아야 한다(국민 평생 직업능력 개발법 제39조 제2항).

① 국가, 지방자치단체 또는 「사립학교법」에 따른 학교법인은 산업현장에서 필요한 인력을 양성하고 근로자의 직업능력 개발을 지원하기 위하여 기능대학을 설립ㆍ경영할 수 있다(동법 제39조 제1항).

④ 교육부장관의 인가를 받은 기능대학은 직업능력개발훈련시설로 보며, 기능대학은 그 특성을 고려하여 다른 명칭을 사용할 수 있다(동법 제39조 제5항).

이것이 핵심 **TIP**

기능대학과 관련해서는 아래의 사항을 기억해야 합니다.

국가에 의한 설립	관계 중앙행정기관의 장은 교육부장관 및 고용노동부장관과 각각 협의
지방자치단체	고용노동부장관과 협의를 한 후 교육부장관의 인가
학교법인	고용노동부장관의 추천을 거쳐 교육부장관의 인가
명칭 사용	특성을 고려하여 다른 명칭을 사용 가능(예 한국폴리텍대학)

93

남녀고용평등과 일·가정 양립 지원에 관한 법률에 명시되어 있는 내용이 아닌 것은?

① 직장 내 성희롱의 금지 및 예방 교육
② 동일 사업 내의 동일 가치 노동에 대한 동일 임금 보장
③ 육아휴직
④ 생리휴가

핵심 키워드 남녀고용평등법(약칭)상 명시된 내용
　　　　　　 ☞ 생리휴가 제외
기출 데이터 2015년 2회, 2013년 3회, 2012년 1회

핵심기출 해설 답 ④

④ 생리휴가의 경우 근로기준법에서 규정하고 있다(근로기준법 제73조).

이것이 핵심 TIP

남녀고용평등과 일·가정 양립 지원에 관한 법률은 육아휴직에 대해서 규정하고 있으나, 육아휴직급여에 관한 사항은 고용보험법에 규정되어 있습니다.

● **핵심유형 완성하기** ●

남녀고용평등과 일·가정 양립 지원에 관한 법률에 명시되어 있는 내용이 아닌 것은?

① 직장 내 성희롱의 금지
② 배우자 출산휴가
③ 육아휴직
④ 생리휴가

기출 2024년, 2022년 2회, 2018년 1회
정답 ④
해설
생리휴가를 규정하고 있는 것은 근로기준법이다. 근로기준법 제73조에는 "사용자는 여성 근로자가 청구하면 월 1일의 생리휴가를 주어야 한다"고 명시되어 있다.

남녀고용평등과 일·가정 양립 지원에 관한 법령상 적용범위에 관한 설명으로 틀린 것은?

① 근로자를 사용하는 모든 사업 또는 사업장에 적용하는 것이 원칙이다.
② 동거하는 친족만으로 이루어지는 사업장에 대하여는 법의 전부를 적용하지 아니한다.
③ 가사사용인에 대하여는 법의 전부를 적용하지 아니한다.
④ 선원법이 적용되는 사업 또는 사업장에는 모든 규정이 적용되지 아니한다.

기출 2021년 1회
정답 ④
해설
이 법은 근로자를 사용하는 모든 사업 또는 사업장에 적용한다. 다만, 대통령령으로 정하는 사업에 대하여는 이 법의 전부 또는 일부를 적용하지 아니할 수 있다(남녀고용평등과 일·가정 양립 지원에 관한 법률 제3조 제1항).

남녀고용평등과 일·가정 양립 지원에 관한 법률에 대한 설명으로 틀린 것은?

① 근로자란 사업주에게 고용된 자와 취업할 의사를 가진 자를 말한다.
② 사업가가 임금차별을 목적으로 설립한 별개의 사업은 동일한 사업으로 본다.
③ 사업주는 육아기 근로시간 단축을 하고 있는 근로자의 명시적 청구가 있으면 단축된 근로시간 외에 주 12시간 이내에서 연장근로를 시킬 수 있다.
④ 사업주는 사업을 계속할 수 없는 경우에도 육아휴직 중인 근로자를 육아휴직 기간에 해고하지 못한다.

기출 2021년 3회
정답 ④
해설
사업주는 육아휴직을 이유로 해고나 그 밖의 불리한 처우를 하여서는 아니 되며, 육아휴직 기간에는 그 근로자를 해고하지 못한다. 다만, 사업을 계속할 수 없는 경우에는 그러하지 아니하다(남녀고용평등과 일·가정 양립 지원에 관한 법률 제19조 제3항).

남녀고용평등과 일·가정 양립 지원에 관한 법률에 관한 설명으로 틀린 것은?

① 고용노동부장관은 남녀고용평등 실현과 일·가정의 양립에 관한 기본계획을 5년마다 수립하여야 한다.
② 사업주는 동일한 사업 내의 동일 가치 노동에 대하여는 동일한 임금을 지급하여야 한다.
③ 사업가가 임금차별을 목적으로 설립한 별개의 사업은 동일한 사업으로 본다.
④ 사업주는 직장 내 성희롱 예방을 위한 교육을 분기별 1회 이상 하여야 한다.

기출 2020년 1·2회
정답 ④

남녀고용평등과 일·가정 양립 지원에 관한 법령에 규정된 내용으로 틀린 것은?

① 사업주는 근로자를 모집할 때 남녀를 차별하여서는 아니 된다.
② 사업주는 동일한 사업 내의 동일 가치 노동에 대하여는 동일한 임금을 지급하여야 한다.
③ 사업주는 직장 내 성희롱 예방을 위한 교육을 연 2회 이상 하여야 한다.
④ 고용노동부장관은 남녀고용평등 실현과 일·가정의 양립에 관한 기본계획을 5년마다 수립하여야 한다.

기출 2020년 3회
정답 ③
해설
사업주는 직장 내 성희롱 예방을 위한 교육을 연 1회 이상 하여야 한다(남녀고용평등과 일·가정 양립 지원에 관한 법률 제13조 제1항).

남녀고용평등과 일·가정 양립 지원에 관한 법률이 규정하고 있는 내용이 아닌 것은?

① 육아휴직급여
② 출산전후휴가에 대한 지원
③ 배우자 출산휴가
④ 직장어린이집 설치 및 지원

기출 2018년 2회, 2013년 3회
정답 ①
해설
남녀고용평등과 일·가정 양립 지원에 관한 법률에는 육아휴직에 관한 규정이 있고, 육아휴직급여에 관한 규정은 없다.

94

남녀고용평등과 일 · 가정 양립 지원에 관한 법률의 목적으로 명시되어 있지 않은 것은?

① 여성 고용 촉진

② 가사노동 가치의 존중

③ 모성 보호 촉진

④ 고용에서 남녀의 평등한 기회와 대우 보장

핵심 키워드 법률의 목적
☞ 평등한 기회와 대우 보장, 모성 보호, 여성 고용 촉진
기출 데이터 2019년 1회, 2012년 1회

핵심기출 해설 **답 ②**

② 남녀고용평등과 일 · 가정 양립 지원에 관한 법률은 가사노동 가치의 존중에 관한 사항을 목적으로 명시하고 있지 않다.

> **목적(남녀고용평등과 일 · 가정 양립 지원에 관한 법률 제1조)**
> 이 법은 「대한민국 헌법」의 평등이념에 따라 고용에서 남녀의 평등한 기회와 대우를 보장하고 모성 보호와 여성 고용을 촉진하여 남녀고용평등을 실현함과 아울러 근로자의 일과 가정의 양립을 지원함으로써 모든 국민의 삶의 질 향상에 이바지하는 것을 목적으로 한다.

● **핵심유형 완성하기** ●

남녀고용평등과 일 · 가정 양립 지원에 관한 법률의 목적에 해당하지 않는 것은?	**기출** 2016년 1회
	정답 ②
① 고용에서 남녀의 평등한 기회와 대우 보장	
② 여성가장에 대한 지원	
③ 모성 보호와 여성 고용을 촉진하여 남녀고용평등 실현	
④ 일과 가정의 양립 지원	
남녀고용평등과 일 · 가정 양립 지원에 관한 법률의 목적으로 법률이 직접 명시하고 있지 않은 것은?	**기출** 2014년 1회
	정답 ②
① 헌법의 평등이념	
② 근로여성의 보호	
③ 모성 보호	
④ 모든 국민의 삶의 질 향상	

95

남녀고용평등과 일 · 가정의 양립 지원에 관한 법률의 개념설명으로 틀린 것은?

① 사업주가 근로자에게 혼인 등의 사유로 합리적 이유 없이 근로조건을 달리하는 경우는 차별에 해당한다.

② 성적 언동 또는 그 밖의 요구에 따르지 아니하였다는 이유로 고용상의 불이익을 주는 것은 직장 내 성희롱에 해당된다.

③ 적극적 고용개선조치란 현존하는 남녀 간의 고용차별을 없애거나 고용평등을 촉진하기 위하여 잠정적으로 특정 성을 우대하는 조치이다.

④ 근로자란 사업주에게 고용된 사람을 말하며, 취업할 의사를 가진 사람은 근로자에 해당하지 않는다.

핵심 키워드 근로자 개념
☞ 사업주에게 고용된 자, 취업할 의사를 가진 자

기출 데이터 2012년 1회

핵심기출 해설　**답 ④**

④ 남녀고용평등과 일 · 가정 양립 지원에 관한 법률상의 근로자란 사업주에게 고용된 사람과 취업할 의사를 가진 사람을 말한다(남녀고용평등과 일 · 가정 양립 지원에 관한 법률 제2조 제4호).

● 핵심유형 완성하기 ●

남녀고용평등과 일 · 가정 양립 지원에 관한 법률상 임금에 관한 설명으로 옳은 것은?

① 사업주는 다른 사업 내의 동일 가치 노동에 대하여는 동일한 임금을 지급하여야 한다.

② 임금차별을 목적으로 사업주에 의하여 설립된 별개의 사업은 별개의 사업으로 본다.

③ 동일 가치 노동의 기준은 직무 수행에서 요구되는 성, 기술, 노력 등으로 한다.

④ 사업주가 동일 가치 노동의 기준을 정할 때에는 노사협의회의 근로자를 대표하는 위원의 의견을 들어야 한다.

기출 2018년 1회, 2009년 2회
정답 ④
해설
동일 가치 노동의 기준은 직무 수행에서 요구되는 기술, 노력, 책임 및 작업 조건 등으로 하고, 사업주가 그 기준을 정할 때에는 노사협의회의 근로자를 대표하는 위원의 의견을 들어야 한다(남녀고용평등과 일 · 가정 양립 지원에 관한 법률 제8조 제2항).

남녀고용평등과 일 · 가정 양립 지원에 관한 법률에서 사용하는 용어에 관한 설명으로 틀린 것은?

① 사업주가 근로자에게 혼인 등의 사유로 합리적 이유 없이 근로조건을 달리하는 경우는 차별에 해당한다.

② 사업주가 직장 내의 지위를 이용하여 업무와 관련하여 다른 근로자에게 성적 언동 등으로 혐오감을 느끼게 하는 것은 직장 내 성희롱에 해당된다.

③ 적극적 고용개선조치란 현존하는 남녀 간의 고용차별을 없애거나 고용평등을 촉진하기 위하여 잠정적으로 특정 성을 우대하는 조치이다.

④ 근로자란 사업주에게 고용된 사람을 말하며, 취업할 의사를 가진 사람은 근로자에 해당하지 않는다.

기출 2016년 3회
정답 ④
해설
'근로자'란 사업주에게 고용된 사람과 취업할 의사를 가진 사람을 말한다(남녀고용평등과 일 · 가정 양립 지원에 관한 법률 제2조 제4호).

96

남녀고용평등과 일 · 가정 양립 지원에 관한 법률상 차별에 해당하는 것은?

① 직무의 성격에 비추어 특정 성(性)이 불가피하게 요구되는 경우

② 여성 근로자의 임신 · 출산 · 수유 등 모성 보호를 위한 조치를 하는 경우

③ 동일한 업무를 담당하는 남녀 간의 정년 연령을 달리 정하는 경우

④ 이 법 또는 다른 법률에 따라 적극적 고용개선조치를 하는 경우

핵심 키워드 차 별
☞ 직무의 성격, 모성 보호, 적극적 고용개선조치

기출 데이터 2017년 2회, 2010년 1회

핵심기출 해설 답 ③

③ 동일한 업무를 담당하는 남녀 간의 정년 연령을 달리 정하는 것은 합리적인 이유 없이 근로의 조건을 다르게 하는 것으로 차별에 해당한다(남녀고용평등과 일 · 가정 양립 지원에 관한 법률 제11조 제1항).

이것이 핵심 TIP

차별과 관련해서는 다음의 차별 예외 사유를 기억해야 합니다.

• 직무의 성격에 비추어 특정 성이 불가피하게 요구되는 경우

• 여성 근로자의 임신 · 출산 · 수유 등 모성보호를 위한 조치를 하는 경우

• 그 밖에 이 법 또는 다른 법률에 따라 적극적 고용개선조치를 하는 경우

● **핵심유형 완성하기** ●

남녀고용평등과 일 · 가정 양립 지원에 관한 법률상 차별에 관한 설명으로 틀린 것은?

① 사업주가 근로자에게 성별, 혼인, 가족 안에서의 지위, 임신 또는 출산 등의 사유로 합리적인 이유 없이 채용 또는 근로의 조건을 다르게 하거나 그밖의 불리한 조치를 하는 경우를 차별이라고 한다.

② 사업주가 채용조건이나 근로조건은 동일하게 적용하더라도 그 조건을 충족할 수 있는 남성 또는 여성이 다른 한 성에 비하여 현저히 적고 그에 따라 특정 성에게 불리한 결과를 초래하며 그 조건이 정당한 것임을 증명할 수 없는 경우는 차별에 포함된다.

③ 직무의 성격에 비추어 특정 성이 불가피하게 요구되는 경우라도 특정 성에게 불리한 결과를 초래할 경우 차별에 해당된다.

④ 여성 근로자의 임신 · 출산 · 수유 등 모성 보호를 위한 조치를 하는 경우는 차별에 해당되지 않는다.

기출 2018년 3회, 2015년 2회

정답 ③

해설
직무의 성격에 비추어 특정 성이 불가피하게 요구되는 경우 차별로 보지 않는다.

남녀고용평등과 일·가정 양립 지원에 관한 법률상 차별에 해당하는 것은?

① 여성근로자에 한하여 육아휴직을 허용하는 조치
② 현존하는 차별을 해소하기 위하여 사업주가 잠정적으로 남성근로자를 우대하는 조치
③ 현존하는 차별을 해소하기 위하여 사업주가 잠정적으로 여성근로자를 우대하는 조치
④ 여성근로자의 모성보호를 위한 조치

기출 2016년 1회, 2012년 2회
정답 ①

남녀고용평등과 일·가정 양립 지원에 관한 법률상 상시 500명 이상의 근로자를 고용하는 사업의 사업주에게 부과하는 적극적 고용개선조치에 대한 설명으로 틀린 것은?

① 고용 기준에 미달하는 사업주에 대하여 고용노동부장관이 적극적 고용개선조치 시행계획을 수립하여 제출할 것을 요구할 수 있다.
② 적극적 고용개선조치 시행계획을 제출한 자는 그 이행실적을 고용노동부장관에게 제출하여야 한다.
③ 국가와 지방자치단체는 적극적 고용개선조치 우수기업에 행정적·재정적 지원을 하여야 한다.
④ 고용노동부장관은 적극적 고용개선조치 이행실적이 부진한 사업주에게 시행계획의 이행을 촉구할 수 있다.

기출 2015년 3회
정답 ③
국가와 지방자치단체는 적극적 고용개선조치 우수기업에 행정적·재정적 지원을 할 수 있다(남녀고용평등과 일·가정 양립 지원에 관한 법률 제17조의4 제4항).

남녀고용평등과 일·가정 양립 지원에 관한 법률상 차별에 해당하지 않는 것은?

① 사업주가 근로자에게 성별, 혼인, 가족 안에서의 지위, 임신 또는 출산 등의 사유로 합리적인 이유 없이 채용 또는 근로의 조건을 다르게 하거나 그 밖의 불리한 조치를 하는 경우
② 사업주가 채용조건이나 근로조건은 동일하게 적용하더라도 그 조건을 충족할 수 있는 남성 또는 여성이 다른 한 성(性)에 비하여 현저히 적고 그에 따라 특정 성에게 불리한 결과를 초래하며 그 조건이 정당한 것임을 증명할 수 없는 경우
③ 사업주가 근로자를 모집·채용할 때 그 직무의 수행에 필요하지 아니한 용모·키·체중 등의 신체적 조건, 미혼 조건, 그 밖에 고용노동부령으로 정하는 조건을 제시하거나 요구하는 경우
④ 현존하는 남녀 간의 고용차별을 없애거나 고용평등을 촉진하기 위하여 잠정적으로 특정 성을 우대하는 조치를 하는 경우

기출 2012년 3회, 2009년 2회 기출변형
정답 ④
해설
'적극적 고용개선조치'를 말하는 것으로, 이는 남녀고용평등과 일·가정 양립 지원에 관한 법률상 '차별'에 해당하지 않는다.

남녀고용평등과 일·가정 양립 지원에 관한 법률상 차별에 해당하지 않는 것은?

① 성별을 사유로 합리적인 이유 없이 근로조건을 달리하는 것
② 가족 안에서의 지위를 사유로 합리적인 이유 없이 근로조건을 달리하는 것
③ 여성 근로자의 임신·출산·수유 등 모성보호를 위한 조치를 하는 경우
④ 사업주가 채용조건이나 근로조건은 동일하게 적용하더라도 그 조건을 충족할 수 있는 남성 또는 여성이 다른 한 성에 비하여 현저히 적고 그에 따라 특정 성에게 불리한 결과를 초래하며 그 조건이 정당한 것임을 증명할 수 없는 경우

기출 2010년 4회
정답 ③

97

남녀고용평등과 일·가정 양립 지원에 관한 법률상 고용에 있어서 남녀의 평등한 기회보장 및 대우 등에 대한 설명으로 틀린 것은?

① 사업주는 근로자를 모집하거나 채용할 때 남녀를 차별하여서는 아니 된다.

② 동일 가치 노동의 기준은 직무 수행에서 요구되는 기술, 노력, 책임 및 작업 조건 등으로 하고, 사업주가 그 기준을 정할 때에는 고충처리기관의 근로자를 대표하는 자의 동의를 얻어야 한다.

③ 사업주는 임금 외에 근로자의 생활을 보조하기 위한 금품의 지급에서 남녀를 차별하여서는 아니 된다.

④ 사업주는 여성 근로자의 혼인, 임신 또는 출산을 퇴직 사유로 예정하는 근로계약을 체결하여서는 아니 된다.

핵심 키워드 동일노동·동일임금
☞ 기술, 노력, 책임, 작업 조건, 노사협의회 근로자 대표위원 의견 청취

기출 데이터 2015년 3회

핵심기출 해설 답 ②

② 동일 가치 노동의 기준은 직무 수행에서 요구되는 기술, 노력, 책임 및 작업 조건 등으로 하고, 사업주가 그 기준을 정할 때에는 노사협의회의 근로자를 대표하는 위원의 의견을 들어야 한다(남녀고용평등과 일·가정 양립 지원에 관한 법률 제8조 제2항).

이것이 핵심 TIP

'노사협의회'에 관한 규정은 '근로자참여 및 협력증진에 관한 법률'에 따릅니다. 참고로 노사협의회는 근로자와 사용자를 대표하는 같은 수의 위원으로 구성됩니다.

> '노사협의회'란 근로자와 사용자가 참여와 협력을 통하여 근로자의 복지증진과 기업의 건전한 발전을 도모하기 위하여 구성하는 협의기구를 말한다(근로자참여 및 협력증진에 관한 법률 제3조 제1호).

● **핵심유형 완성하기** ●

남녀고용평등과 일·가정 양립 지원에 관한 법령상 고용에 있어서 남녀의 평등한 기회와 대우를 보장하여야 할 사항으로 명시되지 않은 것은?

① 모집과 채용
② 임 금
③ 근로시간
④ 교육·배치 및 승진

기출 2022년 2회, 2019년 3회
정답 ③

남녀고용평등과 일·가정 양립 지원에 관한 법령상 남녀의 평등한 기회보장 및 대우에 관한 설명으로 틀린 것은?

① 사업주는 동일한 사업 내의 동일 가치 노동에 대하여는 동일한 임금을 지급하여야 한다.
② 사업주가 임금차별을 목적으로 설립한 별개의 사업은 별개의 사업으로 본다.
③ 사업주는 근로자를 모집하거나 채용할 때 남녀를 차별하여서는 아니 된다.
④ 사업주는 여성 근로자의 출산을 퇴직 사유로 예정하는 근로계약을 체결하여서는 아니 된다.

기출 2020년 4회
정답 ②

남녀고용평등과 일·가정 양립 지원에 관한 법률상 사업주가 동일한 사업 내의 동일 가치의 노동에 대하여 동일한 임금을 지급하지 아니한 경우 벌칙 규정은?

① 5년 이하의 징역 또는 3천만 원 이하의 벌금
② 3년 이하의 징역 또는 3천만 원 이하의 벌금
③ 1천만 원 이하의 벌금
④ 500만 원 이하의 벌금

기출 2020년 1·2회
정답 ②

남녀고용평등과 일·가정 양립 지원에 관한 법률상 고용에 있어서 남녀의 평등한 기회와 대우를 보장하여야 할 사항으로 명시되어 있지 않은 것은?

① 모집과 채용
② 임 금
③ 근로시간
④ 교 육

기출 2017년 1회
정답 ③
해설
남녀의 평등한 기회보장 및 대우
• 모집과 채용(법 제7조)(①)
• 임금(법 제8조)(②)
• 임금 외의 금품 등(법 제9조)
• 교육·배치 및 승진(법 제10조)(④)
• 정년·퇴직 및 해고(법 제11조)

남녀고용평등과 일·가정 양립 지원에 관한 법률상 남녀의 평등한 기회보장 및 대우에 관한 설명으로 옳은 것은?

① 사업주는 근로자를 모집·채용할 때 그 직무의 수행에 필요한 경우라 하더라도 용모·키·체중 등의 신체적 조건을 제시하거나 요구하여서는 아니 된다.
② 사업주는 동일한 사업 내의 동일 가치 노동에 대하여는 동일한 임금을 지급하여야 하며, 동일 가치 노동의 기준은 직무 수행에서 요구되는 기술, 노력, 책임 및 작업 조건 등으로 한다.
③ 사업주가 임금차별을 목적으로 설립하였더라도 별개의 사업은 동일한 사업으로 볼 수 없다.
④ 사업주는 근로자의 해고에서 남녀를 차별하여서는 아니 되나 정년·퇴직의 경우 차별이 있더라도 남녀차별로 보지 아니한다.

기출 2017년 3회, 2013년 1회 기출변형
정답 ②
해설
사업주는 동일한 사업 내의 동일 가치 노동에 대하여는 동일한 임금을 지급하여야 한다. 동일 가치 노동의 기준은 직무 수행에서 요구되는 기술, 노력, 책임 및 작업 조건 등으로 하고, 사업주가 그 기준을 정할 때에는 노사협의회의 근로자를 대표하는 위원의 의견을 들어야 한다(남녀고용평등과 일·가정 양립 지원에 관한 법률 제8조 제1항 및 제2항).

98

남녀고용평등과 일ㆍ가정 양립 지원에 관한 법률상 직장 내 성희롱의 예방에 관한 설명으로 틀린 것은?

① 사업주는 직장 내 성희롱 예방을 위한 교육을 연 1회 이상 하여야 한다.

② 사업주 및 근로자 모두가 여성으로 구성된 사업의 사업주는 직장 내 성희롱 예방교육을 생략할 수 있다.

③ 사업주는 성희롱 예방 교육을 고용노동부장관이 지정하는 기관에 위탁하여 실시할 수 있다.

④ 사업주는 근로자가 고객에 의한 성희롱의 피해를 주장하는 것을 이유로 해고나 그 밖의 불이익한 조치를 하여서는 아니 된다.

핵심 키워드 성희롱 예방교육
☞ 연 1회 이상 실시, 교육방법, 형식적 교육

기출 데이터 2019년 3회, 2015년 3회, 2013년 1회, 2010년 2회

핵심기출 해설 **답 ②**

② 사업주 및 근로자 모두가 남성 또는 여성 중 어느 한 성으로 구성된 사업의 경우에 성희롱 예방 교육의 내용을 근로자가 알 수 있도록 교육자료 또는 홍보물을 게시하거나 배포하는 방법으로 직장 내 성희롱 예방교육을 할 수 있는 것이지 생략할 수 있는 것은 아니다(남녀고용평등과 일ㆍ가정 양립 지원에 관한 법률 시행령 제3조 제4항).

이것이 핵심 **TIP**

성희롱 예방교육과 관련해서는 아래의 사항은 반드시 기억해야 합니다.

교육방법	자유롭게 허용하는 것이 원칙이나, 단순히 교육자료 등을 배포ㆍ게시하거나 전자우편을 보내거나 게시판에 공지하는 데 그치는 등 근로자에게 교육 내용이 제대로 전달되었는지 확인하기 곤란한 경우에는 실시하지 않은 것으로 간주함
교육방법의 예외	아래에 해당하는 사업장은 교육자료 또는 홍보물을 게시하거나 배포하는 방법으로 직장 내 성희롱 예방 교육 실시 가능함 • 상시 10명 미만의 근로자를 고용하는 사업 • 사업주 및 근로자 모두가 남성 또는 여성 중 어느 한 성으로 구성된 사업

남녀고용평등과 일 · 가정 양립 지원에 관한 법률상 직장 내 성희롱에 관한 설명으로 틀린 것은?

① 사업주, 상급자 또는 근로자는 직장 내 성희롱을 하여서는 아니 된다.
② 사업주는 직장 내 성희롱 예방 교육을 매년 실시하여야 한다.
③ 고용노동부장관은 성희롱 예방 교육기관이 1년 동안 교육 실적이 없는 경우 그 지정을 취소할 수 있다.
④ 사업주는 직장 내 성희롱 발생 사실을 알게 된 경우에는 지체 없이 그 사실 확인을 위한 조사를 하여야 한다.

기출 2025년, 2020년 4회
정답 ③

남녀고용평등과 일 · 가정 양립 지원에 관한 법령상 직장 내 성희롱의 금지 및 예방에 관한 설명으로 틀린 것은?

① 사업주, 상급자 또는 근로자는 직장 내 성희롱을 하여서는 아니 된다.
② 사업주는 성희롱 예방 교육을 고용노동부장관이 지정하는 기관에 위탁하여 실시할 수 있다.
③ 누구든지 직장 내 성희롱 발생 사실을 알게 된 경우 그 사실을 해당 사업주에게 신고할 수 있다.
④ 사업주는 직장 내 성희롱 예방 교육을 연 2회 이상 하여야 한다.

기출 2021년 2회
정답 ④
해설
사업주는 직장 내 성희롱 예방을 위한 교육을 연 1회 이상 하여야 한다(남녀고용평등과 일 · 가정 양립 지원에 관한 법률 시행령 제3조 제1항).

남녀고용평등과 일 · 가정 양립 지원에 관한 법령상 직장 내 성희롱 예방 교육에 대한 설명으로 틀린 것은?

① 사업주는 연 1회 이상 직장 내 성희롱 예방을 위한 교육을 하여야 한다.
② 성희롱 예방 교육은 관련 법령, 직장 내 성희롱 발생 시의 처리 절차와 조치 기준, 피해 근로자의 고충상담 및 구제 절차 등이 포함되어야 한다.
③ 사업주 및 근로자 모두가 남성 또는 여성 중 어느 한 성으로 구성된 사업장은 성희롱 예방교육을 하지 않아도 상관없다.
④ 단순히 교육자료 등을 배포 · 게시하거나 게시판에 공지하는 데 그치는 등 근로자에게 교육 내용이 제대로 전달되었는지 확인하기 곤란한 경우에는 예방 교육을 한 것으로 보지 아니한다.

기출 2019년 1회
정답 ③
해설
상시 10명 미만의 근로자를 고용하는 사업이나 사업주 및 근로자 모두가 남성 또는 여성 중 어느 한 성으로 구성된 사업의 사업주는 교육자료 또는 홍보물을 게시하거나 배포하는 방법으로 직장 내 성희롱 예방 교육을 할 수 있다(남녀고용평등과 일 · 가정 양립 지원에 관한 법률 시행령 제3조 제4항).

남녀고용평등과 일 · 가정 양립 지원에 관한 법률상 직장 내 성희롱의 금지 및 예방에 대한 설명으로 틀린 것은?

① 사업주는 직장 내 성희롱 예방을 위한 교육을 분기별 1회 이상 하여야 한다.
② 사업주는 성희롱 예방 교육의 내용을 근로자가 자유롭게 열람할 수 있는 장소에 항상 게시하거나 갖추어 두어 근로자에게 널리 알려야 한다.
③ 누구든지 직장 내 성희롱 발생 사실을 알게된 경우 그 사실을 해당 사업주에게 신고할 수 있다.
④ 사업주는 직장 내 성희롱 발생 사실이 확인된 때에는 피해근로자가 요청하면 근무장소의 변경, 배치전환, 유급휴가 명령 등 적절한 조치를 하여야 한다.

기출 2019년 2회
정답 ①
해설
사업주는 직장 내 성희롱 예방을 위한 교육을 연 1회 이상 하여야 한다(남녀고용평등과 일 · 가정 양립 지원에 관한 법률 시행령 제3조 제1항).

99

남녀고용평등과 일 · 가정 양립 지원에 관한 법률상 직장 내 성희롱에 관한 설명으로 틀린 것은?

① 사업주, 상급자 또는 근로자는 직장 내 성희롱을 하여서는 아니 된다.

② 사업주는 직장 내 성희롱의 예방을 위한 교육을 실시하여야 하며, 그 예방 교육을 고용 노동부장관이 지정하는 기관에 위탁하여 실시할 수 있다.

③ 사업주는 직장 내 성희롱 발생이 확인된 경우 3월 이내에 행위자에 대하여 징계나 그 밖에 이에 준하는 조치를 하여야 한다.

④ 사업주는 직장 내 성희롱과 관련하여 피해를 입은 근로자 또는 성희롱 피해 발생을 주장하는 근로자에게 해고나 그 밖의 불리한 조치를 하여서는 아니 된다.

핵심 키워드 성희롱 발생 시 조치
☞ 지체 없이 ~ 해야 한다. 취하도록 노력하여야 한다.

기출 데이터 2013년 3회

핵심기출 해설 **답 ③**

③ 사업주는 조사 결과 직장 내 성희롱 발생 사실이 확인된 때에는 지체 없이 직장 내 성희롱 행위를 한 사람에 대하여 징계, 근무장소의 변경 등 필요한 조치를 하여야 한다. 이 경우 사업주는 징계 등의 조치를 하기 전에 그 조치에 대하여 직장 내 성희롱 피해를 입은 근로자의 의견을 들어야 한다(남녀고용평등과 일 · 가정 양립 지원에 관한 법률 제14조 제5항).

이것이 핵심 **TIP**

직장 내 성희롱 발생 시 조치	사업주는 조사 결과 직장 내 성희롱 발생 사실이 확인된 때에는 지체 없이 직장 내 성희롱 행위를 한 사람에 대하여 징계, 근무장소의 변경 등 필요한 조치를 하여야 한다.
고객 등에 의한 성희롱 방지	사업주는 고객 등 업무와 밀접한 관련이 있는 사람이 업무수행 과정에서 성적인 언동 등을 통하여 근로자에게 성적 굴욕감 또는 혐오감 등을 느끼게 하여 해당 근로자가 그로 인한 고충 해소를 요청할 경우 근무 장소 변경, 배치전환, 유급휴가의 명령 등 적절한 조치를 하여야 한다.

남녀고용평등과 일·가정 양립 지원에 관한 법률상 직장 내 성희롱에 관한 설명으로 틀린 것은?

① 사업주, 상급자 또는 근로자는 직장 내 성희롱을 하여서는 아니 된다.
② 사업주는 직장 내 성희롱 예방 교육을 매년 실시하여야 한다.
③ 고용노동부장관은 성희롱 예방 교육기관이 1년 동안 교육 실적이 없는 경우 그 지정을 취소할 수 있다.
④ 사업주는 직장 내 성희롱 발생 사실을 알게 된 경우에는 지체 없이 그 사실 확인을 위한 조사를 하여야 한다.

기출 2020년 4회
정답 ③

남녀고용평등과 일·가정 양립 지원에 관한 법률상 직장 내 성희롱에 관한 설명으로 틀린 것은?

① 사업주는 직장 내 성희롱 예방을 위한 교육을 연 1회 이상 하여야 한다.
② 직장 내 성희롱 예방 교육은 사업의 규모나 특성 등을 고려하여 직원연수·조회·회의, 인터넷 등 정보통신망을 이용한 사이버 교육 등을 통하여 실시할 수 있다.
③ 상시 10명 미만의 근로자를 고용하는 사업의 사업주는 홍보물을 게시하거나 배포하는 방법으로 직장 내 성희롱 예방 교육을 할 수 있다.
④ 사업주는 고객 등 업무와 밀접한 관련이 있는 사람이 업무수행 과정에서 성적인 언동 등을 통하여 근로자에게 성적 굴욕감 또는 혐오감 등을 느끼게 하여 해당 근로자가 그로 인한 고충 해소를 요청할 경우 배치전환 등의 조치를 취할 수 있다.

기출 2016년 2회, 2011년 3회, 2010년 3회
정답 ④
해설
사업주는 고객 등 업무와 밀접한 관련이 있는 사람이 업무수행 과정에서 성적인 언동 등을 통하여 근로자에게 성적 굴욕감 또는 혐오감 등을 느끼게 하여 해당 근로자가 그로 인한 고충 해소를 요청할 경우 근무 장소 변경, 배치전환, 유급휴가의 명령 등 적절한 조치를 하여야 한다(남녀고용평등과 일·가정 양립 지원에 관한 법률 제14조의2 제1항).

남녀고용평등과 일·가정 양립 지원에 관한 법률상 직장 내 성희롱에 대한 설명으로 틀린 것은?

① 사업주는 직장 내 성희롱 발생이 확인된 경우 7일 이내에 행위자에 대하여 징계나 그 밖에 이에 준하는 조치를 하여야 한다.
② 사업주는 직장 내 성희롱과 관련하여 피해를 입은 근로자 또는 성희롱 피해 발생을 주장하는 근로자에게 해고나 그 밖의 불리한 조치를 하여서는 아니 된다.
③ 사업주는 직장 내 성희롱을 예방하고 근로자가 안전한 근로환경에서 일할 수 있는 여건을 조성하기 위하여 직장 내 성희롱의 예방을 위한 교육을 실시하여야 한다.
④ 사업주는 직장 내 성희롱 예방을 위한 교육을 연 1회 이상 하여야 한다.

기출 2015년 3회
정답 ①
해설
사업주는 직장 내 성희롱 발생 사실의 신고를 받거나 직장 내 성희롱 발생 사실을 알게 된 경우에는 지체 없이 그 사실 확인을 위한 조사를 하여야 한다(남녀고용평등과 일·가정 양립 지원에 관한 법률 제14조 제2항).

100

남녀고용평등과 일·가정 양립 지원에 관한 법률상 고용정책심의회의 심의를 거쳐야 하는 적극적 고용개선조치에 관한 사항이 아닌 것은?

① 여성 근로자 고충처리에 관한 사항
② 여성 근로자 고용기준에 관한 사항
③ 적극적 고용개선조치 시행계획의 심사에 관한 사항
④ 적극적 고용개선조치 이행실적의 평가에 관한 사항

핵심 키워드 심의사항
☞ 고용기준, 적극적 고용개선조치
기출 데이터 2017년 3회, 2012년 2회, 2008년 3회 기출변형

핵심기출 해설 답 ①

① 여성 근로자 고충처리에 관한 사항은 고용정책심의회 적극적 고용개선조치에 관한 중요 사항 심의에 해당하는 내용은 아니며, 심의사항은 아래와 같다.

적극적 고용개선조치에 관한 중요 사항 심의(남녀고용평등과 일·가정 양립 지원에 관한 법률 제17조의8)

• 여성 근로자 고용기준에 관한 사항
• 시행계획의 심사에 관한 사항
• 적극적 고용개선조치 이행실적의 평가에 관한 사항
• 적극적 고용개선조치 우수기업의 표창 및 지원에 관한 사항
• 적극적 고용개선조치 미이행 사업주 명단 공표 여부에 관한 사항
• 그 밖에 적극적 고용개선조치에 관하여 고용정책심의회의 위원장이 회의에 부치는 사항

이것이 핵심 TIP

남녀고용평등과 일·가정 양립 지원에 관한 법률에서 고용정책심의회에 심의를 거치도록 하고 있는 사항은 적극적 고용개선조치에 관한 사항입니다. 따라서 이에 해당하지 않는 지문을 고르면 됩니다.

101

남녀고용평등과 일 · 가정 양립 지원에 관한 법률상의 육아휴직에 대한 설명 중 틀린 것은?

① 사업주는 근로자가 만 8세 이하 또는 초등학교 2학년 이하의 자녀를 양육하기 위하여 휴직을 신청하는 경우에 이를 허가하여야 한다.

② 육아휴직의 기간은 1년 이내로 한다.

③ 육아휴직은 휴직의 일종이기 때문에 근속기간에 포함되지 아니한다.

④ 육아휴직을 마친 후에는 휴직 전과 같은 업무 또는 같은 수준의 임금을 지급하는 직무에 복귀시켜야 한다.

핵심 키워드	육아휴직
	☞ 임신 중인 여성 근로자, 만 8세 이하 또는 초등학교 2학년 이하의 자녀, 1년, 근속기간 포함
기출 데이터	2014년 3회

핵심기출 해설 **답 ③**

③ 육아휴직 기간은 근속기간에 포함한다(남녀고용평등과 일 · 가정 양립 지원에 관한 법률 제19조 제4항).

이것이 핵심 **TIP**

아래의 사항은 반드시 기억해야 합니다.

육아휴직 신청대상	임신 중인 여성근로자가 모성을 보호하거나 만 8세 이하 또는 초등학교 2학년 이하의 자녀(입양한 자녀를 포함한다)를 가진 근로자
허용 여부	신청이 있는 경우 예외 사유를 제외하고는 반드시 허용하여야 함
허용 예외 사유	• 휴직개시일의 전날까지 해당 사업에서 계속 근로한 기간이 6개월 미만인 근로자 • 같은 영유아에 대하여 배우자가 육아휴직을 하고 있는 근로자
휴직기간	원칙적으로 1년 이내로 함(단, 같은 자녀를 대상으로 육아휴직을 각각 3개월 이상 사용한 부 또는 모, 한부모가족의 부 또는 모, 장애아동의 부 또는 모인 근로자의 경우 6개월 이내에서 추가로 육아휴직 사용 가능)
근속기간 포함 여부	포 함
기간제근로자 사용기간 및 근로자파견기간에 포함 여부	포함하지 않음

남녀고용평등과 일·가정 양립 지원에 관한 법률상 육아휴직에 관한 설명으로 틀린 것은?

① 육아휴직 기간은 1년 이내로 한다.
② 육아휴직 기간은 근속기간에 포함하지 아니한다.
③ 기간제근로자의 육아휴직 기간은 「기간제 및 단시간근로자 보호 등에 관한 법률」에 따른 사용기간에 산입하지 아니한다.
④ 사업주는 육아휴직을 마친 후에는 휴직 전과 같은 업무 또는 같은 수준의 임금을 지급하는 직무에 복귀시켜야 한다.

기출	2023년, 2019년 1회

정답 ②

해설
육아휴직 기간은 근속기간에 포함한다(남녀고용평등과 일·가정 양립 지원에 관한 법률 제19조 제4항).

남녀고용평등과 일·가정 양립 지원에 관한 법령상 육아휴직에 관한 설명으로 틀린 것은?

① 육아휴직의 기간은 1년 이내로 한다.
② 육아휴직 기간은 근속기간에 포함한다.
③ 기간제근로자의 육아휴직 기간은 사용기간에 포함된다.
④ 육아휴직 기간에는 그 근로자를 해고하지 못한다.

기출	2021년 1회

정답 ③

해설
기간제근로자 또는 파견근로자의 육아휴직 기간은 「기간제 및 단시간근로자 보호 등에 관한 법률」에 따른 사용기간 또는 「파견근로자 보호 등에 관한 법률」에 따른 근로자파견기간에서 제외한다(남녀고용평등과 일·가정 양립 지원에 관한 법률 제19조 제5항).

남녀고용평등과 일·가정 양립 지원에 관한 법령상 육아휴직 기간에 대한 설명으로 틀린 것은?

① 육아휴직의 기간은 2년 이내로 한다.
② 사업주는 육아휴직 기간에는 근로자를 해고하지 못한다.
③ 육아휴직 기간은 근속기간에 포함한다.
④ 기간제근로자의 육아휴직 기간은 「기간제 및 단시간근로자 보호 등에 관한 법률」에 따른 사용기간에 산입하지 아니한다.

기출	2020년 3회

정답 ①

해설
육아휴직의 기간은 원칙적으로 1년 이내로 한다. 단, 같은 자녀를 대상으로 육아휴직을 각각 3개월 이상 사용한 부 또는 모, 한부모가족의 부 또는 모, 장애아동의 부 또는 모인 근로자의 경우 6개월 이내에서 추가로 육아휴직 사용이 가능하다(남녀고용평등과 일·가정 양립 지원에 관한 법률 제19조 제2항).

남녀고용평등과 일·가정 양립 지원에 관한 법률상 육아휴직에 관한 설명으로 옳은 것은?

① 사업주는 근로자가 만 6세 이하의 초등학교 취학 전 자녀(입양한 자녀는 제외한다)를 양육하기 위하여 휴직을 신청하는 경우에 이를 허용하여야 한다.
② 사업주는 육아휴직을 이유로 해고나 그 밖의 불리한 처우를 하여서는 아니 되며, 육아휴직 기간에는 그 근로자를 해고하지 못하지만 사업을 계속할 수 없는 경우에는 그러하지 아니하다.
③ 사업주는 근로자가 육아휴직을 마친 후에는 휴직 전과 같은 업무 또는 같은 수준의 임금을 지급하는 직무에 복귀할 수 있도록 노력하여야 한다.
④ 육아휴직의 기간은 1년 이상으로 하며, 육아휴직 기간은 근속기간에 포함하지 아니한다.

기출	2019년 2회, 2013년 2회

정답 ②

해설
사업주는 육아휴직을 이유로 해고나 그 밖의 불리한 처우를 하여서는 아니 되며, 육아휴직 기간에는 그 근로자를 해고하지 못한다. 다만, 사업을 계속할 수 없는 경우에는 그러하지 아니하다(남녀고용평등과 일·가정 양립 지원에 관한 법률 제19조 제3항).

남녀고용평등과 일·가정 양립 지원에 관한 법령상 육아휴직에 관한 설명으로 옳은 것은?

① 사업주는 근로자가 만 8세 이하 또는 초등학교 2학년 이하의 자녀의 양육을 위하여 육아휴직을 신청하는 경우 이를 허용해야 한다.

② 육아휴직 기간은 6개월 이내로 하되, 해당 영아가 생후 1년이 되는 날을 경과할 수 없다.

③ 육아휴직을 시작하려는 날의 전날까지 해당 사업에서의 계속 근로기간이 1년 미만인 근로자에게도 육아휴직을 허용해야 한다.

④ 사업주는 육아휴직을 마친 후에는 휴직 전과 같은 업무 또는 같은 수준의 임금을 지급하는 직무에 복귀시켜야 하며 육아휴직 기간은 근속기간에 포함하지 않는다.

기출 2017년 1회
정답 ①
해설
④ 사업주는 육아휴직을 마친 후에는 휴직 전과 같은 업무 또는 같은 수준의 임금을 지급하는 직무에 복귀시켜야 한다. 또한 육아휴직 기간은 근속기간에 포함한다(남녀고용평등과 일·가정 양립 지원에 관한 법률 제19조 제4항).

남녀고용평등과 일·가정 양립 지원에 관한 법령상 육아휴직에 관한 설명으로 틀린 것은?

① 사업주는 육아휴직을 시작하려는 날의 전날까지 해당 사업에서 계속 근로한 기간이 6개월 미만인 근로자에게는 육아휴직을 허용하지 않을 수 있다.

② 사업주는 육아휴직을 신청한 근로자에게 해당 자녀의 출생 등을 증명할 수 있는 서류의 제출을 요구할 수 없다.

③ 근로자는 휴직종료예정일을 연기하려는 경우에는 한 번만 연기할 수 있다.

④ 육아휴직을 신청한 근로자는 휴직개시예정일의 7일 전까지 사유를 밝혀 그 신청을 철회할 수 있다.

기출 2017년 3회, 2010년 4회
정답 ②
해설
사업주는 육아휴직을 신청한 근로자에게 해당 자녀의 출생 등을 증명할 수 있는 서류의 제출을 요구할 수 있다(남녀고용평등과 일·가정 양립 지원에 관한 법률 시행령 제11조 제4항 참조).

남녀고용평등과 일·가정 양립 지원에 관한 법률상 육아휴직에 관한 설명으로 틀린 것은?

① 육아휴직의 기간은 1년 이내로 한다.

② 파견근로자의 육아휴직 기간은 「파견근로자보호 등에 관한 법률」 제6조에 따른 근로자 파견기간에 산입한다.

③ 사업을 계속할 수 없는 경우를 제외하고 육아휴직 기간에는 육아휴직을 이유로 그 근로자를 해고하지 못한다.

④ 육아휴직 기간은 근속기간에 포함된다.

기출 2016년 2회, 2012년 2회
정답 ②
해설
기간제근로자 또는 파견근로자의 육아휴직 기간은 「기간제 및 단시간근로자 보호 등에 관한 법률」 제4조에 따른 사용기간 또는 「파견근로자보호 등에 관한 법률」 제6조에 따른 근로자파견기간에서 제외한다(남녀고용평등과 일·가정 양립 지원에 관한 법률 제19조 제5항).

남녀고용평등과 일·가정 양립 지원에 관한 법률상 육아휴직에 대한 설명으로 옳은 것은?

① 육아휴직은 만 6세 이하의 초등학교 취학 전 자녀를 둔 여성근로자만이 청구할 수 있다.

② 사업주는 같은 영유아에 대하여 근로자의 배우자가 육아휴직을 하고 있는 경우라도 그 근로자에게 육아휴직을 허용하여야 한다.

③ 육아휴직 기간은 2년 이내로 한다.

④ 육아휴직을 신청한 근로자는 휴직개시예정일의 7일 전까지 사유를 밝혀 그 신청을 철회할 수 있다.

기출 2015년 3회
정답 ④

102

남녀고용평등과 일 · 가정 양립 지원에 관한 법령상 (　　) 안에 들어갈 숫자의 연결이 옳은 것은?

> 제19조의4(육아휴직과 육아기 근로시간 단축의 사용형태)
> ① 근로자는 육아휴직을 (ㄱ)회에 한정하여 나누어 사용할 수 있다.
> ② 근로자는 육아기 근로시간 단축을 나누어 사용할 수 있다. 이 경우 나누어 사용하는 (ㄴ)회의
>   기간은 (ㄷ)개월 이상이 되어야 한다.

① ㄱ : 1, ㄴ : 2, ㄷ : 2
② ㄱ : 3, ㄴ : 1, ㄷ : 2
③ ㄱ : 1, ㄴ : 2, ㄷ : 3
④ ㄱ : 3, ㄴ : 1, ㄷ : 1

핵심 키워드　사용형태
　　　　　　　☞ 1회 사용, 분할 사용(1회만), 각 1회씩 사용
기출 데이터　2021년 3회 기출변형

핵심기출 해설　**답 ④**

육아휴직과 육아기 근로시간 단축의 사용형태(남녀고용평등과 일 · 가정 양립 지원에 관한 법률 제19조의4)

① 근로자는 육아휴직을 3회에 한정하여 나누어 사용할 수 있다. 이 경우 임신 중인 여성 근로자가 모성보호를 위하여 육아휴직을 사용한 횟수는 육아휴직을 나누어 사용한 횟수에 포함하지 아니한다.

② 근로자는 육아기 근로시간 단축을 나누어 사용할 수 있다. 이 경우 나누어 사용하는 1회의 기간은 1개월(근로계약기간의 만료로 1개월 이상 근로시간 단축을 사용할 수 없는 기간제근로자에 대해서는 남은 근로계약기간을 말한다) 이상이 되어야 한다.

이것이 핵심　**TIP**

육아휴직과 육아기 근로시간 단축의 사용형태는 아래의 예와 같습니다.

> **예** • 육아휴직 1년 사용 + 육아기 근로시간 단축 1년 사용
> 　　• 육아휴직 6개월 사용 + 육아기 근로시간 단축 2년 사용[→ 기본 1년 + 육아휴직 미사용기간(6개월) × 2]
> 　　• 육아휴직 미사용 + 육아기 근로시간 단축 3년 사용[→ 기본 1년 + 육아휴직 미사용기간(1년) × 2]

또한 단축 전의 주당 근로시간이 반드시 40시간이어야 할 필요는 없으며, 시간이 단축되었고 단축 후의 주당 근로시간이 15~35시간이면 육아기 근로시간 단축으로 인정합니다(**예** 3일 동안만 8시간 근무하여 주당 24시간 일하는 형태로도 가능함).

남녀고용평등 및 일·가정 양립 지원에 관한 법령상 육아기 근로시간 단축에 관한 설명이다. (   )에 들어갈 내용으로 옳은 것은?

> 사업주가 근로자에게 육아기 근로시간 단축을 허용하는 경우 단축 후 근로시간은 주당 (ㄱ)시간 이상이어야 하고 (ㄴ)시간을 넘어서는 아니 된다.

① ㄱ : 10, ㄴ : 15
② ㄱ : 10, ㄴ : 20
③ ㄱ : 15, ㄴ : 30
④ ㄱ : 15, ㄴ : 35

기출 2025년, 2021년 2회, 2019년 2회
정답 ④

남녀고용평등과 일·가정 양립지원에 관한 법령상 육아기 근로시간 단축에 관한 설명으로 틀린 것은?

① 사업주는 육아기 근로시간 단축을 하고 있는 근로자의 명시적 청구가 있으면 단축된 근로시간 외에 주 15시간 이내에서 연장근로를 시킬 수 있다.
② 원칙적으로 사업주는 근로자가 초등학교 6학년 이하의 자녀를 양육하기 위하여 근로시간의 단축을 신청하는 경우에 이를 허용하여야 한다.
③ 사업주가 근로자에게 육아기 근로시간 단축을 허용하는 경우 단축 후 근로시간은 주당 15시간 이상이어야 하고 35시간을 넘어서는 아니 된다.
④ 육아기 근로시간 단축을 한 근로자에 대하여 평균임금을 산정하는 경우에는 그 근로자의 육아기 근로시간 단축 기간을 평균임금 산정기간에서 제외한다.

기출 2022년 1회 기출변형
정답 ①

남녀고용평등과 일·가정 양립 지원에 관한 법률상 육아휴직과 육아기 근로시간 단축의 사용형태로 틀린 것은?

① 육아휴직을 13개월 동안 1회 사용
② 육아기 근로시간 단축을 5개월씩 2회 사용
③ 육아휴직을 6개월 동안 1회 사용하고 육아기 근로시간 단축을 3개월 동안 1회 사용
④ 육아휴직을 3개월 동안 1회 사용하고 육아기 근로시간 단축을 1개월씩 2회 사용

기출 2017년 1회, 2011년 3회 기출변형
정답 ①
해설
육아휴직과 육아기 근로시간 단축의 기간은 1년 이내로 한다.

103

남녀고용평등과 일 · 가정 양립 지원에 관한 법률에서 (　　) 안에 들어갈 내용은?

> 사업주는 근로자가 배우자의 출산을 이유로 휴가를 청구하는 경우에 (　　)의 휴가를 주어야 한다.

① 6일
② 10일
③ 20일
④ 22일

핵심 키워드 배우자 출산휴가
☞ 유급 20일, 출산일로부터 120일 이내에 사용
기출 데이터 2015년 2회, 2014년 1회, 2010년 1회 기출변형

핵심기출 해설 | 답 ③

③ 사업주는 근로자가 배우자의 출산을 이유로 휴가를 청구하는 경우에 20일의 휴가를 주어야 한다. 이 경우 사용한 휴가기간은 유급으로 한다.

배우자 출산휴가(남녀고용평등과 일 · 가정 양립 지원에 관한 법률 제18조의2)
• 사업주는 근로자가 배우자의 출산을 이유로 휴가(배우자 출산휴가)를 고지하는 경우에 20일의 휴가를 주어야 한다. 이 경우 사용한 휴가기간은 유급으로 한다.
• 출산전후휴가급여 등이 지급된 경우에는 그 금액의 한도에서 지급의 책임을 면한다.
• 배우자 출산휴가는 근로자의 배우자가 출산한 날부터 120일이 지나면 사용할 수 없다.
• 배우자 출산휴가는 3회에 한정하여 나누어 사용할 수 있다.
• 사업주는 배우자 출산휴가를 이유로 근로자를 해고하거나 그 밖의 불리한 처우를 하여서는 아니 된다.

● **핵심유형 완성하기** ●

남녀고용평등과 일 · 가정 양립 지원에 관한 법령상 모성 보호에 관한 설명으로 틀린 것은?

① 국가는 출산전후휴가를 사용한 근로자에게 그 휴가기간에 대하여 평균임금에 상당하는 금액을 지급할 수 있다.
② 근로자가 사용한 배우자 출산휴가는 유급으로 한다.
③ 배우자 출산휴가는 근로자의 배우자가 출산한 날부터 120일이 지나면 사용할 수 없다.
④ 원칙적으로 사업주는 근로자가 난임치료휴가를 청구하는 경우에 연간 6일 이내의 휴가를 주어야 한다.

기출 2024년, 2023년, 2022년 1회 기출변형
정답 ①
해설
국가는 이 법에 따른 배우자 출산휴가, 난임치료휴가, 「근로기준법」에 따른 출산전후휴가 또는 유산 · 사산 휴가를 사용한 근로자 중 일정한 요건에 해당하는 사람에게 그 휴가기간에 대하여 통상임금에 상당하는 금액을 지급할 수 있다(남녀고용평등과 일 · 가정 양립 지원에 관한 법률 제18조 제1항).

남녀고용평등과 일·가정 양립 지원에 관한 법령상 다음 (　　) 안에 알맞은 것은?

기출 2022년 2회 기출변형
정답 ④

제18조의2(배우자 출산휴가)
① 사업주는 근로자가 배우자의 출산을 이유로 휴가(이하 "배우자 출산휴가"라 한다)를 청구하는 경우에 (ㄱ)일의 휴가를 주어야 한다.
(이하 생략)
③ 배우자 출산휴가는 근로자의 배우자가 출산한 날부터 (ㄴ)일이 지나면 사용할 수 없다.

① ㄱ : 10, ㄴ : 30
② ㄱ : 10, ㄴ : 90
③ ㄱ : 20, ㄴ : 90
④ ㄱ : 20, ㄴ : 120

남녀고용평등과 일·가정 양립 지원에 관한 법령상 배우자 출산휴가에 관한 설명으로 틀린 것은?

기출 2021년 1회 기출변형
정답 ③

① 사업주는 근로자가 배우자 출산휴가를 청구하는 경우에 20일의 휴가를 주어야 한다.
② 사용한 배우자 출산휴가기간은 유급으로 한다.
③ 배우자 출산휴가는 근로자의 배우자가 출산한 날부터 30일이 지나면 청구할 수 없다.
④ 배우자 출산휴가는 3회에 한정하여 나누어 사용할 수 있다.

남녀고용평등과 일·가정 양립에 관한 법령상 상시 300명 미만의 근로자를 사용하는 사업 또는 사업장에서의 배우자 출산휴가에 관한 설명으로 틀린 것은?

기출 2020년 4회 기출변형
정답 ②

① 사업주는 근로자가 배우자 출산휴가를 청구하는 경우에 20일의 휴가를 주어야 한다.
② 사용한 배우자 출산휴가기간은 무급으로 한다.
③ 배우자 출산휴가는 근로자의 배우자가 출산한 날부터 120일이 지나면 청구할 수 없다.
④ 배우자 출산휴가는 3회에 한정하여 나누어 사용할 수 있다.

104

남녀고용평등과 일 · 가정 양립 지원에 관한 법률상 명예고용평등감독관(명예감독관)에 관한 설명으로 틀린 것은?

① 명예감독관의 임기는 3년으로 하되, 연임할 수 있다.

② 고용노동부장관은 명예감독관이 위촉 및 해촉 권한을 지방고용노동관서의 장에게 위임한다.

③ 남녀고용평등 제도에 대한 홍보 · 계몽 업무를 수행하는 경우에는 상근 업무로 함을 원칙으로 한다.

④ 고용노동부장관은 명예감독관으로 활동하기에 부적합한 사유가 있어 해당 사업의 노사 대표가 공동으로 해촉을 요청한 경우에 그 명예감독관을 해촉할 수 있다.

핵심 키워드 명예고용평등감독관
　　☞ 사업장 소속 근로자 중 노사가 추천하는 자, 임기 3년, 비상근 · 무보수
기출 데이터 2017년 2회, 2012년 3회, 2010년 4회

핵심기출 해설 **답 ③**

③ 명예고용평등감독관의 업무는 비상근, 무보수를 원칙으로 한다(남녀고용평등과 일 · 가정 양립 지원에 관한 법률 시행규칙 제16조 제5항).

이것이 핵심 **TIP**

아래의 사항은 반드시 기억해야 합니다.

위촉인원	사업장 소속 근로자 중 노사가 추천하는 사람(사업장 외부의 전문가가 아님)
임 기	3년
업무수행 원칙	비상근 · 무보수

● **핵심유형 완성하기** ●

남녀고용평등과 일 · 가정 양립 지원에 관한 법률상 명예고용평등감독관에 관한 설명으로 틀린 것은?

① 고용노동부장관은 사업장의 남녀고용평등 이행을 촉진하기 위하여 외부 전문가 중 노사가 추천하는 사람을 명예고용평등감독관으로 위촉할 수 있다.

② 명예고용평등감독관의 업무에는 해당 사업장의 차별 및 직장 내 성희롱 발생 시 피해근로자에 대한 상담, 조언이 포함된다.

③ 명예고용평등감독관은 해당 사업장의 고용평등 이행상태 자율점검 및 지도 시 참여한다.

④ 명예고용평등감독관은 남녀고용평등 제도에 대한 홍보, 계몽 활동을 한다.

기출 2016년 3회, 2013년 3회, 2011년 1회, 2009년 3회
정답 ①
해설
고용노동부장관은 사업장의 남녀고용평등 이행을 촉진하기 위하여 그 사업장 소속 근로자 중 노사가 추천하는 사람을 명예고용평등감독관으로 위촉할 수 있다(남녀고용평등과 일 · 가정 양립 지원에 관한 법률 제24조 제1항).

105

남녀고용평등과 일·가정 양립 지원에 관한 법률상 과태료를 부과하는 위반행위는?

① 직장 내 성희롱과 관련하여 피해를 입은 근로자 또는 성희롱 발생을 주장하는 근로자에게 해고나 그 밖의 불리한 조치를 하는 경우

② 직장 내 성희롱 발생이 확인되었는데도 지체 없이 행위자에게 징계나 그 밖에 이에 준하는 조치를 하지 아니한 경우

③ 동일한 사업 내의 동일 가치의 노동에 대하여 동일한 임금을 지급하지 아니한 경우

④ 육아기 근로시간 단축을 이유로 해당 근로자에 대하여 해고나 그 밖의 불리한 처우를 한 경우

핵심 키워드 과태료
☞ 성희롱 발생 미조치에 대해서 500만 원

기출 데이터 2011년 2회

핵심기출 해설 **답 ②**

② 직장 내 성희롱 발생이 확인되었는데도 징계, 근무장소의 변경 등 필요한 조치를 하지 아니한 경우에는 500만 원 이하의 과태료를 부과한다(남녀고용평등과 일·가정 양립 지원에 관한 법률 제39조 제3항 제1의6호).

● **핵심유형 완성하기** ●

남녀고용평등과 일·가정 양립 지원에 관한 법령상 과태료를 부과하는 위반행위는?

① 근로자의 교육·배치 및 승진에서 남녀를 차별한 경우
② 성희롱 예방 교육을 하지 아니한 경우
③ 동일한 사업 내의 동일 가치의 노동에 대하여 동일한 임금을 지급하지 아니한 경우
④ 육아기 근로시간 단축을 이유로 해당 근로자에 대하여 해고나 그 밖의 불리한 처우를 한 경우

기출 2021년 2회
정답 ②
해설
② 500만 원 이하의 과태료
① 500만 원 이하의 벌금
③·④ 3년 이하의 징역 또는 3천만 원 이하의 벌금

남녀고용평등과 일·가정 양립지원에 관한 법령상 1천만 원 이하의 과태료 부과행위에 해당하는 것은?

① 난임치료휴가를 주지 아니한 경우
② 성희롱 예방 교육을 하지 아니한 경우
③ 직장 내 성희롱 발생 사실 조사 과정에서 알게 된 비밀을 다른 사람에게 누설한 경우
④ 사업주가 직장 내 성희롱을 한 경우

기출 2021년 3회
정답 ④
해설
①·②·③ 500만 원 이하의 과태료

106 남녀고용평등과 일 · 가정 양립 지원에 관한 법률상 3년간 전자문서로 작성 · 보존할 수 있는 서류가 아닌 것은?

① 직장 내 성희롱 예방 교육을 하였음을 확인할 수 있는 서류

② 성희롱 행위자에 대한 징계 등 조치에 관한 서류

③ 육아휴직의 신청 및 허용에 관한 서류

④ 적극적 고용개선조치 시행계획 및 그 이행실적에 관한 서류

핵심 키워드 전자문서로 작성 · 보존하는 서류
☞ 차별, 성희롱, 육아

기출 데이터 2025년, 2013년 2회, 2010년 3회

핵심기출 해설 답 ④

④ 적극적 고용개선조치 시행계획 및 그 이행실적에 관한 서류는 전자문서로 작성 · 보존할 수 있는 서류에 해당하지 않는다. 전자문서로 작성 · 보존할 수 있는 서류는 아래와 같다.

보존서류의 종류(남녀고용평등과 일 · 가정 양립 지원에 관한 법률 시행령 제19조)

• 모집과 채용, 임금, 임금 외의 금품 등, 교육 · 배치 및 승진, 정년 · 퇴직 및 해고에 관한 서류
• 직장 내 성희롱 예방 교육을 하였음을 확인할 수 있는 서류
• 직장 내 성희롱 행위자에 대한 징계 등 조치에 관한 서류
• 배우자 출산휴가의 고지 및 허용에 관한 서류
• 육아휴직의 신청 및 허용에 관한 서류
• 육아기 근로시간 단축의 신청 및 허용에 관한 서류, 허용하지 아니한 경우 그 사유의 통보 및 협의 서류, 육아기 근로시간 단축 중의 근로조건에 관한 서류

이것이 핵심 TIP

위의 서류들을 전부 암기하는 것이 어렵다면 최소한 차별과 관련된 서류 1개, 성희롱과 관련된 서류 2개, 출산 · 육아와 관련된 서류가 3개 있다는 것은 기억해야 합니다.

CHAPTER 08 구직자 취업촉진 및 생활안정지원에 관한 법률

구직자취업촉진법의 개념설명

107 다음 중 구직자 취업촉진 및 생활안정지원에 관한 법률에 대한 설명으로 옳지 않은 것은?

① 생활이 어려운 사람에게 필요한 급여를 실시하여 이들의 최저생활을 보장하고 자활을 돕는 것을 목적으로 한다.

② "취업지원"이란 수급자의 취업활동에 도움이 될 수 있는 취업지원서비스 및 구직촉진수당을 지급하는 것을 말한다.

③ 국가와 지방자치단체는 수급자격자가 구직 중 생활이 안정될 수 있도록 필요한 시책을 수립·시행하여야 한다.

④ 수급자격자는 취업활동계획 등에 따른 구직활동을 성실히 이행하여야 한다.

핵심 키워드 구직자취업촉진법의 목적
☞ 통합적인 취업지원서비스 제공, 생계 지원, 구직활동 및 생활안정에 이바지
기출 데이터 적중 예상 문제

해설 **답 ①**

① 「국민기초생활 보장법」의 목적에 해당한다.

구직자 취업촉진 및 생활안정지원에 관한 법률의 목적(법 제1조)
근로능력과 구직의사가 있음에도 불구하고 취업에 어려움을 겪고 있는 국민에게 통합적인 취업지원서비스를 제공하고 생계를 지원함으로써 이들의 구직활동 및 생활안정에 이바지함을 목적으로 한다.

구직자 취업촉진 및 생활안정지원에 관한 법률에서 사용하는 용어의 정의(법 제2조)

취업지원	수급자의 취업활동에 도움이 될 수 있는 취업지원서비스 및 구직촉진수당을 지급하는 것
수급자격자	취업지원서비스 또는 구직촉진수당의 수급 요건을 갖추어 수급자격이 인정된 사람
수급자	수급자격자로서 취업지원서비스 또는 구직촉진수당을 받는 사람

구직자 취업촉진 및 생활안정지원에 관한 법률의 각 주체의 책무 등(법 제3조 및 제4조)

국가와 지방자치단체	• 수급자격자의 적성과 능력에 맞는 분야로의 취업 지원 • 수급자격자의 구직 중 생활안정을 위해 필요한 시책의 수립·시행
수급자격자	• 국가와 지방자치단체로부터 취업 및 생활안정을 위한 지원을 받을 권리 • 취업활동계획 등에 따른 구직활동을 성실히 이행하여야 할 의무

108 다음 중 구직자 취업촉진 및 생활안정지원에 관한 법률상 보기의 빈칸에 들어갈 내용으로 옳은 것은?

> 고용노동부장관은 관계 중앙행정기관의 장과 협의하여 구직자의 취업을 지원하기 위한 구직자 취업지원 기본계획을 (   ) 수립하고 시행하여야 한다.

① 3년마다   ② 5년마다

③ 매 년   ④ 격년으로

핵심 키워드 구직자 취업지원 기본계획의 수립ㆍ시행
☞ 고용노동부장관, 5년마다

기출 데이터 적중 예상 문제

해설　**답 ②**

구직자 취업지원 기본계획의 수립ㆍ시행(구직자 취업촉진 및 생활안정지원에 관한 법률 제5조 제1항)
고용노동부장관은 관계 중앙행정기관의 장과 협의하여 구직자의 취업을 지원하기 위한 구직자 취업지원 기본계획을 5년마다 수립하고 시행하여야 한다.

이것이 핵심　**TIP**

기본계획에는 다음의 사항이 포함되어야 합니다.

- 구직자 취업지원의 기본목표 및 추진방향
- 구직자 취업지원에 관한 사업계획 및 추진방법
- 구직자 취업지원 체계의 구축 및 운영
- 구직자 취업지원의 성과분석 및 개선방안
- 구직자 취업지원을 위한 재원조달
- 그 밖에 구직자 취업지원을 위하여 필요한 사항

● **핵심유형 완성하기** ●

다음 중 구직자 취업촉진 및 생활안정지원에 관한 법률상 구직자 취업지원 기본계획에 포함되어야 하는 사항을 올바르게 모두 고른 것은?

> ㄱ. 구직자 취업지원 체계의 구축 및 운영
> ㄴ. 구직자 취업지원을 위한 기금운용 계획의 수립
> ㄷ. 구직자 취업지원의 성과분석 및 개선방안
> ㄹ. 구직자 취업지원에 관한 사업계획 및 추진방법

① ㄱ, ㄷ   ② ㄴ, ㄹ
③ ㄱ, ㄷ, ㄹ   ④ ㄱ, ㄴ, ㄷ, ㄹ

기출 적중 예상 문제
정답 ③

109

다음 중 구직자 취업촉진 및 생활안정지원에 관한 법률상 취업지원서비스의 수급 요건으로 옳은 것을 모두 고른 것은? (단, 고용노동부장관이 취업취약계층에 대해 별도로 정하여 고시한 수급 요건은 고려하지 않음)

> ㄱ. 근로능력과 구직의사가 있음에도 취업하지 못한 상태일 것
> ㄴ. 취업지원을 신청할 당시 15세 이상 60세 이하일 것
> ㄷ. 원칙상 가구단위의 월평균 총소득이 기준 중위소득의 100분의 120 이하일 것
> ㄹ. 15세 이상 34세 이하인 사람은 가구단위의 월평균 총소득이 기준 중위소득의 100분의 150 이하일 것

① ㄱ

② ㄱ, ㄷ

③ ㄱ, ㄴ, ㄹ

④ ㄱ, ㄴ, ㄷ, ㄹ

핵심 키워드 취업지원서비스의 수급 요건
☞ 근로능력 및 구직의사 있음, 15세 이상 64세 이하, 월평균 총소득이 기준 중위소득의 100분의 100 이하

기출 데이터 적중 예상 문제

해설 답 ①

취업지원서비스의 수급 요건(구직자 취업촉진 및 생활안정지원에 관한 법률 제6조 제1항 참조)
- 근로능력과 구직의사가 있음에도 취업하지 못한 상태일 것(ㄱ)
- 취업지원을 신청할 당시 15세 이상 64세 이하일 것
- 가구단위의 월평균 총소득이 기준 중위소득의 100분의 100 이하일 것[단, 15세 이상 34세 이하(병역의무를 이행한 경우 법령에 따른 복무 기간 중 3년의 범위에서 실제 복무한 병역의무 이행기간을 가산)인 사람은 가구단위의 월평균 총소득이 기준 중위소득의 100분의 120 이하일 것]

이것이 핵심 TIP

고용노동부장관은 법률의 규정에도 불구하고, 취업지원을 신청할 당시 15세 이상 69세 이하인 사람 가운데 「국민취업지원제도 운영규정」에 따라 취업취약계층의 취업지원서비스 수급 요건에 해당하는 사람에게 취업지원서비스 수급자격을 인정할 수 있습니다(국민취업지원제도 운영규정 제2조 참조).

110

다음 중 구직자 취업촉진 및 생활안정지원에 관한 법률상 구직촉진수당의 수급 요건으로 옳은 것을 모두 고른 것은?

> ㄱ. 취업지원서비스의 수급 요건에 해당하지 않을 것
> ㄴ. 가구단위의 월평균 총소득이 기준 중위소득의 100분의 60 이내의 범위에서 최저생계비 및 구직활동에 드는 비용 등을 고려하여 대통령령으로 정하는 수준 이하일 것
> ㄷ. 원칙상 가구원이 소유하고 있는 토지·건물·자동차 등 재산의 합계액이 6억 원 이내의 범위에서 대통령령으로 정하는 금액 이하일 것
> ㄹ. 취업지원 신청일 이전 1년 이내의 범위에서 대통령령으로 정하는 기간 이상 취업한 사실이 없을 것

① ㄱ, ㄹ   ② ㄴ, ㄷ
③ ㄴ, ㄷ, ㄹ   ④ ㄱ, ㄴ, ㄷ, ㄹ

핵심 키워드   구직촉진수당의 수급 요건
☞ 취업지원서비스의 수급 요건, 기준 중위소득의 100분의 60 이내의 범위, 재산의 합계액이 6억 원 이내의 범위, 취업지원 신청일 이전 2년 이내의 범위

기출 데이터   적중 예상 문제

해설   **답 ②**

구직촉진수당의 수급 요건(구직자 취업촉진 및 생활안정지원에 관한 법률 제7조 제1항 참조)
• 취업지원서비스의 수급 요건을 갖출 것
• 가구단위의 월평균 총소득이 기준 중위소득의 100분의 60 이내의 범위에서 최저생계비 및 구직활동에 드는 비용 등을 고려하여 대통령령으로 정하는 수준 이하일 것(ㄴ)
• 가구원이 소유하고 있는 토지·건물·자동차 등 재산의 합계액이 6억 원 이내의 범위에서 대통령령으로 정하는 금액 이하일 것(ㄷ)
• 취업지원 신청일 이전 2년 이내의 범위에서 대통령령으로 정하는 기간 이상 취업한 사실이 있을 것

이것이 핵심   **TIP**

고용노동부장관은 위 수급 요건에도 불구하고 노동시장의 여건, 구직촉진수당의 지원 필요성 등 다음을 고려하여 상대적으로 그 소득과 재산이 적고 취업이 어렵다고 인정되는 사람으로서 고용노동부장관이 정하여 고시하는 사람에 대하여 예산의 범위에서 구직촉진수당 수급자격을 인정할 수 있습니다(국민취업지원제도 운영규정 제6조 및 별표3).

> • 가구단위 월평균 총소득
> • 재산의 합계액(가구원의 재산 합계액)
> • 미취업기간 또는 취업준비기간
> • 자녀(미취학 자녀 등 양육이 필요한 자녀의 수)
> • 유사 제도 및 사업 수혜
> • 구직의사 및 건강상태

111

다음은 구직자 취업촉진 및 생활안정지원에 관한 법령상 고용노동부장관이 구직촉진수당 수급자격을 인정하지 아니할 수 있는 대상을 제시한 것이다. 보기의 빈칸에 들어갈 내용을 순서대로 올바르게 나열한 것은?

> • 「고용보험법」에 따른 구직급여를 받고 있거나 구직급여를 마지막으로 받은 날의 다음 날부터 (ㄱ)이 지나지 아니한 사람
> • 「고용정책 기본법」에 따른 재정지원 일자리사업 중 대통령령으로 정하는 사업에 참여하고 있거나 참여기간의 마지막 날의 다음 날부터 (ㄴ)이 지나지 아니한 사람

① ㄱ : 3개월, ㄴ : 3개월
② ㄱ : 3개월, ㄴ : 6개월
③ ㄱ : 6개월, ㄴ : 6개월
④ ㄱ : 1년, ㄴ : 1년

핵심 키워드 구직촉진수당 수급자격 인정하지 아니하는 경우
☞ 학업, 군복무, 심신장애 및 간병, 생계급여 수급자, 6개월, 1인 가구 기준 중위소득의 100분의 60
기출 데이터 적중 예상 문제

해설 답 ③

ㄱ. 「고용보험법」에 따른 구직급여를 받고 있거나 구직급여를 마지막으로 받은 날의 다음 날부터 6개월이 지나지 아니한 사람(구직자 취업촉진 및 생활안정지원에 관한 법률 제7조 제3항 제3호)
ㄴ. 「고용정책 기본법」에 따른 재정지원 일자리사업 중 대통령령으로 정하는 사업에 참여하고 있거나 참여기간의 마지막 날의 다음 날부터 6개월이 지나지 아니한 사람(동법 제7조 제3항 제4호)

이것이 핵심 TIP

고용노동부장관은 다음의 어느 하나에 해당하는 사람들에게는 구직촉진수당 수급자격을 인정하지 아니할 수 있습니다.

- 취업지원 신청 당시 학업, 군복무, 심신장애 및 간병 등 대통령령으로 정하는 사유로 즉시 취업이 어려운 사람
- 「국민기초생활 보장법」에 따른 생계급여 수급자
- 「고용보험법」에 따른 구직급여를 받고 있거나 구직급여를 마지막으로 받은 날의 다음 날부터 6개월이 지나지 아니한 사람
- 「고용정책 기본법」에 따른 재정지원 일자리사업 중 대통령령으로 정하는 사업에 참여하고 있거나 참여기간의 마지막 날의 다음 날부터 6개월이 지나지 아니한 사람
- 국가 또는 지방자치단체가 구직활동에 필요한 비용을 지원하는 수당 중 대통령령으로 정하는 수당을 받고 있거나 수당을 마지막으로 받은 날의 다음 날부터 6개월이 지나지 아니한 사람
- 취업지원 신청인 본인의 월평균 총소득이 대통령령으로 정하는 기준(→ 1인 가구 기준 중위소득의 100분의 60) 이상인 사람
- 구직촉진수당 수급자격을 인정받으려는 사람이 취업할 의사가 없어 고용노동부장관이 취업지원서비스에 참여시키는 것이 적합하지 않다고 인정하는 사람

112

다음 중 구직자 취업촉진 및 생활안정지원에 관한 법률상 수급자격자 또는 수급자가 취업지원의 유예를 신청할 수 있는 사유로 옳지 않은 것은?

① 본인이 임신하거나 출산 후 90일이 지나지 아니한 경우
② 본인 또는 배우자가 질병에 걸렸거나 부상을 당한 경우
③ 본인 또는 배우자의 직계존비속이 질병에 걸렸거나 부상을 당한 경우
④ 6개월 이상 국외에 머무는 경우

핵심 키워드 취업지원의 유예
☞ 6개월 미만 동안 국외에 머무는 경우
기출 데이터 적중 예상 문제

해설 **답 ④**

④ "6개월 미만 동안 국외에 머무는 경우"가 옳다(구직자 취업촉진 및 생활안정지원에 관한 법률 제11조 제1항 제5호).

취업지원의 유예(법 제11조 및 시행규칙 제6조)
수급자격자 또는 수급자는 다음의 어느 하나에 해당하여 취업지원서비스에 참여하기 어려운 경우에는 수급자격의 인정통지를 받은 날부터 2년 이내의 범위에서 해당 사유가 해소되는 데 필요한 기간 동안 취업지원의 유예를 신청할 수 있다.

- 본인이 임신하거나 출산 후 90일이 지나지 아니한 경우
- 본인 또는 배우자가 질병에 걸렸거나 부상을 당한 경우
- 본인 또는 배우자의 직계존비속이 질병에 걸렸거나 부상을 당한 경우
- 「병역법」에 따른 의무복무를 하는 경우
- 6개월 미만 동안 국외에 머무는 경우
- 천재지변 또는 이에 준하는 재난이 발생한 경우
- 감염병 확산으로 인해 「재난 및 안전관리 기본법」에 따른 경계 이상의 위기경보가 발령된 경우
- 천재지변 등에 준하는 경우로서 고용노동부장관이 취업지원의 유예가 필요하다고 인정하는 경우

● **핵심유형 완성하기** ●

다음 중 구직자 취업촉진 및 생활안정지원에 관한 법률상 수급자격자 또는 수급자가 취업지원의 유예를 신청할 수 있는 사유에 해당하는 것은?

기출 적중 예상 문제
정답 ③

① 본인의 형제자매가 부상을 당한 경우
② 배우자가 출산 후 120일이 지나지 아니한 경우
③ 배우자의 직계존속이 질병에 걸린 경우
④ 6개월 이상 국외에 머무는 경우

113

다음 중 구직자 취업촉진 및 생활안정지원에 관한 법률상 취업지원서비스에 포함되지 않는 것은?

① 개인별 취업활동계획의 수립

② 취업지원 프로그램의 제공

③ 구직활동지원 프로그램의 제공

④ 구직촉진수당의 지급

핵심 키워드 취업지원서비스의 주요 내용
　　　　　☞ 취업활동계획, 취업지원 프로그램, 구직활동지원 프로그램
기출 데이터 적중 예상 문제

해설　**답 ④**

구직자 취업촉진 및 생활안정지원에 관한 법률상 취업지원서비스의 주요 내용

취업활동계획 (법 제12조)	고용노동부장관은 수급자격자와 협의하여 해당 수급자격자에게 필요한 취업지원 프로그램 또는 구직활동지원 프로그램 등에 관한 사항을 포함하여 개인별 취업활동계획을 수립하여야 한다.
취업지원 프로그램 (법 제13조)	고용노동부장관은 취업활동계획에 따라 수급자가 취업의욕과 직업 적응능력을 높이고 구직활동에 필요한 기술을 익힐 수 있도록 취업지원 프로그램을 제공할 수 있다.
구직활동지원 프로그램 (법 제14조)	고용노동부장관은 수급자의 취업활동계획에 따라 일자리 소개 및 이력서 작성·면접 기법 등 구직활동에 필요한 구직활동지원 프로그램을 제공하여야 한다.

● **핵심유형 완성하기** ●

다음 중 구직자 취업촉진 및 생활안정지원에 관한 법률상 취업지원서비스와 가장 거리가 먼 것은?

① 수급자격자와 협의하여 개인별 취업활동계획을 수립한다.

② 수급자격을 인정받은 사람의 생활안정을 위해 구직촉진수당을 지급한다.

③ 수급자가 구직활동에 필요한 기술을 익힐 수 있도록 취업지원 프로그램을 제공한다.

④ 수급자에게 일자리 소개 및 이력서 작성·면접 기법 등 구직활동지원 프로그램을 제공한다.

기 출 적중 예상 문제
정 답 ②

114

다음 중 구직자 취업촉진 및 생활안정지원에 관한 법률상 취업지원서비스기간과 관련하여 보기의 빈칸에 들어갈 내용을 순서대로 올바르게 나열한 것은?

> • 수급자가 취업지원서비스를 받을 수 있는 기간은 수급자격의 인정 통지를 받은 날부터 (ㄱ)이 되는 날까지로 한다.
> • 고용노동부장관은 취업지원서비스기간이 종료된 후에도 수급자가 취업지원 프로그램에 계속 참여할 필요가 있다고 인정되면 (ㄴ) 이내의 범위에서 그 기간을 연장할 수 있다.

① ㄱ : 1년, ㄴ : 3개월
② ㄱ : 1년, ㄴ : 6개월
③ ㄱ : 2년, ㄴ : 3개월
④ ㄱ : 2년, ㄴ : 6개월

핵심 키워드 취업지원서비스기간 및 사후관리
☞ 수급자격 인정 통지를 받은 날부터 1년이 되는 날, 6개월 이내 연장 가능
기출 데이터 적중 예상 문제

해설 **답 ②**

취업지원서비스기간(구직자 취업촉진 및 생활안정지원에 관한 법률 제15조)
• 수급자가 취업지원서비스를 받을 수 있는 기간은 수급자격의 인정 통지를 받은 날부터 1년이 되는 날까지로 한다.
• 고용노동부장관은 취업지원서비스기간이 종료된 후에도 수급자가 취업지원 프로그램에 계속 참여할 필요가 있다고 인정되면 6개월 이내의 범위에서 그 기간을 연장할 수 있다.
• 고용노동부장관은 취업지원서비스기간(연장된 기간을 포함)이 종료되었음에도 취업을 하지 못한 사람에 대해서는 취업능력, 취업장애요인 등을 고려하여 취업지원서비스기간이 끝난 날의 다음 날부터 3개월이 되는 날까지 구인정보의 제공 등 사후관리를 할 수 있다(시행규칙 제11조).

115

다음 중 구직자 취업촉진 및 생활안정지원에 관한 법률상 구직촉진수당에 대한 설명으로 옳지 않은 것은?

① 고용노동부장관은 구직촉진수당의 수급 요건에 해당하는 수급자격자가 취업지원서비스에 참여하는 경우 구직촉진수당과 별도로 취업활동비용을 지원한다.

② 고용노동부장관은 고용정책심의회의 심의를 거쳐 구직촉진수당의 지급액을 결정한다.

③ 구직촉진수당은 취업지원 신청인이 수급자격의 인정 통지를 받은 날부터 6개월이 되는 날까지 취업지원 · 구직활동지원 프로그램을 이행한 것에 대하여 지급한다.

④ 구직촉진수당의 지급주기는 1개월로 한다.

핵심 키워드 구직촉진수당의 지급
☞ 금전 지급, 고용정책심의회의 심의, 월(月) 단위, 수급자격의 인정 통지를 받은 날부터 6개월이 되는 날, 1개월의 지급주기

기출 데이터 적중 예상 문제

해설 **답 ①**

① 고용노동부장관은 구직촉진수당의 수급 요건에 해당하지 아니하는 수급자격자가 취업지원서비스에 참여하는 경우 고용노동부령으로 정하는 바에 따라 취업활동비용의 일부를 예산의 범위에서 지원할 수 있다(구직자 취업촉진 및 생활안정지원에 관한 법률 제16조).

구직촉진수당의 지급 등(법 제18조 내지 제20조)
• 고용노동부장관은 구직촉진수당 수급자격을 인정받은 사람이 취업활동계획 수립에 참여하여 그 계획 수립이 완료되거나 취업지원 프로그램 또는 구직활동지원 프로그램(이하 "취업지원 · 구직활동지원 프로그램"이라 한다)을 이행하는 경우에는 구직활동 및 생활안정에 소요되는 비용을 지원하기 위한 구직촉진수당을 지급한다.
• 구직촉진수당은 금전으로 지급한다.
• 고용노동부장관은 고용정책심의회의 심의를 거쳐 구직촉진수당의 지급액을 결정하되, 구직촉진수당의 지급액은 월(月) 단위로 정한다.
• 구직촉진수당은 취업지원 신청인이 수급자격의 인정 통지를 받은 날부터 6개월이 되는 날까지 취업지원 · 구직활동지원 프로그램을 이행한 것에 대하여 지급한다.
• 구직촉진수당의 지급주기는 1개월로 한다.

116

다음 중 구직자 취업촉진 및 생활안정지원에 관한 법률상 부정한 방법으로 구직촉진수당 등을 지급받은 경우의 처분에 대한 설명으로 가장 옳은 것은?

① 부정행위에 따른 구직촉진수당 등의 지급결정 취소를 받은 수급자는 그 결정이 있은 날부터 5년 이내의 범위에서 대통령령으로 정하는 기간에 취업지원을 신청할 수 없다.

② 고용노동부장관은 거짓이나 그 밖의 부정한 방법으로 구직촉진수당 등을 지급받은 수급자에게 반환명령을 하는 경우에 지급받은 구직촉진수당에 해당하는 액수 이상의 금액을 추가로 징수할 수 있다.

③ 고용노동부장관은 수급자 또는 수급자였던 사람에게 잘못 지급된 구직촉진수당 등이 있으면 그 지급금의 반환을 명하여야 한다.

④ 거짓이나 그 밖의 부정한 방법으로 구직촉진수당 등을 받거나 다른 사람으로 하여금 받게 한 사람은 3년 이하의 징역 또는 3천만 원 이하의 벌금에 처한다.

핵심 키워드 부정행위에 따른 구직촉진수당 등의 지급 제한
☞ 지급결정 취소, 5년 이내의 범위에서 대통령령으로 정하는 기간, 1년 이하의 징역 또는 1천만 원 이하의 벌금

기출 데이터 적중 예상 문제

해설 **답 ①**

① 구직자 취업촉진 및 생활안정지원에 관한 법률 제27조 제2항

② 고용노동부장관은 거짓이나 그 밖의 부정한 방법으로 구직촉진수당 등을 지급받은 수급자에게 반환명령을 하는 경우에 지급받은 구직촉진수당에 해당하는 액수 이하의 금액을 추가로 징수할 수 있다(동법 제28조 제2항).

③ 고용노동부장관은 수급자 또는 수급자였던 사람에게 잘못 지급된 구직촉진수당 등이 있으면 그 지급금의 반환을 명할 수 있다(동법 제28조 제4항).

④ 거짓이나 그 밖의 부정한 방법으로 구직촉진수당 등을 받거나 다른 사람으로 하여금 받게 한 사람은 1년 이하의 징역 또는 1천만 원 이하의 벌금에 처한다(동법 제38조 제2항).

● **핵심유형 완성하기** ●

다음 중 구직자 취업촉진 및 생활안정지원에 관한 법률상 거짓이나 그 밖의 부정한 방법으로 구직촉 진수당 등을 받은 경우 벌칙규정으로 옳은 것은?

① 1년 이하의 징역 또는 1천만 원 이하의 벌금
② 2년 이하의 징역 또는 2천만 원 이하의 벌금
③ 3년 이하의 징역 또는 2천만 원 이하의 벌금
④ 3년 이하의 징역 또는 3천만 원 이하의 벌금

기출 2025년

정답 ①

해설
거짓이나 그 밖의 부정한 방법으로 구직촉진수당 등을 받거나 다른 사람으로 하여금 받게 한 사람은 1년 이하의 징역 또는 1천만 원 이하의 벌금에 처한다(구직자 취업촉진 및 생활안정지원에 관한 법률 제38조 제2항).

117

다음 중 구직자 취업촉진 및 생활안정지원에 관한 법률상 취업지원의 종료 시점으로 옳지 않은 것은?

① 취업지원서비스기간이 만료된 경우 : 해당 기간이 만료된 날의 다음 날
② 취업지원서비스기간 중 취업한 경우 : 취업한 날의 다음 날
③ 구직촉진수당의 지급기간이 최종 회차인 경우 : 최종 회차 지급기간의 마지막 날의 다음 날
④ 생계급여 수급자로 선정된 경우 : 생계급여 수급자로 선정된 날

핵심 키워드 취업지원 종료 시점
☞ 취업지원서비스시간 중 취업한 경우 : 고용노동부령으로 정하는 기준 이상의 일자리에 취업한 날
기출 데이터 적중 예상 문제

해설　　**답 ②**

② 취업지원서비스기간 중 취업 또는 창업한 경우 : 고용노동부령으로 정하는 기준 이상의 일자리(→ 주 30시간 이상 근무하는 일자리)에 취업한 날 또는 영리 목적으로 사업을 하기 시작한 날(구직자 취업촉진 및 생활안정지원에 관한 법률 제29조 제1항 제2호)

취업지원 종료 등(법 제29조 및 시행규칙 제20조)
고용노동부장관은 다음의 구분에 따른 시점부터 수급자에 대한 해당 취업지원서비스의 제공 또는 구직촉진수당의 지급을 하지 아니한다.

- 취업지원서비스기간이 만료된 경우 : 해당 기간이 만료된 날의 다음 날
- 취업지원서비스기간 중 취업 또는 창업한 경우 : 고용노동부령으로 정하는 기준 이상의 일자리(→ 주 30시간 이상 근무하는 일자리)에 취업한 날 또는 영리 목적으로 사업을 하기 시작한 날
- 재정지원 일자리사업 중 대통령령으로 정하는 사업의 참여자로 선정된 경우 : 사업 참여자로 선정된 날
- 생계급여 수급자로 선정된 경우 : 생계급여 수급자로 선정된 날
- 취업지원의 유예 기간 만료 또는 유예 사유 해소에도 불구하고 취업지원서비스에 다시 참여하지 아니하는 경우 : 취업지원의 유예 기간이 만료된 날의 다음 날 또는 그 유예 사유가 해소된 날의 다음 날부터 30일이 지난 날
- 수급자격자의 취업활동계획 수립의무 미이행으로 수급자격의 인정을 철회한 경우 : 철회한 날
- 구직촉진수당의 지급기간이 최종 회차인 경우 : 최종 회차 지급기간의 마지막 날의 다음 날
- 구직촉진수당의 마지막 지급중단 결정을 받은 경우 : 마지막 지급중단 결정이 있은 날
- 취업지원서비스를 수급하는 중 수급자격을 갖추지 못한 것으로 확인된 경우 : 확인된 날
- 구직촉진수당의 지급기간 중 수급자격을 갖추지 못한 것으로 확인된 경우 : 확인된 날
- 국가 또는 지방자치단체가 구직활동을 위해 지원하는 수당을 받게 된 경우 : 수당을 처음 받는 날
- 구직촉진수당의 지급기간 중 수급자 신고 소득의 월 단위 지급액 초과로 수급자격의 인정을 철회한 경우 : 철회한 날
- 부정행위에 따라 구직촉진수당 등의 지급결정이 취소된 경우 : 취소된 날
- 「고용보험법」에 따른 구직급여를 받게 된 경우 : 구직급여 수급자격의 인정을 받은 날
- 수급자 본인이 취업지원 종료를 원하는 경우 : 취업지원 종료를 원하는 날

118 다음 중 구직자 취업촉진 및 생활안정지원에 관한 법률상 보기의 빈칸에 들어갈 내용으로 옳은 것은?

> 구직자 취업촉진 및 생활안정지원에 관한 법률상 취업지원의 종료에 따라 취업지원을 하지 아니하게 된 경우에는 원칙상 그날부터 (   ) 이내의 범위에서 대통령령으로 정하는 기간이 지나야 취업지원 신청을 할 수 있다.

① 1년

② 2년

③ 3년

④ 5년

핵심 키워드 취업지원 종료
☞ 취업지원을 하지 아니하게 된 날부터 3년 이내의 범위의 기간이 지나야 다시 신청이 가능

기출 데이터 적중 예상 문제

해설 **답 ③**

취업지원 재참여(구직자 취업촉진 및 생활안정지원에 관한 법률 제29조 제3항 및 시행령 제13조 제1항)
취업지원의 종료에 따라 취업지원을 하지 아니하게 된 경우에는 원칙상 그날부터 3년 이내의 범위에서 대통령령으로 정하는 기간(→ 3년)이 지나야 취업지원 신청을 할 수 있다.

● **핵심유형 완성하기** ●

다음 중 구직자 취업촉진 및 생활안정지원에 관한 법령상 취업지원의 종료에 따라 취업지원을 하지 아니하게 된 경우 원칙상 몇 년이 지나야 취업지원 재참여를 신청할 수 있는가?

① 1년
② 2년
③ 3년
④ 5년

기출 적중 예상 문제
정답 ③

채용절차법의 개념설명 ㅣ

119 채용절차의 공정화에 관한 법률에 관한 설명으로 틀린 것은?

① "기초심사자료"란 구직자의 응시원서, 이력서 및 자기소개서를 말한다.

② 고용노동부장관은 기초심사자료의 표준양식을 정하여 구인자에게 그 사용을 권장할 수 있다.

③ 구직자는 구인자에게 제출하는 채용서류를 거짓으로 작성하여서는 아니 된다.

④ 이 법은 지방자치단체가 공무원을 채용하는 경우에도 적용한다.

핵심 키워드 적용범위
☞ 상시 30명 이상의 근로자를 사용하는 사업 또는 사업장, 국가 및 지방자치단체가 공무원을 채용하는 경우 제외

기출 데이터 2024년, 2021년 1회

핵심기출 해설 **답 ④**

④ 이 법은 상시 30명 이상의 근로자를 사용하는 사업 또는 사업장의 채용절차에 적용한다. 다만, 국가 및 지방자치단체가 공무원을 채용하는 경우에는 적용하지 아니한다(채용절차의 공정화에 관한 법률 제3조).

● **핵심유형 완성하기** ●

채용절차의 공정화에 관한 법령에 대한 설명으로 틀린 것은?

① 기초심사자료란 구직자의 응시원서, 이력서 및 자기소개서를 말한다.

② 이 법은 국가 및 지방자치단체가 공무원을 채용하는 경우에도 적용한다.

③ 직종의 특수성으로 인하여 불가피한 사정이 있는 경우 고용노동부장관의 승인을 받아 구직자에게 채용심사비용의 일부를 부담하게 할 수 있다.

④ 구인자는 구직자 본인의 재산 정보를 기초심사 자료에 기재하도록 요구하여서는 아니 된다.

기출 2020년 1 · 2회
정답 ②

120

채용절차의 공정화에 관한 법률에 관한 설명으로 틀린 것은?

① 고용노동부장관은 입증자료의 표준양식을 정하여 구인자에게 그 사용을 권장할 수 있다.

② 원칙적으로 상시 30명 이상의 근로자를 사용하는 사업장의 채용절차에 적용한다.

③ 채용서류란 기초심사자료, 입증자료, 심층심사자료를 말한다.

④ 심층심사자료란 작품집, 연구실적물 등 구직자의 실력을 알아볼 수 있는 모든 물건 및 자료를 말한다.

핵심 키워드 채용절차법
☞ 기초심사자료의 표준양식을 정해 구인자에게 사용 권장 가능

기출 데이터 2021년 3회

핵심기출 해설 | **답 ①**

① 고용노동부장관은 기초심사자료의 표준양식을 정하여 구인자에게 그 사용을 권장할 수 있다(채용절차의 공정화에 관한 법률 제5조).

채용절차법상의 용어

구인자	구직자를 채용하려는 자
구직자	직업을 구하기 위하여 구인자의 채용광고에 응시하는 사람
기초심사자료	구직자의 응시원서, 이력서 및 자기소개서
입증자료	학위증명서, 경력증명서, 자격증명서 등 기초심사자료에 기재한 사항을 증명하는 모든 자료
심층심사자료	작품집, 연구실적물 등 구직자의 실력을 알아볼 수 있는 모든 물건 및 자료
채용서류	기초심사자료, 입증자료, 심층심사자료

● **핵심유형 완성하기** ●

다음 중 채용절차의 공정화에 관한 법률에 대한 설명으로 가장 옳은 것은?

① "채용서류"란 구직자의 응시원서, 이력서 및 자기소개서를 말한다.
② "기초심사자료"란 학위증명서, 경력증명서, 자격증명서 등을 말한다.
③ "심층심사자료"란 구직자의 실력을 알아볼 수 있는 모든 물건 및 자료를 말한다.
④ 이 법은 채용절차에서의 최대한의 공정성을 확보하기 위한 사항을 정하고 있다.

기출 2025년

정답 ③

121

다음 중 채용절차의 공정화에 관한 법령상 채용서류의 반환 등에 대한 내용으로 가장 옳은 것은?

① 구인자는 확정된 채용대상자가 채용서류의 반환을 청구하는 경우에는 본인임을 확인한 후 대통령령으로 정하는 바에 따라 반환하여야 한다.

② 구직자로부터 채용서류의 반환 청구를 받은 구인자는 구직자가 반환 청구를 한 날부터 14일 이내에 구직자에게 해당 채용서류를 발송하거나 전달하여야 한다.

③ 구직자가 구인자의 요구 없이 자발적으로 제출한 채용서류에 대해서도 구인자의 채용서류 반환 의무가 성립된다.

④ 채용서류의 반환에 소요되는 비용은 원칙적으로 구직자가 부담한다.

핵심 키워드 채용서류의 반환

☞ 확정된 채용대상자는 제외, 구직자가 반환 청구를 한 날부터 14일 이내, 채용서류 파기, 구인자가 비용 부담

기출 데이터 적중 예상 문제

해설 답 ②

② 채용절차의 공정화에 관한 법률 시행령 제2조 제1항

① · ③ 구인자는 구직자의 채용 여부가 확정된 이후 구직자(확정된 채용대상자는 제외)가 채용서류의 반환을 청구하는 경우에는 본인임을 확인한 후 대통령령으로 정하는 바에 따라 반환하여야 한다. 다만, 법령에 따라 홈페이지 또는 전자우편으로 제출된 경우나 구직자가 구인자의 요구 없이 자발적으로 제출한 경우에는 그러하지 아니하다(동법 제11조 제1항).

④ 채용서류의 반환에 소요되는 비용은 원칙적으로 구인자가 부담한다(동법 제11조 제5항 참조).

이것이 핵심 TIP

채용서류를 제출한 구직자 중 채용대상자로 확정된 자는 제외되므로 채용서류의 반환을 청구할 수 없습니다. 또한 채용서류 반환에 소요되는 구직자의 부담 비용은 채용서류를 특수취급우편물(CD 등기취급, 보험취급, 배달증명 등)로 송달하는 경우에 드는 우편에 관한 요금 및 우편이용에 관한 수수료를 말합니다(채용절차의 공정화에 관한 법률 시행령 제5조 제1항).

122

다음 중 채용절차의 공정화에 관한 법령상 채용서류의 반환 청구기간으로 옳은 것은?

① 구인자가 구직자의 채용서류를 받은 날 이후 30일부터 90일까지
② 구인자가 구직자의 채용서류를 받은 날 이후 60일부터 180일까지
③ 구직자의 채용 여부가 확정된 날 이후 7일부터 90일까지
④ 구직자의 채용 여부가 확정된 날 이후 14일부터 180일까지

핵심 키워드 채용서류의 반환 청구기간
☞ 구직자의 채용 여부가 확정된 날 이후 14일부터 180일까지

기출 데이터 적중 예상 문제

해설   답 ④

채용서류의 반환 청구기간(채용절차의 공정화에 관한 법률 시행령 제4조)

채용서류의 반환 청구기간은 구직자의 채용 여부가 확정된 날 이후 14일부터 180일까지의 기간의 범위에서 구인자가 정한 기간으로 한다. 이 경우 구인자는 채용 여부가 확정되기 전까지 구인자가 정한 채용서류의 반환 청구기간을 구직자에게 알려야 한다.

123 채용절차의 공정화에 관한 법령상 500만 원 이하의 과태료 부과행위에 해당하는 것은?

① 채용서류 보관의무를 이행하지 아니한 구인자
② 구직자에 대한 고지의무를 이행하지 아니한 구인자
③ 시정명령을 이행하지 아니한 구인자
④ 지식재산권을 자신에게 귀속하도록 강요한 구인자

핵심 키워드 과태료
☞ 지식재산권을 자신에게 귀속하도록 강요한 구인자, 채용서류 보관의무를 이행하지 아니한 구인자 등
기출 데이터 2025년, 2024년, 2022년 1회

핵심기출 해설 답 ④

①·②·③ 300만 원 이하의 과태료 부과행위에 해당한다(채용절차의 공정화에 관한 법률 제17조 제3항 참조).

과태료(법 제17조)
• 채용강요 등의 금지 규정을 위반하여 채용강요 등의 행위를 한 자에게는 3천만 원 이하의 과태료를 부과한다. 다만, 「형법」 등 다른 법률에 따라 형사처벌을 받은 경우에는 과태료를 부과하지 아니하며, 과태료를 부과한 후 형사처벌을 받은 경우에는 그 과태료 부과를 취소한다.
• 그 밖의 다음의 어느 하나에 해당하는 자에게 과태료를 부과한다.

500만 원 이하	• 정당한 사유 없이 채용광고의 내용 또는 근로조건을 변경한 구인자 • 지식재산권을 자신에게 귀속하도록 강요한 구인자 • 구직자에 대하여 그 직무의 수행에 필요하지 아니한 개인정보를 기초심사자료에 기재하도록 요구하거나 입증자료로 수집한 구인자
300만 원 이하	• 채용서류 보관의무를 이행하지 아니한 구인자 • 채용서류의 반환 등에 따른 구직자에 대한 고지의무를 이행하지 아니한 구인자 • 채용심사비용 등에 관한 시정명령을 이행하지 아니한 구인자

● **핵심유형 완성하기** ●

채용절차의 공정화에 관한 법령상 500만 원 이하의 과태료 부과사항에 해당하지 않는 것은?

① 채용광고의 내용 또는 근로조건을 변경한 구인자
② 지식재산권을 자신에게 귀속하도록 강요한 구인자
③ 채용서류 보관의무를 이행하지 아니한 구인자
④ 그 직무의 수행에 필요하지 아니한 개인정보를 기초심사자료에 기재하도록 요구하거나 입증자료로 수집한 구인자

기출 2020년 4회
정답 ③

개인정보 보호법

124 다음 중 개인정보 보호법상 용어에 대한 설명으로 옳지 않은 것은?

① 개인정보 – 성명이나 주민등록번호, 법인 또는 단체의 소재지 주소 등을 통하여 알아볼 수 있는 자연인, 법인 또는 단체에 관한 정보

② 처리 – 개인정보의 수집, 생성, 연계, 연동, 기록, 저장, 보유, 가공, 편집, 검색, 출력, 정정, 복구, 이용, 제공, 공개, 파기 등의 행위

③ 정보주체 – 처리되는 정보에 의하여 알아볼 수 있는 사람으로서 그 정보의 주체가 되는 사람

④ 개인정보처리자 – 업무를 목적으로 개인정보파일을 운용하기 위하여 스스로 또는 다른 사람을 통하여 개인정보를 처리하는 공공기관, 법인, 단체 및 개인 등

핵심 키워드 개인정보 보호법상 용어
☞ 개인정보, 가명처리, 처리, 정보주체, 개인정보파일, 개인정보처리자
기출 데이터 적중 예상 문제

해설 **답 ①**

① 개인정보 보호법상 개인정보는 살아 있는 개인에 관한 정보이다. 따라서 개인정보의 주체는 자연인이어야 하며, 법인 또는 단체에 관한 정보는 개인정보에 해당하지 않는다(개인정보 보호법 제2조 제1호 참조).

개인정보 보호법상 용어(법 제2조)

개인정보	살아 있는 개인에 관한 정보로서 다음의 어느 하나에 해당하는 정보 • 성명, 주민등록번호 및 영상 등을 통하여 개인을 알아볼 수 있는 정보 • 해당 정보만으로는 특정 개인을 알아볼 수 없더라도 다른 정보와 쉽게 결합하여 알아볼 수 있는 정보 • 위의 정보를 가명처리함으로써 원래의 상태로 복원하기 위한 추가 정보의 사용·결합 없이는 특정 개인을 알아볼 수 없는 정보
가명처리	개인정보의 일부를 삭제하거나 일부 또는 전부를 대체하는 등의 방법으로 추가 정보가 없이는 특정 개인을 알아볼 수 없도록 처리하는 것
처 리	개인정보의 수집, 생성, 연계, 연동, 기록, 저장, 보유, 가공, 편집, 검색, 출력, 정정(訂正), 복구, 이용, 제공, 공개, 파기(破棄), 그 밖에 이와 유사한 행위

정보주체	처리되는 정보에 의하여 알아볼 수 있는 사람으로서 그 정보의 주체가 되는 사람
개인정보파일	개인정보를 쉽게 검색할 수 있도록 일정한 규칙에 따라 체계적으로 배열하거나 구성한 개인정보의 집합물(集合物)
개인정보처리자	업무를 목적으로 개인정보파일을 운용하기 위하여 스스로 또는 다른 사람을 통하여 개인정보를 처리하는 공공기관, 법인, 단체 및 개인 등

● **핵심유형 완성하기** ●

다음 중 개인정보 보호법상 '개인정보'에 해당하는 것을 올바르게 모두 고른 것은?

ㄱ. 살아 있는 개인에 관한 정보로서 성명, 주민등록번호 및 영상 등을 통하여 개인을 알아볼 수 있는 정보
ㄴ. 해당 정보만으로는 특정 개인을 알아볼 수 없더라도 다른 정보와 쉽게 결합하여 알아볼 수 있는 정보
ㄷ. 성명 등을 가명처리함으로써 원래의 상태로 복원하기 위한 추가 정보의 사용·결합 없이는 특정 개인을 알아볼 수 없는 가명정보
ㄹ. 법인 또는 단체의 이름, 소재지 주소, 대표 연락처(이메일 주소 또는 전화번호), 부서별 연락처 등의 정보

① ㄱ, ㄴ
② ㄷ, ㄹ
③ ㄱ, ㄴ, ㄷ
④ ㄱ, ㄴ, ㄷ, ㄹ

기출 적중 예상 문제
정답 ③
해설
ㄹ. 개인정보의 주체는 자연인이어야 하며, 법인 또는 단체에 관한 정보는 개인정보에 해당하지 않는다. 다만, 법인 또는 단체에 관한 정보이면서 동시에 개인에 관한 정보인 대표자, 임원진, 업무 담당자 등의 성명, 주민등록번호, 개인 연락처 등 개인을 식별할 수 있는 정보가 포함되어 있는 경우 개인정보로 취급될 수 있다.

125 개인정보 보호법령에 관한 설명으로 틀린 것은?

① "정보주체"란 처리되는 정보에 의하여 알아볼 수 있는 사람으로서 그 정보의 주체가 되는 사람을 말한다.

② 개인정보처리자는 개인정보의 처리 목적에 필요한 범위에서 개인정보의 정확성, 완전성 및 최신성이 보장되도록 하여야 한다.

③ 개인정보 보호에 관한 사무를 독립적으로 수행하기 위하여 국무총리 소속으로 개인정보 보호위원회를 둔다.

④ 위원의 임기는 2년으로 하되, 연임할 수 없다.

핵심 키워드 개인정보 보호위원회
☞ 위원의 임기는 3년으로 하되, 한 차례만 연임 가능
기출 데이터 2025년, 2024년, 2021년 2회

핵심기출 해설 답 ④

④ 개인정보 보호위원회 위원의 임기는 3년으로 하되, 한 차례만 연임할 수 있다(개인정보 보호법 제7조의4 제1항).
① 동법 제2조 제3호
② 동법 제3조 제3항
③ 동법 제7조 제1항

● **핵심유형 완성하기** ●

다음 중 개인정보 보호법상 개인정보 보호 원칙으로 옳지 않은 것은?

① 개인정보처리자는 그 목적에 필요한 범위에서 최소한의 개인정보만을 적법하고 정당하게 수집하여야 한다.

② 개인정보처리자는 개인정보 처리방침 등 개인정보의 처리에 관한 사항을 공개하여서는 아니 된다.

③ 개인정보처리자는 개인정보의 처리 목적에 필요한 범위에서 개인정보의 정확성, 완전성 및 최신성이 보장되도록 하여야 한다.

④ 개인정보처리자는 개인정보를 익명으로 처리하여도 개인정보 수집목적을 달성할 수 있는 경우 익명에 의하여 처리될 수 있도록 하여야 한다.

기출 적중 예상 문제
정답 ②
해설
개인정보처리자는 개인정보 처리방침 등 개인정보의 처리에 관한 사항을 공개하여야 하며, 열람청구권 등 정보 주체의 권리를 보장하여야 한다(개인정보 보호법 제3조 제5항).

126

개인정보 보호법령상 개인정보 보호위원회(이하 "보호위원회"라 한다)에 관한 설명으로 틀린 것은?

① 대통령 소속으로 보호위원회를 둔다.

② 보호위원회는 상임위원 2명을 포함한 9명의 위원으로 구성한다.

③ 보호위원회의 회의는 재적위원 과반수의 출석으로 개의하고, 출석위원 과반수의 찬성으로 의결한다.

④ 「정당법」에 따른 당원은 보호위원회 위원이 될 수 없다.

핵심 키워드 개인정보 보호위원회
☞ 국무총리 소속, 상임위원 2명을 포함한 9명의 위원, 정무직 공무원
기출 데이터 2024년, 2022년 2회

핵심기출 해설 **답 ①**

① 개인정보 보호에 관한 사무를 독립적으로 수행하기 위하여 국무총리 소속으로 개인정보 보호위원회를 둔다(개인정보 보호법 제7조 제1항).

② 동법 제7조의2 제1항

③ 동법 제7조의10 제3항

④ 동법 제7조의7 제1항 참조

● **핵심유형 완성하기** ●

개인정보 보호법령상 개인정보 보호위원회(이하 "보호위원회"라 한다)에 관한 설명으로 틀린 것은?

① 보호위원회는 위원장 1명, 부위원장 1명을 포함 한 9명의 위원으로 구성한다.

② 위원장과 위원의 임기는 2년으로 하되, 1차에 한하여 연임할 수 있다.

③ 보호위원회의 회의는 위원장이 필요하다고 인정하거나 재적위원 4분의 1 이상의 요구가 있는 경우에 위원장이 소집한다.

④ 보호위원회는 재적위원 과반수의 출석과 출석위원 과반수의 찬성으로 의결한다.

기출 2020년 3회 기출변형
정답 ②
해설
개인정보 보호위원회 위원의 임기는 3년으로 하되, 한 차례만 연임할 수 있다(개인정보 보호법 제7조의4 제1항).

127

다음 중 개인정보 보호법령상 보기의 빈칸에 들어갈 내용을 순서대로 올바르게 나열한 것은?

(ㄱ)은/는 개인정보의 보호와 정보주체의 권익 보장을 위하여 (ㄴ)마다 개인정보 보호 기본계획을 관계 중앙행정기관의 장과 협의하여 수립한다.

① ㄱ : 행정안전부장관, ㄴ : 3년
② ㄱ : 행정안전부장관, ㄴ : 4년
③ ㄱ : 개인정보 보호위원회, ㄴ : 3년
④ ㄱ : 개인정보 보호위원회, ㄴ : 4년

핵심 키워드 개인정보 보호 기본계획
☞ 개인정보 보호위원회, 3년마다

기출 데이터 적중 예상 문제

해설 | **답 ③**

개인정보 보호 기본계획의 수립(개인정보 보호법 제9조 제1항)
개인정보 보호위원회는 개인정보의 보호와 정보주체의 권익 보장을 위하여 3년마다 개인정보 보호 기본계획을 관계 중앙행정기관의 장과 협의하여 수립한다.

개인정보 보호 시행계획의 작성ㆍ제출(개인정보 보호법 제10조 제1항)
중앙행정기관의 장은 기본계획에 따라 매년 개인정보 보호를 위한 시행계획을 작성하여 보호위원회에 제출하고, 보호위원회의 심의ㆍ의결을 거쳐 시행하여야 한다.

● **핵심유형 완성하기** ●

다음 중 개인정보 보호법상 보기의 빈칸에 들어갈 내용을 순서대로 올바르게 나열한 것은?

(ㄱ)는 개인정보의 보호와 정보주체의 권익 보장을 위하여 (ㄴ)마다 개인정보 보호 기본계획을 관계 중앙행정기관의 장과 협의하여 수립한다.

① ㄱ : 국무총리, ㄴ : 3년
② ㄱ : 국무총리, ㄴ : 5년
③ ㄱ : 개인정보 보호위원회, ㄴ : 3년
④ ㄱ : 개인정보 보호위원회, ㄴ : 5년

기출 적중 예상 문제
정답 ③

128

다음 중 개인정보 보호법에 따라 개인정보처리자가 정보주체의 동의를 받아 개인정보를 수집 · 이용할 때 정보주체에게 반드시 알려야 하는 사항에 포함되지 않는 것은?

① 개인정보의 수집 · 이용 목적

② 수집하려는 개인정보의 항목

③ 개인정보의 파기사유

④ 개인정보의 보유 및 이용 기간

핵심 키워드 개인정보를 수집 · 이용할 때 정보주체에게 반드시 알려야 하는 사항
 ☞ 개인정보의 수집 · 이용 목적, 수집하려는 개인정보의 항목, 개인정보의 보유 및 이용 기간, 동의를 거부할 권리가 있다는 사실 및 동의 거부에 따른 불이익이 있는 경우에는 그 불이익의 내용

기출 데이터 적중 예상 문제

해설 **답 ③**

개인정보의 수집 · 이용(개인정보 보호법 제15조 제2항)

개인정보처리자는 개인정보의 수집 · 이용에 대해 정보주체의 동의를 받을 때에는 다음의 사항을 정보주체에게 알려야 하며, 다음의 어느 하나의 사항을 변경하는 경우에도 이를 알리고 동의를 받아야 한다.

• 개인정보의 수집 · 이용 목적

• 수집하려는 개인정보의 항목

• 개인정보의 보유 및 이용 기간

• 동의를 거부할 권리가 있다는 사실 및 동의 거부에 따른 불이익이 있는 경우에는 그 불이익의 내용

● **핵심유형 완성하기** ●

다음 중 개인정보 보호법에 따라 개인정보처리자가 개인정보를 수집하여 그 수집 목적의 범위에서 이용할 수 있는 경우에 해당하지 않는 것은?

① 공공기관이 법령 등에서 정하는 소관 업무의 수행을 위하여 불가피한 경우

② 공중위생 등 공공의 안전과 안녕을 위하여 긴급히 필요한 경우

③ 명백히 정보주체 또는 제3자의 급박한 생명, 신체, 재산의 이익을 위하여 필요하다고 인정되는 경우

④ 개인정보처리자의 정당한 이익을 달성하기 위하여 필요한 경우로서 명백하게 제3자의 권리보다 우선하는 경우

기출 적중 예상 문제

정답 ④

해설

개인정보처리자의 정당한 이익을 달성하기 위하여 필요한 경우로서 명백하게 정보주체의 권리보다 우선하는 경우(개인정보 보호법 제15조 제1항 제6호)

129

다음 중 개인정보 보호법상 개인정보의 파기에 대한 설명으로 옳지 않은 것은?

① 개인정보처리자는 보유기간의 경과, 개인정보의 처리 목적 달성 등 그 개인정보가 불필요하게 되었을 때에는 그로부터 7일 이내에 그 개인정보를 파기하여야 한다.

② 개인정보처리자가 개인정보를 파기할 때에는 복구 또는 재생되지 아니하도록 조치하여야 한다.

③ 개인정보처리자가 개인정보를 파기하지 아니하고 보존하여야 하는 경우에는 해당 개인정보 또는 개인정보파일을 다른 개인정보와 분리하여서 저장 · 관리하여야 한다.

④ 개인정보처리자는 인쇄물 등 기록매체 형태의 개인정보를 파기할 때에는 파쇄 또는 소각의 방법으로 해야 한다.

핵심 키워드 개인정보의 파기
☞ 보유기간의 경과, 개인정보의 처리 목적 달성, 가명정보의 처리 기간 경과 시 지체 없이 파기
기출 데이터 적중 예상 문제

해설 **답 ①**

① 개인정보처리자는 보유기간의 경과, 개인정보의 처리 목적 달성, 가명정보의 처리 기간 경과 등 그 개인정보가 불필요하게 되었을 때에는 지체 없이 그 개인정보를 파기하여야 한다(개인정보 보호법 제21조 제1항).
② 동법 제21조 제2항
③ 동법 제21조 제3항
④ 개인정보 보호법 시행령 제16조 제1항 참조

● 핵심유형 완성하기 ●

다음 중 개인정보 보호법상 개인정보의 처리에 대한 설명으로 옳은 것은?

① 개인정보처리자는 정보주체가 필요한 최소한의 정보 외의 개인정보 수집에 동의하지 아니하는 경우 정보주체에게 재화 또는 서비스의 제공을 하지 아니한다.

② 개인정보처리자가 정보주체의 동의를 받아 그 목적에 필요한 최소한의 개인정보를 수집하는 경우 최소한의 개인정보 수집이라는 입증책임은 정보주체가 부담한다.

③ 개인정보처리자는 정보주체의 동의를 받은 경우에는 정보주체의 개인정보를 제3자에게 제공할 수 있다.

④ 개인정보처리자가 개인정보를 파기할 때에는 복구 또는 재생될 수 있도록 조치하여야 한다.

기출 적중 예상 문제
정답 ③
해설
① 개인정보처리자는 정보주체가 필요한 최소한의 정보 외의 개인정보 수집에 동의하지 아니한다는 이유로 정보주체에게 재화 또는 서비스의 제공을 거부하여서는 아니 된다(동법 제16조 제3항).
② 개인정보처리자가 정보주체의 동의를 받아 그 목적에 필요한 최소한의 개인정보를 수집하는 경우 최소한의 개인정보 수집이라는 입증책임은 개인정보처리자가 부담한다(동법 제16조 제1항 참조).
④ 개인정보처리자가 개인정보를 파기할 때에는 복구 또는 재생되지 아니하도록 조치하여야 한다(동법 제21조 제2항).

130

다음 중 개인정보 보호법상 개인정보처리자가 원칙적으로 처리할 수 없는 고유식별정보에 해당하지 않는 것은?

① 「여권법」에 따른 여권번호

② 「도로교통법」에 따른 운전면허의 면허번호

③ 「출입국관리법」에 따른 외국인등록번호

④ 「자동차관리법」에 따른 자동차등록번호

핵심 키워드 고유식별정보의 처리 제한

☞ 「주민등록법」에 따른 주민등록번호, 「여권법」에 따른 여권번호, 「도로교통법」에 따른 운전면허의 면허번호, 「출입국관리법」에 따른 외국인등록번호

기출 데이터 적중 예상 문제

해설 **답 ④**

개인정보처리자가 원칙적으로 처리할 수 없는 고유식별정보(개인정보 보호법 시행령 제19조 참조)

• 「주민등록법」에 따른 주민등록번호

• 「여권법」에 따른 여권번호

• 「도로교통법」에 따른 운전면허의 면허번호

• 「출입국관리법」에 따른 외국인등록번호

● 핵심유형 완성하기 ●

다음 중 개인정보 보호법령상 민감정보의 범위에 포함되지 않는 것은?

① 개인의 신체적, 생리적, 행동적 특징에 관한 정보로서 특정 개인을 알아볼 목적으로 일정한 기술적 수단을 통해 생성한 정보

② 인종이나 민족에 관한 정보

③ 「형의 실효 등에 관한 법률」에 따른 범죄경력자료에 해당하는 정보

④ 「주민등록법」에 따른 주민등록번호

기출 적중 예상 문제

정답 ④

다음 중 개인정보 보호법령상 고유식별정보에 대한 설명으로 옳지 않은 것은?

① 개인정보처리자가 이 법에 따라 고유식별정보를 처리하는 경우에는 그 고유식별정보가 분실·도난·유출·위조·변조 또는 훼손되지 아니하도록 암호화 등 안전성 확보에 필요한 조치를 하여야 한다.

② 개인정보 보호위원회는 5만 명 이상의 정보주체에 관하여 고유식별정보를 처리하는 공공기관이 안전성 확보에 필요한 조치를 하였는지에 관하여 정기적으로 조사하여야 한다.

③ 개인정보처리자는 정보주체에게 개인정보의 처리에 대한 동의를 받은 경우라 하더라도 주민등록번호는 이 법에서 정한 예외적인 경우에 해당 하지 않는 한 처리할 수 없다.

④ 「여권법」에 따른 여권번호, 「도로교통법」에 따른 운전면허의 면허번호는 고유식별정보이다.

기출 적중 예상 문제

정답 ②

해설

개인정보 보호위원회는 1만 명 이상의 정보주체에 관하여 고유식별정보를 처리하는 공공기관이 안전성 확보에 필요한 조치를 하였는지에 관하여 대통령령으로 정하는 바에 따라 정기적으로 조사하여야 한다(개인정보 보호법 제24조 제4항 및 시행령 제21조 제2항 참조).

131

다음 중 개인정보 보호법에 대한 설명으로 가장 옳은 것은?

① 개인정보 보호책임자는 개인정보의 처리에 관한 업무를 총괄해서 책임질 개인정보처리 자를 지정하여야 한다.

② 개인정보처리자는 개인정보가 유출되었음을 알게 되었을 때에는 지체 없이 해당 정보주 체에게 유출된 개인정보의 항목 등을 알려야 한다.

③ 개인정보처리자는 개인정보의 유출 등이 있음을 알게 되었을 때에는 대통령령으로 정하 는 바에 따라 지체 없이 한국지능정보사회진흥원에 신고하여야 한다.

④ 개인정보처리자는 3천 명 이상의 정보주체에 관한 개인정보가 유출되었음을 알게 되었 을 때에는 지체 없이 개인정보 보호위원회에 신고하여야 한다.

핵심 키워드 개인정보 유출 등의 통지 · 신고
　　　　　 ☞ 개인정보가 분실 · 도난 · 유출되었음을 알게 되었을 때 지체 없이 알려야 함
기출 데이터 적중 예상 문제

해설　　**답 ②**

② 개인정보 보호법 제34조 제1항 참조

① 개인정보처리자는 개인정보의 처리에 관한 업무를 총괄해서 책임질 개인정보 보호책임자를 지정하여야 한다(동법 제 31조 제1항).

③ 개인정보처리자는 개인정보의 유출 등이 있음을 알게 되었을 때에는 개인정보의 유형, 유출 등의 경로 및 규모 등을 고려하여 대통령령으로 정하는 바에 따라 지체 없이 개인정보 보호위원회 또는 대통령령으로 정하는 전문기관(→ 한 국인터넷진흥원)에 신고하여야 한다(동법 제34조 제3항 참조).

④ 개인정보처리자는 1천 명 이상의 정보주체에 관한 개인정보가 유출 등이 되었음을 알게 되었을 때에는 72시간 이내 에 개인정보 유출 등의 신고 사항을 서면 등의 방법으로 개인정보 보호위원회 또는 한국인터넷진흥원에 신고해야 한 다(동법 시행령 제40조 제1항 참조).

● **핵심유형 완성하기** ●

다음 중 개인정보 보호법에 대한 설명으로 옳은 것은?

① 개인정보 보호위원회가 개인정보처리자의 개인정보 처리 및 보호와 관련한 일련의 조치에 대해 부여하는 개인정보 보호 인증의 유효기간은 3년으로 한다.

② 개인정보 보호책임자는 개인정보의 처리에 관한 업무를 총괄해서 책임질 개인정보처리자를 지정하여야 한다.

③ 개인정보처리자는 개인정보의 유출 등이 있음을 알게 되었을 때에는 대통 령령으로 정하는 바에 따라 지체 없이 한국지능정보사회진흥원에 신고하 여야 한다.

④ 개인정보처리자는 3천 명 이상의 정보주체에 관한 개인정보가 유출되었음을 알게 되었을 때에는 72시간 이내에 개인정보 보호위원회에 신고하여야 한다.

기출 적중 예상 문제
정답 ①

132

다음 중 개인정보 보호법상 개인정보 분쟁조정위원회(이하 "분쟁조정위원회"라 한다)에 대한 설명으로 옳은 것은?

① 분쟁조정위원회는 위원장 1명, 상임위원 1명을 포함한 15명 이내의 위원으로 구성한다.

② 분쟁조정위원회의 위원장은 개인정보 보호위원회 소속 공무원 중에서 국무총리가 위촉한다.

③ 분쟁조정위원회의 위원장과 위촉위원의 임기는 3년으로 하되, 연임할 수 없다.

④ 분쟁조정위원회는 분쟁조정 업무를 효율적으로 수행하기 위하여 조정사건의 분야별로 5명 이내의 위원으로 구성되는 조정부를 둘 수 있다.

핵심 키워드 개인정보 분쟁조정위원회
☞ 위원장 1명을 포함한 30명 이내의 위원, 위원장과 위촉위원의 임기는 2년, 1차에 한하여 연임 가능, 5명 이내의 위원으로 구성되는 조정부

기출 데이터 적중 예상 문제

해설 **답 ④**

④ 개인정보 보호법 제40조 제6항

① 분쟁조정위원회는 위원장 1명을 포함한 30명 이내의 위원으로 구성하며, 위원은 당연직위원과 위촉위원으로 구성한다(동법 제40조 제2항).

② 분쟁조정위원회의 위원장은 위원 중에서 공무원이 아닌 사람으로 개인정보 보호위원회 위원장이 위촉한다(동법 제40조 제4항).

③ 분쟁조정위원회의 위원장과 위촉위원의 임기는 2년으로 하되, 1차에 한하여 연임할 수 있다(동법 제40조 제5항).

● **핵심유형 완성하기** ●

다음 중 개인정보 보호법상 개인정보 분쟁조정위원회(이하 "분쟁조정위원회"라 한다)에 대한 설명으로 옳지 않은 것은?

① 분쟁조정위원회는 분쟁조정 신청을 받은 날부터 60일 이내에 이를 심사하여 조정안을 작성하여야 한다.

② 분쟁조정위원회는 조정안을 작성하면 지체 없이 각 당사자에게 제시하여야 한다.

③ 조정안을 제시받은 당사자가 제시받은 날부터 15일 이내에 수락 여부를 알리지 아니하면 조정을 거부한 것으로 본다.

④ 분쟁조정위원회의 운영 및 분쟁조정 절차에 관하여 이 법에서 규정하지 아니한 사항에 대하여는 「민사조정법」을 준용한다.

기출 적중 예상 문제

정답 ③

해설
조정안을 제시받은 당사자가 제시받은 날부터 15일 이내에 수락 여부를 알리지 아니하면 조정을 수락한 것으로 본다(개인정보 보호법 제47조 제3항).

좋은 책을 만드는 길, 독자님과 함께 하겠습니다.

직업상담사 2급 1차 필기 핵심기출 문제은행

개정7판1쇄 발행	2026년 01월 15일 (인쇄 2025년 09월 12일)
초 판 발 행	2019년 03월 05일 (인쇄 2019년 01월 31일)
발 행 인	박영일
책 임 편 집	이해욱
편 저	직업상담연구소
편 집 진 행	노윤재 · 한주승
표지디자인	조혜령
편집디자인	박지은 · 김휘주
발 행 처	(주)시대고시기획
출 판 등 록	제10-1521호
주 소	서울시 마포구 큰우물로 75 [도화동 538 성지 B/D] 9F
전 화	1600-3600
팩 스	02-701-8823
홈 페 이 지	www.sdedu.co.kr

I S B N	979-11-383-9934-0 (13320)
정 가	36,000원